CHINA REAL ESTATE YEARBOOK

2022
中国房地产年鉴

中国房地产业协会◎编著

企业管理出版社
ENTERPRISE MANAGEMENT PUBLISHING HOUSE

图书在版编目（CIP）数据

2022中国房地产年鉴／中国房地产业协会编著．—北京：企业管理出版社，2022.6

ISBN 978-7-5164-2616-6

Ⅰ.①2… Ⅱ.①中… Ⅲ.①房地产业—中国—2022—年鉴 Ⅳ.①F299.233-54

中国版本图书馆CIP数据核字（2022）第081788号

书　　名：2022中国房地产年鉴
作　　者：中国房地产业协会
策划编辑：刘一玲
责任编辑：赵喜勤
书　　号：ISBN 978-7-5164-2616-6
出版发行：企业管理出版社
地　　址：北京市海淀区紫竹院南路17号　　邮编：100048
网　　址：http：//www.emph.cn
电　　话：编辑部010-68420809　发行部010-68414644
电子信箱：liuyiling0434@163.com
印　　刷：北京市青云兴业印刷有限公司
经　　销：新华书店
规　　格：889毫米×1194毫米　16开本　47.75印张　1300千字　彩插　2.25印张
版　　次：2022年6月第1版　2022年6月第1次印刷
定　　价：598.00元

《2022中国房地产年鉴》编辑委员会

编辑说明

2021年，在“三道红线”、供地“两集中”、房贷“集中度”管理等重大紧缩政策影响下，房地产市场整体呈现高开低走态势。面对巨大的去杠杆压力，部分高负债、高周转模式运营的大型房企爆发债务违约，并引发产业横向及纵向连锁反应。三季度后政策面开始回暖，但市场巨大的下行惯性短时难以扭转。为客观如实地反映中国房地产的年度发展，更好地为政府决策服务、为行业平稳健康发展服务、为市场主体提供数据信息服务，中国房地产业协会在连续十一年编纂房地产年鉴的基础上，稳定总体框架，收录权威成果，推进内容创新，编撰了全新《2022中国房地产年鉴》（以下简称《年鉴》）。

2022版《年鉴》共有八个篇章。“政策篇”“大事记”以文字记述为主；“宏观篇”“产业篇”以数表记录为主；“市场篇”“省市篇”“企业篇”“发展篇”文字叙述及图表展示并重。

2022版《年鉴》主体结构及内容延续了2021版《年鉴》的体例，个别篇章名及内容根据实际情况和用户反馈进行了调整。2022版《年鉴》收录的绝大部分数据是2021年年度的，个别指标是有关部门最新公布的2020年年度的数据。

“政策篇”收录了党中央、全国人大和国务院及其直属机构发布的与房地产相关的文件，并对最新发布的区域规划文件内容要点进行归纳。

“宏观篇”优化了部分指标的数据结构及内容构成，原“城市篇”的40城市经济数据及财政金融数据合并到本篇对应部分，数据逻辑更加通顺。

“市场篇”新增“住房租赁市场”，与“全国房地产市场”“存量住房市场”构成更加完整的房地产市场分析体系。

原“城市篇”更名为“省市篇”，新增华东、中西部及东北地区部分省及城市的市场分析稿件，内容覆盖面更加合理完善。

“产业篇”将原“城市篇”的重点城市投资、建设及交易数据合并到本篇。

“企业篇”将“中国部分优秀房地产企业运营数据”由此前的二级标题提升到一级标题，把此前的部分优秀企业三级标题提升为二级标题展示在目录中。

“发展篇”新增“地产数字化”分析，体现了新形势下地产发展的未来趋势。

《年鉴》内容涉及面广、专业性强，加上编辑时间短和编写者水平有限，难免还存在一定的局限和不足。为此，我们愿意听取广大读者的意见，继续对《年鉴》进行改进和完善。

《年鉴》在编写过程中，得到住房和城乡建设部相关司局、北京市等地方住建委（局）、上海市等地方统计局、中国物业管理协会、中国宏观经济研究院、上海易居房地产研究院，广东省、重庆市等省市级房地产业协会（开发协会、开发建设促进会）、中国民生银行地产金融事业部等几十家机构的投稿支持，限于篇幅不一一列举。中国房地产业协会相关专业委员会、协会副会长单位在《年鉴》内容编辑和推广方面也给予了宝贵的支持，在此一并表示感谢！

《2022中国房地产年鉴》编委会

2022年5月

目 录

Ⅰ. 政策篇

Ⅱ. 宏观篇

Ⅲ. 产业篇

Ⅳ. 市场篇

Ⅴ. 省市篇

Ⅵ. 企业篇

Ⅶ. 发展篇

Ⅷ. 大事记

Ⅰ.政策篇

导　读

为综合反映2021年度房地产相关的政策措施、区域规划和重要会议精神，本篇收录了中共中央、全国人大、国务院及其直属机构、最高人民法院等相关文件，有的是政策节选或归纳，有的是全文登载。

一、中共中央、全国人大和国务院重要会议

2021 年政府工作报告（节选）

2021 年 3 月 5 日

国务院总理李克强代表国务院在十三届全国人大四次会议上作《政府工作报告》：

一、2020 年工作回顾（略）

二、“十三五”时期发展成就和“十四五”时期主要目标任务（略）

三、2021 年重点工作

今年是我国现代化建设进程中具有特殊重要性的一年。做好政府工作，要在以习近平同志为核心的党中央坚强领导下，以习近平新时代中国特色社会主义思想为指导，全面贯彻党的十九大和十九届二中、三中、四中、五中全会精神，坚持稳中求进工作总基调，立足新发展阶段，贯彻新发展理念，构建新发展格局，以推动高质量发展为主题，以深化供给侧结构性改革为主线，以改革创新为根本动力，以满足人民日益增长的美好生活需要为根本目的，坚持系统观念，巩固拓展疫情防控和经济社会发展成果，更好统筹发展和安全，扎实做好“六稳”工作、全面落实“六保”任务，科学精准实施宏观政策，努力保持经济运行在合理区间，坚持扩大内需战略，强化科技战略支撑，扩大高水平对外开放，保持社会和谐稳定，确保“十四五”开好局起好步，以优异成绩庆祝中国共产党成立 100 周年。

今年我国发展仍面临不少风险挑战，但经济长期向好的基本面没有改变。我们要坚定信心，攻坚克难，巩固恢复性增长基础，努力保持经济社会持续健康发展。

今年发展主要预期目标是：国内生产总值增长 6%以上；城镇新增就业 1100 万人以上，城镇调查失业率 5.5%左右；居民消费价格涨幅 3%左右；进出口量稳质升，国际收支基本平衡；居民收入稳步增长；生态环境质量进一步改善，单位国内生产总值能耗降低 3%左右，主要污染物排放量继续下降；粮食产量保持在 1.3 万亿斤以上。

经济增速是综合性指标，今年预期目标设定为 6%以上，考虑了经济运行恢复情况，有利于引导各方面集中精力推进改革创新、推动高质量发展。经济增速、就业、物价等预期目标，体现了保持经济运行在合理区间的要求，与今后目标平稳衔接，有利于实现可持续健康发展。

做好今年工作，要更好统筹疫情防控和经济社会发展。坚持常态化防控和局部应急处置有机结合，继续毫不放松做好外防输入、内防反弹工作，抓好重点区域和关键环节防控，补上短板漏洞，严防出现聚集性疫情和散发病例传播扩散，有序推进疫苗研制和加快免费接种，提高科学精准防控能力和水平。

今年要重点做好以下几方面工作。

（一）保持宏观政策连续性稳定性可持续性，促进经济运行在合理区间。在区间调控基础上加强定向调控、相机调控、精准调控。宏观政策要继续为市场主体纾困，保持必要支持力度，不急转弯，根据形势变化适时调

整完善，进一步巩固经济基本盘。

积极的财政政策要提质增效、更可持续。考虑到疫情得到有效控制和经济逐步恢复，今年赤字率拟按3.2%左右安排、比去年有所下调，不再发行抗疫特别国债。因财政收入恢复性增长，财政支出总规模比去年增加，重点仍是加大对保就业保民生保市场主体的支持力度。中央本级支出继续安排负增长，进一步大幅压减非急需非刚性支出，对地方一般性转移支付增长7.8%、增幅明显高于去年，其中均衡性转移支付、县级基本财力保障机制奖补资金等增幅均超过10%。建立常态化财政资金直达机制并扩大范围，将2.8万亿元中央财政资金纳入直达机制、规模明显大于去年，为市县基层惠企利民提供更加及时有力的财力支持。各级政府都要节用为民、坚持过紧日子，确保基本民生支出只增不减，助力市场主体青山常在、生机盎然。

优化和落实减税政策。市场主体恢复元气、增强活力，需要再帮一把。继续执行制度性减税政策，延长小规模纳税人增值税优惠等部分阶段性政策执行期限，实施新的结构性减税举措，对冲部分政策调整带来的影响。将小规模纳税人增值税起征点从月销售额10万元提高到15万元。对小微企业和个体工商户年应纳税所得额不到100万元的部分，在现行优惠政策基础上，再减半征收所得税。各地要把减税政策及时落实到位，确保市场主体应享尽享。

稳健的货币政策要灵活精准、合理适度。把服务实体经济放到更加突出的位置，处理好恢复经济与防范风险的关系。货币供应量和社会融资规模增速与名义经济增速基本匹配，保持流动性合理充裕，保持宏观杠杆率基本稳定。保持人民币汇率在合理均衡水平上的基本稳定。进一步解决中小微企业融资难题。延续普惠小微企业贷款延期还本付息政策，加大再贷款再贴现支持普惠金融力度。延长小微企业融资担保降费奖补政策，完善贷款风险分担补偿机制。加快信用信息共享步伐。完善金融机构考核、评价和尽职免责制度。引导银行扩大信用贷款、持续增加首贷户，推广随借随还贷款，使资金更多流向科技创新、绿色发展，更多流向小微企业、个体工商户、新型农业经营主体，对受疫情持续影响行业企业给予定向支持。大型商业银行普惠小微企业贷款增长30%以上。创新供应链金融服务模式。适当降低小微企业支付手续费。优化存款利率监管，推动实际贷款利率进一步降低，继续引导金融系统向实体经济让利。今年务必做到小微企业融资更便利、综合融资成本稳中有降。

就业优先政策要继续强化、聚力增效。着力稳定现有岗位，对不裁员少裁员的企业，继续给予必要的财税、金融等政策支持。延续降低失业和工伤保险费率，扩大失业保险返还等阶段性稳岗政策惠及范围，延长以工代训政策实施期限。拓宽市场化就业渠道，促进创业带动就业。推动降低就业门槛，动态优化国家职业资格目录，降低或取消部分准入类职业资格考试工作年限要求。支持和规范发展新就业形态，加快推进职业伤害保障试点。继续对灵活就业人员给予社保补贴，推动放开在就业地参加社会保险的户籍限制。做好高校毕业生、退役军人、农民工等重点群体就业工作，完善残疾人、零就业家庭成员等困难人员就业帮扶政策，促进失业人员再就业。拓宽职业技能培训资金使用范围，开展大规模、多层次职业技能培训，完成职业技能提升和高职扩招三年行动目标，建设一批高技能人才培训基地。健全就业公共服务体系，实施提升就业服务质量工程。运用就业专项补助等资金，支持各类劳动力市场、人才市场、零工市场建设，广开就业门路，为有意愿有能力的人创造更多公平就业机会。

（二）深入推进重点领域改革，更大激发市场主体活力。在落实助企纾困政策的同时，加大力度推动相关改革，培育更加活跃更有创造力的市场主体。

进一步转变政府职能。充分发挥市场在资源配置中的决定性作用，更好发挥政府作用，推动有效市场和有为政府更好结合。继续放宽市场准入，开展要素市场化配置综合改革试点，依法平等保护各类市场主体产权。

纵深推进“放管服”改革，加快营造市场化、法治化、国际化营商环境。将行政许可事项全部纳入清单管理。深化“证照分离”改革，大力推进涉企审批减环节、减材料、减时限、减费用。完善市场主体退出机制，实行中小微企业简易注销制度。实施工业产品准入制度改革，推进汽车、电子电器等行业生产准入和流通管理全流程改革。把有效监管作为简政放权的必要保障，全面落实监管责任，加强对取消或下放审批事项的事中事后监管，完善分级分类监管政策，健全跨部门综合监管制度，大力推行“互联网+监管”，提升监管能力，加大失信惩处力度，以公正监管促进优胜劣汰。加强数字政府建设，建立健全政务数据共享协调机制，推动电子证照扩大应用领域和全国互通互认，实现更多政务服务事项网上办、掌上办、一次办。企业和群众经常办理的事项，今年要基本实现“跨省通办”。

用改革办法推动降低企业生产经营成本。推进能源、交通、电信等基础性行业改革，提高服务效率，降低收费水平。允许所有制造业企业参与电力市场化交易，进一步清理用电不合理加价，继续推动降低一般工商业电价。中小企业宽带和专线平均资费再降10%。全面推广高速公路差异化收费，坚决整治违规设置妨碍货车通行的道路限高限宽设施和检查卡点。取消港口建设费，将民航发展基金航空公司征收标准降低20%。鼓励受疫情影响较大的地方对承租国有房屋的服务业小微企业和个体工商户减免租金。推动各类中介机构公开服务条件、流程、时限和收费标准。要严控非税收入不合理增长，严厉整治乱收费、乱罚款、乱摊派，不得扰民渔利，让市场主体安心经营、轻装前行。

促进多种所有制经济共同发展。坚持和完善社会主义基本经济制度。毫不动摇巩固和发展公有制经济，毫不动摇鼓励、支持、引导非公有制经济发展。各类市场主体都是国家现代化的建设者，要一视同仁、平等对待。深入实施国企改革三年行动，做强做优做大国有资本和国有企业。深化国有企业混合所有制改革。构建亲清政商关系，破除制约民营企业发展的各种壁垒。健全防范和化解拖欠中小企业账款长效机制。弘扬企业家精神。国家支持平台企业创新发展、增强国际竞争力，同时要依法规范发展，健全数字规则。强化反垄断和防止资本无序扩张，坚决维护公平竞争市场环境。

深化财税金融体制改革。强化预算约束和绩效管理，加大预算公开力度，精简享受税费优惠政策的办理流程和手续。落实中央与地方财政事权和支出责任划分改革方案。健全地方税体系。继续多渠道补充中小银行资本、强化公司治理，深化农村信用社改革，推进政策性银行分类分账改革，提升保险保障和服务功能。稳步推进注册制改革，完善常态化退市机制，加强债券市场建设，更好发挥多层次资本市场作用，拓展市场主体融资渠道。强化金融控股公司和金融科技监管，确保金融创新在审慎监管的前提下进行。完善金融风险处置工作机制，压实各方责任，坚决守住不发生系统性风险的底线。金融机构要坚守服务实体经济的本分。

（三）依靠创新推动实体经济高质量发展，培育壮大新动能。促进科技创新与实体经济深度融合，更好发挥创新驱动发展作用。

提升科技创新能力。强化国家战略科技力量，推进国家实验室建设，完善科技项目和创新基地布局。实施好关键核心技术攻关工程，深入谋划推进“科技创新2030-重大项目”，改革科技重大专项实施方式，推广“揭榜挂帅”等机制。支持有条件的地方建设国际和区域科技创新中心，增强国家自主创新示范区等带动作用。发展疾病防治攻关等民生科技。促进科技开放合作。加强知识产权保护。加强科研诚信建设，弘扬科学精神，营造良好创新生态。基础研究是科技创新的源头，要健全稳定支持机制，大幅增加投入，中央本级基础研究支出增长10.6%，落实扩大经费使用自主权政策，优化项目申报、评审、经费管理、人才评价和激励机制，努力消除科研人员不合理负担，使他们能够沉下心来致力科学探索，以“十年磨一剑”精神在关键核心领域实现重大突破。

运用市场化机制激励企业创新。强化企业创新主体地位，鼓励领军企业组建创新联合体，拓展产学研用融合通道，健全科技成果产权激励机制，完善创业投资监管体制和发展政策，纵深推进大众创业万众创新。延续执行企业研发费用加计扣除75%政策，将制造业企业加计扣除比例提高到100%，用税收优惠机制激励企业加大研发投入，着力推动企业以创新引领发展。

优化和稳定产业链供应链。继续完成“三去一降一补”重要任务。对先进制造业企业按月全额退还增值税增量留抵税额，提高制造业贷款比重，扩大制造业设备更新和技术改造投资。增强产业链供应链自主可控能力，实施好产业基础再造工程，发挥大企业引领支撑和中小微企业协作配套作用。发展工业互联网，促进产业链和创新链融合，搭建更多共性技术研发平台，提升中小微企业创新能力和专业化水平。加大5G网络和千兆光网建设力度，丰富应用场景。加强网络安全、数据安全和个人信息保护。统筹新兴产业布局。加强质量基础设施建设，深入实施质量提升行动，完善标准体系，促进产业链上下游标准有效衔接，弘扬工匠精神，以精工细作提升中国制造品质。

（四）坚持扩大内需这个战略基点，充分挖掘国内市场潜力。紧紧围绕改善民生拓展需求，促进消费与投资有效结合，实现供需更高水平动态平衡。

稳定和扩大消费。多渠道增加居民收入。健全城乡流通体系，加快电商、快递进农村，扩大县乡消费。稳定增加汽车、家电等大宗消费，取消对二手车交易不合理限制，增加停车场、充电桩、换电站等设施，加快建设动力电池回收利用体系。发展健康、文化、旅游、体育等服务消费。鼓励企业创新产品和服务，便利新产品市场准入，推进内外贸产品同线同标同质。保障小店商铺等便民服务业有序运营。运用好“互联网+”，推进线上线下更广更深融合，发展新业态新模式，为消费者提供更多便捷舒心的服务和产品。引导平台企业合理降低商户服务费。稳步提高消费能力，改善消费环境，让居民能消费、愿消费，以促进民生改善和经济发展。

扩大有效投资。今年拟安排地方政府专项债券3.65万亿元，优化债券资金使用，优先支持在建工程，合理扩大使用范围。中央预算内投资安排6100亿元。继续支持促进区域协调发展的重大工程，推进“两新一重”建设，实施一批交通、能源、水利等重大工程项目，建设信息网络等新型基础设施，发展现代物流体系。政府投资更多向惠及面广的民生项目倾斜，新开工改造城镇老旧小区5.3万个，提升县城公共服务水平。简化投资审批程序，推进实施企业投资项目承诺制。深化工程建设项目审批制度改革。完善支持社会资本参与政策，进一步拆除妨碍民间投资的各种藩篱，在更多领域让社会资本进得来、能发展、有作为。

（五）全面实施乡村振兴战略，促进农业稳定发展和农民增收。接续推进脱贫地区发展，抓好农业生产，改善农村生产生活条件。

做好巩固拓展脱贫攻坚成果同乡村振兴有效衔接。对脱贫县从脱贫之日起设立5年过渡期，保持主要帮扶政策总体稳定。健全防止返贫动态监测和帮扶机制，促进脱贫人口稳定就业，加大技能培训力度，发展壮大脱贫地区产业，做好易地搬迁后续扶持，分层分类加强对农村低收入人口常态化帮扶，确保不发生规模性返贫。在西部地区脱贫县中集中支持一批乡村振兴重点帮扶县。坚持和完善东西部协作和对口支援机制，发挥中央单位和社会力量帮扶作用，继续支持脱贫地区增强内生发展能力。

提高粮食和重要农产品供给保障能力。保障粮食安全的要害是种子和耕地。要加强种质资源保护利用和优良品种选育推广，开展农业关键核心技术攻关。提高高标准农田建设标准和质量，完善灌溉设施，强化耕地保护，坚决遏制耕地“非农化”、防止“非粮化”。推进农业机械化、智能化。建设国家粮食安全产业带和农业现代化示范区。稳定种粮农民补贴，适度提高稻谷、小麦最低收购价，扩大完全成本和收入保险试点范围。稳定粮食播种面积，提高单产和品质。多措并举扩大油料生产。发展畜禽水产养殖，稳定和发展生猪生产。加强动植物疫病防控。保障农产品市场供应和价格基本稳定。开展粮食节约行动。解决好吃饭问题始终是头等大事，我们一定要下力气也完全有能力保障好 14 亿人的粮食安全。

扎实推进农村改革和乡村建设。巩固和完善农村基本经营制度，保持土地承包关系稳定并长久不变，稳步推进多种形式适度规模经营，加快发展专业化社会化服务。稳慎推进农村宅基地制度改革试点。发展新型农村集体经济。深化供销社、集体林权、国有林区林场、农垦等改革。提高土地出让收入用于农业农村比例。强化农村基本公共服务和公共基础设施建设，促进县域内城乡融合发展。启动农村人居环境整治提升五年行动。加强农村精神文明建设。保障农民工工资及时足额支付。加快发展乡村产业，壮大县域经济，加强对返乡创业的支持，拓宽农民就业渠道。千方百计使亿万农民多增收、有奔头。

（六）实行高水平对外开放，促进外贸外资稳中提质。实施更大范围、更宽领域、更深层次对外开放，更好参与国际经济合作。

推动进出口稳定发展。加强对中小外贸企业信贷支持，扩大出口信用保险覆盖面、优化承保和理赔条件，深化贸易外汇收支便利化试点。稳定加工贸易，发展跨境电商等新业态新模式，支持企业开拓多元化市场。发展边境贸易。创新发展服务贸易。优化调整进口税收政策，增加优质产品和服务进口。加强贸易促进服务，办好进博会、广交会、服贸会及首届中国国际消费品博览会等重大展会。推动国际物流畅通，清理规范口岸收费，不断提升通关便利化水平。

积极有效利用外资。进一步缩减外资准入负面清单。推动服务业有序开放，增设服务业扩大开放综合试点，制定跨境服务贸易负面清单。推进海南自由贸易港建设，加强自贸试验区改革开放创新，推动海关特殊监管区域与自贸试验区统筹发展，发挥好各类开发区开放平台作用。促进内外资企业公平竞争，依法保护外资企业合法权益。欢迎外商扩大在华投资，分享中国开放的大市场和发展机遇。

高质量共建“一带一路”。坚持共商共建共享，坚持以企业为主体、遵循市场化原则，健全多元化投融资体系，强化法律服务保障，有序推动重大项目合作，推进基础设施互联互通。提升对外投资合作质量效益。

深化多双边和区域经济合作。坚定维护多边贸易体制。推动区域全面经济伙伴关系协定尽早生效实施、中欧投资协定签署，加快中日韩自贸协定谈判进程，积极考虑加入全面与进步跨太平洋伙伴关系协定。在相互尊重基础上，推动中美平等互利经贸关系向前发展。中国愿与世界各国扩大相互开放，实现互利共赢。

（七）加强污染防治和生态建设，持续改善环境质量。深入实施可持续发展战略，巩固蓝天、碧水、净土保卫战成果，促进生产生活方式绿色转型。

继续加大生态环境治理力度。强化大气污染综合治理和联防联控，加强细颗粒物和臭氧协同控制，北方地区清洁取暖率达到 70%。整治入河入海排污口和城市黑臭水体，提高城镇生活污水收集和园区工业废水处置能力，严格土壤污染源头防控，加强农业面源污染治理。继续严禁洋垃圾入境。有序推进城镇生活垃圾分类处置。推动快递包装绿色转型。加强危险废物医疗废物收集处理。研究制定生态保护补偿条例。落实长江十年禁渔，实施生物多样性保护重大工程，科学推进荒漠化、石漠化、水土流失综合治理，持续开展大规模国土绿化行动，保护海洋生态环境，推进生态系统保护和修复，让我们生活的家园拥有更多碧水蓝天。

扎实做好碳达峰、碳中和各项工作。制定 2030 年前碳排放达峰行动方案。优化产业结构和能源结构。推动煤炭清洁高效利用，大力发展新能源，在确保安全的前提下积极有序发展核电。扩大环境保护、节能节水等企业所得税优惠目录范围，促进新型节能环保技术、装备和产品研发应用，培育壮大节能环保产业，推动资源节约高效利用。加快建设全国用能权、碳排放权交易市场，完善能源消费双控制度。实施金融支持绿色低碳发展专项政策，设立碳减排支持工具。提升生态系统碳汇能力。中国作为地球村的一员，将以实际行动为全球应对气候变化作出应有贡献。

（八）切实增进民生福祉，不断提高社会建设水平。注重解民忧、纾民困，及时回应群众关切，持续改善人民生活。

发展更加公平更高质量的教育。构建德智体美劳全面培养的教育体系。推动义务教育优质均衡发展和城乡一体化，加快补齐农村办学条件短板，健全教师工资保障长效机制，改善乡村教师待遇。进一步提高学前教育入园率，完善普惠性学前教育保障机制，支持社会力量办园。鼓励高中阶段学校多样化发展，加强县域高中建设。增强职业教育适应性，深化产教融合、校企合作，深入实施职业技能等级证书制度。办好特殊教育、继续教育，支持和规范民办教育发展。分类建设一流大学和一流学科，加快优化学科专业结构，加强基础学科和前沿学科建设，促进新兴交叉学科发展。支持中西部高等教育发展。加大国家通用语言文字推广力度。发挥在线教育优势，完善终身学习体系。倡导全社会尊师重教。深化教育评价改革，健全学校家庭社会协同育人机制，规范校外培训。加强师德师风建设。在教育公平上迈出更大步伐，更好解决进城务工人员子女就学问题，高校招生继续加大对中西部和农村地区倾斜力度，努力让广大学生健康快乐成长，让每个孩子都有人生出彩的机会。

推进卫生健康体系建设。坚持预防为主，持续推进健康中国行动，深入开展爱国卫生运动，深化疾病预防控制体系改革，强化基层公共卫生体系，创新医防协同机制，健全公共卫生应急处置和物资保障体系，建立稳定的公共卫生事业投入机制。加强精神卫生和心理健康服务。深化公立医院综合改革，扩大国家医学中心和区域医疗中心建设试点，加强全科医生和乡村医生队伍建设，提升县级医疗服务能力，加快建设分级诊疗体系。坚持中西医并重，实施中医药振兴发展重大工程。支持社会办医，促进“互联网+医疗健康”规范发展。强化食品药品疫苗监管。优化预约诊疗等便民措施，努力让大病、急难病患者尽早得到治疗。居民医保和基本公共卫生服务经费人均财政补助标准分别再增加 30 元和 5 元，推动基本医保省级统筹、门诊费用跨省直接结算。建立健全门诊共济保障机制，逐步将门诊费用纳入统筹基金报销，完善短缺药品保供稳价机制，采取把更多慢性病、常见病药品和高值医用耗材纳入集中带量采购等办法，进一步明显降低患者医药负担。

保障好群众住房需求。坚持房子是用来住的、不是用来炒的定位，稳地价、稳房价、稳预期。解决好大城市住房突出问题，通过增加土地供应、安排专项资金、集中建设等办法，切实增加保障性租赁住房和共有产权住房供给，规范发展长租房市场，降低租赁住房税费负担，尽最大努力帮助新市民、青年人等缓解住房困难。

加强基本民生保障。提高退休人员基本养老金、优抚对象抚恤和生活补助标准。推进基本养老保险全国统筹，规范发展第三支柱养老保险。完善全国统一的社会保险公共服务平台。加强军人军属、退役军人和其他优抚对象优待工作，健全退役军人工作体系和保障制度。继续实施失业保险保障扩围政策。促进医养康养相结合，稳步推进长期护理保险制度试点。发展普惠型养老服务和互助性养老。发展婴幼儿照护服务。发展社区养老、托幼、用餐、保洁等多样化服务，加强配套设施和无障碍设施建设，实施更优惠政策，让社区生活更加便利。完善传统服务保障措施，为老年人等群体提供更周全更贴心的服务。推进智能化服务要适应老年人、残疾人需求，并做到不让智能工具给他们日常生活造成障碍。健全帮扶残疾人、孤儿等社会福利制度，加强残疾预防，提升残疾康复服务质量。分层分类做好社会救助，及时帮扶受疫情灾情影响的困难群众，坚决兜住民生底线。

更好满足人民群众精神文化需求。培育和践行社会主义核心价值观，弘扬伟大抗疫精神和脱贫攻坚精神，推进公民道德建设。繁荣新闻出版、广播影视、文学艺术、哲学社会科学和档案等事业。加强互联网内容建设和管理，发展积极健康的网络文化。传承弘扬中华优秀传统文化，加强文物保护利用和非物质文化遗产传承，建设国家文化公园。推进城乡公共文化服务体系一体建设，创新实施文化惠民工程，倡导全民阅读。深化中外人文交流。完善全民健身公共服务体系。精心筹办北京冬奥会、冬残奥会等综合性体育赛事。

加强和创新社会治理。夯实基层社会治理基础，健全城乡社区治理和服务体系，推进市域社会治理现代化试点。加强社会信用体系建设。大力发展社会工作，支持社会组织、人道救助、志愿服务、公益慈善发展。保障妇女、儿童、老年人、残疾人合法权益。继续完善信访制度，推进矛盾纠纷多元化解。加强法律援助工作，启动实施“八五”普法规划。加强应急救援力量建设，提高防灾减灾抗灾救灾能力，切实做好洪涝干旱、森林草原火灾、地质灾害、地震等防御和气象服务。完善和落实安全生产责任制，深入开展安全生产专项整治三年行动，坚决遏制重特大事故发生。完善社会治安防控体系，常态化开展扫黑除恶斗争，防范打击各类犯罪，维护社会稳定和安全。

2022 年政府工作报告（节选）

2022 年 3 月 5 日

国务院总理李克强代表国务院在十三届全国人大五次会议上作《政府工作报告》：

一、2021 年工作回顾

过去一年是党和国家历史上具有里程碑意义的一年。以习近平同志为核心的党中央团结带领全党全国各族人民，隆重庆祝中国共产党成立一百周年，胜利召开党的十九届六中全会、制定党的第三个历史决议，如期打赢脱贫攻坚战，如期全面建成小康社会、实现第一个百年奋斗目标，开启全面建设社会主义现代化国家、向第二个百年奋斗目标进军新征程。一年来，面对复杂严峻的国内外形势和诸多风险挑战，全国上下共同努力，统筹疫情防控和经济社会发展，全年主要目标任务较好完成，“十四五”实现良好开局，我国发展又取得新的重大成就。

——经济保持恢复发展。国内生产总值达到 114 万亿元，增长 8.1%。全国财政收入突破 20 万亿元，增长 10.7%。城镇新增就业 1269 万人，城镇调查失业率平均为 5.1%。居民消费价格上涨 0.9%。国际收支基本平衡。

——创新能力进一步增强。国家战略科技力量加快壮大。关键核心技术攻关取得重要进展，载人航天、火星探测、资源勘探、能源工程等领域实现新突破。企业研发经费增长 15.5%。数字技术与实体经济加速融合。

——经济结构和区域布局继续优化。粮食产量 1.37 万亿斤，创历史新高。高技术制造业增加值增长 18.2%，信息技术服务等生产性服务业较快发展，产业链韧性得到提升。区域发展战略有效实施，新型城镇化扎实推进。

——改革开放不断深化。在重要领域和关键环节推出一批重大改革举措，供给侧结构性改革深入推进。“放管服”改革取得新进展。市场主体总量超过 1.5 亿户。高质量共建“一带一路”稳步推进。推动区域全面经济伙伴关系协定生效实施。货物进出口总额增长 21.4%，实际使用外资保持增长。

——生态文明建设持续推进。污染防治攻坚战深入开展，主要污染物排放量继续下降，地级及以上城市细颗粒物（$PM_{2.5}$）平均浓度下降 9.1%。第一批国家公园正式设立。生态环境质量明显改善。

——人民生活水平稳步提高。居民人均可支配收入实际增长 8.1%。脱贫攻坚成果得到巩固和拓展。基本养老、基本医疗、社会救助等保障力度加大。教育改革发展迈出新步伐。新开工改造城镇老旧小区 5.6 万个，惠及近千万家庭。

——疫情防控成果持续巩固。落实常态化防控举措，疫苗全程接种覆盖率超过 85%，及时有效处置局部地区聚集性疫情，保障了人民生命安全和身体健康，维护了正常生产生活秩序。

回顾过去一年，成绩得来殊为不易。我国经济尚处在突发疫情等严重冲击后的恢复发展过程中，国内外形势又出现很多新变化，保持经济平稳运行难度加大。我们深入贯彻以习近平同志为核心的党中央决策部署，贯彻落实中央经济工作会议精神，完整、准确、全面贯彻新发展理念，扎实做好“六稳”“六保”工作，注重宏观政策跨周期和逆周期调节，有效应对各种风险挑战，主要做了以下工作。

一是保持宏观政策连续性针对性，推动经济运行保持在合理区间。宏观政策适应跨周期调节需要，保持对经济恢复必要支持力度，同时考虑为今年应对困难挑战预留政策空间。建立常态化财政资金直达机制，将 2.8 万亿元中央财政资金纳入直达范围。优化地方政府专项债券发行使用。有效实施稳健的货币政策，两次全面降准，推动降低贷款利率。有序推进地方政府债务风险防范化解，稳妥处置重大金融风险事件。强化稳岗扩就业政策落实，扎实做好高校毕业生等重点群体就业工作，推进大众创业万众创新。加强大宗商品保供稳价，着力解决煤炭电力供应紧张问题。从全年看，主要宏观经济指标符合预期，财政赤字率和宏观杠杆率下降，经济增速继续位居世界前列。

二是优化和落实助企纾困政策，巩固经济恢复基础。上亿市场主体承载着数亿人就业创业，宏观政策延续疫情发生以来行之有效的支持路径和做法。去年新增减税降费超过 1 万亿元，还对制造业中小微企业、煤电和供热企业实施阶段性缓缴税费。实践表明，减税降费是助企纾困直接有效的办法，实际上也是“放水养鱼”、涵养税源，2013 年以来新增的涉税市场主体去年纳税达到 4.76 万亿元。加强铁路、公路、航空、海运、港口等运输保障。加大对受疫情影响严重行业企业信贷投放，继续执行小微企业贷款延期还本付息和信用贷款支持政策，银行业金融机构普惠小微企业贷款增长 27.3%，大型商业银行普惠小微企业贷款增幅超过 40%，企业综合融资成本稳中有降。

三是深化改革扩大开放，持续改善营商环境。加强市场体系基础制度建设，推进要素市场化配置等改革。继续压减涉企审批手续和办理时限，更多政务服务事项实现一网通办。推广一批地方改革经验，开展营商环境创新试点。加强和创新监管，反垄断和防止资本无序扩张，维护公平竞争。深入实施国企改革三年行动。支持民营企业健康发展。基本完成行业协会商会与行政机关脱钩改革。设立北京证券交易所和广州期货交易所。稳步推进农业农村、社会事业、生态文明等领域改革。深化共建“一带一路”务实合作。加大稳外贸稳外资力度，成功举办进博会、广交会、服贸会及首届消博会等重大展会。新增 4 个服务业扩大开放综合试点，推出海南自由贸易港开放新举措。

四是强化创新引领，稳定产业链供应链。加强国家实验室建设，推进重大科技项目实施。改革完善中央财政科研经费管理，提高间接费用比例，扩大科研自主权。延续实施研发费用加计扣除政策，将制造业企业研发费用加计扣除比例提高到100%。强化知识产权保护。开展重点产业强链补链行动。传统产业数字化智能化改造加快，新兴产业保持良好发展势头。

五是推动城乡区域协调发展，不断优化经济布局。落实区域重大战略和区域协调发展战略，出台新的支持举措，实施一批重大项目。推进以县城为重要载体的城镇化建设。加强农业生产，保障农资供应，对种粮农民一次性发放200亿元补贴。推动乡村振兴，确定160个国家乡村振兴重点帮扶县。实施农村人居环境整治提升五年行动。

六是加强生态环境保护，促进可持续发展。巩固蓝天、碧水、净土保卫战成果。推动化肥农药减量增效和畜禽养殖废弃物资源化利用。持续推进生态保护修复重大工程，全面实施长江十年禁渔。可再生能源发电装机规模突破10亿千瓦。出台碳达峰行动方案。启动全国碳排放权交易市场。积极应对气候变化。

七是着力保障和改善民生，加快发展社会事业。加大农村义务教育薄弱环节建设力度，提高学生营养改善计划补助标准，3700多万学生受益。减轻义务教育阶段学生作业负担和校外培训负担。超额完成高职扩招三年行动目标。国家助学贷款每人每年最高额度增加4000元，惠及500多万在校生。上调退休人员基本养老金。提高优抚标准。将低保边缘家庭重病重残人员纳入低保范围，做好困难群众帮扶救助。改革疾病预防控制体系。把更多常见病、慢性病等门诊费用纳入医保报销范围，住院费用跨省直接结算率达到60%。严格药品疫苗监管。实施三孩生育政策。加强养老服务。加快发展保障性租赁住房。繁荣发展文化事业和文化产业，创新实施文化惠民工程。营造良好网络生态。积极开展全民健身运动。我国体育健儿在东京奥运会、残奥会上勇创佳绩。经过精心筹备，我们成功举办了简约、安全、精彩的北京冬奥会，也一定能办好刚刚开幕的冬残奥会。

八是推进法治政府建设和治理创新，保持社会和谐稳定。提请全国人大常委会审议法律议案10件，制定修订行政法规15部。认真办理人大代表建议和政协委员提案。出台法治政府建设实施纲要。发挥审计监督作用。继续开展国务院大督查，深入实施“互联网+督查”。创新城乡基层治理。扎实做好信访工作，化解信访积案。强化安全生产和应急管理。加强国家安全保障能力建设。完善社会治安防控体系，常态化开展扫黑除恶斗争，集中打击治理电信网络诈骗等犯罪。去年一些地区发生严重洪涝等灾害，各方面积极开展防灾救灾和灾后重建，努力保障人民群众生命财产安全。

贯彻落实党中央全面从严治党战略部署。开展党史学习教育。加强党风廉政建设和反腐败斗争。严格落实中央八项规定精神，持之以恒纠治“四风”，进一步为基层减负。

中国特色大国外交全面推进。习近平主席等党和国家领导人通过视频方式出席联合国大会、二十国集团领导人峰会、亚太经合组织领导人非正式会议、金砖国家领导人会晤、中国-东盟建立对话关系30周年纪念峰会、中非合作论坛部长级会议开幕式、东亚合作领导人系列会议、亚欧首脑会议等重大活动。成功举办多场重大主场外交活动。推动构建人类命运共同体，积极发展全球伙伴关系，积极参与全球治理体系改革和建设，推进国际抗疫合作，共同应对全球性问题和挑战。中国为促进世界和平与发展作出了积极贡献。

各位代表！

过去一年取得的成绩，是以习近平同志为核心的党中央坚强领导的结果，是习近平新时代中国特色社会主义思想科学指引的结果，是全党全军全国各族人民团结奋斗的结果。我代表国务院，向全国各族人民，向各民主党派、各人民团体和各界人士，表示诚挚感谢！向香港特别行政区同胞、澳门特别行政区同胞、台湾同胞和海外侨胞，表示诚挚感谢！向关心和支持中国现代化建设的各国政府、国际组织和各国朋友，表示诚挚感谢！

在肯定成绩的同时，我们也清醒看到面临的问题和挑战。全球疫情仍在持续，世界经济复苏动力不足，大宗商品价格高位波动，外部环境更趋复杂严峻和不确定。我国经济发展面临需求收缩、供给冲击、预期转弱三重压力。局部疫情时有发生。消费和投资恢复迟缓，稳出口难度增大，能源原材料供应仍然偏紧，输入性通胀压力加大，中小微企业、个体工商户生产经营困难，稳就业任务更加艰巨。关键领域创新支撑能力不强。一些地方财政收支矛盾加大，经济金融领域风险隐患较多。民生领域还有不少短板。政府工作存在不足，形式主义、官僚主义仍然突出，脱离实际、违背群众意愿现象屡有发生，有的在政策执行中采取“一刀切”、运动式做法。少数干部不担当、不作为、乱作为，有的漠视严重侵害群众权益问题、工作严重失职失责。一些领域腐败问题依然多发。我们要增强忧患意识，直面问题挑战，全力以赴做好工作，决不辜负人民期待！

二、2022 年经济社会发展总体要求和政策取向（略）

三、2022 年政府工作任务（略）

重要会议及区域规划关于房地产发展要点汇总

2017—2021 年政府工作报告关于房地产发展的表述

日期	主要内容
2017 年	因城施策去库存。目前三四线城市房地产库存仍然较多，要支持居民自住和进城人员购房需求。坚持住房的居住属性，落实地方政府主体责任，加快建立和完善促进房地产市场平稳健康发展的长效机制，健全购租并举的住房制度，以市场为主满足多层次需求，以政府为主提供基本保障。加强房地产市场分类调控，房价上涨压力大的城市要合理增加住宅用地，规范开发、销售、中介等行为，遏制热点城市房价过快上涨。目前城镇还有几千万人居住在条件简陋的棚户区，要持续进行改造。今年再完成棚户区住房改造 600 万套，继续发展公租房等保障性住房，因地制宜、多种方式提高货币化安置比例，加强配套设施建设和公共服务，让更多住房困难家庭告别棚户区，让广大人民群众在住有所居中创造新生活
2018 年	健全地方税体系，稳妥推进房地产税立法，更好解决群众住房问题。启动新的三年棚改攻坚计划，今年开工 580 万套。加大公租房保障力度，对低收入住房困难家庭要应保尽保，将符合条件的新就业无房职工、外来务工人员纳入保障范围。坚持房子是用来住的、不是用来炒的定位，落实地方主体责任，继续实行差别化调控，建立健全长效机制，促进房地产市场平稳健康发展。支持居民自住购房需求，培育住房租赁市场，发展共有产权住房。加快建立多主体供给、多渠道保障、租购并举的住房制度，让广大人民群众早日实现安居宜居
2019 年	深入推进新型城镇化。坚持以中心城市引领城市群发展。抓好农业转移人口落户，推动城镇基本公共服务覆盖常住人口。更好解决群众住房问题，落实城市主体责任，改革完善住房市场体系和保障体系，促进房地产市场平稳健康发展。继续推进保障性住房建设和城镇棚户区改造，保障困难群体基本居住需求。继续推进地下综合管廊建设。城镇老旧小区量大面广，要大力进行改造提升，更新水电路气等配套设施，支持加装电梯和无障碍环境建设，健全便民市场、便利店、步行街、停车场等生活服务设施。新型城镇化要处处体现以人为核心，提高柔性化治理、精细化服务水平，让城市更加宜居，更具包容和人文关怀 健全地方税体系，稳步推进房地产税立法
2020 年	深入推进新型城镇化。发挥中心城市和城市群综合带动作用，培育产业、增加就业。坚持房子是用来住的、不是用来炒的定位，因城施策，促进房地产市场平稳健康发展。完善便民、无障碍设施，让城市更宜业宜居
2021 年	保障好群众住房需求。坚持房子是用来住的、不是用来炒的定位，稳地价、稳房价、稳预期。解决好大城市住房突出问题，通过增加土地供应、安排专项资金、集中建设等办法，切实增加保障性租赁住房和共有产权住房供给，规范发展长租房市场，降低租赁住房税费负担，尽最大努力帮助新市民、青年人等缓解住房困难

2017—2021 年中央经济工作会议关于房地产发展的表述

日期	主要内容
2017 年 12 月 18—20 日	打好防范化解重大风险攻坚战，重点是防控金融风险，要服务于供给侧结构性改革这条主线，促进形成金融和实体经济、金融和房地产、金融体系内部的良性循环，做好重点领域风险防范和处置，坚决打击违法违规金融活动，加强薄弱环节监管制度建设 加快建立多主体供应、多渠道保障、租购并举的住房制度。要发展住房租赁市场特别是长期租赁，保护租赁利益相关方合法权益，支持专业化、机构化住房租赁企业发展。完善促进房地产市场平稳健康发展的长效机制，保持房地产市场调控政策连续性和稳定性，分清中央和地方事权，实行差别化调控
2018 年 12 月 19—21 日	要构建房地产市场健康发展长效机制，坚持房子是用来住的、不是用来炒的定位，因城施策、分类指导，夯实城市政府主体责任，完善住房市场体系和住房保障体系
2019 年 12 月 10-12 日	要加大城市困难群众住房保障工作，加强城市更新和存量住房改造提升，做好城镇老旧小区改造，大力发展租赁住房；要坚持房子是用来住的、不是用来炒的定位，全面落实因城施策，稳地价、稳房价、稳预期的长效管理调控机制，促进房地产市场平稳健康发展
2020 年 12 月 16—18 日	解决好大城市住房突出问题。住房问题关系民生福祉。要坚持房子是用来住的、不是用来炒的定位，因地制宜、多策并举，促进房地产市场平稳健康发展。要高度重视保障性租赁住房建设，加快完善长租房政策，逐步使租购住房在享受公共服务上具有同等权利，规范发展长租房市场。土地供应要向租赁住房建设倾斜，单列租赁住房用地计划，探索利用集体建设用地和企事业单位自有闲置土地建设租赁住房，国有和民营企业都要发挥功能作用。要降低租赁住房税费负担，整顿租赁市场秩序，规范市场行为，对租金水平进行合理调控
2021 年 12 月 8—10 日	要坚持房子是用来住的、不是用来炒的定位，加强预期引导，探索新的发展模式，坚持租购并举，加快发展长租房市场，推进保障性住房建设，支持商品房市场更好满足购房者的合理住房需求，因城施策促进房地产业良性循环和健康发展

2021 年其他重要会议关于房地产发展的表述

会议名称	日期	主要内容
第十三届全国人民代表大会常务委员会第三十一次会议	10 月 23 日	授权国务院在部分地区开展房地产税改革试点工作 一、试点地区的房地产税征税对象为居住用和非居住用等各类房地产，不包括依法拥有的农村宅基地及其上住宅。土地使用权人、房屋所有权人为房地产税的纳税人。非居住用房地产继续按照《中华人民共和国房产税暂行条例》《中华人民共和国城镇土地使用税暂行条例》执行 二、国务院制定房地产税试点具体办法，试点地区人民政府制定具体实施细则。国务院及其有关部门、试点地区人民政府应当构建科学可行的征收管理模式和程序 三、国务院按照积极稳妥的原则，统筹考虑深化试点与统一立法、促进房地产市场平稳健康发展等情况确定试点地区，报全国人民代表大会常务委员会备案 本决定授权的试点期限为五年，自国务院试点办法印发之日起算。试点过程中，国务院应当及时总结试点经验，在授权期限届满的六个月以前，向全国人民代表大会常务委员会报告试点情况，需要继续授权的，可以提出相关意见，由全国人民代表大会常务委员会决定。条件成熟时，及时制定法律
国务院常务会议	4 月 21 日	着眼促进经济稳中加固，将直达资金作为冲抵部分阶段性政策“退坡”影响的重要措施之一，继续主要用于支持保就业保民生保市场主体，让资金流向群众希望、企业期盼的方向和领域以及基层保工资保运转，集中更多财力加大对义务教育、基本医疗、基本住房等基本民生的投入，支持农田水利建设
	6 月 18 日	为保障城镇化进程中进城务工人员、新就业大学生等新市民、青年人基本住房需求，会议确定，一是落实城市政府主体责任，鼓励市场力量参与，加强金融支持，增加租金低于市场水平的小户型保障性租赁住房供给。二是人口净流入的大城市等，可利用集体经营性建设用地、企事业单位自有土地建设保障性租赁住房，允许将闲置和低效利用的商业办公用房、厂房等改建为保障性租赁住房。三是从 10 月 1 日起，住房租赁企业向个人出租住房适用简易计税方法，按照 5%征收率减按 1.5%缴纳增值税；对企事业单位等向个人、专业化规模化住房租赁企业出租住房，减按 4%税率征收房产税

续表

会议名称	日期	主要内容
	6 月 22 日	推进灵活就业人员参加住房公积金制度试点
	8 月 25 日	完善三孩生育政策配套支持措施，落实产假制度和生育津贴，探索实施父母育儿假，依托社区发展普惠托育服务，推动将 3 岁以下婴幼儿照护服务费用纳入个人所得税专项附加扣除，加强住房等支持政策，多措并举减轻家庭生育、养育、教育负担
中共中央政治局会议	4 月 30 日	要坚持房子是用来住的、不是用来炒的定位，增加保障性租赁住房和共有产权住房供给，防止以学区房等名义炒作房价
	5 月 31 日	要完善生育休假与生育保险制度，加强税收、住房等支持政策，保障女性就业合法权益。对全面两孩政策调整前的独生子女家庭和农村计划生育双女家庭，要继续实行现行各项奖励扶助制度和优惠政策。要建立健全计划生育特殊家庭全方位帮扶保障制度，完善政府主导、社会组织参与的扶助关怀工作机制，维护好计划生育家庭合法权益。要深化国家人口中长期发展战略和区域人口发展规划研究，促进人口长期均衡发展
	7 月 30 日	要坚持房子是用来住的、不是用来炒的定位，稳地价、稳房价、稳预期，促进房地产市场平稳健康发展。加快发展租赁住房，落实用地、税收等支持政策
	12 月 6 日	要推进保障性住房建设，支持商品房市场更好满足购房者的合理住房需求，促进房地产业健康发展和良性循环

重要区域发展规划方案要点汇总

文件名称	日期	主要内容
《中共中央 国务院关于支持浙江高质量发展建设共同富裕示范区的意见》	2021 年 5 月 20 日	提高发展质量效益，夯实共同富裕的物质基础。深化收入分配制度改革，多渠道增加城乡居民收入。缩小城乡区域发展差距，实现公共服务优质共享。持续改善城乡居民居住条件。坚持房子是用来住的、不是用来炒的定位，完善住房市场体系和住房保障体系，确保实现人民群众住有所居。针对新市民、低收入困难群众等重点群体，有效增加保障性住房供给。对房价比较高、流动人口多的城市，土地供应向租赁住房建设倾斜，探索利用集体建设用地和企事业单位自有闲置土地建设租赁住房，扩大保障性租赁住房供给，加快完善长租房政策，使租购住房在享受公共服务上具有同等权利。全面推进城镇老旧小区改造和社区建设，提升农房建设质量，加强农村危房改造，探索建立农村低收入人口基本住房安全保障机制，塑造江南韵、古镇味、现代风的新江南水乡风貌，提升城乡宜居水平 打造新时代文化高地，丰富人民精神文化生活。践行绿水青山就是金山银山理念，打造美丽宜居的生活环境。高水平建设美丽浙江。强化国土空间规划和用途管控，优化省域空间布局，落实生态保护、基本农田、城镇开发等空间管控边界。坚持最严格的耕地保护制度和最严格的节约用地制度，严格规范执行耕地占补平衡制度，对违法占用耕地“零容忍”，坚决有效遏制增量，依法有序整治存量，强化耕地数量保护和质量提升
《中共中央 国务院关于新时代推动中部地区高质量发展的意见》	2021 年 7 月 22 日	坚持协调发展，增强城乡区域发展协同性。促进城乡融合发展。以基础设施互联互通、公共服务共建共享为重点，加强长江中游城市群、中原城市群内城市间合作。支持武汉、长株潭、郑州、合肥等都市圈及山西中部城市群建设，培育发展南昌都市圈。加快武汉、郑州国家中心城市建设，增强长沙、合肥、南昌、太原等区域中心城市辐射带动能力，促进洛阳、襄阳、阜阳、赣州、衡阳、大同等区域重点城市经济发展和人口集聚。推进以县城为重要载体的城镇化建设，以县域为单元统筹城乡发展。发展一批特色小镇，补齐县城和小城镇基础设施与公共服务短板。有条件地区推进城乡供水一体化、农村供水规模化建设和水利设施改造升级，加快推进引江济淮、长江和淮河干流治理、鄂北水资源配置、江西花桥水库、湖南椒花水库等重大水利工程建设

续表

文件名称	日期	主要内容
《中共中央 国务院关于新时代推动中部地区高质量发展的意见》	2021年7月22日	坚持开放发展，形成内陆高水平开放新体制。加快内陆开放通道建设；打造内陆高水平开放平台；持续优化市场化法治化国际化营商环境 坚持共享发展，提升公共服务保障水平。提高基本公共服务保障能力，推动居住证制度覆盖全部未落户城镇常住人口，完善以居住证为载体的随迁子女就学、住房保障等公共服务政策 完善促进中部地区高质量发展政策措施。建立健全支持政策体系；加大财税金融支持力度
中共中央 国务院印发《横琴粤澳深度合作区建设总体方案》	2021年9月5日	发展促进澳门经济适度多元的新产业。发展科技研发和高端制造产业；发展中医药等澳门品牌工业；发展文旅会展商贸产业；发展现代金融产业；完善企业所得税优惠政策；促进境内外人才集聚 建设便利澳门居民生活就业的新家园。吸引澳门居民就业创业；加强与澳门社会民生合作；推进基础设施互联互通 构建与澳门一体化高水平开放的新体系。货物“一线”放开、“二线”管住。“一线”放开方面，对合作区与澳门之间经“一线”进出的货物（过境合作区货物除外）继续实施备案管理，进一步简化申报程序和要素；人员进出高度便利；创新跨境金融管理；建立高度便利的市场准入制度；促进国际互联网数据跨境安全有序流动
中共中央 国务院印发《全面深化前海深港现代服务业合作区改革开放方案》	2021年9月6日	打造全面深化改革创新试验平台。推进现代服务业创新发展；加快科技发展体制机制改革创新；打造国际一流营商环境；创新合作区治理模式 建设高水平对外开放门户枢纽。深化与港澳服务贸易自由化；扩大金融业对外开放；提升法律事务对外开放水平；高水平参与国际合作

《中华人民共和国国民经济和社会发展第十四个五年规划和2035年远景目标纲要》（节选）

2021年3月12日 十三届全国人大四次会议表决通过

第一篇至第三篇（略）

第四篇　形成强大国内市场　构建新发展格局（节选）

坚持扩大内需这个战略基点，加快培育完整内需体系，把实施扩大内需战略同深化供给侧结构性改革有机结合起来，以创新驱动、高质量供给引领和创造新需求，加快构建以国内大循环为主体、国内国际双循环相互促进的新发展格局。

第十二章　畅通国内大循环

依托强大国内市场，贯通生产、分配、流通、消费各环节，形成需求牵引供给、供给创造需求的更高水平动态平衡，促进国民经济良性循环。

第一节　提升供给体系适配性

深化供给侧结构性改革，提高供给适应引领创造新需求能力。适应个性化、差异化、品质化消费需求，推动生产模式和产业组织方式创新，持续扩大优质消费品、中高端产品供给和教育、医疗、养老等服务供给，提升产品服务质量和客户满意度，推动供需协调匹配。优化提升供给结构，促进农业、制造业、服务业、能源资源等产业协调发展。完善产业配套体系，加快自然垄断行业竞争性环节市场化，实现上下游、产供销有效衔接。健全市场化法治化化解过剩产能长效机制，完善企业兼并重组法律法规和配套政策。建立健全质量分级制度，加快标准升级迭代和国际标准转化应用。开展中国品牌创建行动，保护发展中华老字号，提升自主品牌影响力和竞争力，率先在化妆品、服装、家纺、电子产品等消费品领域培育一批高端品牌。

第二节　促进资源要素顺畅流动

破除制约要素合理流动的堵点，矫正资源要素失衡错配，从源头上畅通国民经济循环。提高金融服务实体经济能力，健全实体经济中长期资金供给制度安排，创新直达实体经济的金融产品和服务，增强多层次资本市场融资功能。实施房地产市场平稳健康发展长效机制，促进房地产与实体经济均衡发展。有效提升劳动者技能，提高就业质量和收入水平，形成人力资本提升和产业转型升级良性循环。健全城乡要素自由流动机制，构建区域产业梯度转移格局，促进城乡区域良性互动。

第三节　强化流通体系支撑作用

深化流通体制改革，畅通商品服务流通渠道，提升流通效率，降低全社会交易成本。加快构建国内统一大市场，对标国际先进规则和最佳实践优化市场环境，促进不同地区和行业标准、规则、政策协调统一，有效破除地方保护、行业垄断和市场分割。建设现代物流体系，加快发展冷链物流，统筹物流枢纽设施、骨干线路、区域分拨中心和末端配送节点建设，完善国家物流枢纽、骨干冷链物流基地设施条件，健全县乡村三级物流配送体系，发展高铁快运等铁路快捷货运产品，加强国际航空货运能力建设，提升国际海运竞争力。优化国际物流通道，加快形成内外联通、安全高效的物流网络。完善现代商贸流通体系，培育一批具有全球竞争力的现代流通企业，支持便利店、农贸市场等商贸流通设施改造升级，发展无接触交易服务，加强商贸流通标准化建设和绿色发展。加快建立储备充足、反应迅速、抗冲击能力强的应急物流体系。

第四节　完善促进国内大循环的政策体系

保持合理的财政支出力度和赤字率水平，完善减税降费政策，构建有利于企业扩大投资、增加研发投入、调节收入分配、减轻消费者负担的税收制度。保持流动性合理充裕，保持货币供应量和社会融资规模增速同名义经济增速基本匹配，创新结构性政策工具，引导金融机构加大对重点领域和薄弱环节支持力度，规范发展消费信贷。推动产业政策向普惠化和功能性转型，强化竞争政策基础性地位，支持技术创新和结构升级。健全与经济发展水平相适应的收入分配、社会保障和公共服务制度。

第十三章（略）

第十四章　加快培育完整内需体系

深入实施扩大内需战略，增强消费对经济发展的基础性作用和投资对优化供给结构的关键性作用，建设消费和投资需求旺盛的强大国内市场。

第一节　全面促进消费

顺应居民消费升级趋势，把扩大消费同改善人民生活品质结合起来，促进消费向绿色、健康、安全发展，稳步提高居民消费水平。提升传统消费，加快推动汽车等消费品由购买管理向使用管理转变，健全强制报废制度和废旧家电、消费电子等耐用消费品回收处理体系，促进住房消费健康发展。培育新型消费，发展信息消费、数字消费、绿色消费，鼓励定制、体验、智能、时尚消费等新模式新业态发展。发展服务消费，放宽服务消费领域市场准入，推动教育培训、医疗健康、养老托育、文旅体育等消费提质扩容，加快线上线下融合发展。适当增加公共消费，提高公共服务支出效率。扩大节假日消费，完善节假日制度，全面落实带薪休假制度。培育建设国际消费中心城市，打造一批区域消费中心。完善城乡融合消费网络，扩大电子商务进农村覆盖面，改善县域消费环境，推动农村消费梯次升级。完善市内免税店政策，规划建设一批中国特色市内免税店。采取增加居民收入与减负并举等措施，不断扩大中等收入群体，持续释放消费潜力。强化消费者权益保护，完善质量标准和后评价体系，健全缺陷产品召回、产品伤害监测、产品质量担保等制度，完善多元化消费维权机制和纠纷解决机制。

第二节　拓展投资空间

优化投资结构，提高投资效率，保持投资合理增长。加快补齐基础设施、市政工程、农业农村、公共安全、生态环保、公共卫生、物资储备、防灾减灾、民生保障等领域短板，推动企业设备更新和技术改造，扩大战略性新兴产业投资。推进既促消费惠民生又调结构增后劲的新型基础设施、新型城镇化、交通水利等重大工程建设。面向服务国家重大战略，实施川藏铁路、西部陆海新通道、国家水网、雅鲁藏布江下游水电开发、星际探测、北斗产业化等重大工程，推进重大科研设施、重大生态系统保护修复、公共卫生应急保障、重大引调水、防洪减灾、送电输气、沿边沿江沿海交通等一批强基础、增功能、利长远的重大项目建设。深化投融资体制改革，发挥政府投资撬动作用，激发民间投资活力，形成市场主导的投资内生增长机制。健全项目谋划、储备、推进机制，加大资金、用地等要素保障力度，加快投资项目落地见效。规范有序推进政府和社会资本合作（PPP），推动基础设施领域不动产投资信托基金（REITs）健康发展，有效盘活存量资产，形成存量资产和新增投资的良性循环。

第五篇（略）

第六篇　全面深化改革 构建高水平社会主义市场经济体制（节选）

第十九章（略）

第二十章　建设高标准市场体系（节选）

第二节　推进要素市场化配置改革

建立健全城乡统一的建设用地市场，统筹推进农村土地征收、集体经营性建设用地入市、宅基地制度改革。改革土地计划管理方式，赋予省级政府更大用地自主权，探索建立全国性的建设用地、补充耕地指标跨区域交易机制。建立不同产业用地类型合理转换机制，增加混合产业用地供给。健全统一规范的人力资源市场体系，破除劳动力和人才在城乡、区域和不同所有制单位间的流动障碍，减少人事档案管理中的不合理限制。发展技术和数据要素市场。健全要素市场运行机制，完善交易规则和服务体系。深化公共资源交易平台整合共享。

第二十一章　建立现代财税金融体制

更好发挥财政在国家治理中的基础和重要支柱作用，增强金融服务实体经济能力，健全符合高质量发展要求的财税金融制度。

第一节　加快建立现代财政制度

深化预算管理制度改革，强化对预算编制的宏观指导和审查监督。加强财政资源统筹，推进财政支出标准化，强化预算约束和绩效管理。完善跨年度预算平衡机制，加强中期财政规划管理，增强国家重大战略任务财力保障。建立权责清晰、财力协调、区域均衡的中央和地方财政关系，适当加强中央在知识产权保护、养老保险、跨区域生态环境保护等方面事权，减少并规范中央和地方共同事权。健全省以下财政体制，增强基层公共服务保障能力。完善财政转移支付制度，优化转移支付结构，规范转移支付项目。完善权责发生制政府综合财务报告制度。建立健全规范的政府举债融资机制。

第二节　完善现代税收制度

优化税制结构，健全直接税体系，适当提高直接税比重。完善个人所得税制度，推进扩大综合征收范围，优化税率结构。聚焦支持稳定制造业、巩固产业链供应链，进一步优化增值税制度。调整优化消费税征收范围和税率，推进征收环节后移并稳步下划地方。规范完善税收优惠。推进房地产税立法，健全地方税体系，逐步扩大地方税政管理权。深化税收征管制度改革，建设智慧税务，推动税收征管现代化。

第三节　深化金融供给侧结构性改革

健全具有高度适应性、竞争力、普惠性的现代金融体系，构建金融有效支持实体经济的体制机制。建设现代中央银行制度，完善货币供应调控机制。稳妥推进数字货币研发。健全市场化利率形成和传导机制，完善央行政策利率体系，更好发挥贷款市场报价利率基准作用。优化金融体系结构，深化国有商业银行改革，加快完善中小银行和农村信用社治理结构，规范发展非银行金融机构，增强金融普惠性。改革优化政策性金融，强化服务国家战略和规划能力。深化保险公司改革，提高商业保险保障能力。健全金融机构公司治理，强化股东股权和关联交易监管。完善资本市场基础制度，健全多层次资本市场体系，大力发展机构投资者，提高直接融资特别是股权融资比重。全面实行股票发行注册制，建立常态化退市机制，提高上市公司质量。深化新三板改革。完善市场化债券发行机制，稳步扩大债券市场规模，丰富债券品种，发行长期国债和基础设施长期债券。完善投资者保护制度和存款保险制度。完善现代金融监管体系，补齐监管制度短板，在审慎监管前提下有序推进金融创新，健全风险全覆盖监管框架，提高金融监管透明度和法治化水平。稳妥发展金融科技，加快金融机构数字化转型。强化监管科技运用和金融创新风险评估，探索建立创新产品纠偏和暂停机制。

第二十二章（略）

第七篇　坚持农业农村优先发展　全面推进乡村振兴（节选）

第二十三章、第二十四章（略）

第二十五章　健全城乡融合发展体制机制

建立健全城乡要素平等交换、双向流动政策体系，促进要素更多向乡村流动，增强农业农村发展活力。

第一节　深化农业农村改革

巩固完善农村基本经营制度，落实第二轮土地承包到期后再延长30年政策，完善农村承包地所有权、承包权、经营权分置制度，进一步放活经营权。发展多种形式适度规模经营，加快培育家庭农场、农民合作社等新型农业经营主体，健全农业专业化社会化服务体系，实现小农户和现代农业有机衔接。深化农村宅基地制度改革试点，加快房地一体的宅基地确权颁证，探索宅基地所有权、资格权、使用权分置实现形式。积极探索实施农村集体经营性建设用地入市制度。允许农村集体在农民自愿前提下，依法把有偿收回的闲置宅基地、废弃的集体公益性建设用地转变为集体经营性建设用地入市。建立土地征收公共利益认定机制，缩小土地征收范围。深化农村集体产权制度改革，完善产权权能，将经营性资产量化到集体经济组织成员，发展壮大新型农村集体经济。切实减轻村级组织负担。发挥国家城乡融合发展试验区、农村改革试验区示范带动作用。

第二节　加强农业农村发展要素保障

健全农业农村投入保障制度，加大中央财政转移支付、土地出让收入、地方政府债券支持农业农村力度。健全农业支持保护制度，完善粮食主产区利益补偿机制，构建新型农业补贴政策体系，完善粮食最低收购价政策。深化供销合作社改革。完善农村用地保障机制，保障设施农业和乡村产业发展合理用地需求。健全农村金融服务体系，完善金融支农激励机制，扩大农村资产抵押担保融资范围，发展农业保险。允许入乡就业创业人员在原籍地或就业创业地落户并享受相关权益，建立科研人员入乡兼职兼薪和离岗创业制度。

第二十六章（略）

第八篇　完善新型城镇化战略 提升城镇化发展质量

坚持走中国特色新型城镇化道路，深入推进以人为核心的新型城镇化战略，以城市群、都市圈为依托促进大中小城市和小城镇协调联动、特色化发展，使更多人民群众享有更高品质的城市生活。

第二十七章　加快农业转移人口市民化

坚持存量优先、带动增量，统筹推进户籍制度改革和城镇基本公共服务常住人口全覆盖，健全农业转移人口市民化配套政策体系，加快推动农业转移人口全面融入城市。

第一节　深化户籍制度改革

放开放宽除个别超大城市外的落户限制，试行以经常居住地登记户口制度。全面取消城区常住人口300万以下的城市落户限制，确保外地与本地农业转移人口进城落户标准一视同仁。全面放宽城区常住人口300万至500万的I型大城市落户条件。完善城区常住人口500万以上的超大特大城市积分落户政策，精简积分项目，确保社会保险缴纳年限和居住年限分数占主要比例，鼓励取消年度落户名额限制。健全以居住证为载体、与居住年限等条件相挂钩的基本公共服务提供机制，鼓励地方政府提供更多基本公共服务和办事便利，提高居住证持有人城镇义务教育、住房保障等服务的实际享有水平。

第二节　健全农业转移人口市民化机制

完善财政转移支付与农业转移人口市民化挂钩相关政策，提高均衡性转移支付分配中常住人口折算比例，中央财政市民化奖励资金分配主要依据跨省落户人口数量确定。建立财政性建设资金对吸纳落户较多城市的基础设施投资补助机制，加大中央预算内投资支持力度。调整城镇建设用地年度指标分配依据，建立同吸纳农业转移人口落户数量和提供保障性住房规模挂钩机制。根据人口流动实际调整人口流入流出地区教师、医生等编制定额和基本公共服务设施布局。依法保障进城落户农民农村土地承包权、宅基地使用权、集体收益分配权，建立农村产权流转市场体系，健全农户“三权”市场化退出机制和配套政策。

第二十八章　完善城镇化空间布局

发展壮大城市群和都市圈，分类引导大中小城市发展方向和建设重点，形成疏密有致、分工协作、功能完善的城镇化空间格局。

第一节　推动城市群一体化发展

以促进城市群发展为抓手，全面形成“两横三纵”城镇化战略格局。优化提升京津冀、长三角、珠三角、成渝、长江中游等城市群，发展壮大山东半岛、粤闽浙沿海、中原、关中平原、北部湾等城市群，培育发展哈长、辽中南、山西中部、黔中、滇中、呼包鄂榆、兰州—西宁、宁夏沿黄、天山北坡等城市群。建立健全城市群一体化协调发展机制和成本共担、利益共享机制，统筹推进基础设施协调布局、产业分工协作、公共服务共享、生态共建环境共治。优化城市群内部空间结构，构筑生态和安全屏障，形成多中心、多层级、多节点的网络型城市群。

第二节　建设现代化都市圈

依托辐射带动能力较强的中心城市，提高 1 小时通勤圈协同发展水平，培育发展一批同城化程度高的现代化都市圈。以城际铁路和市域（郊）铁路等轨道交通为骨干，打通各类“断头路”“瓶颈路”，推动市内市外交通有效衔接和轨道交通“四网融合”，提高都市圈基础设施连接性贯通性。鼓励都市圈社保和落户积分互认、教育和医疗资源共享，推动科技创新券通兑通用、产业园区和科研平台合作共建。鼓励有条件的都市圈建立统一的规划委员会，实现规划统一编制、统一实施，探索推进土地、人口等统一管理。

第三节　优化提升超大特大城市中心城区功能

统筹兼顾经济、生活、生态、安全等多元需要，转变超大特大城市开发建设方式，加强超大特大城市治理中的风险防控，促进高质量、可持续发展。有序疏解中心城区一般性制造业、区域性物流基地、专业市场等功能和设施，以及过度集中的医疗和高等教育等公共服务资源，合理降低开发强度和人口密度。增强全球资源配置、科技创新策源、高端产业引领功能，率先形成以现代服务业为主体、先进制造业为支撑的产业结构，提升综合能级与国际竞争力。坚持产城融合，完善郊区新城功能，实现多中心、组团式发展。

第四节　完善大中城市宜居宜业功能

充分利用综合成本相对较低的优势，主动承接超大特大城市产业转移和功能疏解，夯实实体经济发展基础。立足特色资源和产业基础，确立制造业差异化定位，推动制造业规模化集群化发展，因地制宜建设先进制造业基地、商贸物流中心和区域专业服务中心。优化市政公用设施布局和功能，支持三级医院和高等院校在大中城市布局，增加文化体育资源供给，营造现代时尚的消费场景，提升城市生活品质。

第五节　推进以县城为重要载体的城镇化建设

加快县城补短板强弱项，推进公共服务、环境卫生、市政公用、产业配套等设施提级扩能，增强综合承载能力和治理能力。支持东部地区基础较好的县城建设，重点支持中西部和东北城镇化地区县城建设，合理支持农产品主产区、重点生态功能区县城建设。健全县城建设投融资机制，更好发挥财政性资金作用，引导金融资本和社会资本加大投入力度。稳步有序推动符合条件的县和镇区常住人口 20 万以上的特大镇设市。按照区位条件、资源禀赋和发展基础，因地制宜发展小城镇，促进特色小镇规范健康发展。

第二十九章　全面提升城市品质

加快转变城市发展方式，统筹城市规划建设管理，实施城市更新行动，推动城市空间结构优化和品质提升。

第一节　转变城市发展方式

按照资源环境承载能力合理确定城市规模和空间结构，统筹安排城市建设、产业发展、生态涵养、基础设施和公共服务。推行功能复合、立体开发、公交导向的集约紧凑型发展模式，统筹地上地下空间利用，增加绿化节点和公共开敞空间，新建住宅推广街区制。推行城市设计和风貌管控，落实适用、经济、绿色、美观的新时期建筑方针，加强新建高层建筑管控。加快推进城市更新，改造提升老旧小区、老旧厂区、老旧街区和城中村等存量片区功能，推进老旧楼宇改造，积极扩建新建停车场、充电桩。

第二节　推进新型城市建设

顺应城市发展新理念新趋势，开展城市现代化试点示范，建设宜居、创新、智慧、绿色、人文、韧性城市。提升城市智慧化水平，推行城市楼宇、公共空间、地下管网等“一张图”数字化管理和城市运行一网统管。科学规划布局城市绿环绿廊绿楔绿道，推进生态修复和功能完善工程，优先发展城市公共交通，建设自行车道、步行道等慢行网络，发展智能建造，推广绿色建材、装配式建筑和钢结构住宅，建设低碳城市。保护和延续城市文脉，杜绝大拆大建，让城市留下记忆、让居民记住乡愁。建设源头减排、蓄排结合、排涝除险、超标应急的城市防洪排涝体系，推动城市内涝治理取得明显成效。增强公共设施应对风暴、干旱和地质灾害的能力，完善公共设施和建筑应急避难功能。加强无障碍环境建设。拓展城市建设资金来源渠道，建立期限匹配、渠道多元、财务可持续的融资机制。

第三节　提高城市治理水平

坚持党建引领、重心下移、科技赋能，不断提升城市治理科学化精细化智能化水平，推进市域社会治理现代化。改革完善城市管理体制。推广“街乡吹哨、部门报到、接诉即办”等基层管理机制经验，推动资源、管理、服务向街道社区下沉，加快建设现代社区。运用数字技术推动城市管理手段、管理模式、管理理念创新，精准高效满足群众需求。加强物业服务监管，提高物业服务覆盖率、服务质量和标准化水平。

第四节　完善住房市场体系和住房保障体系

坚持房子是用来住的、不是用来炒的定位，加快建立多主体供给、多渠道保障、租购并举的住房制度，让全体人民住有所居、职住平衡。坚持因地制宜、多策并举，夯实城市政府主体责任，稳定地价、房价和预期。建立住房和土地联动机制，加强房地产金融调控，发挥住房税收调节作用，支持合理自住需求，遏制投资投机性需求。加快培育和发展住房租赁市场，有效盘活存量住房资源，有力有序扩大城市租赁住房供给，完善长租房政策，逐步使租购住房在享受公共服务上具有同等权利。加快住房租赁法规建设，加强租赁市场监管，保障承租人和出租人合法权益。有效增加保障性住房供给，完善住房保障基础性制度和支持政策。以人口流入多、房价高的城市为重点，扩大保障性租赁住房供给，着力解决困难群体和新市民住房问题。单列租赁住房用地计划，探索利用集体建设用地和企事业单位自有闲置土地建设租赁住房，支持将非住宅房屋改建为保障性租赁住房。完善土地出让收入分配机制，加大财税、金融支持力度。因地制宜发展共有产权住房。处理好基本保障和非基本保障的关系，完善住房保障方式，健全保障对象、准入门槛、退出管理等政策。改革完善住房公积金制度，健全缴存、使用、管理和运行机制。

第九篇、第十篇（略）

第十一篇　推动绿色发展　促进人与自然和谐共生（节选）

第三十七章、第三十八章（略）

第三十九章　加快发展方式绿色转型（节选）

第一节　全面提高资源利用效率

坚持节能优先方针，深化工业、建筑、交通等领域和公共机构节能，推动 5G、大数据中心等新兴领域能效提升，强化重点用能单位节能管理，实施能量系统优化、节能技术改造等重点工程，加快能耗限额、产品设备能效强制性国家标准制修订。实施国家节水行动，建立水资源刚性约束制度，强化农业节水增效、工业节水减排和城镇节水降损，鼓励再生水利用，单位 GDP 用水量下降 16%左右。加强土地节约集约利用，加大批而未供和闲置土地处置力度，盘活城镇低效用地，支持工矿废弃土地恢复利用，完善土地复合利用、立体开发支持政策，新增建设用地规模控制在 2950 万亩以内，推动单位 GDP 建设用地使用面积稳步下降。提高矿产资源开发保护水平，发展绿色矿业，建设绿色矿山。

第十二篇至第十九篇（略）

二、中华人民共和国国务院

印发《建设高标准市场体系行动方案》（节选）

2021 年 1 月 31 日

一至二（略）

三、推进要素资源高效配置

（四）推动经营性土地要素市场化配置

11. 深化土地管理制度改革。加强对土地利用计划的管理和跟踪评估，完善年度建设用地总量调控制度，健全重大项目用地保障机制，实施“增存挂钩”，城乡建设用地指标使用应更多由省级政府负责。推进委托用地审批权试点，建立健全省级政府用地审批工作评价机制，根据各省（自治区、直辖市）土地管理水平综合评价结果，动态调整试点省份。

12. 完善建设用地市场体系。在符合国土空间规划和用途管制要求前提下，推动不同产业用地类型合理转换，探索增加混合产业用地供给。积极探索实施农村集体经营性建设用地入市制度。加快推进城乡统一的建设用地市场建设，统一交易规则和交易平台，完善城乡基准地价、标定地价的制定与发布制度，形成与市场价格挂钩的动态调整机制。

13. 开展土地指标跨区域交易试点。对城乡建设用地增减挂钩节余指标跨省域调剂政策实施评估，探索建立全国性的建设用地指标跨区域交易机制。改进完善跨省域补充耕地国家统筹机制，稳妥推进补充耕地国家统筹实施。在有条件的地方探索建立省域内跨区域补充耕地指标交易市场，完善交易规则和服务体系。

（五）推动劳动力要素有序流动

14. 推动户籍准入年限同城化累计互认。除超大、特大城市外，在具备条件的都市圈或城市群探索实行户籍准入年限同城化累计互认，试行以经常居住地登记户口制度，有序引导人口落户。完善全国统一的社会保险公共服务平台，推动社保转移接续。加快建设医疗保障信息系统，构建全国统一、多级互联的数据共享交换体系，促进跨地区、跨层级、跨部门业务协同办理。

15. 提升人力资源服务质量。加快发展人力资源服务业，简化优化人力资源服务许可流程，加强人力资源市场事中事后监管。依托具备较强服务能力和水平的专业化人才服务机构、行业协会学会等社会组织，组建社会化评审机构，对专业性强、社会通用范围广、标准化程度高的职称系列，开展社会化职称评审。

（六）促进资本市场健康发展

16. 稳步推进股票发行注册制改革。坚守科创板定位，突出“硬科技”特色，评估完善注册制试点安排，深化以信息披露为核心的股票发行注册制改革。完善投资者保护制度，建立与市场板块、产品风险特点相匹配的投资者适当性制度，鼓励和规范上市公司现金分红。加强资本市场监管，增强监管的全面性、一致性、科学性和有效性，提高监管透明度和法治化水平。监管不到位的金融改革举措不能贸然推出。坚持对违法违规行为零容忍，确保金融改革行稳致远。

17. 建立常态化退市机制。进一步完善退市标准，简化退市程序，畅通多元化退出渠道。严格实施退市制度，对触及退市标准的坚决予以退市，对恶意规避退市标准的予以严厉打击。

18. 培育资本市场机构投资者。稳步推进银行理财子公司和保险资产管理公司设立，鼓励银行及银行理财子公司依法依规与符合条件的证券基金经营机构和创业投资基金、政府出资产业投资基金合作，研究完善保险机构投资私募理财产品、私募股权基金、创业投资基金、政府出资产业投资基金和债转股的相关政策。提高各类养老金、保险资金等长期资金的权益投资比例，开展长周期考核。

19. 降低实体经济融资成本。健全市场化利率形成和传导机制，促进银行对贷款市场报价利率（LPR）的运用，引导督促金融机构合理定价，发挥好定向降准、再贷款、再贴现等货币政策工具的引导作用。积极稳妥发展普惠金融，积极稳妥推进金融产品和服务方式创新。加大“信易贷”模式推广力度，支持开展信用融资，拓展贷款抵押质押物范围。

（七）发展知识、技术和数据要素市场

20. 创新促进科技成果转化机制。制定出台完善科技成果评价机制、促进科技成果转化的意见，提升技术要素市场化配置能力。修订发布技术合同认定规则及科技成果登记办法，加强对技术合同和科技成果的规范管理。完善国家技术转移体系，培育发展国家技术转移机构，建立国家技术转移人才培养体系，提高技术转移人员的技术评价与筛选、知识产权运营、商业化咨询等专业服务能力。

21. 健全职务科技成果产权制度。深入开展赋予科研人员职务科技成果所有权或长期使用权试点，探索职务科技成果产权激励新模式。适时总结试点经验，完善职务科技成果转化激励政策和科研人员职务发明成果权益分享机制。

22. 加快培育发展数据要素市场。制定出台新一批数据共享责任清单，加强地区间、部门间数据共享交换。研究制定加快培育数据要素市场的意见，建立数据资源产权、交易流通、跨境传输和安全等基础制度和标准规范，推动数据资源开发利用。积极参与数字领域国际规则和标准制定。

23. 设立知识产权和科技成果产权交易机构。支持中国技术交易所、上海技术交易所、深圳证券交易所等机构建设国家知识产权和科技成果产权交易机构，在全国范围内开展知识产权转让、许可等运营服务，加快推进技术交易服务发展。

四至六（略）

（文件来源：国务院公报 2021 年第 5 号）

关于加快建立健全绿色低碳循环发展经济体系的指导意见

国发〔2021〕4 号　2021 年 2 月 22 日

一、总体要求

（一）指导思想。以习近平新时代中国特色社会主义思想为指导，深入贯彻党的十九大和十九届二中、三中、四中、五中全会精神，全面贯彻习近平生态文明思想，认真落实党中央、国务院决策部署，坚定不移贯彻新发展理念，全方位全过程推行绿色规划、绿色设计、绿色投资、绿色建设、绿色生产、绿色流通、绿色生活、绿色消费，使发展建立在高效利用资源、严格保护生态环境、有效控制温室气体排放的基础上，统筹推进高质量发展和高水平保护，建立健全绿色低碳循环发展的经济体系，确保实现碳达峰、碳中和目标，推动我国绿色发展迈上新台阶。

（二）工作原则。

坚持重点突破。以节能环保、清洁生产、清洁能源等为重点率先突破，做好与农业、制造业、服务业和信息技术的融合发展，全面带动一二三产业和基础设施绿色升级。

坚持创新引领。深入推动技术创新、模式创新、管理创新，加快构建市场导向的绿色技术创新体系，推行新型商业模式，构筑有力有效的政策支持体系。

坚持稳中求进。做好绿色转型与经济发展、技术进步、产业接续、稳岗就业、民生改善的有机结合，积极稳妥、韧性持久地加以推进。

坚持市场导向。在绿色转型中充分发挥市场的导向性作用、企业的主体作用、各类市场交易机制的作用，为绿色发展注入强大动力。

（三）主要目标。到 2025 年，产业结构、能源结构、运输结构明显优化，绿色产业比重显著提升，基础设施绿色化水平不断提高，清洁生产水平持续提高，生产生活方式绿色转型成效显著，能源资源配置更加合理、利用效率大幅提高，主要污染物排放总量持续减少，碳排放强度明显降低，生态环境持续改善，市场导向的绿色技术创新体系更加完善，法律法规政策体系更加有效，绿色低碳循环发展的生产体系、流通体系、消费体系初步形成。到 2035 年，绿色发展内生动力显著增强，绿色产业规模迈上新台阶，重点行业、重点产品能源资源利用效率达到国际先进水平，广泛形成绿色生产生活方式，碳排放达峰后稳中有降，生态环境根本好转，美丽中国建设目标基本实现。

二、健全绿色低碳循环发展的生产体系

（四）推进工业绿色升级。加快实施钢铁、石化、化工、有色、建材、纺织、造纸、皮革等行业绿色化改造。推行产品绿色设计，建设绿色制造体系。大力发展再制造产业，加强再制造产品认证与推广应用。建设资源综合利用基地，促进工业固体废物综合利用。全面推行清洁生产，依法在“双超双有高耗能”行业实施强制性清洁生产审核。完善“散乱污”企业认定办法，分类实施关停取缔、整合搬迁、整改提升等措施。加快实施排污许可制度。加强工业生产过程中危险废物管理。

（五）加快农业绿色发展。鼓励发展生态种植、生态养殖，加强绿色食品、有机农产品认证和管理。发展生态循环农业，提高畜禽粪污资源化利用水平，推进农作物秸秆综合利用，加强农膜污染治理。强化耕地质量保护与提升，推进退化耕地综合治理。发展林业循环经济，实施森林生态标志产品建设工程。大力推进农业节水，推广高效节水技术。推行水产健康养殖。实施农药、兽用抗菌药使用减量和产地环境净化行动。依法加强养殖水域滩涂统一规划。完善相关水域禁渔管理制度。推进农业与旅游、教育、文化、健康等产业深度融合，加快一二三产业融合发展。

（六）提高服务业绿色发展水平。促进商贸企业绿色升级，培育一批绿色流通主体。有序发展出行、住宿等领域共享经济，规范发展闲置资源交易。加快信息服务业绿色转型，做好大中型数据中心、网络机房绿色建设和改造，建立绿色运营维护体系。推进会展业绿色发展，指导制定行业相关绿色标准，推动办展设施循环使用。推动汽修、装修装饰等行业使用低挥发性有机物含量原辅材料。倡导酒店、餐饮等行业不主动提供一次性

用品。

（七）壮大绿色环保产业。建设一批国家绿色产业示范基地，推动形成开放、协同、高效的创新生态系统。加快培育市场主体，鼓励设立混合所有制公司，打造一批大型绿色产业集团；引导中小企业聚焦主业增强核心竞争力，培育“专精特新”中小企业。推行合同能源管理、合同节水管理、环境污染第三方治理等模式和以环境治理效果为导向的环境托管服务。进一步放开石油、化工、电力、天然气等领域节能环保竞争性业务，鼓励公共机构推行能源托管服务。适时修订绿色产业指导目录，引导产业发展方向。

（八）提升产业园区和产业集群循环化水平。科学编制新建产业园区开发建设规划，依法依规开展规划环境影响评价，严格准入标准，完善循环产业链条，推动形成产业循环耦合。推进既有产业园区和产业集群循环化改造，推动公共设施共建共享、能源梯级利用、资源循环利用和污染物集中安全处置等。鼓励建设电、热、冷、气等多种能源协同互济的综合能源项目。鼓励化工等产业园区配套建设危险废物集中贮存、预处理和处置设施。

（九）构建绿色供应链。鼓励企业开展绿色设计、选择绿色材料、实施绿色采购、打造绿色制造工艺、推行绿色包装、开展绿色运输、做好废弃产品回收处理，实现产品全周期的绿色环保。选择 100 家左右积极性高、社会影响大、带动作用强的企业开展绿色供应链试点，探索建立绿色供应链制度体系。鼓励行业协会通过制定规范、咨询服务、行业自律等方式提高行业供应链绿色化水平。

三、健全绿色低碳循环发展的流通体系

（十）打造绿色物流。积极调整运输结构，推进铁水、公铁、公水等多式联运，加快铁路专用线建设。加强物流运输组织管理，加快相关公共信息平台建设和信息共享，发展甩挂运输、共同配送。推广绿色低碳运输工具，淘汰更新或改造老旧车船，港口和机场服务、城市物流配送、邮政快递等领域要优先使用新能源或清洁能源汽车；加大推广绿色船舶示范应用力度，推进内河船型标准化。加快港口岸电设施建设，支持机场开展飞机辅助动力装置替代设备建设和应用。支持物流企业构建数字化运营平台，鼓励发展智慧仓储、智慧运输，推动建立标准化托盘循环共用制度。

（十一）加强再生资源回收利用。推进垃圾分类回收与再生资源回收“两网融合”，鼓励地方建立再生资源区域交易中心。加快落实生产者责任延伸制度，引导生产企业建立逆向物流回收体系。鼓励企业采用现代信息技术实现废物回收线上与线下有机结合，培育新型商业模式，打造龙头企业，提升行业整体竞争力。完善废旧家电回收处理体系，推广典型回收模式和经验做法。加快构建废旧物资循环利用体系，加强废纸、废塑料、废旧轮胎、废金属、废玻璃等再生资源回收利用，提升资源产出率和回收利用率。

（十二）建立绿色贸易体系。积极优化贸易结构，大力发展高质量、高附加值的绿色产品贸易，从严控制高污染、高耗能产品出口。加强绿色标准国际合作，积极引领和参与相关国际标准制定，推动合格评定合作和互认机制，做好绿色贸易规则与进出口政策的衔接。深化绿色“一带一路”合作，拓宽节能环保、清洁能源等领域技术装备和服务合作。

四、健全绿色低碳循环发展的消费体系

（十三）促进绿色产品消费。加大政府绿色采购力度，扩大绿色产品采购范围，逐步将绿色采购制度扩展至国有企业。加强对企业和居民采购绿色产品的引导，鼓励地方采取补贴、积分奖励等方式促进绿色消费。推动电商平台设立绿色产品销售专区。加强绿色产品和服务认证管理，完善认证机构信用监管机制。推广绿色电

力证书交易，引领全社会提升绿色电力消费。严厉打击虚标绿色产品行为，有关行政处罚等信息纳入国家企业信用信息公示系统。

（十四）倡导绿色低碳生活方式。厉行节约，坚决制止餐饮浪费行为。因地制宜推进生活垃圾分类和减量化、资源化，开展宣传、培训和成效评估。扎实推进塑料污染全链条治理。推进过度包装治理，推动生产经营者遵守限制商品过度包装的强制性标准。提升交通系统智能化水平，积极引导绿色出行。深入开展爱国卫生运动，整治环境脏乱差，打造宜居生活环境。开展绿色生活创建活动。

五、加快基础设施绿色升级

（十五）推动能源体系绿色低碳转型。坚持节能优先，完善能源消费总量和强度双控制度。提升可再生能源利用比例，大力推动风电、光伏发电发展，因地制宜发展水能、地热能、海洋能、氢能、生物质能、光热发电。加快大容量储能技术研发推广，提升电网汇集和外送能力。增加农村清洁能源供应，推动农村发展生物质能。促进燃煤清洁高效开发转化利用，继续提升大容量、高参数、低污染煤电机组占煤电装机比例。在北方地区县城积极发展清洁热电联产集中供暖，稳步推进生物质耦合供热。严控新增煤电装机容量。提高能源输配效率。实施城乡配电网建设和智能升级计划，推进农村电网升级改造。加快天然气基础设施建设和互联互通。开展二氧化碳捕集、利用和封存试验示范。

（十六）推进城镇环境基础设施建设升级。推进城镇污水管网全覆盖。推动城镇生活污水收集处理设施“厂网一体化”，加快建设污泥无害化资源化处置设施，因地制宜布局污水资源化利用设施，基本消除城市黑臭水体。加快城镇生活垃圾处理设施建设，推进生活垃圾焚烧发电，减少生活垃圾填埋处理。加强危险废物集中处置能力建设，提升信息化、智能化监管水平，严格执行经营许可管理制度。提升医疗废物应急处理能力。做好餐厨垃圾资源化利用和无害化处理。在沿海缺水城市推动大型海水淡化设施建设。

（十七）提升交通基础设施绿色发展水平。将生态环保理念贯穿交通基础设施规划、建设、运营和维护全过程，集约利用土地等资源，合理避让具有重要生态功能的国土空间，积极打造绿色公路、绿色铁路、绿色航道、绿色港口、绿色空港。加强新能源汽车充换电、加氢等配套基础设施建设。积极推广应用温拌沥青、智能通风、辅助动力替代和节能灯具、隔声屏障等节能环保先进技术和产品。加大工程建设中废弃资源综合利用力度，推动废旧路面、沥青、疏浚土等材料以及建筑垃圾的资源化利用。

（十八）改善城乡人居环境。相关空间性规划要贯彻绿色发展理念，统筹城市发展和安全，优化空间布局，合理确定开发强度，鼓励城市留白增绿。建立“美丽城市”评价体系，开展“美丽城市”建设试点。增强城市防洪排涝能力。开展绿色社区创建行动，大力发展绿色建筑，建立绿色建筑统一标识制度，结合城镇老旧小区改造推动社区基础设施绿色化和既有建筑节能改造。建立乡村建设评价体系，促进补齐乡村建设短板。加快推进农村人居环境整治，因地制宜推进农村改厕、生活垃圾处理和污水治理、村容村貌提升、乡村绿化美化等。继续做好农村清洁供暖改造、老旧危房改造，打造干净整洁有序美丽的村庄环境。

六、构建市场导向的绿色技术创新体系

（十九）鼓励绿色低碳技术研发。实施绿色技术创新攻关行动，围绕节能环保、清洁生产、清洁能源等领域布局一批前瞻性、战略性、颠覆性科技攻关项目。培育建设一批绿色技术国家技术创新中心、国家科技资源共享服务平台等创新基地平台。强化企业创新主体地位，支持企业整合高校、科研院所、产业园区等力量建立

市场化运行的绿色技术创新联合体，鼓励企业牵头或参与财政资金支持的绿色技术研发项目、市场导向明确的绿色技术创新项目。

（二十）加速科技成果转化。积极利用首台（套）重大技术装备政策支持绿色技术应用。充分发挥国家科技成果转化引导基金作用，强化创业投资等各类基金引导，支持绿色技术创新成果转化应用。支持企业、高校、科研机构等建立绿色技术创新项目孵化器、创新创业基地。及时发布绿色技术推广目录，加快先进成熟技术推广应用。深入推进绿色技术交易中心建设。

七、完善法律法规政策体系

（二十一）强化法律法规支撑。推动完善促进绿色设计、强化清洁生产、提高资源利用效率、发展循环经济、严格污染治理、推动绿色产业发展、扩大绿色消费、实行环境信息公开、应对气候变化等方面法律法规制度。强化执法监督，加大违法行为查处和问责力度，加强行政执法机关与监察机关、司法机关的工作衔接配合。

（二十二）健全绿色收费价格机制。完善污水处理收费政策，按照覆盖污水处理设施运营和污泥处理处置成本并合理盈利的原则，合理制定污水处理收费标准，健全标准动态调整机制。按照产生者付费原则，建立健全生活垃圾处理收费制度，各地区可根据本地实际情况，实行分类计价、计量收费等差别化管理。完善节能环保电价政策，推进农业水价综合改革，继续落实好居民阶梯电价、气价、水价制度。

（二十三）加大财税扶持力度。继续利用财政资金和预算内投资支持环境基础设施补短板强弱项、绿色环保产业发展、能源高效利用、资源循环利用等。继续落实节能节水环保、资源综合利用以及合同能源管理、环境污染第三方治理等方面的所得税、增值税等优惠政策。做好资源税征收和水资源费改税试点工作。

（二十四）大力发展绿色金融。发展绿色信贷和绿色直接融资，加大对金融机构绿色金融业绩评价考核力度。统一绿色债券标准，建立绿色债券评级标准。发展绿色保险，发挥保险费率调节机制作用。支持符合条件的绿色产业企业上市融资。支持金融机构和相关企业在国际市场开展绿色融资。推动国际绿色金融标准趋同，有序推进绿色金融市场双向开放。推动气候投融资工作。

（二十五）完善绿色标准、绿色认证体系和统计监测制度。开展绿色标准体系顶层设计和系统规划，形成全面系统的绿色标准体系。加快标准化支撑机构建设。加快绿色产品认证制度建设，培育一批专业绿色认证机构。加强节能环保、清洁生产、清洁能源等领域统计监测，健全相关制度，强化统计信息共享。

（二十六）培育绿色交易市场机制。进一步健全排污权、用能权、用水权、碳排放权等交易机制，降低交易成本，提高运转效率。加快建立初始分配、有偿使用、市场交易、纠纷解决、配套服务等制度，做好绿色权属交易与相关目标指标的对接协调。

八、认真抓好组织实施

（二十七）抓好贯彻落实。各地区各有关部门要思想到位、措施到位、行动到位，充分认识建立健全绿色低碳循环发展经济体系的重要性和紧迫性，将其作为高质量发展的重要内容，进一步压实工作责任，加强督促落实，保质保量完成各项任务。各地区要根据本地实际情况研究提出具体措施，在抓落实上投入更大精力，确保政策措施落到实处。

（二十八）加强统筹协调。国务院各有关部门要加强协同配合，形成工作合力。国家发展改革委要会同有关部门强化统筹协调和督促指导，做好年度重点工作安排部署，及时总结各地区各有关部门的好经验好模式，探索编制年度绿色低碳循环发展报告，重大情况及时向党中央、国务院报告。

（二十九）深化国际合作。统筹国内国际两个大局，加强与世界各个国家和地区在绿色低碳循环发展领域的政策沟通、技术交流、项目合作、人才培训等，积极参与和引领全球气候治理，切实提高我国推动国际绿色低碳循环发展的能力和水平，为构建人类命运共同体做出积极贡献。

（三十）营造良好氛围。各类新闻媒体要讲好我国绿色低碳循环发展故事，大力宣传取得的显著成就，积极宣扬先进典型，适时曝光破坏生态、污染环境、严重浪费资源和违规乱上高污染、高耗能项目等方面的负面典型，为绿色低碳循环发展营造良好氛围。

关于优化生育政策促进人口长期均衡发展的决定（节选）

2021 年 6 月 26 日

一至五（略）

六、降低生育、养育、教育成本

（十八）完善生育休假与生育保险制度。严格落实产假、哺乳假等制度。支持有条件的地方开展父母育儿假试点，健全假期用工成本分担机制。继续做好生育保险对参保女职工生育医疗费用、生育津贴待遇等的保障，做好城乡居民医保参保人生育医疗费用保障，减轻生育医疗费用负担。

（十九）加强税收、住房等支持政策。结合下一步修改个人所得税法，研究推动将 3 岁以下婴幼儿照护费用纳入个人所得税专项附加扣除。地方政府在配租公租房时，对符合当地住房保障条件且有未成年子女的家庭，可根据未成年子女数量在户型选择等方面给予适当照顾。地方政府可以研究制定根据养育未成年子女负担情况实施差异化租赁和购买房屋的优惠政策。

（二十）推进教育公平与优质教育资源供给。推进城镇小区配套幼儿园治理，持续提升普惠性幼儿园覆盖率，适当延长在园时长或提供托管服务。推进义务教育优质均衡发展和城乡一体化，有效解决“择校热”难题。依托学校教育资源，以公益普惠为原则，全面开展课后文体活动、社会实践项目和托管服务，推动放学时间与父母下班时间衔接。改进校内教学质量和教育评价，将学生参加课外培训频次、费用等情况纳入教育督导体系。平衡家庭和学校教育负担，严格规范校外培训。

（二十一）保障女性就业合法权益。规范机关、企事业等用人单位招录、招聘行为，促进妇女平等就业。落实好《女职工劳动保护特别规定》，定期开展女职工生育权益保障专项督查。为因生育中断就业的女性提供再就业培训公共服务。将生育友好作为用人单位承担社会责任的重要方面，鼓励用人单位制定有利于职工平衡工作和家庭关系的措施，依法协商确定有利于照顾婴幼儿的灵活休假和弹性工作方式。适时对现行有关休假和工作时间的政策规定进行相应修改完善。

七至八（略）

（文件来源：国务院公报 2021 年第 22 号）

关于加快发展保障性租赁住房的意见

国办发〔2021〕22号　2021年7月2日

一、指导思想

以习近平新时代中国特色社会主义思想为指导，全面贯彻党的十九大和十九届二中、三中、四中、五中全会精神，立足新发展阶段、贯彻新发展理念、构建新发展格局，坚持以人民为中心，坚持房子是用来住的、不是用来炒的定位，突出住房的民生属性，扩大保障性租赁住房供给，缓解住房租赁市场结构性供给不足，推动建立多主体供给、多渠道保障、租购并举的住房制度，推进以人为核心的新型城镇化，促进实现全体人民住有所居。

二、基础制度

（一）明确对象标准。保障性租赁住房主要解决符合条件的新市民、青年人等群体的住房困难问题，以建筑面积不超过70平方米的小户型为主，租金低于同地段同品质市场租赁住房租金，准入和退出的具体条件、小户型的具体面积由城市人民政府按照保基本的原则合理确定。

（二）引导多方参与。保障性租赁住房由政府给予土地、财税、金融等政策支持，充分发挥市场机制作用，引导多主体投资、多渠道供给，坚持“谁投资、谁所有”，主要利用集体经营性建设用地、企事业单位自有闲置土地、产业园区配套用地和存量闲置房屋建设，适当利用新供应国有建设用地建设，并合理配套商业服务设施。支持专业化规模化住房租赁企业建设和运营管理保障性租赁住房。

（三）坚持供需匹配。城市人民政府要摸清保障性租赁住房需求和存量土地、房屋资源情况，结合现有租赁住房供求和品质状况，从实际出发，因城施策，采取新建、改建、改造、租赁补贴和将政府的闲置住房用作保障性租赁住房等多种方式，切实增加供给，科学确定“十四五”保障性租赁住房建设目标和政策措施，制定年度建设计划，并向社会公布。

（四）严格监督管理。城市人民政府要建立健全住房租赁管理服务平台，加强对保障性租赁住房建设、出租和运营管理的全过程监督，强化工程质量安全监管。保障性租赁住房不得上市销售或变相销售，严禁以保障性租赁住房为名违规经营或骗取优惠政策。

（五）落实地方责任。城市人民政府对本地区发展保障性租赁住房，促进解决新市民、青年人等群体住房困难问题负主体责任。省级人民政府对本地区发展保障性租赁住房工作负总责，要加强组织领导和监督检查，对城市发展保障性租赁住房情况实施监测评价。

三、支持政策

（一）进一步完善土地支持政策。

1. 人口净流入的大城市和省级人民政府确定的城市，在尊重农民集体意愿的基础上，经城市人民政府同意，可探索利用集体经营性建设用地建设保障性租赁住房；应支持利用城区、靠近产业园区或交通便利区域的集体经营性建设用地建设保障性租赁住房；农村集体经济组织可通过自建或联营、入股等方式建设运营保障性租赁住房；建设保障性租赁住房的集体经营性建设用地使用权可以办理抵押贷款。

2. 人口净流入的大城市和省级人民政府确定的城市，对企事业单位依法取得使用权的土地，经城市人民政府同意，在符合规划、权属不变、满足安全要求、尊重群众意愿的前提下，允许用于建设保障性租赁住房，并变更土地用途，不补缴土地价款，原划拨的土地可继续保留划拨方式；允许土地使用权人自建或与其他市场主体合作建设运营保障性租赁住房。

3. 人口净流入的大城市和省级人民政府确定的城市，经城市人民政府同意，在确保安全的前提下，可将产业园区中工业项目配套建设行政办公及生活服务设施的用地面积占项目总用地面积的比例上限由7%提高到15%，建筑面积占比上限相应提高，提高部分主要用于建设宿舍型保障性租赁住房，严禁建设成套商品住宅；鼓励将产业园区中各工业项目的配套比例对应的用地面积或建筑面积集中起来，统一建设宿舍型保障性租赁住房。

4. 对闲置和低效利用的商业办公、旅馆、厂房、仓储、科研教育等非居住存量房屋，经城市人民政府同意，在符合规划原则、权属不变、满足安全要求、尊重群众意愿的前提下，允许改建为保障性租赁住房；用作保障性租赁住房期间，不变更土地使用性质，不补缴土地价款。

5. 人口净流入的大城市和省级人民政府确定的城市，应按照职住平衡原则，提高住宅用地中保障性租赁住房用地供应比例，在编制年度住宅用地供应计划时，单列租赁住房用地计划、优先安排、应保尽保，主要安排在产业园区及周边、轨道交通站点附近和城市建设重点片区等区域，引导产城人融合、人地房联动；保障性租赁住房用地可采取出让、租赁或划拨等方式供应，其中以出让或租赁方式供应的，可将保障性租赁住房租赁价格及调整方式作为出让或租赁的前置条件，允许出让价款分期收取。新建普通商品住房项目，可配建一定比例的保障性租赁住房，具体配建比例和管理方式由市县人民政府确定。鼓励在地铁上盖物业中建设一定比例的保障性租赁住房。

（二）简化审批流程。各地要精简保障性租赁住房项目审批事项和环节，构建快速审批流程，提高项目审批效率。利用非居住存量土地和非居住存量房屋建设保障性租赁住房，可由市县人民政府组织有关部门联合审查建设方案，出具保障性租赁住房项目认定书后，由相关部门办理立项、用地、规划、施工、消防等手续。不涉及土地权属变化的项目，可用已有用地手续等材料作为土地证明文件，不再办理用地手续。探索将工程建设许可和施工许可合并为一个阶段。实行相关各方联合验收。

（三）给予中央补助资金支持。中央通过现有经费渠道，对符合规定的保障性租赁住房建设任务予以补助。

（四）降低税费负担。综合利用税费手段，加大对发展保障性租赁住房的支持力度。利用非居住存量土地和非居住存量房屋建设保障性租赁住房，取得保障性租赁住房项目认定书后，比照适用住房租赁增值税、房产税等税收优惠政策。对保障性租赁住房项目免收城市基础设施配套费。

（五）执行民用水电气价格。利用非居住存量土地和非居住存量房屋建设保障性租赁住房，取得保障性租赁住房项目认定书后，用水、用电、用气价格按照居民标准执行。

（六）进一步加强金融支持。

1. 加大对保障性租赁住房建设运营的信贷支持力度，支持银行业金融机构以市场化方式向保障性租赁住房自持主体提供长期贷款；按照依法合规、风险可控、商业可持续原则，向改建、改造存量房屋形成非自有产权保障性租赁住房的住房租赁企业提供贷款。完善与保障性租赁住房相适应的贷款统计，在实施房地产信贷管理时予以差别化对待。

2. 支持银行业金融机构发行金融债券，募集资金用于保障性租赁住房贷款投放。支持企业发行企业债券、公司债券、非金融企业债务融资工具等公司信用类债券，用于保障性租赁住房建设运营。企业持有运营的保障性租赁住房具有持续稳定现金流的，可将物业抵押作为信用增进，发行住房租赁担保债券。支持商业保险资金按照市场化原则参与保障性租赁住房建设。

四、组织实施

（一）做好政策衔接。各地要把解决新市民、青年人等群体住房困难问题摆上重要议事日程，高度重视保障性租赁住房建设。要对现有各类政策支持租赁住房进行梳理，包括通过利用集体建设用地建设租赁住房试点、中央财政支持住房租赁市场发展试点、非房地产企业利用自有土地建设租赁住房试点、发展政策性租赁住房试点建设的租赁住房等，符合规定的均纳入保障性租赁住房规范管理，不纳入的不得享受利用非居住存量土地和非居住存量房屋建设保障性租赁住房不补缴土地价款等国家对保障性租赁住房的专门支持政策。

（二）强化部门协作。住房城乡建设部要加强对发展保障性租赁住房工作的组织协调和督促指导，会同有关部门组织做好发展保障性租赁住房情况监测评价，及时总结宣传经验做法。国家发展改革委、财政部、自然资源部、人民银行、税务总局、银保监会、证监会等部门和单位要加强政策协调、工作衔接，强化业务指导、调研督促。各有关部门和单位要按职责分工，加强协作、形成合力，确保各项政策落实到位。

印发《关于在城乡建设中加强历史文化保护传承的意见》

2021 年 9 月 3 日

一、总体要求

（一）指导思想。以习近平新时代中国特色社会主义思想为指导，深入贯彻党的十九大和十九届二中、三中、四中、五中全会精神，紧紧围绕统筹推进“五位一体”总体布局和协调推进“四个全面”战略布局，始终把保护放在第一位，以系统完整保护传承城乡历史文化遗产和全面真实讲好中国故事、中国共产党故事为目标，本着对历史负责、对人民负责的态度，加强制度顶层设计，建立分类科学、保护有力、管理有效的城乡历史文化保护传承体系；完善制度机制政策、统筹保护利用传承，做到空间全覆盖、要素全囊括，既要保护单体建筑，也要保护街巷街区、城镇格局，还要保护好历史地段、自然景观、人文环境和非物质文化遗产，着力解决城乡建设中历史文化遗产屡遭破坏、拆除等突出问题，确保各时期重要城乡历史文化遗产得到系统性保护，为建设社会主义文化强国提供有力保障。

（二）工作原则

——坚持统筹谋划、系统推进。坚持国家统筹、上下联动，充分发挥各级党委和政府在城乡历史文化保护传承中的组织领导和综合协调作用，统筹规划、建设、管理，加强监督检查和问责问效，促进历史文化保护传承与城乡建设融合发展，增强工作的整体性、系统性。

——坚持价值导向、应保尽保。以历史文化价值为导向，按照真实性、完整性的保护要求，适应活态遗产特点，全面保护好古代与近现代、城市与乡村、物质与非物质等历史文化遗产，在城乡建设中树立和突出各民族共享的中华文化符号和中华民族形象，弘扬和发展中华优秀传统文化、革命文化、社会主义先进文化。

——坚持合理利用、传承发展。坚持以人民为中心，坚持创造性转化、创新性发展，将保护传承工作融入经济社会发展、生态文明建设和现代生活，将历史文化与城乡发展相融合，发挥历史文化遗产的社会教育作用和使用价值，注重民生改善，不断满足人民日益增长的美好生活需要。

——坚持多方参与、形成合力。鼓励和引导社会力量广泛参与保护传承工作，充分发挥市场作用，激发人民群众参与的主动性、积极性，形成有利于城乡历史文化保护传承的体制机制和社会环境。

（三）主要目标

到 2025 年，多层级多要素的城乡历史文化保护传承体系初步构建，城乡历史文化遗产基本做到应保尽保，形成一批可复制可推广的活化利用经验，建设性破坏行为得到明显遏制，历史文化保护传承工作融入城乡建设的格局基本形成。

到 2035 年，系统完整的城乡历史文化保护传承体系全面建成，城乡历史文化遗产得到有效保护、充分利用，不敢破坏、不能破坏、不想破坏的体制机制全面建成，历史文化保护传承工作全面融入城乡建设和经济社会发展大局，人民群众文化自觉和文化自信进一步提升。

二、构建城乡历史文化保护传承体系

（四）准确把握保护传承体系基本内涵。城乡历史文化保护传承体系是以具有保护意义、承载不同历史时期文化价值的城市、村镇等复合型、活态遗产为主体和依托，保护对象主要包括历史文化名城、名镇、名村（传统村落）、街区和不可移动文物、历史建筑、历史地段，与工业遗产、农业文化遗产、灌溉工程遗产、非物质文化遗产、地名文化遗产等保护传承共同构成的有机整体。建立城乡历史文化保护传承体系的目的是在城乡建设中全面保护好中国古代、近现代历史文化遗产和当代重要建设成果，全方位展现中华民族悠久连续的文明历史、中国近现代历史进程、中国共产党团结带领中国人民不懈奋斗的光辉历程、中华人民共和国成立与发展历程、改革开放和社会主义现代化建设的伟大征程。

（五）分级落实保护传承体系重点任务。建立城乡历史文化保护传承体系三级管理体制。国家、省（自治区、直辖市）分别编制全国城乡历史文化保护传承体系规划纲要及省级规划，建立国家级、省级保护对象的保护名录和分布图，明确保护范围和管控要求，与相关规划做好衔接。市县按照国家和省（自治区、直辖市）要求，落实保护传承工作属地责任，加快认定公布市县级保护对象，及时对各类保护对象设立标志牌、开展数字化信息采集和测绘建档、编制专项保护方案，制定保护传承管理办法，做好保护传承工作。具有重要保护价值、地方长期未申报的历史文化资源可按相关标准列入保护名录。

三、加强保护利用传承

（六）明确保护重点。划定各类保护对象的保护范围和必要的建设控制地带，划定地下文物埋藏区，明确保护重点和保护要求。保护文物本体及其周边环境，大力实施原址保护，加强预防性保护、日常保养和保护修缮。保护不同时期、不同类型的历史建筑，重点保护体现其核心价值的外观、结构和构件等，及时加固修缮，消除安全隐患。保护能够真实反映一定历史时期传统风貌和民族、地方特色的历史地段。保护历史文化街区的历史肌理、历史街巷、空间尺度和景观环境，以及古井、古桥、古树等环境要素，整治不协调建筑和景观，延续历史风貌。保护历史文化名城、名镇、名村（传统村落）的传统格局、历史风貌、人文环境及其所依存的地形地貌、河湖水系等自然景观环境，注重整体保护，传承传统营建智慧。保护非物质文化遗产及其依存的文化生态，发挥非物质文化遗产的社会功能和当代价值。

（七）严格拆除管理。在城市更新中禁止大拆大建、拆真建假、以假乱真，不破坏地形地貌、不砍老树，不破坏传统风貌，不随意改变或侵占河湖水系，不随意更改老地名。切实保护能够体现城市特定发展阶段、反映重要历史事件、凝聚社会公众情感记忆的既有建筑，不随意拆除具有保护价值的老建筑、古民居。对于因公共利益需要或者存在安全隐患不得不拆除的，应进行评估论证，广泛听取相关部门和公众意见。

（八）推进活化利用。坚持以用促保，让历史文化遗产在有效利用中成为城市和乡村的特色标识和公众的时代记忆，让历史文化和现代生活融为一体，实现永续传承。加大文物开放力度，利用具备条件的文物建筑作为博物馆、陈列馆等公共文化设施。活化利用历史建筑、工业遗产，在保持原有外观风貌、典型构件的基础上，通过加建、改建和添加设施等方式适应现代生产生活需要。探索农业文化遗产、灌溉工程遗产保护与发展路径，促进生态农业、乡村旅游发展，推动乡村振兴。促进非物质文化遗产合理利用，推动非物质文化遗产融入现代生产生活。

（九）融入城乡建设。统筹城乡空间布局，妥善处理新城和老城关系，合理确定老城建设密度和强度，经科学论证后，逐步疏解与历史文化保护传承不相适应的工业、仓储物流、区域性批发市场等城市功能。按照留改拆并举、以保留保护为主的原则，实施城市生态修复和功能完善工程，稳妥推进城市更新。加强重点地段建设活动管控和建筑、雕塑设计引导，保护好传统文化基因，鼓励继承创新，彰显城市特色，避免“千城一面、万楼一貌”。依托历史文化街区和历史地段建设文化展示、传统居住、特色商业、休闲体验等特定功能区，完善城市功能，提升城市活力。采用“绣花”“织补”等微改造方式，增加历史文化名城、名镇、名村（传统村落）、街区和历史地段的公共开放空间，补足配套基础设施和公共服务设施短板。加强多种形式应急力量建设，制定应急处置预案，综合运用人防、物防、技防等手段，提高历史文化名城、名镇、名村（传统村落）、街区和历史地段的防灾减灾救灾能力。统筹乡村建设与历史文化名镇、名村（传统村落）及历史地段、农业文化遗产、灌溉工程遗产的保护利用。

（十）弘扬历史文化。在保护基础上加强对各类历史文化遗产的研究阐释工作，多层次、全方位、持续性挖掘其历史故事、文化价值、精神内涵。分层次、分类别串联各类历史文化遗产，构建融入生产生活的历史文化展示线路、廊道和网络，处处见历史、处处显文化，在城乡建设中彰显城市精神和乡村文明，让广大人民群众在日用而不觉中接受文化熏陶。加大宣传推广力度，组织开展传统节庆活动、纪念活动、文化年等形式多样的文化主题活动，创新表达方式，以新闻报道、电视剧、电视节目、纪录片、动画片、短视频等多种形式充分展现中华文明的影响力、凝聚力和感召力。

四、建立健全工作机制

（十一）加强统筹协调。住房城乡建设、文物部门要履行好统筹协调职责，加强与宣传、发展改革、工业和信息化、民政、财政、自然资源、水利、农业农村、商务、文化和旅游、应急管理、林草等部门的沟通协商，强化城乡建设与各类历史文化遗产保护工作协同，加强制度、政策、标准的协调对接。加强跨区域、跨流域历史文化遗产的整体保护，结合国家文化公园建设保护等重点工作，积极融入国家重大区域发展战略。

（十二）健全管理机制。建立历史文化资源调查评估长效机制，持续开展调查、评估和认定工作，及时扩充保护对象，丰富保护名录。坚持基本建设考古前置制度，建立历史文化遗产保护提前介入城乡建设的工作机制。推进保护修缮的全过程管理，优化对各类保护对象实施保护、修缮、改造、迁移的审批管理，加强事中事后监管。探索活化利用底线管理模式，分类型、分地域建立项目准入正负面清单，定期评估，动态调整。建立全生命周期的建筑管理制度，结合工程建设项目审批制度改革，加强对既有建筑改建、拆除管理。

（十三）推动多方参与。鼓励各方主体在城乡历史文化保护传承的规划、建设、管理各环节发挥积极作用。明确所有权人、使用人和监管人的保护责任，严格落实保护管理要求。简化审批手续，制定优惠政策，稳定市场预期，鼓励市场主体持续投入历史文化保护传承工作。

（十四）强化奖励激励。鼓励地方政府研究制定奖补政策，通过以奖代补、资金补助等方式支持城乡历史文化保护传承工作。开展绩效跟踪评价，及时总结各地保护传承工作中的好经验好做法，对保护传承工作成效显著、群众普遍反映良好的，予以宣传推广。对在保护传承工作中做出突出贡献的组织和个人，按照国家有关规定予以表彰、奖励。

（十五）加强监督检查。建立城乡历史文化保护传承日常巡查管理制度，市县根据当地实际情况将巡查工作纳入社区网格化管理、城市管理综合执法等范畴。建立城乡历史文化保护传承评估机制，定期评估保护传承工作情况、保护对象的保护状况。健全监督检查机制，严格依法行政，加强执法检查，及时发现并制止各类违法破坏行为。国家相关主管部门及时开展抽查检查。鼓励公民、法人和其他组织举报涉及历史文化保护传承的违法违规行为。加强对城乡历史文化遗产数据的整合共享，提升监测管理水平，逐步实现国家、省（自治区、直辖市）、市县三级互联互通的动态监管。

（十六）强化考核问责。将历史文化保护传承工作纳入全国文明城市测评体系。强化对领导干部履行历史文化保护传承工作中经济责任情况的审计监督，审计结果以及整改情况作为考核、任免、奖惩被审计领导干部的重要参考。对列入保护名录但因保护不力造成历史文化价值受到严重影响的历史文化名城、名镇、名村（传统村落）、街区和历史建筑、历史地段，列入濒危名单，限期进行整改，整改不合格的退出保护名录。对不尽责履职、保护不力，造成已列入保护名录的保护对象或应列入保护名录而未列入的历史文化资源的历史文化价值受到严重破坏的，依规依纪依法对相关责任人和责任单位做出处理。加大城乡历史文化保护传承的公益诉讼力度。

五、完善保障措施

（十七）坚持和加强党的全面领导。各级党委和政府要深刻认识在城乡建设中加强历史文化保护传承的重要意义，始终把党的领导贯穿保护传承工作的各方面各环节，确保党中央、国务院有关决策部署落到实处。

（十八）完善法律法规。修改《历史文化名城名镇名村保护条例》，加强与文物保护法等法律法规的衔接，制定修改相关地方性法规，为做好城乡历史文化保护传承工作提供法治保障。

（十九）加大资金投入。健全城乡历史文化保护传承工作的财政保障机制，中央和地方财政要依据各级事权做好资金保障。地方政府要将保护资金列入本级财政预算，重点支持国家级、省级重大项目和革命老区、民族地区、边疆地区、脱贫地区的历史文化保护传承工作。鼓励按照市场化原则加大金融支持力度，拓展资金渠道。

（二十）加强教育培训。在各级党校（行政学院）、干部学院相关班次中增加培训课程，提高领导干部在城乡建设中保护传承历史文化的意识和能力。围绕典型违法案例开展领导干部专项警示教育。加强高等学校、职业学校相关学科专业建设。加强专业人才队伍建设，建设城乡历史文化保护传承国家智库。开展技术人员和基层管理人员的专业培训，建立健全修缮技艺传承人和工匠的培训、评价机制，弘扬工匠精神。

（文件来源：国务院公报2021年第26号）

印发关于推进自由贸易试验区贸易投资便利化改革创新若干措施的通知

国发〔2021〕12号　2021年9月3日

关于推进自由贸易试验区贸易投资便利化改革创新的若干措施（节选）

一至十七（略）

十八、提高土地资源配置效率

在自贸试验区实行产业链供地，对产业链关键环节、核心项目涉及的多宗土地实行整体供应。支持有关地方在安排土地利用计划时，优先保障自贸试验区建设合理用地需求。（自然资源部负责）

十九（略）

印发《国家标准化发展纲要》（节选）

2021年10月10日

一至三（略）

四、完善绿色发展标准化保障

（十一）建立健全碳达峰、碳中和标准。加快节能标准更新升级，抓紧修订一批能耗限额、产品设备能效强制性国家标准，提升重点产品能耗限额要求，扩大能耗限额标准覆盖范围，完善能源核算、检测认证、评估、审计等配套标准。加快完善地区、行业、企业、产品等碳排放核查核算标准。制定重点行业和产品温室气体排放标准，完善低碳产品标准标识制度。完善可再生能源标准，研究制定生态碳汇、碳捕集利用与封存标准。实施碳达峰、碳中和标准化提升工程。

（十二）持续优化生态系统建设和保护标准。不断完善生态环境质量和生态环境风险管控标准，持续改善生态环境质量。进一步完善污染防治标准，健全污染物排放、监管及防治标准，筑牢污染排放控制底线。统筹完善应对气候变化标准，制定修订应对气候变化减缓、适应、监测评估等标准。制定山水林田湖草沙多生态系统质量与经营利用标准，加快研究制定水土流失综合防治、生态保护修复、生态系统服务与评价、生态承载力评估、生态资源评价与监测、生物多样性保护及生态效益评估与生态产品价值实现等标准，增加优质生态产品供给，保障生态安全。

（十三）推进自然资源节约集约利用。构建自然资源统一调查、登记、评价、评估、监测等系列标准，研究制定土地、矿产资源等自然资源节约集约开发利用标准，推进能源资源绿色勘查与开发标准化。以自然资源资产清查统计和资产核算为重点，推动自然资源资产管理体系标准化。制定统一的国土空间规划技术标准，完善资源环境承载能力和国土空间开发适宜性评价机制。制定海洋资源开发保护标准，发展海洋经济，服务陆海统筹。

（十四）筑牢绿色生产标准基础。建立健全土壤质量及监测评价、农业投入品质量、适度规模养殖、循环型生态农业、农产品食品安全、监测预警等绿色农业发展标准。建立健全清洁生产标准，不断完善资源循环利用、产品绿色设计、绿色包装和绿色供应链、产业废弃物综合利用等标准。建立健全绿色金融、生态旅游等绿色发展标准。建立绿色建造标准，完善绿色建筑设计、施工、运维、管理标准。建立覆盖各类绿色生活设施的绿色社区、村庄建设标准。

（十五）强化绿色消费标准引领。完善绿色产品标准，建立绿色产品分类和评价标准，规范绿色产品、有机产品标识。构建节能节水、绿色采购、垃圾分类、制止餐饮浪费、绿色出行、绿色居住等绿色生活标准。分类建立绿色公共机构评价标准，合理制定消耗定额和垃圾排放指标。

五、加快城乡建设和社会建设标准化进程（节选）

（十六）推进乡村振兴标准化建设。强化标准引领，实施乡村振兴标准化行动。加强高标准农田建设，加快智慧农业标准研制，加快健全现代农业全产业链标准，加强数字乡村标准化建设，建立农业农村标准化服务与推广平台，推进地方特色产业标准化。完善乡村建设及评价标准，以农村环境监测与评价、村容村貌提升、农房建设、农村生活垃圾与污水治理、农村卫生厕所建设改造、公共基础设施建设等为重点，加快推进农村人居环境改善标准化工作。推进度假休闲、乡村旅游、民宿经济、传统村落保护利用等标准化建设，促进农村一二三产业融合发展。

（十七）推动新型城镇化标准化建设。研究制定公共资源配置标准，建立县城建设标准、小城镇公共设施建设标准。研究制定城市体检评估标准，健全城镇人居环境建设与质量评价标准。完善城市生态修复与功能完善、城市信息模型平台、建设工程防灾、更新改造及海绵城市建设等标准。推进城市设计、城市历史文化保护传承与风貌塑造、老旧小区改造等标准化建设，健全街区和公共设施配建标准。建立智能化城市基础设施建设、运行、管理、服务等系列标准，制定城市休闲慢行系统和综合管理服务等标准，研究制定新一代信息技术在城市基础设施规划建设、城市管理、应急处置等方面的应用标准。健全住房标准，完善房地产信息数据、物业服务等标准。推动智能建造标准化，完善建筑信息模型技术、施工现场监控等标准。开展城市标准化行动，健全智慧城市标准，推进城市可持续发展。

六至九（略）

（文件来源：国务院公报 2021 年第 30 号）

印发《关于推动城乡建设绿色发展的意见》

2021 年 10 月 21 日

《关于推动城乡建设绿色发展的意见》

一、总体要求

（一）指导思想。以习近平新时代中国特色社会主义思想为指导，深入贯彻党的十九大和十九届二中、三中、四中、五中全会精神，践行习近平生态文明思想，按照党中央、国务院决策部署，立足新发展阶段、贯彻新发展理念、构建新发展格局，坚持以人民为中心，坚持生态优先、节约优先、保护优先，坚持系统观念，统筹发展和安全，同步推进物质文明建设与生态文明建设，落实碳达峰、碳中和目标任务，推进城市更新行动、乡村建设行动，加快转变城乡建设方式，促进经济社会发展全面绿色转型，为全面建设社会主义现代化国家奠定坚实基础。

（二）工作原则。坚持人与自然和谐共生，尊重自然、顺应自然、保护自然，推动构建人与自然生命共同体。坚持整体与局部相协调，统筹规划、建设、管理三大环节，统筹城镇和乡村建设。坚持效率与均衡并重，促进城乡资源能源节约集约利用，实现人口、经济发展与生态资源协调。坚持公平与包容相融合，完善城乡基础设施，推进基本公共服务均等化。坚持保护与发展相统一，传承中华优秀传统文化，推动创造性转化、创新性发展。坚持党建引领与群众共建共治共享相结合，完善群众参与机制，共同创造美好环境。

（三）总体目标

到 2025 年，城乡建设绿色发展体制机制和政策体系基本建立，建设方式绿色转型成效显著，碳减排扎实推进，城市整体性、系统性、生长性增强，“城市病”问题缓解，城乡生态环境质量整体改善，城乡发展质量和资源环境承载能力明显提升，综合治理能力显著提高，绿色生活方式普遍推广。

到 2035 年，城乡建设全面实现绿色发展，碳减排水平快速提升，城市和乡村品质全面提升，人居环境更加美好，城乡建设领域治理体系和治理能力基本实现现代化，美丽中国建设目标基本实现。

二、推进城乡建设一体化发展

（一）促进区域和城市群绿色发展。建立健全区域和城市群绿色发展协调机制，充分发挥各城市比较优势，促进资源有效配置。在国土空间规划中统筹划定生态保护红线、永久基本农田、城镇开发边界等管控边界，统筹生产、生活、生态空间，实施最严格的耕地保护制度，建立水资源刚性约束制度，建设与资源环境承载能力相匹配、重大风险防控相结合的空间格局。统筹区域、城市群和都市圈内大中小城市住房建设，与人口构成、产业结构相适应。协同建设区域生态网络和绿道体系，衔接生态保护红线、环境质量底线、资源利用上线和生态环境准入清单，改善区域生态环境。推进区域重大基础设施和公共服务设施共建共享，建立功能完善、衔接紧密、保障有力的城市群综合立体交通等现代化设施网络体系。

（二）建设人与自然和谐共生的美丽城市。建立分层次、分区域协调管控机制，以自然资源承载能力和生态环境容量为基础，合理确定城市人口、用水、用地规模，合理确定开发建设密度和强度。提高中心城市综合承载能力，建设一批产城融合、职住平衡、生态宜居、交通便利的郊区新城，推动多中心、组团式发展。落实规划环评要求和防噪声距离。大力推进城市节水，提高水资源集约节约利用水平。实施海绵城市建设，完善城市防洪排涝体系，提高城市防灾减灾能力，增强城市韧性。实施城市生态修复工程，保护城市山体自然风貌，修复江河、湖泊、湿地，加强城市公园和绿地建设，推进立体绿化，构建连续完整的生态基础设施体系。实施城市功能完善工程，加强婴幼儿照护机构、幼儿园、中小学校、医疗卫生机构、养老服务机构、儿童福利机构、未成年人救助保护机构、社区足球场地等设施建设，增加公共活动空间，建设体育公园，完善文化和旅游消费场所设施，推动发展城市新业态、新功能。建立健全推进城市生态修复、功能完善工程标准规范和工作体系。推动绿色城市、森林城市、“无废城市”建设，深入开展绿色社区创建行动。推进以县城为重要载体的城镇化建设，加强县城绿色低碳建设，大力提升县城公共设施和服务水平。

（三）打造绿色生态宜居的美丽乡村。按照产业兴旺、生态宜居、乡风文明、治理有效、生活富裕的总要求，以持续改善农村人居环境为目标，建立乡村建设评价机制，探索县域乡村发展路径。提高农房设计和建造水平，建设满足乡村生产生活实际需要的新型农房，完善水、电、气、厕配套附属设施，加强既有农房节能改造。保护塑造乡村风貌，延续乡村历史文脉，严格落实有关规定，不破坏地形地貌、不拆传统民居、不砍老树、不盖高楼。统筹布局县城、中心镇、行政村基础设施和公共服务设施，促进城乡设施联动发展。提高镇村设施建设水平，持续推进农村生活垃圾、污水、厕所粪污、畜禽养殖粪污治理，实施农村水系综合整治，推进生态清洁流域建设，加强水土流失综合治理，加强农村防灾减灾能力建设。立足资源优势打造各具特色的农业全产业链，发展多种形式适度规模经营，支持以“公司+农户”等模式对接市场，培育乡村文化、旅游、休闲、民宿、健康养老、传统手工艺等新业态，强化农产品及其加工副产物综合利用，拓宽农民增收渠道，促进产镇融合、产村融合，推动农村一二三产业融合发展。

三、转变城乡建设发展方式

（一）建设高品质绿色建筑。实施建筑领域碳达峰、碳中和行动。规范绿色建筑设计、施工、运行、管理，鼓励建设绿色农房。推进既有建筑绿色化改造，鼓励与城镇老旧小区改造、农村危房改造、抗震加固等同步实施。开展绿色建筑、节约型机关、绿色学校、绿色医院创建行动。加强财政、金融、规划、建设等政策支持，推动高质量绿色建筑规模化发展，大力推广超低能耗、近零能耗建筑，发展零碳建筑。实施绿色建筑统一标识制度。建立城市建筑用水、用电、用气、用热等数据共享机制，提升建筑能耗监测能力。推动区域建筑能效提升，推广合同能源管理、合同节水管理服务模式，降低建筑运行能耗、水耗，大力推动可再生能源应用，鼓励智能光伏与绿色建筑融合创新发展。

（二）提高城乡基础设施体系化水平。建立健全基础设施建档制度，普查现有基础设施，统筹地下空间综合利用。推进城乡基础设施补短板和更新改造专项行动以及体系化建设，提高基础设施绿色、智能、协同、安全水平。加强公交优先、绿色出行的城市街区建设，合理布局和建设城市公交专用道、公交场站、车船用加气加注站、电动汽车充换电站，加快发展智能网联汽车、新能源汽车、智慧停车及无障碍基础设施，强化城市轨道交通与其他交通方式衔接。加强交通噪声管控，落实城市交通设计、规划、建设和运行噪声技术要求。加强城市高层建筑、大型商业综合体等重点场所消防安全管理，打通消防生命通道，推进城乡应急避难场所建设。持续推动城镇污水处理提质增效，完善再生水、集蓄雨水等非常规水源利用系统，推进城镇污水管网全覆盖，建立污水处理系统运营管理长效机制。因地制宜加快连接港区管网建设，做好船舶生活污水收集处理。统筹推进煤改电、煤改气及集中供热替代等，加快农村电网、天然气管网、热力管网等建设改造。

（三）加强城乡历史文化保护传承。建立完善城乡历史文化保护传承体系，健全管理监督机制，完善保护标准和政策法规，严格落实责任，依法问责处罚。开展历史文化资源普查，做好测绘、建档、挂牌工作。建立历史文化名城、名镇、名村及传统村落保护制度，加大保护力度，不拆除历史建筑，不拆真遗存，不建假古董，做到按级施保、应保尽保。完善项目审批、财政支持、社会参与等制度机制，推动历史建筑绿色化更新改造、合理利用。建立保护项目维护修缮机制，保护和培养传统工匠队伍，传承传统建筑绿色营造方式。

（四）实现工程建设全过程绿色建造。开展绿色建造示范工程创建行动，推广绿色化、工业化、信息化、集约化、产业化建造方式，加强技术创新和集成，利用新技术实现精细化设计和施工。大力发展装配式建筑，重点推动钢结构装配式住宅建设，不断提升构件标准化水平，推动形成完整产业链，推动智能建造和建筑工业化协同发展。完善绿色建材产品认证制度，开展绿色建材应用示范工程建设，鼓励使用综合利用产品。加强建筑材料循环利用，促进建筑垃圾减量化，严格施工扬尘管控，采取综合降噪措施管控施工噪声。推动传统建筑业转型升级，完善工程建设组织模式，加快推行工程总承包，推广全过程工程咨询，推进民用建筑工程建筑师负责制。加快推进工程造价改革。改革建筑劳动用工制度，大力发展专业作业企业，培育职业化、专业化、技能化建筑产业工人队伍。

（五）推动形成绿色生活方式。推广节能低碳节水用品，推动太阳能、再生水等应用，鼓励使用环保再生产品和绿色设计产品，减少一次性消费品和包装用材消耗。倡导绿色装修，鼓励选用绿色建材、家具、家电。持续推进垃圾分类和减量化、资源化，推动生活垃圾源头减量，建立健全生活垃圾分类投放、分类收集、分类转运、分类处理系统。加强危险废物、医疗废物收集处理，建立完善应急处置机制。科学制定城市慢行系统规划，因地制宜建设自行车专用道和绿道，全面开展人行道净化行动，改造提升重点城市步行街。深入开展绿色出行创建行动，优化交通出行结构，鼓励公众选择公共交通、自行车和步行等出行方式。

四、创新工作方法

（一）统筹城乡规划建设管理。坚持总体国家安全观，以城乡建设绿色发展为目标，加强顶层设计，编制相关规划，建立规划、建设、管理三大环节统筹机制，统筹城市布局的经济需要、生活需要、生态需要、安全需要，统筹地上地下空间综合利用，统筹各类基础设施建设，系统推进重大工程项目。创新城乡建设管控和引导机制，完善城市形态，提升建筑品质，塑造时代特色风貌。完善城乡规划、建设、管理制度，动态管控建设进程，确保一张蓝图实施不走样、不变形。

（二）建立城市体检评估制度。建立健全“一年一体检、五年一评估”的城市体检评估制度，强化对相关规划实施情况和历史文化保护传承、基础设施效率、生态建设、污染防治等的评估。制定城市体检评估标准，将绿色发展纳入评估指标体系。城市政府作为城市体检评估工作主体，要定期开展体检评估，制定年度建设和整治行动计划，依法依规向社会公开体检评估结果。加强对相关规划实施的监督，维护规划的严肃性权威性。

（三）加大科技创新力度。完善以市场为导向的城乡建设绿色技术创新体系，培育壮大一批绿色低碳技术创新企业，充分发挥国家工程研究中心、国家技术创新中心、国家企业技术中心、国家重点实验室等创新平台对绿色低碳技术的支撑作用。加强国家科技计划研究，系统布局一批支撑城乡建设绿色发展的研发项目，组织开展重大科技攻关，加大科技成果集成创新力度。建立科技项目成果库和公开制度，鼓励科研院所、企业等主体融通创新、利益共享，促进科技成果转化。建设国际化工程建设标准体系，完善相关标准。

（四）推动城市智慧化建设。建立完善智慧城市建设标准和政策法规，加快推进信息技术与城市建设技术、业务、数据融合。开展城市信息模型平台建设，推动建筑信息模型深化应用，推进工程建设项目智能化管理，促进城市建设及运营模式变革。搭建城市运行管理服务平台，加强对市政基础设施、城市环境、城市交通、城市防灾的智慧化管理，推动城市地下空间信息化、智能化管控，提升城市安全风险监测预警水平。完善工程建设项目审批管理系统，逐步实现智能化全程网上办理，推进与投资项目在线审批监管平台等互联互通。搭建智慧物业管理服务平台，加强社区智慧化建设管理，为群众提供便捷服务。

（五）推动美好环境共建共治共享。建立党组织统一领导、政府依法履责、各类组织积极协同、群众广泛参与，自治、法治、德治相结合的基层治理体系，推动形成建设美好人居环境的合力，实现决策共谋、发展共建、建设共管、效果共评、成果共享。下沉公共服务和社会管理资源，按照有关规定探索适宜城乡社区治理的项目招投标、奖励等机制，解决群众身边、房前屋后的实事小事。以城镇老旧小区改造、历史文化街区保护与利用、美丽乡村建设、生活垃圾分类等为抓手和载体，构建社区生活圈，广泛发动组织群众参与城乡社区治理，共同建设美好家园。

五、加强组织实施

（一）加强党的全面领导。把党的全面领导贯穿城乡建设绿色发展各方面各环节，不折不扣贯彻落实中央决策部署。建立省负总责、市县具体负责的工作机制，地方各级党委和政府要充分认识推动城乡建设绿色发展的重要意义，加快形成党委统一领导、党政齐抓共管的工作格局。各省（自治区、直辖市）要根据本意见确定本地区推动城乡建设绿色发展的工作目标和重点任务，加强统筹协调，推进解决重点难点问题。市、县作为工作责任主体，要制定具体措施，切实抓好组织落实。

（二）完善工作机制。加强部门统筹协调，住房城乡建设、发展改革、工业和信息化、民政、财政、自然资源、生态环境、交通运输、水利、农业农村、文化和旅游、金融、市场监管等部门要按照各自职责完善有关支持政策，推动落实重点任务。加大财政、金融支持力度，完善绿色金融体系，支持城乡建设绿色发展重大项目和重点任务。各地要结合实际建立相关工作机制，确保各项任务落实落地。

（三）健全支撑体系。建立完善推动城乡建设绿色发展的体制机制和制度，推进城乡建设领域治理体系和治理能力现代化。制定修订城乡建设和历史文化保护传承等法律法规，为城乡建设绿色发展提供法治保障。深化城市管理和执法体制改革，加强队伍建设，推进严格规范公正文明执法，提高城市管理和执法能力水平。健全社会公众满意度评价和第三方考评机制，由群众评判城乡建设绿色发展成效。加快管理、技术和机制创新，培育绿色发展新动能，实现动力变革。

（四）加强培训宣传。中央组织部、住房城乡建设部要会同国家发展改革委、自然资源部、生态环境部加强培训，不断提高党政主要负责同志推动城乡建设绿色发展的能力和水平。在各级党校（行政学院）、干部学院增加相关培训课程，编辑出版系列教材，教育引导各级领导干部和广大专业技术人员尊重城乡发展规律，尊重自然生态环境，尊重历史文化传承，重视和回应群众诉求。加强国际交流合作，广泛吸收借鉴先进经验。采取多种形式加强教育宣传和舆论引导，普及城乡建设绿色发展法律法规和科学知识。

（文件来源：国务院公报 2021 年第 31 号）

关于加强新时代老龄工作的意见（节选）

2021 年 11 月 18 日

一至四（略）

五、着力构建老年友好型社会（节选）

（十四）打造老年宜居环境。各地要落实无障碍环境建设法规、标准和规范，将无障碍环境建设和适老化改造纳入城市更新、城镇老旧小区改造、农村危房改造、农村人居环境整治提升统筹推进，让老年人参与社会活动更加安全方便。鼓励有条件的地方对经济困难的失能、残疾、高龄等老年人家庭，实施无障碍和适老化改造、配备生活辅助器具、安装紧急救援设施、开展定期探访。指导各地结合实际出台家庭适老化改造标准，鼓励更多家庭开展适老化改造。在鼓励推广新技术、新方式的同时，保留老年人熟悉的传统服务方式，加快推进老年人常用的互联网应用和移动终端、APP 应用适老化改造。实施“智慧助老”行动，加强数字技能教育和培训，提升老年人数字素养。

六至八（略）

（文件来源：国务院公报 2021 年第 34 号）

关于开展营商环境创新试点工作的意见

国发〔2021〕24 号　2021 年 11 月 25 日

一、总体要求

（一）指导思想。以习近平新时代中国特色社会主义思想为指导，全面贯彻党的十九大和十九届二中、三中、四中、五中全会精神，立足新发展阶段，完整、准确、全面贯彻新发展理念，构建新发展格局，以推动高质量发展为主题，统筹发展和安全，以制度创新为核心，赋予有条件的地方更大改革自主权，对标国际一流水平，聚焦市场主体关切，进一步转变政府职能，一体推进简政放权、放管结合、优化服务改革，推进全链条优化审批、全过程公正监管、全周期提升服务，推动有效市场和有为政府更好结合，促进营商环境迈向更高水平，更大激发市场活力和社会创造力，更好稳定市场预期，保持经济平稳运行。

（二）试点范围。综合考虑经济体量、市场主体数量、改革基础条件等，选择部分城市开展营商环境创新试点工作。首批试点城市为北京、上海、重庆、杭州、广州、深圳 6 个城市。强化创新试点同全国优化营商环境工作的联动，具备条件的创新试点举措经主管部门和单位同意后在全国范围推开。

（三）主要目标。经过三至五年的创新试点，试点城市营商环境国际竞争力跃居全球前列，政府治理效能全面提升，在全球范围内集聚和配置各类资源要素能力明显增强，市场主体活跃度和发展质量显著提高，率先建成市场化法治化国际化的一流营商环境，形成一系列可复制可推广的制度创新成果，为全国营商环境建设做出重要示范。

二、重点任务

（四）进一步破除区域分割和地方保护等不合理限制。加快破除妨碍生产要素市场化配置和商品服务流通的体制机制障碍。在不直接涉及公共安全和人民群众生命健康的领域，推进“一照多址”“一证多址”等改革，便利企业扩大经营规模。清理对企业跨区域经营、迁移设置的不合理条件，全面取消没有法律法规依据的要求企业在特定区域注册的规定。着力破除招投标、政府采购等领域对外地企业设置的隐性门槛和壁垒。探索企业生产经营高频办理的许可证件、资质资格等跨区域互认通用。

（五）健全更加开放透明、规范高效的市场主体准入和退出机制。进一步提升市场主体名称登记、信息变更、银行开户等便利度。建立健全市场准入评估制度，定期排查和清理在市场准入方面对市场主体资质、资金、股比、人员、场所等设置的不合理条件。推行企业年报“多报合一”改革。完善市场主体退出机制，全面实施简易注销，建立市场主体强制退出制度。推行破产预重整制度，建立健全企业破产重整信用修复机制，允许债权人等推荐选任破产管理人。建立健全司法重整的府院联动机制，提高市场重组、出清的质量和效率。

（六）持续提升投资和建设便利度。深化投资审批制度改革。推进社会投资项目“用地清单制”改革，在土地供应前开展相关评估工作和现状普查，形成评估结果和普查意见清单，在土地供应时一并交付用地单位。推进产业园区规划环评与项目环评联动，避免重复评价。在确保工程质量安全的前提下，持续推进工程建设项目审批制度改革，清理审批中存在的“体外循环”“隐性审批”等行为。推动分阶段整合规划、土地、房产、交通、绿化、人防等测绘测量事项，优化联合验收实施方式。建立健全市政接入工程信息共享机制。探索在民用建筑工程领域推进和完善建筑师负责制。

（七）更好支持市场主体创新发展。完善创新资源配置方式和管理机制，探索适应新业态新模式发展需要的准入准营标准，提升市场主体创新力。在确保安全的前提下，探索高精度地图面向智能网联汽车开放使用。推进区块链技术在政务服务、民生服务、物流、会计等领域探索应用。探索对食品自动制售设备等新业态发放经营许可。完善知识产权市场化定价和交易机制，开展知识产权证券化试点。深化科技成果使用权、处置权和收益权改革，赋予科研人员职务科技成果所有权或长期使用权，探索完善科研人员职务发明成果权益分享机制。

（八）持续提升跨境贸易便利化水平。高标准建设国际贸易“单一窗口”，加快推动“单一窗口”服务功能由口岸通关向口岸物流、贸易服务等全链条拓展，推进全流程作业无纸化。在确保数据安全的前提下，推动与东亚地区主要贸易伙伴口岸间相关单证联网核查。推进区域通关便利化协作，探索开展粤港澳大湾区“组合港”“一港通”等改革。推进铁路、公路、水路、航空等运输环节信息对接共享，实现运力信息可查、货物全程实时追踪，提升多式联运便利化水平。在有条件的港口推进进口货物“船边直提”和出口货物“抵港直装”。探索开展科研设备、耗材跨境自由流动，简化研发用途设备和样本样品进出口手续。

（九）优化外商投资和国际人才服务管理。加强涉外商事法律服务，建设涉外商事一站式多元解纷中心，为国际商事纠纷提供多元、高效、便捷解纷渠道。探索制定外籍“高精尖缺”人才地方认定标准。在不直接涉及公共安全和人民群众生命健康、风险可控的领域，探索建立国际职业资格证书认可清单制度，对部分需持证上岗的职业，允许取得境外相应职业资格或公认的国际专业组织认证的国际人才，经能力水平认定或有关部门备案后上岗，并加强执业行为监管。研究建立与国际接轨的人才评价体系。持续提升政府门户网站国际版服务水平，方便外籍人员及时准确了解投资、工作、生活等政策信息，将更多涉外审批服务事项纳入“一网通办”。

（十）维护公平竞争秩序。坚持对各类市场主体一视同仁、同等对待，稳定市场主体预期。强化公平竞争审查刚性约束，建立举报处理和回应机制，定期公布审查结果。着力清理取消企业在资质资格获取、招投标、政府采购、权益保护等方面存在的差别化待遇，防止滥用行政权力通过划分企业等级、增设证明事项、设立项目库、注册、认证、认定等形式排除和限制竞争的行为。建立招标计划提前发布制度，推进招投标全流程电子化改革。加强和改进反垄断与反不正当竞争执法。清理规范涉企收费，健全遏制乱收费、乱摊派的长效机制，着力纠正各类中介垄断经营、强制服务等行为。

（十一）进一步加强和创新监管。坚持放管结合、并重，夯实监管责任，健全事前事中事后全链条全流程的监管机制。完善公开透明、简明易行的监管规则和标准，加强政策解读。在直接涉及公共安全和人民群众生命财产安全的领域，探索实行惩罚性赔偿等制度。深化“互联网+监管”，加快构建全国一体化在线监管平台，积极运用大数据、物联网、人工智能等技术为监管赋能，探索形成市场主体全生命周期监管链。推动“双随机、一公开”监管和信用监管深度融合，完善按风险分级分类管理模式。在医疗、教育、工程建设等领域探索建立完善执业诚信体系。对新产业新业态实行包容审慎监管，建立健全平台经济治理体系。推动行业协会商会等建立健全行业经营自律规范，更好发挥社会监督作用。

（十二）依法保护各类市场主体产权和合法权益。构建亲清政商关系，健全政府守信践诺机制，建立政府承诺合法性审查制度和政府失信补偿、赔偿与追究制度，重点治理债务融资、政府采购、招投标、招商引资等领域的政府失信行为，畅通政府失信投诉举报渠道，健全治理“新官不理旧账”的长效机制。完善产权保护制度，强化知识产权保护，开展商标专利巡回评审和远程评审，完善对商标恶意注册和非正常专利申请的快速处置联动机制，加强海外知识产权维权协作。规范罚款行为，全面清理取消违反法定权限和程序设定的罚款事项，从源头上杜绝乱罚款。严格落实重大行政决策程序，增强公众参与实效。全面建立重大政策事前评估和事后评价制度，推进评估评价标准化、制度化、规范化。

（十三）优化经常性涉企服务。加快建立健全高效便捷、优质普惠的市场主体全生命周期服务体系，健全常态化政企沟通机制和营商环境投诉处理机制。完善动产和权利担保统一登记制度，有针对性地逐步整合各类动产和权利担保登记系统，提升企业动产和权利融资便利度。持续优化企业办税服务，深化“多税合一”申报改革，试行代征税款电子缴税并开具电子完税证明。进一步提升不动产登记涉税、继承等业务办理便利度。推进水电气暖等“一站式”便捷服务，加快实现报装、查询、缴费等业务全程网办。推进电子证照、电子签章在银行开户、贷款、货物报关、项目申报、招投标等领域全面应用和互通互认。推进公安服务“一窗通办”。推行涉企事项“一网通办”“一照通办”，全面实行惠企政策“免申即享”、快速兑现。

三、组织保障

（十四）加强组织领导和统筹协调。国务院办公厅要统筹推进营商环境创新试点工作，牵头制定改革事项清单，做好协调督促、总结评估、复制推广等工作。司法部要做好改革的法治保障工作。国务院有关部门要结合自身职责，协调指导试点城市推进相关改革，为试点城市先行先试创造良好条件。有关省份人民政府要加大对试点城市的支持力度，加强政策措施衔接配套，依法依规赋予试点城市相关权限。各试点城市人民政府要制定本地区试点实施方案，坚持稳步实施，在风险总体可控前提下，科学把握改革的时序、节奏和步骤，推动创新试点工作走深走实，实施方案应报国务院办公厅备案并向社会公布。试点城市辖区内开发区具备较好改革基础的，可研究进一步加大改革力度，为创新试点工作探索更多有益经验。

（十五）强化法治保障。按照重大改革于法有据的要求，依照法定程序开展营商环境创新试点工作。国务院决定，根据《全国人民代表大会常务委员会关于授权国务院在营商环境创新试点城市暂时调整适用〈中华人民共和国计量法〉有关规定的决定》，3 年内在营商环境创新试点城市暂时调整适用《中华人民共和国计量法》有关规定；同时，在营商环境创新试点城市暂时调整适用《植物检疫条例》等 7 部行政法规有关规定。国务院有关部门和有关地方人民政府要根据法律、行政法规的调整情况，及时对本部门和本地区制定的规章、规范性文件作相应调整，建立与试点要求相适应的管理制度。对试点成效明显的改革举措，要及时推动有关法律、法规、规章的立改废释，固化改革成果。

（十六）加强数据共享和电子证照应用支撑。加快打破信息孤岛，扩大部门和地方间系统互联互通和数据共享范围。优化数据资源授权模式，探索实施政务数据、电子证照地域授权和场景授权，将产生于地方但目前由国家统一管理的相关领域数据和电子证照回流试点城市；对试点城市需使用的中央部门和单位、外地的数据和电子证照，由主管部门和单位通过数据落地或数据核验等方式统一提供给试点城市使用。优化全国一体化政务服务平台功能，推动更多数据资源依托平台实现安全高效优质的互通共享。

（十七）做好滚动试点和评估推广。国务院办公厅会同有关方面根据试点情况，结合改革需要，适时扩大试点城市范围。同时，建立改革事项动态更新机制，分批次研究制定改革事项清单，按照批量授权方式，按程序报批后推进实施，定期对营商环境创新试点工作进行评估，对实践证明行之有效、市场主体欢迎的改革措施要及时在更大范围复制推广，对出现问题和风险的要及时调整或停止实施。试点中的重要情况，有关地方和部门要及时向国务院请示报告。

关于新形势下进一步加强督查激励的通知

国办发〔2021〕49 号　2021 年 12 月 20 日

一、对实施创新驱动发展战略、营造良好创新生态、提升自主创新能力、强化企业创新主体地位、加速推进科技成果转化应用等方面成效明显的省（自治区、直辖市），在分配中央引导地方科技发展资金时给予一定奖励，优先支持其行政区域内 1 家符合条件且发展基础较好的省级高新技术产业开发区升级为国家高新技术产业开发区。（科技部、财政部负责）

二、对推动“双创”政策落地、促进创业带动就业、加强融通创新、扶持“双创”支撑平台、构建“双创”发展生态、打造“双创”升级版等方面成效明显的区域“双创”示范基地，优先支持创新创业支撑平台建设，在中央预算内投资安排等方面予以重点倾斜；对区域内符合条件的创新创业项目，优先推介与国家新兴产业创业投资引导基金、国家级战略性新兴产业发展基金、国家中小企业发展基金等对接。（国家发展改革委负责）

三、对知识产权创造、运用、保护、管理和服务工作成效突出的省（自治区、直辖市），优先支持开展地理标志专用标志使用核准改革试点，优先支持建设知识产权保护中心、知识产权快速维权中心、知识产权专题数据库，在专利转化专项计划实施中予以倾斜支持。（国家知识产权局负责）

四、对促进工业稳增长、推动先进制造业集群发展、实施产业基础再造工程、保持制造业比重基本稳定等方面成效明显的市（地、州、盟），在传统产业改造提升、智能制造示范工厂等试点示范工作中给予优先支持。（工业和信息化部负责）

五、对推进质量强国建设工作成效突出的市（地、州、盟）、县（市、区、旗），在质量工作改革创新试点示范、国家质量基础设施布局建设、质量提升行动重点帮扶、参与国际标准和国家标准制定等方面给予倾斜支持。（市场监管总局负责）

六、对大力培育发展战略性新兴产业、产业特色优势明显、技术创新能力强的市（地、州、盟），优先支持将产业集群内重点项目纳入重大建设项目库，在国家认定企业技术中心等创新平台申报中给予名额倾斜。对其中通用航空发展成效显著并符合相关条件的产业集群所在地方，在运输机场建设等方面予以优先支持。（国家发展改革委、中国民航局负责）

七、对建设信息基础设施、推进产业数字化、加快工业互联网创新发展、促进网络与数据安全能力建设等工作成效明显的市（地、州、盟），在创建国家产融合作试点城市、国家新型工业化产业示范基地等方面给予优先支持。（工业和信息化部负责）

八、对公路水路交通建设年度投资保持稳定增长、通过车辆购置税收入补助地方资金投资项目完成情况好的省（自治区、直辖市），在安排车辆购置税收入补助地方资金时给予适当奖励。（交通运输部、财政部负责）

九、对地方水利建设投资落实情况好、中央水利建设投资计划完成率高的省（自治区、直辖市），适当增加安排部分中央预算内投资，相应减少所安排项目的地方建设投资。（水利部、国家发展改革委负责）

十、对推动外贸稳定和创新发展成效明显的市（地、州、盟），在安排年度中央外经贸发展专项资金、推动地方外贸创新发展先行先试、外贸领域相关平台建设、中国进出口商品交易会等重要展会开展宣传推介等方面给予倾斜支持。（商务部负责）

十一、对年度固定资产投资保持稳定增长，中央预算内投资项目开工、投资完成等情况好的省（自治区、直辖市），在中央预算内投资既有专项中统筹安排部分投资，用于奖励支持其符合条件的项目。（国家发展改革委负责）

十二、对直达资金下达使用、落实财政支出责任、国库库款管理、预决算公开等财政工作绩效突出的省（自治区、直辖市），中央财政通过年度预算安排资金予以奖励，由省级财政统筹使用。（财政部负责）

十三、对金融服务实体经济、防范化解金融风险、维护良好金融秩序成效好的省（自治区、直辖市），支持开展金融改革创新先行先试，在同等条件下对其申报金融改革试验区等方面给予重点考虑和支持，鼓励符合条件的全国性股份制银行、保险公司在上述地区开设分支机构，支持符合条件的企业发行“双创”、绿色公司信用类债券等金融创新产品。（人民银行、银保监会、证监会负责）

十四、对推进企业登记注册便利化、深化“双随机、一公开”监管和信用监管、落实公平竞争审查制度等深化商事制度改革成效明显的市（地、州、盟）、县（市、区、旗），优先选择为企业登记注册便利化改革、企业年度报告制度改革、企业信用监管、智慧监管、重点领域监管等试点地区，优先授予外商投资企业登记注册权限。（市场监管总局负责）

十五、对耕地保护工作突出、土地节约集约利用成效好、闲置土地比例低且用地需求量大的市（地、州、盟）、县（市、区、旗），在全国新增建设用地计划中安排一定指标予以奖励。（自然资源部负责）

十六、对高标准农田建设投入力度大、任务完成质量高、建后管护效果好的省（自治区、直辖市），在分配年度中央财政资金时予以激励支持。（农业农村部、财政部负责）

十七、对促进乡村产业振兴、改善农村人居环境等乡村振兴重点工作成效明显的市（地、州、盟）、县（市、区、旗），在分配中央财政相关资金时给予一定激励支持。（农业农村部、国家乡村振兴局、财政部负责）

十八、对易地扶贫搬迁后续扶持工作成效明显的市（地、州、盟），进一步加大后续扶持政策支持力度，在安排以工代赈资金时予以倾斜支持。（国家发展改革委负责）

十九、对城镇老旧小区改造、棚户区改造、发展保障性租赁住房成效明显的市（地、州、盟），在安排保障性安居工程中央预算内投资、中央财政城镇保障性安居工程补助资金时予以奖励支持。（住房城乡建设部、国家发展改革委、财政部负责）

二十、对老工业基地调整改造力度大，支持传统产业改造、推进产业转型升级等工作成效突出的市（地、州、盟），安排中央预算内投资给予奖励，优先支持建设国家创新型产业集群，优先推介签署开发性金融合作协议，在推进产业转型升级示范区建设和资源枯竭城市转型中给予倾斜支持。（国家发展改革委负责）

二十一、对文化产业和旅游产业发展势头良好、文化和旅游企业服务体系建设完善、消费质量水平高的市（地、州、盟），在建设国家文化与金融合作示范区、国家文化和旅游消费示范城市、国家级文化产业示范园区（基地）、国家级夜间文化和旅游消费集聚区等方面予以优先支持。（文化和旅游部负责）

二十二、对生态文明体制改革、制度创新、模式探索等方面成效显著的市（地、州、盟），在国家层面宣传推广改革经验做法；对其在既有资金渠道范围内的相关项目，中央预算内投资予以适当支持。（国家发展改革委负责）

二十三、对环境治理工程项目推进快，重点区域大气、重点流域水环境质量改善明显的市（地、州、盟），

在安排中央财政大气、水污染防治资金时予以适当奖励。（生态环境部、财政部负责）

二十四、对河长制湖长制工作推进力度大、成效明显的市（地、州、盟）、县（市、区、旗），在安排中央财政水利发展资金时予以适当奖励。对全面推行林长制工作成效明显的市（地、州、盟）、县（市、区、旗），在安排中央财政林业改革发展资金时予以适当奖励。（水利部、财政部、国家林草局负责）

二十五、对改善职业教育办学条件、创新校企合作办学机制、推进职业教育改革等方面成效明显的省（自治区、直辖市），在职业教育改革试点、中国特色高水平高职学校和专业建设、现代职业教育质量提升计划资金等方面予以倾斜支持。（教育部负责）

二十六、对深化医药卫生体制改革成效明显的市（地、州、盟），在安排中央财政医疗服务与保障能力提升补助资金时给予奖励支持。（国家卫生健康委、财政部负责）

二十七、对优化医保领域便民服务、推进医保经办管理服务体系建设、提升医保规范化管理水平等方面成效明显的省（自治区、直辖市），在安排中央财政医疗服务与保障能力提升补助资金时给予奖励支持。（国家医保局、财政部负责）

二十八、对养老兜底保障、发展普惠型养老服务、完善社区居家养老服务网络等工作成效明显的市（地、州、盟），在安排年度养老服务体系建设中央预算内投资计划和中央财政相关资金时给予奖励支持。（国家发展改革委、财政部、民政部负责）

二十九、对落实就业优先政策、推动就业扩容提质、促进重点群体就业创业等任务完成好的省（自治区、直辖市），在分配中央财政就业补助资金时予以适当奖励。（财政部、人力资源社会保障部负责）

三十、对高度重视重大决策部署督查落实工作，在创新优化督查落实方式方法、推动地区经济社会发展等方面成效明显的市（地、州、盟）、县（市、区、旗），在下一年度国务院组织的有关实地督查中实行“免督查”。（国务院办公厅负责）

三、中华人民共和国国家发展和改革委员会

关于建立积极应对人口老龄化重点联系城市机制的通知（节选）

发改办社会〔2021〕37 号　2021 年 1 月 14 日

一（略）

二、建立联系机制的工作方案（节选）

五是促进适老环境创新。充分考虑老年人社会交往和日常生活需要，推动居家适老化改造，对城乡老旧小区、老旧楼房以及公共场所、公共交通等设施设备进行适老化改造，加强宜居环境建设，大力建设老年友好型社区。补足配齐社区养老服务设施和基层老龄工作队伍，为老年人在社区就近就便养老提供软硬件支撑。切实解决老年人运用智能技术困难，坚持传统服务与智能创新相结合。开展以空巢、留守、失能、重残、计划生育特殊家庭老年人为主要对象的居家社区探访。大力发展老年大学，支持开展形式多样的老年文体活动。积极开

展人口老龄化国情教育和孝亲敬老主题教育活动，形成老年人、家庭、社会、政府共同参与的良好氛围。

三（略）

关于印发《2021 年新型城镇化和城乡融合发展重点任务》的通知

发改规划〔2021〕493 号　2021 年 4 月 8 日

2021 年新型城镇化和城乡融合发展重点任务

2021 年是中国共产党成立 100 周年，是“十四五”规划开局之年，是我国现代化建设进程中具有特殊重要性的一年。为贯彻落实党的十九届五中全会精神，推动落实国家“十四五”规划《纲要》有关重要部署，现提出 2021 年新型城镇化和城乡融合发展重点任务。

一、总体要求

以习近平新时代中国特色社会主义思想为指导，全面贯彻党的十九大和十九届二中、三中、四中、五中全会精神，坚持稳中求进工作总基调，立足新发展阶段、贯彻新发展理念、构建新发展格局，统筹发展和安全，深入实施以人为核心的新型城镇化战略，促进农业转移人口有序有效融入城市，增强城市群和都市圈承载能力，转变超大特大城市发展方式，提升城市建设与治理现代化水平，推进以县城为重要载体的城镇化建设，加快推进城乡融合发展，为“十四五”开好局起好步提供有力支撑。

二、促进农业转移人口有序有效融入城市

协同推进户籍制度改革和城镇基本公共服务常住人口全覆盖，提高农业转移人口市民化质量。

（一）有序放开放宽城市落户限制。各类城市要根据资源环境承载能力和经济社会发展实际需求，合理确定落户条件，坚持存量优先原则，推动进城就业生活 5 年以上和举家迁徙的农业转移人口、在城镇稳定就业生活的新生代农民工、农村学生升学和参军进城的人口等重点人群便捷落户。城区常住人口 300 万以下城市落实全面取消落户限制政策，实行积分落户政策的城市确保社保缴纳年限和居住年限分数占主要比例。城市落户政策要对租购房者同等对待，允许租房常住人口在公共户口落户。城市要整体谋划、周密设计，统筹做好放开放宽落户、人才引进和房地产调控工作。推动具备条件的城市群和都市圈内社保缴纳年限和居住年限累计互认。（公安部、发展改革委等负责）

（二）推动城镇基本公共服务覆盖未落户常住人口。鼓励在人口集中流入城市扩大义务教育阶段公办学校学位供给，优化事业编制调配、增加教师编制数量。支持有条件地区将未落户常住人口纳入普惠性学前教育保障范围。简化社保转移接续程序。完成养老保险全国统筹信息系统建设。推进普通门诊费用跨省直接结算。（发展改革委、中央编办、财政部、教育部、人力资源社会保障部、卫生健康委、医保局等负责）

（三）提升农业转移人口技能素质。高质量推进补贴性培训，完成职业技能提升行动方案确定的 5000 万人次目标。面向农业转移人口特别是新生代农民工，深化实施农民工“春潮行动”“求学圆梦行动”、新生代农民工职业技能提升行动，支持企业开展新型学徒制培训并按规定给予培训补贴。结合疫情防控形势，适时加大

农民工稳就业职业技能培训计划力度。结合促进农民工返乡就业创业和承接产业转移，开展针对性创业技能培训。扩大职业院校面向农业转移人口的招生规模。（人力资源社会保障部、教育部等负责）

（四）健全配套政策体系。继续安排中央财政市民化奖励资金。健全城镇建设用地增加规模与吸纳农业转移人口落户数量挂钩机制。依法维护进城落户农民承包地、宅基地、集体资产等权益，支持探索农村“三权”依法自愿有偿退出机制。根据第七次全国人口普查结果，发布县及县以上城镇常住人口数据，研究建立各城市城区常住人口数据统计发布机制，结合大数据技术推进常态化统计发布。（财政部、自然资源部、农业农村部、统计局等负责）

三、提升城市群和都市圈承载能力

增强中心城市对周边地区辐射带动能力，培育发展现代化都市圈，增强城市群人口经济承载能力，形成都市圈引领城市群、城市群带动区域高质量发展的空间动力系统。

（五）健全城市群一体化发展机制。制定京津冀协同发展、粤港澳大湾区建设、长三角一体化发展“十四五”实施方案。扎实实施成渝地区双城经济圈建设规划纲要。研究编制长江中游、北部湾、关中平原等跨省区城市群实施方案，有序引导省内城市群发展。健全城市群多层次协调机制和成本共担利益共享机制，提高一体化发展水平。（发展改革委等负责）

（六）培育发展现代化都市圈。支持福州、成都、西安等都市圈编制实施发展规划，支持其他有条件中心城市在省级政府指导下牵头编制都市圈发展规划。充分利用既有铁路开行市域（郊）列车，科学有序发展市域（郊）铁路，打通城际“断头路”。推进生态环境共防共治，构建城市间绿色隔离和生态廊道。建立都市圈常态化协商协调机制，探索建立重大突发事件联动响应机制。（发展改革委、生态环境部、交通运输部、国铁集团等负责）

（七）建设轨道上的城市群和都市圈。加快规划建设京津冀、长三角、粤港澳大湾区等重点城市群城际铁路，支持其他有条件城市群合理规划建设城际轨道交通。优化综合交通枢纽布局，建设一体化综合客运枢纽和衔接高效的综合货运枢纽，促进各类交通方式无缝接驳、便捷换乘。推广交通“一卡通”、二维码“一码畅行”。（发展改革委、交通运输部、国铁集团等负责）

四、促进大中小城市和小城镇协调发展

统筹城市布局的规模经济效益和生态健康安全需要，促进城市合理分工、协调联动，优化城镇规模结构。

（八）促进超大特大城市优化发展。推动开发建设方式从规模扩张向内涵提升转变。有序疏解中心城区一般性制造业、区域性物流基地、专业市场等功能和设施，以及过度集中的医疗和高等教育等公共服务资源，合理降低开发强度和人口密度。提升市政交通、生态环保和社区等治理能力，有效破解“大城市病”。在中心城区周边科学发展郊区卫星城，促进多中心、组团式发展，实现产城融合和职住平衡。系统评估排查风险隐患，提高风险防控能力。（发展改革委、自然资源部、住房城乡建设部、公安部、生态环境部、应急管理部等负责）

（九）推进县城补短板强弱项。加快补齐县城公共服务设施、环境基础设施、市政公用设施、产业配套设施短板弱项。加强项目谋划设计，分类设计公益性、准公益性和经营性项目，加快项目前期工作。在债务风险可控前提下，加大中央预算内投资和地方政府专项债券等财政性资金统筹支持力度，有序发行县城新型城镇化建设专项企业债券。健全政银企对接长效机制，协调引导有实力的大型企业承担相关建设任务，吸引开发性政策性和商业性金融机构中长期信贷资金积极投入，利用现有国外优惠贷款渠道予以投入。发挥120个县城建设

示范地区带动作用，支持在有条件县城建设一批产业转型升级示范园区。结合新型城镇化建设，健全易地扶贫搬迁大型安置区公共设施。（发展改革委、财政部、人民银行、国资委、自然资源部、住房城乡建设部、开发银行、农业发展银行等负责）

（十）强化边境地区城镇功能。全面增强边境城镇承载人口、连接城乡、支撑国防的能力。开展兴边富民行动中心城镇建设试点，改善基础设施和公共服务，提高引产聚人能力。建设沿边抵边公路，发展一批抵边新村和新生抵边城镇，引导边民向沿边抵边公路、边民互市贸易点、抵边聚居点等适度集中。（发展改革委、交通运输部、自然资源部、住房城乡建设部、卫生健康委等负责）

（十一）促进特色小镇规范健康发展。推动《国务院办公厅转发国家发展改革委关于促进特色小镇规范健康发展意见的通知》全面落实落地。统一实行清单管理，以各省份为单元全面建立特色小镇清单，开展动态调整、优胜劣汰。制发特色小镇发展导则，引导树立控制数量、提高质量导向，强化正面引导和分类指导。统筹典型引路和负面警示，推广新一轮特色小镇建设典型经验，加强监督监管、整改违规行为。（发展改革委、财政部、自然资源部、生态环境部、住房城乡建设部、市场监管总局等负责）

五、加快建设现代化城市

顺应城市发展新理念新趋势，建设宜居、创新、智慧、绿色、人文、韧性城市，推进城市现代化试点示范，使城市成为人民高品质生活的空间。

（十二）着力解决大城市住房突出问题。坚持房子是用来住的、不是用来炒的定位，因地制宜、多策并举，稳定地价、房价和预期，促进房地产市场平稳健康发展。加快培育发展住房租赁市场，有效盘活存量住房资源，有力有序扩大租赁住房供给，完善长租房政策，合理调控租金水平。以人口流入多、房价高的城市为重点，扩大保障性租赁住房供给，着力解决困难群体和农业转移人口、新就业大学生等新市民住房问题。单列租赁住房用地计划，探索利用农村集体建设用地和企事业单位自有闲置土地建设租赁住房，支持将非住宅房屋改建为保障性租赁住房。（住房城乡建设部、自然资源部、发展改革委、财政部等负责）

（十三）建设新型智慧城市。推进市政公用设施智能化升级，改造交通、公安和水电气热等重点领域终端系统。建设“城市数据大脑”等数字化智慧化管理平台，推动数据整合共享，提升城市运行管理和应急处置能力。全面推行城市运行“一网通管”，拓展丰富智慧城市应用场景。（发展改革委、工业和信息化部、住房城乡建设部、自然资源部等负责）

（十四）建设低碳绿色城市。全面推进生活垃圾分类，加快建设生活垃圾焚烧处理设施，完善医疗废弃物和危险废弃物处置设施。提升污水管网收集能力，推行污水资源化利用，推进污泥无害化处置。加强城市大气质量达标管理，推进细颗粒物（$PM_{2.5}$）和臭氧（O_3）协同控制。推动重点城市群消除城区黑臭水体和劣 V 类水体断面。开展爱国卫生运动，推广文明健康生活习惯，加强背街小巷等环境卫生死角整治。控制城市温室气体排放，推动能源清洁低碳安全高效利用，深入推进工业、建筑、交通等领域绿色低碳转型。（发展改革委、住房城乡建设部、生态环境部、卫生健康委等负责）

（十五）增强城市发展韧性。完善公立医院传染病救治设施，改善疾控基础条件，加强业务用房建设和必要设备配置，补齐县城公共卫生防控救治短板。提高平疫结合能力，确保改建新建的大型公共设施具备短期内改造为方舱医院的条件。统筹推进城市内涝治理和海绵城市建设，改造河道、堤防、水库等防洪设施，重点治理严重易涝积水区段。健全重要应急物资收储调配机制、基本生活用品保障机制。（发展改革委、卫生健康委、住房城乡建设部、水利部、自然资源部、应急管理部、体育总局等负责）

（十六）优化城市交通服务体系。深入建设公交都市，开展绿色出行创建行动，完善定制公交、自行车道和步行道。完善以配建停车场为主、公共停车场为辅、路侧停车位为补充的停车设施体系，健全住宅小区和公共停车场充电设施，开展创新筹资方式支持停车场建设试点。（住房城乡建设部、交通运输部、发展改革委等负责）

（十七）实施城市更新行动。在老城区推进以老旧小区、老旧厂区、老旧街区、城中村等“三区一村”改造为主要内容的城市更新行动。加快推进老旧小区改造，2021 年新开工改造 5.3 万个，有条件的可同步开展建筑节能改造。在城市群、都市圈和大城市等经济发展优势地区，探索老旧厂区和大型老旧街区改造。因地制宜将一批城中村改造为城市社区或其他空间。（住房城乡建设部、发展改革委、自然资源部、商务部、卫生健康委等负责）

六、提升城市治理水平

树立全生命期管理理念，完善治理结构、创新治理方式，推动城市治理体系和治理能力现代化。

（十八）优化城市空间治理。编制完成省市县三级国土空间规划，统筹划定生态保护红线、永久基本农田、城镇开发边界三条控制线。促进城镇建设用地集约高效利用，全面推行增量投放与存量盘活利用相挂钩。适当扩大住宅用地供应比例，提高工业用地利用效率，有序增加蓝绿生态空间。探索推行混合产业用地供给、分层开发、立体开发和以公共交通为导向的开发（TOD）等模式。稳慎把握省会城市管辖范围和市辖区规模调整。落实适用、经济、绿色、美观的新时期建筑方针，严格限制建设 500 米以上超高层建筑，严禁建设“丑陋建筑”。划定历史文化保护线，加强文物保护利用。（自然资源部、民政部、住房城乡建设部、文化和旅游部、文物局等负责）

（十九）加强基层社会治理。根据常住人口规模优化街道社区设置和管辖范围。建设现代社区，以社区综合服务设施为依托，对接社区居民需求、提供便捷优质服务。引导社区社会组织、社会工作服务机构、社区志愿者、驻地企业单位等共同参与社区治理。支持老旧小区引入市场化物业服务或推行社区托管、社会组织代管等方式，提高物业服务质量和标准化水平。（民政部、住房城乡建设部、市场监管总局等负责）

七、加快推进城乡融合发展

以县域为基本单元推进城乡融合发展，坚持以工补农、以城带乡，推进城乡要素双向自由流动和公共资源合理配置，以 11 个国家城乡融合发展试验区为突破口，推动体制机制改革和政策举措落实落地。

（二十）促进人才入乡就业创业。鼓励各地制定人才加入乡村制度细则，允许入乡就业创业人员在原籍地或就业创业地落户并享有相关权益，探索以投资入股、合作等多种方式吸收人才入乡。建立科研人员入乡兼职和离岗创业制度，探索其在涉农企业技术入股、兼职兼薪机制。深入推行科技特派员制度。完善农民工返乡就业创业服务体系。引导工商资本入乡发展，培育一批城乡融合典型项目。（发展改革委、中央统战部、中央农办、农业农村部、科技部、人力资源社会保障部、全国工商联等负责）

（二十一）深化改革农村土地制度。积极探索实施农村集体经营性建设用地入市制度，出台稳妥有序推进农村集体经营性建设用地入市的指导意见。推动深化农村宅基地制度改革试点地区率先健全宅基地分配、流转、抵押、退出、使用、收益、审批、监管等制度。鼓励农村集体经济组织及其成员采取自营、出租、入股、合作等方式，盘活农村闲置宅基地和地上房屋。（自然资源部、发展改革委、中央农办、农业农村部等负责）

（二十二）推动公共设施向乡村延伸。统筹规划水气热等市政公用设施，推动向城市郊区乡村和规模较大中心镇延伸。推进城乡道路客运一体化发展，推进公路客运站改建迁建和功能提升。支持城郊承接城市专业市场和物流基地疏解，在县乡村合理布局冷链物流设施、配送投递设施和农贸市场网络，畅通农产品进城和工业品入乡通道。推进义务教育优质均衡发展和城乡一体化，促进义务教育教师“县管校聘”管理改革。实施医师区域注册，推进医师多机构执业，积极发展医疗联合体。依托国家城乡融合发展试验区等开展县域内城乡融合发展试点示范。（发展改革委、中央农办、农业农村部、住房城乡建设部、自然资源部、教育部、卫生健康委、商务部等负责）

八、组织实施

（二十三）压实地方责任。省级发展改革委要牵头会同省级各有关部门，做好组织调度和任务分解，加大资金和用地等要素保障支持力度。市县级政府要切实推动任务落实、政策落地、项目见效，确保取得实质性进展和成效。

（二十四）强化部际协同。国家发展改革委依托城镇化工作暨城乡融合发展工作部际联席会议制度，会同各有关部门加强统筹协调和指导督促。各有关部门要细化制定具体措施，并组织调动本系统力量扎实推进。

关于印发《保障性租赁住房中央预算内投资专项管理暂行办法》的通知

发改投资规〔2021〕696 号　2021 年 6 月 2 日

保障性租赁住房中央预算内投资专项管理暂行办法

第一章　总则

第一条　为规范中央预算内投资支持保障性租赁住房建设有关项目管理，提高资金使用效益，推进中央预算内投资管理制度化、规范化、科学化，根据《政府投资条例》《中央预算内投资补助和贴息项目管理办法》（国家发展和改革委员会令 2016 年第 45 号）、《国家发展改革委关于规范中央预算内投资资金安排方式及项目管理的通知》（发改投资规〔2020〕518 号）等有关规定，制定本办法。

第二条　保障性租赁住房中央预算内投资专项（以下简称“本专项”）以新型城镇化战略为导向，坚持“房子是用来住的，不是用来炒的”定位，支持人口净流入大城市中符合条件的保障性租赁住房建设，推动解决符合条件的无房新市民、青年人等群体的住房困难问题，优先满足从事基本公共服务群体租赁住房需求，促进有能力在城镇稳定就业生活的常住人口有序实现市民化。

第三条　本专项原则上采用切块方式。综合考虑当年投资规模、建设计划、项目储备和上年投资计划执行、审计和监督检查等情况，确定各省、自治区、直辖市、计划单列市（以下简称“各省”）中央预算内投资年度切块规模，由各省发展改革、住房城乡建设部门在规定时限内将切块资金分解下达到具体项目，并上报备案。有关保障性租赁住房项目建成后，各省要督促指导有关城市切实加强后续管理，确保依法合规。

第四条　对于已经足额安排的项目不得重复申请本专项中央预算内投资。同一项目不得重复申请不同类别的中央预算内投资，不得同时申请其他中央财政资金。中央预算内投资应用于计划新开工或续建项目，不得用于已完工项目。

第二章　支持范围和标准

第五条　本专项支持人口净流入的大城市新建、改建保障性租赁住房及其配套基础设施建设。保障性租赁住房以建筑面积不超过70平方米小户型为主，租金低于同地段同品质市场租赁住房租金，具体条件由城市人民政府确定。

（一）纳入城市年度建设计划等管理的保障性租赁住房主要包括：利用集体建设用地建设的保障性租赁住房；企事业单位利用自有闲置土地建设的保障性租赁住房；利用产业园区配套用地建设的保障性租赁住房；利用存量闲置房屋建设的保障性租赁住房；适当利用新供应国有建设用地建设的保障性租赁住房；其他形式的保障性租赁住房。

（二）相关配套基础设施主要包括：小区内的道路、供水、排水、供电、供气、供暖、绿化、照明、围墙、垃圾收储等基础设施，小区的养老托育、无障碍、停车、便民等公共服务设施，与小区相关的道路和公共交通、通信、供电、供水、排水、供气、供热、停车库（场）等城镇基础设施项目。原则上不得用于主干道、主管网、综合管廊、广场、城市公园等与小区不相关的城镇基础设施项目。投入企业的中央预算内投资，应用于配套基础设施建设。

第六条　各省年度保障性租赁住房中央预算内投资规模主要依据以下因素确定：

（一）各省前两年度保障性租赁住房建设计划；

（二）各省保障性租赁住房建设项目储备情况；

（三）各省上一年投资计划执行、监督检查和审计情况；

（四）按照党中央、国务院部署，需要考虑的其他因素。

第七条　应发挥中央预算内投资在外溢性强、社会效益高领域的引导和撬动作用，激发全社会投资活力。

第三章　项目及年度投资需求申报

第八条　各级发展改革部门会同本级住房城乡建设等部门，按照加强投资项目储备的有关要求，根据本专项支持范围，依托国家重大建设项目库编制保障性租赁住房建设项目三年滚动计划、加快推进前期工作，形成连续不断、滚动实施的项目储备机制。

第九条　省级发展改革部门按要求组织开展专项投资申报工作。申请中央预算内投资的项目，应通过投资项目在线审批监管平台完成审批、核准或备案程序。项目单位按有关规定向省级发展改革部门提交资金申请报告等相关材料。实行逐级信用承诺制度。项目单位在上报资金申请报告时，应对所提交内容的真实性出具承诺意见。项目资金申请报告逐级上报至省级汇总。项目单位在申报时存在严重失信行为、被列入严重失信主体名单的，各省不得受理其资金申请报告。

第十条　省级发展改革部门可商住房城乡建设部门对项目资金申请报告进行审核，并对审核结果负责。审核重点包括申报项目是否符合专项支持范围、是否重复申报，项目单位是否被列入严重失信主体名单，申报投资是否符合支持标准，项目是否完成审批、核准或备案程序，计划新开工项目前期工作条件是否成熟、具备开工条件，在建项目各项建设手续是否完备，地方建设资金是否落实，项目（法人）单位及项目责任人、日常监管直接责任单位及监管责任人填报是否规范，项目是否属于保障性租赁住房建设计划等。

第十一条　各省审核汇总后确定本省专项年度投资规模，在符合条件的储备项目中确定拟支持项目清单汇总形成投资需求，申请下达投资计划。其中，报送的政府投资项目年度投资规模应符合本省财政承受能力和政府投资能力，不会造成地方政府隐性债务，应合理确定地方政府建设投资任务和项目，严控债务高风险地区政府建设投资规模。地方建设资金不落实、年内无法开工的不得申报。各省报送年度投资计划请示文件时，应包含以下内容。

（一）本专项年度建设投资计划实施方案，主要包括上年度保障性租赁住房建设中央预算内投资项目建设情况，本年度建设计划规模、预计完成目标和中央预算内投资需求；

（二）本专项年度中央预算内投资绩效目标；

（三）审核通过的储备项目情况；

（四）各省对储备项目的审核意见以及政府投资项目是否造成地方政府隐性债务的审核结论。

各省对本省请示文件内容和审核意见真实性负责。

第十二条 本专项资金额度确定后，国家发展改革委对各省上报的年度投资计划实施方案和储备项目进行评估，综合考虑各地建设任务、资金需求评估情况、项目储备情况、上年度专项执行情况、审计和监管检查情况等，确定各省年度中央预算内投资切块规模，与储备项目评估情况一并反馈各省。其中，储备项目主要评估是否符合支持方向，建设内容合规性，配套资金和建设条件是否落实等。

第四章　年度投资计划下达和项目管理

第十三条 中央预算内投资计划下达后，省级发展改革、住房城乡建设部门于收到投资计划文件后 30 个工作日内，分解到已确定项目清单内符合条件的具体项目，并按照《政府投资条例》有关规定明确安排方式。投资计划分解文件应及时上报备案，同时在投资项目在线审批监管平台（国家重大建设项目库）中相应分解至具体项目。相关项目应逐一落实项目（法人）单位及项目责任人、日常监管直接责任单位及监管责任人，项目责任人、监管责任人应分别为项目（法人）单位、日常监管直接责任单位的有关负责同志。安排中央预算内投资的项目应符合以下条件：

（一）纳入保障性租赁住房年度建设计划；

（二）纳入保障性租赁住房建设三年滚动计划；

（三）符合固定资产投资管理规定，提交的相关文件齐备、有效，项目的主要建设条件基本落实，可按期开工建设；

（四）项目单位未被列入严重失信主体名单。

第十四条 各省按照中央有关要求，在分解时严格落实国家相关区域支持政策，切实落实地方建设资金、及时到位。

第十五条 使用中央预算内投资的项目，应当严格执行国家有关法律法规和政策要求，专款专用、专账管理，不得擅自改变建设内容和建设规模，严禁转移、侵占或者挪用中央预算内投资。项目完工后，应按规定组织竣工验收。

第十六条 项目出现以下情况时，应及时调整：

（一）中央预算内投资计划下达后超过六个月未开工建设的；

（二）建设严重滞后导致资金长期闲置一年及以上的；

（三）建设规模、标准和内容变化较大影响投资安排规模的；

（四）其他原因导致项目无法继续实施的。

各省原则上在本专项内调整有关项目，并上报备案，同时在投资项目在线审批监管平台（国家重大建设项目库）中及时更新相关信息。调出项目一定时间内不再安排中央预算内投资，新调整安排的项目原则上应是已开工项目。有特殊情况需跨专项调整的项目，报国家发展改革委按照相关规定进行调整。

第五章　监管措施

第十七条　本专项实行定期调度制度，省级发展改革部门于每月 10 日前将中央预算内投资项目的开工情况、投资完成与支付情况、工程形象进度等数据通过投资项目在线审批监管平台（国家重大建设项目库）报送国家发展改革委（涉密项目按有关要求报送）。

第十八条　国家发展改革委会同有关部门适时组织中央预算内投资计划执行情况检查，对投资计划分解落实、投资计划执行和资金拨付使用等情况进行监督，督促各省对发现问题及时整改，对中央预算内投资项目监督检查、审计发现问题较多的地方，视情况减少下一年度中央预算内投资切块规模。

第十九条　各省应按照省级人民政府负总责、市县人民政府抓落实要求，建立保障性租赁住房中央预算内投资项目上下联动、分级负责的监管机制，切实履行监管职责。省级发展改革部门、住房城乡建设部门按照隶属关系加强对市县有关部门的督促指导，强化本区域内项目的监管，特别是发挥基层发展改革部门和行业管理部门就近就便监管的优势，压实项目（法人）单位及项目责任人、日常监管直接责任单位及监管责任人“两个责任”。

第二十条　项目单位有下列行为之一的，省级发展改革部门、住房城乡建设部门责令其限期整改；拒不整改或整改仍不符合要求的，核减、收回资金，暂停其申报中央预算内投资，将相关信息纳入全国信用信息共享平台并公开，根据情节轻重提请或移交有关机关依法追究相关责任人的法律责任：

（一）提供虚假情况，骗取中央预算内投资的；

（二）转移、侵占或者挪用中央预算内投资的；

（三）擅自改变主要建设内容和建设标准的；

（四）其他违反国家法律法规和本办法规定的行为。

第六章　附则

第二十一条　本办法由国家发展改革委负责解释。省级发展改革部门可商住房城乡建设部门根据本办法制定项目管理细则。

第二十二条　本办法从发布之日起施行，有效期五年。

关于加强基础设施建设项目管理　确保工程安全质量的通知

发改投资规〔2021〕910 号　2021 年 6 月 19 日

一、加强项目审核把关

（一）规范履行项目审批（核准、备案）程序。严格按照《政府投资条例》《企业投资项目核准和备案管理条例》等有关规定，履行投资项目审批（核准、备案）程序。政府投资项目要按照国家有关规定报批项目建议书、可行性研究报告、初步设计。企业投资项目要根据《政府核准的投资项目目录》等有关规定，履行核准或备案手续。未按规定履行审批（核准、备案）程序、不符合规定的建设条件的项目，不得开工建设。

（二）在前期工作阶段进一步加强工程质量管理。项目单位应当提高项目前期工作质量，确保项目建议书、可行性研究报告、初步设计、项目申请报告等文件的深度达到规定的要求。规划选址阶段要优化工程选址方案，尽量避免风险较大的敏感区域。可行性研究报告要对涉及工程安全质量的重大问题进行深入分析、评价，提出应对方案。初步设计要严格执行工程建设强制性标准，提出安全质量防护措施，并对施工方案提出相应要求。

（三）严把超高层建筑审查关。严格执行《住房和城乡建设部、国家发展改革委关于进一步加强城市与建筑风貌管理的通知》，把超大体量公众建筑、超高层建筑和重点地段建筑作为城市重大建筑项目进行管理。其中，对 100 米以上建筑应严格执行超限高层建筑工程抗震设防审批制度，与城市规模、空间尺度相适宜，与消防救援能力相匹配；严格限制新建 250 米以上建筑，确需建设的，要结合消防等专题论证进行建筑方案审查，并报住房城乡建设部备案；不得新建 500 米以上超高层建筑。

（四）落实项目决策咨询评估制度。项目审批（核准）部门在审批（核准）项目时按照有关规定应委托咨询评估的，必须先完成委托咨询评估程序，再做出审批（核准）决定。评估机构要加强对工程安全质量的评估，对出具的评估论证意见承担责任，投资主管部门要加强评估质量评价管理。

二、严格执行项目管理制度和程序

（一）严格落实“项目四制”。落实项目法人责任制，项目单位和法定代表人对项目建设的安全质量负总责。落实招标投标制，按照《招标投标法》《必须招标的工程项目规定》《必须招标的基础设施和公用事业项目范围规定》等要求做好项目招投标工作，并将强制性安全质量标准等作为招标文件的实质性要求和条件。落实工程监理制，监理单位要认真履行监理职责，特别要加强对关键工序、重要部位和隐蔽工程的监督检查。落实合同管理制，建设工程的勘察设计、施工、设备材料采购和工程监理等要依法订立合同，并明确安全质量要求以及违约责任等。

（二）科学确定并严格执行合理建设工期。按照国家有关规定，在充分评估论证的基础上科学确定合理建设工期，防止边勘察、边设计、边施工。严格执行建设工期，任何单位和个人不得非法干预、任意压缩合理工期。确需调整工期的，必须经过充分论证，并采取相应措施，通过优化施工组织等，确保工程安全质量。

（三）严格工程造价和建设资金管理。项目招标投标确定的中标价格要体现合理造价要求，杜绝造价过低带来的安全质量问题。政府投资项目所需资金应当按照国家有关规定确保落实到位，不得由施工单位垫资建设，不得随意缩减政府投资计划明确的投资规模。严禁转移、侵占、挪用政府投资资金。

（四）严格组织项目竣工验收。项目建成后，应当按照国家有关规定组织竣工验收，将工程质量作为竣工验收的重要内容。工程质量达到规定要求的，方可通过竣工验收；工程质量未达到要求的要及时整改，直至符合工程质量相关验收标准后，方可交付使用。

（五）严格做好项目档案工作。督促项目单位按照国家有关规定加强项目档案管理，做好项目审批、实施、竣工验收等各环节有关文件资料的收集、整理、归档、移交等工作，确保资料无缺失遗漏。

三、加强项目实施事中事后监管

（一）加强投资法规执法。强化《政府投资条例》《企业投资项目核准和备案管理条例》制度执行，加强对本地区投资项目特别是备案类项目的事中事后监管，将项目是否按照审批（核准、备案）的项目建设地点、建设规模、建设内容等进行建设作为核查重点。

（二）加强中央预算内投资项目监管。中央预算内投资项目的日常监管直接责任单位对项目单位开展定期或不定期检查，日常监管直接责任单位中的监管责任人“三到现场”，以及各级发展改革部门组织开展中央预算内投资项目事中事后监管，均要将工程安全质量作为重要监管内容，对于发现的工程安全质量问题要及时整改到位。地方安排的政府投资也要参照上述要求加强工程安全质量监管。

（三）发挥审计、督查等监督作用。积极配合关于基础设施建设项目和政府投资管理的审计、督查等。对发现的工程安全质量等问题，要督促有关地方和单位限期进行整改。

（四）加强社会监督。按照有关规定做好基础设施建设项目信息公开和施工现场公示，积极接受社会监督。对有关单位、个人和新闻媒体反映的工程安全质量问题，要按规定认真核查处理。

四、强化工程安全质量问题惩戒问责

（一）加强安全质量事故惩戒问责。基础设施建设项目发生重大安全质量事故的，要按照国家有关规定，由有关部门依法追究项目单位、监管责任单位和勘察设计、施工、监理等单位以及相关人员的法律责任。

（二）加强中央预算内投资项目工程质量问题惩戒问责。对于工程质量存在重大问题的中央预算内投资项目，除依法追究相关单位和人员的法律责任外，各级发展改革部门还应按照《政府投资条例》《中央预算内投资补助和贴息项目管理办法》《中央预算内直接投资项目管理办法》等有关规定，采取通报批评、停止拨付安排中央预算内投资、在一定时期和范围内不再受理该项目单位资金申请报告、将相关信息纳入全国信用信息共享平台实施联合惩戒等措施，对相关单位和人员予以惩戒。

各级发展改革部门要高度重视基础设施建设项目安全质量工作，以对人民群众高度负责的态度，加强组织领导，加大工作力度，层层压实责任，切实加强基础设施建设项目管理，不断提高基础设施工程质量，确保工程安全。

关于进一步做好基础设施领域不动产投资信托基金（REITs）试点工作的通知

发改投资〔2021〕958号　2021年6月29日

一、不断深化认识，加强支持引导

（一）充分认识基础设施REITs的重要意义。“十四五”规划《纲要》提出，推动基础设施REITs健康发展，有效盘活存量资产，形成存量资产和新增投资的良性循环。开展基础设施REITs试点，对推动形成市场主导的投资内生增长机制，提升资本市场服务实体经济的质效，构建投资领域新发展格局，具有重要意义。各地发展改革委要把基础设施REITs作为一项重点工作，高度重视、积极推动，盘活存量资产，促进形成投资良性循环。

（二）结合本地实际加大工作力度。各地发展改革委要充分发挥在发展规划、投资管理、项目建设等方面的经验，做好项目储备，加强协调服务，帮助解决问题，促进市场培育，充分调动各类原始权益人的积极性。

鼓励结合本地区实际情况，研究出台有针对性的支持措施，促进基础设施 REITs 市场健康发展。

（三）加强政策解读和宣传培训。采取多种方式加强政策解读，总结推广典型经验，宣传推介成功案例，推动有关方面充分认识基础设施 REITs 的重要意义和积极作用。组织开展多种类型的业务培训，帮助有关部门、地方政府、原始权益人、基金管理人、资产支持证券管理人、中介机构等，掌握和了解与基础设施 REITs 相关的政策法规、管理要求，进一步熟悉基础设施 REITs 的操作规则，不断提升参与试点的意愿和能力。

二、加强项目管理和协调服务

（四）加强项目储备管理。及时梳理汇总本地区基础设施 REITs 试点项目，将符合条件的项目分类纳入全国基础设施 REITs 试点项目库，做到应入尽入，未纳入项目库的项目不得申报参与试点。督促有关方面适时更新项目信息，动态掌握入库项目进展，及时剔除不符合要求的项目，切实保障入库项目质量。

（五）推动落实项目条件。对纳入项目库的意向项目，要结合发展需要和项目情况，推动做好相关准备工作。对储备项目，要及时掌握项目进展，与中国证监会当地派出机构、沪深证券交易所、有关行业管理部门、有关行政审批部门等加强沟通，依法依规办理相关手续，帮助落实发行基础设施 REITs 的各项条件。

（六）充分发挥政府投资引导作用。用好引导社会资本参与盘活国有存量资产中央预算内投资示范专项，支持回收资金投入的新项目加快开工建设，促进形成投资良性循环。在安排中央预算内投资、地方政府专项债券时，对使用回收资金投入的新项目，以及在盘活存量资产方面取得积极成效的项目单位，可在同等条件下优先支持，充分调动盘活存量积极性。

三、严把项目质量关

（七）规范编制申报材料。督促指导项目原始权益人、基金管理人、资产支持证券管理人、律师事务所、会计师事务所、资产评估机构等有关方面，严格落实本通知规定，按照统一的申报要求，认真编制项目申报材料。项目申报材料应真实、完整、有效，不得存在虚假记载、误导性陈述、重大遗漏等情况。

（八）切实保障项目质量。严格按照试点有关政策规定、项目条件、操作规范和工作程序，坚持标准、宁缺毋滥，认真把关申报项目质量，成熟一个、申报一个。项目申报工作要对各种所有制企业、本地和外埠企业一视同仁、公平对待。优先支持贯彻新发展理念，有利于促进实现碳达峰碳中和目标、保障和改善民生、推动区域协调发展、推进县城补短板强弱项、增强创新能力等的基础设施项目。

（九）提高申报工作效率。各地发展改革委要在严格防范风险前提下，切实承担责任，优化工作流程，及时向我委申报项目，不符合试点条件和要求的项目不得申报。如相关省级发展改革委向我委申报明显不符合要求且情况比较严重的项目，我委一定时间内将不再受理该省级发展改革委项目申报。我委将持续完善工作程序，进一步提高工作效率，及时将有关项目推荐至中国证监会、沪深证券交易所。

四、促进基础设施 REITs 长期健康发展

（十）引导回收资金用于新项目建设。引导原始权益人履行承诺，将回收资金以资本金注入等方式投入新项目建设，确保新项目符合国家重大战略、发展规划、产业政策等要求。加强跟踪服务，对回收资金拟投入的新项目，协调加快前期工作和开工建设进度，尽快形成实物工作量。对原始权益人未按承诺将回收资金投入到相关项目的，要及时督促落实。

（十一）促进存续项目稳定运营。推动基金管理人与运营管理机构健全激励约束机制，提高运营效率，提

升服务水平，保障基金存续期间项目持续稳定运营。引导运营管理机构依法合规运营，处理好基础设施项目公益性和商业性关系，切实保障公共利益，防范化解潜在风险。

（十二）加强投融资机制创新。鼓励重点领域项目原始权益人用好基础设施 REITs 模式，开展投融资创新，打通投资合理退出渠道，形成投融资闭环，推动企业长期健康发展。探索结合本地区实际，加强项目和行业优化整合，提升原始权益人资产规模和质量。深化投融资体制改革，多措并举吸引社会资本参与盘活存量资产，促进“两新一重”和补短板项目建设。

五、加强部门协作和政策落实

（十三）加强与相关部门沟通合作。各地发展改革委要与中国证监会当地派出机构、沪深证券交易所密切协作配合，加强信息共享，共同稳妥推进试点相关工作。加强与本地区行业管理、城乡规划、土地管理、生态环境、住房城乡建设、国资监管等部门沟通交流，协调解决项目推进过程中存在的问题，促进形成工作合力。

（十四）抓好政策贯彻落实。严格落实 40 号文，以及国家发展改革委、中国证监会相关工作要求，确保试点工作稳妥推进。不得出台不符合 40 号文等精神的配套文件，不得违反 40 号文等明确的规则、规范、条件和程序推荐项目。对向不符合 40 号文等精神的项目提供发行基础设施 REITs 相关服务的中介机构，及时进行提醒和约谈。

关于推广第三批国家新型城镇化综合试点等地区经验的通知

发改办规划〔2021〕668 号　2021 年 8 月 26 日

一、提高农业转移人口市民化质量

坚持尊重意愿、存量优先、循序渐进的原则，以农业转移人口为重点、兼顾其他非户籍常住人口，统筹推进户籍制度改革和城镇基本公共服务均等化。

（一）在深化户籍制度改革方面，主要是城区常住人口 300 万以上城市降低落户门槛或探索差别化落户、城区常住人口 300 万以下城市落实取消落户限制要求并优化户籍迁移服务等。山东济南和云南昆明全面取消城区落户限制，有产权房屋的非户籍常住人口在房屋处落户，无产权房屋的在租赁房屋处或单位集体户、社区集体户、人才集体户等落户。重庆永川区和璧山区取消务工年限等地区落户限制，城区常住人口从净流出转变为净流入。江苏南京取消地区年度落户名额限制，降低 6 个市辖区落户门槛。广东广州 7 个市辖区探索实施与中心城区差别化落户政策，降低学历等落户门槛，允许全日制大专学历等符合条件人员直接落户。辽宁鞍山快速落实城区常住人口 300 万以下城市取消落户限制的要求，并开通户籍“全城通办”线上线下服务，大幅提高户籍迁移便利度。

（二）在推进城镇基本公共服务均等化方面，主要是根据农业转移人口需求加强义务教育学位供给、优化医疗卫生服务、加大住房保障力度等。湖南郴州在试点期间增加义务教育学位约 12 万个，海南琼中建设华中师范大学琼中附属中学、增加学位约 0.4 万个，河北固安第八小学增加学位约 0.2 万个，为适龄学生特别是农业转移人口随迁子女提供优质教育。山东诸城建成由三级乙等综合医院、三级甲等中医院、疾控中心、几百家社区卫生服务机构等组成的医疗卫生服务体系，县域内就诊率达98%。湖北随州通过政府建设、商住小区配建、企业自建、长期租赁等方式筹集公租房约1.8万套，湖南湘潭筹集公租房约2.9万套，宁夏银川分配保障性住房约4.5万户，对农业转移人口等重点人群“应保尽保”。福建上杭以公建民营方式发展普惠养老，河北卢龙发展居家养老服务中心和养老服务机构，提供健康管理和急诊急救等多项服务。吉林公主岭范家屯镇整合设立12个社区，每个社区设立公共服务中心、提供一站式服务。贵州“十三五”期间推动约182万建档立卡农村贫困人口通过易地扶贫搬迁成为新市民，增强城镇基本公共服务供给，推动常住人口城镇化率提高约5个百分点。

（三）*在提高农业转移人口职业技能素质方面*，主要是流入地政府结合重大工程开展培训、流出地政府主动靠前提供培训、统筹调动企业和职业院校培训力量等。北京延庆区实施服务于世园会和冬奥会的培训行动，开展服务保障、园艺花卉、压雪造雪等培训约1.2万人次，推动农业转移人口就近城镇化。河北涉县将焊工、电工、烹调等培训班办到农村富余劳动力家门口，开展培训约0.6万人次。贵州清镇建成职业教育城，强化农业转移人口等人员的职业教育和职业技能培训，每年毕业生达3万余人。吉林梅河口依托政府定点培训机构开展养老托育等培训，依托大型企业开展新型学徒培训。广西荔浦聘请职业院校教师和企业技术人员，在农民工创业园内开展培训，80%以上参训人员成功转移就业。

二、提高城市建设与治理水平

坚持人民城市人民建、人民城市为人民，着力建设宜居、韧性、创新、智慧、绿色、人文城市，不断推进城市治理体系和治理能力现代化。

（四）*在有序推进城市更新方面*，主要是改善老旧小区居住条件、推进老旧厂区转型培育新动能、推动老旧街区打造街区经济等。四川江安通过财政出资并撬动社会资本投入，改造老旧小区约70个，改善万余人居住条件。宁夏银川兴庆区推动老旧小区改造市场化运作，引入供水、供电、供气、通信等企业，按不同比例分担改造资金。江苏南京利用老旧厂区土地及建筑，培育技术创新服务平台及经营性项目。重庆潼南区改造盘活零星边角地等“碎片化”土地，建设文化体育公园等市民公共空间。江苏扬州统筹改造老旧小区、老旧厂区、老旧街区及老宿舍、老宅子、老市场。

（五）*在提升城市发展韧性方面*，主要是结合医院改造提升公共卫生防控救治能力、健全排水防涝设施、建设海绵城市等。广东英德响应新冠肺炎疫情防控要求，结合医院改造升级，购置大型医疗设备，建设核酸检测PCR实验室。四川金堂统筹增强筑堤、拓卡、清障、疏浚等防洪能力，适度超前建设排水管网，全面消除严重易涝积水区段。四川遂宁健全雨水花园、下凹绿地和透水铺装等海绵设施，增强“渗、滞、蓄、净、用、排”功能，并利用物联网技术布设监测设备及平台，实现“小雨不积水、大雨不内涝”。

（六）*在增强城市创新能力方面*，主要是导入大城市科技教育资源、引进发达国家先进技术、健全产业园区配套设施等。江苏溧阳与中关村科技园区合建溧阳高新技术产业开发区，吸引中国科学院物理所等科研机构入驻。吉林梅河口引入东北师范大学、吉林师范大学、吉林大学白求恩第一医院等高端教育医疗资源，打造先进教育科技和医疗康养基地。浙江海盐与发达国家相关机构共建北欧（丹麦）工业园、欧洲（德国）工业园等产业技术合作平台。山东诸城建设企业共用共享的标准厂房和技术研发转化中心，降低企业投产成本、吸引众多企业入驻。

（七）*在推动城市智慧化运行方面*，主要是促进公共数据开放共享、引导社区服务线上办理、建设智慧停车信息平台等。湖北老河口建成政务云数据中心，横向汇聚部门政务数据，纵向连接地级市和省级政务平台，实现90余个政务事项“一事联办”、800余个政务事项“一窗通办”。云南腾冲推动主要公共场所5G网络全覆盖，建成智慧城管指挥中心，实现公安、交通、旅游、公共服务等信息联通应用。重庆璧山区打造社区服务“城市生活网”，引入线上商户约0.3万家，为居民提供线上社区服务约200项。河南新密将近万个停车位统一纳入智慧停车信息平台，并释放出约0.3万个机关事业单位停车位，实现市民出行就近停车、错峰停车，基本解决“停车难”问题。

（八）*在促进城市低碳化改造方面*，主要是遏制“两高”项目盲目发展、推进园区循环化改造、推行清洁能源供暖、发展绿色建筑等。北京顺义区将主要污染物排放总量作为建设项目审批要求，严控高耗能高排放项目发展，引导低耗能低污染企业入驻产业园区。江苏镇江实施固定资产投资项目碳排放影响评估制度，完成园区循环化改造，每年减少碳排放约2万吨。浙江富阳关停腾退造纸类企业千余家，腾出产业空间约2万亩，每年减少煤炭消耗约200万吨。河北卢龙新建保障性住房和大型公共建筑采用装配式建筑、使用绿色低碳建材，河南鹤壁新建建筑全面执行绿色建筑标准。江西抚州对绿色出行、绿色消费、垃圾分类、参与植树等发放“碳币”，居民可直接用于生活消费。

（九）*在优化创新城市治理方面*，主要是推进非县级政府驻地特大镇设市、科学调整收缩型城市区划、盘活存量低效建设用地等。浙江龙港统筹推进大部制改革和扁平化管理，经国务院批准撤销龙港镇、设立县级龙港市，形成行政管理创新和行政成本降低的设市模式。黑龙江伊春15个市辖区整合为4区4县，实现人口和公共资源向城区合理集中。湖北长阳探索国土整治、限期开工、依法收回、重新出让、腾笼换鸟等方式，提高存量建设用地利用效率。贵州凯里引导居民和社会力量参与市容秩序管理，参与的社会组织达100余个、志愿者队伍达4万余人。北京密云区免费开放城区10余所公办学校体育场馆，满足市民健身锻炼需求。

三、加快推进城乡融合发展

坚持以工补农、以城带乡，促进城乡要素双向自由流动和公共资源合理配置，缩小城乡发展差距和居民生活水平差距。

（十）*在健全农村资产抵押担保融资机制方面*，主要是引导金融机构下沉服务重心、设立政策性风险补偿资金或担保公司、拓展农村资产抵押范围等。山东淄博组织农担公司和银行支持数字农业发展，新型农业经营主体以信用为基础提出申请、农担公司提供担保、银行提供贷款，发放数字农业类贷款约3.5亿元。四川崇州发展“农贷通2.0版”，推进农业生产设施设备和农作物等9类农村资产抵押融资，发放贷款约28亿元。河南长葛实行“农村承包地经营权抵押+贷款保证保险+政府风险补偿资金”方式，发放贷款约4.5亿元。广东广州花都区推进生猪抵押融资，发放贷款约2.3亿元。

（十一）*在健全科技成果入乡孵化转化机制方面*，主要是加强涉农科技研发应用、引导城市人才入乡发展等。重庆潼南区建设柠檬产业研究院，研发柠檬精深加工技术约300项，柠檬种植面积达200余平方公里。河南长葛引入中国农科院等科研机构和种业企业，共建现代种业研发平台。四川成都郫都区建立城市人才加入乡村制度，制定申请、初审、表决、公示、颁证等新村民引进程序，吸引乡村旅游等紧缺人才约100名，带动约0.2万名专业人才进村到户。

（十二）*在推进城市公共设施向乡村覆盖方面*，主要是推进城乡污水垃圾统筹收集处理、城乡客运一体化、城乡物流配送网络化、城乡供水一体化等。福建漳州长泰区推行“户分类、村收集、镇转运、区处理”的乡村生活垃圾处理模式，乡村生活垃圾收集率达95%。湖南湘潭推进乡村生活垃圾处理付费制度全覆盖，既减少垃圾总量、又减少财政支出。吉林梅河口引入社会资本开展城乡环卫一体化建设，机械化清扫率达90%。河北涉县推进村村通油（水泥）路和公共客车，公交化客运服务覆盖约 80 个行政村。四川达州建设城乡物流配送信息平台和专线网络，促进快速消费品、建材家居、农副产品、农资等城乡互通。宁夏盐池推进城乡供水一体化建设，农村自来水集中供水率和水质达标率均达 100%。

（十三）在推进城市公共服务向乡村延伸方面，主要是建立紧密型县域医共体、发展城乡教育联合体等。浙江嘉善完善县域医共体，建成 5 个诊断共享中心、13 个基层“云诊室”平台。河南登封按照二级综合医院标准建成 5 个县域医疗次中心，把优质医疗资源引入基层。广东韶关采用支教交流和师徒结对等方式，促进优秀义务教育教师在城乡间交流轮岗。江西萍乡采用以定向培养为主、以师范生支教和“银龄讲学”等为补充的方式，提高乡村教师队伍水平和学校办学质量。

《国家新型城镇化规划（2014—2020 年）》圆满收官，国家新型城镇化综合试点等试点示范任务顺利完成。试点示范地区解放思想、大胆探索，产生了不少可复制可推广的好经验好做法，为新型城镇化和城乡融合发展领域的面上改革提供了有力支撑。国家发展改革委持续总结提炼，印发三份推广经验文件、推出 180 条典型做法，并从中凝练出 30 项政策举措纳入政策性文件，成为全国性制度安排和政策设计。各地区要认真学习借鉴并应用典型经验，不断推动新型城镇化和城乡融合发展工作取得新突破。

国家新型城镇化综合试点等试点示范已到期，试点示范工作到此结束，相关文件同时废止。同时，鼓励这些地区继续探索，围绕新型城镇化和城乡融合发展领域的重点难点问题，加强体制机制创新和政策突破，不断创造实践经验和改革成果。

关于加强城镇老旧小区改造配套设施建设的通知

发改投资〔2021〕1275 号　2021 年 9 月 2 日

一、加强项目储备

（一）进一步摸排城镇老旧小区改造配套设施短板和安全隐患。结合住房和城乡建设领域安全隐患排查整治工作，认真摸排 2000 年年底前建成的需改造城镇老旧小区存在的配套设施短板，组织相关专业经营单位，联合排查燃气、电力、排水、供热等配套基础设施以及公共空间等可能存在的安全隐患；重点针对养老、托育、停车、便民、充电桩等设施，摸排民生设施缺口情况。

（二）科学编制年度改造计划。将安全隐患多、配套设施严重缺失、群众改造意愿强烈的城镇老旧小区，优先纳入年度改造计划，做到符合改造对象范围的老旧小区应入尽入。编制老旧小区改造方案时，把存在安全隐患的燃气、电力、排水、供热等设施，养老、托育、停车、便民、充电桩等民生设施，作为重点内容优先改造。

（三）规范履行审批程序。依法合规办理审批、核准、备案以及建设许可等手续。市县人民政府组织有关部门联合审查城镇老旧小区改造方案的，各相关部门应加强统筹、责任共担，避免顾此失彼；涉及燃气、电力、排水、供热等安全隐患改造内容，应确保安全审查不漏项。

二、强化资金保障

（四）政府投资重点保障。中央预算内投资全部用于城镇老旧小区改造配套设施建设项目。各地应统筹地方财力，重点安排消除城镇老旧小区各类安全隐患、提高排水防涝能力、完善养老托育设施、建设停车场和便民设施等城镇老旧小区配套设施改造内容。城镇老旧小区改造资金，积极支持消除安全隐患。

（五）落实专业经营单位责任。督促引导供水、排水、燃气、电力、供热等专业经营单位履行社会责任，将需改造的水电气热信等配套设施优先纳入年度更新改造计划，并主动与城镇老旧小区年度改造计划做好衔接；落实出资责任，优先安排老旧小区配套设施改造资金；落实安全责任，加强施工和运营维护力量保障，消除安全隐患。

（六）推动多渠道筹措资金。推动发挥开发性、政策性金融支持城镇老旧小区改造的重要作用，积极争取利用长期低成本资金，支持小区整体改造项目和水电气热等专项改造项目。鼓励金融机构参与投资地方政府设立的老旧小区改造等城市更新基金。对养老托育、停车、便民市场、充电桩等有一定盈利的改造内容，鼓励社会资本专业承包单项或多项。按照谁受益、谁出资原则，积极引导居民出资参与改造，可通过直接出资、使用（补建、续筹）住宅专项维修资金、让渡小区公共收益等方式落实。

三、加强事中事后监管

（七）加强项目实施工程质量安全监管。切实加强城镇老旧小区改造项目监管，项目行业主管部门严格落实日常监管责任，监管责任人应做到开工到现场、建设到现场、竣工到现场，发现问题督促及时解决。建设单位严格落实首要责任，严格按批复的建设内容和工期组织建设，保障工程项目质量安全；勘察设计单位应认真踏勘小区及周边设施情况，排查安全隐患，在改造方案中统筹治理；施工单位应严格按标准规范施工，确保施工质量和安全；监理单位应认真履行监理职责，特别是加强对相关设施安全改造的监督检查。

（八）强化项目建设统筹协调。将城镇老旧小区改造与城市更新以及排水、污水处理、燃气、电力等市政管网设施建设，养老、托育、停车等公共服务设施建设，体育彩票、福利彩票等各类专项资金支持建设的体育健身、无障碍等设施建设有机结合，统筹安排城镇老旧小区改造、防洪排涝、治污、雨水资源化利用、市政建设等工程，优化空间布局和建设时序，避免反复开挖。

（九）严格组织项目竣工验收。项目建成后，各级发展改革、住房和城乡建设部门应督促各有关方面，按照国家有关规定组织竣工验收，将安全质量作为竣工验收的重要内容。鼓励相关各方进行联合验收。安全质量达到规定要求的，方可通过竣工验收；安全质量未达到要求、仍存在隐患的要及时整改达标，否则不得通过竣工验收。

四、完善长效管理机制

（十）压实地方责任。各级城市（县）应切实履行安全管理主体责任，抓紧建立完善燃气、电力、排水、供热等市政设施管理制度。落实相关部门责任，按照职责开展安全监督检查。压实专业经营单位责任，按照有关规定开展安全巡查和设施管养。

（十一）充分发挥党建引领作用。推动建立党组织领导下的社区居委会、业主委员会、物业服务公司等广泛参与、共商事务、协调互动的社区管理新机制，推进社区基层治理体系和治理能力现代化，共同维护改造成果。

（十二）推行物业专业化管理。城镇老旧小区完成改造后，有条件的小区通过市场化方式选择专业化物业服务公司接管；引导将相关配套设施产权依照法定程序移交给专业经营单位，由其负责后续维护管理。建立健全住宅专项维修资金归集、使用及补建续筹制度。拓宽资金来源渠道，统筹公共设施经营收益等业主共有收入，保障城镇老旧小区后续管养资金需求。

五、其他事项

自 2021 年起，保障性安居工程中央预算内投资专项严格按照有关专项管理办法规定，支持小区内和小区周边直接相关的配套设施建设，不支持单独的城镇污水处理设施及配套管网建设。各地方要严格按要求将中央预算内投资分解落实到具体项目。2021 年已分解落实的具体项目中，不符合要求的应及时调整并报国家发展改革委备案。

各级发展改革、住房和城乡建设部门要高度重视城镇老旧小区改造，加强城镇老旧小区改造配套设施建设与排查处理安全隐患相结合工作，强化项目全过程管理，强化事中事后监管，节约集约规范用好中央预算内投资，加快推进城镇老旧小区改造配套设施建设，切实提高人民群众安全感、获得感、幸福感。

关于印发全国特色小镇规范健康发展导则的通知

发改规划〔2021〕1383 号　2021 年 9 月 27 日

全国特色小镇规范健康发展导则

一、发展定位

准确把握特色小镇发展定位，明确概念内涵、功能作用和主导产业，将之作为发展特色小镇的基础和前提。

（一）概念内涵。特色小镇是现代经济发展到一定阶段产生的新型产业布局形态，是规划用地面积一般为几平方公里的微型产业集聚区，既非行政建制镇、也非传统产业园区。特色小镇重在培育发展主导产业，吸引人才、技术、资金等先进要素集聚，具有细分高端的鲜明产业特色、产城人文融合的多元功能特征、集约高效的空间利用特点，是产业特而强、功能聚而合、形态小而美、机制新而活的新型发展空间。

（二）功能作用。特色小镇是经济高质量发展的新平台，依托小尺度空间集聚细分产业和企业，促进土地利用效率提升、生产力布局优化和产业转型升级；是新型城镇化建设的新载体，疏解大城市中心城区非核心功能，吸纳农业转移人口进城就业生活，促进农业转移人口市民化和就近城镇化；是城乡融合发展的新支点，承接城市要素转移，支撑城乡产业协同发展。

（三）产业主导。特色小镇应秉持少而精、少而专方向，在确实具备客观实际基础条件的前提下确立主导产业，宜工则工、宜商则商、宜农则农、宜游则游，找准优势、凸显特色，切不可重复建设、千镇一面，切不可凭空硬造、走样变形，切不可一哄而上、贪多求全。制造业发达地区可着重发展先进制造类特色小镇，先进要素集聚地区可着重发展科技创新、创意设计、数字经济及金融服务类特色小镇，拥有相应资源禀赋地区可着重发展商贸流通、文化旅游、体育运动及三产融合类特色小镇。

二、空间布局

遵循经济规律、城镇化规律和城乡融合发展趋势，因地制宜、实事求是，合理谋划设计特色小镇空间布局。

（四）区位条件。特色小镇布局应依据国土空间规划，立足不同地区区位优势、产业基础和比较优势，在拥有相对发达块状经济或相对稀缺资源的区位进行布局。科学严谨论证布局选址可行性，以优化发展原有产业集聚区为主、以培育发展新兴区域为辅，重点布局在城市群、都市圈等优势区域或其他有条件区域，重点关注市郊区域、城市新区及交通沿线、景区周边等区位。

（五）建设边界。特色小镇应边界清晰、集中连片、空间相对独立、四至范围精确，生产生活生态空间保持合理比例。在严格节约集约利用土地的同时，特色小镇规划用地面积下限原则上不少于 1 平方公里，其中建设用地面积原则上不少于 1/2 平方公里，保障生产生活所需空间和多元功能需要；规划用地面积上限原则上不多于 5 平方公里，保障打造形成一刻钟便民生活圈需要，文化旅游、体育运动及三产融合等类型特色小镇规划用地面积上限可适当提高。鼓励盘活存量和低效建设用地，强化老旧厂区和老旧街区等存量片区改造。

（六）空间功能。特色小镇应在聚力发展主导产业的基础上，推进生产生活生态“三生融合”、产业社区文化旅游“四位一体”，打造优质服务圈和繁荣商业圈。叠加现代社区功能，提高物业服务质量，结合教育医疗养老育幼资源整体布局提供优质公共服务，完善商贸流通和家政等商业服务。叠加文化功能，挖掘工业文化等产业衍生文化，建设展示整体图景和文化魅力的公共空间，赋予独特文化内核及印记，推动文化资源社会化利用。叠加旅游功能，促进产业与旅游相结合，寓景观于产业场景，增加景观节点和开敞空间，实现实用功能与审美功能相统一。

（七）风貌形态。特色小镇建设应体现风貌整体性、空间立体性、平面协调性。尊重原有自然格局，促进地形地貌、传统风貌与现代美学相融合。推进多维度全域增绿，建设“口袋公园”及小微绿地，绿化覆盖率原则上不低于 30%，有条件的可依托既有水系营造蓝绿交织的空间形态。体现建筑外观风格特色化和整体性，控制适宜的建筑体量和高度。注重塑造色彩体系，加强屋顶、墙体、道路等公共空间美化亮化。

三、质量效益

坚持质量第一、效益优先，确保特色小镇投入强度够、质效水平高、创新活力足、低碳效应强。

（八）投入强度。特色小镇应聚焦产业细分门类，结合产业发展现状，选择一个最有基础、最具潜力的门类作为主导产业，打造形成具有核心竞争力的特色产业。做强做精特色产业集群，特色产业投资占总投资比例原则上不低于 60%，培育竞争优势强的领航企业。确保投资具备一定强度，建设期内建设用地亩均累计投资额原则上不低于 200 万元/亩，有条件地区可进一步提高，避免将一般项目组团甚至单体项目命名为“特色小镇”。

（九）质效水平。特色小镇应聚焦高端产业和产业高端环节，提升产业价值链和产品附加值，全员劳动生产率原则上不低于 20 万元/人。坚持经济发展就业导向，扩大就业容量、提高就业质量，单个特色小镇吸纳就业人数原则上不少于 2000 人。建设用地亩均缴纳税收额原则上不低于 10 万元/年，有条件地区可进一步提高。文化旅游类特色小镇接待游客人数原则上不少于 50 万人次/年。

（十）创新活力。特色小镇应聚焦创新创业，培育新产业新业态新商业模式，“三新”经济增加值占生产总值比重原则上不低于 20%。先进制造、科技创新、创意设计、数字经济类特色小镇研发经费投入强度原则上不低于 2.5%。健全研发设计、成果孵化、金融导入、场景应用相结合的创新创业服务体系。推动公共设施和建筑等物联网应用，公共设施基本实现智能化。

（十一）绿色低碳。特色小镇应按照碳达峰碳中和要求，协同推进经济高质量发展和生态环境高水平保护。推动能源清洁低碳安全高效利用，引导非化石能源消费和分布式能源发展，有条件的可开展屋顶分布式光伏开发，推行清洁取暖和合同能源管理。促进工业、建筑、交通等领域低碳转型，坚决遏制“两高”项目盲目发展，大力发展绿色建筑，推广装配式建筑、节能门窗和绿色建材，推进绿色施工。加强再生水利用。

四、管理方式

坚持高标准、严要求，统筹加强特色小镇建设发展的全环节管控，建立特色小镇全生命期管理机制。

（十二）方案编制。市县级人民政府应根据本导则要求，结合当地经济社会发展规划及国土空间规划，组织会同有关方面编制单个特色小镇建设方案，明确特色产业、四至范围、功能分区、投资运营主体、重点项目、建设方式、投融资模式、盈利模式等事项，落实国土空间规划确定的地块用途、容积率等管控要求。对方案的科学性可行性合规性进行把关，组织相关领域专家进行研究论证，必要时以公布方案草案、组织听证会等方式听取意见。

（十三）清单管理。省级发展改革部门应会同有关部门，按照严定标准、统一管理原则，建立本省份特色小镇清单。纳入清单的应具备本导则提出的基础条件，建设完成后应达到本导则明确的各项指标要求。坚持严控数量、提高质量，人均 GDP 少于 1 万美元省份的清单内特色小镇原则上不多于 50 个，鼓励控制在 30 个以内。每年年底前公布清单，并报送国家发展改革委纳入全国特色小镇信息库。国家发展改革委对各省份特色小镇清单实行“窗口指导”，加强监督、引导和督促调整。未纳入各省份特色小镇清单的，各单位各机构不得自行冠名“特色小镇”或自行开工建设。

（十四）动态调整。省级发展改革部门应会同有关方面，切实做好存量特色小镇管理，对此前国务院各有关部门或行业协会、地方各级人民政府、市场主体已建设或命名的特色小镇进行全面审核，将符合本导则要求及本省份管理细则的特色小镇纳入清单，不符合的进行清理或更名。加强增量特色小镇管理，对市县级人民政府动态报送的每个特色小镇建设方案进行及时审核，将通过审核的特色小镇纳入清单。对清单内特色小镇进行定期评估，实行有进有退、优胜劣汰。

（十五）建设方式。坚持市场化运作、突出企业主体地位，鼓励通过政策激励引导、盘活存量资产、挖掘土地潜在价值等方式，培育专业性的特色小镇投资运营主体，引导大中小微企业联动发展。更好发挥政府作用，根据需要引导平台公司参与，加快项目审批（核准、备案）、用地、环评、施工许可等前期工作，依规开展土地综合整治，布局管网、交通等市政公用设施和产业配套设施，开展综合体项目整体立项、建设用地多功能复合利用等探索试验。

（十六）投融资模式。建立以工商资本及金融资本为主、以政府有效精准投资为辅的投融资模式。现金流健康的经营性项目、具备一定市场化运作条件的准公益性项目，主要通过特色小镇投资运营主体自有资金先期投入，其中符合条件项目可通过申请注册发行企业债券、鼓励引导银行业金融机构特别是开发性政策性金融机构参与等方式予以中长期融资支持。公益性项目主要通过各级财政资金予以投入，其中符合条件项目可按规定分别纳入中央预算内投资、地方政府专项债券支持范围。

五、底线约束

加强对特色小镇建设的动态监管，有效防范各类潜在风险，确保不突破各项红线底线。

（十七）合规用地底线。严格落实永久基本农田、生态保护红线、城镇开发边界，不得改变国土空间规划确定的空间管控内容，遏制耕地“非农化”、防止“非粮化”。坚持土地有偿使用，按宗地确定土地用途，经营性建设用地必须通过招标拍卖挂牌等方式确定土地使用者，不得设置排他性竞买条件。

（十八）生态环保底线。严格落实区域生态环境分区管控方案和生态环境准入清单要求。加强山水林田湖草系统治理修复监管，保护重要自然生态系统、自然遗迹、自然景观和生物多样性，严禁违法违规占用以国家公园为主体的自然保护地，严禁挖湖造景。严防污染物偷排和超标排放，防控噪声和扬尘污染，因地制宜配备污水、垃圾、固废、危废、医废收集处理等环境基础设施。

（十九）债务防控底线。严控地方政府债务风险，县级政府法定债务风险预警地区不得通过政府举债建设，不得以地方政府回购承诺或信用担保等方式增加地方政府隐性债务。综合考虑地方现有财力、资金筹措和还款来源，稳妥把握公共设施开工建设节奏。

（二十）房住不炒底线。严防房地产化倾向，特色小镇建设用地主要用于发展特色产业，其中住宅用地主要用于满足特色小镇内就业人员自住需求和职住平衡要求。除原有传统民居外，特色小镇建设用地中住宅用地占比原则上不超过30%，鼓励控制在25%以下。结合所在市县商品住房库存消化周期，合理确定住宅用地供应时序。

（二十一）安全生产底线。严格维护人民生命财产安全，健全规划、选址、建设、运维全过程安全风险管控制度。建立企业全员安全生产责任制度，压实企业安全生产主体责任。督促企业按照行业安全生产规程标准，建立安全风险预防控制体系。

（二十二）监测监督管理。地方各级人民政府应加强动态监管，对违反以上五条底线的行为要限期整改，对性质严重的要抓紧清理；对行政建制镇错误命名的虚假“特色小镇”、单纯房地产开发等项目自我冠名的“某某小镇”，以及停留在纸面上、并未开工建设的虚拟“特色小镇”，要立即除名。各级发展改革部门在开展项目审批（核准、备案）等工作时，应加强对项目名称的把关指导，规范使用特色小镇全称、防止简称为小镇，防止各省份特色小镇清单外项目命名为“特色小镇”。

关于推进体育公园建设的指导意见

发改社会〔2021〕1497号　2021年10月23日

一、总体要求

（一）指导思想。

以习近平新时代中国特色社会主义思想为指导，全面贯彻党的十九大和十九届二中、三中、四中、五中全会精神，认真落实习近平总书记关于体育工作的重要论述，坚定不移贯彻新发展理念，坚持以人民为中心，深入实施全民健身国家战略，聚焦群众“健身去哪儿”的问题，扩大公益性、基础性全民健身服务供给，坚持系统观念，以绿色生态为引领，处理好公园风貌与健身设施之间的关系，推动健身设施同自然景观和谐相融，打造绿色便捷的全民健身新载体。

（二）基本原则。

科学规划，经济实用。根据发展水平、自然生态、人口规模、存量资源等因素进行合理均衡布局，与当地经济社会、人口资源环境相协调，符合相关法律法规及规划要求。合理确定建设规模，不搞标新立异，做到绿色环保、方便实用。

便民利民，公平可及。以公益性为导向，以建设群众身边的体育公园为重点，以近距离服务全龄人口为目标，因地制宜，统筹城乡，按照本地区群众运动习惯布局多元健身设施，提高智慧化水平，方便城乡居民就近就便参与体育锻炼。

生态优先，绿色发展。推动体育公园建设绿色低碳转型，把建设体育公园同促进生态文明建设结合起来，确保人们既能尽享体育运动的无穷魅力，又能尽览自然的生态之美，促进全民健身回归自然。

政府引导，多方参与。发挥中央预算内投资“指挥棒”和“药引子”作用，综合运用多种资金渠道，充分调动地方政府和社会力量积极性。探索灵活多样的体育公园运营管理体制机制，提高建设效率和运营活力。

（三）发展目标。

到2025年，全国新建或改扩建1000个左右体育公园，逐步形成覆盖面广、类型多样、特色鲜明、普惠性强的体育公园体系。体育公园成为全民健身的全新载体、绿地系统的有机部分、改善人民生活品质的有效途径、提升城市品位的重要标志。

二、推动体育公园绿色空间与健身设施有机融合

（四）坚持绿色生态底色。体育公园绿化用地占公园陆地面积的比例不得低于65%，确保不逾越生态保护红线，不破坏自然生态系统，推进健身设施有机嵌入绿色生态环境，充分利用自然环境打造运动场景。体育公园要与生产生活空间有机融合，不设固定顶棚、看台，不得以建设体育场馆替代体育公园，不得以体育公园的名义建设特色小镇、变相开发房地产项目，避免体育公园场馆化、房地产化、过度商业化。不鼓励将体育综合体命名为体育公园。

（五）布局各类健身场地及配套设施。体育公园内既要有满足中老年人群需求的健身步道、健身广场，也要有满足青少年需求的足球、篮球、排球等常规球类场地设施和满足儿童需要的活动设施。有条件的地方可以设置临时性、装配式的冰雪、游泳设施。包含水域的体育公园可以因地制宜建设供皮划艇、赛艇等水上运动使用的小型船艇码头。鼓励配套建设智能化的淋浴、更衣、储物等服务设施，提高群众健身便利性。

三、加强体育公园科学规划布局

（六）按人口规模科学布局。体育公园建设要与常住人口总量、结构和发展趋势相衔接，优先考虑在距离居住人群较近、覆盖人口较多、健身设施供需矛盾突出的地区布局建设，增强公益性，提高可及性，方便群众就近就便参与体育锻炼。

（七）在新建城区优先布局。把体育公园作为新建城区健身设施的优先形态，新建城区、郊区新城要做好体育公园的空间布局，鼓励有条件的地方建设辐射面大、设施完善、功能健全的体育公园，形成示范带动作用。

（八）合理确定体育公园建设规模。各地要根据国土空间规划，按照节约集约用地的原则，统筹考虑体育

公园与服务半径内其他健身设施之间的功能协调和面积配比，合理预留体育公园建设空间。按照区域中心城市、县城、中心镇（县域次区域）和一般镇四个等级，实事求是、因地制宜编制体育公园建设方案。鼓励各地参考如下标准推进体育公园建设（含新建、改扩建，下同）。

——鼓励常住人口50万以上的行政区域（含县级行政区域和乡镇，下同），建设不低于10万平方米的体育公园。其中，健身设施用地占比不低于15%，绿化用地占比不低于65%，健身步道不少于2公里，无相对固定服务半径，至少具有10块以上运动场地，可同时开展的体育项目不少于5项。

——鼓励常住人口30万~50万的行政区域，建设不低于6万平方米的体育公园。其中，健身设施用地占比不低于20%，绿化用地占比不低于65%，健身步道不少于1公里，主要服务半径应在5公里以内，至少具有8块以上运动场地，可同时开展的体育项目不少于4项。

——鼓励常住人口30万以下的行政区域，建设不低于4万平方米的体育公园。其中，健身设施用地占比不低于20%，绿化用地占比不低于65%，主要服务半径应在1公里以内，至少具有4块以上运动场地，可同时开展的体育项目不少于3项。

（九）注重与新型城镇化相衔接。结合落实京津冀协同发展、长江经济带发展、粤港澳大湾区建设、长三角一体化发展、黄河流域生态保护和高质量发展等重大战略，以及推进成渝地区双城经济圈建设、海南全面深化改革开放，聚焦新型城镇化的重点区域，将体育公园作为城市绿地系统的组成部分予以统筹考虑，营建更多开敞空间，推进城镇留白增绿，推动体育公园拆墙透绿，打造人与自然和谐相处的城市发展新形态，使老百姓享有更多惬意生活休闲空间。

四、创新体育公园建设方式

（十）合理利用低效用地。在城中村、老旧城区等区域，在符合国土空间规划的前提下，充分引入市场化机制，合理盘活利用旧住宅区、旧厂区、城中村改造的土地，改扩建体育公园。

（十一）拓展现有公园功能。有条件的郊野公园、城市公园中，可适当提高公园内铺装面积比例，用于配建一定比例的健身设施。允许在园内建设铺设天然草皮的非标足球场，并计入园内绿化用地面积。围绕现有的湖泊、绿地、山坡等，因地制宜布局体育设施，不破坏公园原有风貌。

（十二）建设特色体育公园。在符合相关法律法规，不妨碍防洪、供水安全，不破坏生态的前提下，支持利用山地森林、河流峡谷、草地荒漠等地貌建设特色体育公园。在草原自然公园中可以融入与当地自然条件和民族文化相融合的体育元素。

五、优化体育公园运营模式

（十三）鼓励第三方企业化运营。对于政府投资新建的体育公园，鼓励委托第三方运营管理，向公众免费开放。各地可探索将现有的体育公园转交给第三方运营，提高运营管理效率。鼓励体育企业依法对体育公园中的足球、篮球、网球、排球、乒乓球、轮滑、冰雪等场地设施进行微利经营。

（十四）灵活采取多种运营模式。鼓励通过建设—运营—移交（BOT）、建设—拥有—运营—移交（BOOT）、设计—建设—融资—运营—移交（DBFOT）、建设—移交—运营（BTO）、转让—运营—移交（TOT）、改建—运营—移交（ROT）等多种模式，支持企业和社会组织参与。

（十五）提高运营管理水平。推广智慧管理，加强人流统计、安全管理、场地服务和开放管理等功能，做好人员信息登记和人流监测，逐步实现进出人员可追溯。各地要制定体育公园管理办法，加强健身设施的日常维护和安全管理，落实体育公园内已建成健身设施运行维护管理责任，完善标识系统，引导居民正确、安全、文明使用体育公园各类设施。

六、完善配套政策体系

（十六）保障土地供给。各地要依据国土空间规划将体育公园相关建设用地纳入年度用地计划，合理安排用地需求。对符合《划拨用地目录》的非营利性体育用地，可以采取划拨方式供地。对不符合划拨用地目录的，应当依法采取有偿方式供地。鼓励以长期租赁、先租后让的方式，供应体育公园建设用地。在符合相关规划的前提下，对使用荒山、荒地、荒滩及石漠化土地建设的体育公园，优先安排新增建设用地计划指标，出让底价可按不低于土地取得成本、土地前期开发成本和按规定应收取相关费用之和的原则确定。

（十七）推进复合利用。各地在不改变不占压土地、不改变地表形态、不破坏自然生态的前提下，要充分利用山、水、林、田、湖、草等自然资源建设体育公园。鼓励利用体育公园内的林业生产用地建设森林步道、登山步道等场地设施。支持在不妨碍防洪安全前提下利用河滩等地建设公共体育设施。因地制宜利用体育公园实现雨水调蓄功能，发挥削峰、错峰作用，做到一地多用。

（十八）优化审批建设程序。完善利用公共绿地、闲置空间、城市“金角银边”等场所建设健身设施的政策，优化建设临时性体育场地设施的审批许可手续。

（十九）拓展资金渠道。将体育公园建设纳入“十四五”时期全民健身设施补短板工程中统筹实施，安排中央预算内投资对符合条件的体育公园建设项目予以支持。体育彩票公益金支持体育公园购置健身设施设备。国家发展改革委、体育总局适时组织项目资金对接活动，中国农业发展银行对纳入各地建设规划并符合业务范围的体育公园建设项目，在贷款利率、贷款期限、贷款方式上予以优惠支持，开辟绿色办贷通道，优先安排调查审查审批，优先满足信贷规模，优先安排投放。各地要统筹运用财政资金、商业贷款、企业债券、产业投资基金、开发性金融等多种资金渠道，解决项目建设资金。各地要将体育公园内已建成的体育设施纳入市政公共设施养护管理，明确资金安排。

七、保障措施

（二十）加强部门协同。各地发展改革、体育部门要切实加强组织领导，将体育公园建设作为一项重要的民生工程提上议事日程。自然资源部门要将体育公园建设纳入城市绿地相关专项规划。自然资源、林草部门要加大土地保障力度，依法依规办理涉及体育公园建设的土地审批手续。体育部门要加强项目储备，制定体育公园配置要求国家标准，积极参与体育公园规划、设计和建设，进行全程监督和管理，将建设面积不低于 4 万平方米的体育公园纳入各地指导目标完成情况统计范围，按期调度进展情况。

（二十一）确定指导目标。国家发展改革委、体育总局等部门根据人口、县级行政区域数量、城镇化率、地理条件等因素，确定“十四五”时期各省（区、市）体育公园建设指导目标。各地要根据指导目标，合理确定本地区“十四五”时期的建设目标。

（二十二）加强督查落实。各地要根据本意见要求，结合实际情况，抓紧制定本地区体育公园建设方案。国家发展改革委、体育总局适时开展体育公园建设典型案例评选，对各地体育公园建设情况进行监督检查和跟踪分析，确保各项任务落到实处，见到实效。

关于加快推进基础设施领域不动产投资信托基金（REITs）有关工作的通知

发改办投资〔2021〕1048号　2021年12月29日

一、加强宣传解读，调动参与积极性

各地要进一步加强新闻宣传和政策解读，介绍基础设施REITs在降低企业资产负债率、防范和化解隐性债务风险、提高企业再投资能力、提升基础设施运营效率、促进投资良性循环等方面的积极作用，鼓励企业拿出优质资产参与试点，促进企业实现轻资产运营。适时组织行业管理部门、原始权益人和金融机构等开展业务培训，普及相关政策规定，讲解操作规则，提升业务水平。总结推广典型经验和成功案例，不断提高各方面参与基础设施REITs试点的积极性。

二、摸清项目底数，分类辅导服务

根据本地区基础设施现状、项目自身条件和前期准备情况等，认真梳理意向项目和储备项目，对符合条件的项目做好分类储备。全国基础设施REITs试点项目库要坚持统计监测和协调服务的功能定位，做到项目“愿入尽入、应入尽入”，不得以任何理由拒绝项目入库。及时对项目进行分类辅导，加强项目谋划、储备、申报等全过程服务，推动做好发行准备工作。

三、安排专人对接，做好服务工作

完善项目推进工作机制，对每一个储备项目，都要明确专人对接，压实工作责任，切实加快项目进度。项目负责人员要与原始权益人、基金管理人等加强沟通，及时掌握项目进度和存在问题，全力提供政策咨询等服务。各地发展改革委每月要进行一次项目调度，动态掌握项目进展，有针对性地开展辅导工作，为项目顺利申报发行打好基础。

四、加强部门协调，落实申报条件

加强与证监、行业管理、城乡规划、自然资源、生态环境、住房城乡建设、国资监管等部门的沟通协调，共同解决项目推进过程中存在的问题，尽可能压缩项目准备周期。在依法合规的前提下，重点围绕项目手续完善、产权证书办理、土地使用、PPP和特许经营协议签订、国有资产转让等，协调有关方面对项目发行基础设施REITs予以支持，加快无异议函等相关手续办理，落实各项发行条件。

五、及时沟通反映，加快申报进度

对项目推进过程中遇到的重点难点问题，要及时与我委投资司沟通联系，反映项目情况和问题，协商确定合理的解决方案。在严格保证质量的前提下进一步优化工作流程、提高工作效率，及时向我委申报符合条件的项目。对各类申报项目，没有名额限制、地域区别，只要符合条件、质量过硬即可申报推荐。对中央企业跨地区项目，要及时受理涉及本地区资产的相关材料，出具专项意见。

六、用好回收资金，形成良性循环

对已发行基础设施 REITs 的项目，要加强回收资金使用情况的跟踪监督，定期调度回收资金是否及时使用、是否投入到原始权益人承诺的新项目建设，以及使用方式是否为资本金注入等情况，督导项目原始权益人切实履行承诺。对回收资金拟投入的新项目，协调加快前期工作和开工建设进度，尽快形成实物工作量。对原始权益人未按承诺将回收资金投入到相关项目的，要加强督促落实，要求整改，并及时向我委投资司反映有关情况。

七、鼓励先进典型，形成示范引领

鼓励结合本地区实际情况，借鉴先进地区经验，研究出台有针对性的支持措施，支持本地区企业积极参与基础设施 REITs 试点。对成功发行基础设施 REITs 的企业，研究在资金安排等方面给予优先支持，充分发挥示范引领作用。及时总结先进企业典型经验做法，鼓励相关企业学习借鉴，加强基础设施资产优化整合，推动更多符合条件的项目发行基础设施 REITs。

四、中华人民共和国住房和城乡建设部

关于进一步加强历史文化街区和历史建筑保护工作的通知

建办科〔2021〕2 号　2021 年 1 月 18 日

一、充分认识历史文化街区和历史建筑保护工作的重要意义

党中央、国务院高度重视历史文化保护工作。习近平总书记多次强调，要更多采用“微改造”的“绣花”功夫，对历史文化街区进行修复，像对待“老人”一样尊重和善待城市中的老建筑，保留城市历史文化记忆。历史文化街区和历史建筑是城乡记忆的物质留存，是人民群众乡愁的见证，是城乡深厚历史底蕴和特色风貌的体现，具有不可再生的宝贵价值。在城乡建设中做好历史文化街区和历史建筑的保护工作，对于坚定文化自信、弘扬中华优秀传统文化、塑造城镇风貌特色、推动城乡高质量发展具有重要意义。各地应充分认识保护历史文化街区和历史建筑的重要性与紧迫性，加大保护力度，坚决制止各类破坏历史文化街区和历史建筑的行为。

二、加强普查认定，尽快完善保护名录

各地要进一步加强历史文化街区和历史建筑普查认定工作，按照应保尽保的原则，对照《历史文化街区划定和历史建筑确定标准（参考）》（见附件 1），查漏补缺，及时认定公布符合标准的街区和建筑，纳入保护名录。扩大普查地域空间范围，重点加强对历史悠久和历史建筑数量偏少的市县的普查认定力度，确保所有市县符合标准的建筑均纳入保护名录。延展普查年代区间，全面梳理和发掘不同历史时期的历史文化遗存，尤其是

将近现代、新中国成立以后、改革开放以来有代表性的建设成果纳入保护名录。丰富历史文化街区和历史建筑的内涵和类型，及时将符合标准的老厂区、老港区、老校区、老居住区等划定为历史文化街区，将符合标准的公共建筑、工业建筑、居住建筑和交通、水利等工程设施等确定为历史建筑。创新工作方法，广泛动员公众参与普查认定工作，采取多种形式、发动多方力量征集历史建筑线索。各地应于2021年底前基本完成现存历史文化街区和历史建筑普查认定工作，由省级住房和城乡建设（规划）主管部门对保护名录进行更新、汇总、校核后报我部。同时，建立长效机制，定期开展普查认定工作并补充保护名录。

三、推进挂牌建档，留存保护对象身份信息

各地要加快完成历史文化街区和历史建筑挂牌保护工作。历史文化街区和历史建筑应分别以省（自治区、直辖市）和城市（县）为单位，根据《历史文化街区和历史建筑保护标志牌参考样式》（见附件2），结合地域文化特色，统一设计制定保护标志牌。标志牌应设置在历史文化街区主要出入口和历史建筑外部醒目位置。已经设立的标志牌可继续使用，破损或已到使用寿命的及时更新替换。加快推进历史建筑测绘建档工作，开展历史建筑数字化信息采集，建立数字档案，鼓励有条件的地区探索历史建筑数据库与城市信息模型（CIM）平台的互联互通。各地应于2021年底前完成所有已公布历史文化街区和历史建筑的标志牌设立工作，完成所有已公布历史建筑的测绘建档工作。省级住房和城乡建设（规划）主管部门应做好历史建筑测绘建档成果质量把关和验收工作。

四、加强修复修缮，充分发挥历史文化街区和历史建筑使用价值

各地要加大投入，开展历史文化街区保护修复工作。结合老旧小区改造，重点围绕建筑加固修缮，沿街立面风貌整治，路面整修改造，以及配套完善水电热气、通讯照明、垃圾收集中转、消防安防设施等方面，修复和更新历史文化街区，持续提升历史文化街区的宜居性。加强历史建筑安全评估，对存在安全风险的历史建筑进行抢救性修缮。支持和鼓励在保持外观风貌、典型构件基础上，赋予历史建筑当代功能，与城市和城区生活有机融合，以用促保。禁止在历史文化街区内大拆大建，对文物建筑、历史建筑以外的其他建筑，可依照相关法律法规，在尊重街区整体格局和风貌的前提下进行创新性的更新改造、持续利用，改造后的建筑应与街区历史建筑可以辨别。

五、严格拆除管理，充分听取社会公众意见

各地应严格历史文化街区和历史建筑拆除管理。任何单位和个人不得损坏或者擅自迁移、拆除经认定公布的历史建筑，不得随意拆除和损坏历史文化街区中具有保护价值的老建筑。不得假借“必要的基础设施和公共服务设施”的名义，在历史文化街区内新建、扩建与街区保护无关的项目。对历史文化街区、历史地段内建筑物或构筑物的更新改造和拆除，要充分听取社会公众意见，保障公众的知情权、参与权和监督权。对不得不拆除的，应坚持先评估、后公示、再决策的程序，组织专家对拟拆除的建筑进行评估论证，广泛听取公众意见，并符合《历史文化名城名镇名村保护条例》等相关规定。

各省级住房和城乡建设（规划）主管部门要加强指导和监督检查，定期更新、汇总、上报本地区历史文化街区和历史建筑台账。建立专家组定期巡回督导、社会公众监督等机制，加大历史文化街区和历史建筑保护力度。对于违反有关法律法规政策，破坏历史文化街区格局风貌、拆除或异地迁建历史建筑、盗卖历史建筑构件的，要依法依规及时通报处理并严肃追究相关责任。

关于加快发展数字家庭 提高居住品质的指导意见

建标〔2021〕28 号 2021 年 4 月 6 日

一、总体要求

（一）指导思想。以习近平新时代中国特色社会主义思想为指导，全面贯彻落实党的十九大和十九届二中、三中、四中、五中全会精神，立足新发展阶段、贯彻新发展理念、构建新发展格局，坚持以人民为中心，坚持系统观念，统筹推进高质量发展，深化住房供给侧改革，深度融合数字家庭产品应用与工程设计，强化宜居住宅和新型城市基础设施建设，提升数字家庭产品消费服务供给能力，提高便民服务水平，适应消费升级趋势和疫情防控常态化要求，不断满足人民日益增长的美好生活需要。

（二）基本原则。

——坚持市场主导，政府引导。充分发挥市场在数字家庭发展中的主导作用，更好发挥政府在规划布局、安全保障、政策制定等方面作用，推动形成多元化参与协同机制。

——坚持因地制宜，系统推进。立足于城市基础条件和消费现状，做好统筹规划，突出重点，按需求分类发展，鼓励试点先行，推动数字家庭应用落地。

——坚持融合共享，创新发展。强化跨领域跨行业产品与平台互联互通，推动新一代信息技术、互联网协议第六版（IPv6）与智能家居的协同应用，带动相关产业融合发展，营造跨界应用的产业生态。

——坚持安全可靠，绿色发展。强化网络和信息、文化和宣传安全管理，切实保护居民隐私，保障数字家庭产品和系统网络安全，严格遵循绿色低碳循环的基本要求，提高能源资源利用效率。

（三）发展目标。到 2022 年年底，数字家庭相关政策制度和标准基本健全，基础条件较好的省（区、市）至少有一个城市或市辖区开展数字家庭建设，基本形成可复制可推广的经验和生活服务模式。到 2025 年年底，构建比较完备的数字家庭标准体系；新建全装修住宅和社区配套设施，全面具备通信连接能力，拥有必要的智能产品；既有住宅和社区配套设施，拥有一定的智能产品，数字化改造初见成效；初步形成房地产开发、产品研发生产、运营服务等有序发展的数字家庭产业生态；健康、教育、娱乐、医疗、健身、智慧广电及其他数字家庭生活服务系统较为完善。

二、明确数字家庭服务功能

（一）满足居民获得家居产品智能化服务的需求。包括居民更加便利地管理和控制智能家居产品，智能家居产品与家居环境的感知与互动，防范非法入侵、不明人员来访，居民用电、用火、用气、用水安全，以及节能控制、环境与健康监测等。

（二）满足居民线上获得社会化服务的需求。包括居民更加便利地获得建筑设施维修、家政、医疗护理等上门服务，以及自然灾害预警提醒、教育、餐饮外卖、养老助残、医疗咨询、预约诊疗、居家办公、快递收寄、电子商城、房屋租赁、交通出行、旅游住宿、影音娱乐、健身指导等服务。

（三）满足居民线上申办政务服务的需求。包括公共教育、劳动就业、社会保障、民政事业、医疗健康、住房保障、广播电视、文化体育等政务服务事项进家庭，充分利用智能家居产品，联动当地政务服务平台，实现线上“一屏办”“指尖办”“电视办”。

三、强化数字家庭工程设施建设

（一）加强智能信息综合布线。加大住宅和社区的信息基础设施规划建设投入力度，实现光纤宽带与第五代移动通信（5G）等高速无线网络覆盖，广播电视光纤与同轴电缆入户。鼓励开展光纤到房间、光纤到桌面建设，着力提升住宅户内网络质量。推动三网融合，推广住宅户内综合信息箱应用，提升满足数字家庭系统需求的电力及信息网络连接能力，预留充足的数字家庭接口和线路。

（二）强化智能产品在住宅中的设置。对新建全装修住宅，明确户内设置楼宇对讲、入侵报警、火灾自动报警等基本智能产品要求；鼓励设置健康、舒适、节能类智能家居产品；鼓励预留居家异常行为监控、紧急呼叫、健康管理等适老化智能产品的设置条件。鼓励既有住宅参照新建住宅设置智能产品，并对门窗、遮阳、照明等传统家居建材产品进行电动化、数字化、网络化改造。

（三）强化智能产品在社区配套设施中的设置。对新建社区配套设施建设，明确要求设置入侵报警、视频监控等基本智能产品要求，保障消防通道畅通，提升社区安防水平；养老设施应配置健康管理、紧急呼叫等智能产品，提升社区适老化水平；鼓励建设智能停车、智能快递柜、智能充电桩、智慧停车、智能健身、智能灯杆、智能垃圾箱等公共配套设施，提升智能化服务水平。鼓励既有社区参照新建社区设置基本智能产品，并对养老设施和公共配套设施进行数字化改造。

四、完善数字家庭系统

（一）加强数字家庭系统基础平台建设。强化平台建设工作指引，细化数字家庭功能设置，支持建设开放的数字家庭基础平台。以数据集成、应用集成等技术手段，提高平台接收、分析、处理数据的能力，推动服务精细化，提升居民生活智慧化、便利化。

（二）加强与相关平台对接。推进数字家庭系统基础平台与新型智慧城市“一网通办”“一网统管”、智慧物业管理、智慧社区信息系统以及社会化专业服务等平台的对接，开放信息接口，在遵循信息安全与隐私保护的前提下，推动信息资源共享，保障居民更加安全便利地获得政务、社会和产品智能化服务。

（三）推进智能家居产品跨企业互联互通和质量保障。规范智能家居系统平台架构、网络接口、组网要求、应用场景，推动智能家居设备产品、用户、数据跨企业跨终端互联互通，打破不同企业智能家居产品连接壁垒，提升智能家居系统平台、设备产品、应用等对 IPv6 的支持能力，提高设备兼容性。鼓励符合条件的检测认证机构开展产品检测和认证，保障产品质量。

（四）强化网络和数字安全保障。数字家庭系统应同步规划、同步建设、同步使用网络安全技术。按照法律法规规定和国家强制性标准要求，采取技术等必要措施，保障数字家庭系统安全稳定运行，防止信息泄露、损毁、丢失，确保收集、产生数据和个人信息安全。遵守密码应用规定，形成安全可控完整的产业生态系统。

五、加强组织实施

（一）加强组织领导。各地要高度重视数字家庭工作，各有关部门要在同级党委和政府领导下，建立协同机制，形成工作合力，以城市或市辖区为单元，综合利用信息化资源，推动数字家庭系统基础平台建设，强化工程规划建设管理，引导相关市场主体立足居民消费新需求，推动数字家庭产业协同发展。

（二）加强科技支撑。充分发挥行业领先企业及科研机构作用，加大数字家庭系统关键技术研发，鼓励开展产学研用基础软件与应用平台研发。加快开展环境质量监测、人体位置及行为状态获取等新型传感技术研发，重点推进核心芯片、部件、安全等关键技术创新，构筑自主创新技术产业体系。

（三）完善标准体系。开展数字家庭标准体系研究，完善智能家居规划设计、安装施工、运营服务等标准，制定综合信息箱等设施配置标准。完善智能产品、数字家庭场景、智能家居，以及广播电视、通信与数据技术要求、系统功能要求等标准，优先制定安全与隐私保护、设备互联互通与数据共享等关键标准。充分发挥社会团体作用，鼓励制定快速适应技术发展与市场需求的团体标准，加大标准供给。

（四）加强人才培养。重视数字家庭产业人才队伍建设，把人才作为支撑数字家庭发展的第一资源。建立多层次人才培养体系，储备相关专业人才。支持与高校、科研院所共建共享产学研用协同创新平台，与职业院校开展产教融合，合作培养技术技能人才。

（五）做好宣传引导。坚持党建引领，充分发挥各级政府和社区组织作用，开展加快发展数字家庭政策宣传贯彻、技术指导、交流合作与成果推广活动。引导人民群众广泛参与，加强国际交流与合作，营造数字家庭健康发展的良好环境。

关于做好农村低收入群体等重点对象住房安全保障工作的实施意见

建村〔2021〕35 号　2021 年 4 月 14 日

一、总体要求

以习近平新时代中国特色社会主义思想为指导，深入贯彻落实党的十九大和十九届二中、三中、四中、五中全会精神，立足新发展阶段，贯彻新发展理念，构建新发展格局，坚持以人民为中心，按照党中央、国务院关于建立健全巩固拓展脱贫攻坚成果长效机制的决策部署，继续实施农村危房改造和地震高烈度设防地区农房抗震改造，“十四五”期间，在保持政策稳定性、延续性的基础上调整优化，逐步建立健全农村低收入群体住房安全保障长效机制，实现巩固拓展脱贫攻坚成果同乡村振兴有效衔接。

二、主要原则

安全为本。以实现农村低收入群体住房安全有保障为根本，建立农房定期体检制度，加强日常维修管护，推进农村危房改造和农房抗震改造，加强质量安全技术指导与监督管理，及时消除房屋安全隐患。

因地制宜。各地根据实际情况确定农村低收入群体等重点对象住房保障方式、建设标准等，指导农户采取多种方式保障住房安全，就地取材降低建设成本。

农户主体。农户是实现其住房安全的责任主体，对于发现的房屋安全隐患，应提出危房改造申请并组织实施。实施危房改造的农户应充分参与改造方案选择、筹措资金、投工投劳、施工过程质量监督与竣工验收等全过程。

提升质量。巩固拓展脱贫攻坚成果，统筹提升农房居住功能和建筑风貌，改善农村低收入群体等重点对象住房条件和居住环境，接续推进乡村全面振兴。

三、保障对象

（一）巩固拓展脱贫攻坚成果方面。农村住房安全保障对象主要是农村低收入群体，包括农村易返贫致贫户、农村低保户、农村分散供养特困人员，以及因病因灾因意外事故等刚性支出较大或收入大幅缩减导致基本生活出现严重困难家庭等。

（二）接续推进乡村振兴方面。为保持农村危房改造政策和农村住房救助政策的延续性，对农村低保边缘家庭和未享受过农村住房保障政策支持且依靠自身力量无法解决住房安全问题的其他脱贫户给予支持。

农村低收入群体等重点对象中住房安全未保障的，可由农户本人向村委会（社区）提出申请，按照村评议、乡镇审核、县级审批的工作程序，对经鉴定或评定住房确属C级或D级或无房户予以住房安全保障支持。对于保障对象中失能失智无法提出申请的特殊人员，由村委会（社区）帮助其提出住房保障申请。各地要加强政策宣传，畅通问题反映渠道，及时将符合条件的农户纳入支持范围。

四、保障方式

通过农户自筹资金为主、政府予以适当补助方式实施农村危房改造，是农村低收入群体等重点对象住房安全保障的主要方式。符合条件的保障对象可纳入农村危房改造支持范围，根据房屋危险程度和农户改造意愿选择加固改造、拆除重建或选址新建等方式解决住房安全问题。对于已实施过农村危房改造但由于小型自然灾害等原因又变成危房且农户符合条件的，有条件的地区可将其再次纳入支持范围，但已纳入因灾倒损农房恢复重建补助范围的，不得重复享受农村危房改造支持政策。

鼓励各地采取统建农村集体公租房、修缮加固现有闲置公房等方式，供自筹资金和投工投劳能力弱的特殊困难农户周转使用，解决其住房安全问题。村集体也可以协助盘活农村闲置安全房屋，向符合条件的保障对象进行租赁或置换，地方政府可给予租赁或置换补贴，避免农户因建房而返贫致贫。

7度及以上抗震设防地区住房达不到当地抗震设防要求的，引导农户因地制宜选择拆除重建、加固改造等方式，对抗震不达标且农户符合条件的农房实施改造。

五、工作任务

（一）健全动态监测机制。各地住房和城乡建设部门要与乡村振兴（扶贫）、民政等部门加强协调联动和数据互通共享，健全完善农村低收入群体等重点对象住房安全动态监测机制。对于监测发现的住房安全问题要建立工作台账，实行销号制度，解决一户，销号一户，确保所有保障对象住房安全。

（二）加强质量安全管理。各地要加强乡村建设工匠等技术力量培训，建立行政区域内技术帮扶机制，帮助技术力量薄弱的地区落实农村房屋安全性鉴定等相关技术要求，确保鉴定结果准确。因地制宜编制符合安全要求及农民生活习惯的农房设计通用图集，免费提供农户参考，引导农户选择低成本的改造方式。加强施工现场巡查与指导监督，及时发现问题并督促整改，指导做好竣工验收，确保改造后的房屋符合安全要求。

（三）提升农房建设品质。在确保房屋基本安全的前提下，以实施乡村建设行动、接续推进乡村全面振兴为目标加强农房设计，提升农房建设品质，完善农房使用功能。鼓励北方地区继续在改造中同步实施建筑节能改造，在保障住房安全性的同时降低能耗和农户采暖支出，提高农房节能水平。鼓励有条件的地区推广绿色建材应用和新型建造方式，推进水冲式厕所入户改造和建设，改善农村住房条件和居住环境。

（四）加强监督和激励引导。各地要落实保障对象公示制度，将保障对象基本信息和各审查环节的结果在村务公开栏进行公示，强化群众监督作用。加强补助资金使用监管，及时拨付补助资金，主动接受纪检监察、审计和社会监督，坚决查处挪用、冒领、克扣、拖欠补助资金和索要好处费等违法违规违纪行为。继续执行年度绩效评价与督查激励制度，充分发挥其正向激励作用，提升农村低收入群体住房安全保障工作实效。

六、保障措施

（一）强化责任落实落地。农村低收入群体等重点对象住房安全保障工作实行省（自治区、直辖市）负总责，市（地、州）县（市、区）乡（镇）抓落实的责任机制，中央统筹指导。相关部门要各司其职，加强政策引导，形成协同推进工作合力。住房和城乡建设部门负责统筹推进农村危房改造工作，组织编制农村房屋安全性鉴定、建管等政策规定和技术要求并组织实施；财政部门负责安排农村危房改造补助资金，加强资金使用监管；民政部门负责认定农村低保户、农村分散供养特困人员、农村低保边缘家庭；乡村振兴（扶贫）部门会同有关部门负责认定因病因灾因意外事故等刚性支出较大或收入大幅缩减导致基本生活出现严重困难家庭；乡村振兴（扶贫）部门负责认定农村易返贫致贫户、符合条件的其他脱贫户。各地各部门要合理安排工作计划，积极推进工程实施，统筹做好项目、资金、人力调配，对乡村振兴重点帮扶县予以倾斜支持。要充分发挥防止返贫监测和帮扶机制作用，持续跟踪住房安全保障情况，加强部门协作和信息共享，及时发现安全隐患，及时给予妥善帮扶，切实保障农村低收入群体等重点对象住房安全。

（二）拓宽资金筹措渠道。建立农户主体、政府补助、社会帮扶等多元化资金筹措机制。地方各级财政要加强资金保障，中央财政通过现有资金渠道支持地方做好农村低收入群体等重点对象住房安全保障工作。鼓励各地结合实际制定农村房屋保险政策，引导保险机构设立“农村住房安全保险”险种，减轻自然灾害等原因对农户住房和生活的影响。加大对农村住房安全保障的信贷支持力度，鼓励金融机构向获得危房改造政策支持的农户提供贷款支持，地方可视情给予财政贴息等政策支持。

（三）加强日常管理服务。各地要进一步加强乡村建设管理与技术力量，确保农房建管落实到位。建立农村房屋全生命周期管理制度，充分依靠乡（镇）政府和村“两委”，落实农户住房安全日常巡查、改造过程技术指导与监督等职责。加强对乡村建设工匠的培训和管理，提升房屋建设管理水平，并为农户对改造后房屋的日常维护与管理提供技术支持。

各地要及时总结经验，围绕保障对象确认、资金补助标准、危房改造方式、日常维修管护等方面积极探索有效做法，逐步建立长效机制。

关于加强轻资产住房租赁企业监管的意见

建房规〔2021〕2 号　2021 年 4 月 15 日

一、加强从业管理

从事住房租赁经营的企业，以及转租住房 10 套（间）以上的自然人，应当依法办理市场主体登记，取得营业执照，其名称和经营范围均应当包含“住房租赁”相关字样。住房租赁企业跨区域经营的，应当在开展经营活动的城市设立独立核算法人实体。住房租赁企业应当具有专门经营场所，开展经营前，通过住房租赁管理服务平台向所在城市住房和城乡建设主管部门推送开业信息，由所在城市住房和城乡建设主管部门通过住房租赁管理服务平台向社会公示。

二、规范住房租赁经营行为

住房租赁企业开展经营活动的信息系统应当落实互联网管理各项政策要求，接入所在城市住房租赁管理服务平台。住房租赁企业应当将经营的房源信息纳入住房租赁管理服务平台管理，并实时报送租赁合同期限、租金押金及其支付方式、承租人基本情况等租赁合同信息。住房租赁企业单次收取租金的周期原则上不超过 3 个月；除市场变动导致的正常经营行为外，支付房屋权利人的租金原则上不高于收取承租人的租金。提供住房租赁服务的网络信息平台应当核验房源信息发布者的真实身份信息及主体资格，不得为信息不实或者未提交开业报告、被列入经营异常名录的住房租赁企业及其从业人员发布房源信息。

三、开展住房租赁资金监管

住房租赁企业应当在商业银行设立 1 个住房租赁资金监管账户，向所在城市住房和城乡建设部门备案，并通过住房租赁管理服务平台向社会公示。住房租赁企业发布房源信息时，应当同时发布住房租赁资金监管账户信息。住房租赁企业单次收取租金超过 3 个月的，或单次收取押金超过 1 个月的，应当将收取的租金、押金纳入监管账户，并通过监管账户向房屋权利人支付租金、向承租人退还押金。商业银行应当通过系统对接方式，向所在城市住房和城乡建设部门实时推送监管账户资金信息。纳入监管账户的资金，在确保足额按期支付房屋权利人租金和退还承租人押金的前提下，可以支付装修改造相应房屋等必要费用。城市住房和城乡建设部门要会同当地金融监管部门建立住房租赁资金监管制度，强化日常监督管理，督促住房租赁企业和商业银行落实责任，确保资金监管到位。

四、禁止套取使用住房租赁消费贷款

住房租赁企业不得变相开展金融业务，不得将住房租赁消费贷款相关内容嵌入住房租赁合同，不得利用承租人信用套取住房租赁消费贷款，不得以租金分期、租金优惠等名义诱导承租人使用住房租赁消费贷款。金融机构应当严格管理住房租赁消费贷款，加强授信审查和用途管理，发放贷款前必须采取有效手段核查借款人身份信息，评估还款能力，核实借款意愿，并做好记录。发放贷款时应明确向借款人告知相关业务的贷款性质、贷款金额、年化利率，以及有关违约责任，切实保护借款人的知情权、选择权和公平交易权。金融机构发放住房租赁消费贷款，应当以备案的住房租赁合同为依据，贷款额度不得高于住房租赁合同金额，贷款期限不得超过住房租赁合同期限，发放贷款的频率应与借款人支付租金的频率匹配，贷款资金只能划入借款人账户，同时强化贷款资金用途管理，避免资金挪用风险。对于已实际发放给住房租赁企业的存量住房租赁消费贷款，金融机构应制定妥善处置方案，稳妥化解存量。住房和城乡建设部门要与金融机构共享有“高进低出”“长收短付”等高风险经营行为的住房租赁企业名单，金融机构要对企业进行风险评估，加强名单式管理，对列入上述名单的企业不得发放贷款。

五、合理调控住房租金水平

住房租赁市场需求旺盛的大城市住房和城乡建设部门应当建立住房租金监测制度，定期公布不同区域、不同类型租赁住房的市场租金水平信息。积极引导住房租赁双方合理确定租金，稳定市场预期。发挥住房租赁企业，尤其是大中型住房租赁企业在稳定市场租金水平方面的示范作用。加强住房租赁市场租金监测，密切关注区域租金异常上涨情况，对于租金上涨过快的，可以采取必要措施稳定租金水平。

六、妥善化解住房租赁矛盾纠纷

各有关方面应当加强协同联动，积极化解住房租赁引发的矛盾纠纷，妥善处置相关风险。相关部门对有高风险经营行为的住房租赁企业经营情况依法开展调查，企业应当积极配合。街道办事处、社区充分发挥基层网格管理人员作用，督促住房租赁合同备案，协助排查有高风险经营行为的住房租赁企业情况。发挥住房租赁相关行业协会作用，完善住房租赁行业执业规则，配合相关部门处理住房租赁矛盾纠纷，净化住房租赁市场环境。综合运用人民调解、行政调解、行业性专业性调解、司法调解等多元调解机制，维护住房租赁当事人合法权益。

七、落实城市政府主体责任

城市政府对规范发展住房租赁市场承担主体责任，要建立住房和城乡建设、发展改革、公安、市场监管、金融监管、网信等多部门协同的住房租赁联合监管机制，并将相关部门的监管工作纳入政府绩效考核体系。住房和城乡建设部门要加快完善住房租赁合同示范文本，建立健全住房租赁管理服务平台，通过平台实施穿透式监管，会同金融监管部门对住房租赁企业变相从事金融业务等违法违规行为加大查处力度。住房和城乡建设、发展改革部门要建立住房租赁企业及其从业人员信用评价体系，对住房租赁企业进行分级分类，采取差异化监管措施。市场监管部门要加大监管力度，依法查处虚假广告、哄抬租金等违法违规行为，严厉打击垄断行为。金融监管部门要指导金融机构加强住房租赁消费贷款管理。公安部门要对涉嫌合同诈骗等犯罪行为依法查处，必要时对企业法定代表人、实际控制人等相关人员依法采取相应措施。网信部门要对违规发布虚假信息的网络信息平台依法采取处置措施。各地要继续深入开展住房租赁市场秩序整治，推动部门信息共享，形成监管合力，净化市场环境。

关于加强县城绿色低碳建设的意见

建村〔2021〕45 号　2021 年 5 月 25 日

一、充分认识推动县城绿色低碳建设的重要意义

以县城为载体的就地城镇化是我国城镇化的重要特色。县域农业转移人口和返乡农民工在县城安家定居的需求日益增加，提高县城建设质量，增强对县域的综合服务能力，对于推进以人为核心的新型城镇化和乡村振兴具有十分重要的作用。改革开放以来，我国县城建设取得显著成就，县城面貌发生巨大变化，但在县城规模布局、密度强度、基础设施和公共服务能力、人居环境质量等方面仍存在不少问题和短板，迫切需要转变照搬城市的开发建设方式，推进县城建设绿色低碳发展。加强县城绿色低碳建设，是贯彻新发展理念、推动县城高质量发展的必然要求，是推进以县城为重要载体的新型城镇化建设、统筹城乡融合发展的重要内容，是补齐县城建设短板、满足人民群众日益增长的美好生活需要的重要举措。各地要立足新发展阶段，贯彻新发展理念，推动构建新发展格局，坚持以人民为中心的发展思想，统筹县城建设发展的经济需要、生活需要、生态需要、

安全需要，推动县城提质增效，提升县城承载力和公共服务水平，增强县城综合服务能力，以绿色低碳理念引领县城高质量发展，推动形成绿色生产方式和生活方式，促进实现碳达峰、碳中和目标。

二、严格落实县城绿色低碳建设的有关要求

（一）严守县城建设安全底线。县城建设要坚持系统观念，统筹发展与安全，明确县城建设安全底线要求。县城新建建筑应选择在安全、适宜的地段进行建设，避开地震活动断层、洪涝、滑坡、泥石流等自然灾害易发的区域以及矿山采空区等，并做好防灾安全论证。加强防洪排涝减灾工程建设，畅通行洪通道，留足蓄滞洪空间，完善非工程措施体系，提高洪涝风险防控能力。

（二）控制县城建设密度和强度。县城建设应疏密有度、错落有致、合理布局，既要防止盲目进行高密度高强度开发，又要防止摊大饼式无序蔓延。县城建成区人口密度应控制在每平方公里 0.6 万至 1 万人，县城建成区的建筑总面积与建设用地面积的比值应控制在 0.6 至 0.8。

（三）限制县城民用建筑高度。县城民用建筑高度要与消防救援能力相匹配。县城新建住宅以 6 层为主，6 层及以下住宅建筑面积占比应不低于 70%。鼓励新建多层住宅安装电梯。县城新建住宅最高不超过 18 层。确需建设 18 层以上居住建筑的，应严格充分论证，并确保消防应急、市政配套设施等建设到位。加强 50 米以上公共建筑消防安全管理。建筑物的耐火等级、防火间距、平面设计等要符合消防技术标准强制性要求。

（四）县城建设要与自然环境相协调。县城建设应融入自然，顺应原有地形地貌，不挖山，不填河湖，不破坏原有的山水环境，保持山水脉络和自然风貌。保护修复河湖缓冲带和河流自然弯曲度，不得以风雨廊桥等名义开发建设房屋。县城绿化美化主要采用乡土植物，实现县城风貌与周边山水林田湖草沙自然生态系统、农林牧业景观有机融合。充分借助自然条件，推进县城内生态绿道和绿色游憩空间等建设。

（五）大力发展绿色建筑和建筑节能。县城新建建筑要落实基本级绿色建筑要求，鼓励发展星级绿色建筑。加快推行绿色建筑和建筑节能节水标准，加强设计、施工和运行管理，不断提高新建建筑中绿色建筑的比例。推进老旧小区节能节水改造和功能提升。新建公共建筑必须安装节水器具。加快推进绿色建材产品认证，推广应用绿色建材。发展装配式钢结构等新型建造方式。全面推行绿色施工。提升县城能源使用效率，大力发展适应当地资源禀赋和需求的可再生能源，因地制宜开发利用地热能、生物质能、空气源和水源热泵等，推动区域清洁供热和北方县城清洁取暖，通过提升新建厂房、公共建筑等屋顶光伏比例和实施光伏建筑一体化开发等方式，降低传统化石能源在建筑用能中的比例。

（六）建设绿色节约型基础设施。县城基础设施建设要适合本地特点，以小型化、分散化、生态化方式为主，降低建设和运营维护成本。倡导大分散与小区域集中相结合的基础设施布局方式，统筹县城水电气热通信等设施布局，因地制宜布置分布式能源、生活垃圾和污水处理等设施，减少输配管线建设和运行成本，并与周边自然生态环境有机融合。加强生活垃圾分类和废旧物资回收利用。构建县城绿色低碳能源体系，推广分散式风电、分布式光伏、智能光伏等清洁能源应用，提高生产生活用能清洁化水平，推广综合智慧能源服务，加强配电网、储能、电动汽车充电桩等能源基础设施建设。

（七）加强县城历史文化保护传承。保护传承县城历史文化和风貌，保存传统街区整体格局和原有街巷网络。不拆历史建筑、不破坏历史环境，保护好古树名木。加快推进历史文化街区划定和历史建筑、历史水系确定工作，及时认定公布具有保护价值的老城片区、建筑和水利工程，实施挂牌测绘建档，明确保护管理要求，确保有效保护、合理利用。及时核定公布文物保护单位，做好文物保护单位“四有”工作和登记不可移动文物挂牌保护，加大文物保护修缮力度，促进文物开放利用。落实文物消防安全责任，加强消防供水、消防设施和

器材的配备和维护。县城建设发展应注意避让大型古遗址古墓葬。

（八）建设绿色低碳交通系统。打造适宜步行的县城交通体系，建设连续通畅的步行道网络。打通步行道断头道路，连接中断节点，优化过街设施，清理违法占道行为，提高道路通达性。完善安全措施，加强管理养护，确保步行道通行安全。鼓励县城建设连续安全的自行车道。优先发展公共交通，引导绿色低碳出行方式。

（九）营造人性化公共环境。严格控制县城广场规模，县城广场的集中硬地面积不应超过 2 公顷。鼓励在行政中心、商业区、文化设施、居住区等建设便于居民就近使用的公共空间。推行“窄马路、密路网、小街区”，打造县城宜人的空间尺度。控制县城道路宽度，县城内部道路红线宽度应不超过 40 米。合理确定建筑物与交通干线的防噪声距离，因地制宜采取防噪声措施。

（十）推行以街区为单元的统筹建设方式。要合理确定县城居住区规模，加强市政基础设施和基本公共服务设施配套，因地制宜配置生活污水和垃圾处理等设施。探索以街区为单元统筹建设公共服务、商业服务、文化体育等设施，加强社区绿化、体育公园、健身步道、公共活动空间场所建设，打造尺度适宜、配套完善、邻里和谐的生活街区。

三、切实抓好组织实施

（一）细化落实措施。省级住房和城乡建设部门要会同科技、工业和信息化、民政、生态环境、交通运输、水利、文化和旅游、应急管理、市场监管、体育、能源、林业和草原、文物、乡村振兴等有关部门按照本意见要求，根据本地区县城常住人口规模、地理位置、自然条件、功能定位等因素明确适用范围，特别是位于生态功能区、农产品主产区的县城要严格按照有关要求开展绿色低碳建设。各地要根据本地实际情况提出具体措施，细化有关要求，可进一步提高标准，但不能降低底线要求。

（二）加强组织领导。各地要充分认识加强县城绿色低碳建设的重要性和紧迫性，将其作为落实“十四五”规划纲要、推动城乡建设绿色发展的重要内容，加强对本地区县城绿色低碳建设的督促指导，发挥科技创新引领作用，建立激励机制，强化政策支持。指导各县切实做好组织实施，压实工作责任，确保各项措施落实落地。各级住房和城乡建设等部门要在当地党委政府领导下，加强部门合作，形成工作合力，扎实推进实施工作。要加大宣传引导力度，发动各方力量参与县城绿色低碳建设，营造良好氛围。

（三）积极开展试点。各地要根据本地实际，选择有代表性的县城开展试点，探索可复制可推广的经验做法。要对本地区县城绿色低碳建设情况进行评估，总结工作进展成效，及时推广好的经验模式。住房和城乡建设部将会同有关部门在乡村建设评价中对县城绿色低碳建设实施情况进行评估，针对存在的问题提出改进措施，指导各地加大工作力度，持续提升县城绿色低碳建设水平。

关于集中式租赁住房建设适用标准的通知

建办标〔2021〕19 号　2021 年 5 月 27 日

一、集中式租赁住房类型和适用标准

按照使用对象和使用功能，集中式租赁住房可分为宿舍型和住宅型 2 类。

新建宿舍型租赁住房应执行《宿舍建筑设计规范》及相关标准；改建宿舍型租赁住房应执行《宿舍建筑设计规范》或《旅馆建筑设计规范》及相关标准。

新建或改建住宅型租赁住房应执行《住宅建筑规范》及相关标准。

二、合理增加服务功能

集中式租赁住房可根据市场需求和建筑周边商业服务网点配置等实际情况，增加相应服务功能。

（一）宿舍型租赁住房建筑内公共区域可增加公用厨房、文体活动、商务、网络宽带、日用品零售、快递收取等服务空间。房间内应加大储物空间，增加用餐、会客、晾衣空间，应设置信息网络接入点；可设置卫生间、洗浴间和起居室。

新建宿舍型租赁住房应设置机动车停车位，并预留电动汽车、电动自行车充电设施空间。

按《旅馆建筑设计规范》及相关标准进行改建的宿舍型租赁住房，采光、通风应满足《宿舍建筑设计规范》的相关要求。

（二）住宅型租赁住房按《城市居住区规划设计标准》和《完整居住社区建设标准（试行）》建设配套设施。当项目规模未达到标准规定应配建配套设施的最小规模时，宜与相邻居住区共享教育、社区卫生服务站等公共服务设施。

三、做好适用标准的实施指导

严格把握非居住类建筑改建为集中式租赁住房的条件。非居住类建筑改建前应对房屋安全性能进行鉴定，保证满足安全使用的要求；土地性质为三类工业用地和三类物流仓储用地的非居住建筑，不得改建为集中式租赁住房。

加强运营安全管理。集中式租赁住房的运营主体应确保租赁住房符合运营维护管理相关要求，建立完善各项突发事件应急预警及处置制度；落实消防安全责任制，配备符合规定的消防设施、器材，保持疏散通道、安全出口、消防车通道畅通，定期开展消防安全检查。

省级住房和城乡建设部门应加强对本地区集中式租赁住房建设适用标准实施指导。指导本地区有关城市结合实际，制定实施细则或租赁住房建设指南等，及时总结集中式租赁住房建设标准适用相关经验和问题，并报住房和城乡建设部住房保障司、标准定额司。

关于加快农房和村庄建设现代化的指导意见

建村〔2021〕47 号　2021 年 6 月 8 日

一、充分认识农房和村庄建设现代化的重要意义

农房和村庄建设现代化是乡村建设的重要内容。党的十八大以来，我国大力实施农村危房改造，全国建档立卡贫困户全部实现住房安全有保障，农村住房条件和居住环境明显改善。同时也要看到，我国农房的设计建造水平亟待提高，村庄建设仍然存在较多短板。加快农房和村庄建设现代化，完善农房功能，提高农房品质，

加强农村基础设施和公共服务设施建设，对于整体提升乡村建设水平、建设美丽宜居乡村，提高农民居住品质、改善农民生产生活条件，不断增强农民群众获得感、幸福感、安全感具有重要意义。

二、落实农房和村庄建设现代化的有关要求

我国农房和村庄建设因严寒与酷暑地区的不同、干旱与丰雨地区的不同、山区与平原地区的不同、农林牧地区的不同，既具有明显的差异性，也具有共同的目标和底线要求。在推进农房和村庄建设现代化工作中应遵守共同的建设原则，落实以下要求。

（一）坚持“避害”的选址原则。新建农房要避开自然灾害易发地段，合理避让山洪、滑坡、泥石流、崩塌等地质灾害危险区，不在陡坡、冲沟、泛洪区和其他灾害易发地段建房。

（二）坚持生态友好、环境友好与邻里友好。农房和村庄建设要尊重山水林田湖草等生态脉络，注重与自然和农业景观搭配互动，不挖山填湖、不破坏水系、不砍老树，顺应地形地貌。农房建设要与环境建设并举，注重提升农房服务配套和村庄环境，鼓励新建农房向基础设施完善、自然条件优越、公共服务设施齐全、景观环境优美的村庄聚集。农房布局要利于促进邻里和睦，尽量使用原有的宅基地和村内空闲地建设农房，营建左邻右舍、里仁为美的空间格局，形成自然、紧凑、有序的农房群落。

（三）提升农房设计建造水平。农房建设要先精心设计，后按图建造。要统筹主房、辅房、院落等功能，精心调配空间布局，满足生产工具存放及其他需求。提炼传统建筑智慧，因地制宜解决日照间距、保温采暖、通风采光等问题，促进节能减排。要适应村民现代生活需要，逐步实现寝居分离、食寝分离和净污分离。新建农房要同步设计卫生厕所，因地制宜推动水冲式厕所入室。鼓励设计建设无障碍设施，充分考虑适老化功能需求。新建农房的地基基础、结构形式、墙体厚度、建筑构造等要适应当地经济发展水平和建筑施工条件，满足质量安全及抗震设防要求。鼓励就地取材，利用乡土材料，推广使用绿色建材。鼓励选用装配式钢结构等安全可靠的新型建造方式。

（四）营造留住“乡愁”的环境。建立村庄历史文化遗产调查评估机制，充分挖掘和保护传承村庄物质和非物质文化遗存，保护并改善村落的历史环境和生态环境。农房建设要尊重乡土风貌和地域特色，精心打造建筑的形体、色彩、屋顶、墙体、门窗和装饰等关键要素。传统村落中新建农房要与传统建筑、周边环境相协调，营建具有地方特色的村庄环境。提炼传统民居特色要素，传承优秀传统建筑文化。提升传统民居空间品质，改善传统民居室内照明条件，保证传统民居房屋结构安全和消防安全。鼓励结合发展民宿、旅游等产业，进一步加强传统村落和传统民居保护与利用。

（五）提升村容村貌。以农房为主体，利用古树、池塘等自然景观和牌坊、古祠等人文景观，营造具有本土特色的村容村貌。保护村庄固有的乡土气息，鼓励宅前屋后栽种瓜果梨桃，构建“桃花红、李花白、菜花黄”的自然景观，营造“莺儿啼、燕儿舞、蝶儿忙”的乡村生境。保持村内街巷清洁，做到无断壁残垣、无乱搭乱建、无乱埋乱倒、无乱堆乱放，构建干净、整洁、有序的乡村空间。重视村庄公共活动空间的布局和建设，统领乡村容貌特色。

（六）推进供水入农房。提高农村供水安全保障能力，实现供水入农房。因地制宜改善供水条件，依据给水规模合理确定供水模式、给水水压、管材管件等。保证乡村水源地的清洁安全，有条件的地方可将靠近城镇的村庄纳入城镇供水体系。

（七）因地制宜推进农村生活污水处理。乡村宜采用小型化、生态化、分散化的污水处理模式和处理工艺，合理确定排放标准，推动农村生活污水就近就地资源化利用。居住分散的村庄以卫生厕所改造为重点推进农村

生活污水治理，鼓励采用户用污水处理方式；规模较大、人口较集中的村庄可采用村集中处理方式；有条件的地方可将靠近城镇的村庄纳入城镇生活污水处理系统。合理组织村庄雨水排放形式和排放路径。

（八）倡导农村生活垃圾分类处理。传承乡村“无废”的生产生活方式，进一步完善农村生活垃圾收运处置体系，以生活垃圾分类为抓手，推动农村生活垃圾源头减量，变废为宝。优化农村生活垃圾分类方法，可回收物利用或出售、有机垃圾就地沤肥、有毒有害垃圾规范处置、其他垃圾进入收运处置体系。以乡镇或行政村为单位，建设一批区域农村有机废弃物综合处置利用中心。全面建立村庄保洁制度，确保村村有保洁。

（九）推动农村用能革新。引导农村不断减少低质燃煤、秸秆、薪柴直接燃烧等传统能源使用，鼓励使用适合当地特点和农民需求的清洁能源。推广应用太阳能光热、光伏等技术和产品，推动村民日常照明、炊事、采暖制冷等用能绿色低碳转型。推进燃气下乡，支持建设安全可靠的乡村储气罐站和微管网供气系统。推动既有农房节能改造。

（十）完善公共服务设施。盘活利用闲置农房提供公共活动空间，降低公共建筑建设成本，拓展村民公共活动场所的提供渠道。鼓励村庄公共活动场所综合利用，室外公共场所可兼做集市集会、文体活动、农作物晾晒与停车等用途；室内公共活动场所，除必须独立设置之外的，可兼顾托幼、托老、集会、村史展示、文化娱乐等功能。村庄道路及其他基础设施应满足村民的生产生活需求，村内道路应通畅平整。有条件的地区应积极推动宽带、通讯、广电等进村入户。

（十一）加强农房与村庄建设管理。建立农村房屋设计、审批、施工、验收、使用等全过程管理制度，规范村庄设计与农房设计、建设、使用的行政程序管理，明确责任主体，做到有人管、有条件管、有办法管。全方位实施职、责、权一体化模式，建立责任追究机制，按照谁审批、谁监管、谁负责的原则，确保房屋质量安全。探索建立乡村建设工匠培养和管理制度，加强管理和技术人员培训，充实乡村建设队伍。

（十二）深入开展美好环境与幸福生活共同缔造活动。以改善群众身边、房前屋后人居环境的实事、小事为切入点，以建立和完善全覆盖的基层党组织为核心，以构建“纵向到底、横向到边、共建共治共享”的乡村治理体系为路径，发动群众决策共谋、发展共建、建设共管、效果共评、成果共享，共同建设美好家园。充分尊重和保障农民群众在村庄建设中的各项权益，建立村庄建设农民满意度调查评价制度，引导村民将农房和村庄建设现代化的有关要求写入村规民约等村民自治章程，支持引导村民参与建设家园、维护家园。

三、抓好组织实施

（一）加强组织领导。各地要充分认识推进农房和村庄建设现代化的重要意义，把农房和村庄建设现代化作为全面推进乡村振兴、实施乡村建设行动的重要内容，在本地区党委政府统一领导下，发挥五级书记抓乡村振兴的制度优势，明确任务分工，层层压实责任，加大资金投入，加强部门协同，协调各方力量，统筹各类资源，扎实推进农房和村庄建设现代化工作。

（二）制定实施方案。各省级住房和城乡建设部门要会同农业农村、乡村振兴等部门，结合本地实际情况，研究本地区推进农房和村庄建设现代化的具体实施方案，并于2021年7月底前报住房和城乡建设部备案。

（三）积极开展试点。各地要根据地理位置、地形地貌、经济条件、文化传承、村庄类型等要素，选择若干有代表性的村庄开展试点，为当地农房和村庄建设现代化提供实际案例参考。要及时总结试点经验，通过现场会等多种方式进行宣传推广。住房和城乡建设部将会同有关部门把相关要求纳入乡村建设评价体系，评估实施情况，针对存在的问题和短板提出改进建议，组织有关专家加强技术指导和服务，不断提高农房和村庄建设现代化水平。

关于持续整治规范房地产市场秩序的通知

建房〔2021〕55号　2021年7月13日

一、总体要求

（一）指导思想。以习近平新时代中国特色社会主义思想为指导，始终坚持以人民为中心的发展思想，坚持房子是用来住的、不是用来炒的定位，进一步提高政治站位，增强“四个意识”、坚定“四个自信”、做到“两个维护”，紧紧围绕稳地价、稳房价、稳预期目标，充分运用法治思维和法治方式，科学谋划、精心组织，加强市场监管、净化市场环境、改进政务服务、增进民生福祉，确保整治工作取得实效，促进房地产市场平稳健康发展，增强人民群众的获得感、幸福感、安全感。

（二）基本原则

——坚持聚焦问题、重点整治。以问题为导向，重点整治房地产开发、房屋买卖、住房租赁、物业服务等领域人民群众反映强烈、社会关注度高的突出问题。

——坚持群众参与、开门整治。以维护人民群众切身利益为出发点和落脚点，充分调动群众广泛参与的积极性，定期公布整治工作阶段性成果，不断提升群众满意度。

——坚持齐抓共管、综合整治。充分发挥部门职能作用，加强协同配合，整合资源力量，建立部门联动机制，提高房地产市场秩序综合整治能力。

——坚持标本兼治、长效整治。综合运用法律、经济、行政和信息化等多种手段，既解决当前房地产市场突出问题，又注重完善体制机制，从源头上规范房地产市场秩序。

（三）主要目标。力争用3年左右时间，实现房地产市场秩序明显好转。违法违规行为得到有效遏制，监管制度不断健全，监管信息系统基本建立，部门齐抓共管工作格局逐步形成，群众信访投诉量显著下降。

二、因城施策突出整治重点

（一）房地产开发。房地产开发企业违法违规开工建设；未按施工图设计文件开发建设；未按房屋买卖合同约定如期交付；房屋渗漏、开裂、空鼓等质量问题突出；未按完整居住社区建设标准建设配套设施。

（二）房屋买卖。发布虚假违法房地产广告，发布虚假房源信息；捂盘惜售，囤积房源；挪用交易监管资金；套取或协助套取“经营贷”“消费贷”等非个人住房贷款用于购房；协助购房人非法规避房屋交易税费；违规收取预付款、“茶水费”等费用，变相涨价；利用不公平格式条款侵害消费者权益；捆绑销售车位、储藏室；捏造、散布不实信息，扰乱市场秩序。

（三）住房租赁。未提交开业报告即开展经营；未按规定如实完整报送相关租赁信息；网络信息平台未履行信息发布主体资格核验责任；克扣租金押金；采取暴力、威胁等手段强制驱赶租户；违规开展住房租赁消费贷款业务；存在“高进低出”“长收短付”等高风险经营行为；未按规定办理租金监管。

（四）物业服务。未按照物业服务合同约定内容和标准提供服务；未按规定公示物业服务收费项目标准、业主共有部分的经营与收益情况、维修资金使用情况等相关信息；超出合同约定或公示收费项目标准收取费用；擅自利用业主共有部分开展经营活动，侵占、挪用业主共有部分经营收益；物业服务合同依法解除或者终止后，无正当理由拒不退出物业服务项目。

三、依法有效开展整治工作

（一）全面排查问题线索。各城市要对房地产开发、房屋买卖、住房租赁、物业服务等领域进行全面排查，充分利用媒体、12345 热线、电子信箱、门户网站，结合“双随机、一公开”抽查与专项检查，多渠道收集问题线索，逐条分析研判，形成整治问题清单。

（二）建立整治工作台账。各城市要将整治问题清单分类建档，建立工作台账，明确责任部门，制定整治措施，确定整改时限。建立转办和督办机制，实施销号管理。对实名举报的案件，要认真核实、逐件处理、及时反馈。

（三）发挥部门协同作用。住房和城乡建设部门负责牵头组织实施整治工作，制订实施方案，开展摸底调查，移交问题线索，汇总处理结果，总结通报情况，会同有关部门依职责对房地产领域违法违规行为进行查处。发展改革部门负责协调汇总房地产领域违法违规信息，并纳入全国信用信息共享平台，推动各部门依法依规对相关企业及从业人员实施失信联合惩戒。公安部门负责查处房地产领域合同诈骗、非法集资等涉嫌犯罪行为。自然资源部门负责查处未依法依规取得土地即开工等问题。税务部门负责查处非法规避房屋交易税费行为。市场监管部门负责查处虚假违法房地产广告、价格违法、利用不公平格式条款侵害消费者权益等问题。金融监管部门负责查处信贷资金违规流入房地产市场等问题。网信部门负责查处通过网络发布虚假房地产信息等问题。

（四）持续加大惩处力度。各地要根据实际情况，创新思路，多措并举，依法依规开展整治。对本行政区域内违法违规的房地产开发企业、中介机构、住房租赁企业、物业服务企业、金融机构、网络媒体及从业人员，依法依规采取警示约谈、停业整顿、吊销营业执照和资质资格证书等措施，并予以公开曝光；涉嫌犯罪的，移交公安司法部门依法查处。对逾期不能偿还债务、大规模延期交房、负面舆情较多等存在重大经营风险的企业，实施重点监管，提升风险防范化解能力。

四、建立制度化常态化整治机制

（一）切实加强组织领导。充分发挥部省市纵向联动和部门横向协同作用。住房和城乡建设部会同国家发展改革委、公安部、自然资源部、税务总局、市场监管总局、银保监会、国家网信办，通过加强信息共享、联动查处、齐抓共管等方式，共同推动整治工作。省级住房和城乡建设部门要会同相关部门指导监督各城市整治工作。各城市要认真制定整治方案，可针对本地突出问题增加整治项目，及时动员部署，依法依规查处违法违规行为，督促整改落实，完善相关制度，建立长效管理机制。

（二）强化监督评价考核。省级住房和城乡建设部门每季度向住房和城乡建设部报送工作进展情况、典型案例和经验做法。住房和城乡建设部每半年对各地工作进展情况进行通报，同时抄送省、自治区、直辖市人民政府及新疆生产建设兵团。落实房地产市场调控评价考核措施，对整治工作得力、成效明显的城市，予以表扬；对房地产市场秩序问题突出，未履行监管责任及时妥善处置的城市，进行约谈问责。

（三）正确引导社会舆情。各地要综合运用报纸、电视、广播、网络等新闻媒体，加强正面宣传，正确引导舆论，及时总结推广整治工作做法、经验和成效，公开曝光典型违法违规违纪案例，发挥警示震慑作用。中国建设报、中国建设新闻网要开辟专栏进行宣传报道，形成浓厚整治氛围，为整治工作创造良好舆论环境。

关于在实施城市更新行动中防止大拆大建问题的通知

建科〔2021〕63 号　2021 年 8 月 30 日

一、坚持划定底线，防止城市更新变形走样

（一）严格控制大规模拆除。除违法建筑和经专业机构鉴定为危房且无修缮保留价值的建筑外，不大规模、成片集中拆除现状建筑，原则上城市更新单元（片区）或项目内拆除建筑面积不应大于现状总建筑面积的20%。提倡分类审慎处置既有建筑，推行小规模、渐进式有机更新和微改造。倡导利用存量资源，鼓励对既有建筑保留修缮加固，改善设施设备，提高安全性、适用性和节能水平。对拟拆除的建筑，应按照相关规定，加强评估论证，公开征求意见，严格履行报批程序。

（二）严格控制大规模增建。除增建必要的公共服务设施外，不大规模新增老城区建设规模，不突破原有密度强度，不增加资源环境承载压力，原则上城市更新单元（片区）或项目内拆建比不应大于 2。在确保安全的前提下，允许适当增加建筑面积用于住房成套化改造、建设保障性租赁住房、完善公共服务设施和基础设施等。鼓励探索区域建设规模统筹，加强过密地区功能疏解，积极拓展公共空间、公园绿地，提高城市宜居度。

（三）严格控制大规模搬迁。不大规模、强制性搬迁居民，不改变社会结构，不割断人、地和文化的关系。要尊重居民安置意愿，鼓励以就地、就近安置为主，改善居住条件，保持邻里关系和社会结构，城市更新单元（片区）或项目居民就地、就近安置率不宜低于 50%。践行美好环境与幸福生活共同缔造理念，同步推动城市更新与社区治理，鼓励房屋所有者、使用人参与城市更新，共建共治共享美好家园。

（四）确保住房租赁市场供需平稳。不短时间、大规模拆迁城中村等城市连片旧区，防止出现住房租赁市场供需失衡加剧新市民、低收入困难群众租房困难。注重稳步实施城中村改造，完善公共服务和基础设施，改善公共环境，消除安全隐患，同步做好保障性租赁住房建设，统筹解决新市民、低收入困难群众等重点群体租赁住房问题，城市住房租金年度涨幅不超过 5%。

二、坚持应留尽留，全力保留城市记忆

（一）保留利用既有建筑。不随意迁移、拆除历史建筑和具有保护价值的老建筑，不脱管失修、修而不用、长期闲置。对拟实施城市更新的区域，要及时开展调查评估，梳理评测既有建筑状况，明确应保留保护的建筑清单，未开展调查评估、未完成历史文化街区划定和历史建筑确定工作的区域，不应实施城市更新。鼓励在不变更土地使用性质和权属、不降低消防等安全水平的条件下，加强厂房、商场、办公楼等既有建筑改造、修缮和利用。

（二）保持老城格局尺度。不破坏老城区传统格局和街巷肌理，不随意拉直拓宽道路，不修大马路、建大广场。鼓励采用“绣花”功夫，对旧厂区、旧商业区、旧居住区等进行修补、织补式更新，严格控制建筑高度，最大限度保留老城区具有特色的格局和肌理。

（三）延续城市特色风貌。不破坏地形地貌，不伐移老树和有乡土特点的现有树木，不挖山填湖，不随意改变或侵占河湖水系，不随意改建具有历史价值的公园，不随意改老地名，杜绝“贪大、媚洋、求怪”乱象，严禁建筑抄袭、模仿、山寨行为。坚持低影响的更新建设模式，保持老城区自然山水环境，保护古树、古桥、

古井等历史遗存。鼓励采用当地建筑材料和形式，建设体现地域特征、民族特色和时代风貌的城市建筑。加强城市生态修复，留白增绿，保留城市特有的地域环境、文化特色、建筑风格等“基因”。

三、坚持量力而行，稳妥推进改造提升

（一）加强统筹谋划。不脱离地方实际，不头痛医头、脚痛医脚，杜绝运动式、盲目实施城市更新。加强工作统筹，坚持城市体检评估先行，因地制宜、分类施策，合理确定城市更新重点、划定城市更新单元。与相关规划充分衔接，科学编制城市更新规划和计划，建立项目库，明确实施时序，量力而行、久久为功。探索适用于城市更新的规划、土地、财政、金融等政策，完善审批流程和标准规范，拓宽融资渠道，有效防范地方政府债务风险，坚决遏制新增隐性债务。严格执行棚户区改造政策，不得以棚户区改造名义开展城市更新。

（二）探索可持续更新模式。不沿用过度房地产化的开发建设方式，不片面追求规模扩张带来的短期效益和经济利益。鼓励推动由“开发方式”向“经营模式”转变，探索政府引导、市场运作、公众参与的城市更新可持续模式，政府注重协调各类存量资源，加大财政支持力度，吸引社会专业企业参与运营，以长期运营收入平衡改造投入，鼓励现有资源所有者、居民出资参与微改造。支持项目策划、规划设计、建设运营一体化推进，鼓励功能混合和用途兼容，推行混合用地类型，采用疏解、腾挪、置换、租赁等方式，发展新业态、新场景、新功能。

（三）加快补足功能短板。不做穿衣戴帽、涂脂抹粉的表面功夫，不搞脱离实际、劳民伤财的政绩工程、形象工程和面子工程。以补短板、惠民生为更新重点，聚焦居民急难愁盼的问题诉求，鼓励腾退出的空间资源优先用于建设公共服务设施、市政基础设施、防灾安全设施、防洪排涝设施、公共绿地、公共活动场地等，完善城市功能。鼓励建设完整居住社区，完善社区配套设施，拓展共享办公、公共教室、公共食堂等社区服务，营造无障碍环境，建设全龄友好型社区。

（四）提高城市安全韧性。不“重地上轻地下”，不过度景观化、亮化，不增加城市安全风险。开展城市市政基础设施摸底调查，排查整治安全隐患，推动地面设施和地下市政基础设施更新改造统一谋划、协同建设。在城市绿化和环境营造中，鼓励近自然、本地化、易维护、可持续的生态建设方式，优化竖向空间，加强蓝绿灰一体化海绵城市建设。

各地要不断加强实践总结，坚持底线思维，结合实际深化细化城市更新制度机制政策，积极探索推进城市更新，切实防止大拆大建问题。加强对各市（县）工作的指导，督促对正在建设和已批待建的城市更新项目进行再评估，对涉及推倒重来、大拆大建的项目要彻底整改；督促试点城市进一步完善城市更新工作方案。我部将定期对各地城市更新工作情况和试点情况进行调研指导，及时研究协调解决难点问题，不断完善相关政策，积极稳妥有序推进实施城市更新行动。

关于加强超高层建筑规划建设管理的通知

建科〔2021〕76号　2021年10月22日

一、严格管控新建超高层建筑

（一）从严控制建筑高度。各地要严格控制新建超高层建筑。一般不得新建超高层住宅。城区常住人口

300 万人口以下城市严格限制新建 150 米以上超高层建筑，不得新建 250 米以上超高层建筑。城区常住人口 300 万以上城市严格限制新建 250 米以上超高层建筑，不得新建 500 米以上超高层建筑。各地相关部门审批 80 米以上住宅建筑、100 米以上公共建筑建设项目时，应征求同级消防救援机构意见，以确保与当地消防救援能力相匹配。城区常住人口 300 万以下城市确需新建 150 米以上超高层建筑的，应报省级住房和城乡建设主管部门审查，并报住房和城乡建设部备案。城区常住人口 300 万以上城市确需新建 250 米以上超高层建筑的，省级住房和城乡建设主管部门应结合抗震、消防等专题严格论证审查，并报住房和城乡建设部备案复核。

（二）合理确定建筑布局。各地要结合城市空间格局、功能布局，统筹谋划高层和超高层建筑建设，相对集中布局。严格控制生态敏感、自然景观等重点地段的高层建筑建设，不在对历史文化街区、历史地段、世界文化遗产及重要文物保护单位有影响的地方新建高层建筑，不在山边水边以及老城旧城开发强度较高、人口密集、交通拥堵地段新建超高层建筑，不在城市通风廊道上新建超高层建筑群。

（三）深化细化评估论证。各地要充分评估论证超高层建筑建设风险问题和负面影响。尤其是超高层建筑集中的地区，要加强超高层建筑建设项目交通影响评价，避免加剧交通拥堵；加强超高层建筑建设项目环境影响评价，防止加剧城市热岛效应，避免形成光污染、高楼峡谷风。强化超高层建筑人员疏散和应急处置预案评估。超高层建筑防灾避难场地应集中就近布置，人均面积不低于 1.5 平方米。加强超高层建筑节能管理，标准层平面利用率一般不低于 80%，绿色建筑水平不得低于三星级标准。

（四）强化公共投资管理。各地应严格落实政府投资有关规定，一般不得批准使用公共资金投资建设超高层建筑，严格控制城区常住人口 300 万以下城市国有企事业单位投资建设 150 米以上超高层建筑，严格控制城区常住人口 300 万以上城市国有企事业单位投资建设 250 米以上超高层建筑。

（五）压紧夯实决策责任。实行超高层建筑决策责任终身制。城区常住人口 300 万以下城市新建 150 米以上超高层建筑，城区常住人口 300 万以上城市新建 250 米以上超高层建筑，应按照《重大行政决策程序暂行条例》（国务院令第 713 号），作为重大公共建设项目报城市党委政府审定，实行责任终身追究。

二、强化既有超高层建筑安全管理

（六）全面排查安全隐患。各地要结合安全生产专项整治三年行动，加强对超高层建筑隐患排查的指导监督，摸清超高层建筑基本情况，建立隐患排查信息系统。组织指导超高层建筑业主或其委托的管理单位全面排查超高层建筑地基、结构、供电、供水、供气、材料、电梯、抗震、消防等方面安全隐患，分析易燃可燃建筑外墙外保温材料、电动自行车进楼入户、外墙脱落、传染病防疫、消防救援等方面安全风险，并建立台账。

（七）系统推进隐患整治。各地要加强对超高层建筑隐患整治的监管，对重大安全隐患实行挂牌督办。超高层建筑业主或其委托的管理单位要制定隐患整治路线图、时间表，落实责任单位和责任人。重大安全隐患整治到位前，超高层建筑不得继续使用。超高层建筑业主或其委托的管理单位应组建消防安全专业管理团队，鼓励聘用符合相关规定的专业技术人员担任消防安全管理人，补齐应急救援设施设备，制定人员疏散和应急处置预案、分类分级风险防控方案，组织开展预案演练，提高预防和自救能力。

（八）提升安全保障能力。各地要加强与超高层建筑消防救援需求相匹配的消防救援能力建设，属地消防救援机构要加强对超高层建筑的调研熟悉，定期组织实战演练。指导超高层建筑业主或其委托的管理单位逐栋按标准要求补建微型消防站，组织物业服务人员、保安人员、使用单位人员、志愿者等力量，建立专职消防队、志愿消防队等消防组织。超高层建筑业主或其委托的管理单位应完善供电供水、电梯运维、消防维保等人员的协同工作机制，组建技术处置队，强化与辖区消防救援站的联勤联训联动，提高协同处置效能。

（九）完善运行管理机制。各地要建立健全超高层建筑运行维护管理机制，切实提高监管能力。开展超高层建筑运行维护能耗监测，定期组织能耗监测分析，结果及时公开。指导超高层建筑业主或其委托的管理单位建立超高层建筑运行维护平台，接入物联网城市消防远程监控系统，并与城市运行管理服务平台连通。具备条件的，超高层建筑业主或其委托的管理单位应充分利用超高层建筑信息模型（BIM），完善运行维护平台，与城市信息模型（CIM）基础平台加强对接。超高层建筑业主或其委托的管理单位应结合超高层建筑设计使用年限，制定超高层建筑运行维护检查方案，委托专业机构定期检测评估超高层建筑设施设备状况，对发现的问题及时修缮维护。

各地要抓紧完善超高层建筑规划建设管理协作机制，严格落实相关标准和管控要求，探索建立超高层建筑安全险。建立专家库，定期开展既有超高层建筑使用和管理情况专项排查，有关情况要及时报告住房和城乡建设部。住房和城乡建设部将定期调研评估工作落实情况。

关于开展第一批城市更新试点工作的通知

建办科函〔2021〕443 号　2021 年 11 月 4 日

一、试点目的

针对我国城市发展进入城市更新重要时期所面临的突出问题和短板，严格落实城市更新底线要求，转变城市开发建设方式，结合各地实际，因地制宜探索城市更新的工作机制、实施模式、支持政策、技术方法和管理制度，推动城市结构优化、功能完善和品质提升，形成可复制、可推广的经验做法，引导各地互学互鉴，科学有序实施城市更新行动。

二、试点内容

第一批试点自 2021 年 11 月开始，为期 2 年。重点开展以下工作：

（一）探索城市更新统筹谋划机制。加强工作统筹，建立健全政府统筹、条块协作、部门联动、分层落实的工作机制。坚持城市体检评估先行，合理确定城市更新重点，加快制定城市更新规划和年度实施计划，划定城市更新单元，建立项目库，明确城市更新目标任务、重点项目和实施时序。鼓励出台地方性法规、规章等，为城市更新提供法治保障。

（二）探索城市更新可持续模式。探索建立政府引导、市场运作、公众参与的可持续实施模式。坚持“留改拆”并举，以保留利用提升为主，开展既有建筑调查评估，建立存量资源统筹协调机制。构建多元化资金保障机制，加大各级财政资金投入，加强各类金融机构信贷支持，完善社会资本参与机制，健全公众参与机制。

（三）探索建立城市更新配套制度政策。创新土地、规划、建设、园林绿化、消防、不动产、产业、财税、金融等相关配套政策。深化工程建设项目审批制度改革，优化城市更新项目审批流程，提高审批效率。探索建立城市更新规划、建设、管理、运行、拆除等全生命周期管理制度。分类探索更新改造技术方法和实施路径，鼓励制定适用于存量更新改造的标准规范。

三、工作要求

（一）编制实施方案。各省级住房和城乡建设主管部门要组织本地区试点城市（区）编制实施方案，明确试点目标、试点内容、重点项目、实施时序和保障措施，于 2021 年 11 月 30 日前报送我部建筑节能与科技司。

（二）强化组织领导。各试点城市（区）要高度重视，加强组织领导，严格落实城市更新底线要求，切实落实试点实施方案，扎实推进试点工作，确保试点取得成效。各省级住房和城乡建设主管部门要广泛宣传城市更新理念内涵，加强对本地区试点工作的支持力度，督促和指导实施方案落实。我部将组织专家跟踪指导，定期对试点工作进行评估。

（三）总结推广经验。各试点城市（区）要及时研究解决试点工作中的难点问题，认真梳理总结好经验、好做法、好案例，每季度向我部报送试点工作情况。我部将搭建试点工作宣传平台，推动试点城市之间的交流，及时向全国推广试点经验。

附件：第一批城市更新试点名单

1. 北京市
2. 河北省唐山市
3. 内蒙古自治区呼和浩特市
4. 辽宁省沈阳市
5. 江苏省南京市
6. 江苏省苏州市
7. 浙江省宁波市
8. 安徽省滁州市
9. 安徽省铜陵市
10. 福建省厦门市
11. 江西省南昌市
12. 江西省景德镇市
13. 山东省烟台市
14. 山东省潍坊市
15. 湖北省黄石市
16. 湖南省长沙市
17. 重庆市渝中区
18. 重庆市九龙坡区
19. 四川省成都市
20. 陕西省西安市
21. 宁夏回族自治区银川市

关于进一步明确城镇老旧小区改造工作要求的通知

建办城〔2021〕50 号　2021 年 12 月 14 日

一、把牢底线要求，坚决把民生工程做成群众满意工程

（一）市、县应建立政府统筹、条块协作、各部门齐抓共管的专门工作机制，明确工作规则、责任清单和议事规程，形成工作合力，避免把城镇老旧小区改造简单作为建设工程推进。

（二）各地确定年度改造计划应从当地实际出发，尽力而为、量力而行，不层层下指标，不搞“一刀切”。严禁将不符合当地城镇老旧小区改造对象范围条件的小区纳入改造计划。严禁以城镇老旧小区改造为名，随意拆除老建筑、搬迁居民、砍伐老树。

（三）各地确定改造计划不应超过当地资金筹措能力、组织实施能力，坚决防止财政资金大包大揽，坚决防止盲目举债铺摊子、增加政府隐性债务。各地应加快财政资金使用进度，摸清本地区待改造城镇老旧小区底数，建立改造项目储备库，提前谋划改造项目，统筹安排改造时序，变“钱等项目”为“项目等钱”。城镇老旧小区改造中央补助资金应严格按有关规定使用，严禁截留、挪用。

（四）各地应督促引导电力、通信、供水、排水、供气、供热等专业经营单位履行社会责任，将老旧小区

需改造的水电气热信等配套设施优先纳入本单位专营设施年度更新改造计划，并主动与城镇老旧小区改造年度计划做好衔接。项目开工改造前，市、县应就改造水电气热信等设施，形成统筹施工方案，避免反复施工、造成扰民。

（五）市、县制定城镇老旧小区改造方案之前，应对小区配套设施短板及安全隐患进行摸底排查，并按照应改尽改原则，将存在安全隐患的排水、燃气等老旧管线，群众意愿强烈的配套设施和公共服务设施，北方采暖地区建筑节能改造等作为重点内容优先列为改造内容。

（六）市、县应明确街道、社区在推动城镇老旧小区改造中的职责分工，并与加强基层党组织建设、居民自治机制建设、社区服务体系建设相结合，加快健全动员居民参与改造机制，发动居民参与改造方案制定、配合施工、参与过程监督和后续管理、评价与反馈小区改造效果等。

（七）居民对小区实施改造形成共识的，即参与率、同意率达到当地规定比例的，方可纳入改造计划；改造方案应经法定比例以上居民书面（线上）表决同意后，方可开工改造。

（八）居民就结合改造工作同步完善小区长效管理机制形成共识的，方可纳入改造计划。居民对改造后的物业管理模式、缴纳必要的物业服务费用等，集体协商形成共识并书面（线上）确认的，方可开工改造。

（九）各地应完善城镇老旧小区改造事中事后质量安全监管机制。应完善施工安全防范措施，建立工程质量安全抽检巡检制度，明确改造工程验收移交规定，确保施工安全和工程质量；应建立健全改造工程质量回访、保修制度以及质量问题投诉、纠纷协调处理机制，健全改造工程质量安全信用管理及失信惩戒机制，压实各参建单位质量安全责任。

（十）有关市、县应及时核查整改审计、国务院大督查发现的问题。未按规定及时整改到位的，视情况取消申报下一年度改造计划资格。

二、聚焦难题攻坚，发挥城镇老旧小区改造发展工程作用

（一）市、县应当结合改造完善党建引领城市基层治理机制。鼓励结合城镇老旧小区改造成立小区党组织、业主委员会，搭建居民沟通议事平台，利用“互联网+共建共治共享”等线上手段，提高居民协商议事效率。鼓励下沉公共服务和社会管理资源，按照有关规定探索适宜改造项目的招投标、奖励等机制。

（二）市、县应当推进相邻小区及周边地区联动改造。结合城市更新行动、完整居住社区建设等，积极推进相邻小区及周边地区联动改造、整个片区统筹改造，加强服务设施、公共空间共建共享，推动建设安全健康、设施完善、管理有序的完整居住社区。鼓励各地结合城镇老旧小区改造，同步开展绿色社区创建，促进居住社区品质提升。

（三）鼓励市、县以改造为抓手加快构建社区生活圈。在确定城镇老旧小区改造计划之前，应以居住社区为单元开展普查，摸清各类设施和公共活动空间建设短板，以及待改造小区及周边地区可盘活利用的闲置房屋资源、空闲用地等存量资源，并区分轻重缓急，在改造中有针对性地配建居民最需要的养老、托育、助餐、停车、体育健身等各类设施，加强适老及适儿化改造、无障碍设施建设，解决“一老一小”方面难题。

（四）市、县应当多渠道筹措城镇老旧小区改造资金。积极通过落实专业经营单位责任、将符合条件的城镇老旧小区改造项目纳入地方政府专项债券支持范围、吸引社会力量出资参与、争取信贷支持、合理落实居民出资责任等渠道，落实资金共担机制，切实提高财政资金使用效益。

（五）鼓励市、县吸引培育城镇老旧小区改造规模化实施运营主体。鼓励通过政府采购、新增设施有偿使用、落实资产权益等方式，在不新增地方政府隐性债务的前提下，吸引培育各类专业机构等社会力量，全链条

参与改造项目策划、设计、融资、建设、运营、管理。支持规范规模化实施运营主体以市场化运作方式，充分挖掘运营社区服务等改造项目收益点，通过项目后续长期运营收入平衡改造投入，实现可持续。

（六）市、县应当推动提升金融服务力度和质效。鼓励与各类金融机构加强协作，加快产品和服务创新，共同探索适合改造需要的融资模式，为符合条件的城镇老旧小区整体改造项目，以及水电气热信等专项改造项目，提供金融支持。鼓励金融机构为专业机构以市场化方式投资运营的加装电梯、建设停车设施项目，以及以“平台+创业单元”方式发展养老、托育、家政等社区服务新业态项目提供信贷支持。在不增加地方政府隐性债务的前提下，鼓励金融机构依法依规参与投资地方政府设立的城镇老旧小区改造等城市更新基金。

（七）各地应当加快构建适应存量改造的配套政策制度。积极构建适应改造需要的审批制度，明确审批事项、主体和办事程序等。鼓励因地制宜完善适应改造需要的标准体系。加快建立健全既有土地集约混合利用和存量房屋设施兼容转换的政策机制，为吸引社会力量参与、引入金融支持创造条件，促进城镇老旧小区改造可持续发展。

（八）鼓励市、县将改造后专营设施设备的产权依照法定程序移交给专业经营单位，由其负责后续维护管理，切实维护水电气热信等市政配套基础设施改造成果，守牢市政公用设施运行安全底线。

（九）市、县应当结合改造建立健全城镇老旧小区住宅专项维修资金归集、使用、续筹机制，促进小区改造后维护更新进入良性轨道。

（十）鼓励市、县积极引导小区居民结合改造同步对户内管线等进行改造，引导有条件的居民实施房屋整体装修改造，带动家装建材消费。

三、完善督促指导工作机制

（一）科学评价工作质量和效果。各地要对照底线要求，逐项排查改进工作中存在的问题；以推动高质量发展为目标，聚焦需攻坚的难题，借鉴先行地区经验做法，完善工作机制及政策体系，不断提升工作质量和效果。各地要以人民群众满意度和受益程度、改造质量和财政资金使用效率为衡量标准，科学评价本地区改造工作成效，形成激励先进、督促后进、以先进促后进的浓厚氛围；各地可参照城镇老旧小区改造工作衡量标准（见附件），统筹谋划各环节工作，扎实系统推进。

（二）建立巡回调研指导机制。住房和城乡建设部将组织相关部门、地区及行业专家，组成巡回调研指导工作组，聚焦破解发动居民参与共建、吸引社会力量参与、多渠道筹措资金、合理拓展改造实施单元、健全适应改造需要的制度体系等难题，加强对各地的调研指导，对部分工作成效显著的省份，重点总结其可复制可推广经验做法、政策机制；对部分工作进展有差距的省份，重点开展帮扶指导，帮助其健全机制、完善政策、明确措施。各省（区、市）可结合本地区实际，建立相应的巡回调研指导机制，加强对市、县的指导。

（三）健全激励先进、督促落后机制。城镇老旧小区改造工作成效评价结果作为安排下达中央财政补助资金的重要参考。对中央预算内投资执行较好的地方，给予适当奖励。将城镇老旧小区改造工作纳入国务院督查激励事项，以工作成效评价作为确定激励名单的重要依据。各省（区、市）住房和城乡建设、发展改革、财政等部门要加大督促指导力度，畅通投诉举报渠道，对发现市、县工作成效突出的，要及时总结上报好的经验做法，对督导检查、审计、信访、媒体等发现市、县存在违反底线要求的，要及时督促整改，问题严重的依法依规严肃处理。

（四）加强宣传引导。各地要加大城镇老旧小区改造工作宣传力度，注重典型引路、正面引导，全面客观报道城镇老旧小区改造作为民生工程、发展工程的工作进展及其成效，提高社会各界对城镇老旧小区改造的认识。要准确解读城镇老旧小区改造政策措施，加大对优秀项目、典型案例的宣传力度，营造良好舆论氛围。主动接受舆论监督，及时解决群众反映的问题、改进工作中的不足，积极回应社会关切，形成良性互动。

五、中华人民共和国自然资源部

关于保障和规范农村一二三产业融合发展用地的通知

自然资发〔2021〕16 号　2021 年 1 月 28 日

一、明确农村一二三产业融合发展用地范围

农村一二三产业融合发展用地是以农业农村资源为依托，拓展农业农村功能，延伸产业链条，涵盖农产品生产、加工、流通、就地消费等环节，用于农产品加工流通、农村休闲观光旅游、电子商务等混合融合的产业用地，土地用途可确定为工业用地、商业用地、物流仓储用地等。

二、引导农村产业在县域范围内统筹布局

把县域作为城乡融合发展的重要切入点，科学编制国土空间规划，因地制宜合理安排建设用地规模、结构和布局及配套公共服务设施、基础设施，有效保障农村产业融合发展用地需要。规模较大、工业化程度高、分散布局配套设施成本高的产业项目要进产业园区；具有一定规模的农产品加工要向县城或有条件的乡镇城镇开发边界内集聚；直接服务种植养殖业的农产品加工、电子商务、仓储保鲜冷链、产地低温直销配送等产业，原则上应集中在行政村村庄建设边界内；利用农村本地资源开展农产品初加工、发展休闲观光旅游而必需的配套设施建设，可在不占用永久基本农田和生态保护红线、不突破国土空间规划建设用地指标等约束条件、不破坏生态环境和乡村风貌的前提下，在村庄建设边界外安排少量建设用地，实行比例和面积控制，并依法办理农用地转用审批和供地手续。具体用地准入条件、退出条件等由各省（区、市）制定，并可根据休闲观光等产业的业态特点和地方实际探索供地新方式。

三、拓展集体建设用地使用途径

农村集体经济组织兴办企业或者与其他单位、个人以土地使用权入股、联营等形式共同举办企业的，可以依据《土地管理法》第六十条规定使用规划确定的建设用地。单位或者个人也可以按照国家统一部署，通过集体经营性建设用地入市的渠道，以出让、出租等方式使用集体建设用地。

四、大力盘活农村存量建设用地

在充分尊重农民意愿的前提下，可依据国土空间规划，以乡镇或村为单位开展全域土地综合整治，盘活农村存量建设用地，腾挪空间用于支持农村产业融合发展和乡村振兴。探索在农民集体依法妥善处理原有用地相

关权利人的利益关系后，将符合规划的存量集体建设用地，按照农村集体经营性建设用地入市。在符合国土空间规划前提下，鼓励对依法登记的宅基地等农村建设用地进行复合利用，发展乡村民宿、农产品初加工、电子商务等农村产业。

五、保障设施农业发展用地

支持现代农业发展，农业生产中直接用于作物种植和畜禽水产养殖的设施用地，可按照《关于设施农业用地管理有关问题的通知》（自然资规〔2019〕4 号）要求使用。对于作物种植和畜禽水产养殖设施建设对耕地耕作层造成破坏的，应认定为农业设施建设用地并加强管理。农村产业融合发展所需建设用地不符合设施农业用地要求的，应依法办理农用地转用审批手续。

六、优化用地审批和规划许可流程

在村庄建设边界外，具备必要的基础设施条件、使用规划预留建设用地指标的农村产业融合发展项目，在不占用永久基本农田、严守生态保护红线、不破坏历史风貌和影响自然环境安全的前提下，可暂不做规划调整；市县要优先安排农村产业融合发展新增建设用地计划，不足的由省（区、市）统筹解决；办理用地审批手续时，可不办理用地预审与选址意见书；除依法应当以招标拍卖挂牌等方式公开出让的土地外，可将建设用地批准和规划许可手续合并办理，核发规划许可证书，并申请办理不动产登记。

七、强化用地监管

落实最严格的耕地保护制度，坚决制止耕地“非农化”行为，严禁违规占用耕地进行农村产业建设，防止耕地“非粮化”，不得造成耕地污染。农村产业融合发展用地不得用于商品住宅、别墅、酒店、公寓等房地产开发，不得擅自改变用途或分割转让转租。各级自然资源主管部门要将农村产业融合发展用地情况纳入国土空间基础信息平台和国土空间规划“一张图”进行动态监管，并结合国土变更调查进行年度评估。各地对村庄建设边界外分散布局的用地管理，要与本通知一致。各省（区、市）要结合实际制订实施细则。

六、中华人民共和国财政部、国家税务总局

关于开展系统化全域推进海绵城市建设示范工作的通知

财办建〔2021〕35 号　2021 年 4 月 25 日

一、工作思路及目标

“十四五”期间，财政部、住房城乡建设部、水利部通过竞争性选拔，确定部分基础条件好、积极性高、特色突出的城市开展典型示范，系统化全域推进海绵城市建设，中央财政对示范城市给予定额补助。示范城市应充分运用国家海绵城市试点工作经验和成果，制定全域开展海绵城市建设工作方案，建立与系统化全域推进

海绵城市建设相适应的长效机制，统筹使用中央和地方资金，完善法规制度、规划标准、投融资机制及相关配套政策，结合开展城市防洪排涝设施建设、地下空间建设、老旧小区改造等，全域系统化建设海绵城市。力争通过3年集中建设，示范城市防洪排涝能力及地下空间建设水平明显提升，河湖空间严格管控，生态环境显著改善，海绵城市理念得到全面、有效落实，为建设宜居、绿色、韧性、智慧、人文城市创造条件，推动全国海绵城市建设迈上新台阶。

二、支持范围

2021—2023年，财政部、住房城乡建设部、水利部通过竞争性选拔确定部分示范城市。其中，第一批确定20个示范城市。符合条件的城市均可按程序申报。已获得中央财政海绵城市建设试点资金支持的城市原则上不再次申报。每省（自治区）根据省级评审结果分档，每批最多可推荐2个城市参评，“十四五”期间累计获得支持的示范城市数量不超过4个。

三、选拔程序及支持标准

（一）城市选拔方式

示范城市选拔采取“省级评审+城市评审”的方式选拔确定，重点向基础工作扎实、条件具备的省份和城市倾斜。

1. 省级评审：采取书面评审方式，财政部、住房城乡建设部、水利部共同制定评审细则，每年组织评审，重点审查省级层面在统筹推动海绵城市、地下空间开发建设、城镇老旧小区改造等方面的具体举措，包括：制定法规制度及规划标准、统筹政策资源、建立收费机制、加强业务指导及督促落实等。根据各省工作基础情况进行打分，分档确定各省可申报进入基础性评审的城市数量。其中：80分以上的为第1档，每省当年可推荐2个城市可进入基础性评审；60~79分的为第2档，每省可推荐1个城市可进入基础性评审；60分以下为第3档，当年暂不予支持。评审标准见附件1。

2. 典型示范城市基础性评审：组织专家对城市申报方案进行审查、打分。按照120%差额比例确定进入竞争性评审的城市名单。评审标准见附件2。

3. 典型示范城市竞争性评审：试点城市派员参加公开答辩，现场打分、现场公布排名。

（二）支持标准

中央财政按区域对示范城市给予定额补助。其中，地级及以上城市：东部地区每个城市补助总额9亿元，中部地区每个城市补助总额10亿元，西部地区每个城市补助总额11亿元。县级市：东部地区每个城市补助总额7亿元，中部地区每个城市补助总额8亿元，西部地区每个城市补助总额9亿元。资金根据工作推进情况分3年拨付到位。

四、中央补助资金支持内容

示范城市统筹使用中央和地方资金系统化全域推进海绵城市建设。其中：新区以目标为导向，统筹规划、强化管理，通过规划建设管控制度建设，将海绵城市理念落实到城市规划建设管理全过程；老区以问题为导向，统筹推进排水防涝设施建设、城市水环境改善、城市生态修复功能完善、城市绿地建设、城镇老旧小区改造、完整居住社区建设、地下管网（管廊）建设等工作，采用“渗、滞、蓄、净、用、排”等措施，补齐设施短板，“干一片、成一片”。示范工作坚持简约适用、因地制宜的原则，严禁“调水造景”“大树进城”等不环保、不节约情况。

中央补助资金主要支持城市建成区范围内的各类项目，具体内容包括：

1. 海绵城市建设相关的供排水设施、雨水调蓄设施、城市内部蓄滞洪空间、城市绿地、道路广场、城市内河（湖）生态修复等项目。

2. 海绵城市建设涉及的地下管网（管廊、管沟）、城市雨洪行泄通道、城市排涝沟渠建设改造以及管网排查、监测设施建设等。

3. 居住社区、老旧小区改造和完整社区建设中落实海绵城市建设理念的公共空间与人居环境提升项目等。

五、2021 年申报工作组织

（一）申报

省级财政、住房城乡建设、水利部门对照通知要求梳理本省（自治区）出台的法规、政策、制度等，形成本省（自治区）海绵城市建设情况报告，并对照省级评审条件（见附件 1）提供相关佐证材料，填写有关情况，于 2021 年 4 月 29 日前报财政部、住房城乡建设部、水利部。

省级财政、住房城乡建设、水利部门根据三部门评审确定的分档情况，组织本省城市参照附件 3 编制实施方案、提供必要的支撑材料，明确推荐的城市名单，按照附件 2 填写有关情况，并于 2021 年 5 月 19 日前报财政部、住房城乡建设部、水利部。

（二）评审

财政部、住房城乡建设部、水利部组织专家对各地申报材料进行审查，包括：

1. 形式审查：对申报材料是否齐全进行审查；

2. 省级评审：确定省级分档；

3. 典型示范城市基础性评审：审查城市申报材料质量，并打分、排序；

4. 典型城市竞争性评审：抽签决定答辩出场顺序，财政部、住房城乡建设部、水利部组织专家封闭式评审打分。

（三）公示

入围城市经过公示、无异议者确定为典型示范城市。存在异议并经查实的，取消资格并按竞争性评审结果依次递补。

六、日常跟踪及监督检查

省级住房城乡建设、水利、财政部门应建立对示范城市的日常跟踪及监督检查机制，及时将典型示范城市的任务落实、存在问题及经验做法等报住房城乡建设部、水利部、财政部（原则上每个典型示范城市每年不少于 1 期）。其中，住房城乡建设、水利部门重点检查任务完成情况，财政部门重点检查财政资金使用合规情况。住房城乡建设部、水利部、财政部将在汇总地方上报情况的基础上，对示范城市开展抽查。

七、绩效管理

财政部会同住房城乡建设部、水利部按照预算管理有关要求开展绩效评价。财政部主要负责绩效评价方案制定、指标设置等，住房城乡建设部、水利部主要负责指导、督促地方做好相关实施工作等。绩效评价结果将与中央资金拨付挂钩。对工作进度明显滞后的，将视情况缓拨、扣减补助资金。

八、其他说明事项

参与申报的各省级财政、住房城乡建设、水利部门应联合行文上报三部门，并组织申报城市通过财政部、住房城乡建设部、水利部邮箱报送申报材料电子版（正式文件上传扫描件），或通过光盘等移动存储方式邮寄。无须上报文字版方案。

关于继续实施企业改制重组有关土地增值税政策的公告

财政部　税务总局公告2021年第21号　2021年5月31日

为支持企业改制重组，优化市场环境，现就继续执行有关土地增值税政策公告如下：

一、企业按照《中华人民共和国公司法》有关规定整体改制，包括非公司制企业改制为有限责任公司或股份有限公司，有限责任公司变更为股份有限公司，股份有限公司变更为有限责任公司，对改制前的企业将国有土地使用权、地上的建筑物及其附着物（以下称房地产）转移、变更到改制后的企业，暂不征土地增值税。

本公告所称整体改制是指不改变原企业的投资主体，并承继原企业权利、义务的行为。

二、按照法律规定或者合同约定，两个或两个以上企业合并为一个企业，且原企业投资主体存续的，对原企业将房地产转移、变更到合并后的企业，暂不征土地增值税。

三、按照法律规定或者合同约定，企业分设为两个或两个以上与原企业投资主体相同的企业，对原企业将房地产转移、变更到分立后的企业，暂不征土地增值税。

四、单位、个人在改制重组时以房地产作价入股进行投资，对其将房地产转移、变更到被投资的企业，暂不征土地增值税。

五、上述改制重组有关土地增值税政策不适用于房地产转移任意一方为房地产开发企业的情形。

六、改制重组后再转让房地产并申报缴纳土地增值税时，对“取得土地使用权所支付的金额”，按照改制重组前取得该宗国有土地使用权所支付的地价款和按国家统一规定缴纳的有关费用确定；经批准以国有土地使用权作价出资入股的，为作价入股时县级及以上自然资源部门批准的评估价格。按购房发票确定扣除项目金额的，按照改制重组前购房发票所载金额并从购买年度起至本次转让年度止每年加计5%计算扣除项目金额，购买年度是指购房发票所载日期的当年。

七、纳税人享受上述税收政策，应按税务机关规定办理。

八、本公告所称不改变原企业投资主体、投资主体相同，是指企业改制重组前后出资人不发生变动，出资人的出资比例可以发生变动；投资主体存续，是指原企业出资人必须存在于改制重组后的企业，出资人的出资比例可以发生变动。

九、本公告执行期限为2021年1月1日至2023年12月31日。企业改制重组过程中涉及的土地增值税尚未处理的，符合本公告规定可按本公告执行。

关于完善住房租赁有关税收政策的公告

财政部　税务总局　住房城乡建设部公告2021年第24号　2021年7月15日

为进一步支持住房租赁市场发展，现将有关税收政策公告如下：

一、住房租赁企业中的增值税一般纳税人向个人出租住房取得的全部出租收入，可以选择适用简易计税方法，按照5%的征收率减按1.5%计算缴纳增值税，或适用一般计税方法计算缴纳增值税。住房租赁企业中的增值税小规模纳税人向个人出租住房，按照5%的征收率减按1.5%计算缴纳增值税。

住房租赁企业向个人出租住房适用上述简易计税方法并进行预缴的，减按1.5%预征率预缴增值税。

二、对企事业单位、社会团体以及其他组织向个人、专业化规模化住房租赁企业出租住房的，减按4%的税率征收房产税。

三、对利用非居住存量土地和非居住存量房屋（含商业办公用房、工业厂房改造后出租用于居住的房屋）建设的保障性租赁住房，取得保障性租赁住房项目认定书后，比照适用第一条、第二条规定的税收政策，具体为：住房租赁企业向个人出租上述保障性租赁住房，比照适用第一条规定的增值税政策；企事业单位、社会团体以及其他组织向个人、专业化规模化住房租赁企业出租上述保障性租赁住房，比照适用第二条规定的房产税政策。

保障性租赁住房项目认定书由市、县人民政府组织有关部门联合审查建设方案后出具。

四、本公告所称住房租赁企业，是指按规定向住房城乡建设部门进行开业报告或者备案的从事住房租赁经营业务的企业。

本公告所称专业化规模化住房租赁企业的标准为：企业在开业报告或者备案城市内持有或者经营租赁住房1000套（间）及以上或者建筑面积3万平方米及以上。各省、自治区、直辖市住房城乡建设部门会同同级财政、税务部门，可根据租赁市场发展情况，对本地区全部或者部分城市在50%的幅度内下调标准。

五、各地住房城乡建设、税务部门应加强信息共享。市、县住房城乡建设部门应将本地区住房租赁企业、专业化规模化住房租赁企业名单以及保障性租赁住房项目认定书传递给同级税务部门，并将住房租赁企业、专业化规模化住房租赁企业名单予以公布并动态更新，共享信息具体内容和共享实现方式由各省、自治区、直辖市住房城乡建设部门会同税务部门共同研究确定。

六、纳税人享受本公告规定的优惠政策，应按规定进行减免税申报，并将不动产权属、房屋租赁合同、保障性租赁住房项目认定书等相关资料留存备查。

七、本公告自2021年10月1日起执行。《财政部 国家税务总局关于廉租住房 经济适用住房和住房租赁有关税收政策的通知》（财税〔2008〕24号）第二条第（四）项规定同时废止。

关于继续执行的城市维护建设税优惠政策的公告

财政部　税务总局公告2021年第27号　2021年8月24日

《中华人民共和国城市维护建设税法》已由第十三届全国人民代表大会常务委员会第二十一次会议于2020年8月11日通过，自2021年9月1日起施行。为贯彻落实城市维护建设税法，现将税法施行后继续执行的城市维护建设税优惠政策公告如下：

1. 对黄金交易所会员单位通过黄金交易所销售且发生实物交割的标准黄金，免征城市维护建设税。具体操作按照《财政部 国家税务总局关于黄金税收政策问题的通知》（财税〔2002〕142号）有关规定执行。

2. 对上海期货交易所会员和客户通过上海期货交易所销售且发生实物交割并已出库的标准黄金，免征城市维护建设税。具体操作按照《财政部 国家税务总局关于黄金期货交易有关税收政策的通知》（财税〔2008〕5号）有关规定执行。

3. 对国家重大水利工程建设基金免征城市维护建设税。具体操作按照《财政部 国家税务总局关于免征国家重大水利工程建设基金的城市维护建设税和教育费附加的通知》（财税〔2010〕44号）有关规定执行。

4. 自2019年1月1日至2021年12月31日，对增值税小规模纳税人可以在50%的税额幅度内减征城市维护建设税。具体操作按照《财政部 税务总局关于实施小微企业普惠性税收减免政策的通知》（财税〔2019〕13号）有关规定执行。

5. 自2019年1月1日至2021年12月31日，实施扶持自主就业退役士兵创业就业城市维护建设税减免。具体操作按照《财政部 税务总局 退役军人部关于进一步扶持自主就业退役士兵创业就业有关税收政策的通知》（财税〔2019〕21号）有关规定执行。

6. 自2019年1月1日至2025年12月31日，实施支持和促进重点群体创业就业城市维护建设税减免。具体操作按照《财政部 税务总局 人力资源社会保障部 国务院扶贫办关于进一步支持和促进重点群体创业就业有关税收政策的通知》（财税〔2019〕22号）、《财政部 税务总局 人力资源社会保障部 国家乡村振兴局关于延长部分扶贫税收优惠政策执行期限的公告》（财政部 税务总局 人力资源社会保障部 国家乡村振兴局公告2021年第18号）有关规定执行。

关于契税法实施后有关优惠政策衔接问题的公告

财政部　税务总局公告2021年第29号　2021年8月27日

为贯彻落实《中华人民共和国契税法》，现将税法实施后继续执行的契税优惠政策公告如下：

一、夫妻因离婚分割共同财产发生土地、房屋权属变更的，免征契税。

二、城镇职工按规定第一次购买公有住房的，免征契税。

公有制单位为解决职工住房而采取集资建房方式建成的普通住房或由单位购买的普通商品住房，经县级以上地方人民政府房改部门批准、按照国家房改政策出售给本单位职工的，如属职工首次购买住房，比照公有住房免征契税。

已购公有住房经补缴土地出让价款成为完全产权住房的，免征契税。

三、外国银行分行按照《中华人民共和国外资银行管理条例》等相关规定改制为外商独资银行（或其分行），改制后的外商独资银行（或其分行）承受原外国银行分行的房屋权属的，免征契税。

四、除上述政策外，其他继续执行的契税优惠政策按原文件规定执行。涉及的文件及条款见附件 1。

五、本公告自 2021 年 9 月 1 日起执行。附件 2 中所列文件及条款规定的契税优惠政策同时废止。附件 3 中所列文件及条款规定的契税优惠政策失效。

七、中华人民共和国农业农村部

农村土地经营权流转管理办法

中华人民共和国农业农村部令 2021 年第 1 号　2021 年 1 月 26 日

第一章　总则

第一条　为了规范农村土地经营权（以下简称土地经营权）流转行为，保障流转当事人合法权益，加快农业农村现代化，维护农村社会和谐稳定，根据《中华人民共和国农村土地承包法》等法律及有关规定，制定本办法。

第二条　土地经营权流转应当坚持农村土地农民集体所有、农户家庭承包经营的基本制度，保持农村土地承包关系稳定并长久不变，遵循依法、自愿、有偿原则，任何组织和个人不得强迫或者阻碍承包方流转土地经营权。

第三条　土地经营权流转不得损害农村集体经济组织和利害关系人的合法权益，不得破坏农业综合生产能力和农业生态环境，不得改变承包土地的所有权性质及其农业用途，确保农地农用，优先用于粮食生产，制止耕地“非农化”、防止耕地“非粮化”。

第四条　土地经营权流转应当因地制宜、循序渐进，把握好流转、集中、规模经营的度，流转规模应当与城镇化进程和农村劳动力转移规模相适应，与农业科技进步和生产手段改进程度相适应，与农业社会化服务水平提高相适应，鼓励各地建立多种形式的土地经营权流转风险防范和保障机制。

第五条　农业农村部负责全国土地经营权流转及流转合同管理的指导。

县级以上地方人民政府农业农村主管（农村经营管理）部门依照职责，负责本行政区域内土地经营权流转及流转合同管理。

乡（镇）人民政府负责本行政区域内土地经营权流转及流转合同管理。

第二章　流转当事人

第六条　承包方在承包期限内有权依法自主决定土地经营权是否流转，以及流转对象、方式、期限等。

第七条 土地经营权流转收益归承包方所有，任何组织和个人不得擅自截留、扣缴。

第八条 承包方自愿委托发包方、中介组织或者他人流转其土地经营权的，应当由承包方出具流转委托书。委托书应当载明委托的事项、权限和期限等，并由委托人和受托人签字或者盖章。没有承包方的书面委托，任何组织和个人无权以任何方式决定流转承包方的土地经营权。

第九条 土地经营权流转的受让方应当为具有农业经营能力或者资质的组织和个人。在同等条件下，本集体经济组织成员享有优先权。

第十条 土地经营权流转的方式、期限、价款和具体条件，由流转双方平等协商确定。流转期限届满后，受让方享有以同等条件优先续约的权利。

第十一条 受让方应当依照有关法律法规保护土地，禁止改变土地的农业用途。禁止闲置、荒芜耕地，禁止占用耕地建窑、建坟或者擅自在耕地上建房、挖砂、采石、采矿、取土等。禁止占用永久基本农田发展林果业和挖塘养鱼。

第十二条 受让方将流转取得的土地经营权再流转以及向金融机构融资担保的，应当事先取得承包方书面同意，并向发包方备案。

第十三条 经承包方同意，受让方依法投资改良土壤，建设农业生产附属、配套设施，及农业生产中直接用于作物种植和畜禽水产养殖设施的，土地经营权流转合同到期或者未到期由承包方依法提前收回承包土地时，受让方有权获得合理补偿。具体补偿办法可在土地经营权流转合同中约定或者由双方协商确定。

第三章 流转方式

第十四条 承包方可以采取出租（转包）、入股或者其他符合有关法律和国家政策规定的方式流转土地经营权。

出租（转包），是指承包方将部分或者全部土地经营权，租赁给他人从事农业生产经营。

入股，是指承包方将部分或者全部土地经营权作价出资，成为公司、合作经济组织等股东或者成员，并用于农业生产经营。

第十五条 承包方依法采取出租（转包）、入股或者其他方式将土地经营权部分或者全部流转的，承包方与发包方的承包关系不变，双方享有的权利和承担的义务不变。

第十六条 承包方自愿将土地经营权入股公司发展农业产业化经营的，可以采取优先股等方式降低承包方风险。公司解散时入股土地应当退回原承包方。

第四章 流转合同

第十七条 承包方流转土地经营权，应当与受让方在协商一致的基础上签订书面流转合同，并向发包方备案。

承包方将土地交由他人代耕不超过一年的，可以不签订书面合同。

第十八条 承包方委托发包方、中介组织或者他人流转土地经营权的，流转合同应当由承包方或者其书面委托的受托人签订。

第十九条 土地经营权流转合同一般包括以下内容：

（一）双方当事人的姓名或者名称、住所、联系方式等；

（二）流转土地的名称、四至、面积、质量等级、土地类型、地块代码等；

（三）流转的期限和起止日期；

（四）流转方式；

（五）流转土地的用途；

（六）双方当事人的权利和义务；

（七）流转价款或者股份分红，以及支付方式和支付时间；

（八）合同到期后地上附着物及相关设施的处理；

（九）土地被依法征收、征用、占用时有关补偿费的归属；

（十）违约责任。

土地经营权流转合同示范文本由农业农村部制定。

第二十条 承包方不得单方解除土地经营权流转合同，但受让方有下列情形之一的除外：

（一）擅自改变土地的农业用途；

（二）弃耕抛荒连续两年以上；

（三）给土地造成严重损害或者严重破坏土地生态环境；

（四）其他严重违约行为。

有以上情形，承包方在合理期限内不解除土地经营权流转合同的，发包方有权要求终止土地经营权流转合同。

受让方对土地和土地生态环境造成的损害应当依法予以赔偿。

第五章 流转管理

第二十一条 发包方对承包方流转土地经营权、受让方再流转土地经营权以及承包方、受让方利用土地经营权融资担保的，应当办理备案，并报告乡（镇）人民政府农村土地承包管理部门。

第二十二条 乡（镇）人民政府农村土地承包管理部门应当向达成流转意向的双方提供统一文本格式的流转合同，并指导签订。流转合同中有违反法律法规的，应当及时予以纠正。

第二十三条 乡（镇）人民政府农村土地承包管理部门应当建立土地经营权流转台账，及时准确记载流转情况。

第二十四条 乡（镇）人民政府农村土地承包管理部门应当对土地经营权流转有关文件、资料及流转合同等进行归档并妥善保管。

第二十五条 鼓励各地建立土地经营权流转市场或者农村产权交易市场。县级以上地方人民政府农业农村主管（农村经营管理）部门应当加强业务指导，督促其建立健全运行规则，规范开展土地经营权流转政策咨询、信息发布、合同签订、交易鉴证、权益评估、融资担保、档案管理等服务。

第二十六条 县级以上地方人民政府农业农村主管（农村经营管理）部门应当按照统一标准和技术规范建立国家、省、市、县等互联互通的农村土地承包信息应用平台，健全土地经营权流转合同网签制度，提升土地经营权流转规范化、信息化管理水平。

第二十七条 县级以上地方人民政府农业农村主管（农村经营管理）部门应当加强对乡（镇）人民政府农村土地承包管理部门工作的指导。乡（镇）人民政府农村土地承包管理部门应当依法开展土地经营权流转的指导和管理工作。

第二十八条 县级以上地方人民政府农业农村主管（农村经营管理）部门应当加强服务，鼓励受让方发展粮食生产；鼓励和引导工商企业等社会资本（包括法人、非法人组织或者自然人等）发展适合企业化经营的现代种养业。

县级以上地方人民政府农业农村主管（农村经营管理）部门应当根据自然经济条件、农村劳动力转移情况、农业机械化水平等因素，引导受让方发展适度规模经营，防止垒大户。

第二十九条 县级以上地方人民政府对工商企业等社会资本流转土地经营权，依法建立分级资格审查和项目审核制度。审查审核的一般程序如下：

（一）受让主体与承包方就流转面积、期限、价款等进行协商并签订流转意向协议书。涉及未承包到户集体土地等集体资源的，应当按照法定程序经本集体经济组织成员的村民会议三分之二以上成员或者三分之二以上村民代表的同意，并与集体经济组织签订流转意向协议书。

（二）受让主体按照分级审查审核规定，分别向乡（镇）人民政府农村土地承包管理部门或者县级以上地方人民政府农业农村主管（农村经营管理）部门提出申请，并提交流转意向协议书、农业经营能力或者资质证明、流转项目规划等相关材料。

（三）县级以上地方人民政府或者乡（镇）人民政府应当依法组织相关职能部门、农村集体经济组织代表、农民代表、专家等就土地用途、受让主体农业经营能力，以及经营项目是否符合粮食生产等产业规划等进行审查审核，并于受理之日起20个工作日内做出审查审核意见。

（四）审查审核通过的，受让主体与承包方签订土地经营权流转合同。未按规定提交审查审核申请或者审查审核未通过的，不得开展土地经营权流转活动。

第三十条 县级以上地方人民政府依法建立工商企业等社会资本通过流转取得土地经营权的风险防范制度，加强事中事后监管，及时查处纠正违法违规行为。

鼓励承包方和受让方在土地经营权流转市场或者农村产权交易市场公开交易。

对整村（组）土地经营权流转面积较大、涉及农户较多、经营风险较高的项目，流转双方可以协商设立风险保障金。

鼓励保险机构为土地经营权流转提供流转履约保证保险等多种形式保险服务。

第三十一条 农村集体经济组织为工商企业等社会资本流转土地经营权提供服务的，可以收取适量管理费用。收取管理费用的金额和方式应当由农村集体经济组织、承包方和工商企业等社会资本三方协商确定。管理费用应当纳入农村集体经济组织会计核算和财务管理，主要用于农田基本建设或者其他公益性支出。

第三十二条 县级以上地方人民政府可以根据本办法，结合本行政区域实际，制定工商企业等社会资本通过流转取得土地经营权的资格审查、项目审核和风险防范实施细则。

第三十三条 土地经营权流转发生争议或者纠纷的，当事人可以协商解决，也可以请求村民委员会、乡（镇）人民政府等进行调解。

当事人不愿意协商、调解或者协商、调解不成的，可以向农村土地承包仲裁机构申请仲裁，也可以直接向人民法院提起诉讼。

第六章 附则

第三十四条 本办法所称农村土地，是指除林地、草地以外的，农民集体所有和国家所有依法由农民集体使用的耕地和其他用于农业的土地。

本办法所称农村土地经营权流转，是指在承包方与发包方承包关系保持不变的前提下，承包方依法在一定期限内将土地经营权部分或者全部交由他人自主开展农业生产经营的行为。

第三十五条 通过招标、拍卖和公开协商等方式承包荒山、荒沟、荒丘、荒滩等农村土地，经依法登记取得权属证书的，可以流转土地经营权，其流转管理参照本办法执行。

第三十六条 本办法自 2021 年 3 月 1 日起施行。农业部 2005 年 1 月 19 日发布的《农村土地承包经营权流转管理办法》（农业部令第 47 号）同时废止。

八、中国人民银行、中国银行保险监督管理委员会

关于防止经营用途贷款违规流入房地产领域的通知

银保监办发〔2021〕39 号　2021 年 3 月 26 日

一、加强借款人资质核查

银行业金融机构要切实加强经营用途贷款“三查”，落实好各项授信审批要求，不得向无实际经营的空壳企业发放经营用途贷款。对企业成立时间或受让企业股权时间短于 1 年，以及持有被抵押房产时间低于 1 年的借款人，要进一步加强借款主体资质审核，对工商注册、企业经营、纳税情况等各类信息进行交叉验证，不得以企业证明材料代替实质性审核。

二、加强信贷需求审核

银行业金融机构要对经营用途贷款需求进行穿透式、实质性审核，要根据借款人实际经营需求合理确定授信总额，与企业年度经营收入、资金流水等实际经营情况相匹配。密切关注借款人第一还款来源，不得因抵押充足而放松对真实贷款需求的审查。坚持线上线下相结合，对贷款金额较大的，要通过多种形式全方面了解企业情况，进一步加强审核。对通过互联网渠道发放的经营用途贷款，应满足互联网贷款管理相关规定。不得向资金流水与经营情况明显不匹配的企业发放经营性贷款。

三、加强贷款期限管理

银行业金融机构要做好经营用途贷款期限管理，根据借款人实际需求合理确定贷款期限。对期限超过 3 年的经营用途贷款，要进一步加强风险管理，建立健全内部管理制度，建立专门统计台账，逐笔登记并定期进行核查，确保贷款期限与借款人生产经营周期、资金收支规律相匹配，真正用于企业经营。

四、加强贷款抵押物管理

对使用房产抵押的贷款，银行业金融机构要加强抵押物估值管理，合理把握贷款抵押成数。重点审查房产交易完成后短期内申请经营用途贷款的融资需求合理性，对抵押人持有被抵押房产时间低于 1 年的，审慎确定贷款抵押成数。抵押人持有被抵押房产时间低于 3 年的，银行业金融机构应定期核查贷款使用

情况并保存核查记录。

五、加强贷中贷后管理

银行业金融机构要进一步严格贷中贷后管理，落实资金受托支付要求，防范企业通过关联方规避受托支付要求。加强贷后资金流向监测和预警，不得以已开展受托支付为由弱化贷后资金管控。银行业金融机构应书面向借款人提示违规将信贷资金用于购房的法律风险和相关影响，在和借款人签订贷款协议时应同时签订资金用途承诺函，明确一旦发现贷款被挪用于房地产领域的将立刻收回贷款，压降授信额度，并追究相应法律责任。银行业金融机构应通过网站公示、营业网点张贴公告等方式加强宣传教育。

六、加强银行内部管理

银行业金融机构要落实主体责任，进一步强化合规意识和审慎经营理念，认真梳理经营用途贷款业务操作流程，扎紧制度笼子，切实强化内部问责。要加强对分支机构经营用途贷款的监测分析。要加强员工异常行为监控，严防内外勾结，对相关违法违规人员依法严格问责。

七、加强中介机构管理

各银行业金融机构要制定各类中介机构准入标准，建立合作机构“白名单”。对存在协助借款人套取经营用途贷款行为的中介机构，一律不得进行合作，并将相关机构名单报送地方有关管理部门，对存在违法行为的及时移交司法机关。要加强对合作类业务的监测统计，对与单家中介机构合作业务快速增长的情况要重点加强分析核查。

房地产中介机构不得为购房人提供或与其他机构合作提供房抵经营贷等金融产品的咨询和服务，不得诱导购房人违规使用经营用途资金；在提供新房、二手房买卖经纪服务时，应要求购房人书面承诺，购房资金不存在挪用银行信贷资金等问题。各地住房和城乡建设部门建立房地产中介机构和人员违规行为“黑名单”，加大处罚问责力度并定期披露。

八、继续支持好实体经济发展

银行业金融机构要进一步提升服务实体经济效能，持续加大对经济社会发展重点领域和薄弱环节的支持力度，深入贯彻落实党和国家关于金融支持小微企业发展的战略部署，保持小微企业信贷支持政策的连续性、稳定性，发挥经营用途贷款支持实体经济的积极作用。

九、强化协同监督检查

各银保监局、地方住房和城乡建设部门、人民银行分支机构要加大对经营用途贷款违规流入房地产问题的监督检查力度，畅通违规问题投诉举报方式，及时共享并联合排查违规线索；要将经营用途贷款违规流入房地产等相关问题作为各类检查的重要内容，依法严格问责，加强联合惩戒，将企业和个人违规挪用经营用途贷款的相关行政处罚信息及时纳入征信系统。

各银保监局、地方住房和城乡建设部门、人民银行分支机构要联合开展一次经营用途贷款违规流入房地产问题专项排查，于 2021 年 5 月 31 日前完成排查工作，并加大对违规问题督促整改和处罚力度。

关于做好重点房地产企业风险处置项目并购金融服务的通知

银发〔2021〕320 号　2021 年 12 月 19 日

一、稳妥有序开展并购贷款业务

银行业金融机构要按照依法合规、风险可控、商业可持续原则，稳妥有序开展房地产项目并购贷款业务，重点支持优质房地产企业兼并收购出险和困难大型房地产企业的优质项目，合理确定融资期限，提高融资效率。对兼并收购出险和困难房地产企业项目的并购贷款暂不纳入房地产贷款集中度管理。

二、加大债券融资支持力度

支持优质房地产企业在银行间市场注册发行债务融资工具，募集资金用于重点房地产企业风险处置项目的兼并收购。鼓励银行业金融机构积极为兼并收购企业发行债务融资工具提供服务，提高发行效率。鼓励银行业金融机构投资并购债券、并购票据等债务融资工具，支持房地产企业兼并收购优质项目。

三、积极提供并购融资顾问服务

鼓励银行业金融机构发挥客户和网络渠道优势，整合信贷、投行、金融市场等业务资源，积极为重点房地产企业风险处置项目出让、兼并收购提供融资顾问服务。加强与证券公司、会计师事务所等第三方机构的密切合作，匹配兼并收购供求双方需求，提升兼并收购成功率。

四、提高兼并收购服务效率

银行业金融机构应优化内部管理机制，加快重点房地产企业项目并购贷款审批流程，提高全流程服务效率。对于风险总体可控的项目，可提前启动尽职调查、信贷审查等工作。积极配合兼并收购双方推动地方政府优化被收购房地产项目预售资金管理、加快权证办理等支持措施，为并购融资营造良好环境。

五、做好风险管理

银行业金融机构要按照穿透原则评估项目合规性，严格遵守房地产开发贷款监管要求。加强并购贷款风险控制和贷后管理，做好资金用途监控。

六、建立工作报告制度及宣传机制

银行业金融机构建立重点房地产企业项目并购贷款工作报告制度，按月向人民银行、银保监会相关部门报送重点房地产企业项目并购金融服务开展情况、存在问题及建议。积极配合兼并收购双方主动及时披露项目兼并收购信息及金融支持信息。

人民银行分支机构、各银保监局要组织辖区内城市商业银行落实好本通知相关要求。

九、中华人民共和国最高人民法院

关于人民法院司法拍卖房产竞买人资格若干问题的规定

法释〔2021〕18号　2021年12月17日

为了进一步规范人民法院司法拍卖房产行为，保护当事人合法权益，维护社会和经济秩序，依照《中华人民共和国民法典》《中华人民共和国民事诉讼法》等法律规定，结合司法实践，制定本规定。

第一条　人民法院组织的司法拍卖房产活动，受房产所在地限购政策约束的竞买人申请参与竞拍的，人民法院不予准许。

第二条　人民法院组织司法拍卖房产活动时，发布的拍卖公告载明竞买人必须具备购房资格及其相应法律后果等内容，竞买人申请参与竞拍的，应当承诺具备购房资格及自愿承担法律后果。

第三条　人民法院在司法拍卖房产成交后、向买受人出具成交裁定书前，应当审核买受人提交的自其申请参与竞拍到成交裁定书出具时具备购房资格的证明材料；经审核买受人不符合持续具备购房资格条件，买受人请求出具拍卖成交裁定书的，人民法院不予准许。

第四条　买受人虚构购房资格参与司法拍卖房产活动且拍卖成交，当事人、利害关系人以违背公序良俗为由主张该拍卖行为无效的，人民法院应予支持。

依据前款规定，买受人虚构购房资格导致拍卖行为无效的，应当依法承担赔偿责任。

第五条　司法拍卖房产出现流拍等无法正常处置情形，不具备购房资格的申请执行人等当事人请求以该房抵债的，人民法院不予支持。

第六条　人民法院组织的司法拍卖房产活动，竞买人虚构购房资格或者当事人之间恶意串通，侵害他人合法权益或者逃避履行法律文书确定的义务的，人民法院应当根据情节轻重予以罚款、拘留；构成犯罪的，依法追究刑事责任。

第七条　除前六条规定的情形外，人民法院组织司法拍卖房产活动的其他事宜，适用《最高人民法院关于人民法院网络司法拍卖若干问题的规定》《最高人民法院关于人民法院民事执行中拍卖、变卖财产的规定》以及《最高人民法院关于适用〈中华人民共和国民事诉讼法〉的解释》的有关规定。

第八条　人民法院组织司法变卖房产活动的，参照适用本规定。

第九条　本规定自2022年1月1日起施行。

施行前最高人民法院公布的司法解释与本规定不一致的，以本规定为准。

十、中国房地产业协会

中国房地产开发企业综合实力测评标准

中国房协〔2021〕25 号　2021 年 3 月 12 日

1. 总则

1.0.1　为引导房地产开发企业的经营行为和市场定位，推动房地产开发企业激励约束机制的建立，提升房地产开发企业的品牌意识，推动机构和个人投资者进行理性投资，帮助政府全面掌握房地产行业发展信息，制定本标准。

1.0.2　本标准适用于中国房地产开发企业综合实力的测评。

1.0.3　中国房地产开发企业综合实力测评应遵循科学、客观原则，对中国房地产开发企业的企业规模、风险管理、盈利能力、成长潜力、运营绩效、创新能力、产品品质、社会责任等进行全面的综合测评。

1.0.4　中国房地产开发企业综合实力测评除应符合本标准的规定外，尚应符合国家现行有关标准的规定。

2. 术语

2.0.1　房地产开发企业 China real estate developers

本标准的房地产开发企业，是指在中国内地依法设立并登记注册的房地产开发企业，或者在中国内地依法设立并登记注册的具有独立法人资格的专门经营中国内地房地产业务的外商投资的子公司。

2.0.2　综合实力 Comprehensive strength

综合实力，指全面反映企业生产经营活动各环节的硬实力和软实力，包含企业规模、风险管理、盈利能力、成长潜力、运营绩效、创新能力、产品品质、社会责任等。

2.0.3　测评指标体系 Evaluation index system

测评指标体系，是衡量、鉴定与验证企业某些素质是否具备或者具备程度大小的各类定量或定性指标所组成的测评体系。

2.0.4　因子分析法 Factor analysis

为本标准选取的四种测评统计方法之一，用于对企业数据进行测算和评价。该方法通过研究变量相关阵或协方差阵的内部依赖关系，将多个变量综合为少数的几个公共因子，将变量表示成公共因子的线性组合，以再现原始变量与公共因子之间的相关关系。

2.0.5　层次分析法 Analytical hierarchy process

为本标准选取的四种测评统计方法之一，用于对企业数据进行测算和评价。该方法是一种定性和定量相结合的、系统化、层次化的分析方法。其将与决策问题有关的元素分解成目标、准则、方案等层次，在此基础之上进行定性和定量分析决策。

2.0.6 功效系数法 Efficacy coefficient method

为本标准选取的四种测评统计方法之一，用于对企业数据进行测算和评价。功效系数法又叫功效函数法，它是根据多目标规划原理，对每一项测评指标确定一个满意值和不允许值，以满意值为上限，以不允许值为下限，计算各指标实现满意值的程度，并以此确定各指标的分数，再经过加权平均进行综合，从而评价被研究对象的综合状况。运用功效系数法进行业绩测评，企业中不同的包括财务和非财务的、定量和非定量的业绩因素得以综合。

2.0.7 组合评价 Borda 法 Borda combination evaluation

为本标准选取的四种测评统计方法之一，用于对企业数据进行测算和评价。Borda 法基本思想是，通过比较 m 位评价者所给出的对 n 个被评价对象的优序关系，最终确定 n 个被评价对象的 Borda 分，以 Borda 分为大小从高到低排序。

3. 基本规定

3.1 一般规定

3.1.1 中国房地产开发企业综合实力测评以房地产开发企业为对象。

3.1.2 中国房地产开发企业综合实力测评应该对企业完整年度的综合实力进行评价。

3.1.3 申请方应提交相应的财务报告、企业分析资料等文件。申请测评方应对所提交资料的真实性和完整性负责。

3.1.4 测评机构应对申请方提交的财务报告等进行审查，保证申请资料的真实性。

3.2 测评内容及评价结果应用

3.2.1 中国房地产开发企业综合实力测评标准由企业规模、风险管理、盈利能力、成长潜力、运营绩效、创新能力、产品品质、社会责任八大方面指标组成，且每类指标分为定量或定性指标；测评标准还设置加分项、减分项。

3.2.2 对于涉及多业态企业，应按照本标准全部条文逐条对适用的分部业务进行测评。

3.2.3 本标准依据中国房地产开发企业综合实力测评指标体系和测评模型，形成中国房地产开发企业综合实力排行。

3.2.4 本标准依据中国房地产开发企业综合实力相关一级、二级、三级指标体系和测评模型，形成中国房地产开发企业单项排行。

4. 企业参评资格

4.0.1 在中国内地依法设立并登记注册的房地产开发企业，或者在中国内地依法设立并登记注册的具有独立法人的专门经营中国内地房地产业务的外商投资的子公司；

4.0.2 房地产开发经营业务收入占企业主营业务收入的比重超过 50%；

4.0.3 虽未达到上一项标准，但近两年房地产业务年平均销售额不少于 1 亿元（以下若不特殊说明，货币计量单位皆为人民币）或销售面积不少于 5 万平方米的房地产开发企业；

4.0.4 对于近两年有经营异常、欠税、严重拖欠工程款、重大税收违法、工商行政处罚、失信等违法违规行为者，将根据情况予以扣分甚至不被列入测评范围；

4.0.5 对于提供虚假数据者，或在安全生产、环境保护等领域发生重大责任事故者，取消测评资格。

5. 测评指标体系

5.1 测评指标体系总表

5.1.1 中国房地产开发企业综合实力测评指标包括：企业规模、风险管理、盈利能力、成长潜力、运营绩效、创新能力、产品品质、社会责任八大方面，采用收入规模等 25 个二级指标，73 个三级指标（包括房地产业务收入等 50 个定量指标和 23 个定性指标）。

一级指标	二级指标	三级指标	指标解释
企业规模	收入规模	房地产业务收入（住宅类）	住宅类业务收入
		房地产业务收入（办公类）	办公类业务收入
		房地产业务收入（商业类）	商业类业务收入
		房地产合同销售额（住宅类）	权益口径住宅类物业签约金额
		房地产合同销售额（办公类）	权益口径办公类物业签约金额
		房地产合同销售额（商业类）	权益口径商业类物业签约金额
		房地产合同销售面积（住宅类）	权益口径住宅类物业签约面积
		房地产合同销售面积（办公类）	权益口径办公类物业签约面积
		房地产合同销售面积（商业类）	权益口径商业类物业签约面积
		年内建设保障住房面积	当期企业在建或竣工的保障住房面积
		持有性物业租赁收入	出租型物业收入
		其他房地产相关业务收入	包括土地一级开发收入、酒店运营收入、物业管理收入、建筑、设计、投资等
	开发规模	城市布局	企业进入城市数量与等级
		新开工面积	当期新开工建设物业面积
		在售项目面积	当期企业在售项目面积
		竣工面积	当期竣工的物业总面积
	资产规模	资产总额	资产负债表中资产总计科目
		净资产	资产负债表中股东权益合计科目
	利润规模	营业利润总额	利润表中营业利润科目
风险管理	投资能力	拿地销售比	企业年度权益口径拿地金额/企业年度权益口径销售金额
	融资能力	综合资金成本率	企业年度各资金来源的资金成本按金额的加权平均值
		筹资活动现金流入	现金流量表中筹资活动现金流入小计科目
	短期偿债能力	预收账款	资产负债表中预收账款科目
		经营性现金流	经营活动产生的现金流量净额
		流动比率	流动资产/流动负债
		速动比率	（流动资产-存货）/流动负债
		现金短债比	货币资金/短期有息负债
	长期偿债能力	净负债率	（有息负债-货币资金）/净资产 有息负债=短期借款+一年内到期的长期负债+长期借款+应付债券
		剔除预收款后的资产负债率	（负债总额-预收账款）/（资产总额-预收账款）

续表

一级指标	二级指标	三级指标	指标解释
盈利能力	相对盈利能力	净利润率	净利润/主营业务收入
		净资产收益率	净利润/平均净资产
		总资产利润率	利润总额/平均资产总额
		成本费用利润率	利润总额/（营业成本+税金及附加+三项费用）
	绝对盈利能力	净利润	利润表中净利润科目
		现金及现金等价物余额	货币资金+交易性金融资产
成长潜力	销售增长能力	房地产合同销售额增长率	本期签约销售金额/上期签约销售金额-1
		房地产合同销售面积增长率	本期签约销售面积/上期签约销售面积-1
		营业收入增长率	本期营业收入/上期营业收入-1
	利润增长能力	营业利润增长率	本年营业利润/上年营业利润-1
	资本增长能力	净资产增长率	本年末净资产/年初净资产-1
	资源储备	新增土地面积	本期新增土地（建筑）面积
		待开发土地面积	土地储备
		持有性物业面积	出租型物业建筑面积
		在建面积	当期在建面积
		海外业务布局	海外获取土地建筑面积
运营绩效	生产资料运营能力	存货周转率	营业成本/平均存货余额
		流动资产周转率	营业收入/平均流动资产
		总资产周转率	营业收入/平均资产总额
	人力资源运营能力	劳动效率	营业收入/平均职工人数
创新能力	管理创新	结合本企业特点而制定的管理思想理论、管理制度和管理的具体技术方法等	需企业针对各个方面提交说明证明材料
	经营创新	在企业战略、商业模式、市场定位、营销策略等方面所取得的创新	需企业针对各个方面提交说明材料
产品品质	绿色环保	绿色建筑	绿色建筑项目情况
		健康建筑	健康建筑项目情况
		智慧建筑	智慧建筑项目情况
		绿色住区	绿色住区项目情况
		百年住宅	百年住宅项目情况
		装配式建筑	装配式建筑项目情况
		全装修成品	全装修成品项目情况
	产品技术创新	创新经费、创新人力、创新激励；知识产权（技术专利、发明专利、工法、著作权等）数量、科技成果评价数量，在产品定位、产品规划、产品设计、新技术新材料应用等方面所取得的创新	需企业针对各个方面提交说明材料（注：在一定年限内）
	建筑质量	项目获奖情况	获得的广厦奖、詹天佑奖、鲁班奖等荣誉
		项目质量问题	项目质量出现问题及投诉情况

续表

一级指标	二级指标	三级指标	指标解释
社会责任	经济责任	纳税额	利润表中纳税额科目
	公益活动	环保	企业环保方面活动情况
		节能	企业节能方面活动情况
		教育	企业教育方面活动情况
		助学	企业助学方面活动情况
		扶贫	企业扶贫方面活动情况
		救灾	企业救灾方面活动情况
		心理健康	企业心理健康方面活动情况
		社区服务	企业社区服务方面活动情况
	荣誉与信用状况	信用评级	企业信用评级情况
		荣誉状况	企业（非项目）获得荣誉情况
	负面事件	负面事件情况	企业负面事件情况

5.2　企业规模

5.2.1　企业规模主要包括收入规模、开发规模、资产规模和利润规模四个方面。各指标均为正向指标，即指标值越大，得分越高。

5.2.2　收入规模主要包括以下指标：

1. 房地产业务收入（住宅类，定量指标，单位亿元，年度数据）。房地产业务收入是指企业对外销售开发产品、材料、提供劳务、代建房及代建工程、出租开发产品以及其他多种经营活动所取得的销售、结算收入。数据来源应为企业住宅类业务收入科目，CRIC 数据库、企业公布、企业填报或公开数据查找。

2. 房地产业务收入（办公类，定量指标，单位亿元，年度数据）。数据来源应为办公类业务收入科目，CRIC 数据库、企业公布、企业填报或公开数据查找。

3. 房地产业务收入（商业类，定量指标，单位亿元，年度数据）。数据来源应为商业类业务收入科目，CRIC 数据库、企业公布、企业填报或公开数据查找。

4. 权益口径房地产合同销售额（住宅类，定量指标，单位亿元，年度数据）。指以企业股权占比为口径，计算房地产开发企业本年出售商品房屋的合同总价款（即双方签署的正式买卖合同中所确定的合同总价）。该指标与商品房销售面积同口径。数据来源应为企业年报、CRIC 数据库、企业公布、企业填报或公开数据查找。

5. 权益口径房地产合同销售额（办公类，定量指标，单位亿元，年度数据）。数据来源应为企业年报、CRIC 数据库、企业公布、企业填报或公开数据查找。

6. 权益口径房地产合同销售额（商业类，定量指标，单位亿元，年度数据）。数据来源应为企业年报、CRIC 数据库、企业公布、企业填报或公开数据查找。

7. 权益口径房地产合同销售面积（住宅类，定量指标，单位万平方米，年度数据）。指以企业股权占比为口径，计算房地产开发企业本年出售商品房屋的合同总面积（即双方签署的正式买卖合同中所确定的建筑面积）。数据来源应为企业年报、CRIC 数据库、企业公布、企业填报或公开数据查找。

8. 权益口径房地产合同销售面积（办公类，定量指标，单位万平方米，年度数据）。数据来源应为企业年报、CRIC 数据库、企业公布、企业填报或公开数据查找。

9. 权益口径房地产合同销售面积（商业类，定量指标，单位万平方米，年度数据）。数据来源应为企业年报、CRIC 数据库、企业公布、企业填报或公开数据查找。

10. 年内建设社会性保障住房面积（定量指标，单位万平方米，年度数据）。数据来源应为企业年报、CRIC 数据库、企业公布、企业填报或公开数据查找。

11. 持有性物业租赁收入（定量指标，单位亿元，年度数据）。数据来源应为企业年报、CRIC 数据库、企业公布、企业填报或公开数据查找。由于不少房地产开发经营企业逐步从开发—销售模式转向开发—持有—运营（或逐次转售）模式过渡，测评指标体系中持有性物业租赁收入这一指标宜按如下表方式处理：

持有型物业租赁收入占比情况	处理方式
持有性物业租赁收入占比超过企业总营业收入的 80%	不使用房地产业务收入作为该企业收入规模的衡量指标，使用持有性物业租赁收入衡量其收入规模的基准因素。在此基础上，假设该企业持有性物业按平均收益期 30 年、行业考虑风险调整后的报酬率 15% 为折现率，折算为现值后进行测评（这一折现模式相当于租赁收入乘以 6.57 倍）
持有性物业租赁收入占比超过企业总营业收入的大于 20%小于 80%	将持有性物业租赁收入按该企业持有性物业按平均收益期 30 年、行业考虑风险调整后的报酬率 15% 为折现率，折算为现值后，加上销售收入部分，以此作为其收入规模指标进行测评
持有性物业租赁收入占比超过企业总营业收入的小于 20%	仍按房地产业务收入作为收入规模指标纳入测评，不再进行调整

12. 其他房地产相关业务收入，包括土地一级开发收入、酒店运营收入、物业管理收入三项（定量指标，单位亿元，为年度数据）。数据来源应为企业年报、CRIC 数据库、企业公布、企业填报或公开数据查找。

5.2.3　开发规模主要包括以下指标：

1. 城市布局（定量指标，单位个，年度数据），指企业进入城市数量与等级。数据来源应为企业公布、企业填报或公开数据查找。

2. 新开工面积（定量指标，单位万平方米，年度数据），指房地产开发企业本年新开工建设的房屋建筑面积，以单位工程为核算对象。数据来源应为企业年报、企业公布、企业填报或公开数据查找。

3. 在售项目面积（定量指标，单位万平方米，年度数据）。指房地产开发企业本年在售项目面积，数据来源应为企业年报、企业填报或公开数据查找。

4. 竣工面积（定量指标，单位万平方米，年度数据）。指房地产开发企业本年按照设计要求已全部完工，达到使用条件，经验收鉴定合格或达到竣工验收标准，可正式移交使用的各栋房屋建筑面积的总和。数据来源应为企业公布、企业填报或公开数据查找。

5.2.4　资产规模主要包括以下指标：

1. 资产总额（定量指标，单位亿元，年度数据），指企业拥有或可控制的能以货币计量的经济资源，包括各种财产、债权和其他权利。数据来源应为资产负债表中资产总计科目，可企业公布、企业填报或公开数据查找。

2. 净资产（定量指标，单位亿元，年度数据），即所有者权益或者权益资本。数据来源应为资产负债表中股东权益合计科目，可企业公布、企业填报或公开数据查找。

5.2.5　利润规模主要包括以下指标：

营业利润总额（定量指标，单位亿元，年度数据），指企业从事生产经营活动取得的利润。数据来源应为利润表中营业利润科目、企业公布、企业填报或公开数据查找。

5.3　风险管理

5.3.1　风险管理主要包括投资能力、融资能力、短期偿债能力和长期偿债能力四个方面。

5.3.2　投资能力主要包括以下指标：

拿地销售比（定量指标，年度数据），应按下式计算：

拿地销售比=权益口径拿地金额/权益口径销售金额

式中：权益口径拿地金额（定量指标，单位亿元，年度数据），指以企业股权占比为口径，计算房地产开发企业本年度通过招拍挂方式获取土地支付的总金额。

权益口径销售金额（定量指标，单位亿元，年度数据），指以企业股权占比为口径，计算房地产开发企业本年度出售商品房屋的合同总价款（即双方签署的正式买卖合同中所确定的合同总价）。

5.3.3　融资能力主要包括以下指标：

1. 综合资金成本率，应按下式计算：

$$K = \sum_{j=1}^{n} W_j K_j$$

式中：K 表示某时期企业综合资金成本率；W_j 表示第 j 种资金来源占全部资金的比重；K_j 表示第 j 种资金来源的资金成本率；n 为筹资渠道数。

2. 筹资活动现金流入（定量指标，单位亿元，年度数据），指企业年内各筹资活动现金总量，数据来源应为现金流量表筹资活动现金流入科目。

5.3.4　短期偿债能力主要包括以下指标：

1. 预收账款（定量指标，单位亿元，年度数据）。指企业按照合同规定或交易双方之约定，而向购买单位在未发出商品时预收的款项。数据来源应为资产负债表中预收账款科目。

2. 经营性现金流（定量指标，单位亿元，年度数据）。指扣除发行人维系经营所需的付款项目、利息、优先股股息和税费之后从核心经营活动中获取的现金流，数据来源应为现金流量表。

3. 流动比率，应按下式计算：

流动比率=流动资产/流动负债

式中：流动资产（定量指标，单位亿元，年度数据），指企业可以在一年或者超过一年的一个营业周期内变现或者运用的资产。数据来源应为资产负债表中流动资产合计科目。

流动负债（定量指标，单位亿元，年度数据），指企业将在一年内或者超过一年的一个营业周期内偿还的债务。数据来源应为资产负债表中流动负债合计科目。

4. 速动比率，应按下式计算：

速动比率=（流动资产−存货）/流动负债

式中：流动资产（定量指标，单位亿元，年度数据），数据来源应为资产负债表中流动资产合计科目。

存货（定量指标，单位亿元，年度数据），指企业在日常活动中持有以备出售的产成品或商品、处在生产过程中的在产品、在生产过程或提供劳务过程中耗用的材料或物料等。数据来源应为资产负债表中存货科目。

流动负债（定量指标，单位亿元，年度数据），数据来源应为资产负债表中流动负债合计科目。

5. 现金短债比（定量指标，单位亿元，年度数据），应按下式计算：

现金短债比=货币资金/短期有息负债×100%

式中：货币资金（定量指标，单位亿元，年度数据），指存在于货币形态的资金，包括现金、银行存款和其他货币资金。数据来源应为资产负债表中货币资金科目。

短期有息负债（定量指标，单位亿元，年度数据），指在一年或者一年以内的一个营业周期内企业负债中需要支付利息的债务。数据来源应为资产负债表。

5.3.5　长期偿债能力主要包括以下指标：

1. 净负债率，应按下式计算：

净负债率=（有息负债-货币资金）/净资产×100%

式中：有息负债（定量指标，单位亿元，年度数据），指企业负债当中需要支付利息的债务。

有息负债=短期借款+一年内到期的长期负债+长期借款+应付债券

数据来源应为资产负债表。

货币资金（定量指标，单位亿元，年度数据），指存在于货币形态的资金，包括现金、银行存款和其他货币资金。数据来源为资产负债表中货币资金科目。

2. 剔除预收款后的资产负债率，应按下式计算：

剔除预收款后的资产负债率=（负债总额-预收账款）/（资产总额-预收账款）×100%

式中：负债总额（定量指标，单位亿元，年度数据），包括流动负债和长期负债。数据来源应为资产负债表中负债合计科目。

预收账款（定量指标，单位亿元，年度数据），指企业向购货方预收的购货订金或部分货款。数据来源应为资产负债表中预收账款科目。

资产总额（定量指标，单位亿元，年度数据），指企业资产负债表的资产总计项。数据来源应为资产负债表中资产总计科目。

5.4　盈利能力

5.4.1　盈利能力主要包括相对盈利能力和绝对盈利能力两个方面。

5.4.2　相对盈利能力主要包括以下指标：

1. 净利率（定量指标，单位“%”，年度数据），指净利润与主营业务收入的百分比。净利率应按下式计算：

净利率=净利润/主营业务收入×100%

式中：净利润（定量指标，亿元，年度数据），指企业当期利润总额减去所得税后的金额，即企业的税后利润。数据来源应为利润表中净利润科目。

主营业务收入（定量指标，亿元，年度数据），指企业从事某种主要生产、经营活动所取得的营业收入。

2. 净资产收益率（定量指标，单位“%”，年度数据），应按下式计算：

净资产收益率=净利润/平均净资产×100%

式中：净利润（定量指标，亿元，年度数据），数据来源应为利润表中净利润科目。

平均净资产（定量指标，亿元，年度数据），平均净资产=（期初净资产+期末净资产）/2。

3. 总资产利润率（定量指标，单位“%”，年度数据），应按下式计算：

总资产利润率=利润总额/平均资产总额×100%

式中：利润总额（定量指标，亿元，年度数据），指企业在一定时期内通过生产经营活动所实现的最终财务成果。数据来源应为利润表中利润总额科目。

平均资产总额（定量指标，亿元，年度数据），平均资产总额=（年初资产总额+年末资产总额）÷2。

4. 成本费用利润率（定量指标，单位“%”，年度数据），应按下式计算：

成本费用利润率=利润总额/（营业成本+税金及附加+三项费用）

式中：利润总额（定量指标，单位亿元，年度数据），指企业在一定时期内通过生产经营活动所实现的最终财务成果。数据来源应为利润表中利润总额科目。

营业成本（定量指标，单位亿元，年度数据），指企业所销售商品或者提供劳务的成本。数据来源应为利润表中营业成本科目。

税金及附加（定量指标，单位亿元，年度数据），指企业经营主要业务应负担的消费税、城市维护建设税、资源税和教育费附加等。数据来源应为利润表中税金及附加科目。

三项费用（定量指标，单位亿元，年度数据），分别是财务费用、管理费用、销售费用。数据来源应为利润表中财务费用、管理费用、销售费用科目。

5.4.3　绝对盈利能力主要包括以下指标：

1. 净利润（定量指标，单位亿元，年度数据）指企业当期利润总额减去所得税后的金额，即企业的税后利润。数据来源应为利润表中净利润科目。

2. 现金及现金等价物余额（定量指标，单位亿元，年度数据）指在企业生产经营过程中处于货币形态和与货币具同等流动性的那部分资金。数据来源应为现金流量表中期末现金及现金等价物余额科目。

5.5　成长潜力

5.5.1　成长潜力主要包括销售增长能力、利润增长能力、资本增长能力和资源储备四个方面。

5.5.2　销售增长能力主要包括以下指标：

1. 房地产合同销售额增长率（定量指标，单位“%”，年度数据），指本期房地产合同销售额较上期的增长比率。房地产合同销售额增长率应按下式计算：

房地产合同销售额增长率=本期签约销售金额/上期签约销售金额-1

数据来源应为企业公布、企业填报或公开数据查找。

2. 房地产合同销售面积增长率（定量指标，单位“%”，年度数据），指本期房地产合同面积额较上期的增长比率。房地产合同销售面积增长率应按下式计算：

房地产合同销售面积增长率=本期签约销售面积/上期签约销售面积-1

数据来源应为企业公布、企业填报或公开数据查找。

3. 营业收入增长率（定量指标，单位“%”，年度数据），指本期营业收入较上期的增长比率。营业收入增长率应按下式计算：

营业收入增长率=本期营业收入/上期营业收入-1

数据来源为利润表中营业收入科目。

5.5.3　利润增长能力主要包括以下指标：

1. 营业利润增长率（定量指标，单位“%”，年度数据），指本期营业利润较上期的增长比率。营业利润增长率应按下式计算：

营业利润增长率=本期营业利润/上期营业利润-1

数据来源应为利润表营业利润科目。

5.5.4　资本增长能力指标主要包括以下指标：

净资产增长率（定量指标，单位“%”，年度数据），应按下式计算：

净资产增长率=年末净资产/年初净资产-1

数据来源应为企业年报资产负债表。

5.5.5　资源储备主要包括以下指标：

1. 新增土地面积（定量指标，单位万平方米，年度数据），指本期新增土地（建筑）面积。数据来源应为企业公布、企业填报或公开数据查找。

2. 待开发土地面积（定量指标，单位万平方米，年度数据），即土地储备，指房地产开发企业经有关部门批准，通过各种方式获得土地使用权，但尚未开工建设的土地面积。数据来源应为企业公布、企业填报或公开数据查找。

3. 经营性物业持有面积（定量指标，单位万平方米，年度数据），指本期出租型物业面积。数据来源应为企业公布、企业填报或公开数据查找。

4. 在建面积，指当期在建面积（定量指标，单位万平方米，年度数据）。数据来源应为企业年报、企业填报或公开数据查找。

5. 海外业务布局，指海外获取土地建筑面积（定量指标，单位万平方米，年度数据）。数据来源应为企业年报、企业填报或公开数据查找。

5.6　运营绩效

5.6.1　运营绩效主要包括生产资料运营能力和人力资源运营能力两个方面。

5.6.2　生产资料运营能力主要包括以下指标：

1. 存货周转率（定量指标，单位次，年度数据），应按下式计算：

存货周转率=营业成本/平均存货余额

式中：营业成本（定量指标，单位亿元，年度数据），是企业本期已实现的商品产品成本和已对外提供劳务的成本，数据来源应为利润表中营业成本科目。

平均存货余额=（年初存货+年末存货）÷2

2. 流动资产周转率（定量指标，单位次，年度数据），应按下式计算：

流动资产周转率=营业收入/平均流动资产

式中：营业收入（定量指标，单位亿元，年度数据），数据来源应为利润表中营业收入科目。

平均流动资产=（年初流动资产+年末流动资产）÷2

数据来源应为资产负债表中流动资产合计科目。

3. 总资产周转率（定量指标，单位次，年度数据），应按下式计算：

总资产周转率=营业收入/平均资产总额

式中：营业收入（定量指标，单位亿元，年度数据），数据来源应为利润表中营业收入项目。

平均资产总额=（年初资产总额+年末资产总额）÷2

数据来源应为资产负债表中资产总计科目。

5.6.3　人力资源运营能力主要包括以下指标：

劳动效率（定量指标，单位亿元/人，年度数据），应按下式计算：

劳动效率=营业收入/平均职工人数

式中：营业收入（定量指标，单位亿元，年度数据），数据来源应为利润表中营业收入项目。

平均职工人数=（年初在职职工+年末在职职工）÷2

数据来源应为企业年报、企业调研等。

5.7 创新能力

5.7.1 创新能力主要包括管理创新和经营创新两个方面。

5.7.2 管理创新（定性指标，年度资料），主要是指结合企业特点而制定的管理思想理论、管理制度和管理的具体技术方法等。可由企业提交相应文字说明材料，由专家评审，按下表规则评分。

创新程度	得分
缺乏创新	0 分
有创新	1 分
较强创新	3 分
最具创新	5 分

5.7.3 经营创新（定性指标，年度资料），主要是指企业战略、商业模式、市场定位、营销策略等方面所取得的创新。可由企业提交相应文字说明材料，由专家评审，按下表规则评分。

创新程度	得分
缺乏创新	0 分
有创新	1 分
较强创新	3 分
最具创新	5 分

5.8 产品品质

5.8.1 产品品质主要包括绿色环保、产品技术创新和产品质量三个方面。

5.8.2 绿色环保（定性指标，年度数据），加分项。主要考察企业旗下绿色建筑、健康建筑、智慧建筑、绿色住区、百年住宅、装配式建筑、全装修成品的情况。应根据企业提交的相应材料，按下表规则评分。除本标准所列奖项外，其他绿色环保方面省级奖项及专利记 0.1 分，全国性奖项记 1 分，所有评分奖项应仅限于本测评年度。

1. 绿色建筑，指在全寿命期内，节约资源、保护环境、减少污染，为人们提供健康、适用、高效的使用空间，最大限度地实现人与自然和谐共生的高质量建筑。根据现行国家标准——《绿色建筑评价标准》GB/T 50378-2019，具体评分标准如下：

绿色环保情况（年度数据，单位：个）	得分
绿色建筑基本级项目	0.2 分/个
绿色建筑一星项目	0.5 分/个
绿色建筑二星项目	0.7 分/个
绿色建筑三星项目	1 分/个

2. 健康建筑，指在满足建筑功能的基础上，为建筑使用者提供更加健康的环境、设施和服务，促进建筑使用者身心健康、实现健康性能提升的建筑。根据现行团体标准——《健康建筑评价标准》T/ASC 02-2016，具体评分标准如下：

健康建筑情况（年度数据，单位：个）	得分
健康建筑一星项目	0.2分/个
健康建筑二星项目	0.5分/个
健康建筑三星项目	1分/个

3. 智慧建筑，以建筑物为平台，基于对各类智能化信息的综合应用，集架构、系统、应用、管理及优化组合为一体，具有感知、传输、记忆、推理、判断和决策的综合智慧能力，形成以人、建筑、环境互为协调的整合体，为人们提供安全、高效、便利及可持续发展功能环境的建筑。根据现行团体标准——《智慧建筑评价标准》T/CREA 002-2020 T/CBIMU 14-2020，具体评分标准如下：

智慧建筑情况（年度数据，单位：个）	得分
智慧建筑一星级项目	0.2分/个
智慧建筑二星级项目	0.5分/个
智慧建筑三星级项目	0.7分/个
智慧建筑三星先锋级项目	1分/个

4. 绿色住区，指以可持续发展为原则，推进城镇人居环境建设的绿色协调发展为方针，通过建设模式创新和技术与管理创新，在规划设计、生产施工、运维管理等全寿命期内，降低能源和资源消耗、减少污染，建设与自然和谐共生的健康宜居的生活环境，实现经济效益、社会效益和环境效益相统一的住区。根据现行团体标准——《绿色住区标准》T/CECS 377-2018 T/CREA 001-2018，具体评分标准如下：

绿色住区情况（年度数据，单位：个）	得分
绿色住区 A 等级项目	0.2分/个
绿色住区 AA 等级项目	0.5分/个
绿色住区 AAA 等级项目	1分/个

5. 百年住宅，指基于可持续建设发展理念，统筹住宅建筑全寿命期内的策划设计、生产施工和使用维护全过程的集成设计与建造，具有建筑长寿性能、品质优良性能、绿色持续性能，全面保障居住长久品质与资产价值的住宅建筑。根据现行团体标准——《百年住宅建筑设计与评价标准》T/CECS-CREA 513-2018，企业项目每入选1个百年住宅得1分。

6. 装配式建筑，指由预制部品部件在工地装配而成的建筑。根据现行国家标准——《装配式建筑评价标准》GB/T 51129-2017，具体评分标准如下：

装配式建筑占比情况（年度数据，单位:%）	得分
装配式建筑占新建建筑面积的比例小于15%	0.2分
装配式建筑占新建建筑面积的比例15%~30%	0.5分
装配式建筑占新建建筑面积的比例大于30%	1分

7. 全装修成品，指在交付前，住宅建筑内部墙面、顶面、地面全部铺贴、粉刷完成，门窗、固定家具、设备管线、开关插座及厨房、卫生间固定设施安装到位；公共建筑公共区域的固定面全部铺贴、粉刷完成，水、暖、电、通风等基本设备全部安装到位。具体评分标准如下：

全装修成品占比情况（年度数据，单位：%）	得分
新开工全装修成品住宅面积占新建建筑面积的比例小于 15%	0.2 分
新开工全装修成品住宅面积占新建建筑面积的比例 15%~30%	0.5 分
新开工全装修成品住宅面积占新建建筑面积的比例大于 30%	1 分

5.8.3 产品技术创新（定性指标，年度数据），主要指在测评年度内创新经费、创新人力、创新激励，知识产权（发明专利、技术专利、工法、著作权等）数量、科技成果评价数量，在产品定位、产品规划、产品设计、新技术新材料应用等方面所取得的创新。具体评分标准如下：

产品技术创新获奖情况	得分
中国房地产业协会科学技术奖	1 分
华夏奖	1 分
绿色建筑创新奖	1 分
人居综合大奖	1 分

除本标准所列奖项外，其他省级奖项记 0.1 分，全国性奖项记 1 分，相关专利记 0.1 分，所有奖项仅限于本测评年度。

5.8.4 建筑质量，主要包括正面的项目获奖情况和负面的项目质量问题两类指标。

1. 项目获奖情况（定性指标，年度数据），指企业项目获得的广厦奖、詹天佑奖、鲁班奖等荣誉情况。具体评分标准如下：

项目获奖情况	得分
广厦奖	1 分
鲁班奖	1 分
詹天佑奖	1 分

除本标准所列奖项外，其他省级奖项及专利记 0.1 分，全国性奖项记 1 分，所有奖项项仅限于本测评年度。

2. 项目质量问题（定性指标，年度数据），指企业项目出现质量问题或投诉的情况，包含但不限于墙体、幕墙、门窗、屋面、地面、保温、配电等。采取专家一事一议制度。具体按下表的规则评分。其中，对于企业项目出现特别重大的质量问题，可实行一票否决制度。

项目质量问题影响程度	得分
特别重大	一票否决
严重	-5 分
一般	-3 分
微小	-1 分

5.9 社会责任

5.9.1 社会责任主要包括经济责任、公益活动、荣誉与信用状况和负面事件四个方面。

5.9.2 经济责任主要包括以下指标：

纳税额（定量指标，单位亿元，年度数据），指每一纳税年度的收入总额，减除成本、费用、税金以及损失后的余额，为应纳税所得额。数据来源应为利润表中纳税额科目。

5.9.3 公益活动根据测评年度企业从事公益活动的次数和规模进行评分。主要包括以下指标：

1. 环保（定性指标，年度数据），指企业当期从事环保公益活动的情况。数据来源应为企业年报、企业填报或公开数据查找。

2. 节能（定性指标，年度数据），指企业当期建筑节能的情况。数据来源应为企业年报、企业填报或公开数据查找。

3. 教育（定性指标，年度数据），指企业当期从事教育公益活动的情况。数据来源应为企业年报、企业填报或公开数据查找。

4. 助学（定性指标，年度数据），指企业当期从事助学公益活动的情况。数据来源应为企业年报、企业填报或公开数据查找。

5. 扶贫（定性指标，年度数据），指企业当期从事扶贫公益活动的情况。数据来源应为企业年报、企业填报或公开数据查找。

6. 救灾（定性指标，年度数据），指企业当期从事救灾公益活动的情况。数据来源应为企业年报、企业填报或公开数据查找。

7. 心理健康（定性指标，年度数据），指企业当期从事心理健康公益活动的情况。数据来源应为企业年报、企业填报或公开数据查找。

8. 社区服务（定性指标，年度数据），指企业当期从事社区服务公益活动的情况。数据来源应为企业年报、企业填报或公开数据查找。

5.9.4　荣誉与信用状况

1. 信用状况指标，是定性的正向指标，加分项，按信用状况分为信用很好（AAA）、信用良好（AA）、信用较好（A）、信用一般（B）、信用差（C）五级。评分应参考《房地产行业（开发企业）信用评价管理办法》的评价结果，按下表规则评分。

企业信用评价等级	得分
AAA	5分
AA	3分
A	1分
D和C	0分

2. 荣誉状况（定性指标，年度数据），指企业获得的荣誉情况。荣誉状况指标宜采取一企业一议的测评操作方法，由测评机构整理信用状况材料后确定企业荣誉状况。

5.9.5　负面事件（定性指标，年度数据），扣分项，按负面事件社会影响程度分为特别重大、严重、一般、微小五级。负面事件包括但不限于以下事件：引发重大群体事件、企业管理者做出有损社会声誉的事件、企业失信、偿债危机、破坏环境等各类负面舆情。负面事件由测评机构整理相关材料。鉴于负面事件一般情况复杂、性质不一、差别较大，本项测评采取一事一议制度。具体按下表规则评分。其中，对于企业有重人违约、严重失信等有倒闭可能的行为，实行一票否决制度。

负面事件影响程度	得分
特别重大	一票否决
严重	-5分
一般	-3分
微小	-1分

6. 测评模型

6.0.1　对企业进行排序，可采取因子分析法、层次分析法、功效系数法中的一种或多种测评统计方法。如采用多种测评统计方法，需采用组合评价法对三种方法加以综合，最后得出最终的排名得分。其中涉及主观赋权的，采用层次分析法和德尔菲法。

6.0.2　因子分析法通过研究变量相关阵或协方差阵的内部依赖关系，将多个变量综合为少数的几个公共因子，将变量表示成公共因子的线性组合，以再现原始变量与公共因子之间的相关关系。

6.0.3　层次分析法，是一种定性和定量相结合的、系统化、层次化的分析方法。

6.0.4　功效系数法又叫功效函数法，它是根据多目标规划原理，对每一项测评指标确定一个满意值和不允许值，以满意值为上限，以不允许值为下限，计算各指标实现满意值的程度，并以此确定各指标的分数，再经过加权平均进行综合，从而评价被研究对象的综合状况。

6.0.5　组合评价法的基本思想是，通过比较 m 位评价者所给出的对 n 个被评价对象的优序关系，最终确定 n 个被评价对象的 Borda 分，以 Borda 分为大小从高到低排序。

本标准用词说明

1. 为便于在执行本标准条文时区别对待，对要求严格程度不同的用词说明如下：

1）表示很严格，非这样做不可的：

正面词采用“必须”，反面词采用“严禁”。

2）表示严格，在正常情况下均应这样做的：

正面词采用“应”，反面词采用“不应”或“不得”。

3）表示允许稍有选择，在条件许可时首先应这样做的：

正面词采用“宜”，反面词采用“不宜”。

4）表示有选择，在一定条件下可以这样做的，采用“可”。

2. 标准中指明应按其他有关标准执行的写法为：“应符合……的规定”或“应按……执行”。

引用标准名录

1.《绿色建筑评价标准》GB/T 50378-2019

2.《装配式建筑评价标准》GB/T 51129-2017

3.《健康建筑评价标准》T/ASC 02-2016

4.《智慧建筑评价标准》T/CREA 002-2020　T/CBIMU 14-2020

5.《百年住宅建筑设计与评价标准》T/CECS-CREA 513-2018

6.《绿色住区标准》T/CECS 377-2018　T/CREA 001-2018

Ⅱ.宏观篇

导读

本篇收录了2021年（部分指标为最新公布的2020年数据）宏观经济发展指标，包括国内生产总值、投资、贸易、消费、物价、交通、教育、医疗卫生、主要产业、重要产品、货币金融、财政收支、人口、居民收支、就业等方面的宏观数据。数据来源于国家统计局、中国人民银行、财政部等。本篇所列全国数据为中国大陆地区，不包括港澳台地区的数据。

一、国民经济主要数据

表 2-1　2021 年全国宏观经济数据（单月）

类　别	1月	2月	3月	4月	5月	6月	7月	8月	9月	10月	11月	12月
工业增加值同比增幅（%）	—	—	14. 1	9. 8	8. 8	8. 3	6. 4	5. 3	3. 1	3. 5	3. 8	4. 3
固定资产投资额（亿元）	—	45236	50758	47810	50113	61983	46633	44380	50914	47996	48259	50465
同比增幅（%）	—	35. 8	-0. 1	-9. 2	-19. 7	-24. 8	-2. 1	-10. 6	-11. 8	2. 6	196. 6	160. 8
进口总额（亿美元）	1986	1670	2273	2211	2184	2299	2261	2360	2390	2157	2538	2460
同比增幅（%）	26. 6	17. 3	38. 1	43. 1	51. 1	36. 7	28. 1	33. 1	17. 6	20. 6	31. 7	19. 5
出口总额（亿美元）	2640	2049	2411	2639	2639	2814	2827	2943	3057	3002	3255	3405
同比增幅（%）	24. 8	154. 9	30. 6	32. 3	27. 9	32. 2	19. 3	25. 6	28. 1	27. 1	22	20. 9
社会消费品零售总额（亿元）	—	69737	35484	33153	35945	37586	34925	34395	36833	40454	41043	41269
同比增幅（%）	—	33. 8	34. 2	17. 7	12. 4	12. 1	8. 5	2. 5	4. 4	4. 9	3. 9	1. 7
生产价格指数（PPI）同比增幅（%）	0. 3	1. 7	4. 4	6. 8	9. 0	8. 8	9. 0	9. 5	10. 7	13. 5	12. 9	10. 3
居民消费价格指数（CPI）同比增幅（%）	-0. 3	-0. 2	0. 4	0. 9	1. 3	1. 1	1. 0	0. 8	0. 7	1. 5	2. 3	1. 5
制造业采购经理指数（PMI）（%）	51. 3	50. 6	51. 9	51. 1	51. 0	50. 9	50. 4	50. 1	49. 6	49. 2	50. 1	50. 3
城镇调查失业率（%）	5. 4	5. 5	5. 3	5. 1	5. 0	5. 0	5. 1	5. 1	4. 9	4. 9	5. 0	5. 1

数据来源：国家统计局。
注：2 月固定资产投资总额、社会消费品零售总额为 1—2 月累计值。

表 2-2　2021 年全国宏观经济数据（月度累计）

类　别	1—2 月	1—3 月	1—4 月	1—5 月	1—6 月	1—7 月	1—8 月	1—9 月	1—10 月	1—11 月	1—12 月
工业增加值累计增幅（%）	35. 1	24. 5	20. 3	17. 8	15. 9	14. 4	13. 1	11. 8	10. 9	10. 1	9. 6
固定资产投资额（亿元）	45236	95994	143804	193917	255900	302533	346913	397827	445823	494082	544547
同比增幅（%）	35. 0	25. 6	19. 9	15. 4	12. 6	10. 3	8. 9	7. 3	6. 1	5. 2	4. 9
进口总额累计（亿美元）	3656	5936	8158	10342	12668	14948	17326	19733	21905	24447	26875
同比增幅（%）	22. 2	28. 0	31. 9	35. 6	36. 0	34. 9	34. 8	32. 6	31. 4	31. 4	30. 1
出口总额累计（亿美元）	4689	7100	9737	12376	15184	18009	20951	24008	27011	30264	33640
同比增幅（%）	60. 6	49. 0	44. 0	40. 2	38. 6	35. 2	33. 7	33. 0	32. 3	31. 1	29. 9
社会消费品零售总额（亿元）	69737	105221	138373	174319	211904	246829	281224	318057	358511	399554	440823
同比增幅（%）	33. 8	33. 9	29. 6	25. 7	23. 0	20. 7	18. 1	16. 4	14. 9	13. 7	12. 5

数据来源：国家统计局。

表 2-3　2021 年国内生产总值及同比增幅数据（单季度）

类　别	绝对值（亿元）				同比增幅（%）			
	一季度	二季度	三季度	四季度	一季度	二季度	三季度	四季度
国内生产总值	247985	281528	289919	324237	18.3	7.9	4.9	4.0
第一产业	11374	17139	23101	31472	8.1	7.6	7.1	6.4
第二产业	92432	114301	113522	130650	24.4	7.5	3.6	2.5
第三产业	144179	150088	153297	162115	15.6	8.3	5.4	4.6
农林牧渔业	11932	17936	24085	32822	8.0	7.5	7.1	6.4
工业	80867	93560	92925	105223	24.4	8.8	4.9	3.8
制造业	68552	80178	77511	87556	26.8	9.2	4.6	3.1
建筑业	11926	21157	21042	26013	22.8	1.8	-1.8	-2.1
批发和零售业	24109	26988	28116	31280	26.6	9.6	7.6	5.9
交通运输、仓储和邮政业	9892	12322	12473	12375	32.1	12.7	5.9	4.0
住宿和餐饮业	3795	3981	4649	5428	43.7	17.1	5.7	4.7
金融业	22932	22403	23298	22573	5.4	4.1	4.0	5.5
房地产业	19213	19979	18636	19734	21.4	7.1	-1.6	-2.9
信息传输、软件和信息技术服务业	10979	11622	10306	11049	21.2	19.5	17.1	11.5
租赁和商务服务业	7961	7922	8897	10570	7.9	5.8	5.8	5.6
其他行业	44379	43658	45492	47172	8.8	6.2	5.2	5.0

数据来源：国家统计局。

表 2-4　2021 年国内生产总值及同比增幅数据（季度累计）

类　别	绝对值（亿元）				同比增幅（%）			
	一季度	上半年	前三季度	全年	一季度	上半年	前三季度	全年
国内生产总值	247985	529513	819432	1143670	18.3	12.7	9.8	8.1
第一产业	11374	28513	51613	83086	8.1	7.8	7.5	7.1
第二产业	92432	206733	320255	450905	24.4	14.8	10.6	8.2
第三产业	144179	294267	447564	609680	15.6	11.8	9.5	8.2
农林牧渔业	11932	29868	53953	86775	8.0	7.7	7.4	7.1
工业	80867	174427	267352	372575	24.4	15.9	12.0	9.6
制造业	68552	148730	226241	313797	26.8	16.9	12.5	9.8
建筑业	11926	33084	54126	80139	22.8	8.6	4.3	2.1
批发和零售业	24109	51096	79213	110493	26.6	17.0	13.5	11.3
交通运输、仓储和邮政业	9892	22213	34687	47061	32.1	21.1	15.4	12.1
住宿和餐饮业	3795	7777	12425	17853	43.7	28.9	19.3	14.5
金融业	22932	45335	68633	91206	5.4	4.8	4.5	4.8
房地产业	19213	39191	57827	77561	21.4	13.7	8.2	5.2
信息传输、软件和信息技术服务业	10979	22601	32908	43957	21.2	20.3	19.3	17.2
租赁和商务服务业	7961	15884	24781	35350	7.9	6.9	6.5	6.2
其他行业	44379	88037	133529	180701	8.8	7.5	6.7	6.3

数据来源：国家统计局。

表 2-5　2020 年 GDP 最终核实数与初步核算数对比

行业	现价总量（亿元）			不变价增速（%）			产业结构（%）		
	最终核实数	初步核算数	差距	最终核实数	初步核算数	差距（百分点）	最终核实数	初步核算数	差距（百分点）
国内生产总值	1013567	1015986	-2419	2.2	2.3	-0.1	100.0	100.0	0.0
第一产业	78031	77754	277	3.1	3.0	0.1	7.7	7.7	0.0
第二产业	383562	384255	-693	2.5	2.6	-0.1	37.8	37.8	0.0
第三产业	551974	553977	-2003	1.9	2.1	-0.2	54.5	54.5	0.0
农林牧渔业	81397	81104	293	3.3	3.1	0.2	8.0	8.0	0.0
工业	312903	313071	-168	2.4	2.4	0.0	30.9	30.8	0.1
制造业	266418	265944	474	2.5	2.3	0.2	26.3	26.2	0.1
建筑业	72445	72996	-551	2.7	3.5	-0.8	7.1	7.2	-0.1
批发和零售业	96086	95686	400	-0.9	-1.3	0.4	9.5	9.4	0.1
交通运输、仓储和邮政业	40583	41562	-979	0.8	0.5	0.3	4.0	4.1	-0.1
住宿和餐饮业	15285	15971	-686	-16.8	-13.1	-3.7	1.5	1.6	-0.1
金融业	83618	84070	-452	5.9	7.0	-1.1	8.2	8.3	-0.1
房地产业	73425	74553	-1128	1.3	2.9	-1.6	7.2	7.3	-0.1
信息传输、软件和信息技术服务业	38244	37951	293	18.3	16.9	1.4	3.8	3.7	0.1
租赁和商务服务业	32468	31616	852	-2.5	-5.3	2.8	3.2	3.1	0.1
其他行业	167114	167407	-293	0.9	1.0	-0.1	16.5	16.5	0.0

数据来源：国家统计局。
注：本表中 GDP 总量、构成等数据中，有的不等于各产业（行业）之和，是由于数值修约误差所致，未做机械调整。

表 2-6　2017—2021 年国内（地区）生产总值

单位：亿元

地　区	2017 年	2018 年	2019 年	2020 年	2021 年
全　国	**832036**	**919281**	**986515**	**1013567**	**1143670**
北　京	28000	33106	35371	36103	40270
天　津	18595	13363	14104	14084	15695
河　北	35964	32495	35105	36207	40391
上　海	30134	36012	38155	38701	43215
江　苏	85901	93208	99632	102719	116364
浙　江	51768	58003	62352	64613	73516
福　建	32298	38688	42395	43904	48810
山　东	72678	66649	71068	73129	83096
广　东	89879	99945	107671	110761	124370
海　南	4463	4911	5309	5532	6475
山　西	14974	15958	17027	17652	22590
安　徽	27519	34011	37114	38681	42959
江　西	20819	22717	24758	25692	29620
河　南	44988	49936	54259	54997	58887

续表

地　区	2017 年	2018 年	2019 年	2020 年	2021 年
湖　北	36523	42022	45828	43443	50013
湖　南	34591	36330	39752	41781	46063
内蒙古	16103	16141	17213	17360	20514
广　西	20396	19628	21237	22157	24741
重　庆	19500	21589	23606	25003	27894
四　川	36980	42902	46616	48599	53851
贵　州	13541	15353	16769	17827	19586
云　南	16531	20881	23224	24522	27147
西　藏	1311	1548	1698	1903	2080
陕　西	21899	23942	25793	26182	29801
甘　肃	7677	8104	8718	9017	10243
青　海	2643	2748	2966	3006	3347
宁　夏	3454	3510	3748	3921	4522
新　疆	10920	12809	13597	13798	15984
辽　宁	23942	23511	24909	25115	27584
吉　林	15289	11254	11727	12311	13236
黑龙江	16200	12846	13613	13699	14879

数据来源：国家统计局。

表 2-7　2020 年东、中、西部及东北地区国民经济和社会发展主要指标

类　别	全国总计	东部地区		中部地区		西部地区		东北地区	
		绝对数	占全国比重（%）	绝对数	占全国比重（%）	绝对数	占全国比重（%）	绝对数	占全国比重（%）
总人口（万人）	141212.0	56434.7	40.0	36445.9	25.8	38306.2	27.2	9825.6	7.0
国内（地区）生产总值（亿元）	1015986.2	525752.3	51.9	222246.1	22.0	213291.9	21.1	51124.8	5.0
第一产业	77754.1	25009.5	32.2	20099.0	25.9	25349.5	32.6	7275.9	9.4
第二产业	384255.3	198492.9	51.6	90268.9	23.5	78548.8	20.4	17210.6	4.5
第三产业	553976.8	302249.9	54.9	111878.2	20.3	109393.5	19.9	26638.2	4.8
居民人均可支配收入（元）	32188.8	41239.7	—	27152.4	—	25416.0	—	28266.2	—
城镇居民人均可支配收入	43833.8	52027.1	—	37658.2	—	37548.1	—	35700.1	—
农村居民人均可支配收入	17131.5	21286.0	—	16213.2	—	14110.8	—	16581.5	—
地方一般公共预算收入（亿元）	100143.2	57965.9	57.9	17709.2	17.7	19574.9	19.5	4893.3	4.9
地方一般公共预算支出（亿元）	210583.5	87008.9	41.3	46477.2	22.1	61506.6	29.2	15590.7	7.4
社会消费品零售总额（亿元）	391980.6	199709.7	51.0	92197.8	23.5	82055.1	20.9	17877.1	4.6
货物进出口总额（亿元）	322215.2	256398.3	79.6	26849.3	8.3	29577.0	9.2	9390.7	2.9
出口	179278.8	141869.9	79.1	17033.8	9.5	17072.4	9.5	3302.7	1.8
进口	142936.4	114528.4	80.1	9815.5	6.9	12504.6	8.7	6087.9	4.3

续表

类别	全国总计	东部地区		中部地区		西部地区		东北地区	
		绝对数	占全国比重（%）	绝对数	占全国比重（%）	绝对数	占全国比重（%）	绝对数	占全国比重（%）
主要农产品产量									
谷物（万吨）	61674.3	15101.1	24.5	19399.4	31.5	14614.8	23.7	12558.9	20.4
棉花（万吨）	591.0	41.9	7.1	29.6	5.0	519.5	87.9	0.0	0.0
油料（万吨）	3586.4	680.9	19.0	1577.2	44.0	1135.0	31.6	193.4	5.4
主要工业产品产量									
原煤（亿吨）	39.0	1.8	4.5	13.1	33.6	23.2	59.4	1.0	2.5
天然气（亿立方米）	1925.0	219.6	11.4	92.1	4.8	1539.2	80.0	74.0	3.8
水泥（万吨）	239470.8	86325.5	36.0	62474.4	26.1	80581.2	33.6	10089.7	4.2
粗钢（万吨）	106476.7	56131.9	52.7	22716.8	21.3	17506.3	16.4	10121.6	9.5
钢材（万吨）	132489.2	77916.9	58.8	23495.0	17.7	20958.3	15.8	10119.0	7.6
汽车（万辆）	2532.5	1235.7	48.8	469.2	18.5	480.0	19.0	347.6	13.7
发电量（亿千瓦小时）	77790.6	28293.7	36.4	15233.6	19.6	29971.4	38.5	4291.9	5.5
铁路营业里程（公里）	146330.4	34961.9	23.9	33804.7	23.1	59113.1	40.4	18450.8	12.6
公路里程（公里）	5198120.3	1196479.0	23.0	1392468.0	26.8	2202307.1	42.4	406866.2	7.8
高速公路	160980.2	46022.0	28.6	38163.8	23.7	63644.7	39.5	13149.7	8.2
客运量（万人）	966539.7	353029.3	36.5	231133.5	23.9	279458.2	28.9	61142.9	6.3
货运量（万吨）	4729579.0	1860769.8	39.3	1303121.7	27.6	1218337.5	25.8	260851.2	5.5
邮政业务总量（亿元）	21053.2	16076.4	76.4	2801.1	13.3	1631.8	7.8	543.9	2.6
电信业务总量（亿元）	136763.3	58406.1	42.7	29716.4	21.7	40833.6	29.9	7601.3	5.6
普通高等学校数（个）	2738.0	1028.0	37.5	718.0	26.2	734.0	26.8	258.0	9.4
本专科在校学生数（万人）	3285.3	1235.9	37.6	907.2	27.6	872.9	26.6	269.3	8.2
医院数（个）	35394.0	12457.0	35.2	8568.0	24.2	11072.0	31.3	3297.0	9.3
执业（助理）医师（万人）	408.6	172.8	42.3	100.4	24.6	104.6	25.6	30.7	7.5
医院床位数（万张）	713.1	257.6	36.1	188.2	26.4	204.0	28.6	63.3	8.9

数据来源：国家统计局。

表 2-8　2020 年京津冀及长江经济带国民经济和社会发展主要指标

类别	全国总计	京津冀地区		长江经济带	
		绝对数	占全国比重（%）	绝对数	占全国比重（%）
总人口（万人）	141212.0	11039.7	7.8	60607.8	43.0
国内（地区）生产总值（亿元）	1015986.2	86393.2	8.5	471580.0	46.6
第一产业	77754.1	4197.9	5.4	34106.9	43.9
第二产业	384255.3	24117.7	6.3	182709.4	47.5
第三产业	553976.8	58077.6	10.6	254763.7	46.3
地方一般公共预算收入（亿元）	100143.2	11233.5	11.2	44856.5	44.8
地方一般公共预算支出（亿元）	210583.5	19290.3	9.2	91665.4	43.5
社会消费品零售总额（亿元）	391980.6	30004.3	7.7	192835.4	49.2

续表

类　别	全国总计	京津冀地区		长江经济带	
		绝对数	占全国比重（%）	绝对数	占全国比重（%）
货物进出口总额（亿元）	322215.2	35137.6	10.9	149732.8	46.5
出口	179278.8	10259.2	5.7	89199.4	49.8
进口	142936.4	24878.4	17.4	60533.4	42.3
主要农产品产量					
谷物（万吨）	61674.3	3873.4	6.3	21577.8	35.0
棉花（万吨）	591.0	21.9	3.7	29.6	5.0
油料（万吨）	3586.4	120.2	3.4	1642.6	45.8
主要工业产品产量					
原煤（亿吨）	39.0	0.5	1.3	3.4	8.8
天然气（亿立方米）	1925.0	61.9	3.2	571.0	29.7
水泥（万吨）	239470.8	12698.4	5.3	119016.9	49.7
粗钢（万吨）	106476.7	27148.8	25.5	34077.3	32.0
钢材（万吨）	132489.2	37228.6	28.1	41900.3	31.6
汽车（万辆）	2532.5	358.1	14.1	1078.9	42.6
发电量（亿千瓦小时）	77790.6	4654.2	6.0	29437.2	37.8
铁路营业里程（公里）	146330.4	10530.5	7.2	44619.7	30.5
公路里程（公里）	5198120.3	243412.5	4.7	2346312.1	45.1
高速公路	160980.2	10306.7	6.4	63740.9	39.6
客运量（万人）	966539.7	59214.8	6.1	472411.0	48.9
货运量（万吨）	4729579.0	322044.8	6.8	2109796.4	44.6
邮政业务总量（亿元）	21053.2	1528.5	7.3	9662.7	45.9
电信业务总量（亿元）	136763.3	10803.9	7.9	60233.4	44.0
普通高等学校数（个）	2738.0	273.0	10.0	1178.0	43.0
本专科在校学生数（万人）	3285.3	278.6	8.5	1396.3	42.5
医院数（个）	35394.0	3319.0	9.4	14883.0	42.0
执业（助理）医师（万人）	408.6	39.7	9.7	172.6	42.2
医院床位数（万张）	713.1	52.9	7.4	319.6	44.8

数据来源：国家统计局。

表 2-9　2021 年 40 座重点城市宏观经济数据

城　市	GDP（亿元）	同比（%）	进出口总额（亿元）	同比（%）	固定资产投资同比（%）	社会消费品零售总额（亿元）	同比（%）
北　京	40269.6	8.5	30438.4	30.6	4.9	14867.7	8.4
天　津	15695.1	6.6	8567.4	16.3	4.8	—	5.2
石家庄	6490.3	6.6	1481.2	9.2	-6.0	2392.5	5.0
太　原	5121.6	9.2	1852.4	52.9	7.9	1873.9	13.2

续表

城市	GDP（亿元）	同比（%）	进出口总额（亿元）	同比（%）	固定资产投资同比（%）	社会消费品零售总额（亿元）	同比（%）
呼和浩特	3121.4	6.5	159.8	8.7	12.3	1104.7	7.0
沈　阳	7249.7	7.0	1416.0	37.7	4.1	3985.1	9.6
大　连	7825.9	8.2	4248.5	10.3	1.2	1909.7	4.5
长　春	7103.1	6.2	—	—	11.6	—	—
哈尔滨	5351.7	5.5	344.6	35.0	4.2	2380.3	7.0
上　海	43214.9	8.1	40610.4	16.5	8.1	18079.3	13.5
南　京	16355.3	7.5	6366.8	19.2	6.2	7899.4	9.7
无　锡	14003.2	8.8	6829.4	12.4	4.5	3306.1	10.4
苏　州	22718.3	8.7	25332.0	13.5	8.3	9031.3	17.3
杭　州	18109.0	8.5	7369.0	23.7	9.0	6744.0	11.4
宁　波	14594.9	8.2	11926.1	21.6	11.0	4649.1	9.7
温　州	7585.0	7.7	2411.2	10.1	11.4	3807.7	8.9
合　肥	11412.8	9.2	3324.8	28.0	3.5	5111.7	13.2
福　州	11324.5	8.4	3321.5	32.6	5.9	4549.4	7.7
厦　门	7033.9	8.1	8876.5	27.7	11.3	2584.1	12.7
南　昌	6650.5	8.7	1293.56	12.3	11.1	2878.7	17.4
济　南	11432.2	7.2	1944.2	40.1	11.5	5126.1	14.7
青　岛	14136.5	8.3	8498.4	32.4	4.1	5975.4	14.8
郑　州	12691.0	4.7	5892.1	19.1	-6.2	5389.2	6.2
武　汉	17716.8	12.2	3359.4	24.0	12.9	6795.0	10.5
长　沙	13270.7	7.5	2780.3	18.2	8.2	5111.6	14.4
广　州	28232.0	8.1	10825.9	13.5	11.7	10122.6	9.8
深　圳	30664.9	6.7	35435.6	16.2	3.7	9498.1	9.6
南　宁	5120.9	6.1	1231.9	24.9	3.1	2364.2	8.4
北　海	1504.4	8.8	300.2	11.6	11.1	350.0	11.4
海　口	2057.1	11.3	476.4	28.9	8.4	1057.0	26.5
三　亚	835.4	12.1	219.2	27.4	10.8	545.2	43.1
重　庆	27894.0	8.3	8000.6	22.8	6.1	13967.7	18.5
成　都	19917.0	8.6	8222.0	14.8	10.0	9251.8	14.0
贵　阳	4711.0	6.6	515.3	15.3	-7.1	2546.7	12.9
昆　明	7222.5	3.7	1716.3	53.6	-7.8	3386.4	10.3
西　安	10688.3	4.1	4400.0	26.5	-11.6	4963.4	0.8
兰　州	3231.3	6.1	141.8	37.8	7.7	1757.7	7.1
西　宁	1548.8	8.1	22.5	32.4	6.8	621.1	8.3
银　川	2263.0	6.3	132.1	9.7	-3.6	788.7	2.3
乌鲁木齐	3691.6	10.6	385.5	-15.4	1.4	1171.9	12.3

数据来源：各地方统计局。

二、金融数据

表 2-10　2021 年新增贷款

单位：亿元

月份	各项贷款								
		境内贷款							
			住户贷款						
				短期贷款			中长期贷款		
					消费贷款	经营贷款		消费贷款	经营贷款
1	35783	36192	12726	2991	379	2612	9735	7477	2258
2	13594	13589	1421	-2691	-3224	532	4113	3206	907
3	27303	27247	11472	5242	2301	2941	6230	4179	2051
4	14685	14366	5283	365	303	62	4918	3932	986
5	14964	14914	6232	1806	952	854	4426	3479	947
6	21196	21281	8642	3476	1225	2250	5166	3550	1616
7	10832	10167	4059	84	165	-81	3974	3286	689
8	12152	12036	5755	1496	741	755	4259	3273	987
9	16630	16816	7861	3200	1491	1709	4661	3313	1348
10	8262	8331	4647	426	569	-143	4221	3994	227
11	12732	12653	7337	1517	1110	407	5821	5038	783
12	11318	10908	3760	239	-229	467	3522	2672	850

数据来源：中国人民银行。

表 2-11　2021 年货币供应量

单位：亿元

月份	货币和准货币（M_2）	货币（M_1）	流通中货币（M_0）
1	2213047	625564	89625
2	2236030	593487	91925
3	2276488	616113	86544
4	2262107	605422	85803
5	2275538	616828	84178
6	2317788	637479	84347
7	2302154	620367	84718
8	2312268	626659	85059
9	2342830	624646	86867
10	2336160	626082	86086
11	2356013	637482	87433
12	2382900	647443	90825

数据来源：中国人民银行。

表 2-12 2021 年社会融资规模增量

单位：亿元

月份	社会融资规模增量	其中									
		人民币贷款	外币贷款（折合人民币）	委托贷款	信托贷款	未贴现银行承兑汇票	企业债券	政府债券	非金融企业境内股票融资	存款类金融机构资产支持证券	贷款核销
1	51884	38182	1098	91	−842	4902	3917	2437	991	−28	280
2	17243	13413	464	−100	−936	639	1356	1017	693	−177	370
3	33762	27511	282	−42	−1791	−2296	3807	3131	783	477	1080
4	18570	12840	−272	−213	−1328	−2152	3624	3739	814	174	456
5	19522	14294	7	−408	−1295	−926	−1077	6701	717	247	378
6	37017	23182	701	−474	−1046	−221	3927	7508	956	−23	1779
7	10752	8391	−78	−151	−1571	−2316	3091	1820	938	−19	269
8	29893	12713	347	177	−1362	127	4649	9738	1478	268	526
9	29026	17755	−19	−22	−2098	14	1137	8066	772	642	1505
10	16176	7752	−33	−173	−1061	−886	2261	6167	846	−139	348
11	25983	13021	−134	35	−2190	−383	4006	8158	1294	742	582
12	23682	10350	−649	−416	−4553	−1419	2167	11674	2075	618	2726

数据来源：中国人民银行。

表 2-13 2021 年各地区社会融资规模增量

单位：亿元

地 区	一季度	上半年	前三季度	全年
北 京	5886	7890	9687	15308
天 津	504	1654	2325	3184
河 北	2268	4241	6680	8796
上 海	3702	6023	9170	12126
江 苏	14931	23467	30078	34453
浙 江	11084	19272	26897	34021
福 建	3706	6375	8826	10016
山 东	7437	12805	17416	20832
广 东	12334	21698	29788	37843
海 南	133	255	730	1141
山 西	1079	1462	2467	3637
安 徽	3652	6293	8306	9712
江 西	3223	5368	6718	8291
河 南	3154	5538	7711	8767
湖 北	3056	4746	7376	9838
湖 南	3978	6172	8379	10461
内蒙古	968	1543	2100	2330
广 西	2244	3994	5470	6303

续表

地　区	一季度	上半年	前三季度	全年
重　庆	2077	3869	5869	7020
四　川	4692	8869	10757	14306
贵　州	1895	2935	3888	4584
云　南	1220	2438	3737	4783
西　藏	195	325	440	431
陕　西	2394	3983	5396	6204
甘　肃	818	1785	2230	2119
青　海	70	102	352	271
宁　夏	195	172	233	392
新　疆	1136	2119	3791	4614
辽　宁	1008	586	-611	-1024
吉　林	1161	1940	2457	3038
黑龙江	598	1316	1564	1581

数据来源：中国人民银行。

表 2-14　2021 年官方储备资产

月　份	单位	外汇储备	基金组织储备头寸	特别提款权	黄金	其他储备资产
1	亿美元	32106.71	107.69	115.09	1167.55	-3.99
	亿 SDR	22283.92	74.74	79.88	810.35	-2.77
2	亿美元	32049.94	107.52	115.00	1091.78	-4.07
	亿 SDR	22268.17	74.70	79.90	758.56	-2.83
3	亿美元	31700.29	102.73	113.33	1059.33	-4.73
	亿 SDR	22368.14	72.49	79.97	747.48	-3.34
4	亿美元	31981.80	104.09	114.23	1107.32	-3.39
	亿 SDR	22271.65	72.49	79.55	771.12	-2.36
5	亿美元	32218.03	104.72	115.04	1190.20	-3.27
	亿 SDR	22301.35	72.49	79.63	823.86	-2.26
6	亿美元	32140.10	103.04	114.10	1104.50	-2.77
	亿 SDR	22531.95	72.24	79.99	774.31	-1.94
7	亿美元	32358.90	103.21	114.46	1143.72	-4.21
	亿 SDR	22648.06	72.24	80.11	800.49	-2.95
8	亿美元	32321.16	102.82	529.14	1136.89	-2.65
	亿 SDR	22693.36	72.19	371.52	798.23	-1.86
9	亿美元	32006.26	101.00	533.38	1091.75	-2.23
	亿 SDR	22717.66	71.69	378.59	774.91	-1.58
10	亿美元	32176.14	105.26	535.96	1108.26	-3.33
	亿 SDR	22733.22	74.37	378.67	783.01	-2.35

续表

月　份	单位	外汇储备	基金组织储备头寸	特别提款权	黄金	其他储备资产
11	亿美元	32223.86	106.98	530.56	1130.34	-2.47
	亿 SDR	23003.97	76.37	378.76	806.93	-1.76
12	亿美元	32501.66	106.89	530.65	1131.25	-1.37
	亿 SDR	23222.21	76.37	379.15	808.27	-0.98

数据来源：中国人民银行。

注：自 2016 年 4 月 1 日起，除按美元公布官方储备资产外，增加以国际货币基金组织特别提款权（SDR）公布相关数据，折算汇率来源于国际货币基金组织网站，其中 2021 年 1 月 USD/SDR = 0.694058，2021 年 2 月 USD/SDR = 0.694796，2021 年 3 月 USD/SDR = 0.705613，2021 年 4 月 USD/SDR = 0.696385，2021 年 5 月 USD/SDR = 0.692201，2021 年 6 月 USD/SDR = 0.701054，2021 年 7 月 USD/SDR = 0.699902，2021 年 8 月 USD/SDR = 0.702121，2021 年 9 月 USD/SDR = 0.709788，2021 年 10 月 USD/SDR = 0.706524，2021 年 11 月 USD/SDR = 0.71388，2021 年 12 月 USD/SDR = 0.714493。

表 2-15　2021 年主要外币兑人民币汇率（期末值）

类　别	1月	2月	3月	4月	5月	6月	7月	8月	9月	10月	11月	12月
一特别提款权单位折合人民币元	9.3096	9.3069	9.2973	9.2986	9.2118	9.2131	9.2253	9.2007	9.1061	9.0449	8.9253	8.9160
一美元折合人民币	6.4709	6.4713	6.5713	6.4672	6.3682	6.4601	6.4602	6.4679	6.4854	6.3907	6.3794	6.3757
一欧元折合人民币	7.8404	7.8686	7.7028	7.8397	7.7616	7.6862	7.6791	7.6303	7.5247	7.4643	7.2063	7.2197
一英镑折合人民币	8.8768	9.0629	9.0313	9.0201	9.0287	8.9410	9.0180	8.8987	8.7103	8.8146	8.4941	8.6064
一百日元折合人民币	6.2021	6.0831	5.9554	5.9382	5.7939	5.8428	5.9013	5.8822	5.7929	5.6251	5.6046	5.5415
一澳元折合人民币	4.9647	5.0915	4.9987	5.0287	4.9088	4.8528	4.7781	4.7173	4.6574	4.8117	4.5578	4.6220
一加元折合人民币	5.0462	5.1318	5.2052	5.2676	5.2709	5.2097	5.1894	5.1304	5.0852	5.1743	5.0080	5.0046

数据来源：中国人民银行。

表 2-16　2021 年全国银行间同业拆借中心受权公布贷款市场报价利率（LPR）

单位：%

报价日期	1—5 年（含）	5 年以上	报价日期	1—5 年（含）	5 年以上
1 月 20 日	3.85	4.65	7 月 20 日	3.85	4.65
2 月 20 日	3.85	4.65	8 月 20 日	3.85	4.65
3 月 22 日	3.85	4.65	9 月 22 日	3.85	4.65
4 月 20 日	3.85	4.65	10 月 20 日	3.85	4.65
5 月 20 日	3.85	4.65	11 月 22 日	3.85	4.65
6 月 21 日	3.85	4.65	12 月 20 日	3.80	4.65

数据来源：中国人民银行。

表 2-17　2021 年新发放贷款加权平均利率

单位：%

类　别	3月	6月	9月	12月
新发放贷款加权平均利率	5.10	4.93	5.00	4.76
一般贷款加权平均利率	5.30	5.20	5.30	5.19
其中：企业贷款加权平均利率	4.63	4.58	4.59	4.57
票据融资加权平均利率	3.52	2.94	2.65	2.18
个人住房贷款加权平均利率	5.37	5.42	5.54	5.63

数据来源：中国人民银行。

表 2-18　2017—2021 年末 40 座重点城市住户储蓄余额

单位：亿元

城　市	2017 年	2018 年	2019 年	2020 年	2021 年
北　京	28962.2	34019.0	37309.7	42888.8	48744.3
天　津	9558.1	10746.2	12639.6	14865.7	16239.2
石家庄	5641.6	6473.3	7630.0	8774.6	9347.5
太　原	4384.9	4767.5	5252.1	5896.9	6566.4
呼和浩特	1953.4	2174.1	2391.6	2623.8	2893.1
沈　阳	6495.3	7288.1	8337.6	10330.0	—
大　连	5414.5	6040.0	6842.3	7843.8	8685.8
长　春	4567.0	4993.2	5889.1	6896.3	—
哈尔滨	4938.4	5394.3	6291.8	7311.4	8187.2
上　海	24338.5	27071.7	31727.7	36734.0	42652.6
南　京	6019.7	6914.8	8299.6	9499.2	10830.7
无　锡	5143.5	5599.9	6316.1	7283.7	8218.4
苏　州	8166.4	9168.4	10466.7	12052.0	13555.8
杭　州	8503.0	9981.2	11677.3	14193.6	15818.4
宁　波	5902.7	6561.3	7475.5	8522.1	9470.4
温　州	5617.6	6620.9	7601.8	8550.4	9214.4
合　肥	3489.2	4003.4	4667.2	5589.4	6439.2
福　州	4385.3	5053.3	6027.1	6951.5	7612.8
厦　门	2292.1	2610.2	3062.0	3684.4	4188.4
南　昌	2869.8	3132.1	3618.1	4278.7	4776.2
济　南	4465.7	5008.1	6438.1	7584.1	8557.0
青　岛	5394.2	5913.7	6755.2	8030.9	9028.2
郑　州	6538.2	7157.3	7957.0	8961.8	9829.9
武　汉	6879.7	7728.5	8993.0	10213.2	11631.5
长　沙	5200.2	5692.1	6530.5	7501.6	8311.2
广　州	14625.6	16042.1	17980.6	20774.1	22768.5
深　圳	10837.6	13478.9	16010.8	18674.4	20484.9
南　宁	3176.7	3542.8	3960.3	4415.3	4878.8
北　海	578.6	653.8	730.1	789.5	868.1
海　口	3790.1	1706.5	1838.7	2034.6	2242.2
三　亚	563.3	640.9	685.8	756.5	827.3
重　庆	14367.4	15907.2	17860.4	20209.8	22239.9
成　都	11970.8	13141.5	14900.6	17085.0	19020.0
贵　阳	2646.1	2835.7	3164.1	3634.6	4008.8
昆　明	4431.4	4882.5	5355.5	5962.8	6459.4
西　安	7497.3	8360.3	9553.9	10913.1	11996.5

续表

城　市	2017 年	2018 年	2019 年	2020 年	2021 年
兰　州	2949. 3	3244. 1	3571. 2	3859. 6	4083. 0
西　宁	1339. 2	1436. 8	1548. 9	1723. 9	1895. 2
银　川	1496. 9	1664. 8	1867. 0	2137. 5	2323. 5
乌鲁木齐	2600. 4	2871. 1	3171. 7	3680. 3	4027. 9

资料来源：国家统计局及各地方统计局网站。
注：部分城市 2020 年数据有调整。

三、财政数据

表 2-19　2017—2021 年全国财政收入情况

单位：亿元

类　别	2017 年	2018 年	2019 年	2020 年	2021 年
全国一般公共财政收入	172593	183360	190390	182914	202539
中央一般公共财政收入	81123	85456	89309	82771	91462
地方一般公共财政收入（本级）	91469	97903	101081	100143*	111077
税收收入	144370	156403	158000	154312	172731
全国政府性基金收入	61480	75479	84518	93491	98024
中央政府性基金收入	3825	4035	4040	3562	4088
地方政府性基金收入（本级）	57655	71444	80478	89930	93936
国有土地使用权出让收入	52074	65168	72580	84139	87051

数据来源：财政部。
注：* 表示根据 2020 年财政决算数据调整。

表 2-20　2017—2021 年全国财政支出情况

单位：亿元

类　别	2017 年	2018 年	2019 年	2020 年	2021 年
全国一般公共财政支出	203085	220904	238858	245679	246322
中央一般公共财政支出	29857	32708	35115	35096	35050
地方一般公共财政支出	173228	188196	203743	210583	211272
全国政府性基金支出	60969	80602	91648	118058	113661
中央政府性基金支出	3669	3089	3113	2715	3201
地方政府性基金支出	58285	77512	88534	115343	110460
国有土地使用权出让收入相关支出	52129	69925	75754	75552	77540

数据来源：财政部。

表 2-21　2016—2020 年全国住房保障支出情况

单位：亿元

类　别	2016 年	2017 年	2018 年	2019 年	2020 年
住房保障支出	**6776.21**	**6552.49**	**6806.37**	**6401.19**	**7106.08**
保障性安居工程支出	**4390.87**	**3791.56**	**3697.45**	**2941.16**	**3129.33**
其中：廉租住房	84.82	46.01	38.95	33.29	27.38
沉陷区治理	22.35	4.28	5.78	12.01	7.09
棚户区改造	1722.44	1684.84	1667.78	1086.24	922.57
少数民族地区游牧民定居工程	9.29	6.42	1.14	4.84	1.38
农村危房改造	445.79	419.33	456.93	393.60	249.37
公共租赁住房	597.43	390.71	329.63	285.57	297.85
保障性住房租金补贴	62.73	59.94	53.21	50.07	45.01
老旧小区改造	—	—	—	—	669.89
住房租赁市场发展	—	—	—	—	140.24
其他保障性安居工程支出	1446.00	1180.04	1144.03	1075.53	768.56
住房改革支出	**2145.54**	**2494.98**	**2852.80**	**3166.08**	**3731.21**
其中：住房公积金	1551.16	1772.26	1989.43	2244.29	2651.81
提租补贴	102.72	168.65	215.50	274.05	351.78
购房补贴	491.66	554.07	647.87	647.74	727.62
城乡社区住宅	**239.80**	**265.95**	**256.12**	**293.95**	**245.54**
其中：公有住房建设和维修改造支出	28.09	39.25	44.54	51.18	30.86
住房公积金管理	76.92	71.95	76.78	82.90	85.16
其他城乡社区住宅支出	134.79	154.75	134.80	159.87	129.53

数据来源：财政部。

表 2-22　2016—2020 年地方住房保障支出情况

单位：亿元

类　别	2016 年	2017 年	2018 年	2019 年	2020 年
住房保障支出	**6338.77**	**6131.82**	**6299.92**	**5839.35**	**6499.50**
保障性安居工程支出	**4342.62**	**3776.60**	**3674.92**	**2930.02**	**3121.93**
其中：廉租住房	84.82	46.01	38.94	33.29	27.38
沉陷区治理	22.35	4.28	5.78	12.01	7.09
棚户区改造	1706.66	1683.40	1664.40	1085.49	921.61
少数民族地区游牧民定居工程	9.29	6.42	1.14	4.84	1.38
农村危房改造	442.24	418.88	455.37	392.10	247.87
公共租赁住房	587.43	389.04	322.56	285.57	297.85
保障性住房租金补贴	61.73	58.44	53.07	50.07	45.01
老旧小区改造	—	—	—	—	664.95
住房租赁市场发展	—	—	—	—	140.24
其他保障性安居工程支出	1428.08	1170.14	1133.66	1066.64	768.56

续表

类　别	2016 年	2017 年	2018 年	2019 年	2020 年
住房改革支出	**1756.35**	**2089.27**	**2368.96**	**2620.12**	**3132.66**
其中：住房公积金	1378.04	1582.32	1784.97	1980.51	2376.41
提租补贴	96.32	162.09	208.82	267.43	345.08
购房补贴	281.99	344.86	375.17	372.18	411.17
城乡社区住宅	**239.80**	**265.95**	**256.04**	**289.21**	**244.91**
其中：公有住房建设和维修改造支出	28.09	39.25	44.54	46.64	30.40
住房公积金管理	76.92	71.95	76.78	82.76	85.01
其他城乡社区住宅支出	134.79	154.75	134.72	159.81	129.51

数据来源：财政部。

表 2-23　2017—2021 年地方财政收入和土地出让金比较

单位：亿元，%

年　份	地方财政收入	增幅	土地出让金	增幅	出让金收入占地方财政收入比重
2017	91469	4.8	52074	38.9	56.9
2018	97903	7.0	65168	25.0	66.6
2019	101081	3.2	72580	11.4	71.8
2020	100143*	-0.9	84139	15.9	84.0
2021	111077	10.9	87051	3.5	78.4

数据来源：财政部。

注：* 表示根据 2020 年财政决算数据调整。

表 2-24　2017—2021 年各地区公共财政收入情况

单位：亿元

地　区	2017 年	2018 年	2019 年	2020 年	2021 年
合　计	**91469.41**	**97903.38**	**101080.61**	**100143.16**	**111075.01**
北　京	5430.79	5785.92	5817.10	5483.89	5932.30
天　津	2310.36	2106.24	2410.41	1923.11	2141.00
河　北	3233.83	3513.86	3738.99	3826.46	4167.60
上　海	6642.26	7108.15	7165.10	7046.30	7771.80
江　苏	8171.53	8630.16	8802.36	9058.99	10015.20
浙　江	5804.38	6598.21	7048.58	7248.24	8263.00
福　建	2809.03	3007.41	3052.93	3079.04	3383.38
山　东	6098.63	6485.40	6526.71	6559.93	7284.50
广　东	11320.35	12105.26	12654.53	12923.85	14103.43
海　南	674.11	752.67	814.14	816.06	921.16
山　西	1867.00	2292.70	2347.75	2296.57	2834.60
安　徽	2812.45	3048.67	3182.71	3216.01	3498.00
江　西	2247.06	2373.01	2487.39	2507.54	2812.30
河　南	3407.22	3766.02	4041.89	4168.84	4347.40

续表

地　区	2017 年	2018 年	2019 年	2020 年	2021 年
湖　北	3248.32	3307.08	3388.57	2511.54	3283.30
湖　南	2757.82	2860.84	3007.15	3008.66	3250.70
内蒙古	1703.21	1857.65	2059.69	2051.20	2349.90
广　西	1615.13	1681.45	1811.89	1716.94	1800.12
重　庆	2252.38	2265.54	2134.93	2094.85	2285.00
四　川	3577.99	3910.90	4070.83	4260.89	4773.30
贵　州	1613.84	1726.85	1767.47	1786.80	1969.51
云　南	1886.17	1994.35	2073.56	2116.69	2278.24
西　藏	185.83	230.35	221.99	220.99	215.59
陕　西	2006.69	2243.14	2287.90	2257.31	2775.30
甘　肃	815.73	871.05	850.49	874.55	1001.80
青　海	246.20	272.89	282.25	297.99	328.80
宁　夏	417.59	436.52	423.58	419.44	460.01
新　疆	1466.52	1531.42	1577.63	1477.22	1618.60
辽　宁	2392.77	2616.08	2652.40	2655.75	2764.70
吉　林	1210.91	1240.89	1116.95	1085.02	1143.97
黑龙江	1243.31	1282.60	1262.76	1152.51	1300.50

数据来源：国家统计局、财政部及地方财政厅/局。
注：2020 年根据最新数据有调整。

表 2-25　2017—2021 年各地区公共财政支出情况

单位：亿元

地　区	2017 年	2018 年	2019 年	2020 年	2021 年
合　计	**173228.34**	**188196.32**	**203743.22**	**210583.46**	**211345.97**
北　京	6824.53	7471.43	7408.19	7116.18	7205.10
天　津	3282.54	3103.16	3555.71	3151.35	3150.30
河　北	6639.18	7726.21	8309.04	9022.79	8854.50
上　海	7547.62	8351.54	8179.28	8102.11	8430.90
江　苏	10621.03	11657.35	12573.55	13681.55	14586.00
浙　江	7530.32	8629.53	10053.03	10082.01	11017.00
福　建	4684.15	4832.69	5077.93	5216.10	5210.92
山　东	9258.40	10100.96	10739.76	11233.52	11709.10
广　东	15037.48	15729.26	17297.85	17430.79	18222.73
海　南	1443.97	1691.30	1858.60	1972.46	1982.84
山　西	3756.42	4283.91	4710.76	5110.87	5048.10
安　徽	6203.81	6572.15	7392.22	7473.59	7592.00
江　西	5111.47	5667.52	6386.80	6674.08	6778.50
河　南	8215.52	9217.73	10163.93	10372.67	10419.90

续表

地　区	2017 年	2018 年	2019 年	2020 年	2021 年
湖　北	6801. 26	7258. 27	7970. 21	8442. 88	7937. 28
湖　南	6869. 39	7479. 61	8034. 42	8403. 13	8364. 80
内蒙古	4529. 93	4831. 46	5100. 91	5270. 16	5240. 10
广　西	4908. 55	5310. 74	5850. 96	6179. 47	5810. 20
重　庆	4336. 28	4540. 95	4847. 68	4893. 95	4835. 00
四　川	8694. 76	9707. 50	10348. 17	11198. 54	11215. 60
贵　州	4612. 52	5029. 68	5948. 74	5739. 50	5590. 15
云　南	5712. 97	6075. 03	6770. 09	6974. 02	6634. 40
西　藏	1681. 94	1970. 68	2187. 75	2210. 92	2028. 68
陕　西	4833. 19	5302. 44	5718. 52	5930. 32	6069. 40
甘　肃	3304. 44	3772. 23	3951. 60	4163. 40	4025. 90
青　海	1530. 44	1647. 43	1863. 67	1932. 84	1853. 80
宁　夏	1372. 78	1419. 06	1438. 29	1480. 36	1428. 30
新　疆	4637. 24	5012. 45	5315. 49	5533. 16	5401. 95
辽　宁	4879. 42	5337. 72	5745. 09	6014. 17	5901. 30
吉　林	3725. 72	3789. 59	3933. 42	4127. 17	3696. 72
黑龙江	4641. 08	4676. 75	5011. 56	5449. 41	5104. 50

数据来源：国家统计局、财政部及地方财政厅/局。
注：2020 年根据最新数据有调整。

表 2-26　2017—2021 年房地产五项税收收入情况

单位：亿元

类　别	2017 年	2018 年	2019 年	2020 年	2021 年
房产税	2604	2889	2988	2842	3278
契税	4910	5730	6213	7061	7428
土地增值税	4911	5642	6465	6469*	6896
耕地占用税	1652	1319	1390	1258	1065
城镇土地使用税	2361	2388	2195	2058	2126

数据来源：财政部。
注：* 表示根据 2020 年财政决算数据调整。

表 2-27　2016—2020 年各地区房产税收入情况

单位：亿元

地　区	2016 年	2017 年	2018 年	2019 年	2020 年
合　计	**2220. 91**	**2604. 33**	**2888. 56**	**2988. 43**	**2841. 76**
北　京	198. 22	273. 11	299. 52	354. 43	308. 47
天　津	72. 18	76. 45	76. 20	77. 44	72. 51
河　北	54. 63	62. 21	71. 28	75. 24	79. 28
上　海	170. 96	203. 69	213. 84	216. 83	198. 75

续表

地　区	2016 年	2017 年	2018 年	2019 年	2020 年
江　苏	256.60	291.19	310.82	322.91	321.75
浙　江	184.30	195.35	233.29	207.25	234.12
福　建	63.74	79.01	87.20	87.47	81.74
山　东	143.36	157.81	168.25	166.73	165.57
广　东	243.97	299.46	361.21	356.76	315.94
海　南	15.62	19.45	22.98	21.61	16.98
山　西	33.31	34.39	41.11	43.13	45.71
安　徽	51.58	59.33	65.10	68.99	72.57
江　西	34.37	40.24	39.82	41.38	34.23
河　南	53.78	65.12	71.52	76.17	82.25
湖　北	59.70	82.67	89.31	100.67	68.65
湖　南	46.07	58.04	63.55	70.31	69.48
内蒙古	49.20	51.64	59.05	51.32	51.37
广　西	30.71	32.67	33.17	50.06	35.91
重　庆	56.88	64.90	67.33	73.15	71.74
四　川	79.79	88.66	106.78	111.86	112.48
贵　州	30.51	38.61	35.36	36.88	37.38
云　南	37.92	41.96	46.96	47.49	50.55
西　藏	—	—	—	—	—
陕　西	42.84	44.72	59.57	65.80	64.97
甘　肃	19.54	21.04	23.87	23.67	24.92
青　海	5.67	6.53	7.35	7.46	7.74
宁　夏	10.02	12.15	12.59	13.68	11.34
新　疆	32.11	37.12	42.93	46.00	42.56
辽　宁	84.10	95.22	101.83	97.17	95.12
吉　林	27.31	33.33	35.63	34.40	29.02
黑龙江	31.92	38.27	41.14	42.18	38.67

数据来源：国家统计局。

表 2-28　2016—2020 年各地区契税收入情况

单位：亿元

地　区	2016 年	2017 年	2018 年	2019 年	2020 年
合　计	**4300.00**	**4910.42**	**5729.94**	**6212.86**	**7061.02**
北　京	254.29	197.46	245.30	225.19	231.20
天　津	171.10	151.00	105.61	112.96	92.98
河　北	136.74	181.08	220.66	234.51	255.79
上　海	345.83	271.55	284.95	315.18	380.10

续表

地　区	2016 年	2017 年	2018 年	2019 年	2020 年
江　苏	335.41	488.20	635.10	717.13	918.64
浙　江	304.79	381.59	459.45	571.34	838.16
福　建	136.32	167.57	190.28	193.31	219.72
山　东	267.63	312.52	428.58	455.52	502.83
广　东	513.67	578.75	601.70	640.89	783.82
海　南	27.30	36.95	44.52	52.53	45.22
山　西	30.06	38.68	47.91	75.07	79.02
安　徽	185.40	244.30	237.65	231.90	226.24
江　西	140.29	168.18	177.89	192.69	204.88
河　南	186.95	208.54	246.79	274.94	316.86
湖　北	149.64	204.87	230.54	257.24	198.45
湖　南	178.58	220.42	264.52	289.57	321.15
内蒙古	48.44	34.83	41.42	52.03	62.38
广　西	88.03	101.35	122.92	91.84	101.67
重　庆	129.84	178.57	200.69	190.64	182.67
四　川	184.14	209.95	280.99	289.24	308.80
贵　州	91.92	89.29	96.11	103.66	94.26
云　南	52.35	63.36	90.57	118.66	120.74
西　藏	—	—	—	—	—
陕　西	50.81	72.56	90.67	97.32	113.55
甘　肃	23.47	22.55	27.47	36.23	38.94
青　海	3.68	4.60	8.87	10.51	11.86
宁　夏	12.84	13.50	17.57	18.80	21.95
新　疆	38.20	33.89	42.45	48.87	53.20
辽　宁	100.25	105.42	130.56	153.60	163.64
吉　林	65.36	70.62	89.14	88.25	107.30
黑龙江	46.67	58.23	69.07	73.26	65.01

数据来源：国家统计局。

表 2-29　2016—2020 年各地区土地增值税收入情况

单位：亿元

地　区	2016 年	2017 年	2018 年	2019 年	2020 年
合　计	**4212.19**	**4911.28**	**5641.38**	**6465.14**	**6468.51**
北　京	177.34	288.99	209.13	225.37	259.30
天　津	120.41	126.60	99.92	102.82	90.58
河　北	138.74	168.70	247.65	270.11	269.72
上　海	334.25	387.73	421.84	412.76	497.68
江　苏	480.58	458.93	494.48	558.86	584.00

续表

地 区	2016 年	2017 年	2018 年	2019 年	2020 年
浙 江	234.55	288.90	342.20	467.69	515.59
福 建	215.87	274.25	262.37	254.53	229.67
山 东	293.15	367.18	390.79	404.28	433.38
广 东	681.58	839.11	1056.11	1402.89	1375.09
海 南	90.29	98.66	133.81	172.37	134.65
山 西	31.62	43.63	57.52	60.84	52.85
安 徽	104.83	120.85	147.88	146.84	147.64
江 西	118.75	118.05	133.90	138.86	142.12
河 南	144.83	192.24	237.40	295.81	268.61
湖 北	201.55	215.80	236.79	255.41	159.57
湖 南	96.48	129.44	169.19	221.76	256.05
内蒙古	40.06	22.42	30.93	61.74	75.52
广 西	62.58	72.79	84.65	95.06	94.87
重 庆	102.77	83.95	121.06	129.03	104.44
四 川	143.98	172.19	215.52	244.10	244.38
贵 州	95.01	108.66	98.34	89.23	62.89
云 南	42.63	50.53	71.93	86.92	103.57
西 藏	1.62	1.41	3.18	4.13	5.78
陕 西	34.89	44.82	87.82	80.50	70.76
甘 肃	23.58	28.84	34.76	30.62	34.11
青 海	3.26	4.60	9.26	8.18	8.12
宁 夏	7.76	8.59	9.50	9.23	12.53
新 疆	41.69	33.26	33.85	40.35	37.85
辽 宁	60.08	65.74	76.39	90.11	92.14
吉 林	34.15	31.03	43.41	37.79	38.90
黑龙江	53.31	63.41	79.81	66.93	66.18

数据来源：国家统计局。

表 2-30　2016—2020 年各地区耕地占用税收入情况

单位：亿元

地 区	2016 年	2017 年	2018 年	2019 年	2020 年
合 计	**2028.89**	**1651.89**	**1318.85**	**1389.84**	**1257.57**
北 京	3.34	2.72	2.82	3.23	2.88
天 津	8.02	10.82	9.11	4.60	2.38
河 北	67.24	58.50	63.40	80.86	119.79
上 海	4.62	5.89	5.71	13.29	8.29
江 苏	26.63	53.00	54.17	72.53	61.90
浙 江	82.65	64.97	45.63	121.85	93.32

续表

地　区	2016 年	2017 年	2018 年	2019 年	2020 年
福　建	16. 43	15. 96	15. 30	15. 03	12. 42
山　东	217. 30	163. 24	119. 29	97. 25	97. 67
广　东	76. 67	66. 26	53. 78	58. 34	58. 71
海　南	12. 23	0. 95	2. 55	14. 46	2. 98
山　西	11. 75	12. 08	11. 62	10. 60	19. 70
安　徽	68. 38	52. 12	52. 99	46. 81	22. 77
江　西	86. 04	78. 01	44. 12	36. 58	28. 49
河　南	184. 34	189. 15	175. 73	166. 87	176. 38
湖　北	115. 60	106. 37	105. 47	98. 71	29. 51
湖　南	63. 36	60. 96	49. 63	66. 32	72. 26
内蒙古	262. 01	88. 81	49. 78	69. 09	73. 80
广　西	122. 07	90. 43	41. 16	38. 44	37. 18
重　庆	48. 67	43. 41	36. 18	30. 87	34. 79
四　川	118. 36	105. 12	89. 11	90. 67	91. 19
贵　州	146. 15	153. 10	93. 14	44. 71	28. 13
云　南	61. 28	52. 99	35. 72	33. 32	25. 19
西　藏	1. 72	1. 09	1. 62	0. 73	1. 48
陕　西	54. 75	51. 15	34. 19	45. 04	39. 28
甘　肃	5. 52	6. 81	4. 89	4. 60	4. 14
青　海	5. 64	5. 03	5. 89	4. 93	2. 68
宁　夏	7. 33	10. 63	8. 07	6. 96	5. 97
新　疆	53. 21	48. 28	63. 32	63. 18	48. 07
辽　宁	14. 97	13. 27	10. 14	14. 62	15. 45
吉　林	61. 11	19. 83	18. 34	12. 39	20. 81
黑龙江	21. 50	20. 92	16. 00	22. 96	19. 95

数据来源：国家统计局。

表 2-31　2016—2020 年各地区城镇土地使用税收入情况

单位：亿元

地　区	2016 年	2017 年	2018 年	2019 年	2020 年
合　计	**2255. 74**	**2360. 55**	**2387. 60**	**2195. 41**	**2058. 22**
北　京	19. 18	19. 92	19. 65	20. 03	18. 51
天　津	23. 47	18. 59	16. 88	15. 95	14. 19
河　北	101. 65	112. 14	122. 98	139. 06	145. 90
上　海	42. 97	47. 58	43. 99	22. 89	18. 10
江　苏	185. 12	202. 72	199. 22	180. 44	172. 08
浙　江	134. 13	116. 29	127. 65	92. 44	110. 54
福　建	36. 13	44. 41	44. 53	34. 87	31. 60

续表

地　区	2016 年	2017 年	2018 年	2019 年	2020 年
山　东	393.74	398.18	396.84	337.27	299.89
广　东	133.60	111.98	158.52	120.70	93.59
海　南	21.52	28.20	28.57	24.50	17.53
山　西	34.18	35.59	39.49	34.91	28.57
安　徽	141.87	143.62	122.52	102.72	102.30
江　西	46.26	55.48	48.93	50.65	41.19
河　南	104.77	116.22	126.84	153.83	155.12
湖　北	52.53	67.66	63.10	60.10	40.37
湖　南	58.89	73.62	70.23	75.25	68.99
内蒙古	122.03	81.19	89.28	76.24	82.44
广　西	26.14	31.11	26.61	25.16	19.12
重　庆	139.14	147.00	110.32	99.13	81.66
四　川	65.10	72.05	81.66	79.18	78.08
贵　州	30.12	37.90	36.49	31.75	29.42
云　南	30.39	37.11	38.82	39.80	42.83
西　藏	0.20	0.21	0.21	0.18	0.18
陕　西	27.69	36.71	40.79	45.12	46.58
甘　肃	19.20	19.40	22.25	21.65	21.65
青　海	5.70	4.58	4.17	3.62	3.61
宁　夏	8.68	12.34	12.53	12.92	10.76
新　疆	39.50	43.39	48.64	54.87	52.63
辽　宁	125.21	139.10	142.60	132.86	135.66
吉　林	28.69	31.03	30.54	26.47	22.46
黑龙江	57.94	75.21	72.76	80.83	72.66

数据来源：国家统计局。

表 2-32　2017—2021 年 40 座重点城市公共财政收入情况

单位：亿元

城　市	2017 年	2018 年	2019 年	2020 年	2021 年
北　京	5430.8	5785.9	5817.1	5483.9	5932.3
天　津	2310.1	2106.2	2410.3	1923.1	2141.0
石家庄	460.7	519.7	569.1	632.2	654.1
太　原	311.9	373.2	386.6	378.4	423.4
呼和浩特	201.6	204.7	203.1	217.1	228.9
沈　阳	656.2	720.6	730.3	736.1	773.0
大　连	657.7	704.0	692.8	702.7	737.6
长　春	450.1	478.0	420.0	440.4	617.1
哈尔滨	368.1	384.4	370.9	339.6	365.8

续表

城 市	2017 年	2018 年	2019 年	2020 年	2021 年
上 海	6642. 3	7108. 2	7165. 1	7046. 3	7771. 8
南 京	1271. 9	1470. 0	1580. 0	1637. 7	1729. 5
无 锡	930. 0	1012. 3	1036. 3	1075. 7	1200. 5
苏 州	1908. 1	2120. 0	2221. 8	2303. 0	2510. 0
杭 州	1567. 4	1825. 1	1966. 0	2093. 4	2386. 6
宁 波	1245. 3	1379. 7	1468. 5	1510. 8	1723. 1
温 州	465. 4	547. 6	579. 0	602. 0	657. 6
合 肥	655. 9	712. 5	746. 0	762. 9	844. 2
福 州	634. 2	680. 4	668. 1	675. 6	749. 9
厦 门	696. 8	754. 5	768. 3	783. 9	881. 0
南 昌	417. 1	461. 8	476. 1	483. 9	484. 8
济 南	677. 2	752. 8	874. 2	906. 1	1007. 6
青 岛	1157. 1	1231. 9	1241. 7	1253. 8	1368. 3
郑 州	1056. 7	1152. 1	1222. 5	1259. 2	1223. 6
武 汉	1402. 9	1528. 7	1564. 1	1230. 3	1578. 7
长 沙	800. 4	879. 7	950. 2	1100. 1	1188. 3
广 州	1533. 1	1632. 3	1697. 2	1721. 6	1883. 2
深 圳	3332. 1	3538. 4	3773. 2	3857. 4	4257. 8
南 宁	332. 2	359. 0	370. 9	372. 3	391. 8
北 海	64. 3	71. 6	78. 1	79. 4	72. 1
海 口	125. 4	169. 9	185. 3	186. 1	208. 3
三 亚	93. 0	100. 4	109. 1	110. 4	117. 1
重 庆	2252. 4	2265. 5	2134. 9	2094. 8	2285. 4
成 都	1275. 5	1424. 2	1483. 0	1520. 4	1697. 9
贵 阳	377. 8	411. 3	417. 3	398. 1	426. 7
昆 明	560. 9	595. 6	630. 0	650. 5	689. 1
西 安	654. 5	684. 7	702. 6	724. 1	856. 0
兰 州	234. 2	253. 3	233. 2	247. 1	276. 7
西 宁	79. 2	92. 9	101. 8	133. 5	153. 9
银 川	177. 5	181. 2	154. 7	157. 3	171. 2
乌鲁木齐	400. 8	458. 3	472. 5	392. 6	377. 9

资料来源：各地方财政局网站。
注：部分城市 2020 年数据有调整。

表 2-33　2017—2021 年 40 座重点城市公共财政支出情况

单位：亿元

城 市	2017 年	2018 年	2019 年	2020 年	2021 年
北 京	6824. 5	7471. 4	7408. 2	7116. 2	7205. 1
天 津	3282. 5	3103. 2	3555. 7	3151. 4	3150. 3

续表

城　市	2017 年	2018 年	2019 年	2020 年	2021 年
石家庄	806.7	991.6	1051.4	1142.2	1096.3
太　原	479.1	542.5	610.6	647.4	629.0
呼和浩特	403.0	356.7	417.9	438.6	419.0
沈　阳	855.0	965.4	1047.7	1074.1	1032.5
大　连	919.8	1001.5	1016.3	1002.0	980.1
长　春	875.7	894.3	896.0	1084.1	1122.0
哈尔滨	958.5	962.2	1101.1	1162.2	992.1
上　海	7547.6	8351.5	8179.3	8102.1	8430.9
南　京	1354.1	1532.7	1658.1	1754.6	1817.7
无　锡	989.4	1056.0	1117.6	1214.9	1357.9
苏　州	1771.5	1952.8	2141.5	2263.6	2583.7
杭　州	1540.9	1717.1	1952.9	2069.7	2392.6
宁　波	1410.6	1594.1	1767.9	1767.9	1944.4
温　州	761.6	874.1	1084.1	1027.2	1066.8
合　肥	965.3	1004.9	1122.7	1164.8	1223.7
福　州	938.9	924.8	949.8	951.4	925.7
厦　门	797.1	892.5	913.0	976.9	1060.0
南　昌	653.1	752.4	834.1	838.1	870.0
济　南	834.1	1018.3	1197.3	1288.4	1292.7
青　岛	1403.0	1559.8	1576.0	1584.7	1705.7
郑　州	1515.0	1763.3	1910.7	1721.3	1624.4
武　汉	1728.3	1929.3	2237.1	2407.2	2219.3
长　沙	1182.6	1300.8	1426.0	1501.2	1541.6
广　州	2186.0	2506.2	2865.3	2953.0	3020.7
深　圳	4593.8	4282.5	4552.7	4177.7	4570.2
南　宁	646.4	698.0	789.2	819.9	775.4
北　海	157.5	175.6	200.5	212.7	179.2
海　口	198.3	238.3	265.9	307.1	274.8
三　亚	130.0	178.8	215.4	199.7	202.4
重　庆	4336.3	4541.0	4847.7	4893.9	4835.1
成　都	1756.7	1837.4	2007.0	2158.0	2237.6
贵　阳	582.5	624.2	718.8	676.4	681.5
昆　明	775.9	756.8	820.9	875.1	928.2
西　安	1045.1	1151.9	1247.0	1347.6	1474.9
兰　州	429.4	465.6	456.7	486.2	484.6
西　宁	288.4	297.5	328.0	329.5	343.8
银　川	341.8	363.3	346.5	332.4	292.2
乌鲁木齐	458.6	659.8	620.3	536.9	419.6

资料来源：各地方财政局网站。
注：部分城市 2020 年数据有调整。

四、人口、就业及收支情况数据

1. 人口数据

表 2-34　2016—2020 年全国人口情况

类　别	2016 年	2017 年	2018 年	2019 年	2020 年
总人口（万人）	**139232**	**140011**	**140541**	**141008**	**141212**
男（万人）	71307	71650	71864	72039	72357
比重（%）	51.21	51.17	51.13	51.09	51.24
女（万人）	67925	68361	68677	68969	68855
比重（%）	48.79	48.83	48.87	48.91	48.76
城镇（万人）	81924	84343	86433	88426	90220
比重（%）	58.84	60.24	61.50	62.71	63.89
乡村（万人）	57308	55668	54108	52582	50992
比重（%）	41.16	39.76	38.50	37.29	36.11
0~14 岁人口（万人）	23252	23522	23751	23689	25277
比重（%）	16.70	16.80	16.90	16.80	17.90
15~64 岁人口（万人）	100943	100528	100065	99552	96871
比重（%）	72.50	71.80	71.20	70.60	68.60
65 岁及以上（万人）	15037	15961	16724	17767	19064
比重（%）	10.80	11.40	11.90	12.60	13.50
出生率（‰）	13.57	12.64	10.86	10.41	8.52
死亡率（‰）	7.04	7.06	7.08	7.09	7.07
自然增长率（‰）	6.53	5.58	3.78	3.32	1.45

数据来源：国家统计局。

表 2-35　2016—2020 年各地区年末常住人口数

单位：万人

地　区	2016 年	2017 年	2018 年	2019 年	2020 年
北　京	2195	2194	2192	2190	2189
天　津	1443	1410	1383	1385	1387
河　北	7375	7409	7426	7447	7464
上　海	2467	2466	2475	2481	2488
江　苏	8381	8423	8446	8469	8477
浙　江	6072	6170	6273	6375	6468
福　建	4016	4065	4104	4137	4161
山　东	9973	10033	10077	10106	10165
广　东	11908	12141	12348	12489	12624

续表

地　区	2016 年	2017 年	2018 年	2019 年	2020 年
海　南	957	972	982	995	1012
山　西	3514	3510	3502	3497	3490
安　徽	6033	6057	6076	6092	6105
江　西	4496	4511	4513	4516	4519
河　南	9778	9829	9864	9901	9941
湖　北	5885	5904	5917	5927	5745
湖　南	6625	6633	6635	6640	6645
内蒙古	2436	2433	2422	2415	2403
广　西	4857	4907	4947	4982	5019
重　庆	3110	3144	3163	3188	3209
四　川	8251	8289	8321	8351	8371
贵　州	3758	3803	3822	3848	3858
云　南	4677	4693	4703	4714	4722
西　藏	340	349	354	361	366
陕　西	3874	3904	3931	3944	3955
甘　肃	2520	2522	2515	2509	2501
青　海	582	586	587	590	593
宁　夏	695	705	710	717	721
新　疆	2428	2480	2520	2559	2590
辽　宁	4327	4312	4291	4277	4255
吉　林	2567	2526	2484	2448	2399
黑龙江	3463	3399	3327	3255	3171

数据来源：国家统计局。

表 2-36　2020 年各地区年末城乡常住人口数及比重

单位：万人，%

地　区	城镇		乡村	
	人口数	比重（%）	人口数	比重（%）
北　京	1916	87. 55	273	12. 45
天　津	1175	84. 72	212	15. 28
河　北	4484	60. 08	2980	39. 92
上　海	2222	89. 31	266	10. 69
江　苏	6226	73. 45	2252	26. 57
浙　江	4668	72. 17	1800	27. 83
福　建	2861	68. 76	1300	31. 24
山　东	6409	63. 05	3756	36. 95
广　东	9360	74. 14	3263	25. 85
海　南	610	60. 28	402	39. 72

续表

地区	城镇		乡村	
	人口数	比重（%）	人口数	比重（%）
山　西	2183	62.55	1308	37.48
安　徽	3561	58.33	2544	41.67
江　西	2732	60.46	1788	39.57
河　南	5510	55.43	4431	44.57
湖　北	3613	62.89	2132	37.11
湖　南	3905	58.77	2741	41.25
内蒙古	1621	67.46	781	32.50
广　西	2720	54.19	2299	45.81
重　庆	2229	69.46	980	30.54
四　川	4749	56.73	3622	43.27
贵　州	2050	53.14	1807	46.84
云　南	2363	50.04	2359	49.96
西　藏	131	35.79	235	64.21
陕　西	2478	62.65	1477	37.35
甘　肃	1306	52.22	1194	47.74
青　海	356	60.03	237	39.97
宁　夏	468	64.91	253	35.09
新　疆	1464	56.53	1126	43.47
辽　宁	3070	72.15	1186	27.87
吉　林	1503	62.65	896	37.35
黑龙江	2080	65.59	1090	34.37

数据来源：国家统计局。

表 2-37　2020 年各地区年末城乡户数及规模

单位：户，人/户

地　区	合计		城市		镇		乡村	
	户数	平均家庭户规模	户数	平均家庭户规模	户数	平均家庭户规模	户数	平均家庭户规模
全　国	**522689264**	**2.62**	**221320851**	**2.49**	**114718215**	**2.71**	**186650198**	**2.70**
北　京	9137928	2.31	7439664	2.30	595906	2.20	1102358	2.42
天　津	5464620	2.40	4376812	2.34	291729	2.53	796079	2.64
河　北	26355634	2.75	8007995	2.63	7653230	2.83	10694409	2.77
上　海	10466847	2.32	8165874	2.38	1000819	2.28	1300154	1.97
江　苏	31922656	2.60	15073781	2.60	8057821	2.66	8791054	2.53
浙　江	26880850	2.35	13813994	2.34	5550929	2.37	7515927	2.37
福　建	15306514	2.68	6519000	2.57	4021742	2.82	4765772	2.70
山　东	37045463	2.70	14217381	2.71	8559616	2.81	14268466	2.62

续表

地区	合计		城市		镇		乡村	
	户数	平均家庭户规模	户数	平均家庭户规模	户数	平均家庭户规模	户数	平均家庭户规模
广东	46691647	2.63	30821964	2.38	5529015	2.99	10340668	3.12
海南	3200027	3.06	1290895	2.77	700154	3.21	1208978	3.26
山西	13384751	2.52	4981821	2.53	3169653	2.62	5233277	2.45
安徽	22888078	2.61	6125474	2.58	6987883	2.68	9774721	2.59
江西	14791970	2.94	4414818	2.89	4284947	3.04	6092205	2.90
河南	33224985	2.86	8770708	2.78	9026588	2.95	15427689	2.84
湖北	21019329	2.65	8973972	2.60	4152899	2.68	7892458	2.68
湖南	23892020	2.67	6765698	2.60	7001071	2.71	10125251	2.69
内蒙古	9974153	2.35	3836659	2.37	2796670	2.37	3340824	2.31
广西	16865333	2.87	5129446	2.69	3907751	3.01	7828136	2.91
重庆	12627668	2.45	6083611	2.56	2259757	2.53	4284300	2.26
四川	32205094	2.51	11605081	2.49	6358727	2.54	14241286	2.51
贵州	13265872	2.81	3522330	2.73	3431251	2.88	6312291	2.82
云南	15861557	2.88	4761268	2.42	3758467	2.85	7341822	3.18
西藏	1089496	3.19	328955	2.06	185736	2.35	574805	4.03
陕西	14975672	2.53	6139042	2.39	3362373	2.59	5474257	2.65
甘肃	8769671	2.77	2731953	2.47	2041291	2.80	3996427	2.95
青海	2079275	2.79	837123	2.43	515908	2.71	726244	3.24
宁夏	2661882	2.65	1155063	2.50	612772	2.70	894047	2.79
新疆	8803008	2.81	3502479	2.51	1866482	2.68	3434047	3.19
辽宁	18168393	2.29	11263547	2.19	2211309	2.28	4693537	2.51
吉林	9961655	2.34	4381757	2.25	1997925	2.29	3581973	2.48
黑龙江	13707216	2.22	6282686	2.13	2827794	2.19	4596736	2.36

数据来源：国家统计局。

注：本表数据为 2020 年第七次全国人口普查时点数，不包括中国人民解放军现役军人。

2. 居民收支数据

表 2-38　2017—2021 年全国城镇居民可支配收入及构成

类别	2017 年	2018 年	2019 年	2020 年	2021 年
可支配收入（元）	36396	39251	42359	43834	47412
工资性收入	22201	23792	25565	26381	28481
经营净收入	4065	4443	4840	4711	5382
财产净收入	3607	4028	4391	4627	5052
转移净收入	6524	6988	7563	8116	8497

续表

类　别	2017 年	2018 年	2019 年	2020 年	2021 年
可支配收入构成（%）	100.0	100.0	100.0	100.0	100.0
工资性收入	61.0	60.6	60.4	60.2	60.1
经营净收入	11.2	11.3	11.4	10.7	11.4
财产净收入	9.9	10.3	10.4	10.6	10.7
转移净收入	17.9	17.8	17.9	18.5	17.9

数据来源：国家统计局。

表 2-39　2017—2021 年各地区城镇居民人均可支配收入

单位：元

地　区	2017 年	2018 年	2019 年	2020 年	2021 年
北　京	62406	67990	73849	75602	81518
天　津	40278	42976	46119	47659	51486
河　北	30548	32997	35738	37286	39791
上　海	62596	68034	73615	76437	82429
江　苏	43622	47200	51056	53102	57743
浙　江	51261	55574	60182	62699	68487
福　建	39001	42121	45620	47160	51140
山　东	36789	39549	42329	43726	47066
广　东	40975	44341	48118	50257	54854
海　南	30817	33349	36017	37097	40213
山　西	29132	31035	33262	34793	37433
安　徽	31640	34393	37540	39442	43009
江　西	31198	33819	36546	38556	41684
河　南	29558	31874	34201	34750	37095
湖　北	31889	34455	37601	36706	40278
湖　南	33948	36698	39842	41698	44866
内蒙古	35670	38305	40782	41353	44377
广　西	30502	32436	34745	35859	38530
重　庆	32193	34889	37939	40006	43502
四　川	30727	33216	36154	38253	41444
贵　州	29080	31592	34404	36096	39211
云　南	30996	33488	36238	37500	40905
西　藏	30671	33797	37410	41156	46503
陕　西	30810	33319	36098	37868	40713
甘　肃	27763	29957	32323	33822	36187
青　海	29169	31515	33830	35506	37745
宁　夏	29472	31895	34328	35720	38291
新　疆	30775	32764	34664	34838	37642

续表

地　区	2017 年	2018 年	2019 年	2020 年	2021 年
辽　宁	34993	37342	39777	40376	43051
吉　林	28319	30172	32299	33396	35646
黑龙江	27446	29191	30945	31115	33646

数据来源：国家及各地统计局。

表 2-40　2017—2021 年全国城镇居民人均消费支出及构成

类　别	2017 年	2018 年	2019 年	2020 年	2021 年
消费支出（元）	24445	26112	28063	27007	30307
食品烟酒	7001	7239	7733	7881	8678
衣着	1758	1808	1832	1645	1843
居住	5564	6255	6780	6958	7405
生活用品及服务	1525	1629	1689	1640	1820
交通通信	3322	3473	3671	3474	3932
教育文化娱乐	2847	2974	3328	2592	3322
医疗保健	1777	2046	2283	2172	2521
其他用品及服务	652	687	747	646	786
消费支出构成（%）	100.0	100.0	100.0	100.0	100.0
食品烟酒	28.6	27.7	27.6	29.2	28.6
衣着	7.2	6.9	6.5	6.1	6.1
居住	22.8	24.0	24.2	25.8	24.4
生活用品及服务	6.2	6.2	6.0	6.1	6.0
交通通信	13.6	13.3	13.1	12.9	13.0
教育文化娱乐	11.6	11.4	11.9	9.6	11.0
医疗保健	7.3	7.8	8.1	8.0	8.3
其他用品及服务	2.7	2.6	2.7	2.4	2.6

数据来源：国家统计局。

表 2-41　2017—2021 年各地区城镇居民人均消费支出

单位：元

地　区	2017 年	2018 年	2019 年	2020 年	2021 年
北　京	40346	42926	46358	41726	46776
天　津	30284	32655	34811	30895	36067
河　北	20600	22127	23483	23167	24192
上　海	42304	46015	48272	44839	51295
江　苏	27726	29462	31329	30882	36558
浙　江	31924	34598	37508	36197	42193
福　建	25981	28145	30946	30487	33942
山　东	23072	24798	26731	27291	29314
广　东	30198	30924	34424	33511	36621

续表

地　区	2017 年	2018 年	2019 年	2020 年	2021 年
海　南	20372	22971	25317	23560	27565
山　西	18404	19790	21159	20332	21965
安　徽	20740	21523	23782	22683	26495
江　西	19245	20760	22714	22134	24587
河　南	19422	20989	21972	20645	23178
湖　北	21276	23996	26422	22885	28506
湖　南	23163	25064	26924	26796	28294
内蒙古	23638	24437	25383	23888	27194
广　西	18349	20159	21591	20907	22555
重　庆	22759	24154	25785	26464	29850
四　川	21991	23484	25367	25133	26971
贵　州	20348	20788	21402	20587	25333
云　南	19560	21626	23455	24569	27441
西　藏	21088	23029	25637	24927	28159
陕　西	20388	21966	23514	22866	24784
甘　肃	20659	22606	24454	24615	25757
青　海	21473	22998	23799	24315	24513
宁　夏	20220	21977	24161	22379	25386
新　疆	22797	24191	25594	22952	25724
辽　宁	25379	26448	27355	24849	28438
吉　林	20051	22394	23394	21623	24421
黑龙江	19270	21036	22165	20397	24422

数据来源：国家及各地统计局。

表 2-42　2021 年 40 座重点城市城镇居民人均可支配收入和人均消费支出情况

单位：元，%

城　市	人均可支配收入	同比	人均消费支出	同比
北　京	81518	7.8	46776	12.1
天　津	51486	8.0	33188	16.6
石家庄	43024	6.9	—	—
太　原	41377	8.0	23748	15.5
呼和浩特	53026	5.6	32437	13.5
沈　阳	50566	6.6	36834	16.7
大　连	50531	6.7	34678	15.0
长　春	43281	8.2	—	—
哈尔滨	42745	7.4	29922	10.0
上　海	82429	7.8	51295	14.4
南　京	73593	8.9	42487	18.5
无　锡	70483	8.9	43873	18.0
苏　州	76888	8.3	46566	19.4

续表

城　市	人均可支配收入	同比	人均消费支出	同比
杭　州	74700	8.8	48629	16.0
宁　波	73869	8.6	45362	17.2
温　州	69678	9.8	46147	15.8
合　肥	53208	10.2	32445	15.9
福　州	53421	8.4	35664	11.4
厦　门	67197	9.6	43010	13.0
南　昌	50447	7.8	31038	11.0
济　南	57449	7.7	36866	7.2
青　岛	60239	7.8	38574	7.3
郑　州	45246	5.5	28710	12.8
武　汉	55297	9.8	36684	17.9
长　沙	62145	7.2	41324	5.6
广　州	74416	8.9	47162	6.5
深　圳	70847	9.2	46286	14.1
南　宁	41394	7.4	—	—
北　海	40727	7.3	—	—
海　口	43605	8.9	29732	18.7
三　亚	44199	9.0	32851	18.6
重　庆	43502	8.7	29850	12.8
成　都	52633	8.3	31581	9.9
贵　阳	43876	8.9	—	—
昆　明	52523	9.4	41444	11.8
西　安	46931	7.4	28810	11.6
兰　州	43244	7.7	28376	9.6
西　宁	39251	6.2	25688	3.5
银　川	42412	7.6	29073	9.0
乌鲁木齐	46142	7.9	35087	11.2

数据来源：各地方统计局。

3. 就业数据

表 2-43　2016—2020 年全国就业基本情况

类　别	2016 年	2017 年	2018 年	2019 年	2020 年
劳动力（万人）	**79282**	**79042**	**78653**	**78985**	**78392**
就业人员（万人）	**76245**	**76058**	**75782**	**75447**	**75064**
第一产业	20908	20295	19515	18652	17715
第二产业	22295	21762	21356	21234	21543
第三产业	33042	34001	34911	35561	35806
按城乡分就业人员（万人）					
城镇就业人员	42051	43208	44292	45249	46271
乡村就业人员	34194	32850	31490	30198	28793

续表

类　别	2016 年	2017 年	2018 年	2019 年	2020 年
按登记注册类型分城镇非私营单位就业人员（万人）					
国有单位	6170	6064	5740	5473	5563
城镇集体单位	453	406	347	296	271
股份合作单位	86	77	66	60	69
联营单位	18	13	12	12	25
有限责任公司	6381	6367	6555	6608	6542
股份有限公司	1824	1846	1875	1879	1837
港澳台商投资单位	1305	1290	1153	1157	1159
外商投资单位	1361	1291	1212	1203	1216
城镇登记失业人员（万人）	**982**	**972**	**974**	**945**	**1160**
城镇登记失业率（%）	**4.02**	**3.90**	**3.80**	**3.62**	**4.24**
城镇调查失业率（%）	**—**	**—**	**4.9**	**5.2**	**5.2**

数据来源：国家统计局。
注：2016—2019 年数据是根据第七次全国人口普查修订数，与上期年鉴记载数据有差异。

表 2-44　2016—2020 年分行业城镇非私营单位就业人员年末人数

单位：万人

类　别	2016 年	2017 年	2018 年	2019 年	2020 年
合　计	17888.1	17643.8	17258.2	17161.8	17039.1
农、林、牧、渔业	263.2	255.4	192.6	134.1	85.7
采矿业	490.9	455.4	414.4	367.7	352.1
制造业	4893.8	4635.5	4178.3	3832.0	3805.5
电力、热力、燃气及水生产和供应业	387.6	377.0	369.2	373.1	379.7
建筑业	2724.7	2643.2	2710.9	2270.5	2153.3
批发和零售业	875.0	842.8	823.3	830.0	786.9
交通运输、仓储和邮政业	849.5	843.9	819.0	815.5	812.2
住宿和餐饮业	269.7	265.9	269.8	265.2	256.6
信息传输、软件和信息技术服务业	364.1	395.4	424.3	455.3	487.1
金融业	665.2	688.8	699.3	826.1	859.0
房地产业	431.7	444.8	466.0	510.3	525.4
租赁和商务服务业	488.4	522.6	529.5	660.4	643.6
科学研究和技术服务业	419.6	420.4	411.5	434.3	431.2
水利、环境和公共设施管理业	269.6	268.5	260.6	244.5	245.6
居民服务、修理和其他服务业	75.4	78.2	77.4	86.3	82.8
教育	1729.2	1730.4	1735.6	1909.3	1958.9
卫生和社会工作	867.0	897.9	912.4	1006.2	1051.9
文化、体育和娱乐业	150.8	152.2	146.6	151.2	149.5
公共管理、社会保障和社会组织	1672.6	1725.6	1817.5	1989.8	1972.2

数据来源：国家统计局。

表 2-45 2016—2020 年分行业城镇非私营单位就业人员平均工资

单位：元

类别	2016 年	2017 年	2018 年	2019 年	2020 年
平均工资	**67569**	**74318**	**82413**	**90501**	**97379**
农、林、牧、渔业	33612	36504	36466	39340	48540
采矿业	60544	69500	81429	91068	96674
制造业	59470	64452	72088	78147	82783
电力、热力、燃气及水生产和供应业	83863	90348	100162	107733	116728
建筑业	52082	55568	60501	65580	69986
批发和零售业	65061	71201	80551	89047	96521
交通运输、仓储和邮政业	73650	80225	88508	97050	100642
住宿和餐饮业	43382	45751	48260	50346	48833
信息传输、软件和信息技术服务业	122478	133150	147678	161352	177544
金融业	117418	122851	129837	131405	133390
房地产业	65497	69277	75281	80157	83807
租赁和商务服务业	76782	81393	85147	88190	92924
科学研究和技术服务业	96638	107815	123343	133459	139851
水利、环境和公共设施管理业	47750	52229	56670	61158	63914
居民服务、修理和其他服务业	47577	50552	55343	60232	60722
教育	74498	83412	92383	97681	106474
卫生和社会工作	80026	89648	98118	108903	115449
文化、体育和娱乐业	79875	87803	98621	107708	112081
公共管理、社会保障和社会组织	70959	80372	87932	94369	104487

数据来源：国家统计局。

表 2-46 2016—2020 年各地区城镇非私营单位就业人员平均工资

单位：元

地区	2016 年	2017 年	2018 年	2019 年	2020 年
北京	119928	131700	145766	166803	178178
天津	86305	94534	100731	108002	114682
河北	55334	63036	68717	72956	77323
上海	119935	129795	140400	149377	171884
江苏	71574	78267	84688	96527	103621
浙江	73326	80750	88883	99654	108645
福建	61973	67420	74316	81814	88149
山东	62539	68081	73593	81446	87749
广东	72326	79183	88636	98889	108045
海南	61663	67727	75885	82227	86609
山西	53705	60061	65917	69551	74739
安徽	59102	65150	74378	79037	85854

续表

地区	2016 年	2017 年	2018 年	2019 年	2020 年
江　西	56136	61429	68573	73725	78182
河　南	49505	55495	63174	67268	70239
湖　北	59831	65912	73777	79303	85052
湖　南	58241	63690	70221	74316	79122
内蒙古	61067	66679	73835	80563	85310
广　西	57878	63821	70606	76479	82751
重　庆	65545	70889	78928	86559	93816
四　川	63926	69419	77686	83367	88559
贵　州	66279	71795	78316	83298	89228
云　南	60450	69106	75701	86585	93133
西　藏	103232	108817	116015	118118	121005
陕　西	59637	65181	71983	78361	83520
甘　肃	57575	63374	70695	73607	79730
青　海	66589	75701	85379	90929	101401
宁　夏	65570	70298	78384	83947	97438
新　疆	63739	67932	75457	79421	86343
辽　宁	56015	61153	67324	72891	79472
吉　林	56098	61451	68533	73813	77995
黑龙江	52435	56067	60780	68416	74554

数据来源：国家统计局。

表 2-47　2016—2020 年分行业城镇私营单位就业人员平均工资

单位：元

类　别	2016 年	2017 年	2018 年	2019 年	2020 年
平均工资	**42833**	**45761**	**49575**	**53604**	**57727**
农、林、牧、渔业	31301	34272	36375	37760	38956
采矿业	39600	41236	44096	49675	54563
制造业	42115	44991	49275	52858	57910
电力、热力、燃气及水生产和供应业	38605	41510	44239	49633	54268
建筑业	44803	46944	50879	54167	57309
批发和零售业	39589	42359	45177	48722	53018
交通运输、仓储和邮政业	42705	45852	50547	54006	57313
住宿和餐饮业	34712	36886	39632	42424	42258
信息传输、软件和信息技术服务业	63578	70415	76326	85301	101281
金融业	50366	52289	62943	76107	82930
房地产业	46063	48025	51393	54416	55759
租赁和商务服务业	47836	51394	53382	57248	58155
科学研究和技术服务业	54764	58102	61876	67642	72233

续表

类　别	2016 年	2017 年	2018 年	2019 年	2020 年
水利、环境和公共设施管理业	40099	41061	42409	44444	43287
居民服务、修理和其他服务业	35824	38417	41058	43926	44536
教　育	39508	43263	46228	50761	48443
卫生和社会工作	43993	47296	52343	57140	60689
文化、体育和娱乐业	38228	41201	44592	49289	51300

数据来源：国家统计局。

表 2-48　2016—2020 年各地区城镇私营单位就业人员平均工资

单位：元

地　区	2016 年	2017 年	2018 年	2019 年	2020 年
北　京	65881	70738	76908	85262	90603
天　津	57216	59740	62316	64542	59862
河　北	36507	38136	39512	42919	44942
上　海	47177	52038	57056	64226	80134
江　苏	47156	49345	54161	58322	63830
浙　江	45005	48289	52564	56383	60521
福　建	46326	48830	52930	57141	58631
山　东	48156	51992	55350	55479	55542
广　东	48236	53347	58258	62521	67302
海　南	40675	45640	49541	53442	51388
山　西	30501	31745	34535	37501	42905
安　徽	39110	41199	44964	48461	52582
江　西	36868	40310	43733	46341	48864
河　南	33312	36730	40209	43194	46733
湖　北	34167	37142	40126	43536	48295
湖　南	34582	36978	40175	42012	51157
内蒙古	36114	36626	40018	43491	47566
广　西	36089	38227	39948	42949	45238
重　庆	47345	50450	52558	54845	55678
四　川	37763	40087	43352	46974	53338
贵　州	39058	41796	43582	45526	47381
云　南	38183	40656	43588	46830	45897
西　藏	—	—	—	—	60360
陕　西	35676	37472	40783	43477	47724
甘　肃	35685	37704	39834	41715	43771
青　海	34908	36588	38451	39727	46309
宁　夏	37926	38982	40586	43892	49928

续表

地　区	2016 年	2017 年	2018 年	2019 年	2020 年
新　疆	38776	39958	41777	45859	52590
辽　宁	34615	35654	38269	41821	46011
吉　林	30184	33209	35026	37627	42119
黑龙江	30533	32422	34801	36674	38685

数据来源：国家统计局。

Ⅲ.产 业 篇

导　读

本篇收录的房地产投资、建设、交易、信贷数据，为2021年年度的统计数据，并按省（自治区、直辖市）分别披露。收录的重点城市行业数据、全国住房公积金数据、城乡建设发展数据为2020年年度的统计数据。数据主要来源于国家统计局、住房和城乡建设部及中国人民银行。港澳台房地产业数据，来自当地官方机构或企业组织。

一、全国房地产建设和交易数据

（一）房地产业数据概览

表 3-1　2021 年全国房地产开发投资情况（月度累计）

单位：亿元，%

类　别	1—2 月	1—3 月	1—4 月	1—5 月	1—6 月	1—7 月	1—8 月	1—9 月	1—10 月	1—11 月	1—12 月
房地产投资	**13986**	**27576**	**40240**	**54318**	**72179**	**84895**	**98060**	**112568**	**124934**	**137314**	**147602**
累计增长	**38.3**	**25.6**	**21.6**	**18.3**	**15.0**	**12.7**	**10.9**	**8.8**	**7.2**	**6.0**	**4.4**
一、按工程用途分											
住宅投资	10387	20624	30162	40750	54244	63980	73971	84906	94327	103587	111173
累计增长	41.9	28.8	24.4	20.7	17.0	14.9	13.0	10.9	9.3	8.1	6.4
其中：90 平方米及以下	1960	3840	5635	7581	10182	11997	13743	15719	17408	19149	20567
累计增长	37.1	21.6	16.0	12.5	9.9	9.1	6.9	4.6	3.3	2.5	0.6
144 平方米以上	1672	3270	4683	6367	8399	9857	11432	13142	14605	16088	17323
累计增长	30.4	21.1	16.3	15.0	12.9	10.4	9.0	8.3	6.4	5.5	4.5
办公楼投资	675	1190	1694	2208	2910	3383	3890	4446	4908	5438	5974
累计增长	22.8	14.9	10.8	6.2	6.7	3.7	1.8	-0.5	-4.9	-6.1	-8.0
商业营业用房投资	1251	2397	3443	4591	6054	7133	8226	9423	10492	11520	12445
累计增长	27.8	13.8	9.5	6.1	3.5	2.0	0.2	-1.3	-1.8	-3.1	-4.8
其他房地产投资	1672	3365	4941	6769	8971	10398	11973	13793	15207	16769	18010
累计增长	31.8	19.9	17.9	17.8	14.3	10.7	9.1	6.9	5.5	4.9	3.3
二、按构成分											
建筑工程投资	9488	16935	23918	31788	42479	50025	57864	66398	73776	81464	88910
累计增长	48.4	34.3	27.1	22.7	21.5	18.8	16.3	13.9	11.8	10.5	8.6
安装工程投资	614	1094	1503	1955	2560	3017	3479	3969	4397	4861	5336
累计增长	32.7	16.8	5.9	0.2	-1.2	-2.7	-4.5	-6.1	-7.6	-8.0	-8.8
设备工器具购置投资	140	254	349	438	570	694	805	943	1060	1197	1331
累计增长	13.6	-1.4	-11.1	-15.7	-15.8	-13.2	-13.0	-11.9	-12.1	-9.7	-7.8
其他费用投资	3744	9293	14469	20138	26570	31160	35912	41259	45701	49792	52025
累计增长	19.4	13.9	16.0	14.8	8.2	6.3	5.2	3.5	2.4	1.3	-0.4
其中：土地购置费	3071	7803	12367	17487	22760	26617	30704	35083	38868	42225	43505
累计增长	16.4	11.4	14.2	14.4	6.3	4.0	2.9	1.1	0.4	-0.6	-2.1
计划总投资	**837785**	**864331**	**885467**	**906072**	**938606**	**955666**	**968945**	**986471**	**999756**	**1017746**	**1033431**
累计增长	**12.4**	**12.8**	**12.6**	**12.5**	**12.4**	**12.3**	**11.5**	**10.9**	**10.3**	**9.6**	**8.9**
新增固定资产投资	**7127**	**10091**	**11708**	**14051**	**18625**	**21182**	**23394**	**25269**	**28135**	**33742**	**50091**
累计增长	**45.6**	**30.6**	**24.6**	**23.4**	**32.8**	**32.4**	**31.7**	**27.8**	**20.8**	**20.4**	**16.6**

数据来源：国家统计局。

表 3-2　2021 年全国房地产开发投资实际到位资金情况（月度累计）

单位：亿元，%

类　别	1—2 月	1—3 月	1—4 月	1—5 月	1—6 月	1—7 月	1—8 月	1—9 月	1—10 月	1—11 月	1—12 月
一、本年实际到位资金合计	**91954**	**109766**	**128003**	**147810**	**171791**	**189236**	**205835**	**223970**	**239767**	**257575**	**275237**
累计增长	**25.8**	**9.3**	**18.8**	**17.2**	**14.8**	**12.7**	**10.9**	**8.7**	**7.2**	**6.1**	**3.7**
1. 上年末结余资金	61395	62301	64460	66430	68893	70265	71471	72484	73171	74213	74105
累计增长	16.0	-6.8	6.1	4.7	3.9	4.4	4.4	4.2	3.7	3.7	2.6
2. 本年实际到位资金	30560	47465	63542	81380	102898	118970	134364	151486	166597	183362	201132
累计增长	51.2	41.4	35.2	29.9	23.5	18.2	14.8	11.1	8.8	7.2	4.2
其中：国内贷款	5201	7222	9043	10873	13465	15402	16918	18770	20148	21640	23296
累计增长	14.4	7.5	3.6	1.6	-2.4	-4.5	-6.1	-8.4	-10.0	-10.8	-12.7
利用外资	10	11	17	25	42	44	53	59	72	90	107
累计增长	-14.0	-41.0	-28.3	-26.5	-9.1	-44.4	-47.5	-36.9	-35.4	-41.7	-44.1
自筹资金	8268	13015	17167	22686	30153	35533	40773	47212	52617	59378	65428
累计增长	34.2	21.0	15.4	12.8	11.9	10.9	9.3	6.1	5.1	4.8	3.2
其他到位资金	1117	1614	2217	2657	3258	3641	4132	4632	5041	5465	5968
累计增长	30.5	23.7	24.2	22.0	12.8	8.9	7.0	5.6	2.1	-3.4	-6.0
二、本年各项应付款合计	**16614**	**20030**	**23074**	**26730**	**31784**	**34816**	**37980**	**41747**	**44549**	**47963**	**51695**
累计增长	**21.8**	**2.3**	**16.3**	**15.7**	**16.8**	**14.5**	**14.5**	**11.3**	**9.7**	**10.0**	**8.2**
其中：工程款	9458	11570	13126	15261	17885	19750	21616	23669	25155	26859	28927
累计增长	22.4	4.0	18.6	18.1	16.8	14.6	14.4	12.6	10.1	9.3	7.8

数据来源：国家统计局。

表 3-3　2021 年全国房地产土地购置与建设情况（月度累计）

单位：亿元，万平方米，%

类　别	1—2 月	1—3 月	1—4 月	1—5 月	1—6 月	1—7 月	1—8 月	1—9 月	1—10 月	1—11 月	1—12 月
土地购置面积	1453	2301	3301	4396	7021	8764	10733	13730	15824	18287	21590
累计增长	33.0	16.9	4.8	-7.5	-11.8	-9.3	-10.2	-8.5	-11.0	-11.2	-15.5
土地成交价款	503	809	1203	1931	3808	5121	6647	9347	11410	14519	17756
累计增长	14.3	-17.3	-29.2	-20.5	-5.7	-4.8	-6.2	0.3	0.2	4.5	2.8
施工面积	770629	798394	818513	839962	873251	891880	909992	928065	942859	959654	975387
累计增长	11.0	11.2	10.5	10.1	10.2	9.0	8.4	7.9	7.1	6.3	5.2
新开工面积	17037	36163	53905	74349	101288	118948	135502	152944	166736	182820	198895
累计增长	64.3	28.2	12.8	6.9	3.8	-0.9	-3.2	-4.5	-7.7	-9.1	-11.4
竣工面积	13525	19122	22736	27583	36481	41782	46739	51013	57290	68754	101412
累计增长	40.4	22.9	17.9	16.4	25.7	25.7	26.0	23.4	16.3	16.2	11.2

数据来源：国家统计局。

表 3-4　2021 年全国商品房销售情况（月度累计）

单位：亿元，万平方米，%

类　别	1—2 月	1—3 月	1—4 月	1—5 月	1—6 月	1—7 月	1—8 月	1—9 月	1—10 月	1—11 月	1—12 月
商品房销售面积	17363	36007	50305	66383	88635	101648	114193	130332	143041	158131	179433
累计增长	104.9	63.8	48.1	36.3	27.7	21.5	15.9	11.3	7.3	4.8	1.9
其中：现房	2112	4201	5781	7496	10234	11832	13344	15603	17335	19641	23313
累计增长	74.8	36.0	25.4	15.6	12.3	9.4	7.2	6.1	4.3	3.4	4.1
期房	15251	31806	44524	58888	78401	89816	100849	114729	125706	138490	156121
累计增长	109.9	68.4	51.6	39.5	30.0	23.3	17.2	12.1	7.7	5.0	1.6
商品房销售额	19151	38378	53609	70534	92931	106430	119047	134795	147185	161667	181930
累计增长	133.4	88.5	68.2	52.4	38.9	30.7	22.8	16.6	11.8	8.5	4.8
其中：现房	2259	4231	5788	7362	9673	11176	12481	14277	15825	17659	20616
累计增长	96.1	57.5	42.0	28.7	20.7	15.5	10.9	6.6	4.1	2.4	1.4
期房	16892	34147	47821	63171	83259	95254	106566	120518	131360	144007	161314
累计增长	139.5	93.1	72.1	55.8	41.4	32.8	24.4	17.9	12.8	9.3	5.2
商品住宅房销售面积	15609	32332	45203	59693	79081	90598	101607	115432	126419	139156	156532
累计增长	108.4	68.1	51.1	39.0	29.4	22.7	16.5	11.4	7.1	4.4	1.1
其中：现房	1548	3043	4215	5480	7503	8636	9691	11271	12452	13976	16357
累计增长	74.3	39.1	29.0	19.6	17.5	13.7	10.0	8.2	5.4	4.1	3.9
期房	14062	29289	40988	54213	71578	81962	91916	104161	113967	125180	140175
累计增长	113.0	71.8	53.8	41.3	30.8	23.7	17.3	11.8	7.2	4.4	0.7
商品住宅房销售额	17526	35055	49010	64570	84633	96747	108062	121957	132902	145597	162730
累计增长	143.5	95.5	73.2	56.5	41.9	33.1	24.5	17.8	12.7	9.3	5.3
其中：现房	1756	3232	4449	5678	7420	8507	9473	10736	11791	13110	15100
累计增长	112.7	69.6	52.8	37.4	28.2	21.5	14.8	9.9	5.9	3.8	1.7
期房	15770	31824	44560	58892	77213	88239	98589	111221	121112	132487	147630
累计增长	147.5	98.5	75.6	58.7	43.4	34.3	25.6	18.7	13.4	9.8	5.7
办公楼销售面积	259	575	771	1013	1418	1676	1901	2257	2508	2827	3375
累计增长	56.4	34.4	20.0	10.5	10.0	6.3	3.7	3.1	2.4	2.0	1.2
其中：现房	92	190	240	314	418	508	574	677	756	856	992
累计增长	42.0	35.9	10.1	1.7	4.5	3.4	4.5	6.2	8.0	8.0	5.1
期房	167	386	531	699	1000	1168	1327	1580	1752	1971	2382
累计增长	65.5	33.7	25.1	15.0	12.4	7.6	3.4	1.8	0.1	-0.4	-0.3
办公楼销售额	401	874	1164	1485	1980	2405	2738	3179	3526	3950	4701
累计增长	33.4	44.0	31.9	24.9	10.7	9.1	3.5	0.5	-1.6	-3.0	-6.9
其中：现房	143	307	390	490	623	776	858	982	1132	1271	1474

续表

类　别	1—2 月	1—3 月	1—4 月	1—5 月	1—6 月	1—7 月	1—8 月	1—9 月	1—10 月	1—11 月	1—12 月
累计增长	3. 1	38. 1	16. 3	12. 7	7. 6	6. 5	6. 7	-1. 0	3. 7	4. 4	0. 2
期房	258	567	775	995	1357	1629	1881	2197	2394	2679	3227
累计增长	59. 5	47. 5	41. 4	31. 8	12. 1	10. 4	2. 1	1. 1	-3. 8	-6. 1	-9. 8
商业营业用房销售面积	754	1525	2126	2789	3868	4473	5059	5972	6651	7530	9046
累计增长	66. 4	24. 9	16. 3	8. 2	5. 7	3. 8	2. 1	0. 7	-0. 6	-2. 6	-2. 6
其中：现房	257	492	676	853	1141	1320	1509	1785	1979	2258	2770
累计增长	81. 0	19. 5	11. 9	0. 8	-4. 9	-6. 4	-5. 4	-6. 8	-8. 3	-10. 4	-7. 5
期房	497	1033	1451	1937	2726	3153	3550	4187	4672	5272	6275
累计增长	59. 7	27. 7	18. 5	11. 9	10. 9	8. 7	5. 6	4. 3	3. 1	1. 2	-0. 3
商业营业用房销售额	831	1628	2310	3025	4216	4869	5511	6437	7164	8075	9692
累计增长	60. 7	25. 8	20. 3	10. 3	8. 8	5. 0	3. 3	0. 5	-0. 6	-2. 2	-2. 0
其中：现房	254	479	654	823	1112	1290	1459	1718	1921	2168	2687
累计增长	90. 6	17. 9	10. 4	1. 4	-1. 3	-3. 3	-2. 8	-6. 3	-7. 4	-8. 3	-3. 7
期房	578	1150	1656	2202	3105	3579	4051	4719	5243	5907	7005
累计增长	50. 4	29. 4	24. 8	14. 1	13. 0	8. 3	5. 8	3. 3	2. 1	0. 3	-1. 3

数据来源：国家统计局。

表 3-5　2021 年全国房地产数据（单月）

单位：亿元，万平方米

类　别	1—2 月	3 月	4 月	5 月	6 月	7 月	8 月	9 月	10 月	11 月	12 月
房地产开发投资额	13986	13590	12664	14078	17861	12716	13164	14508	12366	12380	10288
住宅开发投资额	10387	10236	9538	10589	13494	9736	9991	10934	9421	9261	7586
开发企业到位资金	30560	16905	16078	17838	21518	16072	15393	17122	15111	16765	17771
土地购置面积	1453	848	1000	1095	2626	1743	1969	2997	2094	2463	3302
土地成交价款	503	306	394	728	1877	1314	1526	2700	2064	3109	3237
房屋新开工面积	17037	19126	17742	20444	26940	17660	16554	17442	13793	16083	16076
住宅新开工面积	12736	14321	13278	15180	20000	12959	12291	12609	10106	11537	11361
房屋竣工面积	13525	5597	3614	4847	8898	5301	4957	4274	6278	11464	32658
住宅竣工面积	9862	4026	2664	3329	6374	3871	3646	3045	4599	8167	23434
全国商品房销售面积	17363	18644	14298	16078	22252	13013	12545	16139	12709	15090	21303
住宅销售面积	15609	16722	12872	14490	19388	11517	11009	13825	10987	12737	17376
全国商品房销售额	19151	19227	15231	16925	22398	13499	12616	15748	12390	14482	20263
住宅销售额	17526	17529	13954	15561	20062	12114	11315	13896	10945	12695	17133
国房景气指数（当月）	101. 45	101. 33	101. 31	101. 20	101. 08	101. 00	100. 86	100. 75	100. 62	100. 51	100. 36

数据来源：根据国家统计局数据整理。

（二）各地区房地产开发投资数据

表 3-6　2017—2021 年全国及各地区房地产开发投资

单位：亿元

地　区	2017 年	2018 年	2019 年	2020 年	2021 年
全　国	**109798.53**	**120263.51**	**132194.26**	**141442.97**	**147602.08**
东部地区	**58022.55**	**64355.24**	**69313.31**	**74563.76**	**77695.45**
北　京	3692.54	3873.35	3838.38	3938.71	4139.03
天　津	2233.39	2424.49	2727.82	2608.54	2769.98
河　北	4823.91	4476.40	4347.05	4601.13	5023.87
上　海	3856.53	4033.18	4231.38	4698.75	5035.18
江　苏	9629.11	10982.34	12009.35	13171.27	13477.45
浙　江	8226.78	9944.93	10682.97	11413.66	12389.11
福　建	4794.23	4940.34	5673.13	6026.80	6195.61
山　东	6637.25	7552.97	8614.89	9450.49	9819.75
广　东	12075.69	14412.19	15852.16	17312.74	17465.85
海　南	2053.11	1715.04	1336.18	1341.67	1379.62
中部地区	**23884.01**	**25180.17**	**27587.87**	**28802.33**	**31161.39**
山　西	1166.28	1376.59	1656.50	1830.36	1945.23
安　徽	5612.47	5974.11	6670.48	7042.29	7263.22
江　西	2013.98	2174.93	2239.11	2378.08	2528.83
河　南	7090.25	7015.47	7464.59	7782.29	7874.35
湖　北	4574.89	4693.12	5111.73	4888.87	6121.93
湖　南	3426.13	3945.95	4445.47	4880.44	5427.83
西部地区	**23876.57**	**26008.55**	**30185.61**	**32654.32**	**33367.63**
内蒙古	889.72	882.85	1041.95	1176.48	1234.13
广　西	2683.48	3004.13	3814.41	3845.62	3733.93
重　庆	3980.08	4248.76	4439.30	4351.96	4354.96
四　川	5149.89	5697.87	6573.24	7315.31	7831.88
贵　州	2201.00	2349.23	2990.81	3418.75	3383.06
云　南	2786.25	3247.23	4151.41	4505.19	4309.93
西　藏	40.36	92.60	129.56	165.47	141.97
陕　西	3101.97	3534.67	3903.65	4404.39	4441.00
甘　肃	944.52	1116.39	1257.85	1355.64	1525.88
青　海	408.59	351.82	406.29	421.35	442.51
宁　夏	652.84	449.57	403.09	433.27	466.95
新　疆	1037.86	1033.44	1074.04	1260.89	1501.43
东北地区	**4015.40**	**4719.56**	**5107.48**	**5422.56**	**5377.61**
辽　宁	2289.67	2599.27	2833.95	2978.86	2900.72
吉　林	910.14	1175.88	1315.52	1460.78	1540.92
黑龙江	815.60	944.40	958.01	982.92	935.97

数据来源：国家统计局。

表 3-7　2021 年全国及各地区房地产开发投资（月度累计）

单位：亿元

地　区	1—2 月	1—3 月	1—4 月	1—5 月	1—6 月	1—7 月	1—8 月	1—9 月	1—10 月	1—11 月	1—12 月
全　国	**13985.87**	**27575.82**	**40239.78**	**54318.07**	**72179.07**	**84895.41**	**98059.74**	**112568.08**	**124933.64**	**137313.99**	**147602.08**
东部地区	**8353.42**	**15602.52**	**22098.46**	**29409.34**	**38543.69**	**45305.64**	**51871.35**	**59381.13**	**65902.37**	**72483.09**	**77695.45**
北　京	386.08	773.00	1092.12	1506.63	2043.38	2447.63	2813.64	3233.40	3558.00	3912.93	4139.03
天　津	242.65	621.82	887.34	1206.98	1611.01	1839.27	2032.92	2280.51	2444.98	2624.24	2769.98
河　北	195.94	654.09	1051.50	1521.85	2422.51	2897.12	3403.56	3934.04	4342.97	4749.74	5023.87
上　海	740.44	1072.09	1429.65	1823.64	2245.45	2669.26	3109.88	3569.93	4032.65	4499.32	5035.18
江　苏	1800.52	3220.98	4483.13	5834.99	7245.89	8407.05	9430.99	10596.20	11678.12	12709.14	13477.45
浙　江	1395.80	2443.54	3469.84	4591.69	6036.81	7082.65	8176.08	9424.16	10517.71	11612.60	12389.11
福　建	734.92	1466.75	2019.89	2633.56	3319.66	3843.75	4260.80	4870.60	5319.14	5839.79	6195.61
山　东	924.29	1862.70	2715.49	3651.66	4846.90	5771.21	6615.89	7560.32	8465.18	9275.63	9819.75
广　东	1797.20	3208.66	4576.15	6161.53	8167.81	9643.67	11222.68	12975.25	14468.42	16044.76	17465.85
海　南	135.58	278.89	373.35	476.81	604.27	704.03	804.91	936.72	1075.20	1214.94	1379.62
中部地区	**2639.72**	**5431.55**	**8325.09**	**11358.59**	**15052.75**	**17720.30**	**20613.87**	**23626.94**	**26194.18**	**28673.54**	**31161.39**
山　西	77.86	251.43	406.11	584.20	915.32	1110.07	1289.74	1513.32	1670.51	1816.45	1945.23
安　徽	783.86	1498.11	2234.27	3025.30	3834.63	4522.00	5206.38	5864.89	6364.54	6815.40	7263.22
江　西	268.17	499.55	723.70	960.94	1210.66	1465.24	1740.28	2006.17	2196.51	2364.11	2528.83
河　南	573.97	1326.28	2067.83	2892.66	3729.77	4374.32	4982.51	5688.79	6382.84	7101.60	7874.35
湖　北	476.68	1006.43	1528.53	2090.28	2942.67	3431.02	4049.08	4631.13	5148.94	5644.09	6121.93
湖　南	459.18	849.75	1364.65	1805.21	2419.70	2817.65	3345.88	3922.64	4430.84	4931.89	5427.83
西部地区	**2834.45**	**5954.89**	**8777.16**	**11847.43**	**15981.41**	**18717.49**	**21836.94**	**25128.89**	**27962.91**	**30958.55**	**33367.63**
内蒙古	18.15	79.78	176.61	299.94	471.95	627.48	800.77	967.11	1098.30	1192.97	1234.13
广　西	342.88	800.12	1147.51	1500.23	2045.53	2286.69	2549.07	2866.55	3114.02	3413.17	3733.93
重　庆	442.91	881.75	1268.41	1664.02	2167.16	2474.64	2843.84	3291.01	3546.68	3957.58	4354.96
四　川	922.76	1641.71	2312.89	2992.63	3869.80	4507.15	5221.04	5920.13	6607.54	7242.06	7831.88
贵　州	360.00	738.19	1014.83	1258.60	1521.59	1706.30	2074.03	2406.72	2744.74	3125.43	3383.06
云　南	396.31	889.50	1285.94	1698.24	2224.28	2565.46	2902.73	3263.80	3610.62	3970.39	4309.93
西　藏	0.66	9.93	22.04	43.57	73.40	88.29	98.72	109.72	120.19	137.02	141.97
陕　西	283.43	642.22	965.59	1401.14	2022.17	2386.37	2825.21	3244.62	3652.57	4122.61	4441.00
甘　肃	38.83	132.21	241.53	398.90	627.56	789.62	961.77	1163.01	1310.84	1446.30	1525.88
青　海	0.34	25.42	77.90	129.23	201.43	258.06	310.15	360.51	404.94	438.34	442.51
宁　夏	11.90	54.56	101.69	151.21	223.76	273.60	308.97	354.82	392.89	441.25	466.95
新　疆	16.28	59.50	162.22	309.72	532.78	753.83	940.64	1180.89	1359.58	1471.43	1501.43
东北地区	**158.28**	**586.86**	**1039.07**	**1702.71**	**2601.22**	**3151.98**	**3737.58**	**4431.12**	**4874.18**	**5198.81**	**5377.61**
辽　宁	137.83	484.58	770.08	1087.81	1601.60	1847.62	2121.36	2433.78	2634.74	2789.61	2900.72
吉　林	18.36	69.41	184.49	435.97	653.72	861.56	1072.57	1294.43	1431.33	1514.77	1540.92
黑龙江	2.09	32.87	84.50	178.93	345.90	442.80	543.65	702.91	808.11	894.43	935.97

数据来源：国家统计局。

表 3-8 2017—2021 年全国及各地区住宅开发投资

单位：亿元

地 区	2017 年	2018 年	2019 年	2020 年	2021 年
全 国	**75147.88**	**85192.25**	**97070.74**	**104445.72**	**111173.01**
东部地区	**39769.51**	**45351.97**	**49838.88**	**53598.35**	**56635.53**
北 京	1694.67	2026.06	2039.76	2317.08	2522.18
天 津	1559.70	1863.50	2200.01	2084.80	2168.35
河 北	3656.98	3471.11	3455.74	3746.74	4092.68
上 海	2152.40	2225.92	2318.13	2418.79	2673.95
江 苏	7315.28	8366.18	9461.98	10416.03	10786.21
浙 江	5645.98	7156.45	7727.11	8089.57	8801.51
福 建	3236.51	3456.86	4076.31	4372.10	4560.71
山 东	4929.53	5717.52	6672.22	7296.40	7694.50
广 东	8100.93	9757.86	10852.77	11910.43	12438.31
海 南	1477.53	1310.51	1034.86	946.41	897.13
中部地区	**17005.80**	**18804.50**	**21439.16**	**22660.83**	**25247.84**
山 西	846.38	1033.76	1296.48	1431.80	1556.08
安 徽	4007.00	4563.41	5248.06	5636.78	5976.82
江 西	1391.79	1590.64	1687.18	1808.76	1994.94
河 南	5330.80	5387.62	6055.37	6453.00	6696.09
湖 北	3235.42	3464.59	3954.72	3715.43	4859.30
湖 南	2194.41	2764.48	3197.35	3615.06	4164.61
西部地区	**15510.41**	**17602.53**	**21945.53**	**24133.35**	**25149.75**
内蒙古	645.85	641.99	782.13	907.23	971.36
广 西	1983.52	2217.50	2924.18	2983.51	2902.89
重 庆	2632.88	3012.65	3246.77	3189.05	3288.11
四 川	3182.34	3764.71	4665.31	5330.14	5767.25
贵 州	1365.33	1557.85	2078.37	2572.34	2624.94
云 南	1743.91	2115.17	3028.96	3317.55	3175.11
西 藏	20.10	49.99	96.87	118.47	87.46
陕 西	2145.56	2411.55	2957.08	3225.45	3411.03
甘 肃	601.25	672.35	865.93	1010.28	1159.12
青 海	213.66	215.89	294.08	292.32	350.57
宁 夏	387.75	300.41	281.74	308.59	344.24
新 疆	588.25	642.48	724.13	878.42	1067.67
东北地区	**2862.16**	**3433.25**	**3847.17**	**4053.19**	**4139.89**
辽 宁	1673.91	1944.46	2188.35	2303.23	2321.00
吉 林	633.55	841.02	970.99	1047.87	1094.84
黑龙江	554.70	647.77	687.83	702.09	724.05

数据来源：国家统计局。

表 3-9　2021 年全国及各地区住宅开发投资（月度累计）

单位：亿元

地　区	1—2 月	1—3 月	1—4 月	1—5 月	1—6 月	1—7 月	1—8 月	1—9 月	1—10 月	1—11 月	1—12 月
全　国	**10387.24**	**20623.72**	**30161.71**	**40750.22**	**54244.25**	**63980.29**	**73971.11**	**84905.58**	**94326.66**	**103587.51**	**111173.01**
东部地区	**6056.56**	**11352.56**	**16120.14**	**21450.21**	**28215.97**	**33231.15**	**38035.36**	**43525.99**	**48350.85**	**53066.59**	**56635.53**
北　京	227.79	462.90	657.94	918.49	1250.43	1501.55	1709.90	1974.09	2180.12	2400.52	2522.18
天　津	190.92	494.00	700.74	953.51	1276.86	1455.07	1602.60	1793.33	1917.03	2063.47	2168.35
河　北	156.94	533.06	857.98	1239.54	1969.67	2359.83	2771.85	3221.47	3535.59	3878.35	4092.68
上　海	389.63	570.89	749.41	951.04	1166.28	1383.91	1636.00	1881.73	2176.92	2389.23	2673.95
江　苏	1447.95	2564.62	3583.78	4664.62	5811.69	6767.30	7579.23	8504.08	9387.54	10211.41	10786.21
浙　江	1000.73	1747.54	2515.92	3308.86	4326.00	5089.14	5868.03	6743.65	7523.46	8278.35	8801.51
福　建	551.30	1080.43	1474.58	1907.28	2391.27	2813.34	3102.04	3554.68	3898.15	4289.68	4560.71
山　东	731.14	1454.44	2107.07	2835.08	3775.07	4487.52	5162.92	5911.33	6645.47	7273.76	7694.50
广　东	1267.84	2265.86	3237.09	4367.42	5853.30	6913.59	8063.68	9314.61	10373.56	11487.98	12438.31
海　南	92.32	178.82	235.63	304.37	395.40	459.90	539.11	627.02	713.01	793.84	897.13
中部地区	**2106.99**	**4339.26**	**6666.07**	**9128.25**	**12115.79**	**14330.01**	**16686.33**	**19113.75**	**21195.36**	**23225.24**	**25247.84**
山　西	63.89	205.41	330.68	471.96	733.10	888.86	1030.62	1210.02	1334.89	1455.80	1556.08
安　徽	631.37	1216.02	1828.09	2469.33	3143.09	3734.98	4299.33	4841.42	5246.88	5605.07	5976.82
江　西	206.68	384.68	560.63	744.44	944.24	1147.32	1365.32	1572.77	1728.79	1865.04	1994.94
河　南	476.31	1095.45	1713.02	2423.40	3132.58	3699.71	4231.30	4829.89	5413.22	6036.16	6696.09
湖　北	378.62	793.69	1201.98	1651.58	2325.42	2721.06	3219.45	3673.54	4086.86	4491.68	4859.30
湖　南	350.12	644.01	1031.67	1367.54	1837.36	2138.08	2540.31	2986.11	3384.72	3771.49	4164.61
西部地区	**2099.01**	**4470.56**	**6568.05**	**8862.67**	**11925.99**	**14001.80**	**16386.49**	**18867.21**	**21033.10**	**23294.25**	**25149.75**
内蒙古	14.10	64.66	141.85	232.47	369.99	493.43	629.98	756.40	863.70	939.40	971.36
广　西	265.29	615.73	876.97	1154.00	1563.23	1743.13	1950.14	2191.07	2411.27	2654.67	2902.89
重　庆	336.97	689.38	970.78	1273.14	1617.72	1863.13	2136.14	2466.03	2651.87	2957.52	3288.11
四　川	659.89	1194.99	1686.20	2187.41	2837.17	3303.48	3837.51	4358.19	4857.60	5323.43	5767.25
贵　州	269.19	568.71	788.86	975.44	1182.45	1328.22	1617.90	1878.36	2142.01	2435.02	2624.94
云　南	292.82	654.63	938.85	1237.38	1625.73	1875.15	2124.99	2398.21	2661.41	2926.82	3175.11
西　藏	0.45	5.63	14.12	27.94	45.02	53.24	59.97	67.55	72.61	84.07	87.46
陕　西	212.04	477.85	725.95	1049.99	1517.72	1805.28	2165.74	2491.46	2800.50	3156.02	3411.03
甘　肃	26.65	94.42	175.72	294.01	468.64	589.82	724.22	875.95	989.66	1095.70	1159.12
青　海	0.25	18.86	59.12	100.03	157.49	202.61	244.39	284.21	321.32	347.65	350.57
宁　夏	9.14	42.90	77.17	114.04	165.21	203.37	226.25	259.65	288.60	324.66	344.24
新　疆	12.22	42.80	112.46	216.82	375.62	540.94	669.26	840.13	972.55	1049.29	1067.67
东北地区	**124.68**	**461.34**	**807.45**	**1309.09**	**1986.50**	**2417.33**	**2862.93**	**3398.63**	**3747.35**	**4001.43**	**4139.89**
辽　宁	107.94	382.66	608.51	871.23	1278.20	1484.04	1702.65	1952.54	2113.31	2234.99	2321.00
吉　林	15.27	54.37	137.74	302.72	453.13	603.93	751.16	908.63	1014.16	1074.64	1094.84
黑龙江	1.47	24.31	61.20	135.14	255.17	329.36	409.12	537.46	619.88	691.80	724.05

数据来源：国家统计局。

（三）各地区房地产建设数据

1. 各地区房屋施工面积

表 3-10　2017—2021 年全国及各地区房屋施工面积

单位：万平方米

地　区	2017 年	2018 年	2019 年	2020 年	2021 年
全　国	**781483. 73**	**822300. 24**	**893820. 89**	**926759. 21**	**975386. 52**
东部地区	**345151. 87**	**364740. 59**	**389869. 74**	**412296. 43**	**426915. 84**
北　京	12412. 74	12962. 61	12514. 99	13918. 64	14055. 32
天　津	8795. 82	10324. 37	11453. 43	12034. 51	12627. 78
河　北	30318. 32	28172. 06	29852. 97	31408. 39	35681. 38
上　海	15362. 25	14672. 37	14802. 97	15740. 34	16627. 90
江　苏	59464. 23	62673. 47	65686. 75	67889. 46	68479. 63
浙　江	41236. 24	44537. 06	49604. 61	56725. 08	58818. 94
福　建	31939. 55	32825. 97	34140. 18	34556. 77	34667. 18
山　东	63563. 24	69063. 06	75767. 42	79791. 89	82771. 67
广　东	72492. 10	79935. 06	86824. 87	91642. 42	94247. 53
海　南	9567. 39	9574. 56	9221. 56	8588. 93	8938. 51
中部地区	**186593. 39**	**200599. 23**	**218133. 96**	**225108. 25**	**240053. 26**
山　西	16473. 40	16949. 56	19548. 55	21937. 83	24930. 37
安　徽	39169. 24	41128. 34	43591. 15	44974. 60	46812. 59
江　西	18806. 79	20738. 65	23556. 98	23580. 80	25219. 87
河　南	49942. 29	54685. 56	57567. 10	58438. 21	62688. 17
湖　北	30510. 48	31315. 60	33825. 07	35419. 40	37741. 37
湖　南	31691. 19	35781. 53	40045. 12	40757. 41	42660. 89
西部地区	**201615. 78**	**210075. 83**	**238184. 78**	**241749. 20**	**259191. 31**
内蒙古	15815. 41	15053. 71	15889. 08	15310. 96	16394. 65
广　西	22689. 62	25399. 02	29807. 03	32184. 05	34175. 70
重　庆	25960. 99	27226. 56	27986. 64	27368. 16	26893. 17
四　川	41294. 89	44065. 92	49113. 75	50755. 54	54248. 70
贵　州	20385. 43	21953. 33	27775. 07	26922. 73	28749. 89
云　南	21085. 35	21800. 41	26314. 05	25801. 30	29148. 14
西　藏	229. 85	358. 61	764. 16	945. 33	945. 37
陕　西	23630. 10	24618. 05	27728. 39	28358. 31	29978. 08
甘　肃	9153. 46	9428. 51	10977. 33	11328. 26	13197. 55
青　海	2936. 71	2549. 21	2922. 38	2943. 51	3398. 79
宁　夏	6836. 71	6047. 78	5936. 59	5562. 65	5606. 88
新　疆	11597. 26	11574. 72	12970. 30	14268. 40	16454. 39
东北地区	**48122. 69**	**46884. 60**	**47632. 41**	**47605. 33**	**49226. 11**
辽　宁	25906. 89	24216. 83	23787. 49	24002. 81	25423. 54
吉　林	11887. 33	12079. 52	12403. 73	12340. 61	13061. 62
黑龙江	10328. 47	10588. 25	11441. 20	11261. 91	10740. 95

数据来源：国家统计局。

表 3-11　2021 年全国及各地区房屋施工面积（月度累计）

单位：万平方米

地　区	1—2 月	1—3 月	1—4 月	1—5 月	1—6 月	1—7 月	1—8 月	1—9 月	1—10 月	1—11 月	1—12 月
全　国	**770628.90**	**798393.87**	**818512.90**	**839961.68**	**873250.61**	**891880.26**	**909992.02**	**928064.70**	**942858.64**	**959653.84**	**975386.52**
东部地区	**338340.29**	**349015.30**	**355004.61**	**364512.27**	**379755.46**	**389224.31**	**397217.08**	**404874.07**	**411898.03**	**419529.68**	**426915.84**
北　京	12277.76	12549.92	12631.73	12875.45	13082.49	13334.04	13408.41	13509.54	13625.99	13815.24	14055.32
天　津	9203.73	10671.80	10999.82	11328.47	11538.58	11740.00	11898.99	12297.10	12416.46	12597.13	12627.78
河　北	26090.10	27190.92	27907.22	29098.97	31106.80	32065.62	33022.03	33665.17	34328.08	34787.41	35681.38
上　海	12431.17	12751.07	13129.51	13459.34	13879.31	14536.28	14711.09	15316.58	15662.46	15922.73	16627.90
江　苏	52393.31	54510.94	56021.24	57969.03	59993.47	62552.84	63941.12	64597.97	65927.90	67005.60	68479.63
浙　江	43721.49	45794.38	46279.85	47914.86	51227.58	52211.72	53567.52	55097.82	55950.04	57739.71	58818.94
福　建	28857.98	29610.69	30287.25	30957.66	31769.82	32368.53	33081.28	33601.57	33969.71	34475.11	34667.18
山　东	66408.94	67786.54	68071.35	69370.22	73584.43	75422.31	77298.88	78567.91	80457.03	81753.72	82771.67
广　东	79309.99	80370.05	81826.56	83456.42	85352.72	86676.70	87897.42	89715.81	90885.15	92632.07	94247.53
海　南	7645.82	7778.99	7850.08	8081.85	8220.26	8316.27	8390.34	8504.60	8675.21	8800.96	8938.51
中部地区	**186491.89**	**194216.45**	**201647.58**	**206173.92**	**214589.53**	**218435.52**	**223005.68**	**227536.17**	**230987.94**	**235814.63**	**240053.26**
山　西	17403.64	19290.53	20518.52	21273.99	22052.64	22847.79	23181.98	23776.90	24129.49	24499.13	24930.37
安　徽	37329.97	38115.38	39423.99	40660.81	41782.34	42524.44	43377.66	44160.18	44756.29	45805.04	46812.59
江　西	20292.54	21023.55	21650.22	22344.19	23002.59	23464.84	23884.03	24329.74	24641.61	24994.68	25219.87
河　南	49537.55	51324.47	52945.00	54692.52	56563.69	57775.34	58687.68	59789.59	60628.18	61675.31	62688.17
湖　北	28913.10	30863.00	31940.27	32423.31	33680.13	33872.64	34995.81	35742.65	36310.63	37149.97	37741.37
湖　南	33015.09	33599.52	35169.58	34779.10	37508.14	37950.47	38878.52	39737.11	40521.74	41690.50	42660.89
西部地区	**206303.83**	**215394.63**	**220632.74**	**226597.28**	**234282.35**	**238592.32**	**243198.43**	**247973.64**	**251638.83**	**255546.71**	**259191.31**
内蒙古	11204.61	12455.94	13660.13	14079.55	14786.36	15232.94	15835.61	15975.01	16205.52	16227.89	16394.65
广　西	26658.12	30005.53	30567.09	30958.49	31866.97	32066.46	32737.14	33132.62	33419.20	33666.21	34175.70
重　庆	23096.49	23598.21	24020.76	24235.33	24680.36	25053.58	25595.66	26093.16	26341.47	26669.81	26893.17
四　川	43973.75	45477.17	46418.94	47580.37	48931.72	49611.37	50443.21	51355.50	52174.68	53134.96	54248.70
贵　州	24249.06	24919.47	25523.00	25791.75	26198.35	26518.85	26942.90	27498.92	27921.12	28497.26	28749.89
云　南	23117.07	23928.36	24705.19	25702.13	26440.75	26819.45	27248.78	27677.35	28149.58	28588.41	29148.14
西　藏	774.00	835.63	848.52	897.73	936.89	949.79	876.94	887.98	906.62	925.73	945.37
陕　西	24823.67	25329.24	25666.14	26423.90	27097.21	27765.10	28034.45	28466.19	28863.39	29502.69	29978.08
甘　肃	9383.30	9669.74	9844.19	10409.51	11136.28	11495.91	11894.98	12406.63	12753.38	13069.49	13197.55
青　海	2607.48	2795.31	2903.19	2962.98	3056.11	3136.25	3244.59	3273.36	3305.99	3357.23	3398.79
宁　夏	4561.83	4658.16	4870.72	5042.59	5244.17	5249.53	5360.02	5481.60	5549.89	5607.40	5606.88
新　疆	11854.45	11721.87	11604.87	12512.95	13907.18	14693.09	14984.15	15725.32	16047.99	16299.63	16454.39
东北地区	**39492.89**	**39767.49**	**41227.97**	**42678.21**	**44623.27**	**45628.11**	**46570.83**	**47680.82**	**48333.84**	**48762.82**	**49226.11**
辽　宁	20806.23	21542.17	21979.23	22456.69	23344.10	23764.12	24081.35	24503.14	24793.67	24975.16	25423.54
吉　林	9694.53	9194.23	10099.48	10807.88	11449.85	11854.44	12352.64	12798.10	12949.55	13115.60	13061.62
黑龙江	8992.13	9031.09	9149.26	9413.64	9829.32	10009.55	10136.84	10379.58	10590.62	10672.06	10740.95

数据来源：国家统计局。

表 3-12　2017—2021 年全国及各地区住宅施工面积

单位：万平方米

地　区	2017 年	2018 年	2019 年	2020 年	2021 年
全　国	**536443.96**	**569986.66**	**627673.42**	**655557.72**	**690319.37**
东部地区	**234383.86**	**249438.55**	**269203.48**	**284746.55**	**292810.60**
北　京	5390.89	5877.06	5640.11	6715.26	6895.64
天　津	5911.03	7151.20	8156.94	8518.17	8781.75
河　北	23200.01	21452.64	23023.40	24276.14	27646.06
上　海	8013.80	7520.39	7446.43	7712.25	7603.14
江　苏	43554.54	46328.92	49010.85	51020.11	51068.75
浙　江	24760.01	27437.16	31175.94	36070.35	36911.51
福　建	20378.76	21031.59	22456.97	22929.82	23458.10
山　东	46742.06	50789.55	55941.98	58913.61	60712.62
广　东	49450.82	54791.17	59664.36	62695.09	63828.96
海　南	6981.94	7058.88	6686.50	5895.75	5904.07
中部地区	**135103.46**	**147485.69**	**162703.71**	**169556.01**	**181870.46**
山　西	11817.12	12314.82	14323.76	16419.90	18600.48
安　徽	26858.99	29191.11	31953.75	33686.67	35151.05
江　西	13659.14	15246.86	17661.43	17891.22	19284.34
河　南	37518.01	41349.89	43971.26	44943.22	48580.05
湖　北	22479.79	23397.47	25540.84	26598.05	28451.25
湖　南	22770.42	25985.55	29252.68	30016.95	31803.29
西部地区	**132391.33**	**139238.04**	**161506.24**	**166798.13**	**179826.13**
内蒙古	10394.39	9925.98	10808.28	10780.02	11693.85
广　西	16453.90	18522.84	22061.19	23779.14	25219.48
重　庆	16747.92	17859.42	18466.12	18241.78	17709.78
四　川	26272.05	28540.40	32151.96	33706.21	36153.61
贵　州	12789.65	13985.42	18426.52	18390.09	20033.09
云　南	13534.43	14243.51	17531.69	17482.38	19720.94
西　藏	132.51	225.04	549.81	684.04	658.42
陕　西	16958.61	17479.71	20154.62	20702.43	21923.15
甘　肃	6087.85	6167.60	7473.29	7824.44	9337.42
青　海	1735.76	1582.56	1931.17	2021.89	2418.69
宁　夏	4346.91	3821.19	3789.29	3633.11	3760.32
新　疆	6937.35	6884.37	8162.30	9552.60	11197.38
东北地区	**34565.30**	**33824.38**	**34259.99**	**34457.03**	**35812.18**
辽　宁	18784.00	17742.31	17429.59	17800.29	18823.30
吉　林	8349.19	8398.11	8614.03	8524.10	9157.73
黑龙江	7432.11	7683.95	8216.36	8132.64	7831.15

数据来源：国家统计局。

表 3-13　2021 年全国及各地区住宅施工面积（月度累计）

单位：万平方米

地 区	1—2 月	1—3 月	1—4 月	1—5 月	1—6 月	1—7 月	1—8 月	1—9 月	1—10 月	1—11 月	1—12 月
全 国	**542503.29**	**563125.31**	**578027.54**	**593318.22**	**617479.68**	**631071.98**	**644335.60**	**656884.07**	**667801.08**	**679539.72**	**690319.37**
东部地区	**232282.32**	**239889.32**	**244213.51**	**250578.78**	**261049.37**	**267597.08**	**273222.30**	**278041.50**	**283157.46**	**288087.72**	**292810.60**
北 京	5932.98	6072.84	6143.28	6269.27	6381.37	6527.43	6546.29	6591.57	6650.14	6734.80	6895.64
天 津	6257.32	7431.88	7713.99	7933.37	8122.39	8263.04	8374.14	8614.52	8681.14	8789.21	8781.75
河 北	20232.87	21056.78	21620.50	22534.56	24104.41	24875.39	25609.41	26124.79	26613.00	26948.88	27646.06
上 海	5903.05	6082.14	6183.12	6204.36	6398.28	6668.33	6748.28	6997.02	7304.35	7365.51	7603.14
江 苏	39256.09	40911.64	42035.86	43398.06	44852.85	46831.33	47915.20	48300.32	49254.25	50082.01	51068.75
浙 江	27778.68	29056.82	29491.17	30624.76	32440.91	32904.19	33680.15	34714.73	35222.01	36281.13	36911.51
福 建	19354.01	19895.92	20373.30	20759.18	21295.25	21721.73	22221.35	22566.39	22828.38	23197.13	23458.10
山 东	48624.77	49642.18	49890.08	50818.92	53998.44	55401.93	56795.99	57582.32	59136.74	60027.78	60712.62
广 东	53799.99	54526.94	55525.41	56648.08	57966.23	58827.31	59708.05	60858.50	61685.73	62839.87	63828.96
海 南	5142.56	5212.18	5236.80	5388.22	5489.24	5576.40	5623.44	5691.34	5781.72	5821.40	5904.07
中部地区	**140133.24**	**146327.10**	**151957.42**	**155579.94**	**162207.74**	**165338.10**	**168845.80**	**172314.43**	**175032.72**	**178590.46**	**181870.46**
山 西	12962.86	14406.89	15308.98	15889.48	16498.48	17069.18	17342.84	17762.09	18017.84	18298.63	18600.48
安 徽	27984.16	28625.07	29593.90	30599.61	31418.46	31972.67	32634.70	33271.27	33704.78	34419.52	35151.05
江 西	15300.71	15892.16	16426.83	17011.57	17507.16	17863.91	18194.26	18541.92	18814.98	19095.03	19284.34
河 南	37876.13	39330.73	40643.17	42116.40	43670.46	44667.02	45418.11	46290.42	46899.44	47744.78	48580.05
湖 北	21676.00	23194.31	23961.65	24388.14	25338.42	25613.51	26426.05	26950.50	27386.71	27985.25	28451.25
湖 南	24333.38	24877.94	26022.89	25574.74	27774.76	28151.81	28829.84	29498.23	30208.97	31047.25	31803.29
西部地区	**141676.32**	**148265.16**	**152138.90**	**156332.85**	**161924.06**	**165074.38**	**168462.12**	**171851.28**	**174433.38**	**177365.35**	**179826.13**
内蒙古	7728.27	8717.83	9596.53	9905.30	10419.04	10752.62	11256.08	11345.45	11533.98	11544.97	11693.85
广 西	19658.72	22103.19	22529.24	22834.26	23524.97	23694.76	24198.03	24472.84	24674.29	24864.44	25219.48
重 庆	15275.12	15615.88	15904.57	15958.54	16262.91	16528.36	16866.25	17169.96	17350.17	17575.10	17709.78
四 川	29017.80	30081.17	30735.12	31560.69	32444.07	32943.02	33533.23	34171.25	34715.51	35422.27	36153.61
贵 州	16653.99	17140.42	17608.66	17777.19	18106.05	18372.71	18690.90	19091.78	19367.94	19861.70	20033.09
云 南	15577.15	16131.95	16691.50	17400.86	17940.70	18169.33	18452.26	18778.46	19102.91	19382.93	19720.94
西 藏	569.06	599.23	611.32	637.26	658.19	665.45	626.07	633.14	641.41	648.19	658.42
陕 西	18040.60	18374.72	18614.62	19186.71	19700.53	20173.80	20403.57	20769.60	21062.84	21551.29	21923.15
甘 肃	6495.91	6726.83	6819.26	7301.08	7846.81	8106.28	8379.51	8752.45	9019.41	9267.06	9337.42
青 海	1797.30	1947.02	2028.94	2070.15	2146.46	2209.73	2296.37	2316.51	2341.30	2382.92	2418.69
宁 夏	2975.52	3038.58	3197.55	3320.58	3442.18	3474.46	3557.10	3645.78	3699.61	3754.36	3760.32
新 疆	7886.88	7788.34	7801.59	8380.23	9432.15	9983.86	10202.75	10704.06	10924.01	11110.12	11197.38
东北地区	**28411.41**	**28643.73**	**29717.71**	**30826.65**	**32298.51**	**33062.42**	**33805.38**	**34676.86**	**35177.52**	**35496.19**	**35812.18**
辽 宁	15408.87	15932.37	16254.55	16608.46	17292.88	17593.55	17848.77	18188.95	18364.65	18511.94	18823.30
吉 林	6540.97	6211.26	6871.28	7419.23	7903.59	8226.67	8627.06	8965.89	9109.16	9208.53	9157.73
黑龙江	6461.57	6500.10	6591.88	6798.96	7102.04	7242.20	7329.55	7522.02	7703.71	7775.72	7831.15

数据来源：国家统计局。

表 3-14　2017—2021 年全国及各地区办公楼施工面积

单位：万平方米

地　区	2017 年	2018 年	2019 年	2020 年	2021 年
全　国	**36014.62**	**35842.23**	**37251.82**	**37083.57**	**37729.60**
东部地区	**20575.14**	**20571.16**	**21118.05**	**21250.52**	**21564.79**
北　京	2428.40	2220.52	1951.02	1654.23	1461.39
天　津	693.83	623.55	562.40	586.48	516.61
河　北	829.75	690.06	684.94	657.22	685.35
上　海	2282.08	2139.02	2130.54	2282.65	2615.02
江　苏	2503.74	2466.10	2456.54	2384.36	2327.19
浙　江	2845.86	2817.41	2864.84	2841.13	2895.91
福　建	2203.83	2227.70	2030.75	1848.05	1525.72
山　东	2574.61	2681.25	3018.86	2891.17	2959.61
广　东	3965.06	4480.20	5159.27	5737.68	6103.22
海　南	247.98	225.35	258.89	367.55	474.77
中部地区	**6220.02**	**6104.93**	**6487.74**	**6546.89**	**6854.94**
山　西	548.93	495.84	554.04	501.44	575.70
安　徽	1330.35	1232.57	1268.31	1211.92	1236.31
江　西	616.15	582.35	598.24	622.77	654.26
河　南	1699.76	1791.97	1856.95	1755.06	1856.89
湖　北	1157.25	1154.29	1173.24	1436.88	1576.18
湖　南	867.57	847.92	1036.96	1018.82	955.60
西部地区	**7948.62**	**7884.68**	**8355.91**	**8020.43**	**7956.92**
内蒙古	556.87	463.74	387.59	243.01	209.62
广　西	735.52	764.06	835.57	864.93	813.58
重　庆	907.70	809.16	727.73	701.86	738.76
四　川	1487.57	1689.40	2029.80	2173.66	2162.03
贵　州	752.50	747.85	824.39	627.19	568.14
云　南	840.36	781.72	929.18	855.66	1007.27
西　藏	9.17	6.51	20.05	30.22	47.28
陕　西	1224.76	1301.74	1420.03	1470.57	1373.08
甘　肃	298.59	303.83	278.90	327.07	316.00
青　海	167.68	103.96	87.56	67.47	73.32
宁　夏	357.92	299.90	264.58	187.98	151.13
新　疆	609.97	612.79	550.53	470.81	496.71
东北地区	**1270.84**	**1281.46**	**1290.11**	**1265.73**	**1352.95**
辽　宁	535.05	518.23	526.03	468.59	516.54
吉　林	497.41	532.30	549.75	581.81	625.87
黑龙江	238.39	230.94	214.33	215.33	210.54

数据来源：国家统计局。

表 3-15　2021 年全国及各地区办公楼施工面积（月度累计）

单位：万平方米

地　区	1—2 月	1—3 月	1—4 月	1—5 月	1—6 月	1—7 月	1—8 月	1—9 月	1—10 月	1—11 月	1—12 月
全　国	**31802.25**	**32326.16**	**32777.51**	**33212.12**	**34256.26**	**34822.83**	**35271.30**	**35992.79**	**36378.17**	**37125.88**	**37729.60**
东部地区	**17893.97**	**18067.54**	**18316.01**	**18645.91**	**19286.52**	**19762.86**	**20018.73**	**20510.05**	**20669.61**	**21208.09**	**21564.79**
北　京	1380.72	1406.60	1395.14	1397.04	1409.28	1426.03	1432.87	1432.96	1441.39	1458.11	1461.39
天　津	503.45	501.63	503.69	493.02	508.50	508.77	503.40	506.92	513.68	520.25	516.61
河　北	521.21	564.59	571.94	580.20	613.49	624.69	635.88	641.46	670.13	663.41	685.35
上　海	1923.17	1911.94	2013.49	2144.37	2211.63	2320.66	2329.99	2436.43	2406.97	2462.06	2615.02
江　苏	1981.39	1928.93	1983.34	2037.76	2113.51	2192.15	2220.09	2262.59	2276.10	2295.19	2327.19
浙　江	2202.72	2254.72	2225.06	2237.51	2435.17	2477.45	2591.42	2638.22	2684.95	2833.29	2895.91
福　建	1425.38	1430.99	1457.73	1476.23	1494.19	1505.34	1509.48	1536.96	1545.70	1548.80	1525.72
山　东	2491.10	2524.21	2500.02	2523.61	2625.58	2734.08	2792.30	2832.99	2865.70	2957.99	2959.61
广　东	5117.88	5182.54	5276.41	5357.99	5473.13	5563.84	5594.46	5805.77	5819.11	6008.44	6103.22
海　南	346.95	361.39	389.19	398.18	402.04	409.85	408.84	415.75	445.88	460.55	474.77
中部地区	**5747.00**	**5874.49**	**6050.04**	**5990.11**	**6231.54**	**6218.96**	**6332.72**	**6465.14**	**6569.56**	**6724.35**	**6854.94**
山　西	420.27	454.26	478.60	489.51	496.07	514.95	518.22	548.53	550.86	554.83	575.70
安　徽	1005.85	994.18	1014.98	1042.15	1057.89	1087.55	1106.38	1102.09	1135.58	1175.05	1236.31
江　西	564.13	574.82	586.49	554.42	572.94	581.06	620.00	628.62	631.07	640.01	654.26
河　南	1634.07	1663.34	1690.53	1692.75	1721.65	1739.36	1743.56	1751.76	1828.98	1848.77	1856.89
湖　北	1281.45	1337.66	1388.85	1325.94	1443.18	1383.01	1427.45	1497.85	1510.75	1558.73	1576.18
湖　南	841.23	850.23	890.59	885.34	939.81	913.03	917.11	936.29	912.32	946.96	955.60
西部地区	**7026.52**	**7256.54**	**7254.24**	**7381.52**	**7499.45**	**7566.05**	**7624.70**	**7694.40**	**7803.68**	**7845.75**	**7956.92**
内蒙古	188.53	207.02	210.72	215.77	207.08	205.66	207.51	209.47	209.40	209.40	209.62
广　西	645.22	746.92	754.66	761.31	767.29	769.27	783.69	791.09	809.34	809.48	813.58
重　庆	693.65	697.28	697.51	708.35	700.77	705.61	721.55	735.36	736.55	730.96	738.76
四　川	1945.26	2005.26	2019.56	2014.82	2055.53	2061.14	2065.61	2079.04	2110.54	2112.53	2162.03
贵　州	585.75	577.45	578.18	577.81	578.30	559.47	560.32	565.58	574.19	564.43	568.14
云　南	838.92	853.22	881.49	903.14	939.69	962.26	966.81	962.67	964.58	980.60	1007.27
西　藏	20.39	29.43	29.43	34.49	36.63	36.97	35.31	35.38	39.76	46.83	47.28
陕　西	1257.17	1272.35	1269.99	1274.40	1293.01	1319.62	1327.76	1328.66	1351.61	1368.21	1373.08
甘　肃	248.86	248.51	256.40	262.57	270.72	275.12	282.58	303.23	306.70	307.31	316.00
青　海	64.51	68.51	68.45	68.45	68.57	68.57	68.65	68.65	72.94	73.32	73.32
宁　夏	151.96	149.97	148.37	150.52	156.55	153.25	153.07	153.07	153.07	153.70	151.13
新　疆	386.30	400.62	339.48	409.89	425.31	449.11	451.84	462.20	475.00	488.98	496.71
东北地区	**1134.76**	**1127.59**	**1157.22**	**1194.58**	**1238.75**	**1274.96**	**1295.15**	**1323.20**	**1335.32**	**1347.69**	**1352.95**
辽　宁	435.43	441.33	448.20	471.07	474.66	488.36	496.56	501.75	509.64	509.92	516.54
吉　林	511.42	497.82	519.29	533.44	563.94	585.73	589.78	610.80	613.17	625.17	625.87
黑龙江	187.91	188.44	189.73	190.07	200.15	200.87	208.81	210.65	212.51	212.60	210.54

数据来源：国家统计局。

表 3-16　2017—2021 年全国及各地区商业营业用房施工面积

单位：万平方米

地　区	2017 年	2018 年	2019 年	2020 年	2021 年
全　国	**105232.50**	**102629.22**	**100389.49**	**93197.67**	**90676.77**
东部地区	**39361.83**	**38246.35**	**36854.17**	**36102.23**	**35018.92**
北　京	1246.34	1160.15	1051.99	1092.06	1006.65
天　津	994.93	929.56	1057.83	1127.65	1171.01
河　北	3229.34	2974.65	2528.83	2407.74	2376.69
上　海	2016.16	1876.24	1775.50	1820.52	1866.67
江　苏	7067.92	6847.07	6401.33	6082.26	5490.81
浙　江	5014.84	4819.35	4693.46	4846.71	4799.69
福　建	3534.90	3484.18	3253.89	2997.92	2746.59
山　东	7492.12	7335.83	7095.24	6611.86	6458.29
广　东	7599.47	7680.99	7846.26	7937.75	7828.19
海　南	1165.82	1138.34	1149.84	1177.76	1274.33
中部地区	**25419.31**	**25177.72**	**24944.94**	**22898.01**	**22090.01**
山　西	1979.85	1856.51	1993.94	1825.93	1972.27
安　徽	6694.49	6132.90	5516.10	4899.12	4477.86
江　西	2775.35	2921.66	3029.94	2741.61	2757.86
河　南	5926.85	6224.08	6130.07	5549.57	5260.70
湖　北	3761.84	3448.72	3323.36	3205.14	3057.72
湖　南	4280.94	4593.84	4951.54	4676.64	4563.60
西部地区	**32748.52**	**31957.15**	**31525.81**	**27611.53**	**27276.64**
内蒙古	3074.62	2862.89	2647.65	2247.27	2241.08
广　西	2601.65	2733.66	2831.24	2742.82	2745.10
重　庆	3988.08	3836.44	3474.74	3041.00	2900.18
四　川	6186.89	5882.13	5704.08	5010.34	4918.26
贵　州	3908.58	3922.74	4253.08	3533.80	3370.84
云　南	3447.33	3433.26	3611.36	2959.76	2894.32
西　藏	49.00	71.08	106.40	129.07	126.10
陕　西	3109.85	3167.74	3112.35	2784.71	2737.62
甘　肃	1605.00	1631.91	1563.49	1322.63	1363.32
青　海	640.18	524.55	500.32	420.14	412.04
宁　夏	1290.28	1099.12	972.72	833.19	762.70
新　疆	2847.06	2791.64	2748.38	2586.80	2805.08
东北地区	**7702.84**	**7248.00**	**7064.57**	**6585.90**	**6291.20**
辽　宁	4319.76	3779.17	3568.52	3342.00	3239.17
吉　林	1813.98	1860.68	1767.04	1646.84	1585.46
黑龙江	1569.10	1608.16	1729.01	1597.06	1466.57

数据来源：国家统计局。

表 3-17 2021 年全国及各地区商业营业用房施工面积（月度累计）

单位：万平方米

地 区	1—2 月	1—3 月	1—4 月	1—5 月	1—6 月	1—7 月	1—8 月	1—9 月	1—10 月	1—11 月	1—12 月
全 国	**76345.96**	**77886.61**	**79374.87**	**80962.29**	**83296.02**	**84676.82**	**86002.04**	**87465.41**	**88536.38**	**89647.81**	**90676.77**
东部地区	**29190.80**	**29718.54**	**30041.51**	**30709.49**	**31723.08**	**32393.33**	**32895.72**	**33493.37**	**33953.25**	**34498.46**	**35018.92**
北 京	928.21	937.60	940.84	945.17	947.75	960.12	965.25	979.01	992.12	1013.93	1006.65
天 津	951.95	996.06	1017.84	1048.88	1052.08	1066.77	1093.68	1137.10	1148.17	1157.69	1171.01
河 北	1895.28	1943.69	1958.54	2039.25	2151.46	2185.69	2246.65	2254.72	2299.14	2340.77	2376.69
上 海	1452.13	1466.49	1514.16	1549.85	1578.37	1634.88	1658.22	1738.79	1741.09	1763.03	1866.67
江 苏	4479.21	4580.56	4643.12	4774.98	4894.76	5039.68	5121.00	5214.58	5338.74	5383.67	5490.81
浙 江	3714.64	3875.79	3891.78	3980.54	4225.40	4366.81	4441.52	4517.50	4580.44	4710.60	4799.69
福 建	2396.05	2445.74	2487.21	2548.79	2616.14	2658.32	2690.99	2712.20	2730.29	2749.23	2746.59
山 东	5434.59	5483.28	5477.02	5551.56	5881.60	5974.90	6105.75	6236.21	6307.44	6387.82	6458.29
广 东	6879.78	6911.55	7025.86	7133.63	7231.13	7369.42	7422.80	7531.94	7613.43	7743.32	7828.19
海 南	1058.96	1077.78	1085.14	1136.84	1144.39	1136.74	1149.86	1171.32	1202.39	1248.40	1274.33
中部地区	**18509.49**	**18881.58**	**19517.97**	**19798.95**	**20328.61**	**20591.54**	**21034.89**	**21365.34**	**21593.19**	**21913.70**	**22090.01**
山 西	1475.28	1586.68	1726.41	1770.29	1789.37	1862.43	1870.66	1920.70	1940.37	1956.31	1972.27
安 徽	3911.91	4000.75	4115.87	4152.85	4221.68	4263.49	4318.88	4355.40	4405.24	4446.39	4477.86
江 西	2409.37	2481.35	2502.74	2576.63	2643.31	2674.59	2693.42	2742.68	2762.53	2773.43	2757.86
河 南	4444.38	4546.71	4667.04	4747.29	4858.19	4946.39	5023.24	5107.19	5171.15	5222.57	5260.70
湖 北	2609.21	2614.75	2713.73	2720.80	2778.93	2725.01	2876.66	2924.10	2952.02	3026.45	3057.72
湖 南	3659.34	3651.34	3792.18	3831.09	4037.13	4119.63	4252.03	4315.27	4361.88	4488.55	4563.60
西部地区	**23140.62**	**23772.55**	**24172.36**	**24669.73**	**25285.81**	**25617.39**	**25923.02**	**26385.32**	**26738.72**	**26937.90**	**27276.64**
内蒙古	1814.99	1899.51	2008.75	2038.23	2111.80	2167.26	2192.56	2211.48	2225.64	2219.91	2241.08
广 西	2300.24	2475.99	2517.95	2542.90	2583.93	2593.74	2633.20	2665.97	2694.22	2705.20	2745.10
重 庆	2509.87	2551.75	2597.82	2630.34	2660.20	2671.27	2734.87	2809.45	2844.66	2863.10	2900.18
四 川	4220.08	4319.10	4396.82	4430.36	4540.71	4580.67	4638.39	4696.14	4773.26	4823.32	4918.26
贵 州	3009.33	3089.87	3125.58	3173.92	3207.30	3198.71	3228.68	3270.89	3321.08	3350.85	3370.84
云 南	2520.71	2591.91	2633.16	2706.00	2741.35	2758.05	2784.71	2796.43	2829.42	2858.47	2894.32
西 藏	96.48	111.58	112.74	121.90	134.48	137.66	117.99	119.76	122.24	122.75	126.10
陕 西	2425.83	2476.55	2500.13	2555.82	2586.13	2629.88	2622.78	2640.61	2676.21	2711.87	2737.62
甘 肃	1060.00	1076.93	1107.73	1130.67	1165.84	1214.57	1255.51	1300.76	1320.52	1332.44	1363.32
青 海	352.45	368.16	372.57	380.74	389.16	398.69	406.71	408.51	412.39	411.39	412.04
宁 夏	685.85	706.24	726.85	743.24	769.25	747.54	748.89	761.70	764.70	768.39	762.70
新 疆	2144.79	2104.96	2072.26	2215.61	2395.66	2519.35	2558.73	2703.62	2754.38	2770.21	2805.08
东北地区	**5505.05**	**5513.94**	**5643.03**	**5784.12**	**5958.52**	**6074.56**	**6148.41**	**6221.38**	**6251.22**	**6297.75**	**6291.20**
辽 宁	2856.06	2933.69	2982.95	3030.97	3105.20	3164.05	3181.98	3210.66	3227.18	3244.81	3239.17
吉 林	1357.99	1298.52	1365.94	1424.70	1478.24	1503.15	1548.19	1569.53	1570.31	1595.47	1585.46
黑龙江	1291.00	1281.73	1294.14	1328.45	1375.08	1407.36	1418.24	1441.19	1453.73	1457.47	1466.57

数据来源：国家统计局。

2. 各地区房屋新开工面积

表 3-18　2017—2021 年全国及各地区房屋新开工面积

单位：万平方米

地　区	2017 年	2018 年	2019 年	2020 年	2021 年
全　国	**178653.77**	**209341.79**	**227153.58**	**224433.15**	**198895.05**
东部地区	**78426.96**	**92604.55**	**94806.76**	**98704.39**	**86324.75**
北　京	2361.51	2321.11	2073.21	3006.62	1895.93
天　津	2334.62	2479.34	2544.84	2161.86	1885.36
河　北	8417.21	8390.07	9452.68	10232.19	9069.19
上　海	2618.00	2687.17	3063.44	3440.62	3845.97
江　苏	13739.10	16821.27	16227.47	17672.82	16873.29
浙　江	10117.49	12879.28	12730.92	15875.49	12305.31
福　建	5528.75	7205.35	6398.36	6637.99	6439.20
山　东	14424.99	18732.25	22658.90	20204.08	16572.10
广　东	16775.55	19144.08	18437.38	18407.77	16097.26
海　南	2109.74	1944.64	1219.56	1064.95	1341.14
中部地区	**49295.39**	**54824.26**	**58337.72**	**56366.03**	**51729.46**
山　西	3305.84	3872.55	4879.09	5795.65	4347.74
安　徽	11398.66	10849.59	11117.46	11785.64	10434.89
江　西	4954.33	5801.49	5862.57	5301.79	5282.04
河　南	13628.78	14677.65	15836.53	14114.24	13652.89
湖　北	7771.87	8495.32	8708.85	8452.55	7843.69
湖　南	8235.91	11127.65	11933.23	10916.16	10168.21
西部地区	**42996.95**	**52978.58**	**64473.48**	**60074.23**	**51383.47**
内蒙古	2359.70	3024.31	3706.06	3287.84	2911.77
广　西	4912.21	6059.30	8218.52	7877.62	5329.29
重　庆	5680.04	7386.16	6725.40	5947.70	4873.36
四　川	11521.59	14094.44	15325.50	13939.74	11493.57
贵　州	3310.77	5689.20	7239.89	5441.06	4528.09
云　南	4017.34	4738.28	8018.51	7538.09	6462.21
西　藏	61.07	193.06	416.89	222.83	222.34
陕　西	4279.08	5451.76	6431.21	5796.94	5970.37
甘　肃	2374.63	2443.03	3307.26	3534.11	3369.78
青　海	714.37	513.83	865.90	923.17	790.89
宁　夏	1187.61	994.55	1185.67	1039.16	1396.73
新　疆	2578.54	2390.67	3032.66	4525.97	4035.07
东北地区	**7934.47**	**8934.40**	**9535.63**	**9288.50**	**9457.37**
辽　宁	3806.88	3961.71	4142.51	4404.14	4598.19
吉　林	1907.88	2477.96	2947.01	2662.39	3120.87
黑龙江	2219.72	2494.74	2446.11	2221.97	1738.31

数据来源：国家统计局。

表 3-19　2021 年全国及各地区房屋新开工面积（月度累计）

单位：万平方米

地　区	1—2 月	1—3 月	1—4 月	1—5 月	1—6 月	1—7 月	1—8 月	1—9 月	1—10 月	1—11 月	1—12 月
全　国	**17036.97**	**36162.53**	**53904.58**	**74348.72**	**101288.34**	**118948.25**	**135502.07**	**152943.58**	**166736.26**	**182819.53**	**198895.05**
东部地区	**7369.70**	**15402.81**	**22374.04**	**31156.98**	**42843.75**	**50872.98**	**57773.30**	**65662.54**	**71712.54**	**78834.63**	**86324.75**
北　京	83.55	374.34	497.01	720.52	909.19	1153.32	1227.33	1317.46	1428.65	1658.47	1895.93
天　津	107.01	351.24	479.06	780.87	872.76	1012.11	1149.40	1507.82	1620.97	1787.06	1885.36
河　北	233.84	1008.59	1748.09	2733.70	4324.48	5321.03	6221.31	7023.88	7782.04	8276.45	9069.19
上　海	276.63	444.74	806.39	1249.69	1708.97	2014.01	2276.56	2743.94	3045.43	3328.75	3845.97
江　苏	2008.07	3840.19	5183.09	6709.37	8813.02	10536.03	11787.34	13090.53	14189.07	15329.73	16873.29
浙　江	835.97	1780.64	2473.01	3807.78	5498.16	6410.01	7559.22	8784.19	9693.13	11141.30	12305.31
福　建	677.46	1467.55	2116.97	2668.46	3484.93	4068.16	4771.95	5287.61	5631.64	6119.88	6439.20
山　东	1336.69	2997.05	4513.54	6292.44	8734.71	10570.03	11714.92	13130.12	14271.82	15474.10	16572.10
广　东	1678.55	2878.34	4184.36	5713.54	7883.32	9071.51	10259.84	11857.30	12958.63	14540.24	16097.26
海　南	131.93	260.13	372.52	480.61	614.21	716.77	805.43	919.69	1091.16	1178.65	1341.14
中部地区	**4984.14**	**10141.19**	**15301.79**	**20421.57**	**26816.78**	**31212.67**	**35419.41**	**39474.28**	**43023.24**	**47479.65**	**51729.46**
山　西	157.13	569.43	943.43	1399.95	2087.33	2546.59	2959.25	3353.04	3632.40	3976.22	4347.74
安　徽	1369.36	2334.02	3304.81	4486.45	5522.07	6311.12	7164.19	7919.41	8512.56	9512.34	10434.89
江　西	596.67	1220.86	1699.61	2420.90	3015.33	3445.25	3843.87	4261.36	4567.59	4930.44	5282.04
河　南	1207.80	2709.83	4153.03	5749.47	7446.87	8734.45	9639.50	10728.44	11591.20	12607.15	13652.89
湖　北	836.35	1592.40	2413.97	2987.83	3920.87	4478.84	5330.98	5960.61	6512.41	7247.07	7843.69
湖　南	816.83	1714.65	2786.94	3376.97	4824.31	5696.42	6481.62	7251.42	8207.08	9206.43	10168.21
西部地区	**4459.01**	**9651.59**	**14382.54**	**19715.10**	**26659.64**	**30915.42**	**35473.78**	**39841.96**	**43420.90**	**47488.12**	**51383.47**
内蒙古	3.19	120.96	464.58	843.61	1434.95	1799.09	2349.42	2475.71	2708.54	2873.70	2911.77
广　西	818.28	1449.70	1937.26	2346.16	3151.67	3521.04	3937.36	4307.42	4595.68	4828.29	5329.29
重　庆	598.85	1098.66	1586.27	2004.78	2488.77	2820.45	3362.74	3867.05	4145.61	4526.79	4873.36
四　川	1316.69	2751.34	3653.21	4974.49	6246.08	6935.86	7712.69	8625.60	9441.22	10376.89	11493.57
贵　州	358.27	895.16	1244.09	1539.94	1869.90	2243.79	2637.33	3084.64	3504.80	4086.03	4528.09
云　南	675.66	1377.14	2225.82	3045.84	3798.47	4188.09	4616.34	5052.73	5517.63	5956.02	6462.21
西　藏	—	40.02	60.48	100.02	135.92	149.24	156.72	167.76	186.40	205.51	222.34
陕　西	602.42	1127.48	1459.81	2200.59	3051.29	3683.57	4043.24	4577.78	4886.92	5475.23	5970.37
甘　肃	39.59	286.63	651.01	976.63	1515.53	1832.07	2217.94	2610.38	2939.70	3237.63	3369.78
青　海	9.03	195.72	303.60	363.39	453.79	525.13	632.13	659.48	695.79	746.47	790.89
宁　夏	32.19	173.92	375.11	538.92	775.46	901.77	1062.51	1178.04	1246.27	1320.11	1396.73
新　疆	4.84	134.86	421.30	780.73	1737.81	2315.32	2745.36	3235.37	3552.34	3855.45	4035.07
东北地区	**224.12**	**966.94**	**1846.21**	**3055.07**	**4968.17**	**5947.18**	**6835.58**	**7964.80**	**8579.58**	**9017.13**	**9457.37**
辽　宁	158.31	759.15	1198.92	1679.71	2554.01	2970.50	3287.38	3734.21	4017.30	4203.12	4598.19
吉　林	65.81	164.33	470.76	934.17	1573.75	1962.57	2404.26	2844.57	2977.66	3142.67	3120.87
黑龙江	—	43.46	176.53	441.19	840.41	1014.11	1143.94	1386.02	1584.62	1671.34	1738.31

数据来源：国家统计局。

表 3-20　2017—2021 年全国及各地区住宅新开工面积

单位：万平方米

地　区	2017 年	2018 年	2019 年	2020 年	2021 年
全　国	**128097.78**	**153352.57**	**167463.43**	**164328.53**	**146378.54**
东部地区	**55959.78**	**66809.34**	**68224.43**	**69864.21**	**60929.58**
北　京	1159.64	1233.58	1003.72	1716.36	1025.91
天　津	1822.72	1862.93	1973.81	1566.72	1324.17
河　北	6568.03	6443.62	7404.40	7979.05	7146.19
上　海	1402.91	1473.17	1572.90	1756.37	1682.49
江　苏	10263.87	12902.27	12478.43	13538.15	12794.45
浙　江	6653.70	8765.56	8345.91	10443.67	7663.61
福　建	3826.31	5073.73	4615.00	4549.05	4587.40
山　东	10918.39	13940.76	17096.90	15063.71	12500.82
广　东	11694.46	13593.10	12904.92	12573.97	11392.51
海　南	1649.76	1520.62	828.44	677.16	812.03
中部地区	**37216.34**	**42417.05**	**45652.70**	**44074.58**	**41134.36**
山　西	2411.22	2957.24	3771.70	4468.38	3392.09
安　徽	8601.75	8454.68	8704.45	9243.72	8140.41
江　西	3712.08	4454.65	4666.64	4170.08	4196.73
河　南	10439.82	11431.06	12607.65	11371.00	11297.67
湖　北	5961.79	6698.65	6849.43	6514.21	6115.22
湖　南	6089.67	8420.77	9052.83	8307.19	7992.24
西部地区	**28889.42**	**37397.71**	**46449.92**	**43412.80**	**37087.32**
内蒙古	1734.67	2154.03	2783.87	2485.53	2261.80
广　西	3662.39	4672.08	6533.95	5912.31	4016.51
重　庆	3759.63	5145.20	4593.17	4106.57	3231.19
四　川	7604.00	9734.54	10294.70	9631.06	7959.91
贵　州	2208.59	3983.80	5235.85	4009.19	3311.51
云　南	2632.02	3386.83	5695.45	5286.82	4578.33
西　藏	31.58	128.55	333.99	145.72	147.23
陕　西	3102.33	3979.58	4873.52	4488.42	4484.90
甘　肃	1442.96	1611.52	2406.64	2620.69	2553.45
青　海	381.29	331.84	640.42	652.29	630.65
宁　夏	815.15	681.57	883.85	784.84	1015.07
新　疆	1514.81	1588.18	2174.49	3289.36	2896.77
东北地区	**6032.24**	**6728.46**	**7136.38**	**6976.94**	**7227.28**
辽　宁	2942.01	3118.63	3190.97	3396.87	3457.72
吉　林	1412.47	1752.84	2169.83	1906.76	2409.22
黑龙江	1677.77	1857.00	1775.59	1673.31	1360.34

数据来源：国家统计局。

表 3-21　2021 年全国及各地区住宅新开工面积（月度累计）

单位：万平方米

地　区	1—2 月	1—3 月	1—4 月	1—5 月	1—6 月	1—7 月	1—8 月	1—9 月	1—10 月	1—11 月	1—12 月
全　国	**12735.80**	**27056.83**	**40334.61**	**55514.71**	**75514.89**	**88474.01**	**100765.32**	**113374.49**	**123480.56**	**135017.35**	**146378.54**
东部地区	**5365.37**	**11171.29**	**16247.19**	**22518.81**	**30899.97**	**36556.51**	**41520.39**	**46869.34**	**51127.63**	**55904.33**	**60929.58**
北　京	41.18	193.32	274.05	393.57	512.65	652.99	672.68	717.93	776.77	883.35	1025.91
天　津	83.94	272.29	369.49	572.33	639.90	744.45	850.25	1081.35	1161.02	1261.46	1324.17
河　北	184.97	789.55	1370.84	2165.28	3433.39	4222.00	4923.92	5573.39	6139.82	6523.84	7146.19
上　海	115.67	197.35	366.76	544.63	745.99	857.41	998.67	1185.36	1385.71	1486.93	1682.49
江　苏	1528.86	2897.69	3901.59	5088.79	6712.71	8073.99	9082.80	10033.33	10810.65	11675.75	12794.45
浙　江	556.06	1144.02	1598.29	2477.79	3554.70	4032.22	4740.90	5577.45	6122.64	6943.60	7663.61
福　建	510.59	1085.22	1546.55	1921.54	2461.46	2883.89	3383.63	3728.00	3982.71	4339.03	4587.40
山　东	1020.40	2302.85	3444.79	4799.19	6664.26	8034.78	8898.17	9898.16	10801.60	11671.16	12500.82
广　东	1253.27	2138.83	3154.21	4270.29	5795.74	6599.14	7450.24	8488.13	9269.98	10403.34	11392.51
海　南	70.43	150.17	220.62	285.40	379.17	455.64	519.13	586.24	676.73	715.87	812.03
中部地区	**4020.96**	**8224.40**	**12349.21**	**16468.76**	**21584.23**	**25051.17**	**28367.47**	**31557.92**	**34389.09**	**37764.86**	**41134.36**
山　西	130.35	493.21	783.26	1132.04	1662.66	2007.18	2332.84	2636.45	2847.86	3112.08	3392.09
安　徽	1097.77	1859.45	2606.13	3555.52	4376.71	4980.88	5650.47	6280.54	6701.81	7416.71	8140.41
江　西	450.49	955.68	1367.40	1950.56	2403.45	2749.56	3061.91	3374.24	3637.29	3919.99	4196.73
河　南	1004.81	2254.33	3436.04	4793.34	6207.05	7274.28	8019.87	8881.93	9602.38	10441.30	11297.67
湖　北	664.90	1273.54	1927.77	2359.64	3109.30	3545.19	4228.24	4704.84	5117.33	5637.31	6115.22
湖　南	672.64	1388.19	2228.61	2677.66	3825.06	4494.08	5074.14	5679.92	6482.42	7237.47	7992.24
西部地区	**3163.01**	**6937.89**	**10351.35**	**14208.22**	**19259.25**	**22343.25**	**25664.57**	**28848.59**	**31373.49**	**34427.91**	**37087.32**
内蒙古	2.21	88.28	337.81	618.88	1039.41	1342.56	1807.22	1890.09	2077.74	2219.80	2261.80
广　西	611.24	1112.73	1479.82	1792.96	2408.57	2691.77	3002.54	3267.93	3477.23	3657.60	4016.51
重　庆	406.69	744.01	1100.08	1372.51	1695.84	1925.65	2263.81	2577.37	2757.36	3007.50	3231.19
四　川	920.14	1923.31	2560.47	3436.26	4281.12	4778.41	5346.28	5991.32	6529.12	7220.01	7959.91
贵　州	252.81	659.92	922.65	1118.47	1370.79	1632.23	1913.43	2263.66	2538.23	3014.35	3311.51
云　南	485.50	984.70	1595.88	2178.00	2728.08	2981.81	3280.63	3620.77	3957.41	4251.37	4578.33
西　藏	—	28.99	47.12	68.37	94.18	103.81	111.58	118.64	130.17	136.95	147.23
陕　西	418.11	789.53	1014.73	1595.24	2221.95	2689.55	2977.29	3411.93	3641.13	4100.03	4484.90
甘　肃	30.03	219.28	482.53	745.51	1160.69	1398.67	1679.59	1991.55	2246.93	2483.05	2553.45
青　海	8.89	165.16	249.19	287.33	360.10	422.02	511.20	530.48	556.23	595.82	630.65
宁　夏	23.90	131.54	277.84	398.04	539.70	636.87	757.40	843.98	898.26	953.61	1015.07
新　疆	3.49	90.44	283.23	596.65	1358.82	1739.90	2013.60	2340.87	2563.68	2787.82	2896.77
东北地区	**186.46**	**723.25**	**1386.86**	**2318.92**	**3771.44**	**4523.08**	**5212.89**	**6098.64**	**6590.35**	**6920.25**	**7227.28**
辽　宁	130.66	561.34	886.80	1248.43	1916.59	2212.55	2466.16	2822.08	3029.03	3181.25	3457.72
吉　林	55.80	129.49	359.74	722.06	1217.17	1534.70	1883.03	2218.09	2332.46	2433.11	2409.22
黑龙江	—	32.42	140.32	348.43	637.68	775.83	863.70	1058.47	1228.86	1305.89	1360.34

数据来源：国家统计局。

表 3-22　2017—2021 年全国及各地区办公楼新开工面积

单位：万平方米

地　区	2017 年	2018 年	2019 年	2020 年	2021 年
全　国	**6139.66**	**6049.04**	**7083.59**	**6603.73**	**5223.90**
东部地区	**3680.45**	**3387.00**	**3800.64**	**3877.87**	**3098.57**
北　京	364.61	221.31	170.50	130.53	74.58
天　津	67.49	19.64	44.00	57.02	30.15
河　北	142.51	157.75	209.36	207.19	140.78
上　海	368.84	310.84	388.87	421.09	629.45
江　苏	626.70	441.55	397.26	453.81	413.57
浙　江	467.18	484.66	506.87	506.53	548.53
福　建	241.34	236.26	201.67	277.49	126.36
山　东	502.61	613.77	765.91	598.03	429.17
广　东	883.58	863.77	1063.16	1133.75	584.57
海　南	15.60	37.44	53.04	92.43	121.41
中部地区	**1229.03**	**1131.92**	**1388.26**	**1145.38**	**916.55**
山　西	73.93	52.91	73.87	83.24	68.61
安　徽	270.11	230.38	265.68	181.56	219.04
江　西	110.73	77.40	104.11	111.31	131.99
河　南	360.93	361.30	428.14	199.63	148.62
湖　北	267.58	260.69	203.42	358.50	201.69
湖　南	145.74	149.24	313.04	211.14	146.60
西部地区	**1095.50**	**1343.07**	**1660.75**	**1431.64**	**1027.98**
内蒙古	37.03	29.76	36.75	13.60	10.89
广　西	67.49	96.03	81.07	146.73	86.96
重　庆	94.86	132.72	126.42	110.69	104.52
四　川	315.09	513.74	657.40	477.06	290.90
贵　州	76.19	97.78	122.33	51.27	29.49
云　南	104.38	91.52	258.56	224.29	161.84
西　藏	0.05	1.21	14.21	12.53	17.18
陕　西	161.32	223.48	268.85	203.52	189.98
甘　肃	71.85	53.39	31.86	94.45	45.40
青　海	45.31	7.48	7.99	30.00	6.93
宁　夏	21.85	10.56	5.18	5.79	8.15
新　疆	100.08	85.39	50.14	61.71	75.74
东北地区	**134.68**	**187.05**	**233.93**	**148.84**	**180.80**
辽　宁	66.37	32.74	80.70	39.18	64.31
吉　林	36.11	100.54	115.44	79.20	95.15
黑龙江	32.20	53.77	37.79	30.46	21.34

数据来源：国家统计局。

表 3-23　2021 年全国及各地区办公楼新开工面积（月度累计）

单位：万平方米

地　区	1—2 月	1—3 月	1—4 月	1—5 月	1—6 月	1—7 月	1—8 月	1—9 月	1—10 月	1—11 月	1—12 月
全　国	**451.79**	**863.00**	**1269.77**	**1732.59**	**2424.72**	**2948.09**	**3316.20**	**3847.14**	**4145.13**	**4713.08**	**5223.90**
东部地区	**260.09**	**460.79**	**723.75**	**989.01**	**1366.27**	**1678.35**	**1858.74**	**2264.57**	**2393.15**	**2775.81**	**3098.57**
北　京	4.38	25.70	32.39	34.30	35.59	52.33	59.17	59.26	59.38	73.97	74.58
天　津	0.77	0.86	2.91	3.10	4.12	3.90	6.77	16.35	16.45	25.81	30.15
河　北	1.22	25.22	32.44	43.13	69.97	81.54	94.39	107.52	126.00	124.06	140.78
上　海	62.90	76.25	124.76	241.52	320.69	388.84	390.47	488.96	477.98	534.42	629.45
江　苏	51.38	105.91	169.25	187.64	243.57	274.96	289.26	346.80	359.61	385.91	413.57
浙　江	25.72	30.33	67.00	100.15	155.04	210.56	273.58	300.76	343.84	480.58	548.53
福　建	21.56	20.08	43.38	58.36	76.46	87.65	89.00	116.81	117.10	120.21	126.36
山　东	26.73	69.16	101.76	136.02	174.65	242.90	287.69	340.25	361.06	409.09	429.17
广　东	55.17	92.13	108.90	136.18	227.54	273.13	309.54	422.08	437.06	514.22	584.57
海　南	10.26	15.15	40.96	48.61	58.64	62.54	58.87	65.78	94.67	107.54	121.41
中部地区	**79.97**	**165.73**	**224.36**	**304.17**	**431.01**	**510.00**	**614.59**	**662.55**	**724.94**	**834.35**	**916.55**
山　西	0.45	2.01	6.16	15.81	17.60	19.09	29.83	49.26	51.54	55.66	68.61
安　徽	32.13	44.55	51.29	80.03	97.61	116.18	135.20	126.31	159.12	194.45	219.04
江　西	19.91	27.07	30.39	38.71	55.09	62.41	96.85	105.47	108.80	117.74	131.99
河　南	4.32	34.31	61.79	65.06	93.80	105.92	110.12	114.51	136.72	139.38	148.62
湖　北	19.58	28.20	39.10	61.20	85.28	102.18	135.15	140.09	152.95	189.53	201.69
湖　南	3.58	29.59	35.63	43.36	81.63	104.22	107.44	126.91	115.81	137.59	146.60
西部地区	**111.72**	**228.65**	**304.18**	**397.31**	**555.26**	**657.15**	**721.20**	**771.38**	**865.88**	**928.85**	**1027.98**
内蒙古	—	0.13	0.96	5.62	5.96	6.48	10.05	12.01	12.17	12.17	10.89
广　西	18.76	24.20	30.72	37.37	42.39	44.55	56.54	63.13	81.38	82.76	86.96
重　庆	35.01	39.36	39.44	51.21	58.60	60.15	77.92	91.73	92.93	99.40	104.52
四　川	13.80	70.81	86.97	138.30	176.81	188.04	192.29	205.53	235.69	239.73	290.90
贵　州	2.50	5.20	5.20	5.70	6.54	12.85	13.63	18.44	27.06	27.74	29.49
云　南	17.95	40.40	64.66	77.22	113.96	135.59	140.14	136.40	131.11	144.14	161.84
西　藏	—	—	—	2.71	4.88	5.22	5.22	5.29	9.67	16.73	17.18
陕　西	23.42	43.98	56.81	60.81	108.23	140.01	148.77	148.41	168.51	185.11	189.98
甘　肃	0.18	1.98	10.09	11.52	18.75	21.97	29.41	32.28	35.75	36.71	45.40
青　海	—	2.06	2.06	2.06	2.18	2.18	2.26	2.26	6.55	6.93	6.93
宁　夏	—	—	—	1.32	8.01	8.12	8.15	8.15	8.15	8.15	8.15
新　疆	0.10	0.53	7.27	3.47	8.95	31.99	36.82	47.75	56.91	69.28	75.74
东北地区	**0.01**	**7.83**	**17.48**	**42.10**	**72.18**	**102.59**	**121.67**	**148.64**	**161.16**	**174.07**	**180.80**
辽　宁	0.01	5.57	12.64	23.30	28.18	35.94	43.03	48.14	56.71	57.54	64.31
吉　林	—	2.22	4.26	18.07	34.75	56.68	60.73	80.76	83.18	95.17	95.15
黑龙江	—	0.04	0.58	0.73	9.25	9.97	17.91	19.74	21.27	21.36	21.34

数据来源：国家统计局。

表 3-24　2017—2021 年全国及各地区商业营业用房新开工面积

单位：万平方米

地　区	2017 年	2018 年	2019 年	2020 年	2021 年
全　国	**20483.93**	**20065.69**	**18936.28**	**18012.31**	**14105.48**
东部地区	**7124.76**	**7176.68**	**6782.06**	**7206.24**	**5595.36**
北　京	156.30	108.32	139.55	124.56	107.63
天　津	166.68	187.29	215.14	238.76	145.18
河　北	810.22	805.20	602.31	726.80	428.55
上　海	297.68	206.93	286.83	331.70	347.73
江　苏	1283.04	1418.72	1237.21	1407.88	1039.60
浙　江	893.53	856.27	911.42	1059.94	890.25
福　建	432.02	557.08	331.54	446.88	382.51
山　东	1367.65	1488.74	1603.25	1346.74	1027.85
广　东	1481.36	1403.85	1283.32	1388.11	1009.17
海　南	236.29	144.29	171.50	134.87	216.89
中部地区	**5803.68**	**5558.44**	**5035.20**	**4563.00**	**3513.26**
山　西	329.29	318.84	360.38	353.39	246.28
安　徽	1302.52	955.27	903.23	964.66	651.98
江　西	704.69	711.53	581.76	507.92	414.40
河　南	1568.69	1643.45	1298.68	1051.15	895.23
湖　北	903.24	678.24	690.78	619.59	453.92
湖　南	995.25	1251.10	1200.38	1066.29	851.45
西部地区	**6520.85**	**6115.20**	**6092.76**	**5306.69**	**4176.27**
内蒙古	333.75	462.19	324.00	296.77	199.86
广　西	574.18	523.36	566.65	516.37	315.69
重　庆	768.10	725.19	579.82	453.36	470.78
四　川	1631.17	1366.53	1534.99	1221.75	868.07
贵　州	583.36	712.73	774.32	541.58	402.68
云　南	593.19	569.56	754.86	686.57	439.61
西　藏	11.12	38.90	37.63	29.24	31.02
陕　西	497.32	633.69	553.06	414.27	391.29
甘　肃	492.58	393.88	314.31	300.46	246.14
青　海	174.24	91.96	109.18	118.36	56.08
宁　夏	203.41	149.36	109.08	77.84	106.79
新　疆	658.44	447.85	434.87	650.12	648.26
东北地区	**1034.64**	**1215.37**	**1026.26**	**936.38**	**820.59**
辽　宁	457.38	464.06	404.58	447.77	423.27
吉　林	270.81	364.46	280.84	266.98	221.96
黑龙江	306.45	386.84	340.85	221.63	175.36

数据来源：国家统计局。

表 3-25　2021 年全国及各地区商业营业用房新开工面积（月度累计）

单位：万平方米

地　区	1—2 月	1—3 月	1—4 月	1—5 月	1—6 月	1—7 月	1—8 月	1—9 月	1—10 月	1—11 月	1—12 月
全　国	**1265.90**	**2530.33**	**3782.40**	**5159.68**	**6976.93**	**8316.50**	**9486.33**	**10778.30**	**11877.89**	**12936.27**	**14105.48**
东部地区	**488.29**	**930.05**	**1356.81**	**1905.59**	**2611.04**	**3156.05**	**3556.52**	**4122.73**	**4590.06**	**5067.14**	**5595.36**
北　京	2.67	17.66	26.33	31.30	33.26	42.38	48.17	62.08	74.75	103.78	107.63
天　津	12.03	23.39	43.04	66.85	74.92	79.96	86.81	121.86	128.69	141.73	145.18
河　北	9.99	27.14	60.01	109.08	184.79	229.85	271.09	298.03	353.88	375.56	428.55
上　海	34.42	41.60	69.77	99.31	131.57	145.75	187.55	233.81	271.52	276.10	347.73
江　苏	115.90	235.48	324.78	420.65	526.00	597.74	670.63	770.20	879.72	930.87	1039.60
浙　江	69.96	148.36	197.90	258.65	366.34	469.47	534.82	603.42	679.58	804.33	890.25
福　建	28.57	72.16	111.13	165.46	232.81	274.77	305.87	335.19	352.42	372.24	382.51
山　东	101.04	171.32	263.60	363.79	523.07	651.46	726.25	845.44	890.52	973.97	1027.85
广　东	93.93	153.83	210.65	316.90	456.50	572.09	619.06	723.94	799.09	907.77	1009.17
海　南	19.78	39.11	49.60	73.60	81.78	92.58	106.27	128.76	159.89	180.79	216.89
中部地区	**399.81**	**727.27**	**1088.66**	**1395.26**	**1813.53**	**2128.27**	**2433.98**	**2717.12**	**2966.31**	**3262.10**	**3513.26**
山　西	7.00	20.68	60.92	86.94	119.09	159.29	179.96	197.81	214.12	230.87	246.28
安　徽	108.74	175.55	257.93	302.57	370.21	418.08	470.02	502.55	563.47	595.95	651.98
江　西	65.45	115.77	141.11	203.96	260.80	281.06	299.37	349.80	367.98	385.97	414.40
河　南	115.24	211.49	312.59	386.07	490.39	581.96	659.85	744.78	790.18	844.74	895.23
湖　北	45.34	85.08	107.32	134.77	185.79	224.60	269.51	315.32	352.53	424.67	453.92
湖　南	58.04	118.70	208.79	280.95	387.25	463.28	555.27	606.86	678.03	779.90	851.45
西部地区	**359.48**	**783.75**	**1164.55**	**1560.31**	**2100.57**	**2460.51**	**2847.14**	**3221.68**	**3553.82**	**3795.59**	**4176.27**
内蒙古	0.98	11.41	39.53	62.97	127.86	149.50	172.67	189.17	198.45	205.57	199.86
广　西	46.72	77.58	117.09	142.13	173.63	198.86	221.60	248.62	275.13	286.21	315.69
重　庆	44.72	88.93	120.78	152.55	194.98	213.71	272.18	347.17	387.57	411.79	470.78
四　川	112.38	222.53	301.36	376.62	482.21	527.61	586.44	638.95	717.90	767.66	868.07
贵　州	37.20	77.57	97.11	144.82	177.13	206.41	235.40	266.36	312.16	348.03	402.68
云　南	63.76	123.81	183.65	256.29	294.60	312.83	337.95	351.67	386.31	416.32	439.61
西　藏	—	6.48	7.33	14.96	20.89	23.88	23.19	24.99	27.53	28.04	31.02
陕　西	47.72	90.82	110.40	149.56	190.10	248.06	263.24	297.48	313.31	353.04	391.29
甘　肃	3.48	21.64	53.30	66.09	93.37	124.15	155.02	181.13	200.27	210.36	246.14
青　海	0.14	16.41	20.70	28.87	36.68	41.12	48.37	49.97	52.84	53.31	56.08
宁　夏	1.52	9.28	27.87	42.95	76.46	81.81	88.20	97.08	100.25	105.32	106.79
新　疆	0.86	37.29	85.43	122.50	232.66	332.57	442.88	529.09	582.10	609.94	648.26
东北地区	**18.32**	**89.26**	**172.38**	**298.52**	**451.79**	**571.67**	**648.69**	**716.77**	**767.70**	**811.44**	**820.59**
辽　宁	10.68	72.52	121.79	181.36	253.41	318.92	344.88	370.93	397.59	412.13	423.27
吉　林	7.64	14.82	36.49	68.93	105.63	132.16	171.55	191.41	204.42	228.54	221.96
黑龙江	—	1.92	14.10	48.23	92.75	120.59	132.26	154.43	165.69	170.77	175.36

数据来源：国家统计局。

3. 各地区房屋竣工面积

表 3-26　2017—2021 年全国及各地区房屋竣工面积

单位：万平方米

地　区	2017 年	2018 年	2019 年	2020 年	2021 年
全　国	**101486.41**	**93550.11**	**95941.53**	**91218.22**	**101411.95**
东部地区	**48918.80**	**45935.88**	**47775.65**	**47850.01**	**48600.13**
北　京	1466.67	1557.90	1343.28	1545.72	1983.86
天　津	2023.41	2092.22	1655.50	1634.47	1892.82
河　北	3416.00	2390.41	2679.96	2367.17	2522.55
上　海	3387.56	3115.76	2669.67	2877.78	2739.55
江　苏	9581.73	8536.27	9369.08	11151.04	9140.70
浙　江	6884.18	5189.67	5738.82	6692.70	6387.14
福　建	4266.69	3739.02	2882.29	3804.07	4041.68
山　东	8429.06	10512.57	10179.25	9325.86	11373.68
广　东	8196.34	7615.25	9955.54	7763.75	8043.47
海　南	1267.16	1186.81	1302.26	687.45	474.68
中部地区	**22077.51**	**21518.31**	**23748.92**	**20844.08**	**27014.12**
山　西	1969.92	1407.95	2739.22	1481.18	2639.30
安　徽	4747.71	4488.40	5673.90	5100.86	7012.89
江　西	1854.40	2031.76	2230.76	2238.50	2517.44
河　南	6201.71	6655.23	6571.21	5412.77	6841.90
湖　北	3219.72	2773.99	2558.60	2646.83	3398.36
湖　南	4084.05	4160.98	3975.24	3963.94	4604.23
西部地区	**24571.80**	**21098.64**	**20173.08**	**18273.03**	**21645.07**
内蒙古	1714.24	1415.72	950.56	841.28	1052.25
广　西	1856.24	2192.94	2037.85	2129.16	2433.25
重　庆	5055.73	4083.45	5069.17	3774.33	4196.21
四　川	5620.73	5635.30	4580.04	4545.86	4379.25
贵　州	1171.70	1279.64	954.85	862.28	916.35
云　南	2419.63	1447.28	1844.49	1637.76	2540.97
西　藏	43.57	49.94	18.87	28.00	87.97
陕　西	2392.05	1524.66	1782.13	1745.62	1769.88
甘　肃	847.91	752.34	674.14	881.36	1463.07
青　海	440.90	319.91	133.27	153.60	159.71
宁　夏	1328.62	1213.98	1011.05	772.25	1144.42
新　疆	1680.48	1183.49	1116.66	901.53	1501.74
东北地区	**5918.30**	**4997.28**	**4243.88**	**4251.10**	**4152.63**
辽　宁	2788.28	2273.85	1817.63	1848.18	2339.06
吉　林	1478.85	1519.96	1222.17	964.94	845.45
黑龙江	1651.17	1203.46	1204.08	1437.98	968.12

数据来源：国家统计局。

表 3-27 2021 年全国及各地区房屋竣工面积（月度累计）

单位：万平方米

地 区	1—2 月	1—3 月	1—4 月	1—5 月	1—6 月	1—7 月	1—8 月	1—9 月	1—10 月	1—11 月	1—12 月
全 国	**13525.00**	**19121.97**	**22735.53**	**27582.67**	**36481.08**	**41782.28**	**46738.96**	**51012.64**	**57290.31**	**68753.81**	**101411.95**
东部地区	**6296.78**	**9055.63**	**10684.24**	**13146.27**	**17093.04**	**19769.18**	**22136.97**	**24053.82**	**26627.65**	**32010.98**	**48600.13**
北 京	255.34	320.17	388.88	414.58	589.45	680.58	747.83	759.27	867.57	1175.73	1983.86
天 津	195.04	330.24	352.94	394.45	556.33	668.15	739.22	932.18	1068.59	1240.19	1892.82
河 北	62.74	192.16	239.38	298.64	410.59	474.97	639.93	719.32	814.54	1312.98	2522.55
上 海	185.14	331.03	461.17	1116.98	1354.45	1635.34	1700.71	1870.92	1994.14	2324.35	2739.55
江 苏	1850.89	2562.17	2884.42	3207.87	3940.75	4623.72	5117.31	5255.25	5898.12	6576.51	9140.70
浙 江	608.44	1065.34	1420.73	1730.20	2496.58	3050.88	3339.25	3567.57	4018.85	4527.33	6387.14
福 建	761.59	1027.12	1190.79	1347.04	1646.55	1822.83	2200.74	2395.02	2591.17	2961.83	4041.68
山 东	1048.45	1479.55	1703.31	2058.30	2737.56	2900.84	3362.87	3904.89	4267.65	5885.55	11373.68
广 东	1181.89	1636.50	1920.81	2442.73	3181.14	3704.75	4079.08	4436.05	4867.55	5660.37	8043.47
海 南	147.26	111.35	121.81	135.48	179.64	207.12	210.03	213.35	239.47	346.14	474.68
中部地区	**3647.21**	**5076.75**	**5837.18**	**6824.07**	**9454.55**	**10676.75**	**11732.24**	**12810.60**	**14442.13**	**17457.57**	**27014.12**
山 西	56.76	119.54	192.26	243.58	473.42	658.93	695.10	724.55	1038.76	1336.46	2639.30
安 徽	965.43	1368.17	1372.65	1537.97	1953.07	2213.08	2547.47	2775.12	3114.04	4326.17	7012.89
江 西	450.79	566.92	646.20	730.73	936.44	1056.27	1126.62	1209.35	1317.51	1474.30	2517.44
河 南	635.06	915.27	1201.02	1435.44	2511.73	2825.88	3056.83	3334.33	3716.17	4276.80	6841.90
湖 北	610.39	915.60	1003.56	1221.89	1422.88	1592.90	1710.23	1871.22	2044.85	2404.73	3398.36
湖 南	928.78	1191.25	1421.49	1654.46	2157.01	2329.69	2595.99	2896.03	3210.80	3639.11	4604.23
西部地区	**3210.38**	**4309.69**	**5192.89**	**6228.52**	**8013.63**	**9224.14**	**10462.55**	**11452.43**	**13121.93**	**15704.89**	**21645.07**
内蒙古	67.40	111.67	162.50	234.05	380.81	470.16	504.47	520.17	618.39	753.27	1052.25
广 西	378.40	583.28	634.75	745.59	971.56	1097.30	1149.61	1223.16	1383.85	1557.30	2433.25
重 庆	928.57	1195.58	1397.28	1619.23	1983.35	2213.31	2439.16	2632.62	2767.43	3301.37	4196.21
四 川	930.23	1257.10	1564.48	1730.18	2121.84	2383.52	2673.24	2897.04	3118.87	3448.98	4379.25
贵 州	123.22	133.48	138.76	184.65	237.46	272.68	322.03	349.78	368.30	400.05	916.35
云 南	257.75	382.83	493.98	587.92	803.12	903.61	969.71	1112.54	1276.11	1709.54	2540.97
西 藏	1.24	1.24	8.70	13.40	18.85	23.86	24.45	34.90	54.92	67.23	87.97
陕 西	333.03	390.95	475.49	648.61	704.36	752.77	783.10	877.13	991.02	1262.57	1769.88
甘 肃	19.93	35.12	58.91	93.77	144.08	243.11	418.79	512.74	971.67	1208.77	1463.07
青 海	21.03	23.21	23.21	23.21	29.21	33.25	35.80	36.93	56.21	90.73	159.71
宁 夏	38.99	45.87	54.37	96.18	215.34	319.17	406.49	427.89	463.66	678.99	1144.42
新 疆	110.59	149.36	180.46	251.73	403.65	511.40	735.70	827.53	1051.50	1226.09	1501.74
东北地区	**370.63**	**679.90**	**1021.22**	**1383.81**	**1919.86**	**2112.21**	**2407.20**	**2695.79**	**3098.60**	**3580.37**	**4152.63**
辽 宁	273.29	460.91	711.14	947.13	1306.83	1392.41	1488.63	1613.35	1855.60	2030.73	2339.06
吉 林	95.92	169.63	195.45	279.91	404.02	431.02	491.75	549.47	632.85	743.02	845.45
黑龙江	1.42	49.36	114.63	156.77	209.01	288.78	426.82	532.97	610.15	806.62	968.12

数据来源：国家统计局。

表 3-28　2017—2021 年全国及各地区住宅竣工面积

单位：万平方米

地　区	2017 年	2018 年	2019 年	2020 年	2021 年
全　国	**71815. 12**	**66015. 75**	**68011. 11**	**65910. 03**	**73016. 20**
东部地区	**34094. 51**	**31916. 69**	**33012. 49**	**33719. 05**	**33700. 08**
北　京	604. 04	731. 20	583. 20	728. 48	981. 05
天　津	1433. 24	1522. 27	1186. 69	1256. 43	1445. 60
河　北	2730. 13	1917. 23	2042. 67	1871. 19	1950. 42
上　海	1862. 74	1730. 27	1453. 28	1627. 61	1421. 43
江　苏	7089. 80	6360. 00	6968. 89	8272. 63	6693. 68
浙　江	4338. 91	3047. 84	3551. 11	4266. 78	4015. 48
福　建	2891. 33	2347. 24	1813. 90	2403. 09	2699. 13
山　东	6406. 46	8057. 09	7734. 65	7172. 55	8596. 69
广　东	5784. 01	5216. 15	6578. 17	5573. 29	5587. 55
海　南	953. 86	987. 39	1099. 94	547. 00	309. 05
中部地区	**16410. 22**	**16029. 96**	**18057. 61**	**16156. 75**	**20921. 06**
山　西	1413. 83	1094. 50	1985. 29	1131. 67	2020. 82
安　徽	3424. 98	3184. 19	4250. 81	3874. 40	5349. 76
江　西	1365. 86	1510. 51	1670. 19	1744. 48	1926. 35
河　南	4701. 53	5074. 09	5162. 69	4278. 13	5374. 78
湖　北	2433. 72	2091. 69	2019. 29	2166. 11	2712. 36
湖　南	3070. 28	3074. 98	2969. 35	2961. 96	3536. 99
西部地区	**16859. 68**	**14331. 76**	**13732. 54**	**12780. 18**	**15118. 56**
内蒙古	1265. 15	1013. 97	689. 74	614. 19	789. 82
广　西	1478. 96	1654. 54	1515. 99	1561. 89	1887. 69
重　庆	3316. 37	2784. 64	3400. 08	2585. 26	2724. 39
四　川	3675. 76	3707. 61	2940. 11	3073. 73	2965. 13
贵　州	785. 00	841. 59	634. 50	568. 12	626. 36
云　南	1554. 70	1047. 65	1225. 40	1163. 01	1681. 30
西　藏	26. 65	38. 74	8. 12	15. 52	44. 97
陕　西	1873. 42	1036. 15	1281. 67	1301. 25	1344. 00
甘　肃	619. 44	498. 67	470. 51	654. 99	1074. 64
青　海	229. 45	187. 38	86. 28	99. 46	118. 54
宁　夏	883. 54	843. 82	718. 11	513. 53	762. 80
新　疆	1151. 25	677. 01	762. 03	629. 23	1098. 92
东北地区	**4450. 71**	**3737. 34**	**3208. 46**	**3254. 05**	**3276. 50**
辽　宁	2214. 31	1711. 44	1374. 26	1440. 82	1909. 42
吉　林	1030. 46	1105. 37	893. 27	697. 29	635. 44
黑龙江	1205. 94	920. 53	940. 93	1115. 94	731. 64

数据来源：国家统计局。

表 3-29 2021 年全国及各地区住宅竣工面积（月度累计）

单位：万平方米

地 区	1—2 月	1—3 月	1—4 月	1—5 月	1—6 月	1—7 月	1—8 月	1—9 月	1—10 月	1—11 月	1—12 月
全 国	**9862.02**	**13887.58**	**16551.22**	**19880.26**	**26253.83**	**30125.22**	**33771.07**	**36816.18**	**41415.45**	**49582.27**	**73016.20**
东部地区	**4540.62**	**6457.91**	**7627.25**	**9179.05**	**11818.93**	**13690.12**	**15379.13**	**16678.09**	**18541.14**	**22286.17**	**33700.08**
北 京	111.66	148.25	187.74	195.56	265.02	320.39	371.07	373.70	423.41	588.40	981.05
天 津	149.79	263.03	282.67	318.13	444.71	534.47	571.56	701.31	804.88	937.07	1445.60
河 北	55.26	150.35	192.99	230.69	316.95	362.91	493.85	559.42	633.43	1037.01	1950.42
上 海	103.86	181.02	261.82	669.68	749.55	929.72	950.61	1030.44	1125.60	1231.55	1421.43
江 苏	1412.14	1933.54	2187.44	2391.56	2896.53	3436.00	3748.46	3837.39	4327.23	4830.84	6693.68
浙 江	427.28	728.33	967.52	1110.54	1544.85	1895.62	2106.61	2260.12	2534.56	2894.99	4015.48
福 建	568.79	730.17	838.03	926.82	1133.82	1237.33	1518.82	1659.73	1791.58	2059.57	2699.13
山 东	738.00	1072.98	1272.18	1527.16	2093.92	2220.22	2578.19	2974.39	3274.92	4538.87	8596.69
广 东	858.45	1172.14	1354.81	1721.06	2258.02	2622.18	2904.82	3143.13	3461.97	3969.41	5587.55
海 南	115.39	78.10	82.05	87.85	115.56	131.28	135.14	138.46	163.56	198.46	309.05
中部地区	**2786.96**	**3878.24**	**4525.98**	**5321.24**	**7340.61**	**8304.24**	**9149.80**	**10003.90**	**11247.35**	**13483.19**	**20921.06**
山 西	50.97	107.12	178.04	218.73	390.73	508.97	537.93	559.90	807.74	1030.78	2020.82
安 徽	710.34	978.97	1003.96	1129.99	1463.96	1685.14	1964.52	2152.93	2396.08	3305.10	5349.76
江 西	350.17	444.21	487.93	556.85	696.23	796.25	850.15	891.13	976.20	1084.64	1926.35
河 南	496.38	718.44	962.38	1158.26	1976.87	2237.10	2423.83	2649.31	2959.15	3365.56	5374.78
湖 北	478.43	743.12	825.50	993.72	1149.16	1293.84	1386.85	1519.73	1648.65	1928.98	2712.36
湖 南	700.67	886.38	1068.17	1263.69	1663.66	1782.94	1986.52	2230.90	2459.53	2768.13	3536.99
西部地区	**2232.92**	**2987.27**	**3586.94**	**4289.86**	**5599.72**	**6480.92**	**7355.53**	**8037.12**	**9196.54**	**10992.50**	**15118.56**
内蒙古	36.12	69.23	108.21	164.87	272.97	340.13	366.81	377.38	455.04	559.29	789.82
广 西	291.66	452.43	500.40	593.07	774.88	882.56	922.92	980.02	1121.07	1252.50	1887.69
重 庆	621.91	806.43	930.57	1059.59	1309.37	1464.69	1626.54	1743.33	1835.18	2175.45	2724.39
四 川	631.14	866.14	1069.21	1166.04	1461.47	1646.28	1835.26	1994.40	2086.87	2329.88	2965.13
贵 州	95.33	92.85	95.30	123.49	161.68	189.87	225.91	238.28	255.12	277.04	626.36
云 南	168.33	225.19	281.96	350.77	484.69	561.16	603.61	698.47	808.82	1112.58	1681.30
西 藏	1.24	1.24	2.94	3.12	8.28	8.70	9.30	9.61	19.48	29.29	44.97
陕 西	254.61	291.59	362.22	476.08	539.87	579.34	596.36	670.51	756.43	966.49	1344.00
甘 肃	12.31	22.42	42.14	70.95	107.37	180.68	311.13	375.37	710.01	858.61	1074.64
青 海	16.23	18.40	18.40	18.40	23.86	27.13	29.68	30.71	38.10	64.91	118.54
宁 夏	20.52	26.53	33.47	58.70	135.14	202.01	269.07	285.65	312.60	451.38	762.80
新 疆	83.52	114.82	142.12	204.78	320.14	398.37	558.94	633.39	797.82	915.08	1098.92
东北地区	**301.52**	**564.16**	**811.05**	**1090.11**	**1494.57**	**1649.94**	**1886.61**	**2097.07**	**2430.42**	**2820.41**	**3276.50**
辽 宁	223.97	387.22	584.69	782.31	1074.98	1144.70	1234.06	1323.03	1522.02	1674.00	1909.42
吉 林	76.45	139.29	160.90	216.24	284.11	306.48	343.45	388.01	453.96	543.10	635.44
黑龙江	1.10	37.65	65.46	91.56	135.48	198.76	309.10	386.03	454.44	603.31	731.64

数据来源：国家统计局。

表 3-30　2017—2021 年全国及各地区办公楼竣工面积

单位：万平方米

地　区	2017 年	2018 年	2019 年	2020 年	2021 年
全　国	**4006.54**	**3884.04**	**3923.39**	**3041.59**	**3375.74**
东部地区	**2450.63**	**2457.10**	**2565.34**	**2049.23**	**2115.20**
北　京	321.18	249.87	290.28	242.21	142.91
天　津	138.64	113.42	41.99	32.44	29.79
河　北	84.41	42.11	76.54	24.98	37.74
上　海	444.83	413.46	259.36	259.14	342.11
江　苏	340.64	275.49	357.66	351.65	322.68
浙　江	391.97	383.68	332.85	348.75	326.11
福　建	144.64	261.45	177.59	226.57	199.47
山　东	279.91	354.35	381.42	219.51	268.08
广　东	258.62	349.31	640.10	326.47	419.80
海　南	45.79	13.94	7.54	17.51	26.51
中部地区	**677.82**	**611.41**	**692.93**	**418.97**	**625.31**
山　西	84.57	16.04	83.51	19.49	72.73
安　徽	235.08	190.95	160.05	146.44	178.64
江　西	56.69	50.56	54.60	66.20	69.02
河　南	166.97	187.97	240.06	88.47	171.65
湖　北	61.78	91.76	70.04	45.73	54.26
湖　南	72.73	74.14	84.67	52.64	79.01
西部地区	**744.42**	**660.52**	**572.55**	**473.68**	**567.26**
内蒙古	39.18	25.48	21.46	8.90	11.17
广　西	31.32	36.92	59.21	129.60	31.15
重　庆	142.01	129.04	99.11	62.17	141.53
四　川	171.18	165.89	131.98	109.89	158.91
贵　州	29.77	34.84	26.61	45.18	26.86
云　南	58.57	16.37	53.89	29.16	96.04
西　藏	2.34	—	—	—	3.96
陕　西	84.12	69.20	89.51	43.45	30.98
甘　肃	26.17	32.70	12.49	3.40	20.03
青　海	51.42	15.15	10.02	3.42	—
宁　夏	64.07	40.58	31.35	18.77	17.00
新　疆	44.28	94.36	36.92	19.74	29.63
东北地区	**133.67**	**155.01**	**92.58**	**99.71**	**67.97**
辽　宁	35.91	30.59	39.60	31.68	20.05
吉　林	58.76	73.55	35.82	45.02	44.03
黑龙江	38.99	50.86	17.15	23.01	3.89

数据来源：国家统计局。

表 3-31　2021 年全国及各地区办公楼竣工面积（月度累计）

单位：万平方米

地　区	1—2 月	1—3 月	1—4 月	1—5 月	1—6 月	1—7 月	1—8 月	1—9 月	1—10 月	1—11 月	1—12 月
全　国	**438.63**	**641.39**	**757.09**	**947.14**	**1245.15**	**1412.55**	**1555.96**	**1662.20**	**1851.23**	**2217.10**	**3375.74**
东部地区	**284.75**	**404.33**	**466.72**	**627.54**	**783.63**	**883.84**	**976.20**	**1025.15**	**1129.95**	**1332.55**	**2115.20**
北　京	26.46	37.14	37.14	44.83	66.15	71.96	71.97	72.41	72.41	78.64	142.91
天　津	—	—	—	—	—	—	0.99	12.31	12.40	12.60	29.79
河　北	0.81	1.06	1.91	3.78	7.90	11.82	12.56	12.81	13.31	22.76	37.74
上　海	25.71	38.26	53.72	124.32	152.63	160.18	195.19	199.99	218.80	278.70	342.11
江　苏	85.14	110.52	117.02	134.28	152.58	168.00	198.15	203.53	231.85	235.51	322.68
浙　江	26.33	31.09	52.85	74.99	114.19	121.61	122.34	123.76	158.87	172.86	326.11
福　建	15.46	41.80	55.67	79.61	83.92	102.07	106.31	108.65	117.25	128.65	199.47
山　东	56.02	66.06	44.49	45.27	50.49	49.93	60.08	78.78	81.63	115.56	268.08
广　东	42.56	72.14	94.71	108.48	143.89	179.71	190.05	194.35	204.87	261.11	419.80
海　南	6.26	6.26	9.21	11.98	11.88	18.56	18.56	18.56	18.56	26.16	26.51
中部地区	**77.46**	**126.38**	**137.29**	**138.69**	**222.53**	**264.87**	**273.39**	**297.99**	**309.34**	**407.78**	**625.31**
山　西	—	—	0.07	0.07	0.48	24.64	25.69	25.71	25.85	28.78	72.73
安　徽	22.76	51.24	51.11	51.11	60.58	65.08	67.40	73.17	77.19	101.17	178.64
江　西	7.97	9.03	23.41	23.57	37.58	40.24	40.92	44.05	45.28	57.79	69.02
河　南	0.52	12.14	12.39	12.60	59.86	60.51	64.53	76.05	77.28	113.15	171.65
湖　北	16.03	20.73	16.94	17.46	23.29	24.15	24.66	25.49	25.71	37.36	54.26
湖　南	30.18	33.24	33.37	33.88	40.74	50.25	50.19	53.52	58.03	69.53	79.01
西部地区	**75.64**	**106.01**	**143.08**	**169.50**	**199.30**	**221.43**	**249.66**	**281.64**	**349.68**	**414.01**	**567.26**
内蒙古	9.42	9.42	9.47	10.23	10.23	10.38	10.38	10.38	10.70	11.12	11.17
广　西	8.74	10.11	10.12	15.56	15.57	19.47	19.47	21.39	21.56	21.90	31.15
重　庆	28.85	34.68	49.51	52.12	52.90	62.68	66.06	80.36	82.52	114.13	141.53
四　川	21.03	20.51	34.40	44.98	45.57	52.22	68.35	68.41	116.79	119.59	158.91
贵　州	0.10	0.10	0.10	5.54	5.54	5.55	5.77	9.49	9.49	9.55	26.86
云　南	5.06	25.55	33.68	33.83	55.84	56.18	56.18	58.14	60.31	61.07	96.04
西　藏	—	—	—	—	—	—	—	3.96	3.96	3.96	3.96
陕　西	2.23	5.22	5.23	6.61	12.47	12.47	13.76	19.76	20.60	27.87	30.98
甘　肃	0.14	0.14	0.14	0.17	0.17	0.17	1.66	1.66	15.15	19.98	20.03
青　海	—	—	—	—	—	—	—	—	—	—	—
宁　夏	—	—	—	—	—	1.17	1.33	1.36	1.36	4.70	17.00
新　疆	0.07	0.28	0.43	0.46	1.01	1.14	6.70	6.73	7.24	20.14	29.63
东北地区	**0.78**	**4.67**	**10.00**	**11.41**	**39.69**	**42.41**	**56.71**	**57.42**	**62.26**	**62.76**	**67.97**
辽　宁	0.78	4.67	10.00	10.68	10.76	13.76	13.96	13.99	18.49	18.99	20.05
吉　林	—	—	—	0.73	28.93	28.65	42.75	43.36	43.36	43.36	44.03
黑龙江	—	—	—	—	—	—	—	0.07	0.41	0.41	3.89

数据来源：国家统计局。

表 3-32 2017—2021 年全国及各地区商业营业用房竣工面积

单位：万平方米

地 区	2017 年	2018 年	2019 年	2020 年	2021 年
全 国	**12670. 26**	**11258. 68**	**10814. 18**	**8620. 62**	**8717. 91**
东部地区	**5314. 09**	**4749. 03**	**4773. 74**	**4065. 71**	**3823. 51**
北 京	166. 94	162. 83	98. 60	95. 08	191. 61
天 津	209. 21	119. 33	147. 51	135. 70	65. 00
河 北	293. 26	253. 79	275. 30	191. 95	178. 67
上 海	387. 73	341. 05	324. 55	286. 38	294. 05
江 苏	1085. 87	989. 85	937. 56	1059. 52	763. 27
浙 江	739. 72	629. 84	576. 56	541. 59	551. 85
福 建	390. 35	374. 56	367. 91	391. 51	299. 16
山 东	1028. 10	1088. 91	1022. 04	706. 32	779. 55
广 东	858. 66	701. 16	939. 51	593. 35	627. 82
海 南	154. 26	87. 72	84. 19	64. 31	72. 53
中部地区	**2939. 08**	**2687. 09**	**2732. 76**	**2057. 74**	**2372. 49**
山 西	228. 03	127. 41	358. 07	85. 44	196. 98
安 徽	638. 96	631. 50	628. 09	484. 55	592. 19
江 西	287. 88	303. 69	358. 71	207. 52	242. 04
河 南	824. 27	792. 40	694. 09	603. 47	593. 83
湖 北	474. 61	352. 46	247. 42	192. 80	270. 97
湖 南	485. 34	479. 63	446. 39	483. 96	476. 48
西部地区	**3588. 50**	**3138. 44**	**2780. 54**	**1998. 39**	**2103. 96**
内蒙古	252. 54	220. 41	125. 25	91. 24	109. 58
广 西	150. 96	270. 24	198. 02	158. 22	174. 40
重 庆	724. 40	509. 48	613. 18	366. 37	398. 93
四 川	816. 43	814. 77	612. 25	445. 98	321. 76
贵 州	195. 67	242. 10	164. 00	104. 25	94. 58
云 南	380. 08	192. 10	296. 86	185. 67	258. 26
西 藏	11. 75	4. 60	7. 16	12. 48	31. 30
陕 西	298. 58	184. 06	257. 73	184. 14	152. 57
甘 肃	134. 54	137. 11	124. 22	113. 44	163. 95
青 海	87. 78	87. 64	20. 63	23. 57	17. 20
宁 夏	235. 19	196. 32	152. 69	113. 80	181. 58
新 疆	300. 58	279. 61	208. 56	199. 23	199. 85
东北地区	**828. 58**	**684. 12**	**527. 13**	**498. 78**	**417. 95**
辽 宁	327. 72	351. 05	254. 61	216. 87	192. 47
吉 林	243. 86	186. 26	143. 71	121. 53	81. 20
黑龙江	257. 00	146. 81	128. 81	160. 38	144. 28

数据来源：国家统计局。

表 3-33　2021 年全国及各地区商业营业用房竣工面积（月度累计）

单位：万平方米

地　区	1—2 月	1—3 月	1—4 月	1—5 月	1—6 月	1—7 月	1—8 月	1—9 月	1—10 月	1—11 月	1—12 月
全　国	**1214.04**	**1764.48**	**2072.55**	**2558.78**	**3401.84**	**3831.60**	**4229.83**	**4631.60**	**5133.59**	**6053.55**	**8717.91**
东部地区	**436.23**	**705.26**	**811.95**	**1052.81**	**1450.17**	**1635.37**	**1796.99**	**1962.14**	**2113.42**	**2482.44**	**3823.51**
北　京	35.35	36.14	37.89	38.64	47.59	49.43	49.76	50.01	71.74	83.82	191.61
天　津	4.68	5.64	5.87	5.87	18.58	20.94	27.22	36.65	37.52	42.85	65.00
河　北	3.75	20.40	23.03	30.49	48.58	51.97	71.78	74.62	79.06	94.74	178.67
上　海	13.20	32.59	36.31	71.71	124.03	136.98	137.19	172.45	169.31	225.52	294.05
江　苏	129.23	213.71	236.25	276.42	362.86	413.98	475.29	501.76	532.20	585.34	763.27
浙　江	44.14	100.61	126.60	183.82	260.42	305.97	314.91	323.84	371.13	405.19	551.85
福　建	37.01	50.66	60.74	70.36	99.71	118.48	137.71	142.61	153.13	167.33	299.16
山　东	75.27	114.58	118.59	157.29	206.76	214.20	241.07	278.50	297.44	388.05	779.55
广　东	81.00	117.21	151.68	199.30	247.84	288.48	307.36	347.00	366.42	426.16	627.82
海　南	12.60	13.72	14.99	18.91	33.80	34.94	34.70	34.70	35.47	63.44	72.53
中部地区	**420.33**	**561.26**	**626.65**	**736.55**	**980.62**	**1072.41**	**1162.46**	**1251.34**	**1379.19**	**1669.31**	**2372.49**
山　西	2.11	8.11	8.50	14.49	29.96	45.60	51.46	55.29	72.72	93.77	196.98
安　徽	106.73	138.97	151.68	168.17	209.09	224.79	244.35	254.39	291.48	391.60	592.19
江　西	55.19	67.58	77.87	89.83	114.32	118.64	131.39	139.79	154.49	175.21	242.04
河　南	82.48	119.47	136.01	154.48	253.83	277.74	293.06	314.58	337.52	406.07	593.83
湖　北	78.82	87.26	90.52	119.88	133.47	142.57	150.92	166.02	178.65	209.83	270.97
湖　南	95.00	139.87	162.07	189.70	239.95	263.07	291.28	321.27	344.33	392.83	476.48
西部地区	**327.50**	**446.12**	**530.88**	**625.43**	**781.83**	**909.86**	**1028.50**	**1121.55**	**1303.60**	**1541.29**	**2103.96**
内蒙古	13.06	19.28	27.74	34.32	50.54	57.02	59.88	62.39	67.48	72.90	109.58
广　西	28.16	44.76	46.75	53.95	72.60	81.17	80.90	86.87	94.70	107.30	174.40
重　庆	104.46	122.93	146.55	169.75	192.89	215.41	231.29	245.96	256.14	292.11	398.93
四　川	68.73	96.78	112.02	125.61	151.73	165.57	194.65	209.85	239.89	272.49	321.76
贵　州	8.75	13.02	13.68	18.20	22.43	23.42	27.14	32.18	33.37	37.16	94.58
云　南	47.92	75.37	95.12	99.54	119.03	125.07	131.03	137.92	166.81	212.08	258.26
西　藏	—	—	5.06	9.59	9.87	14.08	14.08	20.19	29.68	30.59	31.30
陕　西	32.92	44.07	46.56	65.76	61.07	63.11	70.40	76.13	86.63	96.22	152.57
甘　肃	5.32	8.06	10.73	13.91	21.09	39.18	58.09	74.56	113.37	151.47	163.95
青　海	1.69	1.69	1.69	1.69	1.89	2.10	2.10	2.10	9.12	13.01	17.20
宁　夏	8.68	9.54	10.77	15.02	38.11	64.94	71.44	74.24	77.11	101.92	181.58
新　疆	7.81	10.62	14.21	18.09	40.58	58.79	87.50	99.16	129.30	154.04	199.85
东北地区	**29.98**	**51.84**	**103.07**	**143.99**	**189.22**	**213.96**	**241.88**	**296.57**	**337.38**	**360.51**	**417.95**
辽　宁	21.38	30.02	48.48	65.92	93.58	101.24	105.35	129.30	152.81	155.07	192.47
吉　林	8.60	14.88	18.62	30.78	41.57	46.14	50.52	61.64	73.14	79.38	81.20
黑龙江	—	6.94	35.97	47.29	54.07	66.58	86.01	105.63	111.43	126.06	144.28

数据来源：国家统计局。

（四）各地区房地产销售数据

1. 各地区商品房销售面积

表 3-34　2017—2021 年全国及各地区商品房销售面积

单位：万平方米

地　区	2017 年	2018 年	2019 年	2020 年	2021 年
全　国	**169407.82**	**171654.36**	**171557.87**	**176086.20**	**179433.43**
东部地区	**71199.03**	**67641.39**	**66607.01**	**71311.41**	**73248.03**
北　京	869.95	696.19	938.86	970.88	1107.07
天　津	1482.12	1249.87	1478.68	1306.96	1435.42
河　北	6425.91	5251.93	5282.70	6028.41	6133.15
上　海	1691.60	1767.01	1696.34	1789.16	1880.45
江　苏	14211.12	13484.21	13972.85	15426.99	16551.82
浙　江	9599.67	9755.49	9378.31	10250.30	9990.65
福　建	5854.05	6213.40	6456.13	6607.18	6976.44
山　东	12813.18	13454.73	12727.25	13271.74	14272.85
广　东	15958.81	14336.31	13846.54	14908.25	14011.26
海　南	2292.61	1432.25	829.34	751.54	888.92
中部地区	**47459.90**	**50695.07**	**50037.45**	**49078.06**	**51748.28**
山　西	2415.92	2360.90	2366.11	2685.29	3204.41
安　徽	9200.71	10038.43	9229.38	9534.13	10460.90
江　西	5841.93	6200.71	6458.86	6732.71	7676.21
河　南	13313.89	13990.50	14277.55	14100.66	13277.19
湖　北	8155.21	8865.38	8602.04	6587.83	7940.78
湖　南	8532.25	9239.15	9103.50	9437.44	9188.79
西部地区	**42459.41**	**45395.63**	**47410.31**	**48627.99**	**47818.84**
内蒙古	2067.60	2007.67	2008.19	2045.89	1858.95
广　西	5170.99	6212.90	6711.77	6729.02	6178.26
重　庆	6711.00	6536.25	6104.68	6143.47	6197.71
四　川	10869.07	12210.73	12978.61	13257.75	13692.91
贵　州	4696.90	5181.96	5323.31	5552.51	5585.99
云　南	4327.18	4531.88	4835.41	4857.26	3880.84
西　藏	53.25	73.35	127.71	93.26	140.81
陕　西	3890.40	4118.56	4401.06	4452.07	4260.06
甘　肃	1559.51	1595.65	1705.31	1967.92	2224.09
青　海	494.04	447.93	480.52	469.66	386.16
宁　夏	1021.36	1026.50	1009.55	1095.49	1014.45
新　疆	1598.11	1452.23	1724.18	1963.69	2398.61
东北地区	**8289.47**	**7922.28**	**7503.10**	**7068.74**	**6618.28**
辽　宁	4148.45	3934.57	3696.27	3743.16	3433.87
吉　林	1885.21	2074.46	2122.34	1831.22	1836.32
黑龙江	2255.81	1913.25	1684.50	1494.36	1348.09

数据来源：国家统计局。

表 3-35 2021 年全国及各地区商品房销售面积（月度累计）

单位：万平方米

地 区	1—2 月	1—3 月	1—4 月	1—5 月	1—6 月	1—7 月	1—8 月	1—9 月	1—10 月	1—11 月	1—12 月
全 国	**17363. 15**	**36007. 06**	**50305. 00**	**66383. 32**	**88635. 33**	**101648. 17**	**114192. 83**	**130331. 77**	**143040. 75**	**158130. 73**	**179433. 43**
东部地区	**7564. 87**	**15347. 34**	**21523. 87**	**28385. 31**	**37432. 83**	**42840. 79**	**47949. 63**	**54492. 98**	**59426. 35**	**65044. 03**	**73248. 03**
北 京	119. 38	216. 54	297. 83	379. 49	488. 75	603. 56	674. 80	777. 38	862. 02	937. 57	1107. 07
天 津	111. 34	254. 81	387. 57	529. 02	714. 12	832. 35	963. 95	1069. 43	1183. 24	1301. 22	1435. 42
河 北	324. 10	874. 97	1269. 44	1817. 46	2594. 43	3040. 20	3642. 18	4219. 73	4630. 97	5188. 17	6133. 15
上 海	235. 99	396. 27	513. 31	599. 80	832. 83	975. 97	1093. 30	1291. 01	1470. 71	1589. 86	1880. 45
江 苏	1742. 35	3465. 55	4892. 95	6522. 41	8583. 35	9849. 24	10820. 20	12170. 16	13266. 84	14489. 82	16551. 82
浙 江	1335. 79	2600. 92	3641. 39	4732. 30	6093. 71	6663. 83	7355. 29	8126. 88	8677. 93	9315. 13	9990. 65
福 建	720. 32	1597. 14	2113. 14	2780. 25	3655. 69	4172. 62	4619. 82	5183. 71	5628. 37	6183. 58	6976. 44
山 东	1021. 08	2526. 40	3735. 80	5020. 62	7018. 08	8110. 96	9182. 87	10814. 74	11699. 79	12755. 14	14272. 85
广 东	1857. 80	3251. 66	4451. 26	5723. 64	7078. 76	8133. 25	9062. 02	10232. 45	11335. 43	12518. 69	14011. 26
海 南	96. 72	163. 08	221. 18	280. 32	373. 11	458. 81	535. 20	607. 49	671. 05	764. 85	888. 92
中部地区	**4369. 13**	**9639. 11**	**13690. 70**	**18002. 83**	**24609. 16**	**28358. 62**	**31697. 68**	**36379. 65**	**40202. 37**	**44727. 31**	**51748. 28**
山 西	141. 50	446. 61	715. 72	968. 30	1369. 47	1669. 42	1919. 78	2265. 10	2472. 11	2771. 68	3204. 41
安 徽	1236. 70	2438. 96	3294. 85	4297. 00	5609. 97	6373. 11	7166. 04	8100. 10	8710. 96	9503. 58	10460. 90
江 西	608. 05	1453. 35	1998. 97	2643. 74	3616. 60	4148. 25	4670. 63	5476. 57	6089. 63	6648. 37	7676. 21
河 南	899. 37	2219. 40	3309. 00	4467. 70	6224. 21	7247. 06	8051. 69	9220. 67	10162. 03	11428. 05	13277. 19
湖 北	647. 28	1325. 66	1918. 52	2542. 23	3393. 34	3963. 08	4399. 54	5013. 42	5743. 80	6522. 95	7940. 78
湖 南	836. 23	1755. 13	2453. 64	3083. 86	4395. 57	4957. 70	5490. 00	6303. 79	7023. 84	7852. 68	9188. 79
西部地区	**5003. 87**	**10039. 16**	**13582. 49**	**17889. 64**	**23621. 12**	**26965. 27**	**30457. 61**	**34702. 90**	**38159. 51**	**42515. 17**	**47818. 84**
内蒙古	75. 89	255. 46	455. 73	664. 29	884. 82	1056. 72	1240. 41	1383. 77	1546. 00	1686. 36	1858. 95
广 西	603. 13	1288. 41	1723. 38	2303. 49	3166. 01	3495. 03	3847. 49	4490. 71	4918. 40	5369. 63	6178. 26
重 庆	642. 47	1385. 24	1890. 81	2544. 22	3355. 46	3789. 14	4155. 40	4763. 70	5139. 03	5536. 56	6197. 71
四 川	1696. 57	3215. 26	4233. 09	5398. 08	7021. 87	7873. 67	8844. 06	10048. 08	10966. 12	12123. 72	13692. 91
贵 州	659. 90	1271. 38	1676. 45	2142. 22	2701. 42	3044. 52	3459. 50	3889. 59	4437. 90	4981. 68	5585. 99
云 南	498. 66	926. 47	1241. 08	1592. 29	2022. 10	2318. 42	2602. 91	2886. 10	3147. 02	3465. 15	3880. 84
西 藏	8. 47	19. 31	26. 93	38. 30	52. 61	70. 06	103. 00	115. 18	130. 92	136. 20	140. 81
陕 西	384. 41	751. 01	972. 71	1305. 28	1745. 52	2109. 42	2448. 26	2775. 65	3038. 24	3823. 42	4260. 06
甘 肃	143. 19	351. 40	496. 80	680. 64	992. 92	1200. 56	1398. 71	1646. 93	1786. 50	2012. 73	2224. 09
青 海	35. 91	52. 04	88. 26	128. 87	182. 23	205. 27	253. 56	282. 80	315. 54	338. 38	386. 16
宁 夏	108. 01	196. 50	289. 29	380. 04	476. 38	556. 08	637. 84	726. 55	812. 75	893. 79	1014. 45
新 疆	147. 26	326. 68	487. 96	711. 92	1019. 78	1246. 38	1466. 47	1693. 84	1921. 09	2147. 55	2398. 61
东北地区	**425. 28**	**981. 45**	**1507. 94**	**2105. 54**	**2972. 22**	**3483. 49**	**4087. 91**	**4756. 24**	**5252. 52**	**5844. 22**	**6618. 28**
辽 宁	288. 74	627. 51	910. 76	1227. 69	1697. 18	1976. 20	2261. 93	2554. 78	2819. 12	3075. 76	3433. 87
吉 林	96. 71	214. 95	364. 04	532. 88	794. 55	919. 07	1096. 67	1311. 52	1428. 52	1603. 14	1836. 32
黑龙江	39. 83	138. 99	233. 14	344. 97	480. 49	588. 22	729. 31	889. 94	1004. 88	1165. 32	1348. 09

数据来源：国家统计局。

表 3-36　2017—2021 年全国及各地区商品房现房销售面积

单位：万平方米

地　区	2017 年	2018 年	2019 年	2020 年	2021 年
全　国	**39994.77**	**31044.09**	**24893.74**	**22386.51**	**23312.67**
东部地区	**16984.03**	**12648.97**	**10152.28**	**10080.77**	**10475.91**
北　京	358.12	313.80	319.18	267.04	299.10
天　津	312.54	190.40	204.80	201.12	388.96
河　北	1767.78	998.17	700.52	520.24	423.69
上　海	812.54	771.86	731.23	743.60	715.52
江　苏	3629.91	2811.16	2524.60	2862.65	2942.82
浙　江	2191.74	1440.65	903.57	821.11	915.13
福　建	993.41	874.70	804.31	862.63	782.65
山　东	2819.20	2380.72	1421.62	1148.19	1438.99
广　东	3293.12	2521.75	2337.81	2506.43	2363.05
海　南	805.66	345.76	204.65	147.76	206.00
中部地区	**10722.98**	**8799.89**	**7447.03**	**5807.57**	**6048.55**
山　西	820.21	472.12	488.43	243.11	278.54
安　徽	1495.47	1100.45	888.34	927.67	1077.65
江　西	1138.71	914.10	878.87	640.54	912.62
河　南	3468.27	3294.61	2895.42	2333.78	2046.73
湖　北	1876.49	1679.77	1171.47	728.95	849.69
湖　南	1923.83	1338.84	1123.49	933.52	883.32
西部地区	**9020.50**	**7107.88**	**5314.41**	**4937.35**	**5206.65**
内蒙古	1005.12	770.73	467.59	471.81	302.73
广　西	760.72	672.98	607.86	577.07	628.48
重　庆	1301.50	890.96	782.85	1060.66	1223.60
四　川	1881.65	1427.57	1061.31	983.93	982.35
贵　州	778.23	566.37	471.80	345.27	454.55
云　南	1116.28	943.16	570.57	414.98	472.71
西　藏	20.78	34.11	14.38	10.90	21.83
陕　西	607.02	593.57	434.58	396.57	296.85
甘　肃	459.39	425.70	336.11	198.60	313.41
青　海	131.89	58.05	44.20	41.78	40.41
宁　夏	397.88	359.05	247.15	194.65	210.66
新　疆	560.04	365.62	276.02	241.13	259.07
东北地区	**3267.26**	**2487.34**	**1980.02**	**1560.82**	**1581.56**
辽　宁	1442.43	1189.13	920.42	676.75	698.62
吉　林	655.77	554.02	469.66	430.92	416.56
黑龙江	1169.06	744.18	589.94	453.15	466.38

数据来源：国家统计局。

表 3-37　2021 年全国及各地区商品房现房销售面积（月度累计）

单位：万平方米

地 区	1—2 月	1—3 月	1—4 月	1—5 月	1—6 月	1—7 月	1—8 月	1—9 月	1—10 月	1—11 月	1—12 月
全 国	**2112.09**	**4201.44**	**5781.09**	**7495.55**	**10234.08**	**11832.07**	**13343.68**	**15602.90**	**17335.04**	**19640.94**	**23312.67**
东部地区	**1063.26**	**1991.33**	**2753.10**	**3505.37**	**4760.90**	**5541.66**	**6241.93**	**7232.27**	**8028.62**	**8978.82**	**10475.91**
北 京	41.96	64.41	86.31	106.87	134.89	168.91	188.01	216.97	242.23	267.11	299.10
天 津	28.70	50.29	75.42	99.06	168.29	196.05	219.29	251.32	296.26	339.59	388.96
河 北	20.35	44.69	60.68	92.83	154.36	177.10	224.69	263.63	289.33	337.15	423.69
上 海	68.39	161.46	215.20	249.39	330.48	406.05	439.56	526.64	621.22	635.72	715.52
江 苏	269.95	517.52	715.81	911.22	1266.60	1484.04	1663.93	1918.38	2137.33	2452.61	2942.82
浙 江	124.59	221.08	322.91	407.00	530.63	604.04	676.74	732.97	772.00	827.09	915.13
福 建	66.17	150.87	206.32	257.49	349.02	385.88	425.18	474.27	543.80	629.48	782.65
山 东	83.57	193.39	281.81	386.13	608.59	698.66	796.52	1010.12	1086.99	1218.13	1438.99
广 东	329.52	542.68	730.28	925.06	1133.15	1316.46	1483.95	1698.21	1885.44	2096.79	2363.05
海 南	30.06	44.94	58.36	70.32	84.89	104.47	124.06	139.76	154.02	175.15	206.00
中部地区	**440.62**	**963.24**	**1351.01**	**1781.71**	**2496.04**	**2890.35**	**3239.50**	**3776.69**	**4214.99**	**4848.63**	**6048.55**
山 西	11.17	35.35	52.66	76.17	112.73	137.58	156.24	183.34	193.63	225.45	278.54
安 徽	100.44	208.28	273.21	353.87	463.76	532.45	600.80	699.07	766.65	930.86	1077.65
江 西	67.47	153.94	194.15	257.16	360.03	419.48	481.65	592.05	662.84	734.94	912.62
河 南	122.16	291.00	451.37	602.17	868.62	1018.40	1130.43	1306.70	1455.12	1633.07	2046.73
湖 北	56.97	108.53	153.70	209.61	283.01	328.71	362.18	401.31	481.97	597.25	849.69
湖 南	82.41	166.14	225.92	282.73	407.89	453.73	508.20	594.22	654.78	727.06	883.32
西部地区	**518.92**	**1043.12**	**1365.88**	**1765.06**	**2347.09**	**2654.15**	**2982.95**	**3525.79**	**3915.27**	**4447.26**	**5206.65**
内蒙古	14.22	54.38	82.67	115.34	144.65	165.48	193.08	223.90	249.12	276.35	302.73
广 西	51.26	122.32	148.07	203.61	295.06	319.29	347.71	435.74	482.74	529.41	628.48
重 庆	125.42	246.66	306.76	398.05	525.42	591.87	659.81	829.04	905.89	1034.60	1223.60
四 川	124.22	236.42	295.54	362.50	469.28	518.98	575.31	652.64	723.19	813.39	982.35
贵 州	62.87	109.72	141.68	178.21	225.36	246.13	284.00	317.71	368.61	418.95	454.55
云 南	58.81	98.59	134.37	171.58	204.27	246.36	282.25	314.97	346.35	388.46	472.71
西 藏	1.18	2.12	3.24	4.40	5.57	6.96	9.91	16.46	21.57	21.85	21.83
陕 西	21.86	46.67	62.76	76.04	135.31	162.25	175.95	204.24	215.16	264.77	296.85
甘 肃	17.19	42.84	60.71	79.83	122.10	142.59	160.65	200.90	229.22	267.42	313.41
青 海	3.31	3.26	9.41	13.32	14.75	16.24	27.52	28.55	29.10	34.12	40.41
宁 夏	20.50	43.74	64.50	76.70	89.74	102.06	113.50	127.24	146.69	169.59	210.66
新 疆	18.08	36.40	56.17	85.48	115.58	135.94	153.26	174.40	197.63	228.35	259.07
东北地区	**89.29**	**203.75**	**311.10**	**443.41**	**630.05**	**745.91**	**879.30**	**1068.15**	**1176.16**	**1366.23**	**1581.56**
辽 宁	59.86	125.87	180.63	250.22	339.99	384.68	431.45	521.14	568.74	633.24	698.62
吉 林	16.74	39.89	63.06	94.94	154.21	190.55	232.01	277.35	297.72	352.04	416.56
黑龙江	12.69	37.99	67.41	98.25	135.85	170.68	215.84	269.66	309.70	380.95	466.38

数据来源：国家统计局。

表 3-38　2017—2021 年全国及各地区住宅销售面积

单位：万平方米

地　区	2017 年	2018 年	2019 年	2020 年	2021 年
全　国	**144788. 77**	**147929. 42**	**150144. 32**	**154878. 45**	**156532. 19**
东部地区	**60449. 43**	**57602. 91**	**57741. 68**	**62320. 37**	**62993. 86**
北　京	608. 78	526. 76	789. 02	733. 59	877. 10
天　津	1342. 87	1140. 73	1382. 63	1220. 74	1333. 97
河　北	5576. 99	4714. 42	4770. 38	5572. 25	5779. 60
上　海	1341. 62	1333. 29	1353. 70	1434. 07	1489. 95
江　苏	12486. 66	12040. 68	12545. 04	13855. 72	14361. 50
浙　江	7669. 70	7936. 17	7803. 99	8832. 38	8423. 68
福　建	4526. 13	4781. 58	5073. 73	5210. 03	5597. 61
山　东	11201. 04	11755. 37	11429. 01	11904. 74	12632. 05
广　东	13522. 51	12075. 10	11872. 61	12930. 66	11826. 26
海　南	2173. 12	1298. 82	721. 57	626. 19	672. 14
中部地区	**41599. 72**	**45088. 37**	**45194. 16**	**44395. 80**	**47131. 00**
山　西	2246. 28	2215. 59	2169. 33	2549. 49	3034. 92
安　徽	7949. 28	8901. 25	8323. 89	8695. 35	9507. 67
江　西	4964. 97	5389. 00	5678. 98	5853. 05	6681. 26
河　南	11707. 26	12482. 88	12981. 63	12831. 18	12258. 83
湖　北	7363. 67	8101. 71	7967. 09	5960. 08	7331. 61
湖　南	7368. 27	7997. 94	8073. 25	8506. 65	8316. 71
西部地区	**35472. 36**	**38203. 93**	**40460. 85**	**41711. 52**	**40381. 38**
内蒙古	1726. 16	1702. 39	1803. 55	1867. 46	1713. 36
广　西	4687. 41	5589. 89	6076. 88	6007. 45	5281. 50
重　庆	5452. 65	5424. 76	5149. 08	4814. 49	4945. 42
四　川	8786. 61	9895. 35	10451. 05	10902. 37	10912. 14
贵　州	3897. 65	4441. 44	4612. 13	4929. 93	4825. 53
云　南	3484. 49	3643. 93	4064. 52	4175. 88	3208. 60
西　藏	44. 96	62. 10	110. 49	81. 62	115. 50
陕　西	3419. 84	3545. 60	3818. 25	3902. 39	3886. 63
甘　肃	1386. 04	1437. 95	1569. 16	1863. 81	2118. 38
青　海	399. 57	377. 41	406. 66	420. 64	329. 06
宁　夏	870. 28	887. 97	887. 35	971. 87	845. 77
新　疆	1316. 70	1195. 14	1511. 75	1773. 61	2199. 49
东北地区	**7267. 25**	**7034. 21**	**6747. 64**	**6450. 76**	**6025. 95**
辽　宁	3797. 05	3554. 81	3412. 52	3447. 26	3148. 63
吉　林	1602. 06	1813. 82	1873. 99	1653. 64	1672. 77
黑龙江	1868. 14	1665. 58	1461. 12	1349. 86	1204. 55

数据来源：国家统计局。

表 3-39　2021 年全国及各地区住宅销售面积（月度累计）

单位：万平方米

地　区	1—2 月	1—3 月	1—4 月	1—5 月	1—6 月	1—7 月	1—8 月	1—9 月	1—10 月	1—11 月	1—12 月
全　国	**15609.36**	**32331.68**	**45203.14**	**59693.01**	**79081.43**	**90597.92**	**101606.72**	**115431.89**	**126419.27**	**139156.20**	**156532.19**
东部地区	**6762.18**	**13692.56**	**19183.10**	**25269.34**	**33044.16**	**37742.58**	**42161.53**	**47722.19**	**51871.17**	**56498.15**	**62993.86**
北　京	101.14	183.43	250.16	320.64	412.19	508.39	563.77	638.86	701.99	754.71	877.10
天　津	97.11	235.84	360.45	494.05	660.22	776.40	897.89	995.24	1102.77	1209.22	1333.97
河　北	306.90	829.57	1205.15	1727.09	2461.26	2887.22	3450.65	4002.45	4382.60	4909.19	5779.60
上　海	195.57	315.27	400.69	461.08	667.94	775.65	871.94	1052.62	1161.23	1248.74	1489.95
江　苏	1587.78	3148.00	4467.23	5945.63	7779.18	8905.81	9762.11	10902.58	11817.57	12792.05	14361.50
浙　江	1190.39	2294.21	3187.02	4123.06	5224.67	5700.94	6285.53	6922.62	7374.60	7897.62	8423.68
福　建	624.87	1367.10	1803.36	2354.81	3031.16	3446.00	3809.19	4250.73	4613.24	5030.71	5597.61
山　东	932.61	2310.53	3427.25	4599.78	6347.19	7329.29	8297.76	9700.23	10480.93	11391.52	12632.05
广　东	1646.59	2880.91	3909.88	5027.77	6172.75	7060.11	7812.47	8789.96	9719.85	10682.20	11826.26
海　南	79.22	127.70	171.91	215.43	287.60	352.77	410.22	466.90	516.39	582.19	672.14
中部地区	**4072.60**	**8977.81**	**12764.13**	**16795.93**	**22836.41**	**26288.40**	**29348.13**	**33584.62**	**37044.17**	**41014.84**	**47131.00**
山　西	133.42	422.86	680.15	914.94	1293.15	1577.16	1816.61	2153.19	2350.50	2634.04	3034.92
安　徽	1165.93	2292.81	3089.91	4034.83	5219.32	5925.35	6650.54	7490.03	8039.50	8691.69	9507.67
江　西	556.77	1325.20	1823.74	2418.64	3266.46	3734.38	4190.78	4851.05	5379.17	5844.84	6681.26
河　南	831.26	2064.50	3076.98	4166.03	5790.02	6736.00	7473.28	8548.40	9420.51	10571.60	12258.83
湖　北	608.15	1253.13	1821.29	2420.28	3222.58	3756.98	4169.36	4749.17	5420.28	6103.34	7331.61
湖　南	777.07	1619.31	2272.06	2841.21	4044.88	4558.53	5047.56	5792.78	6434.21	7169.33	8316.71
西部地区	**4386.03**	**8757.03**	**11865.83**	**15679.18**	**20459.65**	**23347.18**	**26321.49**	**29753.24**	**32698.88**	**36298.55**	**40381.38**
内蒙古	72.16	241.48	426.83	613.50	819.91	974.13	1143.00	1267.22	1421.42	1552.32	1713.36
广　西	550.77	1164.89	1559.49	2089.87	2756.82	3049.99	3349.78	3869.47	4267.56	4667.08	5281.50
重　庆	534.51	1156.74	1602.33	2176.02	2849.46	3207.57	3507.73	3904.02	4185.46	4480.90	4945.42
四　川	1441.12	2723.98	3581.00	4567.26	5822.77	6500.07	7275.98	8215.09	8932.42	9779.35	10912.14
贵　州	608.57	1143.64	1501.48	1917.31	2395.50	2703.26	3059.06	3427.41	3916.31	4364.62	4825.53
云　南	428.84	796.11	1060.01	1361.82	1731.16	1973.62	2207.36	2429.36	2641.21	2881.80	3208.60
西　藏	7.12	17.41	23.70	32.66	44.81	59.14	86.22	93.48	108.10	112.56	115.50
陕　西	343.44	657.54	859.30	1170.17	1573.85	1911.30	2216.64	2520.21	2758.95	3502.55	3886.63
甘　肃	138.39	336.44	476.68	652.24	950.84	1151.38	1343.85	1581.57	1715.39	1922.06	2118.38
青　海	31.20	47.90	79.79	116.87	156.75	175.37	213.27	240.61	270.39	288.88	329.06
宁　夏	94.72	167.59	242.42	324.11	410.87	481.28	551.14	628.34	698.29	766.57	845.77
新　疆	135.19	303.31	452.80	657.35	946.91	1160.07	1367.46	1576.46	1783.38	1979.86	2199.49
东北地区	**388.55**	**904.28**	**1390.08**	**1948.56**	**2741.21**	**3219.76**	**3775.57**	**4371.84**	**4805.05**	**5344.66**	**6025.95**
辽　宁	266.28	586.74	846.94	1147.55	1577.48	1845.89	2112.11	2376.91	2599.81	2828.50	3148.63
吉　林	87.13	192.50	331.54	488.39	724.84	838.89	1000.00	1192.65	1301.83	1468.02	1672.77
黑龙江	35.14	125.04	211.60	312.62	438.89	534.98	663.46	802.28	903.41	1048.14	1204.55

数据来源：国家统计局。

表 3-40 2017—2021 年全国及各地区住宅现房销售面积

单位：万平方米

地 区	2017 年	2018 年	2019 年	2020 年	2021 年
全 国	**31243.64**	**23204.71**	**18215.21**	**15736.49**	**16356.75**
东部地区	**13069.63**	**9093.84**	**7167.54**	**6981.46**	**7094.89**
北 京	227.75	202.45	226.53	154.07	183.02
天 津	231.43	126.29	172.09	163.44	325.33
河 北	1466.81	860.56	622.46	443.72	361.78
上 海	579.39	491.06	493.40	484.03	391.75
江 苏	2962.73	2279.25	1920.72	2175.88	2054.00
浙 江	1520.15	842.16	490.90	480.88	569.31
福 建	656.32	420.45	453.92	413.37	433.28
山 东	2237.07	1824.96	1087.51	918.05	1116.44
广 东	2413.46	1740.26	1533.19	1625.64	1496.09
海 南	774.52	306.42	166.82	122.38	163.89
中部地区	**8754.93**	**7060.68**	**6064.84**	**4501.96**	**4792.81**
山 西	737.60	422.30	420.42	215.54	247.67
安 徽	1058.16	788.39	645.53	664.05	773.41
江 西	921.95	719.66	680.94	486.37	686.77
河 南	2930.66	2753.21	2476.79	1900.50	1746.45
湖 北	1577.76	1425.43	986.22	537.73	661.30
湖 南	1528.80	951.69	854.93	697.77	677.21
西部地区	**6693.69**	**4935.50**	**3359.49**	**2966.16**	**3117.48**
内蒙古	785.23	603.85	392.92	388.17	254.02
广 西	674.22	554.27	487.95	437.46	434.40
重 庆	817.20	431.66	316.32	363.82	525.50
四 川	1214.10	813.86	446.36	468.08	447.44
贵 州	575.00	392.32	292.77	205.37	299.24
云 南	844.78	676.79	386.10	285.15	301.61
西 藏	17.07	26.23	11.48	8.24	10.67
陕 西	492.31	447.02	312.37	297.13	233.10
甘 肃	403.35	378.62	284.92	169.37	281.08
青 海	112.18	44.88	34.63	35.94	24.44
宁 夏	314.86	288.95	177.25	129.78	111.99
新 疆	443.39	277.05	216.43	177.65	193.99
东北地区	**2725.40**	**2114.69**	**1623.34**	**1286.91**	**1351.57**
辽 宁	1292.08	1043.16	783.26	551.10	588.06
吉 林	527.08	465.06	362.56	356.83	358.94
黑龙江	906.24	606.48	477.52	378.98	404.57

数据来源：国家统计局。

表 3-41　2021 年全国及各地区住宅现房销售面积（月度累计）

单位：万平方米

地　区	1—2 月	1—3 月	1—4 月	1—5 月	1—6 月	1—7 月	1—8 月	1—9 月	1—10 月	1—11 月	1—12 月
全　国	**1547.56**	**3043.07**	**4215.02**	**5480.46**	**7502.96**	**8635.88**	**9691.04**	**11270.77**	**12452.22**	**13976.18**	**16356.75**
东部地区	**776.87**	**1426.56**	**1975.52**	**2497.48**	**3403.68**	**3935.24**	**4407.02**	**5108.98**	**5621.38**	**6198.96**	**7094.89**
北　京	30.31	44.70	59.93	73.31	92.41	118.12	130.86	141.52	154.90	167.20	183.02
天　津	18.66	38.78	58.90	77.13	135.94	159.66	177.05	203.50	244.38	281.41	325.33
河　北	18.07	36.42	49.31	79.26	136.38	157.01	200.53	235.12	255.01	294.59	361.78
上　海	38.55	94.61	122.59	137.36	197.78	240.78	255.74	332.02	362.47	354.64	391.75
江　苏	205.30	382.66	543.38	679.32	957.30	1110.84	1240.77	1426.42	1571.65	1764.44	2054.00
浙　江	91.49	153.99	228.28	279.78	351.60	395.84	443.55	472.26	490.97	524.34	569.31
福　建	44.03	97.63	130.18	158.86	204.25	223.77	243.45	266.51	313.02	351.78	433.28
山　东	67.80	160.88	235.95	318.92	501.14	569.43	643.76	808.96	873.26	968.37	1116.44
广　东	239.23	382.39	500.76	638.05	760.02	876.59	971.79	1109.86	1231.36	1353.19	1496.09
海　南	23.43	34.50	46.24	55.49	66.86	83.20	99.52	112.81	124.36	139.00	163.89
中部地区	**355.64**	**783.75**	**1105.29**	**1465.70**	**2037.62**	**2357.47**	**2637.51**	**3062.25**	**3397.27**	**3867.23**	**4792.81**
山　西	10.26	31.77	46.23	65.60	98.75	120.36	137.74	163.93	172.58	201.77	247.67
安　徽	77.53	158.63	206.64	271.62	348.69	402.49	455.07	531.75	574.50	683.35	773.41
江　西	57.24	125.10	158.75	211.44	294.16	342.26	392.07	462.44	512.87	556.36	686.77
河　南	98.55	250.20	388.52	519.79	745.72	869.75	961.58	1108.49	1230.83	1379.58	1746.45
湖　北	47.95	88.39	127.45	175.03	228.63	264.87	291.50	324.97	387.39	473.58	661.30
湖　南	64.11	129.66	177.70	222.22	321.67	357.74	399.55	470.67	519.10	572.59	677.21
西部地区	**343.97**	**662.07**	**874.04**	**1138.93**	**1520.62**	**1703.12**	**1889.58**	**2170.48**	**2422.32**	**2733.21**	**3117.48**
内蒙古	12.75	48.93	73.00	103.06	128.57	147.12	168.30	185.86	208.17	232.49	254.02
广　西	38.46	82.60	100.68	137.97	201.40	217.29	233.50	303.76	349.84	382.68	434.40
重　庆	55.40	114.81	145.63	196.10	250.31	276.30	307.66	344.44	377.23	444.87	525.50
四　川	79.34	141.16	170.97	208.46	264.77	283.00	304.11	335.17	363.53	392.73	447.44
贵　州	52.47	79.64	101.46	126.08	156.97	169.90	192.68	211.21	250.49	278.56	299.24
云　南	41.87	69.65	93.81	117.02	141.52	165.74	186.43	206.21	225.21	243.73	301.61
西　藏	1.18	1.91	2.20	2.25	2.47	3.49	5.00	5.71	10.63	10.74	10.67
陕　西	17.56	28.73	41.93	51.78	106.61	127.13	139.48	163.65	173.69	213.09	233.10
甘　肃	16.87	38.14	54.58	71.44	108.93	128.20	145.68	183.31	209.85	240.49	281.08
青　海	2.20	2.76	8.27	12.11	13.18	14.37	15.46	16.42	16.66	19.48	24.44
宁　夏	13.33	26.44	39.16	46.55	55.28	63.33	69.80	77.19	84.21	100.05	111.99
新　疆	12.54	27.30	42.35	66.11	90.61	107.25	121.48	137.55	152.81	174.30	193.99
东北地区	**71.08**	**170.69**	**260.17**	**378.35**	**541.04**	**640.05**	**756.93**	**929.06**	**1011.25**	**1176.78**	**1351.57**
辽　宁	47.69	108.02	151.37	215.60	293.15	332.77	373.04	454.30	486.00	538.17	588.06
吉　林	13.18	30.49	50.13	76.62	127.28	157.53	195.16	239.79	258.24	308.56	358.94
黑龙江	10.21	32.18	58.67	86.13	120.61	149.75	188.73	234.97	267.01	330.05	404.57

数据来源：国家统计局。

2. 各地区商品房销售金额

表 3-42　2017—2021 年全国及各地区商品房销售金额

单位：亿元

地　区	2017 年	2018 年	2019 年	2020 年	2021 年
全　国	**133701. 31**	**149972. 74**	**159725. 12**	**173612. 66**	**181929. 96**
东部地区	**74438. 86**	**79257. 80**	**83833. 15**	**95689. 66**	**103316. 81**
北　京	2796. 03	2377. 00	3370. 98	3656. 85	4486. 47
天　津	2272. 30	2006. 62	2274. 14	2113. 61	2322. 76
河　北	4628. 37	4034. 96	4138. 57	4950. 38	5052. 90
上　海	4026. 67	4751. 50	5203. 82	6046. 97	6788. 73
江　苏	13066. 85	14527. 27	16259. 61	19408. 89	21361. 32
浙　江	12339. 99	14089. 85	14352. 11	17145. 01	19052. 24
福　建	5705. 19	6579. 49	6938. 79	7497. 74	8217. 26
山　东	8096. 97	10065. 70	10271. 15	11065. 62	12155. 62
广　东	18792. 76	18742. 12	19748. 21	22572. 51	22320. 27
海　南	2713. 72	2083. 29	1275. 76	1232. 08	1559. 24
中部地区	**28664. 75**	**33848. 12**	**35505. 46**	**35854. 19**	**38156. 71**
山　西	1357. 48	1610. 61	1631. 76	1885. 94	2170. 91
安　徽	5865. 77	7076. 95	6823. 52	7346. 15	8143. 19
江　西	3592. 52	4219. 89	4710. 42	5222. 78	5894. 13
河　南	7129. 40	8055. 30	9009. 98	9364. 36	8657. 71
湖　北	6258. 92	7531. 38	7751. 79	6087. 90	7250. 26
湖　南	4460. 66	5353. 99	5577. 99	5947. 06	6040. 51
西部地区	**25231. 11**	**31126. 77**	**34487. 80**	**36256. 78**	**35240. 99**
内蒙古	956. 81	1113. 94	1243. 91	1365. 48	1214. 77
广　西	3016. 64	3826. 50	4366. 24	4251. 47	3672. 49
重　庆	4557. 85	5272. 70	5129. 42	5071. 34	5391. 26
四　川	6757. 11	8532. 35	9666. 73	10394. 25	10796. 73
贵　州	2240. 77	2920. 95	3183. 57	3224. 23	3243. 93
云　南	2561. 19	3406. 84	3846. 19	3969. 91	2962. 52
西　藏	35. 28	52. 82	96. 78	83. 93	121. 73
陕　西	2661. 08	3407. 45	3960. 21	4375. 33	4146. 26
甘　肃	890. 31	922. 34	1019. 28	1293. 41	1344. 89
青　海	296. 50	289. 89	367. 28	383. 25	294. 37
宁　夏	464. 13	517. 73	573. 90	698. 39	675. 13
新　疆	793. 45	863. 26	1034. 30	1145. 79	1376. 91
东北地区	**5366. 59**	**5740. 05**	**5898. 71**	**5812. 03**	**5215. 45**
辽　宁	2771. 69	2967. 31	3049. 06	3366. 28	3066. 38
吉　林	1135. 18	1452. 43	1581. 47	1381. 55	1290. 99
黑龙江	1459. 72	1320. 31	1268. 18	1064. 20	858. 08

数据来源：国家统计局。

表 3-43　2021 年全国及各地区商品房销售金额（月度累计）

单位：亿元

地　区	1—2月	1—3月	1—4月	1—5月	1—6月	1—7月	1—8月	1—9月	1—10月	1—11月	1—12月
全　国	**19150.74**	**38377.78**	**53609.13**	**70533.71**	**92931.31**	**106430.43**	**119046.86**	**134794.96**	**147184.66**	**161666.67**	**181929.96**
东部地区	**11891.03**	**22807.36**	**31740.66**	**41510.51**	**54168.54**	**61943.15**	**69052.00**	**77907.28**	**84622.45**	**92313.32**	**103316.81**
北　京	451.20	870.47	1235.78	1559.72	2069.54	2527.00	2811.94	3250.75	3545.11	3841.20	4486.47
天　津	193.27	422.73	649.15	892.70	1184.84	1380.14	1585.01	1751.96	1933.69	2099.91	2322.76
河　北	239.94	663.44	968.23	1444.35	2118.96	2513.49	3005.15	3417.81	3781.74	4251.02	5052.90
上　海	1163.45	1696.96	2033.20	2423.83	3249.30	3832.12	4347.51	4866.31	5416.00	5906.30	6788.73
江　苏	2409.18	4614.28	6626.11	8894.21	11665.32	13271.54	14522.41	16289.50	17571.08	19030.59	21361.32
浙　江	2459.77	4800.90	6695.65	8745.31	11267.79	12410.10	13767.00	15386.36	16497.27	17808.61	19052.24
福　建	919.02	1988.31	2629.44	3424.31	4476.36	5071.70	5581.81	6231.54	6747.72	7358.98	8217.26
山　东	850.83	2137.09	3209.38	4348.57	5995.33	6957.48	7913.50	9202.37	9952.10	10851.52	12155.62
广　东	3029.11	5317.61	7288.48	9250.25	11460.87	13145.85	14547.82	16414.48	17973.06	19812.22	22320.27
海　南	175.26	295.57	405.24	527.26	680.23	833.73	969.85	1096.20	1204.68	1352.97	1559.24
中部地区	**3279.92**	**7277.49**	**10468.08**	**13759.84**	**18581.96**	**21422.29**	**23856.54**	**27273.80**	**30041.98**	**33218.30**	**38156.71**
山　西	101.52	312.08	507.10	683.99	955.43	1178.35	1345.78	1578.06	1725.11	1905.81	2170.91
安　徽	1014.75	1975.90	2735.37	3503.90	4446.98	5063.56	5658.78	6408.56	6863.98	7431.65	8143.19
江　西	459.85	1118.72	1530.69	2000.81	2768.88	3187.05	3572.03	4161.53	4636.86	5094.34	5894.13
河　南	592.46	1469.58	2235.73	3049.98	4214.97	4880.50	5380.78	6153.03	6742.85	7523.99	8657.71
湖　北	568.39	1258.43	1866.03	2493.32	3309.57	3837.30	4254.84	4801.55	5450.60	6099.62	7250.26
湖　南	542.95	1142.78	1593.16	2027.84	2886.13	3275.53	3644.33	4171.07	4622.58	5162.89	6040.51
西部地区	**3620.30**	**7461.88**	**10133.31**	**13497.17**	**17683.93**	**20156.00**	**22763.18**	**25756.01**	**28270.94**	**31475.44**	**35240.99**
内蒙古	47.28	155.47	306.03	437.73	593.25	700.76	837.25	930.49	1028.26	1108.56	1214.77
广　西	376.32	823.91	1088.97	1458.13	1934.38	2144.17	2353.65	2695.43	2948.72	3194.59	3672.49
重　庆	493.90	1182.91	1631.77	2283.67	3030.54	3431.86	3754.33	4265.66	4539.81	4896.26	5391.26
四　川	1337.61	2531.19	3366.97	4362.63	5533.92	6209.13	6946.77	7882.29	8631.99	9562.42	10796.73
贵　州	357.31	722.15	940.08	1189.51	1515.00	1696.59	1927.42	2158.80	2509.64	2840.76	3243.93
云　南	391.02	732.22	1005.99	1293.24	1628.67	1863.38	2075.75	2265.24	2458.77	2671.43	2962.52
西　藏	7.24	16.87	22.86	31.41	44.11	58.49	84.95	97.50	112.01	116.89	121.73
陕　西	340.39	731.93	931.75	1253.14	1714.49	2031.52	2424.25	2752.48	3024.62	3752.31	4146.26
甘　肃	89.80	218.74	309.18	428.54	628.34	758.05	886.45	1024.38	1111.43	1233.75	1344.89
青　海	28.95	40.54	68.34	96.87	142.80	163.00	195.14	218.40	245.22	260.85	294.37
宁　夏	68.53	123.99	183.84	251.15	325.90	380.41	430.70	486.80	550.85	601.01	675.13
新　疆	81.95	181.96	277.53	411.15	592.53	718.64	846.52	978.54	1109.62	1236.61	1376.91
东北地区	**359.49**	**831.05**	**1267.08**	**1766.19**	**2496.88**	**2908.99**	**3375.14**	**3857.87**	**4249.29**	**4659.61**	**5215.45**
辽　宁	259.55	573.95	838.52	1137.72	1593.07	1851.51	2101.36	2349.82	2569.36	2765.92	3066.38
吉　林	69.77	154.99	258.67	381.12	569.85	649.87	780.48	920.39	1017.75	1129.01	1290.99
黑龙江	30.17	102.11	169.89	247.35	333.96	407.61	493.30	587.66	662.18	764.68	858.08

数据来源：国家统计局。

表 3-44 2017—2021 年全国及各地区住宅销售金额

单位：亿元

地 区	2017 年	2018 年	2019 年	2020 年	2021 年
全 国	**110239. 51**	**126392. 60**	**139439. 97**	**154566. 93**	**162729. 90**
东部地区	**62002. 29**	**67193. 73**	**73775. 42**	**85942. 64**	**92783. 07**
北 京	2077. 01	1971. 15	3032. 40	3131. 31	4117. 23
天 津	2032. 93	1816. 53	2132. 48	2000. 98	2183. 74
河 北	3925. 37	3567. 27	3714. 57	4597. 91	4814. 32
上 海	3336. 09	3864. 03	4457. 16	5268. 85	6104. 95
江 苏	11325. 84	12693. 86	14894. 77	18027. 33	19626. 09
浙 江	10300. 34	12096. 31	12723. 10	15584. 82	17172. 79
福 建	4202. 00	5074. 52	5685. 25	6343. 34	7082. 59
山 东	6891. 65	8682. 81	9287. 11	10109. 55	11044. 14
广 东	15437. 89	15595. 29	16758. 01	19829. 63	19457. 63
海 南	2473. 18	1831. 95	1090. 56	1048. 92	1179. 59
中部地区	**23832. 87**	**29044. 87**	**31259. 18**	**32012. 82**	**34609. 09**
山 西	1225. 90	1473. 17	1452. 40	1753. 36	2030. 10
安 徽	4878. 56	6174. 85	6126. 69	6760. 86	7514. 62
江 西	2879. 66	3524. 32	4038. 02	4425. 19	5109. 97
河 南	5897. 68	6903. 79	8016. 93	8402. 53	7892. 03
湖 北	5380. 31	6591. 36	6903. 70	5447. 32	6671. 93
湖 南	3570. 76	4377. 39	4721. 43	5223. 56	5390. 44
西部地区	**19896. 80**	**25192. 47**	**29147. 01**	**31312. 98**	**30557. 28**
内蒙古	731. 69	909. 04	1104. 10	1242. 58	1116. 38
广 西	2635. 74	3330. 75	3913. 40	3803. 55	3164. 41
重 庆	3601. 56	4442. 87	4457. 78	4293. 18	4786. 06
四 川	5173. 60	6621. 21	7869. 04	8766. 96	9061. 34
贵 州	1623. 37	2278. 10	2527. 41	2760. 73	2713. 37
云 南	1973. 72	2690. 84	3255. 84	3452. 00	2524. 74
西 藏	25. 19	42. 94	81. 21	72. 03	97. 51
陕 西	2215. 17	2808. 78	3359. 17	3755. 77	3762. 14
甘 肃	738. 22	774. 63	907. 07	1205. 42	1267. 78
青 海	211. 71	224. 05	295. 59	343. 42	258. 35
宁 夏	369. 30	420. 63	498. 51	626. 26	584. 93
新 疆	597. 52	648. 64	877. 89	991. 08	1220. 27
东北地区	**4507. 55**	**4961. 54**	**5258. 36**	**5298. 49**	**4780. 46**
辽 宁	2452. 23	2615. 75	2814. 86	3114. 11	2849. 28
吉 林	920. 85	1233. 50	1373. 54	1238. 23	1179. 29
黑龙江	1134. 47	1112. 28	1069. 97	946. 15	751. 89

数据来源：国家统计局。

表 3-45　2021 年全国及各地区住宅销售金额（月度累计）

单位：亿元

地　区	1—2 月	1—3 月	1—4 月	1—5 月	1—6 月	1—7 月	1—8 月	1—9 月	1—10 月	1—11 月	1—12 月
全　国	**17526.29**	**35055.39**	**49009.69**	**64570.36**	**84632.71**	**96746.63**	**108061.56**	**121957.26**	**132902.15**	**145597.38**	**162729.90**
东部地区	**10976.88**	**20984.18**	**29175.89**	**38149.44**	**49528.69**	**56490.45**	**62887.25**	**70761.77**	**76676.99**	**83448.27**	**92783.07**
北　京	405.09	797.55	1129.24	1433.47	1920.73	2351.73	2618.37	3014.34	3281.51	3547.34	4117.23
天　津	166.70	389.04	606.51	837.95	1107.97	1296.26	1490.54	1647.74	1821.85	1970.23	2183.74
河　北	228.22	634.58	927.58	1385.44	2029.57	2410.70	2878.41	3268.30	3612.98	4065.69	4814.32
上　海	1093.67	1557.05	1856.78	2201.04	2984.44	3475.09	3953.01	4446.04	4851.98	5297.14	6104.95
江　苏	2286.23	4357.50	6257.23	8407.08	10958.66	12454.36	13618.49	15214.76	16361.61	17647.78	19626.09
浙　江	2282.63	4429.03	6158.55	8021.43	10264.77	11268.60	12491.72	13936.81	14920.62	16099.28	17172.79
福　建	827.76	1779.08	2353.72	3062.97	3933.07	4453.01	4903.07	5444.85	5898.18	6394.63	7082.59
山　东	789.34	1985.19	2997.38	4062.73	5547.42	6435.38	7317.20	8466.63	9142.83	9938.95	11044.14
广　东	2755.88	4824.35	6576.60	8341.60	10268.15	11714.05	12881.98	14488.34	15864.92	17455.60	19457.63
海　南	141.36	230.81	312.30	395.73	513.91	631.27	734.46	833.96	920.51	1031.63	1179.59
中部地区	**3025.15**	**6742.36**	**9712.72**	**12789.13**	**17184.83**	**19780.60**	**22008.52**	**25088.98**	**27583.77**	**30370.93**	**34609.09**
山　西	94.07	292.27	476.35	639.36	892.91	1102.71	1261.92	1485.98	1623.28	1790.20	2030.10
安　徽	961.24	1873.95	2591.37	3320.12	4184.34	4760.37	5313.96	5997.44	6408.15	6902.30	7514.62
江　西	418.27	1015.25	1388.75	1822.32	2484.88	2853.05	3190.18	3671.03	4078.15	4465.34	5109.97
河　南	540.67	1353.20	2058.99	2820.35	3886.88	4492.69	4943.02	5644.79	6182.37	6876.84	7892.03
湖　北	516.31	1169.80	1744.93	2349.09	3120.89	3610.17	4002.22	4518.90	5120.35	5691.01	6671.93
湖　南	494.59	1037.89	1452.33	1837.89	2614.93	2961.61	3297.22	3770.84	4171.47	4645.24	5390.44
西部地区	**3192.39**	**6552.76**	**8944.67**	**11986.96**	**15600.97**	**17770.38**	**20033.10**	**22535.91**	**24727.33**	**27495.89**	**30557.28**
内蒙古	44.90	146.51	286.93	404.70	546.17	646.31	766.72	845.79	942.29	1016.59	1116.38
广　西	343.65	741.70	982.62	1323.47	1706.63	1896.19	2080.26	2358.50	2591.32	2811.13	3164.41
重　庆	435.28	1062.78	1478.10	2089.62	2775.54	3136.61	3424.74	3834.58	4068.58	4379.13	4786.06
四　川	1161.05	2201.27	2924.07	3796.65	4736.89	5291.99	5907.26	6677.43	7306.93	8057.61	9061.34
贵　州	315.45	607.33	812.63	1030.67	1302.03	1461.34	1655.28	1846.29	2155.02	2427.79	2713.37
云　南	339.44	638.51	873.29	1125.54	1419.03	1621.32	1802.40	1950.49	2114.73	2283.16	2524.74
西　藏	5.81	14.88	19.49	26.64	38.03	49.09	69.17	76.27	90.41	94.31	97.51
陕　西	301.62	621.99	799.18	1102.72	1526.49	1813.64	2156.94	2461.39	2704.42	3395.18	3762.14
甘　肃	86.02	208.18	294.91	407.41	598.89	722.95	846.80	974.02	1057.05	1167.25	1267.78
青　海	23.97	35.58	59.89	87.31	122.91	138.37	170.94	192.63	216.87	229.35	258.35
宁　夏	61.10	109.25	160.40	221.73	292.03	340.78	384.41	433.92	481.72	530.84	584.93
新　疆	74.10	164.78	253.16	370.50	536.33	651.79	768.18	884.60	997.99	1103.55	1220.27
东北地区	**331.87**	**776.09**	**1176.41**	**1644.83**	**2318.22**	**2705.20**	**3132.69**	**3570.60**	**3914.06**	**4282.29**	**4780.46**
辽　宁	241.69	543.62	786.04	1071.25	1493.07	1743.63	1976.06	2203.45	2396.68	2574.06	2849.28
吉　林	63.41	140.36	236.19	349.84	521.77	595.29	713.59	845.96	931.11	1034.15	1179.29
黑龙江	26.77	92.11	154.18	223.74	303.38	366.28	443.04	521.19	586.27	674.08	751.89

数据来源：国家统计局。

（五）各地区成套住宅竣工与销售数据

表 3-46　2016—2020 年全国及各地区住宅竣工套数

单位：套

地　区	2016 年	2017 年	2018 年	2019 年	2020 年
全　国	**7455409**	**6770598**	**6182425**	**6452838**	**5976595**
北　京	135606	62796	79744	62367	76869
天　津	219734	149400	177624	131137	117031
河　北	319948	259478	187153	186404	173246
上　海	157370	180347	171688	142001	175500
江　苏	649768	618260	580531	592808	794618
浙　江	434798	375051	256252	292944	376975
福　建	223190	272532	218227	164317	217966
山　东	570374	563453	682920	634381	587809
广　东	414143	512495	463752	586849	492470
海　南	251915	119210	116842	143822	56629
山　西	178002	129811	101379	173581	97800
安　徽	386790	320280	290667	707369	336749
江　西	116627	123554	131329	149213	153272
河　南	448902	411871	460503	451982	362425
湖　北	254145	218337	181886	174301	187178
湖　南	288795	260069	263374	238493	240398
内蒙古	106592	126256	100722	62638	50106
广　西	121447	142705	155423	130016	137514
重　庆	343593	385456	312512	322022	237523
四　川	566002	374735	369022	296444	290046
贵　州	114983	72255	76801	56685	45370
云　南	121545	132794	80653	95110	81256
西　藏	2505	2950	3892	328	1561
陕　西	176644	187120	100087	115123	159772
甘　肃	71194	59780	45003	43568	54533
青　海	27106	22568	17094	7644	8052
宁　夏	88380	80390	82663	63710	42470
新　疆	109502	107754	63885	86342	53242
辽　宁	247146	253544	199740	140321	161513
吉　林	113320	111715	111814	98228	81777
黑龙江	195343	133632	99243	102690	124925

数据来源：国家统计局。

表 3-47　2016—2020 年全国及各地区住宅销售套数

单位：套

地　区	2016 年	2017 年	2018 年	2019 年	2020 年
全　国	**12822565**	**13361411**	**13298420**	**13216466**	**13555925**
北　京	92387	57950	49412	75557	68943
天　津	242287	125150	107316	129196	113545
河　北	565634	513767	449855	436573	503193
上　海	195044	139628	143725	138412	145572
江　苏	1096211	1077200	1014809	1064427	1159388
浙　江	614849	634063	664046	661470	762918
福　建	378563	417153	446805	471476	489468
山　东	935027	979142	987777	930841	963273
广　东	1196094	1212690	1093652	1106045	1180557
海　南	172347	268435	162803	77954	61228
山　西	166423	196486	191333	182563	213622
安　徽	709401	735435	828007	733434	760693
江　西	369982	442196	471058	482939	498752
河　南	913280	1039431	1114669	1130247	1106544
湖　北	631330	682464	704013	678139	512012
湖　南	630886	639220	658427	654565	687391
内蒙古	195175	158195	157230	153962	157453
广　西	354015	494930	504148	542579	530605
重　庆	565075	582851	523030	484681	451736
四　川	822273	884861	957882	979682	1028190
贵　州	319528	347650	381021	395143	425432
云　南	247148	286841	290014	323079	337296
西　藏	6323	4143	5542	9173	6985
陕　西	276798	306586	312177	323359	333128
甘　肃	138886	126937	131212	139465	162380
青　海	35710	34938	34428	34908	35088
宁　夏	72994	76202	75795	71521	77373
新　疆	142899	121761	105058	128599	148283
辽　宁	371332	410420	378186	345715	341764
吉　林	172275	164319	180868	181291	156928
黑龙江	192389	200367	174122	149471	136185

数据来源：国家统计局。

（六）各地区房地产待售数据

表 3-48　2017—2021 年全国商品房待售面积

单位：万平方米

类　别	2017 年	2018 年	2019 年	2020 年	2021 年
商品房待售面积	**58923**	**52909**	**49821**	**49850**	**51023**
住宅	30163	25328	22473	22379	22761
办公楼	3664	3703	3800	3796	3795
商业营业用房	15204	13906	13282	12934	12767

数据来源：国家统计局。

表 3-49　2021 年全国商品房待售面积（月度累计）

单位：万平方米

类　别	1—2 月	1—3 月	1—4 月	1—5 月	1—6 月	1—7 月	1—8 月	1—9 月	1—10 月	1—11 月	1—12 月
商品房待售面积	**52425**	**51858**	**51436**	**51026**	**51079**	**50864**	**50580**	**50285**	**50203**	**50165**	**51023**
住宅	24693	24134	23711	23312	23132	22862	22605	22420	22379	22280	22761
办公楼	3772	3702	3687	3674	3740	3714	3701	3662	3716	3702	3795
商业营业用房	12665	12680	12740	12733	12780	12799	12808	12747	12746	12720	12767

数据来源：国家统计局。

表 3-50　2016—2020 年全国及各地区商品房待售面积

单位：万平方米

地　区	2016 年	2017 年	2018 年	2019 年	2020 年
全　国	**69539. 30**	**58923. 14**	**52909. 29**	**49820. 70**	**49849. 82**
北　京	2143. 91	2080. 18	2226. 38	2489. 52	2454. 16
天　津	880. 55	617. 26	671. 40	657. 80	823. 60
河　北	1582. 40	1056. 46	967. 30	996. 14	905. 17
上　海	1901. 21	2026. 05	2211. 12	2360. 46	2535. 73
江　苏	6519. 11	5590. 51	5015. 74	4612. 13	4285. 86
浙　江	4224. 85	3437. 37	2592. 88	2266. 06	2214. 85
福　建	2058. 50	2079. 59	1890. 39	1862. 04	1807. 37
山　东	4178. 11	3257. 31	2690. 65	2433. 80	2533. 38
广　东	5502. 46	4988. 58	5029. 82	5716. 44	5978. 54
海　南	1271. 84	852. 75	649. 74	589. 65	570. 57
山　西	1761. 03	1225. 73	984. 85	966. 25	785. 40
安　徽	2401. 44	2021. 26	1685. 13	1531. 69	1541. 72

续表

地　区	2016 年	2017 年	2018 年	2019 年	2020 年
江　西	1434.56	1129.94	950.68	818.32	803.45
河　南	3395.26	2846.55	2808.17	2529.37	2628.52
湖　北	2373.46	1848.01	1769.39	1417.88	1198.17
湖　南	2901.46	2015.46	1727.63	1410.73	1333.79
内蒙古	1384.99	1265.60	1244.21	1068.72	970.38
广　西	1772.74	1598.85	1408.74	1268.96	1281.21
重　庆	2308.47	2051.69	1787.95	1959.11	2082.10
四　川	3061.03	2678.67	2428.82	2021.21	2093.46
贵　州	1346.63	1031.20	783.67	571.63	557.43
云　南	1944.31	1505.73	1159.30	1089.50	1159.47
西　藏	61.92	36.56	27.52	38.51	31.70
陕　西	892.39	936.86	726.95	650.28	592.81
甘　肃	916.62	822.57	796.42	704.08	598.91
青　海	222.29	178.86	141.35	120.23	134.12
宁　夏	1247.29	1036.68	945.36	957.57	993.05
新　疆	1457.76	1468.73	1315.88	1219.94	1342.10
辽　宁	4127.14	3558.56	3260.80	2909.27	2902.00
吉　林	1671.96	1584.36	1258.16	1077.59	1112.72
黑龙江	2593.61	2095.21	1752.87	1505.83	1598.07

数据来源：国家统计局。

表 3-51　2016—2020 年全国及各地区住宅待售面积

单位：万平方米

地　区	2016 年	2017 年	2018 年	2019 年	2020 年
全　国	**40257.07**	**30162.96**	**25327.64**	**22472.83**	**22379.22**
北　京	834.51	803.85	847.96	893.12	881.89
天　津	461.74	264.71	315.53	313.56	437.69
河　北	1133.05	703.02	648.24	648.93	599.84
上　海	675.13	635.68	664.30	734.87	688.94
江　苏	3774.76	3021.18	2507.63	2131.29	1987.30
浙　江	2060.31	1390.58	849.86	706.04	680.64
福　建	854.43	643.78	531.56	532.54	479.44

续表

地　区	2016 年	2017 年	2018 年	2019 年	2020 年
山　东	2738.99	1945.03	1468.54	1284.28	1435.21
广　东	3085.78	2414.75	2384.29	2666.41	2625.38
海　南	1029.57	634.28	448.15	415.65	411.54
山　西	1234.27	811.33	639.32	571.15	464.46
安　徽	1202.47	885.17	779.55	650.26	666.09
江　西	938.28	599.72	498.10	397.60	408.92
河　南	2530.41	1995.61	1914.38	1694.00	1721.68
湖　北	1466.32	1025.65	962.69	724.34	617.58
湖　南	1684.87	992.72	810.28	654.79	641.24
内蒙古	848.89	739.90	738.04	599.15	552.08
广　西	1187.21	989.74	798.41	702.44	668.82
重　庆	874.70	578.08	394.06	356.63	390.37
四　川	1131.58	781.85	596.11	360.98	478.38
贵　州	698.17	464.13	300.14	178.75	186.26
云　南	1142.42	796.93	501.81	422.12	470.76
西　藏	33.93	17.23	11.91	14.76	7.08
陕　西	536.93	513.31	336.70	280.66	262.43
甘　肃	615.31	541.76	467.76	375.66	312.28
青　海	149.06	90.68	65.35	53.71	53.25
宁　夏	715.57	482.25	387.64	344.51	330.83
新　疆	802.81	701.84	569.68	458.93	526.22
辽　宁	3038.52	2481.75	2192.33	1877.08	1863.90
吉　林	1081.85	949.14	690.03	587.05	608.76
黑龙江	1695.25	1267.33	1007.28	841.56	919.96

数据来源：国家统计局。

表 3-52　2016—2020 年全国及各地区办公楼待售面积

单位：万平方米

地　区	2016 年	2017 年	2018 年	2019 年	2020 年
全　国	**3631.05**	**3664.24**	**3702.76**	**3800.01**	**3795.64**
北　京	320.61	336.03	414.54	569.01	530.49
天　津	98.21	115.86	125.80	112.49	104.94

续表

地　区	2016 年	2017 年	2018 年	2019 年	2020 年
河　北	44. 10	34. 69	34. 40	55. 33	46. 88
上　海	326. 13	327. 79	400. 69	406. 03	450. 25
江　苏	458. 17	442. 04	430. 34	442. 45	416. 27
浙　江	484. 80	467. 18	402. 47	347. 81	386. 05
福　建	114. 23	148. 18	157. 63	145. 52	155. 19
山　东	212. 53	198. 39	204. 65	198. 88	177. 53
广　东	262. 75	272. 89	266. 10	337. 64	430. 87
海　南	9. 97	8. 15	12. 32	9. 49	10. 62
山　西	41. 54	29. 00	22. 31	33. 07	24. 16
安　徽	99. 32	108. 24	76. 38	95. 40	114. 33
江　西	38. 53	52. 02	39. 91	32. 28	19. 38
河　南	99. 42	98. 87	129. 11	128. 42	120. 38
湖　北	78. 92	65. 24	88. 75	85. 76	75. 09
湖　南	91. 07	89. 31	85. 26	67. 38	70. 29
内蒙古	27. 84	57. 12	59. 30	54. 03	43. 20
广　西	29. 88	22. 10	23. 42	17. 90	28. 69
重　庆	154. 29	130. 21	106. 90	103. 22	76. 04
四　川	117. 24	112. 93	92. 02	69. 63	81. 32
贵　州	97. 37	72. 68	47. 70	36. 82	29. 92
云　南	54. 87	69. 04	52. 43	49. 41	41. 53
西　藏	8. 10	1. 57	0. 00	0. 41	2. 23
陕　西	20. 44	32. 94	40. 84	34. 19	26. 74
甘　肃	19. 06	20. 54	30. 03	30. 96	12. 53
青　海	15. 81	14. 80	3. 57	3. 57	11. 81
宁　夏	45. 45	71. 38	67. 01	77. 04	75. 14
新　疆	52. 21	61. 29	71. 81	53. 33	48. 37
辽　宁	104. 98	61. 71	86. 46	86. 27	81. 55
吉　林	56. 11	82. 27	87. 02	73. 29	61. 06
黑龙江	47. 11	59. 77	43. 62	42. 97	42. 83

数据来源：国家统计局。

表 3-53 2016—2020 年全国及各地区商业营业用房待售面积

单位：万平方米

地 区	2016 年	2017 年	2018 年	2019 年	2020 年
全 国	**15838.26**	**15203.80**	**13905.82**	**13281.95**	**12934.28**
北 京	431.98	428.57	394.10	369.91	383.55
天 津	162.72	153.23	143.68	139.72	163.54
河 北	260.41	207.39	158.08	148.02	132.94
上 海	374.57	410.46	433.64	430.68	436.43
江 苏	1762.33	1594.21	1468.52	1413.89	1324.32
浙 江	1034.21	980.87	851.78	794.86	734.63
福 建	536.22	567.82	514.66	482.23	463.01
山 东	920.59	843.24	738.12	694.68	616.62
广 东	984.74	1073.72	1052.07	1119.54	1156.13
海 南	121.21	117.95	98.06	92.22	86.82
山 西	309.76	235.34	189.91	216.52	167.93
安 徽	883.22	813.44	615.21	554.27	533.49
江 西	360.70	388.12	344.40	317.15	280.65
河 南	605.31	564.58	550.43	492.36	534.09
湖 北	572.33	562.31	513.80	435.24	363.73
湖 南	682.75	590.34	511.88	457.92	434.63
内蒙古	355.71	315.45	308.00	302.40	263.12
广 西	341.80	360.98	368.76	322.75	345.52
重 庆	575.70	561.96	515.10	535.70	548.21
四 川	748.44	744.43	679.86	602.00	534.78
贵 州	408.65	349.46	299.56	236.23	183.36
云 南	450.60	368.13	345.37	337.38	369.34
西 藏	14.45	13.24	12.86	13.90	16.65
陕 西	239.97	266.33	223.21	230.13	199.68
甘 肃	207.44	194.18	218.66	219.46	199.75
青 海	49.14	65.85	64.11	57.65	59.42
宁 夏	346.35	345.40	343.78	382.17	395.53
新 疆	444.69	500.99	481.78	512.56	593.38
辽 宁	725.30	726.40	698.58	704.28	715.96
吉 林	379.21	396.22	331.29	287.64	295.90
黑龙江	547.78	463.21	436.57	378.52	401.18

数据来源：国家统计局。

表 3-54　2016—2020 年全国及各地区其他房屋待售面积

单位：万平方米

地　区	2016 年	2017 年	2018 年	2019 年	2020 年
全　国	**9812.92**	**9892.14**	**9973.07**	**10265.92**	**10740.69**
北　京	556.81	511.73	569.78	657.48	658.23
天　津	157.88	83.47	86.39	92.02	117.43
河　北	144.84	111.36	126.58	143.85	125.50
上　海	525.38	652.12	712.49	788.89	960.12
江　苏	523.86	533.08	609.25	624.50	557.98
浙　江	645.53	598.74	488.78	417.34	413.53
福　建	553.62	719.82	686.54	701.75	709.72
山　东	306.01	270.65	279.34	255.96	304.03
广　东	1169.20	1227.22	1327.36	1592.85	1766.16
海　南	111.08	92.37	91.21	72.28	61.59
山　西	175.45	150.05	133.31	145.52	128.84
安　徽	216.43	214.42	214.00	231.76	227.81
江　西	97.05	90.08	68.27	71.30	94.51
河　南	160.11	187.49	214.26	214.59	252.38
湖　北	255.89	194.82	204.15	172.54	141.78
湖　南	442.76	343.09	320.20	230.63	187.63
内蒙古	152.55	153.12	138.87	113.14	111.98
广　西	213.84	226.03	218.15	225.86	238.18
重　庆	703.78	781.45	771.90	963.56	1067.49
四　川	1063.76	1039.46	1060.84	988.60	998.98
贵　州	142.45	144.93	136.28	119.83	157.89
云　南	296.43	271.63	259.69	280.60	277.84
西　藏	5.44	4.52	2.75	9.45	5.74
陕　西	95.05	124.29	126.20	105.30	103.96
甘　肃	74.80	66.09	79.97	78.00	74.35
青　海	8.28	7.53	8.33	5.31	9.64
宁　夏	139.93	137.65	146.92	153.86	191.55
新　疆	158.05	204.61	192.61	195.13	174.13
辽　宁	258.35	288.71	283.43	241.64	240.59
吉　林	154.80	156.73	149.82	129.61	147.01
黑龙江	303.47	304.90	265.40	242.78	234.11

数据来源：国家统计局。

（七）各地区房地产开发企业房屋出租面积

表 3-55　2016—2020 年全国及各地区房地产开发企业房屋出租面积

单位：万平方米

地　区	2016 年	2017 年	2018 年	2019 年	2020 年
全　国	**3219.71**	**3579.15**	**3519.57**	**3617.82**	**3498.33**
北　京	380.28	350.29	265.78	265.14	300.84
天　津	7.91	12.12	77.52	35.98	46.71
河　北	15.38	7.46	4.49	11.88	3.98
上　海	1322.51	1646.30	1868.23	2035.94	2053.33
江　苏	184.20	166.28	169.56	134.54	138.43
浙　江	126.21	138.75	127.10	118.89	107.22
福　建	118.18	91.28	103.13	113.89	99.60
山　东	63.71	95.20	96.38	132.27	104.41
广　东	268.31	275.41	206.66	197.12	190.40
海　南	15.60	39.70	13.25	15.64	3.64
山　西	39.28	55.08	10.34	7.03	9.20
安　徽	51.34	66.34	20.21	29.75	26.10
江　西	7.23	8.77	16.82	1.21	4.11
河　南	37.23	29.60	1.53	2.29	14.14
湖　北	53.93	41.52	14.11	37.21	10.70
湖　南	20.79	39.10	41.73	27.85	36.65
内蒙古	12.49	19.19	8.21	3.78	3.48
广　西	12.48	9.05	28.48	26.41	17.46
重　庆	45.32	55.29	68.59	30.90	40.91
四　川	81.67	81.03	64.36	20.94	38.21
贵　州	14.62	20.05	12.02	8.43	5.28
云　南	52.86	80.07	53.20	112.22	55.14
西　藏	—	—	0.19	0.48	0.48
陕　西	61.28	63.32	61.24	61.00	52.69
甘　肃	5.32	22.27	9.29	9.63	5.89
青　海	6.47	0.05	—	—	1.22
宁　夏	53.35	57.00	36.41	44.80	38.88
新　疆	74.28	44.31	70.90	29.09	41.20
辽　宁	47.22	20.27	12.74	15.01	23.78
吉　林	36.77	28.98	48.63	50.76	1.91
黑龙江	3.51	15.06	8.47	37.74	22.33

数据来源：国家统计局。

表 3-56　2016—2020 年全国及各地区房地产开发企业住宅出租面积

单位：万平方米

地　区	2016 年	2017 年	2018 年	2019 年	2020 年
全　国	**241.46**	**302.72**	**244.74**	**248.15**	**272.85**
北　京	17.81	14.58	8.22	6.81	7.66
天　津	4.22	1.72	0.35	0.25	1.76
河　北	2.15	0.07	—	—	—
上　海	83.41	110.15	128.60	129.62	134.27
江　苏	10.95	10.25	4.11	2.56	0.63
浙　江	0.30	6.95	0.00	11.72	—
福　建	9.29	5.38	6.73	11.52	0.50
山　东	—	3.08	3.78	2.58	3.29
广　东	18.62	24.62	8.81	10.86	24.31
海　南	0.09	0.78	0.73	1.38	1.43
山　西	2.01	1.43	—	—	7.64
安　徽	0.83	18.99	0.94	0.10	0.51
江　西	—	—	0.30	—	—
河　南	12.90	7.65	—	—	5.15
湖　北	3.75	0.33	0.59	1.03	0.55
湖　南	2.68	1.58	0.71	0.80	0.55
内蒙古	—	—	3.83	—	—
广　西	0.11	3.17	2.16	11.92	6.76
重　庆	0.78	0.78	—	0.57	21.11
四　川	3.34	0.01	0.38	0.04	1.14
贵　州	0.01	—	—	1.02	0.93
云　南	38.63	65.19	42.85	40.75	41.07
西　藏	—	—	—	—	—
陕　西	1.47	—	2.37	—	—
甘　肃	—	—	—	—	—
青　海	—	—	—	—	—
宁　夏	2.36	11.13	2.24	2.09	1.72
新　疆	21.71	1.10	23.38	—	—
辽　宁	1.89	13.78	3.63	0.05	11.36
吉　林	—	—	—	—	—
黑龙江	2.19	—	—	12.48	0.51

数据来源：国家统计局。

表 3-57　2016—2020 年全国及各地区房地产开发企业办公楼出租面积

单位：万平方米

地　区	2016 年	2017 年	2018 年	2019 年	2020 年
全　国	**876.36**	**1051.87**	**1094.84**	**1155.03**	**1170.84**
北　京	114.11	129.14	96.74	102.68	161.47
天　津	0.38	7.48	54.80	14.20	19.09
河　北	4.12	0.02	—	—	0.38
上　海	578.44	692.42	753.52	809.85	775.87
江　苏	37.07	32.33	18.74	23.73	32.38
浙　江	26.85	44.19	42.98	45.67	33.85
福　建	5.57	2.57	7.96	14.16	14.34
山　东	8.64	10.79	16.98	28.11	16.59
广　东	59.35	52.40	47.57	50.78	61.31
海　南	—	4.69	0.05	1.69	—
山　西	0.63	7.27	0.07	—	0.38
安　徽	0.23	1.74	6.82	8.96	6.21
江　西	—	—	—	—	—
河　南	6.66	1.27	—	1.02	8.99
湖　北	0.06	2.79	4.89	—	6.85
湖　南	3.36	1.92	11.19	6.74	0.67
内蒙古	—	11.50	—	0.35	—
广　西	—	0.14	0.65	4.27	0.68
重　庆	7.05	20.41	1.90	—	1.42
四　川	3.59	3.78	6.59	2.95	4.62
贵　州	2.39	5.46	3.18	1.00	—
云　南	1.90	0.17	0.79	22.51	1.49
西　藏	—	—	—	—	—
陕　西	6.81	4.38	9.99	3.03	3.02
甘　肃	—	1.15	1.13	—	—
青　海	3.08	—	—	—	0.27
宁　夏	1.28	3.57	2.07	2.71	6.05
新　疆	1.60	3.38	1.48	3.07	5.92
辽　宁	1.00	2.71	2.59	4.64	2.79
吉　林	2.22	2.22	2.17	2.17	—
黑龙江	—	—	—	0.75	6.20

数据来源：国家统计局。

表 3-58 2016—2020 年全国及各地区房地产开发企业商业营业用房出租面积

单位：万平方米

地 区	2016 年	2017 年	2018 年	2019 年	2020 年
全 国	**1593.48**	**1650.70**	**1615.11**	**1624.81**	**1459.65**
北 京	163.09	133.90	113.51	118.15	82.03
天 津	0.16	—	14.51	16.32	22.00
河 北	8.02	4.46	4.22	6.44	3.20
上 海	415.25	542.09	630.83	707.89	751.08
江 苏	125.09	106.12	135.35	97.80	84.79
浙 江	89.42	70.99	73.96	55.40	62.55
福 建	89.77	67.71	64.71	62.80	58.61
山 东	50.19	67.22	67.58	81.33	67.99
广 东	143.61	143.61	129.94	117.62	94.08
海 南	12.69	33.15	8.66	10.37	2.13
山 西	33.17	38.65	7.55	5.70	0.72
安 徽	40.98	28.72	4.74	6.92	11.05
江 西	6.05	8.66	16.52	0.30	3.72
河 南	9.37	15.39	0.53	1.27	—
湖 北	39.69	27.93	6.40	34.19	3.28
湖 南	7.57	25.79	22.10	13.93	32.50
内蒙古	12.49	6.19	3.66	3.43	2.87
广 西	11.70	5.26	24.98	10.07	7.45
重 庆	23.74	32.21	45.25	25.25	16.66
四 川	61.16	66.56	41.83	15.04	25.93
贵 州	11.65	12.00	5.70	5.62	4.03
云 南	9.22	13.88	9.56	42.35	6.28
西 藏	—	—	0.19	—	—
陕 西	51.51	57.92	44.86	48.83	49.04
甘 肃	5.20	18.90	8.09	9.43	5.02
青 海	1.49	0.05	—	—	0.95
宁 夏	48.37	40.75	31.95	38.37	25.09
新 疆	42.92	38.33	40.21	24.29	18.80
辽 宁	44.34	3.40	6.51	10.32	9.05
吉 林	34.35	26.77	46.47	36.36	1.25
黑龙江	1.24	14.10	4.74	19.02	7.51

数据来源：国家统计局。

表 3-59　2016—2020 年全国及各地区房地产开发企业其他房屋出租面积

单位：万平方米

地　区	2016 年	2017 年	2018 年	2019 年	2020 年
全　国	**508.40**	**573.85**	**564.89**	**589.83**	**594.99**
北　京	85.28	72.68	47.32	37.50	49.68
天　津	3.15	2.92	7.85	5.21	3.86
河　北	1.09	2.90	0.27	5.44	0.40
上　海	245.41	301.63	355.28	388.57	392.10
江　苏	11.09	17.57	11.35	10.45	20.62
浙　江	9.64	16.62	10.16	6.12	10.82
福　建	13.55	15.61	23.73	25.40	26.16
山　东	4.88	14.12	8.03	20.25	16.53
广　东	46.72	54.77	20.35	17.86	10.71
海　南	2.82	1.08	3.81	2.21	0.08
山　西	3.46	7.74	2.72	1.33	0.46
安　徽	9.30	16.90	7.71	13.77	8.33
江　西	1.18	0.11	—	0.90	0.39
河　南	8.31	5.29	1.00	—	—
湖　北	10.44	10.47	2.22	1.98	0.03
湖　南	7.19	9.82	7.73	6.38	2.93
内蒙古	—	1.50	0.72	—	0.62
广　西	0.68	0.48	0.68	0.15	2.57
重　庆	13.75	1.90	21.43	5.09	1.73
四　川	13.57	8.68	15.56	2.91	6.52
贵　州	0.58	2.58	3.14	0.80	0.32
云　南	3.12	0.83	—	6.61	6.30
西　藏	—	—	—	0.48	0.48
陕　西	1.50	1.02	4.01	9.14	0.62
甘　肃	0.12	2.22	0.07	0.20	0.87
青　海	1.90	—	—	—	—
宁　夏	1.34	1.55	0.16	1.64	6.03
新　疆	8.05	1.49	5.83	1.73	16.48
辽　宁	—	0.39	0.01	—	0.57
吉　林	0.20	—	—	12.23	0.66
黑龙江	0.08	0.97	3.73	5.49	8.12

数据来源：国家统计局。

二、重点城市房地产建设和交易数据

（一）40 座重点城市商品房投资、建设、销售数据

表 3-60　2016—2020 年 40 座重点城市房地产开发投资额

单位：亿元

城　市	2016 年	2017 年	2018 年	2019 年	2020 年
合　计	**56543. 43**	**60110. 81**	**63341. 81**	**67828. 57**	**65398. 93**
北　京	4000. 57	3692. 54	3873. 35	3838. 38	3938. 71
天　津	2300. 01	2233. 39	2424. 49	2727. 82	2608. 54
石家庄	1015. 77	1212. 27	1010. 71	887. 64	926. 49
太　原	680. 13	470. 63	529. 41	696. 54	714. 82
呼和浩特	520. 52	238. 40	174. 25	175. 22	246. 89
沈　阳	709. 67	814. 24	996. 72	1174. 80	1235. 89
大　连	535. 17	566. 64	688. 51	711. 06	753. 06
长　春	596. 65	573. 78	778. 63	876. 79	996. 07
哈尔滨	526. 13	498. 59	584. 99	620. 45	622. 05
上　海	3709. 03	3856. 53	4033. 18	4231. 38	4698. 75
南　京	1845. 60	2170. 21	2354. 17	2501. 26	2631. 40
无　锡	1027. 58	1197. 92	1311. 53	1355. 32	1350. 02
苏　州	2163. 24	2305. 82	2557. 91	2686. 47	2673. 66
杭　州	2606. 63	2734. 20	3068. 90	3396. 75	3575. 33
宁　波	1270. 33	1374. 47	1587. 47	1703. 59	1818. 88
苏　州	901. 79	1023. 96	1176. 57	1199. 85	1218. 16
合　肥	1352. 59	1557. 41	1527. 17	1556. 08	1546. 99
福　州	1679. 44	1694. 18	1439. 68	1812. 77	2070. 23
厦　门	765. 80	879. 86	884. 58	899. 53	1055. 76
南　昌	674. 60	790. 69	890. 43	913. 04	971. 57
济　南	1164. 14	1232. 63	1370. 43	1489. 38	1707. 63
青　岛	1369. 14	1330. 54	1485. 21	1803. 81	2045. 12
郑　州	2778. 95	3358. 84	3258. 41	3349. 86	3428. 78
武　汉	2517. 44	2686. 34	2780. 01	2966. 21	2777. 15
长　沙	1266. 63	1493. 44	1508. 72	1672. 96	1869. 88

续表

城 市	2016 年	2017 年	2018 年	2019 年	2020 年
广 州	2540. 85	2702. 89	2701. 93	3102. 26	3293. 95
深 圳	1756. 52	2130. 86	2640. 71	3041. 65	3537. 84
南 宁	854. 00	958. 09	1106. 36	1461. 08	1378. 20
北 海	176. 31	168. 28	202. 28	203. 88	166. 93
海 口	551. 29	603. 25	609. 42	480. 73	443. 67
三 亚	410. 04	549. 76	403. 14	299. 93	339. 89
重 庆	3725. 95	3980. 08	4248. 76	4439. 30	4351. 96
成 都	2641. 14	2492. 65	2273. 16	2611. 71	2847. 64
贵 阳	923. 26	1024. 09	985. 26	1175. 37	1291. 37
昆 明	1530. 50	1683. 33	1839. 79	2096. 25	2263. 71
西 安	1949. 50	2234. 84	2213. 68	2008. 30	2064. 63
兰 州	370. 39	418. 26	575. 22	550. 67	553. 77
西 宁	316. 50	351. 33	292. 25	290. 99	270. 40
银 川	474. 94	402. 82	295. 25	275. 35	311. 43
乌鲁木齐	344. 71	422. 74	659. 15	544. 13	550. 40

数据来源：国家统计局。

表 3-61 2016—2020 年 40 座重点城市住宅开发投资额

单位：亿元

城 市	2016 年	2017 年	2018 年	2019 年	2020 年
合 计	**35746. 35**	**38735. 05**	**41954. 84**	**46600. 73**	**44431. 20**
北 京	1925. 86	1694. 67	2026. 06	2039. 76	2317. 08
天 津	1598. 27	1559. 70	1863. 50	2200. 01	2084. 80
石家庄	663. 78	867. 67	731. 67	672. 02	751. 31
太 原	494. 58	329. 21	397. 34	536. 58	564. 25
呼和浩特	370. 69	179. 85	120. 29	129. 47	178. 45
沈 阳	490. 38	620. 45	775. 06	956. 16	989. 83
大 连	392. 47	404. 45	514. 46	513. 86	563. 44
长 春	401. 45	376. 60	529. 53	631. 32	691. 27
哈尔滨	361. 60	315. 08	372. 10	442. 61	446. 85
上 海	1965. 43	2152. 40	2225. 92	2318. 13	2418. 79

续表

城　市	2016 年	2017 年	2018 年	2019 年	2020 年
南　京	1392.76	1569.52	1574.64	1735.85	1862.72
无　锡	678.52	934.96	1001.34	1112.21	1117.72
苏　州	1655.24	1839.59	2111.60	2209.27	2171.62
杭　州	1560.20	1713.13	1953.30	2198.70	2215.60
宁　波	792.68	932.47	1101.06	1201.35	1204.01
苏　州	671.95	773.98	919.22	937.75	940.99
合　肥	861.02	1095.45	1165.86	1242.88	1237.37
福　州	1123.59	1176.99	966.43	1288.84	1493.95
厦　门	427.60	550.36	536.32	559.24	687.85
南　昌	471.84	486.38	612.79	656.38	683.19
济　南	805.76	822.84	929.59	1065.99	1204.31
青　岛	956.18	925.51	1034.84	1239.07	1479.17
郑　州	1916.40	2418.66	2345.82	2555.02	2700.29
武　汉	1726.79	1840.31	1957.17	2183.31	1959.01
长　沙	693.59	809.32	908.77	1021.43	1205.91
广　州	1594.44	1769.49	1733.76	2087.07	2155.21
深　圳	1044.54	1009.65	1303.33	1504.35	1916.09
南　宁	583.20	679.13	772.04	1034.06	988.63
北　海	134.12	133.85	163.68	162.48	—
海　口	342.41	412.59	419.31	352.68	286.48
三　亚	260.73	329.52	297.17	217.74	—
重　庆	2319.97	2632.88	3012.65	3246.77	3189.05
成　都	1417.95	1300.46	1245.90	1575.49	1870.91
贵　阳	490.16	595.06	639.74	745.80	934.14
昆　明	931.82	1058.90	1161.24	1498.32	1648.96
西　安	1337.35	1505.03	1446.51	1414.19	1342.97
兰　州	238.01	264.71	300.07	345.00	395.19
西　宁	173.38	171.17	175.33	200.24	176.18
银　川	278.16	240.25	198.20	191.88	220.99
乌鲁木齐	201.46	242.82	411.24	377.45	366.95

数据来源：国家统计局。

表 3-62　2016—2020 年 40 座重点城市土地购置面积

单位：万平方米

城　市	2016 年	2017 年	2018 年	2019 年	2020 年
合　计	**8572.01**	**8773.95**	**9411.59**	**7906.41**	**8183.30**
北　京	268.50	413.30	218.19	144.03	147.07
天　津	476.91	225.99	226.32	548.94	267.06
石家庄	58.59	124.14	146.45	168.57	143.37
太　原	155.86	98.70	44.35	215.98	177.87
呼和浩特	27.86	16.03	5.17	80.36	30.41
沈　阳	105.88	113.20	217.24	267.03	280.32
大　连	137.25	61.68	111.56	127.04	58.29
长　春	436.70	480.98	543.32	274.10	302.10
哈尔滨	56.88	133.72	119.06	181.44	239.28
上　海	229.11	179.73	144.58	144.81	270.74
南　京	283.19	288.62	186.36	94.65	223.09
无　锡	146.09	220.53	394.61	110.65	164.71
苏　州	558.52	435.38	351.05	373.30	326.25
杭　州	219.28	147.17	212.38	110.19	280.17
宁　波	175.95	278.64	569.60	243.12	288.69
苏　州	136.33	250.21	320.50	215.01	306.77
合　肥	501.64	684.87	385.43	466.74	539.47
福　州	164.35	158.69	339.43	252.27	83.87
厦　门	98.00	82.44	74.08	71.57	25.62
南　昌	134.26	148.46	102.62	124.63	228.54
济　南	170.34	144.77	265.91	266.71	106.04
青　岛	213.82	187.63	384.01	564.95	394.68
郑　州	473.70	442.47	301.58	323.26	294.38
武　汉	222.12	104.80	77.05	179.34	203.44
长　沙	204.77	205.85	354.13	232.52	244.92
广　州	246.91	162.77	186.92	148.32	380.87
深　圳	189.29	152.61	132.61	83.33	171.78
南　宁	192.76	165.95	121.36	289.82	491.75
北　海	27.87	24.74	10.05	50.30	—
海　口	76.15	33.68	86.10	6.52	2.94
三　亚	42.35	46.17	4.08	11.43	—
重　庆	959.00	1112.22	1260.92	641.58	812.95
成　都	531.16	162.28	307.41	170.67	358.67
贵　阳	33.29	221.71	120.63	169.44	169.14
昆　明	231.06	408.90	209.21	265.38	280.09
西　安	191.13	328.07	221.19	53.07	94.57
兰　州	39.53	58.71	86.51	46.51	45.52
西　宁	17.19	42.71	37.28	21.71	12.26
银　川	44.42	74.42	95.69	85.18	102.88
乌鲁木齐	94.00	151.00	436.64	81.97	430.46

数据来源：国家统计局。

表 3-63　2016—2020 年 40 座重点城市房屋施工面积

单位：万平方米

城　市	2016 年	2017 年	2018 年	2019 年	2020 年
合　计	**320962.74**	**325560.58**	**336293.83**	**359523.10**	**341242.29**
北　京	12976.00	12412.74	12962.61	12514.99	13918.64
天　津	9349.76	8795.82	10324.37	11453.43	12034.51
石家庄	3963.23	4242.72	3713.92	3891.35	3702.60
太　原	5716.47	5565.06	6033.42	7063.71	7659.31
呼和浩特	5133.32	4170.59	3504.62	3464.82	3152.40
沈　阳	7058.07	6967.08	6525.79	6626.56	7111.84
大　连	4655.07	4477.89	4219.82	3855.62	3711.92
长　春	6522.22	6687.31	7216.32	7551.80	7614.30
哈尔滨	4842.49	4482.15	4673.76	5509.27	5490.29
上　海	15111.24	15362.25	14672.37	14802.97	15740.34
南　京	7691.41	8163.04	8656.96	9001.67	8663.99
无　锡	5981.17	5726.74	5981.74	6323.97	6363.12
苏　州	12124.10	11891.86	11658.52	12148.01	12385.55
杭　州	11567.82	11527.37	11755.16	12000.92	13315.09
宁　波	6565.28	6833.12	7472.48	8347.74	10575.61
苏　州	4718.89	4715.70	4861.93	5404.70	5871.42
合　肥	7818.54	8283.56	8233.22	7874.20	7998.95
福　州	7760.77	7947.59	7921.37	8480.51	8662.60
厦　门	4312.20	4287.70	4343.24	4089.16	3616.04
南　昌	4982.72	5948.81	6093.95	6611.93	6068.95
济　南	7920.35	8014.94	9117.03	9431.52	10353.04
青　岛	9100.73	9532.69	10390.38	11579.57	12528.40
郑　州	14229.97	16394.83	18643.11	19583.60	19444.77
武　汉	11803.10	11912.98	11759.79	13556.46	15565.89
长　沙	9679.47	9814.09	10702.85	11878.61	12746.11
广　州	10061.92	10658.49	10999.01	11985.91	11878.29
深　圳	5173.99	5676.07	6747.69	7907.85	9537.94
南　宁	6191.24	7171.62	8129.81	9704.05	10712.49
北　海	1568.26	1328.19	1228.79	1651.70	1610.54
海　口	3081.90	3336.61	3337.73	3439.31	3370.64
三　亚	1479.81	1907.73	1490.48	1227.42	1345.43
重　庆	27363.39	25960.99	27226.56	27986.64	27368.16
成　都	19880.94	19396.65	19514.56	20619.90	19122.23
贵　阳	6086.75	5790.77	6058.28	7961.95	7875.40
昆　明	9518.45	10090.20	10293.44	12236.93	11359.07
西　安	14686.85	15408.82	15238.05	15870.82	14472.23
兰　州	4010.16	4140.20	4314.16	5137.89	5058.56
西　宁	2146.77	2235.27	1875.88	2084.14	1824.51
银　川	4272.83	4144.19	3795.57	3799.45	3756.64
乌鲁木齐	3855.08	4156.16	4605.11	4862.05	5230.52

数据来源：国家统计局。

表 3-64　2016—2020 年 40 座重点城市商品房竣工面积

单位：万平方米

城　市	2016 年	2017 年	2018 年	2019 年	2020 年
合　计	**44916.57**	**42178.03**	**38603.12**	**40652.43**	**33936.45**
北　京	2369.95	1466.67	1557.90	1343.28	1545.72
天　津	2914.25	2023.41	2092.22	1655.50	1634.47
石家庄	396.48	376.05	141.30	266.93	244.25
太　原	560.46	393.68	357.58	457.12	348.48
呼和浩特	333.36	379.83	354.10	85.59	158.76
沈　阳	903.15	823.03	660.64	666.40	649.45
大　连	191.92	294.10	326.03	292.91	167.25
长　春	761.95	905.66	1087.51	924.41	658.15
哈尔滨	1518.21	678.24	448.97	682.37	469.23
上　海	2550.64	3387.56	3115.76	2669.67	2877.78
南　京	1241.33	1077.49	1176.85	1587.06	1448.42
无　锡	1323.60	1129.90	758.84	1317.77	1517.30
苏　州	1882.07	2145.62	1507.34	1283.75	1545.69
杭　州	1922.99	2085.61	1636.93	1727.56	1799.08
宁　波	1097.22	1032.62	688.87	712.14	1706.92
苏　州	770.88	680.85	478.06	604.01	434.34
合　肥	1180.33	1179.34	1419.79	1481.60	1613.70
福　州	823.82	1155.74	722.66	389.85	1092.27
厦　门	453.55	426.36	639.73	370.73	348.79
南　昌	417.14	558.97	634.51	830.49	846.27
济　南	1134.12	631.29	1203.81	1043.40	1272.97
青　岛	1425.79	1486.53	1624.77	1602.01	1153.89
郑　州	1455.24	1537.06	1946.07	2107.40	1462.93
武　汉	813.17	776.30	458.63	697.50	777.86
长　沙	1646.66	1159.87	1441.27	1280.87	1259.09
广　州	1202.24	1320.66	1523.98	2899.19	1389.79
深　圳	490.03	285.06	261.56	572.11	640.88
南　宁	471.61	578.22	792.21	710.77	799.91
北　海	235.90	190.27	51.81	91.58	90.39
海　口	306.72	548.10	279.74	190.18	190.29
三　亚	234.98	117.71	201.74	141.18	88.52
重　庆	4421.30	5055.73	4083.45	5069.17	3774.33
成　都	2734.24	1857.47	1724.77	1823.13	1430.24
贵　阳	974.00	313.63	208.07	308.59	359.33
昆　明	468.97	680.33	324.26	485.88	293.04
西　安	1545.43	1571.73	969.69	1020.25	651.31
兰　州	260.52	192.98	137.70	131.10	179.35
西　宁	319.05	342.82	231.93	102.59	93.33
银　川	765.66	859.64	762.23	545.70	498.97
乌鲁木齐	397.61	471.90	569.82	480.68	99.94

数据来源：国家统计局。

表 3-65　2016—2020 年 40 座重点城市住宅竣工面积

单位：万平方米

城　市	2016 年	2017 年	2018 年	2019 年	2020 年
合　计	**30847.10**	**27581.05**	**24882.90**	**26505.14**	**22127.15**
北　京	1267.06	604.04	731.20	583.20	728.48
天　津	2189.14	1433.24	1522.27	1186.69	1256.43
石家庄	306.19	319.64	117.51	212.37	204.34
太　原	458.32	249.13	278.41	317.28	263.25
呼和浩特	235.46	240.14	237.66	65.10	89.57
沈　阳	802.08	688.26	495.71	533.53	514.37
大　连	146.62	236.56	218.08	203.19	122.63
长　春	538.51	592.77	751.67	648.15	459.09
哈尔滨	1145.41	474.68	301.68	519.56	340.48
上　海	1532.88	1862.74	1730.27	1453.28	1627.61
南　京	911.63	805.85	845.34	1091.73	1004.90
无　锡	969.40	862.31	546.18	982.70	1175.27
苏　州	1402.80	1472.03	1007.20	1002.31	1191.53
杭　州	1113.35	1170.81	842.02	963.88	933.73
宁　波	651.57	622.09	364.44	421.34	1075.19
苏　州	534.04	457.07	336.16	392.97	300.02
合　肥	860.61	779.88	909.21	1044.20	1130.21
福　州	524.62	765.17	441.12	246.61	658.31
厦　门	239.57	228.78	347.87	153.28	107.43
南　昌	338.63	389.41	462.35	634.94	622.90
济　南	802.77	491.10	897.37	747.11	913.57
青　岛	951.51	968.60	1079.25	1063.15	782.71
郑　州	1056.28	1025.56	1357.10	1478.08	1032.04
武　汉	600.10	597.82	305.71	479.16	611.73
长　沙	1105.99	805.06	976.82	896.98	846.59
广　州	818.43	831.83	867.63	1645.77	923.91
深　圳	280.64	183.79	124.91	303.76	341.00
南　宁	338.10	440.47	584.23	466.90	500.85
北　海	206.54	174.94	30.27	72.70	—
海　口	234.29	316.94	190.96	142.48	126.89
三　亚	212.46	96.90	165.99	112.66	51.80
重　庆	3084.00	3316.37	2784.64	3400.08	2585.26
成　都	1738.50	1075.10	1036.27	1003.00	851.87
贵　阳	636.96	201.92	121.25	185.60	221.15
昆　明	211.05	394.52	209.92	262.42	195.04
西　安	1251.00	1231.43	621.07	729.22	478.15
兰　州	166.03	135.18	67.11	88.06	147.09
西　宁	187.11	177.97	123.61	61.79	53.52
银　川	517.92	526.89	547.99	385.66	319.18
乌鲁木齐	279.51	334.08	304.45	324.25	57.69

数据来源：国家统计局。

表3-66 2016—2020年40座重点城市商品房销售面积

单位：万平方米

城市	2016年	2017年	2018年	2019年	2020年
合计	**61697.92**	**60441.47**	**60700.60**	**59613.57**	**54308.33**
北京	1658.93	869.95	696.19	938.86	970.88
天津	2711.08	1482.12	1249.87	1478.68	1306.96
石家庄	798.42	1027.34	844.69	782.28	656.26
太原	609.84	786.41	839.42	741.10	781.36
呼和浩特	425.49	316.51	396.05	326.00	413.76
沈阳	1184.32	1300.24	1354.82	1453.53	1381.32
大连	707.49	839.84	775.95	658.87	714.84
长春	1017.75	1147.19	1288.44	1342.37	1054.41
哈尔滨	1057.96	1269.54	1050.58	964.78	768.50
上海	2705.69	1691.60	1767.01	1696.34	1789.16
南京	1558.18	1429.61	1220.73	1320.65	1324.67
无锡	1272.72	1168.02	1367.85	1366.48	1550.56
苏州	2494.05	1936.66	1994.13	2178.22	2192.17
杭州	2327.86	2054.11	1675.98	1513.62	1699.34
宁波	1336.95	1543.64	1624.38	1714.64	1858.20
苏州	772.67	1069.91	1165.27	1139.87	1204.71
合肥	2098.34	1283.40	1389.58	1321.87	1486.11
福州	1221.33	1685.46	1711.05	1708.19	1888.10
厦门	528.86	527.88	529.42	540.77	621.82
南昌	1244.65	1610.43	1846.31	1906.13	1770.83
济南	1425.29	1216.27	1236.30	1151.00	1335.75
青岛	1939.22	1900.74	1808.02	1651.83	1653.59
郑州	2859.18	3097.81	3712.11	3593.27	3426.06
武汉	3255.66	3532.61	3646.94	3332.34	2646.37
长沙	2613.26	2260.79	2386.74	2335.15	2377.43
广州	1949.10	1757.75	1550.28	1464.64	1539.40
深圳	736.19	671.03	722.01	806.56	908.80
南宁	1327.53	1544.13	1745.19	1805.23	1837.59
北海	222.57	376.61	409.63	403.25	313.55
海口	432.71	549.59	393.32	440.56	463.74
三亚	151.53	213.79	244.79	121.15	77.05
重庆	6257.15	6711.00	6536.25	6104.68	6143.47
成都	3928.77	3925.91	3682.52	3543.28	3680.30
贵阳	981.87	1068.67	1114.56	1099.27	1235.75
昆明	1520.87	1827.25	1909.72	1916.23	1878.80
西安	2036.18	2459.35	2621.72	2375.41	2081.48
兰州	828.79	697.93	642.42	718.44	846.48
西宁	352.60	388.22	332.22	321.24	298.97
银川	564.86	595.22	612.83	679.38	751.75
乌鲁木齐	582.00	606.94	605.30	657.42	716.09

数据来源：国家统计局。

表 3-67　2016—2020 年 40 座重点城市住宅销售面积

单位：万平方米

城　市	2016 年	2017 年	2018 年	2019 年	2020 年
合　计	**52391.84**	**49607.79**	**50113.58**	**50297.29**	**45450.22**
北　京	981.37	608.78	526.76	789.02	733.59
天　津	2521.87	1342.87	1140.73	1382.63	1220.74
石家庄	652.52	816.94	723.90	673.94	618.00
太　原	556.44	722.10	771.21	645.48	701.24
呼和浩特	344.80	249.97	342.43	296.28	382.27
沈　阳	1099.39	1191.25	1202.67	1361.13	1285.50
大　连	654.62	758.17	702.09	602.74	629.08
长　春	834.49	951.83	1116.08	1156.13	936.39
哈尔滨	908.16	1089.16	920.00	824.78	679.32
上　海	2019.80	1341.62	1333.29	1353.70	1434.07
南　京	1406.29	1208.98	982.65	1137.19	1213.81
无　锡	1164.75	1023.11	1246.02	1239.56	1364.33
苏　州	2258.60	1687.88	1788.30	1983.56	1993.90
杭　州	1888.28	1520.17	1329.40	1284.27	1471.62
宁　波	1126.06	1283.72	1299.17	1438.89	1571.44
苏　州	641.63	802.27	975.70	917.69	1045.04
合　肥	1705.72	960.46	1103.88	1155.72	1297.40
福　州	1021.23	1276.80	1255.68	1330.07	1519.17
厦　门	322.34	237.28	170.68	274.70	379.13
南　昌	1077.82	1289.79	1536.52	1580.89	1367.24
济　南	1232.72	974.72	965.29	934.00	1145.24
青　岛	1752.08	1633.84	1578.31	1475.58	1430.37
郑　州	2571.44	2735.37	3330.57	3241.97	3025.68
武　汉	2931.06	3085.78	3229.75	2981.79	2252.39
长　沙	2308.24	1823.81	1973.34	2005.91	2046.55
广　州	1624.01	1367.48	1138.20	1106.58	1223.21
深　圳	660.08	520.97	572.99	638.42	752.27
南　宁	1150.15	1307.68	1438.25	1550.33	1486.19
北　海	215.27	360.63	397.53	380.43	290.00
海　口	394.33	487.37	331.44	373.49	371.52
三　亚	141.52	194.73	212.95	102.28	65.06
重　庆	5105.46	5452.65	5424.76	5149.08	4814.49
成　都	3279.17	2976.47	2660.02	2564.86	2826.74
贵　阳	826.21	868.98	943.29	869.40	1105.76
昆　明	1128.89	1387.77	1430.17	1484.84	1527.10
西　安	1866.50	2105.94	2141.12	1903.90	1635.78
兰　州	713.92	609.40	565.93	673.48	796.79
西　宁	292.11	305.11	274.02	259.58	259.05
银　川	492.84	519.99	529.20	606.16	674.20
乌鲁木齐	519.66	525.97	509.28	566.85	636.84

数据来源：国家统计局。

表 3-68　2016—2020 年 40 座重点城市商品房销售均价

单位：元/平方米

城　市	2016 年	2017 年	2018 年	2019 年	2020 年
合　计	**10863**	**11428**	**12715**	**13708**	**14586**
北　京	27497	32140	34143	35905	37665
天　津	12830	15331	16055	15380	16172
石家庄	8281	10170	10452	9309	9869
太　原	7667	9017	11059	11180	10759
呼和浩特	6425	6510	8345	10042	11001
沈　阳	7128	8062	8892	10192	11376
大　连	9354	10315	11546	11972	13302
长　春	6557	7017	8245	8777	9081
哈尔滨	6680	8339	9208	9920	9467
上　海	24747	23804	26890	30677	33798
南　京	17754	15653	22380	19007	24682
无　锡	8690	10678	11520	14047	15232
苏　州	13322	14941	15635	17119	17873
杭　州	15753	20354	23917	25922	27043
宁　波	11228	13324	15142	15065	16411
苏　州	13075	12304	13390	14257	15817
合　肥	9369	10751	12147	13365	14321
福　州	11089	11057	13530	13656	13520
厦　门	20021	22599	20907	22622	24467
南　昌	8218	8527	8561	9534	10978
济　南	8247	9644	11930	11438	11768
青　岛	9230	10518	12624	13603	13406
郑　州	8163	8631	8443	9472	9834
武　汉	10048	11744	13108	14258	14244
长　沙	6410	7691	8206	8657	9238
广　州	16384	17633	20014	22363	25056
深　圳	45146	47936	54132	55797	56829
南　宁	6887	7776	7782	8406	8605
北　海	4768	5654	6716	7118	6397
海　口	9043	11988	13233	15385	15837
三　亚	18493	25794	24567	25322	27609
重　庆	5485	6792	8067	8402	8255
成　都	7504	8733	9867	10867	12148
贵　阳	5957	7269	9361	10451	9315
昆　明	7030	8010	10472	11197	11325
西　安	6602	8513	10171	11480	13358
兰　州	6601	7634	7924	7626	8401
西　宁	5910	6642	7314	8989	9628
银　川	4790	5177	5875	6440	7238
乌鲁木齐	6314	6668	8358	8690	8081

数据来源：根据国家统计局数据整理。

表 3-69　2016—2020 年 40 座重点城市住宅销售均价

单位：元/平方米

城　市	2016 年	2017 年	2018 年	2019 年	2020 年
合　计	**10635**	**11243**	**12674**	**13969**	**15192**
北　京	28489	34118	37420	38432	42684
天　津	12870	15139	15924	15423	16391
石家庄	7354	9738	10399	9234	9893
太　原	7348	8827	10840	11136	10815
呼和浩特	5196	5661	8251	10029	11066
沈　阳	6838	7944	8680	10251	11617
大　连	9119	10019	11432	12041	13501
长　春	6018	6811	8092	8731	9128
哈尔滨	6338	7861	8932	9780	9460
上　海	25910	24866	28981	32926	36741
南　京	17884	15259	19708	19428	25175
无　锡	8571	10580	11687	14329	15983
苏　州	13596	15415	16212	17605	18519
杭　州	16211	21225	24360	26522	27448
宁　波	11738	14145	16202	15956	17657
苏　州	14152	13981	14394	15776	17080
合　肥	9312	11442	13069	14086	15265
福　州	11058	10547	14381	14186	14376
厦　门	25251	28052	33716	33830	33779
南　昌	7707	8106	8276	9355	10866
济　南	8405	9712	12162	11947	12282
青　岛	8997	10052	12373	13674	14058
郑　州	8093	8323	8156	9332	9845
武　汉	9819	11453	12679	13834	14672
长　沙	6160	7287	7796	8227	9112
广　州	16346	17685	21582	24015	27112
深　圳	45498	48622	55441	55769	56844
南　宁	6767	7700	7697	8574	9200
北　海	4709	5515	6649	7038	—
海　口	8868	11694	12645	15562	16494
三　亚	18125	23410	23247	23766	27220
重　庆	5162	6605	8190	8657	8917
成　都	7377	8595	9783	11729	13231
贵　阳	5392	6552	8843	9800	9157
昆　明	6851	8197	11085	12123	12212
西　安	6385	8166	9985	11627	13743
兰　州	6162	7137	7232	7332	8281
西　宁	5007	5890	6733	8731	9847
银　川	4448	4892	5590	6440	7353
乌鲁木齐	5829	6188	7757	8728	7959

数据来源：根据国家统计局数据整理。

（二）35 座重点城市商品房待售数据

表 3-70 2016—2020 年 35 座重点城市商品房待售面积

单位：万平方米

城市	2016 年	2017 年	2018 年	2019 年	2020 年
总计	**23485.12**	**20520.40**	**18977.36**	**18725.11**	**19149.97**
北京	2143.91	2080.18	2226.38	2489.52	2454.16
天津	880.55	617.26	671.40	657.80	823.60
石家庄	118.85	115.69	97.27	76.84	121.44
太原	171.47	135.86	97.86	98.65	81.76
呼和浩特	205.99	176.12	231.34	190.35	190.31
沈阳	957.02	585.66	471.94	404.51	396.00
大连	1038.36	797.04	686.66	640.84	544.72
长春	711.51	718.61	693.81	594.26	558.63
哈尔滨	1477.26	1147.41	846.81	645.81	629.45
上海	1901.21	2026.05	2211.12	2360.46	2535.73
南京	436.23	322.18	352.66	400.16	237.27
杭州	900.95	735.30	529.47	451.43	490.50
宁波	721.69	646.63	471.35	417.75	409.78
合肥	199.73	204.55	191.26	226.29	273.73
福州	405.64	461.49	380.34	375.04	353.25
厦门	291.82	307.37	257.39	226.92	263.52
南昌	266.77	244.31	181.20	162.95	132.05
济南	172.02	139.85	98.03	80.69	147.42
青岛	638.09	469.99	433.34	459.10	509.71
郑州	348.98	456.95	577.99	616.71	758.04
武汉	445.93	239.07	274.80	192.29	183.85
长沙	1030.77	750.64	681.47	517.97	440.96
广州	793.59	774.42	850.94	886.85	976.82
深圳	272.98	261.30	276.90	396.15	352.18
南宁	329.82	307.32	268.87	251.38	230.73
海口	261.75	186.75	175.41	146.66	148.62
重庆	2308.47	2051.69	1787.95	1959.11	2082.10
成都	1308.25	1103.37	1028.27	957.04	1059.45
贵阳	259.99	228.59	146.53	105.70	106.75
昆明	723.07	604.63	469.49	463.82	401.87
西安	359.14	362.30	232.09	170.88	143.62
兰州	207.60	174.45	121.40	115.10	83.48
西宁	123.93	72.75	29.93	16.84	40.80
银川	723.08	655.90	591.29	600.97	636.03
乌鲁木齐	348.72	358.72	331.39	368.32	351.64

数据来源：国家统计局。

表 3-71　2016—2020 年 35 座重点城市住宅待售面积

单位：万平方米

城　市	2016 年	2017 年	2018 年	2019 年	2020 年
总　计	**11714.37**	**8725.38**	**7298.48**	**6746.00**	**6707.75**
北　京	834.51	803.85	847.96	893.12	881.89
天　津	461.74	264.71	315.53	313.56	437.69
石家庄	91.18	86.61	72.67	34.39	64.84
太　原	118.38	89.60	61.92	63.04	60.75
呼和浩特	126.43	88.70	140.88	97.63	93.35
沈　阳	725.44	429.07	327.87	277.64	280.25
大　连	767.46	578.42	473.30	430.24	350.03
长　春	397.91	350.76	328.16	254.96	250.33
哈尔滨	978.73	668.73	436.34	302.71	297.56
上　海	675.13	635.68	664.30	734.87	688.94
南　京	282.30	208.68	197.09	229.86	145.57
杭　州	415.49	263.30	153.65	116.52	118.22
宁　波	362.20	276.23	144.04	98.45	84.21
合　肥	41.36	38.37	39.99	47.18	50.72
福　州	218.84	127.76	95.86	94.39	70.96
厦　门	76.28	62.57	45.82	37.80	35.17
南　昌	178.69	137.11	100.43	83.73	65.95
济　南	93.14	74.06	54.20	44.10	90.63
青　岛	359.91	210.15	162.17	164.10	188.73
郑　州	199.31	294.16	347.92	374.17	470.63
武　汉	239.79	99.17	126.23	70.97	71.71
长　沙	486.07	294.41	263.59	184.82	145.76
广　州	376.18	322.89	331.70	334.63	376.19
深　圳	140.17	147.20	157.91	224.42	149.95
南　宁	157.35	146.81	120.90	120.31	68.26
海　口	157.73	79.75	64.51	57.82	65.56
重　庆	874.70	578.08	394.06	356.63	390.37
成　都	369.78	209.92	153.82	107.19	136.74
贵　阳	133.96	137.56	74.45	34.68	54.40
昆　明	374.01	274.04	154.14	144.34	112.65
西　安	204.76	167.58	57.86	32.11	27.81
兰　州	128.37	99.68	35.74	37.83	30.35
西　宁	82.90	37.76	16.41	8.23	10.58
银　川	404.81	294.13	227.13	217.18	199.04
乌鲁木齐	179.35	147.91	109.92	122.38	141.95

数据来源：国家统计局。

表 3-72　2016—2020 年 35 座重点城市办公楼待售面积

单位：万平方米

城　市	2016 年	2017 年	2018 年	2019 年	2020 年
总　计	**2151.73**	**2202.67**	**2328.61**	**2394.60**	**2467.48**
北　京	320.61	336.03	414.54	569.01	530.49
天　津	98.21	115.86	125.80	112.49	104.94
石家庄	9.35	12.64	12.26	26.06	33.52
太　原	8.83	10.15	8.77	13.77	6.61
呼和浩特	3.91	22.95	18.92	12.84	13.94
沈　阳	37.40	9.38	17.86	14.23	11.15
大　连	47.04	28.24	46.45	42.33	36.97
长　春	48.61	77.02	75.56	63.69	50.29
哈尔滨	38.12	31.39	23.95	23.03	24.47
上　海	326.13	327.79	400.69	406.03	450.25
南　京	32.94	23.66	32.25	37.06	29.77
杭　州	163.99	178.56	139.80	116.95	153.40
宁　波	91.90	96.63	85.46	77.08	81.87
合　肥	25.39	36.37	19.73	40.89	60.86
福　州	11.64	8.21	9.39	10.25	12.29
厦　门	41.68	58.07	57.83	45.42	57.64
南　昌	23.65	35.65	27.83	20.13	11.73
济　南	8.03	11.96	5.64	5.36	4.91
青　岛	90.95	70.73	91.33	90.52	98.24
郑　州	51.99	57.48	69.71	74.93	79.00
武　汉	55.21	40.80	46.06	43.17	42.75
长　沙	63.75	68.04	72.46	58.95	53.64
广　州	57.20	55.27	73.61	63.75	100.34
深　圳	29.86	28.83	36.18	62.71	87.66
南　宁	16.99	11.57	14.20	4.34	11.85
海　口	5.40	3.56	3.66	3.66	4.65
重　庆	154.29	130.21	106.90	103.22	76.04
成　都	89.42	81.57	69.91	54.39	67.67
贵　阳	47.53	32.08	24.00	18.02	10.77
昆　明	44.51	58.04	44.35	40.71	34.72
西　安	7.23	21.27	29.96	26.67	19.23
兰　州	16.38	15.05	18.86	15.89	2.39
西　宁	14.51	12.81	1.09	1.09	10.18
银　川	37.86	64.37	60.37	67.64	69.29
乌鲁木齐	31.20	30.44	43.21	28.30	24.00

数据来源：国家统计局。

表 3-73　2016-2020 年 35 座重点城市商业营业用房待售面积

单位：万平方米

城　市	2016 年	2017 年	2018 年	2019 年	2020 年
总　计	**4796.40**	**4704.21**	**4449.89**	**4406.27**	**4358.23**
北　京	431.98	428.57	394.10	369.91	383.55
天　津	162.72	153.23	143.68	139.72	163.54
石家庄	12.06	12.20	4.31	6.37	6.08
太　原	42.69	33.45	20.30	15.81	8.99
呼和浩特	64.55	48.02	52.24	61.66	58.62
沈　阳	155.87	122.47	102.00	95.86	89.13
大　连	142.69	120.01	104.25	101.71	92.97
长　春	178.49	200.61	196.81	181.78	172.96
哈尔滨	267.37	237.84	218.97	179.76	176.96
上　海	374.57	410.46	433.64	430.68	436.43
南　京	66.19	42.21	55.89	50.06	30.77
杭　州	183.83	176.66	165.89	160.90	166.09
宁　波	135.40	157.00	141.39	142.87	130.62
合　肥	59.95	48.30	39.40	44.93	53.97
福　州	58.07	75.55	64.95	61.00	58.20
厦　门	65.16	70.01	65.44	79.92	76.04
南　昌	50.48	56.86	44.92	46.90	45.18
济　南	36.73	29.12	16.91	14.66	14.73
青　岛	147.70	155.13	152.18	166.07	169.45
郑　州	69.72	78.80	108.15	111.43	115.52
武　汉	95.15	67.62	63.56	53.49	47.90
长　沙	237.99	218.44	200.14	170.99	166.79
广　州	131.14	152.31	161.40	162.86	165.42
深　圳	77.44	72.74	65.30	79.41	74.85
南　宁	70.36	72.70	65.09	47.96	47.07
海　口	40.92	44.23	39.80	33.84	34.04
重　庆	575.70	561.96	515.10	535.70	548.21
成　都	266.26	259.05	253.73	269.65	263.35
贵　阳	54.07	36.85	30.14	33.15	21.53
昆　明	136.87	120.90	118.97	117.67	108.70
西　安	102.04	112.18	83.81	73.22	62.27
兰　州	38.68	44.18	51.14	50.38	39.64
西　宁	19.94	19.41	10.40	7.51	14.07
银　川	184.33	197.30	198.71	203.50	225.72
乌鲁木齐	59.32	67.84	67.16	104.93	88.87

数据来源：国家统计局。

表 3-74　2016—2020 年 35 座重点城市其他房屋待售面积

单位：万平方米

城　市	2016 年	2017 年	2018 年	2019 年	2020 年
总　计	**4822.62**	**4888.14**	**4900.37**	**5178.25**	**5616.51**
北　京	556.81	511.73	569.78	657.48	658.23
天　津	157.88	83.47	86.39	92.02	117.43
石家庄	6.27	4.25	8.02	10.03	17.01
太　原	1.56	2.65	6.86	6.02	5.41
呼和浩特	11.09	16.46	19.30	18.21	24.40
沈　阳	38.31	24.75	24.20	16.78	15.47
大　连	81.17	70.35	62.67	66.56	64.75
长　春	86.50	90.22	93.29	93.81	85.05
哈尔滨	193.04	209.45	167.55	140.30	130.46
上　海	525.38	652.12	712.49	788.89	960.12
南　京	54.80	47.63	67.42	83.19	31.15
杭　州	137.64	116.76	70.13	57.06	52.78
宁　波	132.18	116.78	100.45	99.35	113.09
合　肥	73.02	81.52	92.14	93.29	108.18
福　州	117.08	249.98	210.14	209.40	211.80
厦　门	108.69	116.72	88.30	63.77	94.68
南　昌	13.95	14.69	8.01	12.19	9.19
济　南	34.12	24.70	21.27	16.57	37.15
青　岛	39.54	33.98	27.65	38.41	53.29
郑　州	27.95	26.51	52.21	56.18	92.89
武　汉	55.78	31.48	38.95	24.66	21.49
长　沙	242.96	169.75	148.28	103.21	74.77
广　州	229.06	243.95	284.23	325.61	334.87
深　圳	25.52	12.53	17.51	29.61	39.71
南　宁	85.12	76.24	68.68	78.77	103.55
海　口	57.71	59.21	67.43	51.34	44.36
重　庆	703.78	781.45	771.90	963.56	1067.49
成　都	582.78	552.83	550.82	525.80	591.70
贵　阳	24.43	22.11	17.94	19.86	20.05
昆　明	167.68	151.65	152.03	161.09	145.79
西　安	45.12	61.27	60.45	38.87	34.32
兰　州	24.17	15.54	15.66	11.00	11.10
西　宁	6.58	2.77	2.02	0.00	5.98
银　川	96.09	100.11	105.08	112.65	141.98
乌鲁木齐	78.85	112.52	111.09	112.71	96.82

数据来源：国家统计局。

（三）35 座重点城市房地产开发企业房屋出租面积

表 3-75　2016—2020 年 35 座重点城市房地产开发企业房屋出租面积

单位：万平方米

城　市	2016 年	2017 年	2018 年	2019 年	2020 年
总　计	**2356.36**	**2717.13**	**2834.90**	**2985.03**	**2919.24**
北　京	380.28	350.29	265.78	265.14	300.84
天　津	7.91	12.12	77.52	35.98	46.71
石家庄	—	0.07	0.27	0.26	1.57
太　原	0.35	10.50	0.66	0.09	—
呼和浩特	3.10	—	—	1.18	0.24
沈　阳	1.70	14.95	4.43	1.93	17.70
大　连	38.73	—	3.71	6.91	2.15
长　春	36.19	28.98	48.63	50.69	1.25
哈尔滨	3.51	1.31	8.47	35.59	9.71
上　海	1322.51	1646.30	1868.23	2035.94	2053.33
南　京	1.63	1.85	15.32	11.03	14.21
杭　州	17.73	62.95	48.80	35.64	36.00
宁　波	34.89	20.59	21.39	40.70	36.60
合　肥	5.72	12.13	7.69	21.02	14.36
福　州	12.18	8.58	11.40	8.58	—
厦　门	13.25	17.82	21.99	35.04	19.26
南　昌	3.33	4.35	15.81	—	2.63
济　南	18.21	6.61	0.18	3.91	0.24
青　岛	20.83	37.62	52.45	48.45	61.45
郑　州	14.66	3.25	—	—	12.17
武　汉	24.08	24.12	8.29	24.35	4.75
长　沙	7.57	19.07	21.03	13.35	2.26
广　州	89.88	57.98	27.61	38.22	31.11
深　圳	68.83	102.66	50.84	63.28	101.50
南　宁	5.99	1.69	1.82	16.38	13.10
海　口	13.71	35.47	6.73	13.21	1.93
重　庆	45.32	55.29	68.59	30.90	40.91
成　都	23.23	39.76	40.71	8.25	15.76
贵　阳	6.26	10.71	7.92	0.55	1.49
昆　明	8.51	5.86	—	54.18	6.23
西　安	48.67	57.12	51.58	26.97	10.15
兰　州	2.65	5.24	4.04	5.20	—
西　宁	5.98	0.05	—	—	1.22
银　川	22.63	38.06	24.96	34.74	27.64
乌鲁木齐	46.36	23.78	48.05	17.38	30.78

数据来源：国家统计局。

表 3-76　2016—2020 年 35 座重点城市房地产开发企业住宅出租面积

单位：万平方米

城　市	2016 年	2017 年	2018 年	2019 年	2020 年
总　计	**163.64**	**181.75**	**177.56**	**190.31**	**216.22**
北　京	17.81	14.58	8.22	6.81	7.66
天　津	4.22	1.72	0.35	0.25	1.76
石家庄	—	—	—	—	—
太　原	—	—	—	—	—
呼和浩特	—	—	—	—	—
沈　阳	1.66	12.84	1.67	—	11.36
大　连	0.08	—	—	0.05	—
长　春	—	—	—	—	—
哈尔滨	2.19	—	—	12.48	0.51
上　海	83.41	110.15	128.60	129.62	134.27
南　京	0.04	0.44	—	0.07	—
杭　州	—	5.38	—	9.20	—
宁　波	0.10	—	—	2.52	—
合　肥	0.34	6.99	—	—	—
福　州	3.24	—	—	—	—
厦　门	—	—	4.62	11.46	—
南　昌	—	—	0.30	—	—
济　南	—	—	—	—	—
青　岛	—	0.39	—	0.02	2.46
郑　州	12.88	3.25	—	—	4.78
武　汉	—	0.26	0.17	1.03	0.55
长　沙	0.05	0.44	—	0.70	—
广　州	7.68	11.22	5.44	0.86	3.84
深　圳	5.45	3.85	0.27	0.39	19.66
南　宁	—	0.00	—	11.73	6.75
海　口	—	0.78	—	0.77	—
重　庆	0.78	0.78	—	0.57	21.11
成　都	—	0.01	0.35	—	—
贵　阳	0.01	—	—	0.05	—
昆　明	7.07	—	—	—	—
西　安	1.47	—	2.37	—	—
兰　州	—	—	—	—	—
西　宁	—	—	—	—	—
银　川	1.98	8.67	1.81	1.74	1.53
乌鲁木齐	13.21	—	23.38	—	—

数据来源：国家统计局。

表 3-77 2016—2020 年 35 座重点城市房地产开发企业办公楼出租面积

单位：万平方米

城 市	2016 年	2017 年	2018 年	2019 年	2020 年
总 计	**798.97**	**958.92**	**1028.02**	**1093.59**	**1088.15**
北 京	114.11	129.14	96.74	102.68	161.47
天 津	0.38	7.48	54.80	14.20	19.09
石家庄	—	0.02	—	—	—
太 原	—	0.52	—	—	—
呼和浩特	—	—	—	0.35	—
沈 阳	—	1.38	2.59	1.93	2.14
大 连	1.00	—	—	2.70	0.65
长 春	2.22	2.22	2.17	2.17	—
哈尔滨	—	—	—	0.75	0.70
上 海	578.44	692.42	753.52	809.85	775.87
南 京	—	—	0.13	—	3.69
杭 州	4.75	23.07	19.90	20.77	5.82
宁 波	15.13	12.63	15.20	18.43	15.62
合 肥	—	—	—	8.96	6.21
福 州	—	—	0.95	—	—
厦 门	3.10	1.60	1.68	7.80	9.19
南 昌	—	—	—	—	—
济 南	—	0.62	—	1.86	—
青 岛	7.22	3.36	8.92	16.36	14.77
郑 州	0.63	—	—	—	7.39
武 汉	—	—	4.89	—	2.16
长 沙	1.69	1.92	9.32	6.74	0.67
广 州	11.49	3.79	6.09	6.63	7.22
深 圳	33.54	36.60	29.49	33.76	36.66
南 宁	—	—	—	3.16	0.66
海 口	—	4.69	0.05	1.69	—
重 庆	7.05	20.41	1.90	0.00	1.42
成 都	3.51	5.42	2.53	2.95	4.37
贵 阳	1.40	0.71	2.54	0.03	—
昆 明	0.89	—	—	22.32	1.30
西 安	6.74	3.99	9.99	2.97	2.24
兰 州	—	1.15	1.13	—	—
西 宁	3.08	—	—	—	0.27
银 川	1.28	3.44	2.07	2.44	5.22
乌鲁木齐	1.32	2.34	1.43	2.07	3.32

数据来源：国家统计局。

表 3-78　2016—2020 年 35 座重点城市房地产开发企业商业营业用房出租面积

单位：万平方米

城　市	2016 年	2017 年	2018 年	2019 年	2020 年
总　计	**979.55**	**1104.55**	**1135.98**	**1208.03**	**1099.69**
北　京	163.09	133.90	113.51	118.15	82.03
天　津	0.16	—	14.51	16.32	22.00
石家庄	—	0.05	—	0.26	1.57
太　原	0.02	9.56	0.66	0.09	—
呼和浩特	3.10	—	—	0.83	0.24
沈　阳	0.04	0.74	0.16	—	4.08
大　连	37.65	—	3.71	4.15	1.26
长　春	33.77	26.77	46.47	36.36	1.25
哈尔滨	1.24	0.34	4.74	16.87	5.45
上　海	415.25	542.09	630.83	707.89	751.08
南　京	0.33	1.20	15.19	10.97	10.52
杭　州	12.97	25.22	24.34	5.68	22.43
宁　波	17.16	4.12	5.56	17.21	19.30
合　肥	5.35	0.09	—	4.02	0.45
福　州	6.58	8.58	9.79	8.58	—
厦　门	9.44	10.30	12.98	11.50	4.42
南　昌	3.33	4.35	15.52	—	2.63
济　南	18.21	5.99	0.18	1.55	0.24
青　岛	11.34	24.96	36.74	24.01	37.18
郑　州	0.91	—	—	—	—
武　汉	19.27	17.79	1.00	23.31	2.04
长　沙	3.10	8.90	4.06	3.86	1.58
广　州	39.38	31.26	14.92	25.60	17.43
深　圳	27.81	36.15	20.03	27.41	43.92
南　宁	5.99	1.69	1.63	1.50	3.21
海　口	12.20	28.92	3.52	8.90	1.93
重　庆	23.74	32.21	45.25	25.25	16.66
成　都	16.09	33.49	29.25	2.79	7.47
贵　阳	4.51	8.83	2.90	0.46	1.17
昆　明	0.13	5.86	—	31.86	2.94
西　安	38.96	52.48	37.29	24.00	7.91
兰　州	2.65	4.09	2.91	5.20	—
西　宁	1.00	0.05	—	—	0.95
银　川	19.31	24.40	20.93	29.87	14.85
乌鲁木齐	25.47	20.18	17.41	13.58	11.50

数据来源：国家统计局。

表 3-79　2016—2020 年 35 座重点城市房地产开发企业其他房屋出租面积

单位：万平方米

城　市	2016 年	2017 年	2018 年	2019 年	2020 年
总　计	**414.19**	**471.92**	**493.34**	**493.11**	**515.18**
北　京	85.28	72.68	47.32	37.50	49.68
天　津	3.15	2.92	7.85	5.21	3.86
石家庄	—	—	0.27	—	—
太　原	0.33	0.42	—	—	—
呼和浩特	—	—	—	—	—
沈　阳	—	—	0.01	—	0.12
大　连	—	—	—	—	0.24
长　春	0.20	—	—	12.16	—
哈尔滨	0.08	0.97	3.73	5.49	3.05
上　海	245.41	301.63	355.28	388.57	392.10
南　京	1.26	0.22	—	—	—
杭　州	—	9.29	4.55	—	7.75
宁　波	2.50	3.84	0.63	2.53	1.68
合　肥	0.03	5.04	7.69	8.04	7.69
福　州	2.36	—	0.66	—	—
厦　门	0.70	5.92	2.71	4.29	5.66
南　昌	—	—	—	—	—
济　南	—	—	—	0.50	—
青　岛	2.27	8.90	6.79	8.06	7.04
郑　州	0.23	—	—	—	—
武　汉	4.81	6.07	2.22	—	—
长　沙	2.72	7.81	7.65	2.05	—
广　州	31.33	11.71	1.15	5.13	2.63
深　圳	2.04	26.06	1.06	1.71	1.25
南　宁	—	—	0.19	—	2.48
海　口	1.51	1.08	3.16	1.85	—
重　庆	13.75	1.90	21.43	5.09	1.73
成　都	3.64	0.83	8.58	2.51	3.92
贵　阳	0.35	1.18	2.48	—	0.32
昆　明	0.42	—	—	—	1.98
西　安	1.50	0.66	1.92	—	—
兰　州	—	—	—	—	—
西　宁	1.90	—	—	—	—
银　川	0.06	1.55	0.16	0.70	6.03
乌鲁木齐	6.36	1.26	5.83	1.73	15.96

数据来源：国家统计局。

（四）90座城市存量商品房交易面积

表3-80　2021年90座城市存量商品房交易面积

单位：万平方米

城　市	存量房	存量住宅	城　市	存量房	存量住宅
北　京	1869.8	1754.3	吉　林	318.2	271.3
天　津	1088.0	1036.1	哈尔滨	703.6	667.5
石家庄	417.2	383.7	齐齐哈尔	230.4	219.5
唐　山	510.9	395.2	大　庆	347.7	331.9
秦皇岛	210.2	202.2	牡丹江	—	—
沈　阳	831.1	722.9	合　肥	1199.7	1085.0
大　连	211.0	193.3	芜　湖	438.7	423.6
本　溪	103.6	99.6	蚌　埠	164.0	146.9
丹　东	—	—	安　庆	117.1	109.5
锦　州	106.9	96.0	宣　城	133.5	116.9
上　海	2497.2	2247.2	南　昌	349.7	321.0
南　京	1077.1	1012.0	九　江	116.1	109.2
无　锡	648.9	608.1	赣　州	359.3	265.6
徐　州	481.8	373.3	郑　州	659.8	630.8
常　州	546.6	491.5	洛　阳	257.0	229.0
苏　州	1811.4	1470.4	平顶山	88.5	87.9
扬　州	388.5	349.9	南　阳	143.6	133.6
杭　州	971.5	851.5	武　汉	1019.3	955.9
宁　波	1177.7	770.3	宜　昌	12.8	12.1
温　州	801.5	698.2	襄　阳	77.2	73.2
绍　兴	649.3	404.8	长　沙	587.8	544.4
金　华	680.0	510.3	株　洲	10.0	9.1
福　州	579.6	498.5	岳　阳	—	—
厦　门	745.4	419.8	常　德	—	—
泉　州	301.6	195.2	呼和浩特	272.8	258.3
济　南	517.3	445.4	包　头	—	—
青　岛	633.5	589.9	南　宁	204.2	193.3
淄　博	140.9	139.6	桂　林	42.2	34.4
烟　台	438.9	401.6	北　海	106.9	101.6
潍　坊	154.6	112.5	重　庆	3064.0	2794.5
泰　安	193.5	168.5	成　都	1922.1	1585.5
广　州	1370.0	1242.2	泸　州	95.8	90.0
韶　关	153.9	145.2	绵　阳	235.2	192.4
深　圳	426.9	361.5	南　充	154.2	127.6
汕　头	164.1	144.1	贵　阳	197.2	185.5
佛　山	811.0	653.3	遵　义	14.5	13.8
江　门	286.2	227.2	昆　明	620.3	494.7
湛　江	103.9	98.3	大　理	53.1	38.4
惠　州	456.9	372.8	西　安	849.5	793.1
中　山	537.0	412.5	宝　鸡	87.0	83.3
海　口	207.4	185.5	兰　州	236.5	191.8
三　亚	51.2	31.3	天　水	29.6	29.4
太　原	39.7	37.6	西　宁	81.3	75.8
大　同	119.3	116.6	银　川	226.7	211.5
长　春	693.5	651.1	乌鲁木齐	720.6	690.5

数据来源：中房研协 研究中心收集整理。

三、港澳台地区房地产数据①

（一）香港

表 3-81　2017—2021 年香港地区新落成私人楼宇

单位：个，千平方米

年　份	住　宅		商住两用			商　业		工　业	
	楼宇数目	实用楼面面积	楼宇数目	住宅实用楼面面积	非住宅实用楼面面积	楼宇数目	实用楼面面积	楼宇数目	实用楼面面积
2017	355	394.7	128	231.3	34.1	24	239.4	22	195.2
2018	308	467.4	140	314.2	92.1	21	199.2	12	68.4
2019	389	380.3	23	92.7	22.0	32	369.6	16	81.5
2020	310	483.7	72	208.2	64.6	15	69.2	8	58.8
2021	116	266.4	49	183.9	17.1	17	98.4	7	34.2

年　份	其　他			所有种类			
	楼宇数目	住宅实用楼面面积	非住宅实用楼面面积	楼宇数目	住宅实用楼面面积	非住宅实用楼面面积	统　计
2017	174	5.5	272.7	703	631.5	741.3	1372.9
2018	251	11.0	257.3	732	792.6	616.9	1409.5
2019	196	0.6	196.7	656	473.6	669.9	1143.5
2020	223	13.1	190.6	628	705.0	383.2	1088.2
2021	172	2.4	128.6	361	452.7	278.3	731.0

数据来源：香港房屋署，香港房屋协会。

表 3-82　2017—2021 年香港地区获批可动工兴建私人楼宇

单位：个，千平方米

年　份	住　宅				商住两用					
	楼宇数目		实用楼面面积		楼宇数目		住宅实用楼面面积		非住宅实用楼面面积	
	初次呈交图则	重大修改	初次呈交图则	重大修改	初次呈交图则	重大修改	初次呈交图则	重大修改	初次呈交图则	重大修改
2017	165	151	296.3	117.8	35	28	112.8	336.0	113.5	120.9
2018	85	178	300.8	117.6	99	6	226.2	50.9	23.8	38.6
2019	151	108	285.2	231.1	26	18	162.2	83.8	16.4	6.8
2020	114	125	130.1	125.7	31	25	96.0	171.4	13.9	4.5
2021	44	72	215.5	181.7	38	38	170.4	175.3	20.7	7.3

① 港澳台地区数据货币均为当地货币。

续表

年份	商业				工业			
	楼宇数目		实用楼面面积		楼宇数目		实用楼面面积	
	初次呈交图则	重大修改	初次呈交图则	重大修改	初次呈交图则	重大修改	初次呈交图则	重大修改
2017	14	3	244.3	9.9	9	1	54.2	8.4
2018	12	3	44.9	1.9	7	3	74.6	23.8
2019	20	13	532.0	207.7	6	2	97.7	80.0
2020	8	8	37.9	172.6	3	8	85.3	97.3
2021	20	8	419.8	294.1	5	0	39.8	0.0

年份	其他					
	楼宇数目		住宅实用楼面面积		非住宅实用楼面面积	
	初次呈交图则	重大修改	初次呈交图则	重大修改	初次呈交图则	重大修改
2017	46	9	9.5	0.3	184.8	42.3
2018	35	9	5.7	1.8	60.8	31.1
2019	44	6	1.5	1.2	155.4	79.2
2020	36	8	6.1	1.1	393.5	17.4
2021	51	29	33.7	20.2	154.1	32.1

年份	所有统计							
	楼宇数目		住宅实用楼面面积		非住宅实用楼面面积		统计实用楼面面积	
	初次呈交图则	重大修改	初次呈交图则	重大修改	初次呈交图则	重大修改	初次呈交图则	重大修改
2017	269	192	418.7	454.1	596.8	181.5	1015.5	635.6
2018	238	199	532.7	170.3	204.1	95.4	736.8	265.7
2019	247	147	448.9	316.1	801.6	373.7	1250.5	689.8
2020	192	174	232.2	298.2	530.6	291.7	762.8	589.9
2021	158	147	419.6	377.2	634.4	333.5	1054.0	710.7

数据来源：香港房屋署，香港房屋协会。

表 3-83　2017—2021 年香港地区私人住宅楼宇平均售价

单位：元/平方米

年份	少于 40 平方米			40~69.9 平方米			70~99.9 平方米		
	香港	九龙	新界	香港	九龙	新界	香港	九龙	新界
2017	158293	130558	121633	160860	131061	106554	186054	163325	112805
2018	180411	149890	138412	176330	147161	120067	210583	177561	128256
2019	183457	157317	144665	183330	153582	125490	213796	188291	132512
2020	187016	163262	149776	182458	160379	132070	211410	187737	129358
2021	189659	165801	152775	184570	161215	136450	214779	188819	137380

续表

年份	100~159.9 平方米			160 平方米或以上		
	香港	九龙	新界	香港	九龙	新界
2017	215818	179974	103235	251606	273418	91785
2018	232023	194996	116406	286369	270109	103209
2019	247352	204379	121902	281395	245958	95646
2020	235949	196482	120542	273586	253027	101667
2021	246482	210434	126081	285814	228699	115778

数据来源：香港房屋署，香港房屋协会。
注：2020 年根据最新数据有调整。

表 3-84　2017—2021 年香港地区私人住宅楼宇新订租约平均租金

单位：元/平方米·月

年份	少于 40 平方米			40~69.9 平方米			70~99.9 平方米		
	香港	九龙	新界	香港	九龙	新界	香港	九龙	新界
2017	452	354	296	403	327	251	433	356	259
2018	488	391	314	428	353	267	455	376	270
2019	507	391	316	432	350	266	450	371	271
2020	445	370	299	394	330	254	409	347	256
2021	445	377	307	391	331	260	408	350	263

年份	100~159.9 平方米			160 平方米或以上		
	香港	九龙	新界	香港	九龙	新界
2017	444	349	256	454	368	240
2018	452	381	269	474	370	252
2019	458	363	268	468	382	244
2020	417	340	254	423	351	230
2021	418	349	259	422	374	241

数据来源：香港房屋署，香港房屋协会。
注：2020 年根据最新数据有调整。

表 3-85　2017—2021 年香港政府土地拍卖/投标（市区）

单位：平方米，百万元

年份	住宅		商业		商业/住宅	
	面积	已征收的地价	面积	已征收的地价	面积	已征收的地价
2017	57630	54344	41576	67731	0	0
2018	65314	69299	0	0	0	0
2019	78513	78552	71022	44678	0	0
2020	40253	23110	0	0	0	0
2021	18232	19138	62769	70578	0	0

续表

年 份	工业/货仓		其他用途		统 计	
	面积	已征收的地价	面积	已征收的地价	面积	已征收的地价
2017	0	0	0	0	99206	122075
2018	0	0	0	0	65314	69299
2019	0	0	4313	2575	153848	125805
2020	0	0	1554	817	41807	23927
2021	0	0	0	0	81001	89716

数据来源：香港房屋署，香港房屋协会。

表 3-86 2017—2021 年香港政府土地拍卖/投标（新界）

单位：平方米，百万元

年 份	住 宅		商 业		商业/住宅	
	面积	已征收的地价	面积	已征收的地价	面积	已征收的地价
2017	27166	5216	0	0	0	0
2018	11279	1314	0	0	0	0
2019	55677	7893	0	0	0	0
2020	45947	8188	0	0	0	0
2021	59801	17500	0	0	0	0

年 份	工业/货仓		其他用途		统 计	
	面积	已征收的地价	面积	已征收的地价	面积	已征收的地价
2017	1730	451	4361	691	33257	6358
2018	5738	1459	63899	9793	80916	12566
2019	0	0	1707	1678	57384	9571
2020	9178	5600	1405	1058	56530	14846
2021	4028	813	0	0	63829	18313

数据来源：香港房屋署，香港房屋协会。

表 3-87 2017—2021 年香港政府土地批租（私人协约方式批地）

单位：平方米

年 份	市 区					新 界				
	工业/仓库	住宅	公用事业/团体用途	其他用途	统计	工业/仓库	住宅	公用事业/团体用途	其他用途	统计
2017	0	27799	11779	0	39578	0	51298	1451	0	52749
2018	0	28258	0	0	28258	0	5438	2948	0	8386
2019	0	18495	7414	3507	29416	0	98371	0	3087	101458
2020	0	26518	11779	386488	424785	0	102220	54912	0	157132
2021	0	61003	20466	20166	101635	0	48306	60164	6657000	6765470

数据来源：香港房屋署，香港房屋协会。

（二）澳门

表 3-88　2017—2021 年澳门地区新动工及建成楼宇

年　份	新动工楼宇			建成楼宇		
	楼宇数目	单位数目	建筑面积（平方米）	楼宇数目	单位数目	建筑面积（平方米）
2017	47	3226	410902	69	4525	839517
2018	68	1674	575816	66	4268	1293667
2019	67	405	442050	58	3013	474123
2020	55	233	881296	57	2521	287170
2021	35	1407	556595	103	2545	953667

数据来源：澳门统计暨普查局。

表 3-89　2017—2021 年澳门地区楼宇单位买卖数目

年　份	总　数	住宅（总数）	商　业	办公室	工　业	停车位	其他用途
2017	13985	10581	589	284	117	2284	130
2018	15073	10822	631	263	235	3084	38
2019	11022	8277	468	183	87	1989	18
2020	9002	6483	341	156	66	1928	28
2021	8802	6001	392	146	67	2176	20

数据来源：澳门统计暨普查局。

表 3-90　2017—2021 年澳门地区楼宇单位买卖价值

单位：百万元

年　份	总数	住宅（总数）	商铺	办公室	工业	停车位	其他用途
2017	85228	69442	7340	2399	1543	3498	1006
2018	89604	69426	9694	3809	1963	4104	608
2019	62237	51049	5713	1396	1130	2797	151
2020	51111	42957	3260	1186	944	2432	332
2021	49772	40800	4023	1067	989	2584	309

数据来源：澳门统计暨普查局。

表 3-91　2017—2021 年澳门地区楼宇单位买卖实用面积

单位：平方米

年　份	住宅	商铺	办公室	工业
2017	694446	40736	21949	28224
2018	647764	42043	24613	43757
2019	482779	28838	13430	24302
2020	417773	17495	11968	20136
2021	400521	24612	10385	18248

数据来源：澳门统计暨普查局。

表 3-92　2017—2021 年澳门地区楼宇单位买卖平均成交价

单位：元/平方米

年　份	住宅（全澳）	办公室	工业
2017	100822	113198	54411
2018	108427	163863	56393
2019	107522	108407	54979
2020	105064	110973	47855
2021	103859	106137	106137

数据来源：澳门统计暨普查局。

（三）台湾

表 3-93　2017—2021 年台湾地区建筑物所有权登记

单位：栋，千平方公尺

年　份	第一次登记		移转登记			
	栋　数	面　积	栋　数	面　积	买卖登记	
					栋　数	面　积
2017	110419	30290	405806	49399	266086	29102
2018	116589	31344	418546	51023	277967	30416
2019	119459	30214	456234	54874	300275	32271
2020	117363	29360	474579	56837	326589	34848
2021	125779	31341	501807	58875	348194	37614

数据来源："台湾内政部"统计通报。

表 3-94　2021 年台湾地区住宅交易指标

月　份	成交天数（中位数）	住宅屋龄（年）	住宅面积（坪①）
1	45.0	21.4	40.5
2	47.0	21.4	40.3
3	49.0	21.4	40.3
4	46.0	21.4	40.5
5	43.0	21.4	40.5
6	41.0	21.8	40.1
7	48.0	22.2	40.0
8	53.0	22.0	40.4
9	47.5	21.5	40.7
10	41.0	21.3	40.6
11	37.0	21.6	40.0
12	37.0	21.8	39.9

数据来源：信义不动产第四季度报告。

① 坪原为日本面积单位，1 日坪（台坪）= 3.305785123967 平方公尺（平方米）。

表 3-95　2021 年台湾地区各类产品交易占比变化

单位:%

月　份	公寓	大楼	店面	办公室	套房	别墅+透天
1	14. 2	66. 9	4. 0	2. 3	2. 0	6. 9
2	13. 2	67. 4	3. 8	2. 6	2. 1	7. 3
3	13. 5	66. 9	3. 7	2. 7	2. 2	7. 0
4	14. 1	66. 9	3. 8	2. 9	2. 1	6. 6
5	14. 1	66. 5	3. 8	2. 8	2. 2	6. 8
6	14. 3	65. 8	3. 6	2. 6	2. 2	6. 9
7	13. 9	63. 7	3. 6	2. 8	2. 8	7. 4
8	14. 4	64. 9	3. 3	2. 7	2. 7	6. 7
9	13. 5	66. 9	3. 3	2. 7	2. 6	6. 5
10	13. 6	68. 9	3. 1	2. 4	2. 1	6. 0
11	13. 6	68. 6	3. 3	2. 6	2. 0	6. 1
12	14. 1	67. 9	3. 6	2. 7	1. 8	6. 0

数据来源：信义不动产第四季度报告。

表 3-96　2021 年台湾地区住宅产品总价分布变化

单位：万元

月　份	300 万元以下	300~500	500~700	700~1000	1000~1500	1500~2000	2000~2500	2500~3000	3000~5000	5000 万元以上
1	2. 7	6. 3	13. 0	21. 0	24. 9	12. 8	7. 3	4. 6	5. 4	1. 9
2	2. 9	6. 1	12. 1	21. 3	25. 1	13. 0	7. 1	4. 8	5. 6	1. 9
3	3. 2	5. 9	11. 5	20. 8	24. 5	14. 1	7. 4	5. 1	5. 5	2. 0
4	2. 9	5. 7	10. 6	20. 4	25. 0	14. 8	7. 8	4. 9	6. 1	1. 8
5	2. 7	5. 4	10. 8	20. 1	24. 5	15. 3	8. 3	4. 8	6. 0	2. 0
6	2. 9	5. 9	11. 8	20. 6	24. 1	13. 8	8. 3	4. 3	6. 4	1. 9
7	3. 5	6. 9	12. 0	20. 5	24. 2	12. 9	7. 6	4. 2	5. 8	2. 4
8	3. 1	7. 0	11. 3	19. 6	25. 4	13. 0	7. 4	4. 5	6. 4	2. 4
9	2. 8	6. 4	10. 2	18. 9	26. 1	14. 2	7. 7	4. 7	6. 7	2. 3
10	2. 1	5. 5	9. 6	19. 4	26. 7	14. 9	7. 9	4. 8	7. 1	1. 9
11	2. 1	5. 2	9. 1	20. 1	26. 8	14. 7	8. 2	4. 8	7. 3	1. 9
12	1. 9	5. 0	8. 7	19. 9	27. 0	14. 6	8. 1	5. 1	7. 6	2. 1

数据来源：信义不动产第四季度报告。

表 3-97　2021 年台湾地区住宅产品面积分布变化

单位：坪

月　份	15 坪以下	15~25 坪	25~35 坪	35~45 坪	45~55 坪	55 坪以上
1	7. 1	14. 6	24. 4	21. 3	15. 9	16. 8
2	7. 2	14. 7	23. 9	21. 3	16. 3	16. 6
3	6. 9	14. 6	24. 0	22. 3	15. 6	16. 6
4	6. 8	14. 8	23. 6	22. 7	15. 0	17. 3
5	6. 8	14. 4	24. 1	22. 6	14. 3	17. 7
6	7. 6	14. 7	24. 4	21. 6	14. 3	17. 4
7	8. 0	14. 0	26. 2	20. 5	13. 6	17. 6
8	8. 0	13. 6	25. 5	20. 7	14. 8	17. 5
9	7. 5	13. 1	25. 1	21. 7	15. 1	17. 5
10	6. 7	13. 4	24. 6	23. 0	15. 2	17. 0
11	6. 6	14. 1	25. 2	22. 8	14. 9	16. 3
12	6. 8	15. 0	25. 1	21. 8	14. 7	16. 6

数据来源：信义不动产第四季度报告。

表 3-98　2021 年台北市住宅成交均价表现

月　份	成交天数（中位数）	住宅屋龄（年）	住宅面积（坪）	住宅总价（万元）	公寓单价（万元/坪）	大楼单价（万元/坪）	住宅单价（万元/坪）
1	53. 0	27. 5	37. 8	2565	54. 9	69. 5	66. 5
2	53. 0	27. 5	38. 0	2576	55. 3	69. 9	67. 0
3	53. 5	27. 5	36. 7	2452	56. 2	70. 6	67. 5
4	52. 0	27. 6	36. 0	2405	57. 8	70. 5	67. 7
5	51. 0	27. 4	35. 8	2409	57. 8	70. 8	68. 0
6	47. 0	27. 8	36. 3	2516	58. 9	71. 4	68. 7
7	55. 0	28. 3	37. 8	2638	56. 4	70. 6	67. 4
8	61. 0	28. 7	38. 1	2683	56. 3	70. 6	67. 2
9	53. 5	27. 9	37. 5	2629	57. 2	72. 0	68. 7
10	48. 0	27. 7	36. 6	2572	59. 2	73. 4	70. 4
11	42. 0	27. 2	35. 7	2508	60. 0	74. 7	71. 8
12	42. 0	27. 4	35. 9	2505	61. 0	74. 2	71. 7

数据来源：信义不动产第四季度报告。

四、房地产信贷数据

（一）全国住房公积金

表 3-99　2020 年年底全国公积金机构情况

类　别		2020 年
机构数量	全国住房公积金管理中心（个）	341
	未纳入设区城市统一管理的分支机构（个）	137
	其中：省直分中心（个）	24
	区县分支机构（个）	44
	石油、电力、煤炭等企业分中心（个）	69
从业人员	全国总数（万人）	4.47
	在编（万人）	2.68
	非在编（万人）	1.79

数据来源：《全国住房公积金 2020 年年度报告》。

表 3-100　2020 年全国及各地区住房公积金缴存情况

地　区	实缴单位（万个）	实缴职工（万人）	缴存额（亿元）	累计缴存总额（亿元）	缴存余额（亿元）
全　国	**365.38**	**15327.70**	**26210.83**	**195834.90**	**73041.40**
北　京	34.93	882.98	2471.47	17781.39	5491.08
天　津	7.59	281.83	569.45	5057.62	1628.55
河　北	6.97	520.98	706.07	5808.52	2490.44
山　西	4.94	343.18	445.78	3606.48	1462.66
内蒙古	4.43	252.34	442.75	3517.90	1544.53
辽　宁	9.85	504.26	845.34	8033.92	2806.71
吉　林	4.35	245.16	370.29	3225.30	1332.41
黑龙江	4.20	289.44	494.83	4155.38	1659.67
上　海	45.15	884.33	1687.39	12774.99	5361.77
江　苏	39.88	1408.74	2280.95	16113.81	5478.98
浙　江	30.89	924.02	1814.86	12794.09	3927.69
安　徽	7.26	454.47	762.65	6240.53	1992.03
福　建	14.02	438.56	740.36	5530.36	1913.66

续表

地　区	实缴单位（万个）	实缴职工（万人）	缴存额（亿元）	累计缴存总额（亿元）	缴存余额（亿元）
江　西	5. 01	285. 67	498. 08	3305. 91	1515. 08
山　东	19. 41	1011. 60	1436. 94	10799. 89	4250. 65
河　南	8. 81	659. 12	881. 41	6242. 62	2842. 37
湖　北	8. 23	495. 97	927. 38	6577. 39	3022. 17
湖　南	7. 65	475. 22	749. 09	5230. 53	2445. 74
广　东	46. 51	1976. 60	2904. 39	20757. 10	6740. 04
广　西	6. 03	310. 55	528. 77	3931. 74	1357. 42
海　南	3. 45	110. 42	142. 12	1102. 15	483. 82
重　庆	4. 22	273. 86	475. 57	3388. 32	1211. 28
四　川	13. 68	724. 47	1197. 79	8706. 21	3593. 96
贵　州	5. 17	269. 30	455. 15	2924. 48	1284. 29
云　南	5. 68	286. 40	591. 63	4583. 92	1657. 25
西　藏	0. 54	35. 92	111. 29	709. 35	343. 18
陕　西	6. 93	418. 54	592. 90	4380. 84	1828. 94
甘　肃	3. 39	195. 06	324. 11	2576. 89	1145. 49
青　海	1. 07	55. 73	127. 08	1007. 81	345. 39
宁　夏	1. 04	66. 49	115. 79	1008. 72	353. 93
新　疆	3. 58	220. 68	471. 14	3616. 21	1377. 96
新疆生产建设兵团	0. 52	25. 81	47. 99	344. 54	152. 26

数据来源：《全国住房公积金 2020 年年度报告》。

表 3-101　2020 年全国及各地区住房公积金提取情况

地　区	提取额（亿元）	提取率（%）	住房消费类提取额（亿元）	非住房消费类提取额（亿元）	累计提取总额（亿元）
全　国	**18551. 18**	**70. 78**	**15130. 52**	**3420. 66**	**122793. 52**
北　京	1825. 38	73. 86	1633. 17	192. 23	12290. 32
天　津	414. 79	72. 84	321. 64	93. 15	3429. 07
河　北	439. 24	62. 21	311. 24	128. 00	3318. 08
山　西	251. 83	56. 49	183. 60	68. 23	2143. 83

续表

地　区	提取额（亿元）	提取率（%）	住房消费类提取额（亿元）	非住房消费类提取额（亿元）	累计提取总额（亿元）
内蒙古	304.33	68.74	221.11	83.22	1973.36
辽　宁	653.49	77.30	496.46	157.02	5227.22
吉　林	271.30	73.27	178.34	92.96	1892.89
黑龙江	321.04	64.88	214.94	106.10	2495.71
上　海	1046.75	62.03	868.79	177.95	7413.22
江　苏	1702.28	74.63	1430.63	271.65	10634.83
浙　江	1461.04	80.50	1258.64	202.40	8866.34
安　徽	571.44	74.93	469.98	101.46	4248.50
福　建	566.02	76.45	462.50	103.52	3616.71
江　西	322.29	64.71	247.76	74.54	1790.83
山　东	1033.05	71.89	829.86	203.18	6549.24
河　南	568.30	64.48	404.68	163.61	3400.24
湖　北	552.35	59.56	429.44	122.90	3555.22
湖　南	450.18	60.10	332.68	117.50	2784.79
广　东	2188.32	75.35	1924.56	263.76	14017.06
广　西	400.30	75.70	327.82	72.48	2574.32
海　南	91.53	64.40	73.23	18.30	618.33
重　庆	346.27	72.81	284.53	61.74	2177.05
四　川	772.52	64.50	631.39	141.13	5112.25
贵　州	312.44	68.65	254.99	57.45	1640.18
云　南	473.70	80.07	392.62	81.08	2926.67
西　藏	68.93	61.94	55.79	13.14	366.16
陕　西	354.30	59.76	277.46	76.84	2551.90
甘　肃	229.94	70.95	177.93	52.01	1431.41
青　海	111.42	87.68	86.27	25.15	662.42
宁　夏	88.32	76.28	69.34	18.99	654.79
新　疆	324.12	68.80	256.31	67.82	2238.25
新疆生产建设兵团	33.97	70.78	22.82	11.15	192.28

数据来源：《全国住房公积金2020年年度报告》。

表 3-102　2020 年全国及各地区住房公积金个人住房贷款情况

地　区	放贷笔数（万笔）	贷款发放额（亿元）	累计放贷笔数（万笔）	累计贷款总额（亿元）	贷款余额（亿元）	个人住房贷款率（%）
全　国	**302.77**	**13360.04**	**3924.31**	**111337.58**	**62313.53**	**85.31**
北　京	8.30	627.82	126.29	7544.02	4571.29	83.25
天　津	5.24	241.90	107.56	3440.71	1465.42	89.98
河　北	8.75	382.80	116.80	3059.15	1843.37	74.02
山　西	6.75	296.04	67.42	1755.65	1138.90	77.87
内蒙古	6.54	249.85	117.44	2444.51	1183.97	76.66
辽　宁	11.22	383.23	192.16	4553.40	2317.46	82.57
吉　林	4.82	191.95	79.78	1931.27	1107.08	83.09
黑龙江	4.98	176.65	97.96	2256.99	1105.12	66.59
上　海	15.07	1029.18	283.32	9757.14	4978.75	92.86
江　苏	27.95	1204.26	359.62	10332.61	5328.63	97.26
浙　江	18.72	870.52	211.60	7186.40	3738.61	95.19
安　徽	11.94	421.07	148.42	3565.80	1947.05	97.74
福　建	7.42	374.39	110.40	3278.87	1790.25	93.55
江　西	6.72	263.40	85.83	2201.51	1279.11	84.43
山　东	21.80	799.10	242.76	6363.52	3621.72	85.20
河　南	14.09	565.75	144.90	3646.69	2259.37	79.49
湖　北	13.93	668.96	151.35	4209.96	2491.10	82.43
湖　南	10.32	399.23	147.84	3459.51	2107.83	86.18
广　东	24.66	1272.90	224.98	8489.10	5327.83	79.05
广　西	7.35	275.34	80.11	1929.95	1240.30	91.37
海　南	1.90	103.39	19.59	620.00	418.96	86.60
重　庆	5.53	213.63	65.72	1876.67	1195.27	98.68
四　川	16.86	671.81	179.70	4782.66	2910.83	80.99
贵　州	8.26	324.66	82.24	2057.84	1294.03	100.76
云　南	6.85	264.82	132.06	2827.01	1343.32	81.06
西　藏	1.14	72.84	10.30	421.74	249.50	72.70
陕　西	8.16	358.71	87.43	2273.84	1489.80	81.46
甘　肃	5.22	197.87	83.59	1675.36	875.93	76.47
青　海	1.92	86.19	29.12	614.11	284.07	82.25
宁　夏	1.66	69.77	29.97	654.93	286.34	80.90
新　疆	7.62	260.52	100.91	1969.05	1020.80	74.08
新疆生产建设兵团	1.08	41.49	7.14	157.61	101.52	66.67

数据来源：《全国住房公积金 2020 年年度报告》。

表 3-103 2020 年全国及各地区住房公积金增值收益及分配情况

地 区	业务收入（亿元）	业务支出（亿元）	增值收益（亿元）	增值收益率（%）	提取贷款风险准备金（亿元）	提取管理费用（亿元）	提取公租房（廉租房）建设补充资金（亿元）
全 国	**2316.85**	**1203.68**	**1113.17**	**1.58**	**314.45**	**121.38**	**688.54**
北 京	169.57	82.67	86.90	1.67	1.68	5.89	79.33
天 津	48.92	27.07	21.85	1.39	2.42	3.34	16.16
河 北	77.75	38.13	39.63	1.67	2.46	6.98	30.19
山 西	49.02	23.49	25.53	1.87	7.43	3.37	26.01
内蒙古	46.04	22.94	23.10	1.56	9.77	3.94	9.76
辽 宁	90.05	46.00	44.05	1.61	13.99	4.63	25.43
吉 林	41.33	20.70	20.64	1.61	5.83	3.29	11.52
黑龙江	48.52	25.47	23.05	1.46	0.99	2.70	19.37
上 海	182.74	84.40	98.34	1.94	95.48	1.40	1.45
江 苏	177.80	102.21	75.59	1.46	36.36	7.49	31.82
浙 江	128.31	70.72	57.59	1.53	32.70	4.50	20.39
安 徽	64.75	34.58	30.17	1.58	5.69	3.83	20.65
福 建	61.01	36.10	24.90	1.35	6.27	1.50	17.13
江 西	48.62	23.09	25.52	1.78	2.37	2.71	20.44
山 东	135.50	71.67	63.83	1.56	0.00	5.54	58.29
河 南	85.99	44.33	41.65	1.55	2.96	4.72	33.82
湖 北	95.25	49.03	46.22	1.62	7.68	7.63	30.36
湖 南	77.77	37.89	39.88	1.73	3.73	6.08	30.07
广 东	218.04	114.28	103.76	1.61	38.45	7.35	57.93
广 西	42.86	23.10	19.77	1.53	4.25	3.92	11.60
海 南	14.97	8.11	6.87	1.48	4.12	0.71	2.17
重 庆	38.17	21.40	16.76	1.45	0.99	3.06	12.71
四 川	114.50	56.31	58.20	1.72	12.88	6.70	38.62
贵 州	39.36	24.77	14.59	1.19	1.82	2.25	10.52
云 南	51.29	26.68	24.61	1.53	0.73	4.88	18.99
西 藏	6.71	5.09	1.62	0.51	0.97	0.16	0.48
陕 西	54.88	29.29	25.59	1.49	3.95	4.51	17.07
甘 肃	35.13	18.99	16.14	1.46	1.26	3.96	10.93
青 海	12.45	5.06	7.39	2.17	3.19	0.67	3.57
宁 夏	10.53	5.80	4.73	1.38	0.23	0.68	3.81
新 疆	44.01	21.94	22.07	1.67	2.81	2.74	16.52
新疆生产建设兵团	4.98	2.35	2.63	1.80	0.97	0.24	1.42

数据来源：《全国住房公积金 2020 年年度报告》。

（二）房地产贷款

表 3-104　2017—2021 年各季度房地产相关贷款情况

单位：亿万元，%

季度	人民币房地产贷款余额		房地产开发贷款余额		保障性住房开发贷款余额		个人住房贷款余额	
	绝对值	同比	绝对值	同比	绝对值	同比	绝对值	同比
2021Q4	52. 17	7. 9	12. 01	0. 9	—	—	38. 32	11. 3
2021Q3	51. 40	7. 6	12. 16	0. 0	4. 64	-2. 0	37. 37	11. 3
2021Q2	50. 78	9. 5	12. 30	2. 8	4. 65	-1. 5	36. 58	13. 0
2021Q1	50. 03	10. 9	12. 42	4. 4	4. 72	-0. 2	35. 67	14. 5
2020Q4	49. 58	11. 7	11. 91	6. 1	4. 65	1. 0	34. 44	14. 6
2020Q3	48. 83	12. 8	12. 16	8. 2	4. 73	1. 7	33. 59	15. 7
2020Q2	47. 40	13. 1	11. 97	8. 5	4. 72	2. 5	32. 36	15. 7
2020Q1	46. 16	13. 9	11. 89	9. 6	4. 73	3. 9	31. 15	15. 9
2019Q4	44. 41	14. 8	11. 22	10. 1	4. 61	6. 7	30. 07	16. 7
2019Q3	43. 29	15. 6	11. 24	11. 7	4. 65	9. 4	29. 05	16. 8
2019Q2	41. 91	17. 1	11. 04	14. 6	4. 61	12. 9	27. 96	17. 3
2019Q1	40. 52	18. 7	10. 85	18. 9	4. 55	20. 2	26. 87	17. 6
2018Q4	38. 70	20. 0	10. 19	22. 6	4. 32	29. 5	25. 75	17. 8
2018Q3	37. 45	20. 4	10. 06	24. 5	4. 25	34. 4	24. 88	17. 9
2018Q2	35. 78	20. 4	9. 64	24. 2	4. 08	37. 4	23. 84	18. 6
2018Q1	34. 10	20. 3	9. 10	20. 7	3. 80	37. 9	22. 86	20. 0
2017Q4	32. 20	20. 9	8. 30	16. 7	3. 30	32. 6	21. 90	22. 2
2017Q3	31. 10	22. 8	8. 10	15. 1	3. 20	37. 9	21. 10	26. 2
2017Q2	29. 72	24. 2	7. 76	9. 8	2. 97	36. 2	20. 10	30. 8
2017Q1	28. 39	26. 1	7. 54	7. 4	2. 75	47. 7	19. 05	35. 7

数据来源：中国人民银行。
注：自 2021 年起，房地产贷款统计口径不再包含证券化的房地产贷款，相关增量和增速数据已进行可比口径处理。

五、城乡建设发展情况

（一）城市建设及用地情况

表 3-105　2017—2021 年全国建设用地供应情况

单位：万公顷

类　别	2017 年	2018 年	2019 年	2020 年	2021 年
国有建设用地供应面积	60. 3	64. 3	62. 4	65. 8	69. 0
#房地产用地	11. 5	14. 4	14. 2	15. 5	13. 6
#工矿仓储用地	12. 3	13. 2	14. 7	16. 7	17. 5
#基础设施等用地	36. 5	36. 8	33. 5	33. 7	37. 9

数据来源：自然资源部。

表 3-106　2016—2020 年全国城市数量及面积情况

单位：个，平方公里

年份	城市个数			城区面积		城市建设用地面积
		地级	县级		建成区面积	
2016	657	293	360	198178.6	54331.5	52761.3
2017	661	294	363	198357.2	56225.4	55155.5
2018	673	302	371	200896.5	58455.7	56075.9
2019	679	300	379	200569.5	60312.5	58307.7
2020	687	301	386	186628.9	60721.3	58355.3

数据来源：住房和城乡建设部。
注：2019 年数据有调整。

表 3-107　2016—2020 年全国县城数量及面积情况

单位：个，平方公里

年份	县城数量	县城面积		城市建设用地面积
			建成区面积	
2016	1537	72591	19467	18242
2017	1526	71583	19854	18864
2018	1519	70357	20238	19071
2019	1516	76044	20672	19427
2020	1495	75197	20867	19632

数据来源：住房和城乡建设部。

表 3-108　2020 年全国及各地区面积及用地情况

单位：平方公里

地区	市区面积	城区面积	建成区面积	城市建设用地面积	本年征用土地面积	
						耕地
全国	**2322592**	**186628.87**	**60721.32**	**58355.29**	**2362.38**	**999.14**
北京	—	—	—	—	—	—
天津	11760	2639.78	1170.24	1040.63	19.62	9.65
河北	49498	6320.88	2236.46	2067.10	34.60	23.47
上海	6341	6340.50	1237.85	1944.96	23.39	13.49
江苏	69961	15796.74	4786.78	4681.89	152.67	70.33
浙江	55869	13461.43	3157.16	3054.63	137.82	77.96
福建	45738	3919.08	1648.14	1589.46	56.65	12.49
山东	92953	23953.82	5646.34	5102.39	150.03	74.47
广东	99927	16213.21	6501.44	5892.48	148.09	47.39
海南	17065	1439.41	390.70	373.04	17.33	1.80
山西	32068	3020.04	1267.19	1239.13	495.50	161.59
安徽	46905	6712.30	2409.89	2321.27	131.53	74.82
江西	46878	2996.54	1703.63	1603.41	83.01	29.34

续表

地　区	市区面积	城区面积	建成区面积	城市建设用地面积	本年征用土地面积	
						耕地
河　南	47286	5364.36	3039.98	2882.19	25.04	15.64
湖　北	97662	8220.53	2756.81	2665.89	157.36	68.65
湖　南	54248	4778.54	1959.38	1849.50	66.12	19.32
内蒙古	148743	4984.11	1262.18	1152.66	17.25	3.53
广　西	75177	5876.81	1617.61	1572.29	79.88	27.77
重　庆	43264	7779.14	1565.61	1452.62	115.50	61.01
四　川	86811	8894.04	3190.49	2993.18	179.70	73.01
贵　州	35644	3702.30	1118.37	1019.69	14.30	3.86
云　南	88367	3274.28	1266.24	1238.27	36.71	13.95
西　藏	48869	632.17	168.39	157.51	9.00	2.31
陕　西	55458	2597.11	1372.20	1346.35	68.65	32.96
甘　肃	88553	2004.76	901.43	919.26	16.52	10.31
青　海	203480	735.99	235.20	224.67	1.33	0.07
宁　夏	21889	951.27	494.26	451.60	11.75	8.29
新　疆	233664	1943.17	1300.15	1224.15	16.60	3.98
辽　宁	75477	12509.14	2725.60	2798.70	31.37	18.80
吉　林	109277	6485.80	1565.85	1504.69	40.75	25.60
黑龙江	220375	2573.80	1826.88	1799.98	17.36	9.62

数据来源：住房和城乡建设部。

表 3-109　2020 年全国及各地区城市建设用地面积

单位：平方公里

地　区	居住用地	公共管理与公共服务用地	商业服务业设施用地	工业用地	物流仓储用地	道路交通设施用地	公用设施用地	绿地与广场用地
全　国	**18098.71**	**5162.30**	**4088.64**	**11339.88**	**1586.19**	**9503.42**	**1758.08**	**6818.07**
北　京	—	—	—	—	—	—	—	—
天　津	289.37	81.36	86.80	238.79	51.19	165.52	20.36	107.24
河　北	639.42	155.68	126.97	234.12	53.72	353.26	57.49	446.44
上　海	549.77	153.19	124.66	537.74	52.31	139.05	247.48	140.76
江　苏	1344.88	361.54	366.47	1016.18	108.54	786.70	105.78	591.80
浙　江	942.88	259.09	210.79	699.93	60.57	533.26	70.60	277.51
福　建	522.72	166.71	108.30	266.15	32.20	281.66	43.26	168.46
山　东	1624.33	473.75	389.02	1094.46	144.13	724.45	121.54	530.71
广　东	1793.75	447.39	399.36	1551.57	108.33	1125.41	102.64	364.03
海　南	134.02	52.20	42.69	22.13	3.99	69.69	4.03	44.29
山　西	409.69	132.19	91.69	180.84	46.92	218.81	29.13	129.86
安　徽	685.57	174.80	162.50	451.72	45.84	404.94	64.74	331.16

续表

地 区	居住用地	公共管理与公共服务用地	商业服务业设施用地	工业用地	物流仓储用地	道路交通设施用地	公用设施用地	绿地与广场用地
江 西	484.43	168.34	106.06	304.89	32.91	253.83	40.59	212.36
河 南	875.74	303.15	146.85	348.68	79.53	465.79	104.19	558.26
湖 北	810.40	247.06	159.96	632.39	79.33	420.21	96.16	220.38
湖 南	700.48	215.69	130.83	273.47	41.31	247.08	73.27	167.37
内蒙古	362.10	103.27	97.71	132.20	46.14	222.11	37.03	152.10
广 西	455.84	142.71	94.03	214.80	50.16	289.25	58.22	267.28
重 庆	417.60	139.10	86.27	299.12	31.41	313.19	31.72	134.21
四 川	936.43	260.19	230.74	497.94	81.91	510.65	68.36	406.96
贵 州	319.35	117.05	89.05	170.43	25.09	172.37	20.84	105.51
云 南	428.22	135.70	101.73	130.52	35.91	186.77	34.90	184.52
西 藏	35.38	23.69	15.29	15.67	4.12	24.23	9.68	29.45
陕 西	428.26	133.91	103.73	175.04	33.30	213.33	26.52	232.26
甘 肃	232.51	83.34	67.90	205.32	41.70	133.55	35.99	118.95
青 海	66.01	17.17	13.70	16.49	17.17	40.06	10.81	43.26
宁 夏	134.07	42.41	35.47	45.07	10.32	84.67	10.81	88.78
新 疆	366.70	107.60	101.27	189.30	56.11	182.85	50.91	169.41
辽 宁	919.44	174.57	189.29	697.79	86.50	411.63	71.65	247.83
吉 林	502.71	114.40	95.25	307.68	50.54	228.39	55.48	150.24
黑龙江	632.96	155.51	97.22	361.91	70.41	267.89	48.78	165.30

数据来源：住房和城乡建设部。

表 3-110　2020 年全国按城市分城市面积及用地情况

单位：平方公里

地 区	市区面积	城区面积	建成区面积	城市建设用地面积	本年征用土地面积	
						耕地
全国	**2322591.9**	**186628.87**	**60721.32**	**58355.29**	**2362.38**	**999.14**
北京	**—**	**—**	**—**	**—**	**—**	**—**
天津	**11760.3**	**2639.78**	**1170.24**	**1040.63**	**19.62**	**9.65**
河北	**49498.0**	**6320.88**	**2236.46**	**2067.10**	**34.60**	**23.47**
石家庄市	2195.0	518.81	311.83	186.84	4.48	3.36
晋州市	619.0	90.78	14.83	14.83	0.71	0.47
新乐市	525.0	45.92	14.80	14.26	—	—
唐山市	3874.0	293.65	249.00	240.96	—	—
滦州市	1027.2	140.80	30.20	30.20	—	—
遵化市	1521.0	85.80	26.40	26.05	0.38	—
迁安市	1227.0	128.10	45.00	45.00	—	—

续表

地　区	市区面积	城区面积	建成区面积	城市建设用地面积	本年征用土地面积	
						耕地
秦皇岛市	2131.5	290.30	145.00	141.75	1.94	0.75
邯郸市	2685.7	556.00	189.20	187.23	2.87	2.28
武安市	1806.0	95.00	38.60	37.80	0.56	0.39
邢台市	994.2	205.07	157.05	152.30	1.03	0.88
南宫市	863.3	53.50	16.03	16.03	—	—
沙河市	999.0	21.97	17.74	17.50	0.99	0.02
保定市	2564.8	359.65	205.98	198.61	3.92	2.42
涿州市	751.3	181.00	37.43	37.43	0.77	0.71
安国市	485.1	31.71	14.69	13.66	0.90	0.87
高碑店市	620.0	36.80	21.08	21.08	0.96	0.92
张家口市	6963.8	408.31	101.80	97.93	2.76	2.24
承德市	1252.7	724.03	80.06	76.75	0.02	0.02
平泉市	3294.1	26.00	17.50	17.30	0.94	0.37
沧州市	320.0	320.00	87.24	83.07	0.00	0.00
泊头市	1007.0	22.00	20.03	19.82	—	—
任丘市	864.0	74.40	50.45	50.39	1.69	1.41
黄骅市	2202.0	200.00	38.20	35.99	0.70	—
河间市	1322.0	69.40	20.90	20.67	0.74	—
廊坊市	960.0	292.00	73.46	73.31	3.21	2.29
霸州市	784.0	79.00	17.60	17.51	2.92	2.36
三河市	643.0	169.00	19.31	19.31	—	—
衡水市	1509.6	401.40	75.59	75.22	0.99	0.85
深州市	1252.0	83.19	21.23	20.80	—	—
辛集市	951.0	137.10	34.03	33.30	1.12	0.86
定州市	1283.7	180.19	44.20	44.20	0.00	0.00
山西	**32068.4**	**3020.04**	**1267.19**	**1239.13**	**495.50**	**161.59**
太原市	1500.0	1000.00	340.00	330.37	470.85	152.14
古交市	1512.0	25.75	17.05	16.94	—	—
大同市	2080.0	149.68	149.68	148.43	11.16	3.26
阳泉市	652.0	62.20	62.20	51.04	0.00	—
长治市	2489.0	243.80	86.00	83.58	0.06	0.00
晋城市	2165.6	142.59	49.43	49.43	4.39	2.15
高平市	946.0	63.00	17.80	17.30	0.01	—
朔州市	4093.7	176.00	49.70	49.01	—	—
怀仁市	1232.0	80.00	28.00	27.49	—	—

续表

地　区	市区面积	城区面积	建成区面积	城市建设用地面积	本年征用土地面积	
						耕地
晋中市	1311.0	251.52	104.28	123.30	2.68	0.91
介休市	743.7	42.00	19.48	24.59	0.95	0.49
运城市	1237.0	88.90	66.00	43.34	—	—
永济市	1208.0	30.26	25.78	25.43	—	—
河津市	593.1	107.80	27.00	26.60	—	—
忻州市	1982.0	183.00	36.76	36.39	1.15	—
原平市	2571.0	148.00	17.71	17.71	—	—
临汾市	1307.0	60.00	54.00	53.98	2.15	1.31
侯马市	220.1	21.34	21.34	21.34	—	—
霍州市	765.0	19.50	15.40	15.11	—	—
吕梁市	1339.0	50.20	33.32	32.33	—	—
孝义市	946.0	54.50	28.66	28.18	1.03	0.68
汾阳市	1175.3	20.00	17.60	17.24	1.07	0.65
内蒙古	**148742.9**	**4984.11**	**1262.18**	**1152.66**	**17.25**	**3.53**
呼和浩特市	2065.1	272.16	272.16	242.75	5.63	2.24
包头市	2965.0	885.00	211.62	195.79	—	—
乌海市	1754.0	67.17	62.30	53.69	1.69	0.44
赤峰市	7057.4	560.00	114.18	103.29	2.24	0.74
通辽市	3212.0	75.63	62.50	62.50	—	—
霍林郭勒市	585.0	36.04	17.10	17.10	—	—
鄂尔多斯市	2884.1	200.87	117.87	103.87	—	—
呼伦贝尔市	1401.9	135.50	31.50	31.50	—	—
满洲里市	734.6	734.56	27.06	27.00	—	—
牙克石	27590.0	39.00	28.23	25.81	6.30	—
扎兰屯市	16800.0	385.00	19.20	18.30	1.00	—
额尔古纳市	28000.0	303.00	10.48	10.48	0.00	0.00
根河市	19659.0	350.00	8.70	8.70	—	—
巴彦淖尔市	2354.0	80.51	51.00	50.59	—	—
乌兰察布市	420.0	74.87	74.87	54.30	—	—
丰镇市	2704.0	25.00	25.00	24.81	—	—
乌兰浩特市	2353.0	256.00	45.00	39.13	0.22	0.11
阿尔山市	7408.7	15.40	11.40	11.40	0.00	0.00
二连浩特	4015.0	79.40	27.00	26.64	—	—
锡林浩特市	14780.2	409.00	45.01	45.01	0.17	—

续表

地区	市区面积	城区面积	建成区面积	城市建设用地面积	本年征用土地面积	
						耕地
辽宁	**75476.6**	**12509.14**	**2725.60**	**2798.70**	**31.37**	**18.80**
沈阳市	5116.0	1610.00	567.00	643.83	17.86	12.37
新民市	3318.0	22.50	22.50	—	—	—
大连市	5244.0	1523.00	444.04	440.73	3.33	0.50
瓦房店	3793.5	167.50	35.80	36.60	0.01	0.00
庄河	4114.0	239.00	42.80	42.00	0.07	0.03
鞍山市	792.0	625.60	180.04	180.04	0.11	0.02
海城市	2581.0	104.00	36.40	36.40	0.92	—
抚顺市	1375.8	598.17	142.37	142.37	0.56	0.23
本溪市	1518.0	1518.00	109.00	92.40	0.30	0.08
丹东市	945.7	296.90	75.03	113.47	0.98	0.62
东港市	2398.0	126.00	22.00	21.23	0.83	0.71
凤城市	5515.0	329.33	21.00	21.00	0.11	0.04
锦州市	728.0	436.00	77.10	106.60	—	—
凌海市	2585.5	136.74	21.20	19.43	—	—
北镇市	1782.0	78.80	14.90	14.90	0.00	0.00
营口市	858.6	538.25	180.07	172.67	0.39	0.02
盖州市	2945.9	150.00	29.45	14.75	0.30	0.17
大石桥市	1610.0	150.00	44.82	44.82	—	—
阜新市	490.0	448.00	76.50	76.50	—	—
辽阳市	1111.2	728.00	106.80	106.80	2.29	1.68
灯塔市	1166.0	127.00	14.20	14.10		
盘锦市	276.9	276.91	106.89	107.23	2.48	1.85
铁岭市	699.0	240.33	69.99	68.16	0.06	0.05
调兵山市	262.2	23.97	18.95	18.95	0.39	0.30
开原市	2813.3	150.39	27.99	27.37	0.06	0.06
朝阳市	1170.5	570.00	60.42	60.42	—	—
北票市	4469.0	183.00	24.27	24.27	—	—
凌源市	3263.0	462.24	25.87	25.87	—	—
葫芦岛市	10415.0	380.40	93.10	90.79	—	—
兴城市	2119.5	269.11	35.10	35.00	0.32	0.07
吉林	**109277.0**	**6485.80**	**1565.85**	**1504.69**	**40.75**	**25.60**
长春市	7589.3	3427.42	550.96	540.44	26.06	17.91
榆树市	4723.8	109.00	23.48	20.32	0.00	0.00

续表

地　区	市区面积	城区面积	建成区面积	城市建设用地面积	本年征用土地面积	
						耕地
德惠市	3460.9	34.00	32.29	32.29	0.45	0.41
吉林市	1995.0	498.75	195.92	195.92	—	—
蛟河市	6429.0	27.50	18.50	18.50	0.19	0.15
桦甸市	6626.0	192.00	19.50	19.50	—	—
舒兰市	4559.6	179.10	9.48	9.48	1.23	0.26
磐石市	3960.0	25.00	23.80	23.72	0.18	0.18
四平市	1085.0	118.11	64.54	63.21	1.73	1.36
双辽市	3121.3	149.20	22.47	22.47	—	—
辽源市	432.4	50.23	50.23	50.23	1.04	0.56
通化市	745.4	64.75	58.53	58.30	1.12	0.44
集安市	3341.1	44.89	8.71	7.89	0.04	0.02
白山市	2736.0	388.11	47.83	43.16	—	—
临江市	3027.0	170.84	10.05	9.30	—	—
松原市	1327.0	81.80	53.52	51.36	0.58	0.42
扶余市	4673.0	17.20	16.50	15.99	0.36	0.31
白城市	2568.8	67.50	46.91	46.65	0.05	0.05
洮南市	5103.0	40.00	26.55	26.55	—	—
大安市	4878.6	19.50	18.52	18.48	0.15	0.02
延吉市	1748.3	71.71	62.00	45.08	1.37	0.40
图们市	1142.7	15.00	11.29	11.01	0.09	0.00
敦化市	11957.0	116.00	34.34	34.34	0.13	0.00
珲春市	5145.4	125.39	25.91	25.23	0.58	0.28
龙井市	2208.0	31.05	14.48	14.48	2.18	0.81
和龙市	5069.0	145.00	12.55	12.22	—	—
公主岭市	4172.6	137.75	35.00	34.92	1.10	0.56
梅河口市	2174.0	80.00	36.49	26.91	1.92	1.46
长白山保护开发区管理委员会	3278.0	59.00	35.50	26.74	0.20	0.00
黑龙江	**220374.9**	**2573.80**	**1826.88**	**1799.98**	**17.36**	**9.62**
哈尔滨市	10192.8	473.00	473.00	443.36	3.26	2.11
尚志市	8824.9	152.00	21.32	21.32	0.51	0.25
五常市	7512.3	100.55	26.70	20.07	0.02	0.02
齐齐哈尔市	4377.1	130.96	130.96	130.96	1.50	—
讷河市	6659.9	20.00	15.02	15.00	1.46	1.22
鸡西市	2300.0	80.41	80.40	80.10	2.02	0.91

续表

地　区	市区面积	城区面积	建成区面积	城市建设用地面积	本年征用土地面积	
						耕地
虎林市	9334.0	46.22	11.14	11.14	—	—
密山市	7731.0	87.38	19.36	17.89	0.15	0.08
鹤岗市	4551.0	85.00	56.27	48.63	—	—
双鸭山市	1760.0	118.00	58.09	58.09	2.79	2.48
大庆市	5107.0	327.19	252.53	327.19	1.95	0.38
伊春市	8895.9	121.93	97.21	97.17	—	—
铁力市	3793.0	21.40	16.50	15.68	—	—
佳木斯市	1875.0	188.00	96.10	81.88	—	—
同江市	6300.0	10.80	10.80	10.69	0.41	0.38
富锦市	8227.0	17.90	16.20	16.18	—	—
抚远市	6262.5	12.60	5.60	5.03	—	—
七台河市	3646.0	67.60	67.60	67.60	1.82	0.78
牡丹江市	2675.0	92.68	82.24	70.20	0.17	0.07
海林市	8711.0	24.25	17.70	17.70	0.43	0.32
宁安市	7924.0	13.50	11.23	11.22	—	—
穆棱市	6187.0	10.44	10.44	10.06	0.01	—
绥芬河市	422.4	34.35	28.97	21.44	0.27	0.17
东宁市	7139.0	19.29	14.70	14.59	0.01	0.01
黑河市	14446.0	27.88	20.00	20.00	—	—
北安市	7194.0	57.31	23.13	22.98	0.01	0.01
五大连池市	9874.0	10.00	5.62	5.62	—	—
嫩江市	15109.0	28.50	19.53	18.68	0.12	—
绥化市	2753.6	92.77	45.00	36.96	0.40	0.39
安达市	3586.0	25.95	25.10	21.82	—	—
肇东市	3905.0	48.77	42.00	36.20	0.00	—
海伦市	4667.0	17.68	16.93	16.93	0.05	0.04
漠河市	18432.5	9.49	9.49	7.60	—	—
上海	**6340.5**	**6340.50**	**1237.85**	**1944.96**	**23.39**	**13.49**
江苏	**69961.2**	**15796.74**	**4786.78**	**4681.89**	**152.67**	**70.33**
南京市	6588.5	4226.41	868.28	840.74	48.43	20.18
无锡市	1643.9	1261.26	349.55	302.32	2.69	0.39
江阴市	988.0	198.00	125.00	124.97	2.44	0.19
宜兴市	1996.6	599.86	88.86	88.86	0.34	0.19
徐州市	3040.0	604.78	289.64	287.55	7.91	4.74

续表

地　区	市区面积	城区面积	建成区面积	城市建设用地面积	本年征用土地面积	
						耕地
新沂市	1571.0	120.00	38.55	38.55	0.60	0.42
邳州市	2088.0	124.00	50.90	50.90	0.92	0.60
常州市	2837.7	941.86	277.29	277.06	9.18	4.69
溧阳市	1535.0	231.25	34.10	34.08	—	—
苏州市	4652.8	1523.88	481.33	479.92	7.92	2.07
常熟市	1276.3	349.40	99.26	98.96	—	—
张家港市	986.7	172.52	62.56	52.36	3.85	3.11
昆山市	931.5	148.30	72.00	67.64	2.74	1.43
太仓市	809.9	147.97	52.18	52.00	0.77	0.41
南通市	2854.8	458.00	289.29	285.13	10.88	5.44
海安市	1108.0	168.00	32.20	31.47	0.00	0.00
启东市	1208.0	50.00	34.80	34.45	0.00	0.00
如皋市	1477.0	108.16	41.80	39.41	2.59	1.57
连云港市	2602.0	718.50	223.00	222.88	3.07	0.74
淮安市	4531.0	309.69	208.00	207.65	8.23	2.63
盐城市	5131.0	608.76	169.30	165.10	1.89	1.00
东台市	3221.0	128.50	38.50	38.45	—	—
扬州市	2355.9	415.34	185.85	185.36	0.86	0.44
仪征市	853.0	67.70	39.28	31.82	1.71	1.03
高邮市	1922.0	135.00	28.50	23.94	7.83	3.92
镇江市	1088.0	555.43	144.62	170.21	5.78	2.80
丹阳市	1047.0	154.22	36.41	36.41	1.20	0.88
扬中市	332.0	94.75	15.74	15.14	1.71	0.89
句容市	1386.4	92.80	31.31	31.31	0.82	0.47
泰州市	1567.1	441.44	153.10	150.20	0.57	0.36
兴化市	2393.4	64.00	43.00	38.13	0.79	0.49
靖江市	655.6	143.00	33.98	33.64	2.30	1.81
泰兴市	1174.0	74.64	44.31	41.21	1.73	1.22
宿迁市	2108.0	359.32	104.29	104.07	12.92	6.22
浙江	**55869.0**	**13461.43**	**3157.16**	**3054.63**	**137.82**	**77.96**
杭州市	8268.5	2140.32	666.18	634.05	29.14	15.76
建德市	2326.5	260.00	10.60	10.59	0.70	0.14
宁波市	3731.6	1380.80	377.87	413.65	14.18	11.12
余姚市	1527.0	355.00	52.20	46.65	1.50	0.91

续表

地 区	市区面积	城区面积	建成区面积	城市建设用地面积	本年征用土地面积	
						耕地
慈溪市	1361.0	270.48	49.00	46.43	1.93	1.02
温州市	1347.9	977.63	275.87	202.85	10.94	5.14
瑞安市	1350.0	111.40	23.10	22.46	1.89	1.29
乐清市	1395.5	328.26	24.48	24.28	1.71	1.37
龙港市	184.0	29.32	20.24	19.48	0.89	0.52
嘉兴市	1040.8	293.00	158.19	161.29	4.89	3.36
海宁市	862.7	150.54	55.50	52.69	3.68	2.07
平湖市	500.0	152.12	45.00	65.83	2.04	1.73
桐乡市	727.5	209.43	56.21	53.50	3.13	1.82
湖州市	1565.0	640.69	126.38	126.38	2.00	1.04
绍兴市	2942.0	684.00	254.27	249.90	8.03	5.15
诸暨市	2311.0	564.47	86.00	79.60	3.04	1.75
嵊州市	1790.0	214.70	41.99	40.11	2.12	1.20
金华市	2049.4	579.69	110.36	110.36	4.88	2.89
兰溪市	1312.5	206.30	37.63	35.31	3.81	2.05
义乌市	1105.0	419.44	109.40	109.40	9.60	5.60
东阳市	1739.0	373.00	44.79	44.79	4.28	2.03
永康市	1049.0	134.80	39.20	39.20	0.96	0.15
衢州市	2354.5	200.10	79.36	85.46	7.21	2.27
江山市	2019.0	286.46	18.70	18.70	2.14	0.89
舟山市	1026.3	578.70	68.33	57.46	1.10	0.58
台州市	1668.1	822.69	150.57	127.51	6.08	3.79
玉环市	509.6	158.20	26.57	28.98	0.91	0.44
温岭市	1073.6	121.90	40.17	40.17	1.55	1.06
临海市	2171.0	360.00	49.80	49.80	0.61	0.28
丽水市	1502.0	266.13	43.60	42.51	2.65	0.50
龙泉市	3059.0	191.86	15.60	15.24	0.23	0.04
安徽	**46905.4**	**6712.30**	**2409.89**	**2321.27**	**131.53**	**74.82**
合肥市	1312.5	1126.61	502.50	466.54	16.20	10.71
巢湖市	2031.0	48.00	48.00	48.00	9.20	3.50
芜湖市	2651.0	1078.70	249.49	236.09	15.09	9.10
无为市	2083.0	124.00	25.21	25.06	3.86	2.86
蚌埠市	956.9	365.48	153.00	152.80	11.69	8.65
淮南市	1690.0	469.02	122.76	122.76	9.79	8.36

续表

地　区	市区面积	城区面积	建成区面积	城市建设用地面积	本年征用土地面积	
						耕地
马鞍山市	704.0	175.84	101.50	96.15	1.92	1.38
淮北市	754.0	210.00	89.79	96.17	4.24	3.29
铜陵市	1535.3	205.60	81.32	73.68	9.67	—
安庆市	821.2	311.50	155.00	151.40	2.40	1.00
潜山市	1686.0	107.83	20.75	19.01	1.54	0.97
桐城市	1571.0	91.56	28.20	25.25	1.50	1.10
黄山市	2376.7	461.80	71.01	58.23	2.11	1.02
滁州市	1404.3	282.60	103.81	103.81	12.26	6.76
天长市	1770.0	33.00	30.74	30.72	1.74	0.88
明光市	2335.0	40.00	30.00	28.00	0.12	0.05
阜阳市	1923.8	338.87	152.60	146.45	9.73	7.06
界首市	667.3	77.95	26.77	26.77	2.16	0.53
宿州市	2868.0	164.51	90.76	88.51	3.42	2.13
六安市	3834.0	166.12	80.50	80.50	3.51	2.34
亳州市	2226.0	86.90	74.00	74.00	2.73	—
池州市	2431.7	252.93	41.44	42.35	1.99	0.98
宣城市	2620.8	131.77	65.00	64.50	2.63	1.57
广德市	2165.0	41.01	33.33	33.33	1.25	0.18
宁国市	2487.0	320.70	32.41	31.19	0.78	0.40
福建	**45738.2**	**3919.08**	**1648.14**	**1589.46**	**56.65**	**12.49**
福州市	1684.1	539.38	305.30	272.86	2.58	1.42
福清市	2030.0	224.50	54.00	52.89	0.66	—
厦门市	1700.6	401.94	401.94	393.37	23.76	0.21
莆田市	2284.0	244.00	102.04	99.48	4.94	2.89
三明市	1171.6	220.00	40.26	35.86	0.67	0.09
永安市	2942.0	300.00	24.92	24.92	0.00	0.00
泉州市	892.0	539.00	226.00	226.00	—	—
石狮市	188.1	48.00	39.67	39.66	0.42	0.06
晋江市	649.0	111.00	38.01	38.01	0.00	0.00
南安市	2036.0	130.00	36.00	34.96	2.18	0.68
漳州市	374.0	91.51	71.00	71.00	1.09	0.39
龙海市	1128.0	27.00	23.35	23.24	0.15	0.06
南平市	6044.8	344.72	49.46	49.46	0.19	0.05
邵武市	2836.7	95.00	25.40	25.40	0.28	0.14

续表

地　区	市区面积	城区面积	建成区面积	城市建设用地面积	本年征用土地面积	
						耕地
武夷山市	2798.0	50.00	14.74	13.50	1.20	0.40
建瓯市	4233.1	35.00	16.10	14.94	—	—
龙岩市	4901.0	200.20	75.03	69.72	3.70	—
漳平市	2958.0	45.00	15.00	14.89	3.60	1.00
宁德市	1537.0	107.50	44.60	43.98	10.60	4.85
福安市	1880.1	41.33	24.47	24.47	0.45	0.19
福鼎市	1470.0	124.00	20.85	20.85	0.18	0.06
江西	**46878.2**	**2996.54**	**1703.63**	**1603.41**	**83.01**	**29.34**
南昌市	3095.4	428.40	366.02	320.55	13.65	6.82
景德镇市	580.0	198.50	101.00	99.67	1.78	0.45
乐平市	1974.0	49.20	26.12	25.94	—	—
萍乡市	1065.0	85.70	52.08	52.08	3.69	1.53
九江市	1514.3	554.00	158.35	137.30	14.63	7.23
瑞昌市	1423.1	23.67	22.88	22.88	—	—
共青城市	310.0	23.12	23.12	17.28	—	—
庐山市	764.2	21.04	12.80	11.02	—	—
新余市	1789.0	230.00	83.00	73.60	0.94	0.47
鹰潭市	1077.5	101.00	56.06	52.44	3.22	1.41
贵溪市	2480.0	90.00	36.12	33.03	3.52	1.20
赣州市	5366.2	328.24	202.47	200.04	16.94	3.04
瑞金市	2449.0	52.00	31.65	30.40	0.48	0.20
龙南市	1642.0	25.72	23.03	23.03	2.81	0.19
吉安市	1381.5	230.00	64.59	64.59	10.00	2.80
井冈山市	1462.4	8.90	8.90	8.25	0.00	0.00
宜春市	2532.4	115.00	88.40	88.40	—	—
丰城市	2845.0	62.60	57.10	56.15	—	—
樟树市	1291.0	46.34	33.78	33.31	2.39	1.35
高安市	2439.0	52.00	36.20	36.06	—	—
抚州市	3428.3	135.25	102.85	100.81	5.78	1.30
上饶市	3887.0	114.86	103.26	102.76	2.90	1.30
德兴市	2082.0	21.00	13.85	13.82	0.28	0.05
山东	**92953.3**	**23953.82**	**5646.34**	**5102.39**	**150.03**	**74.47**
济南市	8367.0	2419.15	793.65	560.06	27.06	15.29
青岛市	5190.4	3089.18	758.16	651.19	10.65	4.98

续表

地　区	市区面积	城区面积	建成区面积	城市建设用地面积	本年征用土地面积	
						耕地
胶州市	1324.0	835.40	85.05	85.05	—	—
平度市	3176.0	719.90	70.34	70.34	0.00	0.00
莱西市	1568.0	448.09	39.51	38.70	1.05	0.66
淄博市	2989.1	770.31	292.55	286.47	7.65	3.79
枣庄市	3068.4	554.00	156.73	146.74	2.74	1.23
滕州市	1495.1	158.71	64.22	59.32	0.04	0.03
东营市	5525.4	1388.20	153.28	153.45	1.19	0.59
烟台市	4136.8	1089.80	392.58	368.21	11.40	2.90
龙口市	901.0	104.00	46.62	45.12	—	—
莱阳市	1731.5	265.49	43.19	43.19	4.02	2.73
莱州市	1928.0	368.20	54.00	49.35	—	—
招远市	1433.2	138.00	35.58	34.03	0.85	0.44
栖霞市	1793.3	30.14	17.10	16.72	—	—
海阳市	1886.8	262.00	34.44	34.42	1.01	0.52
潍坊市	2006.0	1186.54	179.85	172.47	24.97	13.05
青州市	1569.0	300.00	53.50	52.46	—	—
诸城市	2151.0	326.40	53.20	53.16	2.87	1.18
寿光市	1990.1	328.30	47.03	46.88	5.12	2.87
安丘市	1712.0	541.00	63.92	63.92	1.39	0.88
高密市	1527.0	198.00	54.99	52.47	—	—
昌邑市	1628.0	120.00	32.97	20.46	—	—
济宁市	1647.5	883.87	245.50	208.66	—	—
曲阜市	815.0	66.00	27.00	27.00	—	—
邹城市	1616.0	97.86	48.50	48.49	1.30	0.10
泰安市	2087.0	587.63	161.64	161.64	2.00	0.12
新泰市	1933.0	496.47	69.88	69.88	—	—
肥城市	1277.0	137.10	48.66	48.66	4.14	2.83
威海市	2607.3	652.42	197.29	191.24	2.09	1.23
荣成市	1527.7	491.70	58.88	58.88	2.78	0.74
乳山市	1664.9	140.60	36.54	36.54	0.38	0.16
日照市	2043.1	403.70	124.70	115.00	12.80	5.28
临沂市	2293.3	1161.98	258.85	224.49	4.39	1.76
德州市	1752.4	602.00	164.42	164.17	1.45	1.04
乐陵市	1168.0	100.00	33.00	32.60	—	—

续表

地　区	市区面积	城区面积	建成区面积	城市建设用地面积	本年征用土地面积	
						耕地
禹城市	990.0	60.00	37.79	36.86	0.80	0.32
聊城市	2447.4	678.69	174.26	156.35	4.75	2.49
临清市	950.0	262.00	31.40	31.40	—	—
滨州市	3525.7	799.90	139.81	135.31	1.80	0.21
邹平市	1250.0	207.00	59.00	58.90	—	—
菏泽市	2261.0	484.09	206.76	192.14	9.34	7.05
河南	**47285.8**	**5364.36**	**3039.98**	**2882.19**	**25.04**	**15.64**
郑州市	1010.3	762.41	640.80	622.50	—	—
巩义市	1041.0	36.00	35.80	34.87	1.36	0.79
荥阳市	908.0	92.39	38.48	26.88	—	—
新密市	1001.0	78.22	33.60	29.66	—	—
新郑市	887.0	34.30	34.26	34.21	0.88	0.39
登封市	1219.0	58.79	30.23	25.38	1.58	0.85
开封市	1837.0	192.25	140.55	139.07	6.18	2.96
洛阳市	593.5	331.42	259.00	250.75	2.41	1.27
偃师市	948.0	21.00	20.98	20.96	—	—
平顶山市	443.0	260.03	73.40	73.30	0.00	0.00
舞钢市	635.0	68.03	16.83	16.52	—	—
汝州市	1573.0	136.50	42.25	40.11	—	—
安阳市	543.6	153.00	89.40	89.32	0.44	—
林州市	2046.0	38.00	25.90	25.58	—	—
鹤壁市	679.0	130.42	64.90	64.85	—	—
新乡市	346.0	140.00	126.87	119.79	—	—
长垣市	1051.0	42.97	42.35	40.72	—	—
卫辉市	862.0	45.00	22.93	22.08	1.42	1.11
辉县市	2007.0	116.50	22.69	21.93	—	—
焦作市	543.6	140.00	117.20	113.26	—	—
沁阳市	624.0	34.00	21.00	20.39	—	—
孟州市	541.6	113.37	17.00	16.97	—	—
濮阳市	263.0	153.56	64.00	63.55	—	—
许昌市	1099.0	190.00	117.00	89.25	3.51	2.95
禹州市	1461.0	52.26	47.20	44.95	—	—
长葛市	650.0	75.55	27.90	25.32	2.44	2.00
漯河市	1020.0	106.82	68.49	68.49	0.00	0.00

续表

地　区	市区面积	城区面积	建成区面积	城市建设用地面积	本年征用土地面积	
						耕地
三门峡市	1948.0	73.00	61.20	58.06	0.83	0.31
义马市	112.0	112.00	18.67	18.66	0.05	0.03
灵宝市	3011.0	29.00	23.00	22.58	0.28	0.15
南阳市	2144.6	640.77	162.26	162.21	0.34	0.34
邓州市	2294.0	40.00	38.00	33.48	—	—
商丘市	1697.0	103.00	69.00	66.29	1.99	1.41
永城市	1994.5	81.29	49.30	47.71	0.76	0.59
信阳市	3604.0	259.51	104.50	104.40	—	—
周口市	269.0	100.00	79.45	69.13	—	—
项城市	1083.0	60.00	37.16	33.04	0.57	0.49
驻马店市	1365.1	185.00	99.50	79.04	—	—
济源示范区	1931.0	78.00	56.93	46.93	—	—
湖北	**97661.9**	**8220.53**	**2756.81**	**2665.89**	**157.36**	**68.65**
武汉市	8569.2	1452.00	885.11	864.53	19.48	9.60
黄石市	233.8	233.80	85.42	85.42	—	—
大冶市	1566.0	276.68	32.45	32.45	1.44	0.51
十堰市	8916.0	410.50	116.52	116.52	12.46	0.00
丹江口市	3121.0	214.94	29.17	22.59	2.55	0.25
宜昌市	4234.3	541.00	181.07	181.07	20.51	6.52
宜都市	1357.0	193.27	27.64	26.37	2.96	0.99
当阳市	2149.7	220.30	24.63	23.22	3.64	1.95
枝江市	1374.4	100.00	28.53	28.51	3.40	1.52
襄阳市	3672.9	374.30	206.00	174.51	7.21	4.94
老河口市	1032.0	65.28	31.76	31.76	0.01	0.01
枣阳市	3277.0	460.00	50.66	50.29	4.92	2.17
宜城市	2115.0	48.00	27.80	27.60	0.40	0.24
鄂州市	1596.5	63.45	36.18	36.07	0.61	0.19
荆门市	2251.9	248.70	67.65	67.65	7.86	3.54
京山市	3537.8	34.00	31.07	31.06	1.25	—
钟祥市	4403.4	175.00	27.37	27.37	0.45	0.00
孝感市	1018.3	115.25	56.50	56.50	14.51	8.99
应城市	1095.6	183.78	20.15	20.15	0.17	0.12
安陆市	1353.6	91.32	20.07	20.07	0.99	0.09
汉川市	1632.0	84.60	28.00	27.90	—	—

续表

地　区	市区面积	城区面积	建成区面积	城市建设用地面积	本年征用土地面积	
						耕地
荆州市	1576.0	96.07	96.07	96.07	11.09	6.01
监利市	3237.7	86.02	26.30	34.06	0.40	—
石首市	1427.0	22.56	22.56	21.14	0.46	0.00
洪湖市	2519.0	41.40	21.18	21.18	0.00	0.00
松滋市	2176.9	96.00	20.46	20.44	4.51	2.33
黄冈市	367.1	33.23	33.02	33.02	5.69	2.57
麻城市	3604.0	251.27	40.69	40.57	2.90	1.90
武穴市	1241.7	31.00	30.30	30.28	—	—
咸宁市	1503.1	165.00	76.18	58.84	6.12	1.14
赤壁市	1723.0	51.20	33.00	30.67	2.02	0.96
随州市	1425.4	236.61	81.55	81.55	6.31	4.47
广水市	2645.5	73.85	33.50	33.12	0.90	0.49
恩施市	3967.3	120.00	41.50	41.50	2.60	0.20
利川市	4605.5	133.00	19.18	19.18	0.55	0.49
仙桃市	2519.1	240.00	63.23	63.23	6.77	4.69
潜江市	2004.0	632.75	58.21	43.30	—	—
天门市	2612.4	324.40	46.13	46.13	2.22	1.77
湖南	**54248.3**	**4778.54**	**1959.38**	**1849.50**	**66.12**	**19.32**
长沙市	1199.8	1199.84	409.51	332.04	7.25	3.46
宁乡市	2906.0	345.97	70.88	63.29	7.33	3.33
浏阳市	5008.0	145.00	29.60	28.55	—	—
株洲市	2023.2	928.70	155.93	145.90	19.83	0.51
醴陵市	2158.0	113.80	30.40	30.39	—	—
湘潭市	652.4	142.63	90.47	135.92	2.63	1.23
湘乡市	1966.6	26.00	23.50	23.50	0.91	0.20
韶山市	247.3	32.00	5.15	5.10	0.46	0.20
衡阳市	518.0	189.00	137.85	137.85	0.00	0.00
耒阳市	2678.0	49.80	34.10	32.55	1.80	0.80
常宁市	2047.9	60.60	35.20	37.51	—	—
邵阳市	436.0	83.00	78.00	76.58	—	—
武冈市	1549.0	40.00	23.40	22.37	1.14	0.31
邵东市	1768.0	42.80	35.20	23.95	0.72	—
岳阳市	1412.6	167.00	116.28	105.20	0.63	0.00
汨罗市	1484.0	20.20	20.10	17.01	0.88	0.61

续表

地　区	市区面积	城区面积	建成区面积	城市建设用地面积	本年征用土地面积	
						耕地
临湘市	1718.0	49.00	16.17	16.14	0.91	0.32
常德市	2797.8	332.07	107.24	107.24	1.86	1.15
津市市	556.4	79.42	18.91	18.71	0.32	0.15
张家界市	2571.3	55.20	38.89	38.09	2.98	1.25
益阳市	1853.0	119.05	90.48	84.78	5.72	2.23
沅江市	1797.0	20.21	19.65	16.77	—	—
郴州市	2158.5	103.36	79.85	79.85	5.53	2.81
资兴市	2747.0	24.63	21.82	20.37	0.23	—
永州市	3193.0	100.62	69.12	67.25	2.94	0.38
怀化市	722.8	65.50	65.50	54.30	0.58	—
洪江市	2288.5	57.83	15.54	14.88	0.29	0.15
娄底市	428.0	63.50	53.50	53.50	0.88	—
冷水江市	439.0	48.81	14.08	14.05	0.30	0.23
涟源市	1830.0	25.00	15.06	15.06	0.00	0.00
吉首市	1093.3	48.00	38.00	30.80	—	—
广东	**99926.9**	**16213.21**	**6501.44**	**5892.48**	**148.09**	**47.39**
广州市	7434.4	2256.42	1350.40	722.04	36.21	10.16
韶关市	2870.7	241.95	122.90	122.90	1.85	0.49
乐昌市	2451.0	38.00	21.26	21.26	0.24	0.00
南雄市	2361.4	23.80	14.29	7.76	0.61	0.17
深圳市	1986.4	1986.41	955.68	954.06	—	—
珠海市	1736.0	761.69	152.85	402.00	2.28	0.64
汕头市	2085.0	291.81	291.81	260.83	—	—
佛山市	3800.0	612.82	162.35	153.40	2.65	0.49
江门市	1785.9	566.00	158.01	158.01	2.80	0.26
台山市	3287.8	156.77	31.96	31.95	1.71	0.42
开平市	1656.9	157.02	33.70	23.17	5.30	1.33
鹤山市	1082.7	81.40	36.17	30.58	1.99	0.16
恩平市	1693.6	162.50	42.02	36.13	0.52	0.02
湛江市	1703.3	115.50	111.64	110.12	2.15	0.56
廉江市	2835.0	67.00	39.00	39.00	2.07	1.31
雷州市	3459.0	39.30	28.86	28.86	11.86	0.07
吴川市	858.5	36.90	27.44	27.44	1.34	0.31
茂名市	2748.0	167.93	127.55	99.51	7.32	3.47

续表

地　区	市区面积	城区面积	建成区面积	城市建设用地面积	本年征用土地面积	
						耕地
高州市	3276.0	165.00	37.93	37.79	0.89	0.38
化州市	2356.5	145.46	36.80	35.90	—	—
信宜市	3101.7	64.40	27.22	27.22	0.30	0.04
肇庆市	2960.2	416.65	130.86	125.35	2.17	0.01
四会市	1166.4	50.00	29.46	29.01	2.53	0.23
惠州市	2697.0	1066.65	299.94	292.99	9.71	3.18
梅州市	3053.0	376.00	63.47	54.07	—	—
兴宁市	2104.9	57.00	28.51	28.51	0.06	0.01
汕尾市	392.9	283.16	36.16	26.26	3.64	0.34
陆丰市	1684.0	147.47	24.67	17.81	3.96	1.16
河源市	361.0	41.21	41.21	—	—	—
阳江市	2483.0	606.13	99.33	88.03	0.45	0.15
阳春市	4102.0	319.80	33.08	29.65	15.00	15.00
清远市	3649.4	310.80	91.87	73.95	1.55	0.76
英德市	5634.3	168.47	30.61	30.61	7.42	2.18
连州市	2667.6	80.00	17.77	16.12	0.80	0.12
东莞市	2460.1	2460.08	1194.31	1194.31	3.06	0.36
中山市	1783.7	427.96	163.98	133.50	7.45	1.38
潮州市	1216.3	241.02	117.50	106.47	3.97	0.63
揭阳市	1031.0	372.00	155.10	182.18	2.33	0.75
普宁市	1620.1	114.00	68.29	68.28	0.51	0.03
云浮市	1962.9	368.43	30.85	30.82	1.39	0.82
罗定市	2327.5	168.30	34.63	34.63	—	—
广西	**75177.4**	**5876.81**	**1617.61**	**1572.29**	**79.88**	**27.77**
南宁市	9947.0	865.08	326.70	320.32	20.71	5.47
柳州市	3555.2	501.78	248.50	248.50	5.21	4.57
桂林市	2767.0	612.63	134.06	130.98	6.23	2.94
荔浦市	1758.6	25.00	12.45	11.77	1.51	—
梧州市	1850.2	485.01	68.68	64.85	0.79	0.00
岑溪市	2783.0	30.00	22.69	22.26	0.17	—
北海市	957.0	957.00	85.98	84.95	0.41	0.26
防城港市	2816.4	238.33	50.74	50.26	8.92	1.94
东兴市	548.6	130.40	13.45	12.95	1.93	1.01
钦州市	4767.2	354.38	90.51	89.99	2.99	—

续表

地　区	市区面积	城区面积	建成区面积	城市建设用地面积	本年征用土地面积	
						耕地
贵港市	3533.0	301.50	86.09	84.14	6.96	4.73
桂平市	4074.0	73.50	37.60	37.38	1.10	0.64
玉林市	1251.3	302.04	77.50	72.03	3.67	0.26
北流市	2457.0	135.40	29.23	28.98	7.50	1.51
百色市	6096.0	390.98	67.60	63.52	1.87	—
平果市	2485.0	34.00	33.10	32.43	—	—
靖西市	3331.0	35.78	20.00	18.26	0.80	0.70
贺州市	5676.6	78.00	55.25	54.63	5.23	2.45
河池市	6209.0	124.00	45.89	42.83	0.22	0.16
来宾市	4363.0	92.00	52.62	52.49	1.70	0.82
合山市	350.0	20.00	7.55	7.38	0.01	—
崇左市	2951.0	50.00	38.30	29.94	1.50	—
凭祥市	650.3	40.00	13.12	11.45	0.45	0.31
海南	**17065.0**	**1439.41**	**390.70**	**373.04**	**17.33**	**1.80**
海口市	2289.5	562.40	203.70	156.79	5.00	—
三亚市	1921.5	188.00	51.63	103.17	1.45	0.54
儋州市	3400.0	194.05	36.32	32.20	5.38	—
五指山市	1127.0	60.00	11.05	10.79	—	—
琼海市	1710.1	31.83	20.65	18.26	2.51	0.80
文昌市	2459.2	84.99	22.16	16.78	1.70	0.31
万宁市	1885.0	260.00	16.69	11.53	1.22	0.15
东方市	2272.6	58.14	28.50	23.52	0.07	—
重庆	**43263.5**	**7779.14**	**1565.61**	**1452.62**	**115.50**	**61.01**
重庆市	43263.5	7779.14	1565.61	1452.62	115.50	61.01
四川	**86810.9**	**8894.04**	**3190.49**	**2993.18**	**179.70**	**73.01**
成都市	3639.8	1287.87	977.12	909.65	22.75	7.85
都江堰市	1208.4	102.13	38.72	38.72	1.34	1.14
彭州市	1421.4	133.80	28.36	28.36	0.89	0.55
邛崃市	1377.0	207.02	26.39	26.39	5.26	3.49
崇州市	1089.8	63.42	31.07	30.95	—	—
简阳市	2213.0	112.00	40.00	39.52	2.00	0.70
自贡市	1438.0	778.32	130.00	128.30	10.77	6.34
攀枝花市	2046.3	342.56	82.07	81.24	1.83	0.42

续表

地 区	市区面积	城区面积	建成区面积	城市建设用地面积	本年征用土地面积	
						耕地
泸州市	2132.0	411.38	173.51	173.51	2.79	1.40
德阳市	1096.0	193.59	95.28	94.90	8.75	5.26
广汉市	551.0	60.50	39.50	39.50	1.41	1.28
什邡市	820.3	21.00	18.00	17.64	—	—
绵竹市	1245.0	16.52	16.52	13.45	0.20	0.15
绵阳市	2751.4	603.70	167.58	167.58	1.03	0.55
江油市	2720.2	199.41	35.00	34.54	5.60	2.40
广元市	4535.0	216.70	66.43	65.81	2.20	0.02
遂宁市	1874.0	293.32	87.43	81.05	6.34	3.86
射洪市	1496.0	115.00	30.86	30.86	—	—
内江市	1569.0	278.93	100.21	95.22	7.83	4.86
隆昌市	794.0	57.00	25.70	25.70	—	—
乐山市	2506.0	477.67	79.88	77.47	—	—
峨眉山市	1181.0	90.20	24.02	23.75	—	—
南充市	2527.0	420.00	160.48	160.48	7.48	—
阆中市	1877.0	150.00	36.38	36.38	0.38	—
眉山市	1796.0	253.56	67.97	65.55	4.52	2.99
宜宾市	4775.6	196.25	167.55	151.71	10.74	2.01
广安市	1555.5	140.04	65.58	64.89	3.32	1.79
华蓥市	466.0	92.40	15.80	15.80	0.46	0.08
达州市	3146.0	157.37	130.00	88.19	1.00	0.60
万源市	4065.0	18.27	15.35	15.35	—	—
雅安市	1681.0	196.90	41.67	39.42	0.66	—
巴中市	2577.0	182.10	63.70	22.56	—	—
资阳市	1632.4	249.23	52.50	52.50	4.11	3.02
马尔康市	6639.0	369.16	5.26	4.43	65.19	22.25
康定市	11486.0	6.00	5.40	5.02	0.85	—
西昌市	2883.0	400.72	49.20	46.79	—	—
贵州	**35643.5**	**3702.30**	**1118.37**	**1019.69**	**14.30**	**3.86**
贵阳市	2526.0	1230.00	369.00	344.96	—	—
清镇市	1386.6	99.23	46.00	33.15	—	—
六盘水市	472.3	276.64	54.20	35.73	1.15	0.52
盘州市	4040.1	330.60	26.59	26.30	4.65	—

续表

地　区	市区面积	城区面积	建成区面积	城市建设用地面积	本年征用土地面积	
						耕地
遵义市	5382.0	531.51	157.11	148.47	—	—
赤水市	1852.0	75.40	21.50	19.05	—	—
仁怀市	1789.8	89.00	26.40	24.30	2.40	0.70
安顺市	2703.0	163.00	71.00	69.65	1.20	0.28
毕节市	3412.0	170.08	51.00	50.73	0.59	0.36
铜仁市	1849.8	69.00	54.04	50.36	1.38	0.43
兴义市	2908.2	104.00	64.97	64.65	2.86	1.52
兴仁市	1778.4	40.40	19.21	13.89	—	—
凯里市	1570.0	140.65	75.71	67.45	0.07	0.05
都匀市	2285.3	360.00	61.81	54.33	—	—
福泉市	1688.0	22.79	19.83	16.67	0.00	—
云南	**88367.5**	**3274.28**	**1266.24**	**1238.27**	**36.71**	**13.95**
昆明市	6194.2	1782.60	482.80	464.54	9.60	2.79
安宁市	1301.8	240.76	37.39	36.50	6.20	1.49
曲靖市	5954.8	124.28	103.25	100.70	2.55	0.87
宣威市	6053.5	50.00	38.68	38.66	1.15	0.23
玉溪市	1867.1	102.02	38.42	38.25	3.35	1.68
澄江市	773.0	10.50	3.97	3.97	0.01	0.01
保山市	5011.0	68.00	38.02	38.02	—	—
腾冲市	5845.0	47.40	29.50	28.32	3.98	1.49
昭通市	2240.0	61.00	46.97	40.86	1.05	1.05
水富市	439.8	17.00	12.70	7.89	0.85	0.85
丽江市	1262.8	28.08	24.86	24.75	0.85	0.00
普洱市	3928.0	50.00	26.50	26.49	—	—
临沧市	2557.0	35.18	23.22	22.42	1.41	0.55
楚雄市	4433.0	51.22	50.60	48.16	0.42	0.14
个旧市	1748.1	95.61	20.52	19.22	—	—
开远市	1950.0	45.00	26.90	26.89	1.70	0.00
蒙自市	2228.0	38.85	34.18	29.69	—	—
弥勒市	4004.0	36.70	24.13	21.84	2.22	2.20
文山市	2977.2	43.82	39.87	39.86	0.50	0.38
景洪市	6959.0	83.63	37.77	37.77	—	—
大理市	1815.0	87.20	54.85	52.88	0.16	0.11

续表

地　区	市区面积	城区面积	建成区面积	城市建设用地面积	本年征用土地面积	
						耕地
瑞丽市	1020.0	55.00	26.90	26.90	0.50	0.07
芒市	2987.0	50.00	20.52	40.81	—	—
泸水市	3204.0	9.33	6.82	5.99	0.21	0.04
香格里拉市	11614.1	61.10	16.90	16.89	0.00	0.00
西藏	**48868.8**	**632.17**	**168.39**	**157.51**	**9.00**	**2.31**
拉萨市	5541.9	505.42	89.55	79.84	5.93	1.26
日喀则市	3875.0	42.00	28.60	27.95	—	—
昌都市	10808.9	18.20	8.90	8.79	0.27	0.16
林芝市	10237.0	12.50	12.50	12.40	1.25	0.14
山南市	2211.0	34.00	10.80	10.80	1.13	0.75
那曲市	16195.0	20.05	18.04	17.73	0.42	0.00
陕西	**55458.0**	**2597.11**	**1372.20**	**1346.35**	**68.65**	**32.96**
西安市	5806.7	942.53	700.69	700.69	55.63	30.64
铜川市	2373.2	55.00	48.85	48.85	0.05	0.03
宝鸡市	3625.1	156.30	97.94	94.22	—	—
咸阳市	138.0	138.00	74.68	73.99	2.16	—
彬州市	1183.6	25.00	9.53	9.52	0.00	0.00
兴平市	454.9	67.30	22.89	22.89	—	—
渭南市	2390.0	267.00	68.29	65.92	3.09	1.02
韩城市	1595.9	77.20	18.20	18.20	—	—
华阴市	675.2	65.00	18.00	17.24	—	—
延安市	6507.3	212.86	41.00	40.98	—	—
子长市	2395.0	15.00	11.00	11.00	—	—
汉中市	3353.1	131.64	57.60	57.24	1.76	0.89
榆林市	11095.6	179.00	78.38	67.11	5.96	0.38
神木市	7480.7	30.00	29.80	29.67	—	—
安康市	3645.9	160.00	45.00	45.00	0.00	0.00
商洛市	2644.6	40.00	26.00	19.70	—	—
杨凌区	93.2	35.28	24.35	24.13	0.00	—
甘肃	**88553.3**	**2004.76**	**901.43**	**919.26**	**16.52**	**10.31**
兰州市	1725.6	342.38	329.10	332.35	2.80	1.12
嘉峪关市	1224.0	342.00	70.40	107.08	—	—
金昌市	3060.2	52.30	45.83	45.83	—	—

续表

地　区	市区面积	城区面积	建成区面积	城市建设用地面积	本年征用土地面积	
						耕地
白银市	3478.0	114.00	68.25	67.82	0.35	0.35
天水市	5861.0	73.00	60.00	60.00	—	—
武威市	5081.2	177.77	34.04	34.04	2.02	1.48
张掖市	4240.0	200.00	45.10	44.98	1.08	0.35
平凉市	1936.0	255.00	42.00	41.71	2.43	0.51
华亭市	1182.0	17.90	15.41	14.80	0.01	0.01
酒泉市	3386.0	235.00	55.75	46.85	—	—
玉门市	13500.0	15.00	12.42	11.95	0.00	0.00
敦煌市	31200.0	19.86	15.58	15.39	0.22	—
庆阳市	996.0	31.00	30.00	25.03	5.52	5.52
定西市	4226.0	35.90	26.00	24.94	1.42	0.30
陇南市	4683.0	40.00	13.80	12.78	—	—
临夏市	88.6	38.05	24.00	21.90	0.67	0.67
合作市	2685.7	15.60	13.75	11.81	—	—
青海	**203479.6**	**735.99**	**235.20**	**224.67**	**1.33**	**0.07**
西宁市	3210.0	396.65	106.38	102.82	—	—
海东市	3571.0	147.00	33.78	27.12	0.51	0.07
同仁市	3275.0	21.34	7.50	7.50	0.00	0.00
玉树市	15413.0	15.50	14.26	14.04	—	—
茫崖市	31173.1	9.85	9.85	9.85	0.00	0.00
格尔木市	119137.5	72.75	39.99	39.90	0.16	—
德令哈市	27700.0	72.90	23.44	23.44	0.66	0.00
宁夏	**21889.0**	**951.27**	**494.26**	**451.60**	**11.75**	**8.29**
银川市	2305.9	562.49	194.74	194.74	1.04	0.30
灵武市	4010.0	21.10	20.27	20.27	0.00	0.00
宁东能源化工基地	766.0	40.00	12.00	8.40	0.00	—
石嘴山市	2380.8	118.20	102.80	80.25	0.02	0.00
吴忠市	1106.7	60.00	56.48	46.04	1.22	0.50
青铜峡市	2438.3	32.45	32.45	31.68	0.68	0.20
固原市	3501.0	52.33	45.06	40.52	2.60	1.10
中卫市	5380.4	64.70	30.46	29.70	6.19	6.19

续表

地　区	市区面积	城区面积	建成区面积	城市建设用地面积	本年征用土地面积	
						耕地
新疆	**233664.4**	**1943.17**	**1300.15**	**1224.15**	**16.60**	**3.98**
乌鲁木齐市	13787.9	842.09	521.60	456.24	0.00	0.00
克拉玛依市	7735.2	78.66	77.59	73.45	1.20	—
吐鲁番市	15729.2	21.87	21.85	21.85	0.60	—
哈密市	85035.0	71.17	52.25	52.25	—	—
昌吉市	7971.0	96.63	67.70	64.85	1.65	1.20
阜康市	8231.9	36.98	22.62	22.50	0.00	0.00
博乐市	6579.9	31.58	29.00	26.34	—	—
阿拉山口市	1204.0	27.00	11.89	11.89	0.02	0.00
库尔勒市	7256.3	125.00	98.90	98.83	6.30	0.00
阿克苏市	14400.0	67.00	67.00	63.59	1.99	0.00
库车市	15007.0	35.00	31.90	31.75	—	—
阿图什市	16151.0	20.30	15.00	14.86	0.04	—
喀什市	1056.8	98.01	98.01	98.01	3.11	2.14
和田市	584.5	80.21	46.36	46.36	1.11	0.06
伊宁市	644.0	152.00	42.41	42.39	—	—
奎屯市	909.6	68.84	30.18	30.17	—	—
霍尔果斯市	1908.6	20.00	6.84	6.76	—	—
塔城市	4356.6	21.29	17.70	20.81	0.58	0.58
乌苏市	14290.0	24.95	23.35	23.35	—	—
阿勒泰市	10826.0	24.59	18.00	17.90	—	—
新疆生产建设兵团	**13384.4**	**507.82**	**198.87**	**191.70**	**6.95**	**3.66**
石河子市	460.0	150.00	57.57	57.57	0.61	0.56
阿拉尔市	5897.2	34.32	21.18	21.18	0.37	0.37
图木舒克市	—	—	—	—	0.00	0.00
五家渠市	—	—	—	—	3.46	1.66
北屯市	271.0	21.42	21.42	21.42		—
铁门关市	590.3	18.90	8.60	6.53	1.07	1.07
双河市	742.2	15.10	15.10	15.09	1.44	—
可克达拉市	26.0	26.04	18.96	18.96	0.00	0.00
昆玉市	334.3	64.39	5.84	12.14	—	—
胡杨河市	678.0	18.00	4.02	3.61	—	—

数据来源：住房和城乡建设部。

表 3-111　2020 年全国按城市分城市建设用地面积

单位：平方公里

地　区	居住用地	公共管理与公共服务用地	商业服务业设施用地	工业用地	物流仓储用地	道路交通设施用地	公用设施用地	绿地与广场用地
全国	**18098.71**	**5162.30**	**4088.64**	**11339.88**	**1586.19**	**9503.42**	**1758.08**	**6818.07**
北京	—	—	—	—	—	—	—	—
天津	**289.37**	**81.36**	**86.80**	**238.79**	**51.19**	**165.52**	**20.36**	**107.24**
河北	**639.42**	**155.68**	**126.97**	**234.12**	**53.72**	**353.26**	**57.49**	**446.44**
石家庄市	93.88	20.96	13.92	23.29	3.47	12.60	4.34	14.38
晋州市	4.44	0.83	0.80	1.82	0.40	3.08	0.10	3.36
新乐市	4.12	0.97	0.92	0.74	0.35	2.77	0.93	3.46
唐山市	54.88	11.79	18.00	38.95	7.89	41.58	7.72	60.15
滦州市	10.03	3.21	2.92	0.25	0.74	4.65	0.47	7.93
遵化市	7.41	1.10	0.29	2.10	0.40	5.26	1.50	7.99
迁安市	11.88	4.33	4.60	5.81	0.22	7.04	0.38	10.74
秦皇岛市	39.92	10.15	12.30	15.10	4.90	24.38	5.00	30.00
邯郸市	48.27	15.18	9.76	7.67	8.36	40.13	6.48	51.38
武安市	10.16	2.94	1.69	6.27	0.92	6.84	1.12	7.86
邢台市	50.15	9.04	7.80	17.85	2.61	25.41	2.49	36.95
南宫市	4.93	1.05	1.47	1.30	0.14	3.38	0.25	3.51
沙河市	6.87	1.41	1.01	0.57	0.57	3.17	0.94	2.96
保定市	57.13	15.35	9.13	38.84	4.03	31.87	5.47	36.79
涿州市	11.81	3.91	2.44	5.42	0.31	6.80	0.65	6.09
安国市	5.24	0.71	0.83	0.71	0.20	2.91	0.11	2.95
高碑店市	5.13	1.86	1.14	1.70	0.27	4.69	1.01	5.28
张家口市	23.58	6.56	4.10	3.71	1.68	24.67	3.53	30.10
承德市	19.80	8.12	4.71	10.64	1.95	12.26	1.47	17.80
平泉市	4.89	1.17	0.64	0.84	0.54	3.63	1.14	4.45
沧州市	30.81	6.31	3.68	8.13	2.12	14.53	1.34	16.15
泊头市	6.63	1.30	1.02	3.75	0.18	3.15	0.24	3.55
任丘市	17.20	4.59	3.43	4.80	1.87	7.58	2.26	8.66
黄骅市	6.31	3.69	3.72	6.23	0.95	6.99	0.61	7.49
河间市	7.01	0.90	0.75	1.31	0.45	3.87	0.71	5.67
廊坊市	22.91	3.96	3.12	7.02	3.24	13.55	2.65	16.86
霸州市	6.25	0.79	1.18	1.32	0.30	2.70	0.80	4.17
三河市	2.49	3.64	2.29	0.40	0.30	4.89	0.70	4.60
衡水市	26.73	4.90	3.95	6.43	1.64	12.06	1.38	18.13
深州市	4.55	1.45	2.10	1.90	1.10	4.17	0.38	5.15
辛集市	11.90	1.58	2.00	4.22	0.59	5.90	0.44	6.67
定州市	22.11	1.93	1.26	5.03	1.03	6.75	0.88	5.21

续表

地　区	居住用地	公共管理与公共服务用地	商业服务业设施用地	工业用地	物流仓储用地	道路交通设施用地	公用设施用地	绿地与广场用地
山西	**409.69**	**132.19**	**91.69**	**180.84**	**46.92**	**218.81**	**29.13**	**129.86**
太原市	95.71	34.11	33.77	67.18	19.36	53.29	4.96	21.99
古交市	5.20	3.43	0.49	4.91	0.03	2.70	0.08	0.10
大同市	51.74	13.43	10.75	22.36	6.02	26.05	1.92	16.16
阳泉市	17.81	2.51	0.88	11.32	1.32	11.37	1.27	4.56
长治市	27.14	14.88	1.99	15.05	2.74	13.59	3.78	4.41
晋城市	16.90	7.62	5.48	4.05	1.28	9.73	0.75	3.62
高平市	7.00	1.50	1.80	0.85	1.32	2.48	0.40	1.95
朔州市	12.40	4.00	5.35	0.98	1.85	10.02	1.90	12.51
怀仁市	6.65	2.02	2.04	0.48	0.34	5.47	1.94	8.55
晋中市	45.62	16.35	7.56	19.33	4.59	27.39	0.56	1.90
介休市	11.92	1.80	2.27	2.62	0.82	4.31	0.13	0.72
运城市	13.62	1.52	1.34	3.89	1.20	9.21	2.54	10.02
永济市	4.13	2.30	0.33	3.06	0.36	3.15	2.30	9.80
河津市	8.87	2.14	1.84	7.04	1.09	3.67	0.26	1.69
忻州市	11.35	3.52	3.53	1.22	0.83	6.95	0.59	8.40
原平市	6.53	1.80	0.94	3.19	0.30	1.91	0.39	2.65
临汾市	21.98	4.71	4.12	1.30	1.53	7.09	2.73	10.52
侯马市	8.03	1.97	1.59	3.14	0.87	3.96	0.31	1.47
霍州市	6.40	1.97	0.70	0.44	0.43	2.11	0.34	2.72
吕梁市	11.44	4.00	1.80	5.35	0.02	5.31	0.33	4.08
孝义市	10.44	4.51	0.98	1.76	0.62	6.48	1.49	1.90
汾阳市	8.81	2.10	2.14	1.32	0.00	2.57	0.16	0.14
内蒙古	**362.10**	**103.27**	**97.71**	**132.20**	**46.14**	**222.11**	**37.03**	**152.10**
呼和浩特市	78.21	28.70	26.24	19.34	8.50	43.11	5.43	33.22
包头市	58.60	15.82	9.83	52.50	7.50	24.40	3.49	23.65
乌海市	20.12	5.51	3.57	1.68	1.02	10.11	0.47	11.21
赤峰市	32.37	4.11	5.04	13.70	7.19	21.96	7.86	11.06
通辽市	14.39	6.28	3.00	5.16	3.50	12.28	3.35	14.54
霍林郭勒市	3.00	1.81	1.78	1.22	1.15	4.25	1.10	2.79
鄂尔多斯市	26.65	9.30	15.45	3.57	0.05	34.31	0.95	13.59
呼伦贝尔市	18.50	2.00	2.00	2.00	1.00	1.00	2.00	3.00
满洲里市	8.00	3.00	1.00	2.00	1.00	8.00	2.00	2.00
牙克石	7.03	1.65	1.57	3.44	1.12	5.30	0.25	5.45
扎兰屯市	8.71	0.60	0.50	0.30	0.30	4.06	0.40	3.43

续表

地　区	居住用地	公共管理与公共服务用地	商业服务业设施用地	工业用地	物流仓储用地	道路交通设施用地	公用设施用地	绿地与广场用地
额尔古纳市	6.25	0.75	0.88	0.68	0.20	1.02	0.28	0.42
根河市	5.18	0.40	0.03	0.80	0.20	1.28	0.10	0.71
巴彦淖尔市	15.42	4.34	3.39	5.61	4.19	10.86	2.34	4.44
乌兰察布市	17.78	4.85	5.24	2.47	1.36	12.75	0.50	9.35
丰镇市	8.05	1.75	2.96	4.38	0.98	4.00	0.38	2.31
乌兰浩特市	15.67	3.67	2.82	5.16	0.29	7.55	0.78	3.19
阿尔山市	4.30	0.43	0.90	0.27	0.34	1.50	1.77	1.89
二连浩特	3.35	2.88	7.37	1.53	2.84	6.24	1.43	1.00
锡林浩特市	10.52	5.42	4.14	6.39	3.41	8.13	2.15	4.85
辽宁	**919.44**	**174.57**	**189.29**	**697.79**	**86.50**	**411.63**	**71.65**	**247.83**
沈阳市	214.32	24.58	36.45	140.66	22.32	111.52	23.61	70.37
新民市	—	—	—	—	—	—	—	—
大连市	141.68	33.34	32.49	130.42	16.43	60.10	8.20	18.07
瓦房店	13.20	3.00	4.80	9.10	0.90	0.70	0.80	4.10
庄河	16.81	3.82	2.17	11.75	0.24	5.26	0.55	1.40
鞍山市	60.57	12.19	8.73	58.73	2.81	29.95	3.50	3.56
海城市	18.33	3.25	2.48	4.68	1.15	4.29	0.48	1.74
抚顺市	34.95	11.10	7.64	47.85	4.89	8.10	5.99	21.85
本溪市	27.96	6.80	12.72	21.90	0.93	13.76	1.88	6.45
丹东市	33.30	8.17	11.80	19.07	4.09	18.94	2.62	15.48
东港市	7.64	1.80	0.84	5.07	0.15	4.82	0.38	0.53
凤城市	11.66	1.24	0.44	3.15	0.61	3.42	0.25	0.23
锦州市	42.33	6.65	6.52	24.23	4.70	9.10	1.69	11.38
凌海市	9.48	1.30	4.50	0.57	0.36	2.50	0.30	0.42
北镇市	5.58	2.09	1.58	1.82	0.12	1.40	0.38	1.93
营口市	37.90	8.57	7.71	50.31	6.67	35.86	2.58	23.07
盖州市	9.73	0.96	0.76	1.93	0.05	1.10	0.08	0.14
大石桥市	13.07	3.20	4.75	13.04	0.44	4.58	0.99	4.75
阜新市	20.73	3.90	6.42	18.97	3.20	12.47	0.69	10.12
辽阳市	38.17	3.42	8.25	27.32	7.05	15.46	2.56	4.57
灯塔市	5.19	1.49	0.08	3.72	0.31	2.27	0.33	0.71
盘锦市	40.21	7.90	5.88	24.40	2.00	18.74	1.94	6.16
铁岭市	27.08	6.24	6.07	3.47	1.19	14.83	2.89	6.39
调兵山市	5.10	0.50	0.70	4.11	0.10	2.14	0.20	6.10
开原市	6.84	1.21	1.34	8.21	0.37	3.01	0.46	5.93

续表

地　区	居住用地	公共管理与公共服务用地	商业服务业设施用地	工业用地	物流仓储用地	道路交通设施用地	公用设施用地	绿地与广场用地
朝阳市	18.18	4.82	3.42	18.62	0.59	9.29	1.56	3.94
北票市	10.31	1.44	1.14	6.37	0.44	2.54	0.59	1.44
凌源市	13.15	0.33	0.32	6.48	0.47	1.90	2.96	0.26
葫芦岛市	19.07	5.50	5.81	28.83	3.16	12.49	2.81	13.12
兴城市	16.90	5.76	3.48	3.01	0.76	1.09	0.38	3.62
吉林	**502.71**	**114.40**	**95.25**	**307.68**	**50.54**	**228.39**	**55.48**	**150.24**
长春市	158.58	49.56	28.90	129.56	18.18	85.66	30.99	39.01
榆树市	10.31	1.24	1.47	1.52	0.92	2.56	0.40	1.90
德惠市	19.85	0.72	2.04	0.71	1.84	2.83	0.90	3.40
吉林市	60.58	11.66	12.76	58.65	5.35	26.44	3.42	17.06
蛟河市	7.54	1.68	4.26	1.66	0.70	1.58	0.47	0.61
桦甸市	9.34	1.22	0.81	3.00	0.32	2.97	1.17	0.67
舒兰市	4.42	1.01	0.77	1.32	0.30	1.28	0.10	0.28
磐石市	6.90	0.80	1.40	2.00	0.30	3.25	0.58	8.49
四平市	22.66	5.12	2.75	16.89	2.12	8.88	1.44	3.35
双辽市	8.26	1.41	1.39	6.40	0.94	2.18	0.50	1.39
辽源市	19.36	3.15	2.01	11.95	0.74	7.44	1.52	4.06
通化市	18.30	4.52	10.68	9.25	1.94	6.50	1.79	5.32
集安市	2.88	0.64	0.34	1.06	0.10	0.90	0.28	1.69
白山市	18.39	2.49	1.55	6.88	0.94	6.39	1.05	5.47
临江市	3.97	0.38	0.10	0.66	0.17	1.13	0.12	2.77
松原市	17.17	4.20	1.70	7.01	1.32	9.83	1.21	8.92
扶余市	5.79	1.53	1.03	1.34	1.04	1.94	0.60	2.72
白城市	12.17	4.63	2.87	11.71	3.49	7.94	0.74	3.10
洮南市	15.00	1.27	1.65	3.61	0.96	2.48	0.30	1.28
大安市	4.27	0.94	0.31	1.32	0.37	4.95	0.09	6.23
延吉市	14.60	5.07	2.60	5.34	1.48	9.87	0.82	5.30
图们市	3.69	0.60	0.30	1.71	0.39	2.40	0.32	1.60
敦化市	8.51	2.29	3.46	5.73	1.02	3.56	1.31	8.46
珲春市	7.39	0.82	1.26	4.39	2.00	5.09	0.24	4.04
龙井市	3.98	1.68	1.40	2.81	0.41	2.40	0.54	1.26
和龙市	5.72	0.38	0.21	1.66	0.45	2.12	0.21	1.47
公主岭市	10.48	3.07	1.73	7.00	2.01	6.39	3.00	1.24
梅河口市	15.23	0.94	1.01	1.03	0.70	5.63	0.52	1.85
长白山保护开发区管理委员会	7.37	1.38	4.49	1.51	0.04	3.80	0.85	7.30

续表

地　区	居住用地	公共管理与公共服务用地	商业服务业设施用地	工业用地	物流仓储用地	道路交通设施用地	公用设施用地	绿地与广场用地
黑龙江	**632.96**	**155.51**	**97.22**	**361.91**	**70.41**	**267.89**	**48.78**	**165.30**
哈尔滨市	143.74	53.96	27.38	97.41	11.49	56.59	11.15	41.64
尚志市	5.14	1.44	0.50	7.74	0.60	2.26	0.74	2.90
五常市	12.24	1.21	0.73	1.84	0.37	1.58	0.15	1.95
齐齐哈尔市	43.07	11.09	8.60	36.02	4.59	20.16	2.86	4.57
讷河市	4.46	1.07	0.79	1.92	0.94	2.38	0.32	3.12
鸡西市	47.49	3.24	1.50	9.71	2.05	7.42	1.60	7.09
虎林市	4.14	0.78	0.48	2.02	0.96	2.12	0.16	0.48
密山市	8.95	0.62	0.47	2.34	1.42	1.89	0.29	1.91
鹤岗市	17.04	2.74	1.83	11.12	1.31	7.07	0.96	6.56
双鸭山市	15.84	3.35	4.13	9.35	1.95	9.34	1.96	12.17
大庆市	79.30	34.32	13.99	76.15	21.03	69.09	10.84	22.47
伊春市	39.79	5.68	7.65	12.02	2.84	12.42	4.24	12.53
铁力市	8.56	0.20	0.02	1.67	0.92	1.99	0.02	2.30
佳木斯市	28.29	6.03	6.37	16.33	2.73	11.01	2.48	8.64
同江市	2.10	0.95	0.98	1.65	0.78	2.02	0.16	2.05
富锦市	7.57	0.94	0.52	1.72	0.65	2.59	0.25	1.94
抚远市	2.50	1.03	0.45	0.28	0.01	0.43	0.19	0.14
七台河市	40.70	1.60	1.00	9.23	0.97	10.70	0.70	2.70
牡丹江市	25.28	5.16	3.67	19.45	2.13	9.80	1.17	3.54
海林市	5.80	0.25	2.06	0.80	0.87	2.82	0.60	4.50
宁安市	4.90	0.63	0.18	2.45	0.32	0.69	1.74	0.31
穆棱市	3.39	0.86	0.87	0.92	0.35	1.59	0.15	1.93
绥芬河市	4.76	1.66	1.15	5.86	1.05	4.00	1.04	1.92
东宁市	6.83	1.15	0.85	3.07	0.23	1.80	0.13	0.53
黑河市	5.50	3.94	1.36	2.13	1.15	2.12	0.89	2.91
北安市	4.51	1.11	1.61	6.14	2.73	3.99	0.42	2.47
五大连池市	1.36	0.30	0.39	1.04	0.68	0.95	0.15	0.75
嫩江市	7.53	1.00	2.62	1.70	0.20	2.70	0.06	2.87
绥化市	12.30	3.77	2.46	9.37	1.91	5.84	0.32	0.99
安达市	10.45	1.57	0.75	5.13	1.35	1.83	0.39	0.35
肇东市	20.00	2.00	1.04	2.00	1.10	3.10	2.16	4.80
海伦市	7.09	1.18	0.52	2.14	0.52	4.66	0.42	0.40
漠河市	2.34	0.68	0.30	1.19	0.21	0.94	0.07	1.87

续表

地　区	居住用地	公共管理与公共服务用地	商业服务业设施用地	工业用地	物流仓储用地	道路交通设施用地	公用设施用地	绿地与广场用地
上海	**549.77**	**153.19**	**124.66**	**537.74**	**52.31**	**139.05**	**247.48**	**140.76**
江苏	**1344.88**	**361.54**	**366.47**	**1016.18**	**108.54**	**786.70**	**105.78**	**591.80**
南京市	224.77	87.28	78.80	126.25	23.87	170.61	19.60	109.56
无锡市	92.42	20.61	27.79	71.58	6.29	46.16	3.79	33.68
江阴市	46.68	2.85	7.93	26.03	3.00	16.72	5.93	15.83
宜兴市	25.37	5.16	6.12	29.30	0.79	12.36	1.87	7.89
徐州市	91.66	19.11	22.73	49.97	4.58	48.52	7.78	43.20
新沂市	13.97	4.17	2.12	8.85	0.83	2.77	0.13	5.71
邳州市	21.03	4.38	1.70	10.48	0.32	6.10	1.62	5.27
常州市	63.24	17.24	16.56	89.96	6.63	42.18	5.40	35.85
溧阳市	10.22	2.82	2.27	7.17	0.69	6.20	1.15	3.56
苏州市	140.61	28.83	37.43	124.50	8.47	72.32	9.19	58.57
常熟市	36.29	3.87	12.80	13.13	1.34	15.16	1.72	14.65
张家港市	20.02	4.69	3.94	2.35	0.25	9.78	0.58	10.75
昆山市	22.25	5.03	2.46	14.98	1.57	7.79	4.41	9.15
太仓市	10.51	1.48	2.81	10.44	0.37	4.93	1.15	20.31
南通市	85.47	18.41	19.20	72.97	8.09	45.44	5.48	30.07
海安市	8.25	3.56	2.01	2.11	1.28	7.55	2.00	4.71
启东市	9.24	2.90	4.01	6.10	0.60	5.93	1.30	4.37
如皋市	10.26	2.68	3.08	9.12	0.20	7.58	0.59	5.90
连云港市	79.92	15.82	19.13	52.08	12.29	30.05	4.61	8.98
淮安市	46.03	23.75	19.63	34.86	4.60	42.10	2.68	34.00
盐城市	43.38	12.06	9.32	38.09	3.27	30.38	3.46	25.14
东台市	9.50	2.70	5.80	2.18	2.10	7.42	0.59	8.16
扬州市	51.15	12.20	13.22	39.52	2.13	32.25	2.95	31.94
仪征市	8.43	1.01	1.00	6.12	0.90	6.22	0.44	7.70
高邮市	6.54	2.27	2.38	2.93	0.30	4.41	0.66	4.45
镇江市	42.30	14.41	7.96	53.20	4.15	30.95	3.41	13.83
丹阳市	7.40	6.00	7.24	8.60	0.80	1.15	4.23	0.99
扬中市	4.17	1.00	0.93	3.36	0.43	2.59	0.64	2.02
句容市	11.48	1.56	2.08	6.34	0.30	5.62	0.22	3.71
泰州市	38.36	16.93	12.13	34.26	4.37	31.44	5.69	7.02
兴化市	14.09	2.94	2.38	10.59	0.05	6.61	0.63	0.84
靖江市	11.58	0.68	0.56	3.05	0.19	4.50	0.16	12.92

续表

地　区	居住用地	公共管理与公共服务用地	商业服务业设施用地	工业用地	物流仓储用地	道路交通设施用地	公用设施用地	绿地与广场用地
泰兴市	14. 58	2. 35	1. 57	14. 96	1. 56	4. 76	0. 07	1. 36
宿迁市	23. 71	10. 79	7. 38	30. 75	1. 93	18. 15	1. 65	9. 71
浙江	**942. 88**	**259. 09**	**210. 79**	**699. 93**	**60. 57**	**533. 26**	**70. 60**	**277. 51**
杭州市	197. 40	71. 33	42. 26	123. 36	7. 04	130. 61	14. 27	47. 78
建德市	2. 10	1. 08	1. 05	0. 05	0. 03	2. 62	0. 21	3. 45
宁波市	95. 37	31. 56	24. 64	132. 78	20. 81	70. 15	6. 87	31. 47
余姚市	19. 78	2. 94	2. 45	12. 74	0. 15	7. 02	0. 32	1. 25
慈溪市	21. 57	3. 48	2. 69	9. 18	0. 12	5. 45	0. 43	3. 51
温州市	56. 23	16. 54	38. 33	7. 63	7. 56	40. 06	11. 41	25. 09
瑞安市	9. 52	2. 48	1. 94	0. 44	0. 05	4. 73	0. 61	2. 69
乐清市	12. 48	2. 84	1. 52	2. 43	0. 02	3. 35	0. 25	1. 39
龙港市	8. 48	0. 24	0. 64	6. 06	0. 07	3. 01	0. 41	0. 57
嘉兴市	40. 50	13. 38	10. 91	34. 65	5. 47	30. 61	1. 18	24. 59
海宁市	17. 30	4. 19	4. 03	11. 93	0. 13	6. 90	0. 35	7. 86
平湖市	24. 90	4. 84	2. 27	16. 83	0. 09	11. 88	0. 64	4. 38
桐乡市	17. 96	3. 64	3. 88	14. 30	0. 55	7. 21	0. 53	5. 43
湖州市	39. 79	8. 91	9. 59	31. 77	1. 37	26. 92	2. 13	5. 90
绍兴市	84. 37	15. 67	18. 35	66. 87	3. 80	34. 52	8. 99	17. 33
诸暨市	26. 20	6. 20	5. 18	25. 14	1. 01	12. 06	0. 85	2. 96
嵊州市	10. 75	2. 52	2. 21	14. 08	0. 33	5. 64	1. 05	3. 53
金华市	35. 23	10. 95	5. 36	25. 15	0. 88	18. 92	1. 11	12. 76
兰溪市	11. 41	2. 20	1. 33	13. 50	0. 22	3. 70	0. 37	2. 58
义乌市	31. 38	9. 55	6. 87	14. 93	3. 54	24. 68	0. 86	17. 59
东阳市	13. 31	1. 55	0. 78	13. 36	0. 75	6. 25	1. 38	7. 41
永康市	9. 50	2. 75	0. 66	15. 40	0. 82	6. 73	1. 66	1. 68
衢州市	19. 14	6. 62	4. 12	28. 74	2. 13	14. 48	2. 57	7. 66
江山市	5. 28	1. 43	1. 88	2. 21	0. 83	3. 71	0. 54	2. 82
舟山市	21. 74	7. 62	3. 64	6. 29	0. 47	8. 66	1. 36	7. 68
台州市	45. 44	9. 13	5. 81	29. 40	0. 87	19. 09	2. 45	15. 32
玉环市	11. 03	1. 93	0. 82	10. 05	0. 20	3. 74	0. 52	0. 69
温岭市	15. 65	1. 56	2. 90	8. 30	0. 52	5. 89	1. 60	3. 75
临海市	21. 63	4. 10	1. 78	13. 80	0. 21	6. 66	0. 24	1. 38
丽水市	13. 84	6. 51	2. 48	4. 36	0. 35	4. 79	5. 25	4. 93
龙泉市	3. 60	1. 35	0. 42	4. 20	0. 18	3. 22	0. 19	2. 08

续表

地　区	居住用地	公共管理与公共服务用地	商业服务业设施用地	工业用地	物流仓储用地	道路交通设施用地	公用设施用地	绿地与广场用地
安徽	**685.57**	**174.80**	**162.50**	**451.72**	**45.84**	**404.94**	**64.74**	**331.16**
合肥市	132.05	51.30	35.51	86.27	3.21	76.73	6.77	74.70
巢湖市	18.20	3.60	9.00	2.00	0.80	2.20	3.00	9.20
芜湖市	52.34	8.46	21.27	22.40	4.44	49.49	17.48	60.21
无为市	7.00	2.05	3.20	1.20	0.56	3.21	0.45	7.39
蚌埠市	50.21	11.07	7.08	26.35	10.06	26.30	11.26	10.47
淮南市	46.40	9.51	7.77	18.65	1.00	21.25	1.16	17.02
马鞍山市	23.70	7.67	4.80	35.13	2.03	14.08	1.44	7.30
淮北市	34.45	7.08	9.08	19.49	2.97	11.60	1.75	9.75
铜陵市	20.60	6.53	4.49	23.90	1.50	9.77	1.01	5.88
安庆市	44.39	9.76	11.46	30.80	3.37	26.78	3.28	21.56
潜山市	7.55	1.21	0.91	3.77	0.13	2.82	0.42	2.20
桐城市	10.21	1.74	0.79	7.99	0.35	3.49	0.23	0.45
黄山市	21.23	3.59	4.30	10.53	0.58	9.89	1.29	6.82
滁州市	23.10	5.76	5.27	30.26	1.09	23.19	0.80	14.34
天长市	10.36	1.69	0.94	9.38	0.29	5.41	0.41	2.24
明光市	7.44	2.80	1.10	6.91	0.65	4.70	1.00	3.40
阜阳市	47.75	13.85	12.11	20.96	2.10	29.58	3.33	16.77
界首市	6.03	1.58	1.02	4.73	0.17	4.77	0.18	8.29
宿州市	27.87	3.75	3.61	16.18	3.20	19.22	2.34	12.34
六安市	26.12	5.54	4.96	13.50	1.86	12.25	3.08	13.19
亳州市	19.80	3.74	4.00	14.70	2.40	16.20	0.70	12.46
池州市	15.55	4.05	2.86	6.27	1.38	7.84	0.98	3.42
宣城市	16.13	4.87	3.83	17.89	0.89	13.55	1.28	6.06
广德市	8.07	2.02	1.65	9.88	0.69	6.30	0.32	4.40
宁国市	9.02	1.58	1.49	12.58	0.12	4.32	0.78	1.30
福建	**522.72**	**166.71**	**108.30**	**266.15**	**32.20**	**281.66**	**43.26**	**168.46**
福州市	107.13	44.81	17.61	26.16	3.73	68.70	4.04	0.68
福清市	15.32	5.01	2.01	10.92	0.72	12.79	0.47	5.65
厦门市	104.82	34.67	26.73	91.26	9.72	71.68	10.05	44.44
莆田市	49.62	8.24	3.40	15.71	1.70	15.42	0.93	4.46
三明市	11.15	2.94	1.31	10.95	1.35	5.51	0.66	1.99
永安市	8.45	1.75	0.97	3.02	0.83	3.50	0.43	5.97
泉州市	78.00	24.91	27.81	20.80	5.64	22.19	3.65	43.00

续表

地　区	居住用地	公共管理与公共服务用地	商业服务业设施用地	工业用地	物流仓储用地	道路交通设施用地	公用设施用地	绿地与广场用地
石狮市	8.52	8.52	2.59	4.73	1.26	6.89	2.59	4.56
晋江市	11.00	3.25	1.85	3.81	0.20	9.00	5.00	3.90
南安市	10.12	1.32	3.76	2.90	0.65	5.16	5.69	5.36
漳州市	25.03	5.39	3.41	17.25	0.54	9.26	0.71	9.41
龙海市	6.08	1.46	1.42	0.34	0.38	4.88	1.50	7.18
南平市	16.64	4.93	2.40	12.13	0.93	4.77	1.08	6.58
邵武市	6.80	1.71	0.49	7.34	0.94	3.50	0.85	3.77
武夷山市	4.14	1.40	1.66	1.04	0.01	2.40	0.10	2.75
建瓯市	6.10	1.12	0.81	2.94	0.17	2.20	0.13	1.47
龙岩市	21.85	7.00	4.59	9.22	1.40	13.59	2.11	9.96
漳平市	3.52	0.82	0.94	4.30	0.02	2.83	0.72	1.74
宁德市	13.68	3.81	2.27	11.49	1.24	6.85	1.10	3.54
福安市	6.97	2.08	0.58	6.81	0.19	7.27	0.27	0.30
福鼎市	7.78	1.57	1.69	3.03	0.58	3.27	1.18	1.75
江西	**484.43**	**168.34**	**106.06**	**304.89**	**32.91**	**253.83**	**40.59**	**212.36**
南昌市	96.80	45.60	23.45	61.30	4.40	48.60	6.90	33.50
景德镇市	44.22	12.25	8.63	25.54	1.64	7.29	0.03	0.07
乐平市	6.35	3.26	3.35	5.63	1.01	2.35	1.01	2.98
萍乡市	18.53	5.55	2.07	8.70	0.96	10.36	0.66	5.25
九江市	42.91	10.27	8.93	31.01	2.40	20.74	5.94	15.10
瑞昌市	10.02	2.36	0.91	3.48	0.69	2.12	1.56	1.74
共青城市	5.46	1.32	0.90	1.80	0.20	2.20	0.90	4.50
庐山市	3.52	1.61	0.21	2.36	0.01	2.94	0.25	0.12
新余市	21.31	4.79	3.33	9.01	0.53	12.50	0.72	21.41
鹰潭市	14.98	4.49	3.15	9.70	1.62	9.24	0.79	8.47
贵溪市	9.93	2.35	0.85	12.23	0.15	3.03	0.31	4.18
赣州市	54.98	21.08	12.91	34.30	4.74	32.22	6.61	33.20
瑞金市	8.81	2.52	1.61	1.77	1.39	6.06	0.26	7.98
龙南市	5.26	0.92	0.87	6.32	0.14	4.28	0.21	5.03
吉安市	14.85	9.70	3.05	15.40	1.54	12.40	0.61	7.04
井冈山市	2.22	0.98	1.65	0.88	0.18	1.20	0.10	1.04
宜春市	22.62	6.08	7.58	12.57	3.85	17.58	4.20	13.92
丰城市	11.44	4.03	3.35	22.28	1.25	7.11	1.82	4.87
樟树市	8.88	4.13	4.57	3.58	1.46	6.73	0.93	3.03

续表

地　区	居住用地	公共管理与公共服务用地	商业服务业设施用地	工业用地	物流仓储用地	道路交通设施用地	公用设施用地	绿地与广场用地
高安市	7.56	5.21	1.45	6.36	0.73	7.24	1.09	6.42
抚州市	33.10	8.83	5.59	23.05	1.86	15.08	1.74	11.56
上饶市	35.97	9.67	6.34	6.21	1.82	20.94	3.52	18.29
德兴市	4.71	1.34	1.31	1.41	0.34	1.62	0.43	2.66
山东	**1624.33**	**473.75**	**389.02**	**1094.46**	**144.13**	**724.45**	**121.54**	**530.71**
济南市	224.67	59.21	57.22	105.93	15.01	71.33	4.35	22.34
青岛市	163.12	52.26	48.08	191.40	35.91	94.03	8.86	57.53
胶州市	21.25	7.12	3.69	24.13	5.12	13.28	4.58	5.88
平度市	27.58	6.09	3.10	21.37	0.35	7.50	0.60	3.75
莱西市	13.82	3.98	1.22	9.43	2.37	3.70	0.93	3.25
淄博市	99.03	21.13	17.92	81.02	7.10	35.64	5.85	18.78
枣庄市	61.60	14.10	12.24	27.40	2.27	17.03	2.33	9.77
滕州市	24.35	5.26	5.29	11.01	1.12	8.50	0.38	3.41
东营市	42.24	20.15	14.55	31.58	3.89	12.76	11.51	16.77
烟台市	114.44	27.03	30.27	88.31	9.74	51.53	10.47	36.42
龙口市	12.01	5.15	5.92	2.50	2.36	8.51	2.10	6.57
莱阳市	19.54	7.35	7.52	1.75	0.38	2.50	1.30	2.85
莱州市	18.75	3.94	3.32	11.33	1.01	6.53	0.41	4.06
招远市	10.16	1.75	3.26	9.12	0.09	4.74	0.05	4.86
栖霞市	4.86	1.12	1.86	3.41	0.67	2.72	0.12	1.96
海阳市	11.24	2.47	2.39	6.30	0.51	2.48	1.93	7.10
潍坊市	57.12	12.91	12.02	33.10	5.67	25.25	6.00	20.40
青州市	14.32	4.20	4.40	6.70	0.70	11.04	1.50	9.60
诸城市	17.61	4.65	3.93	9.74	3.42	5.27	1.64	6.90
寿光市	14.56	5.43	3.09	6.87	0.28	7.17	0.07	9.41
安丘市	16.26	4.94	3.20	18.43	1.72	9.46	3.23	6.68
高密市	16.34	3.29	3.97	9.99	0.49	7.99	0.30	10.10
昌邑市	11.84	1.94	1.35	1.64	0.11	2.71	0.42	0.45
济宁市	67.30	17.92	19.81	52.96	5.31	31.48	1.57	12.31
曲阜市	7.00	3.00	2.00	4.90	0.60	2.50	3.00	4.00
邹城市	14.14	7.63	2.75	7.65	2.00	5.95	1.75	6.62
泰安市	52.89	16.73	15.09	39.33	1.65	23.30	2.37	10.28
新泰市	16.30	4.80	12.18	1.57	2.61	7.98	4.44	20.00
肥城市	22.35	2.84	3.56	6.13	0.66	6.12	1.13	5.87

续表

地　区	居住用地	公共管理与公共服务用地	商业服务业设施用地	工业用地	物流仓储用地	道路交通设施用地	公用设施用地	绿地与广场用地
威海市	58.68	13.20	14.95	53.48	2.42	31.84	2.28	14.39
荣成市	15.10	4.34	5.83	8.27	1.05	9.54	0.24	14.51
乳山市	8.24	4.85	2.18	5.77	1.11	6.03	1.43	6.93
日照市	44.33	10.43	9.88	6.88	2.24	20.89	5.68	14.67
临沂市	59.18	24.92	11.51	31.91	8.34	28.97	10.83	48.83
德州市	44.34	27.30	1.77	44.93	2.94	24.08	2.71	16.10
乐陵市	5.00	5.50	2.00	3.80	1.60	7.30	3.70	3.70
禹城市	11.50	1.75	2.11	15.55	0.83	3.77	0.17	1.18
聊城市	41.24	12.93	12.88	33.91	3.81	27.88	2.64	21.06
临清市	10.00	4.06	0.91	5.20	1.15	4.59	0.63	4.86
滨州市	47.18	15.94	2.16	24.71	2.28	20.67	3.96	18.41
邹平市	12.50	1.90	2.74	16.05	1.06	10.56	3.30	10.79
菏泽市	70.35	18.24	14.90	19.00	2.18	39.33	0.78	27.36
河南	**875.74**	**303.15**	**146.85**	**348.68**	**79.53**	**465.79**	**104.19**	**558.26**
郑州市	156.97	88.64	22.63	50.77	23.85	113.24	24.05	142.35
巩义市	9.45	3.82	1.54	5.91	0.82	4.88	0.57	7.88
荥阳市	9.00	2.60	1.00	6.22	0.70	4.01	0.71	2.64
新密市	8.60	1.20	2.10	3.36	1.20	4.60	4.80	3.80
新郑市	9.62	4.30	3.58	3.10	0.86	4.53	0.76	7.46
登封市	12.20	3.51	1.31	0.51	0.24	3.02	0.09	4.50
开封市	42.60	16.53	7.77	25.94	2.82	21.75	5.03	16.63
洛阳市	90.06	18.95	11.75	34.57	6.18	37.83	4.23	47.18
偃师市	5.50	1.20	2.10	3.30	0.70	3.02	1.10	4.04
平顶山市	28.50	2.89	2.50	8.54	1.27	12.43	1.35	15.82
舞钢市	3.35	1.84	0.18	3.76	0.10	2.49	0.93	3.87
汝州市	13.00	2.50	3.00	4.73	1.18	6.30	0.42	8.98
安阳市	26.72	10.35	3.54	5.81	3.36	18.32	3.24	17.98
林州市	10.38	2.58	0.95	1.10	0.35	3.90	0.28	6.04
鹤壁市	15.41	5.35	4.17	15.40	1.01	10.15	0.90	12.46
新乡市	43.17	11.76	7.07	11.89	2.11	13.81	2.91	27.07
长垣市	11.56	3.18	2.12	7.91	0.38	6.86	0.59	8.12
卫辉市	7.27	2.09	1.52	3.83	0.50	2.58	1.01	3.28
辉县市	10.98	1.37	0.33	1.58	0.50	3.25	0.52	3.40
焦作市	37.14	13.00	5.00	24.00	1.02	14.49	1.56	17.05

续表

地　区	居住用地	公共管理与公共服务用地	商业服务业设施用地	工业用地	物流仓储用地	道路交通设施用地	公用设施用地	绿地与广场用地
沁阳市	7.09	1.40	1.32	0.58	1.19	4.00	1.44	3.37
孟州市	5.53	1.02	0.96	1.24	0.25	4.03	0.61	3.33
濮阳市	22.95	3.20	4.85	4.17	1.35	11.28	2.20	13.55
许昌市	23.73	7.98	5.31	10.52	2.14	16.49	7.41	15.67
禹州市	12.60	5.00	2.08	7.91	1.87	6.59	0.70	8.20
长葛市	4.58	2.70	0.95	4.00	0.90	5.45	0.24	6.50
漯河市	17.03	4.41	2.31	5.92	2.34	12.39	7.83	16.26
三门峡市	29.21	6.04	4.01	9.46	1.06	6.65	0.69	0.94
义马市	3.61	2.05	0.81	3.11	0.60	3.07	0.53	4.88
灵宝市	5.30	3.30	0.91	4.70	0.55	2.99	1.19	3.64
南阳市	48.04	23.13	9.02	24.08	4.61	27.82	5.99	19.52
邓州市	8.56	0.54	3.25	5.96	1.20	7.24	0.84	5.89
商丘市	11.19	6.20	1.82	1.39	0.70	11.30	3.13	30.56
永城市	12.51	4.94	4.65	3.82	0.50	8.99	2.33	9.97
信阳市	35.00	11.76	3.84	17.40	2.84	9.50	1.29	22.77
周口市	22.99	5.92	6.14	6.12	3.52	11.45	4.32	8.67
项城市	10.29	3.97	1.70	2.08	2.08	5.34	1.78	5.80
驻马店市	27.71	8.17	6.41	6.27	1.56	12.13	4.73	12.06
济源示范区	16.34	3.76	2.35	7.72	1.12	7.62	1.89	6.13
湖北	**810.40**	**247.06**	**159.96**	**632.39**	**79.33**	**420.21**	**96.16**	**220.38**
武汉市	270.46	95.37	44.15	217.95	26.16	134.01	28.31	48.12
黄石市	24.59	5.80	2.35	24.37	0.80	17.97	1.51	8.03
大冶市	8.42	2.50	1.39	5.07	—	5.31	1.25	8.51
十堰市	34.73	13.43	4.40	33.95	3.68	12.32	4.23	9.78
丹江口市	7.60	2.25	1.50	6.64	0.12	3.08	0.68	0.72
宜昌市	50.49	13.03	9.77	39.46	8.22	31.32	11.89	16.89
宜都市	6.82	2.77	1.99	4.00	0.75	4.62	4.45	0.97
当阳市	4.32	0.46	0.61	8.62	0.48	3.69	1.32	3.72
枝江市	7.57	1.03	2.41	6.82	0.77	4.61	1.34	3.96
襄阳市	47.63	15.41	12.49	52.31	2.82	31.68	4.37	7.80
老河口市	10.74	1.95	1.34	10.16	0.11	5.66	1.14	0.66
枣阳市	14.00	3.45	6.05	18.57	0.77	6.69	0.55	0.21
宜城市	8.87	1.93	1.39	5.33	0.68	4.82	0.58	4.00
鄂州市	10.28	3.33	2.54	3.87	1.10	5.46	1.85	7.64

续表

地　区	居住用地	公共管理与公共服务用地	商业服务业设施用地	工业用地	物流仓储用地	道路交通设施用地	公用设施用地	绿地与广场用地
荆门市	14.65	5.91	4.21	12.69	1.69	12.62	4.73	11.15
京山市	8.31	2.70	1.31	7.19	0.69	7.01	0.65	3.20
钟祥市	6.33	1.65	0.78	4.86	1.87	5.59	0.35	5.94
孝感市	16.44	3.79	4.41	14.35	2.03	10.72	0.67	4.09
应城市	6.33	2.52	1.71	3.08	0.38	2.74	0.62	2.77
安陆市	7.94	0.58	0.66	2.75	0.76	4.81	0.95	1.62
汉川市	8.61	3.70	6.64	2.67	1.34	3.89	0.51	0.54
荆州市	24.86	10.62	5.55	21.97	2.22	16.38	2.94	11.53
监利市	5.85	3.05	2.75	8.20	7.83	4.40	0.31	1.67
石首市	6.31	1.15	5.36	1.64	1.02	3.29	0.69	1.68
洪湖市	4.79	0.42	1.50	3.67	0.31	4.34	2.38	3.77
松滋市	6.42	2.29	1.40	4.31	0.23	3.10	0.25	2.44
黄冈市	11.37	5.38	2.63	6.27	0.42	0.44	3.90	2.61
麻城市	9.52	3.22	4.03	7.82	1.21	8.62	0.57	5.58
武穴市	9.40	4.00	1.20	2.00	1.60	6.03	2.10	3.95
咸宁市	26.30	2.89	2.16	14.50	0.47	6.85	0.32	5.35
赤壁市	10.50	1.41	1.96	5.81	1.22	5.03	1.84	2.90
随州市	31.92	5.55	3.99	22.20	1.31	10.36	1.32	4.90
广水市	13.45	3.23	2.71	5.10	0.76	6.57	0.81	0.49
恩施市	11.20	5.70	4.30	5.90	2.00	3.50	1.70	7.20
利川市	5.20	1.20	1.40	1.60	0.90	2.05	1.58	5.25
仙桃市	26.58	4.63	2.26	12.69	1.29	10.24	2.28	3.26
潜江市	18.65	4.82	1.70	12.17	0.67	3.49	0.35	1.45
天门市	12.95	3.94	2.96	11.83	0.65	6.90	0.87	6.03
湖南	**700.48**	**215.69**	**130.83**	**273.47**	**41.31**	**247.08**	**73.27**	**167.37**
长沙市	154.11	41.77	29.39	23.18	7.07	55.45	2.85	18.22
宁乡市	20.74	4.58	3.16	20.28	0.61	5.24	0.56	8.12
浏阳市	8.60	2.80	2.10	2.10	0.90	1.20	1.35	9.50
株洲市	58.27	16.60	4.63	36.04	0.23	29.30	0.51	0.32
醴陵市	11.92	5.23	2.35	5.71	1.06	1.76	0.04	2.32
湘潭市	49.75	20.68	7.02	31.63	2.38	16.49	1.05	6.92
湘乡市	8.31	1.83	1.81	5.40	0.71	3.82	0.52	1.10
韶山市	1.20	0.55	0.78	0.90	—	0.62	0.26	0.79
衡阳市	45.92	14.20	7.70	29.70	3.10	21.50	3.90	11.83

续表

地 区	居住用地	公共管理与公共服务用地	商业服务业设施用地	工业用地	物流仓储用地	道路交通设施用地	公用设施用地	绿地与广场用地
耒阳市	11.60	6.50	1.60	4.60	1.40	2.20	1.35	3.30
常宁市	18.61	3.36	3.45	3.00	0.35	5.88	0.18	2.68
邵阳市	28.52	9.52	5.23	4.85	3.21	6.35	5.38	13.52
武冈市	8.59	2.32	3.02	1.20	1.05	2.27	1.70	2.22
邵东市	7.39	6.45	2.46	0.15	1.86	2.69	0.20	2.75
岳阳市	28.68	11.52	6.92	20.17	4.21	6.35	12.15	15.20
汨罗市	6.52	1.56	0.94	0.81	0.11	4.30	0.17	2.60
临湘市	6.09	0.98	0.87	3.17	0.08	2.02	0.19	2.74
常德市	34.92	10.85	8.77	18.25	2.48	19.08	2.84	10.05
津市市	6.41	1.79	0.50	4.92	0.25	2.02	0.35	2.47
张家界市	16.19	2.00	4.78	2.98	0.61	5.07	0.61	5.85
益阳市	31.30	11.21	4.47	9.47	—	5.46	16.97	5.90
沅江市	9.34	1.39	0.30	0.58	—	0.52	2.52	2.12
郴州市	33.92	6.72	3.74	6.94	1.71	16.87	1.35	8.60
资兴市	6.52	1.19	0.87	7.74	0.56	1.13	0.24	2.12
永州市	16.45	5.58	7.25	8.04	2.31	10.09	8.37	9.16
怀化市	19.60	8.01	8.69	2.21	2.08	8.73	0.62	4.36
洪江市	4.70	1.12	0.21	1.86	0.39	1.83	1.11	3.66
娄底市	16.75	5.99	4.95	12.02	1.28	3.56	4.07	4.88
冷水江市	5.06	1.19	0.47	2.17	0.21	2.38	0.28	2.29
涟源市	4.50	2.70	2.10	2.40	0.40	1.40	0.68	0.88
吉首市	20.00	5.50	0.30	1.00	0.70	1.50	0.90	0.90
广东	**1793.75**	**447.39**	**399.36**	**1551.57**	**108.33**	**1125.41**	**102.64**	**364.03**
广州市	223.18	111.70	58.42	194.34	21.07	79.20	7.17	26.96
韶关市	43.85	11.84	6.32	32.81	2.38	13.62	1.45	10.63
乐昌市	7.61	1.85	2.18	4.44	0.34	1.62	0.44	2.78
南雄市	1.54	1.27	0.94	3.03	0.03	0.80	0.06	0.09
深圳市	227.48	37.72	60.65	273.42	20.24	237.88	24.00	72.67
珠海市	107.28	31.76	35.87	100.59	4.41	103.44	4.88	13.77
汕头市	119.59	14.79	12.23	55.24	4.63	40.35	5.69	8.31
佛山市	52.49	12.48	16.47	29.24	2.72	26.36	3.80	9.84
江门市	30.97	8.99	6.91	64.37	0.63	28.73	2.27	15.14
台山市	11.76	2.47	1.93	5.29	0.06	6.27	0.20	3.97
开平市	10.89	1.68	1.51	4.84	0.19	3.22	0.18	0.66

续表

地　区	居住用地	公共管理与公共服务用地	商业服务业设施用地	工业用地	物流仓储用地	道路交通设施用地	公用设施用地	绿地与广场用地
鹤山市	11.62	3.76	0.68	4.22	0.80	4.98	0.72	3.80
恩平市	14.09	2.36	1.02	12.30	0.13	3.93	0.78	1.52
湛江市	43.05	11.58	13.70	4.15	4.18	15.05	2.00	16.41
廉江市	15.28	3.42	1.93	4.80	1.16	8.51	0.31	3.59
雷州市	9.69	2.91	6.60	0.66	0.75	2.18	3.34	2.73
吴川市	11.45	1.74	1.63	1.75	0.37	3.37	1.40	5.73
茂名市	34.43	7.34	3.88	22.50	2.06	17.24	2.66	9.40
高州市	14.58	3.62	1.81	6.64	1.04	4.42	0.66	5.02
化州市	11.49	1.54	1.35	3.37	0.86	7.89	0.90	8.50
信宜市	10.11	0.87	1.75	2.30	0.45	1.39	3.40	6.95
肇庆市	37.63	12.20	7.31	32.43	2.34	23.36	1.24	8.84
四会市	9.80	1.65	2.66	7.86	0.86	4.77	1.10	0.31
惠州市	95.86	18.26	19.60	71.36	6.67	40.79	8.72	31.73
梅州市	23.18	6.07	4.62	5.02	0.32	8.10	0.54	6.22
兴宁市	9.66	2.13	2.50	0.70	1.35	3.39	0.70	8.08
汕尾市	9.95	2.99	1.80	4.54	0.32	3.81	0.90	1.95
陆丰市	6.95	1.35	0.89	3.32	0.03	3.50	0.25	1.52
河源市	—	—	—	—	—	—	—	—
阳江市	29.90	5.77	5.80	18.53	0.52	13.52	0.84	13.15
阳春市	16.00	1.00	2.00	4.81	0.39	4.74	0.61	0.10
清远市	29.54	12.13	2.51	9.76	1.80	15.27	0.60	2.34
英德市	8.22	5.97	2.15	2.68	0.42	4.18	2.34	4.65
连州市	4.70	0.05	0.03	1.87	—	4.78	0.39	4.30
东莞市	312.06	66.69	77.78	424.55	17.78	271.49	11.54	12.42
中山市	49.70	9.13	11.17	28.83	1.76	27.84	0.52	4.55
潮州市	29.74	4.64	5.16	28.27	0.80	17.37	0.91	19.58
揭阳市	47.95	12.08	7.15	56.06	2.09	53.63	1.51	1.71
普宁市	36.87	3.00	4.03	7.78	0.55	8.19	0.89	6.97
云浮市	8.72	3.15	2.67	6.57	1.48	2.41	2.36	3.46
罗定市	14.89	3.44	1.75	6.33	0.35	3.82	0.37	3.68
广西	**455.84**	**142.71**	**94.03**	**214.80**	**50.16**	**289.25**	**58.22**	**267.28**
南宁市	99.63	36.57	23.41	19.23	7.74	54.67	18.77	60.30
柳州市	65.34	22.04	14.38	56.90	10.03	49.93	4.72	25.16
桂林市	43.35	15.07	10.15	15.79	3.37	21.09	1.55	20.61

续表

地　区	居住用地	公共管理与公共服务用地	商业服务业设施用地	工业用地	物流仓储用地	道路交通设施用地	公用设施用地	绿地与广场用地
荔浦市	3.16	0.71	0.68	0.22	0.19	3.13	0.19	3.49
梧州市	20.73	6.21	3.92	10.19	2.39	10.32	2.70	8.39
岑溪市	9.56	1.35	0.70	1.95	0.12	4.24	0.12	4.22
北海市	28.65	7.60	6.11	8.32	1.12	19.00	1.08	13.07
防城港市	11.55	2.99	4.12	9.05	4.61	8.96	1.29	7.69
东兴市	2.72	1.47	1.36	1.17	0.43	2.82	0.60	2.38
钦州市	18.12	6.75	5.39	21.68	4.50	14.48	1.18	17.89
贵港市	24.38	7.02	3.16	15.53	2.60	15.58	3.12	12.75
桂平市	7.68	2.70	2.16	6.85	1.16	6.31	0.46	10.06
玉林市	28.20	7.24	5.09	0.50	1.98	13.69	2.90	12.43
北流市	8.30	0.42	0.75	2.69	0.28	5.90	0.83	9.81
百色市	20.99	5.96	1.71	8.65	2.61	10.93	3.26	9.41
平果市	7.30	2.02	1.56	7.00	1.12	5.39	1.13	6.91
靖西市	7.50	0.65	0.20	2.90	0.10	3.84	0.35	2.72
贺州市	13.27	6.43	3.40	8.49	0.70	9.48	2.02	10.84
河池市	9.49	2.76	1.16	5.67	1.16	9.21	3.04	10.34
来宾市	12.78	2.75	2.57	7.62	1.96	11.48	6.27	7.06
合山市	3.25	0.11	0.06	0.98	0.01	0.96	0.18	1.83
崇左市	7.10	2.33	1.10	3.00	0.71	6.10	1.80	7.80
凭祥市	2.79	1.56	0.89	0.42	1.27	1.74	0.66	2.12
海南	**134.02**	**52.20**	**42.69**	**22.13**	**3.99**	**69.69**	**4.03**	**44.29**
海口市	54.20	26.00	10.00	9.20	0.60	35.00	0.79	21.00
三亚市	27.85	14.29	25.49	6.97	2.08	15.15	0.78	10.56
儋州市	13.71	3.31	1.67	2.35	0.48	4.20	0.90	5.58
五指山市	3.00	1.50	0.05	0.01	—	3.00	0.80	2.43
琼海市	11.01	1.98	1.58	0.69	0.23	2.56	0.11	0.10
文昌市	6.77	1.90	1.83	0.63	0.12	3.58	0.29	1.66
万宁市	5.34	1.10	0.78	0.75	0.05	1.91	0.15	1.45
东方市	12.14	2.12	1.29	1.53	0.43	4.29	0.21	1.51
重庆	**417.60**	**139.10**	**86.27**	**299.12**	**31.41**	**313.19**	**31.72**	**134.21**
重庆市	417.60	139.10	86.27	299.12	31.41	313.19	31.72	134.21
四川	**936.43**	**260.19**	**230.74**	**497.94**	**81.91**	**510.65**	**68.36**	**406.96**
成都市	306.58	83.01	78.71	141.25	19.74	168.00	10.91	101.45
都江堰市	19.89	2.31	4.22	0.41	0.20	7.31	0.28	4.10

续表

地　区	居住用地	公共管理与公共服务用地	商业服务业设施用地	工业用地	物流仓储用地	道路交通设施用地	公用设施用地	绿地与广场用地
彭州市	7. 46	2. 24	6. 57	2. 22	0. 90	3. 75	1. 28	3. 94
邛崃市	11. 30	1. 71	2. 05	7. 69	0. 05	2. 62	0. 15	0. 82
崇州市	7. 17	2. 04	2. 52	8. 05	0. 26	4. 30	0. 28	6. 33
简阳市	9. 12	5. 23	3. 14	2. 72	2. 29	5. 11	2. 16	9. 75
自贡市	42. 33	6. 94	6. 60	29. 45	2. 21	14. 63	3. 31	22. 83
攀枝花市	21. 91	4. 66	6. 57	23. 81	3. 44	6. 91	3. 95	9. 99
泸州市	40. 29	13. 59	7. 87	27. 89	1. 89	37. 52	2. 95	41. 51
德阳市	27. 84	8. 30	4. 46	24. 85	1. 45	20. 97	2. 18	4. 85
广汉市	10. 22	2. 82	2. 22	11. 69	1. 33	6. 44	0. 50	4. 28
什邡市	4. 73	0. 65	1. 39	2. 96	0. 51	3. 10	2. 42	1. 88
绵竹市	5. 59	1. 75	1. 10	1. 96	0. 31	2. 13	0. 07	0. 54
绵阳市	52. 48	12. 24	12. 40	32. 08	3. 58	30. 06	3. 10	21. 64
江油市	10. 20	3. 10	1. 42	6. 37	0. 60	6. 25	0. 37	6. 23
广元市	16. 18	6. 77	4. 40	11. 65	1. 65	10. 24	3. 33	11. 59
遂宁市	26. 35	4. 85	6. 47	13. 44	1. 40	14. 65	3. 08	10. 81
射洪市	6. 00	2. 49	1. 80	3. 01	1. 01	5. 07	0. 58	10. 90
内江市	34. 35	8. 96	5. 88	17. 02	2. 98	17. 05	1. 96	7. 02
隆昌市	7. 30	3. 97	1. 14	4. 06	1. 20	4. 82	0. 45	2. 76
乐山市	25. 44	9. 23	7. 68	9. 02	1. 16	13. 06	0. 94	10. 94
峨眉山市	10. 42	3. 34	3. 12	1. 69	0. 11	2. 19	0. 36	2. 52
南充市	60. 00	16. 44	10. 41	23. 63	7. 73	23. 62	7. 05	11. 60
阆中市	11. 00	3. 15	2. 80	6. 00	1. 60	4. 90	1. 20	5. 73
眉山市	24. 74	5. 21	8. 97	7. 44	1. 61	9. 19	3. 99	4. 40
宜宾市	32. 60	15. 96	7. 32	32. 52	7. 95	31. 22	2. 05	22. 09
广安市	25. 11	3. 99	3. 26	12. 12	4. 19	7. 47	1. 72	7. 03
华蓥市	4. 50	1. 26	0. 49	2. 65	0. 11	2. 07	1. 35	3. 37
达州市	23. 94	5. 30	7. 09	5. 82	5. 23	21. 24	2. 07	17. 50
万源市	8. 64	0. 93	1. 18	0. 52	0. 54	1. 08	0. 65	1. 81
雅安市	9. 72	4. 03	2. 77	9. 33	0. 48	8. 82	1. 20	3. 07
巴中市	1. 52	1. 02	1. 12	1. 82	1. 23	1. 52	1. 21	13. 12
资阳市	10. 20	5. 30	7. 66	3. 27	1. 03	5. 68	0. 56	18. 80
马尔康市	1. 73	0. 85	0. 23	0. 09	0. 02	0. 73	0. 07	0. 71
康定市	1. 55	0. 92	0. 82	0. 06	0. 16	0. 91	0. 25	0. 35
西昌市	18. 03	5. 63	4. 89	9. 38	1. 76	6. 02	0. 38	0. 70

续表

地　区	居住用地	公共管理与公共服务用地	商业服务业设施用地	工业用地	物流仓储用地	道路交通设施用地	公用设施用地	绿地与广场用地
贵州	**319. 35**	**117. 05**	**89. 05**	**170. 43**	**25. 09**	**172. 37**	**20. 84**	**105. 51**
贵阳市	96. 41	39. 15	27. 33	60. 07	9. 51	60. 54	5. 32	46. 63
清镇市	10. 43	6. 61	3. 07	4. 85	0. 70	6. 77	0. 39	0. 33
六盘水市	16. 79	4. 88	3. 42	3. 90	0. 52	5. 00	0. 47	0. 75
盘州市	9. 90	1. 84	2. 66	3. 20	0. 99	4. 22	0. 40	3. 09
遵义市	39. 41	14. 86	11. 40	24. 90	1. 93	37. 98	4. 30	13. 69
赤水市	3. 40	1. 53	1. 06	3. 14	0. 07	1. 22	0. 13	8. 50
仁怀市	9. 00	2. 00	1. 00	4. 00	2. 00	1. 50	1. 30	3. 50
安顺市	24. 56	5. 84	5. 69	11. 40	2. 86	11. 72	1. 90	5. 68
毕节市	16. 40	9. 55	3. 56	12. 10	0. 37	4. 88	1. 27	2. 60
铜仁市	18. 83	3. 04	4. 90	7. 61	1. 19	7. 77	1. 28	5. 74
兴义市	22. 13	8. 14	8. 02	8. 40	1. 50	9. 11	1. 18	6. 17
兴仁市	4. 73	1. 56	1. 51	0. 94	0. 24	2. 68	0. 11	2. 12
凯里市	28. 35	7. 75	7. 11	11. 36	1. 08	7. 99	0. 89	2. 92
都匀市	13. 40	9. 03	7. 04	11. 31	1. 67	7. 95	1. 37	2. 56
福泉市	5. 61	1. 27	1. 28	3. 25	0. 46	3. 04	0. 53	1. 23
云南	**428. 22**	**135. 70**	**101. 73**	**130. 52**	**35. 91**	**186. 77**	**34. 90**	**184. 52**
昆明市	193. 91	47. 58	40. 92	57. 04	12. 02	54. 23	8. 64	50. 20
安宁市	7. 34	9. 97	1. 41	7. 98	0. 27	4. 94	0. 32	4. 27
曲靖市	37. 74	9. 57	7. 43	9. 68	2. 05	17. 93	1. 11	15. 19
宣威市	10. 63	5. 33	1. 65	4. 60	1. 80	5. 17	4. 68	4. 80
玉溪市	7. 88	2. 50	1. 86	4. 60	3. 23	11. 03	0. 51	6. 64
澄江市	1. 72	0. 01	0. 01	0. 01	0. 01	0. 86	0. 01	1. 34
保山市	10. 52	2. 92	2. 56	1. 90	0. 80	8. 51	0. 70	10. 11
腾冲市	9. 45	2. 14	3. 52	2. 82	0. 20	3. 58	0. 23	6. 38
昭通市	12. 40	4. 46	2. 45	5. 16	1. 20	7. 47	1. 47	6. 25
水富市	2. 00	0. 84	1. 00	1. 17	0. 20	1. 50	0. 12	1. 06
丽江市	4. 92	2. 43	2. 60	2. 10	3. 00	3. 70	1. 80	4. 20
普洱市	5. 38	5. 05	2. 64	0. 49	2. 30	4. 47	0. 51	5. 65
临沧市	8. 00	1. 10	3. 20	1. 80	0. 55	4. 17	1. 25	2. 35
楚雄市	18. 70	5. 35	2. 65	5. 39	0. 48	7. 20	0. 27	8. 12
个旧市	5. 11	1. 62	0. 78	3. 10	0. 08	1. 84	0. 16	6. 53
开远市	7. 53	2. 82	2. 11	2. 74	2. 14	2. 26	2. 75	4. 54
蒙自市	7. 12	2. 15	2. 52	2. 27	0. 19	7. 15	2. 68	5. 61

续表

地　区	居住用地	公共管理与公共服务用地	商业服务业设施用地	工业用地	物流仓储用地	道路交通设施用地	公用设施用地	绿地与广场用地
弥勒市	5.89	2.77	0.29	0.97	0.49	3.70	2.66	5.07
文山市	9.89	6.06	6.13	4.11	1.90	6.18	0.83	4.76
景洪市	12.02	3.15	2.03	0.01	0.65	6.48	1.35	12.08
大理市	16.03	7.50	3.56	4.98	1.31	8.54	1.68	9.28
瑞丽市	8.84	1.50	5.01	1.80	0.30	5.42	0.13	3.90
芒市	14.78	6.22	3.48	5.55	0.59	7.90	0.73	1.56
泸水市	2.56	1.31	0.57	0.14	0.05	1.17	0.10	0.09
香格里拉市	7.86	1.35	1.35	0.11	0.10	1.37	0.21	4.54
西藏	**35.38**	**23.69**	**15.29**	**15.67**	**4.12**	**24.23**	**9.68**	**29.45**
拉萨市	17.61	7.65	8.11	11.49	1.46	16.78	5.98	10.76
日喀则市	7.50	5.80	2.00	2.00	1.30	2.75	1.50	5.10
昌都市	0.60	5.10	0.38	0.63	0.01	0.55	0.20	1.32
林芝市	1.20	1.10	1.80	0.40	0.30	0.90	1.30	5.40
山南市	2.10	1.36	0.80	0.40	0.32	1.13	0.19	4.50
那曲市	6.37	2.68	2.20	0.75	0.73	2.12	0.51	2.37
陕西	**428.26**	**133.91**	**103.73**	**175.04**	**33.30**	**213.33**	**26.52**	**232.26**
西安市	246.08	88.22	55.81	109.73	20.37	104.04	8.79	67.65
铜川市	17.39	4.47	3.04	9.45	0.36	8.66	0.69	4.79
宝鸡市	22.30	4.88	11.50	11.51	2.51	14.47	3.03	24.02
咸阳市	21.66	5.81	3.18	15.32	0.77	15.10	0.23	11.92
彬州市	3.50	0.75	0.26	0.28	0.15	1.96	0.54	2.08
兴平市	6.59	1.10	0.50	4.28	0.16	3.42	0.20	6.64
渭南市	24.20	5.75	3.36	5.55	1.58	8.92	1.54	15.02
韩城市	6.57	0.75	1.10	0.85	0.80	3.15	0.80	4.18
华阴市	5.00	1.42	1.96	2.25	0.43	1.71	0.75	3.72
延安市	13.81	2.33	2.37	2.13	0.24	6.01	0.90	13.19
子长市	4.16	1.23	0.06	0.02	0.03	1.48	0.03	3.99
汉中市	12.98	4.13	6.64	6.34	1.55	9.37	2.89	13.34
榆林市	16.91	2.45	4.61	3.57	0.91	16.89	1.32	20.45
神木市	7.11	3.20	1.65	1.06	0.36	5.78	0.61	9.90
安康市	13.20	1.65	1.17	0.79	0.15	5.75	2.60	19.69
商洛市	3.10	2.30	2.60	0.60	2.00	2.80	0.60	5.70
杨凌区	3.70	3.47	3.92	1.31	0.93	3.82	1.00	5.98
甘肃	**232.51**	**83.34**	**67.90**	**205.32**	**41.70**	**133.55**	**35.99**	**118.95**
兰州市	85.68	35.49	32.02	80.72	18.73	55.25	7.63	16.83

续表

地　区	居住用地	公共管理与公共服务用地	商业服务业设施用地	工业用地	物流仓储用地	道路交通设施用地	公用设施用地	绿地与广场用地
嘉峪关市	12.65	5.58	6.58	53.01	3.82	15.85	0.69	8.90
金昌市	8.22	3.01	1.67	18.53	1.46	5.76	1.49	5.69
白银市	17.79	5.81	3.34	22.36	1.42	6.46	4.16	6.48
天水市	11.20	3.24	4.00	10.33	5.79	6.07	4.17	15.20
武威市	14.13	2.22	2.75	0.29	0.30	6.34	0.40	7.61
张掖市	18.65	3.19	3.18	2.01	2.57	3.87	4.25	7.26
平凉市	14.48	3.63	2.42	3.21	2.01	7.13	1.10	7.73
华亭市	4.97	2.35	0.05	0.48	0.52	2.61	0.82	3.00
酒泉市	11.55	4.60	5.26	3.70	1.35	5.43	1.29	13.67
玉门市	1.80	1.52	0.81	3.34	0.37	2.44	0.30	1.37
敦煌市	2.36	0.87	2.15	0.50	0.22	2.76	0.37	6.16
庆阳市	4.99	4.68	0.04	1.15	0.60	3.54	2.25	7.78
定西市	5.73	2.00	0.05	2.90	1.52	3.02	5.55	4.17
陇南市	6.64	0.86	0.40	0.16	0.02	2.00	0.70	2.00
临夏市	8.82	3.09	2.18	1.53	0.00	3.19	0.32	2.77
合作市	2.85	1.20	1.00	1.10	1.00	1.83	0.50	2.33
青海	**66.01**	**17.17**	**13.70**	**16.49**	**17.17**	**40.06**	**10.81**	**43.26**
西宁市	28.88	6.84	3.05	4.60	8.71	18.45	6.34	25.95
海东市	7.42	1.97	1.29	0.99	1.61	6.97	1.16	5.71
同仁市	3.15	1.17	0.05	0.38	0.07	1.49	0.40	0.79
玉树市	5.16	0.34	0.42	0.05	0.47	2.24	0.52	4.84
茫崖市	1.68	0.60	3.58	2.06	0.56	0.95	0.28	0.14
格尔木市	15.43	2.51	2.75	4.41	4.83	6.54	0.95	2.48
德令哈市	4.29	3.74	2.56	4.00	0.92	3.42	1.16	3.35
宁夏	**134.07**	**42.41**	**35.47**	**45.07**	**10.32**	**84.67**	**10.81**	**88.78**
银川市	61.85	21.27	18.38	19.18	3.90	32.98	5.97	31.21
灵武市	5.50	1.56	1.46	4.09	0.08	2.73	0.23	4.62
宁东能源化工基地	0.50	1.00	0.50	0.10	0.00	2.04	1.00	3.26
石嘴山市	21.86	2.94	3.82	10.01	0.20	20.28	1.00	20.14
吴忠市	14.53	3.88	4.40	6.52	0.77	7.09	0.58	8.27
青铜峡市	9.84	5.62	2.50	2.90	2.37	4.30	0.87	3.28
固原市	10.50	3.56	2.15	1.51	2.40	8.90	0.52	10.98
中卫市	9.49	2.58	2.26	0.76	0.60	6.35	0.64	7.02

续表

地　区	居住用地	公共管理与公共服务用地	商业服务业设施用地	工业用地	物流仓储用地	道路交通设施用地	公用设施用地	绿地与广场用地
新疆	**366. 70**	**107. 60**	**101. 27**	**189. 30**	**56. 11**	**182. 85**	**50. 91**	**169. 41**
乌鲁木齐市	128. 29	39. 93	32. 31	101. 13	30. 58	71. 34	11. 10	41. 56
克拉玛依市	24. 44	10. 45	6. 52	4. 25	0. 62	13. 37	2. 86	10. 94
吐鲁番市	9. 24	1. 42	1. 16	1. 06	0. 80	3. 91	0. 50	3. 76
哈密市	20. 17	4. 65	4. 44	2. 25	1. 57	6. 79	4. 18	8. 20
昌吉市	21. 32	4. 52	6. 39	10. 24	1. 55	13. 36	0. 95	6. 52
阜康市	4. 74	1. 38	1. 22	0. 40	1. 14	3. 03	1. 24	9. 35
博乐市	10. 02	1. 90	3. 21	4. 04	1. 28	2. 41	1. 09	2. 39
阿拉山口市	0. 13	0. 74	0. 46	2. 39	0. 09	1. 50	0. 91	5. 67
库尔勒市	24. 10	7. 90	9. 45	20. 57	3. 21	13. 00	11. 10	9. 50
阿克苏市	23. 05	5. 52	3. 36	4. 22	1. 52	6. 44	2. 04	17. 44
库车市	7. 09	1. 03	4. 62	1. 13	2. 05	5. 53	1. 03	9. 27
阿图什市	4. 54	3. 39	2. 05	0. 45	0. 26	2. 04	0. 54	1. 59
喀什市	26. 42	5. 04	9. 44	19. 26	6. 52	14. 82	3. 03	13. 48
和田市	13. 55	5. 12	3. 09	6. 70	1. 88	3. 94	2. 15	9. 93
伊宁市	16. 00	3. 90	3. 30	3. 22	0. 55	8. 60	2. 32	4. 50
奎屯市	5. 38	3. 30	4. 90	1. 78	0. 31	3. 90	4. 40	6. 20
霍尔果斯市	2. 87	0. 60	0. 10	1. 11	0. 20	1. 38	0. 20	0. 30
塔城市	12. 60	2. 63	1. 34	1. 47	0. 52	1. 62	0. 56	0. 07
乌苏市	7. 57	1. 90	1. 46	3. 51	1. 20	2. 47	0. 70	4. 54
阿勒泰市	5. 18	2. 28	2. 45	0. 12	0. 26	3. 40	0. 01	4. 20
新疆生产建设兵团	**53. 68**	**19. 54**	**17. 04**	**27. 54**	**4. 58**	**32. 82**	**5. 12**	**31. 38**
石河子市	20. 67	5. 48	3. 86	9. 13	2. 00	8. 75	1. 13	6. 55
阿拉尔市	4. 15	2. 74	1. 42	5. 64	0. 68	2. 01	1. 96	2. 58
图木舒克市	—	—	2. 26	2. 92	0. 20	2. 44	0. 20	7. 24
五家渠市	—	—	2. 56	0. 81	0. 92	1. 15	0. 60	1. 69
北屯市	6. 11	2. 16	2. 68	2. 18	0. 72	5. 47	0. 33	1. 77
铁门关市	1. 06	1. 86	0. 17	0. 22	0. 05	1. 66	0. 06	1. 45
双河市	5. 96	0. 72	2. 63	1. 34	0. 00	2. 77	0. 06	1. 61
可克达拉市	2. 93	1. 15	0. 49	1. 84	0. 00	4. 41	0. 63	7. 51
昆玉市	1. 22	2. 77	0. 77	3. 16	0. 01	3. 22	0. 10	0. 89
胡杨河市	1. 88	0. 15	0. 20	0. 30	—	0. 94	0. 05	0. 09

数据来源：住房和城乡建设部。

（二）城市市政公用设施投资及建设情况

表 3-112　2016—2020 年全国城市市政公用设施建设固定资产投资

单位：亿元，%

年份	投资完成额	增长率	占同期全社会固定资产投资比重	占同期国内生产总值的比重
2016	17460.0	7.75	2.88	2.35
2017	19327.6	10.70	3.01	2.34
2018	20123.2	4.12	3.12	2.24
2019	20126.3	0.02	3.59	2.03
2020	22283.9	10.72	4.23	2.19

数据来源：住房和城乡建设部。

表 3-113　2020 年全国及各地区城市市政公用设施建设固定资产投资（1）

单位：万元

地　区	本年完成投资	供水	燃气	集中供热	轨道交通	道路桥梁	地下综合管廊
全　国	**222839259**	**7494247**	**2386063**	**3938223**	**64208400**	**78143056**	**4535653**
北　京	15018987	270694	95627	239518	3635356	2892972	212376
天　津	4472897	126985	7360	30822	2889494	667000	1757
河　北	5824553	211074	129400	351885	604245	1718421	618721
上　海	4737785	277846	110168	0	1685400	1511068	17228
江　苏	19750553	1084780	280326	0	6677754	6941313	158744
浙　江	21536367	376283	112727	0	8921478	7874608	297598
福　建	7772480	320497	90558	0	2832249	2243282	112312
山　东	14813282	570940	177169	834392	2575469	6255528	220529
广　东	16046482	494635	275941	0	4937442	5070595	323752
海　南	796634	4322	179	0	24484	524460	14058
山　西	3442802	155717	42722	580106	100298	1548538	93554
安　徽	8100502	302411	130817	30288	2152109	3005310	195598
江　西	8267983	196158	64155	0	1636112	3107505	130602
河　南	10283775	195274	91631	292446	3501312	2959581	165282
湖　北	9905417	300569	46746	22699	3117944	3418080	700427
湖　南	8110697	68837	144976	0	1716535	3560542	51379
内蒙古	2218088	112517	2779	412670	458800	478401	52411
广　西	5602130	193880	84407	0	765689	2535208	364073
重　庆	9735406	362361	49010	0	2961139	4372267	60138
四　川	16261380	353994	64559	0	5190517	7307331	23795
贵　州	3433850	66248	9188	3000	1095700	1223693	22983
云　南	3567543	173833	25678	0	1228662	1008789	109913
西　藏	123406	53	0	0	0	110312	0
陕　西	9342694	90515	63053	258842	2878471	3280428	321780
甘　肃	1731720	125803	22701	84135	144598	658873	23223
青　海	290528	2791	6671	201	0	138901	49134
宁　夏	811741	190975	28384	159172	0	206974	17061

续表

地　区	本年完成投资	供水	燃气	集中供热	轨道交通	道路桥梁	地下综合管廊
新　疆	2024330	210247	39572	141776	84467	756576	60152
辽　宁	3100602	188441	91060	156943	980529	835338	0
吉　林	2494431	63683	67778	67660	574773	1110641	91956
黑龙江	2756836	352097	21593	194724	837374	743187	0

数据来源：住房和城乡建设部。

表 3-114　2020 年全国及各地区城市市政公用设施建设固定资产投资（2）

单位：万元

地　区	排　水				园林绿化	市容环境卫生		其　他	本年新增固定资产
		污水处理	污泥处置	再生水利用			垃圾处理		
全　国	**21147815**	**10130699**	**368561**	**303299**	**16262894**	**8626479**	**7057970**	**16096428**	**99164527**
北　京	492303	118152	0	30744	2108501	205498	1314	4866142	3454315
天　津	259944	124307	767	11272	110128	337660	334519	41747	844938
河　北	744141	205358	34531	4190	767982	570850	496778	107834	2584971
上　海	656790	607534	30000	0	135580	73381	73381	270324	1946176
江　苏	1288994	656010	23571	21481	2030989	935347	846194	352306	8240125
浙　江	880725	592407	38965	1549	1444405	613912	537604	1014631	9930510
福　建	1152463	784218	720	489	426251	362071	341093	232797	2425330
山　东	1714291	543810	33633	35448	1137375	395605	332055	931984	4797993
广　东	3184359	2396940	16181	1535	248786	1021509	973041	489463	5756953
海　南	62352	18069	0	0	26059	56861	24586	83858	131006
山　西	133519	62478	0	400	440029	54152	44129	294167	1017249
安　徽	1139228	402888	10116	26392	522066	364071	252492	258603	2418892
江　西	885777	311529	5109	0	564237	433840	277579	1249597	3365764
河　南	698594	269060	3260	5102	1717180	593653	482619	68821	7254403
湖　北	1284270	295134	10094	0	426805	73513	65993	514363	3080003
湖　南	630945	507670	1091	282	310632	223679	210333	1403171	1679841
内蒙古	232689	34684	1000	61901	141480	82370	55957	243970	644122
广　西	892819	91237	60256	0	293324	209277	199575	263453	3738715
重　庆	599239	87282	2835	568	837977	321519	306885	171756	5422203
四　川	1411669	748266	12335	17827	958132	569378	408486	382005	18882766
贵　州	143028	30291	0	7165	35870	89178	87955	744962	488740
云　南	268812	112736	17023	3500	262110	138752	129350	350995	2676760
西　藏	3041	0	0	0	10000	0	0	0	29160
陕　西	507291	218895	6920	345	751768	342274	114987	848272	1818558
甘　肃	278793	242824	3000	13519	110130	37652	12178	245813	1191923
青　海	23888	10658	0	914	29723	10664	0	28555	148155
宁　夏	134053	77999	0	4995	37658	1610	502	35854	272206
新　疆	244654	144992	17000	43118	182938	166888	148686	137060	1121529
辽　宁	534108	120303	20113	0	72307	90588	77486	151288	1172531
吉　林	260370	102889	1497	500	59740	46951	43304	150879	1190917
黑龙江	327833	168128	16746	757	37865	148855	144240	93308	1158510

数据来源：住房和城乡建设部。

表 3-115　2020 年全国及各地区城市设施水平

地　区	城市供水普及率（%）	城市燃气普及率（%）	每万人拥有公共汽电车辆（标台）	人均城市道路面积（平方米）	人均公园绿地面积（平方米）	每万人拥有公共厕所（座）
全　国	**98.99**	**97.87**	**12.88**	**18.04**	**14.78**	**3.07**
北　京	98.39	100.00	17.02	7.67	16.59	3.22
天　津	100.00	100.00	11.54	14.91	10.31	3.63
河　北	100.00	99.72	13.29	21.06	15.30	3.39
上　海	100.00	100.00	9.21	4.76	9.05	2.34
江　苏	100.00	99.92	15.61	25.60	15.34	4.23
浙　江	100.00	100.00	14.75	19.08	13.59	3.05
福　建	99.90	99.21	14.18	18.83	14.94	4.57
山　东	99.84	99.31	15.56	25.64	17.68	2.01
广　东	98.49	98.99	11.85	13.26	18.14	1.94
海　南	98.02	98.95	12.53	17.91	11.62	3.68
山　西	99.60	98.70	11.01	18.41	13.51	2.49
安　徽	99.60	99.24	13.02	24.29	14.88	2.68
江　西	98.62	97.59	9.73	19.81	14.80	3.27
河　南	98.19	96.83	12.20	15.32	14.43	4.06
湖　北	99.56	98.40	11.36	18.89	13.83	2.71
湖　南	98.94	97.29	17.25	19.72	12.16	2.49
内蒙古	99.50	97.26	11.51	23.93	19.20	7.85
广　西	99.68	99.36	9.41	23.76	12.85	1.52
重　庆	94.69	96.16	10.05	14.65	16.50	2.98
四　川	98.28	97.41	12.10	18.13	14.40	2.68
贵　州	98.90	94.55	11.29	21.23	17.04	2.92
云　南	98.10	78.65	12.90	16.62	12.27	5.02
西　藏	98.78	63.20	8.30	20.74	12.02	7.77
陕　西	97.88	98.62	14.07	16.73	12.79	4.86
甘　肃	98.15	94.80	13.33	20.25	15.15	3.26
青　海	98.69	93.81	13.87	18.91	12.45	3.44
宁　夏	98.87	97.52	11.85	26.78	21.02	2.99
新　疆	99.52	98.39	13.06	25.30	14.02	2.67
辽　宁	99.71	98.75	12.30	16.21	13.40	2.07
吉　林	95.60	92.93	10.07	15.71	12.94	3.55
黑龙江	98.99	90.82	13.99	15.59	12.77	4.27

数据来源：国家统计局。

表 3-116　2020 年全国及各地区城市供水情况

地　区	年末供水综合生产能力（万立方米/日）	年末供水管道长度（公里）	全年供水总量（万立方米）			用水人口（万人）	人均日生活用水量（升）
				生活用水	生产用水		
全　国	**32072.7**	**1006910**	**6295420**	**3484644**	**1563872**	**53217.4**	**179.4**
北　京	1788.2	20535	147793	106125	15256	1885.6	154.2
天　津	480.7	21613	96013	49592	29495	1174.4	115.7
河　北	831.6	22874	157497	90651	43264	1950.3	127.3
上　海	1221.0	39553	288577	180726	41367	2428.1	203.9
江　苏	3490.4	119680	587581	284989	183945	3538.0	220.7
浙　江	2039.1	90785	424104	227555	140118	2833.0	220.1
福　建	890.0	31722	188913	108662	38226	1388.1	214.5
山　东	1908.1	59513	379082	173507	155140	3982.8	119.4
广　东	3949.1	128119	956867	539389	224642	6241.1	236.8
海　南	199.0	6984	50766	34652	3025	344.9	275.3
山　西	420.9	13822	87146	59001	18831	1207.6	133.9
安　徽	1079.0	36257	238126	127887	70811	1775.2	197.4
江　西	646.3	27958	143134	84355	30025	1308.1	176.7
河　南	1256.5	29138	217730	123864	56028	2630.8	129.0
湖　北	1597.3	51100	302326	160029	74638	2273.5	192.8
湖　南	1154.8	38420	226436	134181	40783	1738.4	211.5
内蒙古	401.8	12733	84486	33913	29562	917.6	101.3
广　西	708.0	23871	185974	121797	37331	1266.5	263.5
重　庆	711.0	26524	165352	100055	35766	1524.6	179.8
四　川	1669.3	52542	291782	197855	37679	2760.2	196.4
贵　州	432.7	17304	89271	51323	17622	828.2	169.8
云　南	460.8	16735	104904	57066	18137	1007.8	155.1
西　藏	68.5	1771	14700	10504	1541	98.9	290.9
陕　西	577.8	11802	129087	72017	35833	1267.2	155.7
甘　肃	373.8	6615	56912	32517	14857	636.4	140.0
青　海	140.8	3446	30927	10733	14552	212.8	138.2
宁　夏	277.2	3016	35344	17593	8135	296.5	162.6
新　疆	753.7	13386	105864	52920	24083	884.8	163.9
辽　宁	1222.2	39699	266232	123256	62927	2251.6	150.0
吉　林	655.6	16878	105173	51699	24573	1163.0	121.8
黑龙江	667.4	22516	137320	66230	35679	1401.5	129.5

数据来源：国家统计局。

表 3-117　2020 年全国及各地区城市天然气情况

地　区	管道长度（公里）			全年供气总量			用气人口（万人）		
	人工煤气	天然气	液化石油气	人工煤气（万立方米）	天然气（万立方米）	液化石油气（吨）	人工煤气	天然气	液化石油气
全　国	**9860**	**850552**	**4010**	**231447**	**15637020**	**8337109**	**548.2**	**41301.6**	**10767.5**
北　京	—	30303	229	—	1854130	318293	—	1475.6	440.8
天　津	—	47064	—	—	601576	60576	—	1111.1	63.4
河　北	814	39547	140	46896	642810	80268	28.3	1737.2	179.5
上　海	—	32865	263	—	899019	268425	—	1875.0	553.2
江　苏	—	95315	150	—	1437794	525335	—	3172.7	362.4
浙　江	—	50863	265	—	775960	839084	—	1925.4	907.6
福　建	156	14738	195	884	258571	290478	6.8	800.0	571.7
山　东	10	74784	3	29487	1178045	291444	—	3608.9	352.7
广　东	—	43629	869	—	1269927	2557229	—	3307.2	2965.8
海　南	—	4660	—	—	38796	77971	—	278.9	69.2
山　西	990	24702	13	45340	280869	57164	27.3	1115.9	53.6
安　徽	—	32274	243	—	414417	157719	—	1612.6	156.2
江　西	581	18244	142	14837	194417	212089	6.6	910.3	377.4
河　南	242	29997	14	30582	620406	165378	0.0	2220.2	374.1
湖　北	589	46215	130	—	548802	271930	—	1862.2	384.8
湖　南	—	24023	42	—	283930	252371	—	1245.4	464.0
内蒙古	291	11065	120	3171	207514	57053	14.4	672.8	209.7
广　西	667	9655	2	4627	156757	317494	34.5	703.9	524.0
重　庆	—	24557	—	—	526164	57150	—	1489.5	58.9
四　川	701	62617	710	14320	865231	204998	45.3	2577.8	112.5
贵　州	—	8861	—	—	126337	117404	—	495.2	296.5
云　南	—	8708	18	—	60287	150339	—	563.1	245.0
西　藏	—	6166	1	—	4269	8596	—	35.7	27.6
陕　西	—	23364	3	—	556359	37064	—	1221.4	55.4
甘　肃	276	4265	110	2092	254405	33979	14.3	524.8	75.7
青　海	—	3296	—	—	170973	17193	—	177.1	25.2
宁　夏	—	7217	1	—	161214	14776	—	268.0	24.5
新　疆	61	16984	2	1757	540909	57962	6.7	823.0	45.1
辽　宁	3818	29122	296	31917	339622	549329	288.9	1654.3	286.8
吉　林	347	13892	30	3158	214186	141174	41.3	859.3	229.9
黑龙江	319	11560	19	2380	153326	146844	33.9	977.4	274.5

数据来源：国家统计局。

表 3-118　2020 年全国及各地区城市市政设施情况

地　区	年末道路长度（公里）	年末道路面积（万平方米）	城市桥梁数（座）	城市排水管道长度（公里）	城市污水日处理能力（万立方米）	城市道路照明灯（千盏）
全　国	**492650**	**969803**	**79752**	**802721**	**20405.1**	**30485.6**
北　京	8406	14702	2376	17943	710.7	315.3
天　津	9234	17510	1196	22338	341.9	396.4
河　北	18767	41074	1870	20927	680.1	1068.0
上　海	5536	11551	2880	17230	840.3	640.9
江　苏	50861	90570	16932	88001	1854.7	3662.9
浙　江	27574	54048	12703	52572	1187.3	1831.7
福　建	14386	26168	1859	20114	475.1	857.8
山　东	49986	102269	5821	69864	1376.4	2119.3
广　东	49374	84014	8296	122541	2748.6	3575.5
海　南	4517	6301	229	6524	119.4	193.9
山　西	9803	22325	602	12250	343.1	512.7
安　徽	17750	43286	2027	35393	779.3	1117.7
江　西	12656	26279	1114	20023	366.1	863.6
河　南	16295	41039	1624	29222	896.8	1061.0
湖　北	22992	43143	2332	32641	928.2	968.0
湖　南	15242	34645	1311	21665	766.6	863.2
内蒙古	10506	22074	505	14371	236.6	618.5
广　西	14919	30186	1346	19174	818.7	787.6
重　庆	10873	23593	2173	23542	414.8	830.6
四　川	25538	50907	3577	42610	829.4	1769.0
贵　州	9262	17780	770	10394	345.5	731.9
云　南	8242	17079	1374	16328	318.9	672.0
西　藏	988	2077	62	861	28.7	32.0
陕　西	9479	21660	840	12402	415.4	832.5
甘　肃	5987	13130	697	8035	169.1	392.9
青　海	1642	4077	235	3301	61.8	152.2
宁　夏	2953	8031	222	2297	118.6	245.0
新　疆	12738	22492	682	9834	305.5	758.8
辽　宁	21482	36598	1898	23483	1020.8	1354.5
吉　林	10952	19116	966	13552	445.0	548.2
黑龙江	13713	22076	1233	13291	462.1	712.1

数据来源：国家统计局。

表 3-119　2020 年全国及各地区城市绿地和园林情况

地　区	城市绿地面积（公顷）		公园（个）	公园面积（公顷）	建成区绿化覆盖率（%）
		公园绿地			
全　国	**3312245**	**797912**	**19823**	**538477**	**42.1**
北　京	92683	35720	360	35720	49.0
天　津	43704	12114	140	2858	37.6
河　北	98786	29830	779	22836	42.9
上　海	164611	21981	386	3359	37.3
江　苏	305816	54270	1194	33106	43.5
浙　江	179350	38499	1547	22109	42.2
福　建	75283	20763	716	16129	44.6
山　东	262968	70508	1299	47635	41.6
广　东	525545	114965	4330	84736	43.5
海　南	17652	4090	128	2469	40.6
山　西	56625	16375	284	12746	43.9
安　徽	119533	26520	588	18795	42.0
江　西	77149	19626	714	14856	46.4
河　南	122110	38664	538	18463	41.9
湖　北	105752	31578	520	18476	41.1
湖　南	80964	21368	456	14244	41.5
内蒙古	68541	17704	340	14325	40.5
广　西	74719	16332	346	15222	41.3
重　庆	70680	26571	514	16042	43.1
四　川	130514	40440	786	24519	42.5
贵　州	56825	14265	256	12933	40.9
云　南	51338	12607	948	10280	40.5
西　藏	6290	1204	155	907	38.1
陕　西	65894	16554	366	10177	40.8
甘　肃	30253	9825	203	6066	36.3
青　海	8443	2685	64	1767	35.9
宁　夏	26934	6304	112	3669	42.0
新　疆	81280	12460	349	8388	40.9
辽　宁	147906	30267	606	21061	41.7
吉　林	92571	15736	377	12730	40.4
黑龙江	71526	18085	422	11857	36.9

数据来源：国家统计局。

表 3-120　2020 年全国及各地区城市公共交通情况

地　区	公共汽电车			轨道交通			出租汽车（辆）
	运营车数（辆）	运营线路总长度（公里）	客运总量（万人次）	配属车辆数（辆）	运营里程（公里）	客运总量（万人次）	
全　国	**589961**	**1042348**	**3951265**	**49424**	**7355**	**1759044**	**1113153**
北　京	23948	28418	182567	6779	727	229275	74875
天　津	12399	27143	61391	1244	239	33865	31779
河　北	22571	43252	79787	408	59	7169	53490
上　海	17667	24945	133808	7071	729	283469	37322
江　苏	46683	83541	265665	3899	792	124714	50567
浙　江	38067	107849	188947	2880	508	74821	39750
福　建	17558	30924	127999	870	130	20871	19536
山　东	54896	127200	227077	1191	303	14843	61666
广　东	65964	117919	394155	6593	1029	407694	59326
海　南	4031	9212	17585	11	8	22	5961
山　西	10935	20255	86284	96	24	89	31919
安　徽	18927	27725	95241	732	113	19507	39776
江　西	11211	25969	66538	438	60	13510	14006
河　南	28374	30085	150007	918	181	34101	48706
湖　北	21919	27088	152054	2578	384	62059	37626
湖　南	24896	28682	165608	891	158	38576	27139
内蒙古	8852	20266	54104	312	49	2128	38517
广　西	10273	17897	54367	696	105	20841	17398
重　庆	13754	27219	171287	2062	343	83975	22475
四　川	28441	42064	254406	4478	558	121962	36165
贵　州	7827	14085	117593	204	35	3698	30584
云　南	12144	25619	88896	732	139	15990	20827
西　藏	706	2716	7588	—	—	—	1704
陕　西	14917	16090	139179	1650	186	72561	28444
甘　肃	7307	13590	101584	156	26	5248	25129
青　海	2497	3311	29149	—	—	—	8676
宁　夏	2947	6533	22226	—	—	—	13482
新　疆	9270	11642	81731	162	27	1912	35844
辽　宁	22597	31195	226098	1348	295	44585	82499
吉　林	11429	20508	100189	839	118	16436	54684
黑龙江	16954	29406	108158	186	30	5123	63281

数据来源：国家统计局。

表 3-121　2016—2020 年全国城市轨道交通情况

年　份	建成轨道交通的城市个数（个）	建成轨道交通线路长度（公里）	正在建设轨道交通的城市个数（个）	正在建设轨道交通线路长度（公里）
2016	30	3586.34	39	4870.18
2017	32	4594.26	50	4913.56
2018	34	5141.05	50	5400.25
2019	41	6058.90	49	5594.08
2020	42	7597.94	45	5093.55

数据来源：住房和城乡建设部。

表 3-122　2020 年城市轨道交通（建成）（1）

地　区	线路长度（公里）								
	合　计	按轨道类型					按敷设方式		
		地铁	轻轨	单轨	有轨	磁浮	地面线	地下线	高架线
全国	**7597.94**	**6651.11**	**290.06**	**78.52**	**393.92**	**48.45**	**579.71**	**5445.42**	**1573.81**
北京	**727.00**	**665.00**	**—**	**—**	**62.00**	**—**	**74.00**	**494.00**	**160.00**
天津	**238.85**	**178.74**	**52.25**	**—**	**7.86**	**—**	**16.82**	**161.97**	**60.06**
河北	**61.60**	**61.60**	**—**	**—**	**—**	**—**	**—**	**61.60**	**—**
石家庄市	61.60	61.60	—	—	—	—	—	61.60	—
山西	**23.65**	**23.65**	**—**	**—**	**—**	**—**	**—**	**23.65**	**—**
太原市	23.65	23.65	—	—	—	—	—	23.65	—
内蒙古	**49.03**	**49.03**	**—**	**—**	**—**	**—**	**0.34**	**45.84**	**2.85**
呼和浩特市	49.03	49.03	—	—	—	—	0.34	45.84	2.85
辽宁	**336.35**	**145.36**	**127.28**	**—**	**63.71**	**—**	**119.88**	**153.53**	**62.94**
沈阳市	180.77	117.06	—	—	63.71	—	63.71	117.06	0.00
大连市	155.58	28.30	127.28	—	—	—	56.17	36.47	62.94
吉林	**100.10**	**38.60**	**61.50**	**—**	**—**	**—**	**20.20**	**43.00**	**36.90**
长春市	100.10	38.60	61.50	—	—	—	20.20	43.00	36.90
黑龙江	**31.83**	**31.83**	**—**	**—**	**—**	**—**	**—**	**31.83**	**—**
哈尔滨市	31.83	31.83	—	—	—	—	—	31.83	—
上海	**719.37**	**683.18**	**—**	**—**	**6.29**	**29.90**	**16.40**	**436.71**	**266.26**
江苏	**834.75**	**718.81**	**—**	**—**	**80.84**	**—**	**118.37**	**511.46**	**204.92**
南京市	394.15	377.60	—	—	16.55	—	27.93	198.20	168.02
无锡市	89.41	89.41	—	—	—	—	0.10	75.42	13.89
徐州市	46.03	46.03	—	—	—	—	0.09	45.38	0.56
常州市	33.83	33.83	—	—	—	—	—	31.64	2.19
苏州市	210.16	165.94	—	—	44.22	—	35.08	160.82	14.26
昆山市	6.00	6.00	—	—	—	—	—	—	6.00
连云港市	35.10	—	—	—	—	—	35.10	—	—
淮安市	20.07	—	—	—	20.07	—	20.07	0.00	0.00

续表

地　区	线路长度（公里）								
	合　计	按轨道类型					按敷设方式		
		地铁	轻轨	单轨	有轨	磁浮	地面线	地下线	高架线
浙江	**507.78**	**454.27**	**—**	**—**	**—**	**—**	**3.23**	**391.16**	**113.39**
杭州市	305.49	305.49	—	—	—	—	0.20	297.69	7.60
宁波市	148.78	148.78	—	—	—	—	—	82.10	66.68
温州市	53.51	—	—	—	—	—	3.03	11.37	39.11
安徽	**112.49**	**112.49**	**—**	**—**	**—**	**—**	**—**	**108.26**	**4.23**
合肥市	112.49	112.49	—	—	—	—	—	108.26	4.23
福建	**131.86**	**131.86**	**—**	**—**	**—**	**—**	**1.60**	**127.46**	**2.80**
福州市	59.96	59.96	—	—	—	—	—	59.96	—
厦门市	71.90	71.90	—	—	—	—	1.60	67.50	2.80
江西	**88.71**	**88.71**	**—**	**—**	**—**	**—**	**0.00**	**88.71**	**0.00**
南昌市	88.71	88.71	—	—	—	—	0.00	88.71	0.00
山东	**302.67**	**293.90**	**—**	**—**	**8.77**	**—**	**10.89**	**171.76**	**120.02**
济南市	47.70	47.70	—	—	—	—	—	31.30	16.40
青岛市	254.97	246.20	—	—	8.77	—	10.89	140.46	103.62
河南	**215.52**	**215.52**	**—**	**—**	**—**	**—**	**1.27**	**198.22**	**16.03**
郑州市	215.52	215.52	—	—	—	—	1.27	198.22	16.03
湖北	**388.01**	**338.88**	**—**	**—**	**49.13**	**—**	**44.45**	**263.28**	**80.28**
武汉市	388.01	338.88	—	—	49.13	—	44.45	263.28	80.28
湖南	**161.19**	**142.64**	**—**	**—**	**—**	**18.55**	**0.22**	**141.29**	**19.68**
长沙市	161.19	142.64	—	—	—	18.55	0.22	141.29	19.68
广东	**1028.01**	**1002.09**	**—**	**—**	**25.92**	**—**	**47.70**	**869.91**	**110.40**
广州市	538.78	531.08	—	—	7.70	—	22.11	487.41	29.26
深圳市	423.47	411.75	—	—	11.72	—	18.68	327.29	77.50
佛山市	27.98	21.48	—	—	6.50	—	6.50	21.48	0.00
东莞市	37.78	37.78	—	—	—	—	0.41	33.73	3.64
广西	**108.06**	**108.06**	**—**	**—**	**—**	**—**	**0.00**	**108.06**	**0.00**
南宁市	108.06	108.06	—	—	—	—	0.00	108.06	0.00
海南	**8.37**	**—**	**—**	**—**	**8.37**	**—**	**8.02**	**—**	**0.35**
三亚市	8.37	—	—	—	8.37	—	8.02	—	0.35
重庆	**334.08**	**220.44**	**19.72**	**78.52**	**15.40**	**—**	**21.64**	**179.12**	**133.32**
重庆市	334.08	220.44	19.72	78.52	15.40	—	21.64	179.12	133.32
四川	**601.97**	**515.40**	**—**	**—**	**39.30**	**—**	**41.59**	**452.55**	**107.83**
成都市	601.97	515.40	—	—	39.30	—	41.59	452.55	107.83
贵州	**35.11**	**35.11**	**—**	**—**	**—**	**—**	**2.36**	**29.02**	**3.73**
贵阳市	35.11	35.11	—	—	—	—	2.36	29.02	3.73

续表

地　区	线路长度（公里）								
	合　计	按轨道类型					按敷设方式		
		地铁	轻轨	单轨	有轨	磁浮	地面线	地下线	高架线
云南	**152.86**	**139.46**	**—**	**—**	**13.40**	**—**	**15.70**	**115.15**	**22.01**
昆明市	139.46	139.46	—	—	—	—	2.30	115.15	22.01
蒙自市	13.40	—	—	—	13.40	—	13.40	—	—
陕西	**232.17**	**202.86**	**29.31**	**—**	**—**	**—**	**2.10**	**184.26**	**45.81**
西安市	232.17	202.86	29.31	—	—	—	2.10	184.26	45.81
甘肃	**38.93**	**26.00**	**—**	**—**	**12.93**	**—**	**12.93**	**26.00**	**—**
兰州市	26.00	26.00	—	—	—	—	—	26.00	—
天水市	12.93	—	—	—	12.93	—	12.93	—	—
新疆	**27.62**	**27.62**	**—**	**—**	**—**	**—**	**0.00**	**27.62**	**0.00**
乌鲁木齐市	27.62	27.62	—	—	—	—	0.00	27.62	0.00

数据来源：住房和城乡建设部。

表 3-123　2020 年城市轨道交通（建成）（2）

地　区	车站数（个）				换乘站数（个）	配置车辆数（辆）					
	合计	地面站	地下站	高架站		合计	地铁	轻轨	单轨	有轨	磁浮
全国	**5019**	**539**	**3773**	**707**	**1303**	**39603**	**37882**	**380**	**492**	**685**	**32**
北京	**428**	**42**	**318**	**68**	**132**	**6735**	**6606**	**—**	**—**	**129**	**—**
天津	**181**	**20**	**130**	**31**	**42**	**1210**	**1034**	**152**	**—**	**24**	**—**
河北	**50**	**—**	**50**	**—**	**5**	**408**	**408**	**—**	**—**	**—**	**—**
石家庄市	50	—	50	—	5	408	408	—	—	—	—
山西	**23**	**—**	**23**	**—**	**7**	**144**	**144**	**—**	**—**	**—**	**—**
太原市	23	—	23	—	7	144	144	—	—	—	—
内蒙古	**44**	**1**	**40**	**3**	**10**	**312**	**312**	**—**	**—**	**—**	**—**
呼和浩特市	44	1	40	3	10	312	312	—	—	—	—
辽宁	**258**	**122**	**115**	**21**	**54**	**907**	**746**	**128**	**—**	**33**	**—**
沈阳市	172	80	92	0	43	753	720	—	—	33	—
大连市	86	42	23	21	11	154	26	128	—	—	—
吉林	**94**	**21**	**37**	**36**	**16**	**—**	**—**	**—**	**—**	**—**	**—**
长春市	94	21	37	36	16	—	—	—	—	—	—
黑龙江	**28**	**—**	**28**	**—**	**9**	**186**	**186**	**—**	**—**	**—**	**—**
哈尔滨市	28	—	28	—	9	186	186	—	—	—	—
上海	**422**	**12**	**299**	**111**	**140**	**6174**	**6116**	**—**	**—**	**44**	**14**
江苏	**530**	**83**	**373**	**74**	**95**	**3459**	**3365**	**—**	**—**	**91**	**—**
南京市	200	30	118	52	29	1680	1660	—	—	20	—
无锡市	70	0	61	9	14	600	600	—	—	—	—

续表

地区	车站数（个）				换乘站数（个）	配置车辆数（辆）					
	合计	地面站	地下站	高架站		合计	地铁	轻轨	单轨	有轨	磁浮
徐州市	38	—	37	1	12	47	47	—	—	—	—
常州市	29	—	27	2	1	216	216	—	—	—	—
苏州市	162	25	130	7	37	881	836	—	—	45	—
昆山市	3	—	—	3	—	6	6	—	—	—	—
连云港市	5	5	—	—	2	3	—	—	—	—	—
淮安市	23	23	0	0	0	26	—	—	—	26	—
浙江	**304**	**2**	**246**	**56**	**57**	**2900**	**2868**	**—**	**—**	**—**	**—**
杭州市	186	—	176	10	31	2094	2094	—	—	—	—
宁波市	100	—	67	33	24	774	774	—	—	—	—
温州市	18	2	3	13	2	32	—	—	—	—	—
安徽	**100**	**—**	**96**	**4**	**21**	**732**	**732**	**—**	**—**	**—**	**—**
合肥市	100	—	96	4	21	732	732	—	—	—	—
福建	**103**	**—**	**102**	**1**	**27**	**393**	**393**	**—**	**—**	**—**	**—**
福州市	47	—	47	—	12	87	87	—	—	—	—
厦门市	56	—	55	1	15	306	306	—	—	—	—
江西	**74**	**0**	**74**	**0**	**17**	**630**	**630**	**—**	**—**	**—**	**—**
南昌市	74	0	74	0	17	630	630	—	—	—	—
山东	**153**	**12**	**97**	**44**	**46**	**1053**	**1046**	**—**	**—**	**7**	**—**
济南市	24	—	17	7	10	20	20	—	—	—	—
青岛市	129	12	80	37	36	1033	1026	—	—	7	—
河南	**152**	**0**	**145**	**7**	**59**	**239**	**239**	**—**	**—**	**—**	**—**
郑州市	152	0	145	7	59	239	239	—	—	—	—
湖北	**291**	**60**	**180**	**51**	**89**	**2342**	**2284**	**—**	**—**	**58**	**—**
武汉市	291	60	180	51	89	2342	2284	—	—	58	—
湖南	**114**	**—**	**110**	**4**	**38**	**888**	**870**	**—**	**—**	**—**	**18**
长沙市	114	—	110	4	38	888	870	—	—	—	18
广东	**629**	**62**	**517**	**50**	**165**	**3859**	**3784**	**—**	**—**	**75**	**—**
广州市	286	31	255	0	72	574	567	—	—	7	—
深圳市	303	21	233	49	88	3124	3064	—	—	60	—
佛山市	25	10	15	0	4	41	33	—	—	8	—
东莞市	15	—	14	1	1	120	120	—	—	—	—
广西	**82**	**0**	**82**	**0**	**21**	**104**	**104**	**—**	**—**	**—**	**—**
南宁市	82	0	82	0	21	104	104	—	—	—	—
海南	**15**	**15**	**—**	**—**	**—**	**11**	**—**	**—**	**—**	**11**	**—**
三亚市	15	15	—	—	—	11	—	—	—	11	—

续表

地　区	车站数（个）				换乘站数（个）	配置车辆数（辆）					
	合计	地面站	地下站	高架站		合计	地铁	轻轨	单轨	有轨	磁浮
重庆	**217**	**19**	**110**	**88**	**61**	**1701**	**1094**	**100**	**492**	**15**	**—**
重庆市	217	19	110	88	61	1701	1094	100	492	15	—
四川	**381**	**38**	**313**	**30**	**101**	**4575**	**4298**	**—**	**—**	**180**	**—**
成都市	381	38	313	30	101	4575	4298	—	—	180	—
贵州	**25**	**2**	**20**	**3**	**6**	**34**	**34**	**—**	**—**	**—**	**—**
贵阳市	25	2	20	3	6	34	34	—	—	—	—
云南	**107**	**15**	**85**	**7**	**31**	**143**	**125**	**—**	**—**	**18**	**—**
昆明市	92	0	85	7	31	125	125	—	—	—	—
蒙自市	15	15	—	—	—	18	—	—	—	18	—
陕西	**155**	**1**	**136**	**18**	**44**	**276**	**276**	**—**	**—**	**—**	**—**
西安市	155	1	136	18	44	276	276	—	—	—	—
甘肃	**32**	**12**	**20**	**—**	**5**	**26**	**26**	**—**	**—**	**—**	**—**
兰州市	20	—	20	—	5	26	26	—	—	—	—
天水市	12	12	—	—	—	—	—	—	—	—	—
新疆	**27**	**0**	**27**	**0**	**5**	**162**	**162**	**—**	**—**	**—**	**—**
乌鲁木齐市	27	0	27	0	5	162	162	—	—	—	—

数据来源：住房和城乡建设部。

表 3-124　2020 年城市轨道交通（在建）（1）

地　区	线路长度（千米）								
	合　计	按轨道类型					按敷设方式		
		地铁	轻轨	单轨	有轨	磁浮	地面线	地下线	高架线
全国	**5093.55**	**4696.77**	**199.44**	**46.25**	**33.86**	**1.20**	**142.80**	**4193.73**	**757.02**
北京	**325.22**	**324.02**	**—**	**—**	**—**	**1.20**	**—**	**260.62**	**64.60**
天津	**219.64**	**219.64**	**—**	**—**	**—**	**—**	**1.40**	**193.34**	**24.90**
河北	**17.80**	**17.80**	**—**	**—**	**—**	**—**	**—**	**17.80**	**—**
石家庄市	17.80	17.80	—	—	—	—	—	17.80	—
山西	**28.74**	**28.74**	**—**	**—**	**—**	**—**	**—**	**28.74**	**—**
太原市	28.74	28.74	—	—	—	—	—	28.74	—
辽宁	**244.92**	**244.92**	**—**	**—**	**—**	**—**	**18.22**	**177.87**	**48.83**
沈阳市	139.91	139.91	—	—	—	—	0.00	115.65	24.26
大连市	105.01	105.01	—	—	—	—	18.22	62.22	24.57
吉林	**97.23**	**87.36**	**9.87**	**—**	**—**	**—**	**—**	**92.74**	**4.49**
长春市	97.23	87.36	9.87	—	—	—	—	92.74	4.49

续表

地　区	线路长度（千米）								
	合　计	按轨道类型					按敷设方式		
		地铁	轻轨	单轨	有轨	磁浮	地面线	地下线	高架线
黑龙江	**60.88**	**60.88**	**—**	**—**	**—**	**—**	**—**	**60.88**	**—**
哈尔滨市	60.88	60.88	—	—	—	—	—	60.88	—
上海	**171.63**	**171.63**	**—**	**—**	**—**	**—**	**0.00**	**140.03**	**31.60**
江苏	**574.73**	**574.73**	**—**	**—**	**—**	**—**	**2.80**	**525.49**	**46.44**
南京市	205.90	205.90	—	—	—	—	2.00	178.40	25.50
无锡市	54.94	54.94	—	—	—	—	0.20	35.04	19.70
徐州市	47.76	47.76	—	—	—	—	—	47.76	—
常州市	19.47	19.47	—	—	—	—	—	18.23	1.24
苏州市	186.57	186.57	—	—	—	—	0.60	185.97	—
南通市	60.09	60.09	—	—	—	—	—	60.09	—
浙江	**567.32**	**322.08**	**115.43**	**—**	**13.78**	**—**	**28.22**	**357.36**	**181.74**
杭州市	211.41	211.41	—	—	—	—	—	199.36	12.05
宁波市	45.47	45.47	—	—	—	—	—	42.07	3.40
温州市	63.63	—	—	—	—	—	0.00	8.00	55.63
嘉兴市	13.78	—	—	—	13.78	—	12.90	0.88	0.00
海宁市	8.26	—	8.26	—	—	—	0.00	8.26	0.00
绍兴市	65.20	65.20	—	—	—	—	3.09	54.77	7.34
金华市	107.17	—	107.17	—	—	—	6.83	26.22	74.12
台州市	52.40	—	—	—	—	—	5.40	17.80	29.20
安徽	**230.65**	**184.40**	**—**	**46.25**	**—**	**—**	**0.31**	**178.55**	**51.79**
合肥市	184.40	184.40	—	—	—	—	0.31	176.98	7.11
芜湖市	46.25	—	—	46.25	—	—	—	1.57	44.68
福建	**249.97**	**249.97**	**—**	**—**	**—**	**—**	**2.14**	**197.27**	**50.56**
福州市	149.86	149.86	—	—	—	—	—	126.86	23.00
厦门市	100.11	100.11	—	—	—	—	2.14	70.41	27.56
江西	**39.60**	**39.60**	**—**	**—**	**—**	**—**	**0.20**	**33.91**	**5.49**
南昌市	39.60	39.60	—	—	—	—	0.20	33.91	5.49
山东	**205.60**	**205.60**	**—**	**—**	**—**	**—**	**0.23**	**203.53**	**1.84**
济南市	89.50	89.50	—	—	—	—	—	87.90	1.60
青岛市	116.10	116.10	—	—	—	—	0.23	115.63	0.24
河南	**239.58**	**165.44**	**74.14**	**—**	**—**	**—**	**1.59**	**213.00**	**24.99**
郑州市	198.96	124.82	74.14	—	—	—	1.59	173.78	23.59

续表

地区	线路长度（千米）								
	合计	按轨道类型					按敷设方式		
		地铁	轻轨	单轨	有轨	磁浮	地面线	地下线	高架线
洛阳市	40.62	40.62	—	—	—	—	—	39.22	1.40
湖北	**228.14**	**228.14**	**—**	**—**	**—**	**—**	**2.70**	**178.28**	**47.16**
武汉市	228.14	228.14	—	—	—	—	2.70	178.28	47.16
湖南	**96.36**	**96.36**	**—**	**—**	**—**	**—**	**0.42**	**76.72**	**19.22**
长沙市	89.23	89.23	—	—	—	—	0.42	75.34	13.47
湘潭市	7.13	7.13	—	—	—	—	—	1.38	5.75
广东	**685.50**	**685.50**	**—**	**—**	**—**	**—**	**61.76**	**578.73**	**45.01**
广州市	308.00	308.00	—	—	—	—	0.00	308.00	0.00
深圳市	204.15	204.15	—	—	—	—	0.36	201.68	2.11
佛山市	115.35	115.35	—	—	—	—	59.50	38.75	17.10
东莞市	58.00	58.00	—	—	—	—	1.90	30.30	25.80
广西	**24.28**	**24.28**	**—**	**—**	**—**	**—**	**0.00**	**24.28**	**0.00**
南宁市	24.28	24.28	—	—	—	—	0.00	24.28	0.00
重庆	**202.51**	**202.51**	**—**	**—**	**—**	**—**	**3.81**	**133.34**	**65.36**
重庆市	202.51	202.51	—	—	—	—	3.81	133.34	65.36
四川	**198.30**	**178.22**	**—**	**—**	**20.08**	**—**	**17.36**	**170.71**	**10.23**
成都市	178.22	178.22	—	—	—	—	—	170.71	7.51
都江堰市	20.08	—	—	—	20.08	—	17.36	—	2.72
贵州	**113.95**	**113.95**	**—**	**—**	**—**	**—**	**1.64**	**101.74**	**10.57**
贵阳市	113.95	113.95	—	—	—	—	1.64	101.74	10.57
云南	**48.33**	**48.33**	**—**	**—**	**—**	**—**	**0.00**	**48.33**	**0.00**
昆明市	48.33	48.33	—	—	—	—	0.00	48.33	0.00
陕西	**154.23**	**154.23**	**—**	**—**	**—**	**—**	**—**	**132.03**	**22.20**
西安市	154.23	154.23	—	—	—	—	—	132.03	22.20
甘肃	**9.06**	**9.06**	**—**	**—**	**—**	**—**	**—**	**9.06**	**—**
兰州市	9.06	9.06	—	—	—	—	—	9.06	—
新疆	**59.38**	**59.38**	**—**	**—**	**—**	**—**	**0.00**	**59.38**	**0.00**
乌鲁木齐市	59.38	59.38	—	—	—	—	0.00	59.38	0.00

数据来源：住房和城乡建设部。

表 3-125　2020 年城市轨道交通（在建）（2）

地　区	车站数（个）				换乘站数（个）	配置车辆数（辆）					
	合计	地面站	地下站	高架站		合计	地铁	轻轨	单轨	有轨	磁浮
全国	**3144**	**67**	**2816**	**261**	**1063**	**23182**	**22249**	**433**	**240**	**39**	**60**
北京	**164**	**—**	**144**	**20**	**89**	**4010**	**3950**	**—**	**—**	**—**	**60**
天津	**166**	**1**	**154**	**11**	**70**	**1086**	**1086**	**—**	**—**	**—**	**—**
河北	**14**	**—**	**14**	**—**	**—**	**78**	**78**	**—**	**—**	**—**	**—**
石家庄市	14	—	14	—	—	78	78	—	—	—	—
山西	**24**	**—**	**24**	**—**	**7**	**162**	**162**	**—**	**—**	**—**	**—**
太原市	24	—	24	—	7	162	162	—	—	—	—
辽宁	**149**	**3**	**131**	**15**	**52**	**1214**	**1214**	**—**	**—**	**—**	**—**
沈阳市	91	0	84	7	36	1182	1182	—	—	—	—
大连市	58	3	47	8	16	32	32	—	—	—	—
吉林	**77**	**—**	**72**	**5**	**29**	**—**	**—**	**—**	**—**	**—**	**—**
长春市	77	—	72	5	29	—	—	—	—	—	—
黑龙江	**50**	**—**	**50**	**—**	**15**	**540**	**540**	**—**	**—**	**—**	**—**
哈尔滨市	50	—	50	—	15	540	540	—	—	—	—
上海	**98**	**0**	**93**	**5**	**31**	**1072**	**1072**	**—**	**—**	**—**	**—**
江苏	**397**	**2**	**390**	**5**	**144**	**3804**	**3804**	**—**	**—**	**—**	**—**
南京市	126	—	126	—	58	1648	1648	—	—	—	—
无锡市	27	0	23	4	7	342	342	—	—	—	—
徐州市	38	1	37	—	13	56	56	—	—	—	—
常州市	15	—	14	1	5	126	126	—	—	—	—
苏州市	146	1	145	—	49	1296	1296	—	—	—	—
南通市	45	—	45	—	12	336	336	—	—	—	—
浙江	**278**	**21**	**203**	**54**	**63**	**2330**	**1784**	**368**	**—**	**17**	**—**
杭州市	113	—	109	4	42	1314	1314	—	—	—	—
宁波市	32	—	31	1	12	246	246	—	—	—	—
温州市	20	0	1	19	3	37	—	—	—	—	—
嘉兴市	21	20	1	0	1	17	—	—	—	17	—
海宁市	3	0	3	0	0	68	—	68	—	—	—
绍兴市	43	1	38	4	2	224	224	—	—	—	—
金华市	31	—	13	18	2	300	—	300	—	—	—
台州市	15	—	7	8	1	124	—	—	—	—	—
安徽	**161**	**—**	**121**	**40**	**43**	**1404**	**1164**	**—**	**240**	**—**	**—**
合肥市	125	—	120	5	41	1164	1164	—	—	—	—
芜湖市	36	—	1	35	2	240	—	—	240	—	—
福建	**125**	**—**	**113**	**12**	**51**	**616**	**616**	**—**	**—**	**—**	**—**
福州市	74	—	70	4	29	106	106	—	—	—	—

续表

地 区	车站数（个）				换乘站数（个）	配置车辆数（辆）					
	合计	地面站	地下站	高架站		合计	地铁	轻轨	单轨	有轨	磁浮
厦门市	51	—	43	8	22	510	510	—	—	—	—
江西	**29**	**0**	**25**	**4**	**7**	**276**	**276**	**—**	**—**	**—**	**—**
南昌市	29	0	25	4	7	276	276	—	—	—	—
山东	**140**	**1**	**137**	**2**	**57**	**798**	**798**	**—**	**—**	**—**	**—**
济南市	58	—	57	1	27	102	102	—	—	—	—
青岛市	82	1	80	1	30	696	696	—	—	—	—
河南	**169**	**8**	**160**	**1**	**60**	**497**	**432**	**65**	**—**	**—**	**—**
郑州市	135	8	127	0	54	251	186	65	—	—	—
洛阳市	34	—	33	1	6	246	246	—	—	—	—
湖北	**119**	**—**	**103**	**16**	**33**	**1310**	**1310**	**—**	**—**	**—**	**—**
武汉市	119	—	103	16	33	1310	1310	—	—	—	—
湖南	**62**	**1**	**53**	**8**	**14**	**634**	**634**	**—**	**—**	**—**	**—**
长沙市	59	1	52	6	13	618	618	—	—	—	—
湘潭市	3	—	1	2	1	16	16	—	—	—	—
广东	**370**	**0**	**358**	**12**	**95**	**91**	**91**	**—**	**—**	**—**	**—**
广州市	160	0	160	0	4	0	0	—	—	—	—
深圳市	125	0	123	2	63	—	—	—	—	—	—
佛山市	61	—	54	7	22	91	91	—	—	—	—
东莞市	24	—	21	3	6	—	—	—	—	—	—
广西	**20**	**0**	**20**	**0**	**4**	**24**	**24**	**—**	**—**	**—**	**—**
南宁市	20	0	20	0	4	24	24	—	—	—	—
重庆	**117**	**4**	**85**	**28**	**46**	**1132**	**1132**	**—**	**—**	**—**	**—**
重庆市	117	4	85	28	46	1132	1132	—	—	—	—
四川	**145**	**26**	**110**	**9**	**72**	**1496**	**1474**	**—**	**—**	**22**	**—**
成都市	117	—	110	7	72	1474	1474	—	—	—	—
都江堰市	28	26	—	2	—	22	—	—	—	22	—
贵州	**74**	**0**	**70**	**4**	**19**	**113**	**113**	**—**	**—**	**—**	**—**
贵阳市	74	0	70	4	19	113	113	—	—	—	—
云南	**40**	**0**	**40**	**0**	**14**	**59**	**59**	**—**	**—**	**—**	**—**
昆明市	40	0	40	0	14	59	59	—	—	—	—
陕西	**102**	**—**	**92**	**10**	**24**	**—**	**—**	**—**	**—**	**—**	**—**
西安市	102	—	92	10	24	—	—	—	—	—	—
甘肃	**9**	**—**	**9**	**—**	**5**	**10**	**10**	**—**	**—**	**—**	**—**
兰州市	9	—	9	—	5	10	10	—	—	—	—
新疆	**45**	**0**	**45**	**0**	**19**	**426**	**426**	**—**	**—**	**—**	**—**
乌鲁木齐市	45	0	45	0	19	426	426	—	—	—	—

数据来源：住房和城乡建设部。

（三）农村住户固定资产投资和建房数据

表 3-126　2016—2020 年全国农村住户固定资产投资和建房情况

年　份	投资总额（亿元）	竣工房屋投资	住宅	房屋施工面积（万平方米）	房屋竣工面积（万平方米）	住宅	竣工房屋造价（元/平方米）	住宅
2016	9964.9	6812.6	6331.3	92039.7	79649.1	73051.4	855.3	866.7
2017	9554.4	6446.3	5899.3	84395.0	72727.0	66870.0	886.4	882.2
2018	10039.2	6369.0	5885.0	79898.2	67861.3	62189.8	938.5	946.3
2019	9396.2	5732.2	5256.3	69488.9	60049.9	55571.7	954.6	945.9
2020	8363.3	4667.9	4244.5	58072.3	48839.9	43392.5	955.8	978.2

数据来源：国家统计局。

表 3-127　2020 年各地区农村住户固定资产投资和建房情况

地　区	投资总额（亿元）	竣工房屋投资	住宅	房屋施工面积（万平方米）	房屋竣工面积（万平方米）	住宅	竣工房屋造价（元/平方米）	住宅
北　京	82.6	67.2	66.2	629.6	537.5	529.9	1250.2	1250.0
天　津	14.9	6.4	3.3	43.8	33.0	23.6	1945.2	1408.1
河　北	267.2	141.6	135.9	1223.0	1020.6	960.8	1387.5	1414.6
上　海	6.3	4.1	4.1	38.5	28.3	28.0	1454.7	1468.7
江　苏	181.4	112.8	97.0	1348.1	1024.7	999.7	1101.1	969.9
浙　江	665.3	365.8	341.8	3061.9	2146.3	1973.2	1704.3	1732.4
福　建	206.6	148.0	147.2	1802.7	1276.5	1268.6	1159.5	1160.1
山　东	863.6	435.3	327.2	9323.1	8120.6	6852.6	536.0	477.4
广　东	379.8	256.8	246.9	3199.5	1764.5	1629.5	1455.5	1515.2
海　南	98.9	58.3	56.0	631.5	395.6	379.0	1474.2	1478.6
山　西	122.4	45.4	41.5	918.0	742.0	635.0	612.3	654.1
安　徽	398.8	220.7	202.5	4044.3	2398.2	2210.5	920.3	916.1
江　西	342.4	224.6	224.6	2440.6	2080.1	2080.1	1079.7	1079.7
河　南	510.8	343.1	327.9	4295.0	3975.0	3810.0	863.2	860.7
湖　北	274.9	155.6	137.8	1427.3	1255.7	1155.2	1238.9	1192.9
湖　南	590.4	400.4	369.7	3629.2	3086.5	2930.9	1297.4	1261.5
内蒙古	144.3	22.1	16.8	274.6	251.3	139.5	879.1	1206.5
广　西	585.6	383.7	381.4	6106.0	5747.4	5680.2	667.7	671.5
重　庆	81.1	41.0	37.8	572.3	455.1	403.4	901.2	936.0
四　川	616.6	350.6	300.1	3495.9	3008.6	2538.2	1165.4	1182.4
贵　州	239.3	108.6	100.3	1178.4	1072.5	1014.7	1013.0	988.0
云　南	436.3	394.6	350.8	4267.6	4513.3	3013.4	874.2	1164.3
西　藏	—	—	—	—	—	—	—	—
陕　西	267.0	97.6	91.7	1077.5	1006.3	939.1	969.8	976.5

续表

地　区	投资总额（亿元）	竣工房屋投资	住宅	房屋施工面积（万平方米）	房屋竣工面积（万平方米）	住宅	竣工房屋造价（元/平方米）	住宅
甘　肃	116.9	72.8	66.1	734.2	711.8	602.3	1022.7	1097.1
青　海	45.1	27.2	25.0	274.0	271.7	242.6	1000.8	1031.3
宁　夏	81.6	25.6	19.2	261.6	261.0	169.0	980.2	1139.2
新　疆	197.9	73.7	64.0	765.5	640.9	556.7	1149.4	1149.4
辽　宁	208.6	47.3	26.1	558.2	543.1	261.2	870.8	998.7
吉　林	119.8	10.3	10.3	124.0	104.9	104.9	980.5	980.5
黑龙江	216.9	26.7	25.1	326.6	367.0	261.0	726.4	963.4

数据来源：国家统计局。

表 3-128　2016—2020 年全国建制镇及住宅基本情况

年　份	建制镇统计个数（万个）	建成区面积（万公顷）	本年住宅竣工建筑面积（亿平方米）	年末实有住宅建筑面积（亿平方米）	人均住宅建筑面积（平方米）
2016	1.81	397.0	2.32	56.7	34.9
2017	1.81	392.6	3.00	53.9	34.8
2018	1.83	405.3	3.32	57.9	36.1
2019	1.87	422.9	2.75	60.4	36.5
2020	1.88	433.9	2.79	61.4	37.0

数据来源：住房和城乡建设部。

表 3-129　2016—2020 年全国乡及住宅基本情况

年　份	乡统计个数（万个）	建成区面积（万公顷）	本年住宅竣工建筑面积（亿平方米）	年末实有住宅建筑面积（亿平方米）	人均住宅建筑面积（平方米）
2016	1.09	67.30	0.29	8.7	31.2
2017	1.03	63.38	0.56	7.9	31.5
2018	1.02	65.39	0.39	8.4	33.2
2019	0.95	62.95	0.44	8.3	33.9
2020	0.89	61.70	0.44	8.4	35.4

数据来源：住房和城乡建设部。

Ⅳ.市 场 篇

导　读

本篇包括全国房地产市场、存量住房市场、住房租赁市场及城市住房价格指数四部分内容。文章来自房地产相关研究机构和国家统计局。

一、全国房地产市场

2021年房地产市场从上半年高增长到下半年深度调整，让市场各方深刻感受到了预期变化带来市场反转速度之快。新冠肺炎疫情反复多发，稳定经济大盘压力上升，房地产调控政策适时改变，在多重因素影响下，2021年商品房销售规模创下了历史新高，但市场供给前期指标大幅下降，房企流动性压力空前，面临20多年来最严峻的形势。不断上升的房地产市场供给端压力，导致房地产市场供给指标降幅超过需求指标降幅，使得此次调整呈现出不同于以往任何一次房地产市场调整的特征，即低库存水平下的市场调整，反映出房地产投资意愿持续低迷。

（一）土地市场由热转冷

1. “两集中”新规出台，土地集中出让市场由热转冷

2021年3月，自然资源部出台《2021年住宅用地供应分类调控相关工作》，要求重点城市施行住宅用地供应“两集中”新规，即集中发布出让公告、集中组织出让活动，全年分3批次集中统一发布住宅用地的招拍挂公告并实施招拍挂出让活动。22座重点城市试行实施，包括北京、上海、广州、深圳、南京、杭州、苏州、厦门、福州、重庆、成都、武汉、郑州、青岛、济南、合肥、长沙、沈阳、宁波、长春、天津、无锡。期望土地出让政策改革通过集中供应实现当期供应量增加，分流竞拍房企的资金，从而降低当期土地购买需求，改善当期土地市场供需关系。

从重点城市全年3次集中土地出让情况看，土地出让市场经历了由热迅速转冷的发展过程。首批土地集中出让时土地出让市场竞拍热度很高，大多数地块达到高限后通过摇号或竞配建或竞品质成交，其中楼面地价相对房价占比超过70%的高地货比地块占比高的城市包括无锡（50%）、南京（47%）、宁波（45%）、厦门（40%）、杭州（35%）、北京（33%）、武汉（29%）、重庆（20%）、广州（19%）。受房地产市场预期变化影响，22座城市二次集中出让土地市场冷淡，大约1/3地块流拍，大部分地块底价成交。2021年年底和2022年年初的第三次集中土地拍卖成交情况平淡，国有企业、中央企业、地方城投成为购地主力。

2. 大中城市土地成交面积降幅增加

100座大中城市土地成交面积连续两年减少。2021年，100座大中城市土地供应面积12.7万公顷，同比减少14.5%；100座大中城市成交土地面积9.5万公顷，同比减少15.5%，成交土地面积降幅增加8个百分点。其中，各类用地成交面积均连续两年负增长，除工业用地以外，住宅类用地、商服用地和其他用地降幅均较上年有所增加（见表4-1-1）。分区域看，2021年一线城市土地成交面积增加，二线、三线城市土地成交面积同比均较大幅度减少，增幅分别为5.9%、-17.9%和-15.3%。

表4-1-1　2017—2021年100座大中城市土地成交面积和增幅

年份	成交土地面积（公顷）					成交土地面积同比增长（%）				
	100座大中城市成交土地	住宅类用地	商服用地	工业用地	其他用地	100座大中城市成交土地	住宅类用地	商服用地	工业用地	其他用地
2017	94646.8	33845.8	10415.6	46284.3	4101.2	14.3	23.6	-6.8	13.1	22.0
2018	106723.7	37638.8	11593.4	52943.3	4548.2	12.8	11.2	11.3	14.4	10.9
2019	121898.4	44816.4	13219.0	58650.4	5212.6	14.2	19.1	14.0	10.8	14.6
2020	112926.7	43404.0	11701.6	52668.6	5152.5	-7.4	-3.2	-11.5	-10.2	-1.2
2021	95456.7	31586.0	9279.8	49881.9	4709.0	-15.5	-27.2	-20.7	-5.3	-8.6

资料来源：wind数据库。

2019—2021 年房地产开发企业购置土地面积连续三年负增长。2021 年，房企购置土地面积 21590 万平方米，同比减少 15. 5%，降幅比上年同期增加 14. 4 个百分点（见图 4-1-1）；土地成交价款 1. 78 万亿元，同比增加 2. 8%，增幅减少 14. 6 个百分点。

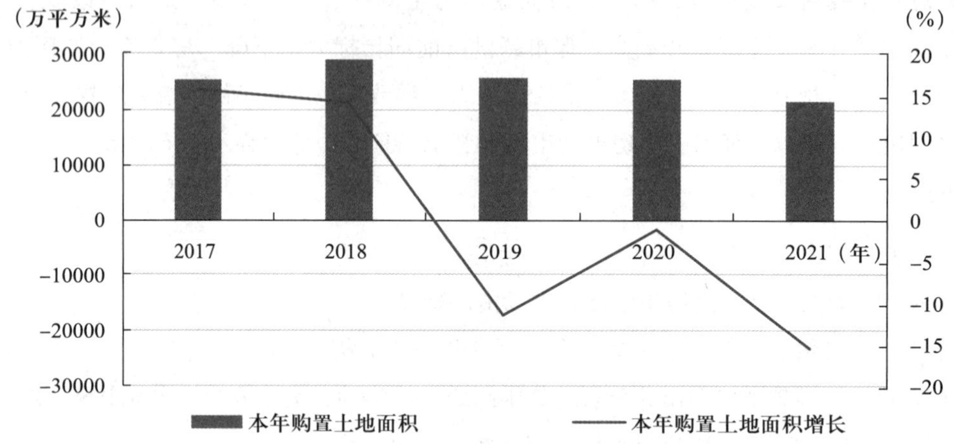

图 4-1-1　2017—2021 年房地产企业购置土地面积增长变化

数据来源：国家统计局。

3. 下半年土地市场景气降至历史低位

从月度数据看，2021 年下半年土地市场成交量降幅降至历史低位。2021 年下半年除 11 月以外，100 座大中城市土地成交面积当月同比降幅多在 20%以上，10 月同比降幅达到 43%，大于新冠肺炎疫情突袭时的 2020 年 3 月 36%的降幅；房企购置土地面积自 3 月开始各月同比下降，5 月和 12 月降幅分别为 31. 6%和 33. 2%，大于 2020 年 2 月 29. 3%的降幅（见图 4-1-2）。2021 年下半年 100 座大中城市土地成交面积和房企购置土地面积降幅均降至历史低位。

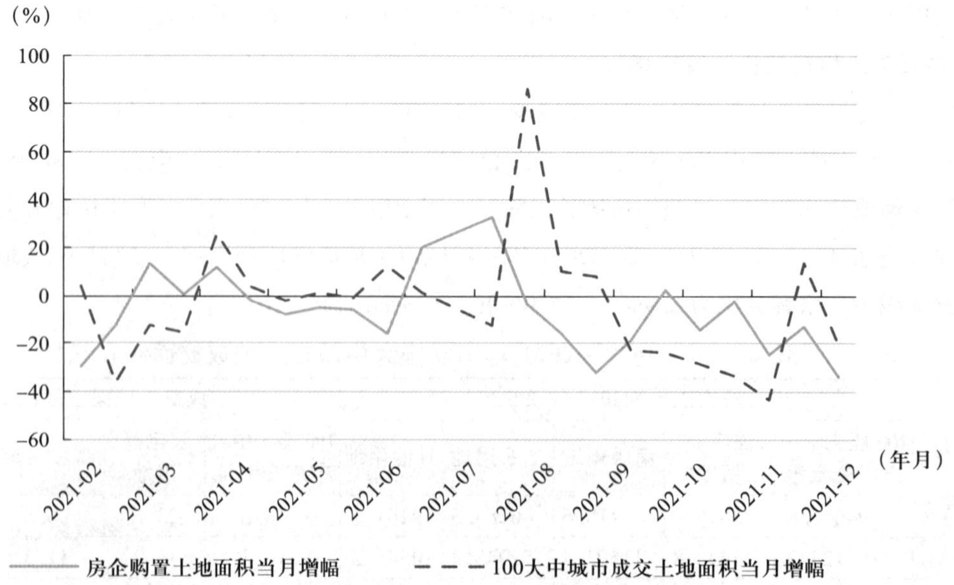

图 4-1-2　2020—2021 年各月土地成交面积增幅变化

数据来源：wind 数据库。

2021 年，国有土地出让收入 8.7 万亿元，比上年增加 2909 万亿元，同比增加 3.5%，增幅比上年减少 12.4 个百分点。从当月数据看，8—11 月连续 4 个月土地出让收入当月同比降幅超过 10%。

4. 土地成交价格冲高回落

从 100 座大中城市成交土地的楼面地价变化看，2019—2021 年连续 3 年土地成交价格的高点出现在每年的 2 季度，不同的是，2021 年 3 季度土地成交价格回落速度明显快于前两年（见图 4-1-3）。2021 年 1~4 季度，100 座大中城市成交土地楼面地价分别为 2386.7 元/平方米、3778.0 元/平方米、2558.3 元/平方米、2702.7 元/平方米，分别同比上涨 3.8%、16.3%、-5.9%、13.5%。3 季度 100 座大中城市成交土地楼面地价同比下降，为 2019 年以来首次，其中一线、二线、三线城市成交土地楼面均价分别同比下降 32.6%、下降 33.9%和上涨 21.9%，三线城市 4 季度成交土地楼面均价同比下降 22%。

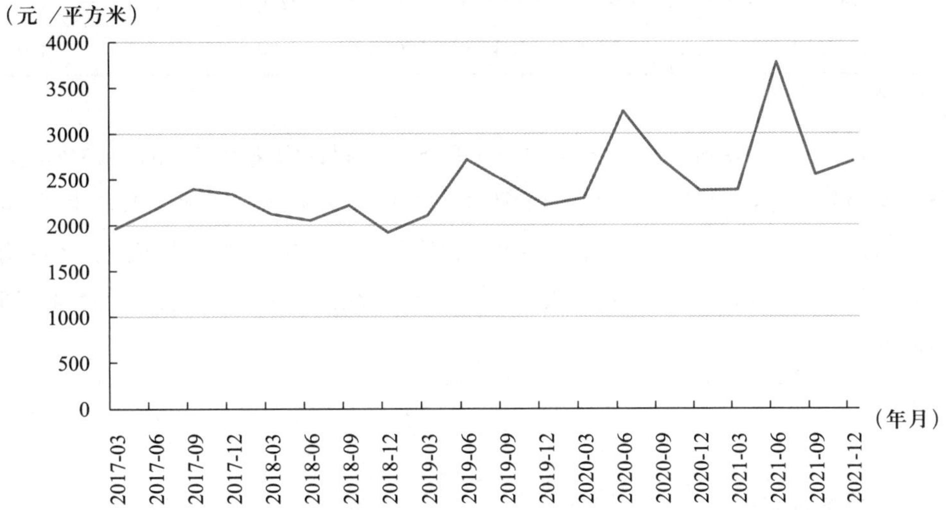

图 4-1-3 2017—2021 年 100 大中城市各季度成交土地楼面均价变化

数据来源：Wind 数据库。

从年度数据看，2021 年 100 座大中城市成交土地楼面均价为 2815.5 元/平方米，同比上涨 5.8%。其中，一线城市 7978.4 元/平方米，同比下降 3.9%；二线城市 3116.4 元/平方米，同比上涨 1.2%；三线城市 1871.3 元/平方米，同比上涨 4.7%（见表 4-1-2）。

表 4-1-2 100 座大中城市成交土地楼面地价

单位：元/平方米

年份	100 大中城市	一线城市	二线城市	三线城市
2017	2222.7	9347.3	2824.7	1284.3
2018	2082.8	7671.6	2541.2	1387.3
2019	2382.8	7206.8	3043.5	1534.0
2020	2661.4	8299.3	3080.0	1787.1
2021	2815.5	7978.4	3116.4	1871.3

数据来源：Wind 数据库。

（二）房地产市场景气前高后低

1. 房地产投资增速逐月降至 5 年最低

2021 年，全国房地产开发投资 147602 亿元，同比增长 4.4%，增速降至近 5 年最低。分类型看，住宅和其他物业投资增速降至 5 年最低，办公楼和商业营业用房投资负增长，商业营业用房投资近 5 年均为负增长（见表 4-1-3）。

表 4-1-3　2017—2021 年各类房地产投资额及增幅变化

年份	各类房地产投资额（亿元）					各类房地产投资同比增长				
	房地产开发投资	住宅投资	办公楼投资	商业营业用房投资	其他投资	房地产开发投资	住宅投资	办公楼投资	商业营业用房投资	其他物业投资
2017	109798.5	75147.9	6761.4	15639.9	12249.4	7.0	9.4	3.5	-1.2	6.5
2018	120263.5	85124.0	5997.3	14167.3	14876.2	9.5	13.4	-11.3	-9.4	21.6
2019	132194.3	97070.7	6162.6	13225.9	15735.1	9.9	13.9	2.8	-6.7	5.6
2020	141443.0	104445.7	6494.1	13076.1	17427.1	7.0	7.6	5.4	-1.1	10.8
2021	147602.0	111173.0	5974.0	12445.0	18010.0	4.4	6.4	-8.0	-4.8	3.3

数据来源：国家统计局。

从月度数据看，2021 年房地产开发投资增速逐月下降，累计增速由年初的 38.3%降至全年的 4.4%，当月房地产投资增速由年初 38.3%逐月下降至 12 月的-13.9%，9—12 月当月房地产投资均为同比负增长（见图 4-1-4）。当月房地产投资增速负增长仅在 2015 年下半年和 2020 年 2 月出现过，降幅均不及 2021 年 12 月。可见，受“三道红线”、40%拿地销售比等政策及下半年市场销售减少等影响，2021 年下半年房地产投资意愿出现持续快速下降。

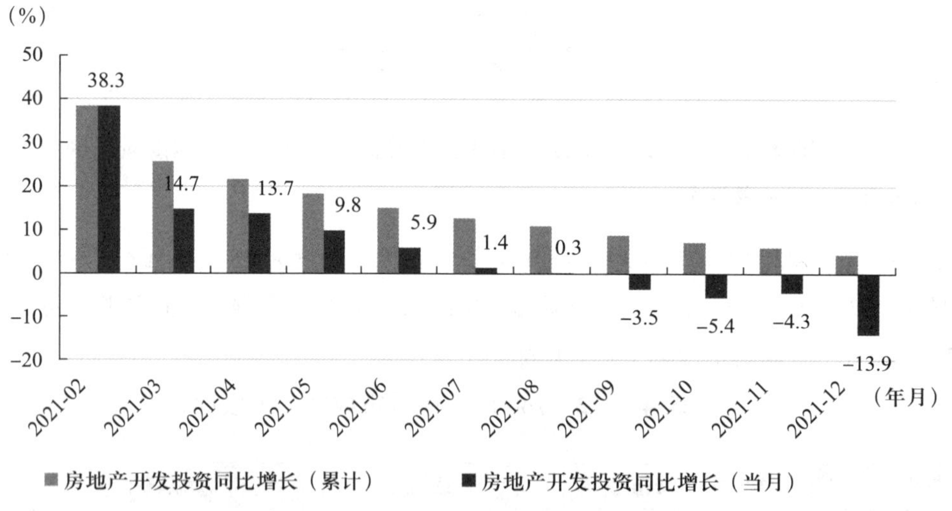

图 4-1-4　2021 年各月房地产投资增速变化

数据来源：国家统计局。

2. 商品房屋新开工面积大幅减少

2021 年，商品房施工面积和竣工面积增幅均高于上年，商品房新开工面积大幅减少。其中，商品房施工面积 97.5 亿平方米，同比增长 5.2%，增幅增加 1.5 个百分点；商品房竣工面积 10.1 亿平方米，同比增加 11.2%，增幅增加 16 个百分点；商品房新开工面积 19.9 亿平方米，同比减少 11.4%，新开工面积已经连续两年负增长，规模降至 2018 年水平（见表 4-1-4）。2021 年，各类型物业的新开工面积均为负增长，住宅、办公楼、商业营业用房、其他物业新开工面积分别减少 10.9%、20.9%、21.7%和 6%。

表 4-1-4　2017—2021 年商品房建设指标变化

年份	施工面积（万平方米）	新开工面积（万平方米）	竣工面积（万平方米）	施工面积增长（%）	新开工面积增长（%）	竣工面积增长（%）
2017	781483.7	178653.8	101486.4	3.0	7.0	-4.4
2018	822300.0	209342.0	93550.0	5.2	17.2	-7.8
2019	893820.9	227153.6	95941.5	8.7	8.5	2.6
2020	926759.2	224433.1	91218.2	3.7	-1.2	-4.9
2021	975386.5	198895.0	101411.9	5.2	-11.4	11.2

数据来源：国家统计局。

商品房新开工面积为房地产市场先行指标，反映了房地产企业的投资意愿。分月度数据看，2021 年从 4 月开始商品房新开工面积当月数据就进入负增长，下半年各月负增长幅度大幅增加，10 月、12 月商品房新开工面积当月降幅均超过了 30%。商品房新开工面积累计数据增幅逐月下降，下半年进入负增长区间（见图 4-1-5）。各月新开工面积增幅的变化，反映了受房企流动性危机影响，下半年房企投资意愿快速回落。

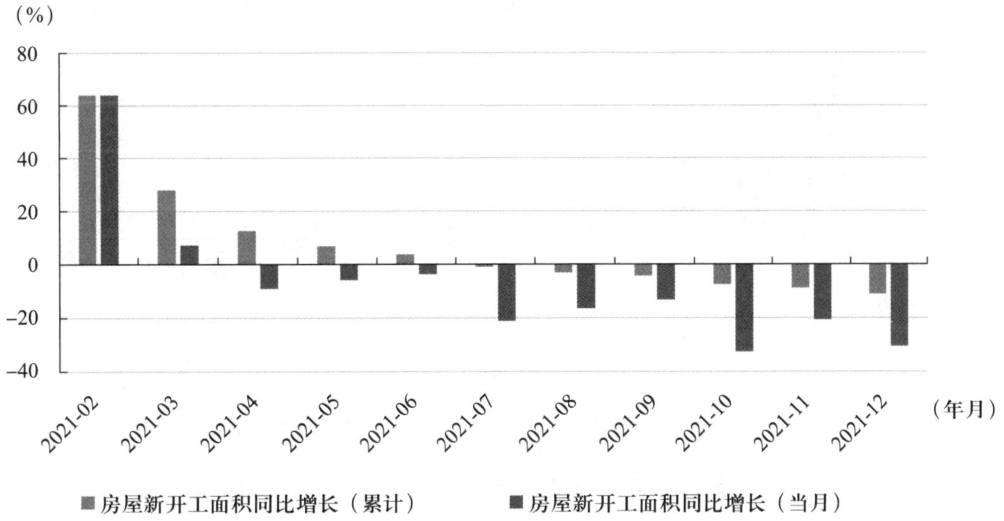

图 4-1-5　2021 年各月商品房新开工面积增速变化

数据来源：国家统计局。

3. 房屋销售增幅逐月快速下降

2021 年，商品房销售面积和销售金额再创历史新高。其中，商品房销售面积 17.9 亿平方米，同比增加 1.9%，增幅比上年减少 0.7 个百分点；商品房销售额 18.2 万亿元，同比增加 4.8%，增幅比上年减少 3.7 个百分点。

近 5 年以来，商品房销售面积总规模维持在 17 亿平方米左右的高位平台期，其中，商品住宅销售面积规模保持在 15 亿平方米左右，办公楼和商业营业用房的销售规模相比 2017 年分别减少了大约 30%，其他用房销售面积持续增加至约 1 亿平方米，比 2017 年增加了大约 50%（见表 4-1-5）。

表 4-1-5　2017—2021 年各类商品房屋销售面积和增幅变化

年份	销售面积（万平方米）					销售面积同比增长（%）				
	商品房	商品住宅	办公楼	商业营业用房	其他用房	商品房	商品住宅	办公楼	商业营业用房	其他用房
2017	169407.8	144788.8	4756.2	12838.1	7024.7	7.7	5.3	24.3	18.7	35.9
2018	171654.4	147929.4	4363.3	11971.3	7390.3	1.3	2.2	−8.3	−6.8	5.2
2019	171557.9	150144.3	3722.8	10172.9	7517.9	−0.1	1.5	−14.7	−15	1.7
2020	176086.2	154878.5	3334.3	9288.5	8585.0	2.6	3.2	−10.4	−8.7	14.2
2021	179433.0	156532.0	3375.0	9046.0	10480.0	1.9	1.1	1.2	−2.6	22.1

数据来源：国家统计局。

分月度数据看，2021 年商品房销售面积增幅逐月快速下降，增幅由年初的 104.9%降至年底的 1.9%，下半年当月销售面积呈现同比负增长态势，10 月最高降幅为 21.7%，11—12 月降幅略有收窄（见图 4-1-6）。年底两月商品房销售面积降幅收窄，受益于 10 月下旬开始加快购房抵押贷款发放的影响。

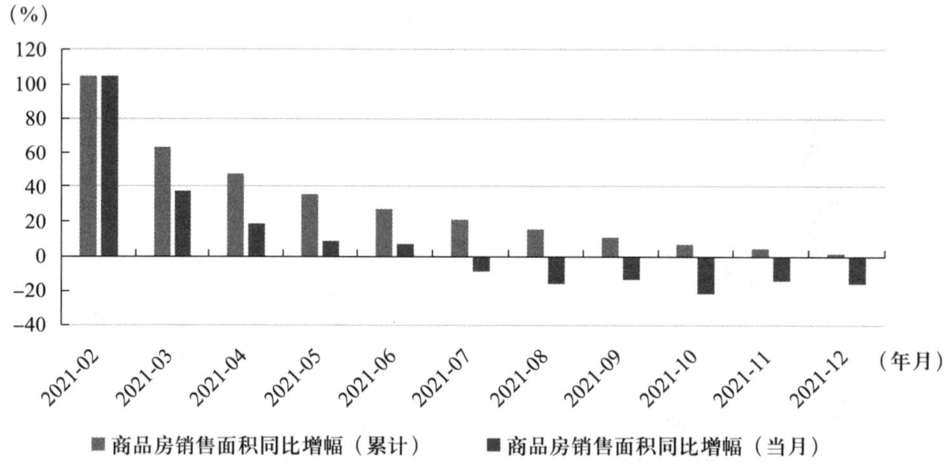

图 4-1-6　2021 年各月商品房销售面积增长变化

数据来源：国家统计局。

4. 商品住宅库存水平下降

商品房待售面积指在商品房竣工面积中尚未租售的房屋面积，可以用来反映竣工商品房的库存。以商品房待售面积/竣工面积代表商品房库存水平。2021 年，商品房库存面积增加，但增幅低于竣工面积增幅，商品房库存水平略降。2021 年商品房待售面积 5.1 亿平方米，同比增长 2.35%，增幅为近 5 年最高。其中，商品住宅待售面积 2.3 亿平方米，同比增长 1.71%，近 5 年来首次增加；办公楼、商业营业用房待售面积均同比减少；其他用房待售面积增幅最高，为 8.93%（见表 4-1-6）。2021 年，商品房和商品住宅库存水平分别为 0.5 和 0.31，均低于 2020 年水平（见图 4-1-7）。

2021 年，商品住宅销售面积 15.65 亿平方米，超过商品住宅新开工面积 14.95 亿平方米，在建商品住宅库存面积减少。在 2020 年开始的"三条红线""两个集中度"调控政策影响下，2021 年年初，房企开始主动去杠杆，新开工面积和购地面积呈现负增长态势，下半年各月供给指标降幅均高于商品房销售面积降幅，房地产市场库存水平下降。

表 4-1-6　2017—2021 年各类商品房屋待售面积和增幅变化

年份	待售面积（万平方米）					待售面积同比增长（%）				
	商品房	住宅	办公楼	商业营业用房	其他用房	商品房	住宅	办公楼	商业营业用房	其他用房
2017	58923	30163	3664	15204	9892	-15.27	-25.07	0.91	-4.00	0.81
2018	52414	25091	3649	13793	9881	-11.05	-16.82	-0.41	-9.28	-0.11
2019	49821	22473	3800	13282	10266	-4.95	-10.43	4.14	-3.70	3.90
2020	49850	22379	3796	12934	10741	0.06	-0.42	-0.11	-2.62	4.63
2021	51023	22761	3795	12767	11700	2.35	1.71	-0.03	-1.29	8.93

数据来源：国家统计局。

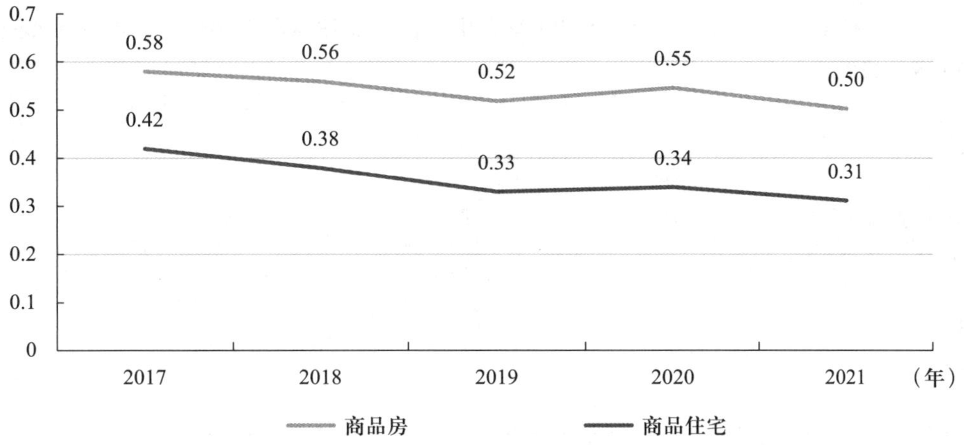

图 4-1-7　2017—2021 年商品房和商品住宅库存水平变化

数据来源：国家统计局。

5. 大中城市房价由涨转跌

2021 年，70 座大中城市商品住房价格、二手住房价格环比涨幅继续回落。全年 70 座大中城市商品住房价格环比上涨 2.11%（70 座大中城市住房价格指数中位数，下同），涨幅比上年减少 1.75 个百分点；二手住房价格环比上涨 1.05%，涨幅比上年减少 1.17 个百分点。全年 70 座大中城市商品住房价格同比上涨 4%，二手住房价格同比上涨 2.6%，涨幅均低于上年。

分月度数据看，2021 年 7 月房价涨幅开始快速下降，9—12 月连续 4 个月房价出现环比下跌，12 月环比跌幅有所收窄（见图 4-1-8）。下半年房价上涨城市数量快速减少，11 月 70 座大中城市中商品住房和二手住房价格环比上涨城市数量分别降至 9 个和 3 个，12 月增加（见图 4-1-9）。2021 年年底房价下跌趋势趋缓，与 10 月下旬房地产贷款发放开始加快、支持自住性需求政策力度加大有关，市场出现触底迹象。

2021 年，除 12 月一线城市二手住房价格止跌回稳以外，下半年各线城市房价均出现环比下降；主要城市群中，年底长三角、成渝城市群新房价格止跌回稳，珠三角、京津冀、长江中游城市群均延续下半年以来的房价下降态势。

（三）下半年房企资金流动性紧张持续加剧

2021 年 7 月恒大出现违约事件以后，市场各方预期发生转变，房企融资渠道减少，市场销售下降，房企融资性现金流和经营性现金流同时受限，资金流动性紧张持续加剧，地产海外债市场违约房企增多，出现民营房企信用危机。

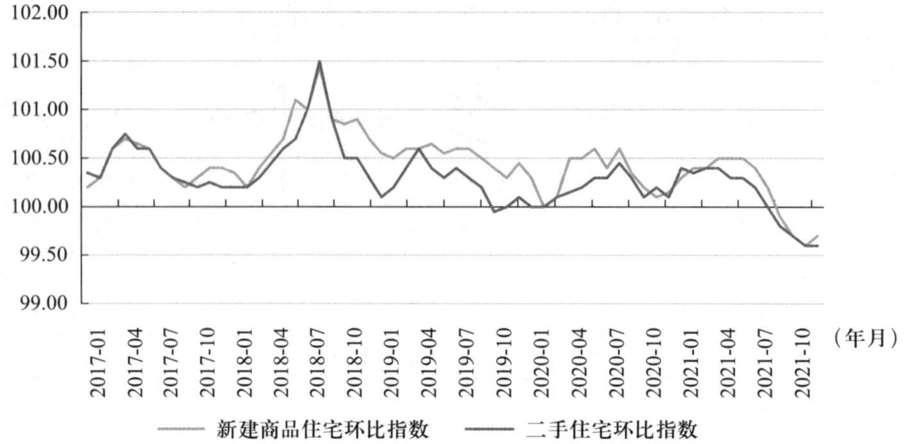

图 4-1-8　2017—2021 年 70 座大中城市商品住宅和二手住宅价格环比变化

数据来源：国家统计局。

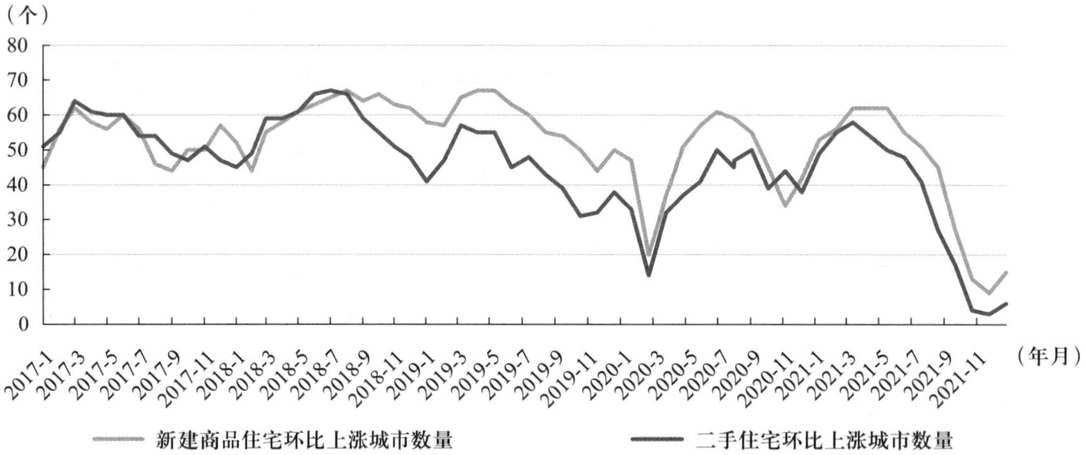

图 4-1-9　70 座大中城市房价上涨城市数量变化

数据来源：国家统计局。

1. 下半年房地产融资出现一致性抽贷、断贷，民营房企融资性现金流大幅受限

房地产企业融资渠道主要包括银行贷款、房地产信托、房地产国内债券、地产海外债等四大类。2021 年，四类融资渠道的融资量均同比减少。其中，房地产国内债券发行量为 6307 亿元，同比减少 12.9%；房地产信托资金 5939 亿元，同比减少 21.5%；地产美元债发行 2875.6 亿元，同比减少 36.7%；开发贷款 23296 亿元，同比减少 12.7%（见表 4-1-7）。

表 4-1-7　2017—2021 年房地产各类融资额和增幅变化

年份	融资额（亿元）				融资额同比增长（%）			
	房地产国内债券	房地产信托资金	地产美元债（折合人民币）	开发贷款	房地产国内债券	房地产信托资金	地产美元债（折合人民币）	开发贷款
2017	4419.2	6836.1	3492.2	25241.8	-68.0	134.8	296.0	17.3
2018	6760.2	9553.4	3736.0	24132.1	53.0	39.7	7.0	-4.4
2019	6206.0	9964.4	5552.1	25228.8	-8.2	4.3	48.6	4.5
2020	7244.3	7565.9	4542.9	26675.9	16.7	-24.1	-18.2	5.7
2021	6307.0	5939.0	2875.6	23296.0	-12.9	-21.5	-36.7	-12.7

数据来源：国家统计局，用益信托网，wind 数据库。

2021 年下半年，这四类渠道融资额均出现同比大幅度减少。2021 年 10 月下旬，中央财经委员会办公室指出要支持合理住房需求，房地产国内债券 11 月、12 月同比降幅有所收窄，降幅由 10 月的 52.2%逐步减少至 11 月的 33.5%和 12 月的 14.4%。而其他三类渠道的房地产融资数量 7—12 月同比降幅均逐步加大，12 月房地产信托同比减少 69.4%，地产美元债同比减少 86.6%，国内贷款同比减少 31.6%，降幅均为全年最大，说明截至年底，银行和投资人的房地产投资预期并没有明显好转（见图 4-1-10）。

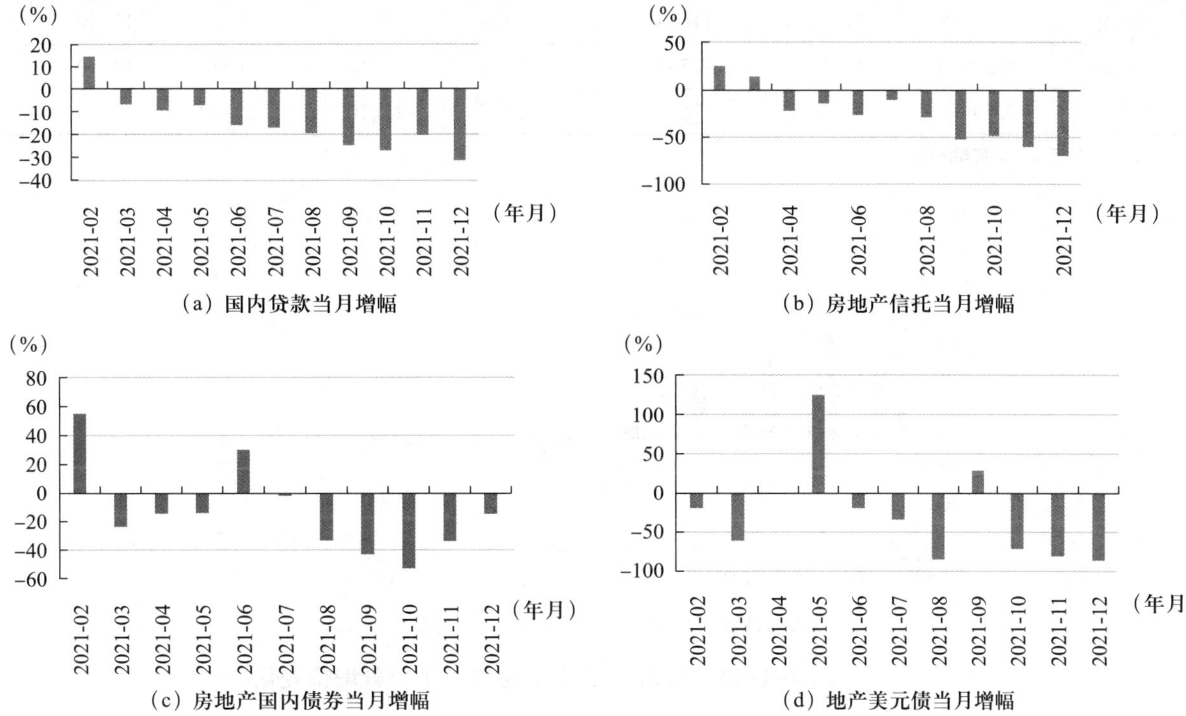

图 4-1-10　2021 年各月各渠道房地产融资额增幅变化

数据来源：国家统计局，用益信托网，wind 数据库。

2. 下半年房屋销售增幅迅速下降，房企经营性现金流快速减少

房企经营性现金流主要来源于房屋销售额。2021 年，定金及预收款 7.4 万亿元，同比增长 11.1%；个人按揭贷款 3.2 万亿元，同比增长 8.0%（见表 4-1-8）。2021 年下半年各月商品房销售额同比减少，带动销售回款同比减少。其中，定金及预收款 7—12 月各月降幅逐步增加，12 月降幅为 25.9%；个人按揭贷款自 6 月开始同比减少，10 月下旬在支持合理住房需求政策作用下，个贷发放额度增加，10 月、11 月个人按揭贷款出现小幅增加，12 月再次同比减少，10—12 月连续 3 个月个人按揭贷款增幅高于同期定金及预收款增幅，说明房地产金融支持政策力度有所加大（见图 4-1-11）。

2021 年，房地产企业各项应付款 5.2 万亿元，同比增加 8.2%，增幅比上年减少 6 个百分点（见表 4-1-8）；房地产企业各项应付款额相当于房地产开发资金来源的 35%，比上年高 1.5 个百分点。2021 年下半年，在房企融资端现金流和经营性现金流受限的同时，施工方、供应商垫资意愿也有所下降，多数月份应付款同比减少（见图 4-1-12）。

表 4-1-8　2017—2021 年销售回款、应付款数额和增幅变化

年份	款项（亿元）				同比增长（%）			
	定金及预收款	个人按揭贷款	各项应付款	应付工程款	定金及预收款	个人按揭贷款	各项应付款	应付工程款
2017	48693. 6	23906. 3	33654. 9	17966. 8	16. 10	-2. 00	8. 90	5. 30
2018	55748. 2	23643. 1	37273. 5	19442. 0	13. 80	-0. 80	10. 80	8. 20
2019	61358. 9	27281. 0	41884. 3	22964. 8	10. 70	15. 10	12. 40	18. 10
2020	66546. 8	29975. 8	47793. 8	26837. 6	8. 50	9. 90	14. 10	16. 90
2021	73946. 0	32388. 0	51695. 0	28926. 7	11. 10	8. 00	8. 20	7. 80

数据来源：国家统计局。

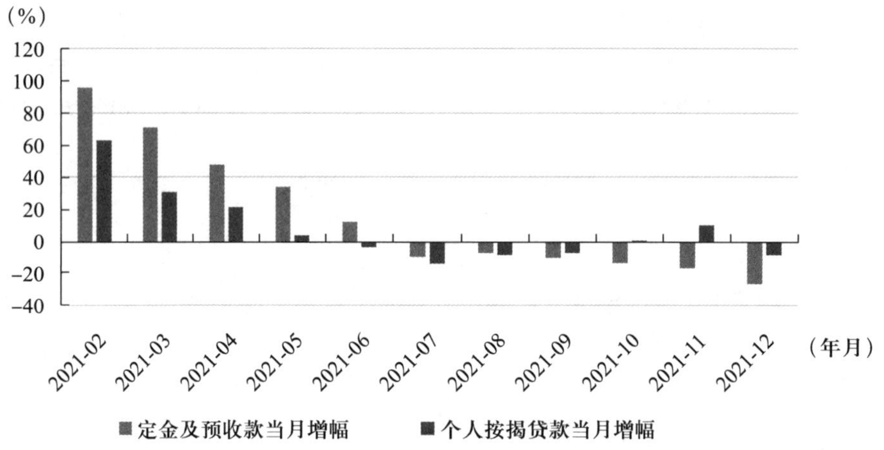

图 4-1-11　2021 年各月商品房销售回款增幅变化

数据来源：国家统计局。

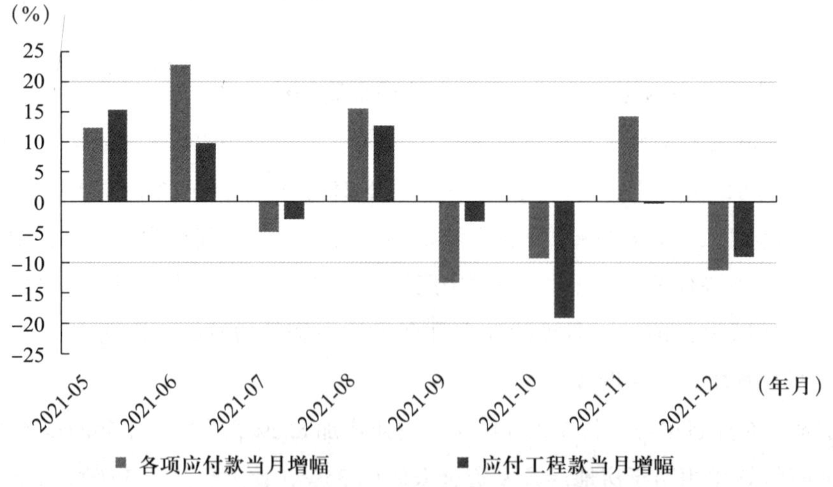

图 4-1-12　2021 年 5—12 月各项应付款增幅变化

数据来源：国家统计局。

3. 还债压力加剧，下半年民营房企违约事件连续发生

2021 年，房地产开发资金来源 20. 1 万亿元，同比增长 4. 2%，增幅比上年减少 4 个百分点，为近 5 年来最低。2021 年下半年，受市场各方预期改变影响，各类房地产融资渠道的融资数量均出现断崖式下降，房企信用

风险率先在地产美元债市场爆发。2021 年房地产美元债发行量为 445. 14 亿美元，不及当年到期量 583. 56 亿美元，首次出现发行量低于到期量的情形，房企借新还旧不能持续，债务续借中断，引发房企债务违约事件，尤以民营房企为甚。截至 2021 年年底，据不完全统计，房地产美元债市场出现违约的房企包括蓝光、泰禾、天房、恒大、华夏幸福、富力、佳兆业、禹州、当代、世贸、新力、花样年、阳光城等，还有一些房企评级被下调。除公开债市场外，还有很多房企债务不得不展期。

2022 年仍是房企还债高峰年，国内外地产债到期额大约 8000 亿元。针对房企信用风险情况，2021 年年底，中国人民银行、银保监会、证监会等部门指出要支持合理住房需求，合理发放房地产开发贷款、并购贷款，支持优质房地产企业发行债券，鼓励出险企业项目并购，化解房地产债务风险。

（刘琳　中国宏观经济研究院）

二、存量住房市场

2021 年存量住房交易量同比下降，价格涨幅收窄，市场预期减弱，房源成交周期拉长。年内市场走势波动较大，上半年市场较热，三季度快速降温，四季度利率信贷环境改善带动市场筑底。市场调整期，刚需房源受影响较大，改善型房源价格韧性较高。2021 年存量住房租赁市场价格恢复性上涨，改善性租赁需求增加。①

（一）存量房交易情况

交易量下降。2017 年以来，我国存量住房市场的交易规模始终保持增长趋势。2021 年全国存量住房市场交易规模首次同比下降。根据贝壳研究院测算，2021 年全国存量住房成交金额约 7 万亿元，同比下降约 6. 1%；成交套数约 393 万套，同比下降约 9. 0%；成交面积约 3. 6 亿平方米，同比下降 9. 0%；成交均价约 1. 9 万元/平方米，同比上涨约 3. 2%，涨幅较 2020 年收窄约 6 个百分点（见图 4-2-1）。

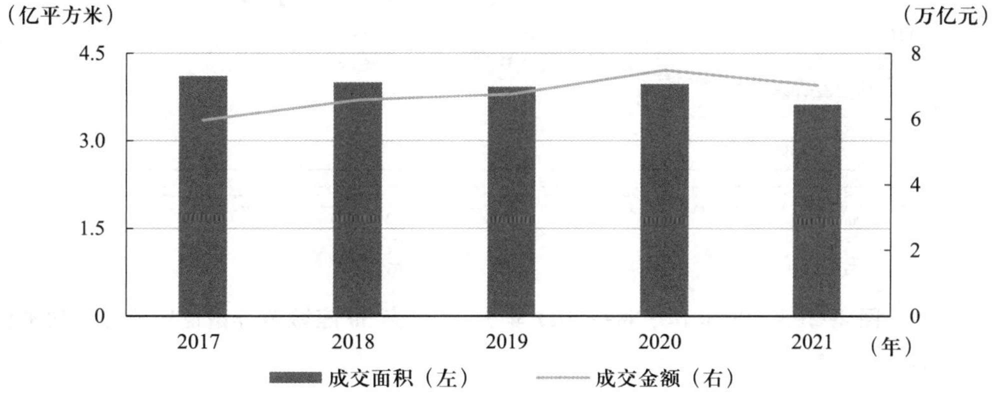

图 4-2-1　2017—2021 年全国存量住房成交面积与金额走势

数据来源：贝壳研究院。

年内走势波动大。上半年市场偏热，三季度市场快速下行，四季度在金融信贷环境改善下房地产市场筑底。2021 年 3 月，贝壳 50 座城市②存量住房成交套数创 2019 年以来历史新高，4 月起成交套数持续下降，9 月创 2019 年以来除新冠肺炎疫情、春节等特殊时点外的历史最低值。从峰值到谷底，仅半年时间累计下

① 因资料数据搜集和调查受限，本节涉及存量住房市场的各个方面，分别界定在不同城市数量范围中。

② 贝壳 50 座城市包括：北京、上海、深圳、广州、成都、大连、福州、贵阳、哈尔滨、杭州、合肥、呼和浩特、济南、昆明、兰州、南昌、南京、宁波、青岛、厦门、沈阳、石家庄、苏州、太原、天津、温州、武汉、西安、银川、长春、长沙、郑州、重庆、常州、东莞、佛山、绵阳、惠州、嘉兴、廊坊、洛阳、南通、泉州、绍兴、无锡、芜湖、徐州、烟台、中山、珠海。

降超六成。存量住房价格从快速上涨到下跌。2021 年 3 月，贝壳 50 座城市存量住房价格指数①单月环比涨幅最高，此后环比涨幅持续收窄，8—11 月连续 4 个月下跌且跌幅保持扩大，11 月单月环比下跌 1.7%，是 2019 年以来单月最大跌幅。2021 年四季度，存量住房市场筑底。10—12 月贝壳 50 座城市存量住房月度成交套数环比分别增加 6.5%、2.2%、23.8%。随着成交量出现积极的变化，12 月贝壳 50 座城市存量住房价格指数环比跌幅出现了 8 月下跌以来的首次收窄，当月环比跌幅为 0.8%，比 11 月 1.7%的水平明显收窄（见图 4-2-2、图 4-2-3）。

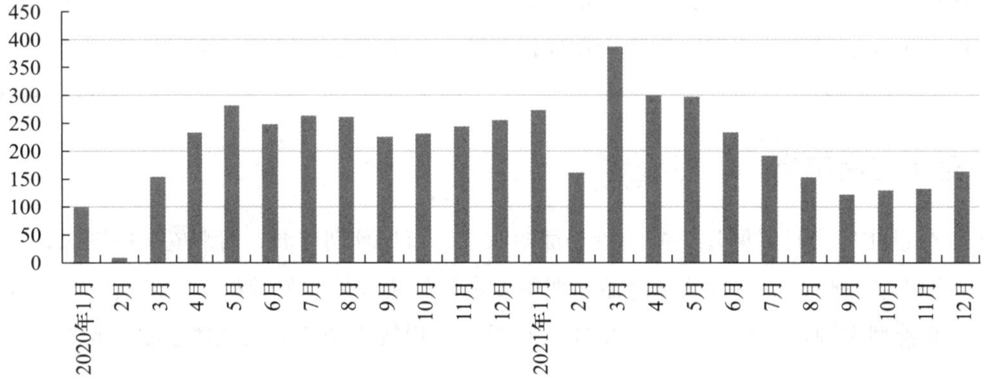

图 4-2-2　2020 年 1 月—2021 年 12 月贝壳 50 座城市存量住房成交套数指数走势

数据来源：贝壳研究院。

注：2020 年 1 月为基期，基期值为 100。

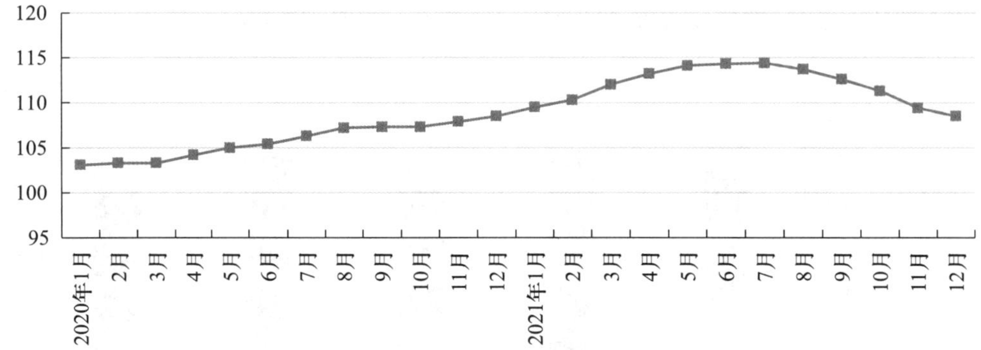

图 4-2-3　2020 年 1 月—2021 年 12 月贝壳 50 座城市存量住房价格指数走势

数据来源：贝壳研究院。

市场预期减弱。2021 年存量住房市场预期先升后降。2021 年 2 月，贝壳 50 座城市存量住房景气指数②达到 2019 年以来最高点，此后持续下降，12 月止降回升。整体来看，下半年市场下行期市场预期减弱。分城市看，截至 12 月，贝壳 50 座城市中超过七成的城市存量住房景气指数在 20 以下，市场预期较低迷（见图 4-2-4、见表 4-2-1）。

① 存量住房价格指数是在城市选择固定样本小区，以贝壳真实的存量住房成交数据为基础，利用重复交易法，反映城市房地产市场价格走势。

② 存量住房市场景气指数是基于贝壳平台上业主挂牌和调价行为数据，计算挂牌房源调价中调升的次数比例来反映当前市场预期，能够预测未来短期房价走势，景气指数 = 调涨次数/调价次数×100。景气指数在 40 以上为市场预期景气，涨价预期强；20~40 之间为预期相对平稳；20 以下为市场预期低迷。

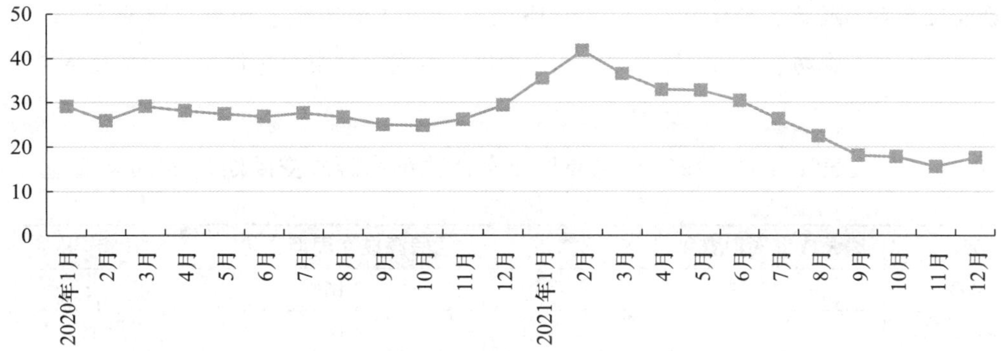

图 4-2-4　2020 年 1 月—2021 年 12 月贝壳 50 座城市存量住房景气指数走势

数据来源：贝壳研究院。

表 4-2-1　2021 年 12 月重点城市存量住房景气指数及变化

城市	2020 年 12 月	2021 年 12 月	较 2020 年 12 月变化	城市	2020 年 12 月	2021 年 12 月	较 2020 年 12 月变化
东莞市	61	19	−42	洛阳市	15	10	−5
上海市	66	24	−42	长春市	14	9	−5
深圳市	59	22	−37	杭州市	31	27	−4
泉州市	61	28	−33	廊坊市	16	11	−5
绍兴市	45	16	−29	沈阳市	24	19	−5
嘉兴市	39	15	−24	温州市	32	27	−5
银川市	32	11	−21	烟台市	17	13	−4
徐州市	34	13	−21	呼和浩特市	16	13	−3
常州市	33	15	−18	成都市	22	19	−3
南通市	31	14	−17	青岛市	15	12	−3
合肥市	39	24	−15	贵阳市	14	11	−3
宁波市	38	23	−15	北京市	18	15	−3
西安市	26	12	−14	济南市	15	12	−3
广州市	33	22	−11	石家庄市	12	9	−3
厦门市	34	24	−10	绵阳市	15	13	−2
中山市	25	14	−11	重庆市	16	14	−2
大连市	31	23	−8	太原市	11	10	−1
无锡市	28	20	−8	长沙市	18	17	−1
佛山市	27	18	−9	郑州市	15	14	−1
南京市	22	15	−7	南昌市	21	20	−1
哈尔滨市	15	7	−8	天津市	12	11	−1
惠州市	25	17	−8	武汉市	14	14	0
芜湖市	23	16	−7	苏州市	18	19	1
兰州市	15	9	−6	福州市	19	23	4
昆明市	18	12	−6				

数据来源：贝壳研究院。

房源成交周期①**延长**。2021 年，贝壳 50 座城市存量住房房源平均成交周期为 135 天，较 2020 年延长 12 天。其中，南昌、廊坊、兰州、昆明、沈阳、太原、南通等城市存量住房房源成交周期延长 30 天以上（见表 4-2-2）。

表 4-2-2　2021 年重点城市存量住房房源成交周期较 2020 年变化

单位：天

城市	房源成交周期变化	城市	房源成交周期变化	城市	房源成交周期变化
南昌市	43	长春市	16	福州市	5
廊坊市	42	大连市	14	泉州市	4
兰州市	39	郑州市	13	东莞市	3
昆明市	35	苏州市	12	济南市	3
沈阳市	34	青岛市	12	天津市	2
太原市	33	杭州市	12	呼和浩特市	2
南通市	33	中山市	11	芜湖市	0
哈尔滨市	28	长沙市	11	西安市	-1
洛阳市	27	温州市	11	武汉市	-3
宁波市	26	重庆市	11	徐州市	-4
石家庄市	23	烟台市	11	厦门市	-6
绵阳市	22	惠州市	9	合肥市	-7
绍兴市	22	南京市	9	成都市	-8
珠海市	22	佛山市	8	广州市	-11
无锡市	22	银川市	7	北京市	-30
常州市	19	嘉兴市	6	上海市	-38
贵阳市	16	深圳市	5		

数据来源：贝壳研究院。

成交效率降低。2021 年，贝壳 50 座城市存量住房带看房源成交比②为 19.2，较 2020 年提高 2.8；带看客源成交比③为 17.8，较 2020 年提高 0.7。分城市看，深圳、东莞、珠海、广州等粤港澳大湾区城市提高幅度较大（见表 4-2-3）。

（二）成交结构特征

刚需房源价格调整幅度大，改善性房源价格韧性强。2021 年下半年市场下行阶段，2021 年 12 月低总价④房屋套总价较 2021 年 6 月累计下跌 5.4%，下跌幅度超过中等价位和高总价房屋（见表 4-2-4）；分面积段看，小户型房屋价格累计跌幅明显大于大户型房屋，60 平方米以下的存量住房价格累计下跌 4.9%，140 平方米以上的大户型存量住房价格下跌 1.5%（见表 4-2-5）；分楼龄来看，楼龄在 5 年以下的存量住房价格累计下跌 4.2%，楼龄与价格累计跌幅正相关，楼龄越老的房子价格下调幅度越大（见表 4-2-6）。这背后的直接原因是刚需客群对按揭贷款依赖度更高，住房信贷环境收紧下，刚需客群的信贷受影响更大。高总价、大户型等品质改善类房源价格韧性较高，表明消费者对改善住房的需求强烈。

---

① 房源成交周期=所有房源成交总天数/房源成交套数。

② 带看房源成交比=带看房源量/成交量。

③ 带看客源成交比=带看客户量/成交量。

④ 将成交房屋按照成交套总价从高到低排序，10%分位处的总价代表高总价水平，40%分位处的总价代表中等价位，70%分位处的总价代表低总价。

表 4-2-3　2021 年重点城市带看客源成交比、带看房源成交比较 2020 年变化

城市	带看客源成交比变化	带看房源成交比变化	城市	带看客源成交比变化	带看房源成交比变化
深圳市	13.7	19.2	贵阳市	0.5	1.8
东莞市	11.9	22.8	银川市	0.4	2.0
珠海市	9.3	8.1	福州市	0.4	0.5
绵阳市	2.4	7.2	哈尔滨市	0.2	3.5
广州市	7.3	7.1	嘉兴市	0.2	0.7
温州市	7.0	15.7	无锡市	-0.4	2.3
中山市	6.1	10.3	天津市	-0.6	1.3
洛阳市	4.1	8.7	太原市	-0.7	2.8
厦门市	3.9	0.7	长春市	-0.8	2.6
佛山市	3.8	6.1	合肥市	-0.9	-0.4
南通市	3.6	11.8	芜湖市	-0.9	-1.8
西安市	3.6	3.6	常州市	-1.1	1.2
惠州市	3.3	14.0	青岛市	-1.3	1.3
徐州市	3.0	5.2	呼和浩特市	-1.6	5.0
宁波市	2.7	6.2	济南市	-1.9	0.3
绍兴市	2.6	4.3	成都市	-2.2	0.6
南京市	2.5	4.1	兰州市	-2.4	3.3
南昌市	1.9	5.4	石家庄市	-2.5	0.8
杭州市	1.8	5.4	烟台市	-2.6	1.7
北京市	1.8	-0.5	沈阳市	-3.0	5.5
上海市	1.6	-0.8	郑州市	-3.4	0.5
昆明市	1.5	7.8	长沙市	-3.4	-2.1
重庆市	1.3	3.8	大连市	-4.1	-0.5
泉州市	0.8	-1.8	廊坊市	-4.8	-5.1
武汉市	0.5	3.7	苏州市	-6.4	-3.3

数据来源：贝壳研究院。

表 4-2-4　2021 年 12 月较 2021 年 6 月不同价位房屋套总价调整幅度

单位：%

价位	低总价	中等价位	高总价
调整幅度	-5.4	-2.9	-2.1

数据来源：贝壳研究院。

表 4-2-5　2021 年 12 月较 2021 年 6 月不同面积房屋价格调整幅度

单位：%

面积	60 平方米以下	60~90 平方米	91~120 平方米	121~140 平方米	140 平方米以上
调整幅度	-4.9	-3.9	-3.1	-2.6	-1.5

数据来源：贝壳研究院。

表 4-2-6　2021 年 12 月较 2021 年 6 月不同楼龄房屋价格调整幅度

单位:%

年限	5 年以下	5~10 年	11~15 年	16~20 年	21~30 年
调整幅度	-4.2	-4.5	-4.9	-4.8	-4.9

数据来源：贝壳研究院。

改善型房源成交占比提高。分户型看，2021 年三居室户型房源成交占比为 33.9%，较 2020 年提高 0.5 个百分点；四居室及以上大户型房源成交占比为 6.8%，较 2020 年提高 0.3 个百分点；一居室和二居室房源成交占比分别降低 0.3 个和 0.5 个百分点（见表 4-2-7）。分楼龄看，2021 年楼龄在 5 年以下的房源成交占比为 10.3%，较 2020 年提高 1.8 个百分点（见表 4-2-8）。

表 4-2-7　2020—2021 年贝壳 50 城不同居室房源成交占比

单位:%

年份	一居室	二居室	三居室	四居室及以上
2020	14.8	45.3	33.4	6.5
2021	14.5	44.8	33.9	6.8

数据来源：贝壳研究院。

表 4-2-8　2020—2021 年贝壳 50 座城市不同楼龄房源成交占比

单位:%

年份	5 年以下	5~10 年	10~15 年	15~20 年	20~30 年	30 年以上
2020	8.5	29.5	22.1	14.2	18.6	7.1
2021	10.3	28.4	21.9	13.8	18.2	7.4

数据来源：贝壳研究院。

城市分化。南方城市成交量调整幅度较大，2021 年粤港澳大湾区存量成交套数同比下降幅度超过 20%，代表城市如深圳同比下降超过 50%，截至 12 月，深圳存量住房价格指数同比下降 5.5%，东莞、广州、佛山存量住房成交套数同比均下降；长三角城市群、成渝城市群成交套数同比略有下降；在长沙和武汉的带动下，长江中游城市群同比增长约 15%；在北京、天津的带动下，京津冀城市群同比增长约 18%（见图 4-2-5）。

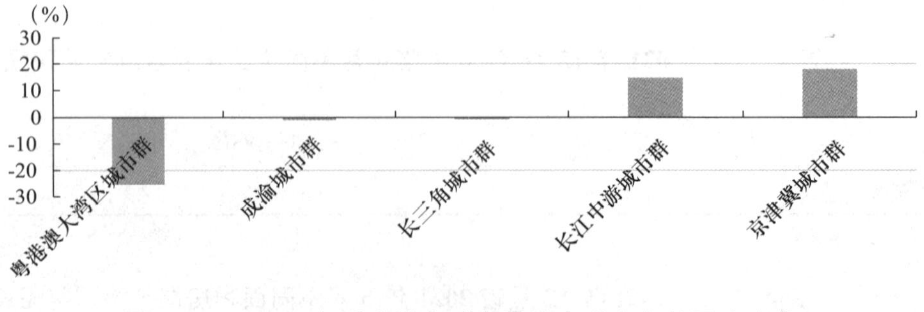

图 4-2-5　2021 年重点城市群存量住房成交套数同比变化

数据来源：贝壳研究院。

（三）存量房交易金融环境

利率先升后降。2021 年前三季度存量住房按揭贷款利率持续提高，9 月贝壳 103 座城市①存量住房首套主流利率②为 5.74%、二套主流利率为 6.00%，均较 2020 年 12 月累计提高 38 个基点。10 月存量住房房贷利率开始下降，12 月贝壳 103 座城市存量住房首套主流利率为 5.64%，较 9 月累计下降 10 个基点；二套主流利率为 5.91%，较 9 月累计下降 9 个基点。从全年角度看，2021 年 12 月首套、二套主流房贷利率分别较 2020 年 12 月提高 28 个、29 个基点（见图 4-2-6 和表 4-2-9）。

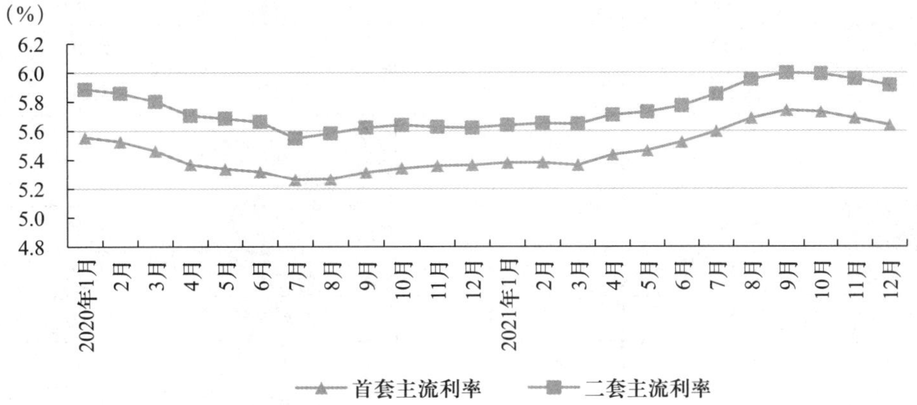

图 4-2-6　2020 年 1 月—2021 年 12 月贝壳 103 座城市存量住房主流房贷利率走势

数据来源：贝壳研究院。

根据贝壳 103 座城市平均房贷放款周期③数据，2021 年 10 月以前，103 座城市平均放款周期呈延长走势，10 月平均放款周期为 73 天，较 2020 年 12 月延长 28 天；11 月起银行放款速度加快，12 月平均放款周期为 57 天，较 10 月缩短 16 天（见图 4-2-7）。

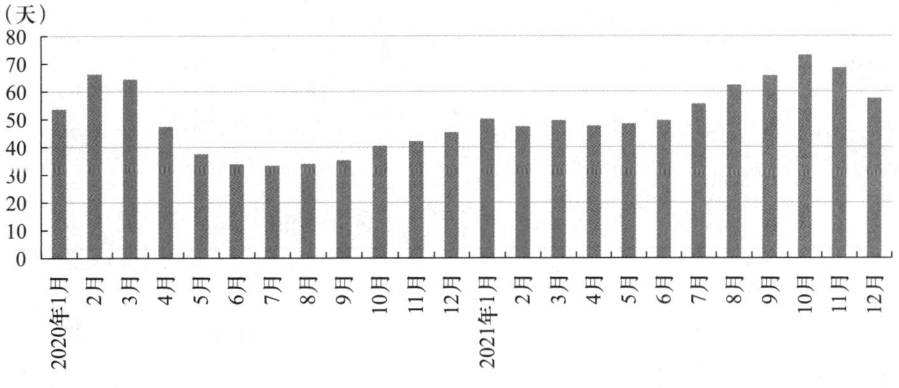

图 4-2-7　2020 年 1 月—2020 年 12 月贝壳 103 座城市存量住房平均房贷放款周期

数据来源：贝壳研究院。

① 103 座城市包括：安庆、包头、宝鸡、北海、北京、常州、成都、达州、大理、大连、丹东、东莞、佛山、福州、赣州、广州、贵阳、桂林、哈尔滨、海口、杭州、合肥、呼和浩特、湖州、淮安、黄石、惠州、吉林、济南、济宁、嘉兴、江门、金华、九江、开封、昆明、兰州、廊坊、临沂、柳州、洛阳、鞍山、绵阳、南昌、南充、南京、南宁、南通、宁波、青岛、泉州、厦门、上海、上饶、绍兴、深圳、沈阳、石家庄、苏州、太原、泰安、唐山、天津、潍坊、温州、无锡、芜湖、武汉、西安、咸阳、襄阳、新乡、徐州、许昌、烟台、盐城、宜昌、银川、漳州、长春、长沙、镇江、郑州、中山、重庆、珠海、株洲、淄博、眉山、德阳、常德、邯郸、晋中、汉中、景德镇、清远、衢州、台州、威海、乌鲁木齐、宜春、驻马店、遵义。

② 主流房贷利率指统计期内存量住房房贷成交最集中的利率点。

③ 房贷放款周期指签订存量住房贷款合同到最终放款的自然日数。

表 4-2-9　2021 年 12 月重点城市主流房贷利率

单位：%

城市	首套利率	二套利率	城市	首套利率	二套利率
北京	5.20	5.70	青岛	5.45	5.65
常州	5.70	5.90	泉州	5.30	5.50
成都	5.64	6.13	厦门	4.95	5.45
大连	5.60	5.80	上海	5.00	5.70
东莞	5.75	5.95	绍兴	5.50	5.70
佛山	6.00	6.20	深圳	5.10	5.60
福州	5.30	5.45	沈阳	5.30	5.60
广州	5.85	6.00	石家庄	5.25	5.39
贵阳	5.65	5.88	苏州	5.50	6.00
哈尔滨	5.00	5.25	太原	5.35	5.45
杭州	5.85	5.95	天津	4.95	5.25
合肥	5.88	6.37	温州	5.50	5.70
呼和浩特	5.25	5.35	无锡	6.00	6.15
绵阳	5.90	6.37	芜湖	5.88	6.37
惠州	5.80	6.30	武汉	5.73	5.98
济南	5.55	5.80	西安	5.85	6.05
嘉兴	5.70	5.80	徐州	5.75	5.95
昆明	5.40	5.80	烟台	5.40	5.60
兰州	5.50	5.60	银川	4.95	5.35
廊坊	5.39	5.69	长春	5.00	5.25
洛阳	5.88	6.37	长沙	5.64	5.88
南昌	5.88	6.13	郑州	5.63	5.88
南京	6.15	6.35	中山	5.70	5.80
南通	5.40	5.60	重庆	5.85	6.05
宁波	5.45	5.70	珠海	5.80	6.10

数据来源：贝壳研究院。

购房杠杆率降低。2021 年贝壳 60 座城市①存量住房购房自有资金率②为 60.2%，较 2020 年提高 3.4 个百分点；从月度走势看，1—10 月自有资金率逐步提高，11—12 月有所降低（见图 4-2-8）。

分城市群③看，2021 年粤港澳大湾区城市群存量住房购房自有资金率为 59.7%，较 2020 年提高 8.9 个百分点；长三角城市群为 62.6%，较 2020 年提高 3.5 百分点；长江中游城市群、山东半岛城市群自有资金率均较 2020 年有不同程度的提高。京津冀城市群、兰西城市群自有资金率较 2020 年略有下降（见表 4-2-10）。

① 60 座城市包括：安庆、包头、北京、长春、长沙、常州、成都、大连、东莞、佛山、福州、广州、贵阳、哈尔滨、杭州、合肥、呼和浩特、淮安、惠州、济南、嘉兴、开封、昆明、兰州、廊坊、临沂、洛阳、马鞍山、绵阳、南昌、南充、南京、南通、宁波、青岛、泉州、上海、绍兴、深圳、沈阳、石家庄、苏州、太原、天津、潍坊、温州、无锡、芜湖、武汉、西安、厦门、咸阳、襄阳、徐州、烟台、银川、郑州、中山、重庆、珠海。

② 自有资金率=1-存量住房客户的房屋贷款金额与房屋总成交金额的比值，自有资金率越高代表杠杆率越低。

③ 此处城市群统计样本以 60 座城市为基础。

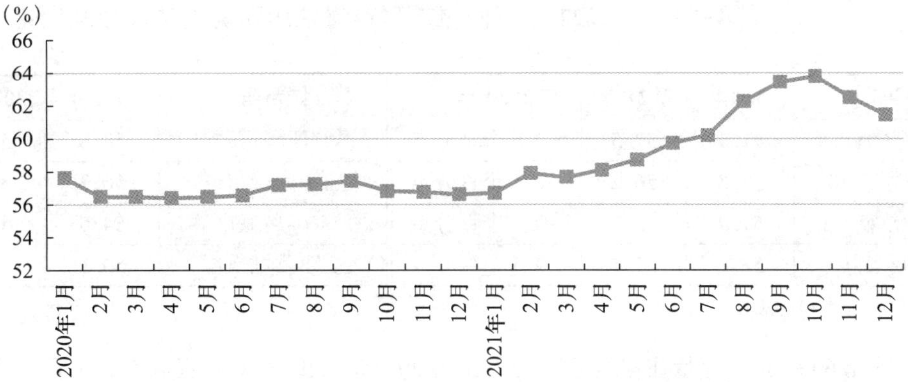

图 4-2-8 2020 年 1 月—2021 年 12 月贝壳 60 座城市存量住房购房自有资金率

数据来源：贝壳研究院。

表 4-2-10 2020—2021 年不同城市群存量住房购房自有资金率及变化

单位:%

城市群	2020 年	2021 年	较 2020 年变化	城市群	2020 年	2021 年	较 2020 年变化
粤港澳大湾区城市群	50.8	59.7	8.9 个百分点	成渝城市群	62.4	63.2	0.8 个百分点
长三角城市群	59.1	62.6	3.5 个百分点	辽中南城市群	56.6	56.7	0.1 个百分点
长江中游城市群	54.6	58.0	3.4 个百分点	京津冀城市群	63.6	63.3	-0.3 个百分点
山东半岛城市群	56.8	58.1	1.3 个百分点	兰西城市群	58.5	55.1	-3.4 个百分点

数据来源：贝壳研究院。

2021 年贝壳 60 座城市存量住房购房贷款成数①为 56.1%，较 2020 年降低 1.2 个百分点；从月度走势看，前三季度贷款成数逐步下降，四季度企稳回升（见图 4-2-9）。

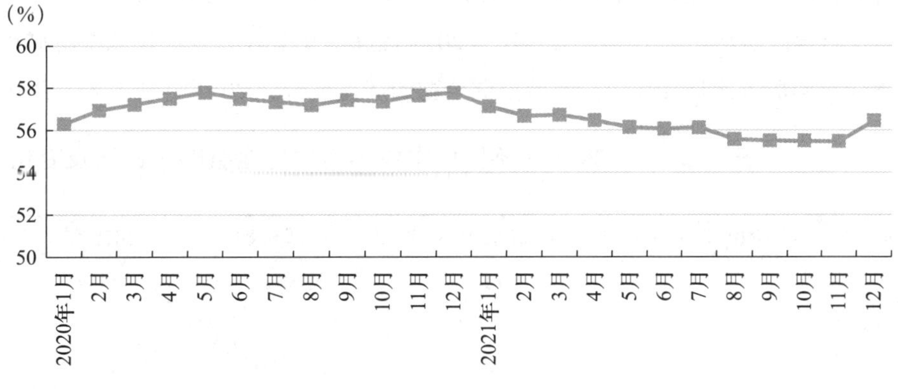

图 4-2-9 2020 年 1 月—2021 年 12 月贝壳 60 座城市存量住房贷款成数

数据来源：贝壳研究院。

分城市群看，2021 年粤港澳大湾区城市群存量住房购房贷款成数为 57.5%，较 2020 年降低 3.6 个百分点，长江中游城市群贷款成数为 56.2%，较 2020 年降低 2.1 个百分点，成渝城市群、长三角城市群等贷款成数均略有下降，山东半岛城市群、京津冀城市群贷款成数略有提高（见表 4-2-11）。

① 贷款成数指使用按揭贷款的购房客户贷款额与其房屋成交额的比值。

表 4-2-11　2021 年不同城市群存量住房购房贷款成数及变化

单位:%

城市群	2020 年	2021 年	较 2020 年变化	城市群	2020 年	2021 年	较 2020 年变化
粤港澳大湾区城市群	61.1	57.5	-3.6 个百分点	兰西城市群	58.8	58.7	-0.1 个百分点
长江中游城市群	58.3	56.2	-2.1 个百分点	辽中南城市群	56.2	56.1	-0.1 个百分点
成渝城市群	57.4	56.7	-0.7 个百分点	山东半岛城市群	54.5	54.7	0.2 个百分点
长三角城市群	53.6	53.1	-0.5 个百分点	京津冀城市群	50.1	50.6	0.5 个百分点

数据来源：贝壳研究院。

2021 年贝壳 60 座城市存量住房全款购房占比为 29.5%，较 2020 年提高 5.2 个百分点；从月度走势看，前三季度贷全款购房占比提高，四季度回落（见图 4-2-10）。

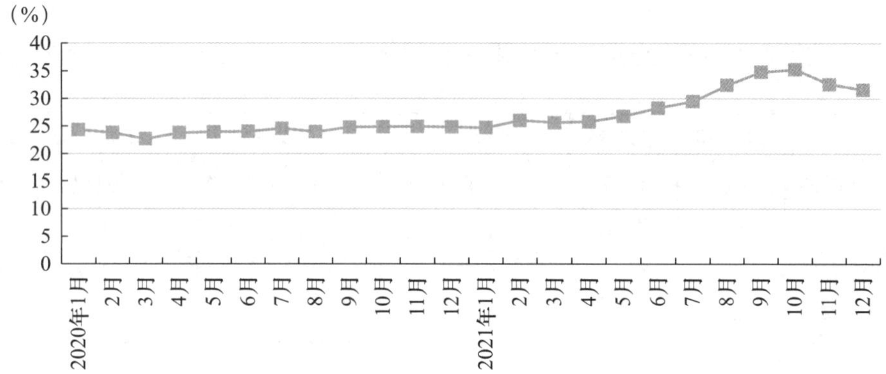

图 4-2-10　2020 年 1 月—2021 年 12 月贝壳 60 城存量住房购房全款占比

数据来源：贝壳研究院整理。

分城市群看，2021 年粤港澳大湾区城市群存量住房全款购房占比为 28.4%，较 2020 年提高 11.8 个百分点；长三角城市群全款购房占比为 31.5%，较 2020 年提高 7.0 个百分点；长江中游城市群、山东半岛城市群、成渝城市群等全款购房占比均提高；兰西城市群全款购房占比较 2020 年下降 3.6 个百分点（见表 4-2-12）。

表 4-2-12　2021 年不同城市群存量住房全款购房占比及变化

单位:%

城市群	2020 年	2021 年	较 2020 年变化	城市群	2020 年	2021 年	较 2020 年变化
粤港澳大湾区城市群	16.6	28.4	11.8	成渝城市群	34.4	35.6	1.2
长三角城市群	24.5	31.5	7.0	京津冀城市群	27.4	28.5	1.1
长江中游城市群	22.6	25.7	3.0	辽中南城市群	23.1	23.6	0.5
山东半岛城市群	21.4	24.0	2.6	兰西城市群	26.2	22.6	-3.6

数据来源：贝壳研究院。

（四）租赁住房交易情况

租金恢复性回升。根据贝壳租赁平台数据，2021 年全国 40 座重点城市①租金水平为 38.8 元/平方米，同比微涨 1.4%，低于 2019 年 8.7%。从月度走势看，上半年租金水平回升，下半年租金水平下降（见图 4-2-11）。

① 40 座重点城市包含：北京、上海、广州、深圳、南京、天津、杭州、青岛、成都、大连、苏州、济南、合肥、武汉、长沙、烟台、厦门、东莞、沈阳、重庆、郑州、石家庄、无锡、西安、南通、徐州、福州、长春、宁波、佛山、哈尔滨、南昌、廊坊、惠州、兰州、中山、贵阳、呼和浩特、芜湖、太原。

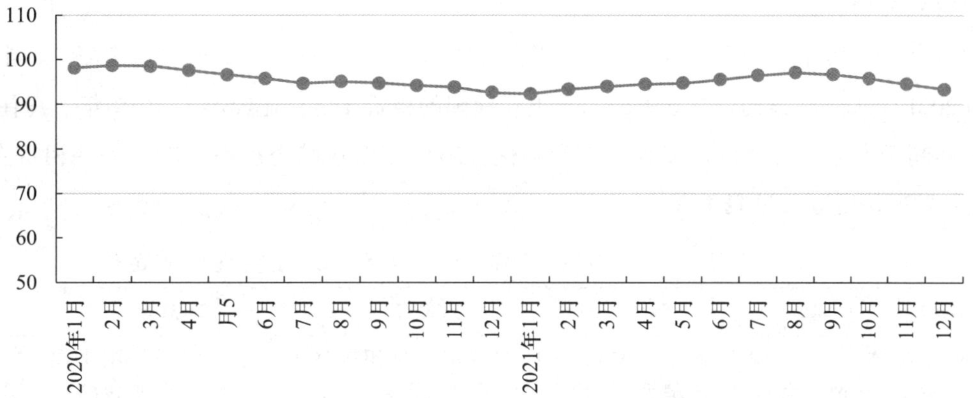

图 4-2-11　2020 年 1 月—2021 年 12 月 40 座重点城市住房租金指数走势

数据来源：贝壳研究院。

租赁住房成交周期加快。根据贝壳租赁平台数据，2021 年租赁住房房源成交周期为 50 天，较 2020 年缩短 2 天，客源成交周期基本未变（见表 4-2-13）。

表 4-2-13　2018—2021 年 40 座重点城租赁市场房源、客源成交周期

单位：天

年份	房源成交周期	客源成交周期	年份	房源成交周期	客源成交周期
2018	34	8	2020	52	10
2019	40	8	2021	50	10

数据来源：贝壳研究院。

改善性租赁需求增加。2021 年 40 座重点城市租赁成交房源中，三居室户型房源成交占比为 25.0%，较 2020 年提高 1.4 个百分点；四居室及以上户型房源成交占比为 4.6%，较 2020 年提高 0.7 个百分点；一居室和二居室户型房源成交占比分别下降 1.2 个、0.8 个百分点（见表 4-2-14）。

表 4-2-14　2019—2021 年 40 座重点城市不同户型租赁房源成交占比

单位：%

年份	一居室	二居室	三居室	四居室及以上
2019	29. 3	44. 2	23. 0	3. 5
2020	29. 8	42. 7	23. 6	3. 9
2021	28. 6	41. 9	25. 0	4. 6

数据来源：贝壳研究院。

（许小乐　刘丽杰　贝壳研究院）

三、住房租赁市场

自党的十九大提出“加快建立多主体供给、多渠道保障、租购并举的住房制度”之后，从中央到各级政府陆续出台了一系列促进住房租赁市场稳健发展的政策，使得租赁住房市场的发展更加规范化，同时也在一定程度上解决了人才的安居问题。2021 年作为“十四五”开局之年，“租赁住房”上升到国家战略层面，行业发展态势良好。

（一）政策动向

自 2018 年来，历年“两会”都在强调“坚持租购并举”“加快发展长租房市场”，同时“保障性租赁住房”成为 2021 年来的高频词。在政策的引导下，我国的租赁住房行业经历了 2017 年“房住不炒”政策热火朝天，2018 年超千家企业在长租公寓蓝海跌宕起伏，2020 年新冠肺炎疫情影响下一些租赁企业“爆雷”，2021 年再次进入发展快通道（见表 4-3-1）。

表 4-3-1　2018—2022 年“两会”对租赁住房的定位

2018 年	2019 年	2020 年	2021 年	2022 年
1. 健全地方税体系，**稳妥推进房地产税立法** 2. 坚持房子是**用来住的，不是用来炒的**定位 3. 加快建立**多主体供应，多渠道保障，租售并举的住房制度**	1. 健全地方税体系，**稳步推进房地产税立法** 2. 更好解决住房问题，**落实城市主体责任**，促进房地产市场平稳发展 3. 继续推进**保障性住房建设和棚户区改造**，城市老旧小区面大量广，要大力改造提升	1. 坚持房子是**用来住的，不是用来炒的**定位 2. **因城施策**、促进房地产市场平稳发展	1. 坚持房子是用来住的，不是用来炒的定位。稳地价、稳房价、稳预期 2. **解决好大城市住房突出问题** 3. 通过增加土地供应、安排专项资金、集中建设等办法，切实增加保障性租赁住房和共有产权住房供给，规范发展长租房市场，降低租赁住房税费负担，**尽最大努力帮助新市民、青年人等缓解住房困难**	1. 继续保障好群众住房需求。坚持房子是用来住的、不是用来炒的定位 2. **探索新的发展模式，坚持租购并举，加快发展长租房市场，推进保障性住房建设**

2021 年，租赁住房受到政府的高度重视，各项围绕住房租赁市场的政策频出。2021 年 3 月 5 日，李克强总理做“两会”政府工作报告，多次提及“租赁住房”“长租房”等关键词，强调“坚持房子是用来住的、不是用来炒的”定位，解决好大城市住房突出问题，尽最大努力帮助新市民、青年人等缓解住房困难，并指出“租购并举”仍是租赁行业最强基本面。2021 年 3 月 11 日，中央发布《中华人民共和国国民经济和社会发展第十四个五年规划和 2035 年远景目标纲要》，指出要完善住房市场体系和住房保障体系，将保障性租赁住房作为实现“房住不炒”政策重要的措施，提出“以人口流入多、房价高的城市为重点，扩大保障性租赁住房供给，着力解决困难群体和新市民住房问题。”7 月 2 日，国务院办公厅印发《关于加快发展保障性租赁住房的意见》，首次明确了以公租房、保障性租赁住房和共有产权住房为主体的住房保障体系顶层设计，明确保障性租赁住房主要解决符合条件的新市民、青年人等群体的住房困难问题。8 月 31 日，国务院新闻办公室举行新闻发布会，住房和城乡建设部明确，“十四五”期间将以发展保障性租赁住房为重点，随后各地也陆续发布了“十四五”时期发展保障性租赁租房供应目标和相关配套政策。

2021 年保障性租赁住房上升至国家战略，从中央到各级政府陆续出台了一系列促进住房租赁市场稳健发展的政策，使得租赁住房市场的发展更加规范化，以发展保障性租赁住房为突破口，破解大城市住房突出问题（见图 4-3-1）。

（二）行业发展

1. 土地：新增租赁用地供应规模大幅度扩大

根据对全国已推出租赁用地的跟踪统计，自 2017 年 7 月至 2020 年 12 月，全国范围内总计推出近 239 块租赁用地，规划建筑面积接近 1520.5 万平方米。2021 年全年租赁相关用地建筑面积供应成交达到 1235 万平方米，相当于前 4 年成交总量的 80%（见图 4-3-2）。

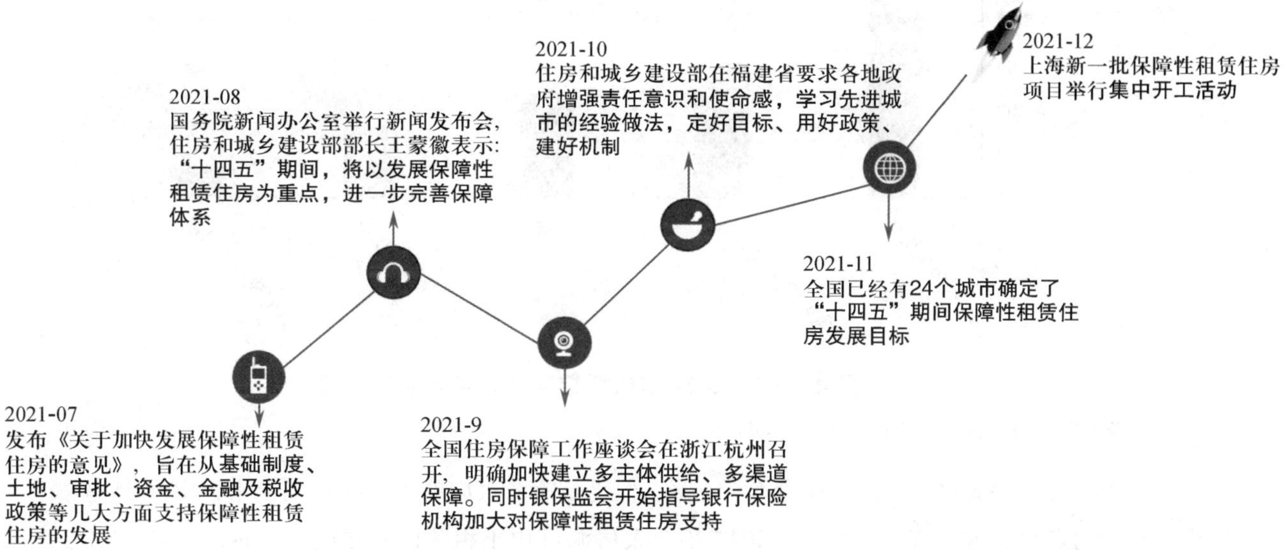

图 4-3-1　2021 年中央及地方关于保租房建设的相关举措

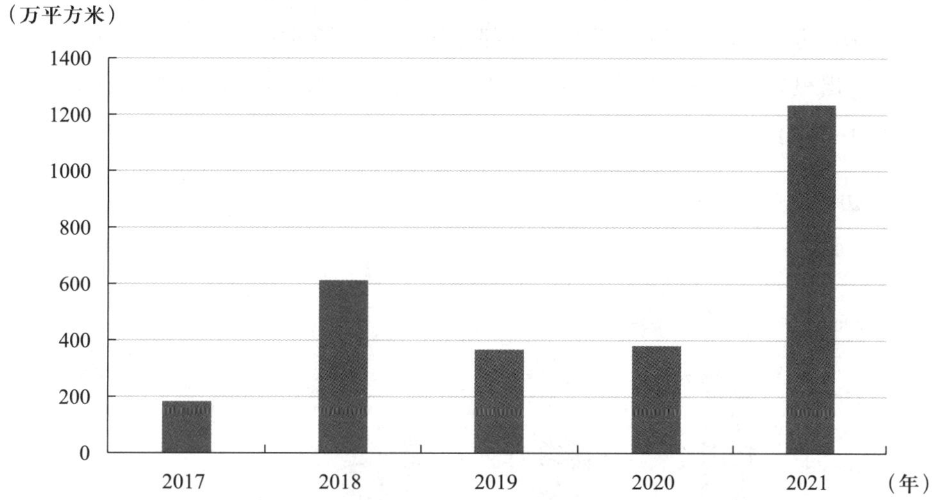

图 4-3-2　2017—2021 年租赁相关用地成交面积

数据来源：公开信息。

全国 22 座城市 2021 年总计推出 582 块涉租赁用地（建筑面积 1235 万平方米），包括纯租赁用地、竞自持租赁用地、竞配建租赁用地、拿地配建租赁用地和拿地自持租赁用地（见图 4-3-3）。此外，各地也开展利用集体建设用地建设租赁住房的试点，经过 3 年的建设并陆续完工，未来将进入市场。

2. 供应规模及产品：散户为市场主体，供应产品端大型租赁社区开始进入市场

中国住房租赁行业的供应主体主要包含散户、机构运营和政府，因其背景和资源能力不同，不同主体的市场参与方式也有所不同。散户和机构运营是以市场化操作运营，而政府则担任公共物品提供者及规则制定者的重要角色。目前，散户仍为中国住房租赁市场的供应主体，但散户主体不参与房源的运营管理，市场上机构运营的租赁住房占比约为 5%。

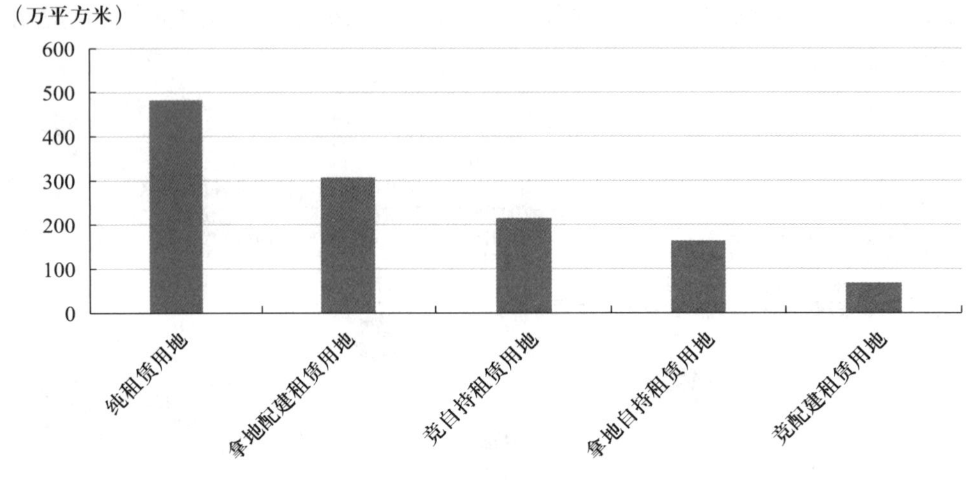

图 4-3-3　2021 年租赁相关用地整体供应情况

数据来源：公开信息，克而瑞租售整理。

（1）个人租赁房源供应：供应规模不断下降，但仍是市场供应的主力。近五年来，中国 55 座城市个人租赁房源新增房源量整体呈现下跌趋势，2017 年个人房源可用于租赁的总量达到 2095 万间，2018 年 1227 万间，2019 年也达到了 1297 万间，2020 年受新冠肺炎疫情影响，整体下跌最为显著，个人房源供应量 939 万间，同比下降近三成。2021 年个人房源供应量再一步走低，仅 604 万间。2021 年个人租赁房源的大幅度下降与房地产销售市场息息相关。2020 年至今，部分房地产市场开启了一轮“牛市”，二手房房价的日益高企使得一些原本用于出租的二手房，被房东用于出售，或者处于观望市场的状态，直接导致市场上可用于租房的房源减少（见图 4-3-4）。

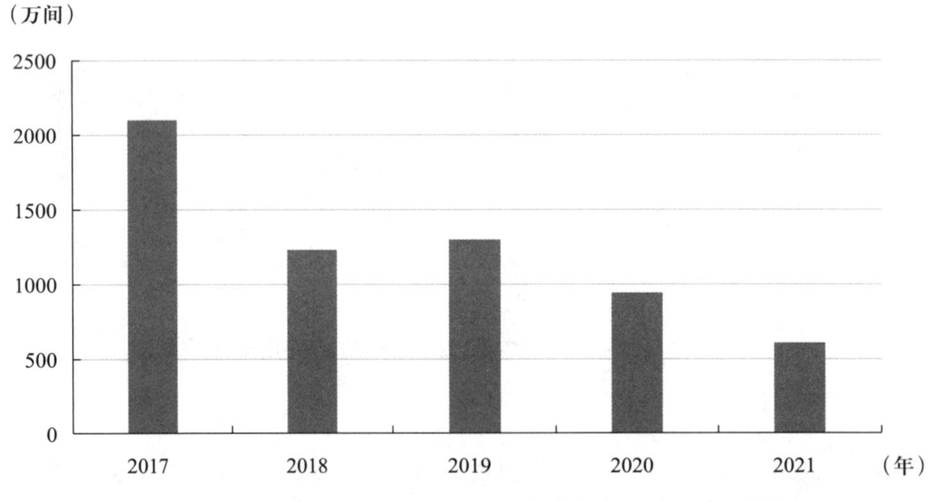

图 4-3-4　2017—2021 年中国 55 座城市个人房源新增供应

数据来源：CRIC 城市租售系统。

（2）市场化租赁房源供应：分散式产品大幅下降，集中式产品规模初现且稳步推进。目前，中国租赁市场最大规模的分散式长租公寓——自如，已经发展至以“百万”为规模计数单位。然而近年来，分散式公寓因“高收低租”“租金贷”等商业模式弊端暴露，遭遇频频“爆雷”，2019—2020 年，蛋壳公寓、青客公寓等下架房源，退出市场，自如和相寓也在逐步控制，甚至缩减规模（见表 4-3-2）。

表 4-3-2　分散式公寓管理规模

类型	公寓品牌	管理规模
分散式	自如	102 万间（2019 年数据）
	蛋壳公寓	43.8 万间（2020 年“爆雷”，下架房源）
	相寓	24.6 万间（规模大幅减小）

数据来源：克而瑞租售。

我国住房租赁市场化集中式企业机构规模效应初现。截至 2021 年年底，中国 TOP30 集中式长租公寓运营企业累计开业规模 79.63 万间，同比增长 21.60%。2020 年一季度至今，保持着每季度 4.5%左右的增长速度。TOP30 集中式长租公寓运营企业管理规模达 118.72 万间，全年累计拓店规模超 15 万间。相较于 2021 年 Q3，年底租赁企业拓店速度加快，环比增长 8.51%（见图 4-3-5）。

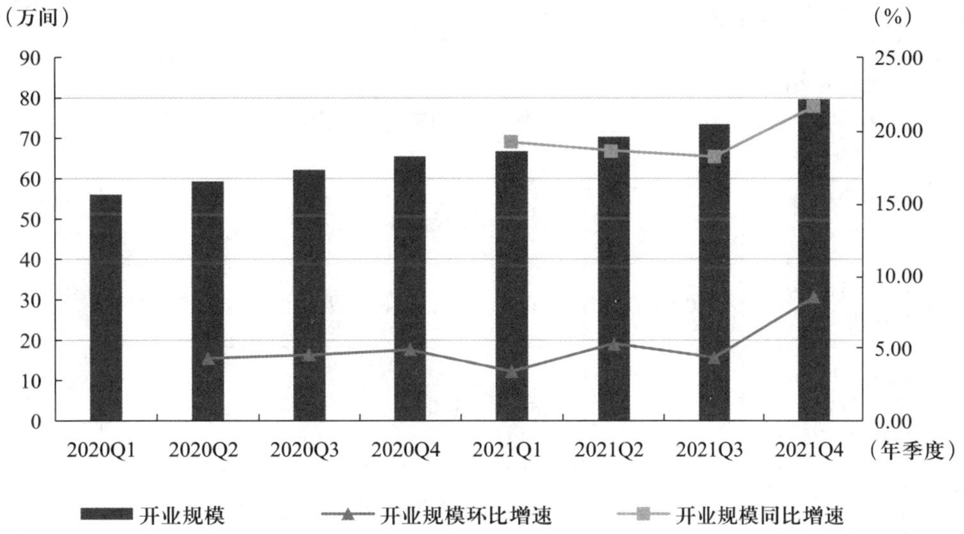

图 4-3-5　2020—2021 年中国 TOP30 集中式长租公寓企业开业规模变化

数据来源：CRIC 城市租售系统。

（3）市场化租赁房源供应：大型租赁社区开始进入市场。从 2017 年上海推出首块租赁用地至今，已经有近 5 年，尽管租赁用地建设租赁住房整体的建设周期较长，但在 2021 年，租赁用地项目由建设期转入运营期。目前，上海推出的大型租赁社区以租赁用地建成的租赁住房为主，而北京则是以集体用地建设的租赁住房为主，项目整体体量都超过了 500 间。基于客群定位与需求，租赁社区的产品设计与传统集中式白领公寓也应当有所不同。以往的城市中心区域的白领公寓房间十分狭窄，居住体验较差，这样的租赁方式是无法实现“长期居住”的。大型租赁社区的产品无论从采光通风、居住尺度层面，还是其他生活层面，都有了较大改善，舒适度大大提升（见表 4-3-3）。

3. 市场租金：个人房源租赁租金整体呈上升趋势，集中式公寓租金呈小幅下跌趋势

2021 年开年以来，全国主要城市房租均呈现连续上涨趋势，平均涨幅接近 7.37%，多地房租价格已经创下历年来新高（见图 4-3-6）。

表 4-3-3 全国部分已入市的典型大型租赁社区项目

土地类型	项目名称	开业时间	城市	开发商	运营商	项目体量（间）	产品定位	租金坪效（元/平方米/月）
租赁用地	中集·中央公园	2021 年 3 月	上海	中集集团	中集集团	1574	租赁社区（白领）	80
	华润有巢国际公寓社区·东部经开区店	2021 年 4 月	上海	华润置地	华润有巢	1015	租赁社区（白领）	65
	张江纳仕国际社区（一期）	2021 年 8 月	上海	张江集团	旭辉瓴寓	1257	租赁社区（白领）	112
	中建幸孚+公寓松江店	2021 年 11 月	上海	中建东孚	东孚资管	2240	租赁社区（白领）	72
	珑熹台租赁社区	2021 年 7 月	南京	南京安居集团	江宁高新区管委会	3000	租赁社区（白领）	72
集体用地	华润有巢国际公寓社区泗泾店	2021 年 3 月	上海	华润置地	华润有巢	1264	租赁社区（白领）	57
	钱投·宁巢明石公寓	2021 年 9 月	杭州	钱投集团	钱投·宁巢	1469	人才租赁住房公寓	64
	万科泊寓·高立庄店	2020 年 10 月	北京	北京万科	万科泊寓	3130	租赁社区（白领）	97
	派米雷 LINK 新界（泗泾）未来社区	2021 年 5 月	上海	派米雷	派米雷	587	租赁社区（白领）	71
	万科泊寓成寿寺社区	2020 年 7 月	北京	北京万科	万科泊寓	965	租赁社区（白领）	171
	滨纷公寓花园大道项目	2020 年 10 月	合肥	滨湖集团	包河房屋租赁公司	514	租赁社区（白领）	—

数据来源：CRIC 城市租售系统。

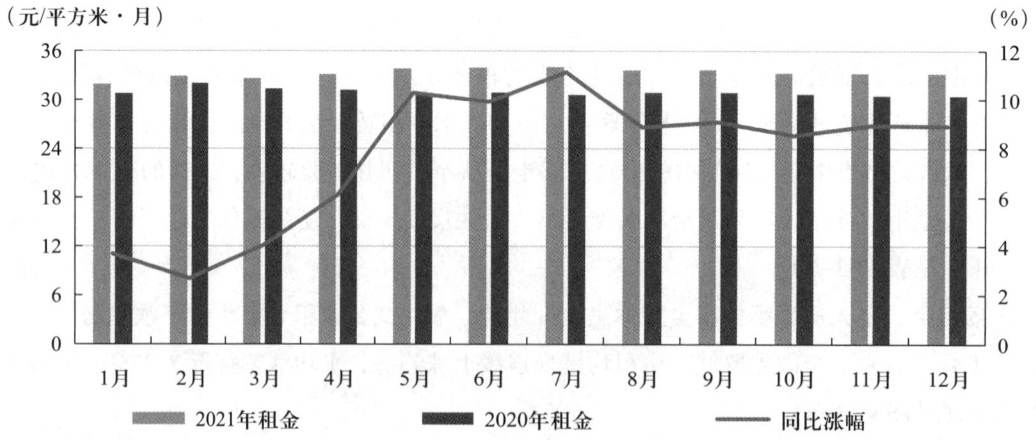

图 4-3-6 2020 年及 2021 年全国 55 座城市个人房源租金变动

数据来源：CRIC 城市租售系统。

从 2021 年全年来看，核心八城中有五城集中式公寓租金整体呈现下跌趋势，其中成都同比下降 12.10%，北京同比下降 6.59%。上海、深圳、杭州同比租金下降在 1%~3%之间（见表 4-3-4）。

表 4-3-4　核心城市 2021 年机构化租赁房源租金及同比

单位：元/平方米·月，%

城市	集中式公寓租金	同比	城市	集中式公寓租金	同比
北京	154.2	-6.59	南京	91.33	3.65
上海	167.23	-2.81	杭州	91.32	-1.92
广州	79.52	1.96	武汉	65.65	0.23
深圳	86.45	-2.89	成都	71.13	-12.10

数据来源：CRIC 城市租售系统。

4. 企业及融资：不断有企业加入行业，规模初现但融资依旧收紧

2021 年中国住房租赁企业集中式公寓开业及管理规模榜榜中（TOP30），入榜企业开业规模门槛为 4000 间，行业巨头 TOP3 均开业超 9 万间，合计开业规模占 TOP30 的 44%。其中，万科泊寓以 15.7 万间的成绩位居榜首，也是唯一一家开业规模突破 15 万间的租赁企业。龙湖冠寓也已于 2021 年突破 10 万间开业规模。魔方公寓作为 2009 年创立的、我国首批专业住房租赁创业系运营商，不像房企系拥有较强的资源背书，但发展 10 年来，始终稳步向前，至今已开业 9.2 万间。在管理规模榜中，入榜企业管理规模门槛为 8979 间，TOP20 企业管理规模超 1.79 万间，TOP10 企业管理规模超 3.88 万间，TOP3 管理规模超 9 万间。万科泊寓和龙湖冠寓分别以 20 万间和 12 万间的管理规模摘得冠军和亚军席位，也是唯二管理规模超 10 万间的租赁企业（见表 4-3-5）。

表 4-3-5　2021 年我国住房租赁企业集中式公寓开业及管理规模排行榜（TOP30）

单位：间

排名	品牌	开业规模	品牌	管理规模
1	万科泊寓	157000	万科泊寓	200000
2	龙湖冠寓	100000	龙湖冠寓	120000
3	魔方生活服务集团	91607	魔方生活服务集团	92748
4	乐乎公寓集团	62051	旭辉瓴寓	86926
5	窝趣	35971	乐乎公寓集团	69263
6	旭辉瓴寓	32209	碧桂园碧家国际社区	60000
7	朗诗寓	30406	朗诗寓	51500
8	广州城投住房公司	29206	华润置地有巢	44000
9	招商伊敦公寓	27000	窝趣	40134
10	中富旅居（乐璟生活社区/瑞贝庭）	20894	方隅公寓	38819
11	城家公寓	17482	合房股份·承寓	36222
12	碧桂园碧家国际社区	17269	招商伊敦公寓	34000
13	安歆集团	16612	上海城方	31994
14	合房股份·承寓	16195	广州城投住房公司	29206
15	华润置地有巢	15528	合景公寓	24544
16	自如寓	15122	绿地长租公寓	22301
17	上海城方	14577	城家公寓	21926

续表

排名	品牌	开业规模	品牌	管理规模
18	己美公寓	11337	中富旅居（乐璟生活社区/瑞贝庭）	20894
19	东南青年汇	9159	自如寓	18155
20	方隅公寓	9001	保利公寓	17900
21	佳兆业佳寓	8406	安歆集团	16612
22	宝地友间公寓	8293	建方长租	16327
23	合景公寓	8173	城投宽庭	15797
24	保利公寓	8050	东南青年汇	13700
25	金地草莓社区	7937	中海长租公寓（海堂、友里）	11733
26	德信随寓	7338	银城佳遇	11728
27	建方长租	6778	己美公寓	11337
28	中海长租公寓（海堂、友里）	4317	佳兆业佳寓	10382
29	上坤上寓	4298	滨江暖屋	10042
30	绿地香港—箐舍	4095	宝地友间公寓	8979

数据来源：CRIC 城市租售系统。

2021 年，有一些企业（品牌）新进入租赁行业，进入企业的性质也比较多元，有以传统房地产开发为主体的珠江实业、路劲地产等；也有以产业园区运营为主业的中集集团；也有以物业经营、有色金属、商贸物流为主业的新兴发展集团；还有以金融投资为主业的广州白云金融控股集团等，越来越多的企业开始关注和进入住房租赁市场。

2015 年，住房租赁市场受到广泛关注，股权融资热度较高，融资事件达到 17 起；2016 年，股权融资数量持平，但金额走高到接近 30 亿；2017 年，资本依旧看好租赁市场，股权融资总额同步增长约 27%，融资额度接近 38 亿；2018 年，自如、魔方、城家等几大巨头都进行了大额股权融资，导致市场股权融资总额超过上年数倍；2019 年，股权融资事件减少至 10 起，但融资总额达到 120 亿元，融资总额较 2018 年增长近 30%；2020 年股权融资事件仅 2 起，但融资金额创下往年新高；2021 年，股权融资事件仅 1 起，安歆集团获前海母基金 Pre-D 轮数亿元融资（见图 4-3-7）。

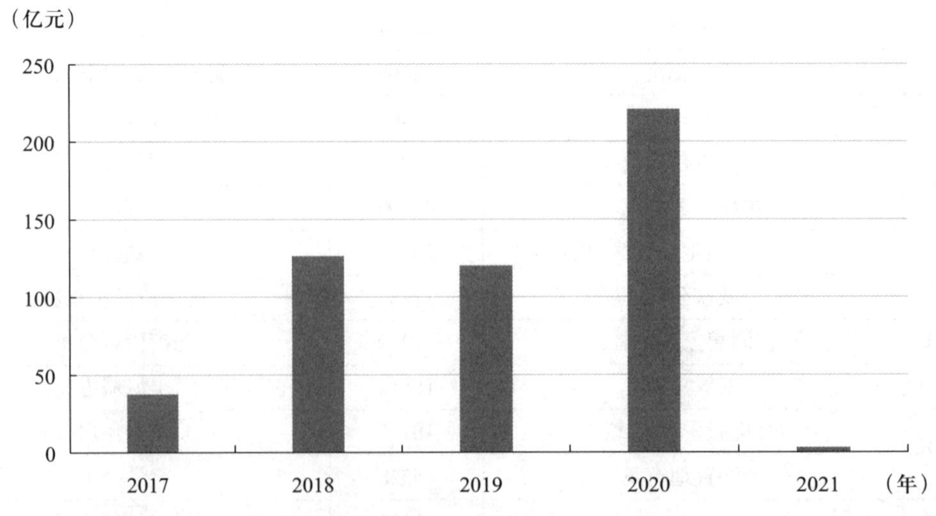

图 4-3-7　2017—2021 年住房租赁企业股权融资金额变化趋势

数据来源：CRIC 城市租售系统。

2021 年，中国租赁市场共发行债权融资 9 只、合计 123.67 亿元，平均利率 4.01%。同比 2020 年，发行规模缩减下降 19%，平均利率下降 12%，企业融资成本进一步降低（见图 4-3-8）。

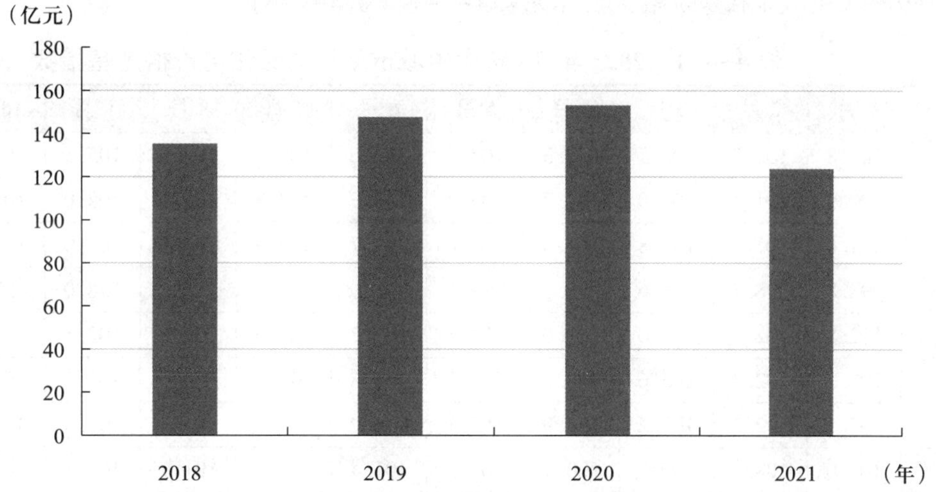

图 4-3-8　2018—2021 年住房租赁企业债权融资金额变化趋势

数据来源：CRIC 城市租售系统。

2017 年是中国住房租赁 ABS 的元年，当年魔方公寓、自如、新派公寓等都发行了资产支持专项计划，包含轻资产的租金收益权 ABS 和重资产的类 REITs。2018 年，碧桂园、越秀地产、阳光城等房地产集团先后发行了房屋租赁类 REITs。截至 2021 年年底，中国住房租赁资产证券化发行总数超 40 笔，累计发行总规模超 405 亿（见图 4-3-9）。

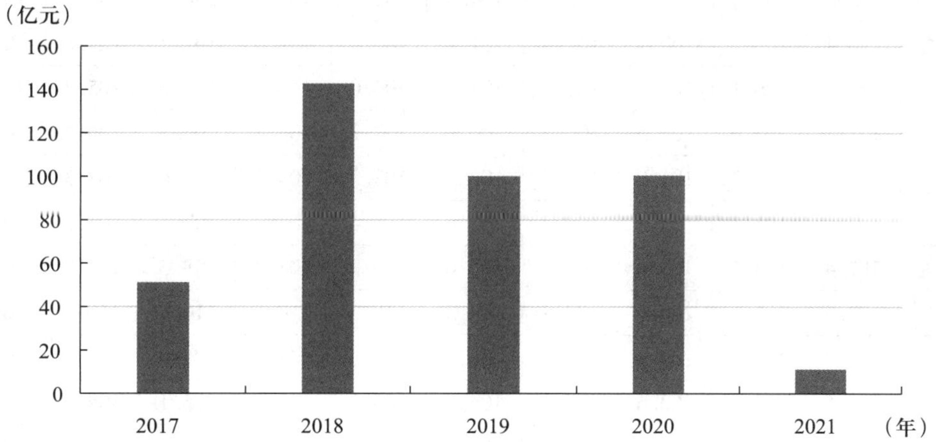

图 4-3-9　2017—2021 年住房租赁资产证券化金额变化

数据来源：Wind，公开资料整理。

（三）租赁行业发展小结

2021 年作为“十四五”开局之年，租赁住房建设成为国家和地方政府工作的重中之重。国家制定各项政策保证住房租赁行业的发展，在政策的引导下，2021 年市场参与主体稳步增加，资本愈加谨慎，融资集中头部企业。在各方的努力下，我国的租赁住房市场在逐渐完善，各方规模也在逐渐提升。

（王伟　克而瑞）

四、城市住房价格指数

（一）70 座大中城市住房价格指数（见表 4-4-1 ~表 4-4-6）

表 4-4-1　2021 年 70 座大中城市新建商品住宅价格定基指数

城　市	1 月	2 月	3 月	4 月	5 月	6 月	7 月	8 月	9 月	10 月	11 月	12 月
北　京	101.8	102.5	102.7	103.3	103.6	104.6	105.4	105.5	105.5	106.1	106.4	106.5
天　津	100.9	101.4	102.0	102.7	103.4	104.3	104.8	105.1	105.0	104.4	103.7	103.0
石家庄	101.4	101.2	101.8	102.3	102.6	102.7	102.9	102.6	103.0	101.9	100.7	99.8
太　原	98.8	98.7	98.6	98.8	99.1	98.9	98.9	98.6	98.0	97.7	97.2	96.3
呼和浩特	102.5	102.3	102.0	102.0	102.5	102.7	102.6	102.8	102.5	102.0	101.5	101.5
沈　阳	102.3	102.3	102.6	103.2	104.1	104.8	105.3	105.6	105.5	105.2	104.7	104.2
大　连	102.1	102.3	103.2	103.9	105.1	106.2	106.8	107.4	107.5	107.3	107.1	106.7
长　春	101.0	100.7	100.7	100.9	101.2	101.4	101.5	101.7	102.1	102.2	101.9	101.6
哈尔滨	99.0	99.4	99.7	99.9	100.4	100.2	100.3	99.9	99.5	99.1	98.4	97.7
上　海	102.4	103.0	103.3	103.6	103.9	104.5	104.8	105.2	105.4	105.5	105.7	106.1
南　京	102.0	102.5	103.3	103.9	104.7	105.6	105.9	106.0	106.2	106.1	105.7	105.9
杭　州	101.0	101.2	101.7	102.3	102.8	103.6	104.1	104.7	105.1	105.5	106.0	106.5
宁　波	102.0	102.5	103.3	103.9	104.3	104.9	105.3	105.6	105.6	105.6	105.3	104.9
合　肥	103.5	104.1	104.8	105.3	105.5	105.7	105.8	106.0	106.4	106.2	105.9	106.1
福　州	103.0	103.2	104.2	104.8	105.4	105.9	106.1	106.3	106.4	106.1	105.7	105.8
厦　门	102.9	103.3	103.6	103.8	104.8	105.5	105.9	106.4	106.7	107.0	106.4	106.6
南　昌	100.4	100.5	100.9	101.4	101.4	101.4	101.6	101.7	101.6	101.2	100.8	100.6
济　南	99.8	100.1	100.6	101.4	102.5	104.0	104.7	105.3	105.7	105.2	104.7	104.7
青　岛	101.7	102.0	102.5	103.2	104.0	104.7	105.7	106.5	106.6	106.4	106.1	105.9
郑　州	99.7	100.2	101.0	101.7	102.5	103.3	103.7	103.6	103.3	102.7	102.1	101.4
武　汉	102.9	103.3	103.7	104.7	105.6	106.4	107.0	107.4	107.5	107.1	106.2	105.9
长　沙	102.4	103.5	103.9	104.7	105.6	106.9	107.8	108.3	108.7	108.9	109.1	109.4
广　州	104.5	105.5	106.5	107.7	109.3	110.3	110.5	110.4	110.3	109.9	109.3	108.7
深　圳	101.7	101.8	101.9	102.4	103.0	103.5	104.0	105.0	105.2	104.9	104.9	104.8
南　宁	102.5	103.0	103.6	104.1	104.7	105.2	105.5	105.1	104.7	104.2	104.1	103.9
海　口	102.0	102.5	102.9	103.9	104.3	105.1	106.2	106.5	106.7	106.7	106.1	105.8
重　庆	102.5	102.9	103.8	105.3	107.3	108.4	109.1	109.9	110.0	110.0	109.8	110.1
成　都	102.9	103.6	104.2	104.8	105.1	105.4	105.8	106.0	105.8	105.2	104.9	104.5
贵　阳	102.2	102.7	103.1	103.9	104.2	104.0	104.5	104.5	104.2	103.8	102.7	102.2
昆　明	103.0	103.8	104.6	105.6	105.7	104.8	104.2	103.8	103.1	102.2	102.2	102.0
西　安	103.5	104.4	105.3	106.0	106.5	107.6	108.3	109.0	109.6	110.0	110.2	109.7
兰　州	103.3	104.0	104.6	105.3	105.7	106.3	106.7	106.5	106.1	106.0	105.6	105.2
西　宁	104.4	105.1	105.6	106.2	107.1	108.0	108.8	109.4	109.6	109.2	108.7	107.6
银　川	106.7	107.5	108.0	108.6	109.7	110.5	111.6	112.0	112.7	113.3	113.6	113.1

续表

城　市	1月	2月	3月	4月	5月	6月	7月	8月	9月	10月	11月	12月
乌鲁木齐	101.6	102.5	103.0	103.2	103.9	104.0	104.5	105.3	105.2	104.9	104.4	104.0
唐　山	104.0	103.8	103.9	104.3	104.4	104.9	104.5	103.8	103.0	102.3	102.0	102.2
秦皇岛	101.1	100.9	101.3	101.3	101.4	101.1	100.9	100.3	99.7	99.0	98.6	97.6
包　头	101.6	101.2	101.8	102.1	102.8	102.8	103.0	103.1	102.8	102.5	102.1	101.5
丹　东	103.4	104.0	104.1	104.3	104.5	104.6	105.0	105.3	105.5	105.7	105.4	105.0
锦　州	103.2	103.8	103.8	104.0	104.7	105.3	105.6	105.8	106.3	106.7	106.2	106.0
吉　林	100.7	101.4	101.7	102.5	102.8	103.2	103.8	104.0	103.8	103.5	103.1	103.2
牡丹江	98.6	98.4	98.5	98.9	99.2	99.4	99.3	99.6	99.0	98.4	97.9	97.3
无　锡	102.1	102.3	103.0	103.6	104.4	105.6	106.5	106.8	107.3	107.3	107.0	106.4
徐　州	104.5	105.8	106.1	107.1	107.9	108.6	109.0	109.1	108.8	108.5	108.3	107.9
扬　州	104.2	104.9	105.6	106.5	107.5	108.7	109.3	109.3	108.9	108.5	107.6	107.6
温　州	102.2	102.5	102.5	103.2	103.9	104.5	105.0	105.2	105.7	105.7	105.6	105.9
金　华	103.5	104.0	104.7	105.0	105.6	106.2	106.5	106.9	107.1	106.9	106.6	106.5
蚌　埠	103.0	103.3	103.5	103.4	103.1	103.5	104.0	104.4	104.3	104.1	103.8	103.6
安　庆	100.3	99.8	99.5	99.2	99.0	98.7	98.6	98.6	99.1	99.0	98.8	98.8
泉　州	103.6	104.3	105.1	105.8	106.5	106.9	107.6	107.9	108.0	107.9	107.3	106.5
九　江	101.3	102.2	102.6	103.0	103.4	103.7	104.2	104.4	104.3	103.8	103.4	102.9
赣　州	102.7	103.4	103.7	103.9	104.4	104.9	104.7	104.6	104.6	104.3	104.2	104.6
烟　台	102.2	102.5	103.0	103.6	104.0	104.3	104.9	104.8	104.5	104.0	103.7	103.4
济　宁	105.2	105.9	106.7	107.5	108.6	109.5	110.2	110.3	110.7	110.5	110.1	109.6
洛　阳	101.3	101.3	101.4	102.1	102.8	103.3	103.9	104.3	104.6	104.8	104.6	103.9
平顶山	102.0	102.2	102.6	102.8	103.0	103.1	103.0	103.5	103.7	104.0	103.6	103.5
宜　昌	101.6	102.1	102.6	103.4	104.1	104.6	105.2	105.2	104.9	104.6	104.3	104.0
襄　阳	102.4	102.5	102.9	103.6	104.0	104.4	104.8	105.3	105.2	105.0	104.3	103.2
岳　阳	100.1	100.5	100.0	100.2	100.6	100.3	99.6	99.3	98.8	98.1	98.4	98.0
常　德	98.7	99.0	99.3	99.3	99.0	98.5	98.4	98.1	97.4	96.9	96.6	96.3
韶　关	100.4	101.0	101.6	102.1	102.4	103.3	102.8	103.1	102.6	101.6	101.4	100.8
湛　江	101.3	102.1	102.5	103.2	103.9	103.7	104.2	104.0	102.9	102.2	101.8	100.7
惠　州	103.6	103.8	104.0	104.5	105.1	105.7	105.7	105.3	105.0	104.4	104.5	104.2
桂　林	100.3	100.7	101.2	101.6	102.0	102.4	102.1	101.7	101.1	100.4	99.9	100.3
北　海	97.4	97.1	97.0	96.8	97.3	97.6	97.9	97.9	97.5	97.2	96.8	96.1
三　亚	103.4	103.6	104.4	104.6	105.0	105.5	106.1	106.3	106.4	107.2	108.0	108.2
泸　州	99.5	99.1	100.0	99.7	100.1	100.0	99.8	99.7	98.7	97.7	97.0	97.0
南　充	98.8	99.7	100.1	100.5	100.3	99.9	99.6	99.1	98.9	98.5	97.7	97.0
遵　义	100.5	101.2	101.3	101.6	102.3	102.5	101.9	101.8	101.6	101.0	100.4	100.5
大　理	100.0	99.8	100.2	100.0	99.5	98.9	98.5	98.6	98.2	97.3	96.4	96.0

数据来源：国家统计局。
注：定基指数以2020年价格为100。

表 4-4-2　2021 年 70 座大中城市二手住宅价格定基指数

城　市	1月	2月	3月	4月	5月	6月	7月	8月	9月	10月	11月	12月
北　京	103.9	105.2	106.7	108.0	109.2	110.5	111.2	111.7	111.4	110.9	110.7	111.6
天　津	98.5	98.6	99.0	99.3	99.7	100.0	100.1	100.1	100.7	100.5	100.2	99.8
石家庄	98.8	98.6	98.6	98.9	99.0	98.7	98.5	98.0	97.7	97.1	96.4	95.4
太　原	98.4	98.2	98.1	97.8	97.5	97.5	97.9	97.6	97.1	96.7	95.9	94.7
呼和浩特	99.5	99.7	99.9	99.8	99.7	99.6	99.1	99.5	98.9	98.4	98.0	97.9
沈　阳	103.1	103.5	104.1	104.7	105.2	105.6	106.0	106.1	106.0	105.9	105.5	105.0
大　连	103.2	103.8	104.4	105.2	105.8	106.3	106.7	107.1	107.3	107.4	107.3	107.1
长　春	98.4	97.9	97.8	97.5	98.0	98.4	98.6	98.9	99.0	98.9	98.5	98.1
哈尔滨	97.1	97.4	97.8	98.3	98.6	98.9	99.1	98.8	98.2	97.7	96.7	95.7
上　海	104.5	105.8	107.0	107.9	108.6	109.6	110.3	110.5	109.9	109.5	109.4	109.8
南　京	102.7	103.2	104.2	104.9	105.5	106.2	106.6	107.1	107.2	106.9	106.4	106.1
杭　州	103.9	104.3	105.6	106.7	107.6	108.4	109.0	109.2	108.8	108.3	108.1	108.4
宁　波	105.1	105.9	106.8	107.5	107.9	108.5	108.7	108.7	108.4	108.1	107.7	107.5
合　肥	103.2	104.0	104.7	105.3	105.6	105.9	106.0	106.0	105.8	105.6	105.5	105.1
福　州	102.3	102.9	103.6	104.4	105.0	105.6	105.9	105.6	105.4	105.0	104.9	104.7
厦　门	103.0	103.5	103.9	104.3	104.4	104.7	105.1	105.0	104.8	104.4	104.2	103.8
南　昌	100.7	100.7	100.8	100.8	100.6	100.5	100.5	100.6	100.5	100.2	100.1	99.8
济　南	98.8	98.5	98.7	99.3	99.8	100.3	100.7	100.9	100.6	100.4	99.9	99.8
青　岛	99.0	99.3	99.8	100.2	100.6	100.9	101.2	101.3	101.2	101.1	100.7	100.3
郑　州	98.7	99.0	99.5	100.1	100.7	101.2	101.5	101.3	101.0	100.6	99.9	99.4
武　汉	100.8	101.3	101.7	102.4	102.7	103.4	103.8	103.8	103.5	103.3	103.0	102.5
长　沙	101.8	102.4	103.1	103.6	103.9	104.6	105.8	106.3	106.5	106.1	106.1	106.4
广　州	105.9	107.0	108.4	109.7	110.6	111.3	112.1	112.6	112.2	111.4	110.9	110.5
深　圳	107.6	108.6	109.0	109.0	108.9	108.8	108.3	107.9	107.4	107.2	107.0	106.5
南　宁	101.9	102.1	102.0	101.8	101.7	101.8	101.8	101.4	101.2	100.9	100.3	99.8
海　口	102.5	103.0	103.7	104.5	105.0	105.9	107.2	108.0	108.6	108.9	109.2	109.4
重　庆	100.8	100.9	101.7	103.0	104.1	105.0	105.2	105.2	105.4	105.2	105.3	104.8
成　都	103.8	104.7	105.5	105.8	106.5	107.0	107.0	107.6	107.7	107.6	107.0	106.6
贵　阳	98.1	98.2	98.5	98.8	99.1	98.9	98.8	98.4	97.9	97.6	96.9	96.3
昆　明	102.1	102.9	103.2	103.7	104.0	103.4	103.0	102.4	101.9	101.6	101.2	101.8
西　安	102.7	103.6	104.2	105.1	106.1	107.1	107.8	108.1	108.3	108.1	107.5	107.3
兰　州	102.5	103.0	103.5	104.1	104.5	104.6	104.8	104.6	104.3	103.9	103.6	103.3
西　宁	104.5	104.9	105.3	105.7	106.1	106.8	107.2	107.6	107.7	107.0	106.3	105.8
银　川	104.9	105.4	106.1	106.8	107.6	108.1	108.4	108.3	108.1	107.9	107.6	107.4
乌鲁木齐	103.3	103.8	103.7	104.3	104.0	103.7	103.5	103.1	102.6	102.1	101.7	101.4
唐　山	103.4	104.0	104.1	103.7	103.2	103.4	102.9	102.6	102.0	101.9	102.1	101.7

续表

城 市	1月	2月	3月	4月	5月	6月	7月	8月	9月	10月	11月	12月
秦皇岛	101.6	101.4	101.6	101.4	101.3	100.8	100.3	100.1	99.7	99.5	99.2	98.7
包 头	101.1	101.3	101.7	102.3	102.8	103.0	102.7	102.5	102.3	102.2	101.8	101.4
丹 东	102.8	102.9	103.1	103.5	103.8	104.0	104.1	104.1	104.2	104.1	103.9	103.1
锦 州	99.5	99.7	99.9	99.5	99.3	99.0	98.9	99.1	98.8	98.3	97.6	97.3
吉 林	98.8	98.9	99.2	99.3	99.3	99.2	99.4	99.2	98.9	98.5	98.4	98.0
牡丹江	95.1	94.9	94.9	94.8	94.5	93.9	93.3	92.9	92.1	91.4	91.1	89.9
无 锡	103.9	104.2	105.2	105.9	106.3	107.3	107.8	108.0	108.1	107.7	107.3	106.6
徐 州	105.0	105.3	106.6	108.1	109.3	109.8	109.6	109.2	109.0	108.5	107.8	107.2
扬 州	103.3	103.8	104.7	105.5	106.3	107.1	107.4	107.4	107.1	106.7	106.1	105.4
温 州	103.1	103.9	104.6	105.4	106.1	106.8	107.1	107.2	106.8	106.3	106.0	105.7
金 华	104.3	104.8	105.4	105.7	106.4	107.4	107.8	107.5	107.3	107.0	106.6	106.3
蚌 埠	102.4	102.7	103.4	103.7	104.0	104.7	105.1	105.3	105.1	104.7	104.3	103.8
安 庆	98.8	98.5	98.3	98.2	97.8	97.6	97.2	97.0	96.6	96.1	95.6	95.2
泉 州	103.7	104.5	105.2	106.3	107.1	107.7	108.1	108.3	108.2	107.7	107.0	106.4
九 江	101.4	101.9	102.5	102.8	103.0	103.5	103.6	103.5	103.4	103.0	102.5	102.1
赣 州	101.3	101.5	101.6	101.5	101.3	101.5	101.2	101.1	101.3	101.8	102.2	102.2
烟 台	100.8	101.1	101.6	102.2	102.5	102.8	103.4	103.5	103.4	103.1	102.9	102.8
济 宁	103.5	104.0	104.3	104.7	105.4	105.9	105.7	105.5	105.8	105.6	105.5	104.8
洛 阳	101.5	101.4	101.9	102.8	103.4	103.8	104.2	104.2	104.3	104.3	103.4	102.8
平顶山	101.8	102.2	102.4	102.6	102.7	102.7	102.6	102.6	102.4	102.3	102.0	101.8
宜 昌	99.7	99.5	99.7	99.5	99.4	99.3	99.1	98.9	98.7	98.4	97.9	97.5
襄 阳	99.3	99.1	99.5	99.8	100.0	100.2	100.1	99.9	99.9	99.4	99.2	98.9
岳 阳	100.3	100.0	99.6	99.5	99.2	99.1	98.5	98.6	98.3	98.0	97.8	97.4
常 德	99.5	99.4	99.5	99.5	99.4	99.4	98.9	98.5	98.5	98.2	97.9	97.3
韶 关	100.3	100.4	100.8	101.3	101.8	101.4	101.3	101.6	101.5	100.7	100.2	99.9
湛 江	99.6	99.9	100.4	101.1	101.0	101.4	101.4	101.1	100.7	100.3	100.2	99.7
惠 州	102.7	103.3	103.7	104.0	104.2	104.6	104.4	104.1	103.8	103.3	102.9	102.7
桂 林	101.4	101.6	101.6	101.5	101.5	101.7	102.0	101.8	101.4	100.8	100.1	99.9
北 海	98.3	98.2	98.0	97.7	97.7	98.1	98.2	98.1	97.9	97.7	97.3	96.7
三 亚	101.3	102.0	102.7	103.6	104.3	104.8	105.2	105.5	105.7	106.1	106.1	105.5
泸 州	99.1	99.5	99.2	99.6	100.1	100.1	100.3	100.8	100.9	100.1	99.2	98.9
南 充	96.9	96.7	96.3	96.6	96.3	95.8	95.2	94.6	94.1	93.3	92.5	92.0
遵 义	100.5	100.7	101.0	100.8	100.3	100.3	100.2	100.0	99.7	99.2	99.0	98.6
大 理	100.9	101.5	101.7	101.9	102.0	101.9	101.4	101.2	100.8	100.0	99.0	98.3

数据来源：国家统计局。

注：定基指数以2020年价格为100。

表 4-4-3　2021 年 70 座大中城市新建商品住宅价格环比指数

城　市	1 月	2 月	3 月	4 月	5 月	6 月	7 月	8 月	9 月	10 月	11 月	12 月
北　京	100.5	100.7	100.2	100.6	100.3	100.9	100.8	100.2	100.0	100.6	100.3	100.0
天　津	100.3	100.4	100.6	100.7	100.6	100.9	100.6	100.3	99.9	99.5	99.4	99.3
石家庄	100.0	99.8	100.6	100.5	100.4	100.0	100.2	99.7	100.4	98.9	98.8	99.1
太　原	99.6	99.9	99.9	100.2	100.3	99.8	100.0	99.8	99.3	99.7	99.5	99.1
呼和浩特	100.1	99.8	99.7	100.0	100.5	100.2	99.9	100.2	99.7	99.5	99.5	100.0
沈　阳	100.8	100.0	100.3	100.6	100.9	100.7	100.5	100.3	99.9	99.7	99.6	99.5
大　连	100.1	100.2	100.8	100.7	101.2	101.0	100.6	100.6	100.1	99.8	99.8	99.6
长　春	100.4	99.8	99.9	100.3	100.3	100.2	100.1	100.3	100.4	100.1	99.7	99.7
哈尔滨	99.5	100.4	100.3	100.2	100.4	99.9	100.0	99.7	99.5	99.7	99.3	99.2
上　海	100.6	100.5	100.3	100.3	100.4	100.5	100.4	100.4	100.2	100.1	100.2	100.4
南　京	100.2	100.5	100.8	100.6	100.8	100.8	100.4	100.1	100.2	100.0	99.5	100.3
杭　州	100.1	100.2	100.5	100.5	100.6	100.8	100.5	100.6	100.4	100.4	100.5	100.5
宁　波	100.5	100.5	100.8	100.6	100.4	100.6	100.4	100.3	100.0	99.9	99.7	99.6
合　肥	100.9	100.6	100.7	100.5	100.2	100.2	100.1	100.2	100.4	99.9	99.7	100.2
福　州	100.6	100.3	101.0	100.6	100.5	100.5	100.3	100.2	100.0	99.8	99.6	100.1
厦　门	100.3	100.4	100.3	100.2	100.9	100.7	100.4	100.4	100.3	100.2	99.4	100.2
南　昌	100.3	100.1	100.4	100.5	100.0	100.0	100.3	100.1	99.9	99.7	99.6	99.9
济　南	100.2	100.4	100.5	100.8	101.0	101.5	100.7	100.6	100.4	99.6	99.5	100.0
青　岛	100.2	100.3	100.5	100.7	100.8	100.7	101.0	100.8	100.0	99.8	99.7	99.9
郑　州	100.2	100.5	100.8	100.7	100.8	100.8	100.4	99.9	99.7	99.5	99.4	99.3
武　汉	100.7	100.4	100.4	101.0	100.9	100.7	100.6	100.4	100.0	99.6	99.2	99.7
长　沙	100.6	101.0	100.5	100.7	100.8	101.3	100.8	100.5	100.3	100.2	100.2	100.3
广　州	101.0	100.9	101.0	101.1	101.5	101.0	100.2	99.9	99.9	99.7	99.4	99.4
深　圳	100.3	100.1	100.1	100.5	100.6	100.5	100.5	101.0	100.2	99.8	100.0	99.9
南　宁	100.3	100.5	100.6	100.4	100.6	100.5	100.3	99.7	99.6	99.5	99.9	99.8
海　口	100.3	100.6	100.3	101.0	100.4	100.8	101.0	100.3	100.3	100.0	99.5	99.7
重　庆	100.5	100.4	100.9	101.4	101.9	101.0	100.7	100.8	100.1	100.0	99.8	100.3
成　都	100.8	100.7	100.5	100.5	100.4	100.3	100.4	100.3	99.8	99.4	99.8	99.6
贵　阳	100.2	100.4	100.4	100.8	100.3	99.8	100.5	100.0	99.7	99.6	98.9	99.5
昆　明	100.4	100.7	100.8	101.0	100.0	99.2	99.5	99.6	99.3	99.2	100.0	99.8
西　安	100.4	100.8	100.9	100.6	100.5	101.0	100.7	100.7	100.6	100.4	100.2	99.5
兰　州	100.8	100.7	100.5	100.7	100.4	100.5	100.4	99.8	99.7	99.9	99.6	99.6
西　宁	100.7	100.6	100.5	100.6	100.8	100.9	100.7	100.5	100.2	99.7	99.5	99.0
银　川	100.6	100.8	100.5	100.6	101.0	100.8	101.0	100.4	100.6	100.6	100.3	99.6
乌鲁木齐	100.5	100.9	100.4	100.3	100.7	100.1	100.4	100.8	100.0	99.7	99.5	99.6
唐　山	100.0	99.8	100.2	100.3	100.1	100.4	99.6	99.4	99.2	99.3	99.7	100.2

续表

城市	1月	2月	3月	4月	5月	6月	7月	8月	9月	10月	11月	12月
秦皇岛	99.7	99.8	100.4	100.0	100.0	99.7	99.8	99.4	99.5	99.2	99.6	99.0
包　头	100.2	99.7	100.5	100.3	100.7	100.0	100.2	100.1	99.8	99.7	99.5	99.4
丹　东	100.1	100.5	100.1	100.2	100.2	100.1	100.4	100.3	100.1	100.2	99.8	99.6
锦　州	100.5	100.5	100.0	100.2	100.7	100.5	100.3	100.2	100.5	100.3	99.5	99.8
吉　林	99.8	100.6	100.3	100.8	100.4	100.4	100.5	100.2	99.8	99.7	99.6	100.1
牡丹江	99.9	99.8	100.0	100.4	100.3	100.2	99.9	100.4	99.3	99.5	99.5	99.3
无　锡	100.0	100.2	100.7	100.6	100.8	101.2	100.9	100.3	100.5	100.0	99.7	99.5
徐　州	100.7	101.2	100.3	100.9	100.7	100.7	100.3	100.1	99.7	99.7	99.8	99.6
扬　州	100.9	100.7	100.7	100.9	101.0	101.1	100.6	100.0	99.6	99.6	99.2	99.9
温　州	100.4	100.2	100.1	100.6	100.7	100.5	100.5	100.2	100.4	100.0	99.9	100.3
金　华	101.2	100.4	100.7	100.4	100.5	100.6	100.3	100.4	100.1	99.8	99.7	99.9
蚌　埠	100.7	100.3	100.3	99.8	99.7	100.5	100.5	100.4	99.9	99.8	99.7	99.8
安　庆	100.2	99.6	99.7	99.7	99.8	99.7	99.9	100.0	100.4	99.9	99.8	100.0
泉　州	100.8	100.7	100.8	100.7	100.6	100.4	100.6	100.3	100.1	99.9	99.5	99.2
九　江	100.3	100.8	100.4	100.4	100.3	100.3	100.5	100.2	99.8	99.6	99.6	99.5
赣　州	100.6	100.6	100.3	100.2	100.4	100.4	99.9	99.9	100.0	99.7	99.9	100.4
烟　台	99.8	100.3	100.5	100.6	100.4	100.3	100.6	99.9	99.8	99.5	99.7	99.7
济　宁	100.7	100.6	100.8	100.7	101.0	100.8	100.7	100.1	100.4	99.9	99.6	99.5
洛　阳	100.3	100.0	100.1	100.6	100.8	100.4	100.6	100.5	100.3	100.2	99.8	99.3
平顶山	100.2	100.3	100.3	100.2	100.2	100.1	99.9	100.4	100.2	100.3	99.6	99.9
宜　昌	99.9	100.4	100.5	100.8	100.7	100.5	100.6	100.0	99.7	99.7	99.8	99.6
襄　阳	100.3	100.2	100.4	100.7	100.4	100.3	100.5	100.4	99.9	99.8	99.3	99.0
岳　阳	99.7	100.4	99.6	100.2	100.5	99.6	99.3	99.7	99.5	99.3	100.3	99.6
常　德	99.9	100.2	100.3	100.0	99.7	99.5	99.9	99.7	99.3	99.5	99.8	99.7
韶　关	100.1	100.6	100.5	100.5	100.3	100.8	99.5	100.4	99.5	98.9	99.8	99.5
湛　江	100.2	100.8	100.3	100.7	100.6	99.8	100.4	99.8	99.0	99.3	99.6	98.9
惠　州	100.3	100.2	100.2	100.4	100.7	100.5	100.0	99.6	99.7	99.4	100.1	99.7
桂　林	99.9	100.5	100.4	100.4	100.5	100.3	99.7	99.6	99.4	99.3	99.5	100.4
北　海	99.7	99.7	99.9	99.7	100.6	100.3	100.3	100.1	99.6	99.7	99.5	99.4
三　亚	100.3	100.2	100.7	100.2	100.3	100.6	100.5	100.2	100.1	100.8	100.7	100.2
泸　州	99.4	99.6	100.8	99.7	100.5	99.9	99.8	99.9	99.0	99.1	99.3	100.0
南　充	99.7	100.8	100.5	100.4	99.8	99.6	99.7	99.5	99.9	99.5	99.3	99.3
遵　义	100.4	100.6	100.2	100.3	100.6	100.2	99.4	99.9	99.7	99.4	99.5	100.1
大　理	99.6	99.8	100.3	99.8	99.6	99.4	99.5	100.1	99.5	99.1	99.0	99.6

数据来源：国家统计局。
注：环比以上月价格为100。

表 4-4-4　2021 年 70 座大中城市二手住宅价格环比指数

城　市	1 月	2 月	3 月	4 月	5 月	6 月	7 月	8 月	9 月	10 月	11 月	12 月
北　京	100. 9	101. 2	101. 4	101. 2	101. 1	101. 3	100. 7	100. 4	99. 8	99. 5	99. 8	100. 8
天　津	100. 0	100. 1	100. 4	100. 3	100. 4	100. 3	100. 2	100. 0	100. 6	99. 9	99. 7	99. 6
石家庄	100. 0	99. 8	100. 0	100. 3	100. 1	99. 6	99. 8	99. 5	99. 7	99. 4	99. 2	99. 0
太　原	99. 9	99. 8	99. 9	99. 7	99. 7	100. 0	100. 4	99. 6	99. 5	99. 6	99. 2	98. 8
呼和浩特	99. 9	100. 2	100. 2	99. 9	99. 8	100. 0	99. 5	100. 4	99. 4	99. 5	99. 6	99. 9
沈　阳	100. 0	100. 4	100. 5	100. 6	100. 5	100. 4	100. 3	100. 2	99. 9	99. 8	99. 7	99. 5
大　连	100. 3	100. 5	100. 6	100. 7	100. 6	100. 5	100. 4	100. 4	100. 2	100. 1	99. 9	99. 8
长　春	99. 6	99. 6	99. 8	99. 8	100. 4	100. 4	100. 2	100. 4	100. 1	99. 9	99. 6	99. 6
哈尔滨	99. 8	100. 4	100. 4	100. 5	100. 4	100. 3	100. 2	99. 8	99. 3	99. 5	99. 0	99. 0
上　海	101. 3	101. 3	101. 1	100. 9	100. 7	101. 0	100. 7	100. 2	99. 4	99. 6	99. 9	100. 4
南　京	100. 5	100. 6	100. 9	100. 7	100. 6	100. 7	100. 4	100. 4	100. 1	99. 7	99. 5	99. 7
杭　州	100. 7	100. 4	101. 2	101. 0	100. 9	100. 8	100. 5	100. 2	99. 6	99. 5	99. 9	100. 3
宁　波	100. 9	100. 7	100. 8	100. 7	100. 4	100. 5	100. 3	99. 9	99. 8	99. 6	99. 7	99. 8
合　肥	100. 6	100. 8	100. 8	100. 5	100. 3	100. 3	100. 1	100. 0	99. 8	99. 8	99. 9	99. 7
福　州	100. 8	100. 6	100. 7	100. 7	100. 6	100. 6	100. 2	99. 7	99. 9	99. 6	99. 9	99. 8
厦　门	100. 6	100. 5	100. 4	100. 4	100. 1	100. 3	100. 3	100. 0	99. 8	99. 7	99. 8	99. 6
南　昌	100. 5	99. 9	100. 1	100. 1	99. 8	99. 9	100. 0	100. 0	99. 9	99. 8	99. 9	99. 7
济　南	100. 4	99. 8	100. 1	100. 6	100. 5	100. 5	100. 4	100. 2	99. 7	99. 8	99. 5	99. 9
青　岛	99. 9	100. 3	100. 4	100. 5	100. 4	100. 3	100. 3	100. 1	99. 9	99. 9	99. 6	99. 7
郑　州	100. 1	100. 3	100. 5	100. 5	100. 6	100. 5	100. 3	99. 8	99. 7	99. 5	99. 3	99. 5
武　汉	100. 5	100. 5	100. 4	100. 7	100. 3	100. 7	100. 4	100. 0	99. 8	99. 8	99. 7	99. 5
长　沙	100. 6	100. 5	100. 7	100. 5	100. 3	100. 7	101. 2	100. 4	100. 2	99. 7	100. 0	100. 2
广　州	101. 4	101. 0	101. 4	101. 2	100. 9	100. 6	100. 6	100. 5	99. 6	99. 4	99. 5	99. 7
深　圳	101. 7	100. 9	100. 4	100. 0	99. 9	99. 8	99. 6	99. 6	99. 5	99. 8	99. 8	99. 6
南　宁	100. 2	100. 2	99. 9	99. 8	99. 9	100. 1	99. 9	99. 7	99. 8	99. 7	99. 4	99. 6
海　口	100. 4	100. 5	100. 6	100. 8	100. 5	100. 8	101. 3	100. 8	100. 5	100. 3	100. 3	100. 1
重　庆	100. 3	100. 2	100. 8	101. 3	101. 0	100. 9	100. 2	100. 0	100. 3	99. 8	100. 0	99. 6
成　都	101. 0	100. 8	100. 7	100. 3	100. 7	100. 5	100. 0	100. 5	100. 1	100. 0	99. 4	99. 7
贵　阳	99. 8	100. 1	100. 2	100. 4	100. 3	99. 8	99. 9	99. 6	99. 4	99. 7	99. 3	99. 4
昆　明	100. 8	100. 8	100. 3	100. 5	100. 2	99. 4	99. 6	99. 4	99. 5	99. 7	99. 7	100. 5
西　安	101. 0	100. 9	100. 6	100. 8	101. 0	100. 9	100. 6	100. 3	100. 2	99. 8	99. 5	99. 7
兰　州	100. 4	100. 6	100. 4	100. 6	100. 3	100. 1	100. 2	99. 9	99. 7	99. 6	99. 7	99. 8
西　宁	100. 8	100. 4	100. 3	100. 4	100. 4	100. 6	100. 4	100. 3	100. 1	99. 4	99. 3	99. 5
银　川	100. 7	100. 5	100. 7	100. 6	100. 8	100. 5	100. 2	99. 9	99. 8	99. 8	99. 7	99. 8
乌鲁木齐	100. 3	100. 5	99. 9	100. 5	99. 8	99. 7	99. 8	99. 7	99. 5	99. 5	99. 6	99. 7
唐　山	100. 4	100. 6	100. 1	99. 6	99. 5	100. 2	99. 5	99. 7	99. 4	99. 9	100. 2	99. 6

续表

城　市	1月	2月	3月	4月	5月	6月	7月	8月	9月	10月	11月	12月
秦皇岛	99.9	99.8	100.2	99.8	99.9	99.5	99.5	99.8	99.7	99.8	99.7	99.5
包　头	100.2	100.2	100.3	100.5	100.5	100.2	99.8	99.8	99.7	99.9	99.6	99.6
丹　东	100.3	100.2	100.2	100.3	100.4	100.2	100.1	100.0	100.1	99.9	99.7	99.2
锦　州	99.6	100.2	100.2	99.5	99.9	99.7	99.9	100.2	99.7	99.5	99.3	99.7
吉　林	100.1	100.1	100.3	100.1	100.0	99.9	100.2	99.8	99.6	99.6	99.9	99.6
牡丹江	99.7	99.8	100.0	99.9	99.7	99.3	99.4	99.5	99.2	99.2	99.6	98.7
无　锡	100.8	100.3	100.9	100.7	100.4	100.9	100.5	100.2	100.1	99.6	99.6	99.4
徐　州	101.0	100.3	101.3	101.4	101.1	100.5	99.8	99.7	99.7	99.5	99.4	99.5
扬　州	100.5	100.5	100.8	100.8	100.7	100.7	100.3	100.0	99.7	99.6	99.5	99.3
温　州	100.5	100.8	100.6	100.8	100.7	100.6	100.3	100.1	99.6	99.5	99.8	99.7
金　华	101.3	100.5	100.5	100.4	100.6	101.0	100.4	99.7	99.8	99.7	99.6	99.8
蚌　埠	100.4	100.3	100.6	100.3	100.3	100.7	100.3	100.2	99.8	99.6	99.5	99.6
安　庆	99.9	99.6	99.9	99.8	99.7	99.8	99.6	99.7	99.6	99.5	99.4	99.5
泉　州	100.9	100.8	100.7	101.0	100.7	100.6	100.3	100.2	99.9	99.6	99.3	99.5
九　江	100.7	100.5	100.6	100.3	100.2	100.4	100.2	99.8	99.9	99.6	99.5	99.7
赣　州	100.0	100.3	100.0	100.0	99.8	100.2	99.7	99.9	100.1	100.5	100.4	100.0
烟　台	100.4	100.3	100.5	100.5	100.3	100.3	100.6	100.1	99.9	99.8	99.8	99.9
济　宁	100.6	100.5	100.3	100.4	100.6	100.5	99.8	99.8	100.2	99.8	100.0	99.3
洛　阳	100.2	99.9	100.5	100.9	100.6	100.3	100.4	100.1	100.1	100.0	99.2	99.4
平顶山	100.3	100.4	100.2	100.2	100.1	100.0	99.9	100.0	99.8	99.9	99.7	99.9
宜　昌	99.7	99.8	100.2	99.8	99.9	99.9	99.8	99.7	99.8	99.8	99.5	99.5
襄　阳	100.0	99.8	100.3	100.3	100.2	100.2	99.9	99.8	100.0	99.5	99.8	99.7
岳　阳	99.8	99.7	99.7	99.8	99.7	99.9	99.4	100.1	99.7	99.7	99.8	99.5
常　德	100.0	100.0	100.1	100.1	99.8	100.0	99.5	99.7	99.9	99.7	99.7	99.4
韶　关	100.3	100.1	100.4	100.5	100.4	99.7	99.9	100.3	99.9	99.2	99.5	99.7
湛　江	99.9	100.3	100.5	100.7	100.0	100.3	100.0	99.7	99.6	99.6	99.8	99.6
惠　州	100.7	100.6	100.4	100.2	100.2	100.4	99.8	99.7	99.7	99.5	99.6	99.8
桂　林	100.5	100.2	100.1	99.8	100.1	100.2	100.3	99.8	99.6	99.4	99.3	99.8
北　海	99.9	99.8	99.8	99.7	100.0	100.5	100.1	99.9	99.8	99.8	99.6	99.4
三　亚	100.6	100.7	100.7	100.8	100.7	100.5	100.4	100.3	100.2	100.4	100.0	99.4
泸　州	100.1	100.4	99.7	100.4	100.5	100.0	100.2	100.5	100.1	99.2	99.1	99.7
南　充	99.7	99.8	99.5	100.4	99.7	99.5	99.3	99.4	99.5	99.1	99.2	99.5
遵　义	100.5	100.2	100.3	99.8	99.5	100.0	99.9	99.8	99.6	99.5	99.8	99.7
大　理	100.2	100.6	100.2	100.2	100.1	99.9	99.5	99.8	99.6	99.2	99.0	99.2

数据来源：国家统计局。
注：环比以上月价格为100。

表 4-4-5　2021 年 70 座大中城市新建商品住宅价格同比指数

城　市	1月	2月	3月	4月	5月	6月	7月	8月	9月	10月	11月	12月
北　京	102.9	103.4	103.6	104.5	104.3	104.9	105.4	104.9	104.5	104.9	105.4	105.1
天　津	101.5	102.3	103.2	103.6	103.9	104.2	104.3	104.3	104.1	104.0	103.0	102.4
石家庄	102.9	102.7	103.0	102.8	103.1	102.9	102.8	102.4	102.1	100.8	99.2	98.5
太　原	99.2	99.2	98.9	98.9	98.7	97.9	98.0	98.0	97.8	97.9	97.7	97.1
呼和浩特	104.7	104.5	104.1	103.6	103.1	103.1	102.3	102.1	101.2	100.1	99.3	99.1
沈　阳	105.8	105.1	105.1	104.9	104.7	104.5	104.2	103.4	103.3	103.1	102.8	102.7
大　连	104.7	104.5	105.2	105.4	105.8	106.0	106.1	106.5	106.1	105.5	105.3	104.7
长　春	102.7	102.6	102.1	101.8	101.7	101.2	100.9	100.6	100.7	100.9	100.9	101.0
哈尔滨	99.9	100.3	100.3	99.6	99.9	99.8	99.9	99.4	99.3	98.7	98.3	98.2
上　海	104.4	105.0	105.3	104.9	104.5	104.6	104.5	104.3	104.0	103.8	104.0	104.2
南　京	105.0	105.7	106.3	105.1	104.6	104.4	104.6	104.8	105.0	104.5	103.9	104.1
杭　州	104.2	104.5	103.5	103.3	103.2	102.6	102.8	103.0	103.4	103.9	104.7	105.5
宁　波	104.3	104.9	105.4	105.9	105.0	104.8	104.7	104.2	103.9	103.7	103.5	103.3
合　肥	104.3	105.0	105.6	106.8	107.1	106.4	106.1	106.0	105.7	104.9	104.0	103.5
福　州	105.4	105.1	105.7	105.7	105.8	105.8	105.7	105.7	105.4	105.1	104.2	103.4
厦　门	104.7	105.1	105.5	105.6	106.1	105.8	105.5	105.6	105.3	105.4	104.3	103.9
南　昌	100.8	100.9	101.6	101.6	101.2	100.9	101.0	101.3	101.1	101.2	101.2	100.6
济　南	99.6	100.2	101.1	101.9	102.4	103.6	104.2	105.2	105.5	105.2	105.0	105.1
青　岛	102.9	103.4	104.4	104.6	105.1	105.1	105.4	105.4	104.9	105.0	104.7	104.4
郑　州	99.4	100.3	101.2	101.8	102.7	103.2	103.7	103.1	102.8	102.6	102.4	101.9
武　汉	104.6	105.0	105.5	106.7	107.3	106.7	106.5	106.4	106.0	105.3	104.3	103.7
长　沙	104.9	105.6	105.9	106.3	106.7	106.7	107.1	106.8	106.9	107.1	107.5	107.5
广　州	105.9	106.9	108.6	109.9	111.2	111.6	110.9	109.8	109.0	107.9	106.3	105.0
深　圳	103.7	103.8	103.4	103.9	103.7	103.5	103.3	103.9	103.8	103.4	103.4	103.3
南　宁	105.0	105.5	106.1	106.0	105.9	105.4	104.9	103.7	102.7	102.1	102.1	101.7
海　口	103.2	103.8	104.1	104.6	105.4	105.8	106.5	105.8	105.6	105.4	104.5	104.0
重　庆	104.9	105.7	106.2	106.7	108.0	108.0	108.3	108.8	108.3	108.0	108.0	107.9
成　都	106.9	106.5	106.5	106.6	106.2	105.7	104.8	104.2	103.6	102.8	102.6	102.4
贵　阳	103.4	103.2	103.7	105.0	105.2	104.7	104.9	104.2	103.7	102.9	101.1	100.2
昆　明	105.6	106.5	107.5	107.5	106.8	104.7	103.8	102.4	101.5	100.0	99.8	99.4
西　安	106.5	107.4	107.8	108.0	108.0	108.2	108.1	107.7	107.5	107.4	107.4	106.3
兰　州	104.9	105.6	106.6	106.7	106.6	106.7	106.7	105.9	105.1	104.5	103.5	102.6
西　宁	109.0	109.1	108.2	108.0	107.9	107.8	108.6	108.0	107.6	106.6	105.5	103.7
银　川	113.9	114.9	114.1	113.7	112.4	111.2	110.0	108.5	108.0	107.9	107.7	106.7
乌鲁木齐	103.4	104.6	105.1	104.5	104.7	103.7	103.5	104.3	104.2	103.3	102.6	102.8
唐　山	109.8	109.2	108.3	106.9	105.9	104.7	103.1	101.2	99.8	99.1	98.6	98.3

续表

城 市	1月	2月	3月	4月	5月	6月	7月	8月	9月	10月	11月	12月
秦皇岛	103. 1	103. 3	103. 3	102. 5	101. 7	100. 6	100. 3	99. 2	98. 2	97. 8	97. 3	96. 3
包 头	102. 6	102. 5	102. 9	103. 4	103. 3	103. 3	103. 0	102. 3	101. 6	101. 2	101. 0	100. 2
丹 东	106. 2	106. 3	105. 9	105. 6	105. 5	105. 8	105. 1	104. 6	103. 9	103. 7	102. 7	101. 7
锦 州	106. 4	106. 9	106. 7	106. 0	105. 7	105. 6	104. 8	103. 7	104. 4	104. 6	103. 7	103. 2
吉 林	103. 0	103. 4	103. 2	103. 2	103. 4	103. 4	103. 5	102. 9	101. 8	101. 8	101. 7	102. 2
牡丹江	98. 0	97. 6	97. 6	98. 7	99. 3	99. 6	99. 9	99. 4	98. 7	98. 7	98. 5	98. 5
无 锡	105. 6	105. 6	105. 8	105. 9	105. 7	105. 9	105. 4	104. 5	104. 7	104. 6	104. 4	104. 2
徐 州	110. 0	110. 3	110. 1	109. 9	109. 7	109. 2	107. 9	107. 2	105. 5	104. 5	104. 3	103. 9
扬 州	107. 0	107. 7	108. 0	108. 5	108. 8	109. 3	109. 0	108. 1	107. 3	106. 0	105. 1	104. 2
温 州	104. 3	104. 9	105. 5	105. 2	105. 2	104. 6	104. 4	103. 2	103. 7	103. 4	103. 7	104. 0
金 华	105. 9	106. 3	107. 0	106. 9	106. 6	106. 3	106. 1	105. 3	105. 2	105. 2	104. 8	104. 1
蚌 埠	105. 6	105. 8	105. 5	104. 8	104. 0	103. 5	103. 6	103. 4	102. 8	102. 2	101. 7	101. 3
安 庆	98. 6	98. 5	98. 8	98. 8	98. 7	99. 1	99. 2	100. 0	100. 2	99. 6	99. 1	98. 7
泉 州	106. 0	107. 1	107. 4	108. 0	107. 7	107. 2	107. 2	106. 6	106. 1	105. 7	105. 0	103. 7
九 江	103. 2	103. 6	104. 3	104. 0	103. 8	103. 3	103. 4	103. 8	103. 1	102. 6	102. 5	101. 8
赣 州	104. 8	105. 1	105. 5	105. 2	105. 3	105. 2	104. 3	103. 7	103. 5	102. 9	102. 3	102. 5
烟 台	105. 0	104. 6	104. 8	105. 1	105. 2	104. 9	105. 0	103. 6	102. 8	101. 8	101. 3	100. 9
济 宁	108. 8	109. 4	109. 9	110. 0	110. 4	110. 6	110. 2	109. 0	108. 4	107. 6	105. 9	104. 9
洛 阳	102. 3	102. 2	102. 4	102. 9	103. 5	103. 8	103. 6	103. 7	103. 7	103. 9	103. 5	102. 8
平顶山	103. 3	103. 6	103. 8	104. 0	103. 8	103. 3	102. 7	102. 9	102. 8	103. 0	102. 1	101. 7
宜 昌	102. 9	103. 3	104. 1	104. 6	104. 9	105. 0	104. 8	104. 7	104. 2	103. 2	102. 6	102. 2
襄 阳	103. 6	103. 7	104. 1	105. 0	105. 4	105. 2	105. 0	104. 7	104. 1	103. 5	102. 3	101. 1
岳 阳	101. 0	101. 8	101. 3	100. 9	100. 9	99. 9	99. 1	98. 3	97. 6	97. 6	98. 0	97. 6
常 德	98. 5	98. 3	99. 0	99. 2	98. 6	98. 3	97. 9	97. 6	97. 5	97. 7	97. 8	97. 5
韶 关	100. 0	101. 2	101. 8	102. 3	102. 9	103. 5	103. 0	103. 1	102. 6	101. 2	100. 9	100. 5
湛 江	101. 1	102. 1	103. 3	103. 9	104. 8	104. 6	104. 7	104. 0	102. 5	101. 4	100. 6	99. 6
惠 州	107. 1	107. 4	107. 9	108. 0	107. 5	106. 3	105. 1	102. 8	101. 8	100. 9	101. 4	100. 9
桂 林	100. 3	101. 2	102. 0	101. 8	101. 8	101. 8	101. 6	102. 3	101. 1	100. 0	99. 8	99. 9
北 海	96. 3	95. 8	95. 6	95. 5	96. 3	97. 1	97. 7	98. 4	98. 4	98. 8	98. 5	98. 4
三 亚	104. 6	104. 8	106. 3	106. 0	106. 8	107. 3	106. 6	105. 9	105. 1	105. 1	105. 3	105. 0
泸 州	99. 4	99. 8	100. 8	100. 5	100. 6	99. 9	99. 7	99. 1	97. 8	97. 3	96. 7	96. 8
南 充	99. 4	100. 8	100. 8	100. 0	98. 5	99. 0	99. 0	98. 9	98. 8	98. 7	98. 4	97. 8
遵 义	100. 4	101. 4	101. 4	101. 5	102. 2	102. 3	102. 1	101. 8	101. 7	101. 2	100. 3	100. 4
大 理	100. 4	100. 2	100. 3	100. 1	99. 8	99. 5	98. 8	98. 3	97. 6	96. 8	95. 8	95. 7

数据来源：国家统计局。
注：同比以上年同月价格为 100。

表 4-4-6　2021 年 70 座大中城市二手住宅价格同比指数

城　市	1月	2月	3月	4月	5月	6月	7月	8月	9月	10月	11月	12月
北　京	106.9	108.5	109.9	110.1	109.3	109.9	110.7	110.4	109.7	108.8	108.1	108.5
天　津	96.6	97.1	98.0	98.5	99.4	100.0	100.1	100.9	101.7	101.6	101.5	101.3
石家庄	97.9	97.7	97.8	98.4	98.7	98.4	98.5	98.4	98.1	97.9	97.3	96.6
太　原	97.1	97.4	96.0	96.3	96.9	97.9	98.6	97.8	97.9	97.9	97.3	96.2
呼和浩特	99.1	99.3	100.1	100.1	100.4	100.0	99.1	99.0	98.4	98.1	98.0	98.3
沈　阳	107.2	107.4	107.6	106.3	105.9	105.5	105.2	104.5	104.2	103.3	102.4	101.8
大　连	106.5	107.0	107.2	106.8	106.5	106.3	106.0	105.7	105.5	105.3	104.9	104.1
长　春	98.9	98.3	97.8	97.3	97.6	97.5	98.1	98.3	98.7	99.0	99.0	99.3
哈尔滨	96.0	96.3	96.5	96.5	96.9	98.1	99.0	99.4	99.4	99.3	98.8	98.4
上　海	107.6	108.8	109.7	109.3	109.4	110.1	110.3	109.7	108.0	107.0	106.7	106.5
南　京	104.7	105.2	105.9	106.1	106.2	106.4	106.5	106.4	106.1	105.4	104.5	103.8
杭　州	107.7	108.2	108.7	108.7	108.7	108.6	107.8	107.3	106.6	105.7	105.5	105.2
宁　波	108.8	110.1	110.5	110.4	109.7	109.0	108.1	107.1	105.9	104.8	104.0	103.2
合　肥	105.0	105.8	106.3	106.3	106.1	106.3	106.1	105.6	105.0	104.3	103.5	102.5
福　州	103.4	104.1	105.2	105.1	104.6	105.0	105.7	105.6	105.1	104.3	104.2	103.1
厦　门	105.1	105.6	105.9	105.8	104.9	104.4	104.2	104.2	104.0	103.3	102.5	101.4
南　昌	100.2	100.1	100.7	100.9	100.2	100.2	100.6	101.0	101.0	101.0	100.4	99.6
济　南	97.7	98.0	98.2	98.9	99.2	100.0	100.2	100.9	101.0	101.1	101.1	101.5
青　岛	97.9	98.8	99.7	100.2	100.7	100.8	101.3	101.0	101.2	101.5	101.4	101.2
郑　州	97.0	97.2	98.3	99.3	100.6	101.3	101.8	101.7	102.0	101.7	101.3	100.9
武　汉	101.1	101.6	102.0	102.8	103.1	104.2	104.1	103.3	102.8	102.5	102.3	102.2
长　沙	102.0	102.7	103.5	104.4	104.7	104.9	105.7	106.0	106.2	105.7	105.5	105.1
广　州	108.7	109.8	111.5	112.9	113.5	113.2	112.2	110.9	109.6	108.3	106.9	105.8
深　圳	115.3	116.0	114.6	112.9	110.9	108.7	107.0	105.4	103.6	102.5	101.7	100.6
南　宁	103.2	103.3	103.1	102.6	102.5	102.4	101.5	101.0	100.5	99.8	98.8	98.1
海　口	102.6	103.2	104.5	105.6	106.7	107.4	108.1	107.8	108.0	107.5	107.4	107.2
重　庆	100.1	100.7	102.3	103.7	104.8	105.5	105.6	105.0	104.9	105.0	104.7	104.4
成　都	109.3	109.3	109.3	107.4	106.8	106.7	106.0	105.3	105.1	104.8	103.7	103.8
贵　阳	96.7	96.8	97.3	98.0	98.4	98.5	99.3	99.1	98.7	98.7	98.2	97.9
昆　明	103.9	104.4	104.2	104.2	104.1	103.1	102.6	102.4	101.3	100.6	100.1	100.5
西　安	103.8	104.7	105.6	106.6	107.4	107.8	107.9	107.3	106.8	106.2	106.0	105.6
兰　州	103.9	104.4	105.3	105.2	105.3	105.0	104.6	104.2	103.4	102.6	101.9	101.2
西　宁	108.6	108.7	108.6	108.1	107.7	106.8	106.2	105.8	105.5	104.4	103.1	102.1
银　川	109.7	110.0	110.4	109.8	109.3	108.4	107.4	106.1	105.4	104.3	103.5	103.0
乌鲁木齐	106.1	107.2	106.3	106.0	104.8	103.5	102.8	102.4	101.1	99.9	99.3	98.5
唐　山	107.8	107.7	106.8	105.5	104.3	103.5	102.2	100.8	99.7	99.5	99.4	98.8

续表

城　市	1月	2月	3月	4月	5月	6月	7月	8月	9月	10月	11月	12月
秦皇岛	103.0	103.3	103.6	103.2	102.4	101.4	99.9	98.8	98.1	97.8	97.3	97.1
包　头	101.8	102.0	102.7	103.9	103.3	102.8	102.3	102.0	101.4	101.5	101.1	100.5
丹　东	104.6	104.5	104.6	104.6	104.7	104.6	104.4	103.6	103.1	102.6	101.8	100.6
锦　州	99.4	99.6	99.4	99.6	99.8	99.4	99.3	98.9	98.5	98.3	97.5	97.4
吉　林	98.2	98.4	98.6	98.7	98.7	98.6	99.4	99.5	99.3	99.2	99.3	99.4
牡丹江	90.0	90.1	90.6	91.7	92.9	94.0	94.6	95.7	95.4	95.2	95.3	94.3
无　锡	107.9	108.5	109.0	108.7	108.2	107.5	106.7	105.7	104.9	104.5	104.0	103.4
徐　州	109.1	108.8	109.8	110.6	110.9	110.4	109.4	108.1	106.4	105.4	104.1	103.2
扬　州	105.0	105.5	106.1	106.5	107.1	107.8	108.0	107.1	106.1	104.9	104.2	102.6
温　州	105.8	106.6	107.5	107.3	107.4	107.2	106.5	105.6	104.7	104.2	103.6	103.0
金　华	106.2	107.0	107.3	107.5	108.1	108.4	107.9	106.4	105.5	104.9	104.3	103.2
蚌　埠	103.9	104.2	105.0	104.8	104.6	104.9	105.0	104.6	104.2	103.7	102.7	101.9
安　庆	98.4	98.4	98.0	97.4	97.3	97.2	97.3	97.2	96.8	96.5	96.3	96.2
泉　州	105.0	106.1	107.1	108.2	108.2	108.3	108.4	107.7	106.9	106.0	104.8	103.6
九　江	102.0	102.4	103.0	103.4	103.1	103.0	103.2	103.3	103.2	103.1	102.0	101.4
赣　州	102.4	102.5	102.8	102.6	101.9	101.8	101.2	100.7	100.3	100.8	100.8	100.9
烟　台	99.6	100.6	101.5	102.3	102.8	103.3	104.2	104.2	103.7	103.1	102.6	102.4
济　宁	105.4	106.0	106.3	106.3	106.9	106.8	105.9	104.6	104.2	103.6	103.2	101.9
洛　阳	102.9	102.8	102.9	103.8	104.1	104.2	103.7	103.3	103.3	103.2	102.5	101.5
平顶山	103.4	103.7	103.6	103.5	103.4	103.1	102.7	102.1	101.3	100.8	100.5	100.3
宜　昌	99.3	99.1	99.9	99.9	100.0	99.9	98.9	98.9	98.4	98.1	97.7	97.5
襄　阳	98.8	98.6	99.1	99.6	99.7	100.0	100.5	100.1	100.1	99.7	99.7	99.5
丘　阳	100.9	101.1	100.6	99.9	99.3	98.8	98.1	98.2	97.6	97.8	97.3	96.8
常　德	98.2	98.2	98.9	99.2	99.3	99.7	99.4	98.8	99.0	99.0	98.4	97.8
韶　关	99.8	100.3	100.7	101.7	102.5	101.7	101.4	101.3	101.4	100.8	99.9	99.9
湛　江	98.1	98.8	100.0	101.1	101.4	102.1	102.2	101.9	100.9	100.4	100.2	100.0
惠　州	103.9	104.5	105.0	105.5	105.4	105.6	104.8	103.6	102.4	101.6	101.2	100.6
桂　林	102.6	102.6	102.6	102.1	101.7	101.8	101.8	101.5	100.7	99.9	99.0	99.0
北　海	96.6	96.7	96.6	96.7	97.3	98.1	98.7	98.6	98.7	98.9	98.9	98.3
三　亚	100.6	101.3	102.5	103.5	105.1	105.3	105.4	106.3	105.9	106.3	106.0	104.7
泸　州	97.3	98.4	98.5	99.2	100.1	100.2	100.6	101.6	101.5	100.8	100.0	99.9
南　充	94.4	95.1	94.7	95.5	95.6	95.5	95.0	95.0	95.1	94.8	94.8	94.7
遵　义	99.9	100.9	101.2	101.2	100.8	100.6	100.4	99.7	99.3	99.0	98.7	98.6
大　理	102.0	102.6	102.6	102.7	102.5	102.3	101.5	100.4	99.6	98.9	98.1	97.6

数据来源：国家统计局。
注：同比以上年同月价格为100。

（二）中国城市住房（一手房）价格 288 指数（见表 4-4-7）

表 4-4-7　2021 年中国城市住房（一手房）价格 288 指数

城　市	1月	2月	3月	4月	5月	6月	7月	8月	9月	10月	11月	12月
北　京	2022.6	2027.7	2034.8	2038.7	2050.1	2072.8	2082.2	2088.2	2099.1	2087.9	2094.1	2101.1
天　津	1791.1	1793.8	1799.3	1834.0	1841.8	1854.5	1862.8	1868.4	1885.0	1883.3	1877.3	1871.3
上　海	2524.1	2535.4	2541.8	2544.6	2545.3	2548.9	2585.1	2597.2	2603.8	2613.2	2627.1	2650.8
重　庆	1963.7	1972.7	1980.4	1995.1	2029.6	2046.8	2088.0	2089.4	2097.8	2100.7	2100.9	2076.3
石家庄	1326.2	1327.6	1324.8	1330.0	1331.5	1334.1	1323.7	1325.0	1323.0	1330.7	1328.2	1320.2
保　定	990.6	991.1	982.5	982.7	974.2	966.0	966.0	976.5	975.4	977.4	977.6	975.5
沧　州	1731.1	1729.5	1723.6	1721.7	1746.9	1722.6	1735.7	1765.9	1767.2	1797.4	1795.6	1759.7
承　德	1146.1	1146.1	1146.7	1138.6	1139.6	1139.6	1139.6	1141.3	1139.4	1131.5	1131.5	1134.6
邯　郸	1364.8	1369.3	1383.9	1375.8	1416.4	1419.5	1434.4	1365.4	1373.2	1371.7	1369.9	1357.2
衡　水	1279.3	1276.8	1284.9	1286.6	1286.5	1277.6	1268.9	1215.2	1213.5	1193.0	1193.6	1192.2
廊　坊	1269.3	1251.3	1226.0	1215.0	1210.6	1218.7	1198.6	1197.3	1162.5	1154.7	1149.8	1150.5
秦皇岛	1255.4	1253.5	1252.1	1268.1	1274.0	1274.0	1272.1	1267.5	1263.7	1260.5	1237.5	1227.8
唐　山	1075.1	1074.6	1073.5	1088.2	1089.9	1101.6	1103.8	1101.6	1100.7	1053.7	1050.6	1050.5
邢　台	1232.1	1232.1	1203.4	1159.5	1147.0	1135.9	1136.1	1153.2	1138.2	1132.2	1129.7	1122.9
张家口	1498.6	1495.9	1488.4	1487.0	1463.1	1448.2	1439.3	1396.0	1382.6	1378.2	1383.8	1381.9
太　原	1133.9	1131.7	1124.0	1120.5	1121.6	1133.3	1132.2	1127.5	1124.0	1117.3	1112.1	1111.8
长　治	1297.9	1297.9	1267.1	1250.6	1250.6	1250.6	1302.1	1324.0	1310.0	1306.8	1322.8	1331.0
大　同	1119.6	1134.6	1119.5	1118.8	1112.4	1112.4	1112.4	1127.8	1129.7	1095.2	1148.3	1142.8
晋　城	1062.8	1062.8	1061.5	1059.9	1061.3	1053.5	1054.3	1052.0	1047.5	1050.3	1063.4	1060.3
晋　中	1048.7	1056.0	1053.3	1055.0	1056.0	1050.7	1059.8	1027.2	1014.4	1011.0	1008.4	1025.8
临　汾	991.9	996.9	978.7	985.8	990.5	996.2	1000.8	997.8	1037.7	1054.8	1052.3	1044.4
吕　梁	954.4	967.1	989.9	990.4	970.1	970.1	961.8	961.8	971.4	926.4	926.4	926.4
朔　州	862.4	888.2	871.2	871.2	871.2	871.2	875.2	844.7	844.7	844.7	861.3	861.3
忻　州	1149.8	1189.5	1163.7	1139.7	1105.0	1105.0	1100.7	1075.6	1074.9	1057.8	1059.6	1054.9
阳　泉	990.7	991.3	992.0	992.0	991.7	991.3	991.3	991.2	991.7	993.3	995.0	1011.8
运　城	978.3	979.5	952.0	953.6	953.9	953.7	973.3	973.2	973.2	967.3	967.2	967.2
呼和浩特	1128.0	1128.6	1127.4	1126.8	1134.9	1137.7	1146.8	1146.2	1159.4	1151.2	1121.6	1089.1
巴彦淖尔	849.5	858.4	866.2	867.9	867.9	867.9	883.2	888.3	896.1	907.0	907.0	907.0
包　头	1097.9	1101.3	1097.0	1099.8	1107.8	1120.8	1120.8	1121.9	1122.5	1115.7	1114.1	1113.0
赤　峰	909.2	907.4	906.9	891.1	897.7	887.6	895.2	892.6	894.5	890.3	890.4	885.6
鄂尔多斯	1122.0	1114.6	1122.0	1125.2	1121.2	1121.2	1119.1	1105.9	1116.7	1116.7	1116.7	1098.5
呼伦贝尔	900.2	900.2	900.2	873.9	874.3	874.3	874.3	903.5	903.5	882.8	882.8	906.0
通　辽	1005.9	1005.9	1007.5	1007.5	1009.6	1018.3	1018.5	1015.6	1025.2	1019.0	1022.1	1022.1
乌　海	950.6	912.0	938.8	938.8	971.3	971.3	971.3	971.8	954.4	960.1	960.1	979.9
乌兰察布	1053.6	1053.9	1059.7	1060.3	1060.3	1059.3	1059.3	1055.5	1055.5	1055.7	1047.3	1047.3

续表

城 市	1月	2月	3月	4月	5月	6月	7月	8月	9月	10月	11月	12月
沈 阳	1586.1	1592.5	1592.5	1594.8	1598.8	1606.0	1611.7	1615.7	1620.5	1619.7	1619.6	1617.9
鞍 山	924.0	923.2	925.4	920.0	928.5	933.6	952.2	948.6	967.2	970.1	950.4	946.7
本 溪	945.1	945.1	959.8	959.8	959.8	961.6	961.6	958.9	960.8	960.8	960.8	960.8
朝 阳	1632.3	1632.3	1632.3	1646.0	1673.9	1692.6	1688.5	1652.4	1626.8	1649.1	1709.9	1728.4
大 连	1271.5	1274.5	1275.8	1276.3	1276.7	1283.2	1299.9	1302.8	1305.8	1325.6	1320.8	1320.3
丹 东	1026.7	1029.7	1034.4	1034.9	1031.6	1032.6	1033.1	1043.5	1048.5	1049.0	1050.0	1049.0
抚 顺	1079.3	1079.3	1084.2	1060.3	1060.3	1060.3	1058.5	1009.3	1009.3	1007.2	1020.1	1020.1
阜 新	1457.8	1459.6	1459.6	1459.1	1462.5	1463.2	1405.0	1381.7	1382.4	1382.4	1382.0	1382.0
葫芦岛	1427.5	1422.4	1442.7	1433.5	1426.3	1444.5	1444.5	1444.5	1441.5	1469.1	1469.6	1464.1
锦 州	742.6	744.4	746.3	746.3	747.1	758.2	770.2	771.4	791.8	792.1	793.3	785.3
辽 阳	1022.1	1000.7	1004.3	997.4	997.4	997.4	997.4	997.4	997.4	997.4	1001.1	1001.1
盘 锦	996.4	996.4	996.4	992.6	992.6	1008.3	1008.3	1006.5	1004.5	1004.5	1004.5	1004.5
铁 岭	873.9	873.9	873.9	873.9	873.9	896.5	890.4	886.2	872.2	878.0	878.0	878.0
营 口	456.2	457.4	454.7	450.5	450.9	446.4	445.2	434.4	441.1	447.2	448.5	442.4
长 春	1635.9	1656.7	1654.0	1653.2	1659.0	1661.5	1683.9	1684.8	1692.2	1706.3	1730.6	1694.2
白 城	1533.5	1533.5	1533.5	1554.1	1554.1	1537.6	1537.6	1499.8	1499.8	1499.8	1499.8	1499.8
白 山	1468.5	1468.5	1468.5	1468.5	1468.5	1468.5	1468.5	1457.6	1457.6	1398.2	1398.2	1398.2
吉 林	1230.3	1229.0	1229.5	1233.8	1237.8	1238.4	1240.9	1243.7	1244.9	1244.9	1237.0	1236.6
辽 源	1153.8	1153.8	1153.8	1153.8	1153.8	1188.6	1188.6	1159.0	1163.7	1161.4	1166.0	1166.0
四 平	1529.7	1537.5	1528.6	1510.5	1528.8	1519.3	1513.0	1495.9	1515.9	1516.9	1516.9	1516.9
松 原	1351.9	1333.2	1364.0	1365.2	1351.0	1351.0	1351.0	1351.9	1346.4	1346.4	1346.4	1346.4
通 化	1381.5	1381.5	1381.5	1381.5	1381.5	1370.8	1360.6	1337.0	1333.5	1333.5	1319.9	1319.9
哈尔滨	1140.7	1146.4	1148.7	1156.1	1157.3	1172.1	1162.0	1162.0	1160.3	1133.3	1131.6	1121.7
大 庆	910.5	910.5	910.5	903.9	904.3	921.3	910.8	909.2	901.4	904.0	901.0	896.9
鹤 岗	944.8	944.8	944.8	944.8	944.8	944.8	944.8	944.8	944.8	944.8	944.8	944.8
黑 河	1010.5	1010.5	1010.5	1010.5	1010.5	1010.5	1052.0	1052.0	1052.0	1052.0	1052.0	1052.0
鸡 西	993.1	993.1	993.1	993.1	993.1	993.4	993.4	993.4	995.7	995.7	995.7	995.7
佳木斯	986.8	986.8	986.8	986.8	986.8	986.8	986.8	986.8	1004.5	1009.9	1009.9	1009.9
牡丹江	1090.4	1089.9	1088.8	1088.8	1089.6	1095.1	1096.2	1095.7	1100.1	1096.2	1084.2	1081.5
七台河	891.1	891.1	891.1	891.1	891.1	891.1	891.1	891.1	891.1	891.1	891.1	891.1
齐齐哈尔	1107.6	1133.0	1131.6	1131.6	1141.5	1123.0	1124.4	1127.9	1119.0	1169.4	1189.3	1141.9
双鸭山	919.4	919.4	919.4	919.4	919.4	919.4	919.4	919.4	919.4	919.4	919.4	919.4
绥 化	1078.1	1078.1	1078.1	1078.1	1078.1	1078.1	1078.1	1086.2	1101.5	1101.5	1101.5	1101.5
伊 春	1082.4	1082.4	1082.4	1082.4	1082.4	1070.9	1070.9	1070.9	1070.9	1070.9	1070.9	1070.9
南 京	1767.7	1780.6	1783.5	1787.6	1791.0	1791.3	1798.5	1799.4	1814.3	1817.1	1815.4	1812.5
常 州	1633.3	1626.3	1598.7	1622.6	1641.0	1630.6	1616.5	1623.4	1626.8	1621.7	1617.7	1643.5

续表

城市	1月	2月	3月	4月	5月	6月	7月	8月	9月	10月	11月	12月
淮安	1514.6	1522.5	1564.4	1598.3	1589.7	1589.7	1661.9	1609.5	1610.3	1613.8	1610.2	1600.0
连云港	1169.0	1171.2	1152.3	1142.0	1145.6	1142.9	1167.3	1168.0	1178.0	1171.8	1197.0	1156.3
南通	1389.9	1393.4	1384.6	1375.2	1402.6	1417.5	1423.6	1469.3	1453.1	1445.0	1454.8	1495.6
苏州	1740.9	1765.2	1755.5	1769.4	1776.8	1775.8	1786.6	1769.3	1760.2	1756.5	1727.9	1724.5
泰州	1433.6	1473.4	1474.3	1485.3	1495.3	1488.4	1495.4	1512.3	1524.1	1514.9	1519.1	1520.1
无锡	1572.6	1570.2	1571.2	1581.8	1586.6	1603.1	1609.8	1614.5	1616.9	1619.4	1631.9	1625.5
宿迁	1356.9	1403.8	1403.0	1406.4	1406.1	1438.0	1427.2	1427.2	1417.6	1417.5	1419.5	1419.1
徐州	1929.1	1947.0	1959.1	1962.4	1986.2	2006.0	2013.0	2021.9	2022.9	1992.6	1990.7	1981.8
盐城	1007.2	1037.5	1041.8	1048.8	1061.5	1048.4	1058.2	1009.2	1009.3	1001.8	1021.1	998.7
扬州	1074.0	1088.5	1092.3	1096.1	1126.2	1132.8	1146.4	1150.1	1152.4	1148.3	1142.9	1142.4
镇江	1201.9	1201.0	1190.2	1193.8	1197.4	1207.3	1209.6	1220.2	1238.0	1220.9	1197.2	1184.1
杭州	1624.6	1625.4	1627.1	1631.3	1633.9	1634.4	1640.0	1645.5	1652.5	1671.6	1673.3	1676.4
湖州	1714.9	1752.8	1754.0	1748.1	1745.8	1747.5	1755.0	1741.5	1732.2	1757.6	1770.5	1771.1
嘉兴	1225.3	1255.3	1241.5	1230.2	1203.5	1196.9	1222.6	1222.7	1214.7	1205.3	1212.2	1218.7
金华	1641.9	1653.4	1656.7	1678.2	1679.2	1684.6	1689.8	1692.0	1711.4	1745.6	1743.4	1727.7
丽水	895.4	893.4	904.9	903.1	901.4	907.5	935.0	952.8	942.0	961.7	975.9	967.2
宁波	1760.6	1773.8	1778.2	1780.2	1790.0	1800.3	1801.6	1802.9	1808.3	1823.5	1823.2	1816.7
衢州	1408.9	1399.6	1422.8	1436.8	1475.5	1461.2	1460.8	1452.9	1436.8	1437.6	1431.7	1445.2
绍兴	1298.7	1322.4	1317.1	1325.4	1324.8	1318.9	1371.1	1374.7	1363.6	1363.3	1363.9	1366.0
台州	1391.9	1400.8	1399.3	1403.5	1396.6	1402.6	1349.3	1360.5	1372.1	1358.2	1356.4	1365.0
温州	989.5	990.3	980.0	991.5	994.6	1006.0	1022.3	1024.8	1025.8	1032.2	1034.8	1034.3
舟山	1479.8	1483.0	1490.0	1488.0	1492.8	1455.8	1466.3	1473.6	1436.8	1434.8	1465.6	1451.3
合肥	2188.3	2193.1	2206.7	2214.4	2219.9	2240.6	2242.8	2243.9	2246.1	2249.4	2248.3	2244.6
安庆	1120.5	1120.6	1113.9	1112.2	1107.8	1104.5	1102.8	1098.8	1100.8	1116.1	1104.7	1104.2
蚌埠	1404.6	1418.5	1424.3	1426.2	1421.9	1419.8	1423.3	1426.9	1429.8	1429.0	1428.4	1426.8
亳州	739.9	741.4	730.1	741.6	737.1	739.0	741.5	721.7	729.4	728.3	727.1	711.2
池州	706.4	707.4	733.8	737.1	738.3	738.5	735.1	735.4	736.6	770.6	766.5	756.6
滁州	984.3	978.2	982.1	1001.5	1006.0	1017.3	1020.1	1019.4	1023.7	1022.2	1021.9	1009.2
阜阳	1412.6	1409.6	1414.8	1435.6	1424.0	1427.1	1414.8	1405.5	1406.9	1407.9	1405.2	1392.7
淮北	878.8	873.9	874.8	888.3	888.8	892.4	904.9	904.9	918.2	883.5	891.4	876.3
淮南	904.1	914.9	913.0	926.6	932.8	924.7	912.6	912.2	948.4	911.4	908.7	940.9
黄山	1116.7	1119.6	1112.1	1117.3	1117.4	1117.6	1091.4	1091.3	1074.5	1074.5	1076.1	1074.4
六安	752.0	759.6	763.6	766.1	767.7	771.6	791.5	781.3	748.7	735.8	752.6	765.7
马鞍山	1092.7	1073.2	1092.3	1098.8	1106.0	1107.8	1107.8	1083.3	1123.4	1111.2	1115.5	1079.5
铜陵	978.5	982.9	982.4	981.7	981.9	981.7	971.5	971.4	971.8	969.9	982.2	986.7
芜湖	1205.5	1204.6	1214.5	1189.3	1191.5	1207.9	1202.7	1192.8	1191.7	1209.1	1204.9	1221.3

续表

城　市	1月	2月	3月	4月	5月	6月	7月	8月	9月	10月	11月	12月
宿　州	712.3	713.7	706.7	715.1	718.9	712.5	712.5	688.9	692.6	692.6	694.8	685.7
宣　城	1297.9	1297.9	1297.9	1298.4	1300.3	1302.6	1305.7	1291.0	1285.4	1283.0	1342.0	1393.5
福　州	1805.0	1810.4	1813.2	1829.3	1834.8	1839.2	1846.0	1848.8	1859.3	1872.2	1856.6	1852.1
龙　岩	1265.4	1256.7	1256.7	1260.6	1268.5	1271.1	1305.8	1309.2	1321.7	1329.9	1326.2	1318.8
南　平	1259.3	1282.5	1266.4	1263.9	1256.5	1266.6	1265.7	1267.5	1205.3	1162.9	1124.2	1151.9
宁　德	1186.2	1177.1	1183.1	1203.4	1219.8	1220.0	1194.5	1191.3	1206.5	1217.2	1205.7	1204.7
莆　田	814.9	821.1	835.1	842.5	841.9	852.4	849.6	849.7	849.1	866.2	853.7	852.5
泉　州	1289.7	1280.3	1284.8	1290.3	1294.8	1298.7	1301.3	1305.2	1331.4	1338.4	1337.4	1329.8
三　明	994.1	1008.3	1023.6	1016.8	977.0	1000.0	1000.0	1002.1	1051.2	1056.5	1051.4	1060.8
厦　门	2038.6	2043.3	2047.3	2053.7	2070.1	2107.2	2114.6	2116.0	2124.5	2142.3	2170.6	2170.4
漳　州	2137.7	2127.3	2144.1	2105.1	2138.9	2163.8	2193.4	2203.7	2244.2	2263.3	2233.7	2192.6
南　昌	1501.9	1504.2	1505.0	1508.0	1508.1	1512.6	1530.8	1533.1	1538.2	1533.9	1515.5	1514.8
抚　州	1041.9	1052.9	1047.5	1042.6	1045.9	1046.0	1042.8	1049.6	1050.0	1042.7	1031.9	1033.7
赣　州	1150.0	1144.3	1147.7	1149.4	1150.6	1158.5	1160.8	1152.8	1148.0	1141.3	1140.7	1140.1
吉　安	1438.2	1440.4	1444.1	1448.4	1443.9	1438.7	1435.1	1392.2	1392.2	1391.4	1355.1	1347.5
景德镇	1164.0	1180.5	1176.7	1175.9	1177.7	1207.8	1219.1	1209.4	1209.4	1206.7	1206.7	1206.7
九　江	1256.2	1257.8	1262.7	1268.9	1271.4	1274.4	1276.3	1277.9	1279.2	1277.5	1275.7	1273.5
萍　乡	1193.2	1193.2	1182.0	1194.3	1196.4	1198.5	1210.4	1209.1	1211.3	1211.3	1206.8	1198.5
上　饶	1101.9	1100.8	1097.5	1109.1	1108.8	1108.8	1098.2	1098.4	1098.2	1098.0	1098.9	1096.3
新　余	1120.5	1129.7	1118.0	1131.4	1134.5	1174.1	1174.1	1134.1	1139.5	1168.6	1219.3	1198.8
宜　春	1359.9	1383.0	1401.3	1405.6	1436.4	1378.5	1386.2	1412.6	1400.6	1405.7	1410.2	1406.7
鹰　潭	1195.1	1195.1	1191.0	1183.3	1182.6	1186.3	1139.9	1153.1	1152.6	1161.6	1161.1	1160.5
济　南	1753.5	1755.2	1758.9	1780.2	1785.0	1800.0	1817.5	1822.9	1838.9	1842.6	1831.2	1824.8
滨　州	1238.4	1236.4	1264.9	1254.6	1240.2	1241.6	1277.3	1277.1	1277.0	1276.9	1275.4	1275.3
德　州	1064.4	1066.2	1071.8	1081.7	1077.1	1092.0	1090.2	1045.3	1046.3	1042.7	1041.2	1031.3
东　营	929.4	969.7	967.2	967.2	963.6	961.3	964.0	964.8	945.3	948.9	951.3	961.4
菏　泽	1140.6	1148.7	1145.7	1133.4	1133.3	1133.4	1146.1	1146.1	1147.0	1141.0	1138.0	1138.2
济　宁	1337.8	1344.1	1348.6	1399.1	1400.8	1402.3	1425.8	1364.0	1368.1	1374.7	1372.1	1363.8
莱　芜	1142.3	1142.3	1142.3	1142.3	1142.3	1142.3	1142.3	1142.3	1142.3	1142.3	1142.3	1142.3
聊　城	1093.3	1074.7	1060.1	1037.8	1057.9	1057.6	1060.9	1061.4	1080.1	1094.6	1097.8	1100.5
临　沂	1683.0	1679.7	1673.8	1692.9	1696.8	1712.5	1772.3	1814.0	1807.3	1799.9	1819.5	1812.3
青　岛	2075.4	2077.5	2080.6	2087.5	2109.2	2118.1	2139.2	2161.9	2175.7	2176.1	2173.9	2171.3
日　照	1413.5	1411.7	1401.7	1398.7	1417.6	1418.6	1435.2	1431.7	1422.8	1413.9	1414.2	1414.6
泰　安	1288.7	1272.6	1296.9	1308.7	1302.8	1308.4	1364.8	1372.3	1382.0	1401.9	1382.8	1388.4
威　海	1238.6	1270.1	1269.6	1271.5	1266.1	1270.0	1237.6	1246.0	1240.4	1274.9	1274.2	1279.2
潍　坊	1301.2	1297.8	1298.9	1312.1	1339.8	1362.2	1357.0	1378.2	1385.8	1392.2	1408.4	1411.7

续表

城　市	1月	2月	3月	4月	5月	6月	7月	8月	9月	10月	11月	12月
烟　台	1711.4	1701.3	1709.0	1713.4	1731.9	1739.4	1770.5	1774.4	1773.5	1771.7	1771.6	1770.5
枣　庄	1450.4	1436.9	1445.6	1458.3	1457.8	1520.4	1521.9	1505.8	1502.9	1513.4	1524.3	1452.9
淄　博	1486.5	1506.3	1506.2	1509.8	1513.4	1499.5	1500.7	1463.6	1463.3	1457.9	1457.8	1459.1
郑　州	1544.0	1545.6	1549.4	1563.5	1569.0	1575.3	1581.6	1584.7	1583.1	1580.7	1576.8	1568.0
安　阳	1112.3	1090.0	1118.7	1125.7	1127.1	1130.2	1127.4	1094.5	1100.6	1101.7	1066.4	1061.1
鹤　壁	1690.7	1673.6	1637.1	1610.9	1658.1	1670.2	1670.9	1652.5	1607.3	1545.9	1585.3	1592.7
焦　作	1429.4	1407.0	1407.0	1411.9	1454.3	1458.5	1388.9	1378.1	1352.2	1349.6	1348.9	1348.6
开　封	1169.0	1161.7	1189.6	1205.2	1218.6	1213.3	1178.6	1130.9	1160.2	1159.7	1186.0	1131.9
洛　阳	1736.3	1738.9	1763.6	1773.5	1777.4	1783.5	1787.0	1792.4	1796.9	1799.6	1801.4	1799.6
漯　河	1632.8	1625.7	1670.9	1656.7	1660.8	1660.6	1649.7	1608.9	1552.2	1562.1	1515.0	1514.5
南　阳	986.6	986.6	986.6	952.0	981.9	997.3	1006.1	999.0	977.7	983.4	982.2	975.2
平顶山	1141.6	1142.2	1171.7	1172.4	1173.5	1174.5	1193.5	1193.0	1213.8	1221.9	1222.1	1190.6
濮　阳	1600.1	1580.1	1554.2	1578.2	1624.2	1671.7	1605.5	1601.0	1648.1	1711.8	1705.2	1682.5
三门峡	1534.3	1472.1	1543.4	1557.7	1555.5	1558.7	1560.2	1605.3	1603.6	1597.7	1621.6	1639.3
商　丘	1477.2	1477.4	1470.9	1461.2	1441.8	1510.6	1481.6	1522.2	1546.1	1542.3	1577.4	1577.7
新　乡	1047.5	1000.4	1013.1	984.6	995.8	1043.4	1009.3	981.0	1022.6	1022.6	1008.4	1008.4
信　阳	1646.3	1668.6	1731.2	1688.1	1693.9	1667.6	1661.6	1653.8	1639.2	1624.8	1571.9	1570.7
许　昌	1591.3	1591.3	1607.7	1607.5	1607.5	1583.9	1601.6	1599.1	1587.3	1575.5	1574.4	1574.7
周　口	1544.1	1572.4	1528.2	1543.5	1567.4	1595.3	1620.8	1601.7	1551.2	1546.1	1472.9	1470.3
驻马店	1337.9	1337.0	1370.1	1382.5	1382.5	1353.3	1324.1	1336.8	1356.5	1376.4	1342.4	1343.2
武　汉	2623.1	2632.3	2637.5	2657.0	2673.0	2685.0	2697.6	2701.7	2709.1	2714.7	2712.0	2711.4
鄂　州	1681.3	1681.3	1681.1	1681.1	1689.0	1689.0	1769.4	1764.5	1764.5	1753.7	1765.5	1774.1
黄　冈	1310.9	1320.4	1320.4	1329.5	1324.6	1327.2	1327.7	1339.4	1335.8	1331.6	1333.2	1334.6
黄　石	1201.7	1201.9	1195.0	1220.4	1233.2	1219.9	1216.9	1206.0	1240.2	1187.0	1204.7	1248.8
荆　门	1371.6	1371.6	1349.8	1349.8	1362.3	1364.5	1364.5	1377.9	1372.5	1372.5	1362.1	1359.6
荆　州	1400.4	1396.3	1405.4	1452.5	1444.9	1493.5	1499.3	1459.1	1462.2	1455.6	1436.5	1395.3
十　堰	1274.1	1275.2	1281.7	1280.7	1269.3	1279.7	1280.5	1277.5	1275.3	1278.4	1277.4	1277.4
随　州	1518.4	1518.4	1559.9	1556.3	1558.4	1600.4	1600.4	1538.1	1528.9	1529.6	1529.6	1529.6
咸　宁	1346.9	1347.0	1346.9	1339.9	1340.4	1341.5	1334.5	1334.0	1334.1	1334.3	1334.9	1335.0
襄　阳	1723.7	1726.3	1736.1	1754.2	1774.0	1775.0	1777.7	1782.2	1786.7	1780.8	1780.4	1779.8
孝　感	1506.6	1507.9	1467.2	1467.9	1471.9	1476.6	1481.6	1475.6	1439.6	1478.3	1448.3	1478.9
宜　昌	1290.3	1289.7	1292.3	1295.5	1300.9	1324.1	1327.4	1331.4	1331.4	1329.4	1327.4	1327.1
长　沙	1622.0	1627.5	1628.1	1629.3	1648.7	1659.2	1670.0	1674.9	1679.1	1693.2	1697.8	1708.6
常　德	1265.4	1264.3	1276.8	1285.1	1285.1	1276.0	1272.8	1272.1	1270.2	1236.1	1231.0	1216.9
郴　州	1237.7	1239.4	1249.2	1243.1	1235.2	1240.8	1247.1	1225.7	1223.6	1216.2	1212.4	1203.5
衡　阳	1212.7	1225.8	1234.5	1234.2	1243.1	1243.9	1239.9	1239.1	1239.4	1247.3	1241.7	1248.0

续表

城市	1月	2月	3月	4月	5月	6月	7月	8月	9月	10月	11月	12月
怀　化	1054. 9	1057. 1	1060. 0	1058. 4	1055. 1	1054. 1	1043. 2	1042. 4	1036. 2	1027. 6	1028. 9	1026. 6
娄　底	1152. 2	1159. 3	1165. 3	1191. 4	1220. 0	1217. 9	1198. 4	1217. 3	1221. 6	1223. 1	1217. 4	1210. 2
邵　阳	1212. 0	1215. 1	1224. 5	1233. 1	1238. 9	1237. 9	1235. 9	1233. 0	1226. 5	1225. 5	1223. 4	1218. 4
湘　潭	1265. 3	1264. 2	1263. 3	1266. 1	1315. 7	1318. 3	1326. 4	1301. 3	1298. 4	1309. 2	1304. 9	1301. 9
益　阳	1338. 8	1360. 9	1385. 7	1381. 2	1379. 2	1382. 2	1393. 7	1366. 3	1362. 7	1356. 2	1363. 3	1358. 4
永　州	1124. 9	1125. 9	1151. 2	1141. 1	1140. 9	1113. 2	1118. 9	1106. 4	1101. 6	1101. 1	1103. 5	1089. 7
岳　阳	1266. 7	1262. 9	1266. 5	1259. 0	1271. 5	1274. 6	1267. 1	1261. 8	1242. 5	1240. 4	1236. 2	1243. 1
张家界	1094. 5	1088. 2	1090. 9	1090. 9	1104. 9	1102. 7	1106. 8	1106. 8	1108. 5	1066. 3	1063. 4	1063. 4
株　洲	1340. 2	1341. 2	1368. 5	1378. 4	1394. 8	1378. 8	1407. 7	1392. 4	1382. 8	1383. 1	1330. 9	1341. 4
广　州	2263. 9	2275. 2	2290. 9	2297. 1	2326. 5	2351. 6	2363. 4	2367. 4	2365. 0	2363. 9	2359. 2	2349. 0
深　圳	1757. 9	1758. 9	1759. 8	1760. 7	1763. 0	1764. 9	1798. 3	1798. 3	1828. 8	1830. 5	1806. 4	1810. 4
潮　州	1215. 9	1230. 9	1288. 9	1258. 5	1271. 3	1273. 2	1275. 8	1288. 2	1294. 3	1295. 2	1290. 0	1276. 2
东　莞	2587. 3	2599. 9	2599. 9	2599. 9	2625. 4	2694. 2	2639. 5	2632. 7	2604. 4	2656. 5	2634. 3	2584. 2
佛　山	2318. 5	2297. 9	2248. 7	2238. 6	2278. 7	2306. 7	2339. 2	2332. 7	2257. 9	2248. 8	2197. 9	2158. 4
河　源	1216. 1	1202. 6	1229. 7	1229. 9	1224. 0	1223. 3	1225. 2	1217. 0	1233. 6	1246. 9	1245. 3	1245. 8
惠　州	1628. 9	1630. 0	1631. 6	1664. 8	1667. 1	1671. 9	1675. 8	1679. 1	1660. 3	1657. 8	1657. 3	1660. 8
江　门	1458. 0	1479. 6	1456. 4	1514. 2	1509. 5	1508. 6	1477. 4	1475. 2	1460. 2	1426. 1	1423. 8	1424. 7
揭　阳	1645. 5	1656. 5	1674. 1	1672. 1	1667. 7	1671. 2	1675. 6	1631. 5	1631. 0	1628. 9	1628. 9	1603. 2
茂　名	1322. 5	1323. 6	1321. 9	1315. 8	1313. 9	1309. 2	1340. 8	1324. 1	1330. 7	1284. 3	1281. 0	1281. 4
梅　州	1505. 6	1503. 8	1465. 6	1463. 1	1511. 6	1473. 0	1464. 3	1432. 6	1433. 3	1430. 5	1434. 3	1435. 9
清　远	1190. 5	1186. 9	1178. 7	1180. 7	1183. 8	1179. 3	1193. 2	1196. 0	1183. 3	1174. 3	1176. 3	1172. 2
汕　头	1092. 1	1086. 5	1080. 9	1083. 2	1076. 6	1063. 9	1077. 8	1061. 7	1070. 5	1028. 1	1029. 8	1034. 3
汕　尾	1321. 0	1321. 0	1297. 8	1303. 1	1296. 8	1272. 5	1301. 1	1296. 8	1282. 8	1276. 8	1269. 6	1261. 0
韶　关	1196. 8	1198. 4	1210. 4	1216. 7	1217. 4	1221. 2	1227. 8	1223. 6	1226. 0	1216. 6	1213. 1	1203. 9
阳　江	1315. 5	1317. 5	1307. 7	1301. 7	1301. 5	1307. 8	1278. 0	1276. 0	1277. 2	1279. 0	1274. 7	1250. 0
云　浮	1441. 3	1412. 0	1415. 4	1410. 6	1385. 9	1366. 1	1387. 7	1377. 9	1378. 4	1374. 8	1370. 5	1369. 3
湛　江	1517. 6	1513. 1	1521. 4	1522. 0	1524. 6	1526. 1	1524. 6	1526. 1	1523. 5	1519. 1	1515. 6	1519. 3
肇　庆	1013. 1	1012. 7	1010. 0	1005. 1	1009. 1	1000. 8	1003. 9	991. 1	946. 6	930. 1	940. 6	936. 2
中　山	1612. 1	1632. 3	1643. 6	1643. 7	1676. 6	1708. 3	1766. 9	1708. 9	1708. 9	1711. 7	1708. 1	1701. 1
珠　海	1432. 3	1433. 2	1431. 4	1429. 7	1436. 3	1437. 9	1454. 7	1463. 3	1480. 9	1492. 1	1482. 4	1492. 6
南　宁	1932. 2	1935. 1	1939. 8	1945. 6	1948. 5	1948. 9	1952. 2	1955. 1	1953. 7	1944. 9	1937. 0	1934. 4
百　色	1235. 5	1238. 9	1265. 8	1219. 2	1246. 4	1245. 2	1260. 0	1246. 2	1242. 1	1260. 1	1263. 3	1250. 1
北　海	1331. 3	1324. 4	1322. 4	1317. 0	1315. 7	1318. 3	1328. 8	1345. 7	1364. 4	1337. 2	1336. 8	1309. 2
崇　左	991. 0	994. 5	1000. 0	998. 9	1012. 9	1033. 8	1033. 8	1012. 9	1022. 7	988. 4	1002. 4	1000. 4
防城港	967. 0	970. 7	965. 8	957. 0	946. 8	928. 8	927. 8	911. 5	919. 5	920. 3	917. 4	917. 4
贵　港	1020. 0	1015. 5	993. 4	972. 5	965. 8	947. 5	950. 6	994. 9	997. 1	979. 7	1018. 6	1015. 9

续表

城市	1月	2月	3月	4月	5月	6月	7月	8月	9月	10月	11月	12月
桂林	1104.1	1105.6	1113.9	1114.0	1118.3	1121.1	1123.2	1121.5	1105.7	1102.4	1101.6	1099.2
河池	1008.6	1008.6	1026.1	1064.6	1078.5	1078.5	1110.5	1131.3	1129.7	1140.0	1090.9	1061.4
贺州	1161.4	1159.2	1157.0	1154.5	1155.2	1150.2	1160.8	1158.0	1110.3	1105.4	1104.0	1089.5
来宾	989.2	995.0	990.7	994.9	993.6	993.8	969.3	970.1	965.7	965.5	964.6	963.7
柳州	1083.3	1074.8	1055.7	1067.9	1072.7	1073.2	1069.3	1053.9	1050.9	1027.1	987.2	985.3
钦州	805.8	794.9	797.2	796.8	802.3	793.9	806.4	805.7	797.6	786.3	790.4	790.9
梧州	912.5	902.0	894.9	877.9	879.2	850.8	848.8	879.0	873.8	911.0	902.8	911.0
玉林	1073.7	1070.0	1063.6	1070.7	1068.1	1066.8	1047.7	1033.9	1026.5	1020.3	1012.5	984.1
海口	1663.1	1665.6	1670.6	1677.1	1682.2	1687.2	1694.0	1714.6	1722.8	1737.9	1743.2	1742.4
三亚	1005.9	1007.4	1008.4	1012.6	1013.6	1016.6	1019.7	1023.4	1033.5	1040.9	1045.3	1052.8
成都	1829.8	1837.1	1843.5	1848.1	1869.0	1888.3	1891.1	1902.8	1938.6	1936.6	1928.9	1921.3
巴中	1141.8	1143.0	1141.1	1137.9	1132.5	1130.8	1123.8	1134.5	1133.8	1132.3	1125.1	1125.1
达州	932.7	926.1	951.5	935.9	917.9	908.1	896.1	886.4	879.2	876.3	872.0	869.0
德阳	1093.7	1092.7	1092.7	1084.3	1085.3	1059.9	1061.8	1072.8	1085.8	1075.2	1074.4	1065.8
广安	1390.7	1401.5	1395.7	1424.5	1424.8	1408.6	1406.6	1388.2	1395.4	1402.0	1412.6	1418.0
广元	1149.4	1149.4	1150.4	1162.6	1163.7	1209.2	1203.7	1161.5	1174.4	1170.6	1168.3	1165.0
乐山	926.8	930.4	943.4	943.4	945.5	969.0	967.5	949.9	926.3	948.1	948.1	948.1
泸州	982.6	983.1	986.4	990.4	988.5	993.0	991.8	990.8	990.3	989.6	987.0	983.1
眉山	1050.6	1062.7	1043.9	1047.6	1039.9	1063.5	1080.7	1076.2	1076.2	1091.6	1060.1	1016.0
绵阳	1032.4	1036.8	1021.3	1032.6	1030.3	1039.9	1059.1	1072.0	1075.4	1067.8	1054.0	1057.5
南充	1221.0	1220.5	1225.6	1228.7	1229.2	1227.9	1222.2	1220.3	1200.2	1198.0	1196.4	1186.2
内江	952.2	942.8	950.1	950.7	950.3	969.5	939.9	960.7	994.3	956.7	922.7	919.1
攀枝花	1152.6	1157.1	1164.4	1165.9	1154.4	1158.4	1167.3	1147.3	1138.9	1132.4	1132.2	1131.0
遂宁	976.5	966.6	943.1	923.2	922.9	919.7	922.9	917.2	947.9	954.4	959.6	941.5
雅安	1362.8	1364.9	1423.3	1415.7	1401.2	1400.3	1397.9	1370.5	1360.1	1346.6	1351.1	1375.0
宜宾	1089.1	1094.5	1095.3	1097.5	1105.4	1112.0	1121.4	1107.7	1100.3	1099.4	1101.4	1102.3
资阳	1342.1	1329.4	1323.0	1316.9	1324.4	1326.7	1346.0	1354.9	1361.2	1359.0	1364.3	1364.8
自贡	794.1	794.9	795.1	795.1	791.4	792.2	794.7	789.2	787.7	787.7	790.3	787.1
贵阳	1187.0	1188.8	1191.3	1193.7	1197.9	1216.7	1215.5	1218.5	1241.2	1231.0	1228.6	1218.6
安顺	1243.3	1243.3	1245.3	1225.9	1225.2	1225.1	1217.9	1217.5	1217.7	1218.0	1219.1	1219.2
毕节	1007.9	1007.8	1002.3	1002.4	1001.6	1001.9	1027.5	1027.7	1027.6	1024.4	1024.1	1024.1
六盘水	1077.2	1079.3	1079.4	1079.6	1079.6	1077.7	1085.8	1090.2	1090.8	1090.2	1089.7	1085.8
铜仁	939.4	939.4	918.2	911.6	911.6	905.6	919.1	914.5	913.7	910.9	873.2	871.2
遵义	920.4	922.2	936.6	939.2	940.7	943.5	944.4	942.6	940.8	939.5	938.6	928.7
昆明	1437.1	1439.9	1450.3	1456.1	1451.4	1451.4	1448.7	1427.0	1411.5	1406.5	1406.3	1405.5
保山	1647.5	1650.8	1720.9	1656.2	1605.5	1605.5	1570.8	1587.8	1575.3	1559.2	1595.2	1616.7
丽江	1233.3	1221.8	1265.4	1271.1	1332.8	1332.8	1300.3	1282.2	1295.4	1306.4	1256.8	1239.6

续表

城市	1月	2月	3月	4月	5月	6月	7月	8月	9月	10月	11月	12月
临沧	1544.5	1544.5	1544.5	1544.5	1544.5	1544.5	1544.5	1537.8	1595.9	1665.7	1687.5	1687.5
普洱	1765.8	1765.8	1765.8	1765.8	1765.8	1766.0	1766.0	1762.7	1762.7	1762.7	1762.7	1762.7
曲靖	1834.7	1828.7	1816.1	1850.6	1938.6	1971.8	2012.4	1947.2	1945.8	1949.5	1949.5	1947.8
玉溪	1656.3	1656.3	1691.0	1682.1	1682.1	1693.9	1617.5	1601.5	1534.2	1533.6	1521.0	1522.7
昭通	1892.7	1907.7	1969.5	1930.7	1930.7	1898.2	1902.0	1891.8	1840.4	1816.3	1816.3	1821.8
拉萨	1347.3	1356.7	1377.5	1377.5	1336.3	1342.6	1342.6	1339.5	1406.2	1407.5	1400.7	1389.6
西安	1599.7	1606.9	1626.8	1632.2	1635.4	1637.2	1645.4	1653.8	1674.4	1679.9	1691.1	1692.7
安康	1176.9	1185.7	1209.3	1213.8	1204.9	1188.4	1192.7	1191.8	1190.6	1187.6	1188.6	1188.2
宝鸡	1248.3	1239.5	1237.3	1239.5	1250.1	1253.9	1245.0	1256.3	1260.9	1259.4	1266.1	1269.8
汉中	1195.0	1176.8	1164.0	1170.7	1217.1	1248.5	1239.7	1239.7	1238.6	1206.3	1205.8	1206.1
商洛	1180.8	1193.4	1178.6	1161.4	1161.4	1134.8	1128.2	1128.2	1128.2	1128.2	1113.1	1113.1
铜川	1343.3	1314.8	1289.8	1292.4	1292.4	1314.4	1310.7	1292.5	1293.3	1293.3	1291.9	1293.0
渭南	1206.6	1206.9	1209.6	1211.0	1210.4	1209.5	1216.6	1217.1	1217.9	1220.6	1217.9	1224.8
咸阳	1089.7	1099.3	1114.9	1142.0	1194.9	1182.6	1179.6	1163.3	1157.9	1149.6	1148.3	1095.4
延安	965.6	965.6	965.6	948.5	937.9	941.1	964.4	959.0	959.0	970.3	970.3	970.3
榆林	941.4	941.4	943.8	954.3	931.6	929.6	885.3	885.3	901.9	918.2	944.5	940.0
兰州	1435.7	1440.6	1454.3	1459.8	1463.6	1465.8	1469.5	1471.7	1460.2	1455.5	1450.3	1448.1
白银	842.6	842.6	841.8	831.3	831.3	821.9	821.9	835.2	822.3	842.6	842.6	817.2
定西	1047.4	1047.4	1055.7	1079.0	1055.5	1030.2	1033.2	1033.2	1052.8	1062.3	1061.5	1074.1
嘉峪关	1111.8	1113.9	1114.5	1114.6	1115.5	1116.0	1104.1	1103.6	1104.9	1103.6	1103.5	1104.4
金昌	1015.7	1010.9	1022.0	1024.2	1028.6	1018.4	1018.4	1018.4	1018.4	1018.4	1018.4	1018.4
酒泉	1016.7	1016.7	1016.7	1016.7	1035.7	1035.7	1035.7	1003.7	1003.7	1003.7	1050.6	1042.5
陇南	885.1	885.1	885.1	885.1	885.1	863.0	863.0	863.0	863.0	876.3	876.3	876.3
平凉	912.4	912.5	912.6	914.5	913.9	913.8	925.4	925.9	919.5	922.5	922.8	922.5
庆阳	756.0	756.0	728.3	742.9	739.3	743.3	738.2	754.6	790.7	790.8	789.7	810.7
天水	975.7	973.0	959.6	959.5	954.3	961.4	954.2	954.2	953.9	953.6	946.4	984.1
武威	884.4	884.4	884.4	888.4	871.7	840.4	842.4	862.0	851.1	850.1	850.5	849.4
张掖	920.0	921.4	920.5	920.1	920.6	920.6	902.1	902.1	902.1	902.1	902.1	893.8
西宁	1281.8	1286.1	1289.4	1307.5	1310.8	1317.9	1349.6	1354.0	1376.2	1377.5	1375.5	1374.1
银川	1413.3	1415.7	1400.9	1407.7	1413.5	1430.3	1436.0	1446.7	1458.3	1460.0	1461.0	1474.6
固原	804.5	800.5	800.5	823.4	859.8	859.8	850.6	871.4	877.1	877.2	877.3	849.4
石嘴山	1235.7	1235.7	1235.7	1235.7	1235.7	1235.7	1235.7	1235.7	1235.7	1235.7	1235.7	1235.7
吴忠	1334.3	1353.0	1300.3	1295.5	1295.5	1303.7	1347.5	1387.1	1365.6	1327.4	1335.2	1287.6
中卫	1122.3	1118.1	1118.1	1118.1	1118.1	1118.1	1118.1	1118.1	1118.1	1118.1	1118.1	1118.1
乌鲁木齐	1196.9	1202.1	1183.6	1185.3	1185.4	1189.6	1194.8	1197.2	1202.0	1199.5	1199.4	1207.9
克拉玛依	1346.7	1346.7	1346.7	1346.7	1346.7	1346.7	1346.7	1346.7	1346.7	1346.7	1346.7	1346.7

数据来源：上海易居房地产研究院。

（三）中国城市住房（二手房）价格60指数（见表4-4-8）

表4-4-8　2021年中国城市住房（二手房）价格60指数

城　市	1月	2月	3月	4月	5月	6月	7月	8月	9月	10月	11月	12月
北　京	1876.3	1879.2	1901.8	1923.0	1953.6	1971.4	1991.6	2007.8	2012.8	2016.2	2006.8	2002.0
天　津	1464.9	1466.1	1465.1	1468.4	1473.3	1480.6	1476.1	1475.5	1472.2	1469.7	1466.4	1459.0
上　海	1863.5	1891.5	1927.3	1950.3	1962.2	1981.3	1997.4	2009.4	2009.6	2001.6	1995.6	1995.6
重　庆	1493.0	1494.9	1501.2	1513.7	1535.5	1564.5	1581.6	1585.4	1584.3	1588.0	1585.0	1582.0
石家庄	1531.6	1526.9	1525.4	1524.1	1529.3	1531.7	1525.4	1521.5	1516.1	1511.8	1502.4	1491.2
唐　山	1343.9	1346.8	1357.3	1352.0	1348.8	1341.7	1335.8	1330.0	1325.2	1319.6	1319.5	1317.4
太　原	1516.2	1505.3	1513.2	1511.0	1504.5	1493.5	1491.1	1487.1	1481.4	1472.6	1468.3	1456.3
大　同	1094.0	1095.1	1081.7	1051.8	1055.9	1067.3	1067.9	1066.5	1059.7	1053.0	1048.5	1048.5
呼和浩特	1318.6	1316.8	1322.5	1325.4	1322.4	1321.4	1320.7	1313.5	1306.2	1300.8	1296.9	1292.5
包　头	1108.0	1112.3	1123.4	1128.3	1125.5	1124.2	1125.7	1123.4	1117.8	1114.0	1112.5	1110.9
沈　阳	1432.4	1442.0	1448.6	1452.9	1465.9	1477.6	1481.6	1480.1	1472.3	1469.3	1466.5	1463.9
大　连	1228.2	1232.3	1238.7	1247.6	1254.3	1262.2	1268.6	1274.0	1280.3	1282.2	1281.0	1279.2
长　春	1529.6	1523.9	1523.2	1522.4	1525.4	1533.8	1529.2	1532.0	1532.9	1534.9	1532.4	1526.0
哈尔滨	1177.6	1184.3	1184.6	1189.8	1196.4	1197.3	1199.6	1197.9	1194.5	1187.9	1182.6	1181.0
齐齐哈尔	966.0	965.9	955.8	955.1	956.6	955.4	948.0	945.0	940.4	934.4	929.3	925.6
南　京	1987.8	1996.4	2009.0	2024.2	2037.0	2053.3	2065.3	2073.8	2083.7	2082.4	2075.2	2063.5
无　锡	1739.2	1751.2	1763.6	1772.4	1788.4	1800.1	1816.0	1822.9	1826.4	1821.8	1818.1	1811.3
扬　州	1422.0	1429.1	1436.6	1443.1	1455.6	1468.0	1477.0	1483.1	1484.6	1479.4	1475.7	1468.3
徐　州	1525.4	1537.1	1549.9	1569.4	1593.0	1610.2	1616.2	1612.2	1609.8	1606.4	1599.5	1591.8
常　州	1645.3	1653.9	1673.0	1675.9	1678.6	1694.6	1698.2	1700.4	1697.4	1693.4	1689.4	1683.0
苏　州	2063.0	2068.0	2080.1	2059.1	2068.9	2096.3	2106.7	2112.9	2119.4	2114.6	2106.5	2104.8
泰　州	1474.1	1487.3	1513.7	1553.5	1575.4	1595.3	1610.7	1615.6	1619.2	1615.7	1610.3	1603.2
杭　州	1431.7	1439.9	1446.7	1462.0	1476.6	1491.6	1487.7	1497.3	1502.7	1498.0	1490.8	1493.3
宁　波	1683.7	1695.1	1707.5	1719.5	1731.6	1743.2	1750.0	1753.6	1752.4	1749.5	1743.9	1737.9
合　肥	1917.1	1936.0	1952.5	1971.1	1981.8	1989.8	1995.6	1998.3	1997.5	1993.5	1991.3	1988.5
芜　湖	1231.6	1240.7	1244.5	1253.3	1271.3	1275.0	1283.9	1284.4	1283.4	1283.3	1277.9	1277.2
福　州	1665.7	1672.3	1681.3	1693.3	1706.2	1715.2	1722.1	1723.8	1719.3	1720.3	1712.5	1710.8
厦　门	2198.1	2218.2	2226.9	2235.6	2242.3	2247.4	2254.0	2261.4	2266.6	2270.6	2266.5	2271.1
南　昌	1463.2	1468.1	1466.3	1470.0	1472.1	1472.3	1468.1	1468.5	1465.9	1464.4	1464.1	1462.3
赣　州	1292.5	1299.8	1307.4	1311.5	1317.6	1330.2	1336.5	1339.3	1339.6	1338.9	1336.0	1337.2
济　南	1445.5	1454.5	1454.6	1456.8	1462.7	1469.3	1478.4	1472.2	1471.4	1467.4	1463.1	1458.1
青　岛	1447.2	1446.1	1447.9	1451.8	1455.3	1463.2	1467.6	1469.4	1469.6	1469.0	1467.6	1462.1
郑　州	1405.7	1401.2	1404.7	1410.9	1415.2	1422.8	1417.6	1409.6	1406.3	1401.4	1395.3	1384.6
洛　阳	1617.2	1623.8	1624.2	1631.9	1647.1	1654.6	1660.7	1658.9	1661.1	1656.0	1655.8	1647.1
武　汉	1696.7	1700.5	1710.7	1718.2	1726.3	1733.2	1745.8	1740.1	1739.1	1733.5	1730.0	1723.1
宜　昌	1346.9	1343.0	1342.8	1346.3	1340.9	1339.5	1337.1	1332.9	1329.5	1326.2	1321.9	1315.6

续表

城　市	1月	2月	3月	4月	5月	6月	7月	8月	9月	10月	11月	12月
长　沙	1337.4	1343.4	1350.5	1352.3	1362.8	1367.0	1374.6	1382.6	1385.8	1385.1	1381.2	1383.1
衡　阳	1054.1	1061.6	1066.6	1068.1	1072.5	1074.6	1074.9	1079.0	1077.6	1075.7	1073.6	1073.2
广　州	1824.7	1847.2	1867.7	1885.3	1903.4	1918.8	1926.9	1936.8	1943.1	1935.0	1921.9	1916.4
深　圳	2179.7	2198.3	2216.9	2225.8	2228.0	2225.8	2223.6	2216.9	2210.3	2199.2	2194.8	2190.4
佛　山	1667.4	1671.2	1671.7	1657.5	1654.5	1651.5	1662.9	1666.2	1661.9	1656.6	1651.7	1645.6
东　莞	2008.7	2027.5	2058.2	2070.9	2091.0	2105.0	2118.9	2121.7	2129.3	2120.6	2112.0	2117.0
珠　海	1652.5	1665.8	1680.6	1679.6	1685.0	1695.7	1706.9	1711.2	1716.1	1720.0	1716.9	1716.9
南　宁	1660.0	1667.8	1682.0	1669.5	1676.5	1689.3	1693.5	1690.7	1685.1	1680.1	1673.4	1664.2
柳　州	1265.6	1275.4	1287.0	1284.4	1281.0	1280.8	1281.2	1276.2	1273.8	1270.7	1267.1	1261.1
北　海	1009.5	1007.9	1005.5	1005.1	1004.3	1004.2	1005.2	1006.2	1002.4	1000.4	998.2	994.3
海　口	1441.4	1453.0	1454.4	1461.3	1469.3	1479.2	1491.5	1506.5	1521.4	1526.7	1528.2	1523.1
三　亚	1275.8	1285.3	1298.9	1306.6	1317.8	1329.0	1334.5	1339.4	1347.2	1351.6	1348.9	1346.9
成　都	1743.0	1748.5	1761.4	1771.0	1779.3	1792.6	1803.2	1804.3	1794.7	1796.5	1794.2	1783.2
绵　阳	1164.0	1171.6	1188.9	1192.9	1197.6	1202.5	1207.6	1207.8	1204.5	1198.7	1198.6	1195.6
贵　阳	1343.0	1341.0	1333.4	1328.0	1330.5	1335.0	1331.9	1326.7	1323.4	1319.0	1315.7	1305.3
昆　明	1399.9	1406.0	1414.3	1418.6	1428.3	1433.8	1430.4	1425.0	1415.5	1407.9	1400.8	1395.4
拉　萨	1486.8	1487.2	1491.2	1507.8	1515.0	1522.0	1530.7	1535.1	1537.0	1541.1	1531.9	1524.7
西　安	1665.5	1678.6	1697.4	1704.7	1717.5	1738.8	1753.1	1758.3	1767.3	1770.5	1767.2	1763.2
咸　阳	1392.5	1408.6	1416.0	1427.6	1436.7	1454.4	1465.5	1466.7	1473.0	1476.9	1475.1	1466.7
兰　州	1469.7	1479.2	1485.1	1490.1	1497.5	1501.1	1502.9	1505.2	1505.0	1498.8	1494.7	1489.8
天　水	1110.1	1111.0	1110.3	1113.3	1113.2	1104.2	1096.2	1093.5	1093.2	1089.0	1083.2	1080.3
西　宁	1358.5	1366.3	1378.2	1381.4	1388.3	1388.4	1392.6	1396.3	1397.4	1398.8	1391.9	1382.9
银　川	1230.7	1233.4	1244.0	1259.0	1265.5	1278.7	1285.9	1292.5	1294.5	1291.4	1289.8	1285.9
乌鲁木齐	1597.8	1611.6	1623.5	1624.3	1632.2	1630.5	1626.4	1624.3	1620.2	1611.7	1604.9	1599.6

数据来源：上海易居房地产研究院。

（四）35 座城市住房租赁价格指数（见表 4-4-9）

表 4-4-9　2021 年 35 座城市住房租赁价格指数

城　市	1月	2月	3月	4月	5月	6月	7月	8月	9月	10月	11月	12月
北　京	1158.9	1156.9	1166.1	1174.8	1180.5	1182.5	1189.1	1198.7	1199.9	1191.0	1183.6	1180.8
上　海	1136.7	1134.1	1143.7	1134.8	1139.6	1123.5	1138.9	1150.4	1173.5	1166.7	1169.9	1182.4
广　州	1095.3	1096.4	1110.0	1108.1	1107.4	1105.3	1116.2	1120.3	1111.8	1110.7	1098.5	1100.6
深　圳	1071.7	1077.0	1080.5	1073.3	1070.6	1063.3	1070.1	1061.5	1064.3	1054.1	1051.6	1050.5
重　庆	1040.3	1038.1	1039.2	1040.1	1041.4	1035.8	1025.9	1040.3	1020.2	1028.6	1024.3	1027.6
天　津	1008.6	1024.5	1037.5	1024.2	1026.3	1021.3	1017.2	1011.4	1012.4	1005.2	998.0	992.6
南　京	1041.3	1038.1	1034.2	1040.2	1035.8	1032.1	1035.8	1027.9	1023.7	1011.3	1020.8	1021.9
杭　州	1052.8	1050.8	1071.0	1060.1	1063.4	1062.4	1075.1	1077.5	1084.0	1081.0	1068.7	1068.9

续表

城市	1月	2月	3月	4月	5月	6月	7月	8月	9月	10月	11月	12月
大连	1074.7	1073.2	1074.2	1071.8	1072.1	1060.2	1066.1	1061.4	1054.9	1046.4	1042.3	1037.3
青岛	982.4	979.7	1001.6	999.5	1001.3	996.9	1002.1	987.2	983.1	972.7	986.9	983.0
武汉	996.9	994.5	1003.4	1002.2	1001.5	1000.6	994.6	999.0	1005.3	987.6	973.5	970.1
成都	1063.7	1076.1	1066.3	1058.7	1061.7	1051.6	1060.9	1061.3	1061.5	1050.0	1041.2	1053.6
合肥	954.4	952.6	952.8	949.1	945.2	943.5	942.0	939.7	937.1	930.1	927.8	919.6
厦门	967.9	965.8	975.3	973.6	973.5	972.7	971.9	969.7	965.1	958.6	953.4	945.4
济南	888.3	885.9	885.8	882.2	877.2	873.9	870.8	867.4	863.4	856.5	853.9	851.0
长沙	947.9	946.1	945.3	942.0	939.5	937.4	935.8	934.0	932.0	926.8	923.3	922.9
宁波	981.9	980.6	985.4	980.4	977.5	974.6	972.6	969.8	967.5	962.6	960.5	955.1
福州	1011.8	1010.1	1010.3	1007.2	1004.9	1002.5	1001.1	999.2	996.6	994.1	992.3	987.5
南昌	969.9	968.8	967.4	964.8	962.6	963.9	963.0	961.7	959.7	956.1	951.1	950.7
郑州	937.5	935.4	934.4	930.1	925.4	922.2	918.9	916.2	914.3	911.1	907.4	900.4
南宁	967.8	964.7	963.3	958.8	954.0	949.3	945.0	942.1	939.0	933.7	929.0	922.3
海口	981.6	979.8	978.4	974.7	971.6	969.2	967.0	965.1	963.0	959.9	957.8	954.2
贵阳	932.1	931.1	931.4	927.8	925.7	921.5	919.8	919.7	918.4	917.0	916.1	913.6
昆明	985.8	984.9	984.3	980.3	977.7	974.5	972.0	969.9	966.9	962.1	958.4	953.7
石家庄	989.8	989.0	988.6	987.7	986.7	986.1	983.9	984.2	983.5	983.3	979.7	978.0
沈阳	958.6	957.9	957.4	953.7	950.8	948.6	946.4	944.1	942.0	938.1	934.4	929.4
长春	984.6	983.1	983.3	981.3	978.3	976.2	973.9	971.6	968.6	964.0	960.8	955.5
哈尔滨	975.8	974.5	970.2	966.7	962.8	962.2	961.3	958.7	954.7	950.7	950.7	950.7
太原	958.8	957.6	957.3	954.0	949.7	945.2	941.3	936.5	931.2	921.8	915.7	906.1
西安	979.9	979.1	979.6	978.2	976.8	975.6	975.0	974.4	972.7	970.0	966.1	965.4
兰州	950.7	948.2	947.5	942.3	937.6	934.4	929.8	924.1	918.7	909.5	902.7	896.3
西宁	1001.1	1012.1	1012.1	1013.4	1011.5	1009.3	1009.3	1011.1	1013.3	1010.0	1011.7	1016.5
银川	986.4	985.6	984.7	984.1	982.9	981.7	981.0	979.6	979.0	975.8	976.4	974.7
乌鲁木齐	1069.9	1067.8	1070.1	1069.5	1064.5	1061.5	1060.5	1059.0	1057.8	1057.0	1055.7	1046.9
呼和浩特	1005.6	1004.9	1003.5	1002.9	1002.7	1001.7	1001.6	1001.1	1000.0	996.4	996.2	994.3

数据来源：上海易居房地产研究院。

Ⅴ.省市篇

导 读

本篇收录22份省（自治区、直辖市）及部分重点城市房地产市场报告，内容包括当地的开发投资、土地交易、市场销售、房屋价格、存量房交易、住房保障工作等各方面情况。稿件来源于各地方住建委（局）、地方统计局、房地产业协会（开发协会、开发建设促进会）、政府及高校房地产研究机构等。

一、北京市房地产市场

2021 年，北京市坚持房子是用来住的、不是用来炒的定位，围绕稳地价、稳房价、稳预期目标，稳妥实施房地产长效机制方案，保持政策连续稳定，针对新情况、新问题，适时微调，精准打补丁，并创新实施房地联动、一地一策，着力防范化解房地产项目风险，市场运行总体健康平稳。

（一）2021 年北京市房地产市场基本情况

1. 房地产开发投资情况

2021 年，全市完成房地产开发投资 4139 亿元，同比增长 5.1%，占固定资产投资 50.7%（见图 5-1-1）。其中，住宅 2522.2 亿元，增长 8.9%；办公 289.6 亿元，下降 7.6%；商业 205.1 亿元，下降 13.7%。

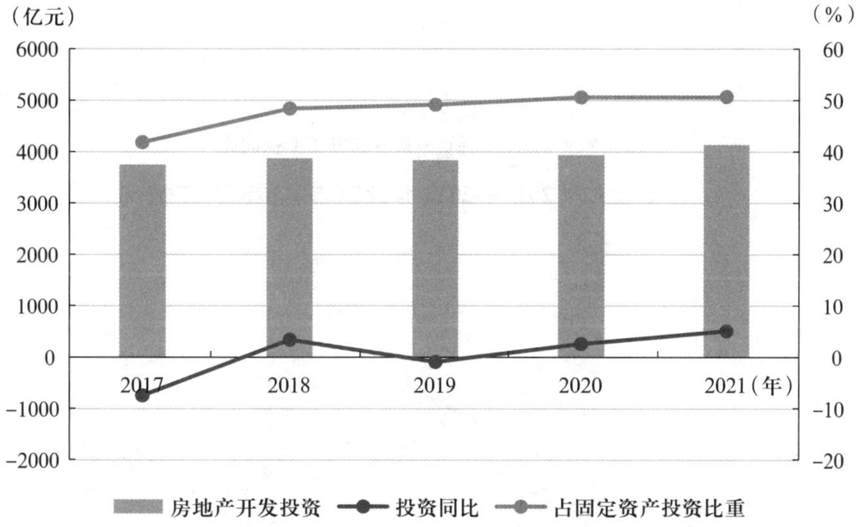

图 5-1-1　2017—2021 年北京市房地产投资情况

数据来源：北京市统计局。

2. 土地出让情况

2021 年，全市商品住宅用地供应计划不低于 300 公顷，全年实际出让面积 333 公顷、规划建筑面积 683 万平方米，同比分别增长 13.6%、13.2%。2021 年，全市租赁住房用地供应计划由 2020 年 130 公顷增加到 300 公顷，全年完成供应 302 公顷。

3. 房屋建设情况

2021 年，全市房屋新开工面积 1895.9 万平方米，同比下降 36.9%（见图 5-1-2）。其中，住宅新开工面积 1025.9 万平方米，同比下降 40.2%；办公楼 74.6 万平方米，下降 42.9%；商业营业用房 107.6 万平方米，下降 13.6%。全市房屋竣工面积 1983.9 万平方米，同比增长 28.3%。其中，住宅竣工面积 981.1 万平方米，增长 34.7%；办公楼 142.9 万平方米，下降 41%；商业营业用房 191.6 万平方米，增加 1 倍。

4. 房地产开发企业到位资金情况

2021 年，全市房地产开发企业到位资金 6524.2 亿元，同比增长 12.1%。其中，定金及预收款 3114.8 亿元，增长 27.1%；自筹资金 1715.6 亿元，增长 22%；金融贷款 923.6 亿元，下降 35.1%。

5. 新房供应和销售情况

据统计部门数据，2021 年，全市新建商品房销售面积 1107.1 万平方米，同比增长 14%。其中，住宅销售面积

877.1 万平方米，增长 19.6%；办公楼 55.3 万平方米，下降 24.5%；商业营业用房 27.1 万平方米，下降 49.2%。另据主管部门数据，全年新建商品住宅供应 9.2 万套、销售 8.7 万套，同比分别增长 13.6%、34.3%（见图 5-1-3）。

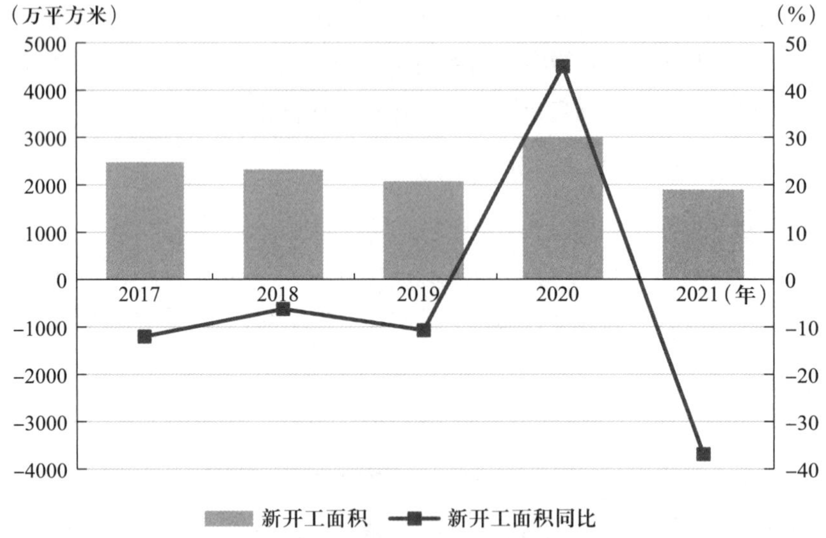

图 5-1-2　2017—2021 年北京市房屋新开工情况

数据来源：北京市统计局。

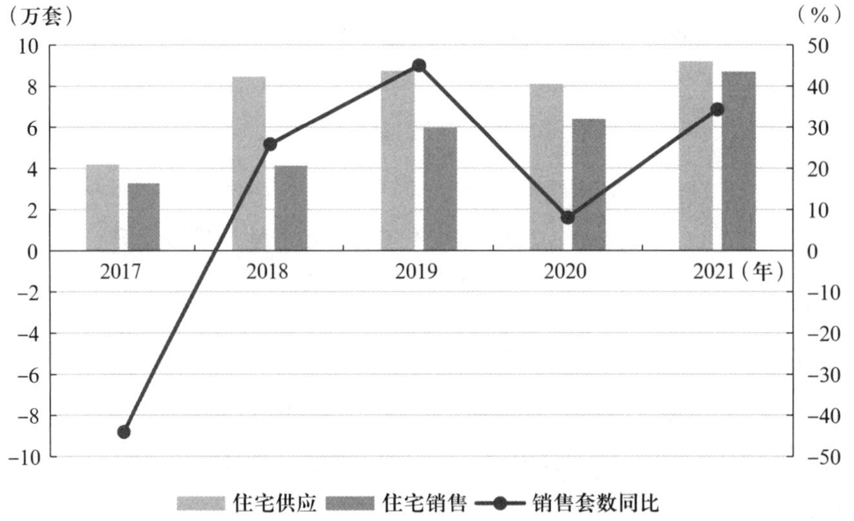

图 5-1-3　2017—2021 年北京市住宅供应及销售情况

数据来源：北京市住建委。

6. 二手房销售情况

2021 年全市二手房成交 1844.1 万平方米、21.2 万套，同比增长 17.1%、17%。其中，二手住房成交 1730.4 万平方米、19.1 万套，同比分别增长 17%、16.1%（见图 5-1-4）。

7. 住房销售价格情况

据国家统计局数据，2021 年新建商品住房、二手住房销售价格指数月度同比平均涨幅分别为 4.5%、9.2%。据主管部门和经纪机构业务数据，全年新建商品住房、二手住房成交均价分别为 4.98 万元/平方米、6.53 万元/平方米，同比分别上涨 1.6%、7.4%。

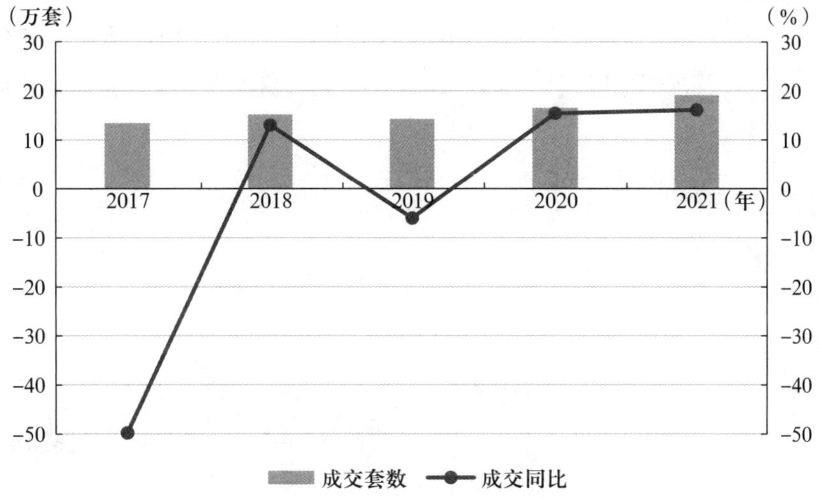

图 5-1-4　2017—2021 年北京市二手房交易情况

数据来源：北京市住建委。

（二）住房保障情况

1. 各类保障房指标任务完成情况

2021 年计划建设筹集各类政策性住房 5 万套（间），竣工 8 万套（间）。全市实现建设筹集政策性住房 6.1 万套，竣工 8.3 万套，分别完成全年任务的 122%和 104%。全市累计供应共有产权住房项目 81 个，房源 8.3 万套。市场租房补贴累计发放 7.6 万户，计 26.4 亿元。

2. 保障性租赁住房发展情况

全面落实《关于加快发展保障性租赁住房的意见》（国办发〔2021〕22 号），研究制订北京市加快发展保障性租房住房实施方案，明确重点保障群体为新市民、青年人，以 70 平方米以下小户型为主，租金低于市场租赁住房租金水平。多种渠道扩大保障性租赁住房供给，完成年度租赁住房供地 300 公顷任务，商品住宅供地项目配建保障性租赁住房和公租房 46 万平方米，已开工非居改建集体宿舍项目可提供房源 4304 套（间）。

（北京市城建研究中心）

二、上海市房地产市场

（一）2021 年上海市房地产市场基本情况

2021 年，上海市巩固拓展疫情防控和经济社会发展成果，持续发挥有效投资的关键作用，房地产开发建设稳步推进，房地产开发投资、新开工面积等指标均保持增长。随着调控效应的显现，楼市预期趋于平稳，需求有序释放，新建住宅销售价格稳中有升，二手住宅销售价格出现回落。

1. 房地产开发建设继续推进

（1）房地产开发投资稳步增长

2021 年，随着房地产项目开工建设的稳步推进，上海市房地产开发投资保持增长。全年完成投资 5035.18 亿元，比上年增长 7.2%，以 2019 年为基期，两年平均增长 9.1%。

从年内走势看，由于2020年疫情后同期基数走高，2021年投资增速呈现“前高后低，逐步回稳”的态势（见图5-2-1）。但从两年平均增速看，投资韧性较强，下半年两年平均增速始终保持在9%以上。全年投资增速明显高于全国（4.4%）及东部地区（4.2%）。2021年，全市房地产开发投资占全市固定资产投资的52.7%，比重同比下降0.5个百分点。

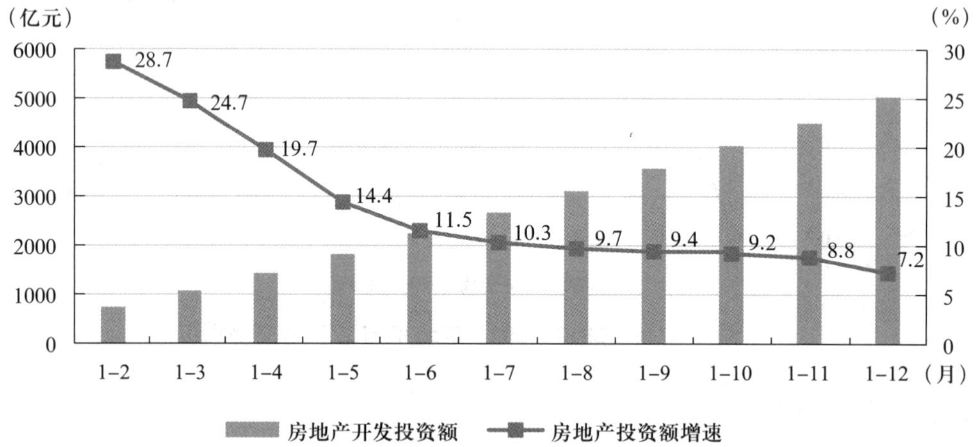

图5-2-1　2021年上海市房地产开发投资情况

数据来源：上海市统计局。

从房屋类型看，住宅投资较快增长，商办投资同比下降。2021年，全市住宅投资2673.95亿元，比上年增长10.5%，占房地产开发投资的53.1%，占比提高1.6个百分点。商办投资由于2020年持续保持两位数增长，基数较高，2021年同比下降。其中，办公楼投资767.63亿元，下降7.9%，占15.2%；商业用房投资511.52亿元，下降8.6%，占10.2%。

从投资结构看，建安投资较快增长，支撑作用更加明显。由于2020年疫情影响，项目建设进度较缓、基数较低。2021年随着开工项目的增加，房屋在建规模扩大，房地产开发投资中的建安工程投资较快增长，完成投资2280.48亿元，比上年增长11.1%，占全部房地产开发投资的45.3%；土地购置费2328.13亿元，增长0.1%，占比46.2%，占比下降3.3个百分点。

（2）房屋在建规模有所扩大

2021年，全市房地产项目开工建设有序推进，开工节奏较为平稳，新开工项目稳步增加，带动全部房屋在建规模继续扩大。全市房屋施工面积16627.90万平方米，比上年增长5.6%。其中，住宅施工面积7603.14万平方米，下降1.4%。

疫情后全市各项稳增长政策措施持续发力，开工明显回升，2021年各类房屋开工建设继续推进，新开工面积稳步增长。全年房屋新开工面积3845.97万平方米，比上年增长11.8%，两年平均增长12.0%。其中，住宅新开工面积1682.49万平方米，下降4.2%，主要是因为保障性住宅开工规模两位数下降。住宅项目中保障性住宅新开工面积779.22万平方米，下降12.9%；市场化住宅仍然保持增长，新开工903.27万平方米，增长4.8%，占全部住宅新开工面积的53.7%，比重提高4.6个百分点。商办新开工面积由于基数较低、增速较快，新开工977.18万平方米，增长29.8%。

2021年，全市房屋竣工面积2739.55万平方米，比上年下降4.8%（见表5-2-1）。其中，住宅竣工面积1421.43万平方米，下降12.7%。从结构看，保障性住宅竣工面积795.21万平方米，下降18.3%，占全部住宅竣工面积的55.9%；市场化住宅竣工面积626.22万平方米，下降4.4%。

表5-2-1　2021年上海市房屋新开工和竣工面积情况

类型	新开工面积（万平方米）	比上年增长（%）	竣工面积（万平方米）	比上年增长（%）
全部房屋	3845.97	11.8	2739.55	-4.8
住宅	1682.49	-4.2	1421.43	-12.7
办公楼	629.45	49.5	342.11	32.0
商业营业用房	347.73	4.8	294.05	2.7

数据来源：上海市统计局。

（3）到位资金更加依赖于企业自筹资金

2021年，全市房地产开发项目本年到位资金5924.39亿元，比上年增长7.4%。2021年房地产金融政策明显收紧，贷款集中度管理和资金监管进一步加强，企业资金趋紧，筹措难度加大。从资金来源渠道看，自筹资金占比明显提高，呈现两位数增长（13.0%），占本年到位资金比重由2020年的35.8%提高至37.7%；而其他各类资金则呈个位数增长（见表5-2-2）。

表5-2-2　2021年上海市房地产开发项目本年到位资金情况

类型	资金（亿元）	比上年增长（%）	比重（%）
本年到位资金	5917.61	7.4	100.0
国内贷款	1358.88	1.0	22.9
自筹资金	2232.84	13.0	37.7
其他资金	2325.89	6.3	39.3
利用外资	6.78	17.9	0.1

数据来源：上海市统计局。

另据人民银行上海总部统计，截至2021年年底，上海市中外资金融机构本外币商业性房地产贷款余额25798.46亿元，比上年年底增长5.3%。其中，房地产开发贷款余额7599.40亿元，增长6.1%；个人购房贷款余额17181.61亿元，增长7.6%。上海公积金贷款余额5580.86亿元，比上年年底增长12.1%。

2. 楼市成交前热后冷

2021年，中央多次重申“房住不炒”定位，上海市贯彻落实国家要求，持续深化和细化房地产调控政策，强化供需双调节：一方面保持新建住宅供应量和供应节奏合理有序，稳定市场预期；另一方面不断细化和完善各类调控措施，精准施策，形成合力，保持房地产市场交易健康发展。随着政策效应显现，楼市成交量前高后低。

（1）新建房屋销售面积增长5.1%

2021年，全市新建房屋销售面积1880.45万平方米，比上年增长5.1%。其中，住宅销售面积1489.95万平方米，增长3.9%。2021年在市场化住宅成交持续释放的带动下，全市新建房屋销售面积保持增长，但随着2020年同期基数的走高，以及保障性住宅销售持续下降，全部房屋销售面积增速明显放缓（见图5-2-2）。

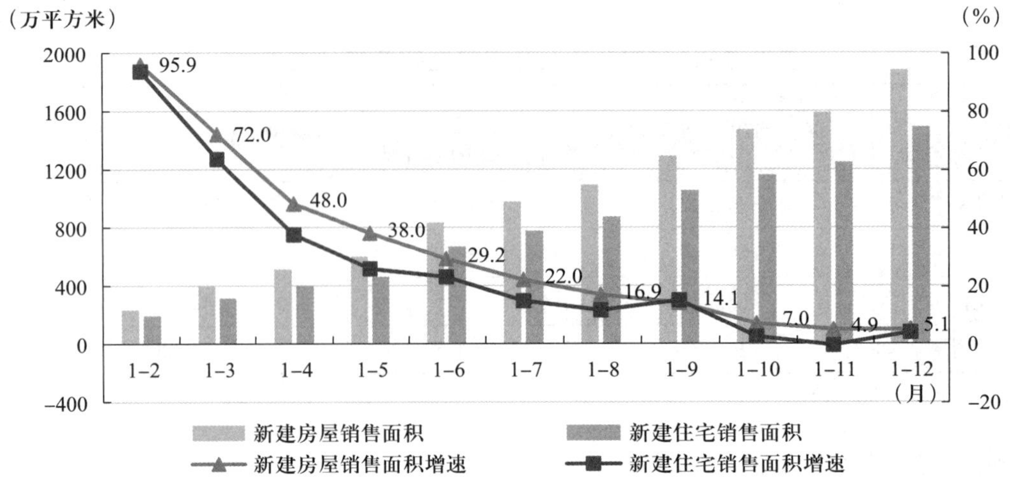

图 5-2-2　2021 年上海市新建商品房及住宅销售情况

数据来源：上海市统计局。

从住宅销售结构看，由于征收安置居民选择货币化补偿为主，房源成交持续低位，加之共有产权房签约回归正常节奏，全市保障性新建住宅销售继续下行，全年销售面积 529. 98 万平方米，比上年下降 15. 8%。而市场化住宅交易受供应增加影响近三成，成交增幅接近两成，销售面积 959. 97 万平方米，增长 19. 3%，占全部新建住宅销售面积的 64. 4%，比重提高 8. 3 个百分点。

2021 年，全市新建市场化住宅月均销售量回升至 80 万平方米，为近五年新高。一方面是因为政府部门增加了新建市场化住宅的供应，新增供应量同比增长近三成，有效缓解市场供应不足；另一方面，调控政策不断细化和完善，住宅价格实行严格的预售审批制度，稳定了市场预期，市场热度有所下降，楼市成交呈现前高后稳，逐渐回归常态的走势。

2021 年，全市商办成交规模继续处于低位，全年小幅下降。其中，办公楼销售面积 90. 89 万平方米，比上年下降 10. 6%；商业营业用房销售面积 79. 87 万平方米，下降 4. 6%。

（2）存量房成交同比增长，环比明显降温

2021 年，全市二手房市场成交呈现“先扬后抑”态势。年初调控政策出台后，虽然市场预期有所稳定，但二手市场成交仍保持一定热度。下半年，调控重点转向二手房，二手房源价格核验、信贷收紧及二手房贷审核“三价就低”等政策相继出台，市场成交快速回落。据市房地产交易中心统计，全年存量房网签面积 2547. 09 万平方米，比上年增长 2. 1%。其中，存量住宅网签面积 2290. 42 万平方米，增长 2. 0%。从近 10 年成交看，月均成交量仍高于平均水平（见图 5-2-3）。

从月度成交看，下半年全市存量住宅成交明显降温。1 月市场延续上年热度，存量住宅当月成交面积为年内最高（362 万平方米）。1 月下旬调控政策出台后，二手市场热度有所减弱，成交量在 3 月（309 万平方米）达到峰值后明显回落，4 月仅成交 184 万平方米。但市场仍保持一定热度，5 月和 6 月成交又逐步回升。下半年，针对二手房的调控政策密集出台，成交再次下降。7 月存量房源挂牌增加价格信息核验，当月成交 193 万平方米，环比下降 20. 2%。8 月二手房贷审批“三价就低”原则出台后，月度成交持续环比下降。11 月，存量住宅仅成交 117 万平方米，交易量不足 1 月份的 1/3，市场降温明显。12 月，由于房贷额度增加，二手房流动性有所提高，成交量恢复至 142 万平方米，环比增长 21. 6%，但同比仍下降 30. 2%。

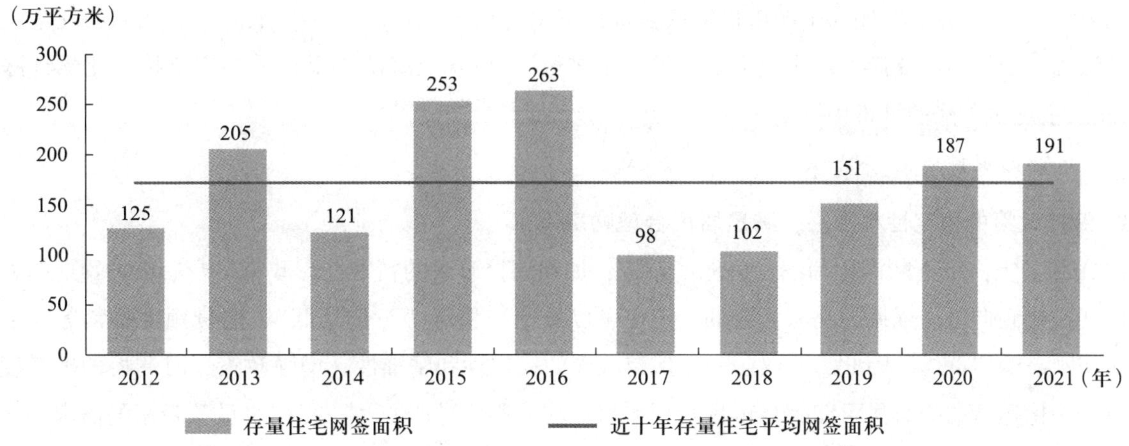

图 5-2-3　2012—2021 年上海市存量住宅月均网签面积

数据来源：上海市统计局。

（3）新建市场化住宅供应明显增加

2021 年，全市市场化住宅新增供应采取集中批量方式。年初，新房认筹计分细则待落地，集中供应从 3 月开始。全年共推出 6 批次房源，供应节奏有序可控，供应量明显增加。据上海市房地产交易中心统计，全年市场化住宅新增供应面积 921 万平方米，比上年增长 29.5%。2021 年年底，新建市场化住宅网上可售面积 708 万平方米，比年初增加 9 万平方米，去化周期约 8.5 个月（年底可售面积/当年月均成交量）。

3. 住宅销售价格“稳中有升”

2021 年，上海市新建商品住宅价格指数总体保持上涨态势，环比累计上涨 4.2%；二手住宅价格指数呈现“冲高回落”态势，环比累计上涨 6.5%（见图 5-2-4）。其中，二手住宅在“二手房源价格核验”“三价就低”等强势调控政策影响下，价格在 9—11 月均呈下跌态势。2021 年，受新涨价因素和翘尾因素共同影响，与上年同期比，上海市新建商品住宅价格上涨 4.5%，二手住宅价格上涨 8.6%。

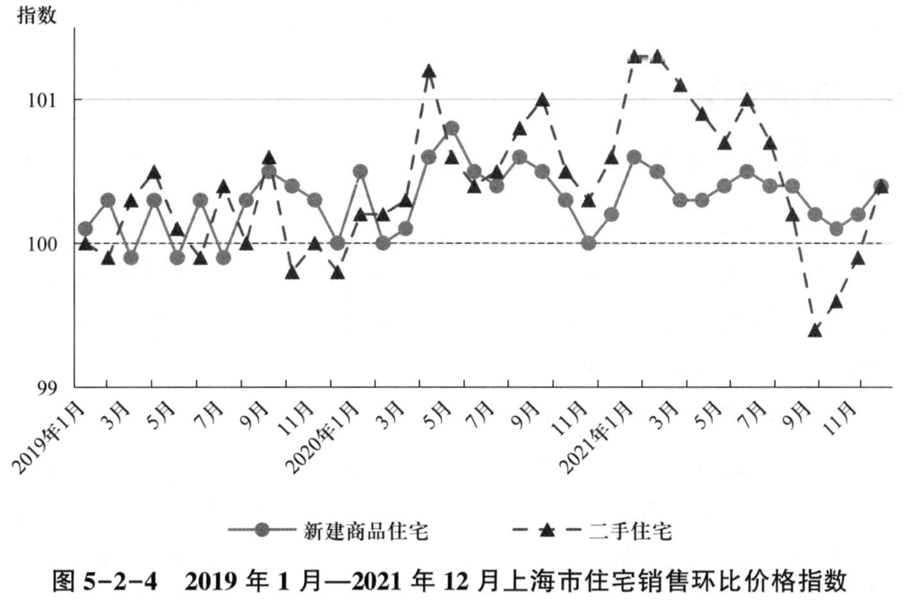

图 5-2-4　2019 年 1 月—2021 年 12 月上海市住宅销售环比价格指数

数据来源：上海市统计局。

国家统计局发布的 70 座大中城市住宅销售价格变动情况显示：2021 年，上海市新建商品住宅销售价格环比累计涨幅 4.2%，在 53 座新房房价上涨的城市中排第 13 位；上海市二手住宅销售价格环比累计涨幅 6.5%，在 43 座二手房价上涨的城市中排第 3 位。

（二）市场发展有关对策建议

1. 保持政策的稳定性精准性，满足居民合理购房需求

2021 年，上海市不断深化和细化房地产调控，加强调控政策的精准性，政策出台后市场预期明显趋稳。当市场出现过热倾向时加强调控是有必要的，但也可以看到二手房“三价就低”、房贷额度收紧等政策也不可避免地误伤刚需购房群体。因此，建议：一是保持政策的稳定性和精准性，增强政策适时调控的敏感度；二是在维持市场平稳运行的同时尽可能满足市场合理购房需求，避免过严的“一刀切”政策带来的需求误伤。

2. 关注房地产企业资金链，防范市场风险

2021 年，以恒大为代表的高杠杆房企出现爆雷的情况，房地产行业信用风险加剧。一方面是因为近年来房地产企业融资环境偏紧，债务融资、银行贷款、信托融资等借新还旧融资渠道收窄，同时对房企有息负债规模试点设置了“三道红线”，企业资金循环明显受阻；另一方面由于银行端加强了房地产贷款集中度管理，贷款额度有限、放贷周期延长，销售回款难度增加。2022 年，虽然居民端融资环境有所改善，但房地产行业去杠杆总体趋势不变，部分房企的偿债压力依然较大。因此，建议关注房地产企业资金链，加强预售项目的资金监管，防交付风险，但同时要避免出现以保交付之名，采取不合理、过度化的预售资金监管，从而影响企业正常经营，防止出现类似 2021 年过度收紧信贷引发的行业风险。

3. 继续构建和完善“租购并举”的住房制度

2021 年，国务院办公厅发布了《关于加快发展保障性租赁住房的意见》，首次从国家层面明确了我国住房保障体系的顶层设计。上海及时落实相关政策，发布《上海市住房发展“十四五”规划》，提出了优化“四位一体”的租购并举住房制度体系，大力推动租赁住房有效供应。因此建议继续加大对保障住房建设运营的政策倾斜和信贷支持力度，加快培育政府主导的多元化市场供应主体，培育、发展和壮大住房租赁运营企业，缓解新市民、青年人的住房困难，增强城市吸引力。

（上海市统计局）

三、广东省房地产市场

（一）2021 年广东省房地产市场总体运行情况

2021 年上半年，广东省房地产市场总体延续强劲表现。随着房地产企业“三线四档”融资新规和商业银行房地产贷款集中度管理制度的深入实施，以及各地严查消费贷、经营贷等信贷资金违规流入房地产市场，叠加深圳、广州等热点城市实行“供地两集中”及二手房交易指导价的政策效应，下半年房地产市场明显转弱。

1. 下半年销量下探，都市圈韧性较强

2021 年，广东省商品房市场呈现前高后低走势，上半年延续上年下半年的强劲表现，销售面积总体处于历年高位水平；随着调控政策的深入实施，下半年市场高位下探，自 8 月起各月销售面积均为过去六年同期最低水平。全年商品房销售面积 1.40 亿平方米，销售额 2.23 万亿元，同比分别下降 6.0% 和 1.1%，比 2019 年增长 1.2% 和 13.0%，两年平均增长 0.6% 和 6.3%（见图 5-3-1）。其中，商品住宅销售面积 1.18 亿平方米，同比下降 8.5%，两年平均下降 0.2%；销售额 1.95 万亿元，同比下降 1.9%，两年平均增长 7.8%（见图 5-3-2）；销售均价 16453 元/平方米，同比上涨 7.3%，涨幅总体上逐月回落（见图 5-3-3）。

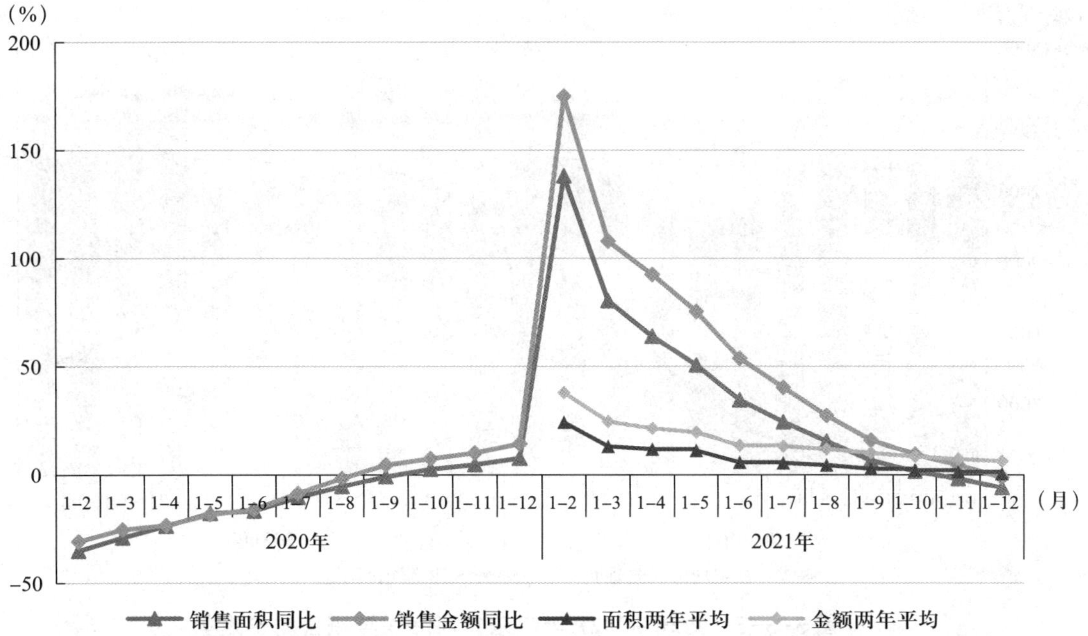

图 5-3-1　2020—2021 年广东省商品房销售面积、销售金额同比及其平均增速走势

数据来源：广东省统计局。

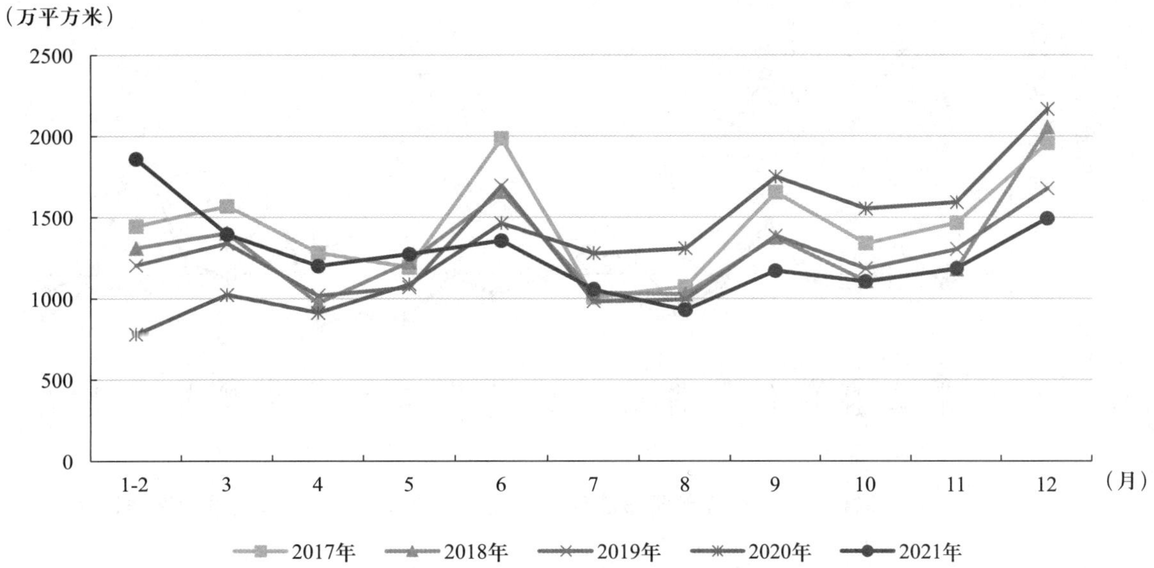

图 5-3-2　2017—2021 年各月广东省商品房销售面积比较

数据来源：广东省统计局。

从 2021 年度全省各市商品住宅销售面积比 2019 年同期的两年平均增速看，汕尾、汕头、广州 3 市分别增长 28.9%、17.3%和 11.3%，反映其住房有效需求仍在持续释放；清远、河源、云浮、中山 4 市分别下降 11.2%、9.8%、9.4%和 8.2%，降幅相对较大；其他 14 座城市在±5%之间，总体较为平稳（见图 5-3-4）。与年初相比，揭阳等 10 座城市全年的两年平均增速回落幅度超过全省总体水平，一定程度上反映其住房市场受政策影响程度相对较大。

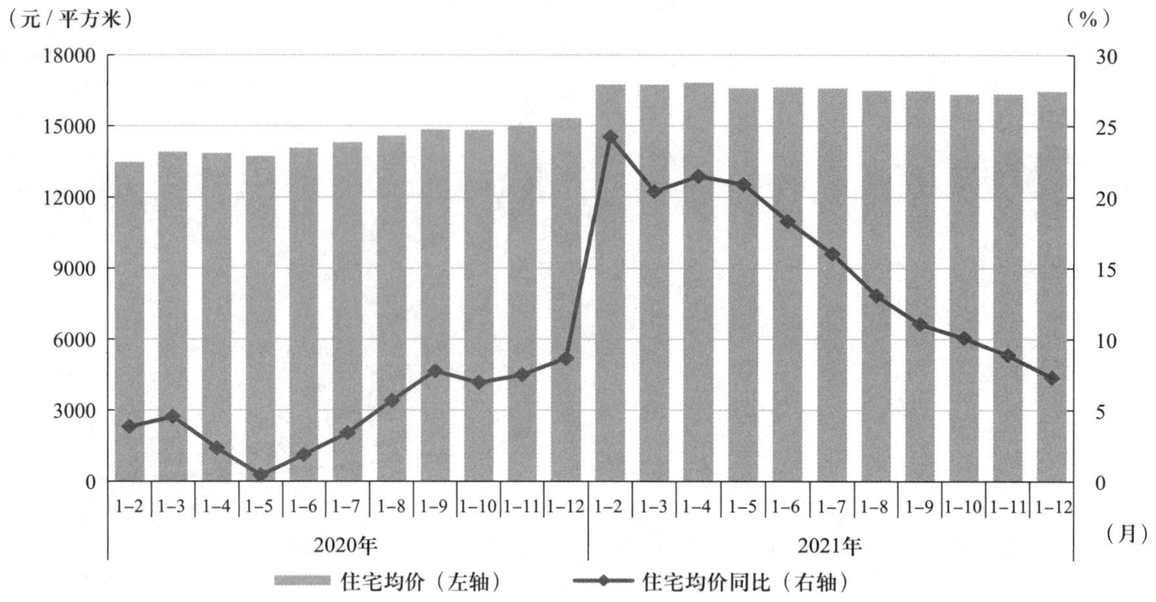

图 5-3-3　2020—2021 年广东省商品住宅销售均价走势

数据来源：广东省统计局。

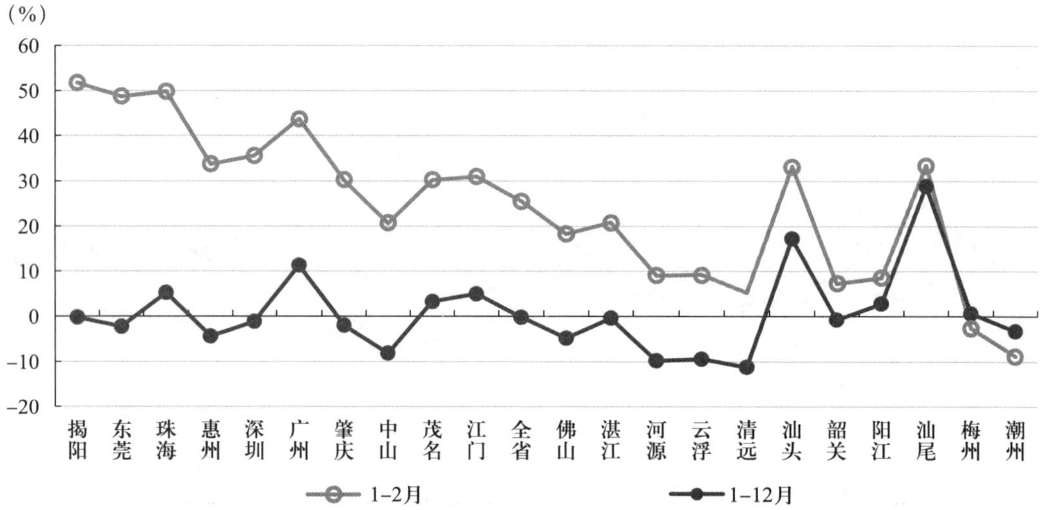

图 5-3-4　2021 年广东省各市商品住宅销售面积与 2019 年同期两年平均增速比较

数据来源：广东省统计局。

从 2021 年各市商品住宅与 2016—2020 年的平均销售面积相比情况看，广州、深圳、肇庆、汕头、珠海、汕尾、揭阳、潮州 8 座城市有所增长，意味着其住房需求仍较旺盛；其中汕尾增幅高达 62.3%，这与深汕特别合作区的大力发展有关。其余 13 座城市有不同幅度下降，其中佛山、东莞、清远、中山、河源、韶关、云浮 7 市降幅达两位数，一定程度上反映其住房需求有所减弱（见图 5-3-5）。数据综合反映，以广州、深圳两个全国中心城市为核心的都市圈仍是广东商品住宅销售市场的重要组成部分，但广深毗邻的个别城市可能存在市场透支现象，需理性看待其市场机遇与风险。粤东地区的 4 座城市虽然市场规模较小，但其住房市场需求持续旺盛，市场韧性较强。

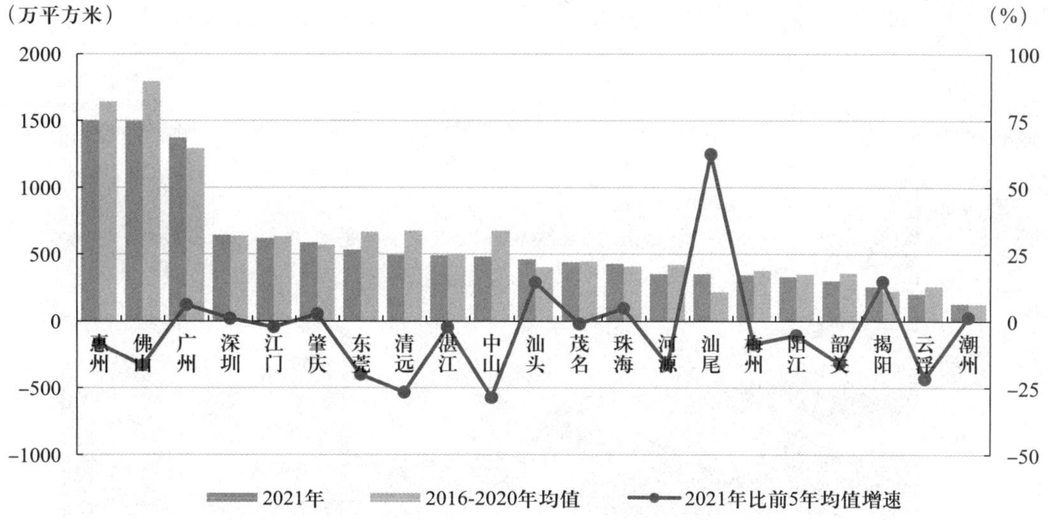

图 5-3-5　2021 年广东省各市商品住宅销售面积与前 5 年均值比较

数据来源：广东省统计局。

2. 现金流日趋紧张，融资端仍待改善

2021 年全省房地产开发到位资金 2.82 万亿元（见图 5-3-6），同比增长 6.9%，增速呈逐月回落态势。其中，国内贷款下降 8.8%，自 8 月起连续 5 个月负增长；自筹资金、定金及预收款、个人按揭贷款分别增长 9.7%、13.0%和 7.4%，总体均呈逐月回落走势（见图 5-3-7）。

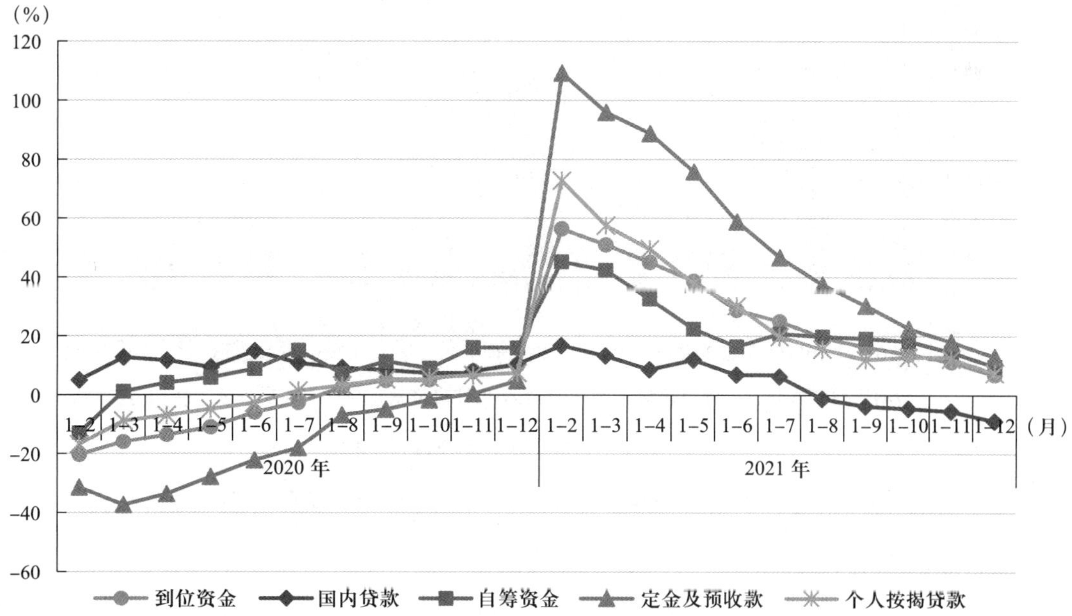

图 5-3-6　2020—2021 年广东省房地产开发到位资金及主要来源资金同比增速走势

数据来源：广东省统计局。

其中，第 4 季度随着房地产金融政策执行上的纠偏，全省新增房地产开发贷款 134.42 亿元，同比多增 378.31 亿元，环比多增 259.44 亿元。新增个人住房贷款 1278.75 亿元，比第二、三季度分别多增 185.23 亿元和 252.75 亿元，增长 16.9%和 24.6%。其中，新增新建房贷款 1161.35 亿元，同比、环比分别多增 394.21 亿元和 243. 81 亿元；新增再交易房贷款 117. 40 亿元，环比多增 8. 93 亿元（见图 5-3-8）。

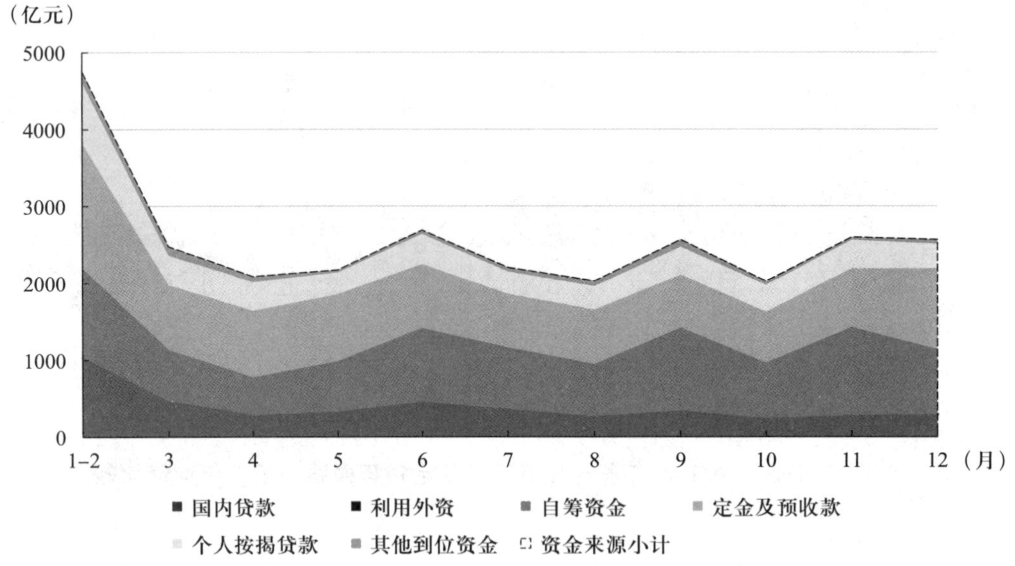

图 5-3-7　2021 年各月广东省房地产开发资金来源情况

数据来源：广东省统计局。

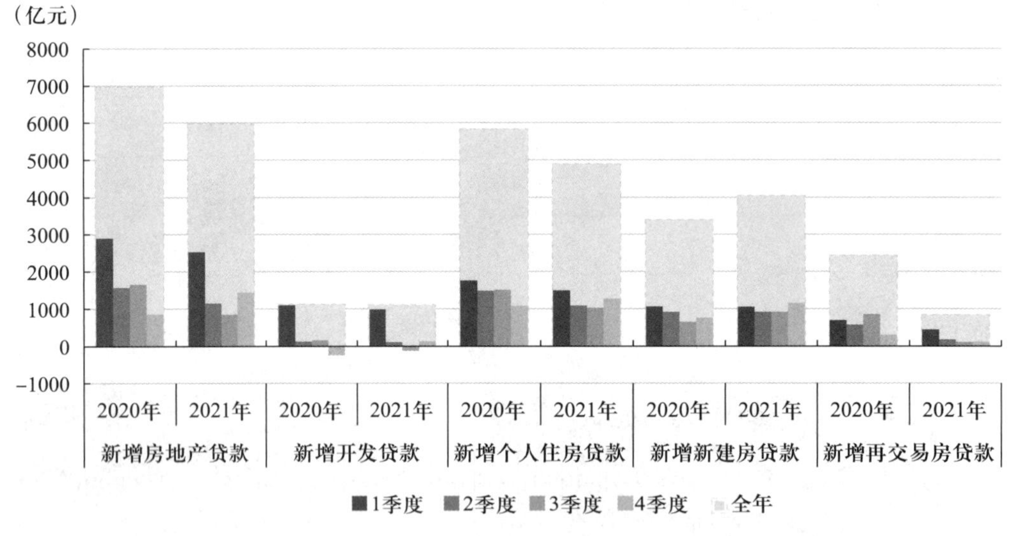

图 5-3-8　2021 年各季度广东省新增房地产贷款及与 2020 年比较

数据来源：中国人民银行广州分行。

从 2021 年资金来源结构看，国内贷款占 15. 5%，同比下降 2. 7 个百分点，为 2017 年以来年同期最低水平（见图 5-3-9），其中第 4 季度各月占比均不足 12%，反映出商业银行对房地产企业的信贷投放依然持审慎态度；自筹资金占 32. 6%，为近年同期最高，其中 6 月起占比均超过近年平均水平，反映出企业公开融资渠道明显受限，融资环境日益严峻；定金及预收款占 34. 1%，个人按揭贷款占 15. 0%，合计占 49. 1%，与往年同期水平大体相当，但 12 月按揭贷款仅占 12. 4%，反映出仍需加大对满足合理住房需求贷款的支持力度（见图 5-3-10）。

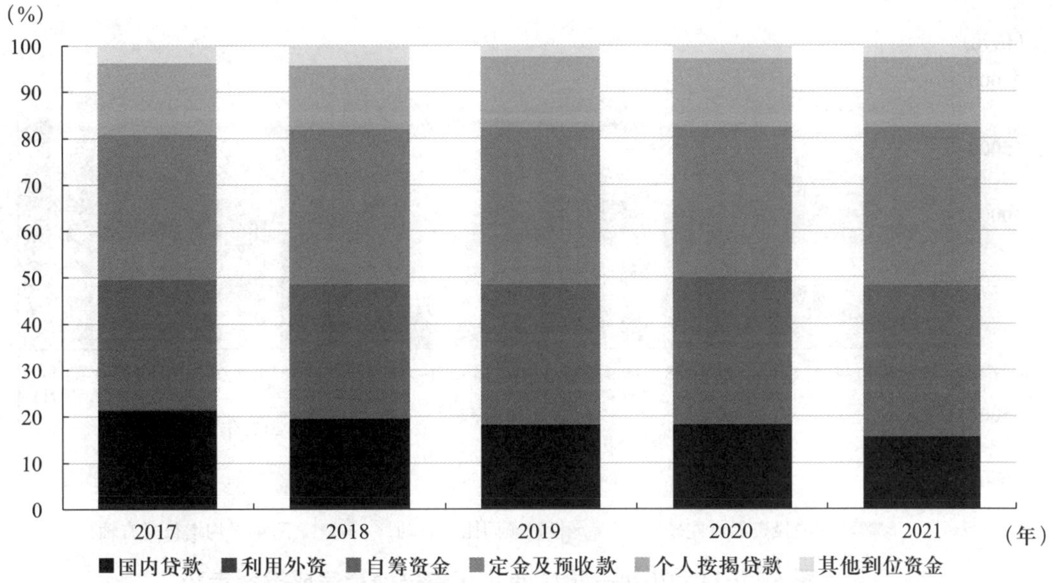

图 5-3-9　2017—2021 年广东省房地产开发资金来源结构

数据来源：广东省统计局。

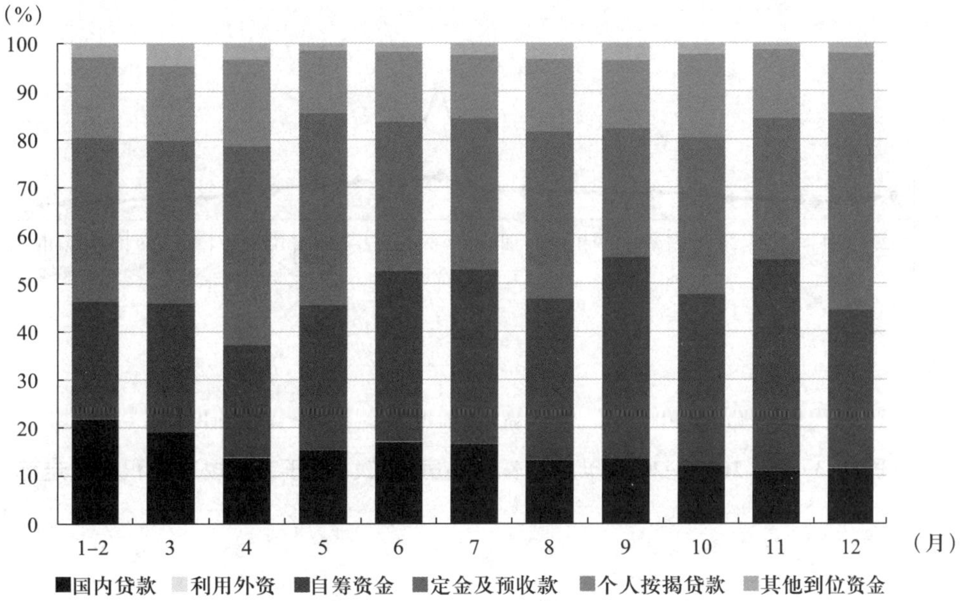

图 5-3-10　2021 年各月广东省房地产开发资金来源结构

数据来源：广东省统计局。

3. 开发端同步放缓，招拍挂热度下降

在商品房销售市场持续走弱、企业资金来源受限、行业总体流动性紧张的情况下，减少支出、放慢投资成了企业的主要应对措施。从投资情况看，2021 年全省完成房地产投资 17465.85 亿元，同比增长 0.9%（见图 5-3-11）。从两年平均增速看，由年初的增长 7.5%缓慢回落至全年的增长 5.0%，总体呈稳中趋降走势。从施工建设情况看，截至 12 月底，全省商品房施工 9.42 亿平方米，同比增长 2.8%。其中，本年度竣工面积 8043.47 万平方米，同比增长 3.6；新开工面积 1.16 亿平方米，同比下降 12.6%（见图 5-3-12）。

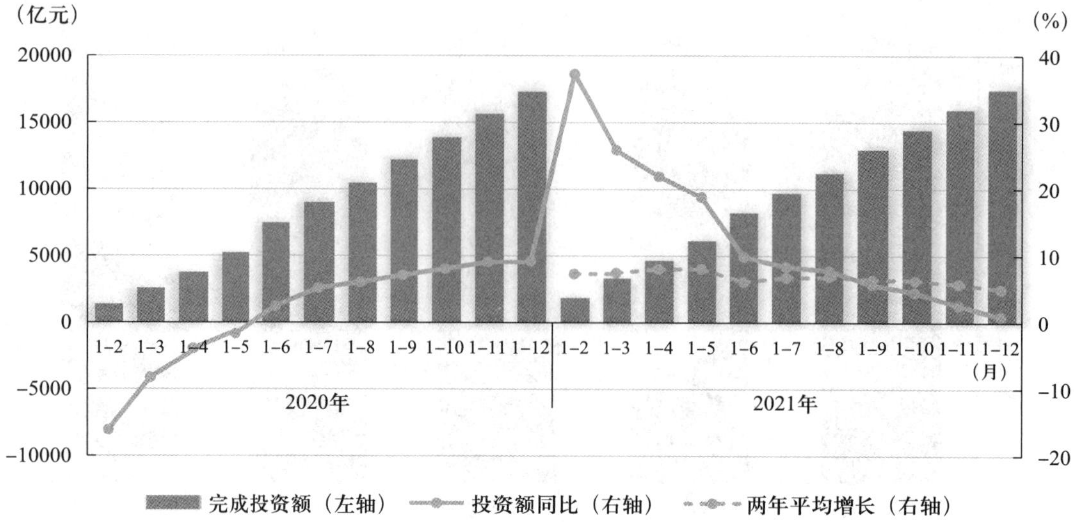

图 5-3-11　2020—2021 年广东省房地产完成投资走势

数据来源：广东省统计局。

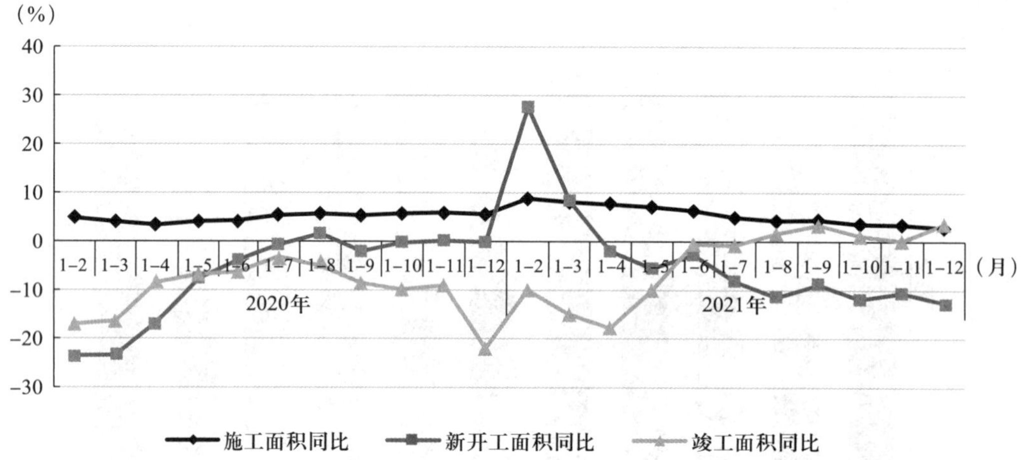

图 5-3-12　2020—2021 年广东省商品房施工、新开工、竣工面积同比走势

数据来源：广东省统计局。

土地市场方面，据广东房协土地与产业研究中心监测，2021 年全省经营性建设用地挂牌 3896 宗，挂牌金额 8272.41 亿元，同比分别下降 1.3%和 2.6%；挂牌面积 14580.36 公顷，同比增长 2.3%，土地供应总体与上年持平。出让面积 12158.22 公顷，成交金额 7111.87 亿元，同比分别下降 0.4%和 13.1%；成交楼面地价 2350 元/平方米，同比下降 10.6%；平均溢价率 8.9%，同比下降 3.7 个百分点。流拍宗数、流拍金额、流拍金额分别为 588 宗、2198.26 公顷、1643.87 亿元，分别增长 19.8%、24.3%和 45.1%。宗地流拍率 15.4%，同比上升 2.7 个百分点；其中，居住用地流拍率 31.3%，同比提高 10.5 个百分点。

下半年房地产金融审慎管理效果持续显现，叠加广州市、深圳市第二批集中供地严查购地自有资金来源等，房企资金承压下竞拍土地的意愿和能力降低。数据反映，下半年土地市场平均溢价率屡创新低，流拍率则屡创新高。其中，10 月居住用地成交溢价率仅为 1.9%，首次低于经营性用地总体溢价率；12 月为

0.7%，再创新低（见图 5-3-13）。10 月居住用地流拍率高达 57.6%，11 月回落至 40.2%，12 月反弹至 47.7%，均高于过往水平（见图 5-3-14），反映出企业面临整体性的流动性紧张局面，以及对房地产市场预期的转弱。

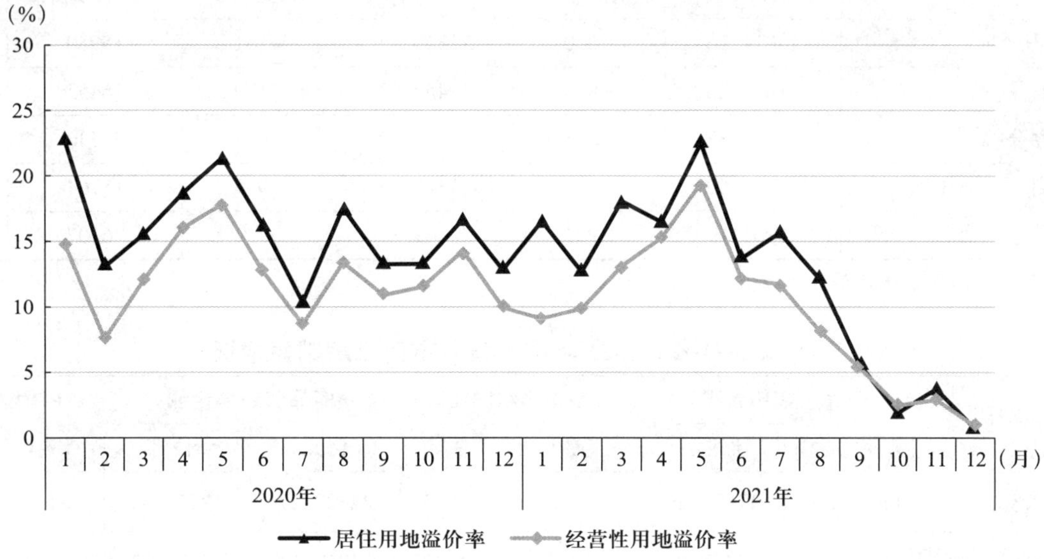

图 5-3-13　2020—2021 年广东省居住用地、经营性用地平均溢价率走势

数据来源：广东省房地产行业协会。

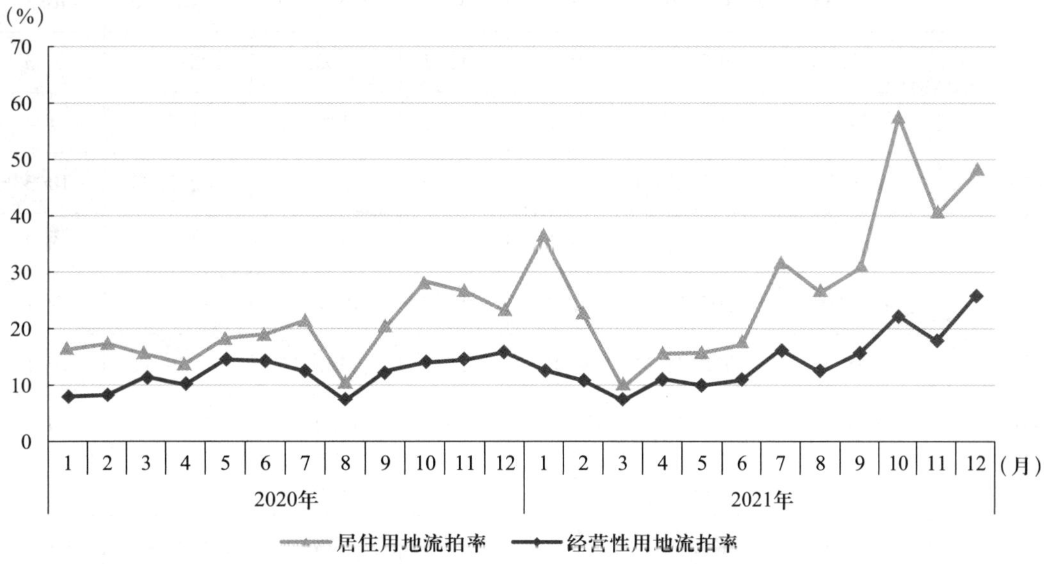

图 5-3-14　2020—2021 年广东省居住用地、经营性用地平均流拍率走势

数据来源：广东省房地产行业协会。

（二）广东房地产市场主要指标数据

表 5-3-1 2021 年广东省各用途商品房销售情况

类别	销售面积		销售金额		销售均价	
	（万平方米）	同比（%）	（亿元）	同比（%）	（元/平方米）	同比（%）
商品房	14011.26	-6.0	22320.27	-1.1	15930	5.2
#商品住宅	11826.26	-8.5	19457.63	-1.9	16453	7.3
#办公楼	457.52	2.1	1076.79	-9.5	23536	-11.4
#商业营业用房	725.69	18.8	1143.97	19.9	15764	0.9
#其他用房	1001.79	9.1	641.87	7.2	6407	-1.7

数据来源：广东省统计局。

表 5-3-2 2021 年广东省各市商品房销售情况

城市/地区	商品房销售面积		销售面积同比		商品房销售金额		销售金额同比	
	（万平方米）	#住宅	（%）	#住宅	（亿元）	#住宅	（%）	#住宅
广东省	14011.26	11826.26	-6.0	-8.5	22320.27	19457.63	-1.1	-1.9
广州市	1736.31	1371.01	12.8	12.1	4867.54	4192.57	26.2	26.4
深圳市	821.05	643.28	-11.6	-16.7	4710.97	3864.14	-9.3	-10.2
珠海市	495.59	428.22	2.9	2.1	1264.86	1101.26	12.9	13.7
汕头市	502.33	461.00	29.7	40.2	514.30	462.96	46.3	63.2
佛山市	1962.50	1495.77	-9.4	-11.7	2903.01	2515.73	0.3	2.0
韶关市	334.03	301.89	1.1	0.2	194.55	173.03	-4.4	-3.8
河源市	399.77	353.67	-9.7	-6.9	262.65	237.03	-10.3	-8.6
梅州市	383.89	345.46	-4.3	-6.9	224.29	200.54	-8.7	-11.6
惠州市	1619.96	1502.77	-11.9	-13.9	1932.48	1827.25	-9.1	-11.1
汕尾市	365.23	352.48	24.0	25.8	253.16	239.11	16.1	16.2
东莞市	659.33	533.31	-25.0	-30.4	1630.10	1441.19	-19.2	-21.7
中山市	602.23	482.87	-13.7	-17.0	738.31	675.82	-11.2	-11.7
江门市	724.79	619.49	-3.2	-7.1	578.10	522.42	-2.7	-4.1
阳江市	354.06	332.08	-1.3	1.4	205.78	190.93	-2.1	-0.2
湛江市	527.00	492.18	-11.3	-14.6	458.93	430.46	-15.2	-17.0
茂名市	469.58	440.26	-18.3	-17.8	315.17	293.04	-18.1	-17.8
肇庆市	691.42	586.11	-5.5	-11.7	422.86	365.54	-11.2	-15.3

续表

城市/地区	商品房销售面积		销售面积同比		商品房销售金额		销售金额同比	
	(万平方米)	#住宅	(%)	#住宅	(亿元)	#住宅	(%)	#住宅
清远市	678.96	495.51	-12.7	-22.3	426.89	354.93	-22.1	-27.1
潮州市	136.25	128.93	7.3	5.0	89.22	84.07	4.0	3.0
揭阳市	272.82	256.87	-3.4	-3.6	194.70	177.48	-5.1	-6.9
云浮市	274.16	203.10	-16.1	-25.2	132.40	108.14	-24.5	-29.5
按经济区域分								
珠三角	9313.17	7662.83	-7.0	-10.2	19048.22	16505.91	-0.3	-1.1
东翼	1276.64	1199.27	17.0	20.2	1051.38	963.63	22.2	26.5
西翼	1350.64	1264.52	-11.6	-12.1	979.89	914.42	-13.8	-14.3
山区	2070.80	1699.63	-9.1	-13.3	1240.79	1073.68	-15.3	-17.8

数据来源：广东省统计局。

表 5-3-3　2021 年广东省各市商品房施工、新开工情况

城市/地区	商品房施工面积		施工面积同比		商品房新开工面积		新开工面积同比	
	(万平方米)	#住宅	(%)	#住宅	(万平方米)	#住宅	(%)	#住宅
广东省	94247.53	63828.96	2.8	1.8	16097.26	11392.51	-12.6	-9.4
广州市	12750.78	7416.82	7.3	7.1	2164.81	1417.80	-17.4	0.9
深圳市	10497.10	5323.28	8.6	11.1	1591.23	963.94	-15.5	-1.9
珠海市	4009.70	2128.31	-3.0	-1.7	567.18	397.58	-34.8	-19.1
汕头市	3417.66	2239.14	20.4	22.8	885.43	623.80	62.8	53.8
佛山市	9438.91	6399.45	-3.2	-2.9	1266.04	915.38	-30.5	-25.7
韶关市	2362.40	1850.43	1.2	0.0	386.28	303.91	11.1	6.0
河源市	2081.45	1587.46	16.2	13.3	610.89	454.80	26.4	27.6
梅州市	2573.62	1993.87	6.3	5.6	550.26	404.84	73.7	51.4
惠州市	9291.55	7222.67	-6.6	-8.4	2295.61	1736.97	32.7	26.3
汕尾市	1706.35	1297.00	4.4	2.9	155.74	119.22	-69.7	-70.0
东莞市	4455.52	3156.91	3.8	1.6	634.05	456.34	-31.5	-35.9
中山市	4342.92	2929.01	-2.0	-2.9	668.53	473.57	35.9	35.8
江门市	4664.31	3491.75	0.2	-1.6	834.67	612.39	-36.8	-38.6

续表

城市/地区	商品房施工面积		施工面积同比		商品房新开工面积		新开工面积同比	
	(万平方米)	#住宅	(%)	#住宅	(万平方米)	#住宅	(%)	#住宅
阳江市	1923.65	1607.96	-1.8	-0.7	317.61	269.37	32.2	30.8
湛江市	3941.90	2819.28	5.7	4.4	735.75	549.50	-6.3	-4.3
茂名市	3751.95	2789.36	8.9	7.5	580.42	394.49	-22.4	-31.7
肇庆市	4221.85	3205.40	0.8	-0.6	567.64	434.93	-25.7	-26.0
清远市	4702.91	3331.79	2.4	-0.2	700.05	433.14	-28.0	-37.0
潮州市	974.32	683.91	9.5	13.9	163.00	119.70	-28.1	-4.0
揭阳市	1467.25	1112.12	1.9	-0.7	247.95	190.90	-54.4	-50.8
云浮市	1671.44	1243.05	3.1	0.1	174.13	119.95	-32.7	-29.4
按经济区域分								
珠三角	63672.64	41273.60	1.2	0.0	10589.76	7408.89	-14.8	-8.9
东翼	7565.58	5332.17	11.2	11.0	1452.12	1053.62	-20.5	-19.9
西翼	9617.50	7216.60	5.3	4.4	1633.77	1213.36	-7.9	-10.7
山区	13391.82	10006.59	5.0	2.9	2421.60	1716.64	1.8	-2.9

数据来源：广东省统计局。

表 5-3-4　2021 年广东省经营性用地出让情况

指标	数量值				同比（%）			
	居住用地	商服用地	工业用地	合计	居住用地	商服用地	工业用地	合计
挂牌宗数（宗）	1157	434	2305	3896	-10.2	-9.2	5.6	-1.3
挂牌面积（公顷）	5000.40	927.62	8652.33	14580.36	-6.3	-11.7	10.0	2.3
挂牌金额（亿元）	6905.97	811.40	555.04	8272.41	3.9	-34.7	-7.1	-2.6
成交宗数（宗）	776	348	2115	3239	-21.2	-8.2	4.8	-4.3
出让面积（公顷）	3391.87	739.29	8027.07	12158.22	-19.1	-14.6	12.2	-0.4
可建面积（万平方米）	9487.43	1872.54	18909.19	30269.16	-18.4	-16.4	9.5	-2.8
成交金额（亿元）	5767.90	804.14	539.84	7111.87	-12.5	-24.4	1.6	-13.1
起始地价（元/平方米）	5492	4243	279	2158	12.0	-9.3	-7.2	-7.6
成交地价（元/平方米）	6080	4294	285	2350	7.2	-9.5	-7.2	-10.6
溢价率（%）	10.7	1.2	2.2	8.9	-4.9 个百分点	-0.2 个百分点	0.0 个百分点	-3.7 个百分点
流拍宗数（宗）	354	84	150	588	37.2	-7.7	5.6	19.8
流拍面积（公顷）	1479.46	161.49	557.30	2198.26	49.2	-11.3	-6.3	24.3
流拍金额（亿元）	1548.71	63.25	31.90	1643.87	65.1	-57.2	-31.7	45.1
宗地流拍率（%）	31.3	19.4	6.6	15.4	10.5 个百分点	0.0 个百分点	0.0 个百分点	2.7 个百分点

数据来源：广东省统计局。

表 5-3-5　2021 年广东省各市居住用地成交情况

单位：宗，公顷，万平方米，亿元，元/平方米

序号	城市	宗数	城市	用地面积	城市	可建面积	城市	成交金额	城市	楼面地价
1	广州	86	广州	612.85	广州	1495.61	广州	1981.11	深圳	17371
2	湛江	63	佛山	296.13	佛山	782.70	深圳	982.10	广州	13246
3	惠州	62	江门	276.00	中山	763.24	佛山	784.88	佛山	10028
4	肇庆	60	东莞	260.08	东莞	714.51	东莞	635.38	珠海	9398
5	清远	54	肇庆	235.83	肇庆	650.12	惠州	221.01	东莞	8893
6	佛山	52	茂名	212.68	茂名	631.55	珠海	202.70	惠州	4277
7	江门	45	湛江	177.41	深圳	565.37	中山	190.91	汕头	3905
8	茂名	43	深圳	159.48	江门	524.17	江门	150.62	江门	2874
9	深圳	39	中山	154.12	惠州	516.79	汕头	123.58	中山	2501
10	东莞	39	惠州	151.64	湛江	429.24	肇庆	93.66	湛江	1930
11	梅州	35	清远	126.70	河源	328.60	湛江	82.85	揭阳	1796
12	汕尾	34	河源	120.04	汕头	316.43	茂名	71.65	潮州	1783
13	韶关	29	韶关	107.02	清远	308.23	清远	51.54	清远	1672
14	河源	29	梅州	101.08	梅州	293.06	河源	36.04	肇庆	1441
15	阳江	24	珠海	88.56	韶关	286.75	梅州	35.98	汕尾	1344
16	汕头	22	汕头	87.71	汕尾	257.11	汕尾	34.55	云浮	1251
17	珠海	17	汕尾	80.18	珠海	215.69	韶关	33.20	梅州	1228
18	揭阳	17	阳江	66.65	阳江	165.84	阳江	17.59	韶关	1158
19	云浮	14	云浮	30.33	云浮	90.46	揭阳	14.98	茂名	1135
20	中山	8	揭阳	28.46	揭阳	83.37	潮州	12.23	河源	1097
21	潮州	4	潮州	18.89	潮州	68.59	云浮	11.32	阳江	1061
22	全省	776	全省	3391.87	全省	9487.43	全省	5767.90	全省	6080

数据来源：广东省房协土地与产业研究中心。

（广东省房地产行业协会）

四、广州市房地产市场

（一）2021 年房地产市场基本情况

2021 年，广州新建商品住宅销售面积、销售额同比增长 12.1%和 26.4%，存量商品住宅成交套数、成交面积分别增长 4.1%和 8.1%，12 月新建住宅、二十住宅价格指数同比上涨 5.0%和 5.8%，呈现量价齐升态势。其中，第一季度市场延续上年下半年的升温态势，引发市政府于 4 月连续两次紧缩调控，并于 8 月底出台二手住房交易参考价格发布机制。随着紧缩调控政策的深入实施，下半年市场明显降温；其中第四季度调控政策逐步纠偏，年底市场小幅回升。

1. 开发投资情况

2021 年广州市完成房地产投资 3626.44 亿元，同比增长 10.1%，两年平均增长 8.1%。按投资构成看，建

筑安装工程 1250.83 亿元，同比增长 5.6%；设备工器具购置 8.38 亿元，同比下降 41.4%；土地购置费 2018.67 亿元，同比增长 10.9%。按用途分，商品住宅和商业营业用房分别完成投资 2538.80 亿元和 248.49 亿元，同比分别增长 17.8% 和 5.6%，占总投资的 70.0% 和 6.9%；办公楼完成投资 342.80 亿元，同比下降 15.5%，占总投资 9.5%；其他用房投资 496.35 亿元，同比略降 0.2%（见表 5-4-1）。

表 5-4-1　2021 年广州市房地产完成投资结构

单位：亿元，%

指标	本年完成投资	按构成分				按用途分			
		建安工程	设备工器具购置	其他费用	土地购置费	商品住宅	办公楼	商业营业用房	其他
金额	3626.44	1250.83	8.38	2367.23	2018.67	2538.80	342.80	248.49	496.35
同比	10.1	5.6	-41.4	13.0	10.9	17.8	-15.5	5.6	-0.2
占比	100	34.5	0.2	65.3	55.7	70.0	9.5	6.9	13.7

数据来源：广东省统计局。

从本年完成投资走势看，前 5 个月保持高速增长，同比增速超过 30%；6 月增速明显回落，之后呈稳中趋降态势（见图 5-4-1）。从过去 5 年数据看，广州市房地产投资总体呈现平稳增长，2021 年投资额再创历史新高（图 5-4-2）。

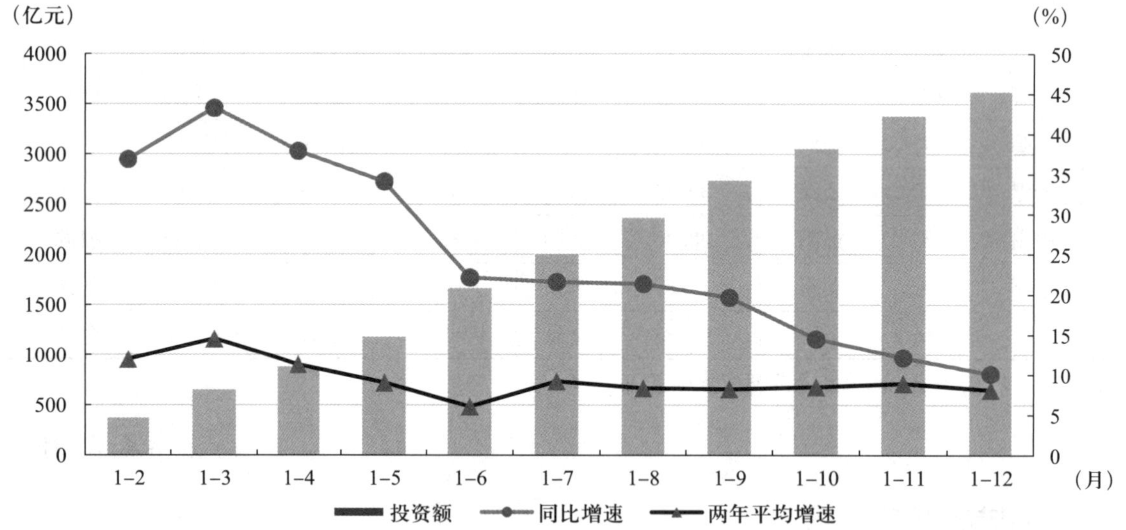

图 5-4-1　2021 年广州市房地产完成投资走势

数据来源：广东省统计局。

2. 房屋建设情况

截至 2021 年年底，广州市商品房施工面积 12750.78 万平方米，同比增长 7.3%。其中，本年新开工面积 2164.81 万平方米，同比下降 17.4%；竣工面积 1093.13 万平方米，同比下降 21.3%（见表 5-4-2）。本年新开工面积按用途分，商品住宅 1417.80 万平方米，连续 3 年基本持平；占总新开工面积 65.5%，比重为过去 10 年最高（见图 5-4-3）。办公楼和商业营业用房同比均明显下降，分别下降 56.6% 和 40.9%；占总新开工面积的 8.6% 和 5.1%，比重分别为过去 10 年的次低和最低。其他用房同比下降 24.8%，占 20.8%（见图 5-4-4）。

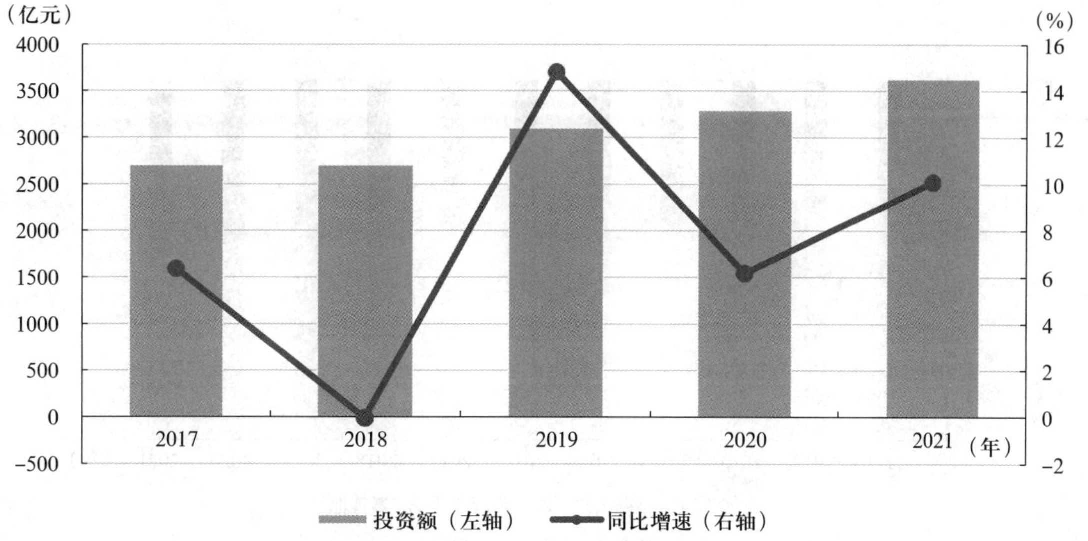

图 5-4-2　2017—2021 年广州市房地产完成投资走势

数据来源：历年《广州统计年鉴》，广东省统计局。

表 5-4-2　2021 年广州市商品房建设情况

类别	施工面积		新开工面积		竣工面积	
	（万平方米）	同比（%）	（万平方米）	同比（%）	（万平方米）	同比（%）
商品房	12750.78	7.3	2164.81	-17.4	1093.13	-21.3
#商品住宅	7416.82	7.1	1417.80	0.9	656.77	-28.9
#办公楼	1606.90	16.9	186.89	-56.6	115.81	61.3
#商业营业用房	1143.80	-0.3	109.79	-40.9	86.41	-19.6
#其他	2583.26	6.2	450.33	-24.8	234.13	-18.3

数据来源：广东省统计局。

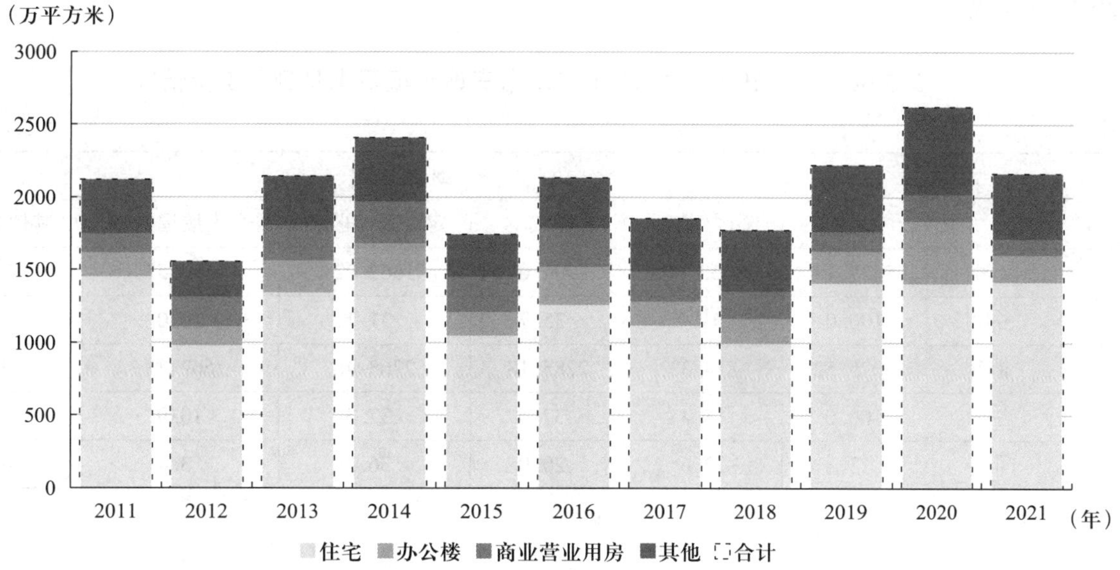

图 5-4-3　2011—2021 年广州市商品房新开工面积按用途走势

数据来源：历年《广州统计年鉴》，广东省统计局。

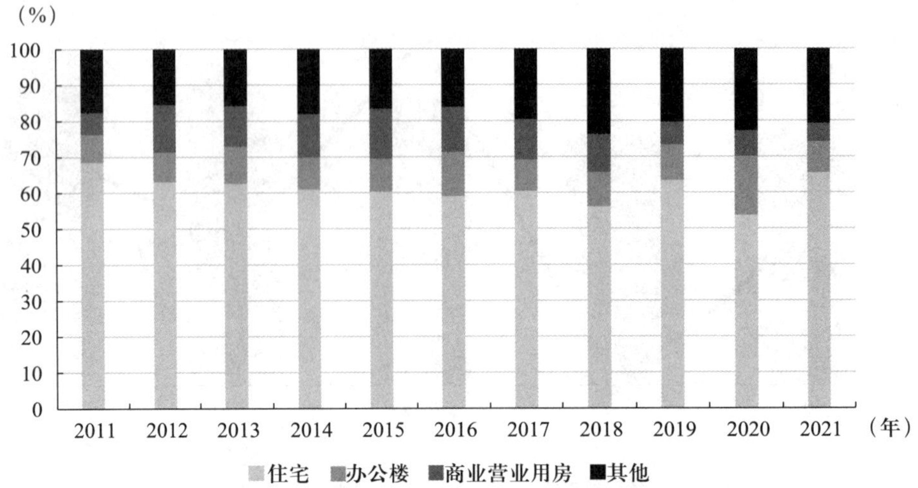

图 5-4-4 2011—2021 年广州市商品房新开工面积按用途走势

数据来源：历年《广州统计年鉴》，广东省统计局。

3. 到位资金情况

2021 年，广州市房地产开发本年到位资金 6075.52 亿元，同比增长 13.8%。其中，国内贷款 814.33 亿元，同比下降 22.6%；自筹资金 2285.18 亿元，同比增长 20.0%；定金及预收款 2268.46 亿元，个人按揭贷款 662.37 亿元，分别增长 36.5%和 3.4%；其他到位资金 45.20 亿元，下降 42.1%。

从资金来源结构看，国内贷款占 13.4%，同比下降 6.3 个百分点；自筹资金占 37.6%，同比提高 1.9 个百分点；销售回笼资金中，定金及预售款占 37.3%，个人按揭贷款占 10.9%，合计占 48.2%，同比提高 5.1 个百分点；其他到位资金占 0.7%，同比下降 0.8 个百分点。数据显示，2021 年国内贷款及个人按揭贷款合计占本年到位资金的 24.3%，同比下降 7.4 个百分点（见表 5-4-3），反映出房地产金融审慎管理制度对房地产企业资金来源影响显著。

表 5-4-3 2020 年、2021 年广州市房地产项目本年到位资金情况

单位：亿元，%

年份	指标	到位资金					
			国内贷款	自筹资金	定金及预收款	个人按揭贷款	其他到位资金
2020	金额	5337.13	1052.25	1904.07	1662.22	640.55	78.03
	占比	100.0	19.7	35.7	31.1	12.0	1.5
2021	金额	6075.52	814.33	2285.18	2268.46	662.37	45.20
	占比	100.0	13.4	37.6	37.3	10.9	0.7
	同比	13.8	-22.6	20.0	36.5	3.4	-42.1

数据来源：广东省统计局。

4. 土地市场情况

根据广东省房协土地与产业研究中心监测，2021 年，广州市经营性建设用地挂牌 302 宗，用地面积 1629.00 公顷，同比分别下降 9.6%和 2.9%。其中，居住用地挂牌 125 宗，用地面积 888.53 公顷，同比增长

20.2%和24.8%（见表5-4-4）。

表5-4-4　2020、2021年广州市经营性建设用地挂牌情况

年份	挂牌宗数（宗）				挂牌面积（公顷）			
		居住用地	商服用地	工业用地		居住用地	商服用地	工业用地
2020	334	104	87	143	1678.19	711.70	280.70	685.79
2021	302	125	47	130	1629.00	888.53	154.74	585.73
2021年同比（%）	-9.6	20.2	-46.0	-9.1	-2.9	24.8	-44.9	-14.6

数据来源：广东省房协土地与产业研究中心。

通过招拍挂出让土地278宗，用地面积1376.50公顷，可建建筑面积3829.49万平方米，总出让金额2522.60亿元，同比分别下降2.8%、7.3%、9.4%和0.6%；平均楼面地价6587元/平方米，同比增长9.7%；平均溢价率5.1%，同比下降1.8个百分点。其中，居住用地出让86宗，用地面积612.85公顷，可建面积1495.61万平方米，出让金额1981.11亿元，同比分别增长6.2%、7.0%、3.9%和2.1%；楼面地价13246元/平方米，同比下降1.7%；溢价率9.2%，同比持平（见表5-4-5）。

表5-4-5　2021年广州市经营性建设用地成交情况

单位：宗，公顷，万平方米，亿元，元/平方米

指标	数值				同比（%）			
	建设用地				建设用地			
		居住用地	商服用地	工业用地		居住用地	商服用地	工业用地
成交宗数	278	86	52	140	-2.8	6.2	-21.2	0.7
用地面积	1376.50	612.85	153.88	609.77	-7.3	7.0	-40.3	-6.8
可建面积	3829.49	1495.61	472.56	1861.32	-9.4	3.9	-25.8	-13.5
成交金额	2522.60	1981.11	469.78	71.70	-0.6	2.1	-7.8	-18.8
楼面地价	6587	13246	9941	385	9.7	-1.7	24.3	-6.2
溢价率（%）	5.1	9.2	0.0	0.0	-1.8个百分点	0.0个百分点	0.0个百分点	-0.3个百分点

数据来源：广东省房协土地与产业研究中心。

从住宅用地三次集中出让情况看，市场热度呈现由热转冷的态势。第一批次供应48宗，成交42宗，平均溢价率达11.7%，其中4宗地需通过摇号确定得主；第二批次热度明显下降，供应48宗，仅成交23宗，宗数流拍率达52.1%，平均溢价率仅为0.8%；第三批次供应17宗，成交13宗，但均以底价成交，且基本由国有企业受让（见表5-4-6）。

表5-4-6　2021年广州市住宅用地两集中出让情况

批次	供应宗数	成交宗数			平均溢价率（%）	流拍宗数
			底价成交宗数	摇号宗数		
第一批次	48	42	20	4	11.7	6
第二批次	48	23	18	0	0.8	25
第三批次	17	13	13	0	0	4

数据来源：广东省房协土地与产业研究中心。

5. 新房供应与销售情况

2021 年，广州市新建商品房批准预售面积 1488. 66 万平方米，同比下降 1. 6%。其中，商品住宅、商业用房和办公物业分别供应 1241. 06 万平方米、49. 76 万平方米和 197. 84 万平方米，同比下降 2. 4%、46. 6%和增长 32. 7%（见表 5-4-7）。

表 5-4-7　2021 年广州市各行政区新建商品房批准预售面积情况

行政区	住宅		商业		办公		合计	
	(万平方米)	同比（%）	(万平方米)	同比（%）	(万平方米)	同比（%）	(万平方米)	同比（%）
越秀区	2. 73	-65. 3	0. 01	-92. 5	1. 39	957. 0	4. 13	-49. 2
海珠区	25. 53	13. 9	6. 65	68. 5	22. 24	-25. 2	54. 42	-3. 0
荔湾区	54. 47	26. 4	0. 97	-96. 9	0. 92	-28. 4	56. 36	-25. 3
天河区	28. 81	17. 3	5. 75	89. 3	56. 91	1163. 7	91. 47	185. 0
白云区	106. 16	2. 3	1. 60	14. 7	10. 47	78. 3	118. 23	6. 5
黄埔区	192. 66	-2. 8	2. 74	-61. 3	26. 30	-4. 1	221. 70	-4. 8
花都区	104. 82	-9. 8	4. 82	93. 7	18. 09	87. 4	127. 73	-0. 5
番禺区	187. 48	19. 6	9. 15	-69. 9	21. 43	119. 6	218. 06	10. 7
南沙区	140. 67	-45. 7	11. 47	56. 8	22. 07	-44. 7	174. 21	-43. 1
从化区	55. 06	5. 2	0. 82	98. 8	0. 83	—	56. 71	7. 5
增城区	342. 67	19. 6	5. 78	-2. 5	17. 19	-17. 2	365. 64	16. 7
合计	1241. 06	-2. 4	49. 76	-46. 6	197. 84	32. 7	1488. 66	-1. 6

数据来源：广州市住房和城乡建设局。

从商品房批准预售面积地区分布结构看，增城、黄埔、番禺位列前三，分别为 365. 64 万平方米、221. 70 万平方米和 218. 06 万平方米，占全市的 24. 6%、14. 9%和 14. 6%，合计占全市的 54. 1%；南沙、花都、白云位列第 4~6 位，分别为 174. 21 万平方米、127. 73 万平方米和 118. 23 万平方米，占全市的 11. 7%、8. 6%和 7. 9%。天河、从化、荔湾、海珠和越秀位列第 7~11 位，合计占全市的 17. 7%（见图 5-4-5）。

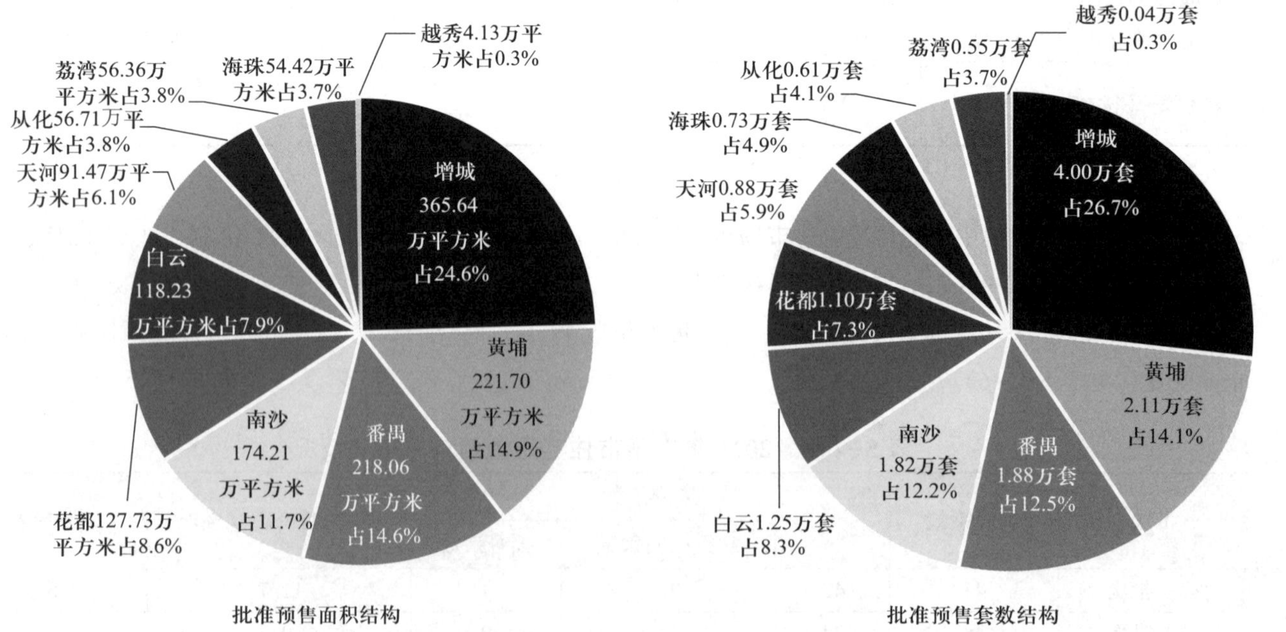

图 5-4-5　2021 年广州市各行政区商品房批准预售面积、套数结构

数据来源：广州市住房和城乡建设局。

从新房销售情况看，2021 年，新建商品房销售面积 1736.31 万平方米，销售额 4867.54 亿元，同比分别增长 12.8%和 26.2%。其中，商品住宅销售面积 1371.01 万平方米，销售额 4192.57 亿元，同比增长 12.1%和 26.4%；办公楼销售面积 122.33 万平方米，同比增长 2.2%；商业营业用房销售面积 145.91 万平方米，同比增长 32.6%（见表 5-4-8）。

表 5-4-8　2020 年、2021 年广州市新建商品房销售面积、销售金额

单位：万平方米，亿元，%

市/区		商品房合计	同比	商品住宅	同比	办公楼	同比	商业营业用房	同比
销售面积	2020 年	1539.40	5.1	1223.21	10.5	119.73	-22.2	110.04	3.2
	2021 年	1736.31	12.8	1371.01	12.1	122.33	2.2	145.91	32.6
销售金额	2020 年	3857.08	17.8	3316.33	24.8	237.07	-22.8	216.01	0.6
	2021 年	4867.54	26.2	4192.57	26.4	281.89	18.9	297.89	37.9

数据来源：广东省统计局。

从 2021 年新房销售量同比增速走势看，由于上年基数较小及当年年初市场畅旺，1—2 月销售面积、销售金额同比分别大幅增长 192.7%和 257.5%；之后随着基数逐步恢复至正常水平，以及当年市场调控的加强，同比增速快速回落，但上半年各月销售情况总体良好。7 月销售量明显回落，8 月起销售面积、销售金额同比基本为负增长，其中随着第四季度调控政策的纠偏，年底销售量有所反弹（见图 5-4-6）。全年商品房销售面积仅低于 2017 年水平，销售金额则再创历史新高，总体上处于历年高位水平（图 5-4-7）。

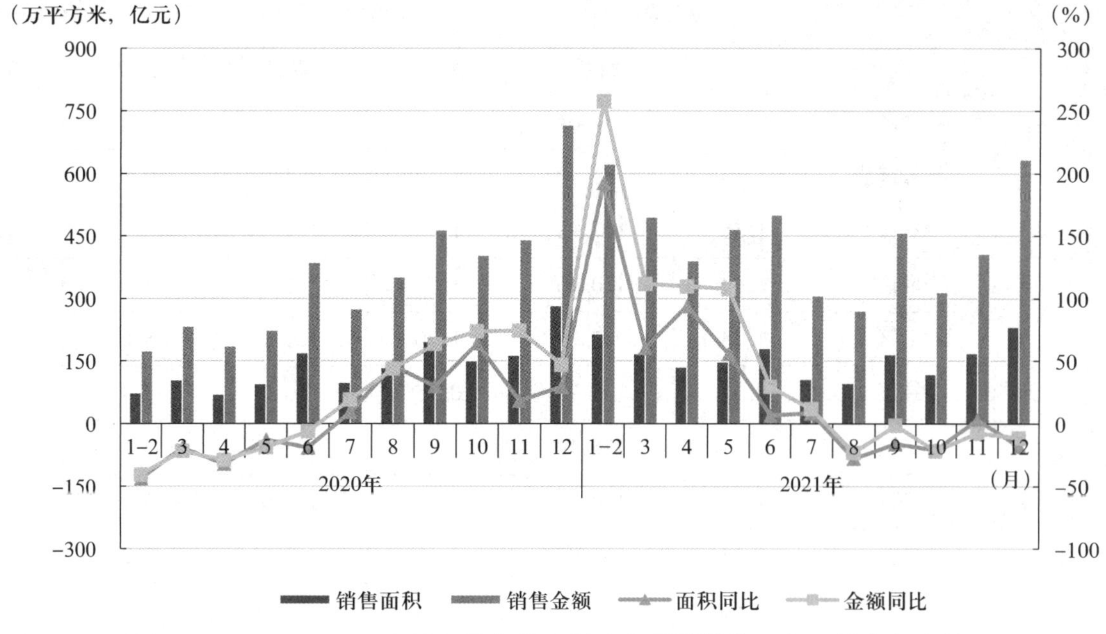

图 5-4-6　2020—2021 年各月广州市新建商品房销售面积、销售额走势

数据来源：广东省统计局。

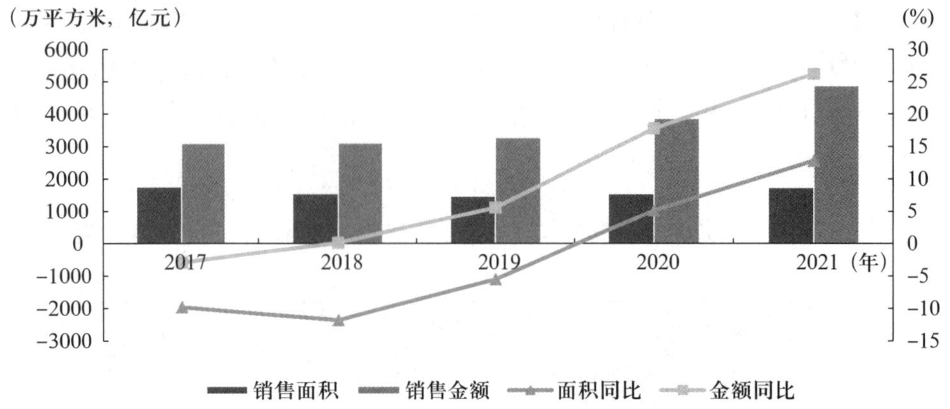

图 5-4-7　2017—2021 年广州市新建商品房销售面积、销售金额走势图

数据来源：历年《广州统计年鉴》，广东省统计局。

6. 存量房销售情况

2021 年，广州市存量商品房成交面积 1175.70 万平方米，同比增长 0.7%。其中，存量商品住宅成交 11.44 万套，成交面积 1072.72 万平方米，同比分别增长 4.1%和 8.1%。其中，番禺区存量商品房以 1.87 万套、187.03 万平方米的成交量位居各区之首。对比 2020 年成交情况，黄埔、花都、从化三区存量商品房成交量明显下跌，成交面积同比分别下降 36.1%、25.4%和 24.0%；南沙区基本持平，其他 7 区有不同幅度增长（见表 5-4-9，表 5-4-10）。

表 5-4-9　2020 年、2021 年广州市各区存量商品房成交情况

单位：万套，万平方米，%

行政区		2020 年		2021 年		2021 年同比	
		套数	面积	套数	面积	套数	面积
主城区	荔湾区	0.79	54.01	0.82	62.14	4.0	15.1
	越秀区	1.19	78.39	1.19	84.28	0.1	7.5
	海珠区	1.55	107.78	1.74	131.54	12.3	22.0
	天河区	1.54	130.46	1.77	148.37	14.4	13.7
	白云区	1.13	87.22	1.30	103.14	15.8	18.3
	黄埔区	0.77	93.95	0.75	60.06	−3.4	−36.1
非主城区	番禺区	1.78	176.10	1.87	187.03	5.3	6.2
	花都区	1.45	170.39	1.23	127.03	−15.1	−25.4
	南沙区	0.61	62.00	0.62	62.05	2.0	0.1
	从化区	0.50	69.39	0.48	52.76	−3.3	−24.0
	增城区	1.31	137.55	1.42	157.30	7.8	14.4
全市合计		12.63	1167.24	13.20	1175.70	4.5	0.7

数据来源：广州市住房和城乡建设局。

表 5-4-10　2020 年、2021 年广州市各区存量住宅成交情况

单位：万套，万平方米，%

行政区	2020 年		2021 年		2021 年同比	
	套数	面积	套数	面积	套数	面积
海珠	1.37	99.77	1.58	125.33	14.7	25.6
番禺	1.50	151.87	1.57	168.24	4.3	10.8
天河	1.31	115.63	1.52	135.58	16.2	17.3
增城	1.16	126.16	1.26	141.37	8.0	12.1
白云	0.98	80.11	1.14	98.59	16.0	23.1
越秀	1.04	69.66	1.09	78.25	4.2	12.3
花都	1.30	139.30	1.03	110.91	-21.4	-20.4
荔湾	0.73	50.15	0.75	58.93	2.9	17.5
黄埔	0.61	53.83	0.58	52.36	-4.6	-2.7
南沙	0.53	57.05	0.52	58.18	-1.0	2.0
从化	0.45	48.97	0.41	44.98	-7.8	-8.1
全市合计	10.99	992.52	11.44	1072.72	4.1	8.1

数据来源：广州市住房和城乡建设局。

走势上，2021 年 1—4 月存量住宅市场成交畅旺。4 月 21 日，广州市人民政府办公厅印发《关于完善我市房地产市场平稳健康发展政策的通知》，其中将越秀区、海珠区、荔湾区、天河区、白云区、黄埔区、番禺区、南沙区、增城区 9 区个人销售住房增值税征免年限从 2 年提高至 5 年。叠加住房信贷政策收紧的影响，商业银行普遍贷款额度紧张、多次上调贷款利率、严查购房客户首付款来源等，针对存量房的放款时间明显拉长，自 5 月起成交量逐月回落。8 月 31 日，广州市住房和城乡建设局印发《关于建立二手住房交易参考价格发布机制的通知》，并公布了首批 96 个热点区域住宅小区的二手住房交易参考价格，因参考价格普遍低于当时市场成交价，促使成交量进一步下降（见图 5-4-8，图 5-4-9）。

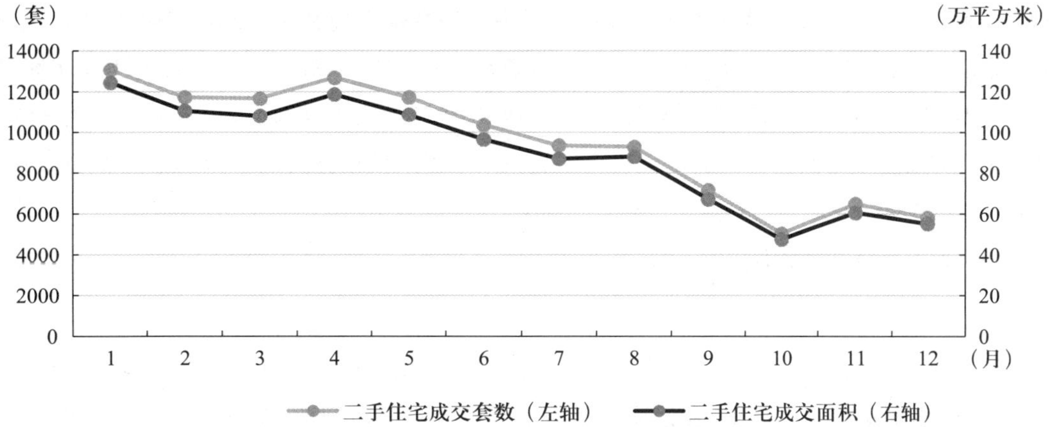

图 5-4-8　2021 年各月广州市二手住宅成交套数、成交面积走势

数据来源：广州市住房和城乡建设局。

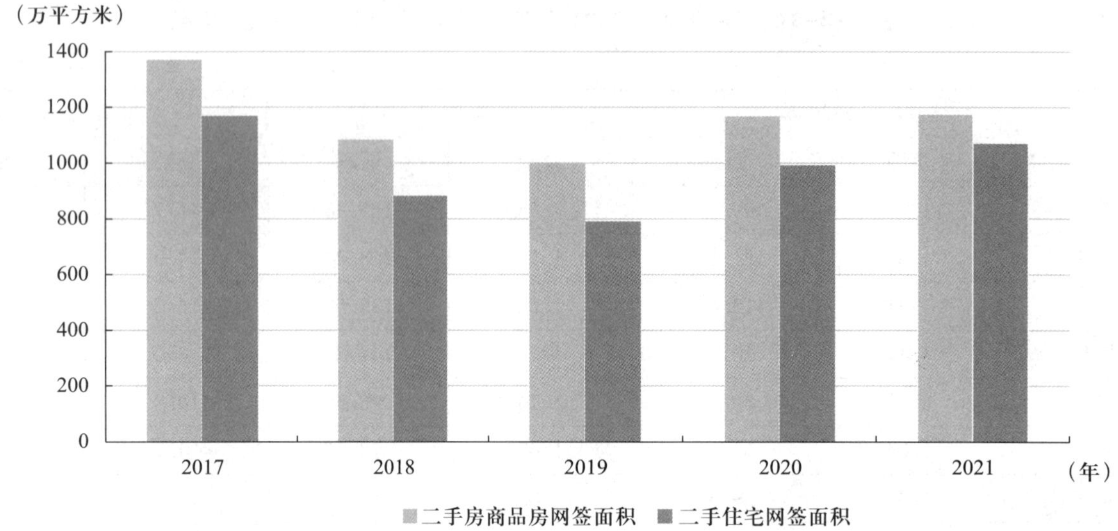

图 5-4-9　2017—2021 年广州市二手商品房、二手住宅交易网签面积走势

数据来源：广州市住房和城乡建设局。

7. 住宅销售价格

2021 年广州市新建商品房销售均价 28034 元/平方米，同比上涨 11.9%。其中，商品住宅均价为 30580 元/平方米，同比上涨 12.8%（见表 5-4-11）。

表 5-4-11　2020 年、2021 年广州市新建商品房销售均价

单位：元/平方米，%

市/区		商品房合计		商品住宅		办公楼		商业营业用房	
			同比		同比		同比		同比
销售均价	2020 年	25056	12.0	27112	12.9	19800	-0.8	19630	-2.5
	2021 年	28034	11.9	30580	12.8	23044	16.4	20417	4.0

数据来源：广东省统计局。

根据国家统计局发布的 70 座大中城市商品住宅销售价格变动情况数据，2021 年上半年，广州市商品住宅价格支持延续上年下半年的上升态势。同比数据看，新建商品住宅价格指数由 1 月的 105.9 逐月升至 6 月的 111.6，随后逐月回落至 12 月的 105.0（见图 5-4-10）；二手住宅由 1 月的 108.7 升至 5 月的 113.5，随后逐月回落至 12 月的 105.8。环比数据看，上半年新建住宅和二手住宅价格指数均呈持续上涨态势，分别于 8 月和 9 月由升转降（见图 5-4-11）。

（二）2021 年广州市住房保障工作情况

1. 住房保障工作总体情况

根据省下达的目标任务，2021 年广州市需新开工棚户区 3788 套、筹集共有产权住房 2269 套，基本建成棚户区 14489 套、公租房 9058 套。完成情况看，全年新开工棚户区改造住房 5987 套、筹集共有产权住房 2269 套，基本建成棚户区改造住房 16236 套、公共租赁住房 10800 套、共有产权住房 1869 套，超额完成省下达目标任务（见表 5-4-12）。全年基本建成保障性安居工程 28905 套，发放住房租赁补贴 17704 户，筹集保障性租赁住房 17.1 万套，新开工人才公寓 4732 套。

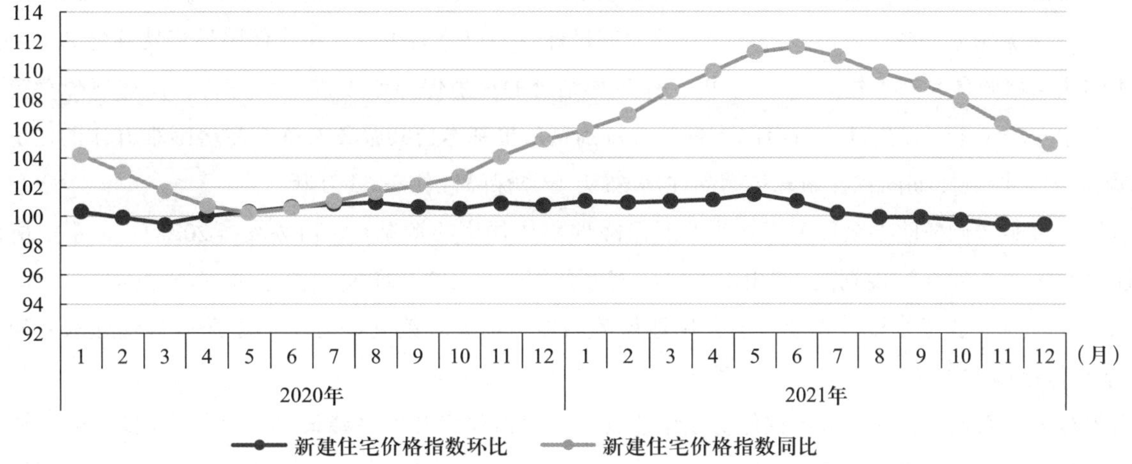

图 5-4-10　2020—2021 年广州市新建商品住宅价格指数走势

数据来源：国家统计局。

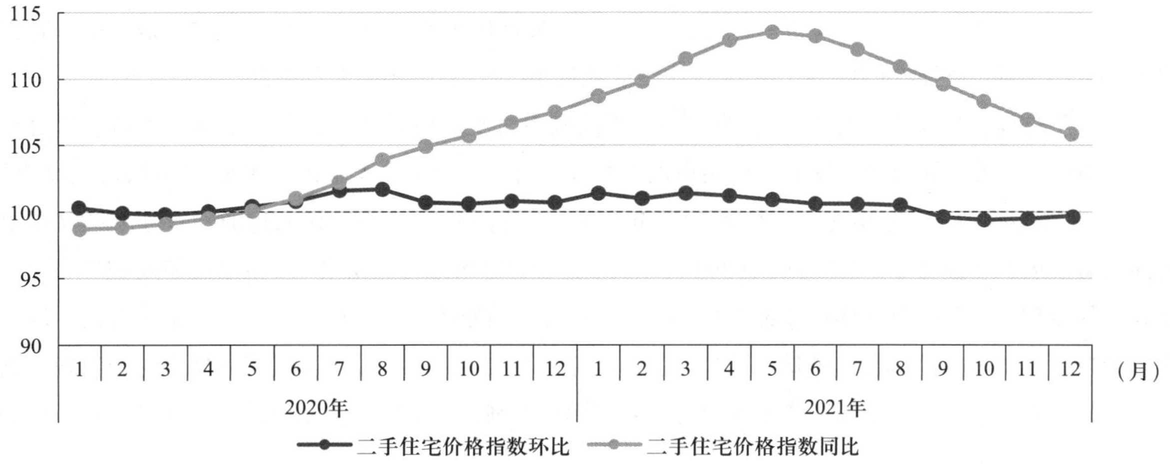

图 5-4-11　2020—2021 年广州市二手住宅价格指数走势

数据来源：国家统计局。

表 5-4-12　广州市保障性安居工程年度项目建设计划任务量完成进度

单位：套，%

年份	新开工棚户区			基本建成棚户区			基本建成公租房		
	任务量	实际开工	完成率	任务量	实际建成	完成率	任务量	实际建成	完成率
2020	4035	11053	273.9	6130	8857	144.5	542	3805	702.0
2021	3788	5987	158.1	14489	16236	112.1	9058	10800	119.2

数据来源：广州市住房和城乡建设局，《广州市 2021 年保障性安居工程年度项目建设计划任务量完成进度》。

配套政策方面，2021 年 8 月 17 日，广州市住房和城乡建设局印发《广州市住房发展“十四五”规划》。其中提出“住房保障体系建设再上新台阶”的发展目标——以公共租赁住房、保障性租赁住房和共有产权住房为主体的住房保障体系基本建成，“租、售、补”相结合的住房保障制度进一步完善，住房保障覆盖范围不断提升，人才安居水平明显提高，新市民、青年人特别是从事基本公共服务人员等住房困难群体的住房问题得到有效缓解。“十四五”期间，计划筹集商品住房 65 万套、保障性住房 66 万套。

为贯彻落实《国务院办公厅关于加快发展保障性租赁住房的意见》（国办发〔2021〕22 号）精神和《广州市住房发展“十四五”规划》，广州市人民政府办公厅于 9 月 2 日印发《关于进一步加强住房保障工作的意见》。《意见》从加强规划设计管理、加大用地保障力度、加大政策支持力度、提升运营管理水平四个方面提出 22 条具体措施。

为规范公共租赁住房和共有产权住房使用监管，广州市住房和城乡建设局于 9 月 30 日出台《广州市公共租赁住房和共有产权住房使用监管办法》。

2. 城市更新改造工作

2021 年全市“三旧”改造项目完成固定资产投资 1490 亿元，超额完成年度计划。“三旧”改造新增实施用地面积 18305 亩，完成改造面积 13921 亩，均超额完成省下达的任务指标。其中，上半年延续 2020 年深化城市更新工作推进高质量发展的工作精神，共 23 个项目发布公开选择/引入合作企业公告，成功引入合作企业项目共 22 个。下半年旧村改造项目成功引入合作企业项目 10 个，较上半年明显下降。

配套政策方面，2021 年 1 月 11 日，为进一步规范城中村改造项目管理，有序实施城中村改造合作企业引入，广州市住房和城乡建设局印发了《广州市城中村改造合作企业引入及退出指引》。《指引》是城市更新“1+1+N”政策体系中的系列指引之一，是对 2020 年市委十一届十一次全会审议通过的《关于深化城市更新工作推进高质量发展的实施意见》（穗字〔2020〕10 号）有关内容的细化和落实。《指引》不再把城中村改造当作土地开发的过程，而是产业培育和升级转型、统筹完善城市功能的过程，在广州市乃至全国首次对城中村改造合作企业较为系统地提出了引入产业、教育、医疗资源的要求。同时，参考《广州市城市更新实现产城融合职住平衡的操作指引》关于全市 3 座城市规划建设管理圈层的划分，结合每个圈层的不同区域特点，分别提出不同的引入产业底线要求。

自 8 月份住建部发布《关于在实施城市更新行动中防止大拆大建问题的通知》后，相继发布《广州市住房和城乡建设局　广州市规划和自然资源局关于城市更新旧村庄全面改造项目中小户型住房配置的意见（公开征求意见稿）》《广州市关于深入推进城市更新行动提升城市工作水平推动城市高质量发展的实施意见》《广州市关于在城市更新行动中防止大拆大建问题的实施意见（试行）》《广州市关于在城乡建设中加强历史文化保护传承的实施意见》等政策文件，持续优化城市更新政策体系。

（广东省房地产行业协会）

五、深圳市房地产市场

（一）2021 年深圳市房地产市场基本情况

在政策环境全面收紧的情况下，2021 年深圳市住宅市场降温明显。2021 年度深圳市一、二手住宅合计成交 93052 套，较上年下降 33.8%；总成交面积为 884.18 万平方米。其中，一手住宅成交 52417 套，同比上年上升 15.5%；价格方面，一手住宅受限价政策的影响，价格走势稳定，2021 年全市一手住宅的成交均价为 58719 元/平方米，年度涨幅为 4.4%。二手住宅成交 40635 套，同比上年下降 57.3%。

1. 开发投资情况

截至 2021 年 12 月 31 日，深圳市共有房地产开发企业 1567 家，同比增长 4.6%。其中：一级 27 家、二级 38 家、三级 464 家、四级 553 家、暂定级 515 家，二级资质证明 8 家。

在坚持房地产市场调控的基础上，统筹推进房地产开发投资，按期完成市住房保障及市政项目指挥部 2711 亿元投资任务，完成公共住房投资 368.5 亿元。

2. 土地供应与成交情况

2021 年，深圳市土地市场实行“集中供地”模式，分别在 5 月、9 月、11 月分三批集中出让涉宅用地。从土拍过程来看，三轮土拍出现了先扬后抑的走势，从第一轮的高溢价抢地到第三轮的以底价成交为主（见表 5-5-1）。2021 年全市共成功出让 87 宗土地（包括深汕特别合作区），总出让面积为 507.45 万平方米，同比上升 54.5%；总出让金额为 1118.77 亿元，同比上涨 6.2%。

表 5-5-1　深圳市三次土拍概况

单位：万平方米，亿元，宗，个，%

批次	供地宗数	供地总建面	起拍总价	成交情况							拿地房企情况		拍地时间
				底价成交	低于15%溢价成交	触顶15%成交	大于15%溢价成交	流拍	成交总宗数	成交总金额	国央企	国央企占比	
第一批次	6	91	105.76	3	0	0	3	0	6	138	3	50	5 月 13 日
第二批次	22	280	422	4	0	17	0	1	21	452	18	82	9 月 28 日
第三批次	11	187	352	7	0	4	0	0	11	368	9	82	11 月 25 日
合计	**39**	**558**	**879.76**	**14**	**0**	**21**	**3**	**1**	**38**	**958**	**30**	**79**	**—**

数据来源：深圳市房管局。

从全市出让土地的用途分布来看，2021 年居住用地（含商住用地）独占鳌头，共成功出让 39 宗，成为成交供应主力，工业用地紧随其后，全年交易 33 宗。此外，商业用地出让 7 宗，其他用地出让 8 宗。

从全市各区域的出让宗数情况来看，2021 年全市各区域均有土地成交，但成交主力仍集中在原关外地区。其中，宝安和光明均出让 14 宗，并列第一位；龙岗出让 13 宗，位居第二；南山和龙华各出让 11 宗，并排第三位。

2021 年上半年，深圳市住宅用地成交面积 40.6 万平方米，成交楼面价 14477.8 元/平方米。到了下半年，深圳市住宅用地成交面积 128.5 万平方米，较上半年增加 87.9 万平方米；成交楼面价 18459.3 元/平方米，较上半年增长 3981.5 元/平方米。

3. 房屋建设情况

2021 年，深圳市建设筹集公共住房 9.65 万套，供应 4.23 万套，建设筹集租赁住房 11.7 万套，新开工住房 1528 万平方米。开工改造老旧小区 65 个；深圳市住建局还发布实施了深圳市住房发展“十四五”规划，规划在 2025 年前供应居住用地不少于 15 平方公里，建设筹集住房 89 万套，供应分配住房 65 万套（间）。

建筑领域绿色低碳发展方面，新增绿色建筑标识项目面积 1886 万平方米；新开工装配式建筑超 1500 万平方米，占新建项目 45%。

4. 新房供应与销售情况

（1）新建商品房供应情况

2021 年，深圳市新房市场供应量增加，新房成交上半年较火热，下半年逐步降温不及预期，全年合计预售 5.81 万套新房住宅，购房者选择的空间和范围增大，市场开始平价促销，全年供需双方进入理性博弈期成交均价受中心区高价盘带动上涨。全年供应量 597 万平方米，同比上涨 15.92%；成交 518 万平方米，同比上涨 16.67%；全年成交均价 6.17 万元/平方米，同比上涨 15.67%（见图 5-5-1）。

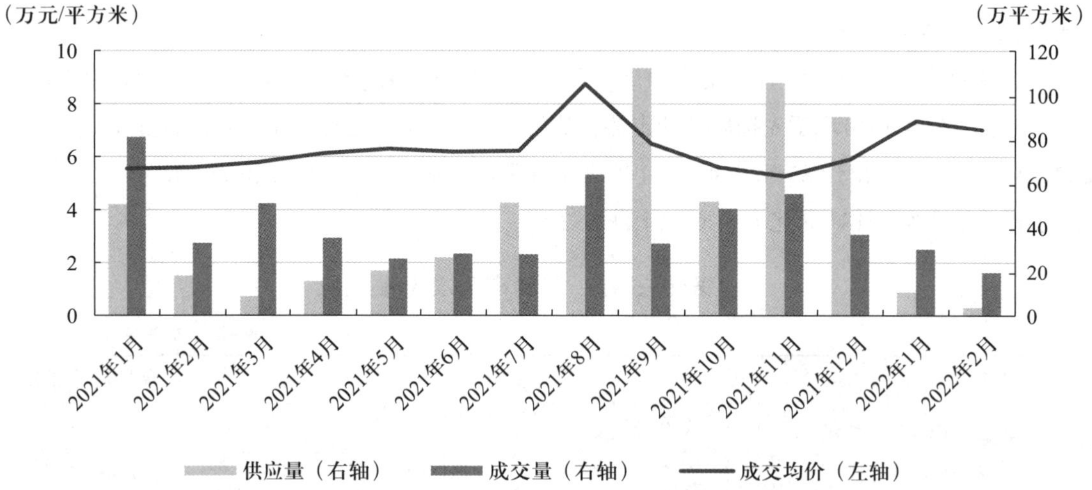

图 5-5-1 2021—2022 年深圳市一手住宅月度供求走势

数据来源：深圳市规资局

（2）新建商品房销售情况

2021 年，受供应放量影响，成交量稳步攀升，成交均价受中心区高价盘带动上涨，全年总成交 52417 套，518 万平方米，双双创下近 5 年新高（见图 5-5-2）。

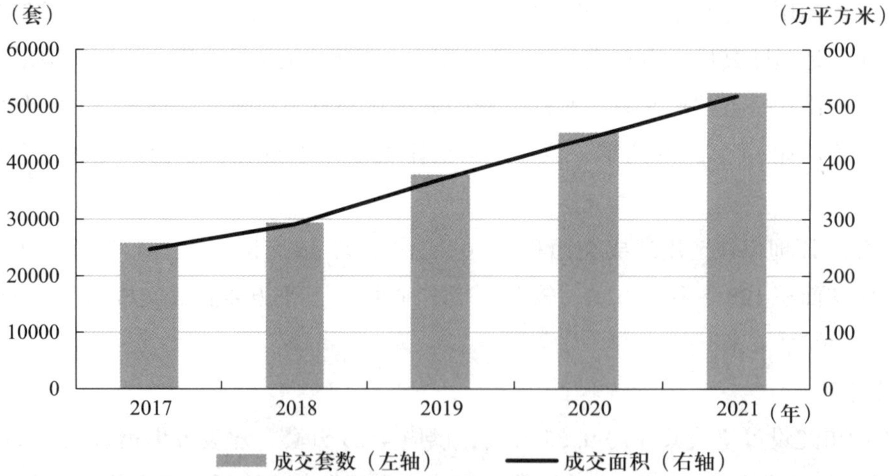

图 5-5-2 2017—2021 年深圳市一手住宅成交套数和面积

数据来源：深圳市房管局。

2021 年纯刚需产品存在减少趋势，首改再改产品份额增加，70~90 平方米产品逐年下滑；90~120 平方米产品占比 49%，同比上涨 11%。中心四区供应放量带动整体成交量价上涨，宝安区为外围六区成交主力，南山区位价值支撑豪宅成交。其中，南山区成交面积占14%，宝安区成交面积占23%。上半年月度成交量低位震荡，其中4—7月成交量在3000套上下波动。下半年月度成交量波动较大，其中8月和11月成交量超过5000套。

5. 住宅销售价格

价格方面，一手住宅受限价政策的影响，价格走势稳定，2021年全市一手住宅的成交均价为58719元/平方米，年度涨幅为4.4%。二手住宅成交40635套，同比上年下跌57.3%；二手房价格指数2021年美联物业（深圳）住宅蓝筹指数为1211.26，较上年上涨8.6%。

2021年2月，深圳市设立了二手住房成交参考价格发布机制，以二手住房网签价格为基础，参考周边一手住房价格，综合形成全市3595个住宅小区二手住房成交参考价格。由于二手房参考价的价格水平与真实成交价存在一定的差距，银行也依据参考价进行贷款，二手住宅市场的成交量从2月开始急速下降，月度同比最高跌幅接近八成。与此同时，在成交量连续下滑超过半年的影响下，二手房交易价格也出现下滑的趋势。

（二）2020年深圳市住房保障工作情况

1. 市政府重点工作和民生实事取得实效

2021年，深圳市开工及筹集公共住房项目共188个，合计95832套，建设筹集方式包括新供应用地建设、城市更新配建、公共设施配建、旧住宅区拆除重建（棚户区改造）、社会存量住房租购、工改保、招拍挂商品房用地配建。其中，以新供应用地建设、社会存量住房租购为主。

2021年，深圳市公共住房基本建成（含竣工）项目共30个，合计31353套，住房类型包括安居型商品房、人才住房、公共租赁住房。

2. 住房保障能力持续提升

2022年1月，深圳市住房和建设局、深圳市发展和改革委员会印发的《深圳市住房发展“十四五”规划》（以下简称《规划》）提出，“十四五”期间计划建设筹集住房89万套（间），其中，保障性租赁住房40万套（间），占住房建设筹集总量的45%。

根据《规划》，“十四五”期间，深圳市将以“保基本、广覆盖、促宜居”为总体发展目标，加快完善以公租房、保障性租赁住房和共有产权住房为主体的住房保障体系。

3. 城市更新改造工作

全年城市更新供应用地任务为300公顷，实际完成320公顷，完成率106.7%；高品质产业空间保留提升任务为20平方公里，实际完成21.1平方公里，完成率105.5%；村社工业区转型升级任务3平方公里，实际完成3.21平方公里，完成率107%；地价收入任务为220亿元，实际完成收缴246.5亿元，完成率112%。

此外，深圳市2021年度“三旧”改造任务为：新增实施改造用地面积不少于7600亩（其中：新增实施工业改造任务为700亩）；完成改造用地面积不少于5000亩（其中完成工业改造任务为500亩）。2021年全年新增实施改造任务完成8214.47亩，完成率108%（其中新增实施工业改造任务完成1809.77亩，完成率259%）；完成改造任务完成5154.32亩，完成率103%（其中完成工业改造任务完成776.69，完成率155%）。

（深圳市房地产业协会）

六、重庆市房地产市场

（一）2021年房地产市场基本情况

1. 开发投资情况

2021年，重庆市（含中心城区、主城新区、渝东北和渝东南共38个区县）完成房地产开发投资4355亿元，较上年增长 0.1%。除第一季度因 2020 年低基数效应增速较高以外（15.3%），第二、第三、第四季度增速分别为 1.1%、0.2%和 0.1%，全年房地产开发投资实现微幅增长，总体走势平稳。

一是建安工程投资实现增长，土地购置费贡献减弱。2021 年，建安工程投资完成 2788.6 亿元，较上年增长 7.4%，占房地产开发投资的比重达 64%，较上年提高 4.4 个百分点，是全年房地产开发投资实现增长的重要支撑。土地购置费 1220.9 亿元，较上年下降 14.2%，占房地产开发投资的比重为 28%，较上年回落 4.7 个百分点，是 2018 年以来首次回落到 30%以下，对房地产开发投资的贡献减弱。

二是中心城区投资有所回落，其他地区投资实现突破。2021 年，中心城区完成投资 2727 亿元，较上年下降 6.3%；主城新区完成投资 1005.9 亿元，较上年增长 11.3%；渝东北三峡库区城镇群完成投资 476.4 亿元，较上年增长 14.3%；渝东南武陵山区城镇群完成投资 145.6 亿元，较上年增长 19.1%。除中心城区投资出现回落以外，其他地区投资均保持增长，主城新区投资额首次突破 1000 亿元。

三是住宅投资保持增长，非住宅投资持续下降。2021 年，住宅完成投资 3288.1 亿元，较上年增长 3.1%；办公楼完成投资 80.9 亿元，较上年下降 9.7%；商业完成投资 413.1 亿元，较上年下降 7.4%；其他物业（主要由车库、教育设施等构成）完成投资 572.9 亿元，较上年下降 8.7%（见表 5-6-1）。

住宅投资继续保持小幅增长，全年占比提高到 75.5%，为 2011 年以来的最高水平。

表 5-6-1　2021 年重庆市房地产开发投资构成情况

物业类型	2021 年	2020 年	同比增速（%）
住宅（亿元）	3288.1	3189.1	3.1
办公楼（亿元）	80.9	89.5	-9.6
商业营业用房（亿元）	413.1	446.2	-7.4
其他（亿元）	572.9	627.2	-8.7
合计	4355.0	4352.0	0.1

数据来源：重庆市统计局。

2. 土地供应与成交情况

2021 年，全市房地产类土地出让 432 宗，较上年减少 81 宗；出让面积 2363.4 万平方米（约 3.5 万亩），较上年下降 22.1%；可建面积 4289.5 万平方米，较上年下降 23.3%；出让金额 1684.9 亿元，较上年下降 6.2%；出让楼面价 3927.9 元/平方米，较上年增长 22.4%（见表 5-6-2）。

表 5-6-2　2021 年重庆市房地产类用地出让情况

单位：宗，万平方米，亿元，元/平方米

区域	数量	土地面积	可建面积	金额	楼面价
中心城区	142	1030.4	1748.1	1229.5	7033.5
主城新区	180	921.8	1754.8	331.1	1886.9
渝东北	83	304.4	566.7	96.9	1710.3
渝东南	27	106.9	219.9	27.3	1243.0
合计	432	2363.5	4289.5	1684.8	3927.9

数据来源：重庆市统计局。

2021 年所有市辖区的居住类用地都实行了集中供应，优劣地块同时上市，造成各地区的分化加大。中心城区和部分热点主城新区在区域定位、开发环境等方面的优势明显，吸引了大量开发企业的关注，而渝东北、渝东南和部分主城新区由于基础配套滞后，用地条件不成熟，参与拿地的企业较少。加上下半年以来房地产市场低迷，企业拿地积极性出现回落，因此全年土地出让规模下滑，部分区域土地出现流拍现象。2021 年民营企业拿地规模减小，各级平台公司拿地规模明显增多，其中中心城区各级平台公司拿地面积占比 33%，其他地区各级平台公司拿地面积占比 42%，全市平台公司拿地面积占比达到 38%。土地出让规模下滑，平台公司拿地占比较高，将制约新项目上市的速度，使房地产开发建设活力走低。

3. 房屋建设情况

2021 年，全市房地产新开工面积 4873.4 万平方米，较上年下降 18.1%，新开工面积为 2010 年以来的最低值。

从区域分布来看，2021 年中心城区新开工 1960.6 万平方米，较上年下降 33%；主城新区新开工 1888.3 万平方米，较上年增长 0.3%；渝东北三峡库区城镇群新开工 600.5 万平方米，较上年下降 31.6%；渝东南武陵山区城镇群新开工 423.9 万平方米，较上年增长 61.8%。2021 年中心城区出让房地产类用地约 1.55 万亩，较上年下降 23.3%，其他地区出让房地产类用地约 1.99 万亩，较上年下降 21.2%，土地出让规模的下滑，影响了新开工面积走低。中心城区房地产开发节奏整体较快，前几年出让的住宅类用地大部分已开工建设，可开发的存量土地不多，2021 年新出让土地减少对新开工影响较大，只有江北区新开工有小幅增长，其余 8 区均出现不同程度的下滑；非中心城区开发节奏偏慢，虽然 2021 年新出让的土地减少，但前几年有较多已出让未开发的闲置地块，随着闲置地块的及时盘活，其新开工面积所受影响不大，非中心城区有 14 个区县新开工实现增长，15 个区县出现下滑。

从物业类型来看，住宅新开工 3231.2 万平方米，较上年下降 21.3%；办公楼新开工 104.5 万平方米，较上年下降 5.6%；商业新开工 470.8 万平方米，较上年增长 3.8%；其他物业（主要由车库、教育设施等构成）新开工 1066.9 万平方米，较上年下降 16.5%（见表 5-6-3）。虽然当前开发企业普遍对住宅的开发信心较足，但受可开发用地不足的影响，住宅新开工面积降幅达到 21.3%；个别企业由于长期无住宅类项目开发，重启了闲置已久商业项目的建设，加上 2020 年商业新开工面积参照基数低，因此商业新开工面积实现了 3.8%的增长，但占比不足 10%，总规模不大。

表 5-6-3　2021 年重庆市房地产新开工情况

物业类型	2021 年	2020 年	增速（%）
住宅（万平方米）	3231.2	4106.6	-21.3
办公楼（万平方米）	104.5	110.7	-5.6
商业营业用房（万平方米）	470.8	453.4	3.8
其他（万平方米）	1066.9	1277.1	-16.5
合计	4873.4	5947.7	-18.1

数据来源：重庆市统计局。

4. 企业到位资金情况

2021 年全市房地产企业资金来源合计 7473.3 亿元，较上年下降 1.6%，资金来源连续三年下滑。其中本年资金为 5723.8 亿元，较上年下降 1%。

2021 年，随着房地产贷款集中度管理制度的常态化实施，房地产开发端融资难度持续加大，国内贷款、自筹资金和其他资金三大来源渠道均出现明显回落。在传统融资渠道受限的背景下，开发企业投入更多精力用于加快销售回款，因此定金及预收款和个人按揭贷款实现了一定的增长，两者合计占本年资金来源首次突破60%，达到的61.6%，开发企业对销售回款的依赖程度增大。但由于2021年下半年来销售的降温，使得企业回款速度变慢，资金紧张的局面更加明显（见表5-6-4）。

表 5-6-4　重庆市房地产企业资金来源情况表

资金来源渠道	2021 年	2020 年	增幅（%）
上年末结余资金（亿元）	1749.6	1816.9	-3.7
国内贷款（亿元）	640.0	1019.1	-37.2
利用外资（亿元）	0	0	0
自筹资金（亿元）	1259.5	1311.0	-3.9
其他资金（亿元）	301.1	386.2	-22.0
定金及预收款（亿元）	2423.4	2092.6	15.8
个人按揭贷款（亿元）	1099.7	971.5	13.2
合计	7473.3	7597.3	-1.6

数据来源：重庆市统计局。

5. 新房供应与销售情况

2021年，全市房地产施工面积26893.2万平方米，较上年下降1.7%，施工面积是最近四年来首次低于2.7亿平方米。施工面积回落，一方面是2021年新开工项目减少，新开工面积为最近12年来的最低值，制约了全年施工面积的增量空间；另一方面，从2021年下半年以来，个别企业因资金紧张，项目建设进度放缓和暂停的现象零星出现，导致施工面积出现减少。2021年，全市房地产竣工面积4196.2万平方米，较上年增长11.2%。全年竣工面积保持较快增长，分别在年初和年底迎来两个竣工高峰期。其中1—2月竣工面积928.6万平方米，同比增长138.1%，11—12月竣工面积1428.8万平方米，同比增长6.1%，两个竣工高峰期间合计竣工面积2357.4万平方米，占全年竣工面积的56%。

2021年全市房地产销售面积6197.7万平方米，较上年增长0.9%；其中住宅销售面积4945.4万平方米，较上年增长2.7%；办公楼销售面积110.4万平方米，较上年增长3.5%；商业销售面积371.9万平方米，较上年下降28.4%；其他房屋销售面积770万平方米，较上年增长9.5%（见表5-6-5）。下半年以来，由于房地产市场景气程度下降，尤其是受个别项目风险显性化的影响，购房者对交房不确定性的担忧上升，购房需求释放变慢，其中三季度销售1408.2万平方米，四季度销售1434万平方米，相较二季度1970.2万平方米的销量降幅接近三成，但由于上半年销售业绩较好，依然使得全年房地产销售面积实现微幅增长。

表 5-6-5　2021 年重庆市房地产销售情况

物业类型	2021 年	2020 年	增速（%）
住宅（万平方米）	4945.4	4814.5	2.7
办公楼（万平方米）	110.4	106.7	3.5
商业营业用房（万平方米）	371.9	519.3	-28.4
其他（万平方米）	770.0	703.0	9.5
合计	6197.7	6143.5	0.9

数据来源：重庆市统计局。

6. 存量房供应与销售情况

据不完全统计，截至2021年12月，重庆市中心城区正常营业的二手房中介门店数2581家，较上年年底增加24家，但较年内最高峰（2021年9月为2964家）减少383家。2021年，重庆市中心城区存量房委托出售房源合计（含住宅与非住宅）66.7万套，较上年增长21.1%；挂牌均价13365.8元/平方米，较上年增长5.4%。2021年中心城区存量房成交63295套，较上年增长23.1%；成交面积556.9万平方米，较上年增长24.2%；成交均价12473.7元/平方米，较上年增长5.1%；成交套均总价111.3万元，较上年增长6%；成交套均面积88平方米，较上年增长0.9%。

2021年上半年，全市房地产市场活跃度较高，购房需求加快释放，加上中心城区的住宅库存水平较低，尤其是高层住宅供应短缺现象十分突出，刺激了部分购房需求提前释放。另外，随着成渝地区双城经济圈的不断深化，川渝两地互动更加频繁，处于重庆辐射范围内的川南、川东地区人口前往重庆中心城区购房置业的明显增多，同时也带动了存量房市场的升温，5月成交量达到全年最高点。下半年来，随着房地产贷款集中度管理的常态化实施，个人按揭贷款发放额度减少、发放周期延长，存量房市场趋于低迷，销售呈快速回落状态（见图5-6-1）。

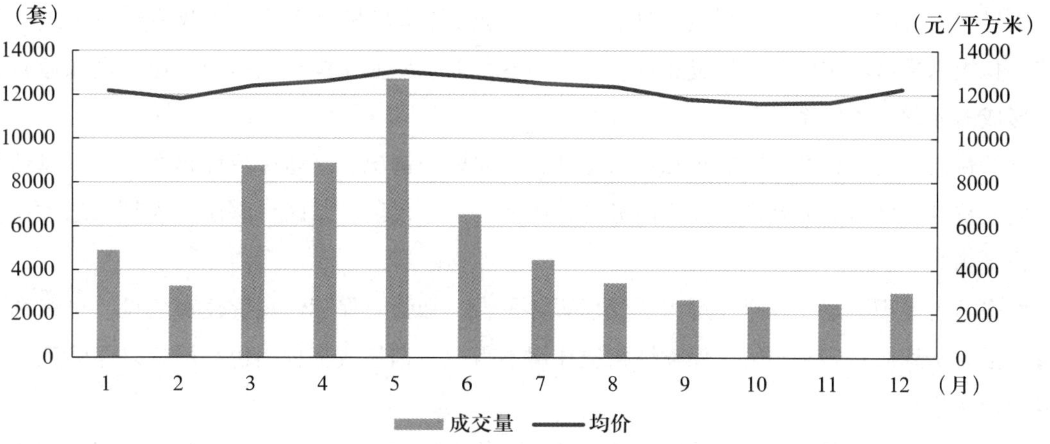

图5-6-1　2021年重庆市中心城区存量房月度成交走势

数据来源：重庆市统计局。

7. 商品房销售价格

2021年全市商品房销售均价8698.8元/平方米，较上年增长5.4%；其中住宅销售均价9677.8元/平方米，较上年增长8.5%；办公楼销售均价8298.5元/平方米，较上年下降30.8%；商业销售均价8211.5元/平方米，较上年下降3.1%；其他物业销售均价2703.7元/平方米，较上年下降9.5%（见表5-6-6）。2021年，新上市的房地产项目大多致力于打造高品质住房的新范例，兼顾公共基础配套和小区内部环境，精装修住宅增多，小高层、花园洋房占比不断提高，加上新开盘项目多以全国性品牌企业为主，自身具备一定的溢价能力，因此住宅销售均价相对上年有所增长。在非住宅方面，企业对资金回款的诉求增强，非住宅的促销力度明显加大，其价格走低。

表 5-6-6　2021 年重庆市房地产销售均价情况

物业类型	2021 年	2020 年	增速（%）
住宅（元/平方米）	9677.8	8917.2	8.5
办公楼（元/平方米）	8298.5	11998.4	-30.8
商业营业用房（元/平方米）	8211.5	8477.3	-3.1
其他（元/平方米）	2703.7	2985.9	-9.5
商品房（元/平方米）	8698.8	8254.9	5.4

数据来源：重庆市统计局。

（二）2021 年重庆市住房保障工作情况

1. 保障政策体制机制建设情况

一是明确对象标准。主要面向一定区域内无房的新市民、青年人等群体供应，对供应对象不设收入限制。以建筑面积不超过 70 平方米的小户型为主，超过 70 平方米的，符合保障性租赁住房对象标准，同等享受相关政策。保障性租赁住房租金应低于同地段同品质市场租赁住房标准，年涨幅不超过 5%。

二是引导多方参与。坚持“谁投资、谁所有”，充分发挥市场机制作用，由政府给予土地、财税、金融等政策支持，积极引导市场主体参与投资建设。支持国有企业、专业化规模化租赁企业建设和运营管理保障性租赁住房，形成多元化供给体系。

三是坚持供需匹配。根据实际需求和存量土地、房屋资源情况，新增保障性租赁住房以盘活存量为主、适当新建为辅，重点在轨道交通站点和商业商务区、产业园区、校区、院区（医院）及周边增加供给，促进产城融合、职住平衡。

四是严格监督管理。建立健全住房租赁管理服务平台，加强对保障性租赁住房建设、出租和运营管理的全过程监督，强化工程质量安全监管。保障性租赁住房不得上市销售或变相销售，严禁以保障性租赁住房为名违规经营或骗取优惠政策。

五是落实主体责任。各区县政府落实主体责任，加快发展本地区保障性租赁住房，促进解决新市民、青年人等群体住房困难问题。市政府对重点发展区域保障性租赁住房情况实施监测评价。

2. 保障房各项指标任务及达成情况

“十四五”时期，全市计划新筹建保障性租赁住房 40 万套（间），棚户区改造 10 万户。截至 2021 年年底，全市已筹集保障性租赁住房房源 4 万余套（间）。

2021 年，重庆市中心城区 21 个公租房项目累计 84 次公开摇号，提供房源 36923 套，其中单间配套 19793 套，一室一厅 11580 套，两室厅 4819 套，三室一厅 731 套。累计申请人数 46 万人（见图 5-6-2）。

3. 保障性租赁住房进展情况

2019 年，重庆经过竞争性评审，成功入选中央财政支持住房租赁市场发展试点城市，获得 30 亿元中央财政专项资金支持，主要用于支持住房租赁项目，包括新建、改建以及盘活存量房屋用作租赁住房的项目。此后，重庆市在发展住房租赁市场方面展开了一系列探索。2020 年，重庆市政府办公厅出台了《关于加快培育和发展住房租赁市场的实施意见》，明确了租客享有落户、入学、医疗等基本公共服务权利。市住房城乡建委联合市财政局制定了财政奖补资金管理办法、项目管理办法及实施细则等规范性文件，形成了“1+3+N”的制度体系。2021 年 6 月，重庆市制定了全国首部“商改租”改造技术标准，对商业商务用房等非居住房屋改做租

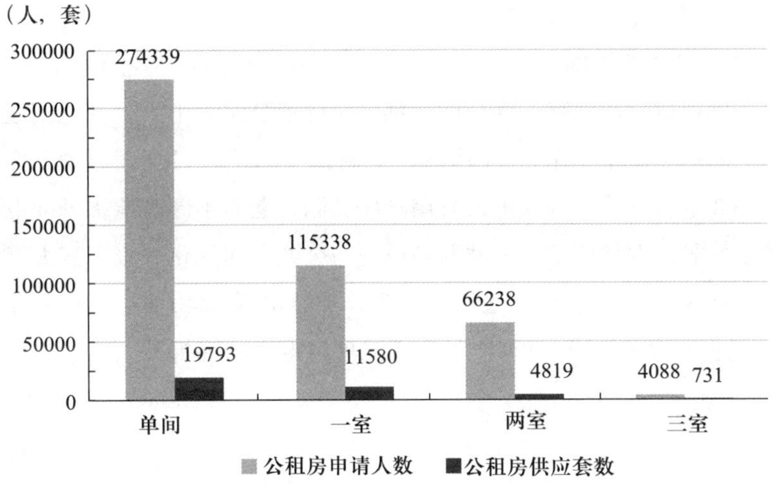

图 5-6-2　2021 年重庆市公租房申请人数和供应套数对比

数据来源：重庆市统计局。

赁住房所涉及的结构安全、消防安全、室内环境等进行了明确，有助于规范房屋租赁化改造行为，破解非居住房屋空置和大众租房难困局。

在各方的大力推动下，重庆住房租赁市场获得良好发展。比如，2021 年 8 月，重庆市住房城乡建委推动市地产集团成立了重庆首家国有住房租赁平台公司，打造的照母山湖霞郡项目，以周边产业技术人员及企业管理人员为核心客群，进行生活、文娱、社交、体育等全方位社区配套；又如，重庆市促进建融住房、龙湖冠寓、保利公寓、万科泊寓等重点企业扩大投入，引导华宇集团从“开发销售”模式向“租购并举”模式转变。截至 2021 年年底，全市已新增规模化专业化住房租赁企业 15 家，全市初步构建了国有平台公司固基，规模化专业化公司引领发展，国有和民营企业错位发展的租赁市场格局。

4. 城市更新改造推进情况

2020 年，重庆入选全国第二批 36 座体检样本城市。两年来，重庆市坚持问题导向、民生导向，开辟“建机制、强保障、筑体系、扩影响、查病灶、抓应用”六步工作法。2021 年，重庆市组织开展城市更新专项体检试点，探索建立“摸家底、纳民意、找问题、促更新”的城市体检成果运用模式，创新建立“边检边改”工作机制。

2021 年，重庆市住房城乡建委、市规划自然资源局联合发布了《重庆市城市更新管理办法》。《管理办法》的出台，将进一步推动我市城市更新工作制度化、规范化发展。《管理办法》提出，城市更新不是搞大拆大建，而是将建设重点转向存量提质改造，通过要素优化配置，从源头上促进经济发展方式转变，积极探索“受惠于百姓、放权于区县、让利于市场”的城市更新模式。《管理办法》共 8 章、42 条，适用于主城都市区范围，主要内容分为三大板块：

一是建立城市更新工作机制。《管理办法》建立了城市更新工作机制，成立城市更新领导小组，明确市区两级政府、部门及各方主体职能职责，领导小组办公室设在市住房城乡建委；建立基础调查制度、专家咨询制度、公众参与制度。二是规范城市更新工作流程。构建适应城市更新需要的规范化、可操作的实施程序。在规划计划层面，明确编制更新规划、更新导则、片区策划方案、年度计划；在项目实施层面，明确编制项目实施方案并下放审批权限，强化项目实施和运营监管。三是制订城市更新保障措施。明确资金来源渠道、资金整合使用、创新融资方式等相关规定；市住房城乡建委会同市规划自然资源局等相关市级部门重点就土地、规划、产权、审批、消防等方面制定相关政策。

2021 年，重庆市推进以“两江四岸”为主轴的城市更新，长嘉汇、艺术湾、枢纽港等城市功能名片加快建设，市规划展览馆新馆建成，江北嘴江滩公园、雅巴洞湿地公园等十大公共空间建设成效显现，渝中、九龙坡入选全国首批城市更新试点城市，全市 31 座城市更新试点示范项目全面启动，完成投资 116 亿元，渝中区十八梯、南川区东街等 8 个项目陆续分期进入投用阶段，涵盖老旧小区改造提升、老旧工业片区转型升级、传统商圈提档升级、传统风貌区保护传承、公共服务设施与公共空间优化升级等五大城市更新类型。全年累计完成老旧小区和棚户区改造 3568 万平方米，老旧小区累计加装电梯 3440 部，109 个城市边角地建成社区体育文化公园，2278 公里山城步道建成投用，309 个坡坎崖滩项目得到治理提升，磁器口后街、十八梯等历史文化风貌街区建成开街。

（重庆市房地产开发协会）

七、辽宁省房地产市场

（一）全省土地市场

2016—2021 年，全省土地市场连续 5 年销售额同比上涨。2021 年，在限地价、竞配建等政策变化下，全省土地出让金同比下降 13. 69%。

2021 年，沈阳市土地出让金 484. 3 亿元，占全省总量的 45%。但房企受“三道红线”“两集中”等因素影响，拿地意愿下降，溢价率较低，第三批土地大批流拍，整体成交大幅下降。大连、营口土地出让金分别为 261. 5 亿元和 61 亿元，位居全省第二和第三位。

（二）全省房地产市场

1. 全省房地产投资情况

2021 年，在全年强调“房住不炒”的背景下，辽宁省房地产投资额在连续 4 年环比上涨情况下，首次环比下降 2. 62%，市场投资相对稳定。

2. 全省房屋施工情况

2021 年，全省房屋施工情况同比上涨 5. 9%，是近五年涨幅最大的，连续两年同比增长。预计明年下半年会有大量房屋具备入市条件。

3. 全省房屋新开工情况

与房地产开发企业近两年土地采购量相对应，2021 年，全省房屋新开工面积同比增长 4. 41%，较上年增幅有所回落。近几年全省房屋新开工情况相对稳定。

4. 全省房屋竣工情况

2021 年，全省房屋竣工量大幅上涨，同比上涨 26. 56%，连续两年同比上升，预计有大量房屋具备交房条件。

5. 全省商品房销售情况

2021 年，受“沈八条”政策以及市场百姓预期的下降，全年商品房销售面积同比下降 8. 26%。近五年全省商品房销售面积总体处在下降通道，2021 年的同比降幅为近五年最大。

2016—2020 年，商品房销售均价同比上涨近 10%，2021 年商品房销售均价依旧坚挺，与上年基本持平。

虽然近年来全省商品房销售面积绝对量持续下降，但由于新建商品房批准预售面积同比降低幅度更大一些，2021 年商品房待售面积仍然同比下降 4. 75%，降幅较上年同比扩大 4. 5%。按照年销售量计算去库存周期，全省待售面积去库存周期约 1 年，处于合理区间。

（三）全省存量房市场

1. 存量房交易面积和成交额

2021 年 1—12 月，全省存量房交易面积 3483. 3 万平方米，同比降低 6. 6%，降幅较 1—11 月持平；其中，住宅 3163. 7 万平方米，同比增幅降低 8. 4%，降幅较 1—11 月扩大 2. 6 个百分点。成交额 1715 亿元，同比降低 8. 4%，降幅较 1—11 月扩大 0. 8 个百分点；其中住宅 1581. 7 亿元，同比降低 9. 4%，降幅较 1—11 月扩大 2. 2 个百分点。数据显示，全省二手房销售市场指标基本稳定，交易面积、成交套数、交易额指标下降，交易均价指标微降。

各市情况有所不同，3 座城市存量房成交面积、成交额均为上升趋势。数量来看，沈阳、大连存量房成交规模较大；丹东成交面积最少，丹东成交额最低。同比变化方面，鞍山成交面积增幅最大，同比增加 45. 9%，葫芦岛成交额增幅最大，同比增加 45. 9%。

2021 年 1—12 月，外地人购二手房占比沈阳市居榜首，为 28%。外地人购二手住宅占比沈阳市最高，为 28%；其次是营口市，为 1. 9%；随后依次是大连和朝阳市（见图 5-7-1）。

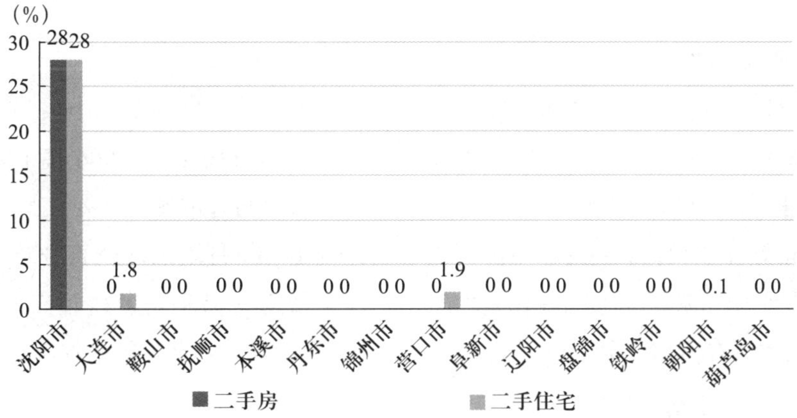

图 5-7-1　2021 年辽宁省各市外地人购二手房（住宅）占比情况

数据来源：各市房产交易统计数据。

2. 存量房成交套数和套均面积

2021 年 1—12 月，全省存量房成交 432065 套，同比降低 7. 4%，降幅较 1—11 月扩大 0. 7 个百分点；其中住宅 409652 套，同比降低 8. 7%，降幅较 1—11 月扩大 1. 5 个百分点。

存量房成交套数各市情况有所不同，4 市同比增长，较 1—11 月减少 1 个百分点。沈阳市、大连市存量房成交套数较多；鞍山市次之，成交套数超过 3. 9 万套。同比增幅方面，鞍山增幅最大，为 38. 5%；葫芦岛同比降幅最大，降幅为 26. 8%。

2021 年 1—12 月，全省存量房成交套均面积 80. 6 平方米，较 1—11 月增加 0. 7 平方米；其中住宅成交套均面积 77. 2 平方米，较 1—11 月减少 0. 4 平方米。总体来看存量房交易套均面积变化不大，存量住宅套均面积稳定在合理范围内，中小户型在二手房市场仍占主要位置。

各市情况来看，葫芦岛成交套均面积最大，为 98 平方米/套；其中本溪套均面积最小，为 67 平方米/套；其他城市均处于 69～94 平方米/套的区间（见图 5-7-2）。

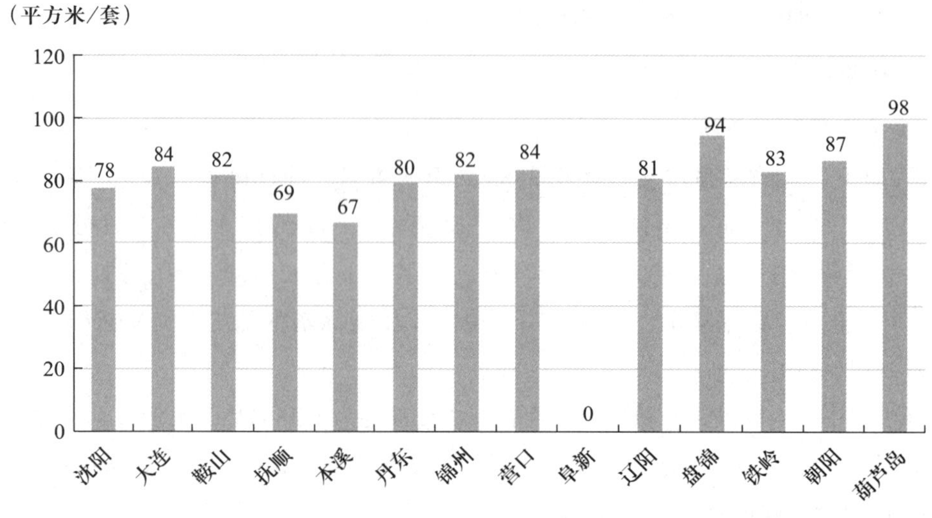

图 5-7-2　2021 年辽宁省各市存量房成交套均面积情况

数据来源：各市房产交易中心备案数据。

注：阜新数据由于平台问题，此项数据暂无。

3. 存量房交易平均价格

全省存量房交易均价 4923 元/平方米，同比降低 2%，增幅较 1—11 月提高 1%；其中住宅 4999 元/平方米，同比降低 1.2%，降幅较 1—11 月缩小 0.3%。数据显示，二手房市场交易均价小幅下降，存量住宅价格变化在可接受范围内。根据省房地产研究中心监测数据：存量房交易价格与各市备案价格相比，平均高 1483 元/平方米。

各市二手房价格差异较大，8 座城市均价同比增长，较 1—11 月增加 2 个百分点。葫芦岛均价涨幅最大，同比增长 92.3%，8 座城市波动幅度在±10%之间。大连存量房交易平均价格较高，超过全省平均水平，为 8081 元/平方米；而本溪存量房交易均价最低，为 1931 元/平方米。其余各市中本溪降幅最大，下降 25.4%。

（四）沈阳市房地产市场

1. 土地市场情况

2021 年，沈阳土地成交金额 484.3 亿元，同比下降 12%，是近几年同比涨幅首降，土地市场遇冷。

2. 市场供销情况

2021 年，沈阳市新建商品房批准预售面积 1326.3 万平方米，同比下降 16.6%，降幅较大。商品房交易面积 1568.7 万平方米，同比上涨 7.6%。供销比由 2020 年的 1.1 下降到 2021 年的 0.8，市场供需比较理想。

3. 商品房销售情况

2021 年，沈阳市新建商品房销售 14.24 万套，虽然同比增长 3.9%，但较 2019 年及以前同比下降 25%以上。套均销售面积 110.2 平方米，近年同比一直上涨，改善型需求持续释放。

沈阳市商品房市场从 2018 年全市限购到 2020 年沈八条出台，市场均价总体涨幅下行。2021 年，沈阳市商品房销售均价 11063 元/平方米，同比上涨 0.9%，基本与 2020 年持平（见图 5-7-3）。

4. 存量房销售情况

2020—2021 年，沈阳市存量房销售面积连续两年同比下降，2021 年存量房销售面积 951.6 万平方米，同比下降 21.4%，降幅扩大 2.8。新建商品房与存量房销售比变为 1.6，为近五年最大值。沈阳市二手房的热度低于新建商品房（见图 5-7-4）。

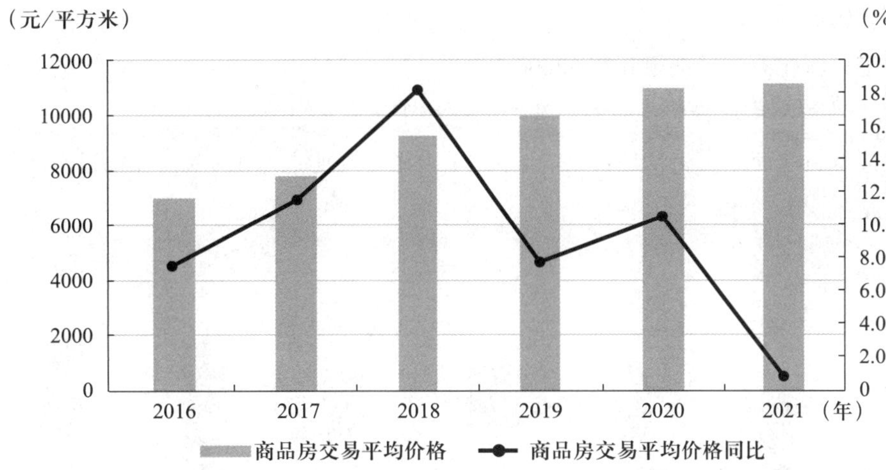

图 5-7-3　2016—2021 年沈阳市新建商品房销售均价

数据来源：各市房产交易中心备案数据和省房地产研究中心网上跟踪数据。

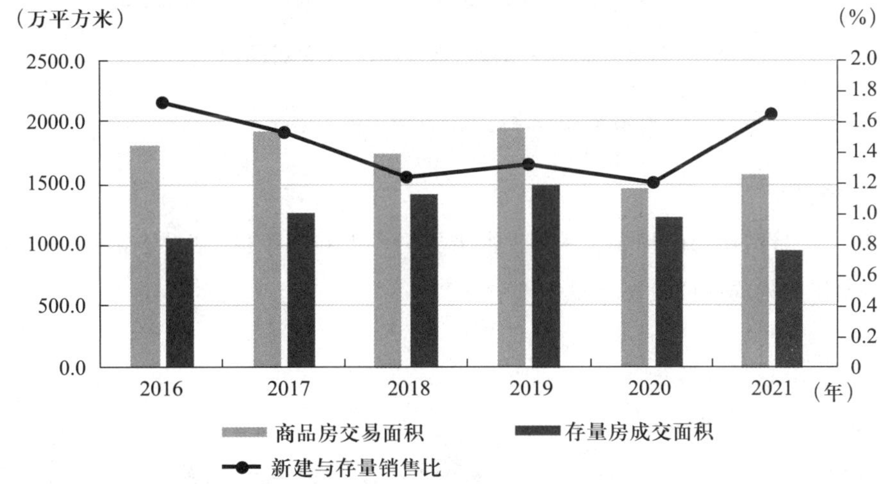

图 5-7-4　2016—2021 年沈阳市存量房销售面积

数据来源：各市房产交易中心备案数据和省房地产研究中心网上跟踪数据。

2019 年至今，沈阳市存量房销售套数连续下降，2021 年销售套数 12. 26 万套，同比下降 21. 6%，市场以新建商品房交易为主。2021 年存量房销售套均面积 77. 6 平方米，存量房市场需求以刚需为主。

2021 年，沈阳市存量房销售均价 5946 元/平方米，同比上涨 5. 8%。2018 年至今，存量房销售均价同比一直上涨，除 2020 年同比上涨 15. 9%以外，其余年上涨保持在 6%以内，市场均价较为稳定。

（五）大连市房地产市场

1. 土地市场情况

2020—2021 年，大连市土地出让金同比连续两年下降，2021 年大连市土地出让金额 261. 5 亿元，同比下降 9. 6%，出让金额约为沈阳的一半。

2. 市场供销情况

2021 年，大连市新建商品房批准预售面积 582. 1 万平方米，同比下降 9. 7%。新建商品房交易面积 812 万平方米，同比上涨 2. 0%。供销比 0. 7，近几年供销比持续保持在 1 以下，市场供给小于需求。

3. 商品房销售情况

2021 年，大连市新建商品房销售套数 82600 套，同比上涨 4.0%，是近四年的首次上涨。新建商品房套均面积 98.3 平方米，改善型需求释放不明显，套均面积小于沈阳。

2021 年，大连市新建商品房交易均价 13325 元/平方米，同比上涨 1.9%，涨幅近几年最低，但市场价格相对稳定（见图 5-7-5）。

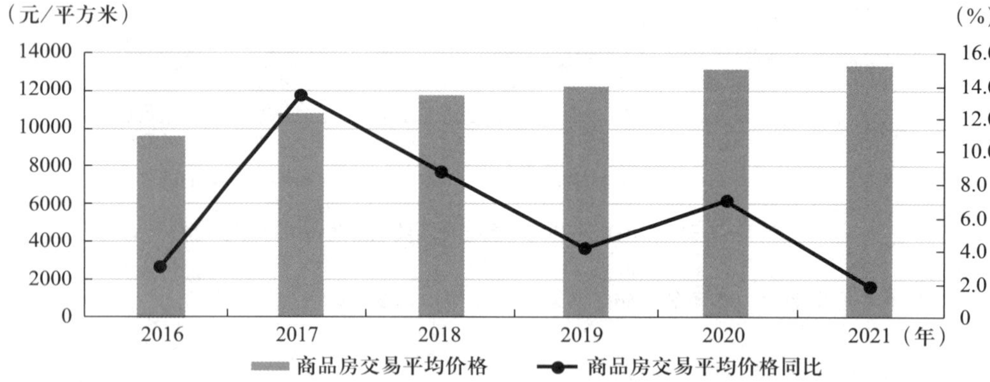

图 5-7-5　2016—2021 年大连市新建商品房销售均价

数据来源：各市房产交易中心备案数据和省房地产研究中心网上跟踪数据。

4. 存量房销售情况

2021 年，大连市存量房销售面积 843.3 万平方米，同比下降 7.4%。新建商品房与存量房销售面积比稳定维持在 1.0，市场销售结构均衡性较好（见图 5-7-6）。

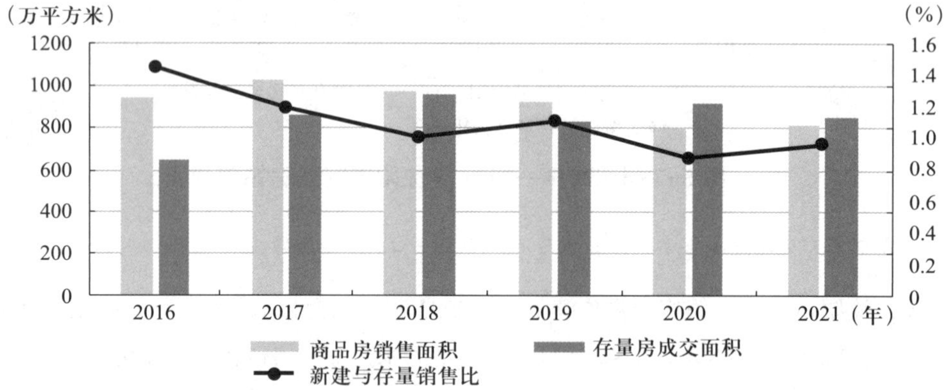

图 5-7-6　2016—2021 年大连市存量房销售面积

数据来源：各市房产交易中心备案数据和省房地产研究中心网上跟踪数据。

2021 年，存量房销售套数 9.99 万套，同比下降 7.8%，套均面积 84.4 平方米，改善需求不明显，以刚需为主。

2021 年，存量房销售均价 8081 元/平方米，同比上涨 2.9%，连续两年同比上升，涨幅较上年缩小 8 个百分点，涨幅也低于沈阳。

（辽宁省房地产研究中心）

八、石家庄市房地产市场

2021 年，石家庄房地产市场政策层面坚持“稳”字当头，继续坚持“房住不炒”政策主基调，强化并落实稳地价、稳房价、稳预期的调控目标，房地产市场健康平稳发展，但也出现了一些新情况和新趋势。

（一）房地产市场宏观情况

1. 房地产开发投资情况

2021 年，石家庄市地区生产总值 6490.3 亿元，较上年名义上升 6.6%，实际上升 9.3%。2021 年，河北省地区生产总值 40391.3 亿元，石家庄市占总量的 16%。2021 年，唐山市地区生产总值 8230.6 亿元，石家庄市与其差距扩大至 1740.3 亿元。河北省提出“大力支持省会建设和高质量发展”，实则为“强省会战略”。石家庄市也提出在 2025 年实现经济总量过万亿目标，并为此调整石家庄城市规划和开发规则，实施多项城市更新和产业培育计划，这对石家庄市和房地产市场都产生了较大影响。

2021 年，石家庄市固定资产投资同比下降 5.9%，降幅较上年缩小 14.2 个百分点。其中，房地产开发投资同比上升 2.6%。尽管升幅较上年缩小 0.7 个百分点，但仍为当年唯一呈现正增长的投资门类。从细分来看，住宅开发投资同比上升 1.6%。尽管升幅较上年缩小 8.8 个百分点，但仍呈现出难得的正增长状态。此外，办公楼开发投资同比下降 32.1%，降幅较上年扩大 5.4 个百分点，体现出房企对办公楼项目投资意愿的低迷状态。商业营业用房开发投资同比上升 20.7%，涨幅较上年扩大 19.9 个百分点，幅度极高。但考虑到自 2018 年以来，商业营业用房开发投资已连续三年呈现极深的负增长状态，最高降幅为 2019 年的 51.1%，可见 2021 年的明显上升应为投资意愿低迷之下的触底反弹。

开工方面，2021 年石家庄市房屋新开工面积 1136 万平方米，较上年下降 15%。其中，住宅新开工面积较上年下降 19%，降幅高于房屋总量。开工面积的减少与石家庄疫情冲击、空气污染整治、集中采暖期和北京冬奥会等因素影响有关，全年有效施工时间大幅缩短。但也与房地产金融政策极度收紧，房企资金流动性出现较大危机，部分房企开发经营遭遇障碍，获取土地和投资开发的意愿大打折扣等因素有关。

2. 房企到位资金情况

2021 年，河北省房企到位资金 6046.9 亿元，较上年上升 9.1%。其中，来自国内贷款的资金 363.4 亿元，较上年下降 29.4%。来自外资的资金为零。来自房企自筹的资金 2729.4 亿元，较上年上升 0.3%。以购房时产生的定金、预收款及个人住房贷款组成的资金 2954.1 亿元，较上年上升 28.24%。

河北房企品牌溢价能力普遍不高，开发规模有限，扩张力度不高，国内传统融资渠道竞争力不强，通过金融机构贷款获取资金的规模较低，大多依赖自筹和商品房销售来获取资金。其中，通过自筹获取资金占总量的 45%，通过商品房销售获取资金占总量的 48%。然而，2021 年此两项获取资金的渠道均存在变数和风险。自筹资金往往通过民间私募，融资成本较高，导致比较沉重的财务成本。再加上金融监管部门的管控愈发增强，借此获取资金的变数显著上升。在传统渠道和自筹渠道获取资金遇阻后，房企对商品房销售上的回款诉求愈发强烈。2021 年，特别是下半年的石家庄市房地产市场，房企借助以价换量刺激成交规模的力度较大。尽管为获取资金创造了条件，但也导致开发利润大幅压缩，对企业日常经营、获取土地和开发意愿产生了不利影响。

（二）房地产市场金融情况

2021 年，石家庄市金融机构新增贷款 1503.07 亿元，较上年下降 12%。新增住户贷款 654.16 亿元，较上年下降 6%。其中，以个人住房贷款为主的住户中长期贷款新增 515.61 亿元，较上年上升 4%。此外，当年住户中长期贷款新增规模占总量的 34%，较上年上升 5 个百分点。

尽管 2021 年货币政策坚持稳健状态，但房地产金融政策出现重大调整。除此前实施的“三道红线”外，对房企融资行为管控新增“三道补丁”，获取土地和商品房销售之间的比例、发行商票情况以及房企经营现金流等均被纳入监管范围。在实际操作层面，金融机构实施了力度较大的流动性管控，导致部分房企获取资金难度陡然加大，财务成本大幅上升。加之市场交易遇阻，房企通过商品房交易获取资金的难度亦上升。上述因素叠加导致房企经营遇阻，部分房企出现生存问题，某些房企出现暴雷现象。经市场发酵，这些现象又对市场预期产生负面影响，令市场雪上加霜。

上半年，受窗口指导影响，金融机构明显收紧了房地产市场的贷款投放，尤其是二手房市场受到了极大影响，房龄较老、品质较差的二手房在交易时无法获取住房贷款。下半年，同样受窗口指导影响，金融机构重新恢复对房地产市场的贷款支持，此前积压和排队的贷款需求迅速获批，资金流入市场的渠道逐步顺畅，但市场下行趋势已经形成，难以短时间内得到扭转，加之政策放松速度较慢、力度较小，房地产金融政策的某些调整并未对市场产生积极影响，也没有产生预期的效果。

住房贷款利率的走势和变化也充分反映出石家庄市房地产市场的变化。受窗口指导影响，2021 年上半年石家庄市金融机构审批和放款的家庭首套住房贷款利率，自 2020 年最低时的 4. 9%回升至最高 5. 25%水平，且放款周期较长，等候时间较久。下半年住房贷款利率下行趋势明确，并在年底时触及 5. 0%左右水平，且在 2022 年有进一步下行的趋势。

（三）土地市场运行情况

1. 住宅用地交易情况

2021 年，石家庄房地产开发用地交易继续呈现出下降趋势。全年供应 116 宗，面积 351. 01 万平方米，较上年下降 32%。成交 83 宗，面积 252. 43 万平方米，较上年下降 35%。成交价格 258. 73 亿元，较上年下降 35%。成交单价 683. 22 万元/亩，较上年下降 1%。与上年相比，2021 年石家庄房地产开发用地交易的各项指标均呈现出更为显著的下降趋势。

住宅用地交易下降趋势非常显著。2021 年，石家庄住宅用地供应 48 宗，面积 181. 57 万平方米，较上年下降 19%。成交 31 宗，面积 125. 96 万平方米，较上年下降 19%。成交价格 122. 00 亿元，较上年下降 21%。成交单价 645. 63 万元/亩，较上年下降 2%。成交住宅用地可形成建筑面积 284. 23 万平方米，较上年下降 24%。住宅用地成交楼面价 4292 元/平方米，较上年上升 4%。上述指标中，住宅用地成交楼面价略有上扬，但考虑到同期住宅用地交易的低迷，石家庄土地市场已现重大变化。

就区域而言，石家庄主城区的下降趋势远甚于“新三区”。与上年相比，2021 年石家庄市主城区内住宅用地供应规模下降 24%，成交规模下降 8%，成交价格下降 18%，成交单价下降 10%，成交楼面价则基本持平。与之相比，“新三区”交易则未出现明显下降。

2. 商住用地交易情况

在住宅用地交易出现较大降幅的同时，商住用地的交易情况也不甚乐观。2021 年，石家庄市商住用地供应 23 宗，面积 108. 75 万平方米，较上年下降 42%。成交 17 宗，面积 75. 76 万平方米，较上年下降 48%。成交价格 116. 83 亿元，较上年下降 46%。成交单价 1027. 91 万元/亩，较上年上升 3%。

住宅和商住用地交易呈现出的下降趋势的原因有以下两方面：

第一，政策环境的持续收紧，对市场交易和预期信心产生了较大的负面影响，导致房企通过商品房销售获取资金的难度陡增。这一现象在石家庄市房地产市场上表现得尤其明显，导致房企对石家庄市房地产市场的短期判断呈现出谨慎甚至悲观的态度。2021 年下半年，石家庄市房价出现加速下降趋势，房企和项目采取以价换量呈现扩大态势，更令房企对石家庄房地产的市场预期雪上加霜。2021 年，全国性房企在石家庄市场上获取地块的积极性大打折扣，暂时不在石家庄市获取土地和项目或有计划撤出石家庄的房企数量有所增加，从而导致住宅和商住用地的交易呈现出显著下降趋势。

第二，石家庄市规划和开发规则发生重大变化。土地开发一、二级被彻底剥离，行政力量在土地一级开发中的主导权大幅上升，导致以往因掌握土地一级开发主导权而在石家庄市场拥有一席之地的本地房企丧失部分优势。石家庄市的项目规划和开发的顶层规则也出现了重大变化，居住用地容积率上限确定为 2.0，出台建筑风貌与容积率挂钩政策，对项目规划进行硬性要求，项目规划方案受到很大影响。更为重要的是，地块规划发生重大变化，更多地块被让渡出来，结合地块所在板块的城市配套现状，用于补强配套水平。2021 年下半年起，房企对上述变化正处在熟悉和适应阶段，由此制约了房企在石家庄获取土地和项目进展。

（四）商品住宅市场运行情况

1. 市场交易情况

2021 年，石家庄市普通住宅新增供应 24337 套，面积 286.38 万平方米，较上年下降 26%。成交 34769 套，面积 404.00 万平方米，较上年下降 21%。成交价格 14940 元/平方米，较上年下降 0.2%。成交金额 603.56 亿元，较上年下降 21%。在政策环境从严从紧，房企经营遭遇困难，部分房企出现暴雷，预期信心谨慎悲观，贷款利率冲高回落，加之新冠肺炎疫情冲击等多重因素影响下，市场呈现萎缩状态。

就区域而言，项目分布较为集中，长安区的普通住宅交易规模居首。2021 年，供应面积 88.55 万平方米，占总量的 30%。成交面积 124.57 万平方米，占总量的 30%。同时，长安区也是石家庄主城区内项目竞争最激烈、以价换量最活跃的区域，当年普通住宅成交价格 16458 元/平方米，较上年下降 3%。

就环线而言，石家庄市二环内外的普通住宅成交价格大相径庭，其差距有进一步放大的趋势。其中，二至三环为石家庄普通住宅交易的“主舞台”，2021 年供应面积 152.01 万平方米，占总量的 53%。成交面积 190.30 万平方米，占总量的 47%。成交价格 14929 元/平方米，较上年下降 4%。2021 年二环内普通住宅成交价格 20269 元/平方米，较上年上升 0.5%。二环内与二环外的价差由 2020 年的 29%，扩大至 2021 年的 35%。

2. 交易类型情况

尽管高层住宅依然是石家庄普通住宅交易的主力，但考虑到当前已实施居住用地容积率上限 2.0 等一系列将项目规划和建筑风貌同容积率紧密挂钩的政策，普通住宅项目容积率下降趋势已经显现，以高层住宅为主的项目将逐步消失，项目的开发强度和楼层高度也将逐步下降。

2021 年，石家庄市高层住宅新增供应 11487 套，面积 134.07 万平方米，较上年下降 27%。成交 15779 套，面积 182.18 万平方米，较上年下降 25%。成交价格 15827 元/平方米，较上年上升 0.8%。成交金额 288.33 亿元，较上年下降 24%。

2021 年，石家庄市高层住宅成交规模占总量的 45%，小高层住宅占总量的 42%，洋房占总量的 12%。与上年相比，高层住宅成交规模占比下降 2 个百分点，但小高层住宅则上升 3 个百分点。

受新的城市规划和开发规则影响，小高层住宅和洋房的供应规模将有所上升，高层住宅成交规模占比的下降趋势还将延续。受此前居住用地容积率分布特点的影响，有小高层住宅的项目多数位于二环外，其成交价格因其地段因素，表现低于高层住宅。

3. 交易结构情况

政策环境的收紧、金融政策的趋严、房企经营的风险及部分房企的暴雷，都令购房需求的预期和信心受到了极大的影响，谨慎和观望情绪较为浓厚，对成交价格的敏感度越来越高，在购房首付款和还款付息上的谨慎态度直接制约了当年石家庄普通住宅的交易结构，在成交面积段和总价段上有充分体现。

2021 年，石家庄市普通住宅成交规模最高的面积段是 100～120 平方米，共 11524 套，占总量的 33%。此外，120～140 平方米及 80～100 平方米的成交规模分别占总量的 26%和 25%。与上年相比，2021 年石家庄市普通住宅的成交面积段呈现出“中等户型坚挺，大户型及小户型萎缩”的状态。其中，100～120 平方米的成交规模占比较上年上升 5.24 个百分点，其他面积段均呈现出不同幅度的下降。尤以 80～100 平方米的成交规模占比降幅最显著，较上年下降 2.64 个百分点。

成交总价段方面的变化也非常显著。2021 年，石家庄市普通住宅成交规模最高的总价段是 100 万～150 万元，共 12311 套，占总量的 35%。150 万～200 万元及 200 万～250 万元的成交规模分别占总量的 26%和 12%。上述三个总价段合计占 73%。与上年相比，2021 年石家庄市普通住宅的成交总价段呈现出分化状态。中坚力量的成交占比有所上升，但高总价和低总价均有所下降，尤以高总价为甚。150 万～200 万元的成交规模占比较年上升 4.43 个百分点，100 万～150 万元及 200 万～250 万元的成交规模占比则分别上升 0.18 和 0.12 个百分点。总价超过 250 万元的普通住宅，其成交规模占比 2021 年呈现出下降状态。

2020 年，石家庄市房地产市场呈现出较强的改善需求特色，中等偏大户型和中等偏高总价的成交规模占比均有不同幅度上扬。但在 2021 年，这种现象戛然而止。市场的下行趋势和观望情绪，令本就在犹豫和观望边缘徘徊的改善需求选择了暂缓购房，令中等偏大户型和中等偏高总价的普通住宅成交规模占比呈现出不同幅度的下降。更为重要的是，当年二手住宅价格下行趋势显著。至下半年，二手住宅市场上买家掌握议价主导权，卖家在成交价格上一降再降，成交周期显著延长，在置换改善上本就常见的“连环交易”无法实现，制约了置换改善的积极性。

（河北省住宅与房地产业协会）

九、济南市房地产市场

（一）2021 年房地产市场基本情况

1. 开发投资情况

2021 年新开工商品房面积 1745.62 万平方米，同比下降 18.1%。其中，住宅 1215.20 万平方米，同比下降 16.2%。完成房地产开发投资 1928.00 亿元，同比增长 12.9%。其中，住宅 1351.39 亿元，同比增长 12.2%。

2. 土地出让情况

2021 年济南市供地 1656 宗，供地面积 130523.35 亩。其中，出让 805 宗，面积共计 45916.18 亩；划拨 851 宗，划拨面积 84607.17 亩。从出让用地按土地用途来看，包括住宅用地 315 宗，面积 14269.18 亩，同比增加 17.74%。其中，市本级住宅用地 192 宗，出让面积 9349.77 亩，同比增加 59.89%；商服用地 160 宗，面积 4880.09 亩，同比增加 43.24%。其中，市本级商服用地 95 宗，出让面积 3560.61 亩，同比增加 91.93%。

3. 房屋建设情况

2021 年房屋施工面积 10156.54 万平方米，同比下降 1.9%。其中，住宅 6577.38 万平方米，同比下降 1.8%。房屋竣工面积 1115.66 万平方米，同比下降 12.4%。其中，住宅 787.62 万平方米，同比下降 13.8%。

4. 到位资金情况

2021 年实际到位资金 2432.88 亿元，同比下降 2.9%。其中，国内贷款 365.83 亿元，同比下降 37.8%；利用外资 1.91 亿元，同比下降 73.6%；自筹资金 743.93 亿元，同比增长 3.7%；定金及预收款 987.78 亿元，同比增长 5.9%；个人按揭贷款 288.32 亿元，同比增长 34.9%；其他到位资金 1321.21 亿元，同比增长 2734.6%。

5. 批准预售情况

2021 年新建商品房批准预售 259835 套，面积 2110.80 万平方米，同比增长 32.26%。其中，住宅预售 112695 套，面积 1435.38 万平方米，同比增长 27.60%；办公预售 21918 套，面积 200.39 万平方米，同比增长 172.60%；商业用房预售 16667 套，面积 157.31 万平方米，同比增长 188.08%。

6. 新建商品房销售情况

2021 年全市新建商品房销售 25.98 万套，面积 2110.80 万平方米，同比增长 32.26%；销售均价为 11805.27 元/平方米，同比增长 0.31%；销售金额共 2491.86 亿元，同比增长 32.67%。其中，住宅销售 11.27 万套，面积 1435.38 万平方米，同比增长 27.60%；均价为 13406.91 元/平方米，同比增长 3.95%；住宅销售金额共 1924.41 亿元，同比增长 32.64%。办公销售 2.19 万套，面积 200.39 万平方米，同比增长 172.60%；均价为 10333.36 元/平方米，同比下降 11.84%。商业用房销售 1.67 万套，面积 157.31 万平方米，同比增长 188.08%；均价为 12588.19 元/平方米，同比下降 24.16%。

7. 待售情况

截至 12 月底，新建商品房可售 56.73 万套，面积 3311.37 万平方米，同比下降 4.72%；去化周期约 18.8 个月。其中，住宅可售 9.92 万套，面积 1344.95 万平方米，同比下降 0.95%；去化周期约 11.2 个月。

8. 存量房交易情况

2021 年二手房交易 6.83 万套，成交面积 514.99 万平方米，同比增长 10.21%；均价为 9725.48 元/平方米；同比增长 0.41%；其中，二手住宅交易 4.56 万套，成交面积 443.46 万平方米，同比增长 12.08%；均价为 10507.52 元/平方米，同比增长 2.02%。

（二）市场运行情况

2021 年济南市房地产市场运行总体保持稳定，呈现“先扬后抑”态势。

（1）住宅销售量方面，1—6 月新建住宅成交量每日约 340 套，二手住宅成交量每日约 200 套；7 月市场开始降温；10 月以来，住宅销售量大幅下降，新建住宅成交量每日约 200 套，二手住宅成交量每日约 120 套，新建、二手住宅均下降 40%左右。

（2）价格指数走势方面，根据国家统计局公布的商品住宅销售价格变动情况，济南市新建住宅价格指数二季度环比上涨较快，累计上涨约 3.3%，三、四季度增幅平稳回落并下降，全年同比增长 5.1%；二手住宅价格指数同比上涨 1.5%；住宅租赁价格指数同比上涨 2.2%。

（3）住宅库存方面，1—4 月住宅库存呈现加速去化态势，去化周期从 2020 年年底的 14.5 个月下降至 10 个月左右；自 5 月起，加速去化态势趋于平稳，当前住宅库存去化周期恢复至 12 个月左右。

（4）土地出让方面，5 月第一轮土地集中出让时，大型集团房企参与度高，土地溢价成交数量高；9 月第二轮土地集中出让时，企业参与热度明显下降，全部为底价成交，出现了中止和流拍现象；11 月第三轮供地以本地企业竞得为主，大部分地块以底价成交，且存在流拍现象。

总体来看，济南房地产市场活跃度回调，企业资金流动性趋紧，部分企业出现经营性风险，市场供需整体较为平衡，房价尚在合理区间波动。

（三）房地产工作措施情况

按照“一城一策”有关要求，在保障调控政策连续性、稳定性的基础上，推动房地产市场平稳健康发展，实现了稳地价、稳房价、稳预期的目标。

（1）加强房地产市场监管。印发《济南市商品房预售资金监管办法》（济建发〔2021〕10 号），将商品房预售资金全部纳入监管，避免项目烂尾问题发生，着力防范房地产市场风险。印发《济南市房地产开发项目竣工综合验收备案实施细则》（济建发〔2021〕21 号），严格实施商品房竣工综合验收备案，加强房地产项目交付管理，维护群众合法权益。结合房地产市场三年专项整治工作，加强房地产市场监管，维护房地产市场经营秩序。印发《关于进一步明确新建商品房销售管理有关问题的通知》（济建房字〔2021〕3 号），进一步明确商品房销售相关监管事项，规范商品房销售市场秩序，保护购房人的合法权益。按照修改后的《山东省城市房地产开发经营管理条例》《山东省商品房销售条例》关于取消房地产开发项目竣工综合验收及备案制度等规定，及时废止《济南市房地产开发项目竣工综合验收备案实施细则》，并印发《关于做好我市房地产开发项目交付管理工作的通知》（济建发〔2021〕71 号），确保新旧政策调整期间，房地产开发项目交付等相关管理工作有序衔接。认真贯彻国家、省关于持续整治规范房地产市场秩序的要求，印发《济南市持续整治规范房地产市场秩序三年行动实施方案》，切实抓好全市整治规范房地产市场秩序工作，维护人民群众合法权益。

（2）开展市场专项调研。定期召开房地产企业座谈会，开展长期性跟踪调研，以及金融政策变化、“两集中”供地对房地产市场影响、房地产领域风险等专题调研。

（3）为加快推进济南市绿色建筑高质量发展。出台《关于全面推进绿色建筑高质量发展的实施意见》（济政发〔2021〕3 号），对符合高星级绿色建筑、高星级健康建筑、被动式超低能耗建筑、装配式建筑设计标准要求的建设项目，给予“其预制部件部品购买资金可计入工程开发建设投入资金，投入资金达到工程建设总投资 25%以上且已完成基础工程，并确定施工进度和竣工交付日期的，可申请办理商品房预售许可，各拨付节点预售资金监管留存比例可下调 10 个百分点”的政策支持。

（4）防范化解房地产市场风险情况。针对房企出现经营性风险情况，及时开展房地产领域专项调研，对部分重点房企实施初步摸底，梳理分析当前济南市房地产领域存在的问题和风险，并提出有关建议。

（四）发展住房租赁市场试点工作情况

1. 体制机制建设和运行情况

积极发挥市培育和发展住房租赁市场工作领导小组指导引领作用，认真落实试点工作例会、进度周报制度，建立领导小组决策部署、领导小组办公室协调落实、相关市直部门支持配合、各区及平台公司高效实施的工作机制，保障试点工作顺利推进。

2. 制度体系建设情况

一是制定了“十四五”住房租赁市场发展规划，提出了“发展坚固稳定的多渠道租赁住房供应体系”等 4 条发展目标，并分别定性、定量地明确了目标要求。二是印发《济南市住房租赁市场摸底排查整顿规范专项工作方案》，指导全市开展住房租赁市场排查整顿工作，不断加大住房租赁市场监管力度。

3. 租赁住房房源筹集情况

一是将租赁住房建设用地纳入市辖区住宅用地年度供应计划，2021 年度居住用地新建租赁住房和商业商务用地新建租赁型公寓项目占地面积共约 2296 亩。二是支持利用居住用地、商业商务用地（保障用地）新建租赁型公寓，规范商业用房改做公寓型租赁住房，2021 年度共将 55 个新建、改建租赁住房项目纳入试点，建成后预计增加房源 3.4 万余套。三是引导住房租赁企业、房地产经纪机构将盘活房源及租赁合同上传至平台备案，2021 年度全市盘活房源超 2.8 万套。

4. 培育住房租赁企业情况

采取宣传培训、加强奖补等方式，培育了济南轨道交通集团置业有限公司等 4 家租赁房源量 1000 间以上的专业化、规模化住房租赁企业。持续引导各类市场主体专业化管理、规模化经营，未来将向市场提供更多长期稳定的租赁住房，为稳市场、稳租金奠定坚实基础。

5. 住房租赁管理服务平台建设使用情况

2021年，济南市对住房租赁综合服务平台进行多轮升级。一是规范房源核验标准，提高核验效率，实现“一房一码”。二是强化市场主体管理，对已备案的企业每周开展人员从业资质巡查，对触发预警的企业或行为，通过系统实施多维度限制。三是优化租住服务体验，加强租赁平台与市政务服务网站对接，并将合同签约以及租赁备案功能嵌入“爱山东泉城办”手机APP，实现个人常用业务办理便捷化。

6. 整顿规范住房租赁市场秩序情况

2021年，济南市持续规范住房租赁市场秩序。一是成立市、区两级工作专班，严格落实属地责任，全面排查住房租赁市场，摸清住房租赁企业底数，优化市场竞争环境，全年共摸排租赁企业、中介机构门店3800余次，各类问题基本获得有效整治。二是积极化解矛盾纠纷。在保持投诉、举报渠道畅通的基础上，及时处理12345市民服务热线反馈工单，热情回应群众需求，有力化解租住矛盾。积极对接信访等其他舆情反馈渠道，着力营造和谐氛围。

（济南市房地产业协会）

十、青岛市房地产市场

2021年房地产调控政策持续，市场下行压力加大，金融信贷收紧，行业面临着前所未有的挑战。青岛市牢牢坚持“房住不炒”的定位，全面落实稳地价、稳房价、稳预期的房地产长效机制，不断优化营商环境，促进房地产市场平稳健康发展。

（一）2021年房地产市场基本情况

1. 房地产开发投资同比减少

2021年，青岛市政策以维稳为主，始终坚持“房住不炒”基调，主要变化集中在土地、信贷，各区针对性进行人才引进，进一步减少土地财政依赖度，维护经济发展，保障房地产市场平稳运行。青岛市全年房地产完成开发投资1981.8亿元，同比下降3.1%，这也是自2017年以来房地产开发投资首次出现同比下降的情况。主要原因有三：一是市场销售不畅，观望情绪浓厚，企业投资热情低落；二是“两集中”供地数量减少，企业购地投资降低；三是“三条红线”落地执行，企业融资压力加大、成本升高。

2. 土地供应与成交情况

2021年，青岛市共成交商住办用地360幅，其中，青岛市辖区住宅用地分三批次集中出让，供应土地195幅，成交178幅。土地供应2336万平方米、成交2133万平方米，同比分别下降16.8%和19.2%。从土地出让结构看，仍以涉宅用地为主，住宅、商住用地成交占74%，其余为商服、综合用地。从土地出让价格看，全市成交楼面地价3443元/平方米，同比上涨12.9%，超9成土地为底价成交，人才住房配建、产业引入等拿地条件，一定程度上推高了企业实际拿地成本。

3. 新开工面积持续下滑

2021年，青岛市各类房屋施工面积13011.6万平方米，竣工面积1656.9万平方米，同比分别增长3.9%和43.6%。新开工面积2180.3万平方米，同比下降34.2%。受新增土地供应减少、企业资金压力增大、市场形势转淡、金融信贷政策收紧等诸多因素叠加影响，全市各类房屋新开工面积下滑。为保持市场平稳运行，青岛市按照区域化、差异化、精准化原则，做好房地产市场需求端和供给端管理。一是合理确定住房用地供应规模，重点把握好住宅用地供应的结构、规模、布局和节奏，从源头上稳定市场预期。二是加快住宅项目开发建设进度，实施对项目建设的全生命周期服务，延伸政务服务链条，向前端延伸至项目招引的动议环节，向末端延伸至项目在青落户后的成长发展全过程，确保项目落地又稳又快，尽快形成有效供给。

4. 企业资金仍然紧张

2021 年，青岛市房地产开发企业资金来源合计 2794.6 亿元，比上年下降 4.6%。上半年市场运行良好，销量增长带动企业资金增长，但下半年尤其四季度以来，受市场下行、融资收紧等影响，企业资金紧张程度加大。从资金来源渠道看，自筹资金下降 12.6%，国内贷款下降 34.9%。同时，受上半年市场拉动影响，定金预付款及个人按揭贷款同比增长 17.2%。从企业表现看，在房地产行业整体增速放缓、叠加“三道红线”、土地“两集中”等调控政策背景下，“降负债去杠杆”成为多数大型房企的第一要务，流动性压力下整体经营承压，区域深耕型企业优势日益凸显，在利润越来越微薄的背景下，强化内控能力成为房企的重要战略之一。在市场压力增大的背景下，企业合作明显增多，这种强强联合取地开发模式将成为重要开发方式，使得合作企业双双实现规模增长。

5. 新房市场由升转降

从商品房网签数据显示，2021 年，青岛市新建商品房成交 14.98 万套、面积 1718 万平方米，同比分别下降 2.42%和 3.68%。从市场供应看，全市新建商品房批准预售套数 15.04 万套，同比下降 16.2%，供求基本持平。从全年各月走势看，上半年受前期疫情挤压等影响，购买力持续释放至 5 月；自 6 月开始在需求透支、信贷收紧、市场信息等多重施压下，购房者预期转冷，市场下滑。

6. 存量市场保持平稳

根据网签数据显示，2021 年，青岛市二手房成交 6.8 万套、632 万平方米，同比分别增长 7.44%和 8.54%。自 2020 年二季度开始，二手房市场逐步从“低迷”恢复至“平稳”，持续时间接近一年。两集中供地、三道红线、信贷额度减少、房贷利率上调、品牌房企“暴雷”、房产税试点等各种因素均对二手住房市场产生影响，市场预期发生改变，传导至成交量改变。从全年月度走势看，3 月、4 月是供需高峰，月均成交量达到 60 万平方米左右，下半年银行贷款要求提高，放款难度加大，购房预期降低，成交均价下降，11 月银行政策放松，但翘尾行情不明显，全年累计成交量同比微增。

7. 新建商品住宅价格保持平稳

根据国家统计局发布：2021 年 12 月 70 座大中城市商品住宅销售价格统计数据显示，青岛新建商品住宅销售价格环比下降 0.1%，同比上升 4.4%，环比降幅比上月收窄 0.2 个百分点，同比增幅比上月回落 0.3 个百分点，青岛市环比、同比价格指数在全国排名位于 22 和 12 位。从 2021 年青岛市新建商品住宅销售价格指数走势看，全年环比最高出现在 7 月，上升 1%，最低出现在 11 月，下降 0.3%，上下幅度均未超过 1%，价格指数波动总体平稳，房地产市场“稳房价、稳地价、稳预期”总体取得积极成效。

（二）2021 年青岛市住房保障工作情况

1. 保障政策体制机制建设情况

青岛市委、市政府坚决贯彻落实党中央、国务院决策部署，全力推进发展保障性住房有关工作。成立了由市政府主要领导任组长的青岛市住房制度改革和住房保障工作领导小组，全面统筹保障性租赁住房政策制定、房源筹集、分配管理等工作。按照上级要求，青岛市积极推进现有各类政策性住房归类整理，实现与国家住房保障体系对接。总的思路是：现有面向城镇户籍家庭、新市民供应的公租房，继续作为公租房管理；现有面向新市民、青年人等群体供应的租赁型人才住房、享受政府优惠政策且符合“小户型、低租金”的市场租赁住房等，归类为保障性租赁住房；现有产权型人才住房和共有产权商品住房等，归类为共有产权住房。通过上述举措，加快构建以公租房、保障性租赁住房和共有产权住房为主体的住房保障体系。

青岛作为全国完善住房保障体系和住房租赁市场发展“双试点”城市，近年来青岛不断完善“租购并举”的住房制度体系，在政策制定、房源筹集、金融支持等方面均取得了积极进展。在保障对象上，明确不设收入门槛，重点保障在城区工作生活、正常缴纳养老保险和住房公积金、在当地无自有住房的新市民、青年人等群体，优先保障新就业、从事基本公共服务的新市民；在房源筹集上，明确利用集体经营性建设用地建设、企事业单位自建、园区配套建设、盘活闲置住宅和非居住存量房屋、集中建设、商品住房项目配建等多种方式筹集；在项目认定上，构建起了联合审查、快速审批的工作机制，使保障性租赁住房的房源筹集有标可依、项目管理有章可循、优惠政策有据可考；在保障措施上，构建多元化供地格局，合理确定土地供应时序，完善住房税收体系，以落实税收减免政策为重点支持住房租赁市场发展。

2. 保障房各项指标任务及达成情况

2021 年度，青岛市新开工建设公共租赁住房 1062 套，新增公共租赁住房补贴 4715 户，全市公共租赁住房实物保障和住房租赁补贴在保家庭达到 7.3 万户。抓住用好完善住房保障体系、中央财政支持住房租赁市场发展试点机遇，落实保障性租赁住房房源 3.8 万套，建设和筹集人才住房房源 6 万套，配售配租 1.2 万套，全市公共租赁住房货币补贴数量、人才住房建设筹集数量均居全省第一，住房租赁市场试点工作绩效评价位列全国同批试点城市首位。多措并举，努力构建多主体供给、多渠道保障、租购并举的住房制度。

3. 保障性租赁住房推进情况

青岛市努力实现让市民“住有所居、住有宜居”，构建保障性租赁住房、公租房、共有产权房（产权型人才住房）的住房保障体系。7 月 19 日，青岛市住房和城乡建设局正式发布《青岛市“十四五”住房发展规划》，以住有所居、住有宜居、职住平衡为总目标，坚持“房住不炒”定位，加快建立多主体供给、多渠道保障、租购并举的住房制度，规划全市新增城镇住房 70 万套左右，其中新增商品住房 44 万套左右，至规划期末，全市租赁住房达 60 万套。为确保这一目标如期实现，主要通过以下方式多渠道筹集保障性租赁住房房源：一是企事业单位自建。在租赁需求旺盛的区市，鼓励各类开发区、工业园区和产业园区，组织集中建设保障性租赁住房；鼓励大专院校、科研机构及用工规模较大或引进人才较多的企事业单位，利用自有存量建设用地建设保障性租赁住房。二是盘活闲置存量住房和非住宅房屋。结合老旧小区改造，引导房地产经纪机构和专业化租赁企业收储市场闲置住房，改建闲置、低效利用商业办公用房及工业厂房用作保障性租赁住房。三是利用集体土地建设。推动集体土地有效利用，缓解城市居住用地供需矛盾，以城阳区、黄岛区、胶州市为重点，积极推动集体用地建设租赁住房试点工作。四是集中建设。以公共交通便利为导向，通过划拨土地、协议出让土地、整体出让租赁住房用地等国有土地供应渠道，集中建设保障性租赁住房，统一配套公共服务设施。五是商品房配建。严格落实配建政策，不同类型用地分别按照规划住宅建筑面积的 10%~45%实施配建，所筹房源户型面积以中小户型为主。

4. 城市更新改造推进情况

实施城市更新与建设，即是在谋划推进一系列城市建设领域的民生工程和发展工程，这不仅利于释放城市发展潜力，撬动万亿级别的内需空间，更是关乎城市功能品质提升、市民幸福感增强的民生福祉。青岛的建设发展见证了中国城市更新模式的层层迭代，从基础版本的“大拆大建”到进阶升级的“多元开发”“重质轻量”，再到大数据时代的“可持续发展”，城市更新与建设的目标也从“增量开发”转为“存量更新”。2021 年青岛市进一步加大城镇老旧小区改造力度，丰富改造内容，增加配套设施，启动改造老旧小区 216 个、面积 601 万平方米，惠及居民 7.3 万户。通过制度创新，青岛市已经实现了多个老旧小区改造项目“合并招标”，流程再造、压缩环节、提高效率，确保城市更新在尽快落地落实；持续推动棚户区改造，新开工 1.4 万套（户），青岛市成为全国棚改激励支持城市。开工既有居住建筑节能保暖改造 232 万平方米，开展 915 部既有住宅加装电梯工作，惠及居民 3.8 万户，努力让群众居住更安心、更舒适、更方便。2022 年 2 月，青岛市召开城市更新和城市建设三年攻坚行动动员大会，将按照“一年重谋划、两年快起步、三年见成效、五年大变样”的总体部署，统筹实现土地集约利用、特色风貌传承、产业空间拓展、城市功能完善、交通安全畅通、生态环境优美、人居环境提升等目标，全面推动实现更高水平宜居宜业，将青岛建设成为高质量发展、高品质生活、高效能治理的现代化国际大都市。

（青岛市房地产业协会）

十一、郑州市房地产市场

2021 年，郑州市房地产市场持续下行，各项指标下降幅度较大，库存量不断加大，形势较为严峻。

1. 房地产开发投资情况

2021 年，郑州市房地产开发完成投资 3089 亿元，同比下降 9.9%，低于全省平均增速 11.1 个百分点，占全省比重由上年的 44%降至 39.2%；其中，住宅投资 2544.96 亿元，同比下降 5.8%，占全省比重为 38%。

2. 商品房供应情况

2021 年，郑州市共批准预售面积 2175 万平方米，同比下降 32.1%，其中，住宅批准预售面积 1831 万平方米，同比下降 30.3%。郑州市主城区批准预售面积 1433 万平方米，同比下降 24.2%；其中，住宅批准预售面积 1151 万平方米，同比下降 23.5%。

3. 商品房销售情况

2021 年，郑州市商品房合同备案面积 1965 万平方米，同比下降 22%。其中，住宅合同备案面积 1730 万平方米，同比下降 21.3%。郑州市主城区商品房合同备案面积 1232 万平方米，同比下降 21.3%。其中，住宅合同备案面积 1084 万平方米，同下降 20.2%。

4. 商品房价格情况

2021 年，郑州市商品房销售均价 12016 元/平方米，同比增长 5.3%。其中，住宅销售均价 12295 元/平方米，同比增长 6.9%。郑州市主城区商品房销售均价 14557 元/平方米，同比增长 7.1%。其中，住宅销售均价 14940 元/平方米，同比增长 8.5%。

5. 商品房库存情况

截至 2021 年年底，郑州市商品房库存 6429 万平方米，同比增长 3.3%。其中，住宅库存 3065 万平方米，同比增长 3.1%。郑州市主城区商品房库存 4797 万平方米，同比增长 4.4%。其中，住宅库存 1998 万平方米，同比增长 3.5%。

6. 施工、新开工及竣工面积情况

2021 年，郑州市房屋施工面积 20503 万平方米，占全省比重为 32.7%，同比增长 5.4%；新开工面积 3169 万平方米，占全省比重为 23.2%，同比减少 3.7%；房屋竣工面积 2193 万平方米，占全省比重为 32.1%，同比增长 49.9%。

7. 二手房交易情况

2021 年，郑州市二手房交易面积为 676 万平方米，同比增长 0.8%。其中，住宅交易面积 616 万平方米，同比增长 0.6%。郑州市主城区二手房交易面积 519 万平方米，同比增长 4.4%。其中，住宅交易面积 492 万平方米，同比增长 4.6%。全市二手房均价为 10928 元/平方米，同比增长 6.2%；住宅均价为 11209 元/平方米，同比增长 6.8%。主城区二手房均价为 12668 元/平方米，同比增长 4.9%；二手住宅均价 12760 元/平方米，同比增长 5.1%。

（河南省房地产业协会）

十二、合肥市房地产市场

（一）2021 年合肥市房地产市场基本情况

2021 年，合肥市房地产市场整体呈现“先扬后抑”发展曲线。年初市场预期上行，交易量增长较快；随着 4 月 6 日房产新政的稳步实施，年中各项指标逐渐回落，市场交易量价齐跌，市场预期逐渐平稳；年底各项指标保持稳定态势，市场平稳运行进一步巩固。全年房地产市场总体平稳。

1. 房地产开发投资情况

2021 年，合肥市房地产开发投资总体保持平稳。全年完成房地产开发投资 1466.4 亿元，同比下降 5.2%。其中，住宅开发投资 1193.2 亿元，同比下降 3.6%。

从投资结构看，2021 年，合肥市房地产建安投资 695 亿元，约占房地产开发投资 47.4%，同比增长约 2.1%；土地购置费 685 亿元，约占房地产开发投资 46.7%，同比下降约 9.6%。

2. 房屋建设规模情况

2021 年，合肥市房屋新开工面积 1825.1 万平方米，同比增长 5.4%。其中，住宅新开工面积 1271.7 万平方米，同比下降 1.2%；房屋竣工面积 1896.8 万平方米，同比增长 17.5%。其中，住宅竣工面积 1337.9 万平方米，同比增长 18.4。截至 12 月底，全市房屋施工面积 8285.0 万平方米，同比增长 3.6%。

3. 土地供应和成交情况

2021 年，合肥九区县涉宅土地供应 1378 万平方米，成交 1099 万平方米，同比分别上涨 38%、32%。

其中，合肥市区涉宅土地供应 914 万平方米，成交 761 万平方米，同比分别上涨 95%、62%；供求比 1.20。2021 年，经开区、滨湖区加大供地规模，新站区、包河区供地节奏稳定。

2021 年，肥西县供地规模增加，接近前 5 年年均成交规模，肥东县、长丰县供地规模持续，三县整体供地较为均衡。

政策环境方面，“双集中”政策延续，适度松绑土拍门槛，推高房企参拍积极性，不断完善土拍政策工具箱稳地价，通过“竞品质”或“定品质”，实现地价、房价、品质三个维度全面管控。

4. 商品房批准预售情况

2021 年，合肥市商品房批准预售面积 1582 万平方米，同比下降 6.9%。其中，商品住宅 1100 万平方米，同比下降 13.4%。市区商品房批准预售面积 888 万平方米，同比下降 11.2%。其中，商品住宅 575 万平方米，同比下降 16.5%。

5. 商品房价格及销售情况

2021 年，合肥市新建商品住房价格环比指数累计为 3.65%，同比指数平均数为 5.45%。

全年合肥市商品房销售面积 1837 万平方米，同比上升 23.6%。其中，商品住宅销售面积 1563 万平方米，同比上升 20.5%；办公楼销售面积为 65.11 万平方米；商业营业用房销售面积为 51.67 万平方米。

全年合肥市商品房销售额为 2457.72 亿元，同比增长 15.5%。其中，住宅销售额为 2257.01 亿元，同比增长 14.0%；商业营业用房销售额为 69.45 亿元，同比增长 36.3%。

6. 存量房交易情况

2021 年，合肥全市二手房成交面积 1201 万平方米，同比上升 31.6%。其中，住宅 1086 万平方米，同比上升 38.6%。全年市区二手住宅成交面积 774.2 万平方米，成交套数 8.62 万套，同比上升 33.1%。从全年二手住宅成交面积情况来看，第一季度成交火热，此后随“4.6”新政的持续发酵，二手住宅成交面积大幅下滑，年底成交量略有回升（见图 5-12-1）。

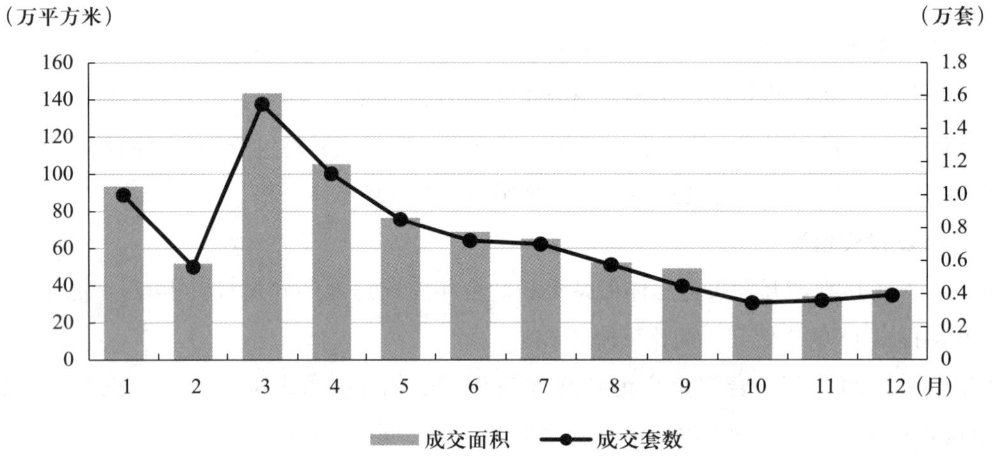

图 5-12-1　2021 年合肥市二手住宅月度成交面积和成交套数

数据来源：合肥市房地产研究中心。

分区域来看，全年蜀山区成交套数最多，为 1.60 万套；庐阳区 1.46 万套，居第二；包河区 1.43 万套，居第三；政务区最少，为 0.21 万套（见图 5-12-2）。

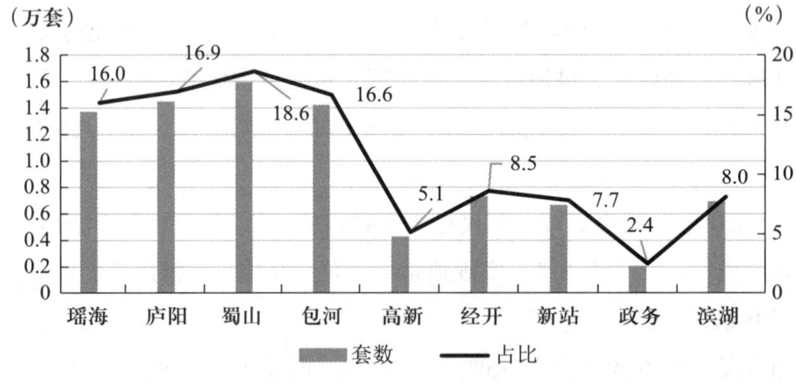

图 5-12-2　2021 年合肥市区分区域二手住宅年度成交套数

数据来源：合肥市房地产研究中心。

2021 年，合肥市二手住房价格环比指数累计为 2.62%，同比指数平均数为 5.23%。

（二）2021 年合肥市住房租赁工作情况

1. 紧扣绩效，落实试点目标

（1）完成年度试点目标任务。贯彻落实“房住不炒”“租购并举”要求，深化住房租赁试点，全面完成当年任务绩效目标，其中，新建改建租赁住房 2.3 万套（间），盘活存量房源 8.1 万套（间），培育专业化规模化住房租赁企业6家，供应租赁住房用地1000余亩。

（2）完成租赁平台升级改造。健全搜房、找房、租房等功能，完善第三方数据对接，增加租赁合同网签备案电子签章功能，为注册用户提供多层次、全方位租赁服务。平台实时挂牌房源超60万套（间），网签备案住房租赁合同约21万份，实名注册个人用户超34万，纳入管理的企业近千家，日均点击量达19万余次。

2. 多措并举，规范市场行为

（1）推行机构实名登记

1）人员对象全覆盖。在合肥市从事房地产经纪或住房租赁业务的单位及其从业人员均要求办理实名登记，生成人员实名登记服务证，涵盖人员姓名、编号、所在机构、信用记录等信息，其中机构及从业人员编号终身唯一。截至目前平台已登记公司门店3063家，从业人员3.3万名。

2）动态监管全公开。从业人员实名登记服务证均有唯一的从业编码及二维码，市民可通过行业协会网站、网络平台房源发布页面链接或者扫描从业人员服务证二维码，对机构和人员的信用信息进行实时查询、在线投诉和评价，同时系统中记录的从业人员的良好行为和不良行为，为市民选择经纪人提供重要参考，改变单一的监管方式，加强事中事后监管。

3）服务应用全网通。从业人员取得实名登记服务证后方可在房产网络平台发布房源。网络平台房源发布页面实时展示从业人员服务证等信息，可实时查看人员的基本信息和信用信息等，解决从业人员信息“部门不掌握、平台未实名、内容不详细”等问题，实现数据互通、加强信息共享，杜绝网络平台中房源发布人员未实名等情况。目前，贝壳找房、安居客、58同城、天猫好房、幸福里、Q房网等8家涉房网络平台均上线运行从业人员实名登记系统功能。

（2）加强行业信用管理

1）完善制度建设。进一步加强房地产中介行业信用管理，建立健全守信联合激励、失信联合惩戒机制，草拟《合肥市房地产中介行业信用信息管理办法》，修订信用评分指标，行业信用体系建设逐步完善。

2）开展信用评定。组织开展2020年度住房租赁企业信用信息评定等级工作，共对主动申请信用评级的108家住房租赁企业信用等级进行评定，其中AA级住房租赁企业4家，A级住房租赁企业7家，B级住房租赁企业26家。通过信用评定，进一步提升企业诚信经营意识。

3）加强结果应用。企业年度信用考评等级与中央财政资金兑现挂钩。2021年对信用等级A级及以上的11家企业兑现中央财政奖补资金520万元。将未参加信用考评、不配合检查、信访投诉较多的其他100余家住房租赁企业列入重点关注名单，分批公示，提醒消费者谨慎选择。

（三）2021年合肥市住房保障工作情况

1. 推进棚户区改造

一是全面完成目标任务。截至2021年10月底，全市新开工棚户区改造安置住房44030套，开工率100%，基本建成棚户区改造安置住房10098套，基本建成率138.90%，提前超额完成年度目标任务。

2. 完善公租房保障

（1）降低公租房准入门槛。印发《关于公布市区2021年度公共租赁住房准入条件的通知》，将城镇中等偏下收入住房困难家庭年人均收入线由原来的33187元/年、2766元/月，调整提高到38626元/年、3219元/月，城镇户籍最低收入和较低收入住房困难家庭收入线标准，根据市民政部门公布的市区城乡居民最低生活保障标准相应调整。

（2）加大公租房保障力度。坚持实物配租和租赁补贴并举，结合房源情况，对符合条件的低保、低收入城镇户籍家庭，以提供实物保障为主，对符合条件的其他家庭、新就业无房职工及在城镇稳定就业的外来务工人员，以发放租赁补贴为主。全年发放公租房租赁补贴 3643 户，举行 2021 年度市区户籍家庭公租房选房顺序公开摇号，635 套公租房公平公正配租。

（3）提升公租房运营管理服务。在开展政府购买公租房运营管理服务试点基础上，全面推行政府购买公租房运营管理服务，设立运营管理服务中心提供一站式服务，建立公租房入户回访机制，宣传公租房政策，了解房屋使用情况和住户需求，完善维修管理机制，实现高效规范维修服务，公租房运营管理专业化、规范化水平不断提高。

（4）推进公租房项目建设。2021 年新开工建设安巢经开区花山公租房四期 998 套公租房，项目于 11 月正式开工建设。

3. 发展保障性租赁住房

（1）出台贯彻落实意见。根据《国务院办公厅关于加快发展保障性租赁住房的意见》（国办发〔2021〕22 号），结合合肥市实际情况，拟定发展保障性租赁住房贯彻实施意见，2021 年 12 月正式印发实施。

（2）多渠道筹集房源。加大保障性租赁住房房源筹集力度，发挥市场机制作用，通过利用集体经营性建设用地、企事业单位自有闲置土地、产业园区配套用地、新供应国有建设用地和存量闲置房屋建设等多种方式筹集保障性租赁住房房源，2021 年筹集保障性租赁住房约 2.2 万套（间）。

（3）确定“十四五”发展计划。根据住建部和省住建厅工作要求，综合合肥市多项住房租赁试点工作成效和实际情况，充分挖掘存量土地和存量房屋资源，“十四五”期间计划筹集保障性租赁住房 15 万套（间），缓解新市民、青年人等群体住房困难。

（合肥市房地产业协会）

十三、浙江省房地产市场

（一）开发投资增幅回升，住宅投资持续增长

1. 房地产开发投资保持增长，增幅同比略有回升

2021 年，全省完成房地产开发投资 12389 亿元，同比增长 8.5%，增幅高于全国平均水平（4.4%）。分年度来看，从 2017 年开始，房地产开发投资出现持续增长态势，2017 年、2018 年、2019 年和 2020 年房地产开发投资分别达到 8227 亿元、9945 亿元、10683 亿元和 11414 亿元，增速分别为 10.1%、20.9%、7.4%和 6.8%（见图 5-13-1）。2021 年房地产开发投资总额持续增长，且增速有所回升，为 8.5%。

2. 住宅开发投资持续增长，商业营业用房投资显著回升

分类型来看，2021 年全省住宅开发投资实际完成额约为 8802 亿元，同比增长 8.8%，办公楼开发投资实际完成额约为 457 亿元，同比减少 4.7%，商业营业用房开发投资实际完成额约为 890 亿元，同比增长 11%，其他房屋开发投资实际完成额约为 2239 亿元，同比增长 9.7%。其中，办公楼开发投资实际完成额在经历了 2019 年、2020 年连续两年上升后，2021 年呈下降趋势；商业营业用房开发投资实际完成额延续上年度的回升态势，上升幅度较上年增加 8.6 个百分点。住宅和其他房屋开发投资成为房地产开发投资的主要增长点，其中，住宅开发投资增速高于全国平均水平（4.4%）4.4 个百分点。

从住宅投资来看，刚需和改善住宅开发投资持续上升，非普通住宅开发投资同比出现回升。2021 年，全省 90 平方米以下小户型住房开发投资完成额约为 1401 亿元，同比上升 13.7%，连续三年保持增长；90~144 平方米住房开发投资完成额为 5834 亿元，同比上升 9.2%；144 平方米以上住房开发投资完成额 1566 亿元，同比上升 3.5%。

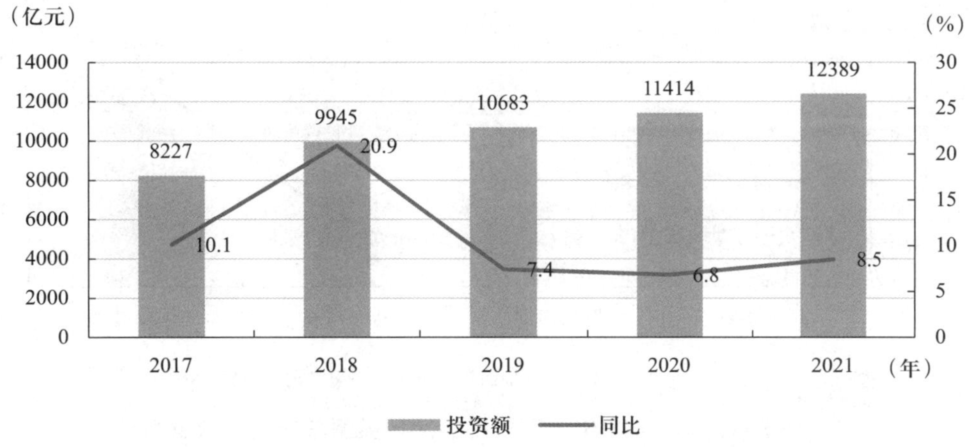

图 5-13-1　2017—2021 年浙江省房地产开发投资及其同比增幅

数据来源：Wind 数据库。

从区域来看，11 个地市房地产开发投资出现分化（见表 5-13-1）。2021 年，宁波、温州、绍兴、湖州、金华、丽水和衢州 7 个地市房地产开发投资额增长较快，同比增速分别为 14.1%、18.3%、14%、8.6%、27.6%、21.3%和 22.2%，均高于全省 8.5%的水平。杭州市和台州市的房地产开发投资额虽然保持增长，但增幅低于全省平均水平。嘉兴市和舟山市房地产开发投资额出现负增长，分别同比下降 3.7%和 8.8%。

表 5-13-1　2020—2021 年浙江省 11 个地级市房地产开发投资及其同比增幅

省市	2021（亿元）	2020（亿元）	涨幅（%）
浙江省	12389	11414	8.5
杭州市	3628	3575	1.5
宁波市	2076	1819	14.1
温州市	1441	1218	18.3
嘉兴市	1060	1101	-3.7
绍兴市	1027	900	14.0
台州市	961	899	6.9
湖州市	683	629	8.6
金华市	723	567	27.6
丽水市	331	273	21.3
舟山市	204	224	-8.8
衢州市	254	208	22.2

数据来源：Wind 数据库。

（二）土地市场

1. 出让规模

2021 年，浙江省 11 个地级市共出让 4775 宗土地（见图 5-13-2），宗地数量上比上年减少 18.58%；成交土地面积 13916.94 公顷，较上年下降 3.26%（见图 5-13-2）；成交土地规划建筑面积为 28532.93 公顷，同比下降 0.85%；成交总价款为 9833.68 亿元，同比增长 0.25%。与上年相比，2021 年在成交量、成交规模和成交土地规划建筑面积下降的背景下，成交均价整体走高。

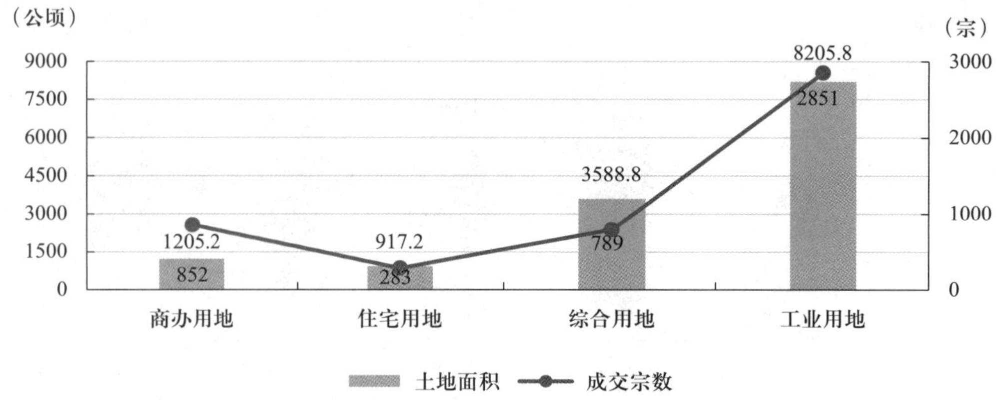

图 5-13-2　2021 年浙江省各类用地类型总成交宗数及面积

数据来源：中国指数研究院数据库。

按用地类型分析，与上年相比，综合用地成交宗数、成交土地面积和成交可建面积有不同幅度的上涨，分别为 129. 36%、122. 18%、110. 73%，而商办用地和住宅用地均有所下降（见表 5-13-2）。工业用地成交宗地数量少于上年，同比下降 10. 68%，而成交土地面积和成交可建面积有小幅上涨，分别为 5. 84%、9. 07%。浙江省土地市场整体需求表现不温不火，难以在短时间内大面积回暖。

表 5-13-2　2021 年浙江省各类用地成交宗数、土地面积与建筑面积同比涨幅

类型	成交宗数（宗）	同比涨幅（%）	成交土地面积（公顷）	同比涨幅（%）	成交可建面积（公顷）	同比涨幅（%）
商办用地	852	-27. 98	1205. 17	-26. 29	2596. 60	-18. 80
住宅用地	283	-75. 31	917. 22	-72. 88	1705. 72	-75. 01
综合用地	789	129. 36	3588. 77	122. 18	7825. 26	110. 73
工业用地	2851	-10. 68	8205. 79	5. 84	16405. 35	9. 07

数据来源：中国指数研究院数据库。

2021 年下半年商业办公用地、住宅用地、综合用地和工业用地出让宗数均比上半年有不同程度的下降，分别下降 32. 61%、-61. 27%、-29. 59%、-3. 11%（见表 5-13-3）。从成交土地面积来看，下半年较上半年减少 11. 08%，其中商办用地、住宅用地、综合用地分别下降 30. 21%、52. 18%、29. 42%，仅工业用地出让规模与上半年相比出现正增长，为 8. 68%。整体来看，2021 年，浙江省土地市场呈现“前热后冷”态势。

表 5-13-3　2021 年浙江省各类用地上下半年土地出让规模情况

用地类型	成交宗数			成交面积		
	上半年（宗）	下半年（宗）	下半年较上半年（%）	上半年（公顷）	下半年（公顷）	下半年较上半年（%）
商办用地	509	343	-32. 61	709. 78	495. 38	-30. 21
住宅用地	204	79	-61. 27	620. 51	296. 71	-52. 18
综合用地	463	326	-29. 59	2103. 83	1484. 94	-29. 42
工业用地	1448	1403	-3. 11	3932. 30	4273. 49	8. 68
合计	2624	2151	-18. 03	7366. 00	6551. 00	-11. 06

数据来源：中国指数研究院数据库。

2021 年，浙江省 11 个地级市土地成交宗数情况各异，整体供应同比下降，均呈负增长（见图 5-13-3）。2021 年，浙江省 11 个地市中虽然金华市土地成交宗数最高达到 690 宗，但较上年下降 20.60%；台州土地出让成交宗数下降幅度最大，较上年下降 24.55%。

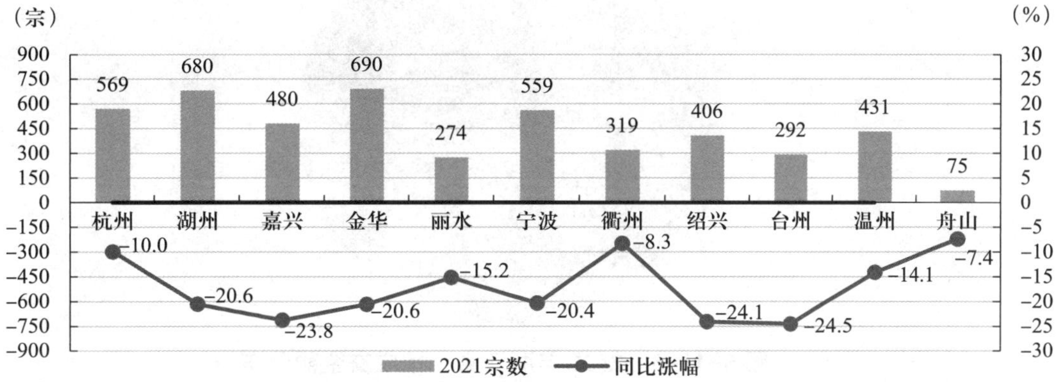

图 5-13-3　2021 年浙江省 11 个地级市土地成交宗数及变动情况

数据来源：中国指数研究院数据库。

从 11 个地市土地成交面积看，宁波土地成交面积最高，为 1942.6 公顷；舟山成交土地规模最低，仅 262.2 公顷（见图 5-13-4）。与上年相比，杭州、湖州、金华、衢州 4 个地市土地成交面积正增长，其中衢州涨幅最大，为 31.3%，嘉兴、温州、宁波等 7 个地市有不同程度的下降，其中舟山降幅最大，达到了 59.18%。

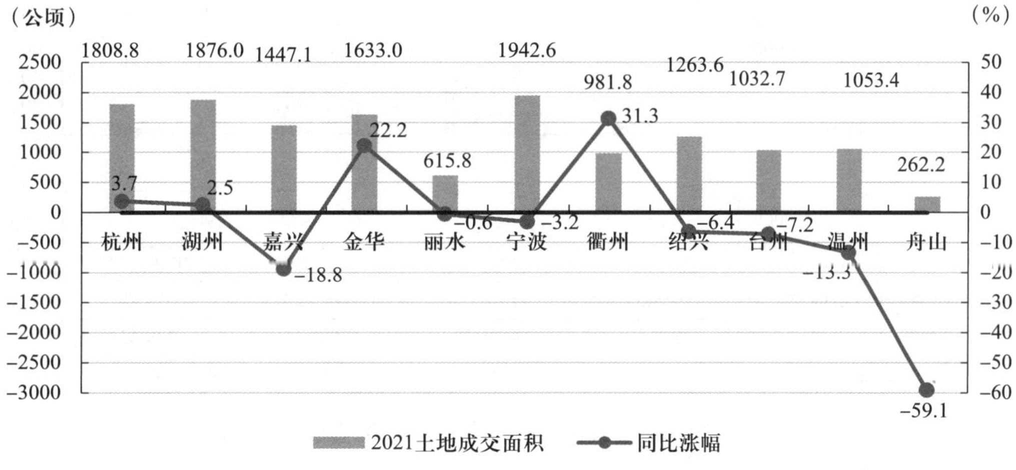

图 5-13-4　2021 年浙江省 11 个地级市土地成交面积及变动情况

数据来源：中国指数研究院数据库。

2. 出让金额

2021 年，浙江省 11 个地级市土地成交金额为 9833.68 亿元。其中，综合用地成交金额最大，达 7074.24 亿元，占总成交金额的 71.94%；其次是住宅用地，成交金额 1561.71 亿元，占总成交金额的 15.88%；第三是商业办公用地，成交金额 684.53 亿元，占总成交金额的 6.96%；工业用地的成交金额最少，成交金额 513.20 亿元，占总成交金额的 5.22%（见图 5-13-5）。

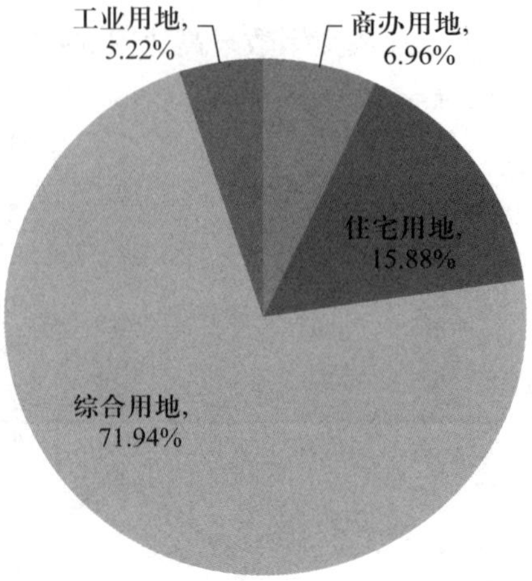

图 5-13-5　2021 年浙江省土地成交金额分布

数据来源：中国指数研究院数据库。

与上年相比，土地成交总金额上涨了 0. 25%，商办用地、住宅用地、综合用地、工业用地成交均有不同变化。其中，综合用地涨幅最大，为 97. 57%，其次是工业用地，上涨了 4. 82%，商办用地成交金额较上年下降 23. 02 %（见图 5-13-6）。综合用地不论是成交面积还是成交金额都大幅度上升，住宅用地不论是成交面积还是成交金额都大幅度下降，表明土地市场供给的适应性和有效性在提高，不过度依赖住宅开发与投资。

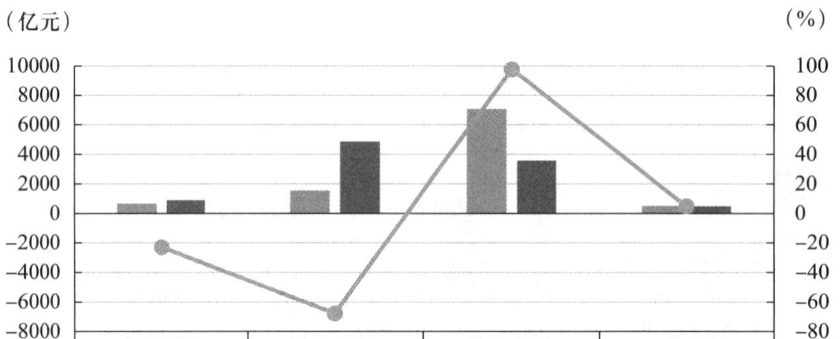

	商办用地	住宅用地	综合用地	工业用地
2021年成交金额	684.53	1561.71	7074.24	513.20
2020年成交金额	889.17	4849.96	3580.66	489.61
同比涨幅	-23.0	-67.8	97.6	4.8

图 5-13-6　2021 年浙江省土地成交金额变动情况

数据来源：中国指数研究院数据库。

与 2021 年上半年相比，下半年土地成交金额减少 47. 43%。按土地类型划分，商办用地、住宅用地、综合用地下半年土地成交金额均出现回落，幅度分别 64. 4%、65. 6%、44. 2%；而工业用地有小幅上涨，涨幅为 16. 4%（见图 5-13-7）。

2021 年，浙江省 11 个地级市土地成交金额差距明显，其中杭州市成交金额 3182. 73 亿元，浙江省内持续领先，舟山市成交金额最低，仅有 90. 85 亿元，仅占杭州市的 2. 85%（见表 5-13-4）。与上年相比，浙江省 11 个地级市土地出让金整体呈现平稳正增长状态，其中金华市涨幅最为明显，达 56. 46%，台州市涨幅最低，

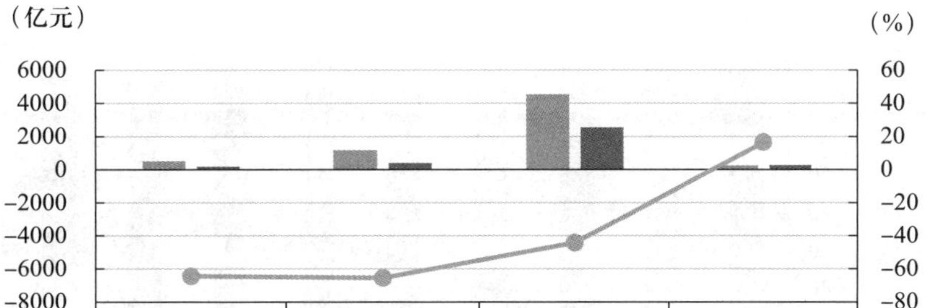

	商办用地	住宅用地	综合用地	工业用地
上半年成交金额	504.8	1161.7	4541.8	237.1
下半年成交金额	179.7	400.0	2532.4	276.1
同比涨幅	-64.4	-65.6	-44.2	16.4

图 5-13-7　2021 年浙江省上下半年土地成交金额变动情况

数据来源：中国指数研究院数据库。

为 2.53%；嘉兴、丽水、宁波、绍兴、温州 5 个地市土地成交金额有所回落，下降幅度分别为 10.28%、28.59%、35.80%、13.94%和 8.79%。

与 2021 年上半年相比，11 个地市土地成交金额均有所变动。其中湖州、丽水土地成交金额小幅上涨，分别为 25.66%和 8.86%，其余地市均呈回落态势，绍兴市土地成交金额降幅明显，为 70.37%。

表 5-13-4　2020—2021 浙江省 11 个地级市土地成交金额及变动情况

单位：亿元

城市	2021 年	2020 年	与 2020 年比（%）	2021 上半年	2021 下半年	相比上半年（%）
杭州	3182.73	2666.13	19.38	2052.76	1129.97	-44.95
湖州	527.69	484.37	8.94	233.85	293.84	25.66
嘉兴	722.05	804.80	-10.28	469.05	253.00	-46.06
金华	1308.73	836.46	56.46	842.64	466.09	-44.69
丽水	221.90	310.74	-28.59	106.24	115.66	8.86
宁波	1159.53	1806.14	-35.80	860.77	298.76	-65.29
衢州	276.03	261.73	5.46	211.29	110.94	-69.36
绍兴	825.35	959.00	-13.94	636.71	188.65	-70.37
台州	528.97	515.94	2.53	285.27	243.69	-14.57
温州	989.84	1085.25	-8.79	693.15	296.70	-57.20
舟山	90.85	78.85	15.21	53.69	37.17	-30.77

数据来源：中国指数研究院数据库。

2021 年除嘉兴市、绍兴市土地出让总收益大部分来源于住宅用地外，其余地市土地成交金额大部分源自综合用地，出让金额占总金额的比重超过 50%（见图 5-13-8）。其中，温州综合用地成交金额占比更是达到 89.34%。从土地成交金额看，综合用地贡献最大。

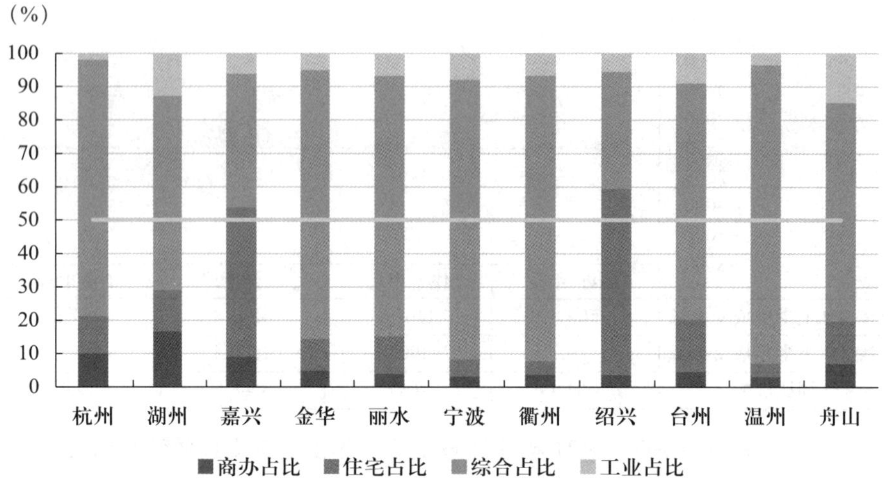

图 5-13-8　2021 年浙江省 11 个地级市不同用地类型土地成交金额占比

数据来源：中国指数研究院数据库。

3. 用途结构

从土地成交数量来看，2021 年，浙江省共成交土地 4775 宗，其中商办用地 852 宗，占总成交宗地数的 17.8%；住宅用地 283 宗，占比为 5.9%；综合用地 789 宗，占比为 16.5%；工业用地 2851 宗，占比为 59.7%。

从土地成交面积来看，2021 年，浙江省共成交土地面积 13916.94 公顷，其中，商办用地成交面积 1205.17 公顷，占比 8.7%；住宅用地成交面积 917.2 公顷，占比 6.6%；综合用地成交面积 3588.77 公顷，占比 25.8%；工业用地 8205.8 公顷，占比 59.0%（见图 5-13-9）。2021 年，浙江省商办用地和综合用地（经营性公建用地）的投放量为 4793.93 公顷，远大于住宅用地的投放量。2021 年，商办用地和工业用地成交面积同比小幅调整，住宅用地和综合用地成交面积变化较大。

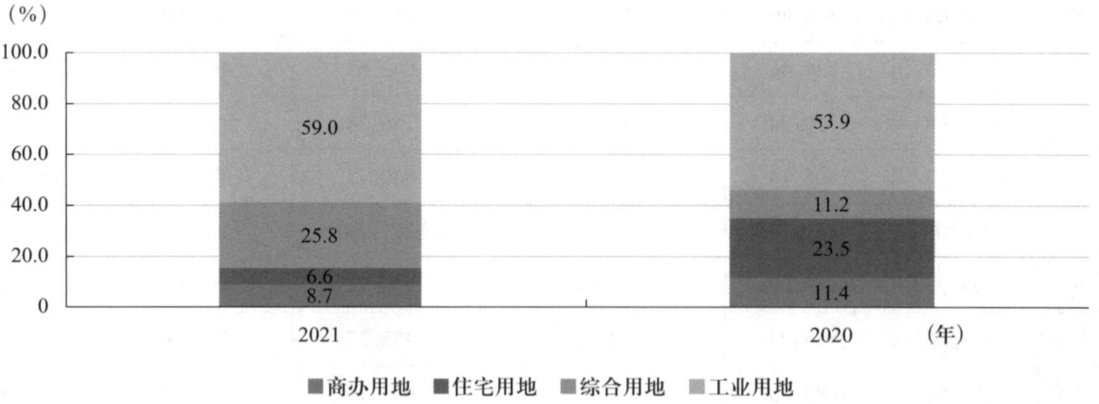

图 5-13-9　土地成交面积结构对比

数据来源：中国指数研究院数据库。

疫情冲击或市场周期调整下，浙江省 11 个地市住宅用地成交宗数同比下降，工业用地供应比例仍超过 50%。从商办用地成交宗数占总出让宗数来看，2021 年湖州占比最高，达到 25.88%（见表 5-13-5）。从综合用地出让宗数占比来看，2021 年浙江省 11 个地级市成交宗数同比上涨。11 个地市的经营性用地供应比例均大于住宅用地。除绍兴外其余 10 个地市经营性用地供应比例有所增加。

表 5-13-5　浙江省 11 个地级市不同用地类型土地成交宗数占比

类型	商办用地（%）		住宅用地（%）		综合用地（%）		工业用地（%）		经营性用地（%）	
城市	2021 年	2020 年	2021 年	2020 年	2021 年	2020 年	2021 年	2020 年	2021 年	2020 年
杭州	21.27	17.67	4.75	11.67	23.73	12.60	50.26	55.15	44.99	30.27
湖州	25.88	25.78	3.68	10.54	7.35	1.91	63.09	57.74	33.24	27.69
嘉兴	19.38	20.94	10.83	15.94	10.21	3.28	59.58	58.28	29.58	24.22
金华	21.88	19.64	6.23	29.69	18.26	4.80	53.62	42.86	40.14	24.44
丽水	14.23	22.26	8.76	34.42	19.71	2.37	57.30	36.80	33.94	24.63
宁波	11.45	15.71	4.65	15.16	19.68	9.02	64.22	56.01	31.13	24.73
衢州	16.93	28.69	1.88	22.25	13.79	1.61	67.40	40.75	30.72	30.30
绍兴	13.05	18.07	9.85	21.17	7.88	3.28	69.21	55.11	20.94	21.35
台州	12.33	13.50	6.51	22.25	23.97	3.50	57.19	57.50	36.30	17.00
温州	11.37	11.54	3.71	15.96	25.52	13.27	59.40	55.77	36.89	24.81
舟山	21.33	21.69	6.67	12.05	12.00	0.00	60.00	63.86	33.33	21.69

数据来源：中国指数研究院数据库。

（三）商品房销售规模缩减，温嘉甬同比下降较大

1. 商品住宅销售面积同比下降，销售额增幅回落

2021 年，全省新建商品房销售面积约为 9991 万平方米，同比下降 2.5%，与上年增幅（9.3%）相比，下降了 11.8 个百分点。

分类型来看，2021 年，全省商品住宅销售面积约为 8424 万平方米，同比降低 4.6%，与上年（增加 13.2%）相比，降低了 17.8 个百分点，办公楼销售面积约为 302 万平方米，同比上升 4.7%；商业营业用房销售面积约为 432 万平方米，同比增长 0.5%；其他房屋销售面积约为 833 万平方米，同比增长 19%（见图 5-13-10）。

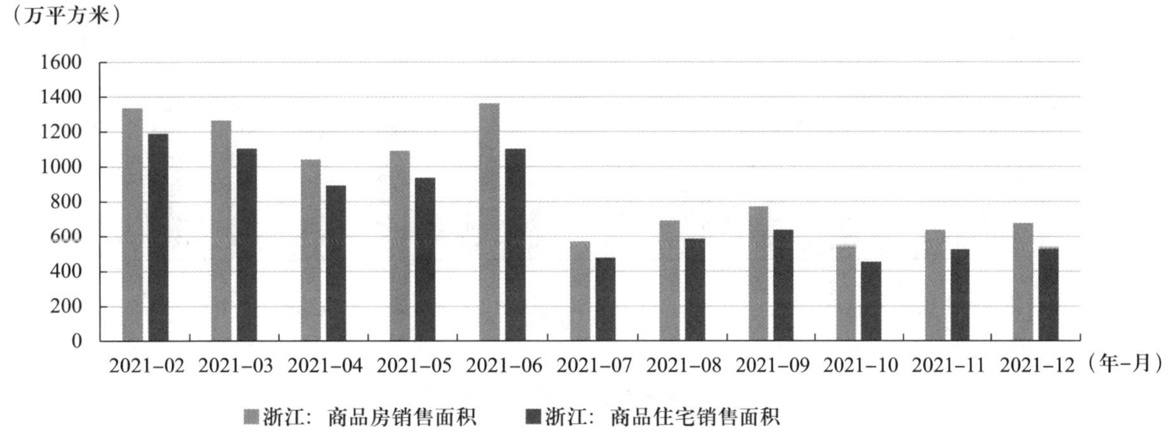

图 5-13-10　2021 年浙江省商品房和商品住宅销售面积月度数据

数据来源：wind 数据库。

从月度来看，市场转变清晰可见，下半年各月商品房和商品住宅销售面积明显下降，几乎只有上半年月度成交面积的一半左右。

2021 年，全省新建商品房销售额约为 19052 亿元，同比增长 11.1%。从年度来看，从 2017 年起，全省商品房销售额增速呈现逐年下降趋势，2020 年首次出现上扬，2021 年涨幅回落，与 2020 年涨幅 19.5%相比，增长幅度下降了 8.4 个百分点（见图 5-13-11）。

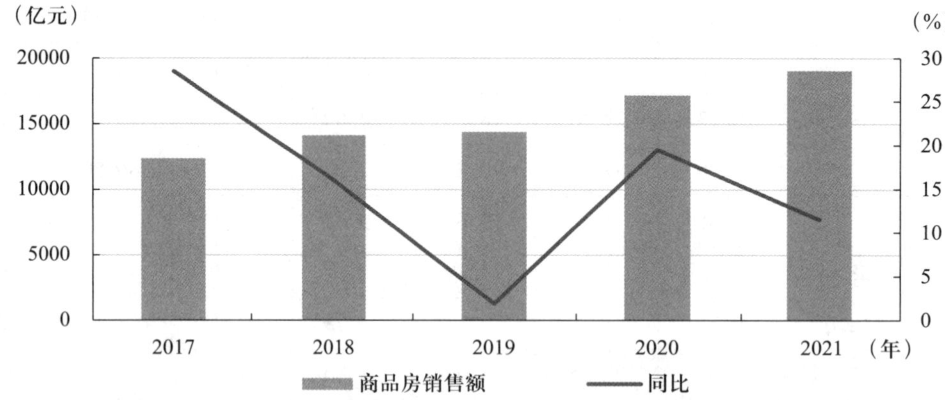

图 5-13-11　2017—2021 年浙江省商品房销售额和同比增幅

数据来源：浙江省建设厅、Wind 数据库。

分类型来看，2021 年商品住宅销售额约为 17173 亿元，同比增长 10.2%；办公楼销售额约为 586 亿元，同比增长 25.5%；商业营业用房销售额约为 729 亿元，同比增长 13%；其他房屋销售额约为 565 亿元，同比上升 25.9%。住宅销售额、办公楼、商业营业用房和其他房屋均同比增长。

分月度来看，全省商品房销售额增速全年呈现由增长转向回落态势。相比 2020 年上半年受新冠肺炎疫情严重影响。2021 年上半年，全省商品房市场明显回温，3—6 月全省商品房销售额增速为正，3 月商品房销售额增速超过 80 个百分点，从 7 月开始全省商品房销售额增幅转为负。7 月、8 月、9 月、10 月、11 月和 12 月商品房销售面积增幅分别为-27.2、-15.5、2.5、-26.5、-14.2、-36.4 个百分点（见图 5-13-12）。

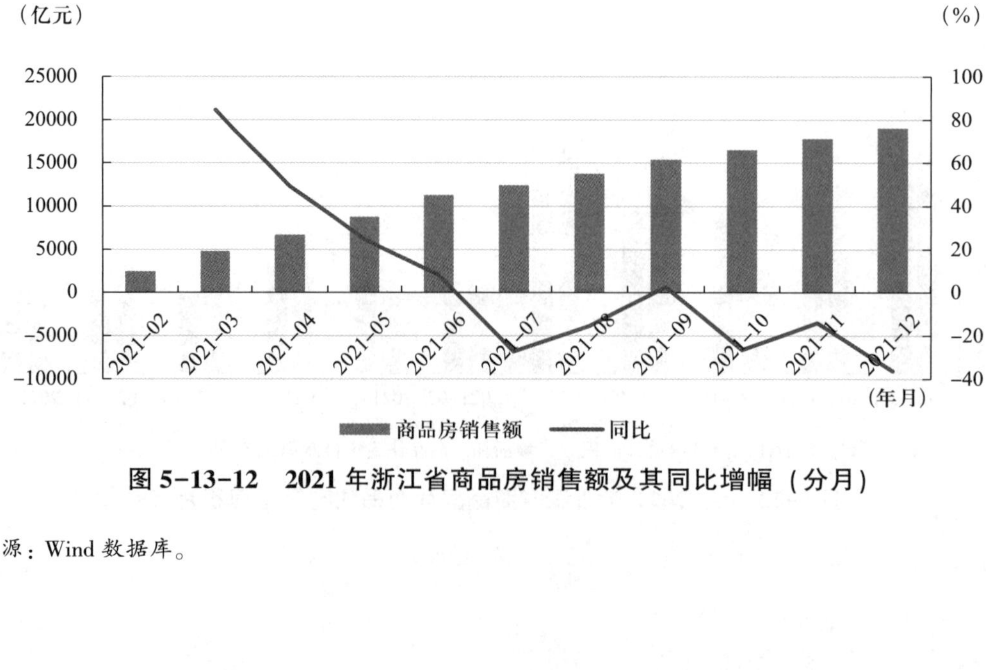

图 5-13-12　2021 年浙江省商品房销售额及其同比增幅（分月）

数据来源：Wind 数据库。

2. 杭州销售面积和涨幅独占鳌头，温州销售规模下降明显

全省 11 个地市之间商品房销售面积分化明显。杭州市商品房销售面积超 2000 万平方米，宁波市和绍兴市销售面积保持在千万平方米数量级，而舟山市、衢州市的销售面积相对少（见表 5-13-6）。2021 年，杭州市商品房销售面积呈强劲的增长态势，同比上年增幅高达 31.6%，据克而瑞年报显示，前 11 个月杭州市商品住宅成交涨幅达 51%，高于厦门、南京、福州、武汉等热点城市 20%+的涨幅，也高于一线城市 23%的平均增幅。金华市、台州市和丽水市也表现为正增长，同比分别增长 9.7%、11.2%、12.2%。与此同时，宁波市、温州市、湖州市、嘉兴市、衢州市和舟山市也出现了下降，同比分别同比降低了 13.6%、26.4%、1.8%、21.3%、4.5%和 13.5%。

表 5-13-6　2020—2021 年浙江省 11 个地级市商品房销售面积及其同比增幅

地市	2021 年（万平方米）	2020 年（万平方米）	涨幅（%）
杭州	2236	1700	31.6
宁波	1606	1858	-13.6
温州	886	1205	-26.4
绍兴	1122	1248	-10.2
湖州	880	896	-1.8
嘉兴	932	1184	-21.3
金华	724	660	9.7
衢州	205	215	-4.5
台州	955	858	11.2
丽水	332	296	12.2
舟山	112	130	-13.5
全省	9991	10250	-2.5

数据来源：浙江省建设厅、Wind 数据库。

（四）商品房价格同比略增，价格梯度变化不大

1. 新建商品房价格涨幅略增，非住宅商品房稳中有升

将年度商品房销售额除以商品房销售面积，计算得到年度商品房销售平均价格（见表 5-13-7）。根据浙江省房地产统计数据资料计算，2021 年，全省商品房、商品住宅和非住宅商品房的平均价格分别为 19069 元/平方米、20386 元/平方米和 11991 元/平方米，而 2020 年全省商品房、商品住宅和非住宅商品房的平均价格分别为 16727 元/平方米、17646 元/平方米和 11051 元/平方米，同比分别上涨了 14.0%、15.5%和 8.5%。与上年相比，2021 年全省商品房和商品住宅的价格上涨幅度有所增加。

表 5-13-7　2020—2021 年浙江省商品房、商品住宅、非住宅销售主要指标

指标	2021 年			2020 年			同比增速（%）
	销售额（亿元）	销售面积（万平方米）	平均价格（元/平方米）	销售额（亿元）	销售面积（万平方米）	平均价格（元/平方米）	
商品房	19052	9991	19069	17145	10250	16727	14.0
商品住宅	17173	8424	20386	15585	8832	17646	15.5
非住宅	1879	1567	11991	1567	1418	11051	8.5

数据来源：浙江省建设厅。

2. 城市间商品房价格梯度变化不大，绍兴增长比较突出

分城市看，杭州市房价远高于省内其他城市，表现出强省会、强二线城市的房价水平。图 5-13-13 显示了 2021 年主要地市新建住宅价格水平，其中价格最低月份的价格水平，基本都发生在 2 月；价格最高月份的成交价格，多发生在三、四季度。温州和宁波处于第二层次，新建住宅价格在 1.9 万元/平方米上下，其中温州上涨幅度较大，以至于价格略微超越了宁波。剩下第三层次的城市中，绍兴房价增长比较突出。据克而瑞发布的《2021 年中国房地产市场发展白皮书》显示，主要是由于高价盘的集中入市，导致绍兴一举进入全国典型城市商品住宅成交均价 TOP10 和价格涨幅 TOP10 两个榜单，分别位列第 10 和第 6 位。同样在该价格涨幅 TOP10 榜单中，衢州因为 1—11 月均价 25.1%的同比涨幅位列第 2 位，宁波位列第 5 位。

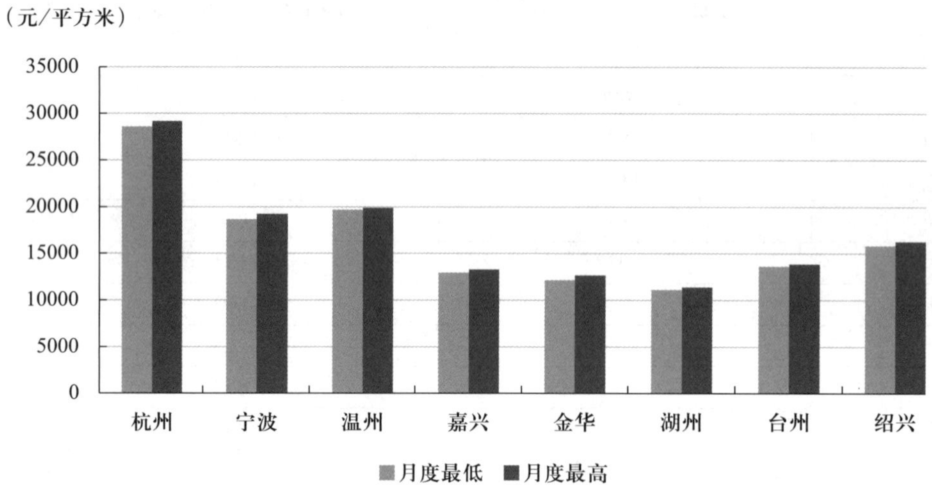

图 5-13-13　2021 年浙江省主要地级市新建住宅销售平均价格

数据来源：房天下产业网，百城新建住宅价格指数。

注：丽水、衢州、舟山数据缺。

（五）新开工面积显著下降，竣工面积略有减少

1. 房屋新开工面积显著下降

2021 年，全省房屋新开工面积约为 12305 万平方米，同比下降 22.5%，涨幅低于上年（上升 24.7%）47.2 个百分点（见图 5-13-14）。其中，住宅新开工面积约为 7664 万平方米，同比下降 26.6%；办公楼新开工面积约为 549 万平方米，同比增长 8.3%；商业营业用房新开工面积约为 890 万平方米，同比下降 16%；其他房屋新开工面积约为 3203 万平方米，同比下降 17.1%。与上年相比，住宅类房屋、商业营业用房、商业营业用房和其他房屋新开工面积均出现了一定降幅，仅办公楼新开工面积出现正增长，同比涨幅为 8.3%。

在房屋新开工面积中，2017—2018 年，住宅新开工面积分别为 6654 万平方米和 8766 万平方米，占比分别为 65.8%和 68.1%，住宅新开工面积占比逐年增长，市场住宅开发日益受到开发企业青睐。2019 年、2020 年住宅新开工面积分别为 8346 万平方米和 10444 万平方米，占比出现了小幅下滑，为 65.6%和 65.8%，但仍处于较高水平。2021 年新开工面积为 7664 万平方米，占比为 62.3%，较上年出现小幅下滑。

值得注意的是，刚性需求住宅新开工面积大幅度降低。2021 年 90 平方米以下住宅新开工面积 1322 万平方米，同比降低 25.4%，与上年相比（25.2%），降低了 50.6 个百分点；144 平方米以上住宅新开工面积 1235 万平方米，同比下降 12.4%（见图 5-13-15）。

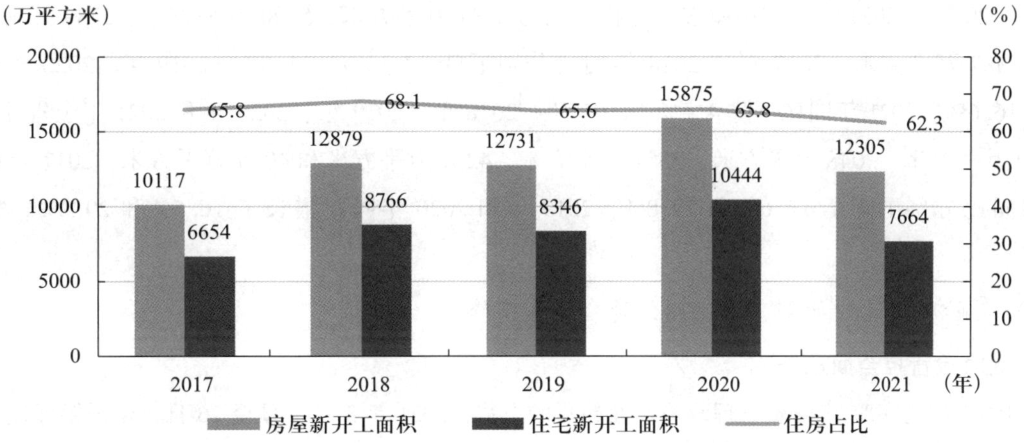

图 5-13-14　2017—2021 年浙江省房屋新开工面积、住宅新开工面积及其占比

数据来源：浙江省建设厅、Wind 数据库。

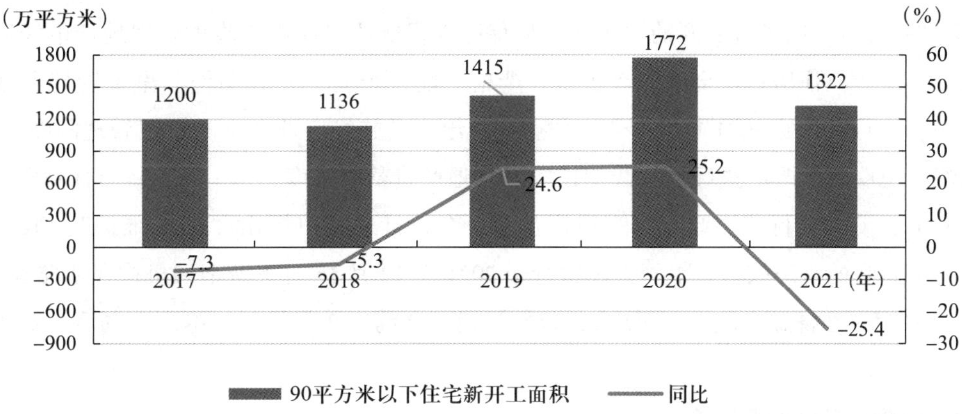

图 5-13-15　2017—2021 年浙江省 90 平方米以下住宅新开工面积及其增幅

数据来源：浙江省建设厅、Wind 数据库。

2. 商品房和住宅竣工面积同比下降

2021 年，全省房屋竣工面积约为 6387 万平方米，同比下降 4.6%。其中，住宅竣工面积约为 4015 万平方米，同比降低 5.9%，办公楼竣工面积约为 326 万平方米，同比下降 6.5%，商业营业用房竣工面积约为 552 万平方米，同比上升 1.9%，其他房屋竣工面积约为 1494 万平方米，同比增长-2.7%（见表 5-13-8）。

表 5-13-8　2017—2021 年浙江省房屋/住宅竣工面积及其增幅

类别	2017 年	2018 年	2019 年	2020 年	2021 年
房屋竣工面积（万平方米）	6884.0	5190.0	5739.0	6693.0	6387.0
同比（%）	-13.1	-24.6	10.6	16.6	-4.6
住宅竣工面积（万平方米）	4339.0	3048.0	3551.0	4267.0	4015.0
同比（%）	-14.6	-29.8	16.5	20.2	-5.9

数据来源：浙江省建设厅。

分年度来看，全省房屋和住宅竣工面积继 2019 年、2020 年连续增长后，出现下降。2017 年、2018 年、

2019 年、2020 年和 2021 年全省房屋竣工面积分别为 6884 万平方米、5190 万平方米、5739 万平方米、6693 万平方米、6387 万平方米，2017 年和 2018 年同比分别下降 13.1%和 24.6%，2019 年、2020 年分别同比增长 10.6%和 16.6%，2021 年同比下降 4.6%。2017 年、2018 年、2019 年、2020 年和 2021 年全省住宅竣工面积分别为 4339 万平方米、3048 万平方米、3551 万平方米、4267 万平方米和 4015 万平方米，2017 年和 2018 年住宅竣工面积同比分别下降了 14.6%和 29.8%，2019 年和 2020 年同比增长了 16.5%和 20.2%，2021 年同比下降 5.9%。

（六）金融风险管控加剧，企业到位资金增速下降

1. 金融风险管控全面从严

延续上年四季度房地产融资管理政策层面趋紧的态势，2021 年 3 月 1 日至 26 日，中国银保监会公布了 21 张处罚银行涉房贷款违规的罚单，合计罚没 1910 万元，涉及中国银行、交通银行、建设银行、中国农业银行、浙江瑞安农村商业银行等 14 家银行。信贷违规流向楼市是处罚的重点。3 月 26 日，中国人民银行、中国银保监会和住建部三部门联合印发《关于防止经营用途贷款违规流入房地产领域的通知》（以下简称《通知》），要求银行业金融机构从贷前、贷中、贷后管理三个环节着手，强化审慎合规经营，严防经营用途贷款违规流入房地产领域。

2021 年 7 月 22 日，国务院召开的“加快发展保障性租赁住房和进一步做好房地产市场调控工作电视电话会议”明确，要牢牢抓住房地产金融这个关键，严格房地产企业“三线四档”融资管理和金融机构房地产贷款集中度管理。央行召开的 2021 年下半年工作会议指出，实施好房地产金融审慎管理制度。银保监会 2021 年年中工作座谈会也明确，严格执行“三线四档”和房地产贷款集中度要求，防止银行保险资金绕道违规流入房地产市场。9 月 24 日，央行货币政策第三季度例会，会议针对楼市提出“两个维护”：维护房地产的健康发展、维护住房消费者的合法权益。中国人民银行于 2021 年 12 月 15 日下调金融机构存款准备金率 0.5 个百分点（不含已执行 5%存款准备金率的金融机构），释放长期资金约 1.2 万亿元。本次下调后，金融机构加权平均存款准备金率为 8.4%。

2. 开发企业到位资金增速下降明显

2021 年，全省房地产开发企业到位资金约为 20543.5 亿元，同比增长 4.5%，增速与上年同期相比（28.1%）降低了 23.6 个百分点。其中，国内贷款约为 2893 亿元，同比下降 15.6%；利用外资约为 7.5 亿元，同比下降了 81.1%；自筹资金约为 5412 亿元，同比下降了 1.4%；定金及预收款约为 8677 亿元，同比增长 10.4%，个人按揭贷款约为 3114 亿元，同比增长了 28.6%，其他到位资金约为 440 亿元，同比增长 4.5%（见表 5-13-9）。房开企业资金对销售回款依赖程度加剧。

表 5-13-9　2021 年浙江省房地产开发企业实际到位资金分类表

类别	金额（亿元）	占比（%）
国内贷款	2893.0	14.1
利用外资	7.5	0.04
自筹资金	5412.0	26.3
定金及预收款	8677.0	42.2
个人按揭贷款	3114.0	15.2
其他到位资金	440.0	2.1
总计	20543.5	100.00

数据来源：浙江省建设厅。

从近几年房地产开发企业实际到位资金结构来看，自筹资金、定金及预收款和个人按揭贷款一直是开发企业资金的重要来源，2017—2021 年自筹资金、定金及预收款和个人按揭贷款三项之和占房地产开发企业到位资金的比例均在 80%以上，2021 年达到 83.7%（见表 5-13-10）。

表 5-13-10　2017—2021 年全省房地产开发企业实际到位资金主要指标

类型	2017 年	2018 年	2019 年	2020 年	2021 年
实际到位资金（亿元）	13034.0	14249.0	15344.0	19659.0	20545.0
其中：自筹资金（亿元）	3486.0	4503.0	4273.0	5490.0	5412.0
占比（%）	26.7	31.6	27.9	27.9	26.3
个人按揭贷款（亿元）	2071.0	1904.0	2076.0	2422.0	3114.0
占比（%）	15.9	13.4	13.5	12.3	15.2
其中：定金及预收款（亿元）	5124.0	5064.0	5985.0	7858.0	8677.0
占比（%）	39.3	35.5	39.0	40.0	42.2
三者合计比例（%）	81.9	80.5	80.4	80.2	83.7

数据来源：浙江省建设厅、Wind 数据库。

（七）住房保障能力持续提高，探索创新保障模式

杭州市住房保障力度持续增强，继续放宽收入准入条件，2021 年 9 月，杭州市人民政府发布《关于调整杭州市市本级公共租赁住房收入准入标准的通告》，申请公租房家庭上年度人均可支配收入标准从低于 66068 元放宽至低于 68666 元，比上一年度放宽超过 2000 元。2021 年，省建设厅下达杭州市的年度棚改安置房建设任务为：完成开工 24671 套、基本建成 23103 套。截至 12 月底，杭州市已开工 25838 套、完成率 105%，基本建成 28466 套、完成率 123%。根据省厅"全年计划完成 2017 年年底前开工建设的棚改安置住房竣工率达到 100%、交付入住率达到 85%"要求，截至 12 月底，杭州市 2017 年年底前累计开工的 230354 套，已竣工 230357 套、完成率 100%，已交付 201278 套、完成率 87%。

2021 年，温州市列入浙江省棚户区实施计划的项目完成基本建成 9883 套，竣工 8644 套，交付 8242 套。绍兴市人民政府在下达 2021 年绍兴市国民经济和社会发展计划的通知中指出：加快新一轮城市更新和新型城镇化进程，推进棚户区改造，实施 50 个村（居）42 个拆改项目，新增公租房保障对象 2100 户以上，新增改造老旧小区 63 个，加装电梯 300 台。截至 2021 年 9 月 30 日，舟山全市完成棚户区改造新开工 297 套，基本建成 1258 套，竣工 858 套、交付入住 3163 套。2017 年年底，舟山全市前开工建设的棚改安置住房竣工率 91.1%、交付入住率 80.5%。此外，舟山全市计划新增租赁补贴 290 户，发放城镇住房保障家庭租赁补贴 3005 户。截至 9 月底，全市新增租赁补贴 598 户，发放城镇住房保障家庭租赁补贴 4000 户，超额完成年度目标任务。

12 月，杭州市政府发布《杭州市共有产权保障住房管理办法》。《管理办法》明确了共有产权房的概念定义：共有产权保障住房是指由政府提供政策，建设单位开发建设，限定面积、销售价格、使用和处分权利，面向符合条件的市区户籍和稳定就业的非市区户籍家庭供应，实行政府与购房家庭按份共有产权的保障性住房。杭州首宗共有产权房将落址临平。

宁波市也于 10 月出台了《宁波市共有产权住房管理办法（试行）》（征求意见稿），提出 4 种建设筹集房源渠道：一是以划拨方式供应土地集中建设；二是以出让方式供应土地集中建设；三是商品住房项目配建；四是既有房源转用。为抑制投资投机性购房，共有产权住房将按照市场价格进行销售，共有产权住房产权份额由

承购人与政府按比例共同持有。承购人产权份额是承购人购买个人持有产权份额所付房款占共有产权住房总房款的比例，原则上不低于60%、不高于80%。其余部分为政府产权份额，由政府指定机构代持。

（浙江省房地产业协会　浙江大学房地产研究中心）

十四、苏州市房地产市场

2021年，苏州市以支持合理住房需求为导向，全面落实房地产长效管理机制，精准实施房地产市场调控政策，房地产居住属性进一步凸显，房地产市场保持平稳运行。

（一）苏州市房地产开发投资情况

近年来，受新冠肺炎疫情、房地产金融审慎监管、集中供地新政等因素的综合影响，苏州房地产开发投资增速趋缓。2021年，全市完成房地产开发投资2870亿元，比上年增长7.3%，与2019年比，两年平均增长3.4%；房地产开发投资占固定资产投资的比重为50.7%，比2018年56.1%的高点回落5.4个百分点（见表5-14-1）。

表5-14-1　2011—2021年房地产开发投资规模、增速及占比

年份	房地产开发投资（亿元）	同比增长（%）	占固定资产投资比重（%）
2011	1199	28.1	26.6
2012	1263	5.4	24.0
2013	1476	16.8	24.6
2014	1764	19.6	28.3
2015	1865	5.7	30.5
2016	2163	16.0	38.3
2017	2306	6.6	41.0
2018	2558	10.9	56.1
2019	2686	5.0	54.5
2020	2674	-0.5	51.2
2021	2870	7.3	50.7

数据来源：苏州市统计局。

1. 房地产开发投资两大构成“此消彼长”

从房地产开发投资中土地购置费和建安工程两大投资主体的变化情况看：2021年土地购置费1358亿元，比上年增长9.8%，占房地产开发投资的比重为47.3%，由2015年之前的30%以下快速攀升，成为苏州房地产开发投资的主要支撑（见图5-14-1）。而建安工程投资占比则由2015年68.2%的高点回落至2021年的44.9%；2021年建安工程投资1290亿元，比上年下降0.9%。

2. 住宅开发投资“一支独大”

从投资类型看，住宅投资、商业用房及办公楼投资（以下简称“商办投资”）合计占房地产开发投资的九成左右。其中，住宅投资占房地产开发投资的比重从“十二五”的七成左右提升至“十三五”的八成以上，占据绝对优势。2021年，住宅投资2380亿元，比上年增长9.6%，增幅高于房地产开发投资2.3个百分点，占房地产开发投资的82.9%。2021年，商办投资211亿元，比上年增长1.7%，占房地产开发投资的比重从2012年20.8%的高点回落至2021年的7.4%（见表5-14-2）。

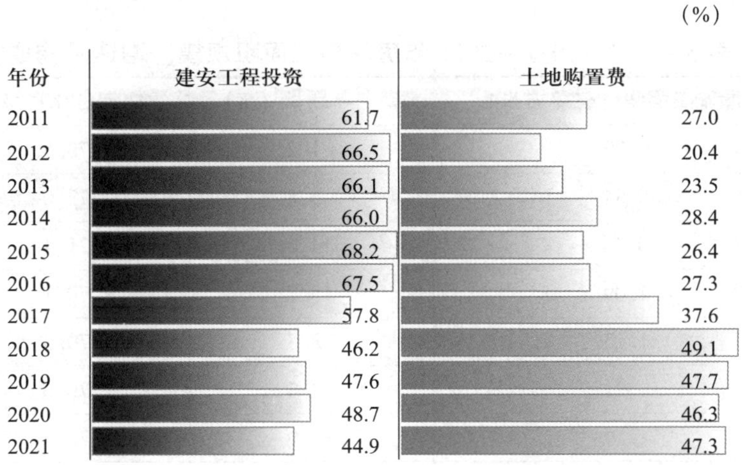

图 5-14-1　2011—2021 年房地产开发投资结构情况

数据来源：苏州市统计局。

表 5-14-2　2011—2021 年房地产开发投资与投资类型比重

单位：%

年份	住宅	商办	其中	
			商业用房	办公楼
2011	73.6	16.3	12.5	3.8
2012	67.4	20.8	17.2	3.6
2013	69.2	20.0	16.1	3.9
2014	73.9	17.4	13.7	3.7
2015	76.1	16.1	12.8	3.3
2016	76.5	14.2	10.5	3.7
2017	79.8	13.0	8.8	4.2
2018	82.6	9.1	5.9	3.2
2019	82.2	8.7	5.9	2.8
2020	81.2	7.8	5.4	2.4
2021	82.9	7.4	5.1	2.3

数据来源：苏州市统计局。

（二）房屋建设情况

1. 房屋建设表现偏向谨慎，刚改占比提升

从施工规模看，自 2016 年以来苏州市房屋施工面积一直维持在 1.2 亿平方米左右，其中 2021 年全市房屋施工面积 1.19 亿平方米，比上年下降 3.7%，为近十年来最大降幅。其中，住宅施工面积占比始终保持在七成以上；商办施工面积占比从 2015 年的 25%一路回落至 2021 年的 17.3%（见表 5-14-3）。在住宅建设中，90 平方米以下住房和 144 平方米以上住房的房屋施工面积分别为 976.5 万平方米、1519.4 万平方米，均有较大幅度下降，分别比上年下降 19.6%、15.8%，90 平方米至 144 平方米偏刚改性质房屋施工面积为 6090 万平方米，比上年下降 0.4%，占住宅施工面积 70.9%，占比较上年提高 4.0 个百分点。

表 5-14-3　2011—2021 年房屋施工面积规模、增速及构成情况

年份	房屋施工面积（亿平方米）	比上年增长（%）	住宅占比（%）	商办占比（%）
2011	0.79	-1.2	73.5	23.5
2012	0.84	5.8	72.0	24.1
2013	0.96	14.2	71.4	23.1
2014	1.09	13.7	70.1	24.8
2015	1.13	3.5	70.3	25.0
2016	1.21	7.4	70.6	23.9
2017	1.19	-1.9	70.6	23.5
2018	1.17	-2.0	71.5	21.6
2019	1.21	4.2	74.2	17.7
2020	1.24	2.0	73.7	17.5
2021	1.19	-3.7	72.0	17.3

数据来源：苏州市统计局。

2. 新开工与竣工面积“一升一降”，出现较大反差

2020 年受苏州楼市热度持续下降影响，2021 年，苏州房屋竣工面积 1238.9 万平方米，比上年下降 19.8%。其中，住宅竣工面积 904.8 万平方米，比上年下降 24.1%。与之相反，2021 年，苏州房屋新开工面积 2728.3 万平方米，比上年增长 13.7%。其中，住宅新开工面积 2045 万平方米，比上年增长 10.8%（见图 5-14-2）。虽然 2021 年苏州楼市政策整体还处于偏紧的状态，但在年初留苏州过年政策红利带动下，新开工面积释放出积极信号，实现了较有利的逆势增长。

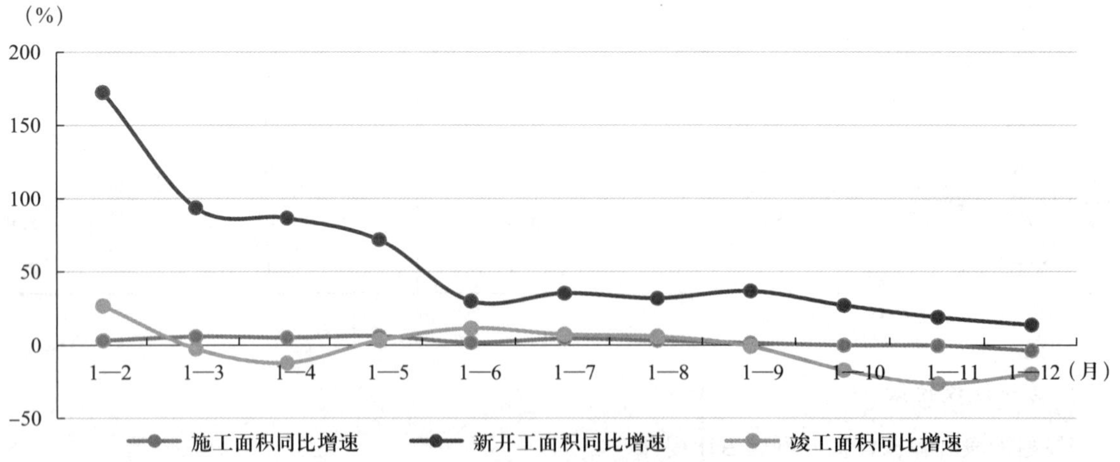

图 5-14-2　2021 年苏州市房屋建设情况

数据来源：苏州市统计局。

（三）苏州市商品房销售情况

2021年，随着上年基数不断抬升，叠加限售、限贷、限学位等政策持续影响，商品房销售面积增速从年初的恢复性高增长回落至5%以下。全市新建商品房销售面积2275万平方米，比上年增长3.8%，远低于2019前9.2%的增幅。

1. 住宅销售企稳，商办销售低迷

2021年，住宅销售面积2088万平方米，比上年增长4.7%，增速比上年提高4.2个百分点，占商品房销售面积的91.8%，占比自2012年以来始终维持在90%上下。商办销售面积118万平方米，比上年下降16.1%，占商品房销售面积的6%，为十年来新低（见表5-14-4）。

表5-14-4　2011—2021年商品房销售面积、同比增长及构成情况

年份	商品房销售面积（万平方米）	同比增长（%）	住宅占比（%）	商办占比（%）
2011	1211	-20.0	81.2	17.3
2012	1466	21.1	86.1	12.6
2013	1875	27.9	87.1	11.6
2014	1599	-14.7	90.4	8.0
2015	2134	33.4	91.0	8.0
2016	2494	16.9	90.6	8.2
2017	1937	-22.3	87.2	10.4
2018	1994	3.0	89.7	8.4
2019	2178	9.2	91.1	7.5
2020	2192	0.6	91.0	7.4
2021	2275	3.8	91.8	6.0

数据来源：苏州市统计局。

尽管下半年受房地产调整政策收紧影响，各类别商品房销售均受到较大的影响，但9月以来，苏州政府快速反应，及时应对，出台各项扶持经济发展举措、吸引人才政策力度加大，支持房地产企业稳定经营，销售市场维持正增长。

2. 刚需住房需求增长较快

2021年，苏州市房地产销售市场中小户型住房去化较快，在住宅销售中，90平方米以下住房销售面积为200.2万平方米，比上年增长8.6%；90~114平方米住房销售面积1534万平方米，比上年增长9.0%；144平方米以上住房销售354万平方米，比上年下降11.9%。受市场调控影响，苏州市住宅销售结构悄然变化，房地产需求偏向以刚需为主的中小户型住宅，“房住不炒”定位愈发清晰。

3. 住宅待售占比过半，商办待售去化困难

住宅待售占比过半，商办待售去化困难。2021年，商品房现房待售面积882万平方米，比上年增长6%。其中，住宅待售面积445万平方米，比上年增长8.5%，占商品房待售面积的比重由2018年的40.7%提高至50.4%；商办待售面积326万平方米，占比36.9%，为十年来最低水平，但其中过半数（51.3%）待售时间超3年，去化较难（见表5-14-5）。

表 5-14-5　2011—2021 年商品房待售面积规模、增速及构成情况

年份	待售面积（万平方米）	同比增长（%）	住宅占比（%）	商办占比（%）
2011	568	20. 4	48. 3	45. 5
2012	686	20. 8	51. 7	40. 9
2013	891	30. 0	49. 8	42. 8
2014	996	11. 8	51. 9	40. 5
2015	1063	6. 7	53. 9	39. 4
2016	940	-11. 6	45. 0	47. 9
2017	885	-5. 8	42. 8	50. 0
2018	789	-10. 9	40. 7	52. 3
2019	805	2. 0	44. 1	47. 2
2020	832	3. 5	49. 2	41. 7
2021	882	6. 0	50. 4	36. 9

数据来源：苏州市统计局。

（四）苏州市房地产开发企业资金和运营情况

2021 年，苏州房地产企业本年资金来源合计 5783. 7 亿元，比上年增长 2. 3%。其中，定金及预收款、个人按揭贷款分别为 2597. 8 亿元、857. 6 亿元，比上年增长 4. 8%和 9. 5%；国内贷款、利用外资和其他资金来源分别为 994. 1 亿元、4. 5 亿元和 199. 2 亿元，分别下降 4. 2%、5. 2%和 7. 7%，自筹资金为 1131. 6 亿元，比上年下降 0. 4%。融资政策收紧及恒大事件持续发酵使房企债务融资严重受阻，苏州房地产企业银行贷款、利用外资规模有所下降，自有资金筹措也出现困难，但好在销售前高后稳，定金及预收款、个人按揭贷款增长，整体资金情况运行良好，未来受金融管控政策和市场整体偏紧持续影响，将可能使部分房地产企业、特别是中小房企面临资金压力，恐对其在 2022 年的开发投资产生影响。

经营压力逐步显现，仍有八成以上企业经营稳健。根据 2021 年四季度苏州全市 1205 家房地产开发企业的问卷调查显示，企业经营状况以稳健经营为主。与上年同期相比，开发经营状况有所好转、维持稳定、有所下降的房企占比分别为 1. 1%、83. 5%、15. 4%，有所好转的企业从一季度的 3. 3%降至 1. 1%，有所下降的企业从 8. 7%扩大至 15. 4%。2021 年虽然房企承压经营，四季度，保持稳经营的房地产企业比一季度下降 4. 6 个百分点，但仍然有近 84%房企，在苏州减税费、降成本、惠金融、稳就业、优服务等纾困举措出台下，整体经营情况尚可。

（苏州市统计局）

十五、武汉市房地产市场

（一）2021 年武汉市房地产基本情况

1. 开发投资情况

2021 年，武汉市房地产开发投资额 3255 亿元，同比增长 17. 2%，分别比全市固定资产投资、工业投资、基础设施投资高 4. 3、7. 2、13. 3 个百分点；占全市投资比重为 42. 2%，仅比工业投资与基础设施投资之和低 1. 6 个百分点；总量较 2019 年增长 9. 7%，三大领域中唯一连续 8 个月较 2019 年同期实现正增长，拉动全市投

资增长 7.0 个百分点。2021 年以来，房地产开发投资始终保持高增速、高占比，是拉动武汉市固定资产投资增长的主要力量（见图 5-15-1）。

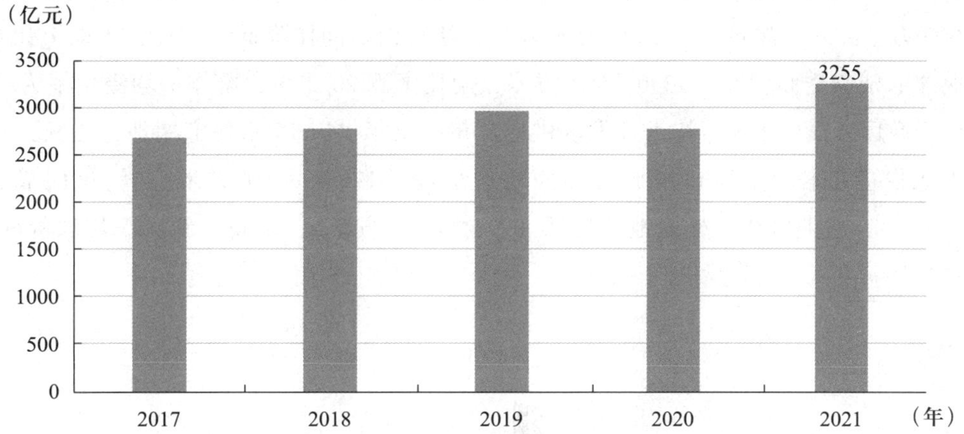

图 5-15-1　武汉市 2017—2021 年房地产开发投资额

数据来源：武汉市住房保障和房屋管理局。

2021 年，武汉市计划总投资 30 亿元及以上房地产开发项目 298 个，比上年增加 39 个，占全市开发项目数的 28.0%，完成投资增长 24.0%；本年完成投资超 10 亿元的项目 63 个，比上年增加 27 个，完成投资增长 59.7%。部分重大项目本年完成投资均超过 20 亿元，为全市开发投资快速增长提供了强劲动力。

2. 土地供应与成交情况

2021 年，为响应中央关于"房子是用来住的，不是用来炒的"定位及"稳地价、稳房价、稳预期"的决策部署，武汉市推行"两集中"土地供应新政。2021 年累计完成三次集中供地，共挂牌出让地块 353 宗，最终成交 321 宗，出让宗数较 2020 年增加 30 宗，成交宗数增加 26 宗；推出土地面积 2306 万平方米、建筑面积 4843 万平方米；成交土地面积 2075 万平方米、建筑面积 4238 万平方米；土地出让金再创新高，达 1944 亿元，同比上涨 2.51%；成交楼面均价为 4588 元/平方米，同比上涨 1.37%，整体平均溢价率为 6.84%，低于 2020 年的 9.05%（见表 5-15-1）。

表 5-15-1　武汉市 2017—2021 年土地供应成交一览表

类型	2021 年		2020 年		2019 年		2018 年		2017 年	
	供应	成交	供应	成交	供应	成交	供应	成交	供应	成交
土地宗数（宗）	353	321	323	295	380	328	378	347	464	401
用地面积（万平方米）	2306	2075	2237	2057	2322	1994	2349	2127	2448	2048
建筑面积（万平方米）	4843	4238	4599	4191	5180	4387	5175	4625	5482	4720
楼面地价（元/平方米）	4605	4588	4262	4526	3859	4025	3226	2986	2782	3311
平均溢价率（%）	—	6.84	—	9.05	—	11.44	—	3.83	—	10.73
土地出让金（亿元）	—	1944	—	1896	—	1766	—	1381	—	1563

数据来源：武汉市住房保障和房屋管理局。

其中，住宅用地成交 133 宗，成交住宅土地面积 903 万平方米；商办用地成交 35 宗，成交商办土地面积 208

万平方米；工业用地和其他用地成交分别为 146 宗、7 宗，成交土地面积分别为 925 万平方米、38 万平方米。

住宅用地方面，2021 年，武汉推出住宅用地 150 宗，成交 133 宗，出让宗数较 2020 年增加 19 宗，成交宗数增加 12 宗；推出住宅土地面积 1057 万平方米、建筑面积 2931 万平方米，建筑面积同比下降 8.32%；成交住宅土地面积 903 万平方米、建筑面积 2429 万平方米，建筑面积同比降低 16.5%；土地出让金 1795 亿元，与 2020 年基本持平；成交楼面均价为 7390 元/平方米，同比上涨 20.29%，整体平均溢价率为 7.4%，低于 2020 年的 9.55%。行政区方面，东湖新技术开发区供应放量，全年供应 18 宗住宅用地，远城区黄陂区、蔡甸区、东西湖区宅土地供应量较大，硚口区成交楼面地价最高（17637 元/平方米），江汉区成交楼面地价次之（16546 元/平方米），新洲区成交楼面地价最低（2744 元/平方米），东湖高新区平均溢价率最高（32.62%）（见图 5-15-2）。

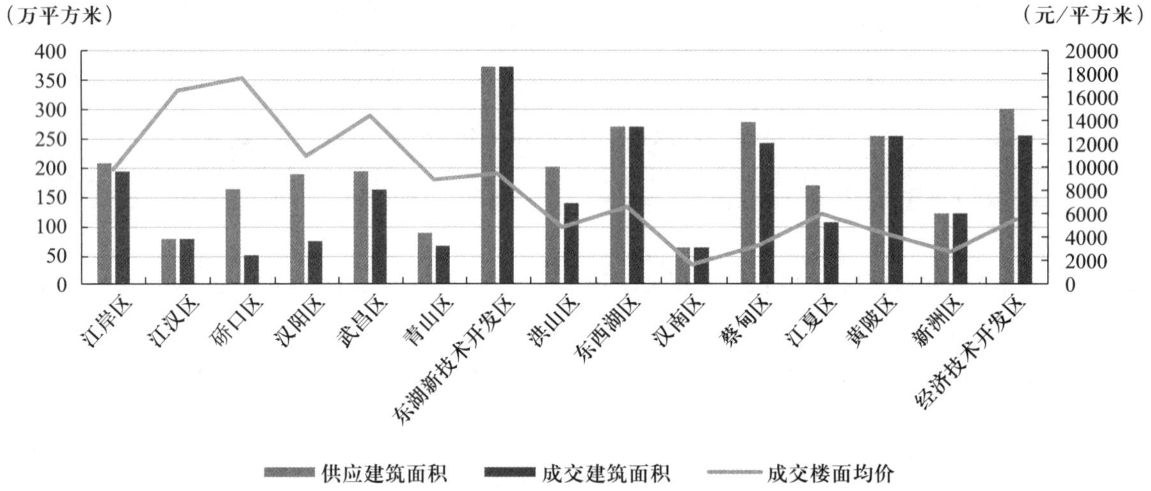

图 5-15-2　2021 年武汉市分区住宅用地土地供求量价

数据来源：武汉市住房保障和房屋管理局。

商办用地方面，2021 年武汉推出商业用地 38 宗，其中成交 35 宗，出让宗数较上年减少 8 宗，成交宗数减少 3 宗；推出商业土地面积 212 万平方米、建筑面积 386 万平方米，建筑面积同比上涨 10.6%；成交商办土地面积 208 万平方米、建筑面积 375 万平方米，建筑面积同比上涨 34.16%；商办土地出让金 102.27 亿元，同比上涨 35.42%；成交楼面均价为 2725 元/平方米，与 2020 年基本持平，整体平均溢价率为 0.5%，低于 2020 年的 1.83%。行政区方面，远城区商办用地整体供应量大于中心城区商办用地供应量，其中江夏区供应量最大，东湖高新区为中心城区商办用地供应最大的区域（见图 5-15-3）。

3. 房屋建设情况

2021 年，武汉市新入库房地产开发项目 170 个，比上年少 67 个；其中计划总投资 30 亿元及以上的项目 51 个，比上年少 13 个。房屋施工面积 16251.62 万平方米，同比增长 4.4%。从工程用途看，住宅施工面积 11089.99 万平方米，增长 3.2%；办公楼施工面积 1391.2 万平方米，增长 10.4%；商业营业用房施工面积 1252.7 万平方米，下降 2.3%。整体来看，房地产市场商业化水平不断提高。

2021 年新开工面积 2600 万平方米，同比下降 29.1%。其中，住宅、办公楼和商业营业用房新开工面积分别下降 28.2%、45.9%和 49.25%；竣工面积 771.17 万平方米，同比下降 0.9%，比上年回落 12.4 个百分点（见表 5-15-2）。入库项目减少、新开工面积下降、竣工面积放缓，表明企业开发积极性下降，房地产预期有所降温。

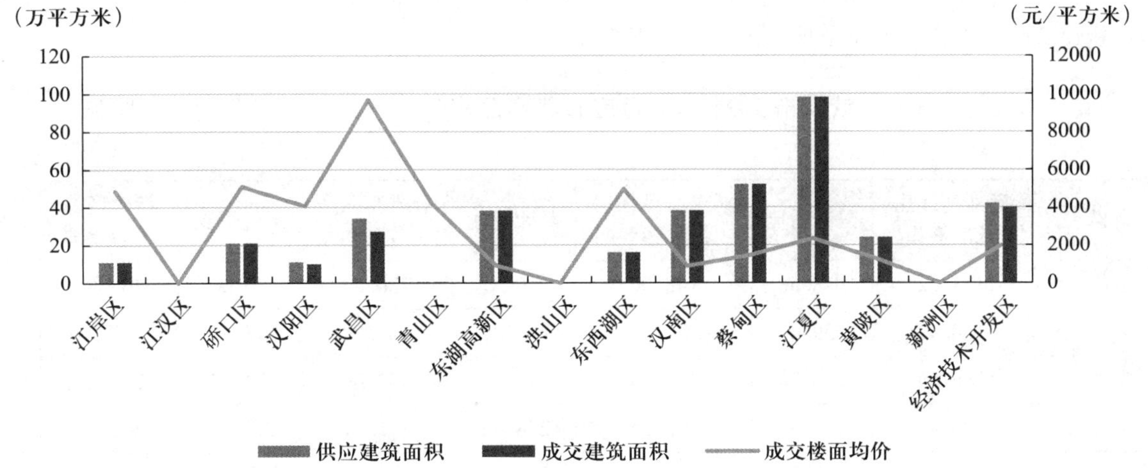

图 5-15-3　2021 年武汉市分区商业用地土地供求量价

数据来源：武汉市住房保障和房屋管理局。

表 5-15-2　武汉市 2017—2021 年房屋建设情况一览表

单位：万平方米

年份	房地产施工面积	房地产新开工面积	商品住宅新开工面积
2017	11913	3020	2204
2018	11760	3107	2235
2019	13556	3431	2441
2020	15600	3667	2477
2021	16252	2600	1778

数据来源：武汉市住房保障和房屋管理局。

4. 到位资金情况

2021 年，房企实际到位资金 4273. 29 亿元，同比增长 26. 6%。其中，国内贷款增长 33. 7%，自筹资金增长 7. 4%，定金及预收款增长 43. 2%，个人按揭贷款增长 28. 4%。国内贷款的增长主要来自优质房企的银行信贷，定金及预收款、个人按揭贷款的增长主要来自销售回款。全市房企资金较为充裕，同时，企业融资存在两极分化情况，2021 年，到位资金增长的房企 441 家，下降的房企也有 420 家，可见融资压力较大的企业不在少数。

5. 新房供应与销售情况

2021 年，武汉市新建商品房批准预售 255055 套，批准预售面积 2855. 66 万平方米，同比减少 1. 30%；其中，新建商品住房批准预售 209491 套，批准预售面积 2382. 93 万平方米，同比增长 1. 08%。住房租赁试点企业 87 家，租赁试点项目 31 个。

新建商品房销售 238096 套，销售面积 2706. 33 万平方米（其中，预签约 3244 套，预签约面积 51. 53 万平方米），同比增长 9. 59%；其中，新建商品住房销售 202916 套，销售面积 2333. 8 万平方米（其中，预签约 2724 套，预签约面积 32. 65 万平方米），同比增长 6. 30%。

截至 2021 年 12 月底，已批准预售尚未网签的商品住房 194942 套，面积 2262. 61 万平方米。

根据武汉市住房保障和房屋管理局网站公布的《房地产运行信息月度发布》中的数据显示，武汉市 2021 年全年新建商品房相较于上年增长 9.59%（见表 5-15-3）。

表 5-15-3　武汉市 2021 年分月度新建商品房供应与销售情况及同比一览表

单位：万平方米，%

月份	新建商品房批准预售	累计同比	新建商品住房批准预售	累计同比	新建商品房销售	累计同比	新建商品住房销售	累计同比
1月	173.02	8.58	148.36	10.87	230.27	70.60	265.88	73.80
2月	80.42	59.05	51.65	49.46	163.84	157.76	60.27	141.63
3月	346.58	259.29	293.49	248.84	253.09	19.55	223.46	303.18
4月	336.97	213.35	296.65	238.95	271.91	287.60	262.56	285.63
5月	275.65	138.03	234.43	159.64	265.21	205.38	230.70	200.56
6月	214.40	74.48	195.74	88.36	247.44	157.09	221.82	153.58
7月	196.34	49.12	152.93	57.62	170.99	92.10	150.46	89.45
8月	209.24	34.38	169.6	40.38	146.30	64.26	127.46	61.70
9月	368.60	20.76	306.33	24.71	200.92	49.52	170.64	47.10
10月	177.01	11.19	141.48	13.46	166.74	33.78	131.56	30.49
11月	240.81	5.07	200.83	7.38	208.40	24.36	172.37	21.16
12月	236.62	-1.30	191.44	1.08	381.22	9.59	316.62	6.30

数据来源：武汉市住房保障和房屋管理局。

根据武汉市住房保障和房屋管理网站公开的《新建商品房成交统计情况》，从武汉 2021 年市各行政区分用途成交面积一览表中看出不同类型商品房成交情况（见表 5-15-4）。

住宅前五位：东湖高新区 309.11 万平方米、洪山区 304.1 万平方米、汉阳区 251.99 万平方米、东西湖区 228.16 万平方米、黄陂区 192.08 万平方米。

办公前五位：东湖高新区 24.57 万平方米、汉阳区 14.96 万平方米、东西湖区 14.25 万平方米、江汉区 12.73 万平方米、武昌区 12.19 万平方米。

商业前五位：东湖高新区 27.13 万平方米、黄陂区 19.7 平方米，江夏区 7.71 万平方米，洪山区 5.91 万平方米、蔡甸区 4.6 万平方米。

表 5-15-4　2021 年武汉市各行政区分用途成交面积一览表

单位：万平方米

区域	住宅	办公	商业	其他	合计
江岸区	150.55	9.96	0.17	176.10	336.78
江汉区	58.48	12.73	0.01	77.21	148.43
硚口区	72.12	11.21	0.09	88.66	172.09
汉阳区	251.99	14.96	2.53	282.27	551.75
青山区	101.95	4.95	1.72	112.01	220.63
武昌区	131.84	12.19	0.04	149.07	293.13

续表

区域	住宅	办公	商业	其他	合计
洪山区	304. 10	12. 03	5. 91	339. 32	661. 35
东西湖区	228. 16	14. 25	4. 25	260. 11	506. 77
东湖高新区	309. 11	24. 57	27. 13	375. 92	736. 73
经济开发区	84. 35	3. 98	0. 12	92. 90	181. 36
江夏区	161. 81	2. 71	7. 71	182. 01	354. 24
黄陂区	192. 08	1. 47	19. 70	223. 44	436. 68
蔡甸区	95. 40	4. 37	4. 60	119. 59	223. 96
新洲区	97. 73	0. 57	4. 20	109. 52	212. 02
汉南区	61. 48	0. 23	2. 87	66. 67	131. 26

数据来源：武汉市住房保障和房屋管理局。

武汉市分区域新建商品房成交总量的前三名依次为东湖高新区、洪山区和汉阳区，成交量依次为 736. 73 万平方米、661. 35 万平方米和 551. 75 万平方米，成交面积在全市成交面积中占比分别为 14%、13%、11%（见图 5-15-4）。

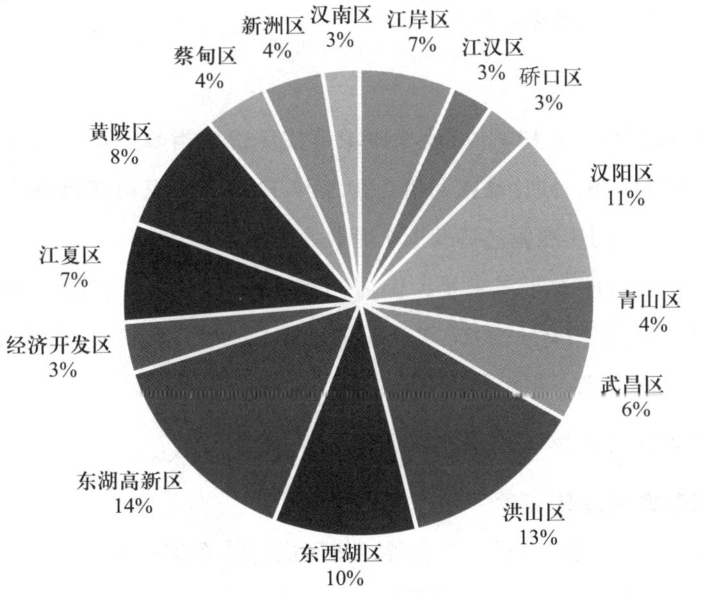

图 5-15-4　2021 年武汉市各行政区新建商品房成交总量占比图

数据来源：武汉市住房保障和房屋管理局。

6. 存量房供应与销售情况

2021 年，武汉市存量房成交 104443 套，成交面积 1019. 44 万平方米，同比增长 13. 65%。其中，存量住房成交 98996 套，成交面积 955. 96 万平方米，同比增长 16. 89%。2021 年上半年成交量整体较高，5 月底开始二手房贷款额度紧张，成交同比开始大幅下降，市场降温明显（见表 5-15-5）。

表 5-15-5　2021 年武汉市存量房月底成交数据

月份	存量房成交			存量住房成交		
	数量（套）	面积（万平方米）	累计同比（%）	数量（套）	面积（万平方米）	累计同比（%）
1	9696	94.98	54.82	9218	89.08	59.41
2	5116	50.06	136.42	4889	47.29	144.04
3	9312	88.51	280.63	8713	83.06	292.62
4	11849	114.64	316.77	11316	107.95	332.20
5	10961	105.72	242.44	10581	101.77	252.32
6	11438	110.51	154.27	10895	105.08	167.14
7	10239	98.57	90.14	9736	94.34	101.01
8	7560	74.51	62.44	7238	69.72	69.06
9	8067	79.29	41.45	7511	73.21	46.17
10	5642	53.74	30.09	5300	51.37	34.59
11	6997	69.13	20.65	6581	64.33	24.65
12	7566	79.78	13.65	7018	68.76	16.89
合计	104443	1019.44	—	98996	955.96	—

数据来源：武汉市住房保障和房屋管理局。

7. 商品房销售价格

根据国家统计局公布的 2021 年 12 月 70 座大中城市住房价格指数，70 座大中城市商品住宅销售价格环比总体延续四季度以来的下降态势，同比涨幅回落。2021 年 12 月，武汉市新建商品住房价格同比上涨 3.7%，涨幅较上月减少 0.6 个百分点，同比涨幅已持续七个月收窄。

2021 年，武汉市场供应量略大于需求量，供需关系大致平衡。全市新房价格持续上涨，全年住宅均价 16166 元/平方米，相比上年上涨 14%。2021 年商业项目成交均价 14530 元/平方米，相比上年下降 5%。写字楼成交整体均价 12215 元/平方米，相比上年下降 4%。

（二）2021 年武汉市住房保障工作情况

1. 保障政策体制机制建设情况

"十三五"期间，武汉市住房政策进一步完善，住房供应体系进一步优化，住房保障进一步发展，住房市场活跃健康，市场价格比较平稳，居民住房条件进一步改善，行业治理水平进一步提高，对改善民生和经济社会全面发展发挥了积极作用。

"十四五"期间，武汉市将进一步完善多主体供应、多渠道保障、租购并举的住房制度，进一步完善保障性住房、政策性住房与市场住房政策等在内的住房政策体系，建立健全包括保障性住房、市场租赁住房、商品住房等的住房供应体系，更好满足不同需求主体不同类型、不同层次的住房需求。

为解决新市民、新青年住房困难问题，努力实现全体人民住有所居，武汉市 2021 年发布了《武汉市人民政府关于加快发展保障性租赁住房的实施意见（征求意见稿）》，缓解市民住房压力。《意见》以利用存量房、存量地为主，采取新建、改建、改造、租赁补贴和将政府的闲置住房用作保障性租赁住房等方式，多渠道供给。此外，还制定了土地、财政、金融、税收等支持政策。

土地支持政策方面，中心城区新建商品住房，按照不低于住宅面积6%的比例配建保障性租赁住房，不再配建公租房、大学毕业生租赁房、市场租赁房等其它租赁住房。支持利用集体经营性建设用地建设保障性租赁住房；村集体经济组织可通过自建或联营、入股等方式建设运营保障性租赁住房。产业园区中工业项目配套建设行政办公及生活服务设施的用地面积占项目总用地面积的比例上限由7%提高到15%，提高部分主要用于建设宿舍型保障性租赁住房。

对闲置和低效利用的商业办公、旅馆、厂房、仓储、科研教育等非居住存量房屋，在符合相关要求的前提下，可改建为保障性租赁住房。简化审批流程，构建绿色通道，实现房源申请配租全程网上办。

2. 保障房各项指标任务及达成情况

2021年，武汉市实施棚户区改造33225套，完成率158.2%，超额完成年度目标；全市完成老旧小区改造455个，完成率151.7%，惠及群众约20.96万户。多渠道筹集改造资金，全年到位中央资金3.99亿元，落实市直专项资金5.91亿元，推动符合条件的改造项目策划发行专项债84.67亿元。

3. 保障性租赁住房进展情况

2021年，武汉市建设筹集保障性租赁住房2.16万套，完成当年目标任务。为切实解决新市民、青年人等群体的住房困难，2022年，全市将进一步加大保障性租赁住房工作力度，通过“五个一批”方式积极筹集房源，确保2022年全年建设筹集保障性租赁住房5.5万套（间）。

武汉市将充分考虑城市未来的重点发展区域、产业布局、人口导入状况、各类住宅布局平衡、环境承载容量及环境质量状况等因素，根据区域功能定位，统筹安排选址和建设规模，努力做到与经济发展相结合、与城市更新相结合、与产业发展相结合、与市政公建配套相结合。

4. 城市更新改造推进情况

武汉市按照国家及省委省政府决策部署，将老旧小区改造列为2021年市政府民生实事、全市经济社会发展重点工作，并按照“政府主导、居民参与、补齐短板、建管并举”的原则进行推进落实。

2019年以来，武汉市已累计开工改造老旧小区1103个，完工838个，惠及居民约30万户，老旧小区改造三年行动计划圆满收官。

2021年，全市新开工改造老旧小区419个，完工455个，惠及居民约20万户，超额完成2021年市政府工作报告中提出的“完成300个老旧小区改造”任务，实现“十四五”良好开局。

武汉市将进一步完善制度框架、政策体系，构建统筹协调机制、居民参与机制、项目推进机制、长效管理机制。强化改造质效，老旧小区改造将与绿色社区创建、城市更新、亮点片区建设，以及城市基础设施补短板等工作有机衔接、统筹推进。

（湖北省房地产业协会）

十六、湖南省房地产市场

2021年，湖南省认真贯彻落实国家房地产调控政策，继续坚持“房住不炒”的政策定位，坚持稳房价、稳地价、稳预期，分类指导、精准施策，不断加强房地产市场供需双向调节，房地产市场运行整体保持平稳态势。

（一）湖南省房地产市场政策环境

上半年，湖南省印发《关于建立房地产市场平稳健康发展城市主体责任制的通知》，坚持一城一策、因城施策，初步建立了符合湖南省实际的房地产市场平稳健康发展长效机制。湖南省市公积金先后出台政策，进一步稳定市场预期，保障刚需购房者置业需求。湖南商业物业库存高企，去化速度缓慢的问题，由湖南省住建厅等六部门联合发布了《关于推进非住宅商品房去库存的若干意见》，文件内容包含严格控制非住宅商品房用地增量、控制非住宅供应、促进非住宅商品房租售、降低非住宅商品房交易成本、降低公寓居民用户使用成本等措施，从多个方面推进公寓等非住宅去库存。

下半年，长株潭一体化五年行动计划出炉，长株潭都市圈从“区域规划”成功晋级为“国家战略”，长株潭都市圈建设加快。地级市出于稳房价、稳预期的需要，地级市通过契税补贴、限跌令等方式维稳楼市。8月岳阳市发布2021年全国首个楼市“限跌令”；9月湘潭市发布购房补贴政策，最高给予购房发票销售额的1.2%给予补贴；11月永州市、张家界市相继发布限跌令维稳楼市。

整体而言，2021年湖南省房地产政策趋稳，加快构建房地产市场发展长效机制，强化一城一策，促进市场平稳发展。

（二）湖南省房地产市场基本情况

1. 房地产开发投资平稳增长

2021年，湖南省完成房地产开发投资5427.83亿元，同比增长11.2%，增速较1—11月回落1.5个百分点，已连续10个月回落，高于全国平均增速6.8个百分点，两年平均增长10.5%，总量、增速在全国排名第10位、第4位，在中部排名第4位和第2位。从投资结构看，住宅完成开发投资4164.61亿元，占房地产开发投资的比重为76.7%，同比增长15.2%；办公楼完成投资143.57亿元，同比减少18.1%；商业营业用房完成投资639.78亿元，同比增长5.7%；其他房屋完成投资479.87亿元，同比减少1%。

从地区看，长沙市完成房地产开发投资2236.12亿元，同比增长19.7%。其他三、四线城市完成房地产开发投资3191.71亿元，同比增长10.2%。全省10个市州房地产开发投资实现正增长。其中，增幅较大的为长沙市、湘西州和永州市，分别增长19.7%、19.2%、17.8%；株洲、湘潭、常德和张家界4个市州为负增长，张家界降幅最大，下降28%。

2. 新建商品房销售增速回落

2021年，湖南省新建商品房销售面积9188.79万平方米，同比减少2.6%，较上年同期回落6.3个百分点，两年平均增长0.5%，总量、增速分别在全国排名第8位、第21位，在中部排名第3位、第5位。其中，住宅销售面积8316.71万平方米，同比减少2.2%；办公楼销售面积101.72万平方米，同比减少8.1%；商业营业用房销售面积523.23万平方米，同比增长3.3%；其他房屋销售面积247.13万平方米，同比减少11.4%。新建商品房销售额6040.51亿元，同比增长1.6%；两年平均增长4.1%。其中，住宅销售额5390.44亿元，同比增长3.2%；办公楼销售额107.05亿元，同比减少12.1%；商业营业用房销售额444.38亿元，同比减少7.9%；其他房屋销售额98.64亿元，同比减少17.4%。

从地区看，长沙市新建商品房销售面积2605.79万平方米，占全省的28.4%，同比增长9.5%；高于全省增速12.1个百分点，销售额2620.32亿元，同比增长19.3%。其他三、四线城市新建商品房销售面积6583.00万平方米，同比减少6.7%；销售额3420.19亿元，同比减少8.8%。

3. 商品住宅价格总体平稳

2021年，湖南省新建商品住宅均价6481元/平方米，中部排名第5位，全国排名第25位，仅高于河南、黑龙江、广西、甘肃、新疆和贵州。1—12月，长沙市新建商品住宅均价10119元/平方米，在30个直辖市、省会城市（除拉萨外）中排名第20位。

4. 房地产开发企业到位资金稳定增长

2021 年，湖南省房地产开发企业到位资金 6546. 99 亿元，同比增长 6. 6%。其中，国内贷款 651. 33 亿元，下降 6. 5%；自筹资金 2096. 45 亿元，增长 1. 5%；其他资金 3799. 21 亿元，增长 12. 5%。在其他资金中，定金及预收款 2143. 81 亿元，增长 11. 9%；个人按揭贷款 1438. 16 亿元，增长 13. 3%。

5. 新开工面积持续下滑

2021 年，湖南省房地产施工面积 42660. 89 万平方米，同比增长 4. 7%。房屋新开工面积 10168. 21 万平方米，同比减少 6. 9%，已连续三个月下降，降幅较 1—11 月扩大 1. 9 个百分点；其中，住宅新开工面积 7992. 24 万平方米，同比减少 3. 8%。房屋竣工面积 4604. 23 万平方米，同比增长 16. 2%。

6. 土地供应量减少

2021 年，湖南省房地产用地供应 7956. 0 公顷，同比减少 10. 6%，增速较上年同期回落 46. 1 个百分点，两年平均增长 10. 1%。其中，住宅用地供应量 5812. 99 公顷，同比减少 12. 2%，占房地产用地供应量的 73. 1%；商服用地供应 2143. 01 公顷，同比减少 5. 8%，占房地产用地供应量的 26. 9%。根据四季度城市地价动态监测数据，从同比看，长沙、株洲、湘潭、衡阳、岳阳、常德六市住宅用地地价同比增长率分别为 2. 95%、-0. 55%、0. 44%、4. 98%、5. 25%、2. 90%；从环比看，长沙、株洲、湘潭、衡阳、岳阳、常德六市住宅用地地价环比分别增长 0. 80%、-0. 47%、-0. 11%、0. 07%、1. 02%、0. 25%。

7. 房地产贷款增速持续放缓

截至 2021 年 12 月底，全省房地产贷款余额 16341. 44 亿元，占全部贷款余额的 29. 3%，同比增长 8. 5%，较上年同期回落 4. 8 个百分点，增速已经连续三年放缓。全省房地产贷款新增 1276. 7 亿元，同比少增 484. 4 亿元。从贷款投向来看，房地产开发贷款余额 3956. 16 亿元，同比增长 0. 6%，增速较上年同期回落 3. 7 个百分点；个人住房贷款余额 11671. 46 亿元，同比增长 12. 2%，增速较上年同期回落 6 个百分点。12 月，全省首套房贷款平均首付比例、利率分别为 33. 9%和 5. 61%，分别低于二套房贷款 9. 05 个和 0. 35 个百分点。

8. 房地产税收保持增长

2021 年，湖南省完成房地产税收收入 1216. 06 亿元，同比增长 3%，增速较上年同期提高 3. 31 个百分点，两年平均增长 1. 34%；占税收总收入比重为 26. 98%。房地产税收地方部分 1025. 49 亿元，同比增长 4. 88%；占地方一般公共预算收入比重为 31. 55%，占比较上年同期回落 0. 95 个百分点；占地方税收收入比重为 45. 66%，占比较上年同期回落 1. 85 个百分点。

9. 住房保障工作有序推进

湖南省发布了《关于加快发展保障性租赁住房的通知》。《通知》明确，保障性租赁住房主要解决符合条件的新市民、青年人等群体的住房困难问题，以建筑面积不超过 70 平方米的小户型为主，租金低于同地段同品质市场租赁住房租金，长沙市、株洲市、湘潭市和岳阳市是发展保障性租赁住房的重点城市。同时，2021 年，湖南省城镇棚改 3. 56 万套、保障性租赁住房 4. 35 万套已经全面开工。

（三）下阶段房地产市场形势预判

2021 年 12 月，中央经济工作会议强调，要坚持房子是用来住的、不是用来炒的定位，加强预期引导，因城施策促进房地产业良性循环和健康发展。在此背景下，湖南省将坚持稳字当头、稳中求进，坚持“房住不炒”定位，稳妥实施房地产长效管理机制。预计全省房地产市场呈现以下发展趋势。

1. 房地产开发投资增速持续回落

土地供应减少将影响房企新开工规模，市场活跃度不足、资金压力较大亦降低了部分企业开工意愿，房企投资渐趋谨慎。但在建项目施工规模较大，相关建筑工程投资仍对开发投资形成一定支撑，租赁住房的建设也将对开发投资起到拉动作用，预计全省房地产开发投资仍将保持一定增长，增速将回落到个位数区间。

2. 商品房销售增速前低后高

受个别房企资金链紧张、债务违约风险显现等因素的影响，市场观望情绪较重，叠加房地产税试点短期对市场预期或带来一定冲击，需求入市动力偏弱，市场上半年或将延续调整态势，但新型城镇化不断推进，促使刚性需求持续释放，加上信贷环境迎来边际宽松，市场销售规模仍有保障，预计市场将逐渐企稳回暖，全省商品房销售增速呈前低后高的走势。

3. 房地产市场分化加剧

长沙经济韧性强、人口吸引力大，市场需求旺盛，房地产市场有望继续保持增长。部分三、四线城市市域人口持续流出，城镇人口增长缓慢，产业支撑不足，住房需求疲软，预计市场将延续以价换量，房价下行压力较大。

4. 加强租赁行业监管

住房租赁市场仍然存在不少问题，包括空置现象严重、居住体验差、租购同权落实情况不一、管理较为混乱等。我省将加强租赁行业监管，大力推进租赁赋权，支持鼓励机构化长租房。预计将通过打造住房租赁价格指数，合理引导租金价格走势；加大对公租房、保障房建设的信贷支持力度；加快住房租赁保险的发展等方式强化住房租赁市场监管。

（湖南省房地产业协会）

十七、南昌市房地产市场

（一）2021 年南昌市房地产市场基本情况

1. 开发投资情况

2021 年，南昌市房地产开发投资同比增长 0.4%，较上年增速下降 6 个百分点，较全国水平（4.4%）低了 4 个百分点。近几年来，南昌市房地产开发投资增速下降明显，其中，2017 年为 17.2%、2018 年 12.6%、2019 年 2.5%、2020 年 6.4%、2021 年 0.4%。

2. 土地供应与成交情况

从土地供应来看，2021 年南昌市（不含安义、进贤）住宅用地供应 525 万平方米，同比上年下降 68.8%；成交 413 万平方米，同比下降 75.1%；成交楼面均价 4120 元/平方米，同比上升 13.3%。从推出楼面价来看，2021 年住宅用地推出楼面均价 3603 元/平方米，同比上升 24.5%，溢价率达 20.4%。

3. 房屋建设情况

2021 年前 11 月，全市新建商品住宅新开工面积 831.8 万平方米，同比增速 25.4%。

4. 到位资金情况

全市房地产信贷规模收缩明显。1—11 月，全市房地产开发贷款余额同比增速 0.92%，与上年增速相比减少了 3.84 个百分点；房地产开发贷款新增额同比增速-53%。1—11 月，全市个人住房贷款余额同比增速 6.2%，与上年增速相比减少了 4.66 个百分点；2021 年前 11 月，全市新增个人住房贷款额 172.9 亿元，个人住房贷款新增额同比增速-30.7%。

截至 2021 年 11 月底，全市房地产贷款余额与金融机构人民币各项贷款余额比值为 29.2%，与上年相比回落了 4.1 个百分点。

5. 新房供应与销售情况

（1）批准上市情况

房企推盘节奏减慢，新建商品房批准上市面积同比下降。2021 年，全市新建商品房批准上市面积 850. 8 万平方米，同比增速-25. 6%。其中：住宅 664. 9 万平方米，同比增速-25. 4%；非住宅 185. 9 万平方米，同比增速-26. 1%。

从区域看，新建商品房批准上市面积：市本级 458. 6 万平方米，同比增速-21. 7%；南昌县 168. 8 万平方米，同比增速-30. 1%；新建区 151. 8 万平方米，同比增速-30. 0%；安义县 21. 4 万平方米，同比增速-52. 5%；进贤县 50. 2 万平方米，同比增速-8. 1%。

从季度看，新建商品房批准上市面积：一季度 201. 8 万平方米，同比增速-31. 3%，环比增速-44. 2%；二季度 265. 8 万平方米，同比增速-12. 2%，环比增速 31. 7%；三季度 223. 1 万平方米，同比增速-31. 6%，环比增速-16. 1%；四季度 160. 1 万平方米，同比增速-55. 7%，环比增速-28. 2%。

（2）销售情况

2021 年，全市新建商品房网签销售面积 1021. 8 万平方米，同比增速-2. 8%。其中，住宅 784. 8 万平方米，同比增速-11. 0%；非住宅 237. 0 万平方米，同比增速 39. 5%。

从季度看，新建商品房网签销售面积：一季度 287. 8 万平方米，同比增速 56. 3%，环比增速-7. 6%；二季度 254. 1 万平方米，同比增速-16. 5%，环比增速-11. 7%；三季度 239. 2 万平方米，同比增速-4. 9%，环比增速-5. 9%；四季度 240. 7 万平方米，同比增速-22. 7%，环比增速 0. 6%。

从区域看，新建商品房网签销售面积：市区 637. 3 万平方米，同比增速 7. 6%；南昌县 160. 6 万平方米，同比增速-22. 4%；新建区 140. 1 万平方米，同比增速-4. 4%；安义县 25. 5 万平方米，同比增速-53. 6%；进贤县 58. 3 万平方米，同比增速 15. 0%。

从市本级各区看，新建商品房网签销售面积增速：高新区 27. 5%、青云谱 25. 9%、西湖区 24. 7%、经开区 1. 0%、湾里管理局-4. 2%、青山湖-6. 5%、红谷滩-6. 7%、东湖区-18. 7%。

6. 存量房供应与销售情况

2021 年，全市二手房网签交易面积 351. 9 万平方米，同比增速-9. 9%。其中，住宅 329. 7 万平方米，同比增速-10. 3%；非住宅 22. 2 万平方米，同比增速-2. 2%。

从季度看，二手房网签交易面积：一季度 95. 1 万平方米，同比增速 113. 8%，环比增速-16. 7%；二季度 107. 3 万平方米，同比增速 0. 9%，环比增速 12. 9%；三季度 88. 7 万平方米，同比增速-29. 2%，环比增速-17. 2%；四季度 60. 8 万平方米，同比增速-46. 8%，环比增速-31. 6%。

从区域看，二手房网签交易面积：市区 236. 8 万平方米，同比增速-6. 2%；南昌县 60. 9 万平方米，同比增速-23. 2%；新建区 36. 7 万平方米，同比增速-13. 5%；安义县 6. 4 万平方米，同比增速 64. 8%；进贤县 11. 1 万平方米，同比增速-10. 4%。

从市本级各区看，二手房网签交易面积增速：经开区 45. 6%、红谷滩 12. 3%、西湖区 9. 8%、湾里管理局 6. 5%、青云谱 0. 2%、高新区-1. 2%、东湖区-1. 3%、青山湖-6. 9%。

7. 商品房销售价格

2021 年 1—12 月，南昌市商品房均价为 10049. 3 元/平方米，同比上涨 3. 2%，略高于全省平均水平 0. 9 个百分点；在全省 11 个设区城市中位列第 3。商品住宅均价为 9985. 8 元/平方米，较上年涨幅为 5. 2%，高于全省平均水平 1. 6 个百分点；涨幅位列全省第 3。

从指数看，市区新建商品住宅价格环比指数走弱，1—12 月累计环比指数 100.8，在全国 70 座大中城市中排第 48 位，在中部省会城市中排第 5 位（长沙 107.2、武汉 103.6、合肥 103.6、郑州 102.0、南昌 100.8、太原 97.1）。同比指数增幅基本平稳，1—12 月月均同比指数 101.1，在全国 70 座大中城市中排第 59 位，在中部省会城市中排第 5 位（长沙 106.6、武汉 105.7、合肥 105.5、郑州 102.1、南昌 101.1、太原 98.3）。

从指数看，市区二手住宅价格环比指数呈下降，1—12 月累计环比指数 99.6，在全国 70 座大中城市中排第 47 位，在中部省会城市中排第 5 位（长沙 105.0、合肥 102.6、武汉 102.3、郑州 100.6、南昌 99.6、太原 96.1）。同比指数增幅保持平稳，1—12 月月均同比指数 100.5，在全国 70 座大中城市中排第 47 位，在中部省会城市中排第 5 位（合肥 105.2、长沙 104.7、武汉 102.7、郑州 100.3、南昌 100.5、太原 97.3）。

8. 库存情况

2021 年 12 月底，全市商品房库存面积 1341.8 万平方米，同比增速-6.7%，去化周期 16.9 个月，比上年年末缩小了 0.8 个月。其中：住宅库存面积 578.3 万平方米，同比增速-13.4%，去化周期 9.2 个月，比上年年底缩小了 0.5 个月；非住宅库存面积 763.5 万平方米，同比增速-0.9%，去化周期 46.4 个月，比上年年底缩小了 15.5 个月。非住宅库存面积占总库存面积 57%，非住宅库存占比仍处高位。

从区域看，住宅库存面积及去化周期：市本级 297.5 万平方米，去化周期 8.5 个月；南昌县 114.7 万平方米，去化周期 9.5 个月；新建区 110.1 万平方米，去化周期 11.5 个月；进贤县 32.8 万平方米，去化周期 6.4 个月；安义县 23.2 万平方米，去化周期 18.7 个月。

非住宅库存面积及去化周期：市本级 572.8 万平方米，去化周期 47.9 个月；南昌县 52.3 万平方米，去化周期 37.9 个月；新建区 79.3 万平方米，去化周期 33.2 个月；进贤县 37.8 万平方米，去化周期 205.7 个月；安义县 21.3 万平方米，去化周期 40.2 个月。

（二）2021 年南昌市住房保障工作情况

1. 保障政策体制机制建设情况

为贯彻落实《关于加快发展保障性租赁住房的意见》（国办发〔2021〕22 号），拟订了《南昌市保障性租赁住房建设管理实施办法（征求意见稿）》，并已于 12 月 22 日向社会公开征求意见（2022 年 2 月 14 日，以南昌市政府办公室的名义正式发布）。

该实施办法立足服务民生宗旨，从保障性租赁住房项目的筹集、审批流程简化、运行期满退出，保障对象的范围、准入和退出、线上（线下）申请、配租管理、租赁补贴发放等各方面提出了合理的便民举措，尤其是全面落实了 22 号文件提出的土地支持、审批支持、资金补助、税费支持、金融支持、民用水电气支持等六个方面的各项政策支持，为加快发展保障性租赁住房打好相关制度基础。

完善住房保障系统。新版住房保障系统于 2020 年 8 月 12 日正式上线，实现了与住建部住房保障系统贯标联网。为保证数据上传的质量，南昌市住房保障与房产管理局住房保障科联合保障办督促中心城区住房保障部门加快实物配租家庭的系统合同签订工作。目前，各区正在分批次将实物配租家庭的纸质版合同信息录入公租房系统，签订电子版合同。

为突出保障的“精准化”“人性化”，2020 年年底，出台了《南昌市中心城区外来务工人员发放租赁补贴的操作细则》，对稳定就业的无房外来务工人员按 150 元/人/月标准发放租赁补贴，为外来务工人员住房提供保障支持。

2. 保障房各项指标任务及达成情况

租赁补贴发放。2021 年 11 月，公租房租赁补贴正在保障家庭 27399 户，发放金额 6083.90（全年

7574.73）万元，超额完成省政府下达的25150户的年度目标任务；公租房实物配租共有50537套，其中2021年对清腾退房源进行重新分配911套。目前，南昌市实行公租房租赁补贴和实物配租相结合的住房保障制度，对符合住房保障条件的城镇居民家庭，实现了“依申请”应保尽保。

经济适用房上市。一是经济适用房上市工作开展井然有序，2021年1至11月，上市家庭672户，上缴市财政资金4456.23万元；货币补贴办理退款149户，回收资金764.38万元。二是配合赣昌部队做好清房工作。

3. 保障性租赁住房进展情况

南昌市高度重视保障性租赁住房工作。8月，南昌市住房保障办公室邀请了约20家房地产开发企业、住房租赁企业召开了座谈会，重点解读保障性租赁住房新建、改建、改造和运营相关支持政策，动员各类社会主体参与保障性租赁住房建设。同时，还与建设银行、国金公司等金融机构进行了接洽，听取他们对建设保障性租赁住房的支持措施及相关建议。

立足南昌市实际，在摸底底数的基础上，委托专业机构制订了南昌市保障性租赁住房“十四五”规划，按照住建部和江西省住建厅的要求，及时完成了“十四五”规划的编制工作。目前，《南昌市发展保障性租赁住房调研报告》和《南昌市“十四五”保障性租赁住房建设规划目标和2022年度建设计划》已经上报市政府审议，待市政府同意后将及时向社会发布。

根据住建部的部署，南昌市将产业园配套用地建设的租赁住房、集体土地建设的试点租赁住房共5457套（间）、7个项目，作为2021年保障性租赁住房建设任务。

截至10月底，南昌市2021年保障性租赁住房有3个项目、4180套（间）已建成，3个项目、997套（间）正在主体施工，1个项目、280套完成场地平整，共完成计划总投资的75%。

4. 城市更新改造推进情况

城市功能不断完善。《南昌市国土空间总体规划》方案基本形成，西南等城市增量区域规划加快编制。城市“双修”深入推进，成功入选全国首批城市更新试点名单。地铁1号线北延和东延、2号线东延工程有序推进，4号线开通运营，轨道交通运营里程达128.6公里，实现地铁四线换乘。桃新大道主线通车，沿江中北大道提升改造、小蓝大道快速化、九龙大桥、桃花南路快速化、九洲高架东延等工程加快推进，城市道路交通体系日臻完善。城市体检工作顺利推进，改造老旧小区265个，整治背街小巷554条，新改建公厕57座，基本形成“10分钟如厕圈”。新建邮票绿地52个，开工建设城市公园23个，建设绿道180余公里。建设公共停车场114个，新增泊位数25976个。

（江西省房地产业协会）

十八、福州市房地产市场

（一）2021年福州房地产市场基本情况

1. 开发投资情况

2021年，福州市房地产开发投资2248.81亿元，比上年增长8.6%，增速较上年下降5.6个百分点。从房屋类型看，住宅投资1637.84亿元，比上年增长9.6%，占房地产开发投资的72.8%，占比增长0.6个百分点。

2021年，福州房地产开发投资中的土地购置费935.36亿元，比上年下降5.8%，土地购置费占全部房地产开发投资的41.6%；建安投资1257亿元，同比增长20.2%。

2. 土地供应与成交情况

2021年，福州市主城区累计出让经营性用地71宗2852亩，土地出让金411亿元。

3. 房屋建设情况

2021 年，福州房屋建设规模基本稳定，房屋施工面积 8427.23 万平方米，同比上年下降 2.7%。其中，住宅 5329.72 万平方米，下降 2.1%。

房屋新开工面积 1512.73 万平方米，同比上年下降 22.1%。其中，住宅新开工面积 1037.46 万平方米，下降 15.5%。

房屋竣工面积 899.62 万平方米，同比上年下降 17.9%。其中，住宅竣工面积 557.08 万平方米，下降 15.4%。

4. 到位资金情况

2021 年，福州市房地产开发资金到位 2584.04 亿元，同比增长 5.4%。其中，国内贷款 456.12 亿元，增长 36.1%；个人按揭贷款 265.12 亿元，增长 4.4%。

5. 商品房供应与销售情况

2021 年，福州市商品房销售面积 1205 万平方米，同比增长 31.2%。其中，住宅销售面积 952 万平方米，增长 34.8%；非住宅销售面积 253 万平方米，增长 27.8%。

2021 年，福州市五城区新建商品房销售 87020 套，同比增长 55.9%。其中，住宅销售 32429 套、销售面积 343.5 万平方米。

6. 二手房供应与销售情况

2021 年，福州市二手房交易面积 574 万平方米，同比增长 9.7%。其中，二手住宅交易面积 500 万平方米，增长 15.4%；二手非住宅交易面积 74 万平方米，回落 17.8%。

2021 年，福州市五城区二手房交易 40289 套，同比增长 8%。

7. 商品房销售价格

2021 年福州市新建商品住宅销售价格指数环比增长 1%，同比增长 3.4%；二手住宅销售价格指数环比下降 2%，同比增长 3.1%。

（二）2021 年福州市住房保障工作情况

1. 房屋征收稳步推进

2021 年，全市实施连片旧屋区改造项目 54 个，涉及旧房约 481.95 万平方米、1.42 万户。其中，25 个项目已经完成，涉及旧房约 217 万平方米、6170 万户。实施零星地块精准改造项目 44 个，涉及旧房约 7.68 万平方米、917 万户。2021 年，全市安置型商品投资 100 亿，完成 14 个安置型商品房项目出让，建设安置型商品房住宅 7578 套，面积达 57.96 万平方米。

2. 老旧小区改造有序进行

2021 年全市开展 198 个老旧小区改造，基本完成改造任务。

3. 租赁住房试点积极推进

2021 年，全市累计新增各类租赁住房 5.3 万套，超额完成住建部年度绩效目标任务。其中：新建改建租赁住房 2.9 万套，完成年度绩效目标 120.8%；盘活存量租赁住房 2.4 万套，完成年度绩效目标 141.17%。

4. 住房保障力度不断加大

全市保障性安居工程棚户区改造目标任务 7532 套，开工 7598 套，占目标任务 100.8%，超额完成年度目标任务。2021 年，累计新增登记保障资格 2993 户、新增配租 1823 套、租赁补贴 1077 户。

（福州市房地产开发建设促进会）

十九、厦门市房地产市场

（一）2021 年厦门市房地产市场基本情况

2021 年在厦门市委市政府的坚强领导和相关主管部门积极作为下，厦门各项经济活动有序开展，房地产行业坚持“房住不炒”定位，扎实做好“六稳六保”工作，按照“稳地价、稳房价、稳预期”要求，保持政策连续性和稳定性，落实“一城一策”、差别调控的综合措施，完善调控常态长效机制，稳定市场预期。从全年看，房地产开发投资、房屋建设、新房供应等稳步增长，市场运行总体平稳，市场预期进一步回归理性。

1. 房地产投资情况

2021 年，全市房地产开发投资 1069.66 亿元，比上年增长 1.3%，增幅位居全省六位；两年平均增长 9.0%。

按投资构成分，土地购置费拉动作用明显。1—12 月，全市土地购置费 691.56 亿元，同比上年增长 5.3%，拉动房地产开发投资增长 3.3 个百分点，两年平均增长 32.6%；建安工程完成投资 342.06 亿元，同比下降 7.2%，拉低房地产开发投资增长 2.5 个百分点，两年平均下降 12.8%；设备工器具完成投资 1.22 亿元，同比下降 75.4%。

按工程用途分，商品住宅投资增速放缓。1—12 月，全市商品住宅投资 709.89 亿元，同比上年增长 3.2%，增幅比 1—11 月回落 3.3 个百分点；商业营业用房投资 79.86 亿元，下降 11.9%，降幅比上月扩大 3.4 个百分点；办公楼投资 43.57 亿元，下降 32.6 %，与上月基本持平。

按投资区域分，岛内外开发投资力度相当。1—12 月，岛外完成投资 655.24 亿元，同比上年增长 1.3%；岛内完成投资 414.42 亿元，同比增长 1.4%。

2. 土地供应与成交情况

2021 年，全市经营性用地出让 38 宗，土地面积为 140.1 万平方米，同比下降 47%；建筑面积为 385.8 万平方米，同比下降 23%。全市经营性用地土地出让金 814.4 亿元，同比增长 30%。其中，商住用地出让金为 793.85 亿元，同比增长 35%。

2021 年，商住用地成交 23 宗，建筑面积为 295.5 万平方米，占比 77%，同比增长 21%；商业用地成交 2 宗，建筑面积为 3.3 万平方米，占比 1%；办公用地成交 5 宗，建筑面积为 29.8 万平方米，占比 8%；酒店用地成交 2 宗，建筑面积 12.1 万平方米，占比 3%；综合体用地成交 2 宗，建筑面积为 24 万平方米，占比 6%；其他用地成交 4 宗，建筑面积为 21 万平方米，占比 5%。

3. 房屋建设情况

2021 年，厦门房屋施工面积 3661.02 万平方米，同比增长 1.24%。其中，住宅施工面积 1850.67 万平方米，同比增长 12.98%，占施工面积比重 50.55%；办公写字楼施工面积 500.63 万平方米，同比减少 19.14%，占施工面积比重 13.67%；商业营业用房施工面积 277.29 万平方米，同比减少 7.98%，占施工面积比重 7.57%；其他用房施工面积 1032.43 万平方米，同比减少 2.38%，占施工面积比重 28.20%。

2021 年，厦门房屋新开工面积 566.33 万平方米，比增 39.6%。其中，住宅新开工面积 352.76 万平方米，同比增 54.31%，占房屋新开工面积的 62.29%；办公写字楼新开工面积 39.43 万平方米，同比减少 17.27%，占房屋新开工面积的 6.96%；商业营业用房新开工面积 20.26 万平方米，同比减少 15.76%，占房屋新开工面积的 3.58%；其他用房新开工面积 153.88 万平方米，同比增长 46.04%，占房屋新开工面积的 27.17%。

2021 年，厦门房屋竣工面积 385.85 万平方米，同比增长 10.63%。其中，住宅竣工面积 171.82 万平方米，同比增长 59.94%，占竣工面积比重 44.53%；办公写字楼竣工面积 71.03 万平方米，同比减少 21.69%，占竣工面积比重 18. 41%；商业营业房竣工面积 25. 35 万平方米，同比增长 32. 86%，占竣工面积比重 6. 57%；其他用房竣工面积 117. 65 万平方米，同比减少 10. 59%，占竣工面积比重 30. 49%。

4. 到位资金情况

受金融强监管及限贷政策影响，房地产开发企业到位资金增幅明显回落。1—12 月，全市房地产开发本年实际到位资金 1334. 92 亿元，同比增长 4. 7%，比 1—11 月回落 3. 7 个百分点。其中，国内贷款 133. 16 亿元，增长 3. 6%；自筹资金 787. 48 亿元，增长 24. 8%。受疫情冲击，在商品房销售低迷情况下，导致定金和预收款、个人按揭贷款出现较大下降，分别下降 71. 9%和 68. 5%。

截至 2021 年年底，厦门市房地产贷款余额 4476 亿元，占本外币贷款余额的比重为 29. 2%，同比上年年底下降 2. 0 个百分点，房地产贷款余额占比连续 5 年下降。

5. 新房供应与销售情况

（1）全市新建商品房供销情况

全年，厦门市新建商品住宅批准预售面积为 309. 2 万平方米，同比增长 11. 7%，岛内批准预售面积为 43. 3 万平方米，岛外批准预售面积为 265. 9 万平方米。

全年，厦门市新建商品住宅销售面积 361. 2 万平方米，同比增长 53. 6%，其中岛内新建商品住宅销售量为 55. 1 万平方米，同比增长 9. 3%，全市占比 15%；岛外新建商品住宅销售量为 306. 1 万平方米，同比增长 65. 6%，全市占比 85%。

（2）分区新建商品房供销情况

思明区：该区全年新建商品住宅批准预售面积 18. 6 万平方米，同比增长 18. 5%；销售面积 17 万平方米，同比增长 22. 3%。

湖里区：该区全年新建商品住宅批准预售面积 24. 7 万平方米，同比下降 43. 2%；销售面积 38. 2 万平方米，同比增长 4，7%。

集美区：该区全年新建商品住宅批准预售面积 33. 7 万平方米，同比下降 43. 9%；销售面积 64. 8 万平方米，同比增长 23%。

海沧区：该区全年新建商品住宅批准预售面积 58. 7 万平方米，同比增长 25. 4%；销售面积 59 万平方米，同比增长 54. 9%。

同安区：该区全年新建商品住宅批准预售面积 63. 4 万平方米，同比增长 2%；销售面积 73. 9 万平方米，同比增长 39. 7%。

翔安区：该区全年新建商品住宅批准预售面积 110. 1 万平方米，同比增长 127%；销售面积 108. 3 万平方米，同比增长 163. 5%。

6. 存量房供应与销售情况

截至 2021 年 12 月，全市总存量 614. 9 万平方米（含在售、待推、地块存量），按近三年年均 244 万平方米去化速度计算，去化周期约 2. 5 年。商品住宅在售存量面积为 297. 9 万平方米，按 2021 年月均销售 30 万平方米计算，去化周期约为 10 个月。

从区域看，六区中存量主要集中在同安区，总存量达 204. 6 万平方米，去化期较长；集美区板块热度高、区域走量快，目前在售新盘较少，去化周期为 1. 3 年。

7. 商品房销售价格

2021 年全市商品房（含办公、商业等业态）成交总金额 1552. 5 亿元，环比上涨 43%，成交均价 28856 元/

平方米，环比上涨4%。其中，全市商品房住宅成交金额1353.3亿元，均价38207元/平方米。

（二）2021年厦门市住房保障工作情况

1. 政策性住房各项指标任务

2021年，保障性住房各项建设任务均超额完成，计划竣工各类保障性住房10000套，实际竣工新店保障房地铁社区林前综合体、洋唐居住区三期一标段、新店保障房地铁社区二期、湖边公寓、雍厝公寓、仁和公寓等项目合计12883套，保障性住房计划完成投资28亿元，实际完成40.9亿元，完成计划投资的144.6%。

2021年，厦门市新开工安置型商品房10个，实际已开工美峰花园、马銮湾新城集美西滨JB1-1地块、新浦嘉园、钟宅北苑安置房一期、金林湾花园安置房四期、坂美花园、高林安置型商品房二期、下湖安置型商品房一期、下湖安置型商品房二期、岭兜安置型商品房等10个项目，顺利完成新开工任务。

2. 保障政策体制机制建设情况

厦门市是全国率先探索建立并大力推行社会保障性住房制度的城市，也是创新住房保障管理体制机制的先行者。坚持以"加快建立多主体供应、多渠道保障、租购并举的住房制度"为指导思想，围绕创新服务管理体制机制、培育市场主体、加大市场供应、强化平台建设、完善配套政策等试点内容，有力推进厦门市住房租赁市场快速发展。同时认真履行行业监管职责，加大监管力度，严肃查处各种扰乱住房租赁市场秩序的违法违规行为，保障行业发展规范有序。

厦门市执行的住房保障政策包括《厦门市社会保障性住房管理条例》《厦门市社会保障性住房管理条例实施办法》《厦门市市级公共租赁住房管理办法》《厦门市保障性商品房管理办法》《关于全面推进中央财政支持住房租赁市场发展试点工作实施意见》《中央财政支持厦门市住房租赁市场发展试点专项资金申领操作细则》《厦门市住房租赁市场发展试点专项资金使用管理办法》《关于加快发展保障性租赁住房的意见》。

3. 保障性租赁住房进展情况

厦门市把发展保障性租赁住房作为保障新市民住房需求的重要抓手，在市住房局的积极作为下，目前，厦门市累计筹集保障性租赁住房9.27万套（间），投入使用3.17万套（间），有效解决8万多新市民、青年人的住房困难。

4. 城市更新改造推进情况

2021年，厦门市435个市重点项目实际完成投资2283.3亿元，完成年度计划169.0%，同比增长29.2%，市重点项目投资完成额连续7年破千亿元，2021年首次突破2000亿元，有效促进了厦门市固投稳定增长和经济社会发展。从开竣工、征收交地情况来看：2021年，市重点项目开工89个，竣工55个。2021年，计划交地18185.2亩，实际交地22484.8亩，完成年度计划123.6%。

（注：本文数据来源：厦门市住房保障和房屋管理局官网、厦门市建设局官网、厦门市统计局官网、中国人民银行厦门市中心支行官网、《厦门市房地产市场》、厦门中原地产研究中心数据库，仅供参考）

（厦门市房地产业协会）

二十、四川省房地产市场

2021年，全省房地产市场表现总体平稳，主要指标中开发完成投资、房屋施工面积、商品房销售面积总量同比保持增长，但增速年内总体呈回落走势，商品房销售均价同比微涨，土地购置费用增速走势稳定，待售面积总量减少且降幅环比扩大；开发企业到位资金同比略降，房屋新开工、竣工面积同比也有所减少。与全国相关指标相比，增速高于全国平均的有开发完成投资、房屋施工面积和商品房销售面积，低于全国平均的有房屋新开工面积、竣工面积和到位资金。

（注：本文数据来源于四川省统计局、四川省自然资源厅、中国人民银行成都分行。住房保障部分内容来自四川省住房和城乡建设厅网站）

（一）2021 年四川省房地产市场基本情况

2021 年 1—12 月，全省房地产开发完成投资 7831.88 亿元，同比增长 7.1%；增速同比回落 4.2 个百分点，环比回落 1.7 个百分点（见图 5-20-1）。从类别来看，住宅 5767.25 亿元，同比增长 8.2%；增速同比回落 6.1 个百分点，环比回落 1.2 个百分点。办公楼 281.00 亿元，同比下降 5.3%；降幅同比扩大 13.3 个百分点，环比扩大 2.7 个百分点。商业营业用房 824.29 亿元，同比减少 0.5%；降幅同比收窄 7.4 个百分点，但环比扩大 1.9 个百分点。其他用房 959.34 亿元，同比增长 11.6%；增速同比回落 5.6 个百分点，环比回落 4 个百分点。

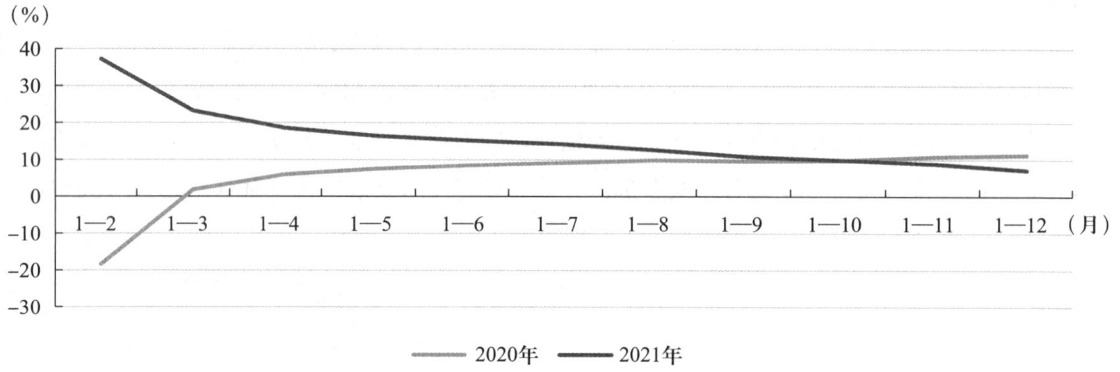

图 5-20-1　2020—2021 年四川省房地产开发完成投资增速月度走势

从地区来看，阿坝、绵阳、广元、达州、德阳、攀枝花、南充、成都、眉山和宜宾 10 个市（州）开发投资同比增速高于全省平均，前三位的阿坝、绵阳和广元分别增长 117.1%、27.7%和 26.1%；增速低于全省平均的有内江和遂宁 2 个市。同比下降的有凉山、雅安、自贡、乐山、广安、资阳、泸州、甘孜和巴中 9 个市（州），降幅居前的巴中、甘孜和泸州分别下降 33.1%、18.8%和 12.1%。

成都市房地产开发投资 3141.65 亿元、占全省的 40.1%，同比增长 10.4%；成都以外的其他市（州）房地产开发投资 4690.23 亿元，同比增长 4.9%。

1. 施工面积情况

2021 年 1—12 月，全省房屋施工面积 54248.70 万平方米，同比增长 6.9%；增速同比上升 3.6 个百分点，但环比回落 2 个百分点（见图 5-20-2）。其中，住宅 36153.61 万平方米，同比增长 7.3%；增速同比上升 2.5 个百分点，但环比回落 2.6 个百分点。

从地区来看，阿坝、甘孜、眉山、达州、德阳、绵阳、广元、南充、遂宁、攀枝花和宜宾 11 个市（州）的施工面积同比增速高于全省平均，前三位的阿坝、甘孜和眉山分别增长 104.9%、31.1%和 25.8%；同比为正增长但增速低于全省平均的有内江、巴中、乐山、成都和雅安 5 个市。同比下降的有广安、自贡、泸州、资阳和凉山 5 个市（州），降幅居前的凉山、资阳和泸州分别下降 13.2%、9.1%和 3.4%。

2. 新开工面积情况

2021 年 1—12 月，全省房屋新开工面积 11493.57 万平方米，同比减少 17.5%；降幅同比扩大 8.5 个百分点，环比扩大 4.3 个百分点（见图 5-20-3）。其中，住宅 7959.91 万平方米，同比减少 17.4%；降幅同比扩大 11 个百分点，环比扩大 5.6 个百分点。

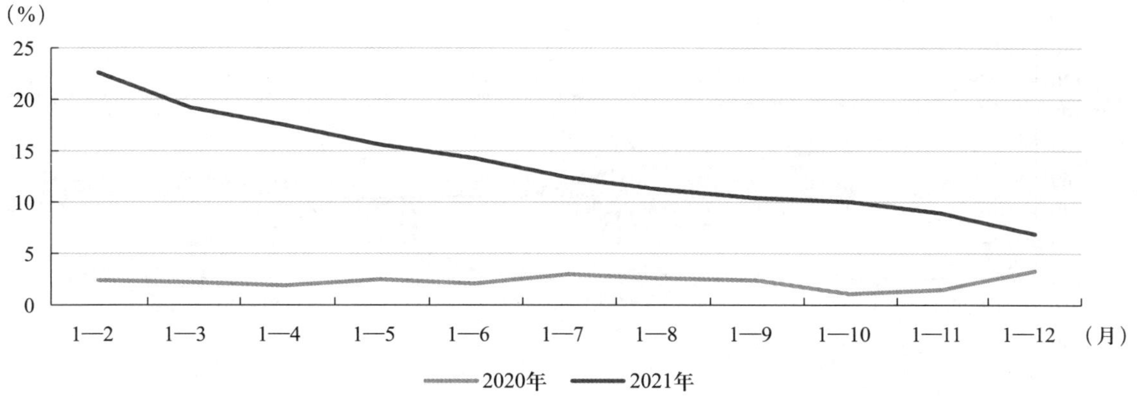

图 5-20-2　2020—2021 年四川省房屋施工面积增速月度走势

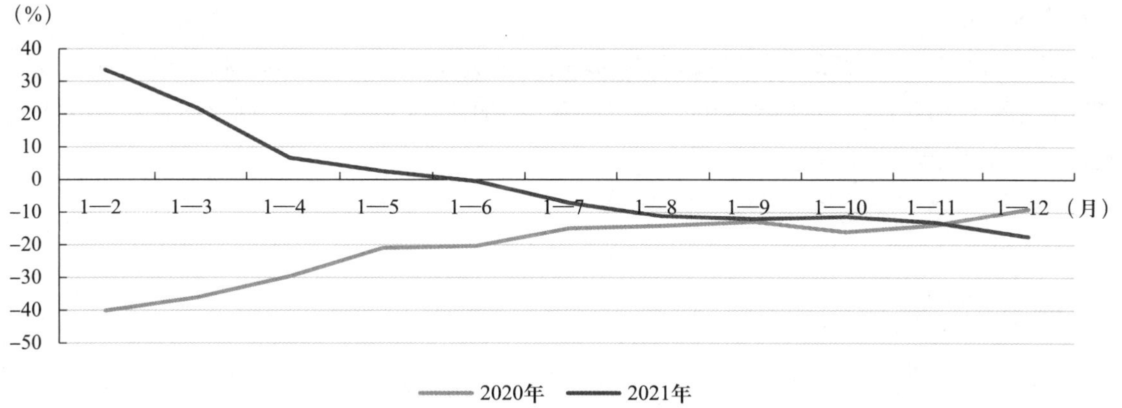

图 5-20-3　2020—2021 年四川省房屋新开工面积增速月度走势

从地区来看，阿坝、广元、自贡、达州、甘孜和乐山 6 个市（州）的新开工面积同比为正增长，前三位的阿坝、广元和自贡分别增长 73.7%、17.7%和 11.9%。同比下降但降幅小于全省平均的有宜宾、凉山、绵阳、内江和眉山 5 个市（州）；降幅大于全省平均的有德阳、成都、南充、攀枝花、资阳、遂宁、泸州、巴中、广安和雅安 10 个市，降幅居前的雅安、广安和巴中分别下降 55.7%、49.7%和 38.4%。

成都市房屋新开工面积 3101.74 万平方米，同比下降 19.3%；成都以外的其他市（州）房屋新开工面积 8391.83 万平方米，同比下降 16.9%。

3. 竣工面积情况

2021 年 1—12 月，全省房屋竣工面积 4379.25 万平方米，同比减少 3.7%；降幅同比扩大 3 个百分点，环比扩大 22.8 个百分点（见图 5-20-4）。其中，住宅 2965.13 万平方米，同比减少 3.5%；降幅同比扩大 8 个百分点，环比扩大 24.7 个百分点。

从地区来看，乐山、广元、南充、德阳、达州、甘孜、绵阳、泸州、成都和眉山 10 个市（州）的竣工面积同比为正增长且增速高于全省平均，前三位的乐山、广元和南充分别增长 136.2%、134.5%和 120.2%。同比下降但降幅低于全省平均的是巴中市；大于全省平均的有广安、宜宾、攀枝花、内江、遂宁、资阳、自贡、雅安和凉山 9 个市（州），降幅居前的凉山、雅安和自贡分别下降 85.6%、80.3%和 61.1%。阿坝无去年同期数。

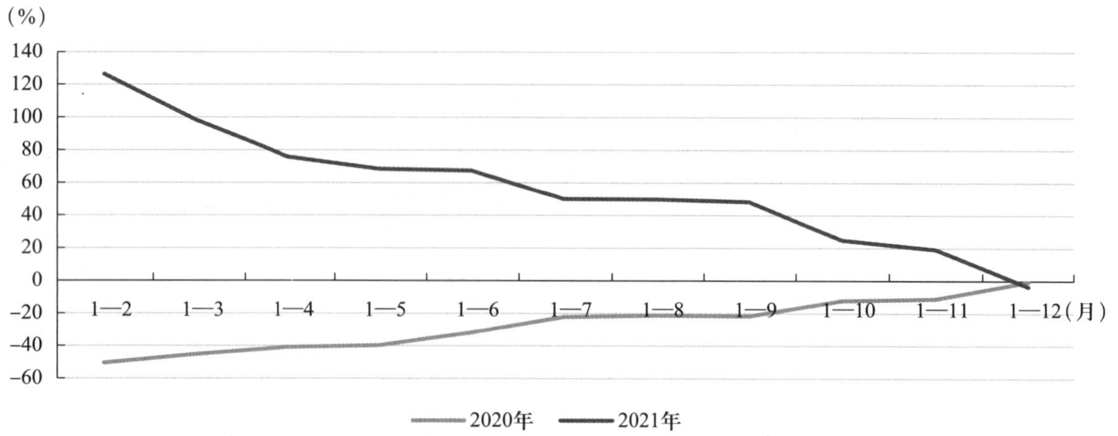

图 5-20-4　2020—2021 年四川省房屋竣工面积增速月度走势

4. 销售面积情况

2021 年 1—12 月，全省商品房销售面积 13692. 91 万平方米，同比增长 3. 3%；增速同比上升 1. 1 个百分点，但环比回落 3 个百分点（见图 5-20-5）。其中住宅 10912. 14 万平方米，同比增长 0. 1%；增速同比回落 4. 2 个百分点，环比回落 3 个百分点。

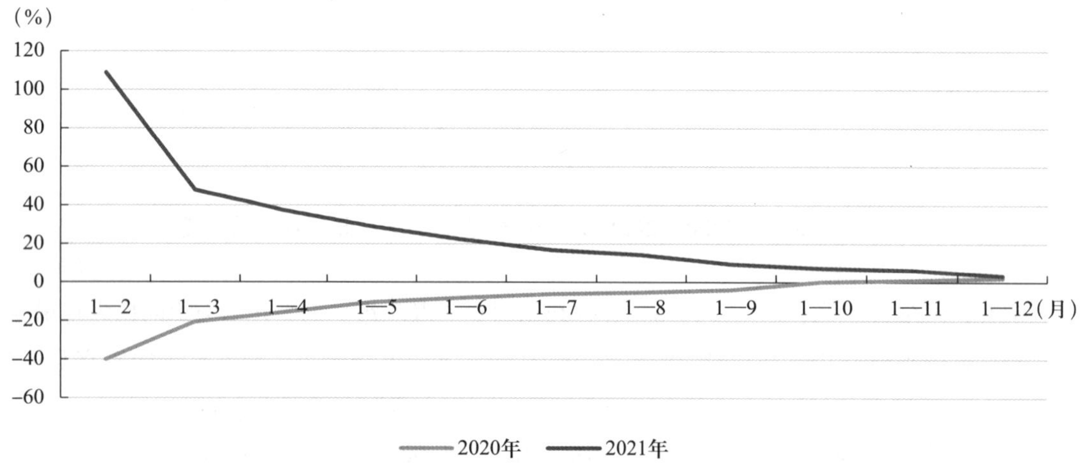

图 5-20-5　2020—2021 年四川省商品房销售面积增速月度走势

从地区来看，甘孜、资阳、德阳、眉山、达州、广元、南充、内江、攀枝花、凉山、绵阳、广安和泸州 13 个市（州）的销售面积同比为正增长且增速高于全省平均，前三位的甘孜、资阳和德阳分别增长 94. 9%、25. 6%和 20. 0%；增速低于全省平均的有乐山和自贡 2 个市。同比下降的有宜宾、成都、遂宁、雅安、阿坝和巴中 6 个市（州），降幅居前的巴中、阿坝和雅安分别下降 40. 3%、6. 2%和 5. 3%。

成都市商品房销售面积 3644. 11 万平方米，同比下降 1. 0%；成都以外的其他市（州）商品房销售面积 10048. 81 万平方米，同比增长 4. 9%。

5. 销售均价情况

2021 年 12 月，全省 3 个列入国家重点监控的大中城市：成都市新建商品住宅价格指数同比上涨 2. 4%，环比下降 0. 4%；泸州市新建商品住宅价格指数同比下降 3. 2%，环比与上月持平；南充市新建商品住宅价格指数同比下降 2. 2 %，环比下降 0. 7%。成都市二手住宅价格指数同比上涨 3. 8%，环比下降 0. 3%；泸州市二手住宅价格指数同比下降 0. 1%，环比下降 0. 3%；南充市二手住宅价格指数同比下降 5. 3%，环比下降 0. 5%。

6. 待售面积情况

截至 2021 年 12 月底，全省商品房待售面积 2038. 50 万平方米，较 11 月底减少 16. 16 万平方米；同比减少 2. 6%，降幅较 11 月扩大 1 个百分点。其中，住宅 504. 40 万平方米，较 11 月底增加 15. 94 万平方米；同比增长 5. 4%，增速较 11 月份上升 0. 6 个百分点。

7. 房地产贷款情况

据人民银行数据，2021 年 12 月底，全省房地产贷款余额 22360. 44 亿元，同比增长 7. 5%，增速较上年同期下降 4. 1 个百分点。其中，个人住房贷款余额 16330. 58 亿元，同比增长 12. 3%，增速较上年同期下降 2. 1 个百分点。

8. 开发企业到位资金情况

2021 年 1—12 月，全省房地产开发企业到位资金 10142. 92 亿元，同比减少 0. 3%；降幅同比扩大 9. 1 个百分点，环比扩大 4 个百分点（见图 5-20-6）。

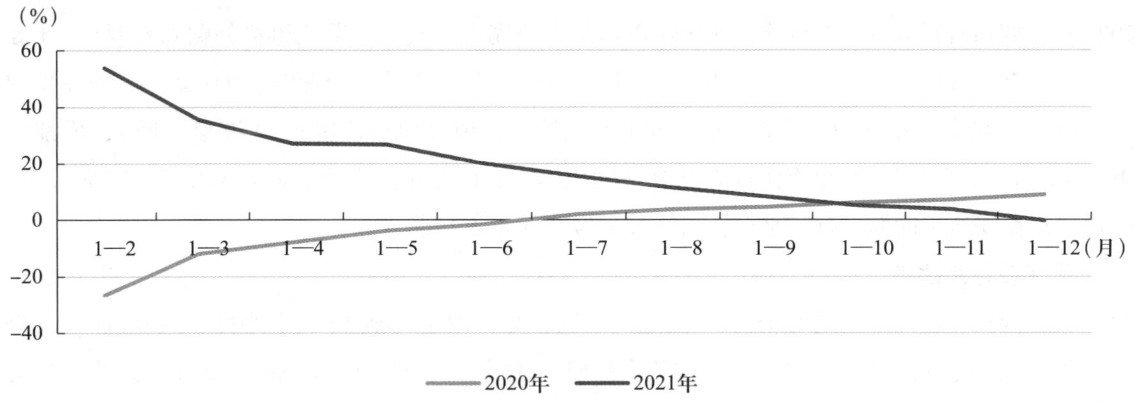

图 5-20-6　2020—2021 年四川省开发企业到位资金增速月度走势

从资金来源构成看，国内贷款 960. 77 亿元，同比减少 16. 0%，占全部资金来源的比重较去年同期下降 1. 7 个百分点；自筹资金 3174. 23 亿元，同比减少 3. 6%，占比下降 1. 1 个百分点；定金及预收款 4197. 69 亿元，同比增长 8. 3%，占比上升 3. 3 个百分点；个人按揭贷款 1748. 70 亿元，同比减少 0. 7%，占比下降 0. 1 个百分点。

9. 土地供应情况

据自然资源部门统计，2021 年 1—12 月，全省房地产开发用地供应面积 8024. 59 公顷，同比下降 19. 1%。其中，商服用地供应面积 2169. 9 公顷、占比 27. 0%，同比下降 13. 0%；住宅用地供应面积 5854. 69 公顷，占比 73. 0%，同比下降 21. 2%。

成都市房地产开发用地供应面积 1962. 1 公顷，占比 24. 5%，同比下降 30. 4%；成都以外的其他市（州）房地产开发用地供应面积 6062. 49 公顷，同比下降 14. 7%。

10. 土地购置费用情况

2021 年 1—12 月，全省房地产开发企业本年土地购置费 1664. 37 亿元，较上年同期增加 237. 43 亿元，同比增长 16. 6%；增速同比上升 36. 5 个百分点，但环比回落 2. 7 个百分点（见图 5-20-7）。

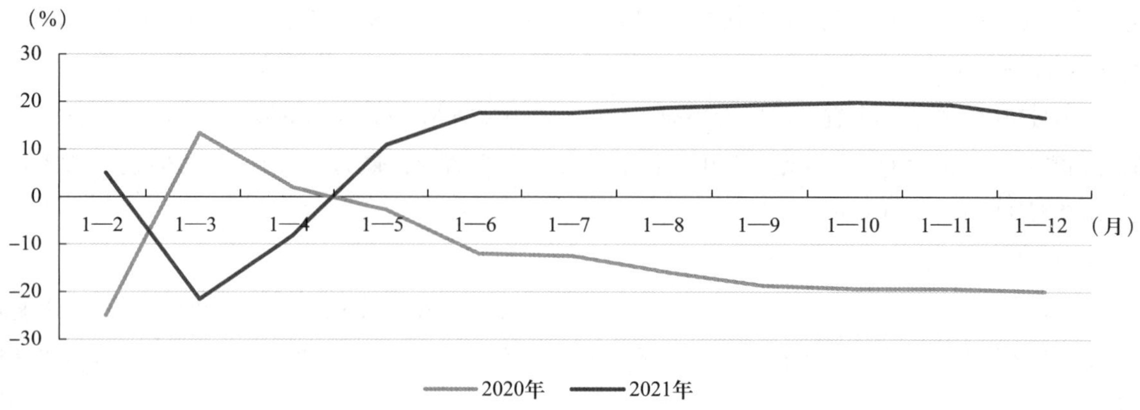

图 5-20-7　2020—2021 年四川省开发企业土地购置费增速月度走势

（二）四川省住房保障情况

1. 住房保障体系不断完善

2021 年，四川省抓服务、扩供给，住房保障体系不断完善。其中，发放租赁补贴 6.6 万户、1.8 亿元，同比分别增长 7.7%、16.1%；清退违规占用房源近 6000 套，新开工建设公租房 1860 套，实物在保 59.9 万户；争取中央资金 2.45 亿元指导成都等 6 个重点城市开工筹集保障性租赁住房 6.34 万套（间），成都作为国家重点城市，2021 年已筹集保障性租赁住房 6 万套（间）；新开工改造城镇棚户区 4.5 万套、完成投资 270 亿元；创新搭建“川渝安居・助梦启航”平台，川渝公租房互保 4.4 万户。

2. 人居环境持续改善

2021 年，四川省新开工改造 6245 个城镇老旧小区，累计改造完成 5769 个小区、惠及 69.1 万户群众；补助增设电梯 1362 部，完成市政基础设施固定资产投资 1902 亿元、超目标 26.8%；城市（县城）生活污水、生活垃圾处理率分别达 96.2%、99.5%，地级以上城市生活垃圾回收利用率达 33%、居民小区覆盖率达 63%；新开工农村危房改造 6.76 万户、农房抗震改造 5700 户；建制镇污水处理设施覆盖率达 88%，生活垃圾收转运处置体系覆盖 96%的行政村。

（四川省房地产业协会）

二十一、南宁市房地产市场

2021 年，行业以“稳”为主基调，政策着眼于长效机制的建立。南宁市上半年出台部分收紧政策，如普通住宅实际销售价格比预售证备案价格降幅不大于 10%、别墅及高端住宅实际销售价格比预售证备案价格降幅不大于 5%等，旨在促进楼市平稳运行，稳房价、稳预期。下半年出台部分宽松政策，如公积金首套最高可贷 70 万，二套最高可贷 60 万等。上半年在去杠杆政策层层加码情况下，南宁市全年房地产市场整体走势稳中下滑，短期内市场调整压力较大，市场观望情绪较重，房地产开发投资累计增速、住宅成交量均出现不同幅度下调，总体处在波动调整状态。

（一）房地产开发投资情况

2021 年，南宁市房地产开发投资稳步发展，全年累计增速同比微降 1.3%。1—4 月南宁市房地产开发投资增速呈现速度提档、势头向好态势，同比增速保持 15%以上增长，5 月起投资增速整体表现为波动下滑，1—12 月累计增速由正转负（见图 5-21-1）。

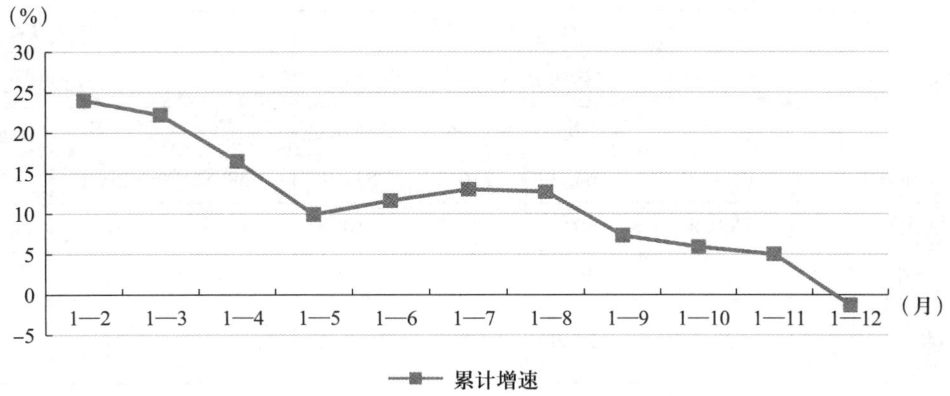

图 5-21-1　2021 年南宁市房地产开发投资情况

数据来源：CRIC.

（二）土地供应与成交情况

2021 年，南宁市经营性建设用地供应 102 幅，用地面积 9450.2 亩，同比分别下降 28.7%和 21.9%。其中，居住用地供应 44 幅，供应面积 4693.5 亩，供地幅数同比下降 25.4%，供应面积同比上涨 1.2%（见表 5-21-1）。

表 5-21-1　2020 年、2021 年南宁市经营性建设用地供应情况

单位：幅，亩

年份	供应幅数				供应面积			
		居住用地	商服用地	工业用地		居住用地	商服用地	工业用地
2020	143	59	27	57	12096.8	4638.0	2699.4	4759.4
2021	102	44	16	42	9450.2	4693.5	1645.1	3111.7
同比增长（%）	−28.7	−25.4	−40.7	−26.3	−21.9	1.2	−39.1	−34.6

数据来源：克而瑞，覆盖南宁六城区；居住用地为纯住宅、商住用地，商服用地为商办、综合用地。

2021 年南宁市通过招拍挂出让土地 78 幅，用地面积 7059.3 亩，可建建筑面积 1211.5 万平方米，总出让金额 300.8 亿元，同比分别下降 42.7%、35.5%、38.1%和 43.6%；平均楼面地价 2483 元/平方米，同比下降 9.0%；平均溢价率 20.2%，同比减少 9.6 个百分点。其中，居住用地出让 28 幅，用地面积 2970.2 亩，可建建筑面积 564.2 万平方米，出让金额 260.5 亿元，同比分别下降 47.2%、24.6%、29.4%和 31.7%；楼面地价 4617 元/平方米，同比下降 3.2%；溢价率 24.0%，同比减少 8.5 个百分点（见表 5-21-2）。

表 5-21-2　2021 年南宁市经营性建设用地成交情况

指标	数量值				同比（%）			
	建设用地				建设用地			
		居住用地	商服用地	工业用地		居住用地	商服用地	工业用地
成交幅数（幅）	78	28	10	40	−42.7	−47.2	−60.0	−31.0
用地面积（亩）	7059.3	2970.2	805.3	3283.8	−35.5	−24.6	−68.3	−26.4

续表

指标	数量值				同比（%）			
	建设用地				建设用地			
		居住用地	商服用地	工业用地		居住用地	商服用地	工业用地
可建面积（万平方米）	1211.5	564.2	110.2	537.1	-38.1	-29.4	-76.3	-22.5
成交金额（亿元）	300.8	260.5	30.3	10.0	-43.6	-31.7	-78.3	-23.1
楼面地价（元/平方米）	2483	4617	2748	187	-9.0	-3.2	-8.5	-0.5
溢价率（%）	20.2	24.0	0.7	0.2	-9.6个百分点	-8.5个百分点	-25.3个百分点	-1.7个百分点

数据来源：克而瑞，覆盖南宁六城区；居住用地为纯住宅、商住用地，商服用地为商办、综合用地。

（三）房屋建设情况

2021年，全市房地产开发企业房屋施工面积11246.52万平方米，同比增长5.0%。其中，住宅施工面积7330.91万平方米，增长6.0%。房屋新开工面积1363.67万平方米，下降34.4%。其中，住宅新开工面积939.41万平方米，下降30.1%。房屋竣工面积977.41万平方米，增长22.2%。其中，住宅竣工面积706.32万平方米，增长41.0%。

（四）到位资金情况

2021年，全市房地产开发企业实际到位资金1857.30亿元，同比减少10.3%。其中，国内贷款309.00亿元，下降21.5%；自筹资金583.82亿元，增长27.2%；定金及预收款599.12亿元，下降22.2%；个人按揭贷款310.72亿元，下降14.5%。

（五）新房供应与销售情况

2021年，行业去杠杆执行层层加码，市场政策叠加改变市场预期，且房企“暴雷”事件愈演愈烈，市场观望情绪加重，经济发展承压之下，购房需求不断下降，6月起市场下行压力加剧，全年成交下降超三成。

1. 新建商品房供应、销售面积均下降超3成

2021年，南宁新建商品房供应面积1104.34万平方米，同比上年下降35.78%。商品房成交面积859.40万平方米，同比上年下降30.12%，从近五年同期数据看，首次出现两位数负增长，市场供求规模重回2015年前后水平，且成交规模跌落千万量级（见图5-21-2）。

2. 住宅市场降温明显，下行压力增大，供求双降

各物业形态中，住宅供求最活跃，供应697.59万平方米，同比下降35.75%。成交面积607.15万平方米，同比下降35.46%（见图5-21-3）。供求同比上年均下降3成以上，但市场份额仍处高位，成交量仍占商品房71%份额（见表5-21-3）。

商业供应96.74万平方米，同比下降7.48%；成交56.81万平方米，同比下降7.92%，占商品房成交7%份额。办公供应56.82万平方米，同比下降33.78%；成交48.77万平方米，同比上涨5.50%，占商品房6%份额。车位供应253.18万平方米，同比下降42.94%；成交146.67万平方米，同比下降19.06%，占商品房17%成交份额。

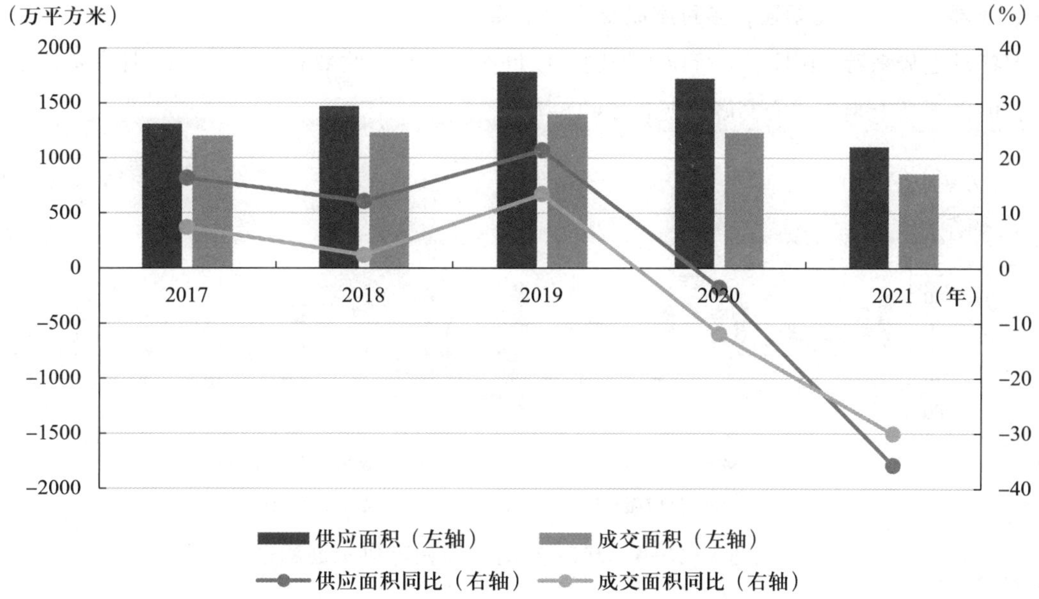

图 5-21-2　2021 年南宁市商品房供求面积情况

数据来源：CRIC.

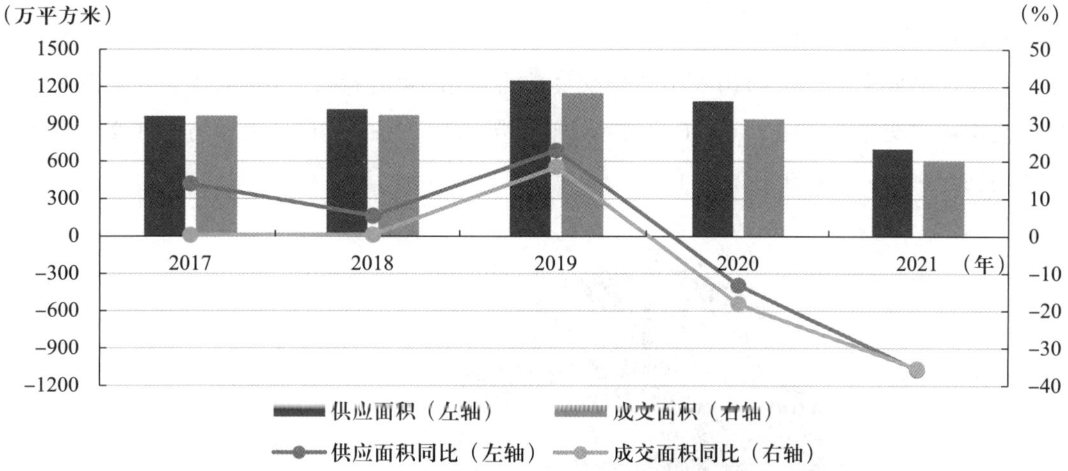

图 5-21-3　2021 年南宁市住宅供求面积情况

数据来源：CRIC.

表 5-21-3　2021 年南宁各物业供求面积情况

类型	供应面积（万平方米）	同比（%）	成交面积（万平方米）	同比（%）	成交占比（%）
住宅	697. 59	-35. 75	607. 15	-35. 46	71
商业	96. 74	-7. 48	56. 81	-7. 92	7
办公	56. 82	-33. 78	48. 77	5. 50	6
车位	253. 18	-42. 94	146. 67	-19. 06	17

数据来源：CRIC.

3. 上、下半年成交分化明显，多月度成交同比下降

从住宅各月走势来看，6 月起下行压力加剧，以价换量持续但收效有所减弱；12 月房企集中冲刺下成交 59 万平方米，但仍不及上半年成交高峰（见图 5-21-4）。

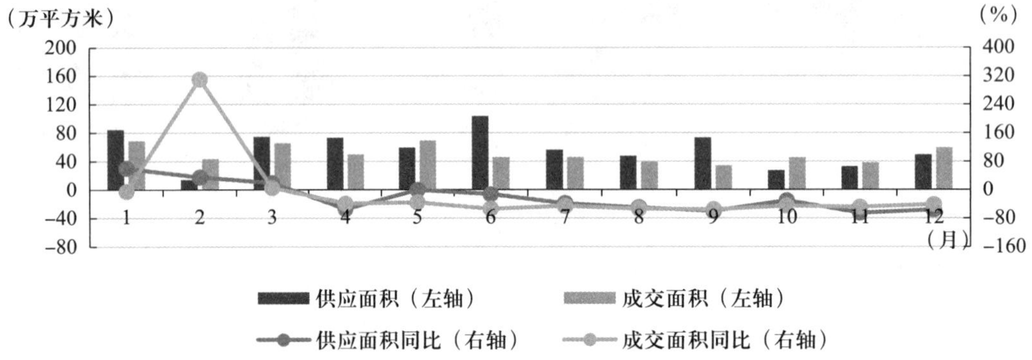

图 5-21-4　2021 年南宁市住宅供求面积情况

数据来源：CRIC.

全年月均成交 50.60 万平方米，其中 1 月、3 月、5 月突破 60 万。除 2 月、3 月外，其他月度成交量同比上年均呈下降趋势，6 月份起月度降幅均超 40%，市场观望情绪加重，整体市场去化承压。

4. 90～130 平方米产品是成交主力

在各面积段产品成交中，90～110 平方米成交套数占全市 29%份额，110～130 平方米占全市 26%份额，合计超五成，是市场成交热点所在。70～90 平方米成交套数占比 22%、130～150 平方米成交占比 12%，其余面积段成交占比均在 5%以内（见图 5-21-5）。

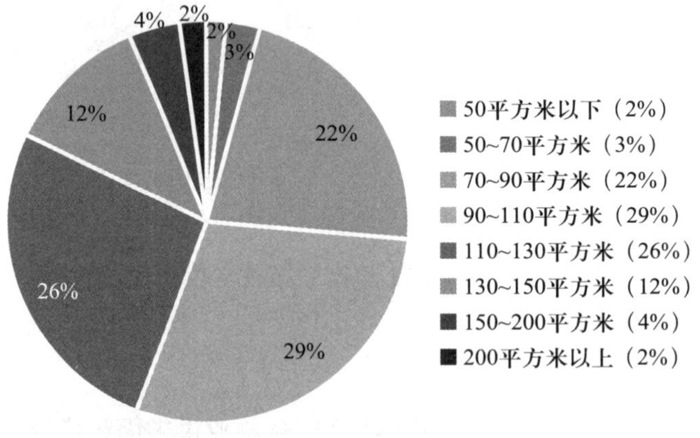

图 5-21-5　2021 年南宁市住宅各面积段成交套数占比

数据来源：CRIC.

5. 住宅成交价格情况

2021 年，南宁市六城区住宅成交均价同比上涨 4.56%，各月涨幅在 1%～15%不等、跌幅在 1%～2%不等。涨幅小高峰出现在 3—5 月、7 月，主要受部分高端改善项目成交拉动全市均价上扬。

根据国家统计局发布的 70 座大中城市住宅销售价格变动情况，2021 年 12 月，南宁市新建商品住宅销售价格同比增长 1.7%；二手住宅销售价格同比下降 1.9%。

6. 良庆、江南是住宅成交热点

2021 年，南宁市各行政区中，良庆区住宅成交最多，共成交 215.95 万平方米，占全市 36%份额。其次是江南区，成交 118.85 万平方米，占全市 20%份额。青秀区成交 105.04 万平方米，占 17%；西乡塘区成交 60.81 万平方米，占 10%；兴宁区成交 54.52 万平方米，占 9%；邕宁区成交 51.97 万平方米，占 9%（见图 5-21-6）。

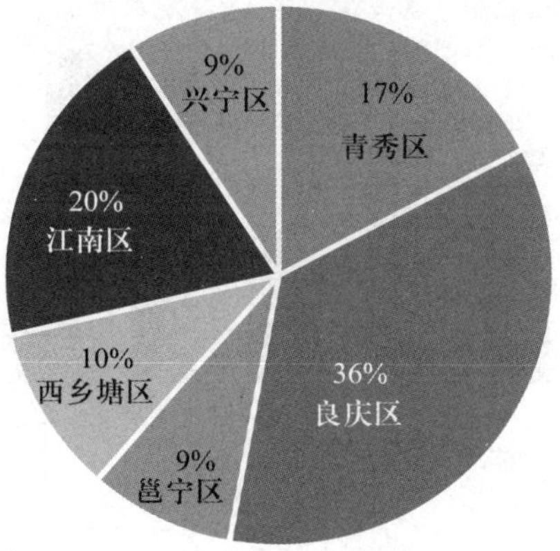

图 5-21-6　2021 年南宁市各区住宅成交占比

数据来源：CRIC.

7. 住宅存量及去化周期持续攀升，去化压力剧增

截至 2021 年 12 月底，南宁市住宅库存量为 817.5 万平方米，较年初增加了 107.6 万平方米。去化周期 16.2 个月，较年初拉长 7.1 个月，市场整体存在一定去库存压力（见图 5-21-7）。

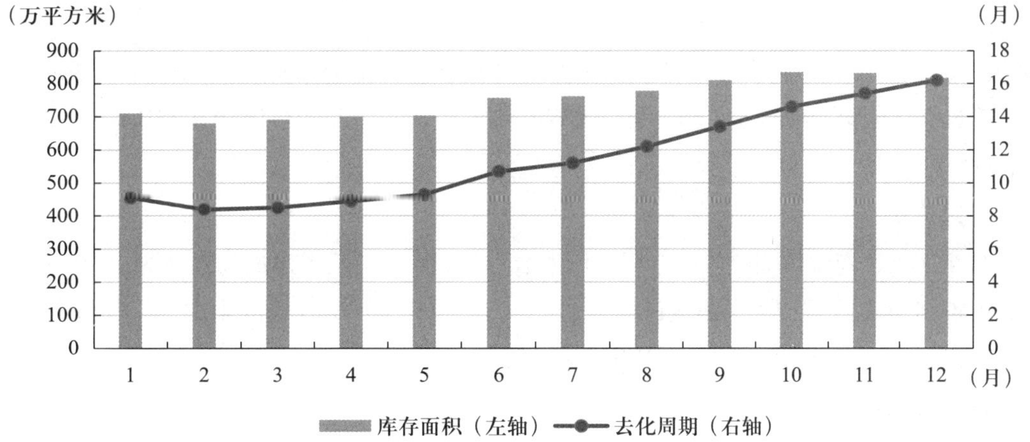

图 5-21-7　2021 年南宁市月度住宅库存量及去化周期情况

数据来源：CRIC.

（六）二手房市场运行情况

2021 年，南宁市二手房交易 20376 套，同比下降 43.7%；交易面积 195.7 万平方米，同比下降 43.5%。在疫情影响下，市场客户出于对资产配置、居住改善等考虑，对现成的二手房需求更加强烈。2021 年二手房挂牌持续增多，但受市场大环境及南宁市二手房房贷收紧等影响，成交整体呈下滑趋势（见图 5-21-8）。

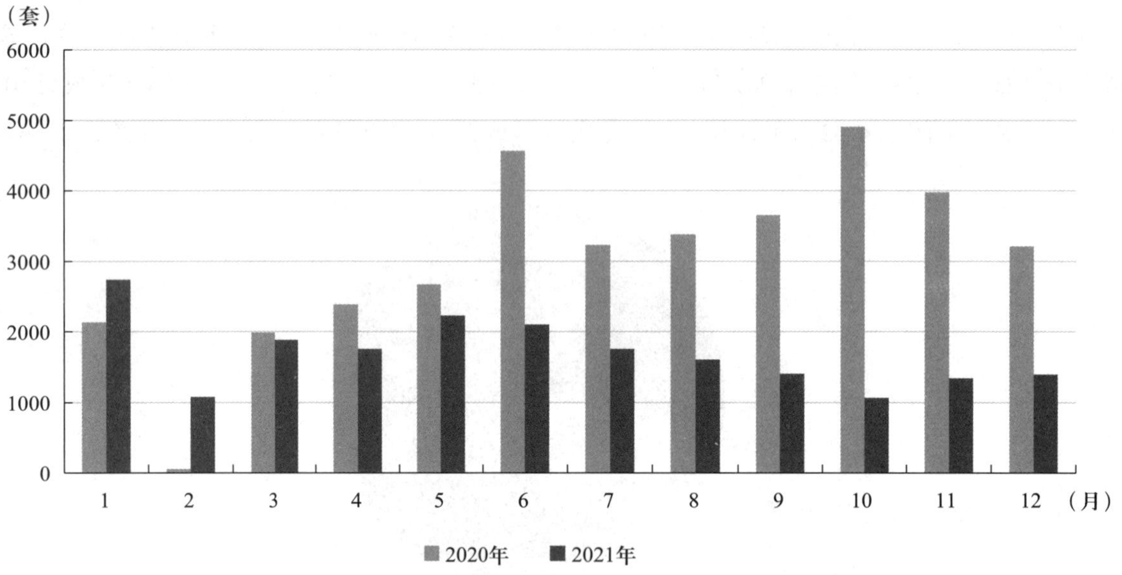

图 5-21-8 2020—2021 年南宁市二手房交易情况

数据来源：南宁住建局，覆盖南宁六城区。

（七）住房保障建设情况

1. 住房保障工作总体情况

2021 年 1—8 月，南宁市区累计建成保障性安居工程 16.77 万套，其中，公租房 54882 套、保障性租赁住房 3005 套、经济适用住房 51531 套、限价普通商品住房 4538 套、棚户区改造 53746 套，帮助 65 万困难群众改善了住房条件。

“十四五”期间，南宁市新增保障性租赁住房占新增住房供应总量的比例力争达到 30%以上。在“十四五”期间将筹集保障性租赁住房 5 万套，努力实现在南宁生活和工作的市民“住有所居”，助推南宁市住房保障事业迈上新台阶。

2. 棚户区改造情况

2021 年自治区下达南宁市棚户区改造开工任务数为 11066 套，基本建成任务数为 11793 套。截至 10 月底，已完成开工任务 6274 套，完成基本建成任务 10572 套。开工任务中，良庆区 4105 套、邕宁区 1051 套、江南区 606 套、宾阳县 350 套、兴宁区 100 套、高新区 40 套、西乡塘区 22 套。

3. 公租房建设情况

公租房建设方面，截至 2021 年 8 月，南宁市本级已建成的公租房小区共有 37 个，可供应房源 5.57 万套。其中，政府投资建设小区 33 个，可供应房源 5.25 万套；社会投资建设项目 4 个（富康园、童乐嘉园二期 5 号楼、云星乾隆御景、云星绿城华府），可供应房源 0.32 万套。

4. 城市更新情况

2021 年南宁市改造小区 248 个，共计改造 506 个小区，涉及户数 74210 户、栋数 2149 栋、总建筑面积 607.7 万平方米，总投资约 22.36 亿元。

（广西房地产业协会）

二十二、北海市房地产市场

2021 年新冠疫情反复及全国“房住不炒”主基调不变下，北海市房地产市场外销困局犹在，房地产供求量处于“底部调整”，成交处于“持续回落去库存”态势。

（一）房地产开发投资情况

2021，北海市固定资产投资同比增长 11.1%，居全区第九位（见表 5-22-1），高于全区平均水平，但房地产开发投资呈现同比负增长，1—12 月累计同比下降 13.2%，排在全广西壮族自治区第 11 位。从月度累计数据来看，除 1—3 月对比上年同期疫情停工呈现正增长外，1—4 月起增速呈现负增长，房企开发投资意愿较弱（见图 5-22-1）。

表 5-22-1　广西壮族自治区各地级市固定资产投资与房地产开发投资增速对比

地区	1—12 月累计固定资产投资		1—12 月累计房地产开发投资	
	同比增长（%）	排位	同比增长（%）	排位
全区总计	**7.6**		**-2.9**	
北海市	**11.1**	**9**	**-13.2**	**11**
南宁市	3.1	11	-1.3	7
柳州市	-8.5	13	-5.7	8
桂林市	-4.3	12	-11.0	10
梧州市	21.6	5	0.1	6
防城港市	-13.2	14	-23.5	14
钦州市	27.1	2	-8.9	9
贵港市	4.5	10	3.6	4
玉林市	25.4	4	4.4	3
百色市	26.4	3	23.6	1
贺州市	13.4	7	1.0	5
河池市	31.0	1	10.2	2
来宾市	20.4	6	-22.5	13
崇左市	11.5	8	-15.3	12

数据来源：CRIC.

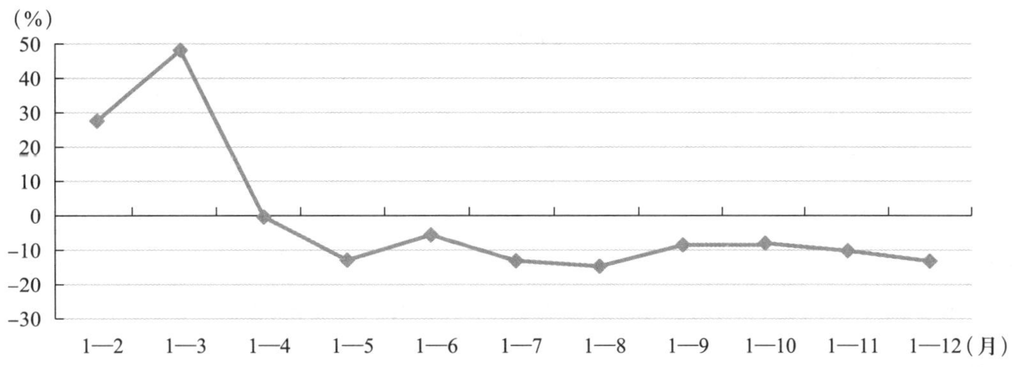

图 5-22-1　2021 年北海市房地产开发投资增速情况

数据来源：CRIC.

（二）土地市场情况

2021 年，北海市经营性建设用地供应 21 幅，供应面积 1288.9 亩，同比分别下降 4.6%和 50.6%。其中，居住用地供应 13 幅，供应幅数较上年增加 2 幅，供应用地面积 1043.8 亩，与上年基本持平。商服用地供应用地面积 93.2 亩，较上年下降 58.8%（见表 5-22-2）。

表 5-22-2　2020 年、2021 年北海市经营性建设用地供应情况

单位：幅，亩

年份	供应幅数				供应面积			
		居住用地	商服用地	工业用地		居住用地	商服用地	工业用地
2020	22	11	4	7	2608.7	1040.3	226.2	1342.2
2021	21	13	5	3	1288.9	1043.8	93.2	151.9
同比增长（%）	-4.6	18.18	25.0	-57.1	-50.6	0.3	-58.8	-88.7

数据来源：克而瑞。覆盖海城区、银海区；居住用地为纯住宅、商住用地，商服用地为商办、综合用地。

通过招拍挂出让土地 16 幅，用地面积 951.7 亩，可建建筑面积 152.8 万平方米，总出让金额 34.1 亿元，同比分别下降 20.0%、61.7%、62.5%和 37.8%；平均楼面地价 2233 元/平方米，同比增长 66.3%；平均溢价率 1.1%，同比减少 2.1 个百分点。其中，居住用地出让 10 幅，用地面积 830.5 亩，可建建筑面积 141.2 万平方米，出让金额 32.1 亿元，同比分别下降 9.1%、20.2%、21.4%和 28.0%；楼面地价 2274 元/平方米，同比下降 8.5%；溢价率 0.01%，同比减少 4 个百分点（见表 5-22-3）。成交处低位，库存高企，居住用地成交量价均同比下降。

表 5-22-3　2021 年北海市经营性建设用地成交情况

指标	数值				同比（%）			
	建设用地				建设用地			
		居住用地	商服用地	工业用地		居住用地	商服用地	工业用地
成交幅数（幅）	16	10	4	2	-20.0	-9.1	0	-60.0
用地面积（亩）	951.7	830.5	85.2	36.0	-61.7	-20.2	-62.3	-97.0
可建面积（万平方米）	152.8	141.2	8.7	2.9	-62.5	-21.4	-67.5	-98.6
成交金额（亿元）	34.1	32.1	1.7	0.3	-37.8	-28.0	-72.6	-92.5
楼面地价（元/平方米）	2233.0	2274.0	1996.0	944.0	66.3	-8.5	-13.1	374.4
溢价率（%）	1.1	0.01	26.5	0	-2.1 个百分点	-4 个百分点	26.5 个百分点	-0.02 个百分点

数据来源：克而瑞。覆盖海城区、银海区；居住用地为纯住宅、商住用地，商服用地为商办、综合用地。

（三）房屋建设情况

2021 年，全市房地产开发企业房屋施工面积 11246.52 万平方米，同比增长 5.0%。其中，住宅施工面积 7330.91 万平方米，增长 6.0%。房屋新开工面积 1363.67 万平方米，下降 34.4%。其中，住宅新开工面积 939.41 万平方米，下降 30.1%。房屋竣工面积 977.41 万平方米，增长 22.2%。其中，住宅竣工面积 706.32 万平方米，增长 41.0%。

（四）到位资金情况

2021 年，全市房地产开发企业实际到位资金 1857.30 亿元，同比减少 10.3%。其中，国内贷款 309.00 亿元，下降 21.5%；自筹资金 583.82 亿元，增长 27.2%；定金及预收款 599.12 亿元，下降 22.2%；个人按揭贷款 310.72 亿元，下降 14.5%。

1. 外销市场仍未打开，供求量同比下滑

2021 年新冠肺炎疫情常态化，外销市场仍未打开，商品房供求量同比均下降。供应 186.77 万平方米，同比下降 25.24%。成交量 156.14 万平方米，同比下降 11.91%（见图 5-22-2），成交规模持续 3 年下降。

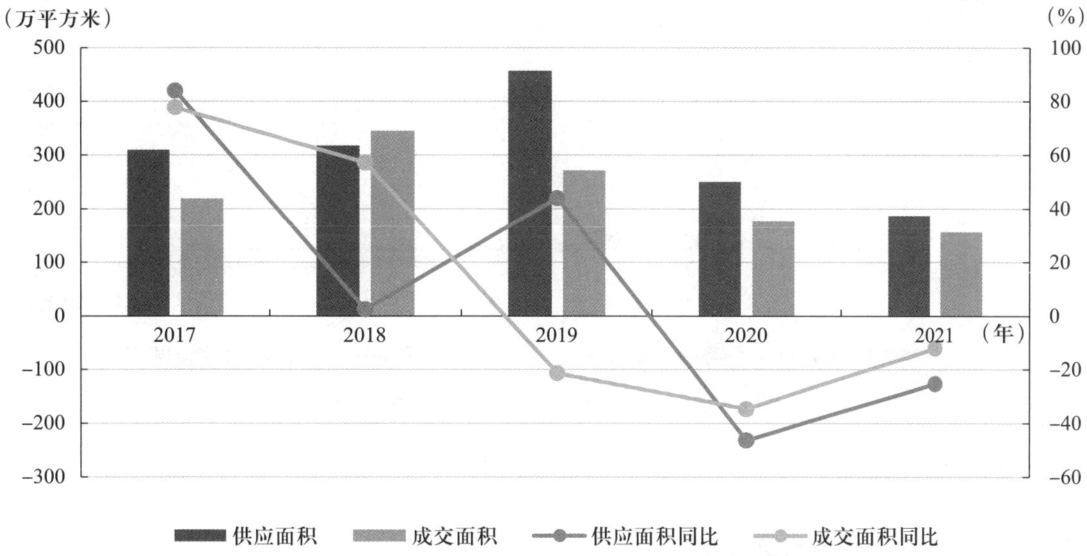

图 5-22-2　2017—2021 年北海市商品房供求面积情况

数据来源：克而瑞。覆盖海城区、银海区；商品房含住宅、商业、办公、车位业态。

2. 普通住宅为供求主力

各物业形态中，普通住宅为供求主力，成交量占商品房总成交量的 94.76%。供应 159.05 万平方米，同比下降 25.46%；成交 147.96 万平方米，同比下降 5.83%，成交量处近 5 年低位，降幅有所减少。

别墅市场供应停滞，成交 0.15 万平方米，成交量持续下降，同比下降 90.91%。市场份额仅 0.1%。

商业供应 15.66 万平方米，同比下降 35.14%；成交 5.56 万平方米，同比下降 64.83%，占商品房成交量份额为 3.56%。

办公供应 4.89 万平方米，同比增长 26.18%；成交 0.66 万平方米，同比下降 35.1%，成交量较小（见表 5-22-4）。

表 5-22-4　北海市各物业形态供求情况

单位：万平方米

物业	供应面积	同比（%）	成交面积	同比（%）	成交占比（%）
普通住宅	159.05	-25.46	147.96	-5.83	94.76
别墅	—	—	0.15	-90.91	0.10
商业	15.66	-35.14	5.56	-64.83	3.56
办公	4.89	26.18	0.66	-35.10	0.42
车库/车位	7.16	-14.90	1.82	7.53	1.17

数据来源：CRIC.

3. 随疫情逐步控制，成交量缓慢恢复

2021 年上半年，北海市住宅成交延续疫情后修复态势，月成交面积在 10 万平方米以上；下半年，与全国整体市场下行走势一致，月成交量明显下滑，月成交面积低于 10 万平方米，成交面积各月同比均为负增长（见图 5-22-3）。

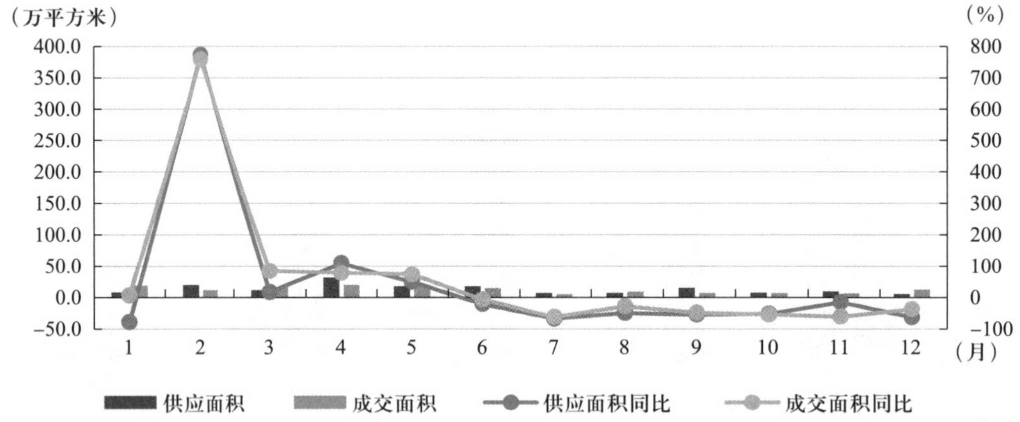

图 5-22-3　2021 年北海市住宅供求面积情况

数据来源：CRIC.

4. 70～90 平方米小户型是成交主力

在各面积段产品成交中，70～90 平方米成交占全市 48.3%份额，匹配外销客户需求，为市场成交主力。90～110 平方米占全市 16.3%份额，50～70 平方米的小户型占比 15.4%（见图 5-22-4）。

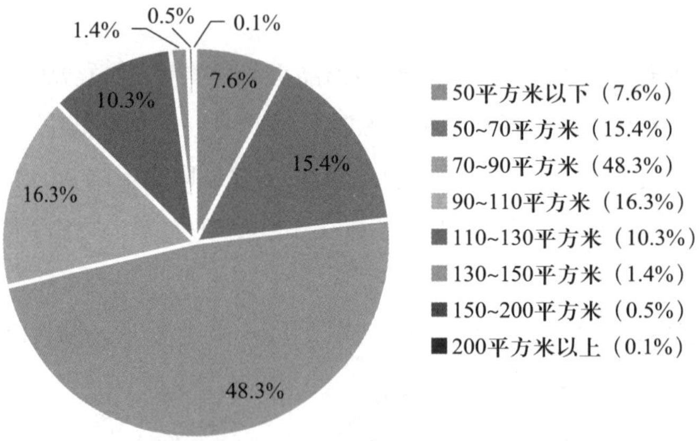

图 5-22-4　2021 年北海市住宅各面积段成交套数占比

数据来源：克而瑞。覆盖海城区、银海区；住宅含普通住宅、别墅。

5. 各区供求量均明显下滑

北海市主城区由银海、海城两区构成。2021 年银海区成交量微降 3.69%，2021 年海城区成交量降幅超 10%。

银海区生活配套能级较高，且逐渐完善，尤其银滩景区一带海景优越，是外地旅居客户首选置业区域。银海区 2021 年商品房供应 89.5 万平方米，同比下降 47.82%。其中，住宅供应 74.35 万平方米、商业供应 7.45 万平方米、办公供应 2.56 万平方米，同比分别下降 48.46%、55.93%及 34%（见表 5-22-5）。销售方面，银海区 2021 年商品房成交 88.01 万平方米，同比下降 7.61%。其中，住宅成交 85.14 万平方米，占全市 57.5%市场份额；商业成交 2 万平方米，办公成交 0.13 万平方米，同比分别下降 64.87%、78.31%（见表 5-22-6）。

表 5-22-5　2021 年北海市各区新建商品房批准预售面积情况

行政区	住宅		商业		办公		商品房	
	（万平方米）	同比（%）	（万平方米）	同比（%）	（万平方米）	同比（%）	（万平方米）	同比（%）
海城区	84.70	22.54	8.21	13.39	2.33	—	97.27	24.22
银海区	74.35	-48.46	7.45	-55.93	2.56	-34.00	89.50	-47.82

数据来源：克而瑞。商品房数据涵盖商品住宅、商业、办公及车位。

表 5-22-6　2021 年北海市各区新建商品房销售面积及同比情况

行政区	商品住宅		商业		办公		商品房	
	（万平方米）	同比（%）	（万平方米）	同比（%）	（万平方米）	同比（%）	（万平方米）	同比（%）
海城区	62.98	-10.49	3.55	-64.81	0.53	27.10	68.13	-16.91
银海区	85.14	-3.69	2.00	-64.87	0.13	-78.31	88.01	-7.61

数据来源：克而瑞。商品房数据涵盖商品住宅、商业、办公及车位。

海城区为传统老城区，配套成熟完善，以市区本地客户为主，外地旅居客户为辅，市场规模低于银海区。海城区 2021 年商品房供应 97.27 万平方米，同比上涨 24.22%。其中住宅供应 84.70 万平方米，商业供应 8.21 万平方米，同比分别下降 22.54%、13.39%。销售方面，海城区 2021 年商品房成交 68.13 万平方米，同比下降 16.91%。其中住宅成交 62.98 万平方米，占全市 42.5%市场份额，商业成交 3.55 万平方米，同比分别下降 10.49%、64.81%。

（五）北海市二手房市场销售情况

2021 年北海市本级二手房交易（网签）8356 套，相较上年的 9902 套下降 15.6%；交易面积 89.84 万平方米，同比下降 14.19%。其中，北海市本级二手住房交易 8036 套，同比下降 16.42%，交易面积 86.26 万平方米，同比下降 13.77%。

从月度情况来看，2021 年 1—3 月由于市场二手房开始抛售及 2020 年疫情突袭，造成市场停摆，成交量高于上年同期。4 月起，北海市二手房成交表现乏力，成交量均低于上年同期且不断下滑，至十月跌至低位，年终随“候鸟”人群流入后小幅回升（见图 5-22-5）。

（六）住宅销售价格情况

1. 各月住宅销售价格呈下降态势

2021 年，北海市新建商品住宅各月度销售价格同比上年均呈下降态势；环比价格也出现下调，除 5—8 月环比有一定正向涨幅外，其余月份均有一定下行（见图 5-22-6）。

2021 年，北海市二手房各月环比价格表现稳中有所下滑，同比降幅明显（见图 5-22-7）。

2. 北海市住宅销售价格相对其他城市跌幅较大

2021 年 12 月，35 座三线城市新建商品住宅销售价格环比下降 0.3%，二手住宅销售价格环比下降 0.5%，北海市新房、二手房价格环比降幅均大于三线城市平均水平。同比方面，三线城市新建商品住宅销售价格同比上涨 0.9%，二手房销售价格同比持平，北海市新房、二手房价格同比为负增长。北海住宅销售价格跌幅处于较大水平。

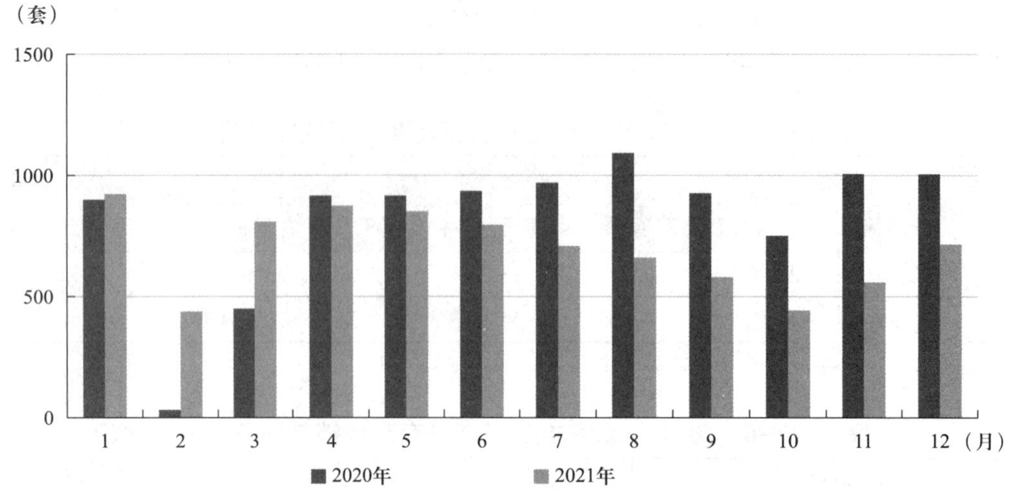

图 5-22-5　2020—2021 年北海市二手房成交情况

数据来源：北海市房地产交易中心。

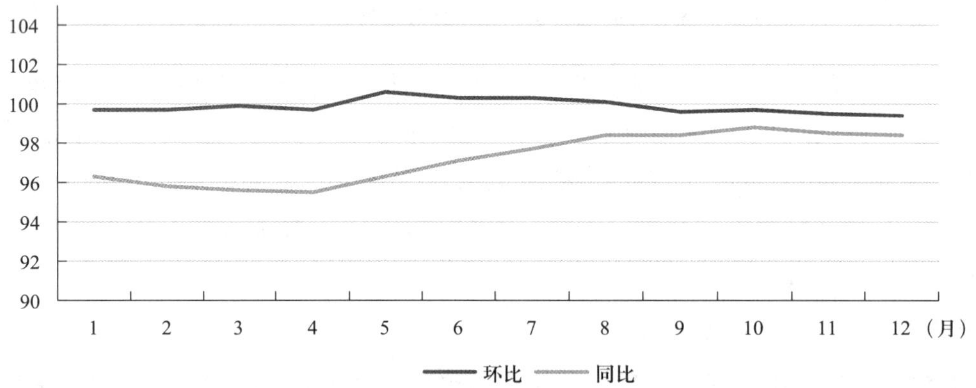

图 5-22-6　2021 年北海市新建商品住宅价格指数走势图

数据来源：国家统计局。

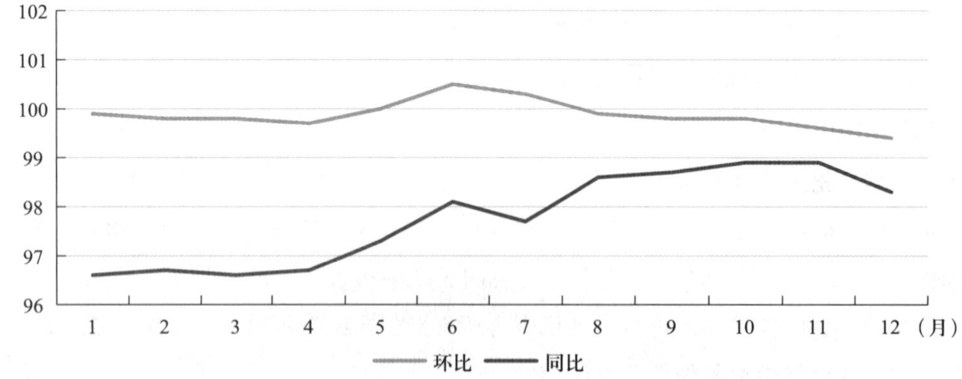

图 5-22-7　2021 年北海市二手房价格指数走势图

数据来源：国家统计局。

（七）住房保障工作情况

1. 住房保障工作总体情况

2021 年北海市基本建成 3148 套棚改安置房和 1548 套公租房，完成 754 套危旧房改造，新筹集 870 套公租房，新增分配入住公租房 589 套，完成发放住房租赁补贴 573 户。

2021 年，北海市住房保障工作持续推进，继续建设公租房项目两个，共 1548 套房源：北海市江苏路公租房项目三期工程 990 套（共 2 栋楼），2 栋楼主体结构已完工，全面进入装修装饰阶段，排水道路及配电等配套工程正在施工，完成年度投资 2550 万元，累计完成投资 17450 万元；续建合浦县扩园区公租房项目 558 套（共 5 栋楼），进入装修装饰阶段，排水道路及配电等配套工程正在施工，完成年度投资 2300 万元，累计完成投资 4800 万元。

2. 棚户区改造情况

棚户区改造方面：2021 年广西壮族自治区下达北海市棚户区改造新开工建设目标任务 2001 套；基本建成目标任务 3023 套。截至 3 季度末，北海市棚户区改造新开工建设 2001 套，完成年度目标任务的 100%，2021 年度棚户区改造完成建设 120 套，建设目标仍在稳步推进中。

3. 城市更新情况

2021 年北海市聚焦宜居城市建设，组织申报城市更新试点城市，61 个老旧小区“重焕新生”。

2022 年北海市将加快建设廉州湾新城（北部 CRBD）和冯家江商圈（南部 CRBD），推进高德东和廉州湾新城启动区等片区更新改造。加快推进 46 个老旧小区、286 个“三无小区”和 3 个棚户区改造，推进西南大道回建区建设。

（广西房地产业协会）

Ⅵ.企业篇

导 读

本篇收录了由中国房地产业协会和上海易居房地产研究院联合发布的2021—2022年中国房地产行业重要测评榜单及分析；第十届"广厦奖"第一批获奖项目名单；中国房地产企业信用白皮书内容节选；中国房地产企业运营数据；中国部分优秀房地产企业运营数据。

一、2021—2022 年度中国房地产开发企业测评榜及分析

（一）2022 年中国房地产开发企业综合实力测评

发布机构：中国房地产业协会　上海易居房地产研究院

发布时间：2022 年 3 月 29 日

发布地点：北京，上海

1. 测评榜单（见表 6-1-1）

表 6-1-1　2022 房地产开发企业综合实力 TOP500

2022 年排名	企业名称	2022 年排名	企业名称
1	万科企业股份有限公司	29	大连万达商业管理集团股份有限公司
2	中国海外发展有限公司	30	荣盛房地产发展股份有限公司
3	保利发展控股集团股份有限公司	31	越秀地产股份有限公司
4	碧桂园控股有限公司	32	上海中建东孚投资发展有限公司
5	招商局蛇口工业区控股股份有限公司	33	金科地产集团股份有限公司
6	华润置地有限公司	34	龙光集团有限公司
7	龙湖集团控股有限公司	35	中骏集团控股有限公司
8	融创中国控股有限公司	36	仁恒置地有限公司
9	金地（集团）股份有限公司	37	佳源创盛控股集团有限公司
10	新城控股集团股份有限公司	38	金辉集团股份有限公司
11	旭辉集团股份有限公司	39	中国电建地产集团有限公司
12	绿城中国控股有限公司	40	合生创展集团有限公司
13	中国金茂控股集团有限公司	41	合景泰富集团控股有限公司
14	远洋集团控股有限公司	42	时代中国控股有限公司
15	中国铁建房地产集团有限公司	43	联发集团有限公司
16	建发房地产集团有限公司	44	北京首创城市发展集团有限公司
17	杭州滨江房产集团股份有限公司	45	重庆华宇集团有限公司
18	绿地控股集团股份有限公司	46	卓越置业集团有限公司
19	北京首都开发股份有限公司	47	中冶置业集团有限公司
20	珠海华发实业股份有限公司	48	四川新希望房地产开发有限公司
21	融信集团	49	东原房地产开发集团有限公司
22	深圳华侨城股份有限公司	50	海伦堡中国控股有限公司
23	中交地产股份有限公司	51	大悦城控股集团股份有限公司
24	雅居乐集团控股有限公司	52	俊发集团有限公司
25	路劲地产集团有限公司	53	金融街控股股份有限公司
26	美的置业集团有限公司	54	广州市敏捷投资有限公司
27	上海中梁企业发展有限公司	55	五矿地产有限公司
28	宝龙地产控股有限公司	56	信达地产股份有限公司

续表

2022 年排名	企业名称	2022 年排名	企业名称
57	保利置业集团有限公司	94	北京永同昌房地产开发集团有限公司
58	武汉城市建设集团有限公司	95	深圳市新南山控股（集团）股份有限公司
59	北京城建投资发展股份有限公司	96	深圳市天健地产集团有限公司
60	杭州市城建开发集团有限公司	97	中建信和地产有限公司
61	北京金隅地产开发集团有限公司	98	龙记泰信
62	香港置地有限公司	99	中华企业股份有限公司
63	上海建工房产有限公司	100	青岛海信房地产股份有限公司
64	厦门国贸地产集团有限公司	101	阳光大地置业集团有限公司
65	建业住宅集团（中国）有限公司	102	厦门大唐房地产集团有限公司
66	光明房地产集团股份有限公司	103	安徽伟星置业有限公司
67	融侨集团股份有限公司	104	德信中国控股有限公司
68	中昂地产（集团）有限公司	105	四川邦泰置业有限公司
69	上海城建置业发展有限公司	106	华鸿嘉信控股集团有限公司
70	华董（中国）有限公司	107	金成房地产集团有限公司
71	大华（集团）有限公司	108	九龙仓集团有限公司
72	上海实业城市开发集团有限公司	109	荣安地产股份有限公司
73	北京北辰实业股份有限公司	110	华南城控股有限公司
74	弘阳地产集团有限公司	111	杭州澳海控股集团有限公司
75	石榴置业集团有限公司	112	上海中奥实业发展有限公司
76	朗诗绿色地产	113	上坤置业有限公司
77	复地（集团）股份有限公司	114	象屿地产集团有限公司
78	广东珠江投资股份有限公司	115	华远地产股份有限公司
79	瑞安房地产有限公司	116	领地集团有限公司
80	深圳地铁置业集团有限公司	117	鑫苑集团
81	中天美好集团有限公司	118	新湖中宝股份有限公司
82	深圳控股有限公司	119	上海大名城企业股份有限公司
83	众安集团有限公司	120	河南信友置业集团有限公司
84	广州市方圆房地产发展有限公司	121	银城国际控股有限公司
85	青岛君一控股集团有限公司	122	郑州绿都地产集团股份有限公司
86	上海陆家嘴金融贸易区开发股份有限公司	123	祥源控股集团有限责任公司
87	重庆新鸥鹏地产（集团）有限公司	124	广东方直集团有限公司
88	云星集团	125	天津广宇发展股份有限公司
89	港龙中国地产集团有限公司	126	鲁商健康产业发展股份有限公司
90	中国葛洲坝集团房地产开发有限公司	127	安徽高速地产集团有限公司
91	星河控股集团有限公司	128	成都兴城人居地产投资集团股份有限公司
92	力高地产集团有限公司	129	上海城投置地（集团）有限公司
93	广东星河湾房地产（集团）有限公司	130	新世界中国地产有限公司

续表

2022 年排名	企业名称	2022 年排名	企业名称
131	南京颐居建设有限公司	168	九颂山河置业集团有限公司
132	凯德置地（中国）投资有限公司	169	厦门住宅建设集团有限公司
133	安徽皖投置业有限责任公司	170	成都万华投资有限责任公司
134	鸿翔房地产有限公司	171	天安中国投资有限公司
135	山东儒辰控股集团有限公司	172	湖南梦想置业开发有限公司
136	贵州麒龙房地产开发集团有限公司	173	天阳地产有限公司
137	安徽华安发展控股集团有限公司	174	广州市番禺祈福新邨房地产有限公司
138	北京建工集团有限责任公司	175	四川和喜安筑置业集团有限公司
139	中建智地置业有限公司	176	北京首钢房地产开发有限公司
140	天誉置业（控股）有限公司	177	香港合能投资有限公司
141	厦门经济特区房地产开发集团有限公司	178	中垠地产有限公司
142	京投发展股份有限公司	179	山东银丰投资集团有限公司
143	雅戈尔集团股份有限公司	180	青岛天一仁和房地产集团有限公司
144	华地集团有限公司	181	正黄集团有限公司
145	浙江得力房地产开发有限公司	182	安徽置地投资有限公司
146	北京住总集团有限责任公司	183	安徽三巽投资集团有限公司
147	亿达中国控股有限公司	184	苏宁置业集团有限公司
148	江苏富园集团有限公司	185	明发集团有限公司
149	杭州宋都房地产集团有限公司	186	新鸿基地产发展有限公司
150	吉林大众置业集团有限公司	187	山东东方佳园房地产开发集团有限公司
151	长江实业集团有限公司	188	福建永鸿投资发展集团
152	永威置业集团有限公司	189	北京泽信控股集团有限公司
153	长沙房产（集团）有限公司	190	和昌地产集团有限公司
154	天正房地产开发有限公司	191	苏州工业园区建屋发展集团有限公司
155	深圳市恒裕实业（集团）有限公司	192	世纪金源投资集团有限公司
156	重庆海成实业（集团）有限公司	193	时代大地控股有限公司
157	北京鸿坤伟业房地产开发有限公司	194	广西中鼎集团
158	广州宏祥房地产有限公司	195	恒基兆业地产有限公司
159	青岛和达集团有限公司	196	广西大都投资有限公司
160	恒通建设集团有限公司	197	青岛青特置业有限公司
161	中信泰富（中国）投资有限公司	198	京基集团有限公司
162	苏州新区高新技术产业股份有限公司	199	上海张江高科技园区开发股份有限公司
163	河南昌建地产集团	200	成都德商置业有限公司
164	吉宝置业集团	201	江苏华建地产集团有限公司
165	四川金为集团有限公司	202	湖南润和城实业有限公司
166	保亿集团股份有限公司	203	美好置业集团股份有限公司
167	湖北联投集团有限公司	204	江苏嘉宏投资集团

续表

2022 年排名	企业名称	2022 年排名	企业名称
205	新怡和控股集团有限公司	242	深圳市勤诚达集团有限公司
206	四川蓝润实业集团有限公司	243	杭州兴耀房地产开发集团有限公司
207	河南正弘置业有限公司	244	合肥城建发展股份有限公司
208	郑州浩创房地产开发有限公司	245	山东众成地产集团有限公司
209	广西荣和企业集团有限责任公司	246	重庆飞洋控股（集团）有限公司
210	深圳市中洲投资控股股份有限公司	247	福星惠誉控股有限公司
211	鸿荣源房地产开发有限公司	248	深圳市颐安投资集团有限公司
212	九巨龙房地产开发集团有限公司	249	中亿基业控股有限公司
213	同信地产集团有限公司	250	浙江国鸿新瑞房地产集团有限公司
214	江苏龙信置业有限公司	251	宁波维科置业有限公司
215	星联芒果集团有限公司	252	深圳市新世界集团有限公司
216	南京栖霞建设股份有限公司	253	北京懋源房屋开发有限公司
217	广西地产集团有限公司	254	惠州市隆生房地产有限公司
218	格力地产股份有限公司	255	珠海九洲控股集团有限公司
219	河南东方今典房地产集团有限公司	256	杭州市房地产开发集团有限公司
220	河南亚新投资集团	257	江苏通银实业集团有限公司
221	汇景控股有限公司	258	福建大东海实业集团有限公司
222	深圳市鹏瑞地产开发有限公司	259	阳光郡置地集团有限公司
223	大汉城镇建设有限公司	260	北京科技园建设（集团）股份有限公司
224	东莞宏远工业区股份有限公司	261	杭州华元房地产集团有限公司
225	文一地产有限公司	262	华景川集团有限公司
226	三河兴达控股集团有限公司	263	天地源股份有限公司
227	南益地产集团有限公司	264	广宇集团股份有限公司
228	广西兴进实业集团有限责任公司	265	杭州西湖房地产集团有限公司
229	南通银洲房地产开发有限公司	266	泉州东海开发有限公司
230	深圳恒丰房地产有限公司	267	上海外高桥保税区开发股份有限公司
231	长沙城发恒伟置业有限公司	268	青岛天泰集团股份有限公司
232	东亚新华投资有限公司	269	深圳 TCL 房地产有限公司
233	厦门源昌房地产开发有限公司	270	深圳香江控股股份有限公司
234	上海中环投资开发（集团）有限公司	271	南京金基控股（集团）有限公司
235	广西北投地产集团有限公司	272	长春市万龙房地产开发有限责任公司
236	天成晟和地产集团有限公司	273	福州汇泉投资有限公司
237	云南城投置业股份有限公司	274	远创置业集团有限公司
238	北京天恒置业集团有限公司	275	杭州新天地集团有限公司
239	信城不动产集团有限公司	276	中国武夷实业股份有限公司
240	深圳市海岸投资集团有限公司	277	郑州朗悦置业有限公司
241	广东联泰地产有限公司	278	深圳市建滔投资有限公司

续表

2022 年排名	企业名称	2022 年排名	企业名称
279	天津天保基建股份有限公司	316	邯郸市荣科房地产开发有限公司
280	河北三河燕达实业集团有限公司	317	佛山市凯能房地产开发有限公司
281	重庆俊豪实业（集团）有限责任公司	318	新鸿隆祥地产集团有限公司
282	浙江贝林房地产有限公司	319	东莞市光大房地产开发有限公司
283	宁波奥克斯置业有限公司	320	粤海置地控股有限公司
284	宁波江山万里置业有限公司	321	深圳市合正房地产集团有限公司
285	深圳市振业（集团）股份有限公司	322	上海新黄浦置业股份有限公司
286	力旺集团有限公司	323	美林基业集团有限公司
287	深圳市物业发展（集团）股份有限公司	324	福建百宏房地产开发有限公司
288	万和紫荆集团有限公司	325	茂名金源阳光置业有限公司
289	江西润达房地产投资开发集团有限公司	326	冠城大通股份有限公司
290	中锐投资集团	327	上海爱建股份有限公司
291	华夏阳光地产有限公司	328	锦艺置业集团有限公司
292	湖南金钟置业投资集团有限公司	329	河南振兴房地产（集团）有限公司
293	广西祥嘉投资有限公司	330	河南裕华置业有限公司
294	天津泰达建设集团有限公司	331	河北永康房地产开发集团有限公司
295	湖州房总地产开发集团有限公司	332	浙江金昌房地产集团有限公司
296	广东�城置业有限公司	333	浙江广厦股份有限公司
297	坤和建设集团有限公司	334	青岛鑫江置业集团有限公司
298	中庚置业集团有限公司	335	长沙德奥房地产开发有限公司
299	河南博群置业有限公司	336	经纬置地有限公司
300	河北深保投资发展有限公司	337	上海宝华企业集团有限公司
301	江苏吴中地产集团有限公司	338	绿景（中国）地产投资有限公司
302	福成投资集团有限公司	339	广西恒力地产集团有限公司
303	金林置业徐州有限公司	340	东建集团
304	青岛城市建设集团股份有限公司	341	浙江省赞成集团有限公司
305	北京嘉德投资集团有限公司	342	湖北恒泰天纵控股集团有限公司
306	奥山置业有限公司	343	河南亚星置业集团有限公司
307	三湘印象股份有限公司	344	河北家乐园房地产开发有限公司
308	南宁威宁房地产开发有限公司	345	宝业集团股份有限公司
309	日盛房地产开发有限公司	346	东旭蓝天新能源股份有限公司
310	黑牡丹（集团）股份有限公司	347	上置集团有限公司
311	天津市房地产发展（集团）股份有限公司	348	苏宁环球股份有限公司
312	广东珠光集团有限公司	349	河南瀚宇置业集团有限公司
313	安徽中丞控股集团有限公司	350	长春豪邦房地产开发集团有限公司
314	厦门海投房地产有限公司	351	广西晨华投资集团有限公司
315	光大嘉宝股份有限公司	352	湖南运达房地产开发有限公司

续表

2022年排名	企业名称	2022年排名	企业名称
353	江西恒茂房地产开发有限公司	390	湖南省中欣房地产开发集团有限公司
354	金轮天地控股有限公司	391	中赫置地投资控股有限公司
355	翔顺控股集团有限公司	392	辰兴发展控股有限公司
356	深圳华强新城市发展有限公司	393	无锡红豆置业有限公司
357	广东骏景湾地产集团有限公司	394	南宁轨道地产集团有限责任公司
358	河北高远企业投资集团有限公司	395	成都置信实业（集团）有限公司
359	郑州美盛房地产开发有限公司	396	苏州伟业集团有限公司
360	广西洋浦地产集团有限公司	397	浙江中豪房屋建设开发有限公司
361	重庆两江新区置业发展有限公司	398	东莞市新世纪房地产开发有限公司
362	顺发恒业股份公司	399	广东世荣兆业股份有限公司
363	郑州普罗房地产开发有限公司	400	京能置业股份有限公司
364	张家港市金厦房地产开发公司	401	卧龙地产集团股份有限公司
365	福建联美建设集团有限公司	402	天津松江股份有限公司
366	中浩德地产有限公司	403	广西盛天投资集团有限公司
367	福州滨海房地产有限公司	404	绿都控股集团有限公司
368	湖南融华房地产开发有限公司	405	滕州市房地产综合开发有限公司
369	长春市朗惠房地产开发有限责任公司	406	北京天润置地集团有限公司
370	北京万通地产股份有限公司	407	三明城投集团房地产开发有限公司
371	青岛海发集团	408	天津贻成集团有限公司
372	悦达地产集团有限公司	409	中电光谷联合控股有限公司
373	广西悦恒置业投资集团有限公司	410	河北国域永赫控股集团有限公司
374	福建德兴集团	411	上海金桥出口加工区开发股份有限公司
375	广东华标创业集团有限公司	412	中核房地产开发有限公司
376	云南子元（集团）股份有限公司	413	河北安联房地产开发有限公司
377	长沙国欣房地产开发有限公司	414	安徽金大地投资控股有限公司
378	武汉美联地产有限公司	415	江东控股集团有限责任公司
379	湖南福天置业有限公司	416	莱蒙国际集团有限公司
380	上海青禾置业有限公司	417	北京国华置业有限公司
381	长沙华实领峰企业发展有限公司	418	福来国际（上海）有限公司
382	南京金鹰国际集团有限公司	419	广西嘉和置业集团有限公司
383	康大时代房地产开发有限公司	420	长春宝丰阁房地产开发有限公司
384	SOHO 中国有限公司	421	和泓控股集团有限公司
385	福建中联房地产开发集团有限公司	422	沈阳市城建房地产开发集团有限公司
386	世光创建集团有限公司	423	河北中宏置业房地产开发有限公司
387	山东瑞东房地产开发有限公司	424	中国宏泰产业市镇发展有限公司
388	湖南三润地产有限公司	425	东莞市三正房地产开发有限公司
389	吉林亚泰房地产开发有限公司	426	广州尚东置业有限公司

续表

2022 年排名	企业名称	2022 年排名	企业名称
427	吉林省伟峰实业有限公司	464	中体产业集团股份有限公司
428	国锐地产有限公司	465	广州粤泰集团股份有限公司
429	金鹏地产集团	466	龙岩市土地发展集团有限公司
430	西藏城市发展投资股份有限公司	467	江苏新能源置业集团有限公司
431	南京高科股份有限公司	468	侨鑫集团有限公司
432	上海新长宁（集团）有限公司	469	兰州天正中广投资控股集团有限公司
433	北京市大龙伟业房地产开发股份有限公司	470	翠屏国际控股有限公司
434	无锡市华夏房地产开发有限公司	471	江苏协鑫房地产有限公司
435	福建三木集团股份有限公司	472	北京绿宸控股集团有限公司
436	甘肃天庆房地产集团有限公司	473	河南天伦地产集团有限公司
437	长春国信投资集团有限公司	474	广源房地产开发集团有限公司
438	沙河实业股份有限公司	475	广东建华置地投资集团有限公司
439	上海万业企业股份有限公司	476	安徽安粮控股股份有限公司
440	上海同济科技实业股份有限公司	477	江苏凯尔置业有限公司
441	西安经发地产有限公司	478	河南宏光实业集团
442	海蓝控股有限公司	479	杭州开元房地产集团有限公司
443	佛山市恒福兴达投资集团有限公司	480	新天地产集团有限公司
444	云南筑友房地产开发有限公司	481	天鸿集团
445	杭州地上房地产集团有限公司	482	安徽大富地产集团有限公司
446	甘肃永坤房地产开发有限公司	483	徐州市新盛投资控股集团有限公司
447	辽宁金沙房地产集团有限公司	484	江苏亚东建设发展集团有限公司
448	福建省凯景投资集团有限公司	485	河南常绿集团置业有限公司
449	江苏铂悦建设有限公司	486	重庆中科置地有限公司
450	华联控股股份有限公司	487	沈阳格林豪森房地产开发有限公司
451	广西汇东投资置业有限公司	488	合肥滨湖投资控股集团有限公司
452	山东鲁信置业有限公司	489	金新控股集团有限公司
453	天津住宅建设发展集团有限公司	490	漳州城投地产集团有限公司
454	宁德市金禾房地产有限公司	491	江苏常发地产集团有限公司
455	中邦置业集团有限公司	492	亨通地产股份有限公司
456	中国新城市商业发展有限公司	493	宁波联合建设开发有限公司
457	江苏凤凰置业投资股份有限公司	494	四川滨江地产集团有限公司
458	民发实业集团有限公司	495	重庆市来新居房地产开发有限公司
459	广东海骏达置业投资集团有限公司	496	阳光新业地产股份有限公司
460	新东润地产有限公司	497	中国宝安集团股份有限公司
461	上海鹏欣房地产（集团）有限公司	498	天津海泰科技发展股份有限公司
462	天津津滨发展股份有限公司	499	祥泰实业有限公司
463	河南省美景集团有限公司	500	野风集团有限公司

2. 测评分析

（1）年度特征分析

销售市场前热后冷，政策鼓励健康发展

2021 年，我国房地产市场政策延续“房住不炒”的基调，坚持不将房地产作为短期刺激经济的工具和手段，加强预期引导，因城施策促进房地产业良性循环和健康发展。2021 年的重要政策有：2 月，自然资源部要求重点城市要对住宅用地集中公告、集中出让；3 月，两会提出坚持“房住不炒”定位，稳地价、稳房价、稳预期，尽最大努力帮助新市民、青年人等缓解住房困难；4 月，政治局会议首次提出“防止以学区房等名义炒作房价”；5 月，住建部、财政局和税务总局等部门先后召开房地产税改革试点工作座谈会和发展保障性租赁住房工作座谈会等，致力于促进房地产长效机制建设和确保房地产市场平稳健康运行；6 月，银保监会明确将防止经营贷违规流入房地产领域作为常态化监管工作；9 月，央行和银保监会强调要维护房地产市场的健康发展，维护住房消费者的合法权益；12 月，政治局会议明确要支持商品房市场更好满足购房者的合理住房需求，促进房地产业健康发展和良性循环。中央经济工作会议同样提出支持商品房市场更好满足购房者的合理住房需求，因城施策促进房地产业良性循环和健康发展。地方层面，2021 年，政策调整较为高频，根据克而瑞统计，地方政策加码约 250 次，属历史高位（见图 6-1-1）。尤其是深圳、广州等热点城市对土地供给、房产开发、预售交易各个环节进行全面调控。2021 年下半年，随着市场转冷，部分市场压力较大的城市出现政策松绑，多地出台“限跌令”和财税托市政策。

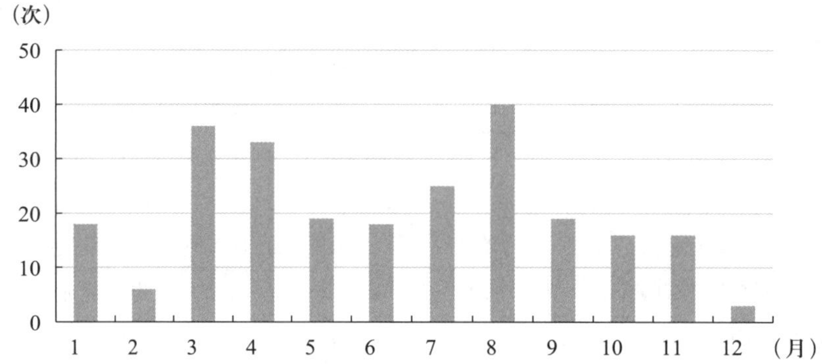

图 6-1-1　2021 年地方房地产政策加码频次

数据来源：CRIC、上海易居房地产研究院。

2022 年 1 月，国务院常务会议提出把稳增长放在更加突出的位置，加强跨周期调节，明显加大宏观政策实施力度。全国住房和城乡建设工作会议提出稳增长，强调充分释放居民住房需求。1 月 20 日，贷款市场报价利率（LPR）公布，1 年期 LPR、5 年期 LPR 分别下降 10 个基点和 5 个基点，多地房贷利率跟随 LPR 下调。1 月 25 日，2022 年北京地区货币信贷工作会议强调要准确把握和执行好房地产金融审慎管理制度，加强预期引导，支持房地产企业合理融资需求，更好满足购房人合理住房需求，加大住房租赁金融支持，促进房地产业良性循环和健康发展。2 月，全国性的商品房预售资金监督管理办法制定出台，此文件明确预售资金监管额度根据项目合同、工程造价等核定，以确保项目竣工所需资金，达到监管额度之后的剩余资金可以由房企提取使用。该规定有利于房企预售资金的循环，对于规范各地预售资金监管的操作、确保房企资金状况更加稳健具有积极的作用。3 月，郑州发布《关于促进房地产业良性循环和健康发展的通知》，提出“稳地价、稳房价、稳预期”相关多条措施，具体包括取消“认房又认贷”，重启棚改货币化安置等措施。3 月 2 日，郭树清表示地方政府隐性债务状态趋于改善，房地产泡沫化、金融化势头得到根本扭转。3 月 5 日，政府工作报告关于房地产行业的内容延续了 2021 年年底以来的政策口径，相较于往年新增了“良性循环”和“支持商品房市场更好满足购房者的合理住房需求”的表述，同时，政府工作报告中并未提及房地产税。3 月，国务院金融委专题会议指出，关于房地产企业，要及时研究和提出有力、有效地防范化解风险的应对方案及向新发展模式转型的配套措施。同时，会议指出积极出台对市场有利的政策，慎重出台收缩性政策。

2021 年，全国商品房销售面积 179433 万平方米，同比增长 1.9%；商品房销售额 181930 亿元，同比增长 4.8%，销售规模维持高位。全年销售情况呈现“前高后低”的态势。2021 年上半年，得益于 2020 年年底热点城市市场热点延续，叠加一季度春节期间一、二线城市购房情绪升温，上半年整体销售情况保持良好。下半年，房地产市场开始降温。需求端，涉房信贷收紧，居民购买力受到限制；供给端，房企在“去杠杆”政策影响下投资下降。7 月，房地产销售、投资数据增速均有所放缓。8 月，宝能、恒大等企业相继出现流动性危机，传统“金九银十”行情也未如期到来。11 月，在房地产市场继续下行的情况下，多地出现政策松绑现象。

综上所述，2021 年上、下半年，房地产行业在政策、销售和土地方面均出现较大反差。政策方面，上半年“三道红线”试点范围不断扩大、贷款集中度管理全面实施、22 城双集中供地首次推出、住建部约谈 18 城相关负责人、严防与查处经营贷违规流入房地产领域、多地推出学区房新政与二手房指导价政策等；下半年政策放松，多地出台“限跌令”和财税托市政策。经历了市场快速变化之后，政策重新强调以保障市场健康发展和良性循环为出发点。销售方面，上半年核心城市及热点三、四线城市销售情况普遍较好；下半年成交面积持续下行，价格持续萎靡。土地市场，上半年房企拿地热情高涨，核心城市土地溢价率高企；下半年土地市场快速趋冷，房企拿地逐渐趋于理性，“国企托底”和“流拍撤牌频现”并存。

综合实力万科第一，行业排名变化较大

上海易居房地产研究院经过客观、公正、专业和科学的测评研究，形成了 2022 房地产开发企业综合实力 TOP500 测评成果（见表 6-1-2）。前三位由万科、中海、保利占据。其中，万科蝉联第一，中海、保利分别位列第二、三位，碧桂园、招商蛇口、华润、龙湖、融创、金地、新城分列第四至十位。

表 6-1-2　2021—2022 年 TOP10 房企名次变化表

企业名称	2022 排名	排名变化	2021 排名
万　科	1	—	1
中　海	2	↑（2）	4
保　利	3	↑（3）	6
碧桂园	4	↓（1）	3
招商蛇口	5	↑（6）	11
华　润	6	↑（2）	8
龙　湖	7	—	7
融　创	8	↓（3）	5
金　地	9	↑（6）	15
新　城	10	—	10

数据来源：CRIC、上海易居房地产研究院。

2022 年，榜单变动率明显变大。其中，TOP10 变动率为 20%，TOP50 变动率为 26%（见图 6-1-2）。产品品质优秀，财务成本控制良好的房企排名提升明显。规模巨大，但流动性出现问题的房企则排名下降较多。

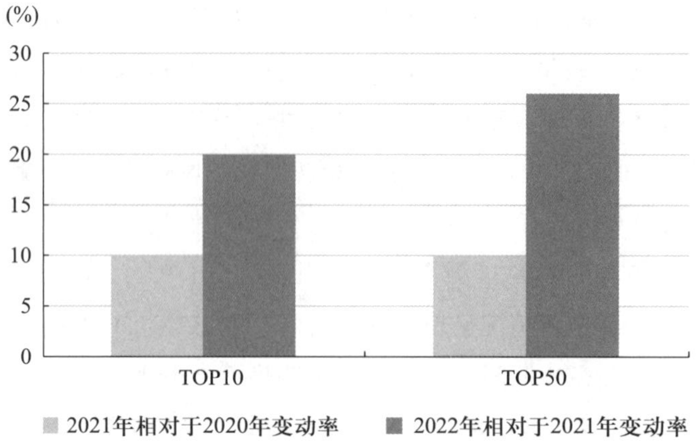

图 6-1-2　2021 年、2022 年 TOP10 及 TOP50 变动率对比情况

数据来源：上海易居房地产研究院。

华东、华南优势依旧，中部连续三年攀升

以 TOP500 房企总部所在地区域为标准进行划分，2022 年，华东地区占比 38%，华南地区占比 21%，中部地区占比 15%，同比有所提升；华北地区占比 17%，西部地区占比 7%，东北地区占比 2%，同比有所下降（见图 6-1-3）。华东、华南企业数量占比近六成，中部地区占比略有提升，继续保持良好发展态势。

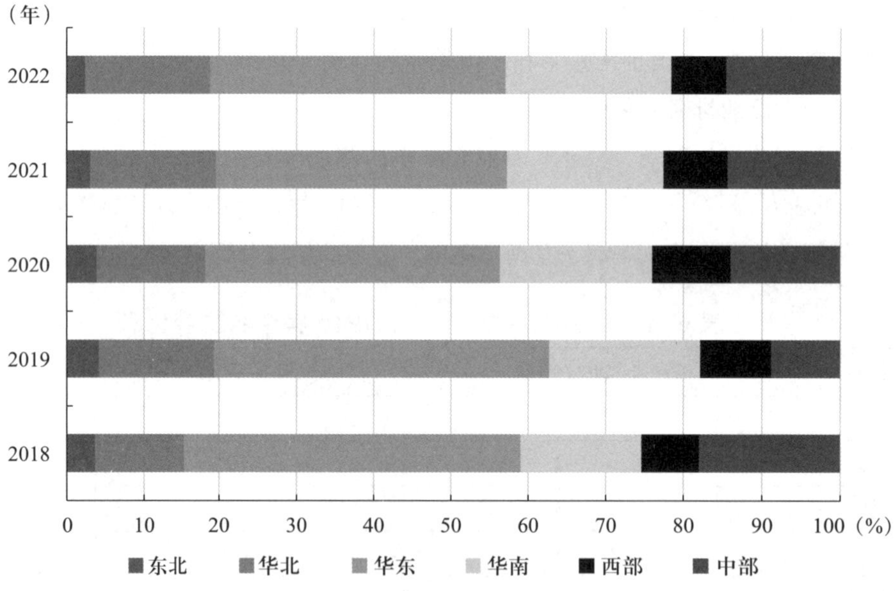

图 6-1-3　2018—2022 年房地产开发企业综合实力 TOP500 区域分布

数据来源：CRIC、上海易居房地产研究院。

（2）企业规模分析

资产规模增速放缓，龙头房企稳中有进

2021 年，TOP500 房地产开发企业总资产均值为 916.78 亿元，同比增长 10.47%，增速较上年下降 6.17 个百分点；净资产均值为 211.93 亿元，同比增长 18.52%，增速较上年提升 0.63 个百分点（见图 6-1-4）。总体来看，TOP500 房企总资产规模维持增长，增速则是自 2017 年见顶后，连续 4 年下降。净资产同样保持增长，增速近 3 年保持稳定。

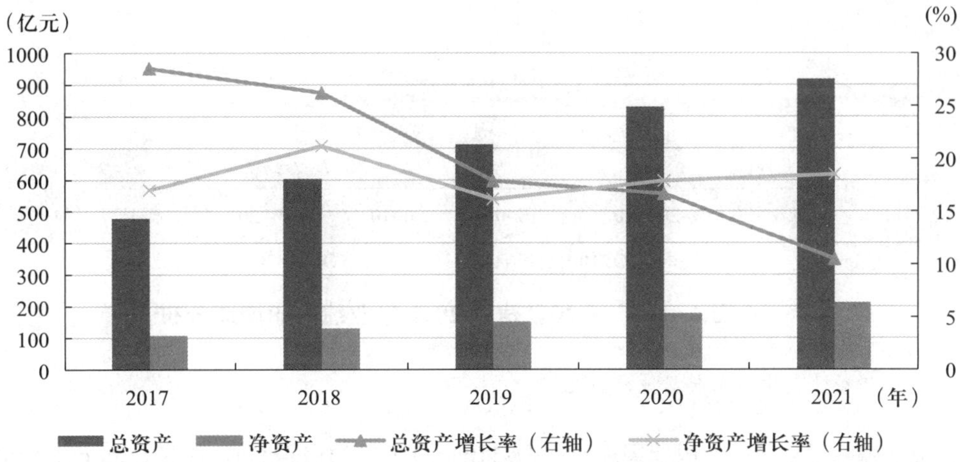

图 6-1-4　2017—2021 年 TOP500 房企平均资产规模水平及其变化情况

数据来源：CRIC、上海易居房地产研究院。

2021 年，TOP500 房企总资产增速持续下降，主要原因为 2021 年下半年楼市整体降温，房地产市场销售萎靡。政策方面，“三道红线”“贷款集中度”等政策相继实施，叠加重点房企 40%投销比限制，进一步阻碍了房企的业务扩张。

企业层面，依然有部分龙头房企保持资产稳步增长，如碧桂园紧跟社会发展，在巩固房地产开发业务的同时，大力发展机器人、现代农业，整体业务稳中有进；龙湖通过严格遵守财务纪律，在面对“三道红线”等政策时，能够保持从容发展，同时也具备了业务布局的主动性。另外，2021 年下半年，面对市场趋冷、融资趋紧的情况，部分房企流动性出现问题，被迫出售部分资产缓解困境。

整体销售维持高位，房企表现普遍不佳

2021 年，全国商品房销售面积 179433 万平方米，同比增长 1.9%；商品房销售额 181930 亿元，同比增长 4.8%。住宅销售面积同比增长 1.1%，办公楼销售面积同比增长 1.2%，商业营业用房销售面积同比下降 2.6%；住宅销售额同比增长 5.3%，办公楼销售额同比下降 6.9%，商业营业用房销售额同比下降 2.0%。

2021 年，TOP500 房企全年销售金额同比下降 14.9%，TOP100 房企全年销售金额同比下降 16.7%，TOP10 房企全年销售金额同比下降 16.3%（见表 6-1-3）。整体来看，房企销售同比均有下降，主要是因为政策趋严、融资趋紧的情况下，房地产销售市场整体趋冷。同时，部分规模房企因为出现流动性风险等原因，未入榜单。

表 6-1-3　2021 年全国商品房销售情况与 TOP500 房企销售情况对比表

	全国商品房销售	TOP500 销售	TOP100 销售	TOP10 销售
销售面积（万平方米）	179433	79448	61693	28404
同比增长率（%）	1.9	0.5	-24.5	-20.8
销售金额（亿元）	181930	99830	76115	29825
同比增长率（%）	4.8	-14.9	-16.7	-16.3

数据来源：国家统计局、CRIC、上海易居房地产研究院。

具体到各梯队，TOP10 房企中有 4 家业绩同比出现下滑。TOP11～20 房企业绩相对较好，其中，9 家房企业绩正增长。TOP21～30 房企业绩表现区别较大，其中，6 家业绩正增长，4 家业绩出现下滑（见图 6-1-5）。

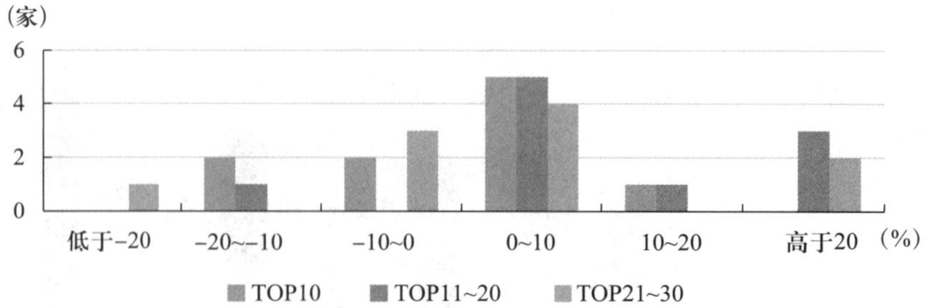

图 6-1-5　各梯队房企 2021 年业绩同比增速分布

数据来源：企业公告、上海易居房地产研究院。

2021 年，克而瑞数据显示，年内销售规模（全口径）过千亿的房企总计 43 家，和上年持平（见图 6-1-6），千亿房企数量自 2015 年开始一路增长的趋势终结。过去房企一直有规模诉求，规模化意味着企业融资更加便捷，更有利于成本控制及对冲市场风险。然而在市场下行，政策趋紧的背景下，业内部分规模房企相继出现流动性问题。这表明现在的环境下，单纯依靠规模化经营无法规避企业面临的违约风险及项目面临的交付风险。

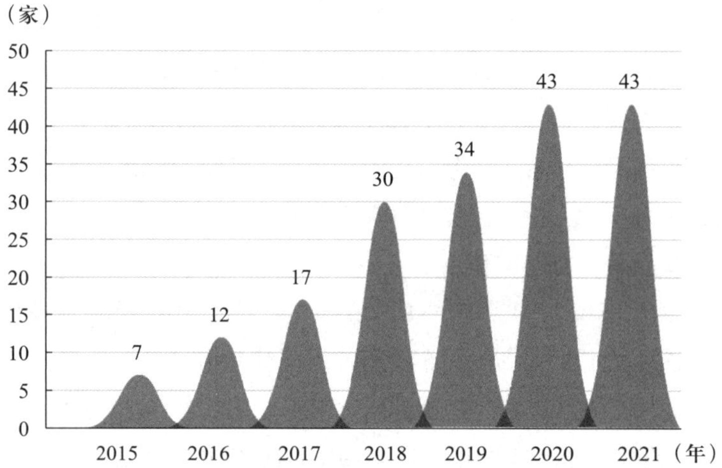

图 6-1-6　2015—2021 年千亿房企数量统计

数据来源：企业公告、CRIC、上海易居房地产研究院。

2021 年，房企目标完成率处于历史较低水平。TOP10 房企中，除保利未公布 2021 年销售目标外，仅华润、金地完成了 2021 年度的销售目标；中海、龙湖、招商蛇口完成率达到九成以上；新城、碧桂园完成率接近九成；万科、融创完成率较低（见图 6-1-7）。

TOP30 样本房企目标完成率平均值为 96%，较上年下降 13 个百分点。约八成的房企销售未达标，仅 5 家房企完成了销售任务（见图 6-1-8）。

集中趋势有所下降，品质房企体现优势

从本次测评结果来看，2021 年 TOP10、TOP50、TOP100、TOP200 房企销售金额分别约占 TOP500 房企销售金额的 30%、65%、83%、92%（见图 6-1-9）。相较于上年的 33%、68%、82%、94%，TOP10、TOP50 房企集中趋势有所下降，主要是因为部分规模房企因出现债务风险未入榜单或排名有大幅下滑。

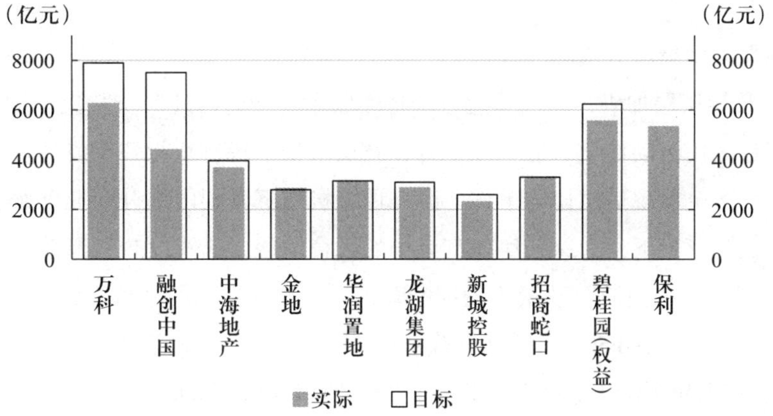

图 6-1-7　TOP10 房企销售目标完成情况

数据来源：企业公告、CRIC、上海易居房地产研究院。

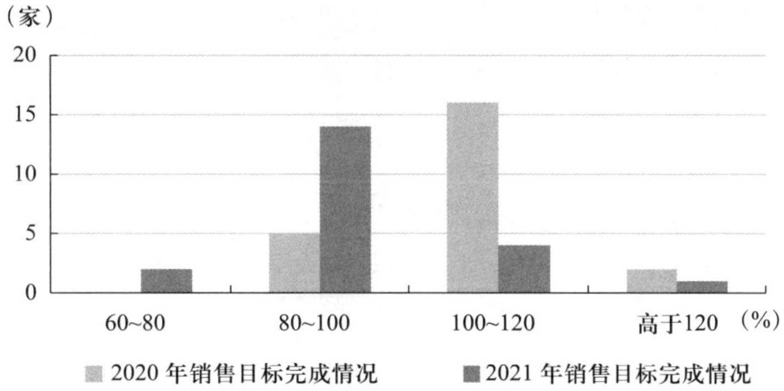

图 6-1-8　2020—2021 年 TOP30 样本房企销售目标完成率情况分布对比

数据来源：企业公告、CRIC、上海易居房地产研究院。

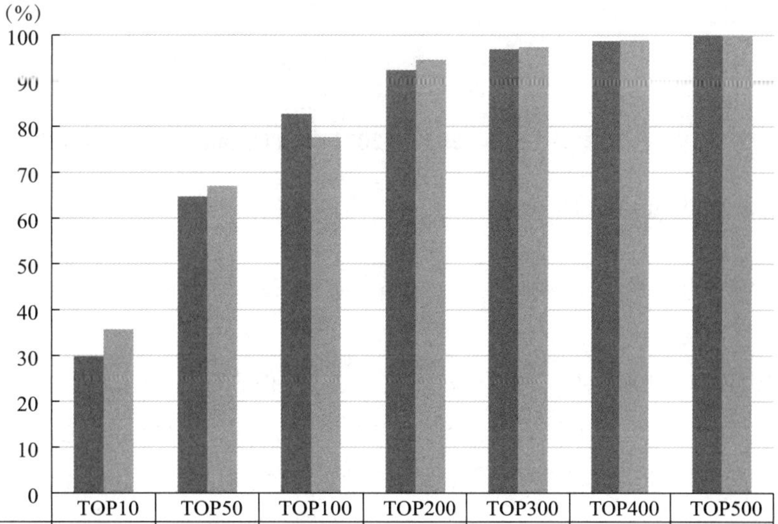

	TOP10	TOP50	TOP100	TOP200	TOP300	TOP400	TOP500
房地产销售金额累积百分比（%）	29.88	64.76	82.75	92.39	96.92	98.72	100.00
房地产销售面积累积百分比（%）	35.75	67.06	77.65	94.61	97.38	98.83	100.00

图 6-1-9　2021 年 TOP500 房企销售金额和销售面积累计百分比

数据来源：企业公告、CRIC、上海易居房地产研究院。

（3）风险管理分析

杠杆规模下降明显，偿债压力依然较大

2021 年，去杠杆政策层层加码，前三季度融资持续收紧，同时房地产贷款集中度管理政策使按揭放款周期拉长，销售回款难度加大使流动性压力进一步上升，叠加市场下行、新冠肺炎疫情反复等多种因素，房企偿债压力增大，部分高杠杆房企出现信用违约事件，海外评级机构下调国内部分企业评级，致使企业在高流动性压力下融资更加艰难。在此背景下，为保证房地产市场的平稳发展，四季度政策释放向好信息，在保证“房住不炒”和“稳地价、稳房价、稳预期”政策不动摇的背景下，预计行业的销售、融资将逐步回归常态化。

在行业去杠杆的压力下，TOP500 杠杆率下降成效明显。长期偿债能力方面，TOP500 房企 2021 年资产负债率均值为 67.85%，较上年下降 10.92 个百分点；净负债率均值为 69.57%，较上年下降 15.51 个百分点；均相较上年有大幅改善（见图 6-1-10）。短期偿债能力方面，2021 年 TOP500 房企流动比率均值为 1.88，较上年上升 0.48；速动比率均值为 0.93，较上年上升 0.44。从财报上看，房企积极降杠杆，偿债能力指标上升。2021 年房企促销售、抓回款、出售资产的举措一定程度上增加了自有资金水平，积极进行现金流管理，应对可能发生的债务风险，偿债指标得到优化。但也有不少房企将表内负债表外化，造成流动性短缺，从而引发违约风险，部分龙头房企也在行业发展转型过程中遭遇偿债危机。

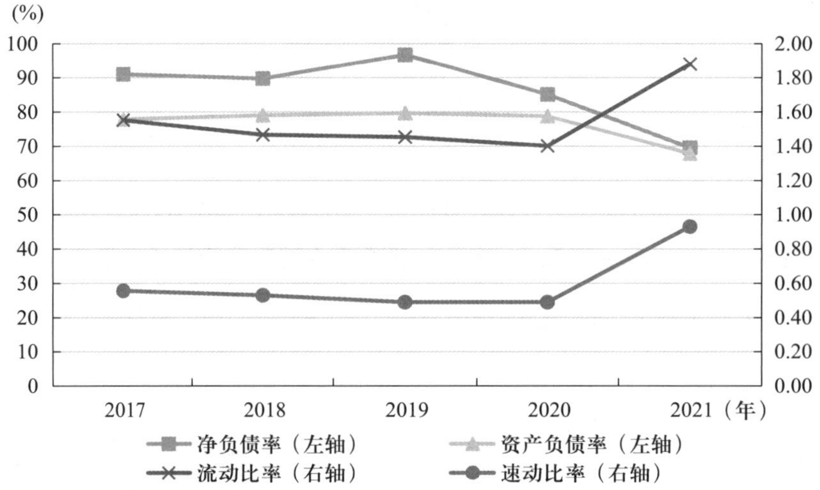

图 6-1-10　2017—2021 年 TOP500 房企偿债能力指标均值对比情况

数据来源：Wind、企业年报。

从 TOP500 房企“三道红线”达标率来看，2021 年三季度，剔除预收款后的资产负债率达标率略有上升，而净负债率与现金短债比达标率稍有下降（见图 6-1-11）。近两年，房企整体偿债规模仍处在高位，偿债缺口对房企短期资金池深度具有不小的考验，从海外债到期余额来看，未来 3 年房企仍然面临较大的还债压力。Wind 数据显示截至 2021 年年底，境内信用债违约总额为 1595.93 亿元，其中房地产行业违约总额为 384.71 亿元，违约金额和违约数量较 2020 年大幅增加。2021 年前三季度去杠杆政策加码、融资受限，政策监管加剧，房企在资金端承压较大。

不断收紧的融资、信贷政策，以及对房地产市场销售、运营的规范化管理，需要房企加强风险预警，尤其是过度进行规模扩张的房企更要加强现金流管理，平衡收支、量入为出。2021 年，多地加强预售资金监管，企业可控制的自有资金规模降低，加上融资渠道受限，房企“借新还旧”渠道受阻，如果无法保证稳定现金流，

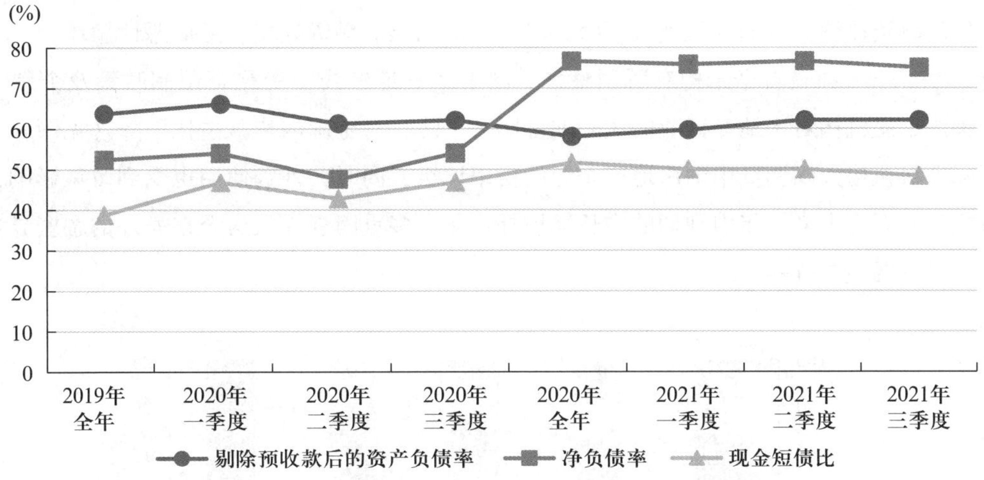

图 6-1-11　2019—2021 年 TOP500“三道红线”达标率变动对比

数据来源：Wind、企业年报。

企业的流动性风险则会增加。部分房企风险暴露，其原因在于高周转策略下，遇到严格的政策监管，融资风险和交易风险同时增加，造成流动性困难。除此之外，违约事件频繁发生，造成投资者信心下降，所以房企更应提高自有资金比率，防范系统性风险。

从房企各梯队的“三道红线”指标均值来看，各梯队在剔除预收账款后的资产负债率方面相差不大，均满足指标要求；净负债率方面，TOP10 明显优于其他梯队，TOP30 略优于 TOP50，各梯队在净负债率方面均超额完成指标要求。现金短债比方面，仅 TOP10 梯队满足指标要求（见图 6-1-12）。这也从侧面说明，2021 年房企在现金流端承受了不小的压力，现金流管理将会成为房企未来规避财务风险的重要考虑因素。

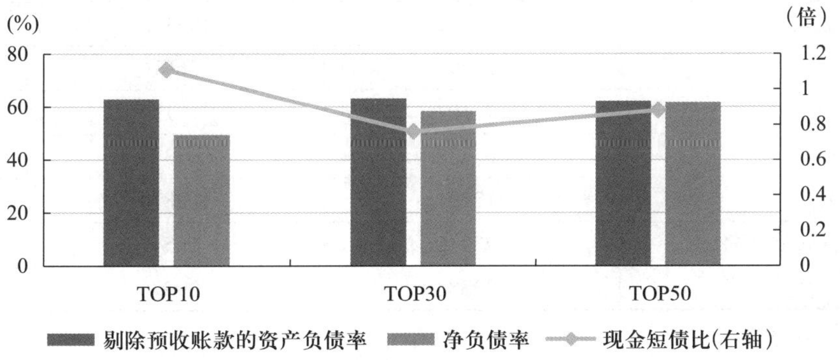

图 6-1-12　2021 年各梯队房企“三道红线”均值对比情况

数据来源：Wind。

到位资金增速回落，国内贷款占比下降

国家统计局数据显示，2021 年 1—12 月，房地产开发企业到位资金 201132 亿元，同比增长 4.2%。从资金来源看，国内贷款 23296 亿元，同比下降 12.7%；利用外资 107 亿元，同比下降 44.1%；自筹资金 65428 亿元，同比增长 3.2%；定金及预收款 73946 亿元，同比增长 11.1%；个人按揭贷款 32388 亿元，同比增长 8.0%。房地产开发企业到位资金继续保持增长，主要得益于定金及预收款和个人按揭贷款的增长，增速方面则处于近 6

年最低水平。部分房企因为财务并不稳健，本身在信贷市场就难以得到充分的融资，可能出现的流动性危机则会受到更严格的融资监管，从而导致评级下降，以及更加困难的融资处境，形成恶性循环。

2021 年，房企开发投资资金结构有所调整，受制于“三道红线”等融资限制政策及个别大型房企出现流动性危机，国内金融机构对房地产行业的风险偏好明显下降，房企国内贷款占比下降（见图 6-1-13）。利用外资方面，国际评级机构大幅调低中国房地产企业的信用评级，同时，外资使用也受到政策影响，如房地产企业发行外债只能用于置换未来一年内到期的中长期境外债务。多重因素导致房企在海外的融资异常困难，房企利用外资占比下降（见表 6-1-4）。

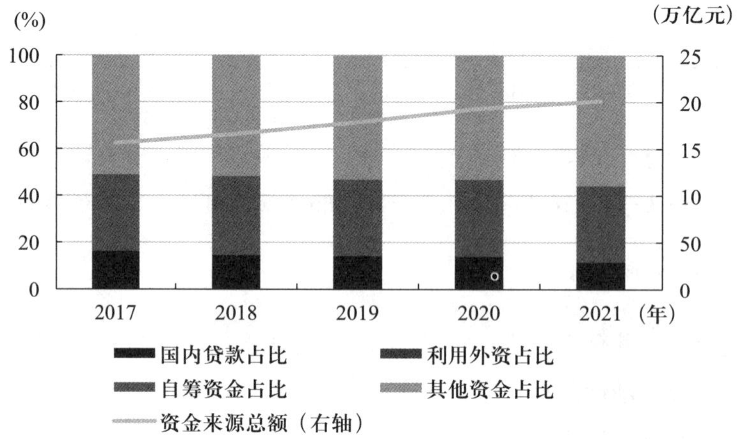

图 6-1-13　2017—2021 年全国房地产企业资金到位情况

数据来源：国家统计局。

表 6-1-4　2020—2021 年房地产开发企业资金来源及同比变化表

指标	2021 年	2020 年	同比（%）
资金来源总额（亿元）	201132	193115	4.2
国内贷款（亿元）	23296	26676	-12.7
利用外资（亿元）	107	192	-44.3
企业自筹资金（亿元）	65428	63377	3.2
其他资金（亿元）	112301	102870	9.2
其中：定金及预收款（亿元）	73946	66547	11.1
个人按揭贷款（亿元）	32388	29976	8.0

数据来源：国家统计局。

融资环境持续收紧，龙头房企成本微降

2021 年，在“房住不炒”“三道红线”房地产贷款集中度政策出台背景下，全年政策先紧后松，房企融资呈现供需端持续收紧的态势。2021 年上半年，各地房地产融资合规审查监管持续加强，北京、上海等地严查经营贷违规入市情况。证券交易所发布公司债指引，强调房企债务违约风险，并严控城投公司、资质较弱企业发行公司债。中国证券投资基金业协会叫停基金子公司备案房地产供应链类产品，主要是购房尾款资产。第三季度，中国人民银行表示房企融资“三道红线”、房地产贷款集中度管理已进入常态化实施阶段。由于前三季度政策持续收紧，部分房企融资受到影响，引发债务问题。进入第四季度，为了维护房地产行业健康平稳发展，中国人民银行、银保监会、住建部等多部门密集发声，中国人民银行提出“维护房地产市场的健康发展，维护住房消费者的合法权益”，并为部分金融机构对“三道红线”政策的误解纠偏。12 月的中央政治局会议，再一次强调“支持商品房市场更好满足购房者的合理住房需求，促进房地产业发展和良性循环”。

具体到头部房企，2021 年 TOP50 房企融资总额为 10540 亿元，较上年下降 2.34%（见图 6-1-14）。分季度来看，2021 年年初，由于各机构资金额度充足，且政策与 2020 年相比未有大调整，在年初房企偿债需求较大的背景下，第一季度融资额度最高，约有 3258 亿元。第二季度由于多部门加强了对经营贷、通道类业务的监管审核，整体融资环境收紧，融资额较第一季度下降了 8.76%。下半年，受部分企业违约事件影响，融资额继续下降，尤其是第四季度，仅有 1713 亿元，约为第一季度融资额的五成。

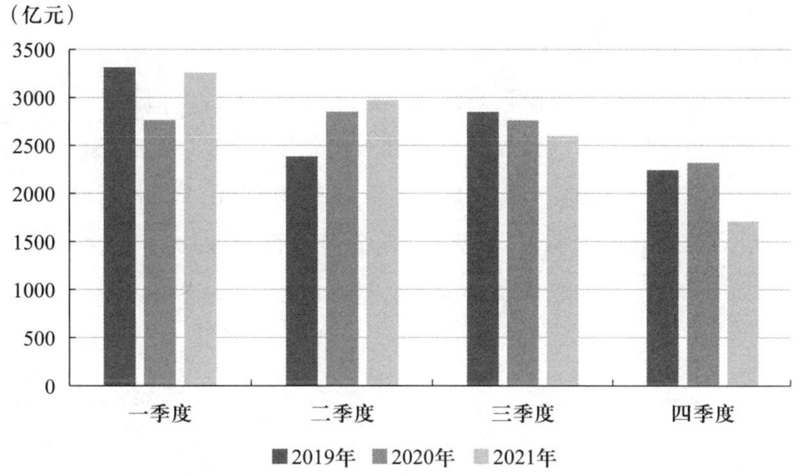

图 6-1-14　2019—2021 年 TOP50 房企季度融资额

数据来源：上海易居房地产研究院。

从融资结构来看，2021 年 TOP50 房企境内债权融资 5041.52 亿元，同比下降 8.51%，且融资额占比达到 47.83%，较上年下降 3.66%（见图 6-1-15）。2021 年境外债权融资总额为 2540.69 亿元，同比下降 28.75%，境外债权融资占比为 24.10%，较上年下降了 9.22%。比较明显的变化在于永续债和资产证券化。永续债 42.55 亿元，仅占比 0.4%，而资产证券化超过 2800 亿元，远远大于上年的 941.15 亿元。资产证券化产品因融资成本较低，且其背后有经评估可稳定获得现金流的底层资产，因此在行业内广受欢迎。不过，从 5 月起，

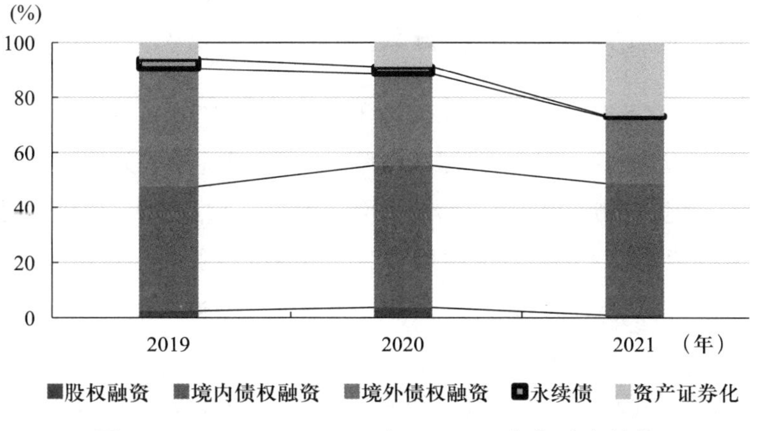

图 6-1-15　2019—2021 年 TOP50 房企融资结构

数据来源：上海易居房地产研究院。

中国证券投资基金业协会叫停基金子公司备案房地产供应链类产品，在一定程度上影响了资产证券化产品的发行。自9月开始，出于对资产的地理位置、存续时间、持续运营能力、可处置性等因素较高评估要求，发行资产证券化产品规模较大的企业主要以国有企业、中央企业和一部分商业运营规模较大的民营房企为主。

从融资成本来看，2021年，TOP50房企的新增债券类融资成本为4.43%，较上年下降了1.93%，其中，境内债券加权平均融资成本为4.13%，较上年下降0.53%；境外债券成本为6.66%，较上年下降1.01%；资产证券化成本3.97%，较上年下降1.78%。融资成本的下降，主要原因在于整体融资环境收紧，企业发债分化，融资向头部房企集中，优秀的房企发债难度较小，发债成本较低。

（4）盈利能力分析

净利润持续负增长，成本费用快速上升

近年来，房地产行业监管趋严，调控政策频发。进入2021年后，房地产行业管控加速，各地从房企融资、土地供应、居民贷款等多角度加以调控，市场进一步收紧。2021年，TOP500房地产开发企业营业收入均值190.65亿元，较上年增长4.02%。营业成本均值153.90亿元，较上年增长10.31%（见图6-1-16）。净利润均值10.72亿元，同比下降2.61%，现金及现金等价物余额均值88.43亿元，同比下降3.28%（见图6-1-17）。

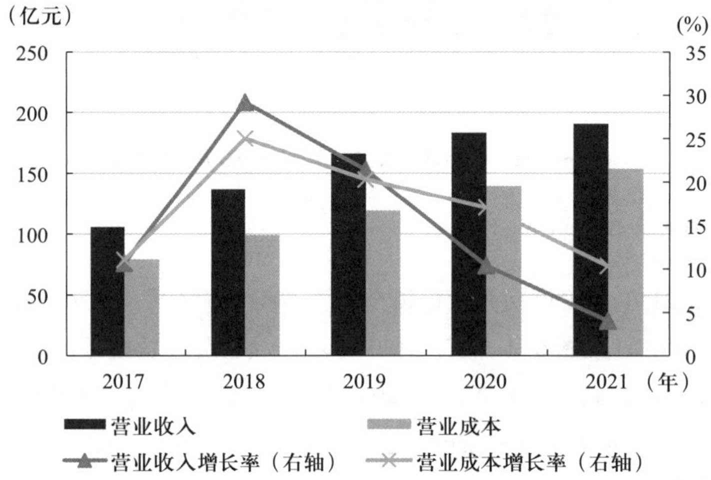

图6-1-16　2017—2021年TOP500房企营业收入与营业成本情况对比

数据来源：企业公告、Wind、上海易居房地产研究院。

受结算周期影响，2021年的营收与净利润反映的是过去1~2年的销售情况。一方面，新冠肺炎疫情突袭影响了项目的竣工速度与数量；另一方面，由于融资环境趋紧，房企更偏好将资金投向新开工项目及至预售状态，通过推迟竣工时间、加快市场资金回笼来缓解资金压力。此外，许多房企选择投资联营合营项目，而这些项目无法产生可并表的营业收入。受以上原因影响，房企的营业收入增速放缓。成本方面，前期高地价项目逐步进入结算，挤压了利润空间。尤其是一、二线城市严格执行限价政策，地价房价比率高，影响了利润增长。

2021年，TOP500房地产开发企业“三费”均值达12.72亿元，其中销售费用均值3.55亿元，同比上涨6.47%；管理费用均值4.79亿元，同比上涨4.22%；财务费用均值4.38亿元，同比上涨7.9%。“三费”占营业收入的比率为13.21%（见图6-1-18）。

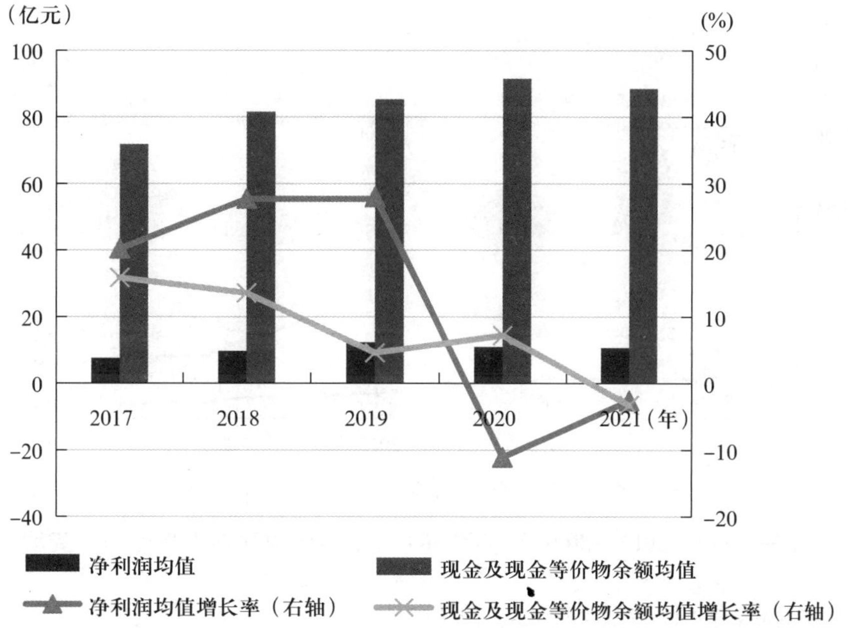

图 6-1-17　2017—2021 年 TOP500 房企绝对盈利能力指标均值变动情况

数据来源：企业公告、Wind、上海易居房地产研究院。

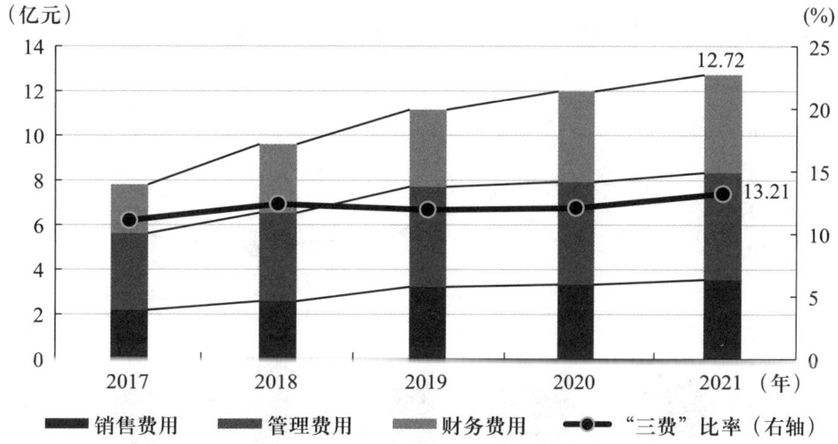

图 6-1-18　2017—2021 年 TOP500 房企“三费”比率均值变动情况

数据来源：企业公告、Wind、上海易居房地产研究院。

近年来，渠道费用的快速攀升导致销售费用居高不下。随着渠道分销在新房市场的重要性加强，房企对渠道使用增多，佣金费用整体呈现上涨的趋势。负债的上升带动财务费用上升，“三费”的上涨幅度超过营业收入的涨幅。房企利润收窄，房地产进入管理时代，房企只有加强内部管理才能提高利润水平。

利润空间持续收窄，盈利能力继续下滑

2021 年，TOP500 房地产开发企业总资产收益率均值为 0.78%，较上年下降了 0.54 个百分点；净资产收益率均值为 3.89%，较上年下降了 0.64 个百分点；成本费用利润率均值为 9.84%，较上年下降了 1.41 个百分点（见图 6-1-19）。

房企总资产水平上升，利润空间收窄，尤其近两年房企的净利润增幅不及资产增幅，导致总资产收益率下

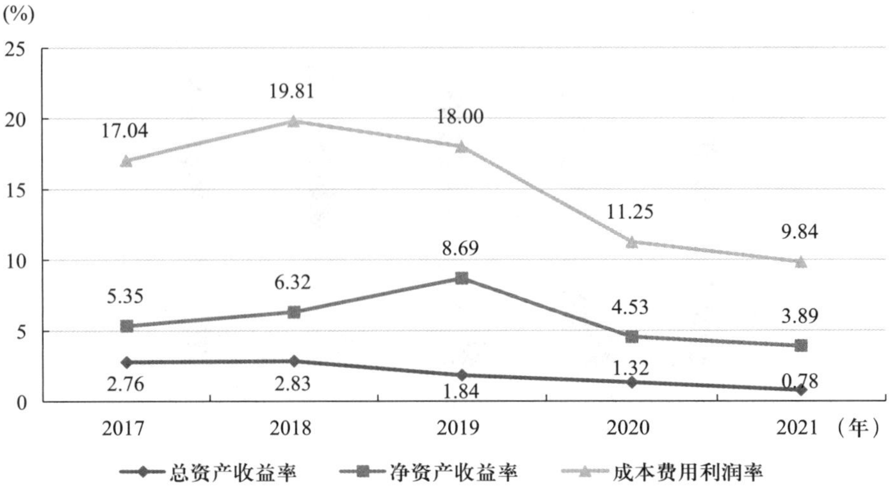

图 6-1-19　2017—2021 年 TOP500 房企相对盈利能力指标均值变动情况

数据来源：企业公告、Wind、上海易居房地产研究院。

滑。从净资产收益率构成来看，随着房企加强内部管控、缩减各项支出，房企的销售净利率有所提升；资产周转率方面，由于从拿地、建造到预售一整套流程已基本固定，提速有限，资产周转率较为稳定（见图 6-1-20）；资产负债率方面，房企资产负债率下滑，权益乘数下降。总体来看，净资产收益率较上年有所下降。另外，由于各项费用成本上涨，并伴随着利润下行，行业整体成本费用利润率下降。

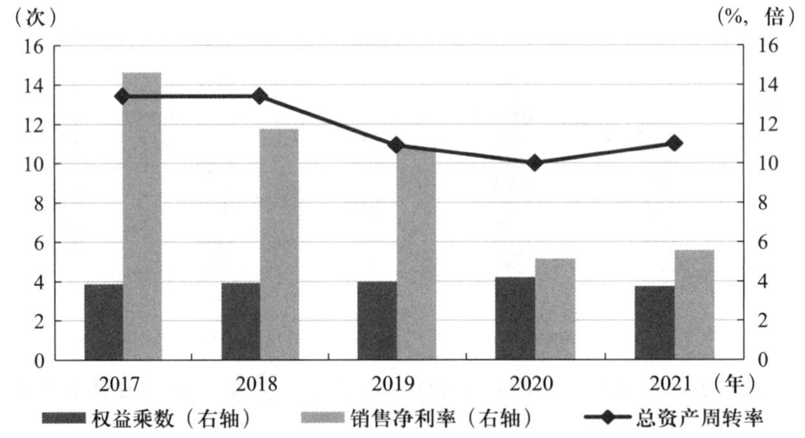

图 6-1-20　2017—2021 年 TOP500 房企净资产收益率影响因素变动情况

数据来源：企业公告、Wind、上海易居房地产研究院。

行业内部分化明显，头部房企优势显著

本次测评将 TOP10、TOP30、TOP50 房企按各类指标进行计算，用以研究不同位次房企在盈利能力方面的特点。在营业收入方面，TOP10 房企表现强劲（见图 6-1-21）。2021 年，TOP10 房企营业收入均值最高，达 2760 亿元，较上年增长 72.12%；TOP30 房企营业收入均值超 1500 亿元，较上年增长 30.99%；TOP50 房企营业收入均值超 900 亿元，较上年增长 23.13%。总体看来，TOP10 房企营业收入涨幅较大，营收向龙头企业集中趋势明显。净利润方面，净利润增速没有跟上营业收入增速。TOP10 房企净利润均值最高，达 260 亿元，但增速远不及营业收入增长率，净利润均值较上年仅增长 17.34%；TOP30 房企净利润均值约 130 亿元，较上年增长 13.16%；TOP50 房企净利润均值近 90 亿元，与上年几乎持平。

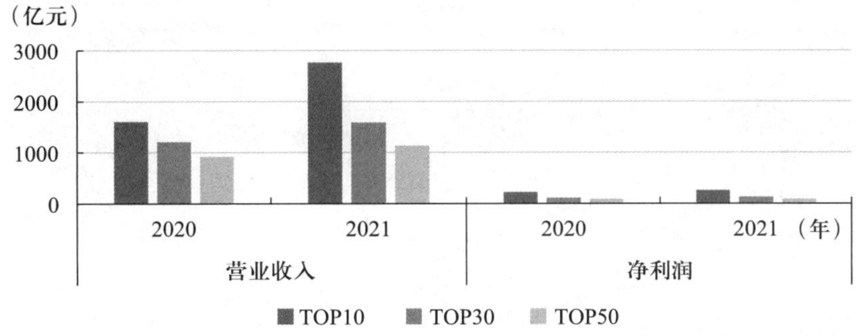

图 6-1-21　2020—2021 年头部房企绝对盈利能力指标均值情况对比

数据来源：公司公告、Wind、上海易居房地产研究院。

在相对盈利能力方面，各位次房企在不同的指标上各有优势，差异明显。净资产收益率上，TOP10 房企均值最高，约 12%，TOP30 房企略低于 TOP10 房企，TOP50 房企最低，约 10%。各位次房企均值均较上年有所上升。总体看来，TOP10 房企优势略明显。总资产收益率方面，TOP30 房企最高，TOP50 房企最低，但各位次房企均值相差较小，且各位次房企均值均较上年有所上升。成本费用利润率方面，TOP10 房企表现最优，TOP30 房企次之，差距几可忽略，TOP50 房企最低。各位次房企均值均较上年有所下降（见图 6-1-22）。

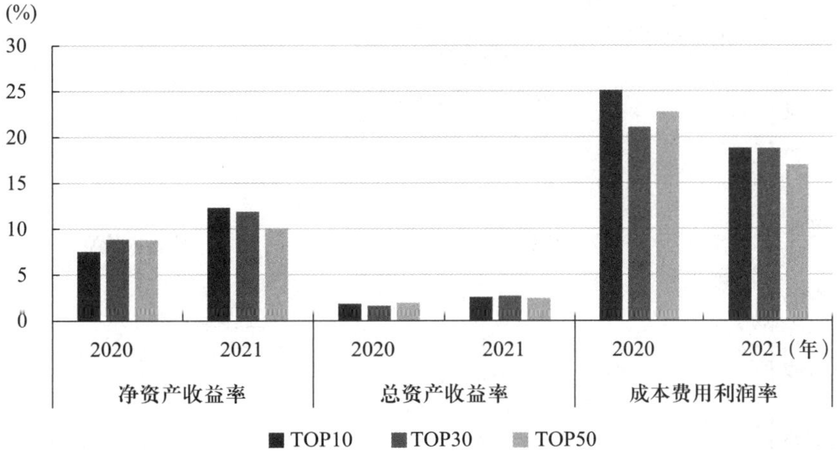

图 6-1-22　2020—2021 年头部房企相对盈利能力指标均值情况对比

数据来源：公司公告、Wind、上海易居房地产研究院。

（5）成长潜力分析

房企销售增速下降，企业成长阻力较大

2021 年，TOP500 房地产企业销售面积同比增长 0.5%，增速较上年下降 5 个百分点；销售金额同比下降 14.9%，增速较上年下降 25.4 个百分点；营业利润同比下降 6.8%，营业利润增长率连续 2 年为负（见图 6-1-23）。净资产同比增长 18.52%，增速较上年上升 0.63 个百分点。2021 年行业销售增速明显放缓，利润快速下滑，房企业绩增长阻力较大。

为了更加细致地了解各个企业的发展状况，本次测评将 TOP500 开发企业按成长类型分成四类：销售金额大且增速较快的企业归类为快速成长型；销售金额大但增速较为缓慢或出现销售下滑的企业归类为平稳发展型；销售金额小而增速较快的企业归类为追赶成长型；销售金额小且增速较低或增速为负的企业归类为滞后发展型（见图 6-1-24）。

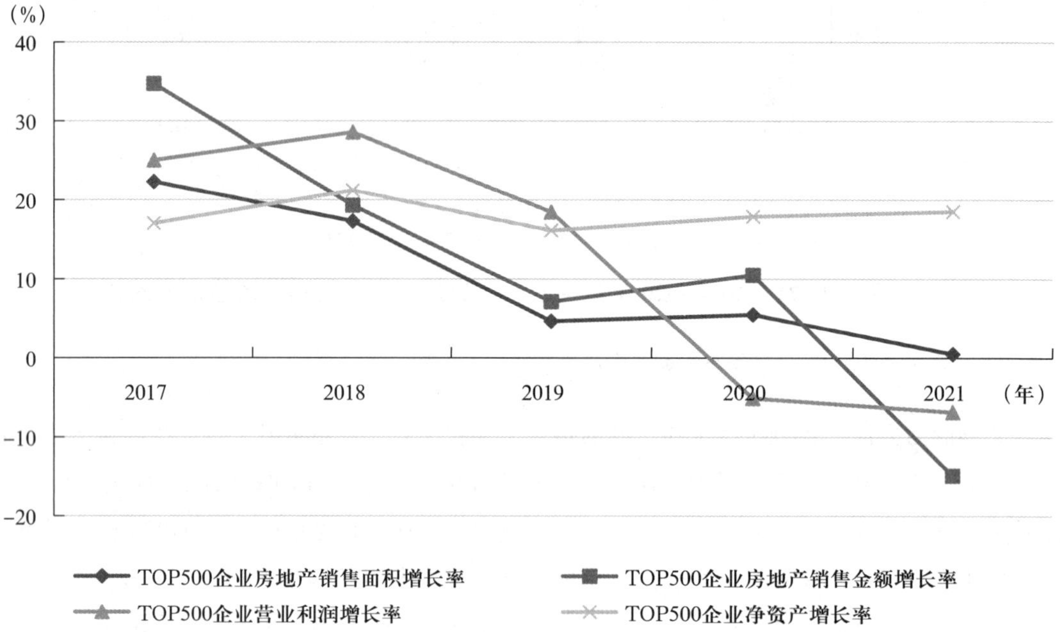

图 6-1-23　2017—2021 年 TOP500 房企业绩增长性指标变化情况

数据来源：CRIC、Wind.

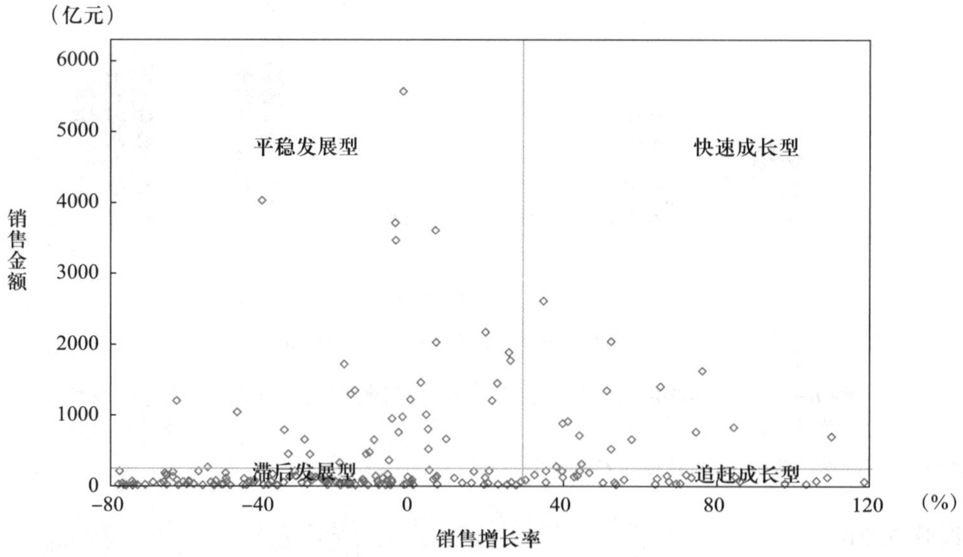

图 6-1-24　2021 年 TOP500 房企成长分类图

数据来源：CRIC.

数据显示，滞后发展型房企所占比例最大，达到 61.03%，较 2020 年增长 10.23%。追赶成长型房企占比 15.81%，较 2020 年下降 11.57%。2021 年下半年，政策持续调控，行业快速趋冷，使得房企未来成长空间受到普遍限制；平稳发展型房企占比 12.50%，较 2020 年下降 2.88%；快速成长型房企占比 10.66%，较 2020 年增长 4.2%。平稳发展型主要以国有企业和中央企业为主，该类型房企财务成本具有优势，投资风格偏向于稳健。

拿地力度出现下滑，国有企业、中央企业占据优势

2021 年，全国 300 城经营性用地成交金额达 68060 亿元，同比下降了约 10%，结束了连续上涨的趋势（见图 6-1-25）。分能级来看，除一线城市成交金额保持上涨趋势外，其他城市成交金额同比均有下降。其中，三、四、五线城市，总成交金额仅 35764 亿元，较上年同期下降约 11%。从土地成交各能级城市分布情况看，房企拿地更加偏好高能级城市，一线、二线城市占比分别提升 3%和 1%；三、四、五线城市占比有所下降（见图 6-1-26）。

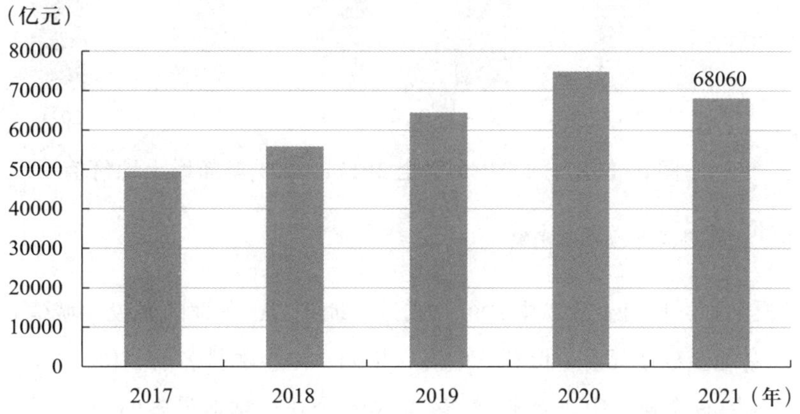

图 6-1-25　2017—2021 年全国土地成交金额走势

数据来源：CRIC.

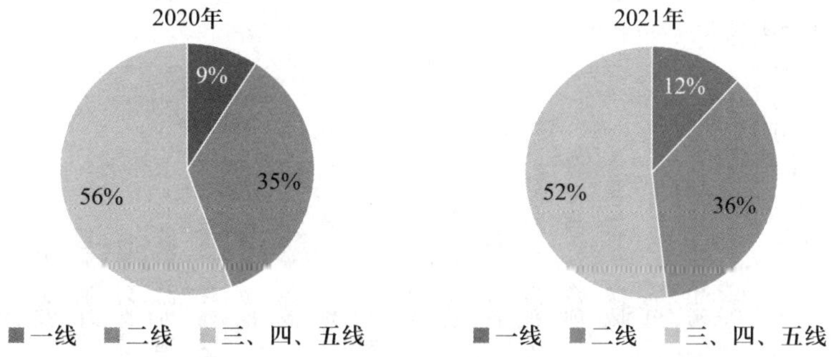

图 6-1-26　2020—2021 年全国土地成交各能级城市分布情况（按金额）

数据来源：CRIC.

2021 年，TOP30 房企新增拿地金额 22575.1 亿元，同比下降 19.37%，处于 5 年来最低水平（见图 6-1-27）。24 家房企拿地金额同比下降；6 家房企拿地金额同比上升，3 家是国有企业背景，3 家是混合所有制企业。新增拿地金额增速较快的房企有中海、华润、金茂等，主要得益于国有企业、中央企业依然具有融资优势。从房企的表态看，万科坚持稳健投资，量入为出，坚持投资纪律，关注投资质量和效益，把不突破红线，长期将绿档放在优先地位。

2021 年，首批集中供地时期，市场销售情况较为良好，民营企业和国有企业、中央企业拿地平分秋色。第二批集中供地期间，民营企业受到“去杠杆”政策的限制，叠加市场趋冷，拿地意愿较低。国有企业、中央企业凭借融资优势，整体拿地占比占优势。第三批集中供地期间，市场继续趋冷，同时部分房企出现流动性危机，

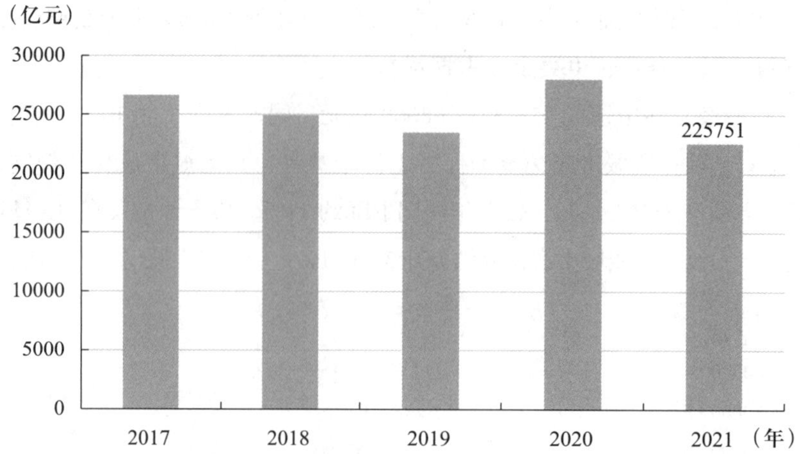

图 6-1-27　TOP30 房企 2017—2021 年新增土地价值

数据来源：CRIC、上海易居房地产研究院。

民营企业总体拿地意愿不强，国有企业、中央企业成为拿地主力，各地的城投、城建企业拿地也较为积极。具体到房企，从 22 城市拿地金额情况看，保利、中海、华润拿地金额排名前三位，3 家均为中央企业。拿地最多的 10 家房企中，7 家为国有企业、中央企业，3 家为民营企业；拿地最多的 20 家房企中，11 家是国有企业、中央企业，9 家是民营企业，国有企业、中央企业占据较大优势（见图 6-1-28）。民营企业中拿地较多的龙湖、绿城、滨江都是口碑出众的品质型房企，相较于高周转、高杠杆的房企来说，品质型房企无疑更加稳健，穿越周期能力更强。

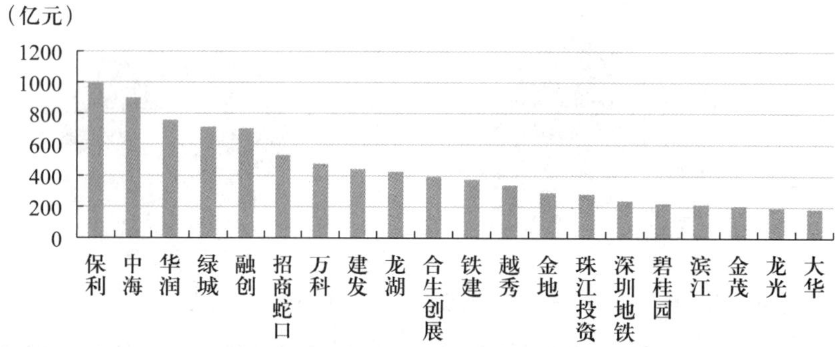

图 6-1-28　2021 年 22 城市拿地金额前 20 房企

数据来源：CRIC.

从投销比看，2021 年上半年，“三道红线”试点不断扩大，同时被纳入“三道红线”试点的几十家重点房企，被要求买地金额不得超过年度销售额的 40%。各种调控政策客观上对房企拿地形成限制。从房企的表态看，部分房企选择“以销定投”的策略。如荣盛发展土地支付额度会控制在回款额的 40%，放弃规模，审慎投资；雅居乐结合市场的情况，以销定产；融信中国严格控制，按照销售比小于 40% 以内拿地，遵守投资策略，毛利率在 15%~20%之间，IRR 在 30%之内。2021 年下半年市场快速趋冷，导致房企首先考虑的是加快销售回款及偿付到期债务，拿地投资在公司的优先级靠后。

具体到 TOP30 房企的投销比情况，2021 年，投销比平均值为 0.27，较上年下降 0.08（见图 6-1-29）。其中，投销比超过 0.4 的房企仅有 5 家，占比约为 17%。

增长模式有所受限，行业并购助力成长

2021 年，房企的成长模式正经历较大的转变。回顾房企的发展模式，早期在房价和地价快速上升的背景下，房企主要以囤房、囤地为主要的盈利手段，相应的周转速度和杠杆水平则保持较低水平。随着土地成本持续提高，房企盈利空间受到压缩，房企的经营重点逐渐从利润率转向了提高周转率和杠杆水平。典型的像过去万科奉行的“5986”高周转模式，碧桂园的“456”模式。2014 年后，我国人口红利逐渐减弱，房地产市场长周期拐点逐渐出现。2014—2016 年，房企因为利好政策，享受了土地红利和金融红利，业绩爆发式增长的同时，也透支了未来的行情。2016 年以后，“房住不炒”“因城施策”新一轮调控出台，行业限制政策的重点逐步蔓延至杠杆水平和周转速度，房企融资成本越来越高，周转速度逐步放慢。随着 2021 年房地产企业流动性危机的集中爆发，房企高周转模式基本走到尽头。根据杜邦分析法，股东的权益回报由净利润率、总资产周转率和财务杠杆水平决定。其中，周转率和杠杆水平受到政策重点监管，经过一个轮回，如今房企的成长重点又重新放到了提高利润率上。而利润主要受收入和成本影响，从收入端看，随着行业高速增长时期结束，房价快速上涨的可能性不大。成本端中，地价主要受政策影响，房企唯一能主动发力的领域，只能是压缩经营成本，也即向管理要红利。

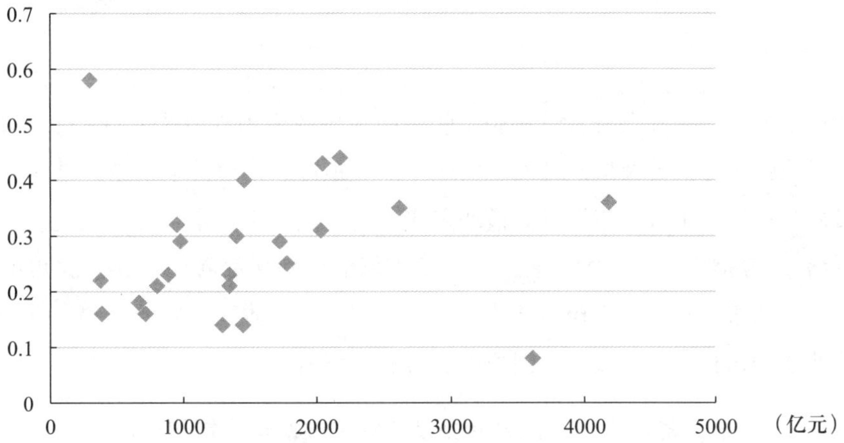

图 6-1-29　2021 年 TOP30 房企投销比（权益口径）

数据来源：CRIC、上海易居房地产研究院。

房地产行业内部正进行着供给侧改革，杠杆过高、经营粗放的房企被淘汰的风险增加。但考虑到住房问题涉及社会民生，影响范围较广。在行业出清的同时，需要兼顾保交房、保交付，所以管理层在出清的方式上，鼓励行业内的兼并重组，用市场化的手段化解风险。政策上，2021 年 12 月，人民银行与银保监会联合出台通知，鼓励银行业金融机构做好重点房地产企业风险处置项目并购的金融支持和服务。证监会表态支持优质房地产企业发行债券，资金可用于出险企业项目的兼并收购。如招商蛇口等企业近期在中国银行间市场交易商协会注册发行并购票据，募集资金用于房地产项目的兼并收购。

从实际情况来看，2020 年因“三道红线”等政策实施，房企对接手债务风险颇高的项目特别敏感，行业收并购交易规模呈现出持续大幅下滑趋势。Wind 数据显示，2020 年三季度到 2020 年四季度期间，房地产开发企业并购数据同比出现下滑，2021 年后，并购金额出现反弹，2021 年四季度同比出现较高增长，已初步恢复到新冠肺炎疫情前的水平（见图 6-1-30）。进入 2022 年后，行业政策有所放松，房地产并购事件明显增多，房企进入融资窗口期，流动性得到改善。

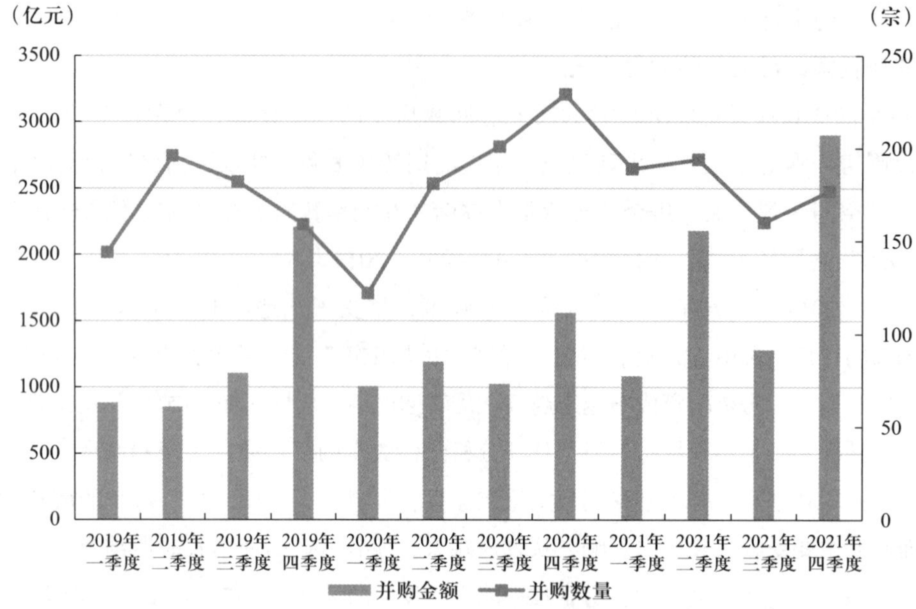

图 6-1-30　2019—2021 年各季度房企并购变动情况

数据来源：Wind.

具体到企业层面，龙头房企和国资背景房企是收并购市场的主力（见表 6-1-5）。碧桂园、融创等龙头房企擅长于收并购，且收购的标的涉及地产开发、物业、商业地产、房地产上下游产业等，目的在于巩固主业及优化第二曲线的发展。远洋、中海、华发等凭借融资成本优势也积极在市场上寻找优质资产，用于扩充土地储备等。进入 2022 年后，房企收并购更加频繁，如建发、德信分别接手融创南通、温州项目股权；中海收购世茂、雅居乐广州亚运城超级大盘；深投控与佳兆业子公司拟定初步收购意向框架等。其中，信达入局恒大董事会，深投控与佳兆业子公司拟定初步收购意向框架，有利于缓解房企的流动性危机。

表 6-1-5　部分企业 2021—2022 年收并购动态

时间	房企名称	内容
2021 年 4 月	碧桂园	40. 32 亿元完成持有蓝光嘉宝 52. 83%股权
2021 年 7 月	远洋集团	40 亿元收购红星地产 70%股权
2021 年 7 月	融　创	18. 8 亿元增资北京长实东方置业，获其 71. 5032%股权
2021 年 12 月	万　科	深圳国际 27. 88 亿元出售深圳国际联合置地 35. 7%股权予万科
2022 年 1 月	中　海	中海地产收购世茂、雅居乐广州亚运城超级大盘
2022 年 1 月	德　信	融创将温州市“融创德信江山云起”项目股权转让予德信地产
2022 年 1 月	建　发	建发增持南通如皋市 R2020128 住宅地块，融创和陆家嘴国际信托退出
2022 年 1 月	信　达	信达入局恒大董事会
2022 年 1 月	深投控	深圳国资委旗下的深圳市投资控股有限公司（简称深投控）已经与佳兆业文体科技集团签订了投资条款清单，并拟定了初步的收购意向框架

数据来源：Wind、上海易居房地产研究院。

一方面，房地产市场持续低迷，间接影响上下游众多企业及地方财政，调控政策可能在局部出现边际放松；另一方面，行业内部，优质房地产企业包括大型民营企业、国有企业和中央企业等对优质项目不断兼并收购，优质房企未来成长依然值得期待。

（6）运营绩效分析

运营指标整体提升　周转提升促进回款

2021 年 TOP500 房地产开发企业存货周转率均值为 0.13，较上年增加 0.02；流动资产周转率均值为 0.15，较上年增加 0.01；总资产周转率均值为 0.11，较上年增加 0.01（见图 6-1-31）。从三大运营指标均值看，总体数据缓慢提升。

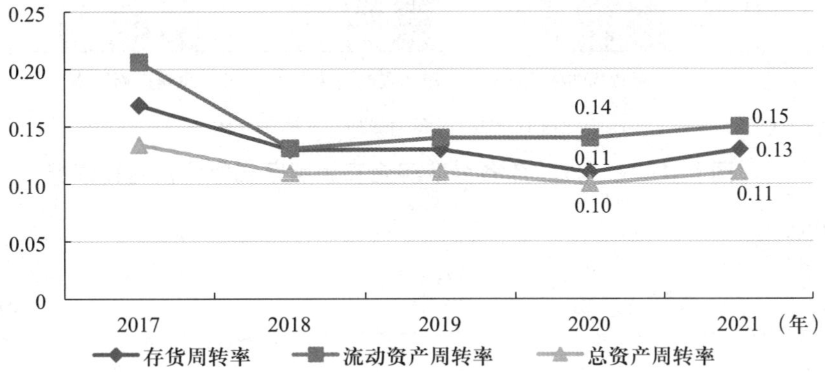

图 6-1-31　2017—2021 年 TOP500 房企运营效率指标变动情况

数据来源：CRIC、企业公告。

2018—2021 年周转率曲线呈现先上升，再下降，后又上升的趋势，2018—2019 年周转率微升源于 2019 年中央重提“房住不炒”，银保监会在融资端收紧，房企在市场和融资的双重压力下，纷纷提出“促销售、快回款”的口号。2020 年受到新冠肺炎疫情突袭与政策调控影响，房企周转速度放缓。2021 年，房地产企业运营周转效率缓慢提升主要原因在于房企业绩增速放缓，融资监管持续收紧，销售端受到限价、限购、限贷等政策影响，房企盈利承压较大。在控杠杆、限融资的背景下，缩短回款周期、加快周转、提高运营效率成为众多房企的重要举措。越来越多的企业 2021 年中报提到要提升周转率，强化销售和回款，以保障经营性现金流的良好表现。在销售端体现为营销方式的多种多样，三、四线城市在打折促销的基础上，出现工抵房促销，甚至买房送阳台面积、部分城市首付可分期等。TOP30 中超一半的企业提到要加快周转率和促进销售回款，如万科提出要提高资源转化效率和回款效率；碧桂园提出要强化合同销售及回款；保利提出加强资金回笼，提升运营效率，强化成本管控；世茂提出以产品为核心的理念，通过运营提效加快热销项目运转节奏。

分梯队来看，TOP50 房企的存货周转率、流动资产周转率和总资产周转率均值均为最高，TOP30 房企除了流动资产周转率与 TOP10 房企几乎持平外，另外两个运营指标均值均高于 TOP10 房企，原因在于 TOP31~50 房企在市场和融资的双重压力之下，更需要提高周转速度，促进销售，提升回款的能力，以保证稳定的现金流。而排名靠前的房企，资金端承压较小，甚至部分企业在资产降价变卖的市场状况下，出手购买低价优质资产与项目，增加优质存货（见图 6-1-32）。

库存规模创近年新高　房企去化压力增大

2021 年，TOP500 房企平均存货货值为 508.75 亿元，同比增加 7.39%，增速回落 3.51 个百分点（见图 6-1-33）。TOP500 房企整体存货货值均值规模上继续保持增长，但增速已连续 3 年下降。原因在于随着房地产行业金融属性的减弱，多数房企在集中供地、“三道红线”等政策不断升级的背景下，资金回笼和去化压力巨大，投资乏力。

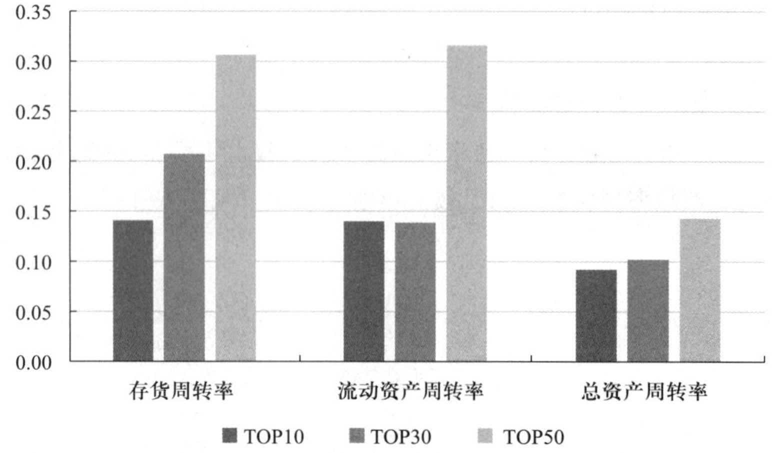

图 6-1-32　2021 年各梯队房企三大运营指标均值对比情况

数据来源：CRIC.

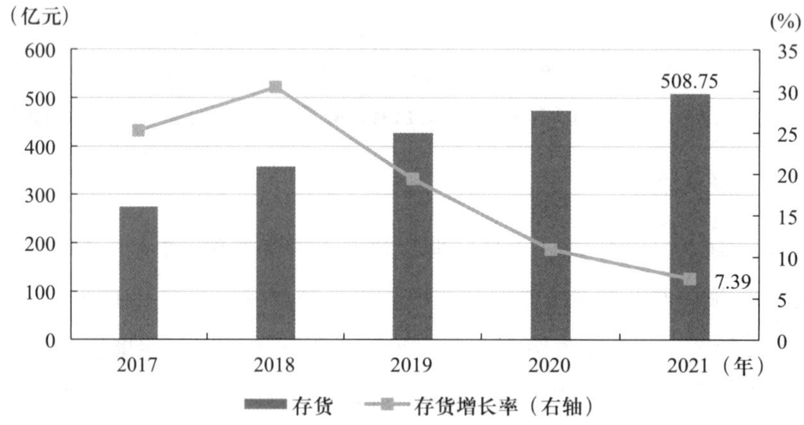

图 6-1-33　2017-2021 年 TOP500 房企存货变动情况

数据来源：CRIC、Wind.

2017—2021 年，全国房屋新开工面积和竣工面积在逐渐背离之后首次出现收拢（见图 6-1-34）。新开工面积下降主要是受到政策和资金端的压力影响，拿地谨慎、减少投资，部分企业面临债务违约，许多项目被迫停工。但在偿债压力下，房企提速已售项目尽快竣工，保证交付，加快资金回笼，竣工面积提升。

从去化周期来看，2021 年去化相较 2020 年整体加快，而下半年受到市场趋冷的影响，去化相较 2021 年上半年明显减慢（见图 6-1-35）。从房企各梯队情况看，2021 年 TOP20 房企的去化周期变化不大，TOP21~30 房企去化周期较长，TOP31~50 房企去化相对较快。2021 年下半年市场降温明显，规模房企的销售目标完成率低于近年平均水平。对于存货较高，同时资金端承压的企业来说，去化压力仍然较大。

运营管理收缩为主　节衣缩食精兵简政

政策趋严、土地市场遇冷的背景下，房企进入调整期，行业逻辑改变，政策和监管要求房企精细化、精准化、高质量发展，房企亟须提升运营管理能力，提升质量，增加效益，加快步入“管理红利”时代。2021 年房企发展艰难，多家房企进行区域整合、部门调整、人员优化等精简措施，在运营战略上以收缩为主，稳定现金流、降低负债，保障企业运行。11 月 16 日，万科内部发文《关于万科集团总部“节衣缩食”和打造“战时氛围”的倡议》，倡导员工勤俭节约，减少不必要的支出，提高人效，支持一线。

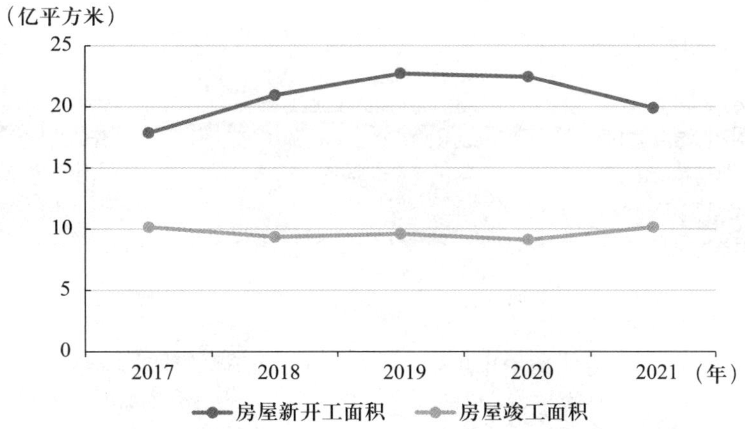

图 6-1-34　2017—2021 年房屋新开工面积与房屋竣工面积走势

数据来源：国家统计局。

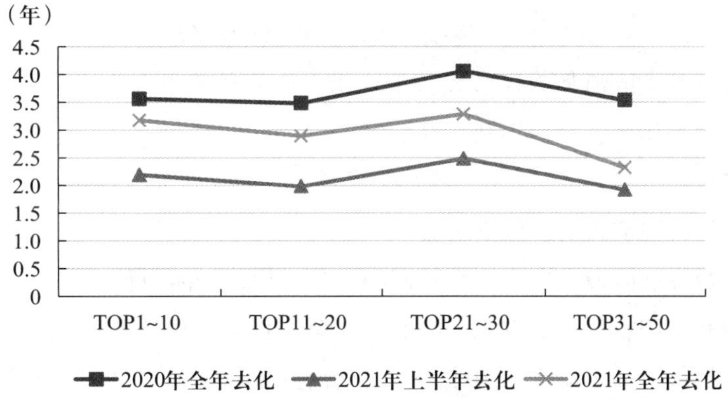

图 6-1-35　2020—2021 年各梯队房企按土地总货值去化情况对比

数据来源：CRIC.

2021 年房企违约事件频发，评级下调，国内外融资困难，资金端面临巨大压力，组织机构和运营战略调整迫在眉睫。组织机构方面主要表现为部门合并、区域合并（见图 6-1-36）、板块合并、人员优化，从而提升人均效能，降低支出。除了大区的缩减合并外，龙湖将客研部和战略部合为战略研究部，进行部门的收缩合并。另外，融创反道而行，在 2022 年 2 月将七大区域调整为九大区域，实行精细化运营管理，缩小管理半径；建业将五大业务集团总部调整为九大业务中心。人员调整和变动的背后，是房企在融资受阻、经营压力倍增的情况下，对提升组织效率、压缩成本、提升人均产值的深层需求。

虽然房企增加了区域和部门的整合，但对一线营销部门纷纷放权，部分房企将营销职能部门子公司化。2021 年，碧桂园、正荣、力高纷纷成立营销子公司，独立运营的管理模式可强化内部驱动力，提升专业度和竞争力，有效整合营销人员，降低运营成本，同时为未来数字化营销的发展奠定根基。

人力人才管理方面，一方面体现在人员优化管理，在“管理红利”的背景下，增强人效，提升每个员工的价值，实施“精兵”措施。少部分房企将投研部、客研部等人员调岗至一线岗位上，既可以促进销售回款能力的提升，又能倾听一线声音。另一方面体现在吸纳有经验的管理人才和迎合市场发展需求的人才，甚至是高薪聘请。数字化人才和城市更新人才的需求提升，目前房企的数字化还在初级阶段，数字化的发展要求提高了对此类人才的需求；城市更新是房地产行业今后发展的重点方向之一，配备相应人才，才能在行业发展的下一阶

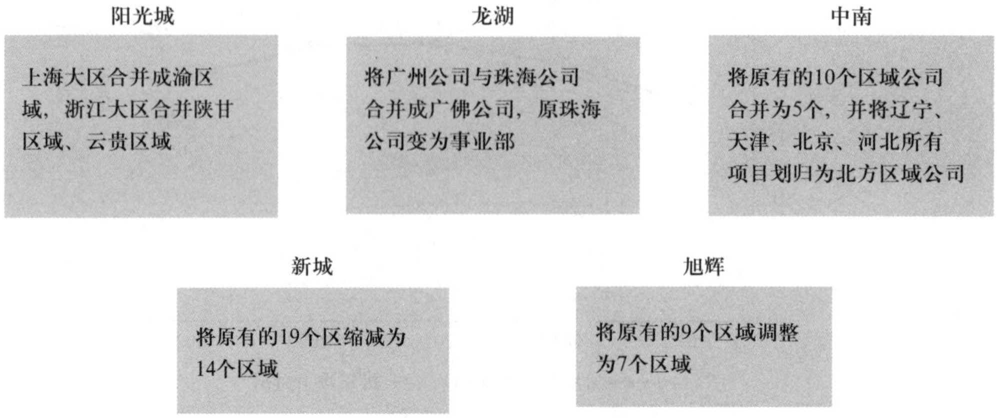

图 6-1-36　2021 年至今典型房企组织机构收缩

数据来源：企业年报、公开资料。

段站稳脚跟。除此之外，薪酬管理体系上，采用 OKR 目标激励法提高人效，但也有部分房企为保证企业自身发展，采用取消分红、降薪、取消奖金等形式减少支出。如万科董事会主席郁亮在 2022 年集团年会上表示锚定与黑铁时代相适应的薪酬体系，减少福利、补贴等。

（7）产品品质分析

回归产品、提升品质，强调人居、注重健康

随着行业进入高质量发展阶段，房地产真正回归产品时代，产品力提升成为房地产行业发展的新要求。一方面，产品品质从拿地开始即获得高度重视。继北京在第一批集中供地首次试点“竞高品质”建设方案之后，杭州率先在第二批集中供地开展“竞品质”试点，随后有武汉第二批集中供地采用“限地价、限房价、竞品质”方式，青岛的“控地价、竞品质”政策等。此外，部分城市出台文件规定新建住宅产品的品质，如成都发布《成都市新建商品住宅技术管理规定（第一版）》，对新建商品住宅项目的建筑材料、建筑规范、设计要求、植物配置、配套设置及智能化做了详细明确的规定；苏州发布《住宅品质提升设计指引（试行）》，要求严控住宅品质；温州在七都岛地块出让中规定了建筑造价成本下限，并提出最低品质保障要求。另一方面，房企对产品品质越来越重视，在产品维度上更多关注健康、舒适、环保等因素，从而在高品质中获得溢价。要改变在快周转模式下产品同质化严重、千城一面的现象，房企需要从产品的各个细节不断雕琢。产品的设计品质、建造品质、交付品质，及后续的物业服务、入住体验都是品质质量的体现。

从产品的设计层面看，越来越多的房企强调人文性，定制化，注重人与自然的关系，设计方案下延至生活层面，充分反映消费者对产品品质提高和升级的需求。在经历过 2020 年的新冠肺炎疫情之后，消费者对健康环保的关注度显著提升，2021 年疫情常态化更强化了消费者对健康、环保、私密等方面的重视程度。房企单一地从标准化数据库中选取不同模板组合的模式将不再适用，根据当下的社会背景、消费者习惯，因地制宜、因人而异的设计理念将被广泛接受。

采光、通风、噪音、空气质量等与健康直接相关的要素是消费者选择住宅的首要考虑因素，合理的建筑密度和布局能保障各楼各层的采光与通风，还会极大影响后期景观设计、全龄化生活空间等公共配套的品质。如金茂升级新风系统、利用粒子阻尼减振降噪；北京世茂天誉 270 度 L 型阳台的观景视野宽阔；上海远洋虹桥万和源，为确保室内的空气和湿热度有益于健康，除了对空气内的甲醛、$PM_{2.5}$ 等污染物进行实时监测，对生活中的炫光、噪音、温湿度等也进行健康标准设定。2021 年，远洋集团正式开启“健康领航计划”，通过建立“建筑·健康 2030”联盟等系列动作，探寻新形势下的健康建筑发展之道。2021 年 5 月，融创中国北京集团发布“HOME+”新生代社区产品，将空气、水、温度、光、声音列为“5H 健康系统”的五大要素。旭辉的铂悦系围绕空气、水、光、运动、舒适等方面，因地制宜构建健康舒适的住宅。

房企的品质特色在建筑的外立面上体现在公建化趋势上，越来越多的房企采用玻璃幕墙提高窗墙比，既能保证外立面的视觉美感，又能同时满足采光和通风需求，玻璃幕墙与铝板的结合成为众多品质楼盘的标配，延展性好的铝板能够辅助玻璃幕墙打造线条流动感强、具有设计特色的建筑立面。新希望 D10 天府整体外立面都采用玻璃幕墙和铝板的结合；绿城春澜璟园采用大面积铝板和玻璃结合打造现代风格。房企不仅关注外立面的色彩和线条，也将单元入口、屋顶、阳台等纳入建筑立面的重要构成，体现项目的个性化风格。北京东叁金茂府吸纳古典建筑“斗拱昂尖”的建筑特点，融入屋顶和阳台造型，体现建筑美感。

户型设计方面，随着 2021 年国家三胎政策的全面放开，紧凑型四房的需求提升，户型偏好采用三房甚至四房南向开间，加上步入式宽角度阳台与客厅厨房空间相连，构造可变化的泛客厅，为增加私密性，独立入户电梯的设计也被纳入部分高品质楼盘。2021 年度克而瑞产品力测评研究显示，独立玄关、泛客厅和双南阳台成为室内空间的三大产品亮点。另外可收纳、可变化的灵活空间能够适应不同的生活场景，也成为 2021 年产品升级的方向之一，美的置业全新迭代的户型产品用收纳需求反推空间设计，为客户设计生活方式。除此之外，户型设计中融合的生活元素增多，除衣帽间、书房外，功能模块更多元化。万科玖西堂在客厅的设计中考虑到亲子互动区域，美的花样年云璟优化了卧室的家化空间、兴趣 X 空间等四大模块。

个性定制化方面，少许房企在产品中加入消费者的设计理念，可行性最强、最基础的是让消费者在装修风格上具有选择权；进一步提高定制化水平的房企将层面提升至户型设计，这样的房企利用大平层的设计，将内部户型留白，充分给予消费者参与度和自由度；而更精细化、系统化的房企利用自身的会员机制，挑选高净值人群，从选房、购房、外立面、户型、景观等方面让消费者全方位参与产品的建筑建造设计，充分体现定制化精神。

小区规划方面，部分房企利用景观布局，将楼栋划分为不同开放程度的组团，住户可根据自己的需求选择不同的社交亲密程度。归家动线设计在原有仪式感基础上更加细化，访客、住户、快递动线等互不干扰，分隔不同人群的动线设计，提升住户的归家感受；入户大堂除了公共会客厅之外，增加独立的会客空间，增强交流的私密性，不少房企在公共配套添加了健身房、恒温泳池等别墅级的配套。在地面铺设方面，对儿童乐园和休闲步道进行软化处理；儿童乐园增加主题元素，将企业的 IP 形象融入儿童乐园，增加故事性和趣味性；细化社区的不同功能空间，增强通过相同兴趣爱好来带动邻里交流互动等。

产品质量监督方面，房企从自身出发搭建内部质量管理体系和工程质量监督体系，加强风险控制。如融创北京集团 2021 年 12 月 10 日提出首个“臻心工场”，确保建造全阶段、全流程的透明，接受业主及全行业的监管。荣盛发展编制《住宅产品全周期设计管理白皮书》，对上百个管控节点进行精细化管理。合景泰富集团发布《2021 工程品质报告》，报告中提到合景泰富加强工程项目的“过程管理”，颁布“7321”的标准制度，构建出“六控六检”全过程防水、防渗漏管控体系等质量监督体系。

产品力升级方面，即使行业遇冷，TOP100 房企内近一半规模房企举行了线上或线下发布会，对产品系进行标准化、精细化的调整升级（见表 6-1-6）。对于转折和变化的 2021 年来说，产品力的升级不仅围绕生产、建造、服务，更强调有质量的交付能力和运营能力。多地在住建部提出规范整治房地产秩序的引领下，要求房企提升交付质量。如旭辉铂悦·公望全面升级与旗下悦心服务的合作，推出“悦心保养+”服务，延长精装交付的保修期限，给予业主更持久的品质体验。

表 6-1-6 2021 年典型房企产品发布会主要内容

企业名称	产品发布会主要内容
碧桂园	全新发布“星、府、云、天”四大产品系，匹配四大客户群体的需求痛点
绿城中国	发布城市院子、社区中央车站、无界空间及可变“如意宅”等创新产品，把握未来产品发展趋势
招商蛇口	发布两大西进 TOP 系产品——招商·渝天府和招商·时光序；发布“25 小时健康生活家”理念，从“时间、空间、温度”三个维度诠释健康住宅
金科集团	发布“金科 UP+”精装住宅产品新主张，发布《心悦交付白皮书》，提升交付期间的服务体验
新城控股	升级“幸福 360°”全生命周期客户体系，制定 5+N 幸福标准
华润置地	华润武汉公司高端系产品升级至 3.0，发布瑞府、长江悦、半岛九里三大产品；华东大区“大江大河”战略升级，深化长三角区域的发展
保利发展	在“Well 集合社区 2.0”的基础上，推出以“乐、颜、精、智、康”为核心的美学价值新产品
金辉集团	发布“金辉颜选 3.0”，推出向美而生、绿色健康等概念，实现产品品质升级

数据来源：企业公告、公开资料。

建筑品质要求提升　绿色装配式成重点

2021 年，房地产行业在建筑层面提升品质的两大重点方向为装配式建筑和绿色建筑，绿色环保、节能健康的建造方式不仅是“双碳”背景下的时代要求，更与消费者关注绿色健康的理念相吻合。绿色建筑、装配式建筑在各地土拍“竞品质”方案中也成为重要的评分指标，如北京市的“竞品质”方案中绿色建筑和装配式建筑的评分之和占比为 50%，这对房企竞拍拿地的重要性可见一斑（见图 6-1-37）。国家推动建筑产业的转型升级，加快发展“中国建造”，积极推广装配式建筑和绿色建筑成为“十四五”时期的普遍共识，响应号召、积极布局的房企在未来的发展中能够率先破局。

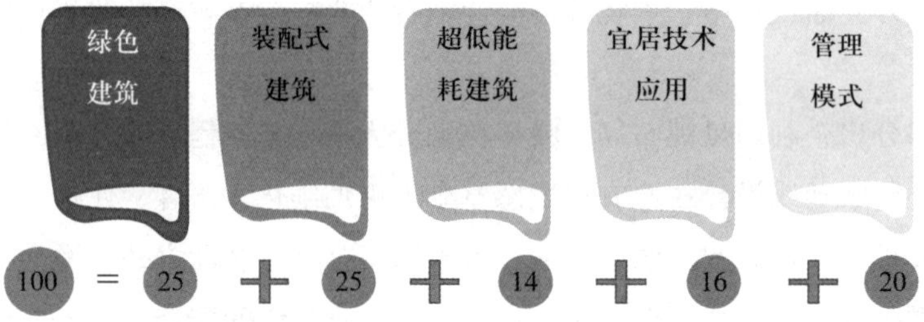

图 6-1-37　北京市“竞品质”方案中建筑品质的评分标准示例

数据来源：公开资料。

装配式建筑方面，党的十九大报告指出：装配式建筑通过标准化设计、工厂化生产、装配化施工、一体化装修、信息化管理、智能化应用，极大地提高了建筑品质。据国家统计局数据，2020 年全国 31 个省、自治区、直辖市和新疆生产建设兵团新开工装配式建筑共计 6.3 亿平方米，较 2019 年增长 50%，占新建建筑面积的比例约为 20.5%。2021 年作为“十四五”的开局之年，全面推进和发展装配式建筑仍是重点工作之一，各省在“十四五规划”中纷纷提出装配式建筑的发展目标，其中安徽省、陕西省等省份在给出全省目标的同时，提出省内重要城市的发展目标（见表 6-1-7）。

为适应装配式建筑的快速发展，住建部陆续推出从产品部件标准到装配式建筑工人上岗要求的各项政策（见图 6-1-38），推进装配化装修方式在商品住房项目中的应用，推广集成化、模块化建筑部品，提高装修品质，实现绿色、标准化发展。政策的激励一定程度上促进了房企的发展转型，而装配式建筑造价较高，房企在对未来城市的布局上需要考虑装配式建筑的成本及收益。

表 6-1-7　部分省（直辖市）装配式目标

地区	装配式目标
福建	到 2025 年装配式建筑占比达 35%以上
新疆	到 2025 年装配式建筑占比达 30%以上
江苏	到 2025 年装配式建筑占比达 50%以上
陕西	到 2025 年装配式建筑占比达 30%以上，其中西安市规划到 2025 年装配式建筑占比不低于 40%
安徽	到 2025 年装配式建筑占比达 30%以上，其中合肥、蚌埠、滁州、六安等城市力争达到 50%
北京	到 2025 年装配式建筑占比达 55%以上
浙江	到 2025 年装配式建筑占比达 35%以上
河南	到 2025 年装配式建筑占比争取达 40%

数据来源：住建部、公开资料。

具体到房企来说，美好置业紧跟政策导向，在武汉、青岛、郑州等多座城市布局装配式生产基地，专研新型装配式技术，其在重庆的美好天赋项目被住建部列为智能建造试点。碧桂园将装配式建筑作为实现高质量发展的核心竞争力，珠海碧桂园海纳苑项目采用装配式建筑，从源头上减少房子空鼓、开裂、漏水等弊病，提供高质量的建筑品质。

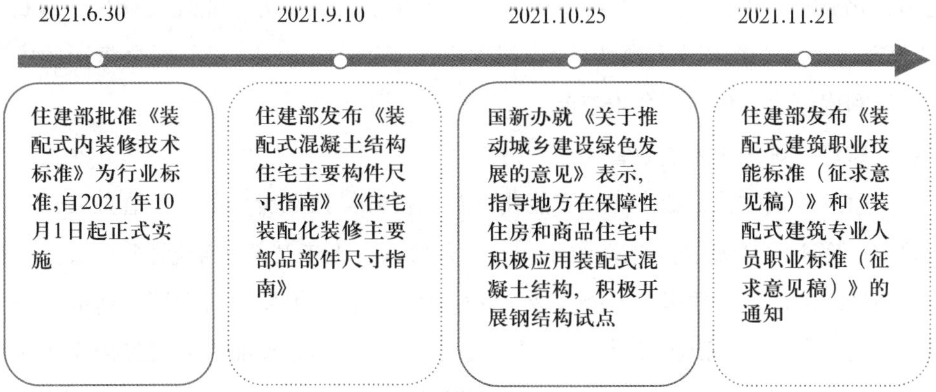

图 6-1-38　2021 年装配式建筑政策发布时间线

数据来源：住建部、公开资料。

绿色建筑方面，国家积极推进能源、产业机构的转型升级，推动绿色低碳技术的研发应用。住建部、发展和改革委等 7 部门联合印发的《绿色建筑创建行动方案》中明确指出到 2022 年，城镇新建建筑中绿色建筑面积占比达到 70%，星级绿色建筑持续增加，既有建筑能效水平不断提高，住宅健康性能不断完善，装配化建造方式占比稳步提升，绿色建材应用进一步扩大。在“双碳”背景下，为鼓励开展绿色建筑和建筑节能工作，各地出台了一系列绿色建筑的激励政策，包括财政补贴、优先评奖、信贷金融支持、减免城市配套费用等（见表 6-1-8），提高建筑业的绿色化程度。2021 年受政策和行业负面影响，企业融资困难，发展绿色建筑既是环保和品质提升的要求，同时也能为房企增加融资渠道。

具体到房企来说，在绿色建筑方面关注“人”本身，以人的实际需求出发，因地制宜，营造安全、健康、环保、舒适的建筑和居住环境。万科在 2020 年实现 100%的新建建筑面积满足绿色建筑标准，积极加入绿色供应链，推动绿色施工、践行绿色运营。龙光集团积极应用最新的绿色科技及发展概念造就海绵城市，及早应对气候变化。2021 年 12 月，龙光集团与欣旺达达成战略合作，从建筑设计、施工、运营等方面提升建筑绿色水平。

表 6-1-8　部分省（直辖市）出台绿色建筑补贴的具体内容

地区	绿色建筑补贴内容
北京	二星建筑补贴 22.5 万元，三星补贴 40 万元。达到国家或本市建筑运行标识，根据技术进步、成本变化等情况适时调整奖励
天津	资助上限 5 万元，该资金分两次拨付，签署任务合同书，第一次拨付 3 万元，待项目验收后，第二次拨付 2 万元
山东	一星建筑补贴 15 万元，二星补贴 30 万元，三星补贴 50 万元；按建筑面积计算，将根据技术进步、成本变化等因素调整年度奖励标准
上海	二星补贴 60 万元，三星补贴 60 万元。资助上限为 600 万元
江苏	一星补贴 15 万元；获得一星建筑标识，对获得绿色建筑运行标识的项目，在设计标识基础上增加 10 元每平方米的奖励
福建	一星建筑补贴 10 万元；设计费可上浮 10%左右
广东	二星建筑 25 万元；三星补贴 45 万元
陕西	一星建筑补贴 10 万元，二星补贴 15 万元，三星补贴 20 万元
安徽	计划每年安排 2000 万元专项奖金

数据来源：公开资料。

朗诗聚焦绿色差异化战略，旗下朗绿科技开辟碳中和全新技术路径，为企业发展绿色建筑提供技术支持。2021 年 12 月，朗诗发布《朗诗控股碳中和路线图》，明确提出了力争于 2035 年实现全集团碳中和的目标，打造绿色建筑，提高能源利用效率，构建绿色生态圈。

提高产品科技赋能，进一步发展数智化

房地产行业竞争进入新时代，数字化、智能化升级，提升科技赋能、加快建造方式转变是对房地产行业高质量发展的新要求。房企的升级革新借助 BIM、5G、大数据、人工智能、物联网、VR、机器人等技术的不断升级与探索，增强产品的品质与质量。另外，数字化转型一定程度上助力房企探寻新的业务方向和增长第二曲线。据克而瑞发布的《2021 中国地产数字化转型发展报告》，近九成头部房企已经健全数字化基建，所有头部房企已经开始通过信息化系统来优化现有业务模式或提升企业运营能效。但仅有 8%的企业开始智能化应用的尝试，未来房企智能化应用随着数字化发展的深入也会进一步提高覆盖率。

2021 年 4 月，住建部等 16 部门联合发布《关于加快发展数字家庭　提高居住品质的指导意见》，明确指出要加快发展数字家庭，提高居住品质。意见指出，到 2022 年年底，数字家庭相关政策制度和标准基本健全，条件较好的地区开展数字家庭建设。家居产品的智能化服务需求、居民在线上获得社会化服务的需求和居民线上申办政务服务的需求是数字家庭需要满足的 3 项基础服务功能。各地也及时积极响应国家政策，陆续跟进出台各种鼓励细则助推智慧社区建设发展。2021 年 12 月，住建部部长王蒙徽表示，房地产市场的基本面没有变，住房需求依然旺盛，同时，基于数字化、网络化、智能化的新型城市基础设施建设投资需求巨大，是新的经济增长点。

数字化施工方面，我国建筑行业发展迅速，但一线操作人员的综合素质和工程质量管理水平普遍不高，这会从源头影响建筑质量和品质要求。BIM 技术是数字施工的基础，能够从设计、流程管理、运维等多个方面进行信息化管理，提高建筑品质。例如中建三局基于 BIM 技术模型与巡检无人机、三点测绘机器人的协同，提高模型的精准度；融创推进 BIM 技术应用，利用 BIM3D 进行施工布置，BIM5D 软件模拟施工，有助于了解项目的进度与资金趋势，优化资源管理。除此之外，建筑机器人带来的智能化有效提高了建筑工人的工作效率，同时降低了建筑工地的死亡率。碧桂园旗下的博智林机器人有限公司建立了建筑机器人+BIM 技术+新型装配式建筑的智慧建造体系，截至 2021 年 11 月底，已有 18 款建筑机器人投入商业化应用，服务覆盖 25 个省份，累计应用施工 550 万平方米。

物业管理服务方面，智慧安防、智慧通行和智慧社区是所有细分场景中房企关注智能化最多的 3 个领域。智慧通行包括智能门禁、智能呼梯、智能客访、车位检测、AI 入侵检测等多个智能系统，可提升住户生活便捷性。保利在智慧停车方面增加了一键锁车、授权白名单、访客预约等功能，为用户带来全新体验。在智慧安防方面，多数房企达到智能监控的全覆盖，部分房企将安防系统与政府部门联动，将监测的不同危险场景上传至户主和政府部门，实现一键报警。

智慧社区利用物联网、云计算、大数据和人工智能等技术，融合社区的不同场景，提供社区管理和服务。从设施设备到物业人员，在安防和通行方面实现互联互通、数据可视化，便于住户及时了解社区信息。少部分房企会根据业务需求选择智慧大屏、智慧健康、服务机器人等作为项目亮点，提升项目品质。如金茂发布 2.0 进阶版的智慧社区物联体系，建立统一运营中心，结合大数据和 AI 动态分析，提升社区精细化运营服务的能力；碧桂园在社区内投放多种类型的机器人适配不用应用场景，实现无人自动化服务，提升住户的居住体验。

智能化在家居方面体现为全屋智能家居解决方案，照明系统、窗帘系统、空调与加湿器的联动系统、影音系统、家电系统、安防系统都可实现智能操控，不同场景下互联互控。易居企业集团首席执行官丁祖昱表示，多数项目在前装中只是零散、被动地引入全屋智能系统，协议标准的不成熟导致前装市场难以兼容后装，不能为用户带来互联互通的智能化体验。未来，前装和后装的融合是一个发展趋势。美的置业旗下睿住智能 2021 年 10 月发布的战略，基于家庭+社区场景构建全新智慧生活体系，以五感系统为核心，告别组装智能化解决方案，提供“1+N+X”全新智慧生活解决方案。

（8）创新能力和社会责任分析

数字转型稳步推进，营销方式创新较多

房地产市场发展进入下半场，增量市场正逐步转向存量市场，房企也在开发新的增长点，发力数字化，部分房企的关注点从造房数量向追求产品品质与特色化转移，从全心开发新“客户”逐步发展到开始注重存量用户，服务正成为主流。为了满足消费者日新月异的需求，各大房企不断开拓创新，以吸引消费者的目光。

在房企内部数字化运营管理建设方面，数字化平台的建设支撑企业的运营管理，为企业从业务决策到管理层决策提供数据服务和支持。信息化是搭建数字化平台的基础，其通过大数据、人工智能技术辅助房企做好基础的信息管理，将线下的数据信息线上化，统一信息口径，清洗数据，在标准化后进行投拓、客研分析，以提高房企精细化、精准化研判水平。2021 年 8 月，旭辉发布了“一站式”协同平台——银河，大幅提升了旭辉集团整体的团队协同效率与工作效率；2021 年 9 月，龙湖以 10.8 亿元收购北京百佑科技有限公司，助力龙湖数字化能力的搭建，补齐智能硬件的短板。2021 年 8 月，面对行业风险增加，“爆雷”事件频发，新城控股携手数澜科技打造“智慧风控”，构建以风险控制为导向，业务赋能为目标的新型数智化审计风控平台，提高新城的审计率，降低审计管理风险。2022 年 1 月，绿地设立绿地数科集团，升级打造不动产使用权流转平台、产业生态孵化平台和 G 优会员权益服务平台三大平台。在如今利润下行阶段，数字化成为应对下行的一大工具，因重新制定算法和规则后的招标机器人效率高，经济效益明显，万科为其首位虚拟人员工颁发了“2021 年万科总部优秀新人奖”，引发行业关注。

在对产品的营销上，房企也在各自发力，部分房企除了常用营销模式外，还推陈出新，加大对存量用户的投入，甚至开启跨界营销、打造红人培养模式。在经过 2020 年大规模试水线上营销之后，线上平台已成为房企销售的重要渠道。不少房企在各类线上平台持续推广话题，通过引发话题热度来提高用户黏性。当下，越来越多的房企运用差异化的内容传播，创造各具特色的营销模式，吸引消费者的目光，并将公域流量和私域流量以不同的方式进行组合，通过对用户生命周期的全新理解，打造自己的全新营销体系。

税收贡献有所下降，积极履行社会责任

作为国民经济的支柱行业，各大房企经过多年快速发展后，逐渐承担起企业公民的责任，关注自身发展的同时不忘反哺社会。2021 年，纳税方面，TOP500 房企所得税均值为 3. 51 亿元，同比下降 25. 17%；税金及附加均值为 5. 45 亿元，同比下降 15. 16%（见图 6-1-39）。

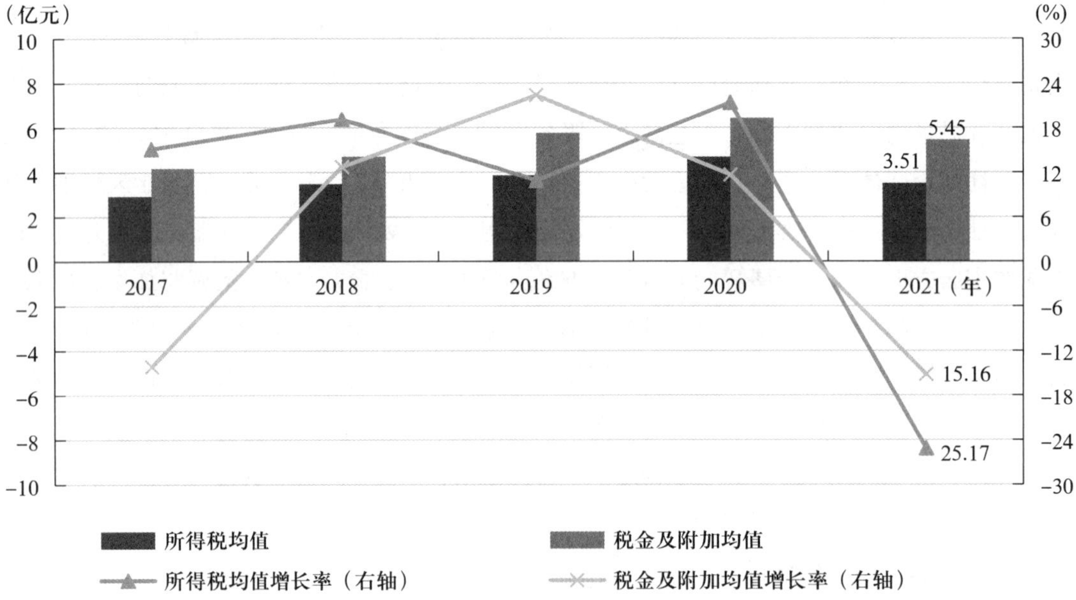

图 6-1-39　2017—2021 年 TOP500 房企税金及附加均值及所得税均值及增幅变化图

数据来源：CRIC、上海易居房地产研究院。

近年来，房地产企业对公益活动越发重视，除了为自身体系内的员工、客户提供帮助外，还不断为社会大众提供各种资源，帮助大家渡过难关，为建设小康社会添砖加瓦。

在企业内部，不少企业致力于打造多元、公平的工作环境。部分企业为特殊人群提供就业保障，例如保利接收退役军人、解决农民工就业难问题、为受新冠肺炎疫情影响的困难家庭提供基础岗位绿色就业通道。此外，万科作为首批参与者之一发起“香蜜湖女性董事倡议”，提出增加女性在董事会中的席位，为妇女赋权，促进性别平等。

在社会层面上，各大房企积极开展各项公益工作，范围涉及精准扶贫、乡村振兴、医疗健康、抗疫救灾、文化体育、企业帮扶、文物保护、维护治安等十数个方面（见图 6-1-40）。

其中，精准扶贫、乡村振兴及抗疫救灾是各家房企的主要发力点，TOP 30 房企均参与了这两类公益活动。碧桂园举办“碧桂园消费助农陕晋美食节”，通过产品试吃、玩游戏赢奖品等活动带动员工以购代捐，积极参与到消费助农中；金科为重庆市石柱县中益乡打造蜜蜂养殖场及网红民宿、石柱黄水镇生态茶园、奉节平安乡“神奇树叶”产业、巫溪天元乡食用菌基地；中海通过“海惠万家”农特产品品牌打造行动，结合苏格拉菇 IP 形象代言扶贫产品康乐香菇，并联动 30 多家城市公司举办“康乐香菇”首发活动，向公司布局的全国 80 多个城市、1000 多万客户及业主进行推广（见表 6-1-9）。

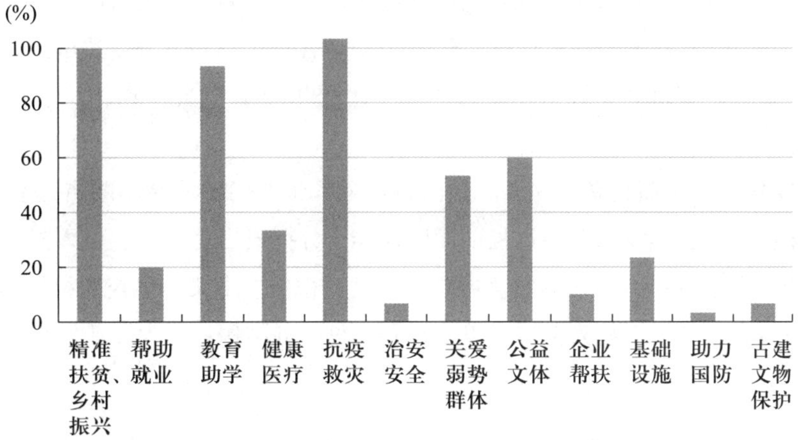

图 6-1-40　2021 年 TOP30 房企参与公益活动比例

数据来源：上海易居房地产研究院。

表 6-1-9　2021 年典型房企参与精准扶贫、乡村振兴内容

企业	内容
碧桂园	举办“碧桂园消费助农陕晋美食节”，以购代捐
万　科	采用“绿道整合多镇连片资源”的策略，以“最美瑶客共生振兴走廊、最美瑶客民俗绿道、最佳运动康养绿谷、最美田园风光绿带”六大发展定位打造乳源“瑶客共生”乡村振兴示范带
融　创	融创联合知名设计师孟凡浩建造了“龙塘山房”这一高端民宿建筑群，和村民的民宿产品错落搭配，经过企业自身资源和平台导流吸引游客。协助龙塘打造“龙塘好物”自有农产品品牌
龙　光	参与“关爱特殊困难群体”公益行、结对帮扶肇庆菌菇养殖产业项目、深入广西山区为贫困家庭送温暖
金　科	为重庆市石柱县中益乡打造蜜蜂养殖场及网红民宿、石柱黄水镇生态茶园、奉节平安乡“神奇树叶”产业、巫溪天元乡食用菌基地
中　海	通过“海惠万家”农特产品品牌打造行动，结合苏格拉菇 IP 形象代言扶贫产品康乐香菇

数据来源：企业公众号、上海易居房地产研究院。

在新冠肺炎疫情、河南暴雨等具有较大社会影响的突发事件上，房企纷纷捐资出力。2021 年 7 月，面对突如其来的特大暴雨，新城、龙湖、招商蛇口等房企全力支援，除了捐赠物资、捐款外，还组织物管人员及时疏散业主、运送救急物资（见表 6-1-10）。

表 6-1-10　2021 年典型房企支援河南暴雨救灾情况

企业	支援行动	企业	支援行动
万科	向河南红十字会捐赠 5000 万元	龙湖	向郑州市慈善总会捐赠 2000 万元
建业	捐赠 500 万元	新城	向河南省慈善总会捐赠 2000 万元
龙光	向慈善基金会捐赠 1000 万元	中梁	向河南省红十字会捐赠 100 万元
融创	向公益基金会捐赠 2000 万元	华润	组织抢险，帮助安置无家可归的市民

数据来源：企业公众号、上海易居房地产研究院。

在其他公益类型上，各大房企纷纷根据自身优势进行针对性布局。世茂以医疗为切入点，向全国各地捐建爱心医院、资助医疗设备、启动云培训云诊疗，进一步提高各地的医务水平，华润、碧桂园等还从教育入手，一方面为更多的学生提供教育机会；另一方面为毕业学生提供就业机会，此外，还将学校部分设施对外界开放，为社会提供服务。

此外，由于 2021 年政策层面收紧，许多房企面临资金紧张的问题。在不断有房企“爆雷”的情况下，为了让市场和投资者重拾信心，不少房企通过提前回购债券、分拆或出售资产、引入投资等方式来提振士气，承担起企业公民的担当（见表 6-1-11）。新城、融信、金辉、德信、中梁等房企陆续披露美元债回购计划，以稳定市场恐慌情绪；万科宣布分拆万物云上市，以期改善万科财务结构；恒大转让盛京银行、恒腾网络股权（见表 6-1-12）。

表 6-1-11　2021 年典型房企债券回购计划

企业	公告日期	回购计划
德信	2021-10-12	2021 年 10 月 12 日，于公开市场购买本公司发行的 2022 年票据 70 万美元，约占 2022 年票据初始本金额的 0.2%
金辉	2021-10-22	2021 年 10 月 7 日至 2021 年 10 月 21 日期间，于公开市场购买 2022 年票据 370 万美元，约占 2022 年票据初始发行本金总额的 1.23%
融信	2021-11-02	自 2021 年 10 月 20 日至 2021 年 11 月 2 日期间，回购合计 2345 万美元的部分票据
新城	2021-11-08	提前赎回目前存续金额为 3.5 亿美元，将于 2021 年 12 月 16 日到期美元债券
中梁	2021-11-11	除购回 2021 年部分票据外，还陆续购回 2022 年 1 月、5 月、7 月部分票据
力高	2021-11-15	已于公开市场回购 6834.8 万美元票据
旭辉	2022-01-03	要约购买将于 2022 年 1 月 23 日到期的美元债 5.051 亿美元
金科	2022-01-05	以总金额 189976868.40 元（不含交易费用）累计回购股份数量 4269.79 万股，约占公司总股本的 0.80%

数据来源：企业公告、上海易居房地产研究院。

表 6-1-12　2021 年典型房企增持情况

企业	日期	增持方	增持数量（万股）	增持金额（万港元）
德信	2021-10-04	胡一平	2764.6	7879.11
上坤	2021-10-11	朱　静	445.0	1090.25
禹洲	2021-10-15	林龙安	300.0	292.00
禹洲	2021-10-20	林龙安	300.0	287.00
禹洲	2021-10-27	林龙安	222.2	194.31
禹洲	2021-10-28	林龙安	300.0	255.00
中南	2021-08-28 至 2021-10-29	中南城投	602.6	2445.09
中骏	2021-11-03	黄朝阳	750.0	1810.19

数据来源：企业公告、上海易居房地产研究院。

ESG 报告越来越重要，健康发展成为目标

近年来，由于品牌价值、战略规划、企业文化、可持续能力等信息的重要性日益凸显，仅以财务报表为主的公开资料逐渐难以满足管理层和投资者了解公司的需要，因此，结合了环境、社会和公司治理三大价值评估要素的 ESG 报告应运而生。

在国际组织和各类机构对 ESG 概念的不断深化下，ESG 理念体系逐渐完善，尽管还未形成统一的定义，但已基本将 ESG 三个维度细化，即环境（E）分为水资源、能源等投入及排放物、废弃物、气候变化等产出；社会（S）分为领导力、员工、客户、社区等要素；公司治理（G）分为独立性、透明度、薪酬、股东权利等方面（见图 6-1-41）。

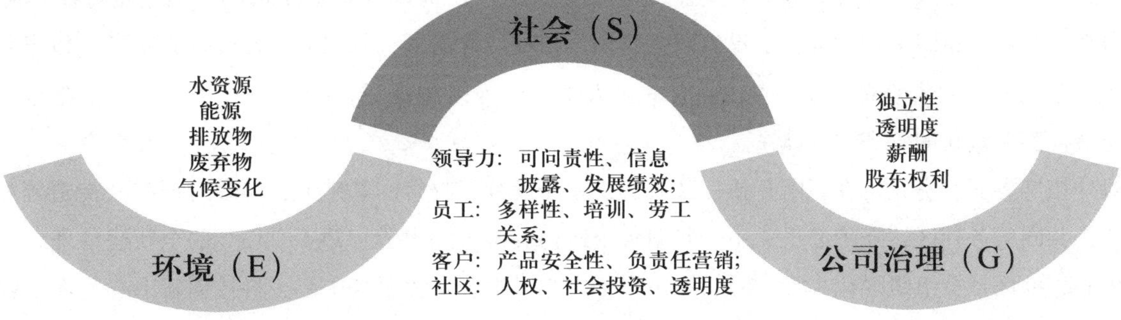

图 6-1-41　ESG 理念体系图

数据来源：CRIC、上海易居房地产研究院。

随着 ESG 理念在中国的落地，发布 ESG 报告的房企逐年增加。其中，万科、碧桂园、招商蛇口等企业已连续多年发布 ESG 报告。不少房企认为，除了关注相关利益方的诉求外，还需要将可持续发展理念融入企业的核心价值观、文化理念、战略规划、风险控制，可持续才是企业发展的终极目标。

为此，陆续有企业设置 ESG 相关的组织架构。碧桂园在 2015 年就成立了环境、社会及管制内部委员会，并成为集团董事会下六大重要委员会之一。在该管制委员会的指导下，可持续发展管理体系建立，并参与决策公司的战略方向。万科于 2019 年经董事会审议确立了 ESG 管理体系和工作机构，将可持续发展问题纳入公司议程。董事会为 ESG 管理最高决策机构，决定 ESG 管理架构和策略。董事会下设 ESG 工作委员会、ESG 执行小组。龙湖于 2020 年正式在董事会层面成立环境、社会及管制（ESG）委员会，将可持续发展嵌入龙湖的顶层组织，体系化开展 ESG 管控工作。

具体执行层面，在环境方面，近年来，随着“绿色环保”理念深入人心，越来越多的消费者开始追求节能减排、健康舒适、与自然和谐共生的高质量建筑。“十三五”以来，绿色建筑不断发展，各部门相继发布相关政策，并在《绿色建筑创建行动方案》中明确要求：到 2022 年，当年城镇新建建筑中绿色建筑面积占比达到 70%，星级绿色建筑持续增加。2021 年 5 月，住建部等 15 部门印发《关于加强县城绿色低碳建设的意见》，要求加强县城绿色低碳建设，促进县城高质量发展。

自 2020 年开始，万科公益基金会以社区废弃物管理为切入点，打造公益强生态。在城市里，万科打造零废弃社区、零废弃校园、零废弃办公。零废弃社区资助 6 个零废弃社区项目，覆盖全国 18 座城市的超 6 万户家庭，还推广社区的有机垃圾分散式处理模式，已探索并运用“有机废弃物生物式处理技术”建立社区堆肥点 30 处；零废弃校园参与学校 91 所，覆盖学生近万名；零废弃办公在 35 座城市公司推广“光盘行动”。此外，还围绕基础建设与宣传倡导两大板块开展故宫废弃物管理，2020 年故宫博物院一共回收 23 吨可回收物，资源回收率达到 43%。招商蛇口在 2002 年就正式提出“绿色地产”战略，倡导“绿色低碳生活”。多年来，招商蛇口成立绿色地产研究中心（后升级为城市研究院）、建设绿色管理体系，通过规模化、集约化、工业化的建筑方式，控制并逐年减少能量消耗和温室气体排放、减少污水废气废物污染，在低能耗建筑、超低能耗建筑、零能耗建筑等方面持续发力。另外，招商蛇口还参与海绵城市的建设工作，参与湛江文保河截污及水体改造项目，有效解决了下游段黑臭水体的污染问题。大悦城在 2016 年就引入了移动式建筑废弃物处理设备，利用垃圾粉碎再生技术，从源头处理减少废弃物或再生使用。再经资源化处理后，部分物品可回收售卖，另一部分废弃物可用于市政管网回填。这不仅提高了环保价值，也提高了项目的经济价值。

社会层面，除了承担一定的社会责任、关注企业产品质量安全外，越来越多的房企在保障员工权益、培养员工能力方面投入了大量资源。人才是企业的核心竞争力，在提供合理薪酬福利、创造良好工作环境的基础上，房企纷纷调整组织架构，为员工提供职业培训、各种晋升通道。例如荣盛发展就成立了“以卓越管理引领品质经营”为宗旨的荣盛商学院，聘任业内专业人士，引入多种课程，线上线下相结合，打造与行业新知链接、与最佳实践链接的管理课程体系。

对外拓展方面，房企也在不断开拓社区共建，在建设社区物管的基础上，与政府部门及街道等相关单位相互配合，共同服务社区，守护邻里关系。典型房企迪马股份，提出了“2+4 中心”的全新运营理念（党群活动服务中心、社区社会组织孵化指导中心、为民服务中心、综合文化服务中心、科技创新中心、人才服务中心），将党群文化引入社区，把社区打造成街道社区里的红色阵地、党员群众的温馨家园。迪马股份还联合上海奉贤区政府共同打造了一个与自然比邻而居的公园社区——上海庄行公园原·聚场，让这个占地 4.3 万平方米的户外空间公园改换新颜，为周围居民提供了新的娱乐休闲场地。

公司治理方面，各大企业持续强化风险监控与防范，并逐步在各事业单元、一线公司建立风险管理职能，识别和评估风险。此外，为了营造公平竞争、诚信廉洁的良好氛围，各房企都对舞弊行为持“零容忍”态度，将“不假、不贪、不贿”作为底线要求。除了定期开展审计监察工作，房企还会开展红线培训，倡导廉洁文化。同时，为了推动伙伴廉洁，万科联合阿里巴巴、美的等多家企业共同发起企业反舞弊联盟，共享反舞弊经验和失信名单，提高不诚信行为的社会成本。

其他方面，在知识产权保护上，各房企根据法律法规的要求，采取法律手段保护知识产权，加强对专利、著作权、商标等知识产权的管理。信息披露方面，除了定期发布各种公告外，还积极接待来自投资者、媒体、行业协会、监管机构、学术研究机构的调研。

（二）2021 年中国房地产上市公司综合实力百强测评

发布机构：上海易居房地产研究院

发布时间：2021 年 5 月 27 日

发布地点：深圳

1. 测评榜单（见表 6-1-13）

2. 测评分析

（1）入榜企业分析

万科位列榜单第一，十强排名基本稳定

从核心测评指标来看，2020 年上市房企规模持续增长，但增速放缓。总资产均值为 1577.89 亿元，房地产开发业务收入均值为 274.96 亿元；盈利能力方面，绝对指标净利润均值为 32.17 亿元，同比有所增长，但相对指标净资产收益率同比有所下滑；偿债能力有所提升，去杠杆效果显现，净负债率均值较 2019 年下降 0.7 个百分点，至 95.07%；经营效率稳中有升，总资产周转率与 2019 年基本持平，存货周转率稍有上升（见表 6-1-14）。

表 6-1-13　2021 年中国房地产上市公司综合实力榜

排　名	证券代码	证券简称	排　名	证券代码	证券简称
1	000002. SZ	万科 A	35	01966. HK	中骏集团控股
2	02007. HK	碧桂园	36	01238. HK	宝龙地产
3	03333. HK	中国恒大	37	03377. HK	远洋集团
4	01918. HK	融创中国	38	600376. SH	首开股份
5	600048. SH	保利地产	39	01813. HK	合景泰富集团
6	00688. HK	中国海外发展	40	600153. SH	建发股份
7	01109. HK	华润置地	41	00123. HK	越秀地产
8	00960. HK	龙湖集团	42	00832. HK	建业地产
9	001979. SZ	招商蛇口	43	01628. HK	禹洲集团
10	601155. SH	新城控股	44	000031. SZ	大悦城
11	00813. HK	世茂集团	45	000069. SZ	华侨城 A
12	02777. HK	富力地产	46	02103. HK	新力控股集团
13	00884. HK	旭辉控股集团	47	Z25. SI	仁恒置地集团
14	600606. SH	绿地控股	48	01862. HK	景瑞控股
15	600383. SH	金地集团	49	600325. SH	华发股份
16	000671. SZ	阳光城	50	00754. HK	合生创展集团
17	000961. SZ	中南建设	51	600675. SH	中华企业
18	000656. SZ	金科股份	52	02868. HK	首创置业
19	00817. HK	中国金茂	53	601992. SH	金隅集团
20	06158. HK	正荣地产	54	600657. SH	信达地产
21	03380. HK	龙光集团	55	01777. HK	花样年控股
22	03383. HK	雅居乐集团	56	002244. SZ	滨江集团
23	01638. HK	佳兆业集团	57	600565. SH	迪马股份
24	03883. HK	中国奥园	58	01996. HK	弘阳地产
25	03990. HK	美的置业	59	00106. HK	朗诗绿色地产
26	03900. HK	绿城中国	60	00119. HK	保利置业集团
27	02772. HK	中梁控股	61	000402. SZ	金融街
28	002146. SZ	荣盛发展	62	601588. SH	北辰实业
29	03301. HK	融信中国	63	06900. HK	上坤地产
30	02599. HK	祥生控股集团	64	02183. HK	三盛控股
31	01233. HK	时代中国控股	65	01107. HK	当代置业
32	01098. HK	路　劲	66	02019. HK	德信中国
33	600466. SH	蓝光发展	67	000517. SZ	荣安地产
34	09993. HK	金辉控股	68	600266. SH	城建发展

续表

排　名	证券代码	证券简称	排　名	证券代码	证券简称
69	01622. HK	力高集团	85	002208. SZ	合肥城建
70	000736. SZ	中交地产	86	00095. HK	绿景中国地产
71	00604. HK	深圳控股	87	09968. HK	汇景控股
72	00563. HK	上实城开	88	600649. SH	城投控股
73	000537. SZ	广宇发展	89	002314. SZ	南山控股
74	02117. HK	大唐集团控股	90	000090. SZ	天健集团
75	600094. SH	大名城	91	00230. HK	五矿地产
76	000042. SZ	中洲控股	92	600736. SH	苏州高新
77	06999. HK	领地控股	93	02608. HK	阳光 100 中国
78	600708. SH	光明地产	94	600743. SH	华远地产
79	01902. HK	银城国际控股	95	00059. HK	天誉置业
80	02768. HK	佳源国际控股	96	000718. SZ	苏宁环球
81	600208. SH	新湖中宝	97	600077. SH	宋都股份
82	00846. HK	明发集团	98	00672. HK	众安集团
83	06111. HK	大发地产	99	000863. SZ	三湘印象
84	600663. SH	陆家嘴	100	600162. SH	香江控股

表 6-1-14　2016—2020 年上市房企部分核心测评指标均值比较

指　标	2016 年均值	2017 年均值	2018 年均值	2019 年均值	2020 年均值
总资产（亿元）	717. 47	873. 43	1121. 51	1409. 37	1577. 89
房地产开发业务收入（亿元）	147. 20	150. 02	200. 91	270. 00	274. 96
净利润（亿元）	17. 16	22. 51	25. 62	28. 68	32. 17
净资产收益率（%）	5. 71	9. 29	9. 80	9. 50	8. 78
净负债率（%）	91. 31	89. 87	92. 52	95. 77	95. 07
总资产周转率（次）	0. 23	0. 21	0. 21	0. 20	0. 20
存货周转率（次）	0. 37	0. 39	0. 38	0. 33	0. 38

数据来源：企业年报、CRIC、上海易居房地产研究院。

榜单显示，TOP10 上市房企整体没有太大变化，榜单变动率为 10%。其中，万科位列第一，碧桂园排名提升一位，位列第二，中国恒大、融创中国、保利地产、中国海外发展分别位列第三、第四、第五、第六，华润置地、龙湖集团排名与上年一致，分别位列第七、第八；招商蛇口排名提升三位，位列第九，首次跻身前十；新城控股位列第十（见表 6-1-15）。

万科 2020 年实现销售金额 7041. 5 亿元，销售面积 4667. 5 万平方米，同比分别增长 11. 6%和 13. 5%。碧桂园 2020 年实现权益合同销售金额 5706. 6 亿元，同比增长 3. 34%，合同销售面积 6733. 0 万平方米，同比增长 7. 95%。中国恒大 2020 年实现合约销售金额 7232. 5 亿元，同比增长 20. 3%；合约销售面积 8085. 6 万平方米，同比增长 38. 3%。

表 6-1-15　2017—2021 年入榜企业名次变化

证券代码	证券简称	2017 排名	2018 排名	2019 排名	2020 排名	2021 排名
000002. SZ	万科 A	1	2	2	1	1
02007. HK	碧桂园	4	3	3	3	2
03333. HK	中国恒大	3	1	1	2	3
01918. HK	融创中国	10	9	6	4	4
600048. SH	保利地产	5	5	4	6	5
00688. HK	中国海外发展	2	4	5	5	6
01109. HK	华润置地	9	11	9	7	7
00960. HK	龙湖集团	11	10	7	8	8
001979. SZ	招商蛇口	12	12	13	12	9
601155. SH	新城控股	16	13	8	9	10

数据来源：CRIC、上海易居房地产研究院。

与 2020 年排名相比，2021 年 TOP50 上市房企较为稳定，榜单变动率为 8%，有 4 家新进企业。其中金辉控股、祥生控股集团 2 家为新上市房企。TOP51～100 上市房企变动较大，榜单变动率为 30%，有 15 家新进企业。其中，上坤地产、大唐集团控股、领地控股、汇景控股 4 家为新上市房企。

（2）资本市场表现

年度表现区间震荡，企业估值持续下探

以 2020 年 12 月 31 日收盘价计算，沪深 300 指数全年累计上涨 27.21%，申万房地产行业指数全年累计下跌 10.85%，跑输沪深 300 指数 38.06 个百分点（见图 6-1-42），在申万 28 个一级行业内排名靠后。港股方面，恒生中国（香港上市）100 指数全年累计上涨 1.97%，恒生中国内地地产指数全年累计下跌 23.62%，跑输大盘 25.59 个百分点（见图 6-1-43）。总体来看，两地房地产板块走势均弱于大盘。

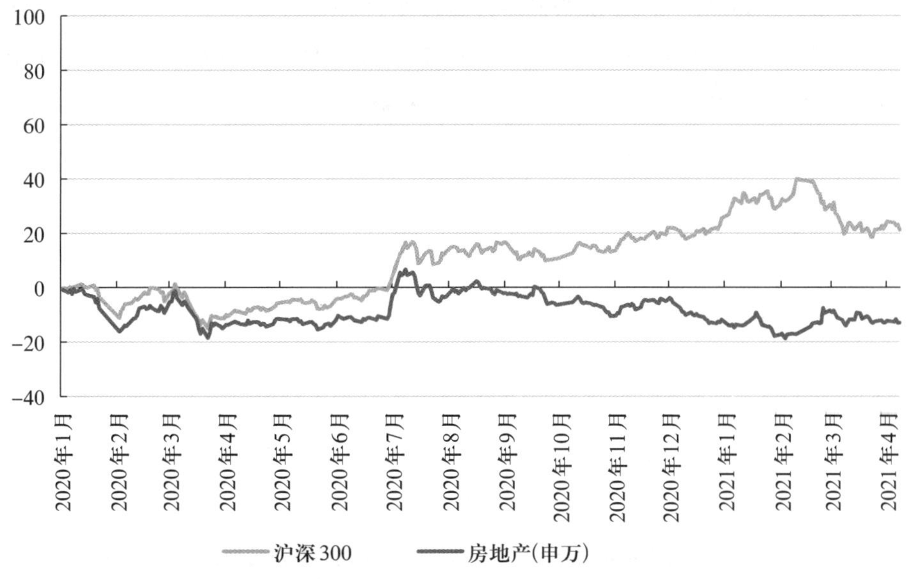

图 6-1-42　2020 年以来沪深 300 指数与申万房地产行业指数涨跌情况

数据来源：Wind、上海易居房地产研究院。

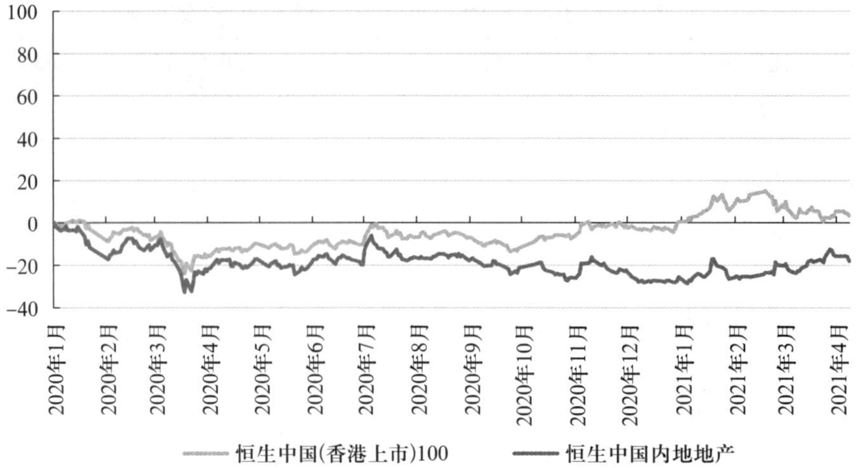

图 6-1-43　2020 年以来恒生中国（香港上市）100 指数与恒生中国内地地产指数走势

数据来源：Wind、上海易居房地产研究院。

具体到各时间段，2020 年一季度，受新冠肺炎疫情等不利因素影响，行业销售、投资等数据大幅下降，房地产板块相应呈现震荡下挫的走势。至 2020 年年中，社会融资规模增量累计为 20.83 万亿元，比 2019 年同期多 6.22 万亿元。随着市场资金持续充裕，叠加公司业绩出现好转，房地产板块跟随大盘出现一波上涨行情。其中，申万房地产行业指数在 7 月涨至 4627.17 点，为年内高点；恒生中国内地地产指数 7 月单月涨幅达 4.2%。2020 年 7 月后，房地产板块走势逐渐低迷。从政策面看，8 月住建部、央行联合召开重点房地产企业座谈会，形成了重点房地产企业资金监测和融资管理规则，提出了“三道红线”政策，管理层重申房地产市场平稳健康发展。从基本面看，行业增速放缓，规模见顶成为市场主流逻辑。同时，市场预期央行逐步收紧流动性。多重因素导致地产板块表现较弱。整体来看，资本市场对房地产板块关注度不高，企业估值普遍处于较低水平。龙头房企受益于行业集中度提升，股价表现相对较好。2021 年一季度，中央经济工作会议定调“宏观政策保持连续性、稳定性、可持续性”，资金面呈现阶段中性预期，叠加上市公司盈利扩张，市场出现春季躁动。沪深房地产板块出现阶段探底回升走势，港股房地产板块表现相对较好，一季度有小幅上涨。

2016—2020 年，房地产上市公司的每股收益平均值（整体法）大幅好于全市场的平均水平（见图 6-1-44）。

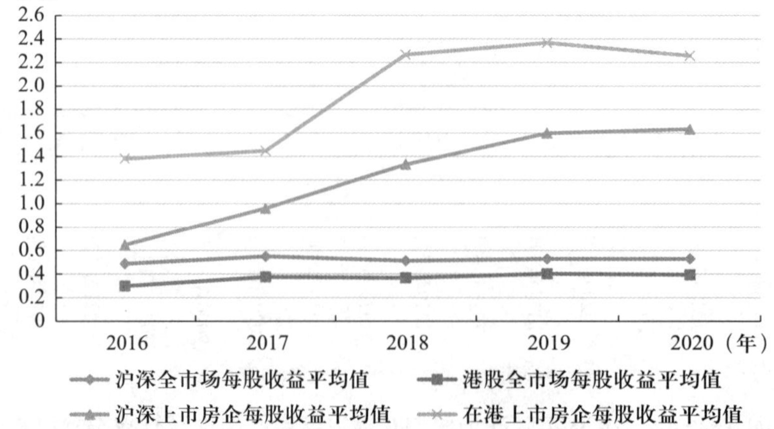

图 6-1-44　2016—2020 年上市房企每股收益与全市场比较

数据来源：Wind、上海易居房地产研究院。

从具体数据看，2020 年年底，沪深上市房企每股收益平均值为 1.63 元，比沪深全市场每股收益平均值高约 209%；在港上市房企每股收益平均值为 2.26 元，比港股全市场每股收益平均值高约 474%。

从房地产板块的估值水平看，自 2018 年以后，房企估值水平逐渐走低。从现金流贴现估值法的角度考虑，房地产行业业务模式成熟、盈利方式稳定，投资者估算房企未来的现金流情况相对容易。主要由于房地产行业监管限制政策过于频繁，导致投资者对未来现金流看法较为负面。同时，房地产行业杠杆率较高，周期波动性较大，导致贴现率较高。两者叠加使得资本市场对房地产板块估值持续偏低。具体来看，2020 年年底，沪深上市房企平均市盈率 7.78 倍，比沪深全市场平均市盈率低约 60%；在港上市房企平均市盈率 6.79 倍，比港股全市场平均市盈率低约 55%（见图 6-1-45）；市净率方面，沪深上市房企平均市净率同样远低于全市场水平，在港上市房企平均市净率表现较好，高于港股全市场平均市净率（见图 6-1-46）。

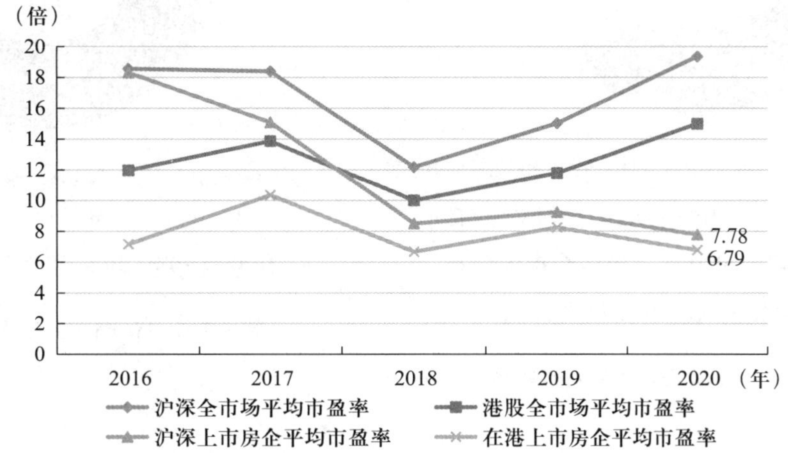

图 6-1-45　2016—2020 年上市房企市盈率比较

数据来源：Wind、上海易居房地产研究院。

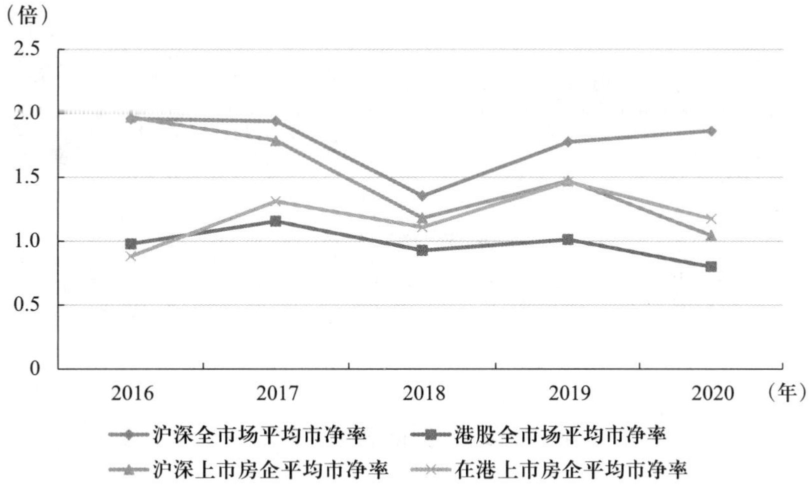

图 6-1-46　2016—2020 年上市房企市净率比较

数据来源：Wind、上海易居房地产研究院。

从市值情况看，以 2020 年 12 月 31 日的收盘价计算，上市房企中市值过千亿元的有 9 家，与 2019 年持平，分别是万科、龙湖、碧桂园、华润、保利、恒大、中海、融创和招商蛇口。市值在 50 亿元以下的房企最多，占 36%（见图 6-1-47）。

从股价表现看，综合沪深和在港上市房企，2020 年共有 32%的房企实现了上涨，其中有 2 家企业涨幅超过了 50%（见图 6-1-48）。2020 年股价涨幅排前十的个股中，沪深上市的房企较多，占 6 席；全年跌幅排前十的个股均为在港上市房企（见图 6-1-49）。

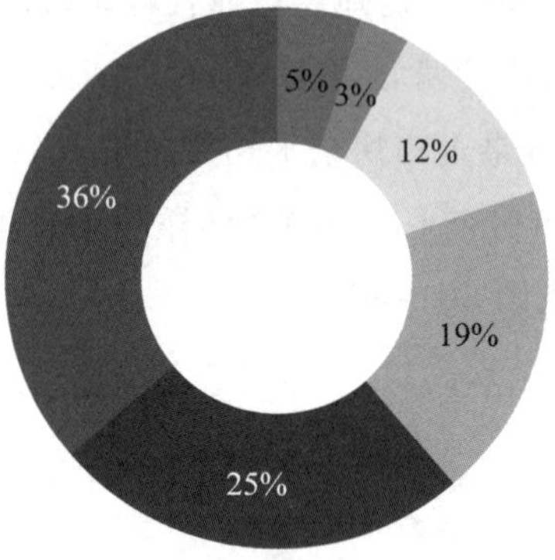

图 6-1-47　2020 年上市房企市值分布
（2020 年 12 月 31 日当日）

数据来源：Wind、上海易居房地产研究院。

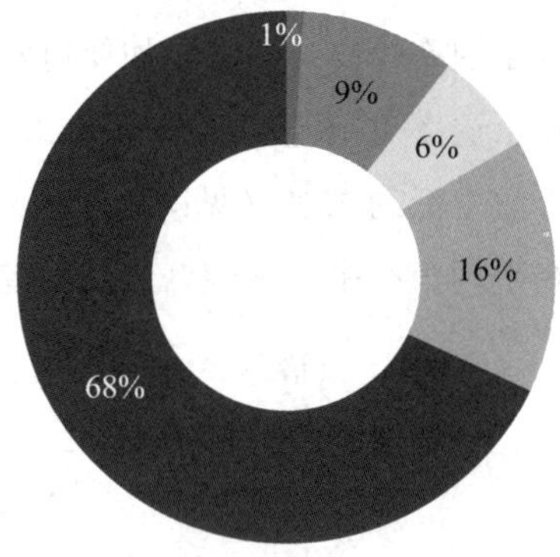

图 6-1-48　2020 年上市房企股价涨跌幅

数据来源：Wind、上海易居房地产研究院。

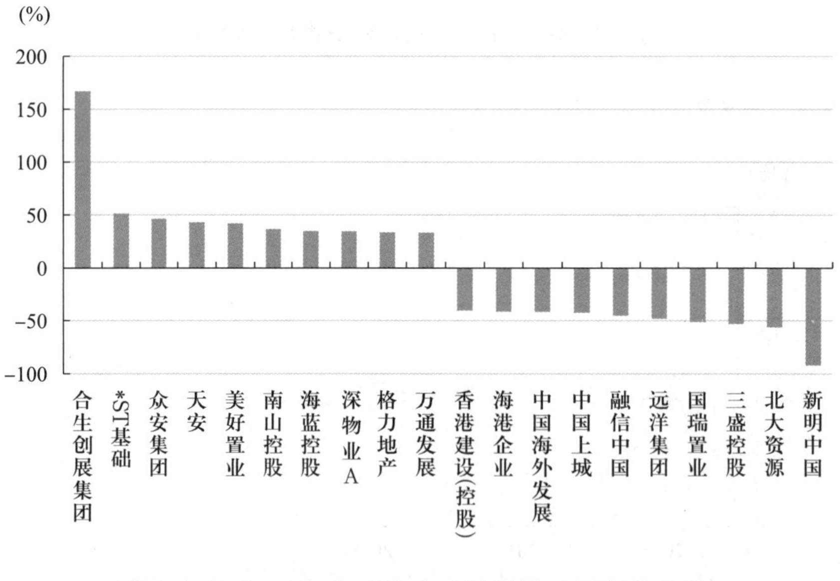

图 6-1-49　2020 年上市房企股价涨跌幅靠前个股

数据来源：Wind、上海易居房地产研究院。

虽然房地产板块近年来在资本市场上整体表现较为疲软，但是部分业绩稳健增长，分红持续稳定的公司依然受到价值投资者的认可。如万科近 5 年来的业绩、分红和股价基本呈现同步稳步上升的态势（见图 6-1-50）。

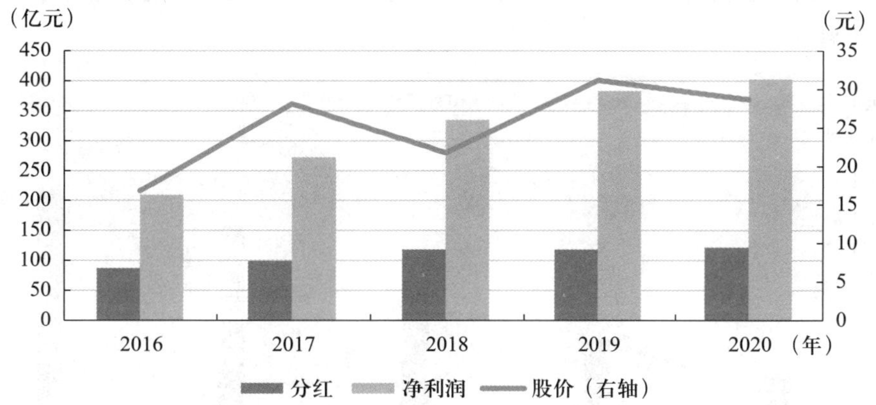

图 6-1-50　2016—2020 年万科分红、净利润和股价情况变化

数据来源：Wind、上海易居房地产研究院。

上市房企总体分红在全市场中表现突出。从具体数据看，上市房企分红总额持续 5 年保持增长态势，从 2016 年的 920.22 亿元增长到 2020 年的 1764.45 亿元；股息率趋势向上，2020 年为 4.18%（整体法）（见图 6-1-51）。

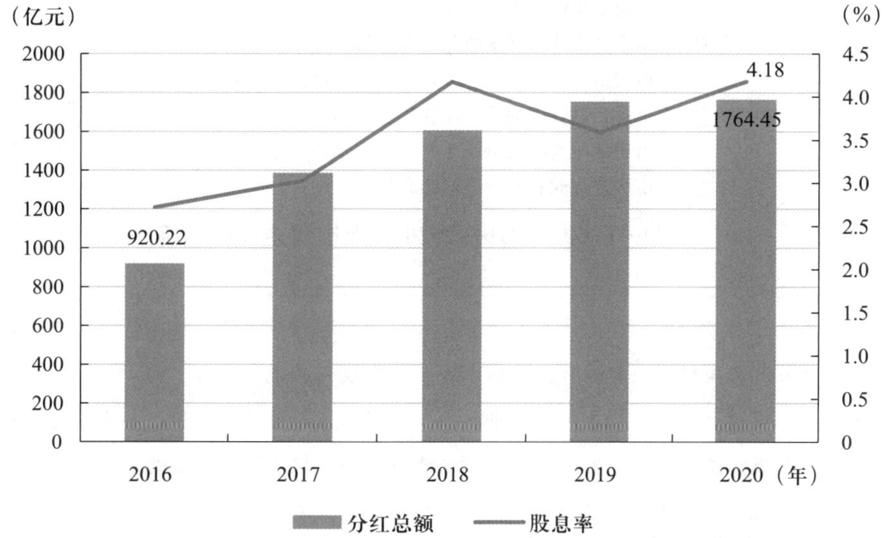

图 6-1-51　上市房企历年分红及股息率情况

数据来源：Wind、上海易居房地产研究院。

（3）运营规模分析

整体规模增速放缓，标杆房企强者恒强

国家统计局数据显示，2020 年，我国商品房销售面积 17.6 亿平方米，同比增长 2.6%，商品房销售金额达 17.4 万亿元，同比增长 8.7%。总体看来，在“房住不炒”的大背景下，行业整体规模增速虽然有所上涨，但增速放缓已成当下主要趋势。

2020 年，上市房企总资产均值为 1577.89 亿元，同比增长 11.96%；净资产均值为 336.91 亿元，同比增长 13.75%；房地产开发业务收入均值为 274.96 亿元，同比上涨 1.84%；营业利润均值为 52.47 亿元，同比下降

7.15%（见图 6-1-52）。总资产均值、净资产均值、房地产开发业务收入均值增速均处于下降趋势，营业利润均值多年来首次下跌。

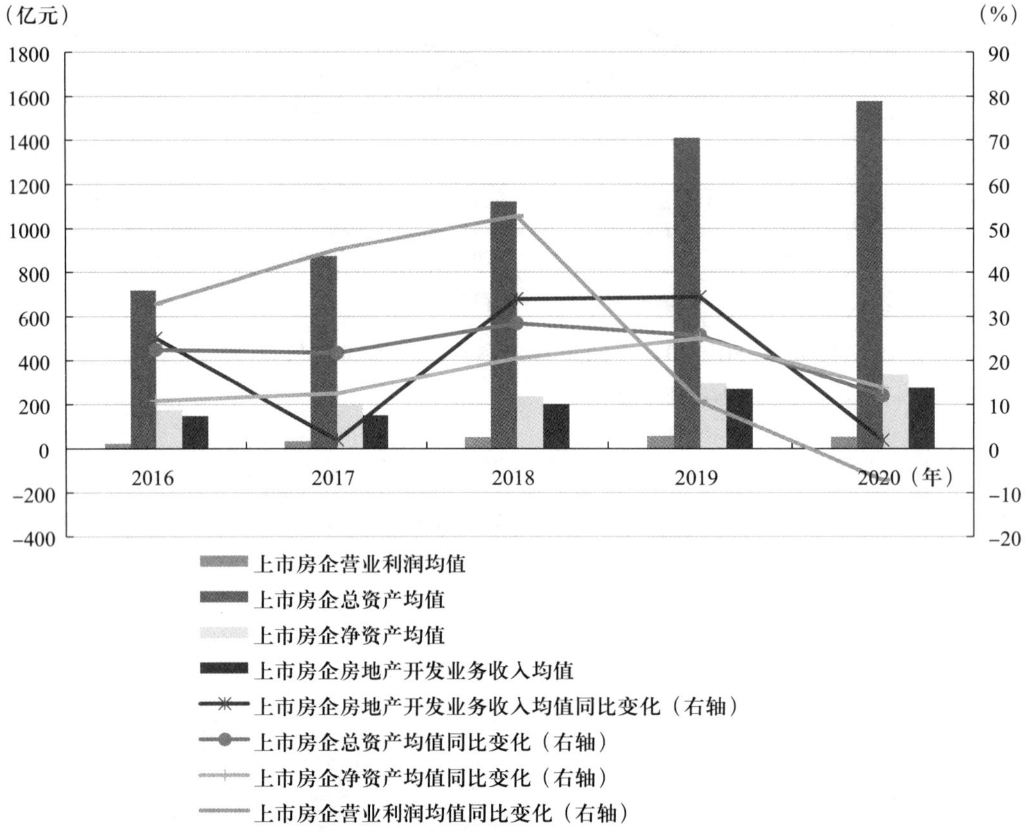

图 6-1-52　2016—2020 年上市房企规模指标

- ◆ 本次测评根据企业总资产、净资产、房地产开发业务收入、营业利润等规模指标，将上市房企划分为四种类型：
- ◆ 规模优势型：该类企业运营规模明显超过行业平均水平，具有较强的规模优势。
- ◆ 规模稳健型：该类企业规模大致处于行业平均水平之上，且规模增长速度较平稳，具有一定的规模优势。
- ◆ 规模追赶型：该类企业规模低于行业平均水平，但增长速度较快，规模持续增长能力较强。
- ◆ 规模滞后型：该类企业规模远低于行业平均水平，且规模增长速度波动较大，缺乏成长后劲。

数据来源：企业年报、上海易居房地产研究院。

2020 年，上市房企中，规模优势型、规模滞后型企业占比较高，均约占 37%，两类企业占比较 2019 年有所上升。规模稳健型、规模追赶型企业均占比约 13%，两类企业占比较 2019 年有所下降（见图 6-1-53）。四类企业中，除了规模优势型企业各项指标均处于行业均值之上，其余三类企业各项指标均处于行业均值之下（见图 6-1-54）。规模追赶型、规模滞后型企业各项指标均与行业均值差距较大，尤其是规模追赶型上市房企的营业利润均值首次为负，行业内分化差异明显。

将不同位次上市房企进行比较，结果显示，10 强、11～30 强、31～50 强、51～100 强上市房企中，绝大多数为规模优势型企业，10 强上市房企均为规模优势型（见图 6-1-55）。51～100 强上市房企中，规模优势型最多，占 40%，规模追赶型最少，占 6%。总体看来，100 强上市房企中，规模优势型企业占主导地位。

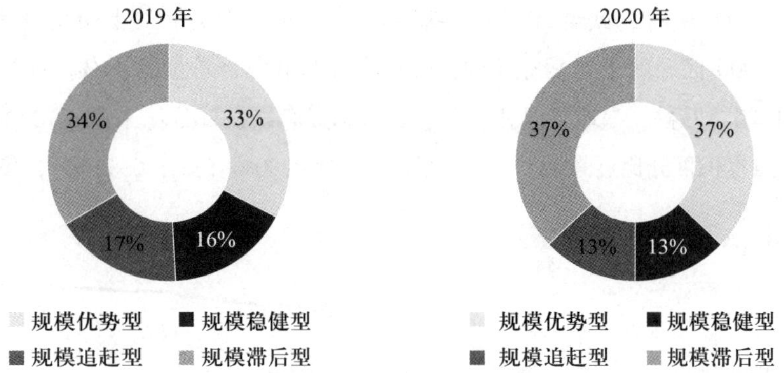

图 6-1-53　上市房企运营规模类型分布

数据来源：企业年报、上海易居房地产研究院。

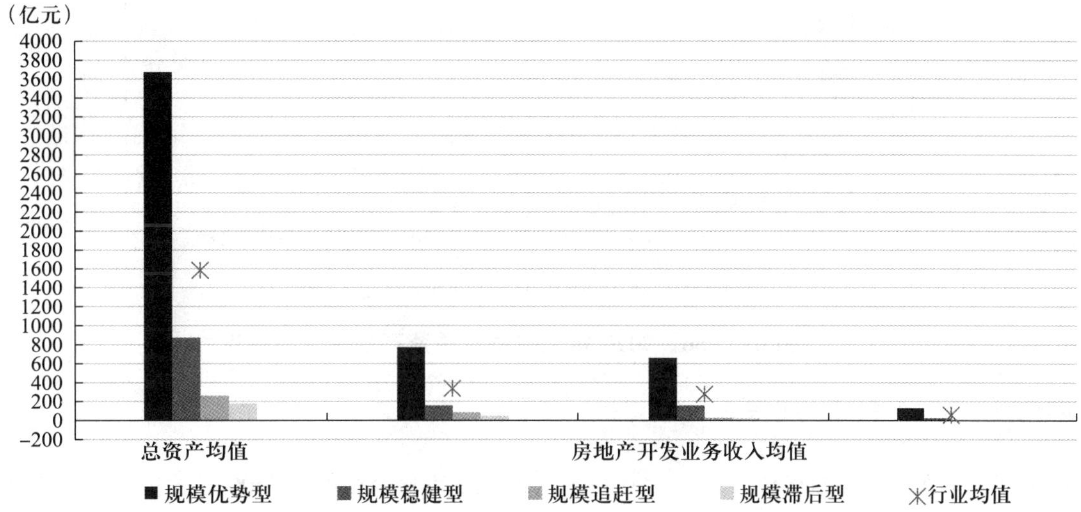

图 6-1-54　2020 年上市房企规模指标均值分布

数据来源：企业年报、上海易居房地产研究院。

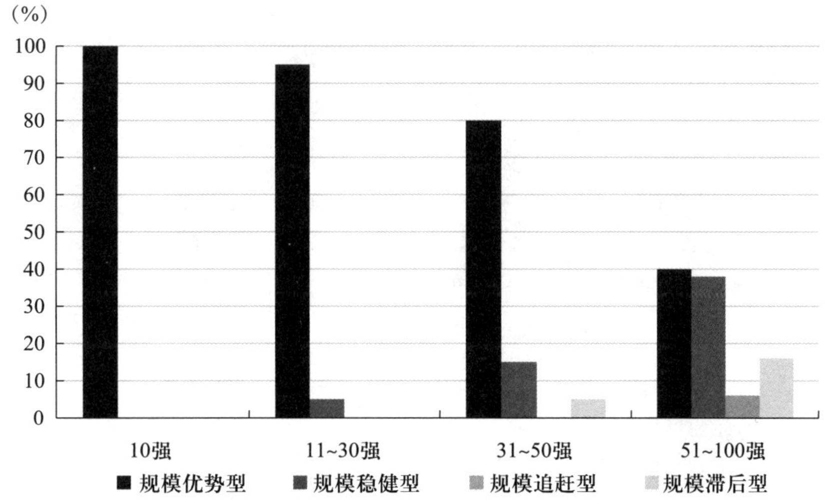

图 6-1-55　2020 年各位次上市房企中各规模类型占比情况

数据来源：企业年报、上海易居房地产研究院。

从上市房企总资产规模来看，截至 2020 年年底，总资产超过千亿元的上市房企有 59 家，约占上市房企总量的 30%，其中超过 3000 亿元的上市房企有 27 家，约占上市房企总量的 14%。超过万亿元的上市房企共有 6 家，分别是恒大、碧桂园、万科、绿地、保利、融创。从总资产累积百分比来看，10 强上市房企的总资产累积百分比已超过 40%，50 强累积百分比近 80%，100 强累积百分比超 90%（见图 6-1-56），集中度较 2019 年略有上升。

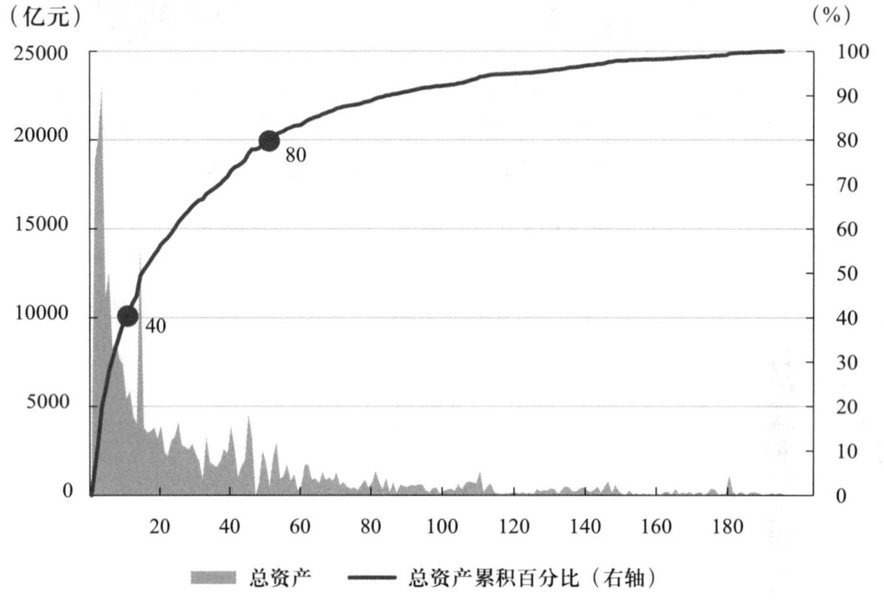

图 6-1-56　2020 年上市房企总资产规模分布情况

数据来源：企业年报、上海易居房地产研究院。

从销售规模来看，权益销售金额方面，2020 年，10 强上市房企均值约 3500 亿元，同比上升约 9%；11～30 强上市房企均值约 1300 亿元，同比上涨约 12%；31～50 强上市房企均值约 670 亿元，同比上升约 20%（见图 6-1-57）。10 强上市房企权益销售金额均值涨幅最小，31～50 强上市房企涨幅最大。

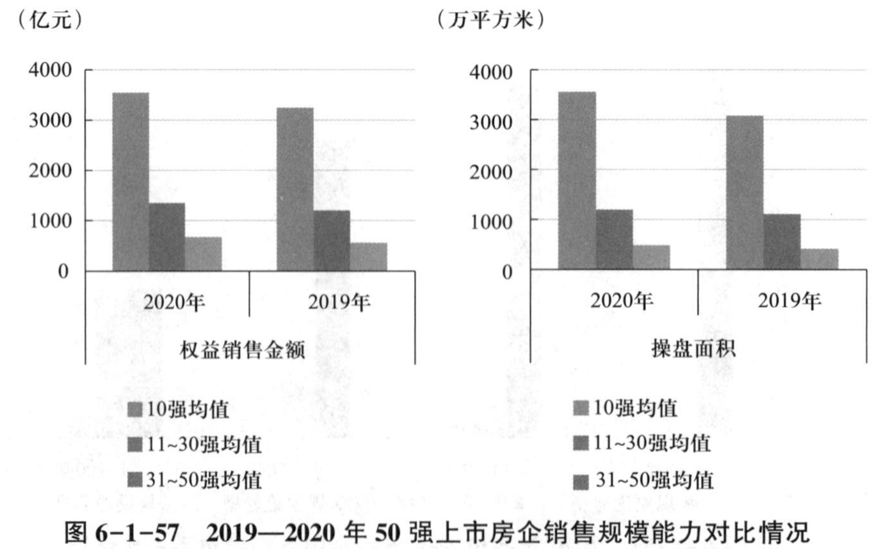

图 6-1-57　2019—2020 年 50 强上市房企销售规模能力对比情况

数据来源：CRIC、上海易居房地产研究院。

操盘面积方面，2020 年，10 强上市房企均值近 3600 万平方米，同比上升约 15%；11～30 强上市房企均值约 1200 万平方米，同比上升约 8%；31～50 强上市房企均值近 500 万平方米，同比上升约 16%。11～30 强上市房企操盘面积均值涨幅最小，31～50 强上市房企操盘面积均值涨幅最大。

在 50 强上市房企中，31～50 强两项指标涨幅均为最大，处于快速成长期。10 强上市房企涨幅虽略有不及，但两项指标均值数据均数倍于另外两个梯队的上市房企，龙头地位稳固。

从业务占比情况看，房地产开发依然是房企的核心业务。2020 年，100 强上市房企中，67%的房企房地产开发业务占营业收入比重超过九成，较 2019 年上升 9 个百分点；26%的房企占比在七成到九成之间（见图 6-1-58）。多数房企的重心依然放在夯实主业上。

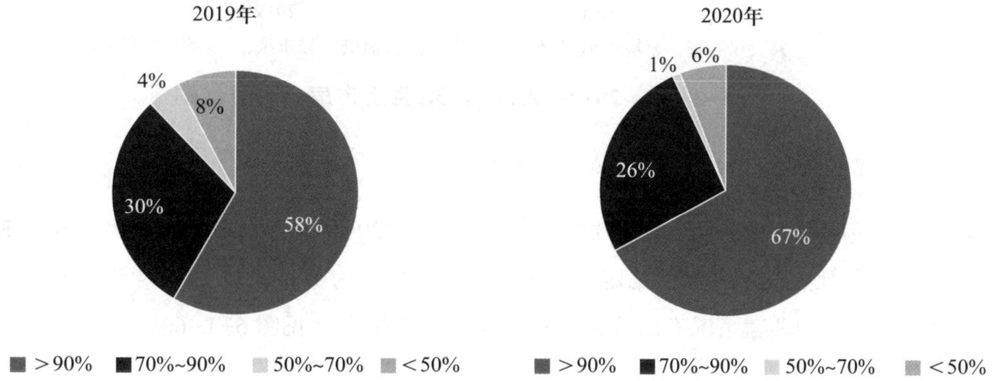

图 6-1-58　2019—2020 年 100 强上市房企房地产开发业务占比情况

数据来源：企业公告、上海易居房地产研究院。

（4）偿债能力分析

调控杠杆初见成效，抵御风险能力增强

2020 年伊始，房地产行业融资环境因新冠肺炎疫情影响相对宽松，随着复工复产的推进，国内经济开始逐渐恢复正常轨道，房地产行业复苏也较快，且出现过热迹象，融资政策逐步收紧。50 强上市房企 2020 年融资总额为 13157 亿元，同比增长 2. 31%。2020 年上半年融资总额超过 2019 年同期，且好于下半年的融资表现。从融资结构来看，2020 年 50 强上市房企境内债权融资 7564. 18 亿元，同比上升 18. 41%，且融资量占比达到 57. 51%，较 2019 年上升了 7. 82 个百分点。2020 年境外债权融资总量为 3664. 45 亿元，同比下降 23. 90%，境外债权融资占比为 27. 85%，较 2019 年下降了 9. 59 个百分点（见图 6-1-59）。

从融资成本来看，50 强上市房企 2020 年新增债券类融资成本为 6. 01%，较 2019 年下降了 0. 82 个百分点。其中，境内债券加权平均融资成本为 4. 44%，较 2019 年下降 0. 93 个百分点；境外债券成本为 7. 57%，与 2019 年基本持平。债券类融资成本的下降，主要在于较为宽松的货币环境下，房企的境内融资成本下降。此外，由于境外债发行成本历来高于境内债券，而 2020 年境外债发行量下降也是导致整体融资成本下降的主要因素。

随着“三道红线”的提出，房地产融资调控转向需求端。“三道红线，四档管理”，“红色档”房企有息负债规模以 2019 年 6 月底为上限，不得增加；“橙黄绿”三档房企，有息债务年增速不能超过 5%、10%、15%，房企的融资监管进入了一个新的阶段，“去杠杆、降负债”成为房企的重要任务之一。长期偿债能力方面，2020 年，上市房企剔除预收账款后的资产负债率均值为 62. 93%，与 2019 年相比保持稳定；净负债率均值为 95. 07%，较 2019 年下降 5. 75 个百分点。在“三道红线”的监管压力下，房企纷纷采取多种方式降杠杆，净

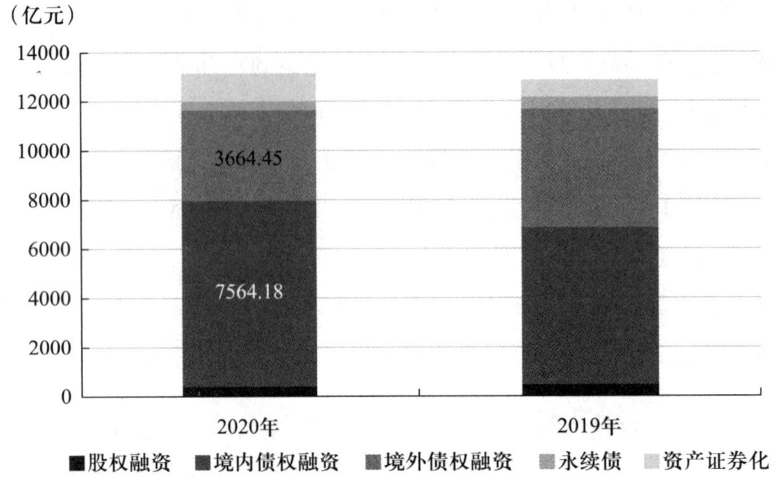

图 6-1-59　2019—2020 年 50 强上市房企融资结构

数据来源：克而瑞研究中心、上海易居房地产研究院。

负债率在短期内的调整幅度相对较大。短期偿债能力方面，2020 年，流动比率均值为 1.65，速动比率均值为 0.64，两者与 2019 年相比，均基本保持稳定。现金短债比中位数为 1.30，较 2019 年提升 0.21 个百分点，上市房企货币资金对短期债务的覆盖情况有所改善，短期偿债能力提升（见图 6-1-60）。

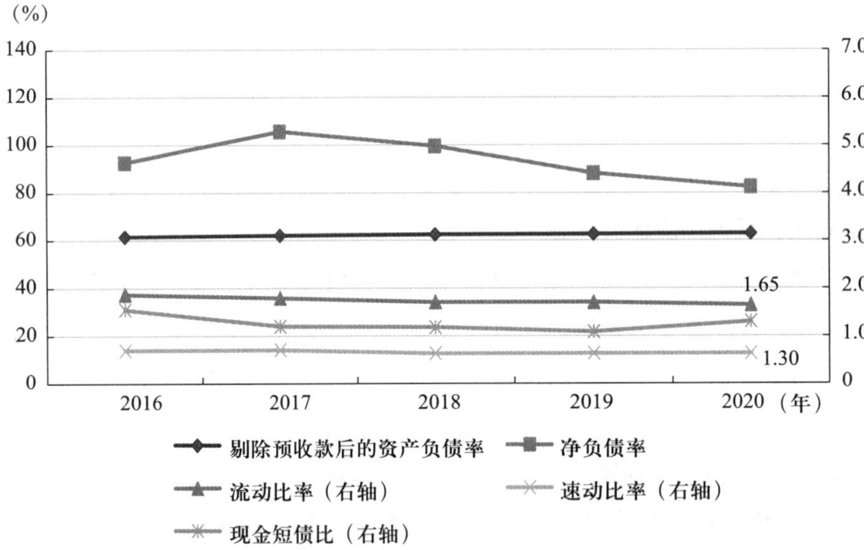

图 6-1-60　2016—2020 年上市房企偿债能力指标

本次测评根据行业特征，将上市房企划分为四个抗风险层级：

- 强抗风险层级：此类企业拥有较强的适应市场波动的能力，能够规避较强风险，并保持业务的相对稳定性。
- 中抗风险层级：此类企业具备一定适应市场波动的能力，能够规避一定的风险。
- 低抗风险层级：此类企业适应市场波动的能力一般，风险规避能力一般。
- 弱抗风险层级：此类企业适应市场波动的能力较弱，难以规避市场风险。

数据来源：企业年报、上海易居房地产研究院。

2020 年，综合剔除预收账款后的资产负债率、净负债率、现金短债比、流动比率、速动比率等指标分析得出，强抗风险层级和中抗风险层级的企业分别约占上市房企总量的 24%和 20%，合计占 44%；低抗风险层级和弱抗风险层级企业分别占比约 26%和 30%，合计占 56%。与 2019 年相比，强抗风险层级企业和弱抗风险层级企业占比明显提升，部分上市房企控负债、降杠杆举措效果显现，同时抗风险能力两极分化明显（见图 6-1-61）。

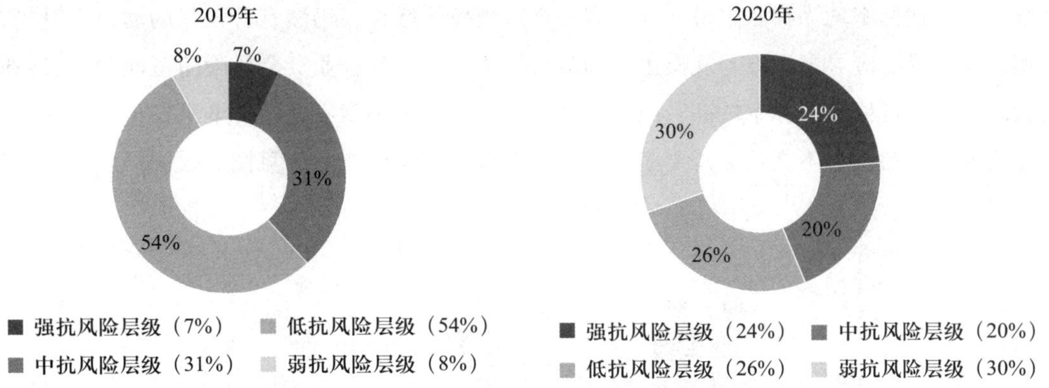

图 6-1-61　上市房企抗风险能力类型分布

数据来源：企业年报、上海易居房地产研究院。

从净负债率看，强抗风险层级和中抗风险层级企业的净负债率均值分别为 39. 87%和 64. 52%，远低于上市房企均值；从剔除预收款后的资产负债率看，强抗风险层级均值为 47. 12%，低于行业上市房企均值；从现金短债比来看，强抗风险层级和中抗风险层级企业的均值分别为 3. 11 和 1. 46，强抗风险层级企业现金短债比大幅优于上市房企均值，现金充裕，各层级企业现金短债比均值分化明显；从流动比率和速动比率来看，强抗风险层级企业均值分别为 2. 20 和 0. 96，明显优于上市房企均值（见图 6-1-62）。2020 年，在监管要求下，房企开始积极降低杠杆水平，但各企业负债水平不尽相同，头部房企信誉较好，积极推动销售回款，风险管控能力较强，部分中小房企受融资渠道收紧、销售回款缓慢、前期拿地成本较高的影响，债务风险有所积累，需要警惕资金链风险。

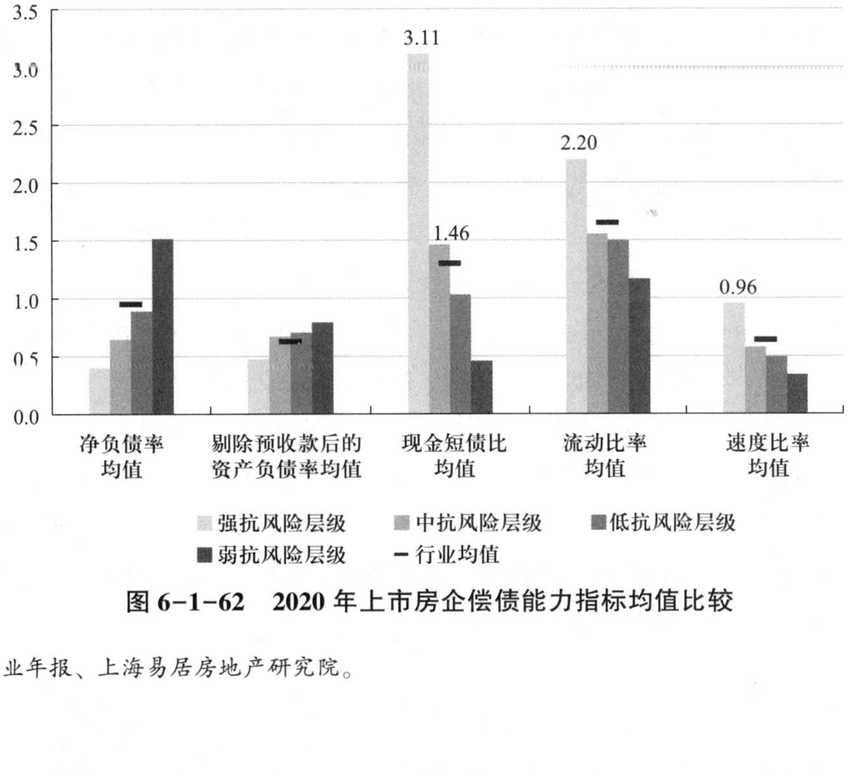

图 6-1-62　2020 年上市房企偿债能力指标均值比较

数据来源：企业年报、上海易居房地产研究院。

从上市房企“三道红线”达标率来看，净负债率达标率最高，达到 59%，现金短债比达标率最低，为 53%。分梯度来看，10 强上市房企净负债率、现金短债比达标率均为梯队中最高，10 强上市房企中，一类有中央企业、国有企业背景的房企，凭借背景优势资源获取能力更强，发展战略偏稳健，例如保利、招商蛇口等；另一类房企现金管控能力较强，且融资端相对克制，例如龙湖。11～30 强上市房企剔除预收款后的资产负债率与现金短债比达标率均为梯队中最低，中型房企对规模的增长，仍然有着较强的动力，对仍在追求规模增长的中小型房企来说，应寻求风险与规模扩张的最佳平衡点，提升企业资金风险防范能力。31～50 强上市房企剔除预收款后的资产负债率达标率较高，而现金短债比偏低，中小型房企融资渠道较窄，是现金短债比相对较低的区域，说明企业的现金不充足，需要多加关注短期负债的偿还能力（见图 6-1-63）。

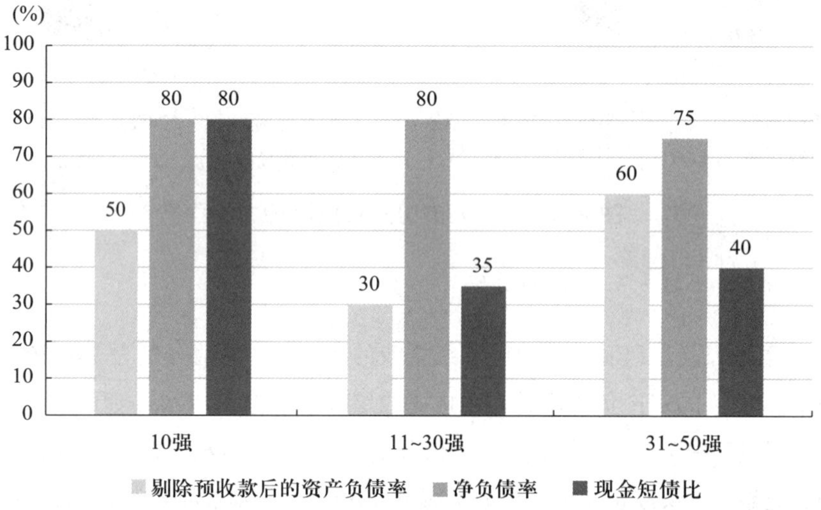

图 6-1-63　2020 年 50 强上市房企“三道红线”指标达标率比较

数据来源：企业年报、上海易居房地产研究院。

房企在开发过程中需要大量的资金，从上市房企经营活动净现金流合计数据来看，尽管近年来呈现较大的波动，但得益于持续增加的销售规模，近 5 年中除 2017 年外，经营活动现金流均保持为净流入状态。近年来，收并购、合营联营等形式的房地产开发项目增加，以及部分房企转型或为开展多元化业务进行的产业投资增多导致房企投资活动现金大额净流出，2017 年净流出规模达到近 5 年峰值，2018 年之后随着调控政策的持续收紧呈回调趋势。对于大部分房企而言，经营活动现金流与投资活动现金流都反映了经营活动的现金流入和流出，现金流缺口为经营与投资活动产生的现金流量净额。2018 年至今，受房地产调控政策趋紧的影响，房企加大销售回款力度，拿地、投资趋于谨慎，现金流缺口已有所收窄。

房企的资金缺口一般由筹资活动现金流来填补，筹资活动获得的资金主要用于补充投资、开发和销售等经营所需，偿还债务及支付利息或股利。自 2016 年起，房企投资激进，周转加快，融资环境相对宽松，筹资活动产生的现金流量净额总体上行并在 2017 年达到峰值，随后房地产调控政策趋紧，融资环境越来越严，叠加偿债高峰的到来，筹资活动产生的现金流量净额呈下行趋势，2020 年处于近 5 年来最低水平（见图 6-1-64）。未来随着“三道红线”在全行业落地实施，信贷资金流入房地产规模的收缩，房企难以通过加杠杆的方式实现规模的快速增长，房企规模及利润的增长从依赖“土地红利”转向“管理红利”，融资能力强、融资成本低、财务管理能力强的房企将更具有增长潜力。

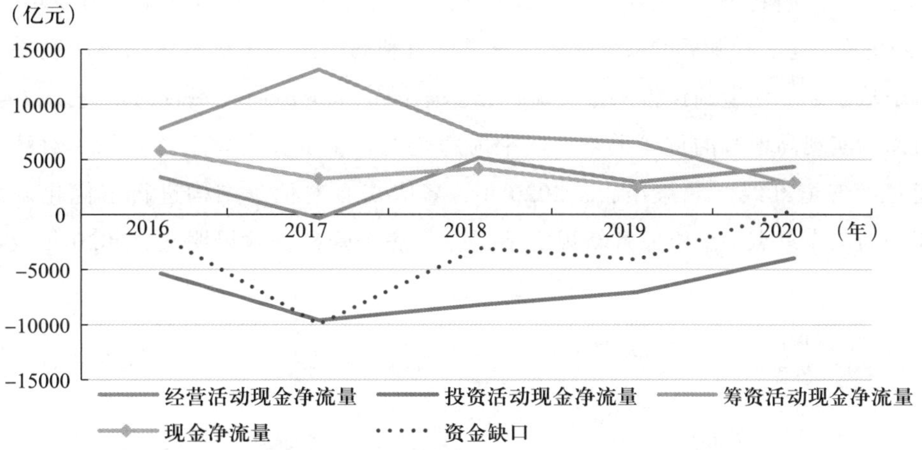

图 6-1-64　2016—2020 年上市房企现金流量

数据来源：Wind、上海易居房地产研究院。

（5）盈利能力分析

多数指标有所下滑，各类房企分化明显

近年来，在“房住不炒”的政策主基调下，房地产行业整体规模增速明显放缓。销售增速放缓的同时，前期部分房企高地价项目进入结算，叠加“限价”影响，房企的利润空间受到挤压，2019 年成为房地产行业利润增速拐点。

2020 年，上市房企营业利润均值为 52.47 亿元，同比下降 7.15%；净利润均值为 32.17 亿元，同比增长 12.17%；净资产收益率均值为 8.78%，同比下降 7.60%；总资产报酬率均值为 3.62%，同比下降 23.66%。除净利润均值外，其余各项盈利能力指标均较 2019 年有不同程度的下滑（见图 6-1-65）。

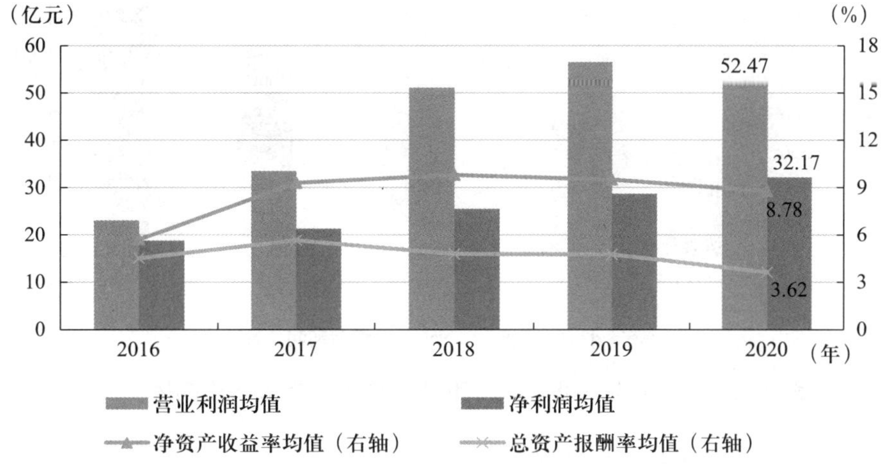

图 6-1-65　2016—2020 年上市房企盈利能力指标

数据来源：企业年报、上海易居房地产研究院。

净资产收益率由销售净利率、总资产周转率、权益乘数 3 项指标构成。2020 年销售净利率、权益乘数同时下滑，导致净资产收益率同比下降 7.60%，为近年来最大降幅（见图 6-1-66）。上市房企销售净利率在 2018

年达到高点，之后处于下降趋势，主要是由于2019年、2020年大多结转2016年、2017年的拿地项目，当时土地市场火热，溢价率高企，而随后的限价政策挤压了项目利润空间，导致整体销售净利率下降。资产周转率方面，上市房企从拿地、建造到预售一整套流程已基本固定，资产周转率较为稳定。权益乘数方面，过去，房企将高负债作为实现高增长的重要手段，此举为房企的资金链安全埋下了隐患，对社会金融安全造成了负面影响。随着“三道红线”政策出台，2020年，各大房企对债务结构进行了优化调整，把优化资本结构、降低负债作为工作重点。融资监管新规之下，上市房企降杠杆效果明显，2020年权益乘数均值同比下降8.43%。

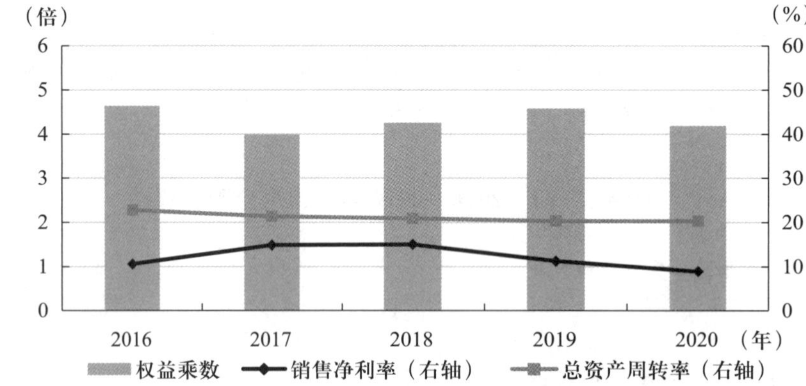

图 6-1-66　2016—2020 年上市房企净资产收益率影响因素变动情况

数据来源：企业年报、上海易居房地产研究院。

2020年，受到息税前利润下降和平均总资产上升的双重影响（见图6-1-67），上市房企总资产报酬率均值同比下降24%，降幅较大。

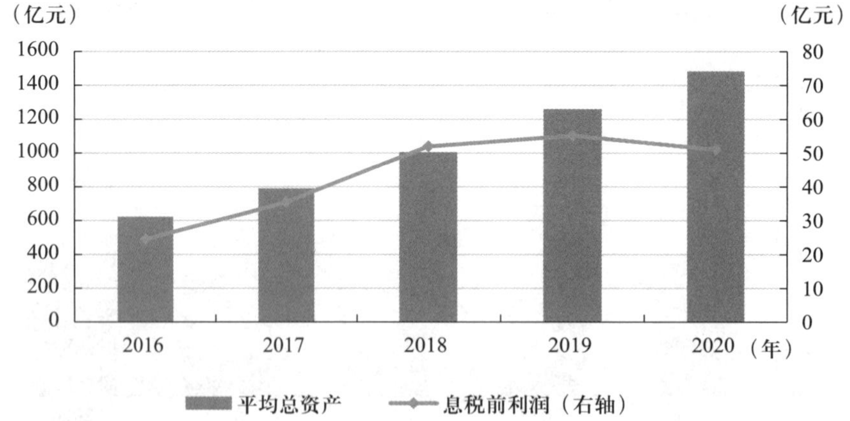

图 6-1-67　2016—2020 年上市房企总资产报酬率影响因素变动情况

数据来源：企业年报、上海易居房地产研究院。

从绝对盈利规模和相对盈利能力来看（见图6-1-68），超九成上市房企盈利规模小于100亿元，超九成上市房企总资产报酬率低于10%。相比2019年，总资产报酬率超过10%及介于5%~10%的上市房企占比下降，介于0~5%、小于0的上市房企占比明显上升（见图6-1-69）。总体来看，上市房企的资本回报率主要集中在0~5%，整体盈利水平较2019年有所下降。

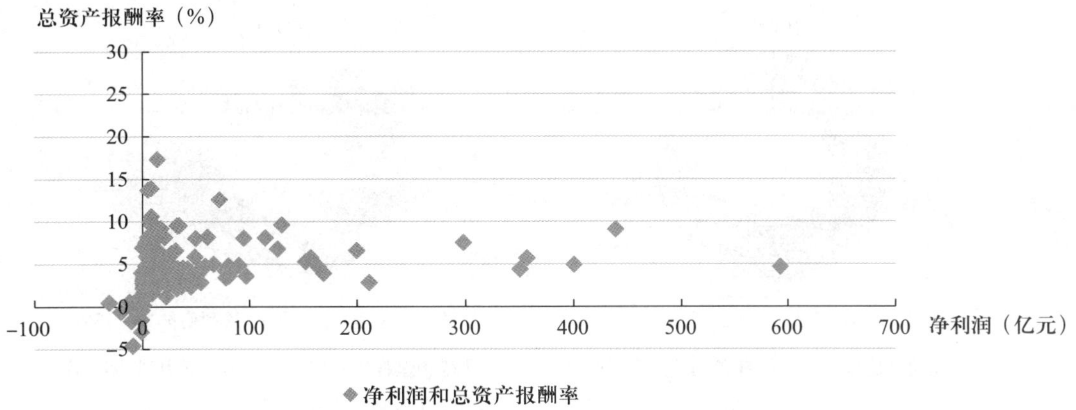

图 6-1-68　2020 年上市房企盈利情况分布

数据来源：企业年报、上海易居房地产研究院。

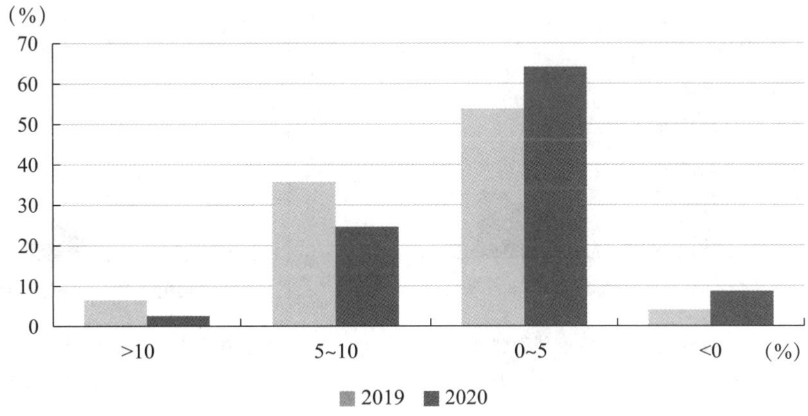

图 6-1-69　2019—2020 年上市房企总资产报酬率情况分布

本次测评根据房地产行业特点及盈利特征，将上市房企划分为四种类型：

- 盈利突出型企业：利润率水平超过行业平均水平，且近几年保持持续增长或低于行业波动幅度，盈利前景可观。
- 盈利稳健型企业：利润率水平处于行业平均水平上下，且近几年波动幅度较小，能够维持现有盈利水平。
- 盈利追赶型企业：利润率水平低于行业平均水平，但增速靠前，短期内盈利可能实现突破。
- 盈利乏力型企业：利润率水平远低于行业平均水平，缺乏盈利增长点，近几年净利润持续下滑甚至亏损，中长期盈利状况存在较大的不确定性。

数据来源：企业年报、上海易居房地产研究院。

从上市房企盈利能力类型分布来看，盈利突出型、盈利乏力型企业占比大幅上升，盈利稳健型、盈利追赶型企业大幅下降（见图 6-1-70）。2020 年，盈利乏力型上市房企占比最大，约占 53%。头部房企，尤其是 20 强上市房企均为盈利突出型。整体而言，头部房企盈利能力优异，盈利乏力的上市房企数量较过去增多，行业内分化明显。

从各类型企业盈利能力指标具体表现来看，盈利突出型上市房企的净利润均值、营业利润均值分别为 135.78 亿元、213.81 亿元，远大于其他 3 类企业（见图 6-1-71）。净资产收益率方面，盈利突出型上市房企以 16.88%的均值水平大于其余 3 类企业。总资产报酬率方面，除盈利乏力型企业外，其余 3 类企业均值差异较小。

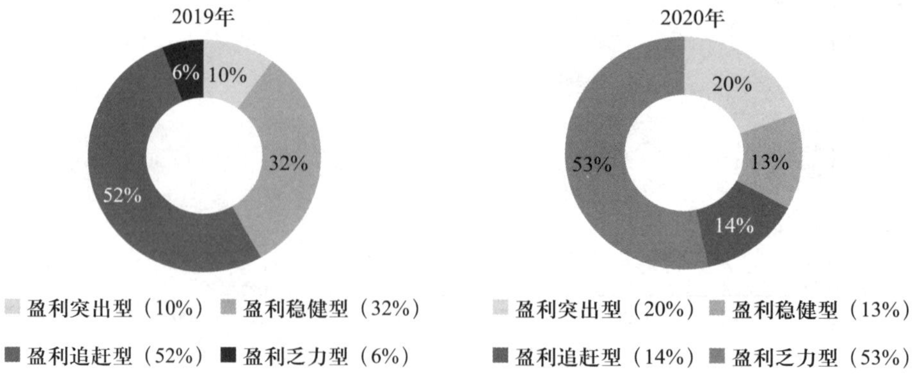

图 6-1-70　上市房企盈利能力类型分布

数据来源：企业年报、上海易居房地产研究院。

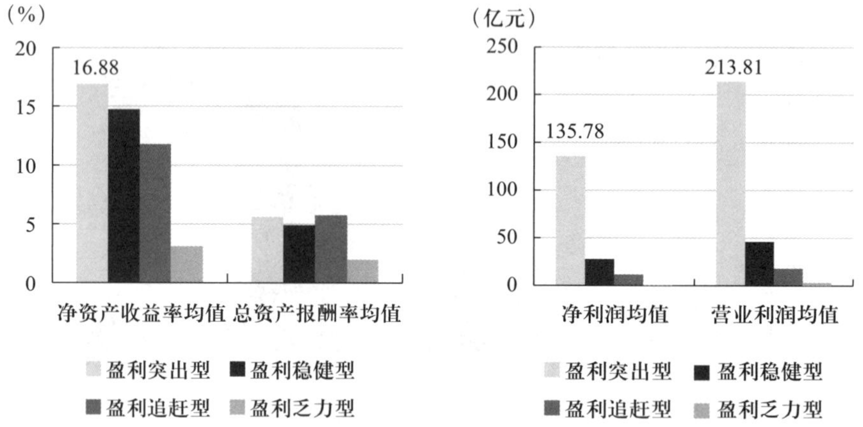

图 6-1-71　2020 年各类型上市房企盈利指标均值比较

数据来源：企业年报、上海易居房地产研究院。

（6）成长能力分析

业绩增速整体放缓，土拍新政影响深远

2020 年，上市房企的房地产开发业务收入、营业收入、净利润和净资产规模均实现增长，除净利润外，增速均有所下滑（见图 6-1-72）。具体来看，房地产开发业务收入均值同比增长 1.84%，增速较 2019 年大幅下降 32.55 个百分点；营业收入均值同比增长 15.40%，增速较 2019 年下降 4.64 个百分点；净利润均值同比增长 12.17%，增速较 2019 年上升 0.05 个百分点；净资产规模均值同比增长 13.75%，增速较 2019 年下降 8.22 个百分点。

从成长能力类型来看，2020 年，高成长性和中成长性企业占比分别为 22%和 26%，低成长性和弱成长性企业占比分别为 22%和 30%（见图 6-1-73）。整体来看，各类成长企业占比分布较 2019 年更为均衡。

其中，高成长性企业全年营业收入增长率均值为 61.98%，净利润增长率均值为 47.37%，净资产增长率均值为 53.28%；而弱成长性企业营业收入增长率均值、净利润增长率均值和净资产增长率均值都是负数，企业发展面临困难（见图 6-1-74）。

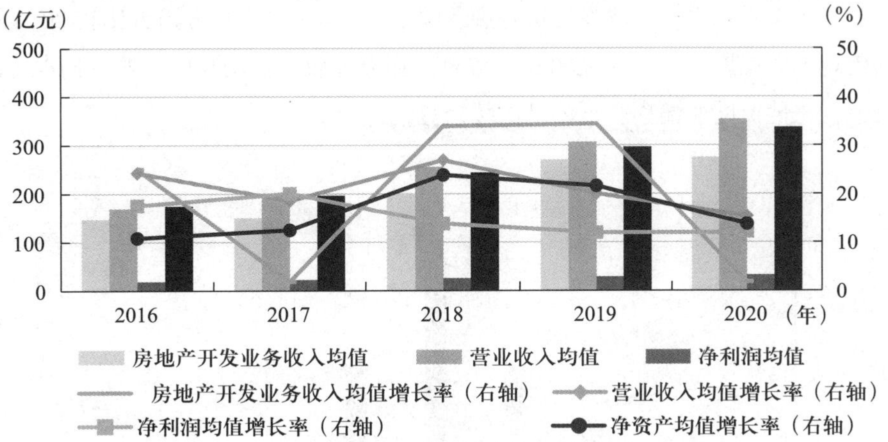

图 6-1-72　2016—2020 年上市房企成长能力指标

本次测评根据主营业务收入增长率、主营业务利润增长率、净资产增长率等业绩成长能力指标，将上市房企的成长能力划分为四个层级：

- ◆ 高成长性：具备较快的收入和利润增长速度，净资产持续高速增长，为企业未来持续发展奠定了坚实的基础。
- ◆ 中成长性：具备中等业绩成长能力，增速略高于行业平均成长水平，能够为企业未来发展提供一定的基础。
- ◆ 低成长性：具有一定业绩成长能力，增速略低于行业平均水平，企业未来发展受到一定限制。
- ◆ 弱成长性：业绩成长能力远低于行业平均水平，增速与行业平均水平差距显著，企业未来发展受阻。

数据来源：企业年报、上海易居房地产研究院。

图 6-1-73　上市房企成长能力类型分布

数据来源：企业年报、CRIC、上海易居房地产研究院。

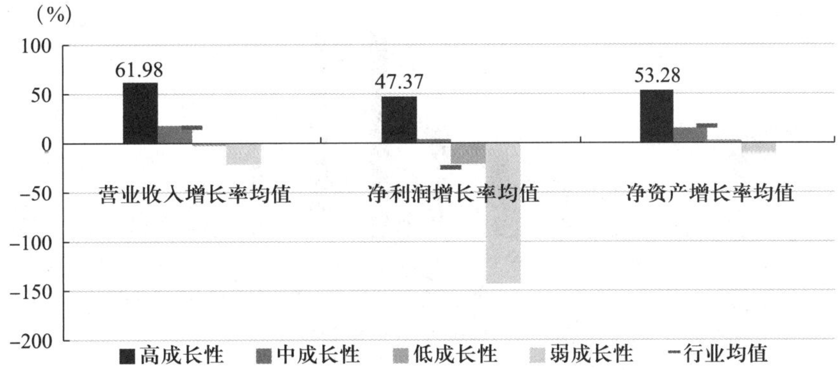

图 6-1-74　2020 年上市房企成长能力指标均值比较

数据来源：企业年报、CRIC、上海易居房地产研究院。

从营业收入各档增速占比看，正增长的房企中，除了 0~20%这档的房企占比较 2019 年有所增加外，其余各档房企占比均出现不同程度的下降（见图 6-1-75）。而营业收入负增长的企业每档占比都出现增加。总体来看，营业收入增速占比情况向左偏移，整体呈放缓趋势。

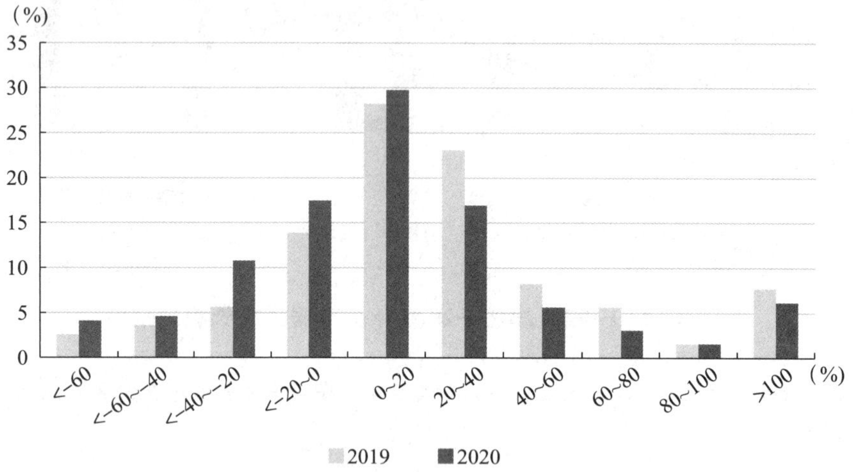

图 6-1-75　2019—2020 年上市房企营业收入增速分布

数据来源：企业年报、CRIC、上海易居房地产研究院。

净利润增速方面，占比情况基本与营业收入相似。其中，增速小于-120%及大于 100%的占比均较 2019 年有所下降，说明 2020 年房企取得超额利润和严重亏损的情况均有所减少（见图 6-1-76）。房地产行业政策导向以稳为主，房企整体从高速增长向平稳增长转变。净资产增速占比情况较为均衡，约四成企业分布在-20%~20%之间（见图 6-1-77）。

根据统计，2020 年，36%的房企处于增收又增利区域，同比下降 16 个百分点；30%的房企处于增收不增利区间，同比上升 8 个百分点；7%的房企处于增利不增收区间，同比下降 4 个百分点；27%的房企处于不增收不增利的低速发展区，同比上升 12 个百分点（见图 6-1-78）。增收又增利的房企占比较 2019 年有所下降，但依然占据最大比例。增收不增利企业和低速发展企业占比较 2019 年有所上升，房地产行业整体依然处于增长趋势中，但增速下降，这使得行业内竞争加剧，洗牌加速。

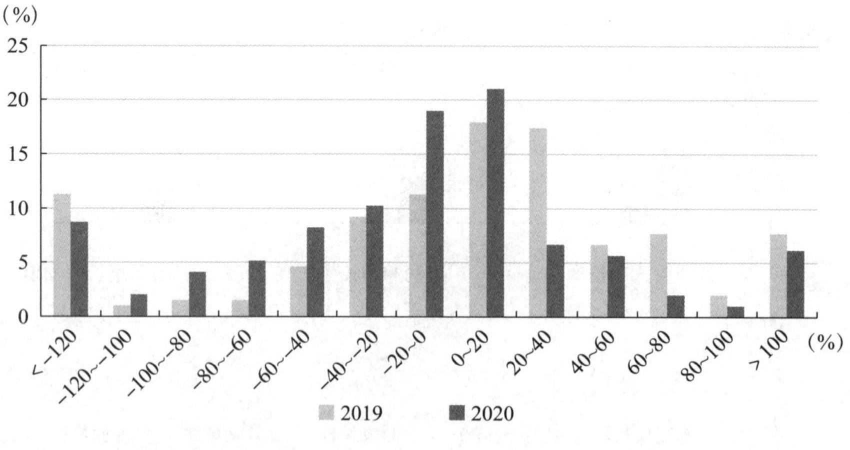

图 6-1-76　2019—2020 上市房企净利润增速分布

数据来源：企业年报、CRIC、上海易居房地产研究院。

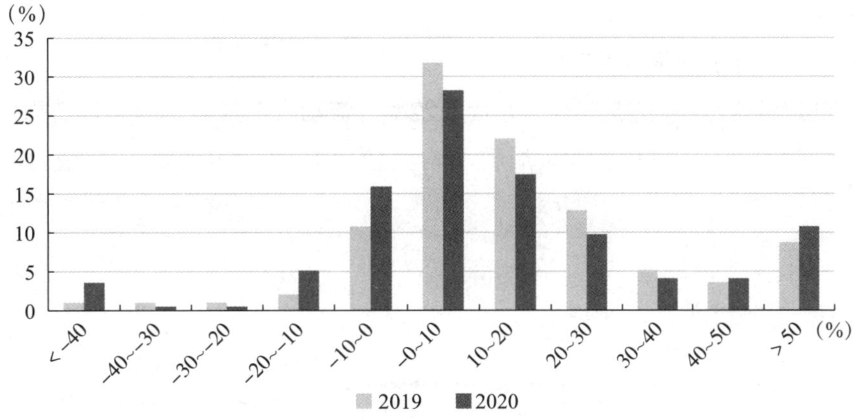

图 6-1-77 2019—2020 上市房企净资产增速分布

数据来源：企业年报、CRIC、上海易居房地产研究院。

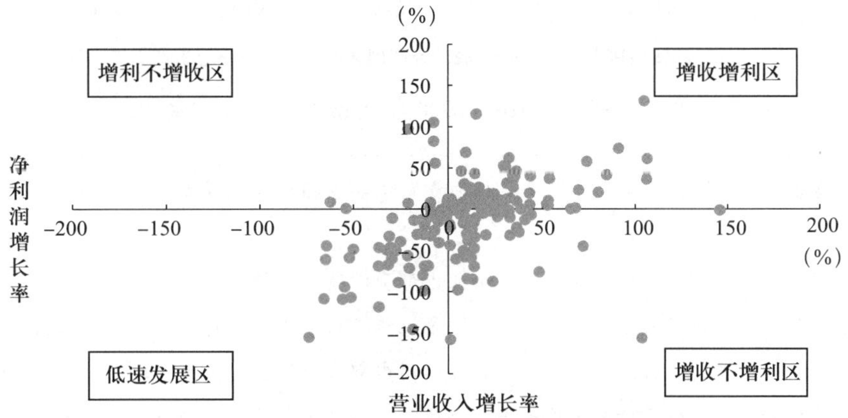

图 6-1-78 2020 年入榜企业成长能力指标分布

数据来源：企业年报、CRIC、上海易居房地产研究院。

从土储情况看，2020 年，30 强上市房企总土储建面 206552.3 万平方米，同比微增 0.13%。分梯队来看，10 强上市房企土储建面 2020 年同比减少 5.98%，这主要源于部分 10 强企业出于控规模、降负债、优化土储布局的考虑，主动控制土储规模。11-30 强上市房企对于规模增长的诉求更强，2020 年同比增加 9.11%（见图 6-1-79）。

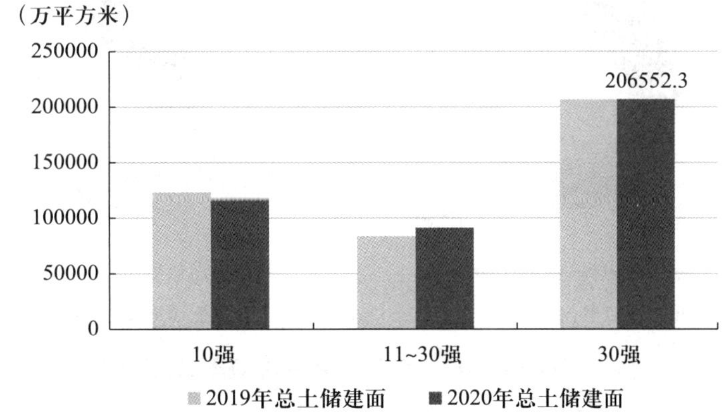

图 6-1-79 2019—2020 年 30 强上市房企总土储建面变化情况

数据来源：CRIC、上海易居房地产研究院。

（7）经营效率分析

运营效率稳中有升，存货规模增速下降

2020 年，上市房企经营效率稳中有升，存货周转率、流动资产周转率和总资产周转率均值分别为 0. 38、0. 28 和 0. 20（见图 6-1-80）。其中，存货周转率均值较 2019 年上升 0. 05，其余两项指标与 2019 年基本持平。

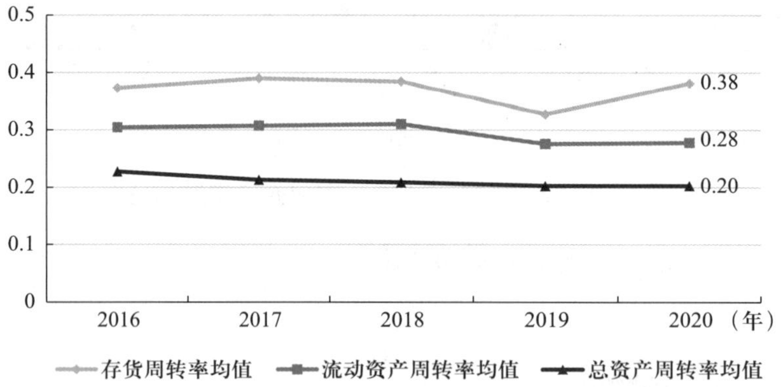

图 6-1-80　2016—2020 年上市房企经营效率指标

本次测评使用总资产周转率、流动资产周转率和存货周转率等指标来衡量房地产上市公司的经营效率，将上市房企划分为四种类型：

◆ 高速周转型：资产经营效率超过行业平均水平，企业内部资源得到高效的利用，具有很强的经营效率优势。

◆ 平稳经营型：资产经营效率大致处于行业平均水平，企业能有效利用内部资源，具有较强的经营效率。

◆ 低速周转型：资产经营效率低于行业平均水平，企业利用内部资源的能力一般，具备一定的经营效率。

◆ 落后经营型：资产经营效率远低于行业平均水平，企业利用内部资源的能力相当有限，经营效率相对较低。

数据来源：企业年报、CRIC、上海易居房地产研究院。

2020 年，房地产市场运行以稳为主。从经营效率类型看，2020 年平稳经营型和低速周转型房企占比提升，两者合计约占 52%，较 2019 年提升 11 个百分点（见图 6-1-81）。

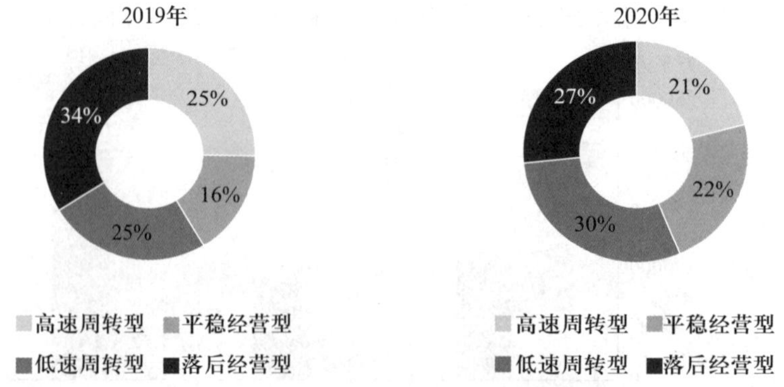

图 6-1-81　上市房企经营效率类型分布

数据来源：企业年报、CRIC、上海易居房地产研究院。

从各类型上市房企表现看，高速周转型房企的存货周转率明显高于其他类型房企，是其主要的优势（见图6-1-82）。2020 年，中海、新城等房企都将一、二线城市作为重点发展区域。相对于三、四线城市，一、二线城市销售有保障，有利于房企的存货周转。另一方面，在融资环境趋紧的背景下，房企为了应对资金压力，也愿意牺牲部分利润来加快周转。

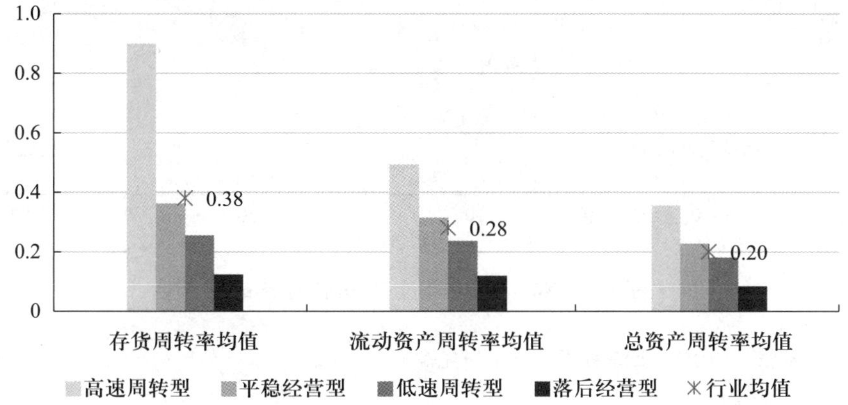

图 6-1-82　2020 年各类上市房企经营效率指标均值比较

数据来源：企业年报、CRIC、上海易居房地产研究院。

“三道红线”和“两集中”等强监管环境下，上市房企存货规模增速减缓。2020 年存货同比增长 14.80%，增速较 2019 年下降 7.80 个百分点。其中 63 家房企 2020 年存货同比减少，2019 年为 49 家。从存货集中度情况看，10 强上市房企总存货占比约 42%，30 强房企占比约 67%，50 强房企占比约 81%（见图 6-1-83）。

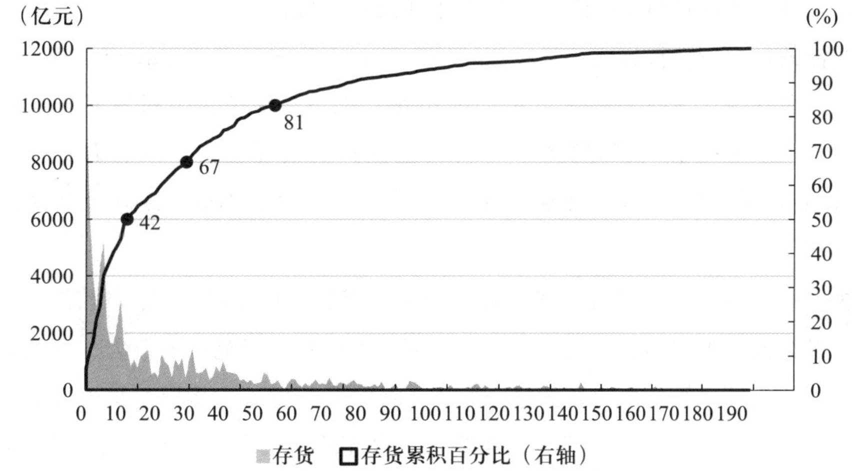

图 6-1-83　2020 年上市房企存货分布情况

数据来源：企业年报、CRIC、上海易居房地产研究院。

如果以行业均值作为主要参考，确定以 9%的销售净利润率和 20%的总资产周转率为分界线，区分盈利和周转速度的高低，从统计数据看，23%的房企落入高盈利高周转区间；25%的房企落入低盈利高周转区间；23%的房企落入高盈利低周转区间；29%的房企落入低盈利低周转区间（见图 6-1-84）。从 10 强上市房企的情况看，7 家房企处于高盈利高周转区间，2 家房企处于低盈利高周转区间，1 家房企处于高盈利低周转区间。其中，中海销售净利率最高，新城总资产周转速度最快。

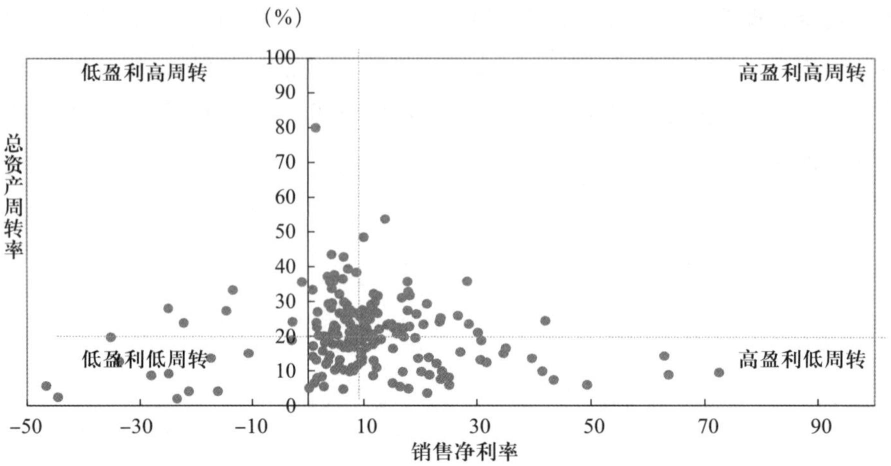

图 6-1-84　2020 年上市房企经营战略组合

数据来源：企业年报、CRIC、上海易居房地产研究院。

（8）社会责任分析

行业环境健康向好，企业勇担社会责任

房地产是国民经济的支柱行业，各大房企在发展壮大的过程中，逐渐承担起企业公民的责任，关注自身发展的同时不忘反哺社会。尤其是头部房企，对社会责任的关注愈加重视，在公益事业方面的投入日渐增多。2020 年，各大房企更是以高度的社会责任感，在抗击新冠肺炎疫情的道路上表现出了应有的担当。截至 2021 年 5 月 11 日，10 强上市房企中发布 2020 年社会责任报告的有 5 家，50 强中有 16 家，100 强中有 34 家。其中，典型房企如万科、保利、招商蛇口等已连续多年发布社会责任报告。

目前，市场主流的社会责任报告主要是关注环境、社会、公司治理绩效的 ESG 报告，ESG 评价指标体系有利于引导上市公司规范这 3 个方面的行为，推动公司践行创新、绿色、协调等理念，助力市场健康发展。目前，已有部分房企设立了 ESG 相关管理机构，如万科在 2019 年经董事会审议明确了 ESG 管理体系，将董事会作为 ESG 管理的最高决策机构，并另设 ESG 工作委员会、ESG 执行小组，以确保万科将面对的可持续发展问题逐步纳入公司议程。

本次测评根据 ESG 评价体系的关注范围，重点分析上市房企在公司治理、环境责任、社会责任 3 个方面的发展情况。公司治理方面，上市房企不断完善企业内部风控体系、规范员工行为、开展廉洁教育，争取为行业营造公平、诚信的竞争氛围。纳税额也是衡量企业承担社会责任的一大指标，2020 年，上市房企纳税额均值为 21.55 亿元，同比下降约 8%。受新冠肺炎疫情影响，国家先后出台多项支持疫情防控和复工复产的税费优惠政策，一方面为提供物资捐赠的企业降税减费，另一方面对受疫情影响较大的行业企业阶段性减免各种税费。多方因素叠加之下，2020 年上市房企整体纳税额下降。

从上市房企社会责任类型分布来看，2020 年，约 15%的上市房企属于高贡献度型，较 2019 年增加 8%。弱贡献度型上市房企数量最多，约占 75%，较 2019 年增加 22%。其余两种类型房企数量占比均有所下降（见图 6-1-85）。

其中，高贡献度型上市房企纳税额均值较 2019 年降幅较大，仅 106.81 亿元（见图 6-1-86）。中贡献度型上市房企纳税额同比下降约 22%。低贡献度型、弱贡献度型上市房企纳税额均值均较 2019 年有大幅提升。

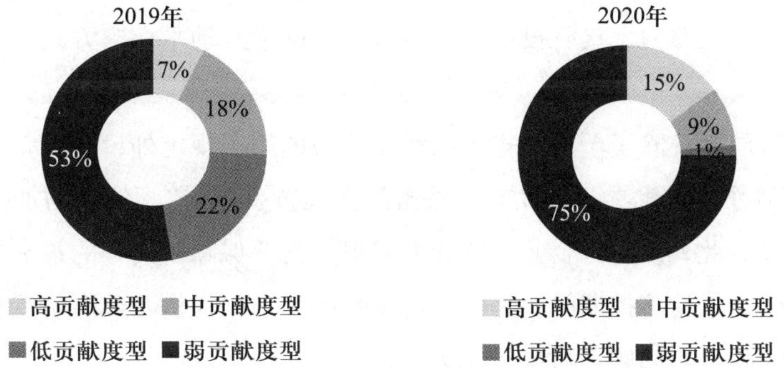

图 6-1-85　上市房企社会责任类型分布

本次测评以企业纳税额、参与保障房建设情况及企业捐款等为主要指标，将上市房企划分为四个层级：

◆ 高贡献度型：主动纳税，积极投身社会公益事业，参建保障房的领军企业，获得多方社会认同。

◆ 中贡献度型：与行业平均相近的纳税额度，比较重视参加公益活动和保障房项目的建设，积极拓展企业的社会认知度。

◆ 低贡献度型：纳税额较低，有一定的积极性投身于公益活动和保障房建设。

◆ 弱贡献度型：与行业平均水平有一定距离，亟待企业加强重视程度。

数据来源：企业年报、上海易居房地产研究院。

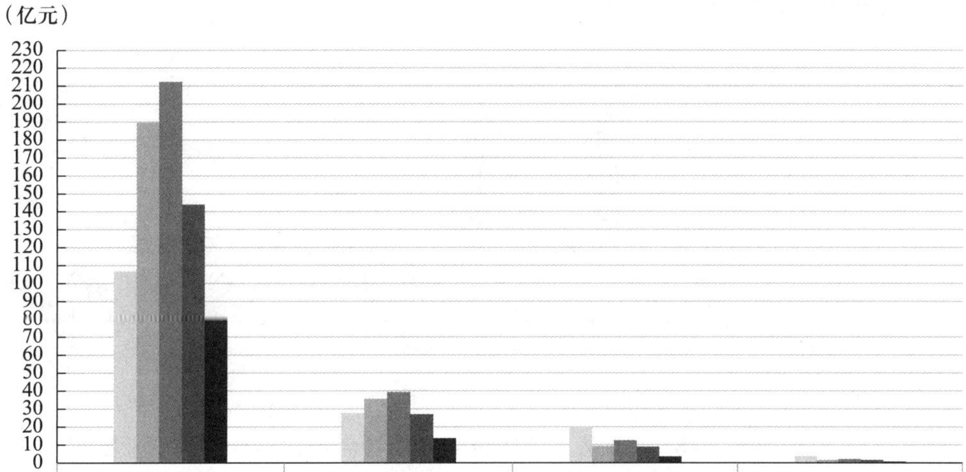

	高贡献度型	中贡献度型	低贡献度型	弱贡献度型
2020年	106.81	27.73	20.28	3.79
2019年	189.51	35.69	9.41	1.64
2018年	212.18	39.33	12.40	2.09
2017年	143.76	27.02	8.96	1.69
2016年	80.69	13.72	3.58	0.71

图 6-1-86　2016—2020 年上市房企纳税额均值比较

数据来源：企业年报、上海易居房地产研究院。

股东层面，上市房企及时发布相关公告，定期披露经营信息，提升经营透明度。投资者关系管理方面，通过股东大会、接待调研、开展路演、接听投资者热线电话、网络互动平台等方式为全体投资者提供参与公司治理的机会。

社会责任方面，员工层面，除了严格遵守各项法律法规的用工规定外，不少企业致力于打造公平、多元的工作环境。2020 年，万科作为首批参与者发起"香蜜湖女性董事倡议"，倡导增加女性在董事会中的席位，为妇女赋权，促进性别平等。此外，部分企业为特殊人群提供就业保障和同等的福利晋升待遇，营造平等的工作氛围。保利物业在新冠肺炎疫情防控期间，为受疫情影响困难家庭提供基础岗位绿色就业通道，并接收退役军人、帮助困难农民工解决就业难问题，表现出龙头房企应有的担当。

客户层面，上市房企致力于建立专业的客户服务体系，保护客户隐私、坚守营销底线。在开展围绕物业、商业、公寓、酒店等的各项业务时，加强在软硬件方面的安全管理，提高用户安全保障。此外，近年来，龙湖、绿地、华润置地等不少上市房企上线"工地开放日"，邀请一些准业主、客户参观工地，并邀请工程师现场讲解展示。此举有利于企业了解客户的关注点，及时发现并解决问题，降低交付风险。

合作伙伴层面，不少上市房企以互惠共赢为合作理念，坚持公平公开采购，整合行业上下游资源，实现优势互补，促进产品提质降本，推动行业迈向高质量发展。

面向社会公众层面，各大房企根据自身优势特点，纷纷开展扶贫、助学、关爱健康等一系列公益活动。相关资料显示，所有 30 强上市房企均参与了抗疫救灾，超过 25 家企业参与了精准扶贫、乡村振兴和教育助学活动（见图 6-1-87）。目前，30 强上市房企中，共有 24 家建立了自己的基金会，旨在集结各方资源，提高慈善公益活动的社会效益，体现了企业的责任感与担当。

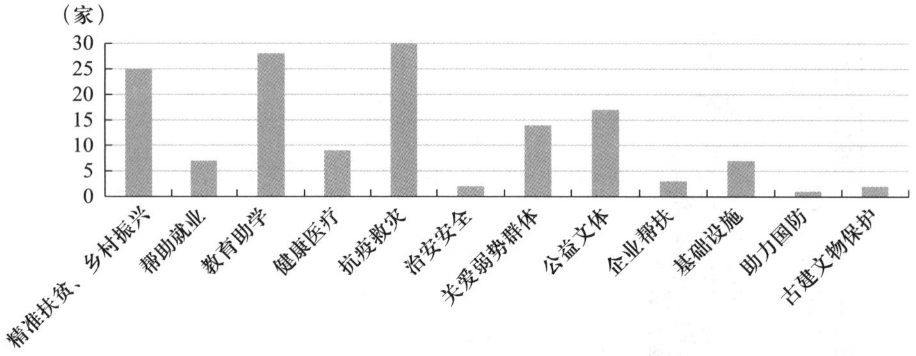

图 6-1-87　30 强上市房企中各项社会责任活动参与企业数量

数据来源：企业社会责任报告、企业官网。

环境责任方面，2020 年住建部等 7 部门发布《绿色建筑创建行动方案》，方案要求到 2022 年，城镇新建建筑中绿色建筑面积占比达 70%，星级绿色建筑持续增加。同年 9 月，国家主席习近平在第 75 届联合国大会期间提出，中国二氧化碳排放力争于 2030 年前达到峰值，努力争取 2060 年前实现碳中和。这一切都预示着绿色建筑是当下房企产品的主流选择，绿色建筑新技术与高科技、数字化的结合是实现可持续发展、建设节约型社会的必然选择。

目前，上市房企实现绿色建筑目标主要通过设计、施工、运营 3 个环节。在设计环节，绿色环保技术的创新研发是上市房企关注的重点。在遵循《绿色建筑评价标准》等相关标准的基础上，部分上市房企还亲自编撰或参与制定更精细化的绿色建筑标准，力图在保证质量的前提下，最大限度地避免资源浪费、减少环境负担（见表 6-1-16）。

表 6-1-16 典型上市房企制定绿色建筑标准相关内容

企业名称	绿色建筑标准相关内容
万科	以《绿色建筑评价标准》（GB/T 50378-2019）为基础，万科制定《万科集团绿色建筑标准指引》，建立以关注“人”本身为主的绿色技术体系，为客户营造安全、健康、舒适的建筑环境。万科结合建筑所在地域的气候、环境、资源等特点，从安全耐久、健康舒适、生活便利、资源节约、环境宜居等性能方面对建筑设计做出明确要求
大悦城	2018 年，以发布《绿色智慧家白皮书》的形式推出中国首个健康智慧住宅产品标准及实施体系，以及具有革新意义的全新产品“绿色智慧家”。“绿色智慧家”以绿色健康、智慧生活、家文化 3 个维度为核心理念，关注空气、水、光、健身、舒适、精神、环保节能，建立全新健康建筑标准
金融街	在产品设计方面，公司将环境性能作为设计目标和出发点，统筹考虑产品的舒适度、实用性、安全性等多个方面，将环境因素和预防污染的措施纳入产品设计之中。2020 年公司经探索、研究修订颁布了《住宅产品线精装配置标准》，“住宅产品材料部品定型化”等成果对产品配置、材料部品选型等做出了标准化配置，并通过材料部品的战略采购提高了社会资源的使用效率

资料来源：相关企业社会责任报告、上海易居房地产研究院。

施工环节，上市房企在保证质量与安全的前提下，通过节约能源、节约用水、处置废弃物、控制扬尘、控制废气排放、控制污水排放等途径开展绿色施工，并运用智能科技管理平台实施无人值守、集中管控，减少人力、物力的消耗。材料的选用上，将高能耗材料换成节能型材料。更有华润置地、荣盛发展、龙光发展等上市房企，为减少有害物质进入施工现场，采用装配式建筑技术，有效降低了噪音、粉尘、水资源污染等问题的影响程度。此外，在更早的土地开发阶段，就有上市房企如万科开展土壤修复、河道治理等工作，从区域开发、产业导入等角度，推动生态环境逐步改善。

运营环节，除了继续执行上述节约资源、控制排放等措施，上市房企还针对商业物业、住宅物业等不同物业的特点，定制不同的能源管理规范。在设计阶段就接入监测点，在运营时，根据各阶段数据制定有针对性的改进措施。同时，还有房企如万科开启线下宣传培训活动，在部分社区、学校等地开展鼓励公众参与的“零废弃管理”公益活动。

（9）创新能力分析

持续发力产品创新，数字改革助力运营

2020 年，产品创新、管理创新和多元化业务发展成为房地产企业高质量发展的重要抓手。产品作为房地产企业的核心竞争力之一，受到房企越来越多的关注。2020 年是我国经济数字化转型的关键期，数字化改革正逐步改善房地产企业的运营效率。多元化则是房地产企业追求第二增长曲线的重要途径。

产品创新作为房地产行业高质量发展的重要标志，越来越受到各方的关注。房地产企业主要从客户需求出发，进行产品的迭代更新。近年来，消费者的购房需求从单纯的居住需求向追求生活品质和满足精神层次需求转变，居家社交需求不断提升。在住宅产品内部，房企创新主要是通过增加公共区域的面积比例来满足客户社交需求。如旭辉在 CIFI-7 产品中，给各种户型加上开阔的“自由+”巨厅，提升公共空间尺度，同时打破墙体对空间的局限。社区公共部分，房企通过创新设计，打造满足各年龄阶段住户需求的社区公共景观和共同活动区域。如保利置业 2020 年推出全龄复合居住系统 3.0，通过乐活健康、幸福归家、优雅形象、快乐家庭、人性细节 5 项核心理念，18 项子系统和超过 50 项技术，助力产品升级，打造 LIGHT 悦享社区。

科技智慧也是房企产品创新的重点之一。一方面，房企纷纷提升自身科技创新的能力，如 2020 年金茂成立金茂绿建科研实验室，进行了一系列关于未来人居、未来城市的探索。另一方面，房企积极与科技企业合作，探索科学技术在房地产行业的具体应用。如华润置地与华为合作，使用 AR 技术，围绕零售场景打造全链路智慧解决方案。小区物业管理则是科技应用的一个重点领域。如龙光提出“芯·未来”6大科技主题全智慧场景，形成全时全生活场景无缝连接的智慧社区生态圈，解决并满足社区通行、安防、居家办公、全景控制、智能家居、云科技等现代需求。

2020年，绿色健康住宅快速发展。远洋确立“建筑健康”的品牌核心理念，推出远洋健康建筑系统。正荣创新研发“绿洲社区计划”，从自然、文化、健康三大维度发力。

管理创新方面，2020年房企力推数字化改革。其主要目的是节约财务和时间成本，从而达到精细化管理。龙头房企在数字化改革方面布局较早。2018年11月，碧桂园开展了数字化转型战略——碧合计划。公司上线了一整套解决方案，全面替换原有系统，实现SAP财务、人事管理、流程管理系统及主数据系统的全面上线，并通过系统集成平台实现主数据的集成。融创2020年SAP（管理软件与解决方案）全部功能模块上线，打造了涵盖主数据管理、计划管理、成本管理、采购管理、营销管理、财务管理、费控管理七大业务模块的一体化信息系统。万科2016年1月推出信息化、数字化战略“沃土计划”。中海地产则有“全景计划”用以建立全视角数据分析经营体系。从改革的效果看，数字化对龙头房企的营销和市场推广成本、行政费用等成本下降均有一定程度的正面效果。具体从管理费用情况看，2020年，10强上市房企在销售继续扩张的情况下，管理费用出现了负增长（见图6-1-88）。

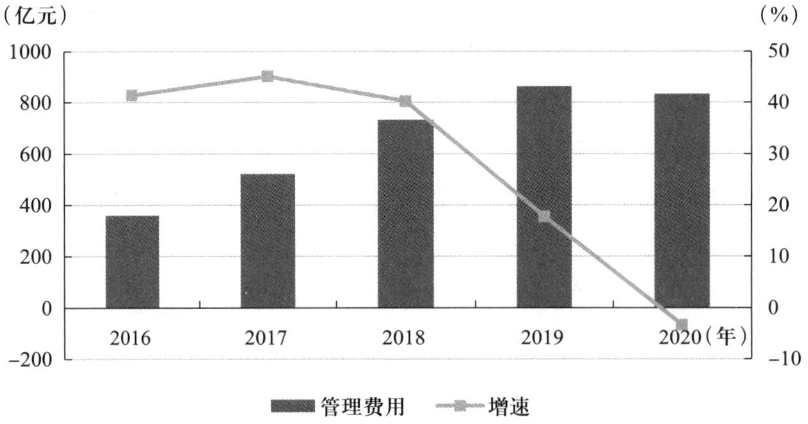

图6-1-88　2016—2020年10强上市房企合计管理费用情况

数据来源：企业年报、上海易居房地产研究院。

目前，房地产行业的发展逻辑已不再支持高速增长，尽管目前上市房企发展重点仍为夯实开发主业，但寻找第二增长曲线已成房企共识。龙头房企开辟的第二战场主要包括物管、租赁、办公、文旅、养老、产业运营、投资等领域。如碧桂园将地产、机器人和现代农业作为企业发展的“三驾马车”。龙湖将地产开发、商业运营、租赁住房、智慧服务、房屋租赁、房屋装修作为公司的六大主航道业务协同发展。从多元化布局情况看，30强上市房企在物管、商业地产、大健康、酒店、长租公寓等领域涉足较多（见图6-1-89）。其中，物管板块是多数房企最成功的多元化版图，现金流稳定、集中度低、成长空间大的物业板块已经获得资本市场的广泛认可。根据中物研协信息科技有限公司统计，2020年有17家物管企业登陆资本市场，上市数量再创新高。目前上市物业管理公司共计45家，其中40家具有房地产开发企业背景。从各梯队物业板块已上市情况看，10强上市房企物业板块已上市占比最高，为80%（见图6-1-90）。截至2021年5月，拟上市的物业管理企业有18家，均具有房地产开发企业背景。

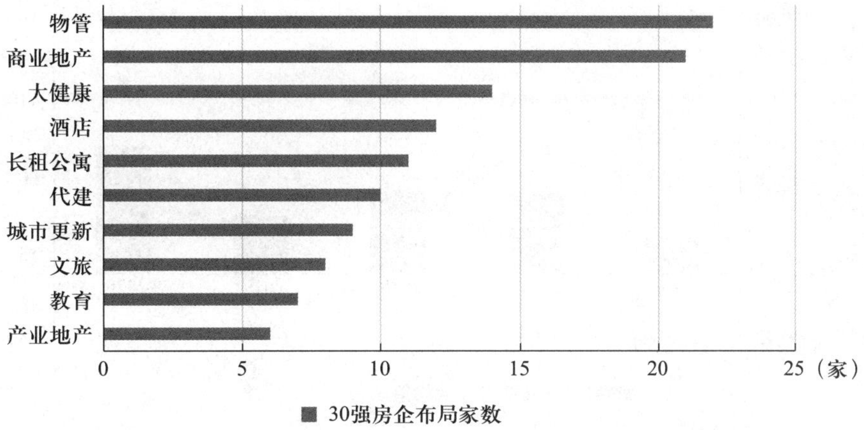

图 6-1-89　2020 年上市房企 30 强多元化主要布局方向

数据来源：公司官网、上海易居房地产研究院。

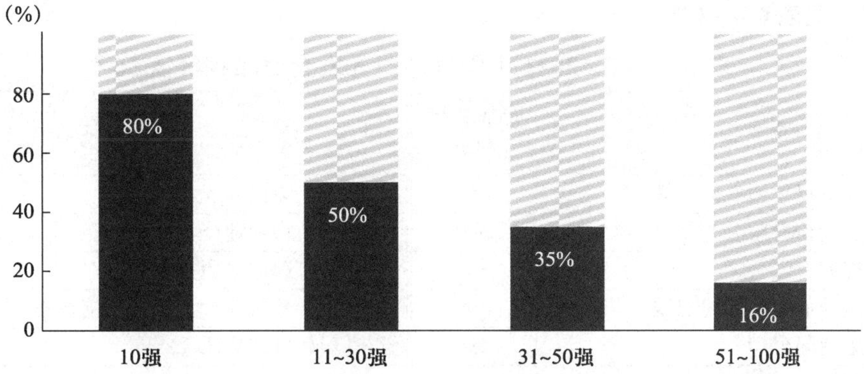

图 6-1-90　各梯队上市房企物业板块已上市比例

数据来源：中物研协信息科技有限公司、上海易居房地产研究院。

同时，参与创投的龙头房企越来越多，目前房企创投的标的企业主要包括：与地产开发关联较强的上下游产业链企业，房产经纪行业或社区生活服务企业，从事互联网或高新科技领域的创业、创新企业等。

从多元化业务的发展情况看，2016—2020 年，除了 2019 年，上市房企多元化业务收入基本呈现稳步增长的态势，2020 年多元化业务同比增长约 122%，与房地产开发业务仅 1. 84%的同比增长形成了鲜明的对比（见图 6-1-91）。

（三）2021 年中国房地产开发企业品牌价值测评

发布机构：上海易居房地产研究院

发布时间：2021 年 9 月 23 日

发布地点：成都

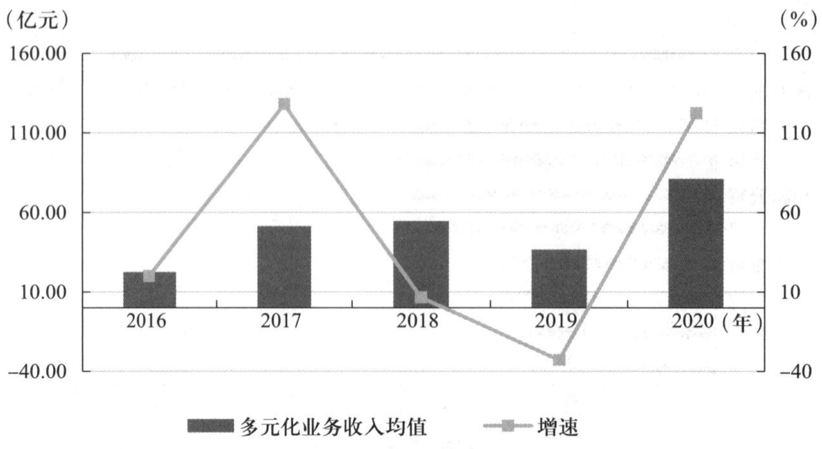

图 6-1-91　2016—2020 年上市房企多元化业务均值变化情况

注：上市房企多元化业务收入均值=上市房企营业收入均值-上市房企房地产开发业务收入均值。

数据来源：企业公告、上海易居房地产研究院。

1. 测评榜单（见表 6-1-17）

表 6-1-17　2021 中国房地产开发企业品牌价值 50 强

排名	企业名称	品牌价值（亿元）	排名	企业名称	品牌价值（亿元）
1	中海企业发展集团有限公司	751	26	中梁控股集团	199
2	万科企业股份有限公司	669	27	路劲地产集团有限公司	196
3	碧桂园控股有限公司	573	28	远洋集团控股有限公司	192
4	保利发展控股集团股份有限公司	493	29	金科地产集团股份有限公司	189
5	华润置地有限公司	486	30	禹洲集团	184
6	龙湖集团控股有限公司	436	31	龙光集团有限公司	180
7	融创中国控股有限公司	412	32	荣盛房地产发展股份有限公司	173
8	招商局蛇口工业区控股股份有限公司	397	33	卓越置业集团有限公司	172
9	世茂集团控股有限公司	382	34	金辉控股（集团）有限公司	170
10	金地（集团）股份有限公司	327	35	中骏集团控股有限公司	168
11	旭辉集团	301	36	合景泰富集团控股有限公司	159
12	新城控股集团股份有限公司	296	37	宝龙地产控股有限公司	143
13	阳光城集团股份有限公司	282	38	越秀地产	141
14	广州富力地产股份有限公司	278	39	四川新希望房地产开发有限公司	140
15	雅居乐集团控股有限公司	271	40	俊发集团有限公司	138
16	中国金茂控股集团有限公司	270	41	中国电建地产集团有限公司	137
17	江苏中南建设集团股份有限公司	266	42	佳源创盛控股集团有限公司	135
18	绿城中国控股有限公司	263	43	海伦堡中国控股有限公司	128
19	正荣地产控股股份有限公司	256	44	仁恒置地有限公司	125
20	绿地控股集团股份有限公司	247	45	重庆华宇集团有限公司	122
21	融信集团	234	46	弘阳地产集团有限公司	120
22	中国奥园集团	224	47	东原集团	118
23	佳兆业集团控股有限公司	221	48	大华（集团）有限公司	116
24	美的置业集团有限公司	216	49	隆基泰和集团有限公司	115
25	祥生控股（集团）有限公司	216	50	正商集团	113

2. 测评分析

（1）入榜企业分析

50 强房企基本稳定，中海连续位列榜单首位

近几年，50 强品牌房企位次基本稳定，2021 年 50 强榜单变动率为 14%，20 强榜单变动率为 10%，10 强榜单变动率为 20%。其中，新晋 10 强的品牌房企为招商蛇口和金地，招商蛇口以“中国领先的城市和园区综合开发运营服务商”为愿景，为城市发展与产业升级提供综合性的解决方案，排名从 2020 年的第 11 位上升到 2021 年第 8 位，金地坚守“科学筑家”的使命，在企业经营中体现“专业之道，惟精惟一”的特质，排名从 2020 年的第 13 位上升到 2021 年第 10 位。保利坚守央企社会责任，为房子注入“和谐生活，自然舒适”的品牌价值，排名从 2020 年的第 7 位上升到 2021 年第 4 位（见表 6-1-18）。

表 6-1-18　2021 品牌 10 强房企名次变化

企业名称	2021 年排名	2020 年排名	2019 年排名
中　海	1	1	1
万　科	2	2	3
碧桂园	3	4	5
保　利	4	7	4
华　润	5	5	6
龙　湖	6	6	7
融　创	7	8	8
招商蛇口	8	11	11
世　茂	9	10	12
金　地	10	13	13

数据来源：CRIC、上海易居房地产研究院。

华东华南占据大半，上市房企占比将近八成

从 50 强品牌房企总部分布来看，华东、华南房企占比较大，分别为 44% 和 34%。其次为华北，占比为 14%，西南和华中房企占比未超 10%，西北房企未入榜。相较于 2020 年，华东房企占比有所增加，其他区域占比均有所降低。10 强品牌房企中，华南区域依旧占据最高份额，总计有 7 家，华北区域房企 2 家，华东区域房企 1 家（见图 6-1-92）。

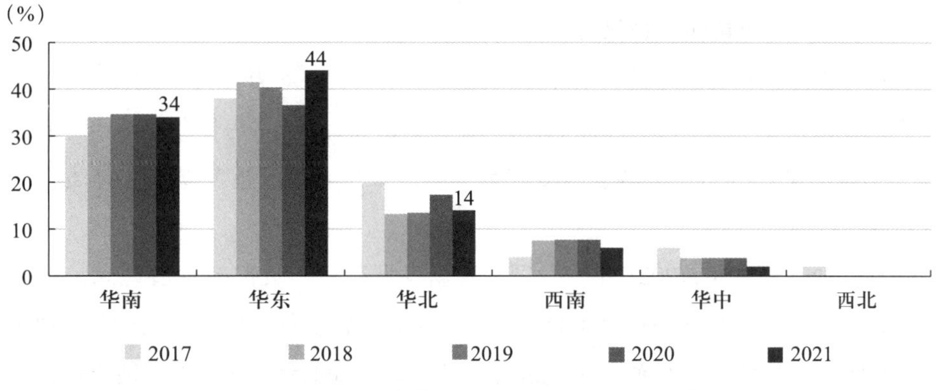

图 6-1-92　50 强品牌房企区域占比（2017—2021 年）

数据来源：上海易居房地产研究院。

从近5年50强品牌房企榜单来看，上市房企依旧占据主流位置，资本市场对房企发展起着正面促进作用。2021年，50强品牌房企中，上市房企占比约为80%，非上市房企占比约为20%（见图6-1-93）。2020年，金辉、祥生于香港联交所挂牌上市。卓越、俊发等非上市房企凭借其高效运营能力、稳健的布局、优秀的产品力持续提升品牌影响力。

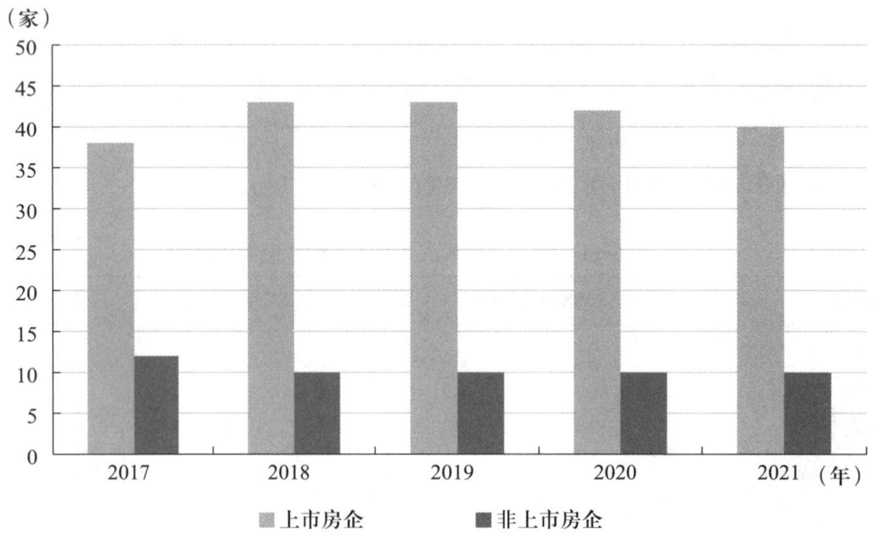

图6-1-93　50强品牌房企上市情况（2017—2021年）

数据来源：上海易居房地产研究院。

从企业性质来看，50强品牌房企中，有国资背景的占比为22%，民营企业占比78%。其中，10强房企中有国资背景的房企与民营房企各5家，相较于民营房企，有国资背景的房企品牌建设具有战略前瞻性，品牌影响力在融资、口碑传播、战略合作及人才吸引等方面的作用日益凸显，进而促进品牌价值继续提升，形成良性循环。当前国家对房地产行业的调控政策密集发布，行业优势进一步向国有企业、中央企业倾斜，“三道红线”融资新规、土地供应“两集中”等政策，对房企的融资和拿地提出了更高的要求，越来越多的民营企业选择与有国资背景的房企合作，区域深耕的民营企业在本区的品牌优势及运营经验与国有企业的强大的资源整合能力相结合，优势互补，实现销售业绩的稳步提升。

（2）品牌成长分析

发展进入全新阶段，房企超额收益保持稳健

2020年，我国经济总量再上新台阶，全年国内生产总值达101.6万亿元，同比增长2.3%。具体到房地产市场，2020年全国商品房销售额17.4万亿元，同比增长8.7%；商品房销售面积17.6亿平方米，同比增长2.6%。行业政策方面，坚持“房住不炒、因城施策”的政策主基调，落实城市主体责任，实现稳地价、稳房价、稳预期长期调控目标。

作为“十四五”的开局之年，2021年，我国立足新发展阶段，贯彻新发展理念，构建新发展格局。具体到房地产行业，2021年上半年行业调控有了新的变化。例如，稳地价方面，双集中供地政策正式实施，限价背景下土地溢价率持续回落；稳房价方面，多个热点城市均发布加强新建商品住宅销售价格指导的通知，并首次提出防止以学区房等名义炒作房价；其他政策如土地出让金划转税务部门征收，长期有利于限制地方政府杠杆率。

调控政策很大程度上影响了行业上游的土地价格及行业下游的新房价格，从超额收益情况看，龙头房企依然保持稳健增长。2020 年，10 强、20 强和 50 强品牌房企超额收益均值为 132. 88 亿元、76. 73 亿元和 34. 43 亿元，同比增长分别为 14. 91%、14. 60%和 6. 94%（见图 6-1-94）。品牌 50 强超额收益走势在 2019 年之后强于国房景气指数走势（见图 6-1-95）。

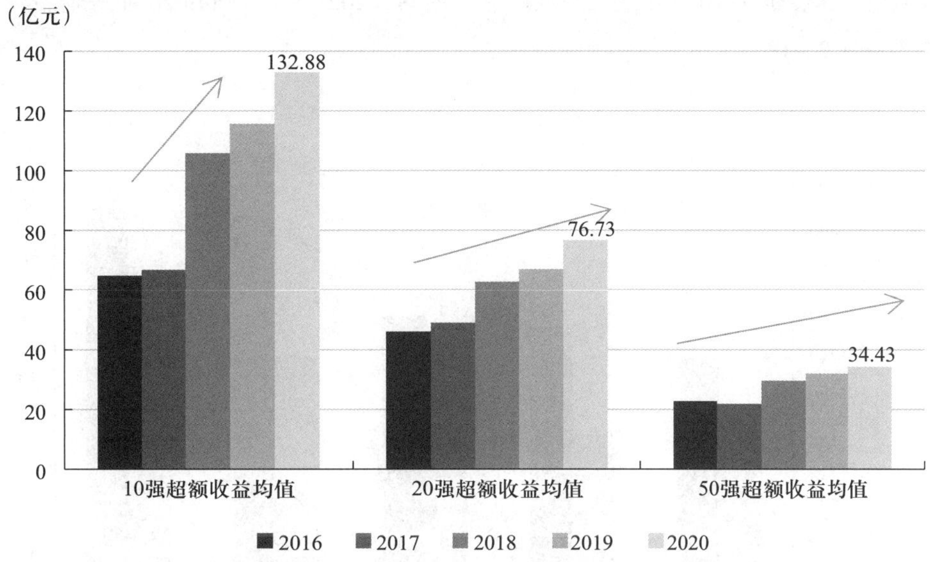

图 6-1-94　品牌房企超额收益均值情况（2016—2020 年）

数据来源：CRIC、上海易居房地产研究院。

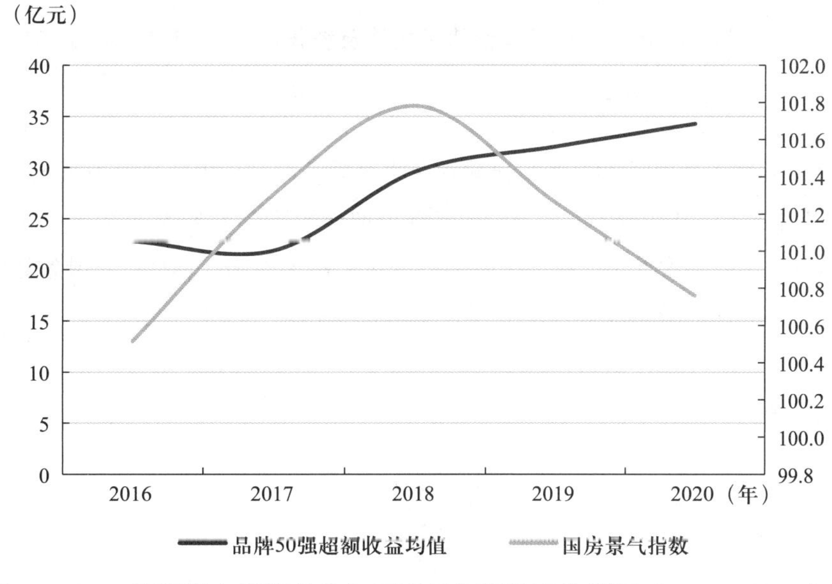

图 6-1-95　品牌房企超额收益与国房景气指数变化情况（2016—2020 年）

数据来源：CRIC、上海易居房地产研究院。

品牌价值增速趋缓，企业品牌发展出现分化

从 2017—2021 年房地产企业品牌价值测评结果看，企业品牌价值总体呈现稳步增长的态势。这主要得益于房企近年来努力提升产品质量，不断提高服务水平。同时，作为企业公民，房企积极参与抗击新冠肺炎疫情、脱贫攻坚、乡村振兴等公益慈善和社会服务。

数据显示，2021 年，50 强和 20 强品牌房企的品牌价值均保持增长（见图 6-1-96）。其中，50 强品牌价值均值由 2017 年的 149 亿元上升至 2021 年的 251 亿元，年均复合增长率为 10.99%。20 强品牌价值均值从 2017 年的 238 亿元上升至 2021 年的 383 亿元，年均复合增长率为 9.98%。随着房地产行业从高速增长转变为高质量发展，品牌价值增长速度也于 2020 年达到高点后逐步回落，2021 年 50 强和 20 强房企品牌价值平均值同比增长率分别为 3.72%和 2.41%。

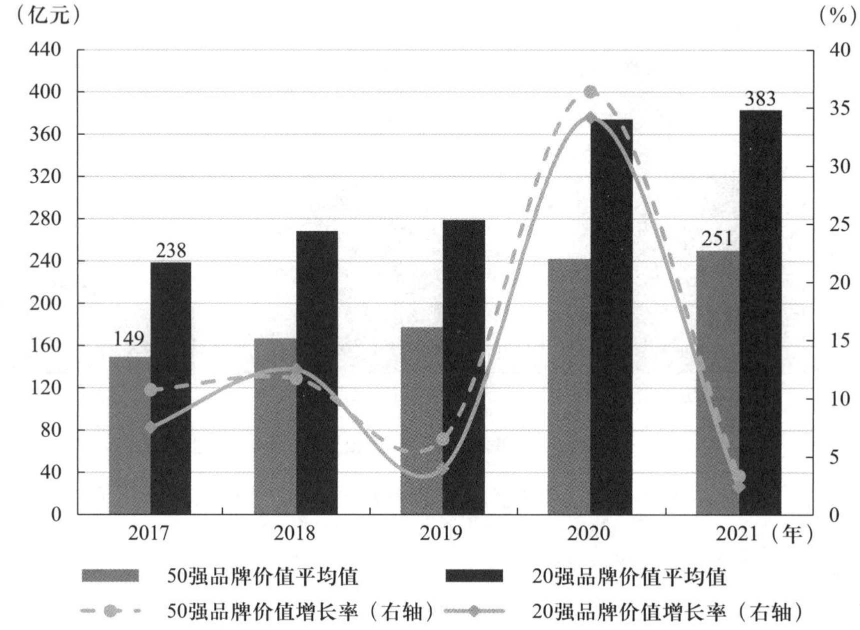

图 6-1-96　房企品牌价值平均值及增长情况（2017—2021 年）

数据来源：CRIC、上海易居房地产研究院。

从 2017—2021 年连续入榜企业的品牌价值测评结果来看，品牌价值总体有所增长，个别企业出现下降。数据显示，2020—2021 年连续入榜企业中，品牌价值实现正增长的房企占多数（见图 6-1-97），如保利、招商蛇口、金茂等房企均出现较大幅度增长。此外，有 11%的房企由于前期不理性扩张导致融资杠杆过高，投资决策失误等问题，品牌价值出现负增长。

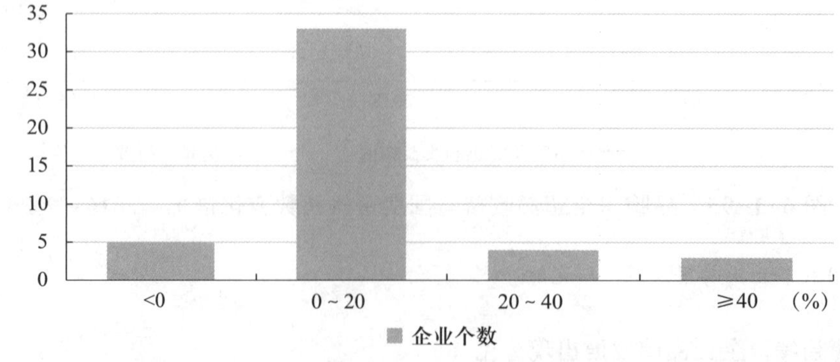

图 6-1-97　2021 年连续两年入榜房企品牌价值增长率分布情况

数据来源：CRIC、上海易居房地产研究院。

50 强门槛超过百亿，第二梯队房企小幅扩容

从近 5 年的情况看，进入品牌 50 强的门槛不断抬高，品牌价值从 2017 年的 54 亿元提升到 2021 年的 113 亿元，增长约 109.26%。品牌价值 10 强的门槛从 201 亿元提升到 327 亿元，增长约 62.69%。

2021 年，得益于 50 强品牌价值的稳步上升，全部入榜房企进入第一、第二梯队。其中，品牌价值在 200 亿元以上的第一梯队房企数量为 25 家，占比 50%，较 2020 年下降 2 个百分点（见图 6-1-98）。第一梯队房企品牌价值均值为 351 亿元，同比增长 5.41%（见图 6-1-99）；品牌价值在 100 亿~200 亿元的第二梯队房企数量为 25 家，占比 50%，较 2020 年增加 6 个百分点。第二梯队品牌价值均值为 151 亿元，同比增长 1.34%。总体来看，企业品牌价值格局基本稳定。

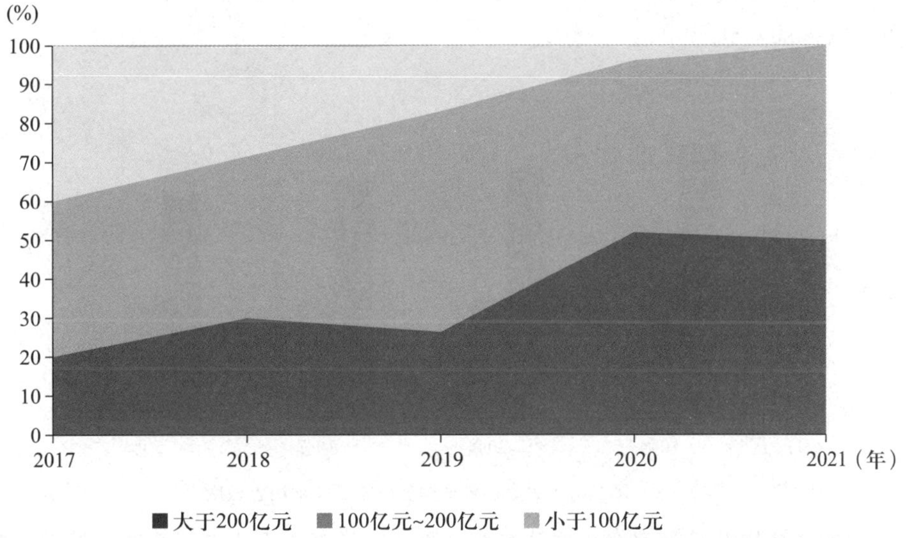

图 6-1-98　50 强品牌价值区间房企数量占比变化（2017—2021 年）

数据来源：CRIC、上海易居房地产研究院。

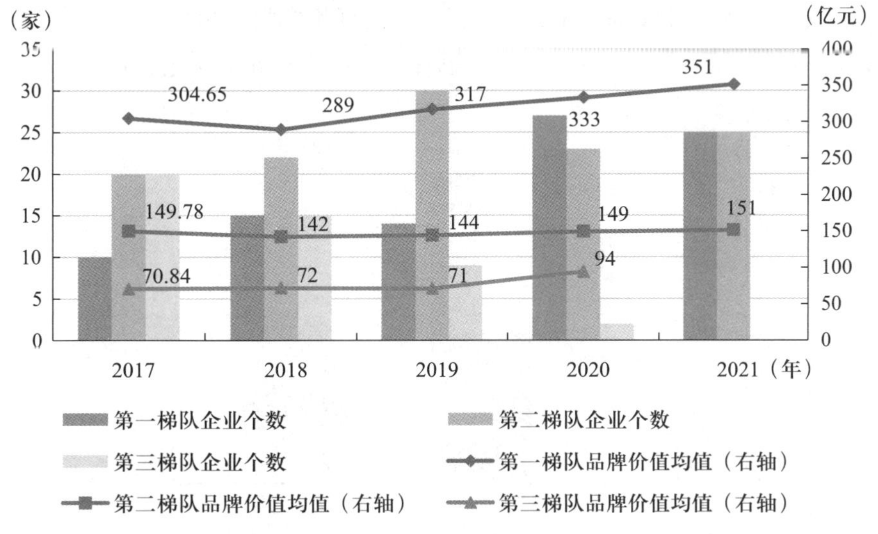

图 6-1-99　50 强房企品牌价值区间数量及均值情况（2017—2021 年）

数据来源：CRIC、上海易居房地产研究院。

（3）品牌特征分析

品牌“三度”有所下降，美誉度、忠诚度差距缩小

上海易居房地产研究院连续两年通过消费者调研，从认知度、美誉度和忠诚度 3 个维度分析房企的品牌特征。总体来看，2021 年，50 强品牌房企的认知度、美誉度和忠诚度均出现不同程度的下降。其中，平均认知度为 43. 49%，较上年下降 2. 12 个百分点；平均美誉度为 34. 50%，较上年下降 3. 36 个百分点；平均忠诚度为 7. 93%，较上年下降 17. 23 个百分点。从分化程度看，品牌美誉度的分化程度较大，方差为 2. 34%；认知度和忠诚度的数据相对集中，方差分别为 1. 24%和 0. 30%。

2021 年，房企的品牌“三度”均有所下降。同时，各梯队品牌房企的美誉度和忠诚度差距有所缩小。尤其是 30 强和 50 强房企之间在美誉度和忠诚度方面差距很小，其中美誉度均值相差 1. 57 个百分点，忠诚度均值相差 1. 52 个百分点（见图 6-1-100）。

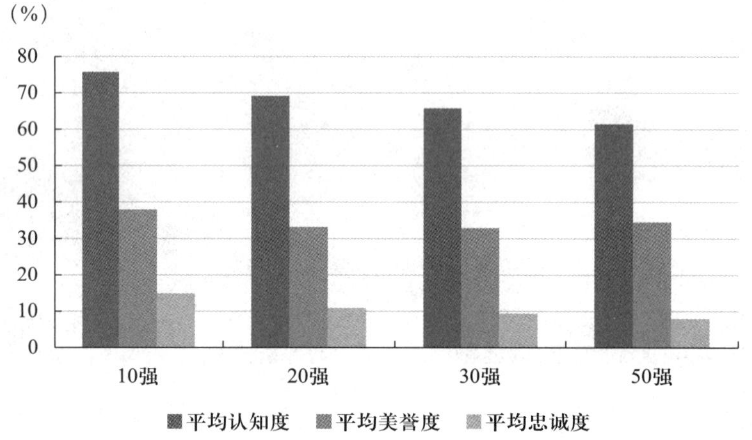

图 6-1-100　各梯队品牌房企平均认知度、平均美誉度、平均忠诚度对比情况（2021 年）

数据来源：上海易居房地产研究院房企品牌调研。

调研结果显示，50 强品牌房企的认知度多数集中在 25%～50%之间（见图 6-1-101）。10 强品牌房企平均认知度为 61. 52%，较 50 强平均水平高出 18. 03 个百分点，两者差距较 2020 年有所收窄。具体到房企，万科以 76. 78%的认知度排名第一，碧桂园、融创、世茂、新城分列第二到五位（见表 6-1-19）。

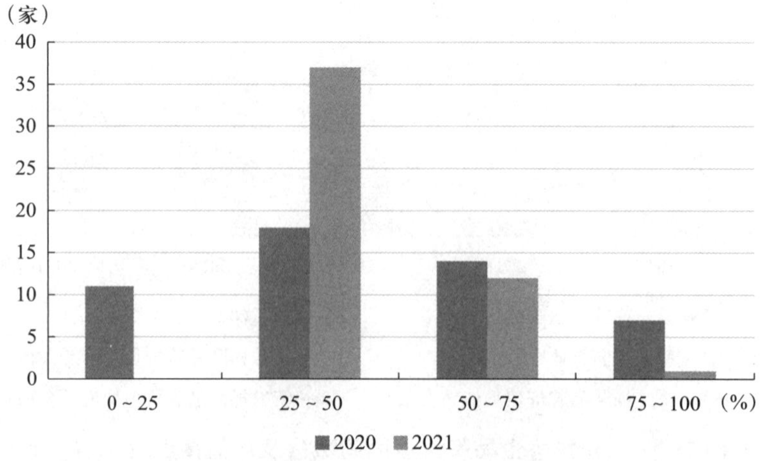

图 6-1-101　50 强品牌房企认知度分布情况（2020—2021 年）

数据来源：上海易居房地产研究院房企品牌调研。

表 6-1-19 品牌认知度调查排名前 10 的房企（2021 年）

企业名称	认知度（%）	企业名称	认知度（%）
万 科	76.78	金 科	58.69
碧桂园	69.09	保 利	55.53
融 创	67.40	龙 湖	54.21
世 茂	64.54	华 润	53.50
新 城	62.74	中 梁	53.29

数据来源：上海易居房地产研究院房企品牌调研。

品牌美誉度方面，在房价高企的背景下，客户对住房要求越来越高，比如希望所住区域能够同时满足健身、社交、教育、商业等多方面需求。如果房企在产品开发、资源整合、社区运营等各个环节中无法满足需求，都有可能降低客户对房企的美誉度评价。2021 年，56%的 50 强品牌房企美誉度在 20%~40%，其中，美誉度在 30%~40%的房企占比较上年下降较多（见图 6-1-102）。10 强品牌房企平均美誉度为 37.93%，比 50 强平均水平略高 3.43 个百分点，差异并不明显。其中，在认知的基础上，72.22%的受访者对龙湖做出了“非常喜欢”和“喜欢”的评价，其排名第一（见表 6-1-20）。万科和绿城分列第二、三位。

表 6-1-20 品牌美誉度调查排名前 10 房企（2021 年）

企业名称	美誉度（%）	企业名称	美誉度（%）
龙 湖	72.22	绿 地	59.22
万 科	71.91	融 创	50.00
绿 城	65.22	招商蛇口	50.00
中 海	62.50	金 茂	49.45
华 润	60.42	仁 恒	48.58

数据来源：上海易居房地产研究院房企品牌调研。

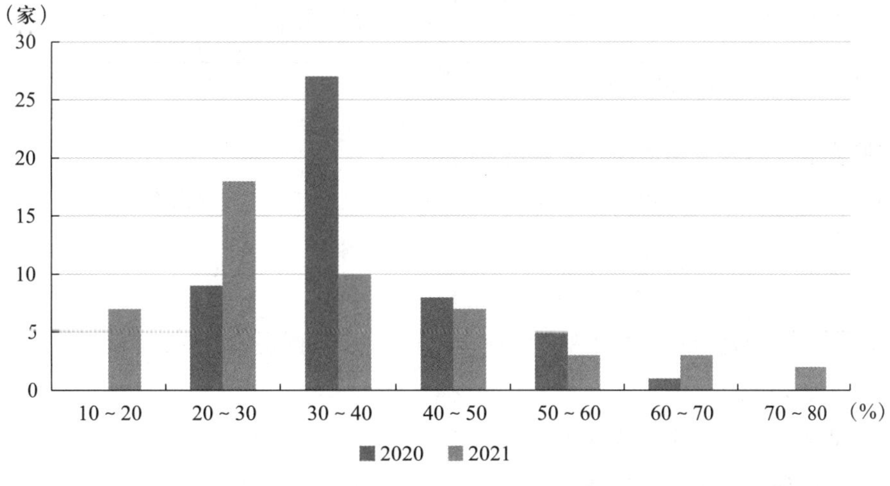

图 6-1-102 50 强品牌房企美誉度分布情况（2020—2021 年）

数据来源：上海易居房地产研究院房企品牌调研。

在品牌“三度”中，品牌房企的忠诚度下降幅度最大，主要是近年来房企负面新闻较多，包括泰禾、华夏幸福等知名房企均出现一些问题。50 强品牌房企忠诚度大幅低于 2020 年水平，96%的品牌房企忠诚度处于 0~20%（见图 6-1-103）。其中，10 强品牌房企平均忠诚度为 17.14%，较 50 强平均水平高 9.21 个百分点。万科以 22.50%的忠诚度排名第一（见表 6-1-21）。其次是融创，忠诚度为 20.65%。仁恒、保利、龙湖分列第三到五位。

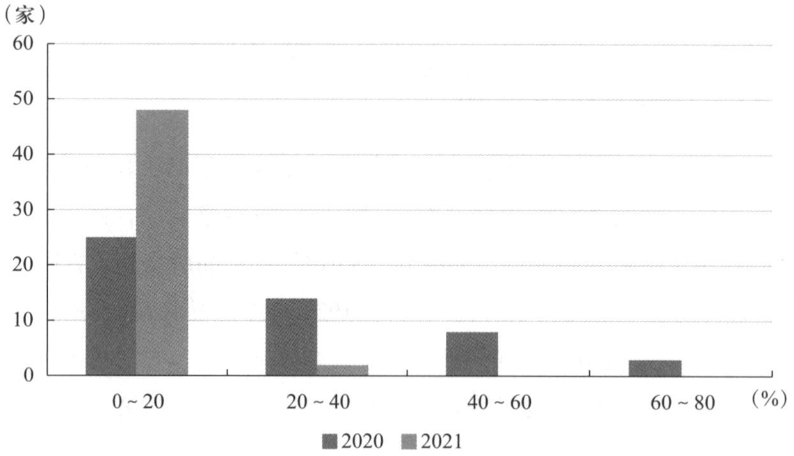

图 6-1-103　50 强品牌房企忠诚度分布情况（2020—2021 年）

数据来源：上海易居房地产研究院房企品牌调研。

表 6-1-21　品牌忠诚度调查排名前 10 的房企（2021 年）

企业名称	忠诚度（%）	企业名称	忠诚度（%）
万　科	22.50	世　茂	17.19
融　创	20.65	华　润	16.45
仁　恒	18.73	金　科	13.42
保　利	18.60	绿　城	12.97
龙　湖	18.40	金　茂	12.50

数据来源：上海易居房地产研究院房企品牌调研。

房企力求健康发展，积极主动承担社会责任

近年来，随着房地产行业的逐步发展和完善，房地产企业对于社会、环境的重视程度不断提升。50 强品牌房企披露 ESG 报告（环境、社会和管治报告）的比例连续 5 年稳步上升，从 2016 年的 62%提升到了 2020 年的 79%（见图 6-1-104）。从政策上来看，香港联交所自 2016 年后，对 ESG 监管要求不断增强，H 股上市的品牌房企从 2016 年起大部分开始披露 ESG 报告；内地也出台了相应的 ESG 政策。ESG 报告导向为长期健康发展，契合房地产行业的发展趋势。

ESG 报告侧重从环境、社会责任和企业管治 3 个维度来评价企业的长期可持续发展能力。在环境保护方面，品牌房企近年来愈加强调绿色、健康等概念。“绿色、健康”是房地产高质量发展的重要内容之一。具体来说，在产品设计环节，品牌房企积极实施装配式精装，提升全装修比率，增加绿色建筑比率；在项目建设环节，推广绿色建材使用，实行绿色施工标准，采用低碳排放施工工艺，低碳绿色文明施工；项目运营阶段，全面覆盖智慧运营，积极探索建筑低能耗运行途径，减少污染排放。从绿色建筑面积变化情况看，10 强品牌房企绿色建筑一星面积数据较好，如万科自 2014 年起，要求所有新建项目以绿色建筑一星为最低标准。但要求更高的二星、三星面积近年来表现有所起伏，2017 年和 2018 年的数据均有所下降，2019 年和 2020 年则保持高位状态（见图 6-1-105）。

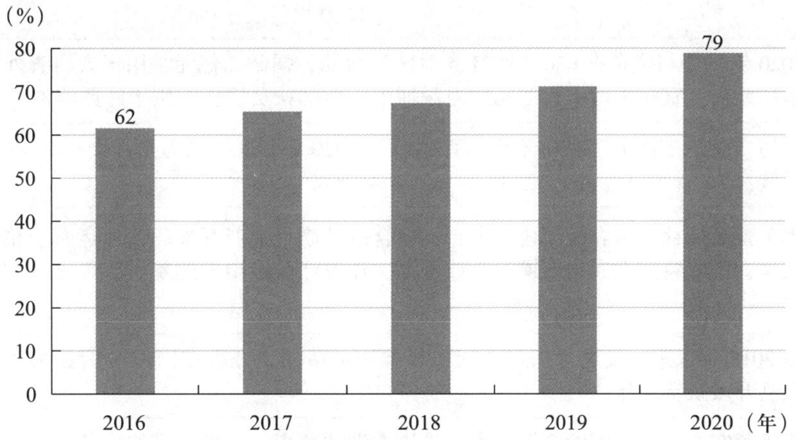

图 6-1-104　50 强品牌房企发布 ESG 报告的比例（2016—2020 年）

数据来源：企业年报、上海易居房地产研究院。

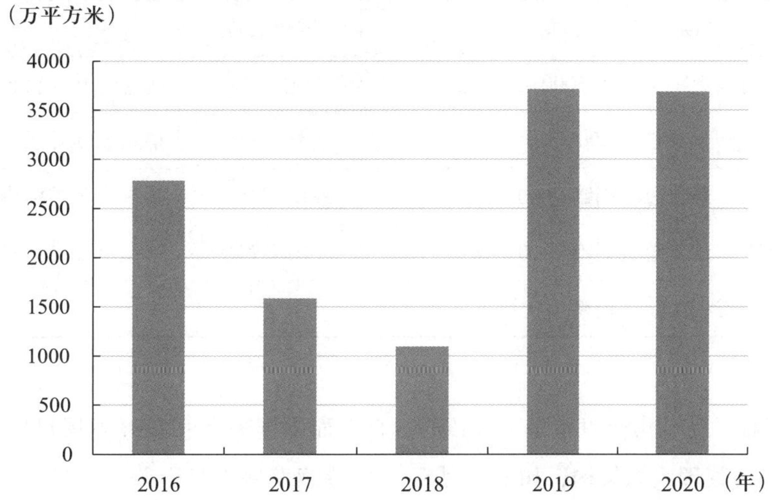

图 6-1-105　10 强品牌房企绿色建筑二星、三星面积（2016—2020 年）

数据来源：企业年报、企业可持续报告、企业环境、社会及管治报告。

品牌房企近年来对公益慈善活动越来越重视，主要发力点在脱贫攻坚、教育慈善、儿童健康三方面。其中，脱贫攻坚基本成为品牌房企履行社会责任的必选项（见表 6-1-22）。教育和医疗健康则根据公司的资源优势或传统进行有针对性的布局。如世茂扶贫以“健康扶贫”为切入点，打造自身“带动式、定点式、精准式”的健康扶贫模式。具体举措包括发起“守护小小生命”公益筹款活动，帮助重症孤弃儿童实现心愿；在 9 个省市地区兴建 100 余所世茂爱心医院；与西藏自治区签订包虫病防治援助协议；联合 20 余家企业成立“中华红丝带基金”，开展艾滋病防御和救治工作等。华润则是以教育为切入点，以零利润的形式承接公益品牌华润希望小镇的建设。对于新冠肺炎疫情和河南水灾的发生，地产行业全力支援，如在河南防汛救灾中，万科、融创、龙湖、新城等房企均伸出援手（见表 6-1-23）。

表 6-1-22　近年来典型房企助力脱贫攻坚行动情况

房企名称	助力脱贫攻坚行动
万科	2020 年，参与广东省 630“扶贫济困日”活动，捐赠 2 亿元，用于省内省外定点帮扶；参加第八届中国慈展会，宣布捐赠 1.5 亿元助力深圳市东西部扶贫协作，用于广西河池、百色等地精准扶贫项目
碧桂园	采用“一二三四五”扶贫工作体系，截至 2020 年年底，已为全社会捐款累计超 87 亿元，全国帮扶项目涉及 16 省 57 县，脱贫超 49 万人，人均增收 1497 元
龙湖	携手善品公社、乐农社等公益平台，整合调动旗下地产开发、商业运营、租赁住房、智慧服务、房屋租售、房屋装修六大主航道的全线资源，让农产品走出偏远乡村，走进城市生活，构筑助农的渠道及生态
中海	自 2018 年以来，发起“海惠万家”精准扶贫活动，先后在国家贫困县山西岚县、重庆巫溪县、甘肃康县开展扶贫工作
招商蛇口	积极落实招商局集团的部署，参与推进在湖北蕲春、云南镇雄的扶贫工作，为打赢脱贫攻坚战贡献力量。2018—2020 年，每年投入 4000 万元，全面助力镇雄人民迈向小康生活

数据来源：企业公告。

表 6-1-23　典型品牌房企支援河南防汛救灾情况（2021 年）

房企名称	支援行动	房企名称	支援行动
万　科	向河南红十字会捐赠 5000 万元	龙　光	向慈善基金会捐赠 1000 万元
融　创	向公益基金会捐赠 2000 万元	建　业	捐赠 500 万元
龙　湖	向郑州市慈善总会捐赠 2000 万元	绿　地	多举措驰援河南暴雨灾害
新　城	向河南省慈善总会捐赠 2000 万元	华润置地	郑州员工全力抢险救灾
中　梁	向河南省红十字会捐赠 100 万元		

数据来源：企业公众号。

从公司治理角度看，品牌房企以董事会为核心，自上而下推进企业 ESG 发展目标。目前，大部分品牌房企设立了专门的 ESG 相关管理组织架构，如 ESG 小组、可持续发展委员会等。通过不断完善 ESG 管理的组织架构、量化 ESG 战略发展目标、明确具体执行职能，推进企业 ESG 工作绩效的良好可持续发展。如万科于 2019 年经董事会审议明确了 ESG 管理体系，确立了 ESG 工作机构，确保将万科面对的可持续发展问题逐步纳入公司议程。2020 年 3 月，ESG 工作委员会就识别出的重大性议题向董事会进行汇报，检讨及评估集团可持续发展风险，并对重大性议题最终判定结果给出建议。

此外，当下房企内外部环境不确定因素众多，风险防控成为房企内部管治的重要内容。风险防控包括风险识别、风险评估、风险应对、风险报告等一系列程序与流程，不仅需要设立专门的组织架构、配置专业人员，还需要制度、技术支撑。随着风险管理意识和认知的不断提升，房企都在积极构建、完善自身的风险防控制度与体系。

品牌土储优势明显，房企市场开拓节奏趋稳

土储方面，品牌房企凭借较强的资源获取能力，优势明显。截至 2020 年年底，50 强品牌房企总土储面积为7.48亿平方米，货值存量维持较高水平，未来几年依然有能力保持平稳发展。从各梯队分布来看，10强品牌房企土储面积占比为52%，保持较高话语权，强者恒强的趋势有望持续，11~30强、31~50强品牌房企土储面积占比分别为32%、16%（见图6-1-106）。

城市布局方面，50强品牌房企在一线、二线、三四线城市的土储面积占比分别为3%、33%、64%，在一线、二线、三、四线城市的拿地金额占比为13%、42%、45%，品牌房企在三、四线城市土储量更大，一、二线城市土地成本更高（见图6-1-107和图6-1-108）。

区域方面，由于中西部二线城市保持较高的土地供应量，50强品牌房企在中西部土储占比达到41%（见图6-1-109）。长三角区域的经济发展在三大经济圈中保持领先，居民收入水平也长期处于全国之首，良好的经济基本面使得长三角区域内城市成为众多品牌房企布局的首选，50强品牌房企长三角区域的土储占比达到23%，环渤海、珠三角各占16%、14%，东北区域的土储比例相对较低，仅有6%。

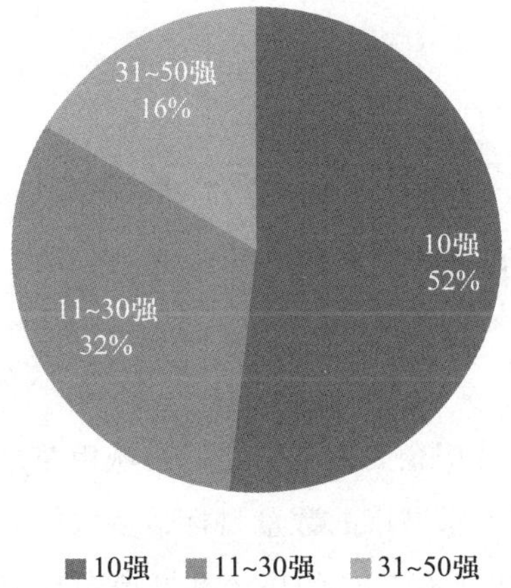

图6-1-106　品牌房企各梯队土储占比（2020年）

数据来源：上海易居房地产研究院。

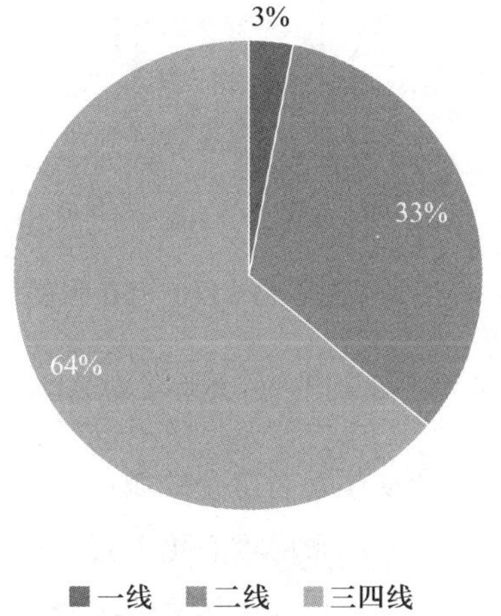

图6-1-107　50强品牌房企各线城市土储面积占比情况（2020年）

数据来源：上海易居房地产研究院。

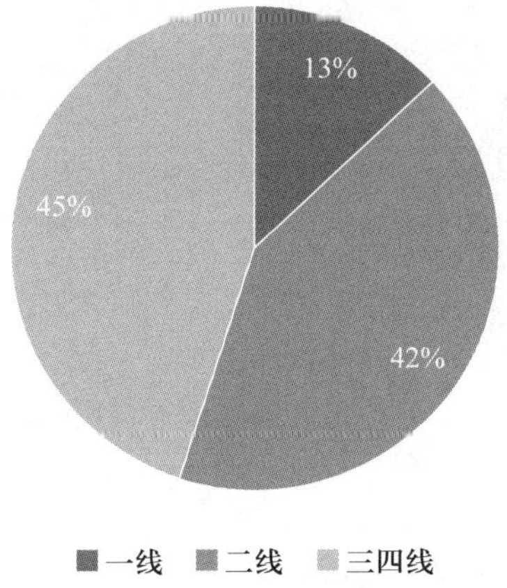

图6-1-108　50强品牌房企各线城市拿地金额占比情况（2020年）

数据来源：上海易居房地产研究院。

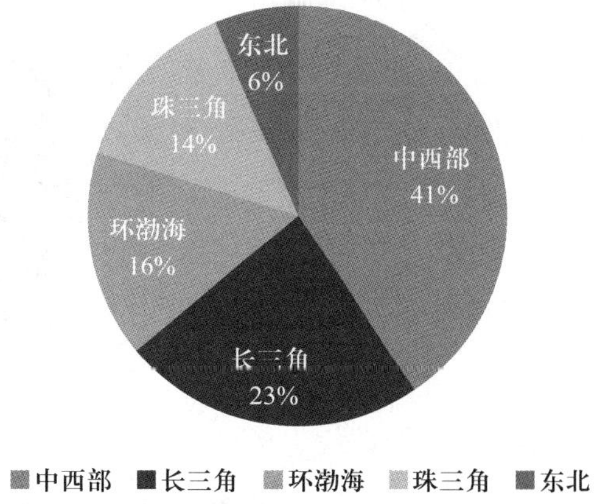

图6-1-109　50强品牌房企各区域土储占比（2020年）

数据来源：上海易居房地产研究院。

2020 年，50 强品牌房企进入城市数量与操盘金额关系愈加紧密，两者的相关系数为 0.77，较 2019 年提升 0.04（见图 6-1-110）。碧桂园依然贯彻全国布局的策略，布局城市数量超过 200 个，大幅领先同行；龙头企业中，万科、保利、世茂、招商蛇口、融创等企业布局城市数量也都超过 100 个，偏向于全国布局；中海、龙湖、金地、旭辉等偏向于重点区域深耕布局。

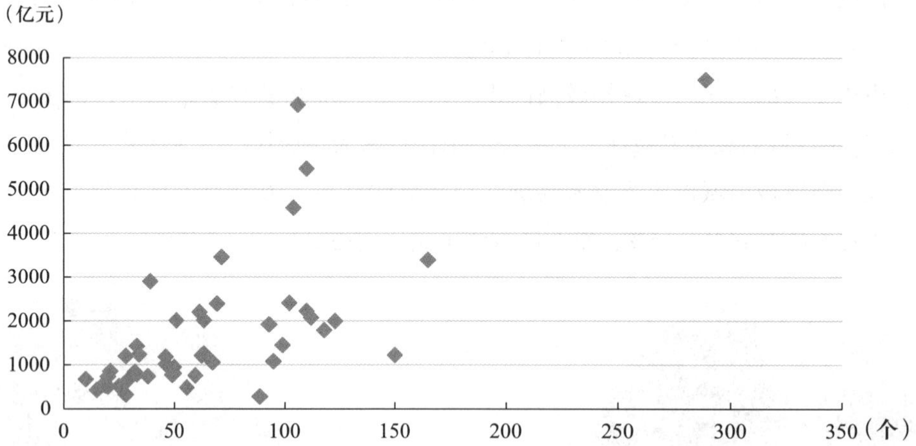

图 6-1-110　50 强品牌房企进入城市数量与操盘金额关系图（2020 年）

数据来源：企业官网、企业公告、上海易居房地产研究院。

土地政策变动频繁对房企的城市布局产生了重要影响。当前品牌房企更加看重在深耕城市拿地，对新进入城市较谨慎，企业的布局重心更多聚焦于巩固既定区域优势，不再追求城市的数量目标，多数核心城市的竞争格局或进一步固化。从城市拓展情况看，2020 年，50 强品牌房企中，有 70%的房企在城市布局方面依然处于扩张状态（见图 6-1-111），如万科、龙湖、世茂等房企布局城市数量稳步增加。同时，随着房地产市场整体增速趋稳，区域分化严重，东部地区支撑全国新房销售规模再创新高，热点区域城市竞争激烈，局部城市下行趋势明显。有 12%的品牌房企在布局方面开始收缩。

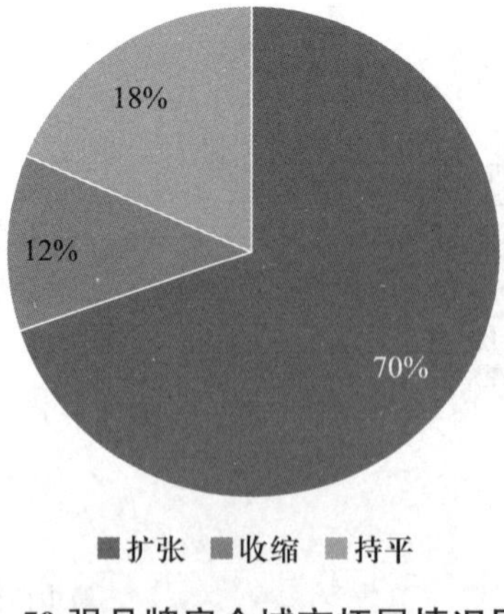

图 6-1-111　50 强品牌房企城市拓展情况图（2020 年）

数据来源：企业官网、企业公告、上海易居房地产研究院。

从各梯队情况看，2020 年，1～10 强品牌房企平均进入城市数量较 2019 年减少 5 个；11～20 强品牌房企平均进入城市数量较 2019 年减少 1 个（见表 6-1-24）。总体来看，在房企融资“三道红线”“房贷管理”“两道红线”等政策收紧影响下，相对于过去几年的迅速发展，20强房企的业务拓展受到一定限制。21~30强、31~40强、41~50强平均进入城市数量较2019年均有所提升。

表 6-1-24　各梯队品牌房企城市进入情况（2020年）

单位：个

排名	平均进入城市	均值变化	中位数	最小	最大
1~10强	120	↓（-5）	105	62	289
11~20强	74	↓（-1）	69	28	123
21~30强	72	↑（15）	55	19	165
31~40强	52	↑（18）	50	29	118
41~-50强	30	↑（10）	21	10	89

数据来源：企业官网、企业公告、上海易居房地产研究院。

从2020年二季度开始，大部分城市加大了优质土地供应力度，土地市场热度明显提升，下半年受“三道红线”政策的影响，融资渠道持续收紧，溢价率降幅明显，土地市场热度下滑。2021年上半年，土地供应“两集中”新政出台，热门城市优质地块的集中出让提升了土地市场热度，随后调控收紧进一步下沉，热点城市严格控溢价并加强对地价、房价的管控，市场热度明显得到控制。在当前房企由加速扩张转向减速提质的背景下，规模房企、国有企业等资金实力雄厚的品牌房企在首次集中供地中优势较大，将诸多优质地块收入囊中，如融创、万科、招商蛇口、保利、龙湖、碧桂园和中海在首批集中供地中拿地金额均超百亿元。反之，部分中小房企生存环境堪忧，只能通过联合拿地、抱团取暖的方式参与。

（4）品牌效应分析

品牌溢价效应趋稳，更多消费者愿支付溢价

本次测评选取中海、万科、保利等10强品牌房企在代表性重点城市的销售均价与城市平均销售价格进行对比（见图6-1-112），计算得到各大品牌房企在各城市的销售溢价率。数据显示，10强品牌房企近3年在重点城市销售溢价率多分布于0~15%区间范围内，其中2020年的平均数据为3.24%，均值比2019年下降6.79个百分点。近年来，在“房子是用来住的，不是用来炒的”政策背景下，房企受到限价政策的约束，品牌房企销售溢价率整体有所降低。同时，2020年受新冠肺炎疫情的影响，品牌房企促销力度加强，部分房企楼盘销售均价弱于2019年同期。

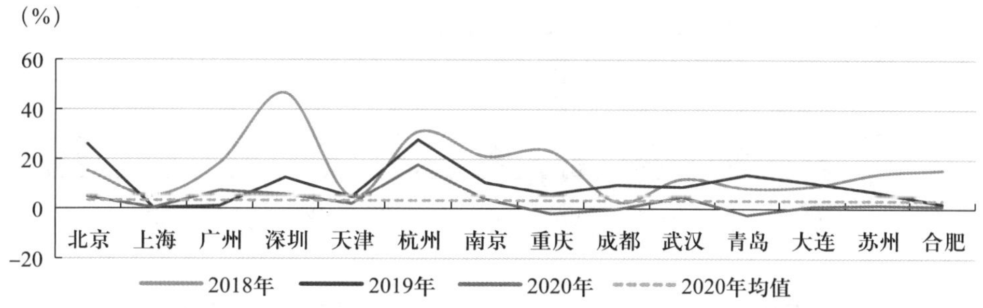

图 6-1-112　10强品牌房企重点城市商品住宅销售溢价情况（2018—2020年）

数据来源：上海易居房地产研究院。

2021年消费端调研结果显示，认为品牌在购房考虑中重要的消费者占比达到94.61%，比上年提高11.97个百分点，房企品牌建设得到了消费者的认可，品牌效应逐步扩大。其中，在买房时有意愿选择10强品牌项目的消费者中，认为品牌在购房考虑中不重要的占比为 0；认为品牌重要的占比达到 95.68%，比总体均值高 1.07 个百分点。特别是有意愿选择碧桂园开发项目的消费者，全部认为品牌是购房中的重要考虑点（见图 6-1-113）。可见 10 强品牌房企现阶段已树立起自己的企业形象，用品牌建立了产品、企业与消费者之间的联系，有助于消费者熟悉产品、信任产品，进而愿意为品牌房企项目支付溢价。未来房企品牌意识或将越来越强，以其知名度、美誉度及消费者的品牌忠诚度形成优势，提升产品竞争力和溢价率，抢占市场份额。

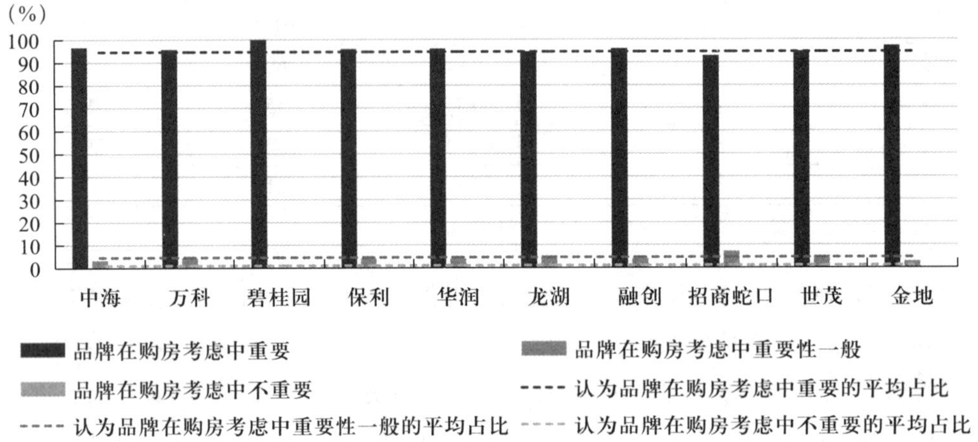

图 6-1-113　10 强品牌在消费者购房考虑中的重要程度（2021 年）

数据来源：上海易居房地产研究院房企品牌调研。

从消费者是否愿意支付溢价的调研结果来看，2021 年，不愿意支付品牌溢价的消费者占比为 17.39%，较上年下降了 12.21 个百分点，愿意支付 0~20%溢价的消费者占比为 73.54%，较上年提升了 9.88 个百分点，愿意支付 20%以上溢价的消费者为 9.07%，较上年提升了 2.31 个百分点，可见房企品牌效应有明显提升，有更多的消费者愿意支付品牌溢价。其中有 77.57%的消费者愿意为 10 强品牌房企的项目支付 0~20%的溢价，高于平均占比，特别是愿意为龙湖的项目支付 0~20%溢价的消费者占比达到 82.89%（见图 6-1-114），可见消费者更愿意为具有良好品牌效应的房企支付溢价。房企可以通过品牌效应形成的优势，获取高于同行的产品溢价。在行业竞争加剧的背景下，品牌房企依托自身品牌、产品、资源等优势，有望实现逆势扩张，达到规模新高度。

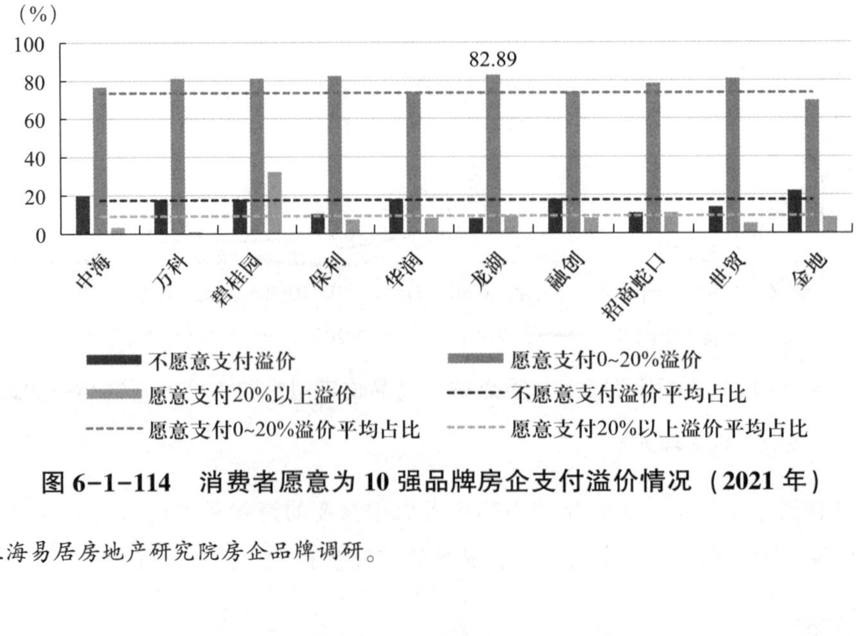

图 6-1-114　消费者愿意为 10 强品牌房企支付溢价情况（2021 年）

数据来源：上海易居房地产研究院房企品牌调研。

融资环境相对收紧，品牌房企拥有成本优势

2020 年伊始，随着复工复产的推进，国内经济逐渐恢复到正常轨道，房地产行业也较快复苏，且出现过热迹象，融资政策逐步收紧。8 月房企融资“三道红线”的推出，房地产融资调控转向需求端，年底央行、银保监会发布通知设置房贷“两道红线”，防范金融体系由房地产贷款过度集中带来的潜在系统性风险，房地产行业融资环境进一步收紧。

50 强品牌房企 2020 年融资总额为 11576. 23 亿元，较 2019 年全年增长 1. 3%。上半年房地产行业虽受到新冠肺炎疫情的影响，但复工复产后，货币环境相对较为宽松，50 强品牌房企融资表现好于下半年。其中二季度融资总额超过 2019 年同期，融资量增加也导致二季度以来土地市场热度提升，监管层面开始限制房企融资，2020 年 8 月，“三道红线”的出台导致房企的融资监管由渠道端转向企业端，房企降负债迫在眉睫，二季度之后的季度融资总量逐步下降（见图 6-1-115）。

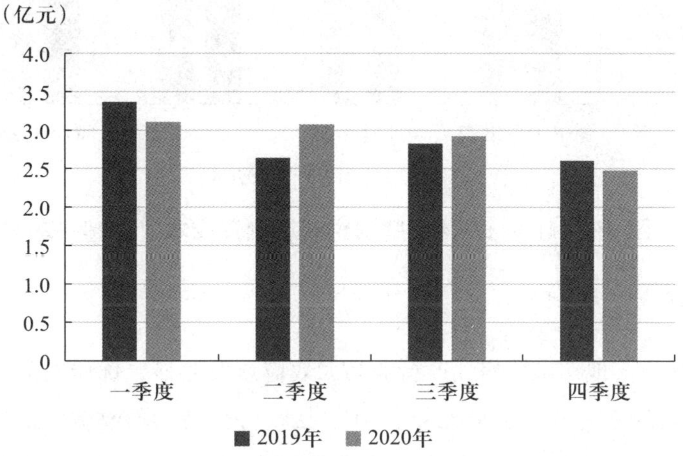

图 6-1-115　50 强品牌房企季度融资额（2019—2020 年）

数据来源：上海易居房地产研究院。

从融资结构来看，2020 年，50 强品牌房企境内债权融资 6472. 88 亿元，同比上升 17. 77%，且融资量占比达到 55. 92%，较 2019 年上升了 7. 82 个百分点，境外债权融资总量为 3449. 89 亿元，同比下降 25. 36%，融资量占比为 29. 80%，较 2019 年下降了 10. 64 个百分点（见图 6-1-116）。

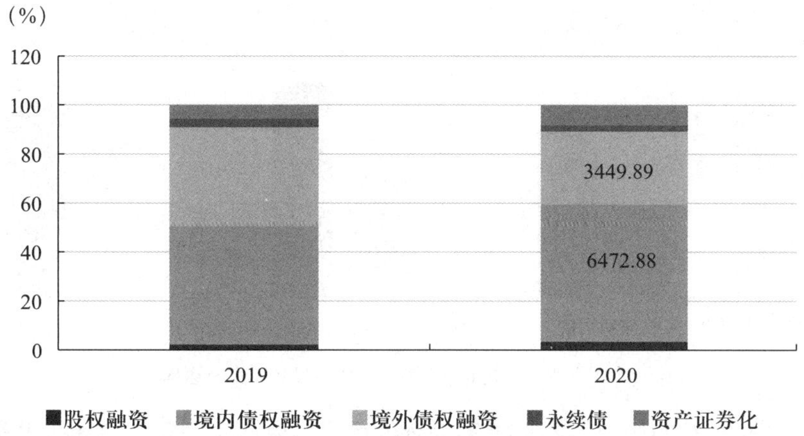

图 6-1-116　50 强品牌房企融资结构（2019—2020 年）

数据来源：上海易居房地产研究院。

从融资成本来看，2020 年，50 强品牌房企的新增债权类融资成本为 6. 09%，较 2019 年下降了 0. 83 个百分点。其中，境内债权加权平均融资成本为 4. 58%，较 2019 年下降 1. 05 个百分点；境外债权融资成本为 7. 70%，与 2019 年基本持平（见图 6-1-117）。融资成本的下降，主要在于较为宽松的货币环境下，房企的境内融资成本下降。此外，由于境外债权发行成本历来高于境内债权，2020 年境外债权发行量下降也是导致整体融资成本下降的主要因素。

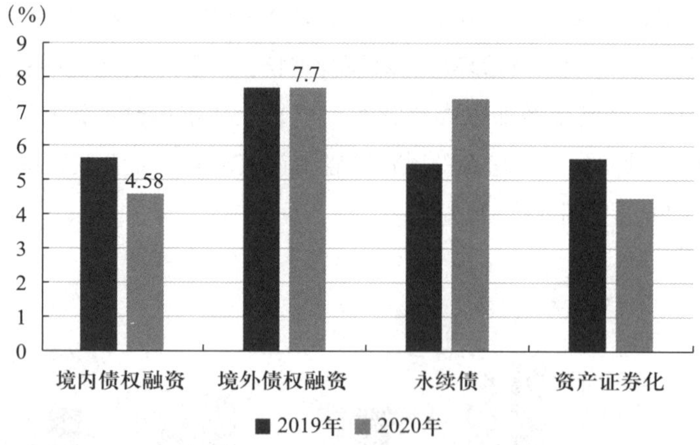

图 6-1-117　50 强品牌房企新增融资成本（2019—2020 年）

数据来源：上海易居房地产研究院。

“三道红线”融资新规落地实施，房地产行业马太效应愈发明显，优质的品牌实力可以给企业带来更多融资机会，受融资政策收紧的影响较小。2020 年，50 强品牌房企剔除预收款后的资产负债率、净负债率、现金短债比达标率分别为 37%、65%、70%。其中，10 强品牌房企达标率分别为 70%、90%、100%，10 强品牌房企积极优化自身财务结构，稳健发展，品牌实力与财务融资能力互相促进，形成良性循环（见图 6-1-118）。2021 年中报显示，10 强品牌房企中有 8 家处于“绿档”，其中 7 家 2020 年年底处于“绿档”的房企继续保持安全、稳健的财务、资金状况，同时万科由“黄档”顺利转为“绿档”，各项指标均符合重点房地产企业资金监测和融资管理规则要求。

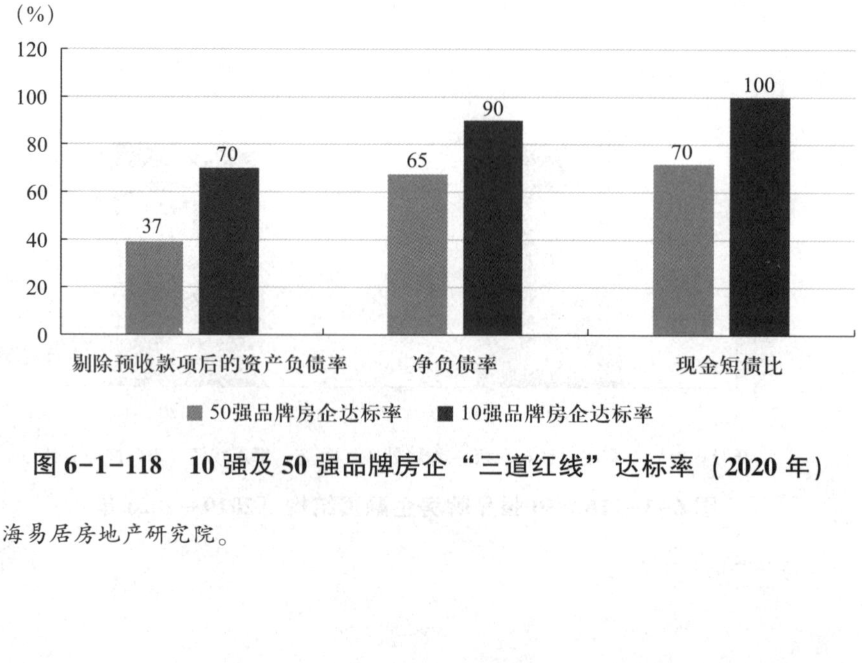

图 6-1-118　10 强及 50 强品牌房企“三道红线”达标率（2020 年）

数据来源：上海易居房地产研究院。

2020 年，50 强品牌房企剔除预收款项后的资产负债率、净负债率、现金短债比均值分别为 77. 60%、75. 86%、1. 74，品牌房企整体债务结构合理，现金充裕，抗风险能力较强。其中，10 强品牌房企剔除预收款项后的资产负债率和净负债率均值为各梯队中最低，现金短债比均值为各梯队中最高（见图 6-1-119）。房企品牌效应促进项目去化，加快销售速度扩大预收款规模，有利于提升资金回收的效率，改善债务结构，品牌房企的优势得以体现。

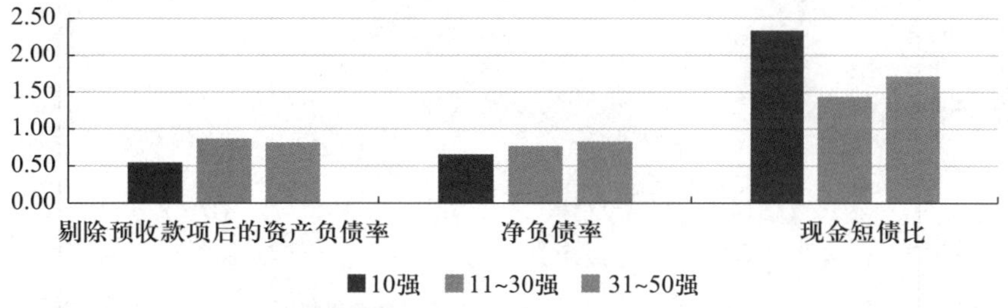

图 6-1-119　品牌房企各梯队“三道红线”指标均值（2020 年）

数据来源：上海易居房地产研究院。

销售规模持续增长，品牌房企利润空间压缩

销售规模方面，近几年行业销售额保持稳步增长，但增长率逐年放缓，全行业近 3 年复合增长率为 9. 10%，10 强及 50 强品牌房企近 3 年的复合增长率分别为 16. 71%和 21. 50%，明显高于全行业增速（见图 6-1-120）。2020 年，房地产行业受新冠肺炎疫情影响较大，品牌房企积极创新调整运营节奏，用品牌化建设拉开差距，占领市场，实现规模优质扩张，率先抹平疫情影响。

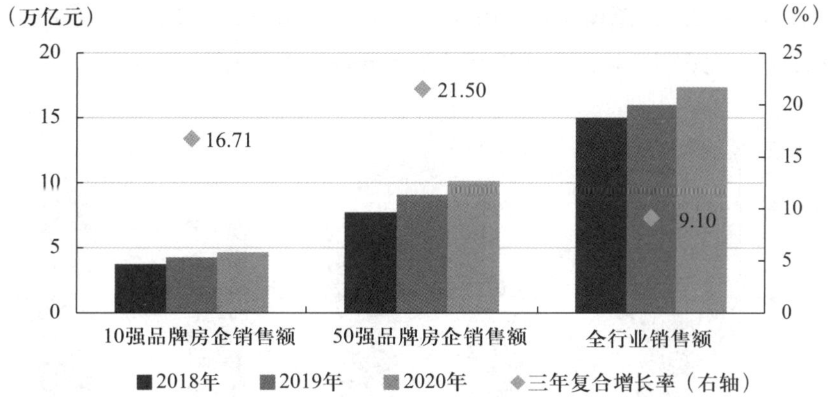

图 6-1-120　10 强、50 强品牌房企和全行业销售额情况（2018—2020 年）

数据来源：上海易居房地产研究院。

2021 年上半年，中国房地产市场表现整体平稳。年初部分热点城市延续了 2020 年年底以来的市场热度，淡季不淡，春节期间一、二线城市购房情绪升温，进一步提振了楼市表现。上半年市场热度也得以持续，2021 年 1—7 月商品房销售金额比 2019 年 1—7 月增长 27. 98%，1—7 月 50 强品牌房企累计实现销售金额 6. 23 万亿元，较 2019 年同期有 41. 60%的增幅，品牌房企依托其强大的品牌优势，聚拢资源提升产品力，在市场竞争中保持了较大优势。本报告选取 2021 年 50 强品牌房企，就其品牌价值与 2020 年的销售金额数据进行相关性分析，得知品牌价值和销售金额之间呈现正相关关系（见图 6-1-121），良好的品牌效应对房企的销售金额具有正向的推动作用。

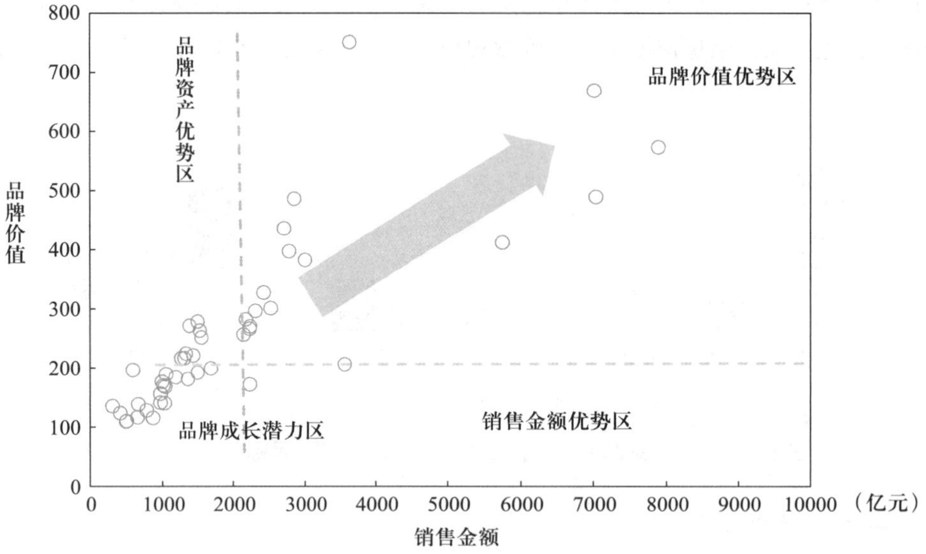

图 6-1-121　房企品牌价值与销售金额相关性分析（2020 年）

数据来源：上海易居房地产研究院。

近年来，房地产行业集中度提升明显，龙头房企强者恒强，销售规模稳步增长，但集中化趋势有所放缓。2020 年，10 强品牌房企销售金额集中度为 26.73%，较 2019 年增长 0.05 个百分点；20 强品牌房企销售金额集中度为 39.12%，较 2019 年下降 0.01 个百分点；50 强品牌房企销售金额集中度为 58.34%，较 2019 年增长 1.45 个百分点（见图 6-1-122）。总体来看，10 强、50 强品牌房企销售金额集中度有所上升，但涨幅较小，远小于过去几年的增长速度，20 强品牌房企销售金额集中度近年来首次出现下降。

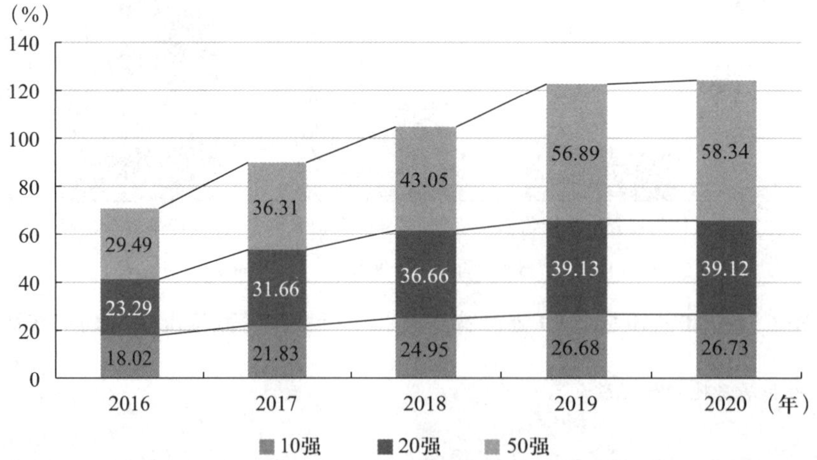

图 6-1-122　10 强、20 强、50 强品牌房企集中度（2016—2020 年）

数据来源：CRIC、上海易居房地产研究院。

具体到 10 强品牌房企，2020 年房地产市场调控趋于常态化，企业规模增长放缓，10 强品牌房企规模增速大多保持在 20%以内。其中，碧桂园、万科、融创和保利销售金额均超过 5000 亿元（见图 6-1-123）。同时，品牌房企凭借优秀的综合能力，品牌价值保持较快增长，10 强品牌价值平均增长近 12.5%，品牌价值优势继续扩大。

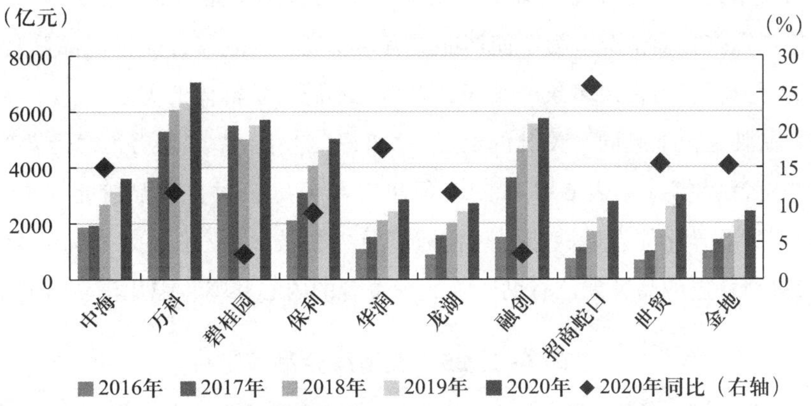

图 6-1-123　10 强品牌房企销售金额（2016—2020 年）

数据来源：上海易居房地产研究院。

2020 年，50 强品牌房企平均净利率为 11.91%，平均毛利率为 24.09%，均高于行业平均水平，但与 2019 年相比分别下滑了 1.98 和 4.53 个百分点，其中 10 强品牌房企平均净利率为 15.66%，平均毛利率为 26.78%，相比 2019 年分别下滑 0.73 和 2.94 个百分点，降幅相对较小（见图 6-1-124）。2021 年中报显示，10 强品牌房企平均净利率、毛利率分别为 14.53%、24.86%，较上年年底分别下滑 1.13 个百分点和 1.92 个百分点，其中 6 家房企毛利率净利率双双下滑。房地产企业销售和确定收入之间存在时间差，当前的财务数据是过去 1~2 年物业销售的财务呈现，近两年地价走高，销售价格受到限价政策的影响，导致企业利润空间被压缩。房地产行业从“杠杆红利”阶段过渡到“管理红利”阶段，提升产品力成为众多房企的共识，品牌建设有助于对房企产品质量控制和社会责任承担等方面进行督导，从而推动房企健康经营，提升盈利能力。

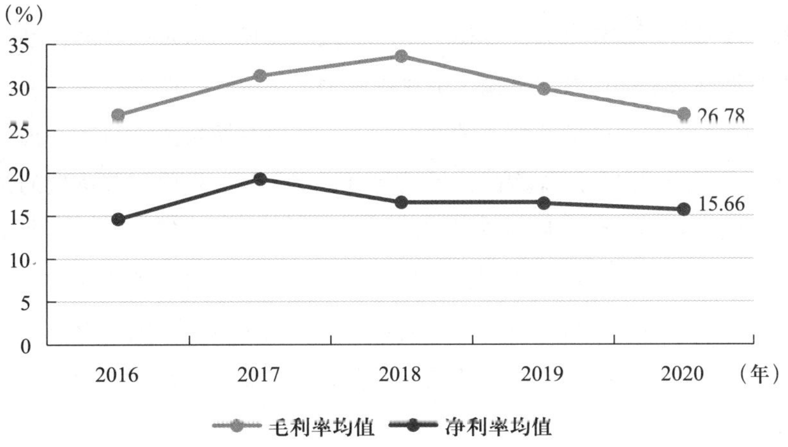

图 6-1-124　10 强品牌房企盈利能力变化（2016—2020 年）

数据来源：上海易居房地产研究院。

（5）品牌策略分析

品牌定位略显模糊，细节服务提高用户黏性

随着生活水平的提高，消费者对于住房的要求越来越高。从最初重视价格，之后逐渐重视品质，到现在越发追求个性化。另外，房地产市场已过高速发展期，卖方市场逐渐转为买方市场，行业内竞争愈发激烈。

为了提高市场占有率，品牌差异化逐渐成为房企当下的首选策略。品牌集合了企业的战略规划、业务动态、文化理念、价值观等多方面情况。为了使产品更有辨识度，房企一方面推出品牌理念，另一方面通过对消费者的多样化需求进行分析，再推出多条产品线，以满足不同消费群体的需求。

当前多数房企在品牌定位上趋同，关键词相近，“美好”“生活”“服务”“运营”等词汇出现频率较高，传达的品牌理念较为宽泛模糊（见表 6-1-25）。但也有部分房企对自身品牌定位精准，例如朗诗主打“绿色”，实施聚焦绿色产品差异化的发展战略。碧桂园着重“科技”，立志成为“为社会创造幸福生活的高科技综合性企业”。具有鲜明特点的品牌定位有助于唤起消费者的内心共鸣，强化消费者对品牌的印象。

表 6-1-25　典型房企品牌定位

企业名称	品牌定位	企业名称	品牌定位
旭　辉	美好生活服务商、城市综合运营商	金　科	美好生活服务商
金　茂	品质城市引领者	中　骏	成为卓越的美好生活引领者
万　科	城乡建设与生活服务商	祥　生	幸福生活运营商
绿　城	理想生活综合服务商	融　侨	城市美好生活综合服务商

资料来源：公司官网。

另外，由于消费者对住房宜居性、人文性重视度提高，更加关注产品的内核，品牌所带来的产品附着力和用户黏性越发重要。想客户所想，用心为客户解决问题的企业才能走得长远。典型房企仁恒，始终坚持在细节上给消费者提供贴心的服务：在售楼处提供自主研发的食物；儿童馆贯穿多层空间的布置，满足孩子爱爬的天性；户外酒吧和卡丁车的设置，在给业主提供休憩娱乐的同时，还增加了邻里互动。绿城为了给儿童提供更好的服务，在部分项目中设置植物科普区，在植物旁配置标牌或二维码，以便快速了解相关知识，并计划增设互动装置，未来可通过触摸、语音等交互方式实现知识科普、天气查询等功能。世茂打造户外阅读空间，除了提供舒适的阅读环境外，还安置了室外书架，方便二手书借阅和交换。房企通过这种创造社群互动的方式提高了用户黏性，用户黏性的增强又反哺品牌，提高了品牌影响力。

此外，随着家庭结构和工作时间的改变，消费者的需求范围有所扩大。房企在提供产品时，还需要考虑当下的社会需求，在社区里匹配适当的附加产品，给消费者提供便利。目前，最典型的是物业管理。物管行业除了提供基础的清洁和安保服务外，服务范围还延伸至医疗、养老、教育等行业。例如融创联手强生医疗推动社区医疗发展；万科在部分小区配套建设幼儿园，帮助业主解决孩子的上学问题；碧桂园研制社区服务机器人，致力于让机器人与社区内其他智能设备形成一整套完备的物业系统解决方案。此外，许多物业还会在社区内组织各种活动，例如组团旅游、文艺汇演、亲子活动、摄影大赛等。多样化的社区活动拉近了邻里之间的距离，也增强了品牌的凝聚力。

经济的发展推动人们的生活水平不断提高、需求层次不断变化，品牌文化理念在市场竞争中的重要性将越来越大。仅靠某个项目来树立品牌地位的方式已成为过去，未来企业需要通过塑造企业的整体形象来建立品牌形象。品牌文化是企业在长期发展过程中逐步积累的成果，是企业的重要竞争力。未来，重视品牌文化建设的企业会越来越多，品牌文化是企业整体战略的结晶。

产品线同质化较高，消费需求回归产品本身

房企品牌调研结果显示，2021 年，影响消费者购房决策的因素中，最重要的因素是小区环境，其次是物业服务、工程质量、房型，占比分别为 88.23%、87.11%、77.18%、73.06%（本题为多选），与 2020 年调研数据相比，各项因素重要性均有所上升。分类来看，占比较高的 4 项，即小区环境、物业服务、工程质量、房型均围绕产品本身（见图 6-1-125）。周边配套、地段、负面新闻、营销活动等因素占比则低于产品本身因素的影响。由此可见，对于消费者来说，影响决策最重要的因素就是产品本身，这也符合近年来房企“回归产品”的趋势。

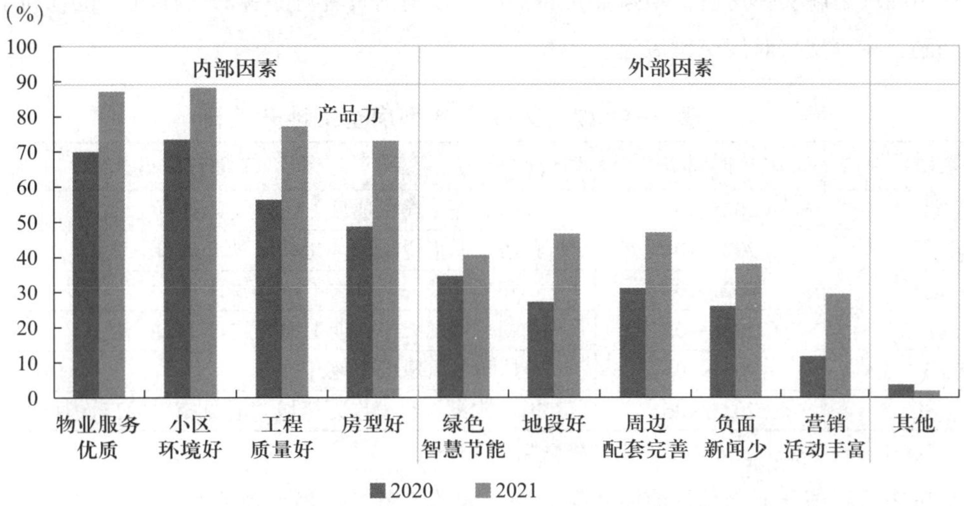

图 6-1-125　影响消费者购房决策因素占比（2020—2021 年）

数据来源：上海易居房地产研究院房企品牌调研。

当前，房企多地扩张，项目数量渐增，为了扩大影响力，多数房企会根据公司的发展战略来制定产品策略，通过差异化产品线来确保市场占有率。从数量上来看，发展多条产品线的房企往往拥有 3 条及以上的产品线，通过打造多条产品线吸引不同的消费群体（见表 6-1-26）。

表 6-1-26　典型房企产品线数量

产品线数量	企业名称	产品线
3	中　骏 招商蛇口 金　茂 正　荣	天字系、景字系、四季系 成长系、成就系、传承系 府、悦、墅 正荣府、紫阙台、云麓
4	祥　生	TOP 系、云境系、府系、樾系
5	世　茂	云系、璀璨系、国风系、天誉系、龙胤系
6	旭　辉	铂悦系、江山系、赋系、府系、公园系、城系
7	大悦城	壹号系列、祥云系列、锦云系列及鸿云系列 4 条住宅产品线 大悦城、大悦春风里、祥云小镇 3 条商业地产产品线
8	金　地 融　创	褐石、名仕、格林、风华、未来、世家、峯汇、峯范 壹号院系、庄园系、中心系、小镇系、壹号系、城系、湾系、未来系

资料来源：上海易居房地产研究院。

细分程度较高的典型房企金地，通过分析用户画像，将潜在客户分类成崇尚经典与情调的时尚群体、喜好简洁与古典的城市中坚力量、追寻温馨与格调的艺术人群、强调东方美学与归属感的文化派系、梦想青春与灵感设计的活力大众、志在传承百年的中国世家、引领新时代风范的都市新智族、主打精致时尚的新生代都市精英，分别匹配褐石、名仕、格林、风华、未来、世家、峯汇、峯范系列。但实际上，除了少数房企，如融创的产品融入了人文、文化风格、具备典型特色之外，许多房企在住宅产品线分类上大同小异，差异化程度较小。

为了满足消费者日渐严格的居住要求，越来越多的房企举办工地开放日活动（见表 6-1-27）。华润、龙湖、万科、绿地、融创等房企在开放日邀请准业主参观工地，并现场配备了工程师进行多方位讲解与展示。此举有利于准业主提前了解实体房屋、增强消费者信心、提高消费者对品牌的信任度，也有利于房企及时整改消费者发现的问题，减少交房时期交付风险。

表 6-1-27　2021 年典型房企工地开放日

企业名称	时间	工地开放日
禹　洲	2021—01	禹洲天境 · 璞悦项目工地开放日
雅居乐	2021—04	雅居乐 · 玺悦项目 A 地块工地开放日
绿　地	2021—04	六安未来城一期首次工地开放日
龙　湖	2021—05	龙湖 · 景粼天序一期工地开放日
碧桂园	2021—05	碧桂园 · 凤凰城工地开放日
万　科	2021—06	2021 青岛万科海岸万科城“看见家”第三次月度工地开放日

资料来源：公开资料整理、上海易居房地产研究院。

但是，交房售后管理环节仍是目前需要努力的一大关键节点。当下精装房增多，越来越多的房企涉足装潢业务。受利润挤压影响，部分房企为了提高利润选取劣质装潢材料。另一方面，人们对于居住环境的要求也越来越高，完备的售后服务对于消费者来说显得尤为重要。但是，目前市场上还存在不少交房后推诿责任、延迟处理的现象。解决这些问题，有助于提升消费者对品牌的信心和认可度。

企业重视品牌塑造，数字跨界营销渐成潮流

品牌理念伴随着房地产行业的发展，从无到有，现已进入战略管理阶段。品牌对于房企意义重大，作为企业最重要的无形资产之一，品牌塑造对于企业的竞争力与可持续发展能力，都有着举足轻重的影响力。品牌不仅是企业的商标，更是企业的价值理念、文化输出的窗口。

部分房企在进入新城市、发布新产品时，通常会通过举办品牌发布会增加当地市场知名度（见表 6-1-28）。典型房企旭辉在 2021 年进入淮安时，举办了“与淮安，共旭辉”主题会致敬淮安。同年 7 月，2021 融创临沂品牌发布暨未来系首作亮相盛典圆满结束，会上围绕“历史文化、生活方式、城市规划、美好共建”4 个维度展开了深入讨论。

表 6-1-28　2021 年典型房企品牌相关发布会

企业名称	时间	品牌发布会
大　发	2021—01	发布 2021 年度品牌主张——“创造，为超越”
中　骏	2021—04	“幸福可劲儿造”2021 中骏年度品牌主题发布
雅居乐	2021—04	举办“时代 C 位，世界想象”海口雅居乐中心品牌发布盛典
华　宇	2021—05	“38 年，我在——时间 de 答案”华宇集团 2021 品牌战略发布会举办
旭　辉	2021—04	举办“与淮安，共旭辉”主题会致敬淮安
建　业	2021—05	以“城启卫辉新时代”为主题的品牌发布会发布
保　利	2021—06	以“保利之悦，V 启新境”为主题的保利重庆 2021 年品牌战略暨新品发布会正式启幕
融　创	2021—07	2021 融创临沂品牌发布暨未来系首作亮相盛典举办

资料来源：公开资料整理、上海易居房地产研究院。

过去，房企更多着力于对单个项目进行营销，但个别项目的出彩往往缺乏可持续性。而品牌营销在强调过往销售成果的同时，也进一步利用品牌的影响力和持久力，通过满足消费者个性、消费习惯、文化品位等方面的需求，塑造品牌价值与个性。也因此，近年来，房企对品牌的运营与宣传越来越重视，一方面在领域里开拓多种营销方式；另一方面积极涉水跨界业务，通过跨行业宣传扩大品牌知名度。

目前，房地产行业品牌新型营销方式主要有以下 3 种：自建数字化营销平台、跨界电商合作平台、直播带货模式。2020 年年初新冠肺炎疫情的突袭开启了房企数字化的浪潮，陆续有房企推出 APP、小程序开展销售活动。碧桂园自主研发“凤凰云”全国直营购房平台，提供销售全周期服务，集找房、看房、选房、购房等多业务于一体，足不出户完成买房全流程。禹洲集团推出“买房宝”小程序，在全国范围内推出“安心宅家购，7 日无忧退”服务，全面展示各项目户型价格等信息。

此外，不少房企与电商平台跨界合作。2020 年，中骏与京东签署战略合作，“6·18”前夕在京东首发 1000 套北京专属房源，并由京东零售集团 CEO 亲自带货。“双 11”前夕，阳光城率先入驻“天猫好房”，上线 25 大明星项目，并发起天猫售券行动，可在购房时抵用。2020 年 9 月，易居和阿里巴巴推出天猫好房，消费者打开淘宝，就能足不出户，在线完成选房、看房、签约、支付等各主要环节。2021 年 4 月，易居收购阿里巴巴集团所持有的天猫好房公司 85%的股份，利用“房地产交易+互联网大数据”的优势，在天猫打造领先的房地产信息交易平台，完成线上线下全链条闭环交易。

网络直播的兴起催生了新的营销场景，房企也不甘落后，抓住了这一波打响品牌的潮流。保利推出“红人计划”，探索直播营销新渠道，并通过“悦家云”小程序发放购房优惠券，快速锁住大批意向客户。复地携手“淘宝带货一姐”，试水房产直播销售，直播首夜吸引了近 2000 万人观看，500 张优惠券上架 3 秒就被一抢而空。

一些房企通过赞助各类文体活动提高品牌知名度、增强传播力。2020 年，融创成为西安马拉松冠名赞助商，西安马拉松已连续 4 届被房企冠名赞助，之前冠名房企分别是阳光城和碧桂园。11 月，雅居乐清水湾·2020 海南草莓音乐节，靠音乐的吸引力提高知名度。12 月，由故宫博物院与招商蛇口旗下招商文化主办的“故宫里的神兽世界——清宫兽谱多媒体综合展”在上海文化新地标——西岸艺岛 Art Tower 正式开幕。

跨界营销方面，2021 年，富力集团、宏光 MINIEV 联合凤凰网共同发起的“GO 潮”联名款 MINIEV 潮创大赛，第一名将获得宏光 MINIEV 一辆。阳光城浙江大区携手和平鲜奶乳液，暖心“喝”护全城；北部大区跨界星巴克，打造《老友记》经典重现活动；华南大区联手安居客打造“神奇安居家”，联动海底捞实现“捞”式宠粉；西南大区联袂滴滴，跨界打造“一起上车吧”好房直通车系列优惠活动。

盲盒经济的风潮也吹到了房地产行业。2021 年 4 月，美的置业联合知乎在广州正佳广场一楼中庭打造“MEI 问题研究所”线下快闪空间，让客户通过盲盒福利站免费获取独家联名盲盒。同年 6 月，金科集团在“金科美好+”小程序上开启盲盒抽奖活动，并策划了“随心盲盒开金喜”抖音挑战赛活动。

业主活动方面，各大房企通过开展社区活动增强凝聚力。阳光城推出 2020 首届仲夏趣生活，围绕“地摊集市”“露天电影”“泡泡趴”等主题，在全国共推出 120 余项特色活动，展现阳光社区的活力与魅力。禹洲在青岛禹洲·悦府首次将海洋场景搬进社区，为 0~12 岁全龄段儿童精心设计并落地了全国首个小禹儿 IP 儿童主题乐园，让孩子在探索与冒险中学习成长。金科地产四川区域与金科服务西部区域联合举办“美好春光·2021 金科业主摄影大赛”，方便热爱摄影的业主们交流互动，得到业主的一致好评。

多样化的营销方式对房企销售起到了一定的促进作用。房企品牌调研结果显示，获取购房信息方面，2021 年，通过实地考察及家人朋友推荐购房的方式占比最高，而 2020 年，通过专业房地产网站获取购房信息的占比最高，这表明消费者对产品品质、品牌口碑的重视程度均有较大提高（见图 6-1-126）。在未来的产品销售中，着重强调产品力、着力打造企业品牌或将吸引更多的消费者。

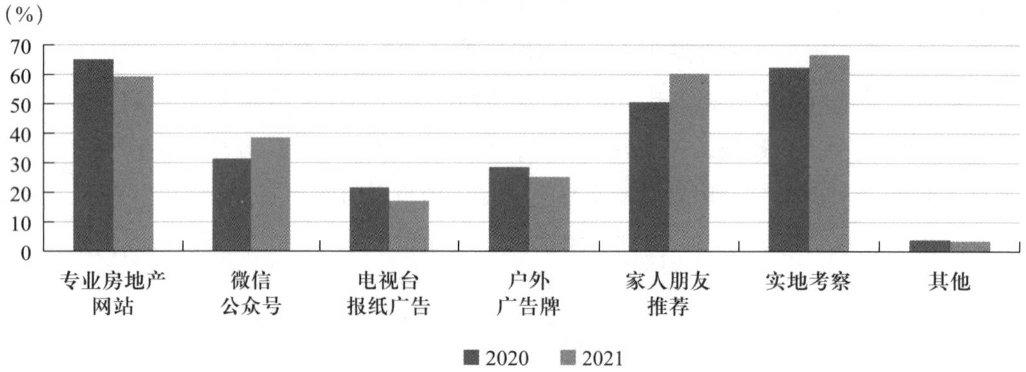

图 6-1-126　消费者获取购房信息来源（2020—2021 年）

数据来源：上海易居房地产研究院房企品牌调研。

（6）品牌趋势分析

供应链满意度提升，房企品牌价值重要性凸显

房地产行业在经过多年快速发展后，增速渐缓，粗放式发展已成过去。在“推动中国产品向中国品牌转变”的时代背景下，大批房企经过多年的发展，产品品质不断升级，但在品牌战略设计方面仍有较大上升空间。品牌集结了企业的定位、个性、价值观，需要与消费者的实际体验一致，品牌建设对于房地产行业来说显得尤为重要。

根据上海易居房地产研究院联合优采平台开展的“2021 百强房企供应链满意度调查”结果，房企品牌与各环节操作过程对供应商有着重要的影响力。在与房企合作总体满意度方面，调查问卷中选择很满意的达到69.81%，选择“满意”的有 11.32%，总体满意度达到了八成（见图 6-1-127）。

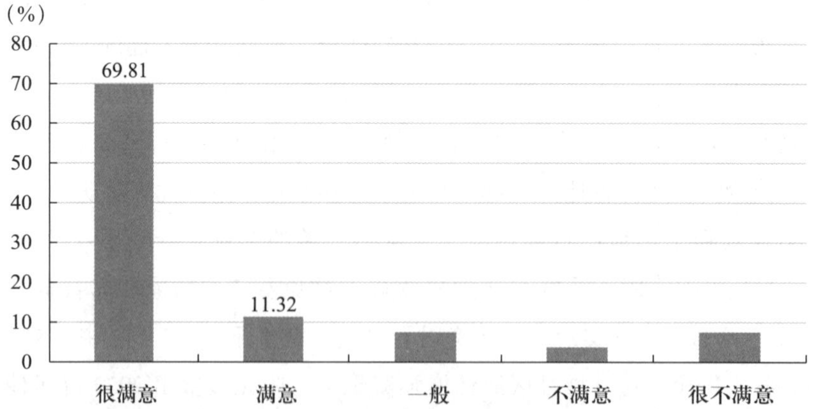

图 6-1-127　2021 年供应商对品牌房企总体满意度

数据来源：上海易居房地产研究院房企品牌调研。

具体到各环节来看，招标采购环节，选择“很满意”的占 65.38%，选择“满意”的占 13.46%，总体满意度近八成；合作付款条款环节，选择“很满意”的占 41.51%，选择“满意”的占 28.30%，总体满意度近七成；合同执行环节，选择“很满意”的占 41.51%，选择“满意”的占 32.08%，总体满意度超七成（见图 6-1-128）。

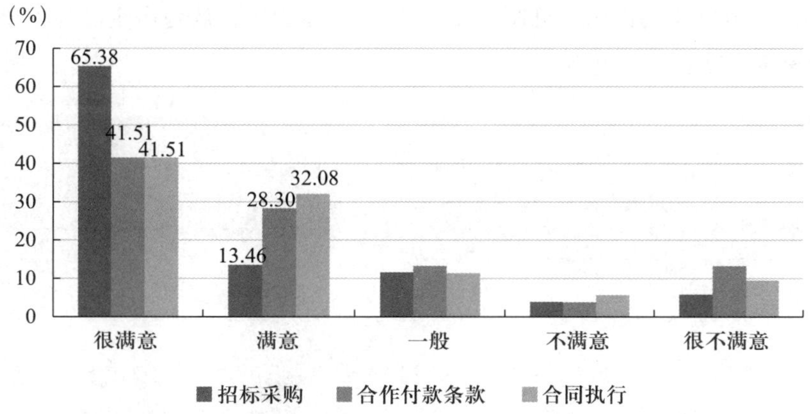

图 6-1-128　2021 年供应商对品牌房企各环节满意度

数据来源：上海易居房地产研究院房企品牌调研。

认同要素方面，调查结果显示，供应商对房企品牌最为重视，占比达到 23.94%，因为房企品牌有利于提升自身知名度；选择“与该房企合作有规模效益”的占比 14.79%，选择“该房企具备可认可的发展潜力”的占比 14.08%（见图 6-1-129）。

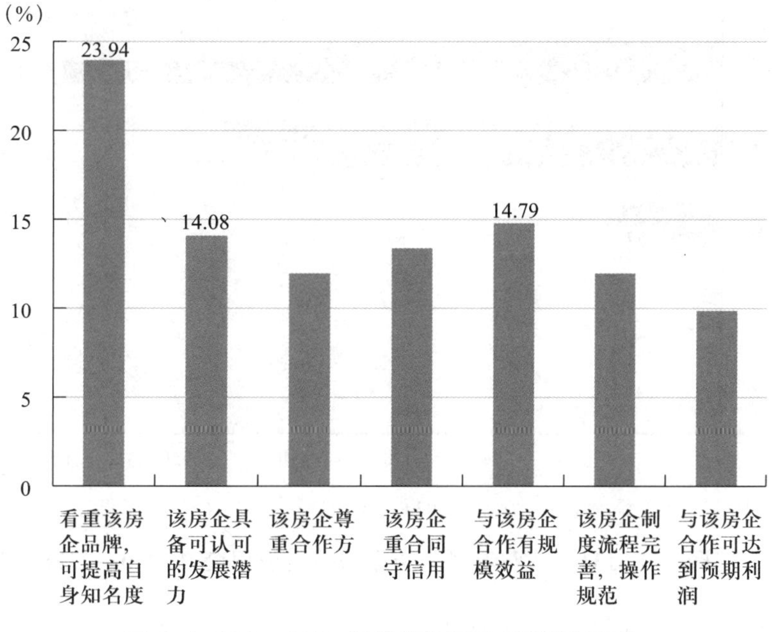

图 6-1-129　2021 年供应商对各要素认同度

数据来源：上海易居房地产研究院房企品牌调研。

在供应商认为房企需要改进的环节中，供应商认为需要改进的各要素均占比较低，且各要素占比差距有限，表明在各个节点均有改进空间（见图 6-1-130）。相比而言，付款不及时、沟通渠道不畅、流程烦琐复杂等节点的问题较为突出。

2021 房企品牌调研问卷数据显示，对消费者而言，品牌在消费者购房行为中起着重大的影响。2021 年，在消费者对房企品牌重视程度方面，选择“非常重要”的达 59.84%，而 2020 年仅为 37.10%。选择“重要”的占比 34.78%，选择“一般”的占比 4.57%，选择“不太重要”的占比 0.59%，选择“很不重要”的占比为

0.23%，这几项均小于2020年的占比（见图6-1-131）。总体看来，认为房企品牌重要的人群占比上升，消费群体对企业品牌建设重视度有较大提高。

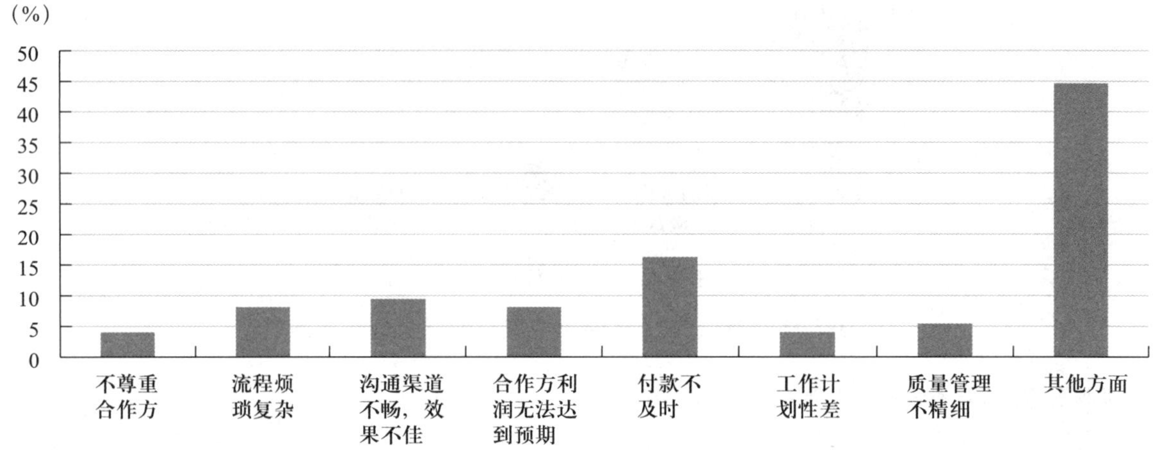

图6-1-130　2021年供应商认为品牌房企需要改进的环节

数据来源：上海易居房地产研究院房企品牌调研。

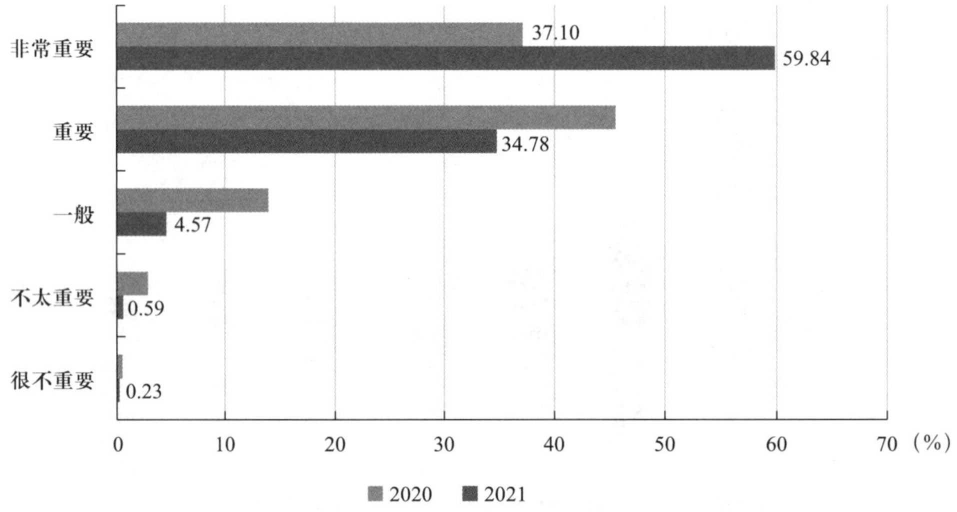

图6-1-131　消费者对房企品牌的重视程度（2020—2021年）

数据来源：上海易居房地产研究院房企品牌调研。

具体到不同年龄层的消费者，品牌重要度表现不一。选择“非常重要”的消费者年龄在30~40岁的居多，其次为40~50岁、20~30岁。选择“重要”的消费者年龄多在20岁以下，其次是50岁及以上（见图6-1-132）。总体来看，与2020年调研结果相比，除了20岁以下年龄段外，其他各年龄段选择“非常重要”的占比均有所上升，导致选择“非常重要”的人数比重大幅上升（见图6-1-133）。由此可见，品牌对多年龄段消费者购房行为的影响力正在提升。

具体到不同家庭年收入的消费者，选择“非常重要”的家庭年收入多在30万~50万元，家庭中收入在20万~30万元、50万~100万元的占比略低于30万~50万元（见图6-1-134）。与2020年调研数据相比，2021年选择“非常重要”的各收入层次的家庭数占比均有所上升（见图6-1-135）。

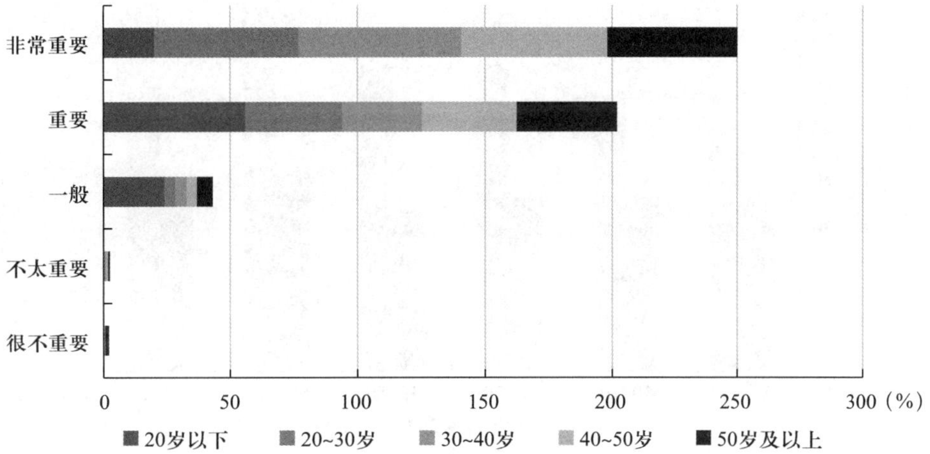

图 6-1-132　2021 年不同年龄层消费者对房企品牌的重视程度

数据来源：上海易居房地产研究院房企品牌调研。

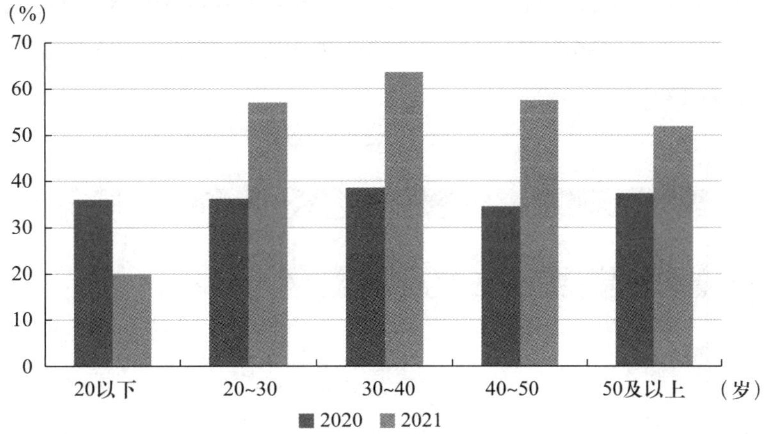

图 6-1-133　选择“非常重要”的消费者各年龄区间占比（2020—2021 年）

数据来源：上海易居房地产研究院房企品牌调研。

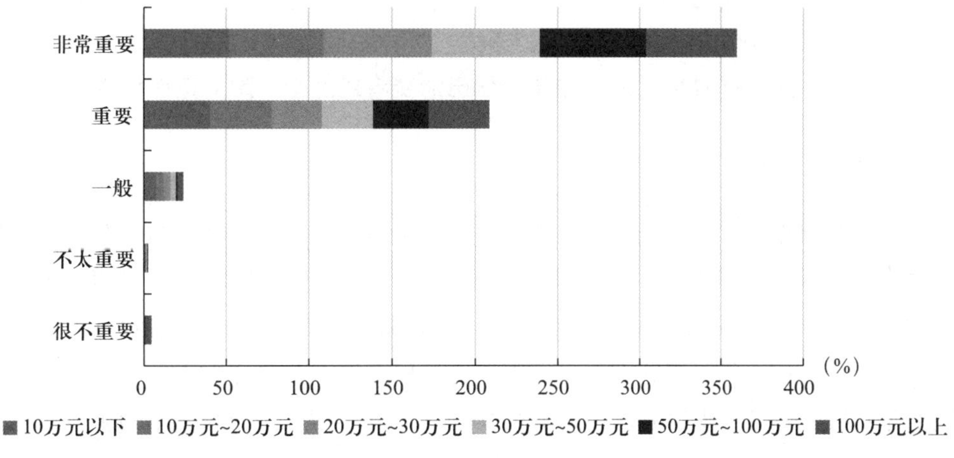

图 6-1-134　2021 年不同家庭年收入消费者对房企品牌的重视程度

数据来源：上海易居房地产研究院房企品牌调研。

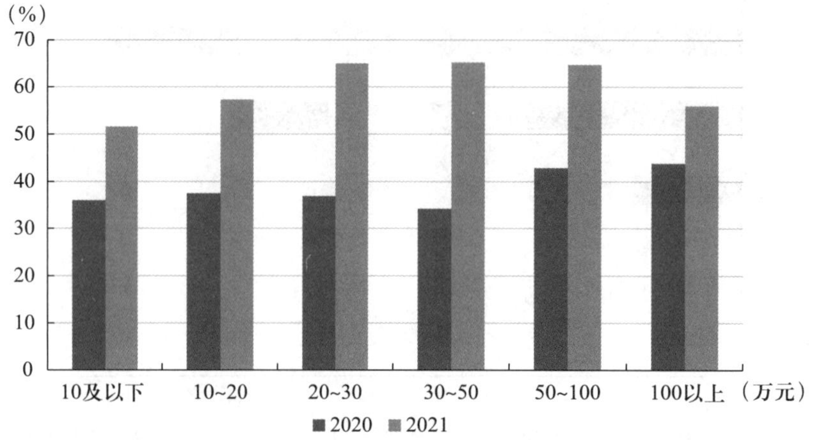

图 6-1-135　选择“非常重要”的家庭年收入各区间占比（2020—2021 年）

数据来源：上海易居房地产研究院房企品牌调研。

具体到不同学历的消费者，选择“非常重要”的本科居多，其次是硕士及以上。选择“重要”的大专以下居多，其次是大专（见图 6-1-136）。与 2020 年调研数据相比，各学历层次选择“非常重要”的比重均有较大幅度的上升（见图 6-1-137）。

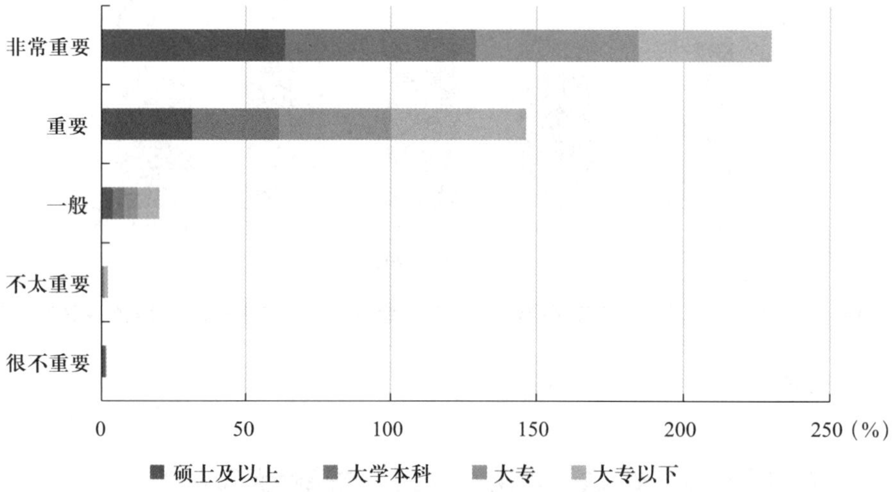

图 6-1-136　2021 年不同学历消费者对房企品牌的重视程度

数据来源：上海易居房地产研究院房企品牌调研。

对于品牌房企，消费者可接受的品牌议价空间也与房企的品牌竞争力相契合，从房企品牌调研数据来看，多数消费者愿意为具有良好品牌的房企付出溢价。愿意付出 0～10%溢价的消费者占比最高，达 46.22%，较 2020 年略有下降。但 30%以上溢价、20%～30%溢价、10～20%溢价级别的消费者占比均较 2020 年有所上升（见图 6-1-138）。总体表明，消费者愿意付出品牌溢价的程度处于上升趋势。

针对不同的年龄层，不愿意支付溢价的集中在 50 岁及以上，其次是 20 岁以下的年龄层。愿意支付溢价的主要集中在房价的 0～10%，年龄多在 20～30 岁，其次是 30～40 岁（见图 6-1-139）。与 2020 年调研数据相比，不愿意支付溢价的占比有所下降（见图 6-1-140）。

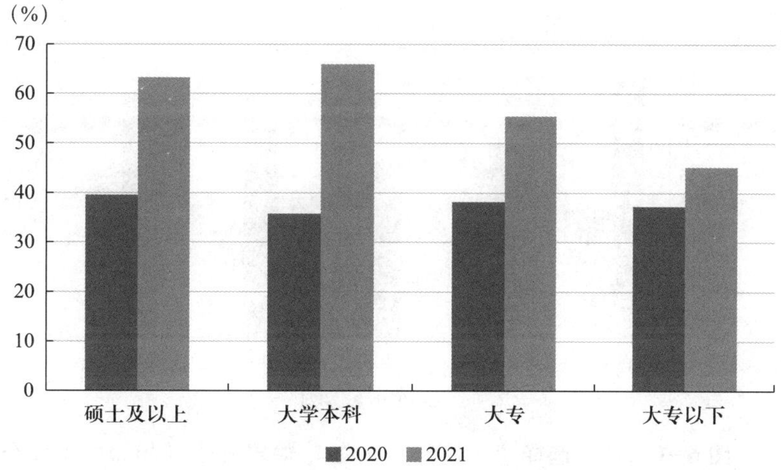

图 6-1-137　选择“非常重要”的各学历占比（2020—2021 年）

数据来源：上海易居房地产研究院房企品牌调研。

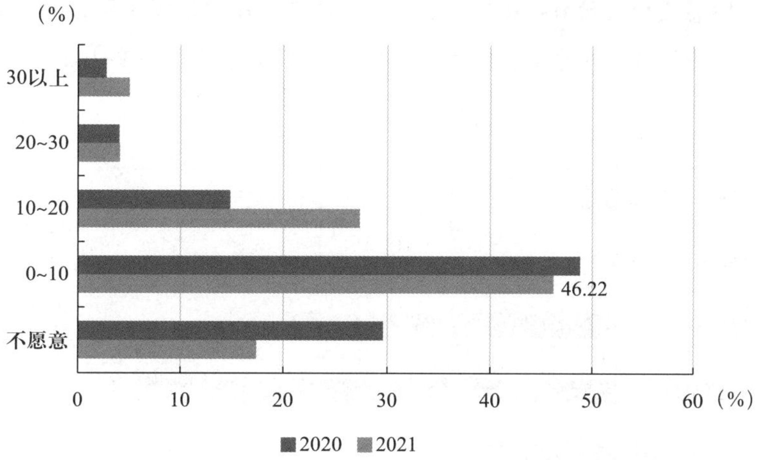

图 6-1-138　消费者购房可接受的品牌议价空间（2020—2021 年）

数据来源：上海易居房地产研究院房企品牌调研。

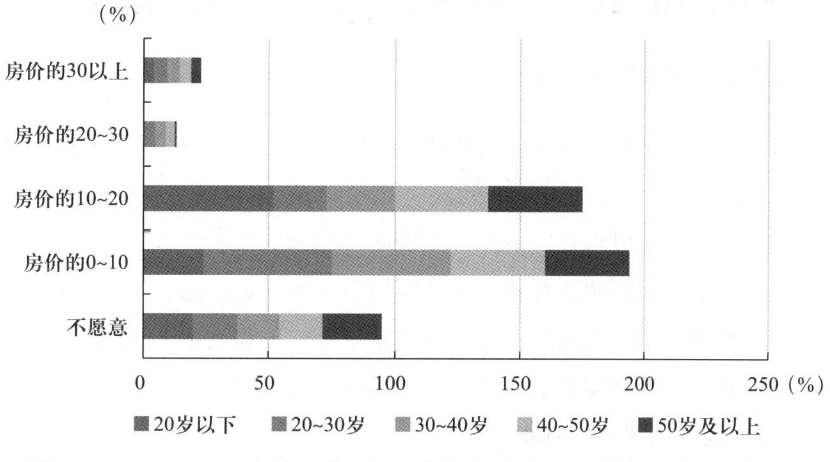

图 6-1-139　2021 年不同年龄层消费者购房可接受的品牌溢价空间

数据来源：上海易居房地产研究院房企品牌调研。

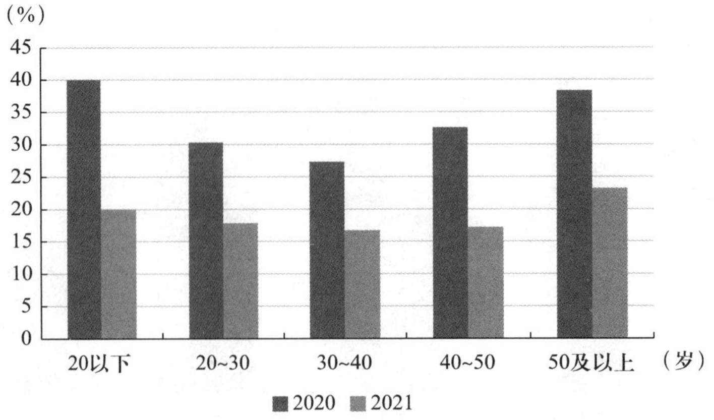

图 6-1-140　选择"不愿意"的各年龄层占比（2020—2021 年）

数据来源：上海易居房地产研究院房企品牌调研。

针对不同学历消费者可接受溢价的情况来看，不愿意支付溢价的消费者中占比最高的是大专以下学历，其次是硕士及以上学历。愿意支付溢价 0~10%的大学本科居多，其次是硕士及以上（见图 6-1-141）。与 2020 年调研数据相比，各学历段选择不愿意支付的人数占比明显下降（见图 6-1-142）。

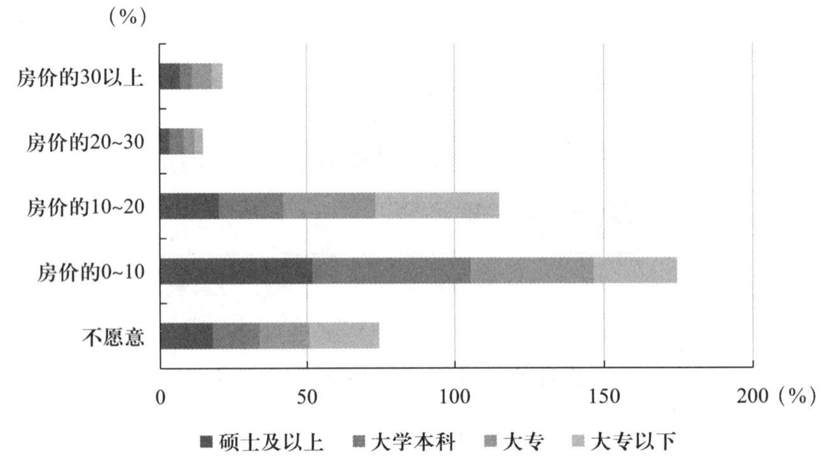

图 6-1-141　2021 年不同学历层消费者购房可接受的品牌溢价空间

数据来源：上海易居房地产研究院房企品牌调研。

针对不同年收入消费者，不愿意支付溢价的消费者年收入在 10 万元以下的居多。愿意支付房价 0~10%溢价的年收入在 20 万~30 万元居多，30 万~50 万元次之（见图 6-1-143）。与 2020 年调研数据相比，选择不愿意支付溢价的人数占比，在各收入段均有所下降（见图 6-1-144）。

从房企品牌调研数据上来看，影响消费者购房考虑的第一因素是产品，第二因素是物业服务。针对不同年龄层的消费者，小区环境因素占比均为最高，其次为物业服务、工程质量（见图 6-1-145）。

对于不同学历的消费者，小区环境占比排在购房决策影响因素的首位，其次是物业服务、工程质量和房型，与 2020 年调研结果一致（见图 6-1-146）。

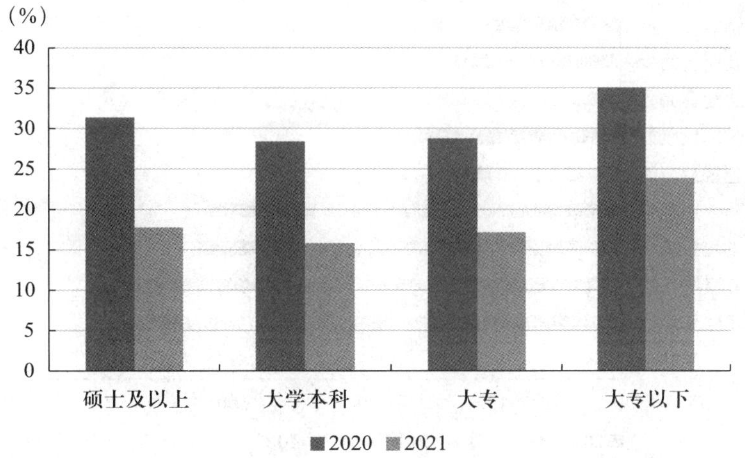

图 6-1-142 选择“不愿意”的各学历段占比（2020—2021 年）

数据来源：上海易居房地产研究院房企品牌调研。

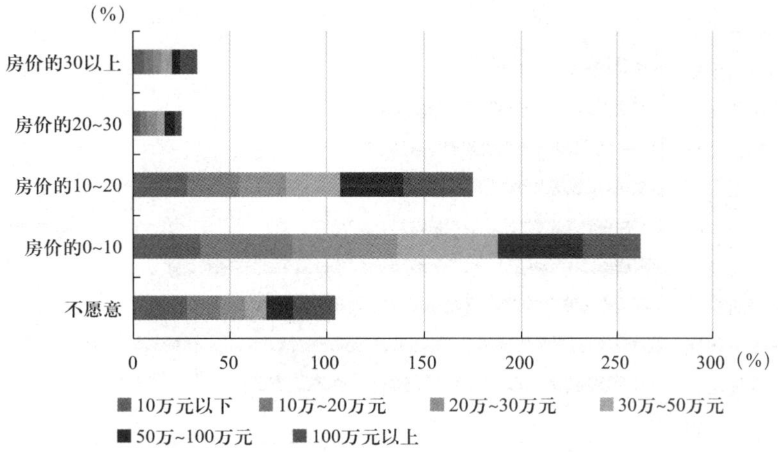

图 6-1-143 2021 年不同年收入消费者购房可接受的品牌溢价空间

数据来源：上海易居房地产研究院房企品牌调研。

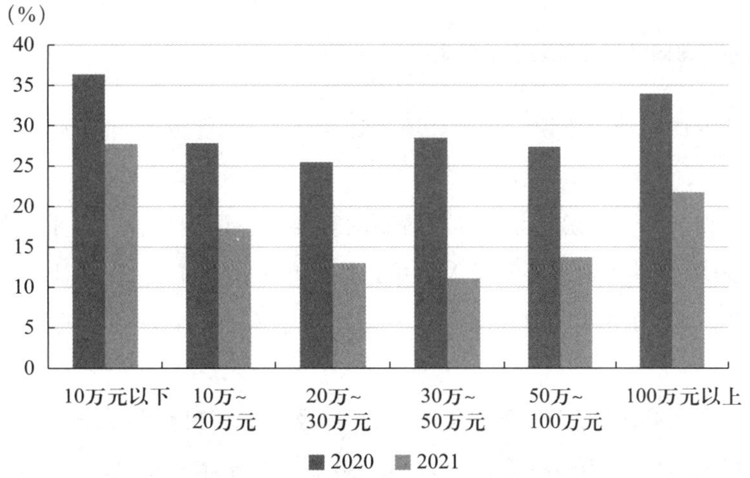

图 6-1-144 选择“不愿意支付溢价”的各年收入段占比（2020—2021 年）

数据来源：上海易居房地产研究院房企品牌调研。

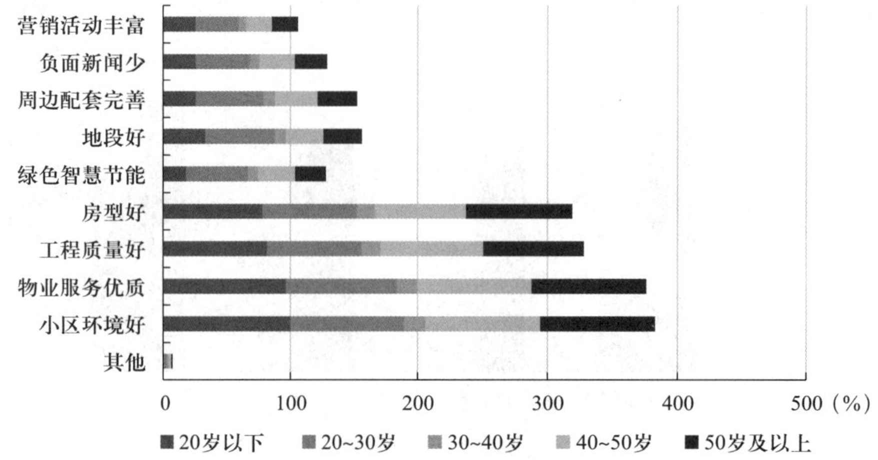

图 6-1-145　2021 年不同年龄层消费者购房决策影响因素

数据来源：上海易居房地产研究院房企品牌调研。

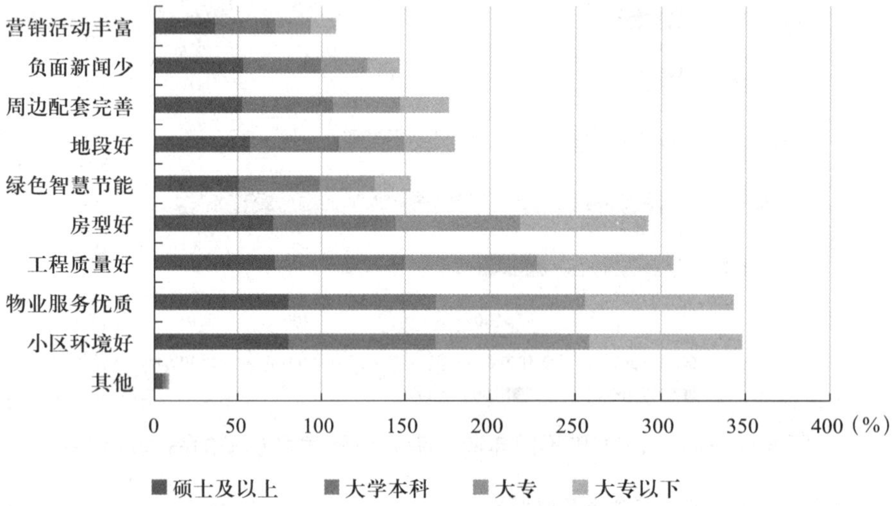

图 6-1-146　2021 年不同学历消费者购房决策影响因素

数据来源：上海易居房地产研究院房企品牌调研。

对于不同家庭年收入的消费者来说，小区环境、物业服务、工程质量排在购房决策影响因素的前三位（见图 6-1-147）。

总体来看，对于消费者而言，房企品牌具有较高的重要性，认为品牌非常重要的消费者集中在 30~40 岁、家庭年收入在 30 万~50 万元的大学本科学历人群中，认为重要的集中在 20 岁以下、家庭年收入在 10 万元以下的大专以下学历人群中。与 2020 年调研结果对比，总体对于房企品牌的重视程度均有提高，对房企品牌关注的人群范围有所扩大。

溢价方面，家庭年收入在 10 万元以下、年龄在 50 岁及以上、拥有大专以下学历的消费者较不愿意为房企品牌付出溢价。愿意付出房价 0~10%的客群大多 20~30 岁、大学本科、家庭年收入 20 万~30 万元。愿意付出 10%~20%溢价的大多 20 岁以下、大专以下、年收入在 100 万元以上。总体看来，愿意为品牌付出溢价的人群占比较 2020 年有所上升。

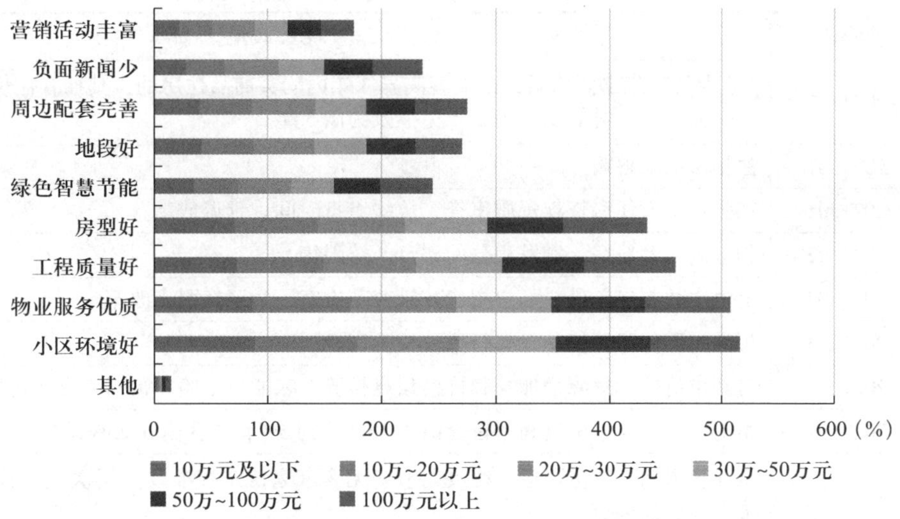

图 6-1-147　2021 年不同家庭年收入消费者购房决策影响因素

数据来源：上海易居房地产研究院房企品牌调研。

购房决策影响因素方面，在不同年龄层、收入层、学历层，消费者都最为关注小区环境，其次是物业服务、工程质量。该结果也与 2020 年调研结果一致。对房企来说，注重产品、回归产品力对于打造房企品牌至关重要。面对不同的消费群体，要按照不同的要求开发多条产品线，以更贴近、满足消费者的需求。

政策趋向精准精细，行业总体不良信息减少

2021 年上半年延续过往政策，房地产行业整体环境趋紧，政策制定走向精细化、追求精准性。在“房住不炒”大背景和 2020 年“三道红线”“两道红线”基础上，房贷审批收紧，上海、广州、杭州等地上调房贷利率、延长放款周期、严查首付款来源。4 月，中共中央政治局会议重申“房住不炒”，并首次提出“防止以学区房等名义炒作房价”。住建部再次约谈广州、合肥、宁波、东莞、南通等热点城市，提出要完善人口、土地与住房联动机制，加强与人口落户、义务教育等相关政策的统筹协调，强化二手房交易管理，提高房地产市场调控的系统性、整体性、协同性。此外，除了一二线热点城市，越来越多的三、四线城市也相继加入调控行列，4 月出台房地产调控政策 51 条，7 月政策密集调控达 66 次，为年内新高。7 月底，中共中央政治局会议再次强调“房住不炒”，稳地价、稳房价、稳预期，促进房地产市场平稳健康发展，加快发展租赁住房，落实用地、税收等支持政策。

热点城市频繁“补漏洞”、政策调控高频化渐成常态。2021 年，上海、杭州、东莞、成都等热点城市发布多项调控内容，精准填补漏洞，规范市场秩序（见表 6-1-29）。另外，对于行业内出现的违法违规现象，相关部门也在严查管控。8 月，备受关注的“深房理”事件公布最新调查结果，对涉案人员、公司进行了问责和处罚。

我国对经济发展提出了高质量的要求，房地产行业也发生了剧变。在“房住不炒”大环境下，房地产行业调控政策密集出台，大量投资客退出，行业逐步告别黄金时代，转向买方市场。行业增速放缓和消费者要求的日益提高加剧了房企之间的竞争。消费者对产品品质提出了更高的要求，房企盈利模式从传统粗放的“造房卖房”模式转向精细化管理和产品力管控。过去“先做销量再做品牌”的方式割裂了企业发展与品牌建设，如今的时代，再小的公司也需要打造自己的品牌，否则市场一旦被具有品牌影响力的企业占据，没有品牌的公司将难以生存。

表 6-1-29　2021 年房地产行业多地精准化政策

城市	时间	相关政策
上海	2021.01	“沪十条”打击假离婚，对夫妻离异 3 年内购买商品住房的，其拥有住房套数按离异前家庭总套数计算。增值税由满 2 年免征改为满 5 年
	2021.01	法拍房纳入限购
	2021.01	加强对个人住房贷款资质审查，放缓审批时间，延迟放款
	2021.02	积分制认筹新房，触发积分的楼盘 5 年限售
	2021.03	上海市教委出台最新高中招生政策改革方案，学区房引来改革
	2021.03	规范二手住房等信息发布行为，核验房源
	2021.07	对新申请核验房源增加挂牌价格信息核验，未通过核验不得对外发布房源信息
	2021.07	赠与纳入限购，房贷利率首套由 4.65%调到 5%，二套由 5.25%调到 5.7%
杭州	2021.01	从住房限购、住房限售、税收调节、无房家庭认定标准及高层次人才优先购房政策等方面进一步加强调控
	2021.03	法拍房纳入限购，中介不得挂牌价格虚高房源
	2021.08	3 个月内，房贷利率四次集中上调，首套房贷利率突破 6%
	2021.08	中介机构不得炒作学区房，各房地产中介机构要加强对本机构及从业人员发布房地产信息的管理
	2021.08	进一步加强限购：提高社保缴纳年限、按社保排序入围摇号、提交虚假资料 3 年内不得登记报名
东莞	2021.02	提高社保缴纳年限、提高首付比例。夫妻离异的，任何一方自离异之日起两年内购买商品住房的，其拥有住房套数按离异前家庭总套数计算
	2021.08	优化土拍规则，严查购地主体资格；法拍房纳入限购；暂停向个体工商户销售商品房，控制社保缴纳年限；加强房地产金融管理；将个人住房转让增值税征免年限由 2 年调整为 5 年；建立二手房成交指导价制度；加强商品住房销售监管；打击开发企业和中介违法违规行为，严格实行房地产经纪机构备案制度；完善住房保障体系建设
宁波	2021.04	扩大限购区域，家庭住房核查范围扩大为市六区；调控社保缴纳年限；企业等法人及非法人组织暂停在限购区域内购买住房，经批准的人才公寓等项目除外；规范房源核验发布，建立热点学区二手住房交易参考价格发布机制；加大住宅用地供应，优化房价地价联动机制；严审购房首付资金来源；缴纳契税、住房核查范围扩大至市六区；打击违法违规行为
北京	2021.08	夫妻离异的，原家庭在离异前拥有住房套数不符合本市商品住房限购政策规定的，自离异之日起 3 年内，任何一方均不得在本市购买商品住房

资料来源：公开资料整理、上海易居房地产研究院。

企业品牌凝聚了企业文化、发展战略、产品特色，需要满足消费者理性（对于功能、价格、质量、便利等方面）和感性（从购买到使用全过程中产生的心理感受、价值感等）方面的需求。成功的品牌有利于阻隔竞争对手，获得消费者信赖，建立起企业与消费者的情感连接。

当前房地产市场正处于品牌建设初期，为了促进行业提高房企品牌意识、提高品牌建设力，多地出台了相关政策。2021 年 7 月，杭州市规划和自然资源局官网正式宣布，杭州调整土拍竞价规则，开展“竞品质”试点，先竞“品质方案”，后“竞地价”，且需现房销售。8 月，珠海市住房和城乡建设局发布了《珠海市住房发展“十四五”规划和二〇三五年远景目标纲要（征求意见稿）》，公开征求意见，意见提出，将在热点区域探索实施“限房价、控地价、竞品质”的土地出让方式。2 天后，青岛对第二次土拍竞价规则进行了调整，提出了“控溢价、禁马甲、竞品质”新规。

随着政策加大调控力度、各项制度逐渐规范，行业整体不良信息数量处于下降趋势。根据中国房地产信用平台监控数据显示，2020 年共收录全国房地产开发企业各类不良信用信息共计 4.37 万条，比 2019 年减少 12.17%。2021 年上半年共收录全国房地产开发企业各类不良信用信息共计 2 万条，比 2020 年上半年减少 7.54%，环比 2020 年下半年减少 7.52%；共涉及开发企业 6170 家，同比减少 22.12%，环比减少 41.18%。

从不良信用信息类型的比例来看，2021 年上半年欠税类型的案例占比最高，达 59.44%，共 10929 条案例；就第二季度而言，依旧是欠税类型的开发企业案例占比最高，达 65.63%，共 4966 条（见图 6-1-148）。

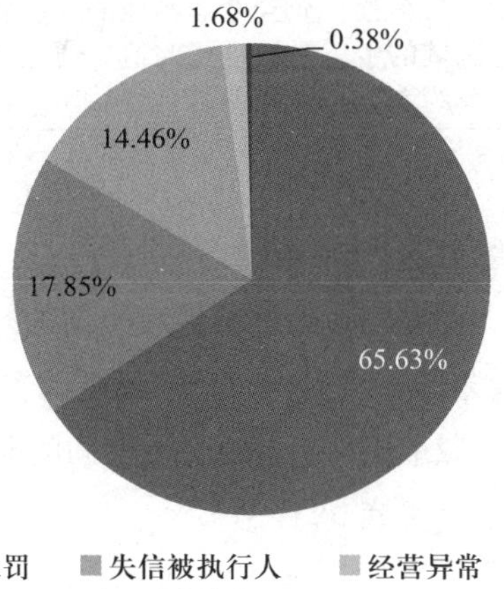

图 6-1-148　2021 年第二季度全国开发企业不良信用信息各类型占比情况

数据来源：中国房地产开发企业信用信息平台。

但另一方面，不断收紧的行业环境和激烈的市场竞争加剧了房企的生存难度。过去，高杠杆发展为不少房企埋下了隐患，房地产行业作为资金密集型行业，对资金敏感度非常高，一旦资金链断裂，将引发一系列不良反应。受资金影响，近年来，中小房企不断出局已成常态，一些大中型房企也未能幸免。

泰禾、华夏幸福、福晟、协信相继出现债务危机，部分楼盘面临烂尾风险；广西房企彰泰将 80%的股权作价 99.1 亿元转让给融创，名下的彰泰物业也将 80%的股权作价 8 亿元转让给融创物业；蓝光发展突发“爆雷”，总裁、高管相继离职，旗下物管蓝光嘉宝服务在 2021 年年初以 48 亿元被碧桂园收购，这也是上市物业企业之间首次整合，是物管行业“史上最大并购案”。此外，还有房企通过转让股权改善现金流。2021 年 8 月，远洋集团、远洋资本与红星控股正式签署协议，以 40 亿元获取红星地产 70%的股权，为红星美凯龙在存量时代布局家居行业获得二次增长带来资金支持。

房地产行业受到社会高度关注，房企的不良信息也与消费者有着千丝万缕的关系。房企一旦出现严重危机，势必对消费者形成重大影响。为了构建以信用为核心的房地产市场监管体制，促进房地产开发企业诚信经营，2021 年 8 月，广西壮族自治区住房和城乡建设厅起草了《广西房地产开发企业信用信息管理暂行办法（征求意见稿）》，拟将房地产开发企业信用等级划分为 4 个等级，进行“红黑榜”差异化管理。未来，房地产行业对信用体系建设的重视程度将不断加强，以信用为基础的市场监管机制有望逐步建立。

绿色建筑引发关注，多元跨界布局新兴业务

随着住房城乡建设部和环境保护部联合发布《全国城市生态保护与建设规划（2015—2020 年）》，构建绿色人居、绿色智慧城市成为未来一大发展趋势。在健康环保为主流风尚的当下，越来越多的房企将“绿色”纳入责任体系（见表 6-1-30）。除了采用节能环保材料外，绿地、世茂、保利等房企采用装配式建筑技术，减少粉尘、噪音、水污染。万科、大悦城、金融街等房企制定绿色建筑标准相关内容，对设计建筑做出明确要求。

表 6-1-30　典型品牌房企“绿色”举措

企业名称	举措
招商蛇口	参与制定实施《前海蛇口自贸片区绿色自贸区专项行动计划》，围绕绿色交通、绿色市政、绿色建筑、高效空间、智慧空间五大策略，全力推进绿色自贸区建设
万科	高度重视绿色环保技术的研发及创新，持续开展创新人才培养，依托万科建筑研究中心、雄安万科绿色研究发展中心等平台，围绕工业化建造体系、绿色建筑、智慧运维、生态环境、可再生能源、废弃物处理等方面深入开展研究，以创新理念和创新成果促进人居、生活、环境的可持续发展
保利	对选址的生态环境因素进行考察，充分考虑当地的地质特征及其对建造过程和后续建筑物运营养护的影响，尽量避免对周边区域的生态系统进行改造。通过自然采光和通风模拟优化建筑设计，充分利用被动式自然资源，达到节约能源、提高项目自身品质的目的

资料来源：企业社会责任报告、上海易居房地产研究院。

城镇化率的快速提升及人口的持续流入，导致部分一线及热点二线城市土地供应日渐稀缺。土地供应的紧缺加上大量亟须更新的旧厂、旧村庄、旧城镇，催生出城市更新的热潮。2020 年，“实施城市更新行动”首次写入我国五年规划，“十四五”时期及未来一段时间，城市更新的重要性被提到了前所未有的高度，相关政策也进入密集出台期。品牌房企纷纷加入城市更新新赛道，企业间的业务合作已经成为部分房企进军城市更新或者强化企业在更新领域优势的重要途径（见表 6-1-31）。

表 6-1-31　2020 年以来部分房企城市更新合作

房企名称	时间	区域	事件概述
旭辉 & 丹田	2020. 06. 09	珠海	旭辉与丹田集团达成合作，将以珠海宁堂村等旧改为起点，在房地产、教育、产业、商业等领域展开深度合作
旭辉 & 悦明置业	2020. 7. 22	东莞	旭辉集团与悦明置业举行了战略合作协议签署仪式，根据协议，就东莞市城市更新等存量土地开发领域相关项目合作、开发、推进事宜达成战略合作伙伴关系
中国金茂 & 福星惠誉	2020. 06. 09	广州	中国金茂与福星惠誉共同签署战略合作框架协议，并举行广州城市更新战略合作签约仪式。双方将发挥各自优势，共同拓展广州城中村改造项目
花样年 & 中国奥园	2020. 07. 26	大湾区	花样年与中国奥园签约城市更新战略合作协议。未来，双方将就大湾区城市更新项目展开合作，优势互补、不断加深和拓宽合作领域
北大资源 & 卓越	2020. 12. 02	深圳	北大资源集团与卓越城市更新集团在深圳举行签约仪式，正式启动深圳大通工业城城市更新项目合作建设
万科 & 中铁建港航局	2021. 04. 02	全国	万科与中铁建港航局签订战略合作协议，在城市更新、项目投资开发、项目工程建设等方面开展合作
富力 & 粤海	2021. 04. 13	全国	富力地产与广东粤海控股在广州举行战略合作框架协议仪式。双方将在全国范围内的房地产、产业园、城市更新等类型投资开发项目进行合作

数据来源：上海易居房地产研究院。

此外，由于“三道红线”“两道红线”、22 城集中供地等政策的出台，房地产行业逻辑发生变化。主业之外，越来越多的房企开始提高“第二曲线”的发展力度，多元化逐渐成为行业共识。在经过一系列的尝试之后，目前，多元化赛道主要集中在物业管理、商业办公、大健康、长租公寓、文旅、教育等领域。

物业管理是房企多元化涉及最多的行业。截至 2021 年 8 月，各大房企旗下已有 52 家物业公司上市。物业板块除了基础业务外也在转型升级，万科物业变身科技平台“万物云”；碧桂园提出“新科技、新服务、新生态、新价值”新物业概念，客户囊括业主、合作伙伴、政府，运用数字化运营平台+物联网+机器人，线上线下全覆盖；保利物业致力于打破地域、服务对象等多方限制的“全域物业”，从社区走向城镇，打开更广阔的公共服务空间。

此外，陆续有房企将商管物业板块分拆上市。2021 年 7 月初，中骏商管在港交所成功上市，是继宝龙商业、华润万象生活、星盛商管之后，第四家以商管物业为主业的管理服务商。同月，花样年、彩生活发布联合公告称，正考虑将各自商业及综合用途的物管业务、商业运管业务进行分拆，于联交所主板单独上市。与普通物管相比，当前商业管理赛道热度和估值均较高，且已上市企业较少，早期上市更具优势。

在“房住不炒”大背景下，“租赁住房”成为新一轮热门词。政府一再强调加强租赁住房建设，并在 2021 年 7 月推出《关于加快发展保障性租赁住房的意见》《关于进一步做好基础设施领域不动产投资信托基金（REITs）试点工作的通知》两大政策，此举有利于租赁行业的长远发展。根据克而瑞租售数据，截至 2021 年第二季度，万科泊寓、龙湖冠寓、魔方公寓开业规模分列前三，总开业规模 31.7 万间，占到了开业规模排名前 20 位的 49%。该季度，以泊寓和冠寓为代表的房企长租公寓各自新增开业 2000 间，新增开业规模远超其他品牌公寓。

除了房地产产业链之外，各大房企通过建立创投平台跨行业投资。碧桂园跨界现代农业，龙湖跨界智能科技，奥园跨界医美。越来越多的房企开辟新的战场。文娱板块方面，近年来，不少知名影片的背后都出现了房企的身影（见表 6-1-32）。2021 年春节档上映的多部影片就由房企参与出品。

表 6-1-32　2021 年春节档房企影视作品

企业名称	影视作品
融　创	《刺杀小说家》《熊出没・狂野大陆》
万　达	《唐人街探案 3》
保　利	《人潮汹涌》

资料来源：公开资料整理、上海易居房地产研究院。

科技领域，各大房企与高校、名企联手，在智慧家居、物联网、清洁能源等领域加大探索力度（见表 6-1-33）。雅居乐与深兰科技合作，布局机器人业务。美的与阿里云合作，布局智慧家居领域。

表 6-1-33　典型品牌房企合作布局科技领域情况

企业名称	业务布局
金　茂	和建筑设计 SaaS 平台小库科技、人工智能视觉技术与方案服务商文安智能、国内领先的物联网产品和解决方案提供商拓深科技、国内领先的云视频通信技术和产品提供商随锐科技等创新企业建立投资关系，聚焦地产科技和智慧城市两大方向
金　科	联合中国电信等国内外龙头，打造首个 5G 示范基地，首个集云平台、云监控、人工智能 AI 为一体的客户云服务中心，视频感知联合实验室，图像引擎联合实验室，虚拟生命感知联合实验室等
龙　光	与佛山三龙湾南海片区建设局签订战略协议，拟共同打造科技创新园区载体，以智能制造和新一代信息技术为主导产业，涵盖孵化中试、高端制造、科技企业总部等功能
绿　地	与南昌市红谷滩区政府、江西国控集团三方签署框架合作协议，以南昌 VR 科创城项目为载体，围绕打造 VR 产业江西高地的总目标，建设业界领先的 VR 产业智慧园区

资料来源：企业公众号、上海易居房地产研究院。

中南、绿城、世茂等房企都强调了未来产品品质和品牌建设的重要性。中南表示要“深化健康住宅的核心理念，持续推进标准化，提升产品质量”；绿城以打造“TOP 10 中的品质标杆”为核心目标；华润认为低成本和高品质的建造能力、高品质的交付能力会影响到公司未来长期可持续发展。未来的房地产行业，既要具备经济价值，也要具备社会价值。既要实现“房地产平稳健康发展”，也要把“推动共同富裕，让改革发展成果惠及更多群众”作为重要目标。中央定调“住有所居”，表明了从国家层面治理房地产的决心。这不仅是住房问题，更是涉及土地、金融、城市、基建等多环节的大问题，而这也必将带来房地产行业的一次深度调整。在“房住不炒”政策主基调下，房地产调控政策或将继续偏紧。稳控房地产金融杠杆的同时，行业也会继续坚定“稳地价、稳房价、稳预期”的政策目标，确保房地产市场平稳发展，为实现共同富裕夯实基础。

（四）第十届（2021—2022 年度）“广厦奖”名单

发布机构：中国房地产业协会　住房和城乡建设部住宅产业化促进中心

发布时间：2021 年 12 月 29 日

表 6-1-34　第十届“广厦奖”第一批获奖项目

地区	编号	获奖项目	开发单位
辽宁沈阳市	GSJ0872-06-（8/8-1）	沈阳金地峯汇	沈阳金地致成房地产开发有限公司
辽宁沈阳市	GSJ0873-06-（8/8-2）	沈阳万科大都会·公元	沈阳新兴置业有限公司
辽宁大连市	GSJ0874-06-（8/8-3）	华润海中国纯海岸	华润（大连）房地产有限公司
辽宁沈阳市	GSJ0875-06-（8/8-4）	沈阳华润幸福里润府	华润万家置业（沈阳）有限公司
辽宁沈阳市	GSJ0876-06-（8/8-5）	旭辉璟宸苑	沈阳辉创置业有限公司
辽宁大连市	GSJ0877-06-（8/8-6）	大连万科城市之光	大连弘润置业有限公司
辽宁鞍山市	GSJ0878-06-（8/8-7）	鞍钢人才公寓	鞍钢房地产开发集团鞍山有限公司
辽宁沈阳市	GSJ0879-06-（8/8-8）	沈阳华润长白万象汇	华润万家置业（沈阳）有限公司
吉林长春市	GSJ0844-07-（3/3-1）	嘉惠·燕京府	吉林省嘉博房地产开发有限公司
吉林长春市	GSJ0845-07-（3/3-2）	华润置地生态广场	长春华润聚业房地产开发有限公司
吉林长春市	GSJ0858-07-（3/3-3）	中国铁建·西派府	长春玖华房地产开发有限公司
黑龙江哈尔滨市	GSJ0898-08-（1/1-1）	哈尔滨华润·紫云府	华润置地（哈尔滨）房地产开发有限公司
上海市	GSJ0841-09-（3/3-1）	静安华邸（住宅）	上海华泓尚隆房地产开发有限公司
上海市	GSJ0843-09-（3/3-3）	金海华城悦虹雅苑	上海申悦房地产开发有限公司
浙江绍兴市	GSJ0846-11-（8/8-1）	宝业新桥风情	浙江宝业房地产集团有限公司
浙江杭州市	GSJ0847-11-（8/8-2）	闻潮一品公寓	杭州信达地产有限公司
浙江杭州市	GSJ0848-11-（8/8-3）	翡翠城西北一期·甘棠苑	杭州翡翠城房地产开发有限公司
浙江宁波市	GSJ0849-11-（8/8-4）	荣安·桃花源郡	荣安地产股份有限公司
浙江杭州市	GSJ0850-11-（8/8-5）	荣安·玉水观邸	荣安地产股份有限公司
浙江杭州市	GSJ0851-11-（8/8-6）	万科北宸之光二期	杭州万泓置业有限公司
浙江杭州市	GSJ0852-11-（8/8-7）	越秀·亲悦里	杭州东桂房地产开发有限公司
浙江杭州市	GSJ0853-11-（8/8-8）	越秀·维多利中心	杭州越辉房地产开发有限公司
山东济南市	GSJ0860-15-（18/18-1）	万科大都会 B 地块	济南万科企业有限公司
山东济南市	GSJ0861-15-（18/18-2）	玖唐府二期	济南万科企业有限公司
山东济南市	GSJ0863-15-（18/18-4）	中海珑岸二期	济南中海城房地产开发有限公司
山东济南市	GSJ0864-15-（18/18-5）	中建·锦绣首府衡园西区	济南仁孚置业有限公司
山东青岛市	GSJ0865-15-（18/18-6）	锦绣和园	青岛锦孚置业有限公司
山东青岛市	GSJ0866-15-（18/18-7）	中建幸孚 Mall	青岛泽孚置业有限公司
山东青岛市	GSJ0867-15-（18/18-8）	瑞源名嘉康城	青岛鲁泽置业集团有限公司
山东烟台市	GSJ0868-15-（18/18-9）	烟台越秀·臻悦府	烟台越秀地产开发有限公司
山东淄博市	GSJ0869-15-（18/18-10）	方正·中轩御景一期	山东方正房地产开发有限公司

续表

地区	编号	获奖项目	开发单位
山东淄博市	GSJ0870-15-（18/18-11）	鼎成大厦	淄博鼎成置业有限公司
山东菏泽市	GSJ0871-15-（18/18-12）	龙翔・中央檀府一期	菏泽龙翔置业有限公司
山东淄博市	GSJ0907-15-（18/18-13）	紫御城北区	山东金城荣基地产有限公司
山东淄博市	GSJ0908-15-（18/18-14）	龙廷贵府	山东民泰实业集团淄博
山东临沂市	GSJ0909-15-（18/18-15）	环球・掌舵	临沂汇金置业有限公司
山东临沂市	GSJ0910-15-（18/18-16）	奥正诚园	临沂市奥正房地产开发有限公司
山东聊城市	GSJ0911-15-（18/18-17）	裕昌莲湖新城	裕昌控股集团有限公司
山东淄博市	GSJ0912-15-（18/18-18）	创业・火炬广场住宅二期	淄博齐创房地产开发有限公司
湖北武汉市	GSJ0894-17-（4/4-1）	中建御景星城	武汉中建三局江北房地产开发有限公司
湖北武汉市	GSJ0895-17-（4/4-2）	百瑞景滨江生活区一期	湖北铁投大桥地产开发有限公司
湖北天门市	GSJ0896-17-（4/4-3）	楚天世纪城一期	天门市洲际置业有限公司
湖北襄阳市	GSJ0897-17-（4/4-4）	襄投・欣悦城一期	湖北襄投置业有限公司
重庆市	GSJ0885-22-（5/5-1）	北京城建・龙樾生态城樾中府	北京城建重庆地产有限公司
重庆市	GSJ0886-22-（5/5-2）	中国铁建・东林道一期	中铁二十局集团房地产
重庆市	GSJ0887-22-（5/5-3）	中央公园悦颂	重庆中交西南置业有限公司
重庆市	GSJ0888-22-（5/5-4）	集美牡丹湖	重庆市厚康房地产开发有限公司
重庆市	GSJ0889-22-（5/5-5）	南川海怡天一期	重庆海怡天房地产开发有限公司
甘肃白银市	GSJ0854-28-（4/4-1）	万盛・银时代	甘肃中泰万盛房地产开发集团有限公司
甘肃平凉市	GSJ0855-28-（4/4-2）	平凉世纪花园 D 区	平凉市新世纪房地产开发有限责任公司
甘肃天水市	GSJ0856-28-（4/4-3）	上河郡一、二期	甘肃建总置业发展有限公司
甘肃武威市	GSJ0857-28-（4/4-4）	天一财富广场	武威市天一集团房地产有限公司

二、2021 年中国房地产开发企业信用状况白皮书

（一）房地产开发企业总体情况

截至 2021 年 12 月 31 日，中国房地产开发企业信用信息平台共收录了明确具有房地产开发资质等级信息，或拥有商品房预售许可证、建设用地规划许可证等信息可以证明其实际从事房地产开发经营活动的企业，也就是行业日常所说的房地产开发企业，共约 11.25 万家。本白皮书所做的房地产开发企业的统计分析，均以这一数字为基准。

1. 区域分布

从房地产开发企业的分布来看，按省级行政区域来划分（包括省、自治区、直辖市，以下简称各省），广东、江苏和河南三省的开发企业数量领先，均超过 7000 家（见图 6-2-1）。

2. 注册资本

从注册资本来看，注册资本在 1000 万~5000 万元（不含）的房地产开发企业数量最多，超过 5.52 万家，占比 49.12%；其次是 1 亿~ 10 亿元（不含）注册资本的企业，占比 17.07%，约 1.92 万家；小于 100 万元（不含）注册资本的企业约 2223 家，占比约 1.97%。

3. 增长情况

从近 3 年新增和注销的企业总量来看，新增开发企业呈持续下降趋势，注销企业数量呈持续增长趋势，2021 年全国新增开发企业约 1400 家，注销企业约 929 家。

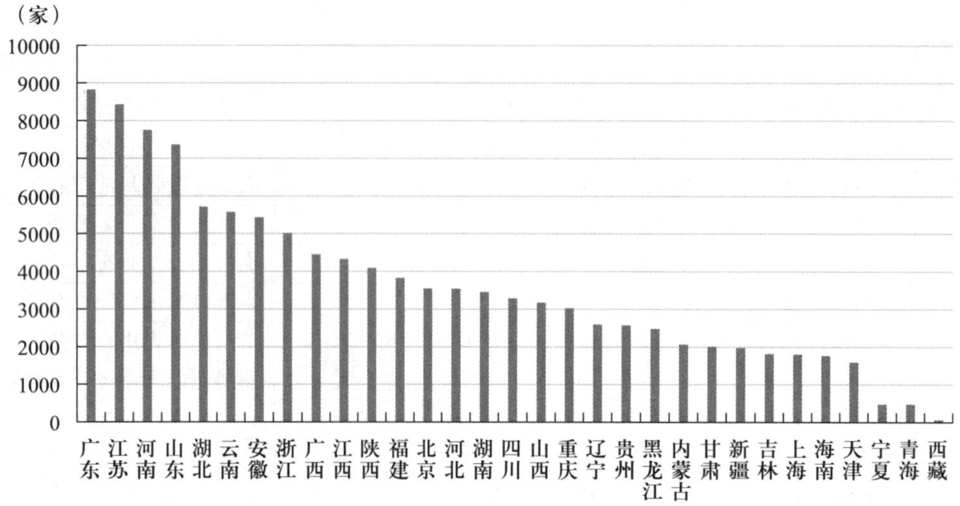

图 6-2-1　2021 年各省房地产开发企业数量情况

数据来源：中国房地产开发企业信用信息平台。

从各省的新增情况来看，2021 年江苏、安徽、广东、河南和山东五省新增房地产开发企业的数量最多。从增幅来看，2021 年全年，除宁夏回族自治区、青海省和西藏自治区零增长外，28 个省同比均呈现负增长，陕西、云南和贵州三省同比降幅最大。

（二）行业不良信用信息情况

中国房地产信用平台监控数据显示，2021 年共收录全国房地产开发企业各类不良信用信息共计 6.89 余万条，同比增加了 20.15%。需要指出的是，考虑到中国房地产信用平台在 2021 年收录的开发企业整体信用数据超过了 6268 万条，不良信用信息的占比仅为 0.11%，这个比例并不算太高。

2021 年开发企业的不良信用信息总体主要分为 6 种情形。其中，失信被执行人类型占比最高，共 28114 条案例，占比达到 40.75%；其次是欠税和行政处罚类型，占比分别为 34.34% 和 18.04%；经营异常、严重违法失信和重大税收违法，分别占了 5.96%、0.89% 和 0.01%。

从 2021 年开发企业不良信用信息类型的变动情况来看，总体的不良信用信息案例同比增长 20.15%。其中，欠税的开发企业案例同比增长 33.55%；失信被执行人、严重违法失信和行政处罚的案例也呈增长趋势，分别增长了 23.33%、11.21% 和 3.14%；经营异常案例数有所下降，同比上年减少 3.31%。2021 年重大税收违法案例共 5 条。

从区域分布来看，广东、河南和江苏三省开发企业数量较多，开发企业发生不良信用信息的数量也相对较多（见图 6-2-2）。

1. 行政处罚

根据中国房地产信用平台的统计，2021 年全国被行政处罚的开发企业共 9162 家，同比增长 7.32%，约占全部开发企业的 8.14%，共 12447 条案例，分布在全国 31 个省（自治区、直辖市）。

从分布上看，江苏、山东、河南、广东和浙江五省被行政处罚的开发企业数量最多，分别有 949 家、822 家、786 家、707 家和 655 家，这也基本与全国开发企业的总体分布接近；其中，宁夏回族自治区被行政处罚的开发企业数量相对该省开发企业总数的比例最多，占比约 13.33%，其次是浙江、重庆和山西三省，占比分别为 13.06%、11.72% 和 11.30%（见图 6-2-3）。

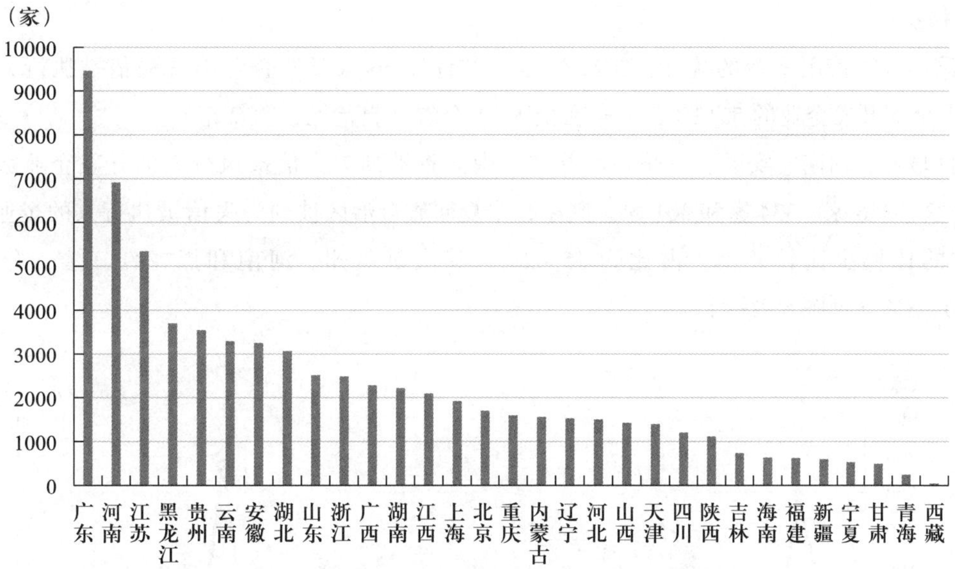

图 6-2-2　2021 年各省开发企业不良信用信息情况

数据来源：中国房地产开发企业信用信息平台。

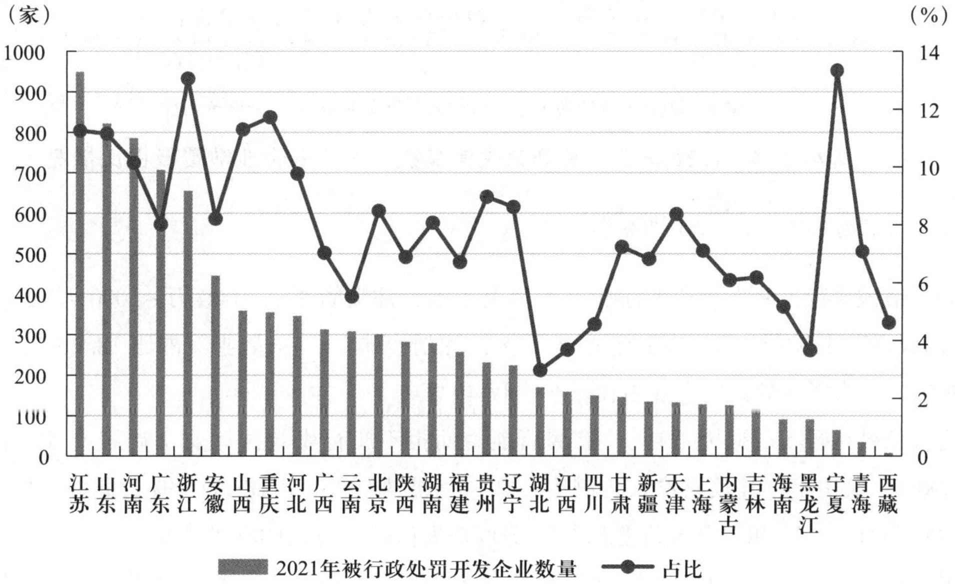

图 6-2-3　2021 年各省被行政处罚开发企业数量及占比情况

数据来源：中国房地产开发企业信用信息平台。

从被行政处罚开发企业的注册资本情况来看，注册资本在 1000 万~5000 万元（不含）的占比约 43.41%，约 3977 家；其次是 1 亿~10 亿元（不含）注册资本的开发企业，占比 24.66%，约 2259 家；占比最小的是小于 100 万元注册资本的开发企业，仅 74 家。

从行政处罚的实施机关来看，城管、市场监督、税务部门是主要的处罚机关。在所有行政处罚信息中，由城管部门处罚的数量占比约 19.51%，约 1863 条；市场监督部门占比 18.85%，约 1800 条；税务部门占比 6.25%，约 597 条。

2. 失信被执行人

根据中国房地产信用平台的统计，2021 年全国共计 5766 家开发企业出现失信被执行人情况，同比增长 5. 12%，约占全部开发企业的 5. 12%，分布在全国 31 个省（自治区、直辖市）。

从分布区域看，河南、安徽、贵州、江苏和云南五省被列为失信被执行人的开发企业数量居前，分别为 848 家、401 家、356 家、334 家和 301 家。其中，宁夏回族自治区被列为失信被执行人的企业数量相对该省开发企业总数的比例也比较靠前，占比为 15. 42%，其次是贵州、河南和黑龙江三省，分别占比 13. 81%、10. 94%和 10. 58%（见图 6-2-4）。

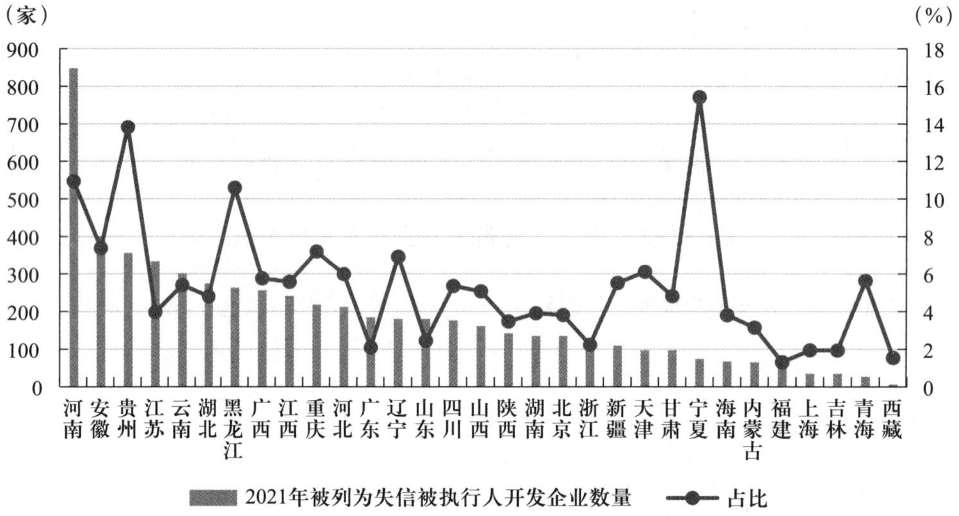

图 6-2-4　2021 年各省被列为失信被执行人开发企业数量及占比情况

数据来源：中国房地产开发企业信用信息平台。

从被列为失信被执行人开发企业的注册资本情况来看，注册资本在 1000 万~5000 万元（不含）的占比约 51. 06%，约 2944 家；其次是 0. 5 亿~1 亿元（不含）注册资本的开发企业，占比 18. 26%，约 1053 家；小于 100 万元（不含）注册资本的开发企业占比最少，仅 49 家。

从被列为失信被执行人的原因来看，“有履行能力而拒不履行生效法律文书确定义务”的失信被执行人，占比高达 69. 90%；其次是“违反财产报告制度”的失信被执行人，占比 17. 30%；此外，“被执行人无正当理由拒不履行执行和解协议”和“其他规避执行”等也是失信被执行人的常见类型。

同时，根据中国房地产信用平台的统计，2021 年中国房地产信用平台共收录了中国裁判文书网有关房地产开发企业的判决文书超过 46. 53 万例，其中，合同纠纷占比超过 76. 08%；而在合同纠纷中，有关房屋买卖、预售、销售等涉及房屋交易的纠纷占比超过了 52. 66%。

3. 经营异常

根据中国房地产信用平台的统计，2021 年全国房地产开发企业中发生经营异常信息的达到 3805 家，同比上涨 5. 34%，约占全部开发企业的 3. 38%，共 4113 条案例，分布在全国 31 个省（自治区、直辖市）。

从区域分布看，湖北、河南、云南、江西和安徽经营异常的开发企业最多，分别有 285 家、281 家、277 家、233 家和 222 家。从占比来看，西藏经营异常的开发企业数量相对该省开发企业总数的比例最高，占比 6. 15%，但西藏经营异常开发企业仅 4 家，因为西藏本身开发企业数量较少造成占比相对较高；其次是黑龙江、海南和河北三省，占比分别为 5. 63%、5. 45%和 5. 42%（见图 6-2-5）。

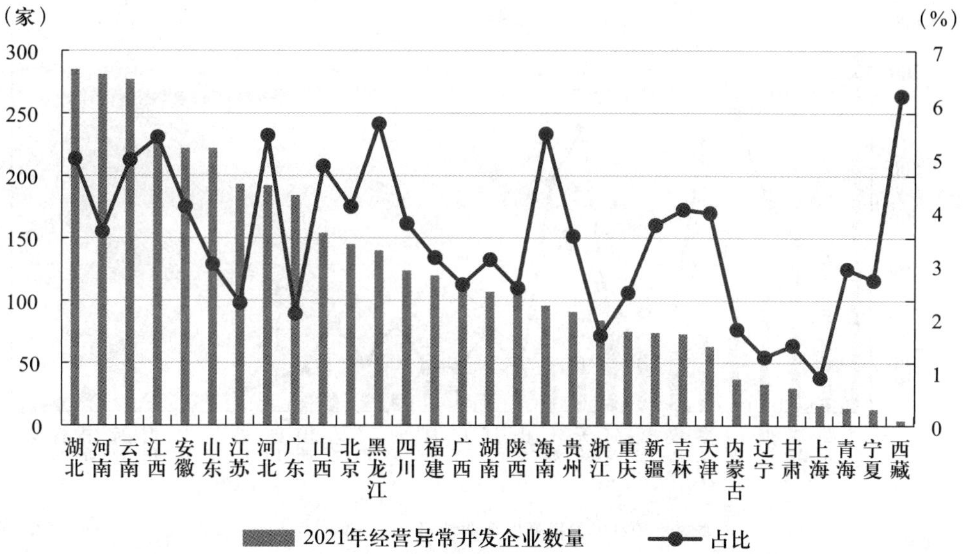

图 6-2-5　2021 年各省经营异常开发企业数量占比情况

数据来源：中国房地产开发企业信用信息平台。

从经营异常的开发企业的注册资本情况来看，注册资本在 1000 万~5000 万元（不含）的占比约 51.56%，约 1962 家；其次是 0.5 亿~1 亿元（不含）注册资本的开发企业，占比 15.72%，约 598 家；占比最小的是 10 亿元（含）以上注册资本的开发企业，仅 66 家。

从被列入经营异常的具体原因来看，“未在规定的期限公示年度报告”的占比 55.01%，“通过登记的住所或者经营场所无法取得联系”的占比 22.00%，“公示企业信息隐瞒真实情况、弄虚作假”的占比 5.92%，这三种是出现经营异常的主要原因。

4. 欠税

根据中国房地产信用平台的统计，2021 年全国发生欠税行为的房地产开发企业共计 3032 家，约占全部开发企业的 2.69%，同比增长 18.30%，共 23691 条案例，分布在全国 28 个省份。

从区域分布来看，广东、湖北和江苏三省欠税开发企业数量最多，分别有 738 家、330 家和 324 家，北京市、海南省和西藏自治区无欠税企业。从欠税企业与本省开发企业总数的占比来看，广东、湖南和天津位居前列，分别占比 8.37%、6.83%和 6.48%（见图 6-2-6）。

从欠税开发企业的注册资本情况来看，1000 万~5000 万元（不含）注册资本的欠税企业数量最多，占比 46.17%，约 1400 家；其次是 0.5 亿~1 亿元（不含）注册资本的开发企业，占比 18.70%，约 567 家；占比最小的是小于 100 万元（不含）注册资本的开发企业，约 32 家。

从欠税总金额来看，2021 年开发企业欠税的总金额达 560.78 亿元。从具体欠税的类型来看，土地增值税、城市维护建设税、增值税、城镇土地使用税和印花税是主要的欠税类型；同时，值得注意的是，广东、黑龙江和上海的企业欠税金额最多，分别为 232.18 亿元、74.39 亿元和 60.88 亿元（见表 6-2-1）。

5. 严重违法失信

根据中国房地产信用平台的统计，2021 年全国发生严重违法失信行为的开发企业共计 543 家，同比增长 4.02%，约占全部开发企业的 0.48%，共 615 条案例，分布在全国 27 个省（自治区、直辖市）。

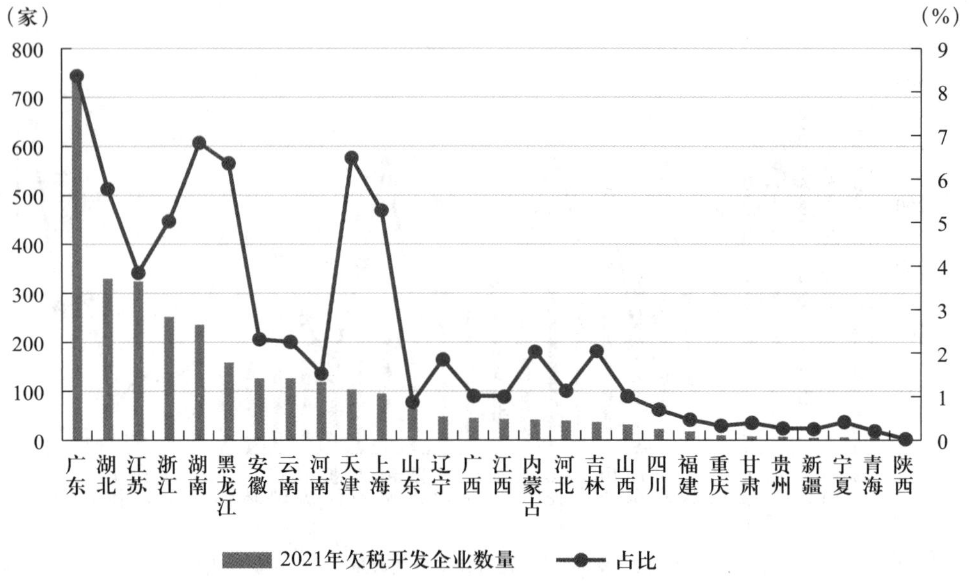

图 6-2-6　2021 年各省欠税开发企业数量及占比情况

数据来源：中国房地产开发企业信用信息平台

表 6-2-1　2021 年全国开发企业欠税金额前十名情况

企业名称	省份	欠税税种	欠税余额（亿元）
东莞市富盈十里银湾建造有限公司	广东	土地增值税、增值税	13.06
上海佘山乡村俱乐部有限公司	上海	土地增值税	12.88
东莞市庆鹏心怡房地产开发有限公司	广东	增值税、企业所得税、城市维护建设税、印花税、土地增值税	11.79
广东誉丰地产发展有限公司	广东	企业所得税、土地增值税、城市维护建设税、增值税	9.34
上海智富茂城置业有限公司	上海	城市维护建设税、城镇土地使用税、房产税、个人所得税、企业所得税、土地增值税、印花税、增值税	9.05
广州粤泰集团股份有限公司	广东	个人所得税、印花税、城市维护建设税、城镇土地使用税、增值税、房产税、土地增值税	8.02
广州市鸿达房地产开发有限公司	广东	土地增值税	5.91
上海磐润置业有限公司	上海	土地增值税	5.54
东莞市富兴房地产开发有限公司	广东	增值税、城市维护建设税、土地增值税	5.24
哈尔滨华鸿世贸花园房地产开发有限公司	黑龙江	城市维护建设税、城镇土地使用税、企业所得税、契税、土地增值税、消费税、印花税、营业税、增值税、资源税	5.11

数据来源：中国房地产开发企业信用信息平台。

从区域分布来看，云南、陕西和河南三省严重违法失信的开发企业数量居前，分别有 94 家、72 家和 51 家。从严重违法失信企业与本省开发企业总数的占比来看，陕西、云南、黑龙江三省位居前列，分别占比 1.81%、1.68%和 1.25%（见图 6-2-7）。

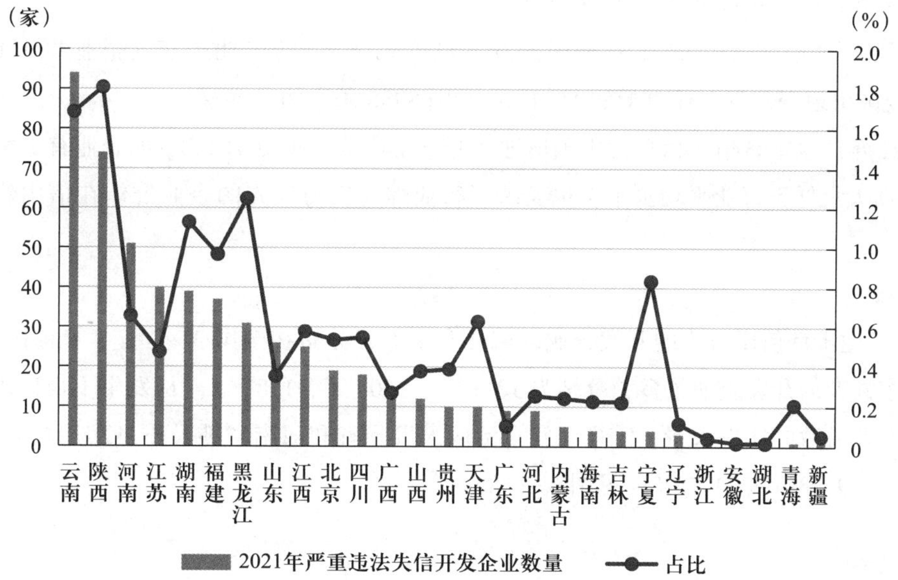

图 6-2-7　2021 年各省严重违法失信开发企业数量及占比情况

数据来源：中国房地产开发企业信用信息平台。

从严重违法失信开发企业的注册资本情况来看，小于 1000 万~5000 万元（不含）注册资本的开发企业占比最大，达到 52. 30%，约 284 家；其次是 100 万~1000 万元（不含）注册资本的开发企业，占比 21. 92%，约 119 家；10 亿元（含）以上注册资本的开发企业无严重违法失信情况。

从列入严重违法失信的原因来看，被列入经营异常名录届满 3 年仍未履行相关义务案例是主要类型，占比达到 67. 64%，约 416 条；有履行能力而拒不履行生效法律文书确定义务的案例占比 19. 18%，约 118 条；此外，还有被执行人无正当理由拒不履行执行和解协议、其他规避执行和违反财产报告制度等情形被列入严重违法失信名单的开发企业。

6. 重大税收违法

根据中国房地产信用平台的收录，2021 年全国重大税收违法开发企业共 4 家，分布在山西、陕西和广东三省（见表 6-2-2）。

表 6-2-2　2021 年全国严重违法税收开发企业案例

企业名称	省份	案件性质	检察机关
山西鑫鲲鹏房地产开发有限公司	山西	偷税	国家税务总局运城市税务局稽查局
陕西美庐达房地产开发有限公司	陕西	偷税	国家税务总局西安市税务局第三稽查局
恩平市锦江明珠房地产有限公司	广东	偷税	国家税务总局江门市税务局第二稽查局
梅州市超群房地产开发有限公司	广东	偷税	国家税务总局梅州市税务局稽查局

资料来源：中国房地产开发企业信用信息平台。

其中，涉案金额最大的是山西鑫鲲鹏房地产开发有限公司，经国家税务总局运城市税务局稽查局检查，发现其在 2003 年 5 月 1 日至 2019 年 12 月 31 日期间，主要存在以下问题：①采取偷税手段，不缴或者少缴应纳税款 3786. 39 万元；②其他涉税违法问题，涉及税款 567. 73 万元。

（三）涉及不良信用信息的开发企业情况

根据中国房地产信用平台，2021 年全国涉及不良信用信息①的房地产开发企业共计 19681 家，同比增长 7.25%，约占全国房地产开发企业总量的 17.48%，共 68985 条案例。

其中，2021 年产生不良信用信息的中国房地产开发企业综合实力 TOP500 的企业有 2 家，而 2020 年该值是 34 家，这一数据大大低于行业平均水平，也反映了行业综合实力领先的企业群体在信用建设方面同样也相对出色。

1. 区域分布

从 2021 年发生不良信用行为的开发企业区域分布来看，分布在全国 31 个省（自治区、直辖市），其中河南、江苏和广东涉及的开发企业最多，分别为 1841 家、1604 家、1582 家。从发生不良信用行为的企业数占各省房地产开发企业总数的比例来看，宁夏回族自治区、贵州省和河南省涉及不良信用行为开发企业占比最高，分别为 29.58%、23.98%和 23.75%（见图 6-2-8）。

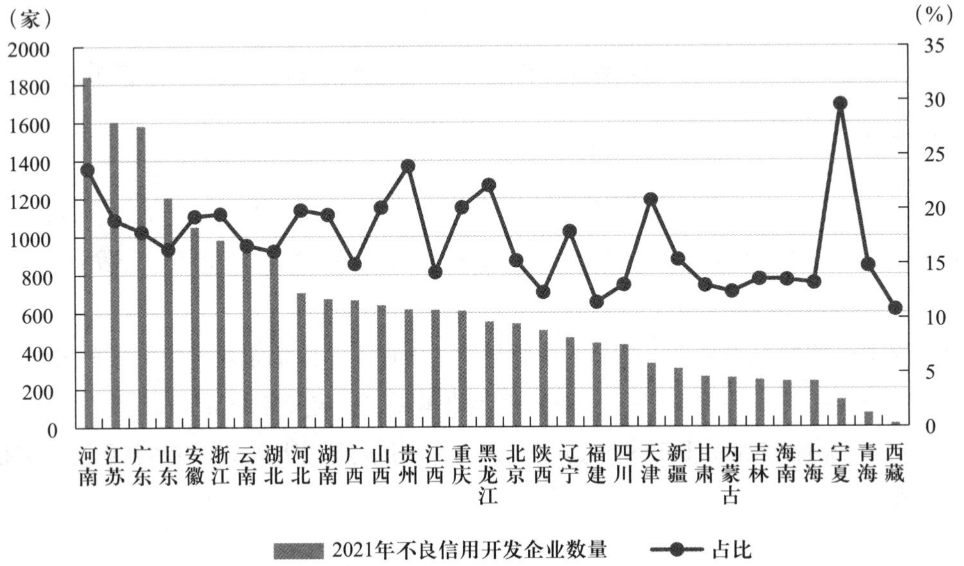

图 6-2-8 2021 年各省不良信用开发企业数量及占比情况

数据来源：中国房地产开发企业信用信息平台。

2. 注册时间分析

在 2021 年发生不良信用行为的开发企业中，从企业注册的年份来看，主要集中在 2006—2015 年，占比达到 54.32%，约 10690 家开发企业；其次是 2016—2020 年、2001—2005 年注册的开发企业，分别占比 26.04%和 12.50%，分别约 4821 和 2461 家开发企业（见图 6-2-9）。

3. 注册资本分析

从注册资本来看，2021 年发生不良信用行为的开发企业，注册资本主要集中在 1000 万~5000 万元（不含）之间，占比达到 47.40%，约 9328 家；其次是注册资本在 1 亿~10 亿元（不含）以内的企业，占比 18.78%，约 3696 家，占比最小的是注册资本小于 100 万元（不含）的开发企业，约 247 家（见图 6-2-10）。

① 不良信用信息与前文定义一致，包括行政处罚、失信被执行、经营异常、欠税、严重违法失信和重大税收违法等 6 种行为。

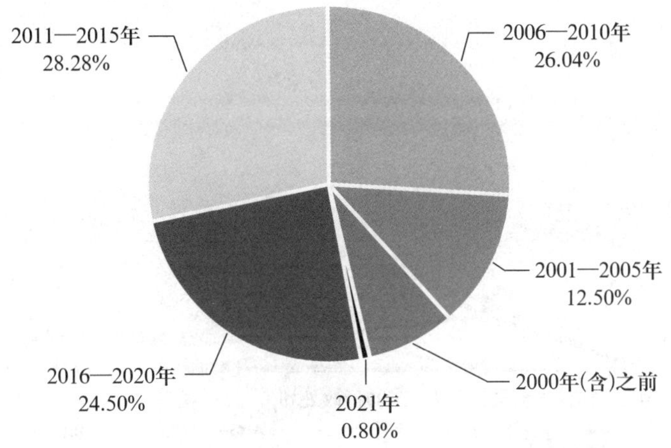

图6-2-9　2021年不良信用开发企业注册时间情况

数据来源：中国房地产开发企业信用信息平台。

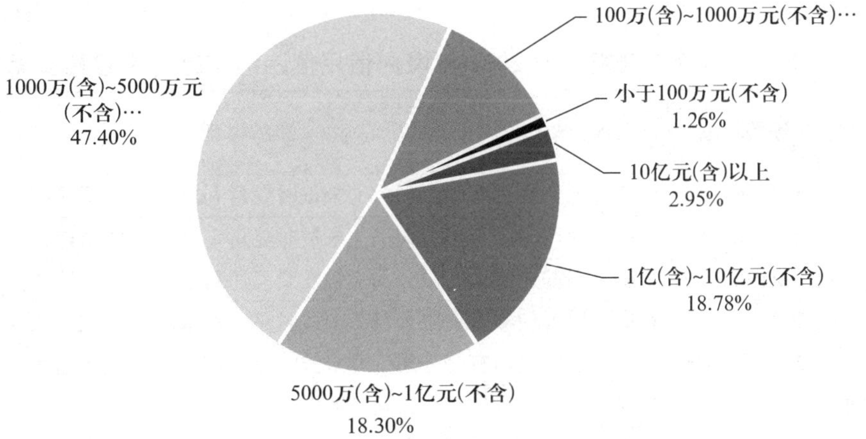

图6-2-10　2021年不良信用开发企业注册资本情况

数据来源：中国房地产开发企业信用信息平台。

从不良信用信息的类型来看，行政处罚、失信被执行人、经营异常和欠税等不良信用行为里，注册资本为1000万~5000万元（不含）之间的开发企业明显高于其他注册资本水平的企业（见图6-2-11）。

（四）房地产开发企业债务违约情况

1. 境内信用债券违约情况

根据中国房地产信用平台的统计，截至2021年12月31日，2021年全国共有9家房地产债券发行人确认境内信用债券实质违约或触发交叉条款（不包括展期情形），涉及债券44只（见表6-2-3），比上年全年增长80%；对应债券发行额572.90亿元，比上年全年增长82.16%；违约涉及债券余额452.70亿元，比上年全年增长76.22%。

按月份来看，蓝光发展信用债券违约涉及余额最大，2021年违约涉及债券余额达到139.34亿元，其次是天津房地产集团和华夏幸福，分别是105.31亿元和76亿元。

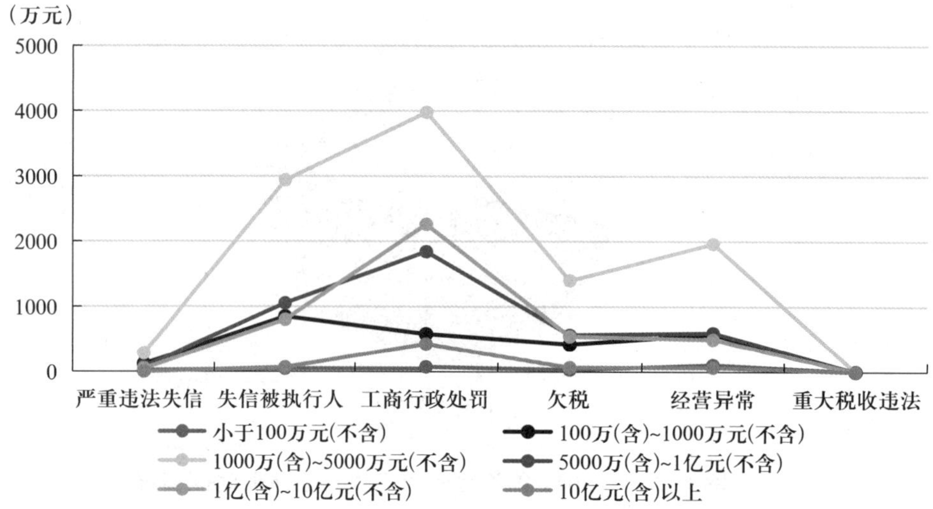

图 6-2-11　2021 年各类型不良信用开发企业注册资本情况

数据来源：中国房地产开发企业信用信息平台。

表 6-2-3　房地产开发企业 2021 年境内信用债违约统计（不包括展期情形）

债券简称	违约日期	发行人	违约类型	最新状态	发行规模	违约日债券余额（亿元）
16 天房 03	2021-01-26	天津房地产集团有限公司	未按时兑付利息	实质违约	7	7
H6 天房 01	2021-02-01	天津房地产集团有限公司	未按时兑付本息	实质违约	18	8. 768
17 幸福基业 MTN001	2021-02-27	华夏幸福基业股份有限公司	触发交叉违约	实质违约	19	18
18 协信 01	2021-03-09	重庆协信远创实业有限公司	未按时兑付本金	实质违约	7. 1	4. 8245
H6 天房 02	2021-03-16	天津房地产集团有限公司	未按时兑付本息	实质违约	82	62. 55
20 华夏幸福 MTN002	2021-03-19	华夏幸福基业股份有限公司	触发交叉违约	实质违约	5	5
20 华夏幸福 MTN001	2021-03-19	华夏幸福基业股份有限公司	触发交叉违约	实质违约	10	10
20 华夏幸福 MTN001	2021-03-23	华夏幸福基业股份有限公司	未按时兑付利息	实质违约	10	10
19 华夏 01	2021-03-25	华夏幸福基业股份有限公司	未按时兑付回售款和利息	实质违约	10	10
20 华夏幸福 MTN002	2021-04-20	华夏幸福基业股份有限公司	未按时兑付利息	实质违约	5	5
16 天房 03	2021-04-26	天津房地产集团有限公司	未按时兑付本息	实质违约	7	7
16 协信 05	2021-05-12	重庆协信远创实业有限公司	未按时兑付本息	实质违约	12. 6	5. 60886
17 幸福基业 MTN001	2021-05-24	华夏幸福基业股份有限公司	未按时兑付利息	实质违约	19	18
H6 泰禾 02	2021-05-25	泰禾集团股份有限公司	未按时兑付本息	实质违约	30	0. 000906
H6 泰禾 03	2021-05-25	泰禾集团股份有限公司	未按时兑付本息	实质违约	15	15
20 华 EB02	2021-06-15	华夏幸福基业控股股份公司	未按时兑付回售款和利息	实质违约	7	1. 30000109
19 蓝光 MTN001	2021-07-12	四川蓝光发展股份有限公司	未按时兑付本息	实质违约	9	9
16 协信 06	2021-07-14	重庆协信远创实业有限公司	未按时兑付本息	实质违约	10	8. 37652
16 正源 01	2021-07-15	正源房地产开发有限公司	未按时兑付本息	实质违约	20	13. 54454
19 蓝光 02	2021-07-23	四川蓝光发展股份有限公司	未按时兑付回售款和利息	实质违约	11	11

续表

债券简称	违约日期	发行人	违约类型	最新状态	发行规模	违约日债券余额（亿元）
16 蓝光 01	2021-07-28	四川蓝光发展股份有限公司	提前到期未兑付	实质违约	30	11.81215
20 蓝光 MTN001	2021-07-28	四川蓝光发展股份有限公司	触发交叉违约	触发交叉条款	5	5
19 蓝光 07	2021-07-28	四川蓝光发展股份有限公司	提前到期未兑付	实质违约	4	4
19 蓝光 01	2021-07-28	四川蓝光发展股份有限公司	提前到期未兑付	实质违约	11	7.23
20 蓝光 04	2021-07-28	四川蓝光发展股份有限公司	提前到期未兑付	实质违约	8	8
19 蓝光 04	2021-07-28	四川蓝光发展股份有限公司	提前到期未兑付	实质违约	3	3
20 蓝光 02	2021-07-28	四川蓝光发展股份有限公司	提前到期未兑付	实质违约	7.5	7.5
20 蓝光 CP001	2021-07-29	四川蓝光发展股份有限公司	未按时兑付本息	实质违约	7	7
20 蓝光 MTN002	2021-07-31	四川蓝光发展股份有限公司	触发交叉违约	实质违约	10	10
20 蓝光 MTN003	2021-07-31	四川蓝光发展股份有限公司	触发交叉违约	实质违约	15	15
21 蓝光 MTN001	2021-07-31	四川蓝光发展股份有限公司	触发交叉违约	触发交叉条款	10	10
H8 泰禾 01	2021-08-02	泰禾集团股份有限公司	未按时兑付本息	实质违约	15	15
19 三盛 05	2021-08-09	上海三盛宏业投资（集团）有限责任公司	未按时兑付利息	实质违约	5.3	5.3
16 蓝光 MTN003	2021-08-12	四川蓝光发展股份有限公司	未按时兑付本息	实质违约	13	2.8
19 华控 04	2021-08-30	华夏幸福基业控股股份公司	未按时兑付回售款和利息	实质违约	20	19
16 天房 04	2021-09-08	天津房地产集团有限公司	未按时兑付本息	实质违约	20	20
20 幸福 01	2021-09-22	华夏幸福基业控股股份公司	未按时兑付回售款和利息	实质违约	12.5	12.5
16 三盛 04	2021-09-22	上海三盛宏业投资（集团）有限责任公司	未按时兑付本息	实质违约	7.5	6.64
16 协信 08	2021-09-27	重庆协信远创实业有限公司	未按时兑付本息	实质违约	5.4	5.4
20 蓝光 MTN002	2021-09-29	四川蓝光发展股份有限公司	未按时兑付利息	实质违约	10	10
20 蓝光 MTN003	2021-10-26	四川蓝光发展股份有限公司	未按时兑付利息	实质违约	15	15
18 华控 01	2021-11-29	华夏幸福基业控股股份公司	未按时兑付本息	实质违约	17	14.55
19 蓝光 08	2021-12-13	四川蓝光发展股份有限公司	未按时兑付回售款和利息	实质违约	3	3
15 华资债	2021-12-25	北京华业资本控股股份有限公司	未按时兑付本息	实质违约	5	5

数据来源：中国房地产开发企业信用信息平台。

2. 境外地产债违约情况

经中国房地产开发企业信用信息平台统计，2021 年全年出现首次违约情形的境外地产债共 76 只（不包括展期情形），涉及 12 家信用主体，涉及债券总发行规模约 470.34 亿美元，债券余额约 451.97 亿美元，涉及实际违约金额为 37 亿美元（见表 6-2-4）。其中，出现首次违约情形的境外债债券余额最大的是中国恒大（含中国恒大集团和恒大地产集团），共计 14 只债券违约，涉及债券余额约 194.65 亿美元；其次是佳兆业集团，涉及债券余额约 119.74 亿美元，共 17 只债券。此外，华夏幸福、花样年、当代置业、阳光集团、蓝光发展、阳光 100 中国、新力控股、泛海控股和新华联等信用主体发行的境外债也出现违约情形。

表 6-2-4　房地产开发企业 2021 年境外债违约统计（不包括展期情形）

单位：百万美元

债券编码	债券简称	违约日期	信用主体	违约类型	涉及金额	债券余额
XS1920453989	MCRLNH 9.5 01/04/21	2021/1/4	新华联控股有限公司	未按时兑付本息	218.30	208.40
XS2232030788	CHFOTN 8.75 09/28/22	2021/2/2	华夏幸福基业股份有限公司	触发交叉违约	—	330.00
XS2189577906	CHFOTN 6.92 06/16/22	2021/2/2	华夏幸福基业股份有限公司	触发交叉违约	—	300.00
XS2100597256	CHFOTN 6.9 01/13/23	2021/2/2	华夏幸福基业股份有限公司	触发交叉违约	—	500.00
XS2100597330	CHFOTN 8.05 01/13/25	2021/2/2	华夏幸福基业股份有限公司	触发交叉违约	—	760.00
XS1972092248	CHFOTN 8.6 04/08/24	2021/2/2	华夏幸福基业股份有限公司	触发交叉违约	—	650.00
XS1972090119	CHFOTN 7.125 04/08/22	2021/2/2	华夏幸福基业股份有限公司	触发交叉违约	—	350.00
XS1953977326	CHFOTN 8.625 02/28/21	2021/2/28	华夏幸福基业股份有限公司	未偿付本金违约	530.00	530.00
XS1860402954	CHFOTN 9 07/31/21	2021/2/2	华夏幸福基业股份有限公司	触发交叉违约	—	940.00
XS1835626810	CHFOTN 9 06/21/21	2021/2/2	华夏幸福基业股份有限公司	触发交叉违约	—	200.00
XS1995111736	FANHAI 14.5 05/23/21	2021/5/23	泛海控股股份有限公司	未按时兑付本息	143.67	133.96
XS1893891595	FANHAI 12 10/31/21	2021/5/30	泛海控股股份有限公司	未按时兑付本息	285.87	210.20
XS2280569364	LGUANG 8.85 01/10/22	2021/7/11	四川蓝光发展股份有限公司	触发交叉违约	—	300.00
XS2182288956	LGUANG 11 06/04/22	2021/7/11	四川蓝光发展股份有限公司	未按时兑付利息	24.75	450.00
XS2262052686	LGUANG 10.4 03/09/23	2021/7/11	四川蓝光发展股份有限公司	触发交叉违约	—	300.00
XS1833288597	SUNCHN 10.5 12/05/21	2021/12/6	阳光 100 中国控股有限公司	未按时兑付本息	178.93	170.00
XS1464644324	SUNCHN 6.5 08/11/21	2021/8/11	阳光 100 中国控股有限公司	未按时兑付本息	46.88	45.40
XS2293581117	SUNCHN 12 10/03/23	2021/8/11	阳光 100 中国控股有限公司	触发交叉违约	—	120.00
XS2357415046	SUNCHN 13 06/29/22	2021/8/11	阳光 100 中国控股有限公司	未按时兑付利息	14.27	219.60
XS1580431143	EVERRE 8.25 03/23/22	2021/9/23	中国恒大集团	未按时兑付利息	83.53	2025.00
XS1587867539	EVERRE 9.5 03/29/24	2021/9/29	中国恒大集团	未按时兑付本息	45.17	951.00
XS2355049797	FTHDGR 14.5 06/25/24	2021/10/4	花样年控股集团有限公司	触发交叉违约	—	200.00
XS2306557401	FTHDGR 10.875 03/02/24	2021/10/4	花样年控股集团有限公司	触发交叉违约	—	230.10
XS1924249680	FTHDGR 15 12/18/21	2021/10/4	花样年控股集团有限公司	未按时兑付本息	313.26	291.40
XS2245488262	FTHDGR 9.875 10/19/23	2021/10/4	花样年控股集团有限公司	触发交叉违约	—	303.00
XS1498418224	FTHDGR 7.375 10/04/21	2021/10/4	花样年控股集团有限公司	未按时兑付本息	213.24	205.66
XS2210790783	FTHDGR 9.25 07/28/23	2021/10/4	花样年控股集团有限公司	触发交叉违约	—	343.50
XS2275739378	FTHDGR 6.95 12/17/21	2021/10/4	花样年控股集团有限公司	触发交叉违约	257.65	249.00
XS2181037230	FTHDGR 11.875 06/01/23	2021/10/4	花样年控股集团有限公司	触发交叉违约	—	541.00
XS2100005771	FTHDGR 10.875 01/09/23	2021/10/4	花样年控股集团有限公司	触发交叉违约	—	446.35
XS2030329358	FTHDGR 12.25 10/18/22	2021/10/4	花样年控股集团有限公司	触发交叉违约	—	347.50
XS1982124239	FTHDGR 11.75 04/17/22	2021/10/4	花样年控股集团有限公司	触发交叉违约	—	295.50
XS1640676885	FTHDGR 7.95 07/05/22	2021/10/4	花样年控股集团有限公司	触发交叉违约	—	498.75
XS1982036961	EVERRE 9.5 04/11/22	2021/10/11	中国恒大集团	未按时兑付本息	68.88	1450.00
XS1982040641	EVERRE 10.5 04/11/24	2021/10/11	中国恒大集团	未按时兑付本息	36.75	700.00
XS1982037779	EVERRE 10 04/11/23	2021/10/11	中国恒大集团	未按时兑付利息	42.50	850.00
XS2184848831	SINHLD 10.5 06/18/22	2021/10/11	新力控股（集团）有限公司	触发交叉违约	—	208.00

续表

债券编码	债券简称	违约日期	信用主体	违约类型	涉及金额	债券余额
XS2240047881	SINHLD 9.5 10/18/21	2021/10/18	新力控股（集团）有限公司	未按时兑付本息	255.59	244.00
XS2277613423	MOLAND 9.8 04/11/23	2021/10/25	当代置业（中国）有限公司	触发交叉违约	—	321.00
XS2202152703	MOLAND 11.5 11/13/22	2021/10/25	当代置业（中国）有限公司	触发交叉违约	—	297.00
XS2127478316	MOLAND 11.95 03/04/24	2021/10/25	当代置业（中国）有限公司	触发交叉违约	—	276.00
XS2110675860	MOLAND 11.8 02/26/22	2021/10/25	当代置业（中国）有限公司	触发交叉违约	—	200.00
XS1986632716	MOLAND 12.85 10/25/21	2021/10/25	当代置业（中国）有限公司	未按时兑付本息	266.06	250.00
XS1903671938	TIANHL 13.75 11/06/23	2021/12/6	恒大地产集团有限公司	未按时兑付利息	40.56	590.00
XS1903671854	TIANHL 13 11/06/22	2021/12/6	恒大地产集团有限公司	触发交叉违约	—	645.00
XS2109192109	TIANHL 12 10/24/23	2021/12/6	恒大地产集团有限公司	触发交叉违约	—	2000.00
XS2109191986	TIANHL 11.5 10/24/22	2021/12/6	恒大地产集团有限公司	触发交叉违约	—	2000.00
XS1627599654	EVERRE 8.75 06/28/25	2021/12/6	中国恒大集团	触发交叉违约	—	4680.48
XS2106834372	EVERRE 12 01/22/24	2021/12/6	中国恒大集团	触发交叉违约	—	1000.00
XS1767800961	EVERRE 4.25 02/14/23	2021/12/6	中国恒大集团	触发交叉违约	—	229.42
XS1627599498	EVERRE 7.5 06/28/23	2021/12/6	中国恒大集团	触发交叉违约	—	1344.92
XS2106834299	EVERRE 11.5 01/22/23	2021/12/6	中国恒大集团	触发交叉违约	—	1000.00
XS2268673337	KAISAG 6.5 12/07/21	2021/12/7	佳兆业集团控股有限公司	未按时兑付本息	413.00	400.00
XS2381572002	KAISAG 10.5 09/07/22	2021/12/7	佳兆业集团控股有限公司	触发交叉违约	—	300.00
XS2367127532	KAISAG 8.65 07/22/22	2021/12/7	佳兆业集团控股有限公司	触发交叉违约	—	200.00
XS2203824789	KAISAG 11.25 04/16/25	2021/12/7	佳兆业集团控股有限公司	触发交叉违约	—	700.00
XS2201954067	KAISAG 9.75 09/28/23	2021/12/7	佳兆业集团控股有限公司	触发交叉违约	—	980.00
XS2106329134	KAISAG 9.95 07/23/25	2021/12/7	佳兆业集团控股有限公司	触发交叉违约	—	500.00
XS2101310196	KAISAG 10.5 01/15/25	2021/12/7	佳兆业集团控股有限公司	触发交叉违约	—	500.00
US48300TAD46	KAISAG 11.95 10/22/22	2021/12/7	佳兆业集团控股有限公司	触发交叉违约	—	600.00
USG52132BW96	KAISAG 11.95 10/22/22	2021/12/7	佳兆业集团控股有限公司	触发交叉违约	—	600.00
XS2030334192	KAISAG 10.875 07/23/23	2021/12/7	佳兆业集团控股有限公司	触发交叉违约	—	750.00
XS2002235518	KAISAG 11.5 01/30/23	2021/12/7	佳兆业集团控股有限公司	触发交叉违约	—	700.00
XS1973544700	KAISAG 11.25 04/09/22	2021/12/7	佳兆业集团控股有限公司	触发交叉违约	—	550.00
XS1627598094	KAISAG 9.375 06/30/24	2021/12/7	佳兆业集团控股有限公司	触发交叉违约	—	2247.45
XS1627597955	KAISAG 8.5 06/30/22	2021/12/7	佳兆业集团控股有限公司	触发交叉违约	—	1147.00
XS2253107853	YANGOG 11.875 05/10/23	2021/12/10	福建阳光集团有限公司	未按时兑付本息	17.58	296.00
XS2369829473	YANGOG 12.5 01/04/24	2021/12/10	福建阳光集团有限公司	未按时兑付本息	—	300.00
XS2351301812	YANGOG 4 06/10/24	2021/12/10	福建阳光集团有限公司	未按时支付利息	1.80	90.00
XS2320776540	YANGOG 12 03/19/24	2021/12/10	福建阳光集团有限公司	触发交叉违约	—	300.00
XS2223574380	YANGOG 11.75 09/08/22	2021/12/10	福建阳光集团有限公司	触发交叉违约	—	200.00
XS2122415396	YANGOG 12.5 02/20/22	2021/12/10	福建阳光集团有限公司	未按时兑付本息	112.52	105.90
XS2338398253	KAISAG 11.7 11/11/25	2021/12/11	佳兆业集团控股有限公司	未按时兑付利息	58.50	1000.02
XS2078247983	KAISAG 11.95 11/12/23	2021/12/12	佳兆业集团控股有限公司	未按时兑付本息	29.88	500.00
XS2347581873	KAISAG 11.65 06/01/26	2021/12/31	佳兆业集团控股有限公司	未按时兑付利息	1.75	300.00

资料来源：wind 数据、企业公告，中国房地产开发企业信用信息平台整理。

注：XS1767800961 债券，实际发行 18000 百万港币，已换算成美元。

(五) 良好信用与社会责任

房地产开发企业经历了多年的快速发展，带动了城市、区域经济发展，改善了居民生活住房条件，在发展中不忘反哺社会，积极履行企业社会责任。2021 年，房地产开发企业在积极纳税、参与公益等体现良好信用和社会责任方面均有不错的表现。

1. 纳税情况

根据中国房地产信用平台的收录，国家税务机关发布的 A 级纳税人数据显示，2020 年被评为 A 级纳税人的房地产开发企业约 1.87 万家，约占全部开发企业的 16.68%，其中江苏、广东、山东、湖北和河南五省的 A 级纳税人开发企业最多，分别是 2026 家、1917 家、1326 家、1243 家、1232 家。

从领先的房地产开发企业群体看，根据中国房地产业协会与上海易居房地产研究院发布的测评数据，2021 中国房地产开发企业综合实力 TOP500 房企所得税均值为 3.51 亿元，同比下降 25.17%；税金及附加均值为 5.45 亿元，同比下降 15.16%。

2. 公益情况

公益方面，近年来，房地产企业对公益活动越发重视，除了为自身体系内的员工、客户提供帮助外，还不断为社会大众提供各种资源，帮助大家渡过难关，为建设小康社会添砖加瓦。在企业内部，不少企业致力于打造多元、公平的工作环境，部分企业为特殊人群提供就业保障，例如保利接收退役军人、解决农民工就业难问题、为受新冠肺炎疫情影响的困难家庭提供基础岗位绿色就业通道。在社会层面上，各大房企积极开展各项公益工作，涉及精准扶贫、乡村振兴、医疗健康、抗疫救灾、文化体育、企业帮扶、文物保护、维护治安等数十个方面，其中，精准扶贫、乡村振兴及抗疫救灾是各家房企的主要发力点，TOP 30 房企均参与了这两类公益活动（见图 6-2-12）。

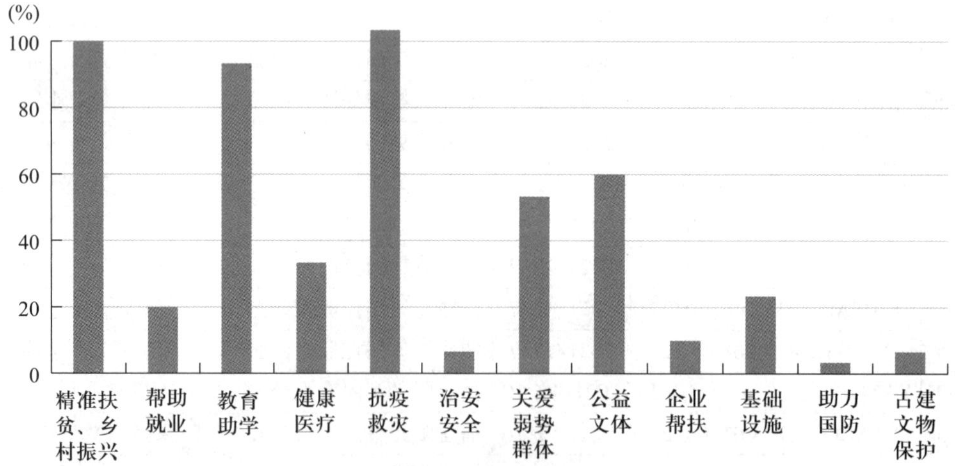

图 6-2-12 2021 年 TOP30 房企参与公益活动比例

数据来源：上海易居房地产研究院。

3. 信用评价 A 级以上企业情况

2021 年，中国房地产业协会按照《中国房地产业协会房地产行业（开发企业）信用评价管理办法》，在房地产开发企业中开展了房地产行业（开发企业）信用评价工作。

本着自愿、公开、公平、公正的原则，组织开展了 2021 年房地产开发企业信用评价工作。经企业申报、第三方机构评价、信用建设专家委员会审议、信用建设管理委员会审定，确定了中国铁建房地产集团有限公司等 63 家房地产开发企业的信用等级（见表 6-2-5）。

表 6-2-5　2021 年房地产开发企业信用评价等级结果名单（排序不分先后）

序号	单位名称	英文名名称	信用等级	证书编号
1	中国铁建房地产集团有限公司	China Railway Construction Real Estate Group Co.，Ltd	AAA	202111311100001
2	中铁房地产集团商业地产开发管理有限公司	China Railway Construction Commercial Real Estate Development And Management Co.，Ltd	AAA	202111311100002
3	河北建工房地产有限公司	Hebei Construction Engineering Real Estate CO.，Ltd.	AAA	202111311100003
4	东胜房地产开发集团有限公司	Dongsheng Real Estate Development Group Co.，Ltd.	AAA	202111311100004
5	山西九昌房地产开发有限公司	Shanxi Jiuchang Real Estate Development Co.，Ltd.	AAA	202111311100005
6	大连京信置业有限公司	Dalian Jingxin Real Estate Co.，Ltd	AAA	202111311100006
7	远创置业集团有限公司	Yuan Chuang Real Estate Group	AAA	202111311100007
8	黑龙江奥博房地产开发有限公司	Heilongjiang Aobo Real Estate Development Company Limited	AAA	202111311100008
9	黑龙江省滨才房地产开发集团有限公司	Heilongjiang Province Bicai Real Estate Development Group Co.，Ltd.	AAA	202111311100009
10	黑龙江贵宾房地产开发集团有限公司	Heilongjiang VIP Real Estate Development Group Co.，Ltd.	AA	202111301100010
11	黑龙江欣汇龙房地产（集团）有限公司	Heilongjiang Xinhuilong real estate （Group） Co.，Ltd	AA	202111301100011
12	哈尔滨润新房地产开发有限公司	China Resources Land Harbin runxin Real Estate Co Ltd	AAA	202111311100012
13	哈尔滨润置房地产开发有限公司	China Resources Land Harbin runzhi Real Estate Co Ltd	A	202111300100013
14	华润置地（哈尔滨）房地产有限公司	China Resources Land Harbin Real Estate Co Ltd	AAA	202111311100014
15	哈尔滨润府房地产开发有限公司	China Resources Land Harbin runfu Real Estate Co Ltd	AAA	202111311100015
16	上海绿洲投资控股集团有限公司	Shanghai Oasis Investment Holding Group Limited	AAA	202111311100016
17	江苏华建地产集团有限公司	Jiangsu Huajian Real Estate	AAA	202111311100017
18	江苏新能源置业集团有限公司	Jiangsu New Energy Real Estate Group Co. Ltd	AAA	202111311100018
19	中铁房地产集团华东有限公司	China Rail Way Construction Real Estate Group（East China） CO.，Ltd	AAA	202111311100019
20	浙江省省直同人集团有限公司	Zhejiang Province Shengzhi Tongren Group Co.，Ltd	AAA	202111311100020
21	鸿翔房地产有限公司	Hongxiang Real Estate Co.，Ltd.	AAA	202111311100021
22	安徽青山房地产开发集团有限公司	Anhui Qingshan Real Estate Development CO.，Ltd	AAA	202111311100022
23	六安远大房地产开发有限公司	Lu´an Yuanda Real Estate Development Co. Ltd.	AAA	202111311100023

续表

序号	单位名称	英文名名称	信用等级	证书编号
24	赣州嘉福投资控股集团有限公司	JiaFu Group	AAA	202111311100024
25	东投地产集团有限公司	Rising Sun Group	AAA	202111311100025
26	江西中兆科技集团有限公司	Jiangxi zhongzhao Technology Group Co. , Ltd	AAA	202111311100026
27	江西中奥置业有限公司	Joyland Real Estate Co. , Ltd	AAA	202111311100027
28	山东聊城星光房地产开发有限公司	Shandong Liaocheng Xingguang Real Estate Development Co. , Ltd.	AAA	202111311100028
29	山东菏建房地产开发有限公司	Shandong Hejian Real Estate Development Co. , Ltd	AAA	202111311100029
30	山东中建房地产开发有限公司	Shandong Cscec Real Estate Development CO. , Ltd	AAA	202111311100030
31	山东金城荣基地产有限公司	Shandong Jincheng Rongji Real Estate Co. , Ltd.	AAA	202111311100031
32	德州晶实置业有限公司	Dezhou jingshi Real Estate Co. , Ltd.	AAA	202111311100032
33	山东东海房地产开发集团有限公司	Shandong Donghai Real Estate Development Group Co. , Ltd.	AAA	202111311100033
34	胜利油田胜宏置业有限公司	Shengli Oilfield Shenghong Real Estate Co. , Ltd	AAA	202111311100034
35	山东德兴集团房地产开发有限公司	Shandong dexing group real estate development co. , Ltd	AAA	202111311100035
36	山东森和房地产开发有限公司	Shandong Senhe Real Estate Development Co. , Ltd	AA	202111301100036
37	许昌市腾飞房地产开发有限公司	Tecfure Real Estate	AAA	202111311100037
38	湖南中建信和智慧谷置业有限公司	Cscec Eco-Wisdom City	AAA	202111311100038
39	中建信和地产有限公司	(English) XinHe Real Estate Co. Ltd of Cscec	AAA	202111311100039
40	湖南澳海房地产开发有限公司	Hunan Aohai Real Estate Development Co. , Ltd	AAA	202111311100040
41	中铁房地产集团华南有限公司	China Railway Construction Real Estate Huanan Co. , Ltd.	AAA	202111311100041
42	重庆泽京房地产开发有限公司	Chongqing Zejing Real Estate Development Co. , Ltd	AAA	202111311100042
43	重庆市来新居房地产开发有限公司	Chongqing Laixinju Real Estate Developing Co. , Ltd	AAA	202111311100043
44	重庆渝高科技产业（集团）股份有限公司	Chongqing Yugao Science & Technology Industry (group) Co. , Ltd	AAA	202111311100044
45	重庆蕴丰建设工程有限责任公司	Chongqing Yunfeng Construction Engineering Co. , Ltd.	AAA	202111311100045
46	重庆华宇集团有限公司	Chongqing HuaYu Group Co. , Ltd	AAA	202111311100046
47	重庆市丽都房地产开发有限公司	Chongqing LIDU Real estate Deveiopment Co. , ltd	AAA	202111311100047
48	重庆龙湖企业拓展有限公司	Chongqing Longhu Development Co. , ltd	AAA	202111311100048
49	重庆财信房地产开发集团有限公司	Chongqing Casin Real Estate Development Group Co. , Ltd.	AAA	202111311100049
50	重庆融创地产有限公司	Chongqing Sunac Real Estate Co. , Ltd	AAA	202111311100050
51	金科地产集团股份有限公司	Jinke Property Group Co. , Ltd.	AAA	202111311100051
52	北京城建重庆地产有限公司	Beijing Urban Construction Chongqing Real Estate CO. , Ltd.	AAA	202111311100052
53	泸州市高新房地产开发有限公司	Luzhou Gaoxin Real Estate Development Co. , Ltd	AA	202111301100053

续表

序号	单位名称	英文名名称	信用等级	证书编号
54	泸州盛世房地产开发有限公司	Luzhou Shengshi Real Estate Development Co. , Ltd	AA	202111301100054
55	中铁房地产集团西南有限公司	China Railway Construction Real Estate Group Southwest Co. , Ltd	AAA	202111311100055
56	大理纳思屋业有限公司	Dali Nice Real Estate Co. , Ltd	AAA	202111311100056
57	西藏嘎吉林房地产开发有限公司	Tibet Gakyiling Real Estate Development Co. , Ltd	AAA	202111311100057
58	中铁房地产集团华中有限公司	China Railway Construction Real Estate Huazhong Co. , Ltd	AAA	202111311100058
59	青海力盟海怡文化旅游产业开发有限公司	Qinghai Landmark Haiyi Tourism Industry Denelopment Co. , Ltd.	AA	202111301100059
60	宁夏中房集团西宁房地产开发有限责任公司	NingXia ZhongFang JiTuan XiNing FangDiChan YouXian ZeRen GongSi	AAA	202111311100060
61	新疆广汇房地产开发有限公司	Xinjiang Guanghui Real Estate Development Co. , Ltd.	AAA	202111311100061
62	新疆广汇信邦房地产开发有限公司	Xinjiang Guanghui Xinbang Real Estate Development Co. , Ltd.	AAA	202111311100062
63	新疆金茂实业有限公司	Xinjiang Jinmao Enterprise Group Co. , Ltd.	AAA	202111311100063

同时，按照《中国房地产业协会房地产行业（开发企业）信用评价管理办法》，委托东方金诚信用管理（北京）有限公司等 5 家第三方机构对信用等级在有效期内的 177 家房地产开发企业信用状况进行动态监测。经第三方机构监测建议、信用建设专家委员会审议、信用建设管理委员会审定，对 147 家企业监测结果予以公布；30 家企业因公开信息不完整，无法采信，暂不公布结果（见表 6-2-6）。

表 6-2-6　2021 年房地产开发企业信用等级动态监测结果名单（排序不分先后）

序号	地区	企业名称	动态监测结果
1	北　京	中铁房地产集团城市运营管理有限公司（中铁建公寓管理有限公司）	AAA
2	北　京	中铁房地产集团北方有限公司	AAA
3	天　津	天津住宅建设发展集团有限公司	AAA
4	天　津	首城（天津）投资发展有限公司	AA
5	天　津	天津市赛达伟业有限公司	AA
6	河　北	河北安联房地产开发有限公司	AAA
7	河　北	天保房地产集团有限公司	AAA
8	河　北	河北润龙实业发展集团有限公司	AAA
9	山　西	山西宏图永盛房地产开发集团有限公司	AAA
10	山　西	山西省光信地产投资集团有限公司	AAA
11	山　西	山西名贺房地产开发有限公司	AA
12	山　西	山西华盛苑房地产开发有限公司	AA
13	山　西	山西济同房地产开发有限公司	AA
14	山　西	山西万景源房地产开发有限责任公司	AAA
15	山　西	山西翔建房地产开发有限公司	AA

续表

序号	地区	企业名称	动态监测结果
16	山　西	晋中华晟房地产有限公司	AAA
17	内蒙古	内蒙古经纬房地产开发有限公司	AAA
18	内蒙古	通辽希望（集团）房地产开发有限公司	AAA
19	内蒙古	内蒙古富源房地产开发有限公司	AAA
20	内蒙古	内蒙古蒙西房地产开发有限公司	AA
21	内蒙古	赤峰亚兴房地产开发有限责任公司	AAA
22	内蒙古	内蒙古兴泰房地产开发有限责任公司（内蒙古兴泰房地产开发集团有限公司）	AA
23	黑龙江	哈尔滨欧美亚鑫丰置业有限公司	AAA
24	黑龙江	黑龙江省金源房地产开发集团有限公司	AAA
25	黑龙江	哈尔滨华茂房地产开发有限公司	AAA
26	黑龙江	哈尔滨金瑞麟投资有限责任公司	AA
27	黑龙江	哈尔滨中艺文化置业有限公司	AA
28	黑龙江	哈尔滨泰豪创意产业园开发有限公司	AA
29	黑龙江	金迈投资有限责任公司	AAA
30	黑龙江	黑龙江宝宇房地产开发有限责任公司	AAA
31	黑龙江	黑龙江宝宇天邑房地产开发有限责任公司	AAA
32	黑龙江	黑龙江省高盛投资发展有限公司	AAA
33	黑龙江	黑龙江省同江伟业房地产开发股份有限公司	AAA
34	黑龙江	哈尔滨宝力通市场开发管理有限公司	AAA
35	黑龙江	哈尔滨华南城有限公司	AAA
36	黑龙江	哈尔滨保悦房地产开发有限公司	AA
37	黑龙江	哈尔滨保联房地产开发有限公司	AA
38	黑龙江	黑龙江省粮食工程建设综合开发公司	A
39	黑龙江	黑龙江建达房地产综合开发有限公司	AA
40	黑龙江	黑龙江省置信房地产开发集团有限公司	AAA
41	黑龙江	哈尔滨市和置房地产开发有限公司	AA
42	黑龙江	哈尔滨滨江房地产开发有限责任公司	AA
43	上　海	中华企业股份有限公司	AAA
44	上　海	上海三湘（集团）有限公司	AAA
45	上　海	上海中建东孚投资发展有限公司	AAA
46	上　海	上海中建八局投资发展有限公司	AAA
47	上　海	上海中建申拓投资发展有限公司	AAA
48	江　苏	江苏龙信置业有限公司	AAA
49	江　苏	恒通建设集团有限公司	AAA
50	浙　江	浙江信达地产有限公司	AAA
51	浙　江	理想四维地产集团有限公司	AAA
52	浙　江	杭州中兴房地产开发有限公司	AA

续表

序号	地区	企业名称	动态监测结果
53	浙　江	浙江大树置业集团股份有限公司	AA
54	浙　江	杭州市城建开发集团有限公司	AAA
55	浙　江	浙江歌山置业有限公司	AAA
56	浙　江	绿城房地产集团有限公司	AAA
57	安　徽	安徽江海投资置业有限公司	AAA
58	安　徽	安徽邦泰置业有限公司	AAA
59	江　西	南昌铁路天集房地产开发有限责任公司	AAA
60	江　西	萍乡市城北房地产有限公司	AAA
61	山　东	山东万行置业有限公司	AAA
62	山　东	山东海通地产有限责任公司	AAA
63	山　东	滕州市房地产综合开发有限公司	AAA
64	山　东	潍坊天润房地产开发有限公司	AAA
65	山　东	山东黑马集团德州房地产开发有限公司	AAA
66	山　东	山东城投开元置业集团有限公司	AAA
67	山　东	滕州市城市建设综合开发公司	AAA
68	山　东	山东同圆置业有限公司	AAA
69	山　东	山东凤凰置业有限公司	AAA
70	山　东	菏泽鲁商置业有限公司	AAA
71	山　东	山东开元置业集团有限公司	AAA
72	山　东	山东中铁诺德房地产开发有限公司	AAA
73	山　东	济南四建集团房地产开发有限责任公司	AAA
74	山　东	裕昌控股集团有限公司	AAA
75	山　东	德州市房屋建设综合开发集团有限公司	AAA
76	山　东	山东中建房地产开发有限公司	AAA
77	山　东	菏泽天华房地产集团有限公司	AAA
78	山　东	山东房源实业集团有限公司	AAA
79	山　东	山东众成地产集团有限公司	AAA
80	山　东	德州金辰房地产开发有限公司	AAA
81	山　东	山东永锋置业有限公司	AAA
82	山　东	山东三箭房地产开发有限公司	AAA
83	山　东	山东民生置业有限公司	AAA
84	山　东	山东创业房地产开发有限公司	AAA
85	山　东	九巨龙房地产开发集团有限公司	AAA
86	山　东	潍坊泰和置业有限公司	AAA
87	山　东	恒生地产有限公司	AAA
88	山　东	山东鲁班建设集团房地产开发有限公司	AAA
89	山　东	山东金佰利控股集团有限公司	AAA

续表

序号	地区	企业名称	动态监测结果
90	河　南	许昌恒达房地产集团有限公司	AAA
91	湖　南	湖南省中欣房地产开发集团有限公司	AAA
92	广　东	广州南沙中铁实业发展有限公司	AAA
93	广　西	广西北投地产集团有限公司	AAA
94	广　西	桂林临桂金建房地产开发有限责任公司	AA
95	广　西	广西盛邦投资集团有限公司	AA
96	广　西	广西云星集团有限公司	AAA
97	广　西	广西荣和企业集团有限责任公司	AAA
98	重　庆	重庆渝开发股份有限公司	AAA
99	重　庆	重庆鲁能开发（集团）有限公司	AAA
100	重　庆	重庆海怡天地产集团有限公司	AAA
101	重　庆	重庆昕晖房地产开发（集团）有限公司	AAA
102	重　庆	重庆海成实业（集团）有限公司	AAA
103	重　庆	重庆贵博地产集团有限公司	AAA
104	重　庆	泽科集团有限公司	AAA
105	重　庆	重庆财信弘业房地产开发有限公司（重庆国兴置业有限公司）	AAA
106	重　庆	重庆千山万水置业有限公司	AAA
107	四　川	成都碧桂园富高置业有限公司	AAA
108	四　川	成都德商置业有限公司	AAA
109	四　川	成都深长城地产有限公司	AAA
110	四　川	成都城投置地（集团）有限公司	AAA
111	四　川	四川邦泰投资有限责任公司	AAA
112	四　川	四川仟坤房地产开发有限责任公司	AAA
113	四　川	眉山市兰溪房地产开发有限公司	AAA
114	四　川	乐山新业置地发展有限公司	AA
115	四　川	乐山宝尚投资发展有限公司	AAA
116	四　川	中国水电建设集团房地产（成都）有限公司	AA
117	四　川	成都市锦江区统一建设有限公司	AA
118	贵　州	六枝特区乾峰房地产开发有限责任公司	AA
119	贵　州	六枝特区九方和置业有限公司	A
120	贵　州	六盘水嘉和房地产开发有限公司	AA
121	贵　州	中铁房地产集团（贵州）有限公司	AAA
122	云　南	大理惠丰房地产开发有限公司	AAA
123	西　藏	日喀则市藏兴房地产开发有限公司	AA
124	陕　西	咸阳华泰房地产开发有限公司	AA
125	陕　西	西安中建投资开发有限公司	AAA
126	陕　西	中铁二十一局集团德盛和置业有限公司	AAA

续表

序号	地区	企业名称	动态监测结果
127	陕　西	陕西兴科房建集团房地产有限公司	AAA
128	甘　肃	平凉市新世纪房地产开发有限责任公司	AAA
129	甘　肃	兰州敦煌房地产开发公司	AAA
130	青　海	西宁新华联置业有限公司	AAA
131	青　海	青海紫恒房地产开发有限公司	AAA
132	青　海	西宁华盛房地产开发有限公司	AAA
133	青　海	青海旺宅房地产开发有限公司	AA
134	青　海	青海正悦商源投资有限责任公司	AA
135	青　海	海西昆仑花苑房地产开发有限公司	A
136	青　海	青海新千房地产开发有限责任公司	AAA
137	青　海	青海浙东实业发展有限公司	AA
138	青　海	格尔木世邦投资有限公司	AA
139	青　海	青海中惠房地产实业有限公司	AA
140	宁　夏	银川建发集团股份有限公司	AAA
141	宁　夏	银川隆光置业有限公司	AAA
142	宁　夏	宁夏住宅建设发展（集团）有限公司	AAA
143	宁　夏	宁夏润景房地产开发有限公司	AAA
144	宁　夏	北控宁生城市投资发展有限公司	AAA
145	新　疆	新疆王家梁实业有限公司	AA
146	新　疆	新疆中天博瑞房地产开发有限公司	AAA
147	新　疆	新疆特变电工房地产开发有限责任公司	AAA

（中国房地产开发企业信用信息平台工作组）

三、中国房地产企业整体运营数据

（一）企业及从业人员规模

表 6-3-1　2016—2020 年房地产开发企业个数

单位：个

年　份	企业个数	内资企业			港、澳、台投资企业	外商投资企业
			国有	集体		
2016	94948	90408	1093	364	3232	1308
2017	95897	91608	943	319	3066	1223
2018	97937	94063	767	280	2719	1155
2019	99544	95691	671	230	2664	1189
2020	103262	99150	1133	227	2759	1353

数据来源：国家统计局。

表 6-3-2　2020 年全国各地区房地产开发企业个数

单位：个

地　区	企业个数	内资企业			港、澳、台投资企业	外商投资企业
			国有	集体		
北　京	1304	1223	18	3	40	41
天　津	1180	1102	44	3	43	35
河　北	3942	3904	5	—	23	15
上　海	2588	2220	67	12	261	107
江　苏	7003	6404	105	15	443	156
浙　江	7095	6767	26	8	175	153
福　建	3608	3255	36	8	221	132
山　东	7696	7424	104	39	190	82
广　东	9635	8782	146	89	614	239
海　南	1166	1116	31	7	37	13
山　西	2551	2536	31	3	7	8
安　徽	4143	4082	53	1	44	17
江　西	2855	2789	33	1	52	14
河　南	8052	7969	58	3	50	33
湖　北	4186	4091	75	6	60	35
湖　南	4768	4676	48	3	61	31
内蒙古	1638	1637	4	—	1	—
广　西	3277	3193	23	5	40	44
重　庆	2278	2173	23	—	71	34
四　川	4593	4513	22	2	51	29
贵　州	2862	2833	25	2	18	11
云　南	2962	2915	32	3	33	14
西　藏	127	127	1	—	—	—
陕　西	2895	2857	46	8	15	23
甘　肃	1738	1729	32	4	5	4
青　海	323	322	2	—	—	1
宁　夏	576	570	—	—	2	4
新　疆	2301	2297	9	1	4	—
辽　宁	2865	2629	15	1	174	62
吉　林	1540	1519	6	—	13	8
黑龙江	1515	1496	13	—	11	8

数据来源：国家统计局。

表 6-3-3　2016—2020 年房地产开发企业从业人员数

单位：人

年　份	平均从业	内资企业			港、澳、台投资企业	外商投资企业
			#国有	#集体		
2016	2752298	2576545	47085	9916	118495	57258
2017	2830960	2663954	37904	9092	113221	53785
2018	2889165	2735301	31383	6585	104378	49486
2019	2937379	2784130	25129	5018	103746	49503
2020	2901253	2746467	36517	4953	101924	52862

数据来源：国家统计局。

表 6-3-4　2020 年各地区房地产开发企业从业人员数

单位：人

地　区	平均从业	内资企业			港、澳、台投资企业	外商投资企业
			国有	集体		
北　京	49513	44659	865	187	2946	1908
天　津	33551	29623	1424	36	2554	1374
河　北	110399	107822	211	—	705	1872
上　海	58933	44447	961	193	11501	2985
江　苏	175123	154283	2223	268	15100	5740
浙　江	129503	121824	475	78	4002	3677
福　建	108390	97685	2065	186	6644	4061
山　东	207046	198059	3607	838	6749	2238
广　东	266102	232225	4308	1945	21573	12304
海　南	35998	32468	935	103	1674	1856
山　西	54135	53712	847	268	122	301
安　徽	120768	118253	1202	7	1594	921
江　西	92797	90598	1159	20	1867	332
河　南	262288	259552	1379	46	1646	1090
湖　北	127127	123018	2854	285	2231	1878
湖　南	154721	150425	1824	50	2629	1667
内蒙古	33397	33315	94	—	82	—
广　西	95368	91549	889	55	2080	1739
重　庆	102439	97160	1547		3580	1699
四　川	164459	160102	958	89	3307	1050
贵　州	108805	107786	781	14	772	247
云　南	105879	102847	1144	57	2356	676

续表

地　区	平均从业	内资企业	国有	集体	港、澳、台投资企业	外商投资企业
西　藏	2693	2693	12	—	—	—
陕　西	84550	83396	2884	164	400	754
甘　肃	42710	42489	985	59	163	58
青　海	9044	9023	12	—	—	21
宁　夏	14977	14652	—	—	184	141
新　疆	41642	41503	271	4	139	—
辽　宁	49503	43479	323	1	4258	1766
吉　林	32079	31080	134	—	648	351
黑龙江	27314	26740	144	—	418	156

数据来源：国家统计局。

（二）企业整体经营情况

表 6-3-5　2016—2020 年房地产开发企业经营状况

单位：亿元

年　份	主营业务收入	土地转让收入	商品房销售收入	房屋出租收入	其他收入	主营业务税金及附加	营业利润
2016	90091.51	666.32	85163.32	1786.97	2474.89	6875.67	8673.23
2017	95896.90	838.42	90609.15	1568.32	2881.01	6307.36	11728.11
2018	112924.68	1207.38	106688.38	1484.30	3544.62	7299.72	18543.71
2019	110239.78	874.14	104126.42	1539.29	3699.94	7420.57	15439.35
2020	118582.08	747.84	112267.54	1504.88	4061.83	6925.34	14022.99

数据来源：国家统计局。

表 6-3-6　2020 年各地区房地产开发企业经营状况

单位：亿元

地　区	主营业务收入	土地转让收入	商品房销售收入	房屋出租收入	其他收入	主营业务税金及附加	营业利润
北　京	3165.08	59.26	2408.69	149.43	547.71	222.56	214.60
天　津	2064.59	47.60	1911.62	26.95	78.43	105.20	-19.48
河　北	2519.16	6.96	2462.27	10.48	39.44	195.10	105.44
上　海	5663.16	37.92	4905.40	415.32	304.52	502.02	1282.09
江　苏	15525.89	116.89	15057.38	79.81	271.81	618.61	1934.25
浙　江	11946.87	41.26	11514.84	92.27	298.51	556.38	1411.09
福　建	3861.35	17.72	3610.23	30.97	202.44	266.12	594.57

续表

地 区	主营业务收入	土地转让收入	商品房销售收入	房屋出租收入	其他收入	主营业务税金及附加	营业利润
山 东	7997.22	73.80	7669.79	47.73	205.89	455.59	794.22
广 东	15927.30	16.98	15153.18	291.07	466.08	1554.76	2965.61
海 南	1059.35	4.25	1015.90	3.56	35.63	194.07	84.79
山 西	1450.67	8.46	1340.07	8.92	93.22	60.22	111.03
安 徽	5474.19	6.93	5306.95	16.88	143.43	160.20	443.65
江 西	2745.68	12.05	2641.10	8.46	84.07	108.50	372.64
河 南	5324.38	37.35	4972.78	44.46	269.80	213.31	627.78
湖 北	4119.98	30.54	3894.74	27.84	166.86	226.88	554.64
湖 南	3546.40	39.48	3367.65	17.93	121.34	198.64	260.62
内蒙古	945.89	1.72	918.98	5.10	20.09	56.58	50.01
广 西	2171.32	19.37	2064.17	23.12	64.65	84.67	138.56
重 庆	4067.81	48.21	3862.89	48.36	108.36	143.60	625.80
四 川	5858.34	30.92	5665.14	43.49	118.79	311.24	676.27
贵 州	1659.96	24.12	1539.35	11.25	85.24	85.31	54.94
云 南	2120.80	11.02	2005.31	27.20	77.27	129.81	104.29
西 藏	44.27	0.41	38.17	1.22	4.47	1.68	12.31
陕 西	2415.82	3.42	2263.83	15.82	132.76	123.20	141.90
甘 肃	756.66	5.87	730.50	7.43	12.86	25.11	15.34
青 海	205.62	2.52	195.92	2.06	5.13	7.11	8.20
宁 夏	475.45	0.07	461.71	5.03	8.65	17.18	35.67
新 疆	853.69	3.55	815.06	11.86	23.22	44.14	28.03
辽 宁	2860.04	26.91	2773.09	15.61	44.43	159.39	258.05
吉 林	914.20	5.20	889.34	9.30	10.36	36.74	76.36
黑龙江	840.91	7.06	811.50	5.96	16.39	61.43	59.73

数据来源：国家统计局。

表 6-3-7　2016—2020 年房地产开发企业资产负债

单位：亿元,%

年 份	实收资本合计	资产总计	累计折旧	本年折旧	负债合计	所有者权益	资产负债率
2016	79278.30	625733.70	3658.29	640.50	489750.32	135983.38	78.3
2017	85649.75	722236.02	3909.38	657.18	571274.85	150961.17	79.1
2018	95324.97	852720.54	4358.86	904.59	674333.36	178382.98	79.1
2019	105248.81	947935.60	4521.18	841.78	762035.19	185900.41	80.4
2020	116652.02	1062327.43	4845.32	842.32	857043.72	205283.71	80.7

数据来源：国家统计局。

表 6-3-8　2020 年各地区房地产开发企业资产负债

单位：亿元，%

地　区	实收资本合计	资产总计	累计折旧	本年折旧	负债合计	所有者权益	资产负债率
北　京	6154.21	60059.01	250.07	29.61	49149.11	10909.90	81.8
天　津	4304.63	33270.89	116.33	19.93	27027.32	6243.57	81.2
河　北	2333.57	29760.19	115.12	27.25	26214.52	3545.67	88.1
上　海	11867.25	69087.12	601.71	77.92	47308.32	21778.80	68.5
江　苏	14844.69	93594.73	361.39	68.65	72428.24	21166.49	77.4
浙　江	10079.49	80818.81	271.80	49.74	65198.50	15620.31	80.7
福　建	4796.39	40693.30	126.01	20.96	30779.53	9913.76	75.6
山　东	7049.05	72554.18	325.82	63.54	61108.98	11445.20	84.2
广　东	13973.38	143886.92	603.28	111.47	114728.44	29158.48	79.7
海　南	1748.37	13258.14	89.96	18.37	10761.99	2496.15	81.2
山　西	1243.09	15599.39	62.79	10.11	13999.61	1599.78	89.7
安　徽	3707.96	34731.26	147.60	24.97	27915.53	6815.73	80.4
江　西	1718.18	19087.39	70.15	17.21	15418.77	3668.61	80.8
河　南	3561.70	43829.99	218.77	40.28	37750.95	6079.04	86.1
湖　北	4189.27	40436.35	167.77	31.08	32532.21	7904.14	80.5
湖　南	2360.35	25324.66	118.35	25.35	21117.68	4206.97	83.4
内蒙古	774.13	9151.47	41.74	7.21	8159.77	991.70	89.2
广　西	1599.81	23135.94	90.49	15.25	18806.10	4329.84	81.3
重　庆	3398.86	35894.76	112.40	18.03	27785.31	8109.44	77.4
四　川	3780.01	42517.80	224.65	31.63	35432.48	7085.33	83.3
贵　州	1570.34	20239.73	65.24	11.96	16887.04	3352.69	83.4
云　南	2279.54	25357.53	129.37	26.75	21385.38	3972.15	84.3
西　藏	130.03	1165.22	3.66	0.98	789.21	376.01	67.7
陕　西	2204.98	24971.85	94.51	15.89	21755.76	3216.08	87.1
甘　肃	650.06	8670.26	49.32	10.39	7569.36	1100.90	87.3
青　海	151.76	2137.49	11.65	2.40	1945.97	191.52	91.0
宁　夏	375.44	3509.65	43.59	6.16	3058.41	451.24	87.1
新　疆	812.92	8302.13	77.27	11.56	7043.73	1258.40	84.8
辽　宁	3327.78	23081.78	150.56	24.67	18799.61	4282.17	81.4
吉　林	722.15	8343.99	42.86	8.74	7112.87	1231.12	85.2
黑龙江	942.63	9855.51	61.08	14.27	7073.00	2782.51	71.8

数据来源：国家统计局。

（三）开发企业销售排行情况

表 6-3-9　2021 年度中国房地产企业操盘榜 TOP200

单位：亿元，万平方米

排　名	企业简称	操盘金额	排　名	公司名称	操盘面积
1	碧桂园	7208.6	1	碧桂园	8411.7
2	万科地产	6122.8	2	中国恒大	5337.1
3	融创中国	5677.2	3	融创中国	3972.5
4	保利发展	4899.7	4	万科地产	3752.9
5	中国恒大	4356.3	5	保利发展	3037.2
6	中海地产	3524.5	6	绿地控股	2205.9
7	绿城中国	3509.4	7	新城控股	1803.1
8	华润置地	2950.0	8	中海地产	1776.7
9	招商蛇口	2892.0	9	金科集团	1636.7
10	金地集团	2879.5	10	绿城中国	1526.6
11	绿地控股	2757.9	11	龙湖集团	1517.7
12	龙湖集团	2608.6	12	华润置地	1512.0
13	旭辉集团	2175.8	13	建业集团	1429.2
14	世茂集团	2160.7	14	金地集团	1362.1
15	中国金茂	2034.0	15	中南置地	1351.8
16	新城控股	1848.6	16	招商蛇口	1345.0
17	中南置地	1824.1	17	旭辉集团	1275.2
18	建发房产	1656.1	18	世茂集团	1227.5
19	阳光城	1617.5	19	中国金茂	1198.9
20	龙光集团	1588.2	20	美的置业	1136.6
21	金科集团	1497.8	21	荣盛发展	1092.9
22	滨江集团	1478.4	22	中梁控股	1053.9
23	美的置业	1295.3	23	阳光城	1011.0
24	中国铁建	1256.6	24	富力地产	934.8
25	融信集团	1254.4	25	龙光集团	934.2
26	中梁控股	1237.0	26	奥园集团	920.6
27	荣盛发展	1230.3	27	中国铁建	875.8
28	富力地产	1182.6	28	建发房产	799.7
29	华发股份	1172.5	29	佳兆业	781.6
30	正荣集团	1148.3	30	祥生集团	779.8
31	越秀地产	1147.4	31	雅居乐	738.6
32	远洋集团	1088.1	32	正荣集团	667.6
33	雅居乐	1056.5	33	远洋集团	602.1
34	佳兆业	1047.4	34	海伦堡	574.4

续表

排　名	企业简称	操盘金额	排　名	公司名称	操盘面积
35	祥生集团	1045.3	35	融信集团	570.1
36	建业集团	1004.0	36	中骏集团	550.3
37	奥园集团	981.6	37	阳光大地	543.7
38	卓越集团	939.2	38	宝龙地产	528.7
39	中骏集团	877.6	39	卓越集团	495.3
40	宝龙地产	835.0	40	时代中国	465.9
41	时代中国	827.3	41	华发股份	446.4
42	合景泰富	745.2	42	金辉集团	444.5
43	首开股份	696.2	43	越秀地产	417.9
44	禹洲集团	688.8	44	正商集团	399.2
45	金辉集团	670.4	45	禹洲集团	397.4
46	路劲集团	664.6	46	合景泰富	394.7
47	海伦堡	663.1	47	新力地产	376.5
48	仁恒置地	621.8	48	力高集团	373.1
49	中粮大悦城	577.7	49	路劲集团	367.3
50	新力地产	570.6	50	敏捷集团	365.1
51	大华集团	559.9	51	东原地产	324.3
52	华侨城	551.9	52	当代置业	313.1
53	敏捷集团	517.3	53	滨江集团	302.4
54	电建地产	516.5	54	石榴集团	282.9
55	德信地产	495.4	55	保利置业	273.9
56	保利置业	493.7	56	大华集团	271.1
57	俊发地产	487.2	57	朗诗绿色地产	266.6
58	新希望地产	485.6	58	华侨城	266.4
59	华宇集团	474.5	59	俊发地产	264.6
60	朗诗绿色地产	464.5	60	中交房地产	262.9
61	中交房地产	452.9	61	电建地产	258.2
62	首创置业	426.4	62	大唐地产	256.8
63	东原地产	420.8	63	龙记泰信	247.9
64	联发集团	407.4	64	弘阳地产	246.6
65	石榴集团	407.0	65	佳源国际	245.1
66	星河地产	406.3	66	华宇集团	241.4
67	合生创展	395.2	67	联发集团	240.4
68	金隅集团	388.4	68	首开股份	239.0
69	弘阳地产	382.1	69	中粮大悦城	236.1
70	正商集团	371.3	70	邦泰集团	228.0
71	力高集团	348.7	71	万达集团	225.4

续表

排　名	企业简称	操盘金额	排　名	公司名称	操盘面积
72	国贸地产	342.1	72	德信地产	220.2
73	阳光大地	325.1	73	领地集团	218.8
74	佳源国际	322.7	74	花样年	218.0
75	当代置业	317.2	75	新希望地产	216.1
76	花样年	301.0	76	中昂集团	209.9
77	万达集团	300.8	77	隆基泰和	195.1
78	金融街	295.3	78	仁恒置地	194.0
79	大家房产	282.9	79	信友集团	192.7
80	珠江投资	280.0	80	首创置业	179.8
81	荣安地产	271.6	81	云星集团	174.9
82	大发地产	268.3	82	康桥地产	172.4
83	中冶置业	261.2	83	三盛集团	171.4
84	三盛集团	255.2	84	华南城	166.1
85	大唐地产	252.6	85	星河地产	164.5
86	康桥地产	252.5	86	大发地产	161.2
87	伟星房产	249.8	87	上坤集团	160.3
88	瑞安房地产	243.2	88	伟星房产	157.6
89	新湖中宝	233.4	89	武汉城建	153.1
90	中昂集团	228.8	90	金融街	149.6
91	景瑞地产	225.6	91	光明地产	145.1
92	华鸿嘉信	224.4	92	中冶置业	143.9
93	上坤集团	220.3	93	大家房产	143.7
94	信达地产	219.5	94	金隅集团	143.1
95	领地集团	215.8	95	实地集团	136.3
96	北京建工	211.2	96	国贸地产	135.8
97	隆基泰和	207.6	97	金成集团	134.7
98	邦泰集团	200.9	98	华鸿嘉信	131.1
99	鑫苑中国	200.5	99	昌建地产	126.1
100	金成集团	200.3	100	麒龙集团	124.1
101	龙记泰信	199.9	101	景瑞地产	123.4
102	银城国际	199.6	102	中建信和	122.0
103	光明地产	199.4	103	中天城投	121.2
104	中旅地产	195.9	104	新怡和集团	113.5
105	星河湾	192.0	105	合生创展	109.7
106	中天美好集团	189.9	106	荣安地产	106.7
107	海信地产	188.9	107	中天美好集团	106.1
108	武汉城建	187.9	108	鑫苑中国	105.1

续表

排　名	企业简称	操盘金额	排　名	公司名称	操盘面积
109	香港置地	185.2	109	祥源地产	103.4
110	新世界中国	182.8	110	和昌集团	103.1
111	众安房产	178.8	111	中奥地产	102.8
112	和昌集团	178.7	112	国瑞集团	102.6
113	葛洲坝	178.3	113	澳海集团	101.2
114	城建发展	169.4	114	北辰实业	100.1
115	象屿集团	169.3	115	海宁鸿翔	100.0
116	北辰实业	168.7	116	华远地产	99.8
117	五矿地产控股	167.6	117	五矿地产控股	99.7
118	海宁鸿翔	162.3	118	港龙中国	99.7
119	京投发展	160.6	119	珠江投资	97.9
120	九龙仓	159.4	120	新湖中宝	95.5
121	港龙中国	153.8	121	海信地产	94.1
122	陆家嘴	151.4	122	中渝置地	93.1
123	天健集团	146.8	123	儒辰集团	92.6
124	复地集团	145.2	124	鲁商发展	87.9
125	大名城	143.8	125	信达地产	87.7
126	信友集团	141.6	126	华地集团	87.2
127	深铁置业	140.8	127	九颂山河集团	85.9
128	上海建工	140.6	128	银城国际	85.5
129	中天城投	140.5	129	中建东孚	80.3
130	中建东孚	139.7	130	大名城	78.9
131	雅戈尔	137.2	131	方圆地产	78.8
132	上海城投	135.7	132	绿都地产	77.8
133	国瑞集团	132.3	133	金为集团	76.8
134	云星集团	130.9	134	中旅地产	75.9
135	宝能集团	130.8	135	香港置地	74.9
136	华南城	129.5	136	复地集团	74.5
137	鲁商发展	128.2	137	东方今典	74.3
138	保亿置业	127.2	138	象屿集团	72.3
139	祥源地产	124.2	139	众安房产	71.1
140	南山控股	124.2	140	广西中鼎	69.0
141	中建智地	121.6	141	星联集团	67.9
142	中建信和	117.5	142	荣和集团	67.5
143	天安投资	113.8	143	和喜安筑	66.0
144	方圆地产	112.8	144	明发集团	65.0
145	华远地产	111.9	145	星河湾	64.1

续表

排　名	企业简称	操盘金额	排　名	公司名称	操盘面积
146	凯德置地	110.0	146	大都投资	63.9
147	实地集团	109.1	147	邦泰控股	63.7
148	中奥地产	108.3	148	同信地产	63.1
149	深业集团	107.6	149	浩创集团	61.8
150	绿都地产	106.9	150	永威置业	61.5
151	银丰投资	103.1	151	三巽集团	61.2
152	君一控股	102.7	152	正黄集团	58.9
153	昌建地产	102.4	153	天誉置业	58.0
154	万华投资	98.8	154	鸿基地产	57.9
155	天阳地产	98.1	155	中建智地	57.7
156	海岸集团	96.5	156	新世界中国	56.9
157	苏宁置业	94.6	157	天一仁和	55.1
158	上海地产	90.9	158	天安投资	53.2
159	京基集团	90.5	159	世纪金源	52.9
160	天誉置业	90.0	160	雅戈尔	52.2
161	苏州高新	89.3	161	上海城投	52.0
162	湖北联投	89.1	162	城建发展	50.9
163	永威置业	89.1	163	北京建工	50.7
164	长江实业	88.7	164	湖北联投	50.4
165	九颂山河集团	87.1	165	九龙仓	50.3
166	华地集团	86.4	166	宋都集团	49.8
167	宏祥房地产	86.3	167	葛洲坝	49.2
168	儒辰集团	86.3	168	君一控股	49.0
169	鸿荣源	83.0	169	宝能集团	48.8
170	恒丰地产	81.4	170	京投发展	48.4
171	宋都集团	81.0	171	广西兴进	47.3
172	吉宝置业	78.6	172	安徽置地	46.4
173	上海城建	76.1	173	瑞安房地产	46.3
174	德商置业	75.7	174	凯德置地	44.9
175	格力地产	74.9	175	天阳地产	44.1
176	安徽置地	73.8	176	保亿置业	43.1
177	澳海集团	73.6	177	美好未来	42.9
178	恒盛地产	72.8	178	大众置业	41.9
179	信城不动产	71.7	179	上海建工	41.6
180	上港集团	70.9	180	合能地产	41.6
181	中环投资	69.7	181	南益地产	40.7
182	荣和集团	68.2	182	万华投资	40.5

续表

排　名	企业简称	操盘金额	排　名	公司名称	操盘面积
183	天一仁和	67.9	183	上海地产	40.1
184	中华企业	67.7	184	南山控股	39.0
185	金为集团	66.8	185	亿达中国	38.7
186	中洲控股	66.7	186	中洲控股	38.6
187	天恒置业	66.7	187	银丰投资	38.5
188	深圳颐安集团	63.3	188	上海城建	38.1
189	星联集团	61.9	189	天地源	38.0
190	正黄集团	61.0	190	德商置业	38.0
191	建屋集团	61.0	191	联泰地产	37.7
192	天地源	60.8	192	长江实业	37.3
193	新怡和集团	60.2	193	东亚新华	35.8
194	美好未来	59.4	194	天健集团	35.6
195	文一地产	59.3	195	苏宁置业	35.3
196	新鸿基	58.3	196	亚新集团	35.2
197	鸿基地产	57.6	197	鸿坤集团	34.7
198	明发集团	57.4	198	陆家嘴	34.5
199	勤诚达	55.9	199	深业集团	34.1
200	广宇集团	55.1	200	恒盛地产	32.7

数据来源：中国房地产决策咨询系统（CRIC.）。

表 6-3-10　2021 年度中国房地产企业销售全口径金额及权益金额排行榜 TOP200

单位：亿元

排　名	公司名称	全口径金额	排　名	公司名称	权益金额
1	碧桂园	7588.2	1	碧桂园	5571.8
2	万科地产	6203.0	2	中国恒大	4184.7
3	融创中国	5976.0	3	万科地产	4032.0
4	保利发展	5385.0	4	保利发展	3716.1
5	中国恒大	4400.3	5	融创中国	3610.1
6	中海地产	3710.0	6	中海地产	3466.7
7	招商蛇口	3268.1	7	绿地控股	2612.7
8	华润置地	3158.0	8	华润置地	2174.0
9	绿地控股	2903.0	9	招商蛇口	2043.0
10	龙湖集团	2900.9	10	龙湖集团	2029.4
11	金地集团	2865.3	11	世茂集团	1889.2
12	世茂集团	2698.9	12	金地集团	1775.3
13	绿城中国	2665.9	13	新城控股	1723.3
14	旭辉集团	2472.5	14	中国金茂	1625.6

续表

排　名	公司名称	全口径金额	排　名	公司名称	权益金额
15	中国金茂	2356.0	15	旭辉集团	1458.8
16	新城控股	2340.0	16	绿城中国	1448.8
17	中南置地	1965.3	17	龙光集团	1402.0
18	金科集团	1872.6	18	金科集团	1347.2
19	阳光城	1838.1	19	建发房产	1345.1
20	中梁控股	1718.1	20	阳光城	1293.7
21	建发房产	1711.3	21	中南置地	1219.5
22	滨江集团	1691.3	22	荣盛发展	1204.4
23	龙光集团	1671.0	23	中梁控股	1202.7
24	融信集团	1555.2	24	越秀地产	1155.0
25	正荣集团	1456.6	25	中国铁建	1057.3
26	中国铁建	1428.8	26	富力地产	1042.5
27	雅居乐	1390.1	27	融信集团	1006.3
28	美的置业	1370.0	28	佳兆业	975.1
29	远洋集团	1360.1	29	雅居乐	951.6
30	荣盛发展	1295.0	30	美的置业	912.4
31	卓越集团	1250.3	31	远洋集团	884.0
32	华发股份	1218.9	32	滨江集团	871.5
33	奥园集团	1210.3	33	奥园集团	849.2
34	富力地产	1201.9	34	时代中国	832.0
35	祥生集团	1197.5	35	卓越集团	830.5
36	佳兆业	1196.7	36	祥生集团	803.4
37	越秀地产	1182.0	37	华发股份	801.3
38	首开股份	1180.0	38	正荣集团	791.7
39	新希望地产	1059.1	39	中骏集团	764.4
40	禹洲集团	1050.2	40	宝龙地产	759.2
41	中骏集团	1045.1	41	首开股份	713.9
42	合景泰富	1038.4	42	路劲集团	699.7
43	宝龙地产	1012.3	43	金辉集团	664.5
44	中交房地产	979.7	44	海伦堡	659.3
45	金辉集团	947.2	45	禹洲集团	656.3
46	时代中国	945.0	46	合景泰富	652.7
47	电建地产	875.7	47	华侨城	611.4
48	弘阳地产	872.2	48	中交房地产	534.0
49	海伦堡	857.3	49	新希望地产	530.1
50	华侨城	849.1	50	敏捷集团	524.8
51	新力地产	815.1	51	大华集团	523.1

续表

排　名	公司名称	全口径金额	排　名	公司名称	权益金额
52	华宇集团	760.4	52	保利置业	481.9
53	路劲集团	760.2	53	俊发地产	477.9
54	仁恒置地	755.4	54	建业集团	453.6
55	德信地产	739.8	55	电建地产	453.0
56	中粮大悦城	719.1	56	联发集团	447.5
57	武汉城建	609.0	57	新力地产	423.9
58	建业集团	605.2	58	华宇集团	397.5
59	联发集团	598.3	59	星河地产	393.5
60	保利置业	566.0	60	首创置业	387.9
61	大华集团	559.9	61	合生创展	387.3
62	东原地产	553.7	62	中粮大悦城	379.8
63	首创置业	546.2	63	金隅集团	378.2
64	城建发展	542.0	64	弘阳地产	364.2
65	敏捷集团	540.8	65	正商集团	357.3
66	俊发地产	510.3	66	德信地产	337.3
67	大唐地产	505.8	67	东原地产	328.5
68	荣安地产	480.1	68	石榴集团	325.8
69	力高集团	470.1	69	武汉城建	323.5
70	花样年	465.9	70	仁恒置地	314.3
71	星河地产	420.3	71	金融街	314.1
72	大家房产	419.8	72	阳光大地	311.8
73	石榴集团	419.3	73	荣安地产	311.1
74	国贸地产	406.0	74	花样年	296.2
75	合生创展	395.2	75	信达地产	282.2
76	金隅集团	388.4	76	国贸地产	280.8
77	信达地产	385.6	77	珠江投资	276.3
78	大发地产	375.6	78	伟星房产	273.9
79	佳源国际	366.7	79	万达集团	272.2
80	正商集团	364.0	80	佳源国际	267.7
81	当代置业	360.5	81	大家房产	233.0
82	万达集团	358.1	82	中冶置业	226.1
83	金融街	345.1	83	光明地产	215.3
84	三盛集团	338.1	84	三盛集团	214.3
85	阳光大地	325.1	85	城建发展	214.2
86	光明地产	313.1	86	中旅地产	211.6
87	华鸿嘉信	312.0	87	隆基泰和	209.8
88	伟星房产	304.3	88	大唐地产	208.9

续表

排　名	公司名称	全口径金额	排　名	公司名称	权益金额
89	港龙中国	300.4	89	力高集团	208.1
90	中天美好集团	299.5	90	香港置地	204.4
91	众安房产	287.8	91	当代置业	202.7
92	珠江投资	280.0	92	中天美好集团	200.2
93	景瑞地产	269.9	93	邦泰集团	191.3
94	中冶置业	265.1	94	鑫苑中国	185.7
95	中奥地产	264.9	95	华鸿嘉信	185.2
96	银城国际	261.2	96	瑞安房地产	181.1
97	新湖中宝	259.3	97	众安房产	179.8
98	领地集团	251.2	98	领地集团	173.6
99	上坤集团	248.4	99	康桥地产	170.5
100	方圆地产	246.7	100	和昌集团	167.3
101	瑞安房地产	243.2	101	五矿地产控股	167.2
102	香港置地	240.5	102	景瑞地产	161.4
103	鑫苑中国	240.3	103	象屿集团	161.0
104	五矿地产控股	239.3	104	九龙仓	159.0
105	朗诗绿色地产	238.7	105	葛洲坝	158.8
106	绿都地产	237.4	106	港龙中国	158.7
107	康桥地产	235.8	107	大发地产	151.1
108	北京建工	233.1	108	北辰实业	150.5
109	中旅地产	228.3	109	南山控股	147.2
110	隆基泰和	224.8	110	天健集团	146.8
111	南山控股	214.4	111	上海建工	143.7
112	天阳地产	209.2	112	大名城	142.9
113	和昌集团	208.2	113	星河湾	142.3
114	葛洲坝	207.4	114	新世界中国	142.0
115	九龙仓	206.0	115	深铁置业	140.8
116	保亿置业	203.8	116	朗诗绿色地产	138.7
117	邦泰集团	202.0	117	方圆地产	135.9
118	九颂山河集团	198.6	118	中奥地产	135.3
119	海宁鸿翔	197.7	119	国瑞集团	135.2
120	金成集团	196.0	120	上海城投	135.1
121	海信地产	188.9	121	云星集团	135.0
122	新世界中国	182.8	122	复地集团	131.0
123	宋都集团	182.2	123	上坤集团	130.0
124	中建东孚	172.1	124	宝能集团	129.6
125	君一控股	170.3	125	华南城	129.5

续表

排　名	公司名称	全口径金额	排　名	公司名称	权益金额
126	北辰实业	169.8	126	信友集团	128.5
127	象屿集团	169.3	127	北京建工	127.7
128	京投发展	160.6	128	绿都地产	127.4
129	星河湾	154.3	129	银城国际	126.0
130	云星集团	154.3	130	金成集团	124.5
131	复地集团	153.3	131	京投发展	122.8
132	雅戈尔	152.7	132	海信地产	121.0
133	陆家嘴	151.4	133	中建智地	118.9
134	昌建地产	151.1	134	雅戈尔	116.0
135	国瑞集团	150.7	135	中建东孚	115.5
136	上海建工	150.3	136	鲁商发展	115.4
137	大名城	148.7	137	宋都集团	112.1
138	德商置业	148.7	138	君一控股	111.8
139	天健集团	146.8	139	新湖中宝	111.5
140	上海城投	145.1	140	凯德置地	110.0
141	信友集团	143.4	141	祥源地产	109.0
142	深铁置业	140.8	142	陆家嘴	109.0
143	苏州高新	131.4	143	深业集团	105.8
144	宝能集团	130.8	144	实地集团	105.7
145	华南城	129.5	145	九颂山河集团	105.7
146	鲁商发展	128.2	146	中建信和	101.0
147	中建智地	126.9	147	万华投资	98.8
148	祥源地产	124.2	148	保亿置业	98.1
149	天安投资	122.4	149	华远地产	96.7
150	中亿基业	120.6	150	海岸集团	96.5
151	华远地产	120.2	151	中天城投	94.5
152	中建信和	117.5	152	上海地产	90.9
153	实地集团	115.0	153	京基集团	90.5
154	世纪金源	113.6	154	湖北联投	89.1
155	龙记泰信	111.8	155	天阳地产	86.9
156	长江实业	110.8	156	中昂集团	86.7
157	凯德置地	110.0	157	宏祥房地产	86.3
158	深业集团	107.6	158	银丰投资	84.9
159	中信泰富	104.5	159	天誉置业	84.9
160	银丰投资	103.1	160	鸿荣源	83.0
161	恒基兆业	101.8	161	恒丰地产	81.4
162	华地集团	101.0	162	华地集团	80.4

续表

排　名	公司名称	全口径金额	排　名	公司名称	权益金额
163	中昂集团	99.9	163	海宁鸿翔	79.1
164	儒辰集团	99.2	164	吉宝置业	78.6
165	万华投资	98.8	165	苏宁置业	77.6
166	海岸集团	96.5	166	龙记泰信	76.9
167	苏宁置业	94.6	167	上海城建	76.1
168	中天城投	94.5	168	昌建地产	75.7
169	上海地产	90.9	169	格力地产	74.9
170	京基集团	90.5	170	勤诚达	72.6
171	天誉置业	90.0	171	长江实业	72.0
172	勤诚达	89.4	172	信城不动产	71.7
173	湖北联投	89.1	173	上港集团	70.9
174	宏祥房地产	86.3	174	安徽置地	70.6
175	鸿荣源	83.0	175	中环投资	69.7
176	恒丰地产	81.4	176	澳海集团	68.2
177	吉宝置业	78.6	177	天恒置业	66.7
178	三巽集团	78.5	178	荣和集团	66.7
179	上海城建	76.1	179	天安投资	66.1
180	永威置业	75.9	180	德商置业	65.1
181	安徽置地	75.7	181	天一仁和	64.1
182	格力地产	74.9	182	深圳颐安集团	63.9
183	澳海集团	73.6	183	文一地产	63.2
184	恒盛地产	72.8	184	新怡和集团	62.0
185	中垠地产	72.2	185	建屋集团	61.0
186	信城不动产	71.7	186	美好未来	59.3
187	上港集团	70.9	187	中洲控股	59.1
188	中洲控股	70.4	188	正黄集团	58.6
189	中环投资	69.7	189	世纪金源	58.4
190	天一仁和	68.1	190	鸿基地产	57.6
191	荣和集团	68.1	191	中亿基业	56.7
192	中华企业	67.7	192	永威置业	56.7
193	天恒置业	66.7	193	新鸿基	56.0
194	文一地产	66.2	194	星联集团	55.9
195	深圳颐安集团	65.9	195	明发集团	55.9
196	广宇集团	64.3	196	苏州高新	55.2
197	大都投资	63.9	197	麒龙集团	54.7
198	星联集团	62.2	198	恒基兆业	54.0
199	新怡和集团	62.0	199	中渝置地	53.9
200	东亚新华	61.2	200	三巽集团	53.3

数据来源：中国房地产决策咨询系统（CRIC.）。

（四）上市房地产经营开发和物业服务企业股价情况

表 6-3-11　沪市房地产经营和开发企业股价（前复权）涨跌幅排行榜

单位：元，%

排名	证券代码	证券简称	2020 年收盘价	2021 年收盘价	涨跌幅	最高价	最低价
1	600773. SH	西藏城投	6. 98	28. 26	305. 15	37. 70	6. 85
2	600225. SH	*ST 松江	1. 36	3. 15	131. 62	3. 72	1. 08
3	600641. SH	万业企业	20. 07	33. 27	65. 79	39. 69	12. 12
4	600223. SH	鲁商发展	8. 41	13. 25	57. 52	18. 86	7. 87
5	600215. SH	派斯林	5. 33	8. 23	54. 40	11. 82	4. 70
6	600246. SH	万通发展	6. 97	10. 66	52. 94	12. 93	5. 90
7	600683. SH	京投发展	3. 78	5. 34	41. 39	8. 30	3. 28
8	600173. SH	卧龙地产	4. 84	6. 50	34. 20	7. 14	4. 02
9	600463. SH	空港股份	6. 23	8. 11	30. 18	8. 57	5. 15
10	900932. SH	陆家 B 股	0. 72	0. 91	27. 28	1. 02	0. 71
11	600159. SH	大龙地产	2. 49	3. 07	23. 32	4. 60	2. 13
12	600684. SH	珠江股份	3. 00	3. 56	18. 67	5. 56	2. 47
13	600007. SH	中国国贸	12. 20	14. 40	18. 07	26. 93	10. 85
14	600807. SH	济南高新	3. 57	4. 10	14. 85	4. 80	2. 87
15	600510. SH	黑牡丹	6. 56	7. 48	14. 10	10. 19	5. 50
16	600162. SH	香江控股	1. 90	2. 10	10. 62	2. 49	1. 59
17	601588. SH	北辰实业	2. 25	2. 48	10. 19	2. 87	2. 04
18	600067. SH	冠城大通	3. 59	3. 95	9. 97	5. 27	3. 16
19	900928. SH	临港 B 股	1. 04	1. 14	8. 92	1. 29	0. 93
20	600724. SH	宁波富达	3. 39	3. 67	8. 36	4. 27	2. 83
21	600185. SH	格力地产	6. 46	6. 91	6. 97	10. 98	5. 11
22	600663. SH	陆家嘴	10. 22	10. 86	6. 26	16. 93	9. 52
23	600048. SH	保利发展	14. 86	15. 63	5. 19	16. 02	9. 17
24	600639. SH	浦东金桥	12. 14	12. 77	5. 18	15. 25	10. 70
25	600665. SH	天地源	2. 97	3. 10	4. 48	3. 65	2. 62
26	600325. SH	华发股份	5. 79	6. 02	3. 94	7. 24	5. 13
27	600376. SH	首开股份	5. 46	5. 66	3. 63	6. 04	4. 55
28	900911. SH	金桥 B 股	0. 87	0. 91	3. 61	0. 99	0. 86
29	600383. SH	金地集团	12. 61	12. 97	2. 84	13. 19	8. 17
30	600846. SH	同济科技	7. 95	8. 16	2. 63	10. 36	7. 11
31	600790. SH	轻纺城	3. 26	3. 29	0. 78	3. 33	2. 86
32	600533. SH	栖霞建设	3. 08	3. 10	0. 49	3. 52	2. 73
33	600716. SH	凤凰股份	4. 08	4. 07	-0. 21	5. 11	3. 72
34	600515. SH	*ST 基础	4. 57	4. 53	-0. 88	9. 21	3. 91
35	600736. SH	苏州高新	4. 66	4. 59	-1. 48	4. 90	4. 02

续表

排名	证券代码	证券简称	2020 年收盘价	2021 年收盘价	涨跌幅	最高价	最低价
36	900955. SH	＊ST 海创 B	0. 12	0. 12	-1. 65	0. 13	0. 08
37	600208. SH	新湖中宝	3. 05	2. 98	-2. 20	3. 44	2. 71
38	600064. SH	南京高科	9. 76	9. 34	-4. 33	9. 93	7. 91
39	600239. SH	＊ST 云城	2. 42	2. 31	-4. 55	3. 10	1. 63
40	600708. SH	光明地产	2. 53	2. 39	-5. 51	2. 80	2. 08
41	600675. SH	中华企业	3. 20	3. 01	-5. 91	3. 43	2. 65
42	600743. SH	华远地产	2. 11	1. 98	-6. 06	2. 28	1. 76
43	601512. SH	中新集团	9. 69	9. 05	-6. 58	10. 33	8. 50
44	600657. SH	信达地产	4. 05	3. 73	-7. 90	4. 21	3. 10
45	600565. SH	迪马股份	2. 65	2. 44	-8. 01	3. 33	2. 19
46	600555. SH	＊ST 海创	1. 48	1. 35	-8. 78	1. 81	1. 21
47	900940. SH	大名城 B	0. 37	0. 34	-8. 82	0. 39	0. 30
48	600848. SH	上海临港	16. 46	14. 87	-9. 65	20. 34	14. 06
49	600266. SH	城建发展	4. 98	4. 50	-9. 69	5. 36	4. 11
50	600895. SH	张江高科	16. 69	15. 06	-9. 78	20. 77	14. 68
51	600415. SH	小商品城	5. 46	4. 85	-11. 20	6. 38	4. 36
52	600094. SH	大名城	4. 00	3. 54	-11. 47	4. 16	3. 36
53	600503. SH	华丽家族	3. 64	3. 22	-11. 54	4. 07	3. 00
54	600077. SH	宋都股份	3. 07	2. 71	-11. 66	3. 32	2. 16
55	601155. SH	新城控股	33. 05	29. 13	-11. 87	50. 56	28. 30
56	600603. SH	广汇物流	4. 53	3. 97	-12. 36	4. 62	3. 50
57	600322. SH	天房发展	2. 34	2. 05	-12. 39	2. 52	1. 69
58	600622. SH	光大嘉宝	3. 38	2. 92	-13. 61	3. 49	2. 49
59	600748. SH	上实发展	4. 72	4. 05	-14. 28	5. 08	3. 73
60	900902. SH	市北 B 股	0. 34	0. 29	-14. 45	0. 35	0. 27
61	600692. SH	亚通股份	7. 00	5. 86	-16. 29	7. 91	5. 28
62	600638. SH	新黄浦	6. 87	5. 73	-16. 55	7. 77	4. 76
63	600606. SH	绿地控股	5. 29	4. 34	-18. 01	5. 75	3. 96
64	600604. SH	市北高新	6. 59	5. 37	-18. 49	6. 78	4. 98
65	900939. SH	汇丽 B	0. 78	0. 63	-19. 21	0. 97	0. 61
66	600791. SH	京能置业	5. 03	3. 98	-20. 87	5. 58	3. 10
67	600658. SH	电子城	5. 23	4. 12	-21. 21	5. 28	3. 55
68	600649. SH	城投控股	5. 32	4. 11	-22. 74	5. 36	3. 85
69	600823. SH	世茂股份	4. 41	3. 28	-25. 66	4. 87	2. 98
70	600393. SH	ST 粤泰	2. 05	1. 42	-30. 73	2. 61	1. 28
71	600890. SH	＊ST 中房	4. 78	2. 35	-50. 84	4. 77	2. 27
72	600466. SH	蓝光发展	4. 63	2. 04	-55. 94	4. 98	1. 60
73	600340. SH	华夏幸福	12. 93	3. 60	-72. 16	12. 85	3. 26

数据来源：wind.

表 6-3-12 深市房地产经营和开发企业股价（前复权）涨跌幅排行榜

单位：元，%

排名	证券代码	证券简称	2020 年收盘价	2021 年收盘价	涨跌幅	最高价	最低价
1	002147. SZ	＊ST 新光	1. 06	4. 80	352. 83	5. 68	0. 75
2	000537. SZ	广宇发展	5. 97	24. 10	303. 44	29. 15	4. 26
3	000838. SZ	财信发展	2. 70	7. 18	165. 82	10. 40	2. 28
4	000809. SZ	铁岭新城	1. 96	3. 37	71. 94	3. 83	1. 62
5	000615. SZ	奥园美谷	7. 60	10. 78	41. 84	29. 95	7. 72
6	000718. SZ	苏宁环球	3. 43	4. 71	37. 32	11. 21	3. 36
7	000506. SZ	中润资源	2. 40	3. 21	33. 75	4. 50	1. 92
8	000720. SZ	新能泰山	3. 74	4. 89	30. 75	6. 30	3. 32
9	002344. SZ	海宁皮城	4. 07	4. 90	20. 38	5. 02	3. 46
10	000668. SZ	荣丰控股	13. 51	15. 88	17. 54	20. 62	12. 20
11	000631. SZ	顺发恒业	3. 04	3. 57	17. 43	4. 43	2. 80
12	000036. SZ	华联控股	3. 79	4. 34	14. 57	5. 08	3. 37
13	000573. SZ	粤宏远 A	2. 78	3. 18	14. 44	3. 67	2. 29
14	000029. SZ	深深房 A	7. 06	7. 83	10. 98	8. 85	5. 91
15	000897. SZ	津滨发展	2. 49	2. 72	9. 24	3. 42	1. 87
16	002968. SZ	新大正	32. 78	35. 43	8. 09	52. 90	31. 36
17	001979. SZ	招商蛇口	12. 49	13. 34	6. 81	13. 60	9. 02
18	002244. SZ	滨江集团	4. 37	4. 66	6. 69	4. 97	3. 77
19	000609. SZ	＊ST 中迪	4. 58	4. 84	5. 68	6. 14	2. 33
20	000514. SZ	渝开发	3. 77	3. 96	5. 17	5. 57	2. 92
21	002133. SZ	广宇集团	2. 99	3. 13	4. 80	3. 64	2. 60
22	002305. SZ	南国置业	2. 03	2. 07	1. 97	3. 35	1. 70
23	000058. SZ	深赛格	6. 71	6. 73	0. 32	7. 25	5. 22
24	000608. SZ	阳光股份	3. 13	3. 05	-2. 56	4. 47	2. 56
25	000736. SZ	中交地产	6. 63	6. 35	-4. 18	7. 60	4. 70
26	000014. SZ	沙河股份	8. 27	7. 92	-4. 23	8. 73	6. 63
27	002208. SZ	合肥城建	8. 22	7. 76	-5. 58	10. 39	6. 94
28	002818. SZ	富森美	13. 55	12. 51	-7. 67	15. 25	11. 49
29	000402. SZ	金融街	6. 17	5. 66	-8. 25	7. 74	5. 51
30	000042. SZ	中洲控股	9. 09	8. 06	-11. 29	9. 93	6. 70
31	200029. SZ	深深房 B	3. 10	2. 75	-11. 30	3. 44	2. 51
32	000007. SZ	＊ST 全新	6. 97	6. 09	-12. 63	6. 38	2. 45
33	200058. SZ	深赛格 B	2. 30	2. 00	-12. 98	2. 32	1. 78
34	000517. SZ	荣安地产	2. 87	2. 46	-14. 26	3. 35	2. 20
35	000926. SZ	福星股份	4. 97	4. 25	-14. 52	4. 96	3. 83
36	000863. SZ	三湘印象	4. 13	3. 53	-14. 52	4. 87	2. 64
37	000031. SZ	大悦城	4. 40	3. 73	-15. 23	4. 44	3. 16

续表

排名	证券代码	证券简称	2020 年收盘价	2021 年收盘价	涨跌幅	最高价	最低价
38	002016. SZ	世荣兆业	6. 71	5. 66	−15. 71	7. 74	4. 73
39	000797. SZ	中国武夷	3. 11	2. 61	−16. 03	3. 59	2. 34
40	000540. SZ	中天金融	3. 15	2. 64	−16. 19	3. 43	2. 14
41	000616. SZ	ST 海投	2. 40	1. 98	−17. 50	2. 99	1. 76
42	000006. SZ	深振业 A	5. 41	4. 46	−17. 51	5. 54	4. 05
43	000620. SZ	新华联	2. 45	1. 98	−19. 18	3. 39	1. 68
44	002314. SZ	南山控股	4. 01	3. 12	−22. 26	4. 37	2. 70
45	000965. SZ	天保基建	3. 54	2. 60	−26. 55	3. 47	2. 19
46	000002. SZ	万科 A	27. 14	19. 76	−27. 20	32. 72	17. 52
47	002146. SZ	荣盛发展	6. 11	4. 35	−28. 85	6. 60	4. 03
48	000656. SZ	金科股份	6. 53	4. 48	−31. 43	7. 33	3. 98
49	000918. SZ	嘉凯城	3. 66	2. 49	−31. 97	9. 14	2. 21
50	000732. SZ	泰禾集团	3. 27	2. 21	−32. 42	3. 58	1. 81
51	000502. SZ	＊ST 绿景	9. 25	5. 98	−35. 35	10. 07	4. 64
52	000961. SZ	中南建设	7. 98	4. 14	−48. 15	8. 14	3. 59
53	000671. SZ	阳光城	6. 05	3. 02	−50. 08	6. 45	2. 58
54	000667. SZ	美好置业	3. 88	1. 74	−55. 15	3. 93	1. 54

数据来源：wind.

表 6−3−13　港市房地产经营和开发企业股价（前复权）涨跌幅排行榜

单位：港元,%

排名	证券代码	证券简称	2020 年收盘价	2021 年收盘价	涨跌幅	最高价	最低价
1	1730. HK	LHN	0. 91	1. 78	96. 23	2. 26	0. 88
2	2349. HK	中国城市基础设施	0. 10	0. 19	87. 00	0. 38	0. 09
3	0618. HK	北大资源	0. 09	0. 16	80. 00	0. 38	0. 08
4	0674. HK	中国唐商	0. 10	0. 17	75. 79	0. 30	0. 08
5	0021. HK	大中华地产控股	0. 08	0. 14	64. 29	0. 34	0. 07
6	0199. HK	德祥地产	0. 71	1. 16	63. 53	1. 22	0. 68
7	1176. HK	珠光控股	1. 02	1. 62	58. 38	2. 59	0. 95
8	0899. HK	亚洲资源	0. 05	0. 08	49. 02	0. 11	0. 03
9	1908. HK	建发国际集团	11. 20	16. 44	46. 80	16. 48	10. 30
10	0034. HK	九龙建业	7. 46	10. 30	37. 98	10. 80	7. 41
11	1222. HK	宏安集团	0. 06	0. 08	35. 05	0. 08	0. 05
12	1218. HK	永义国际	3. 60	4. 80	33. 33	5. 21	3. 34
13	0996. HK	嘉年华国际	0. 09	0. 12	28. 72	0. 20	0. 04
14	1113. HK	长实集团	38. 32	49. 15	28. 26	55. 59	36. 83
15	3377. HK	远洋集团	1. 42	1. 82	28. 23	1. 99	1. 31
16	0989. HK	华音国际控股	0. 50	0. 63	26. 00	0. 85	0. 31

续表

排名	证券代码	证券简称	2020 年收盘价	2021 年收盘价	涨跌幅	最高价	最低价
17	2088. HK	西王置业	0. 08	0. 10	25. 97	0. 21	0. 07
18	0369. HK	永泰地产	3. 37	4. 23	25. 39	4. 72	3. 37
19	0683. HK	嘉里建设	16. 73	20. 30	21. 35	23. 72	16. 63
20	0147. HK	国际商业结算	0. 09	0. 11	21. 28	0. 15	0. 05
21	0277. HK	太兴置业	3. 18	3. 85	21. 16	3. 87	2. 98
22	0864. HK	永利地产发展	0. 39	0. 47	20. 78	0. 65	0. 38
23	2278. HK	海蓝控股	5. 10	6. 14	20. 39	7. 33	2. 70
24	0313. HK	裕田中国	0. 01	0. 01	20. 00	0. 03	0. 01
25	0688. HK	中国海外发展	15. 79	18. 46	16. 91	20. 56	13. 97
26	0004. HK	九龙仓集团	20. 49	23. 95	16. 87	30. 47	16. 47
27	0160. HK	汉国置业	2. 54	2. 96	16. 75	3. 74	2. 51
28	0194. HK	廖创兴企业	6. 68	7. 75	15. 94	8. 31	6. 69
29	3900. HK	绿城中国	10. 84	12. 56	15. 89	13. 34	7. 73
30	0012. HK	恒基地产	28. 78	33. 20	15. 35	38. 31	28. 00
31	1201. HK	天臣控股	0. 41	0. 47	14. 63	0. 74	0. 31
32	0565. HK	锦艺集团控股	0. 28	0. 32	12. 50	0. 50	0. 23
33	0258. HK	汤臣集团	1. 87	2. 09	11. 95	2. 56	1. 80
34	0120. HK	COSMOPOL INT'L	1. 53	1. 70	11. 11	1. 71	1. 00
35	0262. HK	迪臣发展国际	0. 09	0. 11	11. 11	0. 15	0. 09
36	0715. HK	中泛控股	0. 14	0. 15	11. 11	0. 20	0. 10
37	0878. HK	金朝阳集团	6. 91	7. 68	11. 11	9. 29	6. 86
38	8155. HK	南华资产控股	0. 01	0. 01	10. 00	0. 01	0. 01
39	1329. HK	首创钜大	0. 91	1. 00	9. 89	1. 46	0. 82
40	2288. HK	宏基资本	0. 59	0. 64	9. 35	0. 76	0. 55
41	0271. HK	亚证地产	0. 54	0. 59	9. 23	1. 05	0. 51
42	0089. HK	大生地产	3. 68	4. 00	8. 77	4. 40	3. 62
43	1109. HK	华润置地	30. 63	32. 80	7. 07	39. 54	25. 32
44	0088. HK	TAI CHEUNG HOLD	4. 51	4. 80	6. 39	5. 42	4. 36
45	0287. HK	永发置业	8. 69	9. 20	5. 89	9. 34	8. 57
46	0041. HK	鹰君	20. 59	21. 80	5. 87	29. 87	18. 80
47	0035. HK	远东发展	2. 69	2. 84	5. 65	3. 03	2. 33
48	0108. HK	国锐地产	0. 96	1. 01	5. 21	1. 45	0. 82
49	1321. HK	中国新城市	0. 97	1. 02	5. 15	1. 07	0. 72
50	0225. HK	博富临置业	10. 86	11. 42	5. 10	11. 65	10. 75
51	0278. HK	华厦置业	4. 68	4. 90	4. 79	5. 05	4. 21
52	0083. HK	信和置业	9. 34	9. 71	3. 94	12. 15	9. 16
53	1902. HK	银城国际控股	2. 36	2. 45	3. 90	7. 97	2. 21
54	6968. HK	港龙中国地产	4. 42	4. 57	3. 40	5. 78	3. 94

续表

排名	证券代码	证券简称	2020 年收盘价	2021 年收盘价	涨跌幅	最高价	最低价
55	0081. HK	中国海外宏洋集团	3. 85	3. 96	2. 76	5. 25	3. 40
56	1224. HK	中渝置地	1. 70	1. 74	2. 24	2. 00	1. 63
57	2286. HK	辰兴发展	1. 47	1. 50	2. 04	3. 01	1. 09
58	1240. HK	青建国际	0. 68	0. 69	2. 02	1. 00	0. 61
59	1997. HK	九龙仓置业	39. 03	39. 60	1. 47	47. 97	35. 10
60	0298. HK	庄士中国	0. 36	0. 36	1. 29	0. 45	0. 31
61	1396. HK	粤港湾控股	0. 45	0. 45	1. 12	0. 57	0. 37
62	0367. HK	庄士机构国际	0. 91	0. 92	0. 90	1. 14	0. 78
63	0798. HK	中电光谷	0. 40	0. 40	0. 67	0. 58	0. 37
64	0247. HK	TST PROPERTIES	23. 61	23. 70	0. 39	23. 89	22. 82
65	0272. HK	瑞安房地产	1. 05	1. 05	0. 01	1. 45	1. 00
66	0672. HK	众安集团	0. 32	0. 32	0. 00	0. 45	0. 27
67	1195. HK	京维集团	0. 04	0. 04	0. 00	0. 07	0. 04
68	9993. HK	金辉控股	4. 16	4. 15	−0. 12	4. 84	3. 60
69	1036. HK	万科海外	2. 34	2. 33	−0. 24	3. 49	2. 20
70	0016. HK	新鸿基地产	95. 42	94. 60	−0. 86	120. 22	90. 63
71	0112. HK	勒泰集团	0. 90	0. 89	−1. 11	0. 97	0. 74
72	0865. HK	建德国际控股	0. 09	0. 09	−1. 14	0. 12	0. 06
73	1560. HK	星星集团	0. 40	0. 40	−1. 25	0. 50	0. 32
74	0212. HK	NANYANG HOLD	39. 52	39. 00	−1. 32	42. 10	35. 30
75	2183. HK	三盛控股	4. 37	4. 30	−1. 57	5. 02	2. 61
76	1570. HK	伟业控股	4. 09	4. 02	−1. 71	4. 20	3. 04
77	9968. HK	汇景控股	1. 99	1. 95	−1. 96	2. 09	1. 76
78	0563. HK	上实城市开发	0. 78	0. 76	−1. 98	0. 86	0. 61
79	2292. HK	晋安实业	0. 95	0. 93	−2. 11	0. 96	0. 91
80	0230. HK	五矿地产	0. 85	0. 83	−2. 35	0. 96	0. 70
81	1663. HK	汉港控股	0. 15	0. 15	−2. 62	0. 16	0. 11
82	0028. HK	天安	4. 44	4. 32	−2. 68	5. 00	4. 06
83	0845. HK	恒盛地产	0. 25	0. 24	−3. 20	0. 30	0. 18
84	0216. HK	建业实业	1. 62	1. 57	−3. 30	1. 93	1. 48
85	0119. HK	保利置业集团	2. 14	2. 05	−4. 22	2. 47	1. 80
86	0224. HK	建生国际	1. 07	1. 02	−4. 63	1. 11	0. 94
87	0754. HK	合生创展集团	17. 06	16. 26	−4. 71	34. 37	14. 76
88	0123. HK	越秀地产	7. 21	6. 87	−4. 77	9. 22	6. 40
89	0266. HK	天德地产	4. 74	4. 50	−5. 12	5. 46	4. 37
90	0105. HK	凯联国际酒店	13. 31	12. 60	−5. 37	14. 71	12. 32
91	2892. HK	万城控股	1. 10	1. 04	−5. 45	1. 30	0. 96
92	0053. HK	国浩集团	90. 23	85. 00	−5. 79	96. 39	83. 14

续表

排名	证券代码	证券简称	2020 年收盘价	2021 年收盘价	涨跌幅	最高价	最低价
93	2019. HK	德信中国	2. 84	2. 67	−5. 96	3. 26	2. 42
94	6900. HK	上坤地产	2. 29	2. 15	−6. 04	2. 78	1. 90
95	0050. HK	香港小轮（集团）	5. 88	5. 48	−6. 85	6. 12	5. 35
96	6090. HK	胜捷企业	2. 02	1. 88	−6. 93	2. 11	1. 78
97	0158. HK	万邦投资	155. 58	144. 29	−7. 26	160. 78	144. 19
98	1622. HK	力高集团	2. 83	2. 61	−7. 86	3. 09	1. 76
99	3688. HK	莱蒙国际	1. 12	1. 03	−7. 92	1. 47	0. 94
100	2117. HK	大唐集团控股	4. 46	4. 08	−8. 50	6. 46	3. 07
101	0185. HK	正商实业	4. 23	3. 86	−8. 84	6. 79	3. 35
102	0760. HK	新天地产集团	0. 02	0. 02	−9. 09	0. 05	0. 02
103	0017. HK	新世界发展	34. 05	30. 85	−9. 41	41. 13	28. 79
104	1972. HK	太古地产	21. 64	19. 54	−9. 72	24. 62	18. 38
105	0010. HK	恒隆集团	18. 47	16. 66	−9. 82	20. 70	15. 54
106	0497. HK	资本策略地产	0. 23	0. 21	−10. 01	0. 26	0. 20
107	0059. HK	天誉置业	0. 96	0. 86	−10. 20	1. 07	0. 82
108	0207. HK	大悦城地产	0. 45	0. 40	−10. 24	0. 53	0. 39
109	2768. HK	佳源国际控股	2. 95	2. 63	−10. 72	3. 84	2. 61
110	0014. HK	希慎兴业	27. 20	24. 10	−11. 40	32. 73	23. 55
111	0655. HK	香港华人有限公司	0. 66	0. 58	−12. 44	0. 71	0. 55
112	0163. HK	英皇国际	1. 06	0. 93	−12. 46	1. 20	0. 90
113	1030. HK	新城发展	6. 06	5. 27	−12. 98	9. 52	4. 62
114	0859. HK	中昌国际控股	0. 45	0. 39	−13. 48	0. 45	0. 24
115	1838. HK	CHINAPROPERTIES	0. 48	0. 42	−13. 54	0. 62	0. 40
116	0131. HK	卓能（集团）	2. 89	2. 50	−13. 63	2. 99	2. 31
117	0938. HK	民生国际	1. 90	1. 64	−13. 68	2. 36	1. 40
118	1996. HK	弘阳地产	2. 55	2. 19	−14. 06	2. 83	2. 01
119	0173. HK	嘉华国际	3. 52	3. 01	−14. 53	3. 94	2. 96
120	1125. HK	丽丰控股	6. 02	5. 12	−14. 95	8. 00	5. 00
121	0093. HK	TERMBRAY IND	0. 30	0. 25	−15. 25	0. 37	0. 24
122	1862. HK	景瑞控股	2. 05	1. 73	−15. 43	2. 70	1. 68
123	0960. HK	龙湖集团	43. 52	36. 70	−15. 66	51. 38	29. 80
124	3616. HK	恒达集团控股	1. 24	1. 04	−15. 80	1. 73	0. 93
125	2231. HK	景业名邦集团	2. 75	2. 28	−16. 98	3. 36	2. 07
126	1238. HK	宝龙地产	4. 92	4. 08	−17. 03	8. 02	3. 85
127	0588. HK	北京北辰实业股份	1. 41	1. 17	−17. 30	1. 60	1. 11
128	0075. HK	渝太地产	2. 00	1. 65	−17. 50	2. 00	1. 08
129	6158. HK	正荣地产	4. 52	3. 71	−17. 88	5. 49	3. 53
130	0535. HK	金地商置	1. 02	0. 83	−18. 47	1. 18	0. 70

续表

排名	证券代码	证券简称	2020 年收盘价	2021 年收盘价	涨跌幅	最高价	最低价
131	0101. HK	恒隆地产	19. 68	16. 04	−18. 51	21. 78	15. 08
132	0910. HK	中国三迪	0. 59	0. 48	−18. 64	0. 69	0. 45
133	0251. HK	爪哇控股	7. 38	5. 90	−20. 03	9. 92	5. 32
134	6999. HK	领地控股	5. 69	4. 49	−21. 09	9. 23	3. 00
135	3366. HK	华侨城（亚洲）	1. 61	1. 27	−21. 12	1. 93	1. 23
136	1064. HK	中华国际	0. 13	0. 11	−21. 64	0. 17	0. 10
137	1098. HK	路劲	9. 24	7. 14	−22. 70	10. 49	6. 71
138	0884. HK	旭辉控股集团	6. 09	4. 69	−22. 98	7. 28	3. 90
139	3990. HK	美的置业	15. 77	12. 12	−23. 15	18. 89	11. 08
140	0115. HK	钧濠集团	0. 90	0. 69	−23. 33	1. 00	0. 60
141	1243. HK	宏安地产	0. 11	0. 08	−23. 45	0. 11	0. 08
142	0127. HK	华人置业	3. 77	2. 86	−24. 14	4. 54	1. 98
143	2772. HK	中梁控股	4. 83	3. 65	−24. 37	5. 27	3. 36
144	0898. HK	万事昌国际	1. 42	1. 06	−25. 35	1. 64	1. 04
145	0410. HK	SOHO 中国	2. 31	1. 72	−25. 54	4. 78	1. 62
146	0124. HK	粤海置地	1. 08	0. 80	−26. 19	1. 28	0. 67
147	0817. HK	中国金茂	3. 27	2. 41	−26. 31	4. 01	2. 04
148	2118. HK	天山发展控股	2. 68	1. 97	−26. 49	2. 93	0. 82
149	0432. HK	盈大地产	0. 82	0. 60	−26. 54	0. 95	0. 57
150	0337. HK	绿地香港	2. 05	1. 50	−26. 88	2. 61	1. 47
151	1207. HK	上置集团	0. 05	0. 04	−26. 92	0. 06	0. 03
152	2330. HK	中国上城	0. 69	0. 50	−27. 54	0. 98	0. 40
153	1387. HK	中国地利	2. 75	1. 99	−27. 64	3. 08	1. 86
154	2202. HK	万科企业	25. 12	18. 14	−27. 79	32. 87	16. 84
155	0193. HK	冠中地产	0. 39	0. 28	−28. 21	0. 60	0. 27
156	0680. HK	南海控股	0. 05	0. 04	−28. 57	0. 07	0. 03
157	0755. HK	上海证大	0. 05	0. 03	−28. 89	0. 10	0. 03
158	0029. HK	达力集团	14. 47	10. 20	−29. 53	14. 77	9. 54
159	0978. HK	招商局置地	1. 07	0. 74	−30. 96	1. 19	0. 67
160	2007. HK	碧桂园	10. 09	6. 92	−31. 38	10. 24	6. 50
161	0508. HK	鼎亿集团投资	0. 13	0. 09	−31. 54	0. 13	0. 07
162	0009. HK	金奥国际	0. 06	0. 04	−31. 67	0. 10	0. 04
163	1124. HK	沿海家园	0. 07	0. 05	−31. 88	0. 09	0. 04
164	0604. HK	深圳控股	2. 48	1. 68	−32. 20	2. 78	1. 59
165	6111. HK	大发地产	6. 90	4. 60	−33. 38	8. 28	4. 10
166	6611. HK	三巽集团	4. 75	3. 16	−33. 47	5. 88	2. 50
167	1668. HK	华南城	1. 10	0. 73	−33. 50	1. 12	0. 47
168	1966. HK	中骏集团控股	2. 89	1. 89	−34. 66	3. 53	1. 78

续表

排名	证券代码	证券简称	2020 年收盘价	2021 年收盘价	涨跌幅	最高价	最低价
169	0063. HK	中亚烯谷集团	0. 10	0. 07	−34. 95	0. 13	0. 06
170	0593. HK	梦东方	1. 26	0. 81	−35. 71	5. 80	0. 76
171	1168. HK	百仕达控股	0. 39	0. 25	−37. 59	0. 50	0. 23
172	3301. HK	融信中国	4. 90	3. 00	−38. 74	5. 47	2. 59
173	0456. HK	新城市建设发展	0. 11	0. 07	−39. 25	0. 11	0. 06
174	0106. HK	朗诗地产	0. 59	0. 36	−40. 02	0. 64	0. 34
175	0095. HK	绿景中国地产	2. 33	1. 37	−41. 20	2. 50	1. 28
176	1813. HK	合景泰富集团	9. 38	5. 10	−45. 64	12. 57	4. 83
177	0519. HK	实力建业	0. 19	0. 10	−45. 74	0. 20	0. 09
178	1107. HK	当代置业	0. 72	0. 38	−46. 97	0. 85	0. 35
179	3380. HK	龙光集团	11. 37	5. 96	−47. 58	12. 19	5. 48
180	6166. HK	中国宏泰发展	2. 93	1. 53	−47. 86	2. 94	1. 18
181	0499. HK	青岛控股	0. 47	0. 24	−49. 00	0. 57	0. 23
182	0583. HK	长城环亚控股	0. 65	0. 32	−51. 54	0. 64	0. 29
183	0613. HK	梧桐国际	1. 00	0. 48	−52. 00	1. 20	0. 44
184	0627. HK	福晟国际	0. 04	0. 02	−54. 29	0. 05	0. 02
185	3383. HK	雅居乐集团	9. 26	4. 23	−54. 33	11. 86	3. 79
186	1278. HK	中国新城镇	0. 18	0. 08	−54. 44	0. 18	0. 06
187	1918. HK	融创中国	26. 07	11. 78	−54. 81	32. 67	10. 38
188	0727. HK	皇冠环球集团	0. 27	0. 12	−55. 19	0. 51	0. 11
189	2699. HK	新明中国	0. 09	0. 04	−58. 70	0. 10	0. 03
190	0141. HK	天禧海嘉控股	0. 45	0. 18	−59. 55	0. 69	0. 18
191	2329. HK	国瑞置业	0. 77	0. 31	−60. 39	0. 95	0. 28
192	1233. HK	时代中国控股	9. 91	3. 77	−61. 95	11. 53	3. 56
193	0299. HK	宝新置地	0. 30	0. 10	−65. 33	0. 38	0. 10
194	2608. HK	阳光 100 中国	1. 22	0. 42	−65. 57	1. 40	0. 05
195	1232. HK	金轮天地控股	0. 54	0. 19	−65. 74	0. 62	0. 17
196	0832. HK	建业地产	2. 93	0. 94	−67. 92	3. 71	0. 83
197	2777. HK	富力地产	9. 08	2. 90	−68. 05	9. 86	2. 89
198	3639. HK	亿达中国	2. 18	0. 66	−69. 72	2. 18	0. 61
199	1628. HK	禹洲集团	2. 45	0. 64	−73. 89	2. 80	0. 63
200	1777. HK	花样年控股	1. 26	0. 33	−74. 16	1. 29	0. 27
201	0846. HK	明发集团	1. 89	0. 44	−76. 72	1. 89	0. 42
202	0813. HK	世茂集团	22. 34	5. 10	−77. 17	24. 33	4. 89
203	1638. HK	佳兆业集团	3. 46	0. 78	−77. 46	4. 01	0. 75
204	3883. HK	中国奥园	6. 78	1. 41	−79. 21	8. 40	1. 34
205	2599. HK	祥生控股集团	5. 35	0. 88	−83. 54	6. 34	0. 84
206	2103. HK	新力控股集团	3. 93	0. 50	−87. 29	4. 39	0. 37
207	3333. HK	中国恒大	14. 65	1. 59	−89. 15	17. 29	1. 42

数据来源：wind.

表 6-3-14 海外上市内地房地产企业股价涨跌幅排行榜

单位：美元，%

排名	证券代码	证券简称	2020 年收盘价	2021 年收盘价	涨跌幅	最高价	最低价
1	NTP. N	南太地产	5. 85	10. 09	72. 48	37. 88	5. 47
2	HGSH. O	汉广厦房地产	1. 78	1. 98	11. 24	3. 38	1. 40
3	LEJU. N	乐居	2. 29	0. 90	-60. 50	3. 97	0. 74
4	BEKE. N	贝壳	61. 54	20. 12	-67. 31	78. 00	15. 15
5	XIN. N	鑫苑置业	2. 20	0. 63	-71. 36	4. 12	0. 54
6	DUO. O	房多多	7. 54	0. 47	-93. 83	9. 80	0. 44

数据来源：wind.

表 6-3-15 上市物业管理服务企业股价（前复权）涨跌幅排行榜

单位：元，港元，%

排名	证券代码	证券简称	2020 年收盘价	2021 年收盘价	涨跌幅	最高价	最低价
1	2669. HK	中海物业	4. 00	8. 27	106. 74	9. 07	3. 89
2	6093. HK	和泓服务	2. 11	4. 18	98. 10	4. 60	2. 11
3	9979. HK	绿城管理控股	3. 21	5. 34	66. 54	5. 46	2. 64
4	3316. HK	滨江服务	13. 78	21. 90	58. 92	36. 72	13. 11
5	2156. HK	建发物业	3. 10	4. 45	43. 55	5. 44	2. 31
6	0459. HK	美联工商铺	0. 10	0. 13	28. 71	0. 20	0. 10
7	2107. HK	第一服务控股	1. 02	1. 30	27. 71	2. 21	0. 77
8	1200. HK	美联集团	0. 74	0. 94	27. 03	1. 75	0. 72
9	200011. SZ	深物业 B	4. 93	6. 11	24. 04	6. 45	4. 59
10	603506. SH	南都物业	13. 95	16. 84	20. 71	18. 45	12. 49
11	6958. HK	正荣服务	3. 92	4. 56	16. 21	5. 54	3. 45
12	3699. HK	光大永年	0. 44	0. 50	11. 80	0. 89	0. 42
13	0037. HK	远东酒店实业	0. 13	0. 14	10. 40	0. 23	0. 11
14	300917. SZ	特发服务	30. 87	32. 69	5. 89	38. 00	22. 07
15	1209. HK	华润万象生活	35. 83	36. 35	1. 46	55. 25	33. 23
16	6049. HK	保利物业	60. 59	61. 30	1. 17	72. 89	38. 10
17	2215. HK	德信服务集团	3. 06	3. 06	0. 00	3. 82	2. 87
18	000011. SZ	深物业 A	11. 78	11. 66	-1. 05	16. 46	9. 31
19	1417. HK	浦江中国	1. 88	1. 83	-2. 54	2. 14	1. 48
20	001914. SZ	招商积余	21. 39	20. 26	-5. 29	25. 66	11. 10
21	9978. HK	方圆生活服务	0. 49	0. 47	-5. 59	0. 71	0. 44
22	2165. HK	领悦服务集团	4. 19	3. 94	-5. 97	5. 50	2. 48
23	8426. HK	雅居投资控股	0. 15	0. 14	-7. 40	0. 17	0. 13
24	1153. HK	佳源服务	3. 82	3. 42	-10. 46	4. 30	3. 30

续表

排名	证券代码	证券简称	2020 年收盘价	2021 年收盘价	涨跌幅	最高价	最低价
25	6098. HK	碧桂园服务	52. 28	46. 70	−10. 67	85. 20	43. 50
26	1895. HK	鑫苑服务	2. 28	2. 02	−11. 67	2. 65	1. 71
27	6677. HK	远洋服务	5. 49	4. 81	−12. 31	6. 88	3. 32
28	1971. HK	弘阳服务	4. 83	4. 23	−12. 41	5. 72	3. 69
29	002377. SZ	国创高新	3. 82	3. 32	−13. 09	4. 35	2. 81
30	1538. HK	中奥到家	0. 71	0. 61	−14. 40	0. 98	0. 55
31	1922. HK	银城生活服务	4. 43	3. 74	−15. 57	7. 36	3. 01
32	9916. HK	兴业物联	1. 14	0. 95	−16. 67	1. 31	0. 88
33	0733. HK	合富辉煌	1. 63	1. 35	−17. 34	3. 86	1. 30
34	0982. HK	华发物业服务	0. 18	0. 15	−18. 03	0. 26	0. 15
35	002285. SZ	世联行	4. 88	3. 92	−19. 68	8. 54	3. 50
36	9983. HK	建业新生活	6. 26	5. 02	−19. 78	8. 18	4. 69
37	000560. SZ	我爱我家	4. 05	3. 14	−22. 50	5. 23	2. 81
38	2869. HK	绿城服务	9. 41	7. 20	−23. 50	13. 53	6. 80
39	3658. HK	新希望服务	3. 80	2. 90	−24. 08	4. 20	1. 82
40	1995. HK	旭辉永升服务	16. 95	12. 08	−28. 74	25. 94	11. 38
41	6626. HK	越秀服务	4. 88	3. 42	−29. 92	5. 73	3. 00
42	0352. HK	富阳	0. 67	0. 46	−31. 34	1. 15	0. 43
43	2168. HK	佳兆业美好	18. 68	11. 98	−35. 86	33. 25	10. 66
44	1755. HK	新城悦服务	17. 51	11. 18	−36. 16	27. 41	10. 26
45	1941. HK	烨星集团	1. 02	0. 63	−38. 24	1. 05	0. 57
46	1502. HK	金融街物业	5. 95	3. 58	−39. 84	6. 06	3. 58
47	8181. HK	时时服务	0. 19	0. 11	−40. 11	0. 27	0. 10
48	9909. HK	宝龙商业	24. 43	14. 50	−40. 66	31. 18	13. 24
49	2310. HK	时代环球集团	0. 13	0. 07	−44. 62	0. 15	0. 07
50	9666. HK	金科服务	61. 85	33. 95	−45. 11	89. 21	26. 20
51	3913. HK	合景悠活	6. 25	3. 20	−48. 81	10. 42	3. 03
52	3662. HK	奥园健康	4. 85	2. 44	−49. 68	7. 26	2. 26
53	6989. HK	卓越商企服务	9. 67	4. 62	−52. 23	10. 76	4. 06
54	1516. HK	融创服务	17. 11	7. 95	−53. 54	29. 40	7. 28
55	0873. HK	世茂服务	11. 90	5. 42	−54. 44	27. 55	4. 67
56	9928. HK	时代邻里	7. 15	2. 89	−59. 56	8. 66	2. 78
57	3319. HK	雅生活服务	33. 84	13. 30	−60. 69	40. 25	12. 74
58	6666. HK	恒大物业	8. 94	2. 64	−70. 47	19. 74	2. 47
59	1778. HK	彩生活	3. 37	0. 94	−72. 14	3. 80	0. 91
60	2048. HK	易居企业控股	7. 05	1. 71	−75. 73	9. 60	1. 12
61	8313. HK	杰地集团	0. 29	0. 04	−85. 61	0. 37	0. 04

数据来源：wind.

四、中国部分优秀房地产企业运营数据

（一）碧桂园控股有限公司

表 6-4-1　2021 年商品房销售业绩及同比增幅

类别	2021 年	同比（%）
权益销售金额（亿元）	5580.00	-2.22
权益销售面积（万平方米）	6641.00	-1.37
销售均价（元/平方米）	8402.00	-0.86

数据来源：企业公告、CRIC.

表 6-4-2　2020-2021 年企业财务指标

财务指标	2021 年	2020 年
净负债率（%）	45.40	55.59
三费费用率（%）	4.84	4.40
总资产周转率（次）	0.26	0.24
长短期债务比	3.02	2.39
现金短债比	2.29	1.91
净利润增长率（%）	-24.27	-11.57
销售毛利率（%）	17.74	21.80
销售净利率（%）	7.83	11.69

数据来源：企业公告、CRIC.

表 6-4-3　2021 年重点新增土地储备

城市	宗地名称	属性	成交时间	建筑面积（万平方米）	成交总价（亿元）	楼板价（元/平方米）
北京	京土整储挂（通）〔2021〕021 号	住宅	2021-05	24.07	41.15	17099
金华	义土挂〔2021〕56 号	住宅	2021-06	22.64	40.59	17928
上海	闵行华漕镇 MHSB0001	住宅	2021-06	11.84	37.29	31484
上海	宝山新江湾社区 N091101	住宅	2021-06	6.78	33.28	49046
东莞	茶山镇 2021WR019	商住	2021-08	28.71	46.17	16080

数据来源：企业公告、CRIC.

表 6-4-4　2021 年重点新开盘项目

项目名称	城市	项目名称	城市
亚运城·天珑	广州	碧桂园星澜	昆山
碧桂园·松湖明珠	东莞	都会诚品	南京
越城天地中心	南京	碧桂园柏丽湾	东莞

数据来源：企业公告、CRIC.

（二）保利发展控股集团股份有限公司

表 6-4-5　2021 年商品房销售业绩及同比增幅

类　别	2021 年	同比（%）
销售金额（亿元）	5349. 29	6. 38
销售面积（万平方米）	3333. 02	-2. 23
销售均价（元/平方米）	16049. 00	8. 81

数据来源：企业公告、CRIC.

表 6-4-6　2020—2021 年企业财务指标

财务指标	2021 年	2020 年
净负债率（%）	55. 07	56. 61
三费费用率（%）	5. 69	5. 90
总资产周转率（次）	0. 22	0. 21
长短期债务比	4. 25	3. 59
现金短债比	1. 94	1. 82
净利润增长率（%）	-7. 14	6. 64
销售毛利率（%）	26. 80	32. 59
销售净利率（%）	13. 05	16. 47

数据来源：企业公告、CRIC.
注：2020 年净负债率、总资产周转率、长短债比、销售毛利率因企业部分数据调整有修正。

表 6-4-7　2021 年重点新增土地储备

城市	宗地名称	属性	成交时间	建筑面积（万平方米）	成交总价（亿元）	楼板价（元/平方米）
汕尾	汕尾市城区中央商务区高铁站 SW-HCHZH-D-18、20、23 号地块	住宅	2021-04	61. 57	13. 88	2255
南京	南京市江北新区隧道口 G22 地块	住宅	2021-04	21. 06	18. 90	8975
长沙	长沙市开福区芙蓉北路 024、025 地块	住宅	2021-06	103. 00	34. 10	3311
绍兴	绍兴市镜湖新区凤林西路 7-2 号地块	住宅	2021-09	16. 12	34. 94	21678
佛山	佛山市南海区桂城夏南路东侧 52 号地块	住宅	2021-12	31. 48	50. 37	16000

数据来源：企业公告、CRIC.

表 6-4-8　2021 年重点新开盘项目

项目名称	城市	项目名称	城市
滨汇之都	杭州	保利堂悦	广州
保利天汇	上海	保利天悦	西安
保利天汇	长沙	保利和光尘樾	合肥

数据来源：企业公告、CRIC.

（三）万科企业股份有限公司

表 6-4-9　2021 年商品房销售业绩及同比增幅

类　别	2021 年	同比（%）
销售金额（亿元）	6277.80	-10.85
销售面积（万平方米）	3807.80	-18.42
销售均价（元/平方米）	16487.00	9.28

数据来源：企业公告、CRIC.

表 6-4-10　22020—2021 年企业财务指标

财务指标	2021 年	2020 年
净负债率（%）	29.69	18.09
三费费用率（%）	6.20	6.38
总资产周转率（次）	0.24	0.23
长短期债务比	3.54	2.12
现金短债比	2.55	2.35
净利润增长率（%）	-35.80	7.56
销售毛利率（%）	21.82	29.25
销售净利率（%）	8.41	14.15

数据来源：企业公告、CRIC.

表 6-4-11　2021 年重点新增土地储备

城市	宗地名称	属性	成交时间	建筑面积（万平方米）	成交总价（亿元）	楼板价（元/平方米）
杭州	杭政储出〔2020〕69 号	住宅	2021-01	14.16	40.60	28674
东莞	虎门镇 2021WR008	商住	2021-03	28.18	32.00	11355
无锡	XDG-2021-8 号	住宅	2021-04	19.95	31.92	16000
中山	南朗镇 G28-2020-0145	综合	2021-06	155.34	81.91	5273
广州	南海区 TD2021（NH）WG0033	综合	2021-07	47.31	50.90	10758

数据来源：企业公告、CRIC.

表 6-4-12　2021 年重点新开盘项目

项目名称	城市	项目名称	城市
万科城市之光	广州	万科中兴路一号	上海
地铁万科彩虹天空之城	杭州	深国际万科和颂轩	深圳
万科翡翠滨江	南京	万科四季度会	深圳

数据来源：企业公告、CRIC.

（四）中国海外发展有限公司

表 6-4-13　2021 年商品房销售业绩及同比增幅

类　别	2021 年	同比（%）
销售金额（亿元）	3694.95	2.43
销售面积（万平方米）	1890.47	-1.40
销售均价（元/平方米）	19545.00	3.89

数据来源：企业公告、CRIC.

表 6-4-14　2020—2021 年企业财务指标

财务指标	2021 年	2020 年
净负债率（%）	31.07	31.22
三费费用率（%）	3.23	3.78
总资产周转率（次）	0.29	0.24
长短期债务比	4.42	3.86
现金短债比	2.93	2.52
净利润增长率（%）	-9.74	11.61
销售毛利率（%）	23.54	30.05
销售净利率（%）	17.78	25.68

数据来源：企业公告、CRIC.

表 6-4-15　2021 年重点新增土地储备

城市	宗地名称	属性	成交时间	建筑面积（万平方米）	成交总价（亿元）	楼板价（元/平方米）
厦门	思明区 2021P02 地块	住宅	2021-05	26.50	92.30	34824
佛山	顺德区北滘美的大道站 TOD 地块	住宅	2021-06	42.76	56.00	13096
广州	荔湾区广钢新城 AF040234、AF040406 地块	住宅	2021-09	30.17	63.24	20958
杭州	拱墅区运河新城单元 GS1003-R21-22 地块	住宅	2021-10	34.40	59.70	17354
北京	海淀区西北旺镇 04 地块	住宅	2021-10	13.26	45.00	33947

数据来源：企业公告、CRIC.

表 6-4-16　2021 年重点新开盘项目

项目名称	城市	项目名称	城市
中海建国里	上海	中海观澜府	广州
中海华山珑城	济南	中海文锦国际	佛山
广州亚运城	广州	中海首开拾光里	北京

数据来源：企业公告、CRIC.

（五）华润置地有限公司

表 6-4-17　2021 年商品房销售业绩及同比增幅

类　别	2021 年	同比（%）
销售金额（亿元）	3157.55	10.78
销售面积（万平方米）	1755.36	23.73
销售均价（元/平方米）	17994.00	-10.47

数据来源：企业公告、CRIC.

表 6-4-18　2020—2021 年企业财务指标

财务指标	2021 年	2020 年
净负债率（%）	24.39	29.48
三费费用率（%）	6.30	6.53
总资产周转率（次）	0.23	0.22
长短期债务比	2.30	3.64
现金短债比	1.99	2.52
净利润增长率（%）	9.70	-1.08
销售毛利率（%）	26.97	30.86
销售净利率（%）	17.63	18.98

数据来源：企业公告、CRIC.

表 6-4-19　2021 年重点新增土地储备

城市	宗地名称	属性	成交时间	建筑面积（万平方米）	成交总价（亿元）	楼板价（元/平方米）
长沙	〔2021〕长沙市 004 号	商住	2021-02	54.73	37.22	6800
福州	2021 滨拍-01 号地块	商住	2021-02	61.73	37.88	6137
宁波	甬土告〔2020〕01095 号	商住	2021-01	20.56	40.31	19606
南京	南京市本级挂〔2021〕宁出 04 号	商住	2021-05	97.02	70.60	7277
杭州	余政储出〔2021〕10 号	商住	2021-05	67.78	111.61	16467

数据来源：企业公告、CRIC.

表 6-4-20　2021 年重点新开盘项目

项目名称	城市	项目名称	城市
华润置地·未来城市	西安	华润城润府三期	深圳
万樾府	深圳	誉澜颂	宁波
江望悦府	宁波	公元九里	厦门

数据来源：企业公告、CRIC.

（六）招商局蛇口工业区控股股份有限公司

表 6-4-21　2021 年商品房销售业绩及同比增幅

类　别	2021 年	同比（%）
销售金额（亿元）	3268.34	17.73
销售面积（万平方米）	1464.47	17.77
销售均价（元/平方米）	22322.00	-0.01

数据来源：企业公告、CRIC.

表 6-4-22　2020—2021 年企业财务指标

财务指标	2021 年	2020 年
净负债率（%）	36.21	28.06
三费费用率（%）	5.02	5.55
总资产周转率（次）	0.20	0.19
长短期债务比	2.92	1.67
现金短债比	1.73	1.49
净利润增长率（%）	-10.12	-10.31
销售毛利率（%）	25.47	28.69
销售净利率（%）	9.46	13.05

数据来源：企业公告、CRIC.

注：招商蛇口披露的净负债率中，有息负债包含永续债。现金短债比和长短期债务比同理。同时，对去年数据有修订，短期负债中加入应付超短期融资券的数据。

表 6-4-23　2021 年重点新增土地储备

城市	宗地名称	属性	成交时间	建筑面积（万平方米）	成交总价（亿元）	楼板价（元/平方米）
北京	北京市朝阳区崔各庄 L04 地块	住宅	2021-12	12.69	45.29	35690
上海	高桥新市镇北社区 Y00-0402 单元	商住	2021-04	29.45	48.21	16370
苏州	苏地 2021-WG-15 号地块	综合	2021-06	80.06	57.66	7203
武汉	武汉市经济开发区 P（2021）077	住宅	2021-06	21.17	62.30	29426
上海	松江中山街道 C08-04 号地块	综合	2021-05	47.55	88.90	18695

数据来源：企业公告、CRIC.

表 6-4-24　2021 年重点新开盘项目

项目名称	城市	项目名称	城市
长江时代 1314	南京	大悦澜庭	苏州
阳光城未来悦	上海	招商领玺（二期）	深圳
半山臻境	深圳	招商依云江湾	重庆

数据来源：企业公告、CRIC.

（七）龙湖集团控股有限公司

表 6-4-25　2021 年商品房销售业绩及同比增幅

类　别	2021 年	同比（%）
销售金额（亿元）	2900.90	7.20
销售面积（万平方米）	1708.90	5.74
销售均价（元/平方米）	16975.00	1.38

数据来源：企业公告、CRIC.

表 6-4-26　2020—2021 年企业财务指标

财务指标	2021 年	2020 年
净负债率	46.66	46.46
净负债率（%）	7.36	6.74
三费费用率（%）	0.27	0.26
总资产周转率（次）	12.24	8.13
长短期债务比	6.11	4.24
现金短债比	10.22	8.62
净利润增长率（%）	25.31	29.28
销售毛利率（%）	14.23	15.63

数据来源：企业公告、CRIC.
注：2021 年剔除预售监管资金及受限资金的现金短债比为 3.88。

表 6-4-27　2021 年重点新增土地储备

城市	宗地名称	属性	成交时间	建筑面积（万平方米）	成交总价（亿元）	楼板价（元/平方米）
贵阳	筑公资告〔2021〕地字第 022 号	商住	2021-04	48.02	33.85	7050
杭州	杭政储出〕〔2021〕9 号杭州市数字商贸城单元 JG1801-R21/B-01 地块、JG1801 - R21/B - 02 地块、JG1801-R21/B-03 地块、JG1801-B1/B2-05 地块	商住	2021-05	35.61	52.53	14748
苏州	苏地 2021-WG-31 号	商住	2021-05	46.06	57.77	12542
常州	JZX〔2021〕09 号	商住	2021-09	20.64	24.71	11975
武汉	武告字（2021 年）12 号江岸区后湖大道新荣客运站地块	商住	2021-10	56.00	50.07	8941

数据来源：企业公告、CRIC.

表 6-4-28　2021 年重点新开盘项目

项目名称	城市	项目名称	城市
滨康天曜城	杭州	龙湖天玺	武汉
熙悦宸著	北京	龙湖春江天玺	上海
龙湖光年	合肥	龙湖云瑶玉陛	重庆

数据来源：企业公告、CRIC.

（八）新城控股集团股份有限公司

表 6-4-29　2021 年商品房销售业绩及同比增幅

类　别	2021 年	同比（%）
销售金额（亿元）	2337.75	-6.85
销售面积（万平方米）	2354.73	0.25
销售均价（元/平方米）	9928.00	-7.08

数据来源：企业公告、CRIC.

表 6-4-30　2020—2021 年企业财务指标

财务指标	2021 年	2020 年
净负债率（%）	35.67	35.61
三费费用率（%）	6.63	7.20
总资产周转率（次）	0.31	0.29
长短期债务比	2.13	2.83
现金短债比	1.92	2.61
净利润增长率（%）	-16.43	23.52
销售毛利率（%）	20.45	23.50
销售净利率（%）	8.18	11.32

数据来源：企业公告、CRIC.
注：现金短债比及净负债率均为我们按照财报计算数据，与企业公布不同，20 年也是按照这一标准。

表 6-4-31　2021 年重点新增土地储备

城市	宗地名称	属性	成交时间	建筑面积（万平方米）	成交总价（亿元）	楼板价（元/平方米）
温州	〔2021〕18 号温州市永强北片区瑶溪北单元 11-E-38 地块	商住	2021-04	27.68	19.32	6980
佛山	顺德区 TD2020（SD）WG0026	商住	2021-05	32.48	37.12	11426
南京	NO.2021G43	住宅	2021-05	20.26	38.10	18801
南京	NO.2021G27	住宅	2021-05	9.39	24.90	26506
南京	NO.新区 2021G11	商住	2021-10	22.52	36.00	15986

数据来源：企业公告、CRIC.

表 6-4-32　2021 年重点新开盘项目

项目名称	城市	项目名称	城市
云樾观山府	南京	璞樾御珑湖	徐州
云樾玖溪	台州	新城九鲤江南	苏州
上宸云际	南京	新城水岸云际	南京

数据来源：企业公告、CRIC.

（九）旭辉控股（集团）有限公司

表 6-4-33　2021 年商品房销售业绩及同比增幅

类　别	2021 年	同比（%）
销售金额（亿元）	2473.00	7.06
销售面积（万平方米）	1448.69	-5.84
销售均价（元/平方米）	17071.00	13.69

数据来源：企业公告、CRIC.

表 6-4-34　2020—2021 年企业财务指标

财务指标	2021 年	2020 年
净负债率（%）	62.76	64.04
三费费用率（%）	6.23	7.91
总资产周转率（次）	0.27	0.20
长短期债务比	5.43	4.60
现金短债比	2.63	2.74
净利润增长率（%）	3.63	28.71
销售毛利率（%）	19.29	21.74
销售净利率（%）	11.43	16.57

数据来源：企业公告、CRIC.

表 6-4-35　2021 年重点新增土地储备

城市	宗地名称	属性	成交时间	建筑面积（万平方米）	成交总价（亿元）	楼板价（元/平方米）
天津	津南南（挂）2020-023 号	综合	2021-01	5.21	12.70	24376
苏州	苏地 2021-WG-15 号	商住	2021-04	29.45	48.21	16370
北京	京土整储挂（密）〔2021〕026 号	综合	2021-05	11.61	17.38	14893
天津	津东丽程（挂）2021-006 号	商住	2021-05	5.29	7.40	13991
武汉	武告字（2021 年）9 号	住宅	2021-06	13.00	17.77	13672

数据来源：企业公告、CRIC.

表 6-4-36　2021 年重点新开盘项目

项目名称	城市	项目名称	城市
旭辉铂悦湘江	长沙	华樾国际二期	北京
国祥·雲著	北京	宝龙旭辉城	厦门
公园都会	北京	锦艺旭辉一江云著	郑州

数据来源：企业公告、CRIC.

（十）中国金茂控股集团有限公司

表 6-4-37　2021 年商品房销售业绩及同比增幅

类　别	2021 年	同比（%）
销售金额（亿元）	2356. 03	1. 95
销售面积（万平方米）	1320. 47	16. 95
销售均价（元/平方米）	17842. 00	-12. 83

数据来源：企业公告、CRIC.

表 6-4-38　2020—2021 年企业财务指标

财务指标	2021 年	2020 年
净负债率（%）	63. 00	44. 68
三费费用率（%）	10. 93	13. 08
总资产周转率（次）	0. 23	0. 17
长短期债务比	3. 27	2. 51
现金短债比	1. 58	1. 88
净利润增长率（%）	24. 37	-28. 21
销售毛利率（%）	18. 61	20. 17
销售净利率（%）	8. 56	10. 32

数据来源：企业公告、CRIC.

表 6-4-39　2021 年重点新增土地储备

城市	宗地名称	属性	成交时间	建筑面积（万平方米）	成交总价（亿元）	楼板价（元/平方米）
广州	增城区新塘镇东江大道东侧地块	商住	2021-04	48. 77	63. 07	12932
苏州	相城区高铁新城齐门北大街东、蠡太路北地块	商住	2021-04	29. 45	48. 2	16367
北京	丰台区长辛店镇 15-1、21-5 地块	商住	2021-05	12. 61	37. 1	29417
厦门	翔安区 2021XP02 地块	商住	2021-06	18. 90	40. 1	21217
上海	松江中山街道 C 单元 C08-04 号地	商住	2021-06	21. 17	62. 3	29426

数据来源：企业公告、CRIC.

表 6-4-40　2021 年重点新开盘项目

项目名称	城市	项目名称	城市
泊印澜庭	苏州	历下·金茂府	济南
西山金茂府	北京	东叁金茂逸墅	成都
环东金茂悦云湾	厦门	千江凌云府	南京

数据来源：企业公告、CRIC.

（十一）绿城中国控股有限公司

表 6-4-41　2021 年商品房销售业绩及同比增幅

类　别	2021 年	同比（%）
全口径销售金额（亿元）	2666.00	24.17
全口径销售面积（万平方米）	938.00	13.64
全口径销售均价（元/平方米）	28422.00	9.27

数据来源：企业公告、CRIC.

表 6-4-42　2020—2021 年企业财务指标

财务指标	2021 年	2020 年
净负债率（%）	51.99	63.84
三费费用率（%）	10.31	13.49
总资产周转率（次）	0.21	0.18
长短期债务比	2.98	2.67
现金短债比	2.23	2.01
净利润增长率（%）	33.39	46.44
销售毛利率（%）	18.12	23.67
销售净利率（%）	7.67	8.76

数据来源：企业公告、CRIC.

表 6-4-43　2021 年重点新增土地储备

城市	宗地名称	属性	成交时间	建筑面积（万平方米）	成交总价（亿元）	楼板价（元/平方米）
杭州	牛田单元 R21-19 地块	住宅	2021-01	10.04	30.00	29884
杭州	丁桥单元 JG0409-11 地块	住宅	2021-01	4.55	10.60	23309
杭州	富政储出〔2020〕36 号地块	商住	2021-02	13.74	17.51	12748
嘉兴	桐土储〔2021〕08 号	住宅	2021-05	8.80	8.75	9943
衢州	衢市告字〔2021〕16 号	综合	2021-06	33.94	22.99	6773

数据来源：企业公告、CRIC.

表 6-4-44　2021 年重点新开盘项目

项目名称	城市	项目名称	城市
桂冠东方	杭州	春语云树	宁波
青蓝国际	上海	新湖明珠城	上海
春来晓园	宁波	江河鸣翠	杭州

数据来源：企业公告、CRIC.

（十二）中梁控股集团有限公司

表 6-4-45　2021 年商品房销售业绩及同比增幅

类　别	2021 年	同比（%）
销售金额（亿元）	1718.00	1.78
销售面积（万平方米）	1427.70	5.76
销售均价（元/平方米）	12033.00	3.76

数据来源：企业公告、CRIC.

表 6-4-46　2020—2021 年企业财务指标

财务指标	2021 年	2020 年
净负债率（%）	35.30	65.80
三费费用率（%）	4.12	3.34
总资产周转率（次）	0.28	0.27
长短期债务比	1.06	1.27
现金短债比	1.41	1.44
净利润增长率（%）	-27.57	4.96
销售毛利率（%）	17.12	21.01
销售净利率（%）	6.25	9.96

数据来源：企业公告、CRIC.

表 6-4-47　2021 年重点新增土地储备

城市	宗地名称	属性	成交时间	建筑面积（万平方米）	成交总价（亿元）	楼板价（元/平方米）
温州	温州市核心片区会昌河单元 D-21 地块	商住	2021-03	4.48	9.93	22169
重庆	渝国土房管告字〔2021〕10 巴南区界石组团 S 标准分区 S41-3/01、S43-3/01、S43-2/01、S48-1/01 地块	纯住宅	2021-04	17.90	8.00	4468
宁波	慈自然资规告〔2021〕22 号慈观海卫 I201906#-A 地块	纯住宅	2021-04	16.49	11.23	6812
佛山	2021-04-30 南海区 TD2021（NH）WG0016	商住	2021-05	10.79	7.63	7074
无锡	XDG-2021-36 号	纯住宅	2021-08	13.89	9.73	7000

数据来源：企业公告、CRIC.

表 6-4-48　2021 年重点新开盘项目

项目名称	城市	项目名称	城市
沐宸院	杭州	公园万象	合肥
百悦城	徐州	潮悦南塘	宁波
滨江中梁鹿城壹号	温州	金科中梁美院	成都

数据来源：企业公告、CRIC.

（十三）融信（福建）投资集团有限公司

表 6-4-49 2021 年商品房销售业绩及同比增幅

类　别	2021 年	同比（%）
销售金额（亿元）	1555.20	0.22
销售面积（万平方米）	733.66	1.18
销售均价（元/平方米）	21198.00	-0.95

数据来源：企业公告、CRIC.

表 6-4-50 2020—2021 年企业财务指标

财务指标	2021 年	2020 年
净负债率（%）	66.42	82.82
三费费用率（%）	7.16	3.13
总资产周转率（次）	0.14	0.22
长短期债务比	1.50	1.88
现金短债比	0.97	1.20
净利润增长率（%）	-50.59	-40.71
销售毛利率（%）	10.90	11.00
销售净利率（%）	5.19	7.23

数据来源：企业公告、CRIC.

表 6-4-51 2021 年重点新增土地储备

城市	宗地名称	属性	成交时间	建筑面积（万平方米）	成交总价（亿元）	楼板价（元/平方米）
苏州	苏地 2021-WG-9 号	住宅	2021-03	18.07	19.61	10854
杭州	四堡七堡单元 JG1402-32 地块	住宅	2021-05	27.84	80.85	29044
杭州	四堡七堡单元 JG1402-16 地块	住宅	2021-05	17.11	48.38	28283
杭州	蜀山单元 XSCQ2709-33、34 地块	住宅	2021-05	20.78	25.6	12317
杭州	钱江文化单元 XSCQ0607-R21-11 地块	住宅	2021-05	17.89	24.81	13868

数据来源：企业公告、CRIC.

表 6-4-52 2021 年重点新开盘项目

项目名称	城市	项目名称	城市
融信旭辉世纪古美	上海	都会澜岸	南京
融信海纳印象	上海	融信展望	杭州
融信海纳新潮	福州	融信天阳云澜天第府	杭州

数据来源：企业公告、CRIC.

（十四）正荣集团有限公司

表 6-4-53　2021 年商品房销售业绩及同比增幅

类　别	2021 年	同比（%）
销售金额（亿元）	1456.43	2.64
销售面积（万平方米）	880.26	-1.07
销售均价（元/平方米）	16545.00	3.74

数据来源：企业公告、CRIC.

表 6-4-54　2020—2021 年企业财务指标

财务指标	2021 年	2020 年
净负债率（%）	85.53	64.65
三费费用率（%）	8.32	7.76
总资产周转率（次）	0.16	0.18
长短期债务比	1.15	2.44
现金短债比	1.14	2.20
净利润增长率（%）	-66.42	15.03
销售毛利率（%）	14.55	19.11
销售净利率（%）	3.23	9.85

数据来源：企业公告、CRIC.

表 6-4-55　2021 年重点新增土地储备

城市	宗地名称	属性	成交时间	建筑面积（万平方米）	成交总价（亿元）	楼板价（元/平方米）
泉州	晋江市 P2020—6 号地块	住宅	2021-03	5.41	3.41	6305
广州	穗南开规划资源出告字〔2021〕15 号	住宅	2021-04	5.07	10.21	20139
天津	津西青（挂）2020-07 号	住宅	2021-05	6.54	6.55	10015
厦门	集美 J2020P03 地块	住宅	2021-05	8.60	18.80	21865
厦门	海沧 H2021P01 地块	住宅	2021-05	14.28	26.60	18627

数据来源：企业公告、CRIC.

表 6-4-56　2021 年重点新开盘项目

项目名称	城市	项目名称	城市
正荣梅溪紫阙台	长沙	岭兰花园	佛山
正荣滨江紫阙台	长沙	湖滨府	福州
正荣悦山居	福州	棠悦山南	福州

数据来源：企业公告、CRIC.

（十五）广州富力地产股份有限公司

表 6-4-57　2021 年商品房销售业绩及同比增幅

类　别	2021 年	同比（%）
销售金额（亿元）	1202.00	-19.68
销售面积（万平方米）	941.46	-20.43
销售均价（元/平方米）	12800.00	-4.48

数据来源：企业公告、CRIC.
注：富力销售数据为权益数据。

表 6-4-58　2020—2021 年企业财务指标

财务指标	2021 年	2020 年
净负债率（%）	123.32	130.19
三费费用率（%）	17.62	13.85
总资产周转率（次）	0.18	0.20
长短期债务比	1.29	1.50
现金短债比	0.36	0.63
净利润增长率（%）	-195.54	-9.38
销售毛利率（%）	6.50	23.74
销售净利率（%）	-11.44	10.65

数据来源：企业公告、CRIC.

表 6-4-59　2021 年重点新增土地储备

城市	宗地名称	属性	成交时间	建筑面积（万平方米）	成交总价（亿元）	楼板价（元/平方米）
临汾	解放东路南侧、华州路东侧 DC03-01-02c-1	住宅	2021-06	8.56	1.90	2216
武汉	江夏区大桥产业园渔牧村地块	商办	2021-06	18.91	4.20	2221
武汉	江夏区大桥产业园红旗村地块	住宅	2021-06	30.38	19.35	6369
太原	小店区 SG-2161	商住	2021-09	7.73	1.66	2141
绥化	人和街南、绥兰路北绥储 N12-4-6-2-4	住宅	2021-12	7.02	0.65	932

数据来源：企业公告、CRIC.

表 6-4-60　2021 年重点新开盘项目

项目名称	城市	项目名称	城市
富力开远城	西安	天鹅港华庭	苏州
富力城	重庆	富力院士廷	厦门
中交富力天禧富禧花园	天津	富力御官山	宁波

数据来源：企业公告、CRIC.

（十六）龙光集团有限公司

表 6-4-61　2021年商品房销售业绩及同比增幅

类　别	2021年	同比（%）
权益销售金额（亿元）	1401.97	16.16
权益销售面积（万平方米）	797.36	7.00
销售均价（元/平方米）	17175.00	9.84

数据来源：企业公告、CRIC.

表 6-4-62　2020—2021年企业财务指标

财务指标	2021年	2020年
净负债率（%）	82.05	61.43
三费费用率（%）	6.54	7.87
总资产周转率（次）	0.30	0.32
长短期债务比	1.62	2.44
现金短债比	1.07	1.84
净利润增长率（%）	-22.40	15.66
销售毛利率（%）	21.89	30.01
销售净利率（%）	13.26	18.82

数据来源：企业公告、CRIC.

表 6-4-63　2021年重点新增土地储备

城市	宗地名称	属性	成交时间	建筑面积（万平方米）	成交总价（亿元）	楼板价（元/平方米）
上海	202026301号	商住	2021-01	33.23	43.05	12955
苏州	苏地2021-WG-4号	住宅	2021-02	11.93	13.95	11693
南京	新区2021G02号	住宅	2021-02	6.06	14.20	23432
太仓	高新区2021-WG-4-2	住宅	2021-03	8.31	10.62	12779
温州	温政务中心土告字〔2021〕24号	商住	2021-05	57.86	31.14	5382

数据来源：企业公告、CRIC.

表 6-4-64　2021年重点新开盘项目

项目名称	城市	项目名称	城市
天宸江樾	南京	阳光水岸雅居	汕头
龙光久桦府	宁波	龙光玖誉台	佛山
前海天境花园	深圳	龙光天瀛	成都

数据来源：企业公告、CRIC.

（十七）雅居乐集团控股有限公司

表 6-4-65 2021 年商品房销售业绩及同比增幅

类　别	2021 年	同比（%）
销售金额（亿元）	1390.09	0.59
销售面积（万平方米）	971.94	-5.18
销售均价（元/平方米）	14302.00	6.08

数据来源：企业公告、CRIC.

表 6-4-66 2020—2021 年企业财务指标

财务指标	2021 年	2020 年
净负债率（%）	50.83	61.00
三费费用率（%）	11.67	10.79
总资产周转率（次）	0.72	0.75
长短期债务比	1.84	1.54
现金短债比	1.30	1.32
净利润增长率（%）	-25.72	32.66
销售毛利率（%）	26.05	30.04
销售净利率（%）	12.46	15.26

数据来源：企业公告、CRIC.

表 6-4-67 2021 年重点新增土地储备

城市	宗地名称	属性	成交时间	建筑面积（万平方米）	成交总价（亿元）	楼板价（元/平方米）
佛山	顺德 TD2020（SD）XG0018	商住	2021-01	6.49	3.70	5705
昆明	西山区 KCXS2020-9	商业	2021-04	3.93	2.18	5545
常州	天宁区挂〔2021〕001 号	商住	2021-04	8.03	16.33	20348
北京	京土整储挂（门）〔2021〕025 号	综合	2021-05	5.19	15.3	29458
苏州	苏地 2021-WG-37 号	住宅	2021-05	8.98	12.31	13702

数据来源：CRIC.

表 6-4-68 2021 年重点新开盘项目

项目名称	城市	项目名称	城市
雅居乐滨江雅苑	广州	雅居乐·花城雅郡	广州
雅居乐天际 715	广州	雅居乐万象郡	佛山
云望府	南京	雅居乐九龙雅郡	重庆

数据来源：企业公告、CRIC.

（十八）祥生控股（集团）有限公司

表 6-4-69　2021 年商品房销售业绩及同比增幅

类　别	2021 年	同比（%）
销售金额（亿元）	803.31	2.77
销售面积（万平方米）	594.67	4.84
销售均价（元/平方米）	13509.00	-1.98

数据来源：企业公告、CRIC.
注：数据为权益口径

表 6-4-70　2020—2021 年企业财务指标

财务指标	2021 年	2020 年
净负债率（%）	153.01	136.38
三费费用率（%）	8.06	7.47
总资产周转率（次）	0.29	0.32
长短期债务比	0.99	1.08
现金短债比	0.49	1.10
净利润增长率（%）	-84.26	-4.85
销售毛利率（%）	10.46	18.09
销售净利率（%）	1.10	6.55

数据来源：企业公告、CRIC.

表 6-4-71　2021 年重点新增土地储备

城市	宗地名称	属性	成交时间	建筑面积（万平方米）	成交总价（亿元）	楼板价（元/平方米）
绍兴	绍兴市柯桥区柯岩 B-48 地块	商住	2021-03	12.29	20.47	16657
绍兴	越城区则水牌 7-2 号地块	住宅	2021-03	19.05	31.11	16329
衢州	衢州市高铁新城 GT-05-18 地块	商住	2021-04	27.20	22.90	8420
杭州	西湖区双浦单元 XH2301-09 地块	商住	2021-05	22.79	28.23	12389
杭州	下沙大学城北 JS0603-03 地块	商住	2021-05	20.84	26.12	12531

数据来源：企业公告、CRIC.

表 6-4-72　2021 年重点新开盘项目

项目名称	城市	项目名称	城市
交投祥生梦溪云庐	嘉兴	祥生天阳·春晓云筑	衢州
文贤尚院	淄博	祥生城建·九玥府	温州
祥生中心	杭州	祥生江南里	绍兴

数据来源：企业公告、CRIC.

（十九）美的置业集团有限公司

表 6-4-73　2021 年商品房销售业绩及同比增幅

类　别	2021 年	同比（%）
销售金额（亿元）	1371.40	8.70
销售面积（万平方米）	1176.40	5.85
销售均价（元/平方米）	11658.00	2.70

数据来源：企业公告、CRIC.

表 6-4-74　2020—2021 年企业财务指标

财务指标	2021 年	2020 年
净负债率（%）	46.28	79.20
三费费用率（%）	7.22	10.88
总资产周转率（次）	0.26	0.20
长短期债务比	2.67	3.79
现金短债比	2.23	2.19
净利润增长率（%）	9.90	11.53
销售毛利率（%）	18.31	22.21
销售净利率（%）	7.19	9.19

数据来源：企业公告、CRIC.

表 6-4-75　2021 年重点新增土地储备

城市	宗地名称	属性	成交时间	建筑面积（万平方米）	成交总价（亿元）	楼板价（元/平方米）
义乌	义土挂〔2020〕118 号	住宅	2021-01	12.47	31.18	25009
绍兴	镜湖新区高铁北站 D2 地块	住宅	2021-04	13.89	24.54	17669
温州	半岛一期 E-08-03、E-12-01 地块	商住	2021-05	31.59	18.07	5719
福州	榕宗地 2021-14 号地块	商住	2021-05	8.60	20.82	24221
合肥	滨湖科学城 BK202102 地块	住宅	2021-06	16.83	19.23	11424
无锡	XDG-2021-44 号	住宅	2021-08	11.44	17.17	15000

数据来源：企业公告、CRIC.

表 6-4-76　2021 年重点新开盘项目

项目名称	城市	项目名称	城市
美的云璟	昆明	美的置业广场	海南
山语熙府	南京	建发美的君兰和鸣	福州
万科美的高线公园	成都	美的东樾湾	佛山

数据来源：企业公告、CRIC.

（二十）珠海华发实业股份有限公司

表 6-4-77　2021 年商品房销售业绩及同比增幅

类　别	2021 年	同比（%）
销售金额（亿元）	1218. 90	1. 15
销售面积（万平方米）	468. 80	-6. 98
销售均价（元/平方米）	26000. 00	8. 75

数据来源：企业公告、CRIC.

表 6-4-78　2020—2021 年企业财务指标

财务指标	2021 年	2020 年
净负债率（%）	80. 29	158. 60
三费费用率（%）	6. 28	6. 68
总资产周转率（次）	0. 15	0. 18
长短期债务比	3. 68	2. 12
现金短债比	1. 84	0. 95
净利润增长率（%）	2. 56	37. 58
销售毛利率（%）	25. 80	24. 30
销售净利率（%）	9. 13	8. 94

数据来源：企业公告、CRIC.

表 6-4-79　2021 年重点新增土地储备

城市	宗地名称	属性	成交时间	建筑面积（万平方米）	成交总价（亿元）	楼板价（元/平方米）
南京	南京市本级挂〔2021〕宁出第 04 号	住宅	2021-05	6. 80	19. 40	28529
徐州	徐州市本级挂〔2021〕16 号	住宅	2021-06	10. 05	10. 56	10507
无锡	锡经告字〔2021〕4 号	住宅	2021-08	7. 80	13. 26	17000
南京	南京市本级挂〔2021〕宁出第 07 号	住宅	2021-09	13. 96	29. 60	21203
珠海	珠自然资储 2021-25 号	商住	2021-12	34. 23	29. 15	8516

数据来源：企业公告、CRIC.

表 6-4-80　2021 年重点新开盘项目

项目名称	城市	项目名称	城市
华发四季半岛	上海	华发峰荟	杭州
德贤华府	北京	都会四季广场	珠海
钟山峰景	南京	华发越秀和樾府	广州

数据来源：企业公告、CRIC.

（二十一）远洋集团控股有限公司

表 6-4-81　2021 年商品房销售业绩及同比增幅

类　别	2021 年	同比（%）
销售金额（亿元）	1362.6	3.98
销售面积（万平方米）	767.40	8.64
销售均价（元/平方米）	17757.00	-4.28

数据来源：企业公告、CRIC.

表 6-4-82　2020—2021 年企业财务指标

财务指标	2021 年	2020 年
净负债率（%）	85.22	54.75
三费费用率（%）	9.10	9.24
总资产周转率（次）	0.24	0.22
长短期债务比	3.94	2.17
现金短债比	1.45	1.69
净利润增长率（%）	8.70	12.40
销售毛利率（%）	17.52	18.50
销售净利率（%）	7.92	8.29

数据来源：企业公告、CRIC.

表 6-4-83　2021 年重点新增土地储备

城市	宗地名称	属性	成交时间	建筑面积（万平方米）	成交总价（亿元）	楼板价（元/平方米）
厦门	同安区 T2021P02	商住	2021-05	13.95	26.05	18697
天津	津东丽丹（挂）2021-014 号	商住	2021-05	12.07	12.72	10541
武汉	武告字（2021 年）9 号汉阳地块	商住	2021-06	25.00	28.80	11520
佛山	南海区 TD2021（NH）WG0025 号地块	商住	2021-06	11.28	16.05	14226
合肥	经开区 JK202111 号地块	住宅	2021-09	34.81	29.38	8440

数据来源：企业公告、CRIC.

表 6-4-84　2021 年重点新开盘项目

项目名称	城市	项目名称	城市
远洋鲲栖府	沈阳	远洋万玥府	大连
远洋钻石湾四季观斓	大连	远洋上河风景	沈阳
远洋世家	贵阳	远洋新干线二期	深圳

数据来源：企业公告、CRIC.

（二十二）禹洲集团控股有限公司

表 6-4-85　2021 年商品房销售业绩及同比增幅

类　别	2021 年	同比（%）
销售金额（亿元）	1050.21	0.05
销售面积（万平方米）	529.40	-15.49
销售均价（元/平方米）	19838.00	18.39

数据来源：企业公告、CRIC.

表 6-4-86　2020—2021 年企业财务指标

财务指标	2021 年	2020 年
净负债率（%）	94.40	85.80
三费费用率（%）	6.66	13.02
总资产周转率（次）	0.15	0.07
长短期债务比	3.04	2.38
现金短债比	1.25	1.83
净利润增长率（%）	462.15	-94.25
销售毛利率（%）	15.00	4.61
销售净利率（%）	4.74	2.19

数据来源：企业公告、CRIC.

表 6-4-87　2021 年重点新增土地储备

城市	宗地名称	属性	成交时间	建筑面积（万平方米）	成交总价（亿元）	楼板价（元/平方米）
郑州	新郑出（2021）42 号	住宅	2021-06	9.78	13.02	13318
江门	JCR2021-5（新会 01）号	住宅	2021-02	12.35	8.51	6891
苏州	苏州吴中 WG2 号度假区地块	住宅	2021-02	9.95	9.55	9592
苏州	苏州高新区 WG81 号地块	住宅	2021-01	8.04	11.90	14805

数据来源：企业公告、CRIC.

表 6-4-88　2021 年重点新开盘项目

项目名称	城市	项目名称	城市
金茂逸墅	南京	禹洲博学家	重庆
朗玥府	宁波	南城都汇	成都
禹洲海墅	厦门	禹洲・泊朗廷	杭州

数据来源：企业公告、CRIC.

（二十三）合景泰富地产控股有限公司

表 6-4-89　2021 年商品房销售业绩及同比增幅

类　别	2021 年	同比（%）
销售金额（亿元）	1038.36	0.22
销售面积（万平方米）	544.00	-10.97
销售均价（元/平方米）	19088.00	12.49

数据来源：企业公告、CRIC.

表 6-4-90　2020—2021 年企业财务指标

财务指标	2021 年	2020 年
净负债率（%）	79.18	61.73
三费费用率（%）	16.57	12.84
总资产周转率（次）	0.10	0.13
长短期债务比	2.77	2.08
现金短债比	1.45	1.77
净利润增长率（%）	-62.86	-31.37
销售毛利率（%）	21.16	31.47
销售净利率（%）	10.75	23.20

数据来源：企业公告、CRIC.

表 6-4-91　2021 年重点新增土地储备

城市	宗地名称	属性	成交时间	建筑面积（万平方米）	成交总价（亿元）	楼板价（元/平方米）
广州	穗规划资源挂出告字〔2021〕1 号	住宅	2021-02	22.21	5.35	2409
天津	津滨开（挂）2020-7 号	商住	2021-03	28.87	7.39	2560
汕尾	海自然资〔2021〕007 号	住宅	2021-05	0.67	0.08	1194
广州	穗规划资源挂出告字〔2021〕57 号	商办	2021-07	6.92	19.93	28800
台州	台土告字〔2021〕068 号	商住	2021-10	58.89	20.60	3498

数据来源：企业公告、CRIC.

表 6-4-92　2021 年重点新开盘项目

项目名称	城市	项目名称	城市
合景泰富瑧林	成都	瑧颐府	嘉兴
合景泰富天銮	重庆	合景 · 津悦府	天津
合景汇悦城	盐城	朗月滨河雅苑	苏州

数据来源：企业公告、CRIC.

（二十四）中骏集团控股有限公司

表 6-4-93　2021 年商品房销售业绩及同比增幅

类　别	2021 年	同比（%）
销售金额（亿元）	1045. 31	2. 95
销售面积（万平方米）	746. 95	1. 38
销售均价（元/平方米）	13994. 00	1. 55

数据来源：企业公告、CRIC.

表 6-4-94　2020—2021 年企业财务指标

财务指标	2021 年	2020 年
净负债率（%）	70. 70	59. 16
三费费用率（%）	10. 39	10. 85
总资产周转率（次）	0. 21	0. 20
长短期债务比	2. 28	2. 36
现金短债比	1. 31	1. 69
净利润增长率（%）	-17. 47	10. 49
销售毛利率（%）	21. 66	24. 14
销售净利率（%）	9. 72	13. 65

数据来源：企业公告、CRIC.

表 6-4-95　2021 年重点新增土地储备

城市	宗地名称	属性	成交时间	建筑面积（万平方米）	成交总价（亿元）	楼板价（元/平方米）
汕头	澄海区 WG2021-3 号地块	商住	2021-02	46. 35	18. 30	3948
南通	2106-01、2106-02、2106-03 地块	商住	2021-04	35. 70	15. 00	4202
杭州	余政储出（2021）12 号	商住	2021-05	81. 25	91. 04	11205
北京	大兴新城核心区 D、K 组团地块	商住	2021-05	26. 24	45. 20	17228
合肥	包河区 BH202103 号地块	商住	2021-06	38. 32	29. 18	7614

数据来源：企业公告、CRIC.

表 6-4-96　2021 年重点新开盘项目

项目名称	城市	项目名称	城市
中骏天禧	厦门	中骏天盈	厦门
中骏天荟	厦门	中骏璟尚	上海
中骏世界城	福州	中骏璟峰云庭	昆山

数据来源：企业公告、CRIC.

（二十五）北京首都开发股份有限公司

表 6-4-97　2021 年商品房销售业绩及同比增幅

类　别	2021 年	同比（%）
销售金额（亿元）	1149.00	6.92
销售面积（万平方米）	393.00	2.99
销售均价（元/平方米）	29237.00	3.82

数据来源：企业公告、CRIC.

表 6-4-98　2020—2021 年企业财务指标

财务指标	2021 年	2020 年
净负债率（%）	147.45	153.82
三费费用率（%）	8.38	11.21
总资产周转率（次）	0.21	0.14
长短期债务比	4.93	4.10
现金短债比	1.22	1.35
净利润增长率（%）	-49.91	-25.76
销售毛利率（%）	15.37	27.96
销售净利率（%）	3.09	9.46

数据来源：企业公告、CRIC.

表 6-4-99　2021 年重点新增土地储备

城市	宗地名称	属性	成交时间	建筑面积（万平方米）	成交总价（亿元）	楼板价（元/平方米）
沈阳	沈北新区沈北 2020-035 号	住宅	2021-04	22.52	6.35	2820
福州	榕宗地 2021-20 号	商住	2021-05	4.34	7.04	16234
厦门	2021 第 24 号海沧区 2021HP01	商住	2021-06	17.95	49.70	28750
东莞	洪梅镇 2021WR026 号	商住	2021-09	5.37	6.78	12621
沈阳	沈北新区沈北 2021-002 号	商住	2021-09	31.73	7.99	2520

数据来源：CRIC.

表 6-4-100　2021 年重点新开盘项目

项目名称	城市	项目名称	城市
华樾北京二期	北京	首开香悦	福州
首开龙湖璟宸府	厦门	首开龙湖云著	成都
国风金海	北京	首开保利云湖壹号	广州

数据来源：企业公告、CRIC.

（二十六）时代地产控股有限公司

表 6-4-101　2021 年商品房销售业绩及同比增幅

类　别	2021 年	同比（%）
销售金额（亿元）	955. 90	-4. 77
销售面积（万平方米）	514. 20	-23. 61
销售均价（元/平方米）	18590. 00	24. 66

数据来源：企业公告、CRIC.

表 6-4-102　2020—2021 年企业财务指标

财务指标	2021 年	2020 年
净负债率（%）	76. 74	65. 63
三费费用率（%）	6. 86	10. 05
总资产周转率（次）	0. 24	0. 22
长短期债务比	3. 85	2. 40
现金短债比	1. 88	2. 10
净利润增长率（%）	-11. 41	-3. 50
销售毛利率（%）	27. 62	28. 78
销售净利率（%）	10. 89	13. 91

数据来源：企业公告、CRIC.

表 6-4-103　2021 年重点新增土地储备

城市	宗地名称	属性	成交时间	建筑面积（万平方米）	成交总价（亿元）	楼板价（元/平方米）
长沙	〔2020〕望城区 035 号	商住	2021-01	33. 67	12. 08	3588
南京	紫东麒麟 G05 地块	住宅	2021-02	9. 84	16. 4	16667
佛山	2021-05-18 南海区 TD2021（NH）WG0021	商住	2021-06	35. 82	39. 14	10928
肇庆	姚沙村委会地段 SJ-2021-029 地块	商住	2021-06	21. 00	4. 20	2000

数据来源：CRIC.

表 6-4-104　2021 年重点新开盘项目

项目名称	城市	项目名称	城市
时代天韵	广州	时代倾城	广州
时代印记	佛山	时代水岸	佛山
时代天逸	广州	时代云来	广州

数据来源：企业公告、CRIC.

（二十七）卓越置业集团有限公司

表 6-4-105　2021 年商品房销售业绩及同比增幅

类　别	2021 年	同比（%）
销售金额（亿元）	1250.32	25.77
销售面积（万平方米）	591.91	18.00
销售均价（元/平方米）	21124.00	6.58

数据来源：CRIC.

表 6-4-106　2021 年重点新增土地储备

城市	宗地名称	属性	成交时间	建筑面积（万平方米）	成交总价（亿元）	楼板价（元/平方米）
重庆	重庆南岸区南坪商圈 20187 号	商住	2021-01	8.50	12.10	10190
佛山	顺德北滘镇横五路西滘段以北 05-02-22 地块	商住	2021-03	16.23	16.70	10289
西安	西安市西咸新区泾河新城乐华 XXJH-GZ01-59-A、B 号地块	住宅	2021-04	23.75	16.96	7141
东莞	东莞虎门 2021WR008 地块	商住	2021-03	17.24	32.00	18561
南京	南京江北新区 2021G12 地块	住宅	2021-05	36.29	43.80	12070

数据来源：CRIC.

表 6-4-107　2021 年重点新开盘项目

项目名称	城市	项目名称	城市
栖樾府	南京	卓越景枫蔚蓝郡	南京
卓越大江悦府	南京	卓越华润玲珑悦府	上海
卓越晴翠	成都	卓越蔚蓝铂樾府	深圳

数据来源：CRIC.

（二十八）金辉控股（集团）有限公司

表 6-4-108　2021 年商品房销售业绩及同比增幅

类　别	2021 年	同比（%）
销售金额（亿元）	947.20	-2.55
销售面积（万平方米）	579.00	-16.33
销售均价（元/平方米）	16359.00	16.47

数据来源：企业公告、CRIC.

表 6-4-109　2020—2021 年企业财务指标

财务指标	2021 年	2020 年
净负债率（%）	88.01	75.27
三费费用率（%）	7.02	7.97
总资产周转率（次）	0.21	0.21
长短期债务比	2.14	1.79
现金短债比	1.17	1.38
净利润增长率（%）	-3.28	41.97
销售毛利率（%）	19.36	22.12
销售净利率（%）	9.23	10.95

数据来源：企业公告、CRIC.

表 6-4-110　2021 年重点新增土地储备

城市	宗地名称	属性	成交时间	建筑面积（万平方米）	成交总价（亿元）	楼板价（元/平方米）
泉州	安溪 2021-5 号地块	住宅	2021-05	5.07	2.66	5247
泉州	石狮市 2021S-10 号地块	住宅	2021-05	7.99	3.89	4869
余姚	北师大余姚学校 2021-30 地块	住宅	2021-05	9.44	13.00	13771
泉州	石狮市 2021S-13 号地块	住宅	2021-07	6.13	3.07	5008
泉州	石狮市 2021S-14 号地块	住宅	2021-07	5.50	2.76	5018

数据来源：企业公告、CRIC.

表 6-4-111　2021 年重点新开盘项目

项目名称	城市	项目名称	城市
海上铭著	上海	水岸观澜苑	苏州
江南沄著	苏州	天奕铭著	无锡
金辉悠步四季花园	苏州	金辉城市广场	宁波

数据来源：企业公告、CRIC.

（二十九）越秀地产股份有限公司

表 6-4-112　2021 年商品房销售业绩及同比增幅

类　别	2021 年	同比（%）
销售金额（亿元）	1151.50	20.24
销售面积（万平方米）	417.67	10.11
销售均价（元/平方米）	27570.00	9.20

数据来源：企业公告、CRIC.

表 6-4-113　2020—2021 年企业财务指标

财务指标	2021 年	2020 年
净负债率（%）	47.11	47.50
三费费用率（%）	7.48	7.55
总资产周转率（次）	0.20	0.19
长短期债务比	1.53	3.09
现金短债比	1.36	2.25
净利润增长率（%）	12.61	-1.01
销售毛利率（%）	21.75	25.15
销售净利率（%）	9.19	10.13

数据来源：企业公告、CRIC.

表 6-4-114　2021 年重点新增土地储备

城市	宗地名称	属性	成交时间	建筑面积（万平方米）	成交总价（亿元）	楼板价（元/平方米）
广州	穗规划资源告字（2021）27 号	住宅	2021-04	12.07	25.81	21388
北京	京土整储挂（怀）（2021）027 号	综合	2021-05	21.17	45.70	21585
广州	穗规划资源告字（2021）65 号	商住	2021-09	23.00	52.91	23000
广州	穗规划资源告字（2021）66 号	商住	2021-09	21.76	50.05	23000
上海	闵行新城梅陇社区 01-25-02 地块	商住	2021-10	10.73	46.21	43058

数据来源：企业公告、CRIC.

表 6-4-115　2021 年重点新开盘项目

项目名称	城市	项目名称	城市
锦尚和品府	杭州	天悦云湖	广州
和樾府	广州	陌上花开	杭州
星汇文玺	广州	星航 TOD	广州

数据来源：企业公告、CRIC.

（三十）弘阳地产集团有限公司

表 6-4-116　2021 年商品房销售业绩及同比增幅

类　别	2021 年	同比（%）
销售金额（亿元）	872.20	0.83
销售面积（万平方米）	516.49	-12.69
销售均价（元/平方米）	16887.00	15.50

数据来源：企业公告、CRIC.

表 6-4-117　2020—2021 年企业财务指标

财务指标	2021 年	2020 年
净负债率（%）	57.00	50.29
三费费用率（%）	10.73	13.11
总资产周转率（次）	0.40	0.20
长短期债务比	2.00	1.82
现金短债比	1.41	1.62
净利润增长率（%）	0.58	13.39
销售毛利率（%）	19.05	22.36
销售净利率（%）	7.00	9.20

数据来源：企业公告、CRIC.

表 6-4-118　2021 年重点新增土地储备

城市	宗地名称	属性	成交时间	建筑面积（万平方米）	成交总价（亿元）	楼板价（元/平方米）
徐州	陶楼山东侧 B 地块	住宅	2021-01	4.77	5.05	10587
苏州	2020-WG-80 号	商住	2021-01	7.59	12.20	16068
广州	穗规划资源告字（2021）39 号	住宅	2021-04	13.47	35.90	26645
重庆	渝国土房管告字〔2021〕10 号	商住	2021-04	7.06	3.29	4663
上海	青浦区西虹桥蟠龙路西侧 14-06 地块	商办	2021-08	4.49	4.13	9200

数据来源：企业公告、CRIC.

表 6-4-119　2021 年重点新开盘项目

项目名称	城市	项目名称	城市
熙东铭筑	无锡	湾璟壹号	广州
时光沇樾	无锡	云璟花园	成都
半岛云著府	绍兴	凤樾府	盐城

数据来源：企业公告、CRIC.

（三十一）深圳华侨城股份有限公司

表 6-4-120　2021 年商品房销售业绩及同比增幅

类　别	2021 年	同比（%）
销售金额（亿元）	824.65	-21.58
销售面积（万平方米）	398.79	-14.25
销售均价（元/平方米）	20679.00	-8.54

数据来源：企业公告、CRIC.

表 6-4-121　2020—2021 年企业财务指标

财务指标	2021 年	2020 年
净负债率（%）	60.14	73.49
三费费用率（%）	8.58	9.24
总资产周转率（次）	0.22	0.19
长短期债务比	3.94	4.23
现金短债比	2.38	2.23
净利润增长率（%）	-54.52	9.63
销售毛利率（%）	11.11	22.70
销售净利率（%）	3.70	15.49

数据来源：企业公告、CRIC.

表 6-4-122　2021 年重点新增土地储备

城市	宗地名称	属性	成交时间	建筑面积（万平方米）	成交总价（亿元）	楼板价（元/平方米）
济宁	济国土告字〔2020〕33 号	住宅	2021-01	27.01	10.48	3880
苏州	苏地 2021-WG-31 号	商住	2021-05	46.06	57.77	12542
合肥	经开区 JK202105 号	商住	2021-06	25.82	9.66	3741
东莞	麻涌镇 2021WR017 号	商住	2021-07	16.78	16.28	9702
东莞	高埗镇 2021WR027 号	商住	2021-09	22.71	31.89	14042

数据来源：企业公告、CRIC.

表 6-4-123　2021 年重点新开盘项目

项目名称	城市	项目名称	城市
和城里	深圳	华侨城红坊	武汉
华侨城深圳湾新玺名苑	深圳	欢乐海岸·天鹅堡	中山
华侨城荷棠里	深圳	时光小镇溪棠雅园	常熟

数据来源：企业公告、CRIC.

（三十二）大连万达集团股份有限公司

表 6-4-124　2021 年商品房销售业绩及同比增幅

类　别	2021 年	同比（%）
销售金额（亿元）	358.10	-56.97
销售面积（万平方米）	268.40	-57.43
销售均价（元/平方米）	13342.00	1.08

数据来源：CRIC.

表 6-4-125　2021 年重点新增土地储备

城市	宗地名称	属性	成交时间	建筑面积（万平方米）	成交总价（亿元）	楼板价（元/平方米）
湖州	灵峰街道里荣路南侧、嘉祥路西侧地块	商住	2021-07	20.78	9.61	4627
湛江	〔2021〕5 号 LWGC2021005	商住	2021-08	59.23	5.46	922
宿迁	宿迁市本级挂〔2021〕G 号	商住	2021-08	18.31	8.24	4500
宁波	奉化区万达以南商住一号地块（FH23-03-04a、FH23-03-04b）	商住	2021-11	15.76	15.74	9988
天津	津静（挂）2021-24 号	商住	2021-12	19.07	7.88	4133

数据来源：企业公告、CRIC.

表 6-4-126　2021 年重点新开盘项目

项目名称	城市	项目名称	城市
万达未来城	上海	万达星光城	长春
阳逻万达广场御江	武汉	万达·光语未来	常州
万达钻石湾	上海	万达同心湾	杭州

数据来源：企业公告、CRIC.

（三十三）大悦城控股集团股份有限公司

表 6-4-127　2021 年商品房销售业绩及同比增幅

类　别	2021 年	同比（%）
销售金额（亿元）	727.00	4.76
销售面积（万平方米）	287.00	-8.01
销售均价（元/平方米）	25331.00	13.88

数据来源：企业公告、CRIC.

表 6-4-128　2020—2021 年企业财务指标

财务指标	2021 年	2020 年
净负债率（%）	82.97	86.32
三费费用率（%）	10.30	9.04
总资产周转率（次）	0.35	0.20
长短期债务比	2.92	2.87
现金短债比	1.43	1.73
净利润增长率（%）	-31.65	-66.75
销售毛利率（%）	23.64	31.44
销售净利率（%）	1.80	2.92

数据来源：企业公告、CRIC.

表 6-4-129　2021 年重点新增土地储备

城市	宗地名称	属性	成交时间	建筑面积（万平方米）	成交总价（亿元）	楼板价（元/平方米）
昆明	昆明经开区 KCJ2020-15 号地块	住宅	2021-04	12.85	6.01	4677
重庆	重庆市渝北区 S25 号地块	住宅	2021-04	6.67	9.20	13795
成都	成都 DB2020-27-2 号地块	住宅	2021-05	10.73	7.13	6650
南京	南京市浦口区 NO. 2021G52 地块	商办	2021-05	55.00	60.60	11018
嘉兴	嘉兴 2020 嘉秀洲-038 号宗地	商住	2021-06	15.79	12.76	8082

数据来源：企业公告、CRIC.

表 6-4-130　2021 年重点新开盘项目

项目名称	城市	项目名称	城市
昆明隆盛府	昆明	南昌祥云悦府	南昌
云玺壹号	厦门	湖光锦云	成都
中央公园瑞府	重庆	美悦府	沈阳

数据来源：企业公告、CRIC.

（三十四）建业地产股份有限公司

表 6-4-131　2021 年商品房销售业绩及同比增幅

类　别	2021 年	同比（%）
销售金额（亿元）	601.05	-12.05
销售面积（万平方米）	816.60	-8.20
销售均价（元/平方米）	7360.00	-4.20

数据来源：企业公告、CRIC.

表 6-4-132　2020—2021 年企业财务指标

财务指标	2021 年	2020 年
净负债率（%）	94.89	13.56
三费费用率（%）	9.52	11.29
总资产周转率（次）	0.27	0.28
长短期债务比	2.25	1.05
现金短债比	1.46	1.92
净利润增长率（%）	-40.38	-13.00
销售毛利率（%）	16.23	19.85
销售净利率（%）	2.99	4.85

数据来源：企业公告、CRIC.

表 6-4-133　2021 年重点新增土地储备

城市	宗地名称	属性	成交时间	建筑面积（万平方米）	成交总价（亿元）	楼板价（元/平方米）
焦作	JGT2020-43 号	住宅	2021-01	11.88	3.89	3276
焦作	JGT2020-44 号	住宅	2021-01	10.30	3.33	3238
驻马店	ZMDY-2018-34 号	住宅	2021-04	10.28	2.10	2046
洛阳	LYTD-2021-45 号	住宅	2021-06	20.18	9.91	4914
信阳	WG2021-501 号	住宅	2021-06	6.00	2.88	4800

数据来源：企业公告、CRIC.

表 6-4-134　2021 年重点新开盘项目

项目名称	城市	项目名称	城市
泰宏建业国际城	郑州	建业 · 天筑	濮阳
建业花园里	郑州	建业云境	南阳
建业河畔洋房	郑州	建业定城府	信阳

数据来源：企业公告、CRIC.

（三十五）首创置业股份有限公司

表 6-4-135　2021 年商品房销售业绩及同比增幅

类　别	2021 年	同比（%）
销售金额（亿元）	546.20	-22.92
销售面积（万平方米）	252.30	-13.80
销售均价（元/平方米）	21649.00	-10.58

数据来源：CRIC.

表 6-4-136　2021 年重点新增土地储备

城市	宗地名称	属性	成交时间	建筑面积（万平方米）	成交总价（亿元）	楼板价（元/平方米）
大厂	大福南路南侧、首创大街东侧	住宅	2021-03	10.88	4.91	4515
大厂	大福南路南侧、首创大街东侧	住宅	2021-03	12.51	5.65	4515
上海	青浦区夏阳街道达慧路北侧 08A-01、08C-01 地块	商住	2021-06	6.11	12.32	20154
万宁	兴隆旅游度假区 2013-45-2 号	商办	2021-07	2.68	0.65	2431
哈尔滨	松北区 NO. 2021HTS（S）003	住宅	2021-12	0.64	0.36	5549

数据来源：企业公告、CRIC.

表 6-4-137　2021 年重点新开盘项目

项目名称	城市	项目名称	城市
国风金海	北京	首创天阅一江源	武汉
首创禧悦台	佛山	首创天阅公馆	天津
首创禧瑞府	天津	首创禧瑞学府	青岛

数据来源：企业公告、CRIC.

（三十六）俊发集团有限公司

表 6-4-138　2021 年商品房销售业绩及同比增幅

类　别	2021 年	同比（%）
销售金额（亿元）	510.30	-23.85
销售面积（万平方米）	268.80	-30.72
销售均价（元/平方米）	18984.00	9.92

数据来源：CRIC.

表 6-4-139　2021 年重点新增土地储备

城市	宗地名称	属性	成交时间	建筑面积（万平方米）	成交总价（亿元）	楼板价（元/平方米）
广州	增城区仙村镇蓝山村经济联合社旧村改造项目（CZ2020-1849）	纯住宅	2021-02	55.85	82.15	14710
昆明	J2011-002-11	纯住宅	2021-02	24.64	7.82	3176
昆明	J2012-036-N-3-A2	商住	2021-04	3.64	0.95	2609
上海	青浦区徐泾镇振泾路北侧 A6c-06 地块	纯住宅	2021-06	5.49	15.37	28000
昆明	KCPL2016-10-9	纯住宅	2021-06	6.73	1.45	2159

数据来源：企业公告、CRIC.

表 6-4-140　2021 年重点新开盘项目

项目名称	城市	项目名称	城市
彩云城	昆明	观云海	昆明
海东俊园	昆明	俊灿星城	上海
滇池华府俊园	昆明	蓝湖俊园	昆明

数据来源：企业公告、CRIC.

（三十七）路劲基建有限公司

表 6-4-141　2021 年商品房销售业绩及同比增幅

类　别	2021 年	同比（%）
销售金额（亿元）	515.57	20.71
销售面积（万平方米）	176.00	-11.11
销售均价（元/平方米）	29294.00	35.80

数据来源：企业公告、CRIC.

表 6-4-142　2020—2021 年企业财务指标

财务指标	2021 年	2020 年
净负债率（%）	71. 55	72. 29
三费费用率（%）	11. 85	11. 98
总资产周转率（次）	0. 44	0. 25
长短期债务比	3. 84	1. 83
现金短债比	1. 60	1. 06
净利润增长率（%）	-28. 71	-24. 29
销售毛利率（%）	21. 88	26. 89
销售净利率（%）	8. 04	11. 50

数据来源：企业公告、CRIC.

表 6-4-143　2021 年重点新增土地储备

城市	宗地名称	属性	成交时间	建筑面积（万平方米）	成交总价（亿元）	楼板价（元/平方米）
苏州	苏地 2021-WG-2 号	商住	2021-2	9. 95	9. 55	9592
常州	钟楼区运河路北侧、新庆路东侧 JZX20210901	住宅	2021-9	17. 50	19. 25	11001
常州	武进区牛塘镇延政西大道南侧、漕溪路东侧 JWJ20210301	住宅	2021-9	11. 97	11. 27	9413
广州	增城区新塘镇新塘大道南侧 18102218A21094 号地块	商住	2021-9	6. 36	7. 94	12470
上海	青浦区西虹桥沪青平公路北侧 48-06A 地块	住宅	2021-10	17. 02	63. 95	37569

数据来源：企业公告、CRIC.

表 6-4-144　2021 年重点新开盘项目

项目名称	城市	项目名称	城市
路劲悦茂府	上海	路劲雨茗云舍	杭州
山语春风	南京	溪西云境	无锡
山语境府	南京	蔚然锦绣花园	苏州

数据来源：企业公告、CRIC.

（三十八）保利置业集团有限公司

表 6-4-145　2021 年商品房销售业绩及同比增幅

类　别	2021 年	同比（%）
销售金额（亿元）	566. 00	8. 64
销售面积（万平方米）	313. 80	10. 88
销售均价（元/平方米）	18037. 00	-2. 03

数据来源：企业公告、CRIC.

表 6-4-146　2020—2021 年企业财务指标

财务指标	2021 年	2020 年
净负债率（%）	103.40	109.52
三费费用率（%）	7.31	7.30
总资产周转率（次）	0.17	0.17
长短期债务比	2.66	2.08
现金短债比	1.58	1.55
净利润增长率（%）	12.13	-38.64
销售毛利率（%）	33.86	33.74
销售净利率（%）	7.14	7.43

数据来源：企业公告、CRIC.

表 6-4-147　2021 年重点新增土地储备

城市	宗地名称	属性	成交时间	建筑面积（万平方米）	成交总价（亿元）	楼板价（元/平方米）
广州	增城区荔湖街南北大道北侧 18005204A21012 号地块	商住	2021-04	15.34	15.35	10004
常州	常州市天宁区劳动东路北侧、优胜路西侧地块 JZX20210703	商住	2021-07	16.97	27.00	15908
深圳	深土交告〔2021〕42 号/G09202-0047	纯住宅	2021-09	13.03	15.23	11686
深圳	深土交告〔2021〕43 号/G11329-0102	纯住宅	2021-09	18.12	23.63	13040
上海	杨浦区定海社区 D2-2 地块（定海路街道 152 街坊）	纯住宅	2021-10	6.35	36.81	58011

数据来源：企业公告、CRIC.

表 6-4-148　2021 年重点新开盘项目

项目名称	城市	项目名称	城市
保利明玥湖光	上海	广州保利湾上	广州
滨河湾花园	苏州	南宁保利明玥江山	南宁
保利江上印	宁波	保利天悦	哈尔滨

数据来源：企业公告、CRIC.

（二十九）金融街控股股份有限公司

表 6-4-149　2021 年商品房销售业绩及同比增幅

类　别	2021 年	同比（%）
销售金额（亿元）	339.00	-15.67
销售面积（万平方米）	175.00	1.28
销售均价（元/平方米）	19371.00	-16.74

数据来源：企业公告、CRIC.

表 6-4-150　2020—2021 年企业财务指标

财务指标	2021 年	2020 年
净负债率（%）	146.32	172.58
三费费用率（%）	14.40	18.66
总资产周转率（次）	0.14	0.21
长短期债务比	5.30	4.90
现金短债比	1.40	1.27
净利润增长率（%）	-28.73	-46.16
销售毛利率（%）	21.45	32.86
销售净利率（%）	6.55	12.24

数据来源：企业公告、CRIC.
注：修正 2020 年金融街三费费用率。

表 6-4-151　2021 年重点新增土地储备

城市	宗地名称	属性	成交时间	建筑面积（万平方米）	成交总价（亿元）	楼板价（元/平方米）
上海	奉贤区金汇镇 42-02 区域地块	住宅	2021-06	10.35	12.90	12467
固安	廊坊市固安 2020XZ-39 号、2020XZ-40 号、2021-2 号地块	住宅	2021-06	38.67	14.85	3839
昆山	昆地网〔2021〕挂字 17 号地块	商住	2021-08	26.89	25.56	9505
无锡	锡国土（经）2021-34 地块	住宅	2021-08	13.94	13.71	9840
天津	津南白（挂）2021-031 号地块	住宅	2021-10	7.13	14.68	20589

数据来源：CRIC.

表 6-4-152　2021 年重点新开盘项目

项目名称	城市	项目名称	城市
金融街顺德金悦府	佛山	金融街九龙金悦府	重庆
金融街融悦时光	苏州	金融街金悦府	上海
金悦郡	北京	融悦湾花园	苏州

数据来源：CRIC.

（四十）九龙仓集团有限公司

表 6-4-153　2021 年商品房销售业绩及同比增幅

类　别	2021 年	同比（%）
销售金额（亿元）	139.00	-20.11
销售面积（万平方米）	45.20	-22.99
销售均价（元/平方米）	30752.00	3.73

数据来源：企业公告、CRIC.

表 6-4-154　2020—2021 年企业财务指标

财务指标	2021 年	2020 年
净负债率（%）	7.93	15.60
三费费用率（%）	10.23	12.24
总资产周转率（次）	0.09	0.08
长短期债务比	9.03	2.65
现金短债比	6.43	1.44
净利润增长率（%）	32.50	37.87
销售毛利率（%）	50.56	64.86
销售净利率（%）	28.33	22.78

数据来源：企业公告、CRIC.

表 6-4-155　2021 年重点新开盘项目

项目名称	城市	项目名称	城市
九龙仓久寻花园	苏州	九龙仓雍景山	杭州
绿城九龙仓桂语朝阳	杭州	九龙仓华发天荟	杭州
十里长江	重庆	招商曦岸	佛山

数据来源：企业公告、CRIC.

（四十一）宝龙地产控股有限公司

表 6-4-156　2021 年商品房销售业绩及同比增幅

类　别	2021 年	同比（%）
销售金额（亿元）	1012.27	24.14
销售面积（万平方米）	641.05	20.33
销售均价（元/平方米）	15791.00	3.15

数据来源：企业公告、CRIC.

表 6-4-157　2020—2021 年企业财务指标

财务指标	2021 年（未审计）	2020 年（经审计）
净负债率（%）	76.74	73.92
三费费用率（%）	9.37	6.56
总资产周转率（次）	0.18	0.20
长短期债务比	2.31	2.22
现金短债比	1.14	1.37
净利润增长率（%）	-16.78	46.49
销售毛利率（%）	31.37	36.11
销售净利率（%）	18.39	24.84

数据来源：企业公告、CRIC.

表 6-4-158　2021 年重点新增土地储备

城市	宗地名称	属性	成交时间	建筑面积（万平方米）	成交总价（亿元）	楼板价（元/平方米）
绍兴	柯桥平水 2020-06 地块	住宅	2021-01	4.89	3.47	7100
绍兴	柯桥平水 2020-03 地块	住宅	2021-01	3.62	2.55	7050
泉州	洛江 LJ2018-04-01 号地块	住宅	2021-06	10.85	1.20	1106
泉州	洛江 LJ2018-04-02 号地块	住宅	2021-06	11.62	1.08	930
福州	樟［2020］拍 17 号	商住	2021-07	5.26	1.85	3517

数据来源：企业公告、CRIC.

表 6-4-159　2021 年重点新开盘项目

项目名称	城市	项目名称	城市
宝龙融信新世邸	杭州	临栖云府	杭州
椒江宝龙城	台州	世纪江湾	绍兴
樾湖兰庭	台州	宝龙世家	无锡

数据来源：企业公告、CRIC.

（四十二）金地（集团）股份有限公司

表 6-4-160　2021 年商品房销售业绩及同比增幅

类　别	2021 年	同比（%）
销售金额（亿元）	2867.10	18.14
销售面积（万平方米）	1377.00	15.25
销售均价（元/平方米）	20821.00	2.51

数据来源：企业公告、CRIC.

表 6-4-161　2020—2021 年企业财务指标

财务指标	2021 年	2020 年
净负债率（%）	56.5	63.95
三费费用率（%）	7.84	8.23
总资产周转率（次）	0.24	0.23
长短期债务比	2.08	1.57
现金短债比	1.57	1.28
净利润增长率（%）	-15.02	-1.45
销售毛利率（%）	21.41	33.12
销售净利率（%）	13.05	18.15

数据来源：企业公告、CRIC.

表 6-4-162 2021 年重点新增土地储备

城市	宗地名称	属性	成交时间	建筑面积（万平方米）	成交总价（亿元）	楼板价（元/平方米）
南京	南京市 NO. 2020G51 麒麟地块	住宅	2021-03	3. 83	5. 41	14136
天津	东丽区大毕庄 03 地块	住宅	2021-05	24. 64	18. 88	7663
上海	松江区车墩镇 SJC10022 单元 07-07、08-01 号地块	住宅	2021-06	13. 42	22. 47	16750
深圳	光明区 A631-0115 地块	商住	2021-08	12. 14	19. 67	16202
北京	门头沟区永定镇 0002、0005 四道桥项目地块	商住	2021-12	6. 76	14. 84	21953

数据来源：企业公告、CRIC.

表 6-4-163 2021 年重点新开盘项目

项目名称	城市	项目名称	城市
公元 2040	上海	金地翡翠星辰	苏州
金地嘉悦湾	上海	金地朗悦	武汉
金地大成雅境	南京	金地兰亭大境	武汉

数据来源：企业公告、CRIC.

（四十三）江苏中南建设集团股份有限公司

表 6-4-164 2021 年商品房销售业绩及同比增幅

类别	2021 年	同比（%）
销售金额（亿元）	1973. 70	-11. 82
销售面积（万平方米）	1468. 60	-12. 86
销售均价（元/平方米）	13439. 00	1. 19

数据来源：企业公告、CRIC.

表 6-4-165 2020—2021 年企业财务指标

财务指标	2021 年	2020 年
净负债率（%）	92. 77	97. 24
三费费用率（%）	8. 84	6. 49
总资产周转率（次）	0. 22	0. 24
长短期债务比	1. 58	2. 42
现金短债比	0. 93	1. 41
净利润增长率（%）	-142. 36	68. 83
销售毛利率（%）	10. 03	17. 29
销售净利率（%）	-4. 17	9. 93

数据来源：企业公告、CRIC.

表 6-4-166　2021 年重点新增土地储备

城市	宗地名称	属性	成交时间	建筑面积（万平方米）	成交总价（亿元）	楼板价（元/平方米）
温州	瓯海中心南单元 F-01b 地块	住宅	2021-1	29.39	45.86	15604
深圳	宝安新安街道宝城 25 区及新安 25 区	住宅	2021-2	10.07	18.91	18779
西安	西咸新区 XXQH-ZL05-40 地块	住宅	2021-4	21.03	7.3	3471
泉州	晋江 P2020-13 号地块	住宅	2021-5	4.61	12.18	26421
佛山	乐从镇横三路以北、纵五路以西地块	住宅	2021-8	22.33	18.72	8383

数据来源：企业公告、CRIC.

表 6-4-167　2021 年重点新开盘项目

项目名称	城市	项目名称	城市
璞境	南京	新城瓯江湾	温州
中南春溪集	杭州	熙悦	南京
中南珑禧台	莆田	福清龙江玖锦	福清

数据来源：企业公告、CRIC.

（四十四）绿地控股集团股份有限公司

表 6-4-168　2021 年商品房销售业绩及同比增幅

类　别	2021 年	同比（%）
销售金额（亿元）	2902.00	-19.03
销售面积（万平方米）	2327.00	-20.01
销售均价（元/平方米）	12500.00	1.46

数据来源：企业公告、CRIC.

表 6-4-169　2020—2021 年企业财务指标

财务指标	2021 年	2020 年
净负债率（%）	91.59	135.01
三费费用率（%）	5.97	5.59
总资产周转率（次）	0.38	0.36
长短期债务比	1.29	1.95
现金短债比	0.81	0.98
净利润增长率（%）	-55.30	0.89
销售毛利率（%）	11.75	14.47
销售净利率（%）	1.73	4.63

数据来源：企业公告、CRIC.

表 6-4-170　2021 年重点新增土地储备

城市	宗地名称	属性	成交时间	建筑面积（万平方米）	成交总价（亿元）	楼板价（元/平方米）
苏州	吴江 WJ-J-2021-002 地块	住宅	2021-06	26.00	25.46	9792
重庆	沙坪坝区西永组团 Ah 分区 Ah06-01/03、Ah06-02/03、Ah07-01/04、Ah07-02-1/04、Ah07-02-2/04、X 分区 X27-02-1/05、X27-02-2/05 地块	商住	2021-04	39.48	18.00	4559
杭州	浙江杭州滨江区浦乐单元 R21-22a 地块	住宅	2021-05	6.38	16.95	26567
温州	温州市半岛起步区 C-02c 地块	商住	2021-03	21.78	14.30	6567
嘉兴	南湖区 2021 南-03 号地块	住宅	2021-02	11.30	11.37	10065

数据来源：企业公告、CRIC.

表 6-4-171　2021 年重点新开盘项目

项目名称	城市	项目名称	城市
绿地众安·宸瀚里	杭州	绿地重庆城际空间站	重庆
清凉山樾	西安	绿地国港新里城	西安
绿地天河国际会展城	武汉	绿地光谷星河绘	武汉

数据来源：企业公告、CRIC.

（四十五）金科地产集团股份有限公司

表 6-4-172　2021 年商品房销售业绩及同比增幅

类　别	2021 年	同比（%）
销售金额（亿元）	1840.00	-17.56
销售面积（万平方米）	1966.00	-12.23
销售均价（元/平方米）	9359.00	-6.07

数据来源：企业公告、CRIC.

表 6-4-173　2020—2021 年企业财务指标

财务指标	2021 年	2020 年
净负债率（%）	66.51	75.07
三费费用率（%）	7.47	7.93
总资产周转率（次）	0.30	0.25
长短期债务比	1.55	1.99
现金短债比	0.91	1.34
净利润增长率（%）	-31.08	52.65
销售毛利率（%）	17.22	23.16
销售净利率（%）	5.95	11.06

数据来源：企业公告、CRIC.

表 6-4-174　2021 年重点新增土地储备

城市	宗地名称	属性	成交时间	建筑面积（万平方米）	成交总价（亿元）	楼板价（元/平方米）
常州	武进区 JWJ20201102 号地块	住宅	2021-01	8.07	5.22	6471
重庆	高新区西永组团 L 分区 L60-2/04、L62-1/05 地块	住宅	2021-04	17.76	23.00	12950
重庆	大渡口区大渡口组团 I 分区 I67-6、I65-5-1 号地块	住宅	2021-04	6.37	6.00	9419
重庆	渝北区唐家沱组团 C 分区 C3-2-2/C3-2-6 地块	住宅	2021-04	10.07	7.00	6953
南京	NO. 2021G29	住宅	2021-05	5.73	21.20	37022

数据来源：企业公告、CRIC.

表 6-4-175　2021 年重点新开盘项目

项目名称	城市	项目名称	城市
金科·天宸	广元	金科城	佛山
金科·禧悦	柳州	金科中梁美院	成都
金科·中泰天境	贵阳	金科博翠湾	成都

数据来源：企业公告、CRIC.

（四十六）杭州滨江房产集团股份有限公司

表 6-4-176　2021 年商品房销售业绩及同比增幅

类　别	2021 年	同比（%）
销售金额（亿元）	1691.00	24.01
销售面积（万平方米）	878.13	-8.19
销售均价（元/平方米）	47612.00	35.07

数据来源：企业公告、CRIC.

表 6-4-177　2020—2021 年企业财务指标

财务指标	2021 年	2020 年
净负债率（%）	65.97	83.57
三费费用率（%）	5.30	6.03
总资产周转率（次）	0.20	0.19
长短期债务比	2.27	2.83
现金短债比	1.51	1.69
净利润增长率（%）	38.70	-10.70
销售毛利率（%）	24.83	27.04
销售净利率（%）	12.96	12.41

数据来源：企业公告、CRIC.

表 6-4-178　2021 年重点新增土地储备

城市	宗地名称	属性	成交时间	建筑面积（万平方米）	成交总价（亿元）	楼板价（元/平方米）
杭州	杭政储出〔2021〕7 号	住宅	2021-06	17.99	80.85	44938
杭州	杭政储出〔2021〕6 号	住宅	2021-06	10.91	48.38	44364
杭州	萧政储出〔2021〕49 号	住宅	2021-10	8.83	20.72	23480
杭州	杭政储出〔2021〕53 号	住宅	2021-12	9.75	32.41	33252
杭州	杭政储出〔2021〕34 号	住宅	2021-12	8.76	22.25	25413

数据来源：企业公告、CRIC.

表 6-4-179　2021 年重点新开盘项目

项目名称	城市	项目名称	城市
海潮望月城	杭州	潮听映月	杭州
翡翠上城	南京	湖畔云邸	台州
玖华府	南京	栖江揽月轩	杭州

数据来源：企业公告、CRIC.

（四十七）荣盛发展股份有限公司

表 6-4-180　2021 年商品房销售业绩及同比增幅

类　别	2021 年	同比（%）
销售金额（亿元）	1345.58	5.87
销售面积（万平方米）	1204.22	2.53
销售均价（元/平方米）	11174.00	3.25

数据来源：企业公告、CRIC.

表 6-4-181　2020—2021 年企业财务指标

财务指标	2021 年	2020 年
净负债率（%）	80.18	80.18
三费费用率（%）	14.13	8.38
总资产周转率（次）	0.19	0.26
长短期债务比	1.16	1.84
现金短债比	0.76	1.23
净利润增长率（%）	-164.35	-18.92
销售毛利率（%）	19.54	27.82
销售净利率（%）	-10.59	10.87

数据来源：企业公告、CRIC.

表 6-4-182　2021 年重点新增土地储备

城市	宗地名称	属性	成交时间	建筑面积（万平方米）	成交总价（亿元）	楼板价（元/平方米）
杭州	杭政储出〔2020〕70 号	住宅	2021-01	17.20	43.87	25503
常州	台港东路北侧、南山大道西侧地块 NO.2021-04	商住	2021-02	10.25	6.83	6663
滁州	永乐路与滁阳路交叉口东南侧 341103011012GB00083	住宅	2021-03	8.33	4.26	5113
芜湖	鸠江区 2108 号地块	住宅	2021-03	23.17	9.84	4248
徐州	卧牛片区、新淮海西路北卧牛 A-8-1 地块 2020-55 号	商住	2021-04	11.79	11.78	9994

数据来源：企业公告、CRIC.

表 6-4-183　2021 年重点新开盘项目

项目名称	城市	项目名称	城市
荣盛时代天府	成都	溧阳荣盛锦绣观邸	常州
荣盛花语馨城	南京	荣盛城	重庆
荣盛华府	合肥	荣盛华庭	武汉

数据来源：企业公告、CRIC.

（四十八）阳光城集团股份有限公司

表 6-4-184　2021 年商品房销售业绩及同比增幅

类　别	2021 年	同比（%）
销售金额（亿元）	1838.10	-15.69
销售面积（万平方米）	1147.76	-24.91
销售均价（元/平方米）	16015.00	12.28

数据来源：企业公告、CRIC.

表 6-4-185　2020—2021 年企业财务指标

财务指标	2021 年	2020 年
净负债率（%）	166.59	94.90
三费费用率（%）	13.14	6.35
总资产周转率（次）	0.12	0.25
长短期债务比	1.03	2.26
现金短债比	0.42	1.53
净利润增长率（%）	-236.45	27.07
销售毛利率（%）	8.26	20.06
销售净利率（%）	-17.62	6.68

数据来源：企业公告、CRIC.

表 6-4-186　2021 年重点新增土地储备

城市	宗地名称	属性	成交时间	建筑面积（万平方米）	成交总价（亿元）	楼板价（元/平方米）
西宁	城北区规划铁东路与规划汇文路交叉口东南角 2020BC-24	商办	2021-01	32.91	10.66	3240
衢州	衢市告字〔2021〕08 号/衢市智（2021）03 号	商住	2021-03	21.32	13.77	6460
北京	北京城市副中心 0302 街区 FZX-0302-6004、6002 地块 F1 住宅混合公建用地、A334 托幼用地	纯住宅	2021-05	9.59	22.40	23350
长沙	〔2021〕望城区 018 号月亮岛街道银星路与潇湘北路交叉口西南角	商住	2021-06	37.16	20.99	5650
绍兴	绍市自然告字〔2021〕35 号越城区 PJ-07-1-19、PJ-07-1-29 地块	商住	2021-07	22.09	23.88	10809

数据来源：企业公告、CRIC.

表 6-4-187　2021 年重点新开盘项目

项目名称	城市	项目名称	城市
檀境	义乌	未来悦	上海
玺园	绍兴	和平 101	沈阳
山水英伦	长沙	绿岛湖壹号	佛山

数据来源：企业公告、CRIC.

Ⅶ.发展篇

导　读

本篇收录了住房保障、物业管理、房地产金融、房地产估价、地产数字化和城市轨道交通场站综合开发计六篇特约专稿，反映了这些领域在2021年年度的新进展和新经验。

一、住房保障

2021 年，全国住房保障工作认真贯彻落实习近平总书记重要指示批示精神和党中央、国务院决策部署，紧扣进入新发展阶段、贯彻新发展理念、构建新发展格局，充分发挥住房和城乡建设在扩内需、转方式、调结构中的重要支点作用，努力推动住房和城乡建设事业高质量发展，实现了“十四五”的良好开局。各地各部门加大对保障性住房的支持力度，加强住房市场体系和住房保障体系建设，规范发展住房租赁市场，稳步推进棚户区改造，扎实推进老旧小区改造，推动城乡绿色低碳建设，让城乡居民“住有所居”“住得安心”。

（一）棚户区改造规模持续收缩，走低碳发展的路径

2021 年，全国各类棚户区改造开工 165 万套，较 2020 年的 209 万套进一步收缩。河北省计划开工建设 11 万套棚改安置房，基本建成 13.2 万套棚改安置房；山西省棚户区住房改造新开工 1.59 万套；贵州省完成改造城镇棚户区 9 万套；吉林省完成改造各类棚户区 1.81 万套；山东省棚户区改造新开工 12.53 万套，提前超额完成；江西省完成棚户区改造 7.91 万套；黑龙江省棚户区改造开工 5 万套；江苏省新开工城镇棚户区改造 31.09 万套；安徽省稳步推进棚户区改造，新开工 15.6 万套；福建省新开工棚户区改造 7.2 万套；河南省城市棚户区改造近 12 万套；湖北省完成棚户区改造 4.9 万套；湖南省开工城镇棚户区改造 2.50 万户；陕西省棚户区改造基本建成 1.759 万套；甘肃省实施棚户区改造 23.22 万套；云南省实施棚户区改造 5 万户以上；广西壮族自治区将实施各类棚户区改造 4.40 万套；重庆市计划实施棚户区改造 2 万户等。

由于每年的“拆旧建新”比例严重失衡，且“大规模棚改”对于国家定调的绿色发展和降碳会产生负面影响。2021 年 8 月底，住房和城乡建设部正式发布《关于在实施城市更新行动中防止大拆大建问题的通知》，其中明确规定，未来城市更新单元（片区）或项目内拆除建筑面积不应大于现状总建筑面积的 20%。

（二）加快城镇老旧小区改造，稳步实施城市更新

未来城市更新要找到低碳发展的路径。由 2019 年、2020 年旧改试点来看，“旧改”是接棒“棚改”的最佳模式。

根据国务院的规划，2021—2025 年，将基本完成 2000 年年底前建成的，约 21.9 万个城镇老旧小区的改造任务。根据住房和城乡建设部初步统计，这些老旧小区总共涉及居民 4200 万户，改造总面积约 40 亿平方米。经专家测算，按照每平方米投资 1000 元计算，未来 5 年“旧改”将带来 4 万亿元的投资。2021 年完成新开工改造城镇老旧小区 5.56 万个，惠及居民 965 万户。

2021 年 11 月，住房和城乡建设部办公厅发布《关于开展第一批城市更新试点工作的通知》，开展为期 2 年的第一批城市更新试点工作，确定了北京、南京、西安、苏州、沈阳等 21 个试点城市，因地制宜探索城市更新的工作机制、实施模式、支持政策、技术方法和管理制度，推动城市结构优化、功能完善和品质提升，形成可复制、可推广的经验做法，为积极实施大规模城市更新做准备。

（三）大力实施农村危房改造，深入推进美丽宜居乡村建设

2021 年，住房和城乡建设部会同有关部门印发了《关于加强农房和村庄建设现代化的指导意见》。党的十八大以来，住建部门大力实施农村危房改造，全国 2341.6 万建档立卡贫困户全部实现了住房安全保障，历史性地解决了农村贫困人口住房安全问题。

2021 年，住房和城乡建设部推进实施农村低收入群体危房改造和抗震改造，全年开工改造 49.2 万户。在

28 个省份 81 个样本县开展乡村建设评价，查找和推动解决乡村建设的短板问题。

2021 年 4 月，住房和城乡建设部同财政部、民政部、国家乡村振兴局研究起草并联合印发了《关于做好农村低收入群体等重点对象住房安全保障工作的实施意见》，明确了农村危房改造的具体要求。将危房改造的保障对象调整为农村低收入群体，同财政部下达 2021 年农村危房改造中央补助资金 100.7 亿元。

（四）加快发展保障性租赁住房，促进实现“住有所居”

2021 年 7 月 3 日，国务院办公厅发布《关于加快发展保障性租赁住房的意见》（国办发〔2021〕22 号），明确了保障性租赁住房五项制度和六项政策，受到社会各方面的广泛关注。从实施情况看，在人口流入较多的 40 座重点城市，2021 年已经筹集保障性租赁住房 94.2 万套，着力解决新市民、青年人住房困难问题。预计可以解决近 300 万新市民、青年的住房困难，初步形成了多主体发展保障性租赁住房的良好态势。

住房和城乡建设部在建成住房保障体系方面，主要做了三个方面的工作：一是加快建立以公租房、保障性租赁住房和共有产权住房为主体的住房保障体系。公租房主要解决城镇住房和收入“双困”家庭，目前，已经做到了“应保尽保”；保障性租赁住房重点要解决人口净流入的重点城市、大中城市的新市民和青年人的住房问题；共有产权住房主要是帮助有一定经济实力、买不起房子的居民能够尽快改善居住条件。二是建立了一套较为完整的住房保障政策和管理制度。主要包括两个方面：①财税、金融、土地配套政策；②关于准入、使用、退出、运营管理机制。三是建成了规模巨大的保障性住房。

“十四五”期间，住房和城乡建设部将以人口净流入的大城市为重点，加快发展保障性租赁住房。上海、广州、深圳等重点城市都提高了新增保障性租赁住房的占比，新增保障性租赁住房普遍占新增住房供应量的 40%~45%；北京保障性租赁住房占比将不低于 30%；杭州、西安、成都、厦门、宁波、佛山、济南、福州、长沙、苏州等城市也都规划增加保障性租赁住房供给。

（五）加速推进共有产权住房建设和管理

2021 年 7 月 3 日，国务院办公厅发布《关于加快发展保障性租赁住房的意见》（国办发〔2021〕22 号），首次明确我国住房保障体系由 3 部分组成：公租房、保障性租赁住房和共有产权住房。其中，公租房面向城镇居民中的住房、收入“双困”家庭供应，新市民、青年人中有一定经济承受能力但又买不起商品住房的可以购买共有产权住房，也可以租住保障性租赁住房。支持人口净流入的大城市发展共有产权住房，供应范围以面向户籍人口为主，逐步扩大到常住人口。另外，还要开展灵活就业人员参加住房公积金制度和住房公积金支持租赁住房发展试点。

共有产权住房是当前及今后一个时期我国住房保障体系的重要组成部分。有利于缓解无房家庭购房支付压力，增加市民拥有产权住房机会。目前已有北京、上海、深圳、成都等 20 余城市出台共有产权住房相关政策，哈尔滨、济南、合肥、武汉等城市也表示将研究探索发展共有产权住房，共有产权住房建设进程有望提速。

（王国田　亚太建设科技信息研究院）

二、物业管理

2021 年是中国共产党建党 100 周年，也是中国物业管理行业改革发展 40 周年和行业“品牌建设年”。站在新的历史起点，物业管理行业始终坚持以习近平新时代中国特色社会主义思想为指导，全面贯彻党的十九届历次全会精神，把创新、协调、绿色、开放、共享的新发展理念贯穿行业发展全过程和各方面，坚持将品牌建设作为改善物业服务供给结构、促进企业提质增效升级的重要抓手，着力推动物业管理行业高质量发展，在构建共建共治共享的基层社会治理体系、满足人民群众不断增长的美好生活需要中持续发挥作用。

（一）行业发展的总体情况

1. 物业管理行业持续向好发展

2021 年，物业管理行业保持了快速的发展态势。物业管理规模加速扩张，服务边界不断延伸，在增值服务、城市服务领域持续发力，行业的业务结构不断优化、增长速度保持稳定、发展质量不断提高。

经测算，2021 年物业管理行业发展指数达到 397.7，相比上年提高 36.1，同比增长 10.0%（见图 7-2-1）。在过去的 5 年间，物业管理行业发展指数提高 148.2，年复合增长率为 12.4%。

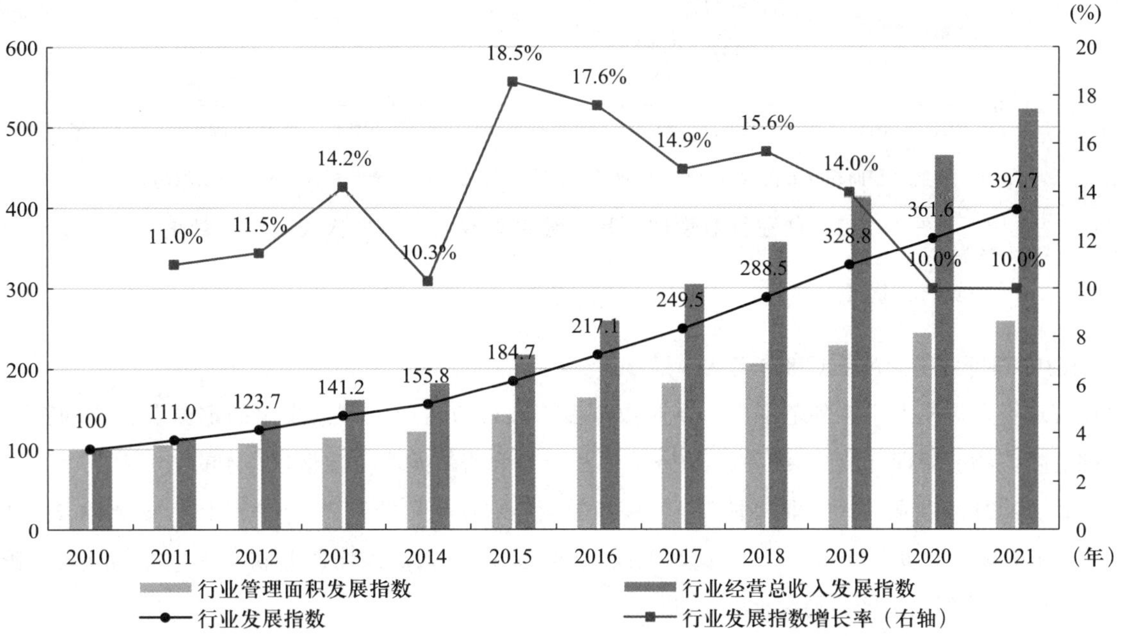

图 7-2-1 2010—2021 年物业管理行业发展指数情况

数据来源：中国物业管理协会。

2. 物业管理行业营业收入超过万亿

随着物业管理行业规模持续扩大、经营业态不断丰富，业务向社区和居民生活多场景渗透，在基础物业服务收入稳步增长的同时，社区增值服务和多种业态收入日益增加，行业的整体产值持续提升。

经测算，2021 年物业管理行业营业收入发展指数为 522.9（见图 7-2-2），营业收入达到 1.33 万亿元，同比增长 12.5%，增速分别高于管理规模和从业人员数量 6.2 个、7.1 个百分点。预计 2025 年，行业营业收入总值将超过 2 万亿元。

3. 物业管理行业管理规模达 351.0 亿平方米

随着我国城镇化的推进和老旧小区物业管理全覆盖的实施，以及行业不断在多业态布局、全业态发力拓展，行业的服务范围逐步向城市服务、乡村管理等领域延伸，在增量交付和存量渗透双重因素推动下，行业管理规模持续稳定增长。

经测算，2021 年物业管理行业管理面积指数达 259.3（见图 7-2-2），较上年增加 15.2 个百分点。管理面积达 351.0 亿平方米，同比增长 6.2%。单位面积营业收入同比增长 5.9%，达到 37.8 元/平方米；人均管理面积同比增长 0.9%，达到 4501.9 平方米/人，行业运营效率持续提升。

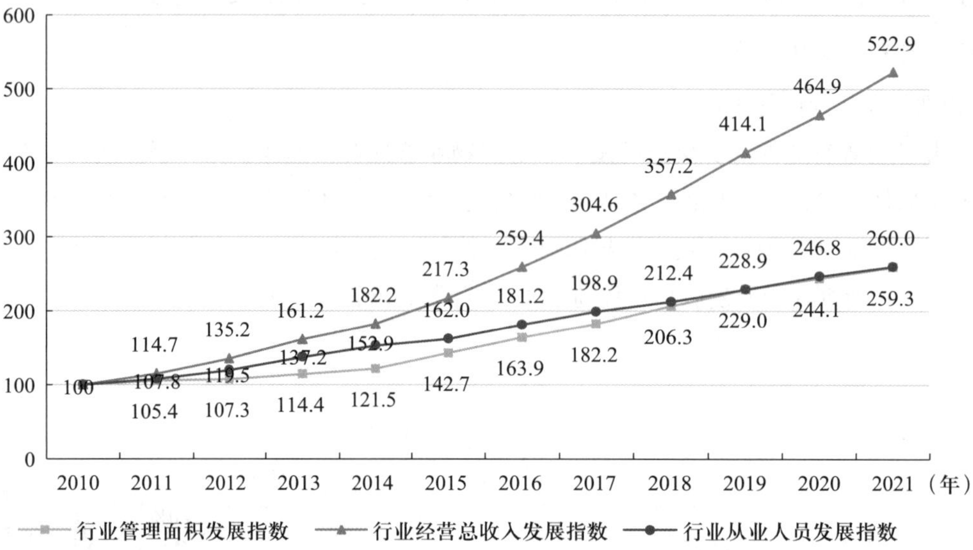

图 7-2-2　物业行业管理面积、经营总收入、从业人员发展指数情况

数据来源：中国物业管理协会。

4. 物业管理行业稳岗就业近 800 万人

物业管理行业规模大、业务范围广、企业数量多、项目覆盖范围广，成为稳定就业、拉动就业的重要平台。特别是随着物业管理行业社会价值、服务价值和资本价值的显现，行业对人才的虹吸效应增强。

经测算，2021 年物业管理行业从业人员发展指数达 260.0（见图 7-2-2），较上年增加 13.2。从业人员约 779.7 万人（不包含外包人员），同比增长 5.3%，新增近 40 万人。人均营业收入为 17 万元/人，较上年增加 6.8%，行业人均价值创造能力持续提升。

5. 恒生物业服务和管理指数下跌 46.74%

截至 2021 年 12 月 31 日，上市物业服务企业总数为 55 家，年内新增 14 家，较上年 18 家减少 4 家。物业股在上半年股价呈现上行，而下半年下滑明显。截至 6 月 30 日，上市物业服务企业上涨 16.07%，恒生物业服务和管理指数上升 5.52%。而下半年，住房和城乡建设部等八部门规范整治地产行业的通知引发市场担忧，截至 2021 年末，上市物业服务企业下跌 23.69%，恒生物业服务和管理指数下跌 46.74%。2021 年末物业板块 PE 均值仅为 17.64 倍，相较 2020 年年底（37.00 倍）下降 52.31%。

（二）行业发展面临新环境

1.《民法典》施行为行业提供有力法治保障

《中华人民共和国民法典》（简称《民法典》）于 2021 年 1 月 1 日正式施行。《民法典》不仅是业主与物业服务人员的权利依据，也对规范物业服务市场，提高物业服务质量，引导行业发展方向起到重要作用。

（1）赋予物业服务合同法律约束力。对物业服务内容、范围和物业服务者定义做了清晰的表述，同时赋予物业服务合同对业主的法律约束力。规范化的物业服务合同将作为物业服务人提供物业服务和实施管理的合法依据和有效凭证，权利和义务的明确为解决纠纷提供法律依据。

（2）对公有部分产生的经营收益做出明确规范。利用小区内业主共有部分获取的收益的归属权，一直因为没有明确的规范而成为物业与业主之间的矛盾“焦点”。明确利用共有部分产生收入在扣除合理成本后的归属，能够有效减少关于共有收益归属的争端。

（3）建立物业服务信息披露机制。物业服务人的服务内容及职责明确规定物业服务人应当定期披露服务事项、负责人员、质量要求、收费标准等情况。在促进物业服务人员提高对服务细节、服务质量的关注与把控的同时，将服务过程中的事项透明公开，有效减少了物业与业主之间的矛盾。

2. 政策加持引导行业市场秩序逐步规范

2021 年 7 月 13 日，住房和城乡建设部等 8 部门联合下发《关于持续整治规范房地产市场秩序的通知》。重点对房地产开发、房屋买卖、住房租赁、物业服务等房地产领域加大秩序整治力度，力争用 3 年左右的时间，有效遏制违法违规行为，不断健全监管制度，基本建立监管信息系统，逐步形成部门齐抓共管工作格局，群众信访投诉量显著下降。

物业服务的监管主要侧重在未按照物业服务合同约定内容和标准提供服务，未按规定公示物业服务收费项目标准、业主共有部分的经营与收益情况、维修资金使用情况等相关信息，超出合同约定或公示收费项目标准收取费用，擅自利用业主共有部分开展经营活动，侵占、挪用业主共有部分经营收益，物业服务合同依法解除或者终止后，无正当理由拒不退出物业服务项目等方面。

物业管理行业与居民生活息息相关，连接着居民生活服务的“最后一公里”，物业服务收费信息公开则是解决物业服务纠纷，构建和谐社区的重要手段。住房和城乡建设部《关于开展“加大物业服务收费信息公开力度，让群众明明白白消费”工作的通知》要求加大物业服务收费透明度，规范物业服务市场秩序，维护群众合法权益。住房和城乡建设部等部门《关于推动物业服务企业加快发展线上线下生活服务的意见》明确提出，公开利用业主共有部位开展停车、广告、租赁等经营收支明细及入账情况，以及住宅专项维修资金使用及结存信息，接受居民监督。

此外，为切实落实住房和城乡建设部等部门《关于加强和改进住宅物业管理工作的通知》等文件要求，中国物业管理协会向全体会员单位发出《关于提升物业服务水平推动物业管理行业高质量发展的倡议书》，指出要从提高政治站位，充分认识物业管理工作的重要意义；提升服务水平，担负服务质量主体责任；公开接受监督，全面规范收费行为；发展智慧物业，促进线上线下物业融合发展；开展行业自律，充分发挥物业管理行业协会作用等方面持续推动物业管理行业科学规范和高质量发展。

3. “双循环”战略拓宽行业优质服务供给

以“国内大循环为主体”的“双循环”发展战略已成为指导我国经济发展的重要国家战略。居民收入增长与经济增长保持同步。据国家统计局数据显示，2021 年上半年全国居民人均可支配收入为 17642 元，比上年同期名义增长 12.6%。其中，城镇居民人均可支配收入为 24125 元，实际增长 10.7%；农村居民人均可支配收入为 9248 元，实际增长 14.1%。

同时，消费作为我国经济增长主动力的作用进一步巩固。2020 年人均消费支出为 21210 元，最终消费支出对 GDP 增长的贡献率约为 30.1%。2021 年上半年，全国居民人均消费支出为 11471 元，比上年同期名义增长 18%，居民消费结构发生改变。人均教育文化娱乐消费支出的增长率居于首位，增长 68.5%，与服务相关的一系列消费支出增长明显，居民对幸福生活的需求持续升级。

为提供多样化的社区服务，满足居民日益变化的生活需求，物业管理行业的范围进一步拓宽。住房和城乡建设部等部门《关于加强和改进住宅物业管理工作的通知》鼓励物业服务企业统一管理在管项目周边老旧小区，扩大物业管理覆盖范围；鼓励有条件的物业服务企业向养老、托幼、家政、文化、健康、房屋经纪、快递收发等领域延伸；鼓励物业服务企业引导绿色生活方式，通过利用物联网、互联网、大数据等科技手段，实现对设备设施的记录、观察、分析和调整，从而实现系统设备低能耗运行，节约资源、保护环境、减少污染、降低碳排放强度，为人们提供健康、舒适、安全、美丽的生活空间。

4. 生活和生产双重属性兼顾行业民生和经营服务

根据国民经济行业分类，物业管理行业属于房地产业，但物业管理行业与房地产开发又有着本质的区别。随着行业的发展深化，物业管理与人们的生产和生活越发紧密。

（1）物业管理行业生活性服务属性已被业主广泛接受。物业服务企业围绕社区服务，不断探索能够多样化满足业主养老、托幼、家政、文化、健康、房屋经纪、快递收发等生活服务需求的业务。物业服务作为社区治理的关键一环，在新冠肺炎疫情防控中起到了承上启下的重要作用，纳入社会基层治理的政策信号不断释放。

（2）物业管理的生产性服务属性还未得到社会层面应有的重视。“十四五”期间，国家将推动生产性服务业融合化发展，推动生产性服务业向专业化和价值链高端延伸。围绕生产环节的商务咨询服务、金融服务、人力资源服务等新服务领域，深化业务关联、延伸服务链条，为物业管理行业提供发展契机。

住宅物业应以民生服务为核心，彰显物业服务企业社会责任。对于非住宅物业和城市服务，应以企业经营为导向，鼓励企业积极创新、提高服务质量。

（刘寅坤　吴一帆　中国物业管理协会）

三、房地产估价

2021 年，房地产估价机构规模继续壮大，受房地产估价师职业资格制度改革及新冠肺炎疫情影响，估价师考试报名及合格人数同比下降；一级估价机构平均营业收入持续缩减，但头部企业呈现较为明显的增长势头；传统估价业务有所减少，相关咨询顾问业务平稳增长，积极服务于经济社会发展的新领域。

（一）行业基本情况

1. 房地产估价机构情况

机构规模持续增长。截至 2021 年年底，全国共有房地产估价机构 5750 家，其中：一级机构 949 家，二级机构 2500 家，三级机构 1239 家，一级机构分支机构 1062 家。与 2020 年年底相比，一级机构增加 123 家，二级机构增加 85 家，继续保持平稳增长势头。

机构平均经营年限约 14 年。从经营年限来看，全国房地产估价机构平均经营年限约 14 年，经营年限超过 10 年的占比为 70.8%，超过 20 年的占比为 10.1%。一级房地产估价机构平均经营年限约 18 年，经营年限超过 10 年的占比为 95.8%，超过 20 年的占比为 23.6%。

2. 人员情况

受房地产估价师职业资格制度改革影响，考试报名及合格人数同比减少。2021 年，受房地产估价师职业资格制度改革及新冠肺炎疫情影响，全国共 12780 人报名参加全国房地产估价师资格考试，实际参考人数为 11310 人，其中 692 人考试合格，取得房地产估价师资格证书，考试合格率为 6.1%，低于历史水平。自 1995 年以来，共举办了 25 次全国房地产估价师资格考试，取得房地产估价师资格证书的人数达 72060 人。

注册房地产估价师人数平稳增长。从全国房地产估价师注册执业人数来看，2021 年初始注册执业人数为 4439 人，同比增长 8.0%，与上一年度持平。截至 2021 年年底，共有 67894 名房地产估价师注册执业。

估价师平均从业年限达 12 年。从从业年限来看，① 注册房地产估价师大多具有多年的估价经验，截至 2021 年年底，全国注册房地产估价师平均从业年限达 12 年，从业年限超过 10 年的注册房地产估价师占比为 52.6%，超过 20 年的注册房地产估价师占比为 20.2%。

---

① 以房地产估价师初始注册日期来计算从业年限。

35 岁以下年轻群体持续增加。截至 2021 年年底，注册房地产估价师平均年龄约为 45 岁。其中，年龄在 46~50 岁的人数最多，占比为 25.3%。从 2021 年年初始注册执业人数来看，35 岁以下的房地产估价师为 2549 人，同比增长 9.9%，占初始注册总人数的 57.5%。从法定代表人年龄来看，平均年龄为 49 岁，40 岁以上的占比近 90%。

65%的估价师为本科及以上学历。截至 2021 年年底，注册房地产估价师本科及以上学历占比为 65.3%。其中，本科占比为 58.1%，大专及以下占比为 34.7%，硕士和博士占比分别为 6.8%和 0.4%。从 2021 年年初始注册执业人数来看，本科及以上学历人数为 2590 人，同比减少 4.0%，占初始注册总人数的 60.9%。

女性估价师人数呈上升趋势。截至 2021 年年底，全国注册房地产估价师男性略多于女性，男性占比为 58.3%，女性占比为 41.7%。从 2021 年初始注册执业人数来看，女性人数为 2306 人，同比增长 9.8%，占初始注册总人数的 51.9%。

3. 业绩情况

平均营业收入有所下降，头部企业持续增长。2021 年，全国一级房地产估价机构平均营业收入为 1862 万元，同比下降 5.3%，但营业收入排名前十的机构平均营业收入同比增长 12.6%。根据各等级机构上报的 2021 年度营业收入情况估算，2021 年全国房地产估价机构营业收入近 324 亿元。

抵押估价业务有所减少，相关咨询顾问业务积极开展。2021 年，三大传统房地产估价业务（抵押估价、司法鉴定、征收评估）评估总价值及占比均呈现下降趋势；咨询顾问类业务评估总价值及占比平稳增加。具体来看，全国一级房地产估价机构房地产抵押估价类业务评估价值占总评估价值的比重为 52.2%，同比减少 4.1 个百分点；房地产咨询顾问类业务占比为 17.7%，同比增加 0.4 个百分点。

（二）行业发展政策及重要事件

房地产估价师职业资格首次由住房和城乡建设部、自然资源部共同组织实施。为落实国家职业资格制度改革要求，根据国务院领导批示精神，2021 年 10 月 15 日，住房和城乡建设部、自然资源部印发了《房地产估价师职业资格制度规定》和《房地产估价师职业资格考试实施办法》。房地产估价师职业资格首次由住房和城乡建设部、自然资源部共同组织实施。改革后的房地产估价师职业资格考试设置房地产制度法规政策、房地产估价原理与方法、房地产估价基础与实务、土地估价基础与实务 4 个考试科目，取消了报考专业及工作年限的要求，合格成绩管理滚动周期由 2 年调整为 4 年。按照新的房地产估价师职业资格制度，取得房地产估价师职业资格并经注册的，可以依法从事房地产估价业务和土地估价业务，签署房地产估价报告和土地估价报告，房地产估价和土地估价机构更加融合发展。

涉执房地产处置司法评估工作日趋规范。为贯彻落实《最高人民法院关于人民法院确定财产处置参考价若干问题的规定》《人民法院委托评估工作规范》有关规定，2021 年 8 月 18 日，中国房地产估价师与房地产经纪人学会发布了《涉执房地产处置司法评估指导意见（试行）》《涉执房地产处置司法评估专业技术评审办法（试行）》两个司法评估配套文件，进一步规范涉执房地产处置司法评估行为，指导各地房地产估价行业组织开展司法评估专业技术评审工作，维护当事人和利害关系人的合法权益。

2021 中国房地产估价年会回顾行业发展历程，前瞻行业发展趋势。根据新冠肺炎疫情防控要求，2021 年 12 月 21 日，中国房地产估价师与房地产经纪人学会以线上方式举办了主题为“房地产估价：回望与前瞻”的 2021 中国房地产估价年会，有关专家学者、我国内地知名房地产估价机构负责人等嘉宾围绕行业重大议题进行了热烈研讨，吸引了全国各地的房地产估价师、从业人员等在线观看。

外交部委托中国房地产估价师与房地产经纪人学会对涉外房地产估价项目进行复核。2021 年，外交部委托中国房地产估价师与房地产经纪人学会组织专家对驻乌克兰使馆本部相邻地皮购置项目价格评估进行复核。这是外交部首次委托中国房地产估价师与房地产经纪人学会对涉外房地产估价项目进行复核。同年，外交部委托中国房地产估价师与房地产经纪人学会组织专家对中国驻德国使馆原教育处房产处置项目价格评估进行复核，并首次安排中国房地产估价师与房地产经纪人学会专家赴德国柏林对估价对象进行现场调查。

（宋梦美　中国房地产估价师与房地产经纪人学会）

四、房地产金融

（一）货币供需及价格

1. 货币供应总量

2021 年年底，广义货币供应量 M2 余额为 238.3 万亿元，同比增长 9.0%，增速比上年年底低 1.1 个百分点。基础货币余额为 32.9 万亿元，同比下降 0.3%，增速比上年年底低 2.2 个百分点。货币乘数（广义货币/基础货币）为 7.2，保持扩大趋势（见图 7-4-1）。

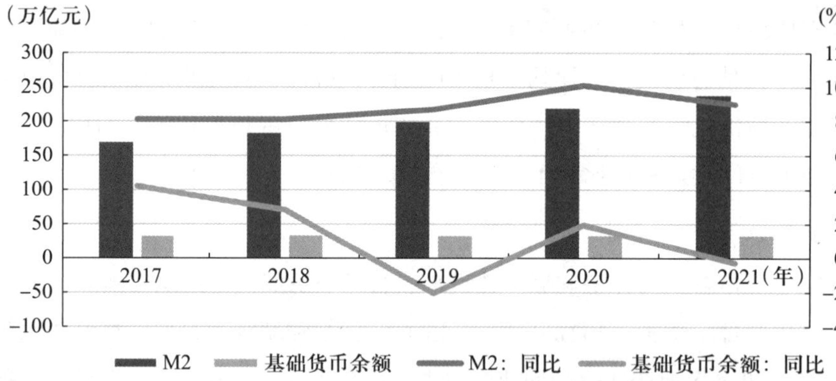

图 7-4-1　2017—2021 年 M2、基础货币及其同比增速

数据来源：中国人民银行。

2. 存款

2021 年年底，金融机构人民币各项存款余额为 2386062 亿元，同比增长 9.3%，比年初增加 202318 亿元，同比多增 217 亿元。从存款部门分布看，住户存款、非金融企业今年存款增量分别为 98734 亿元、41919 亿元，分别同比少增 14352 亿元、25153 亿元；机关团体存款、财政性存款、非银行业金融机构 2021 年存款增量分别为 12652 亿元、5424 亿元、40845 亿元，分别同比多增 11790 亿元、1103 亿元、29131 亿元（见表 7-4-1）。

3. 贷款

2021 年年底，金融机构人民币贷款余额为 1985108 亿元，同比增长 11.3%，比年初增加 201074 亿元，同比多增 3060 亿元。从贷款部门分布看，住户贷款余额 711100 亿元，同比增长 12.5%，比年初增加 79199 亿元，同比多增 593 亿元。其中，个人住房贷款余额 38.3 万亿元，同比增长 11.3%，比年初增加 3.8 万亿元，同比少增 5000 亿元。企（事）业单位贷款余额 1226777 亿元，同比增长 11.0%，比年初增加 121469 亿元，同比少增 107 亿元。非银行业金融机构贷款余额 4637 亿元，同比下降 16.3%，比年初减少 901 亿元，同比多增 3464 亿元（见表 7-4-2）。

表 7-4-1　2021 年年底人民币存款结构

类　型	存款余额（亿元）	同比增速（%）	当年新增额（亿元）	同比多增额（亿元）
人民币各项存款	2386062	9.3	202318	217
境内存款	2351539	9.3	199574	2519
住户存款	1033118	10.6	98734	-14352
非金融企业存款	730137	6.1	41919	-25153
机关团体存款	311852	4.2	12652	11790
财政性存款	50586	12.0	5424	1103
非银行业金融机构存款	225847	22.1	40845	29131
境外存款	34524	8.6	2744	-2302

数据来源：中国人民银行。

表 7-4-2　2021 年年底人民币贷款结构

类　型	贷款余额（亿元）	同比增速（%）	当年新增额（亿元）	同比多增额（亿元）
人民币各项贷款	1985108	11.3	201074	3060
境内贷款	1942513	11.5	199766	3950
住户贷款	711100	12.5	79199	593
企（事）业单位贷款	1226777	11.0	121469	-107
非银行业金融机构贷款	4637	-16.3	-901	3464
境外贷款	42594	3.2	1307	-889

数据来源：中国人民银行。

4. 社会融资规模

2021 年年底，社会融资规模存量为 314.1 万亿元，同比增长 10.3%。其中，人民币贷款余额为 191.5 万亿元，同比增长 11.6%；外币贷款折合人民币余额为 2.2 万亿元，同比增长 6.3%；委托贷款余额为 10.9 万亿元，同比下降 1.6%；信托贷款余额为 4.4 万亿元，同比下降 31.3%；未贴现银行承兑汇票余额为 3.0 万亿元，同比下降 14.0%；企业债券余额为 29.9 万亿元，同比增长 8.6%；政府债券余额为 53.1 万亿元，同比增长 15.2%；非金融企业境内股票余额为 9.5 万亿元，同比增长 15.0%；存款类金融机构资产支持证券余额为 2.2 万亿元，同比增长 14.7%；贷款核销余额为 6.3 万亿元，同比增长 19.5%（见表 7-4-3）。

5. 市场利率

从银行融资看，2021 年受新冠肺炎疫情反复影响，货币市场利率持续下降，尤其是 1—6 月。2021 年 12 月底，3 月期上海银行间同业拆借利率（SHIBOR）为 2.50%，比上年年底的 2.99%下降 49 个基点；银行间市场存款类机构以利率债为质押的 7 天期回购利率（DR007）为 2.29%，比上年年底的 2.46%下降 17 个基点。

从非金融机构融资看，国债可代表当前无风险利率水平，企业债代表企业直融成本，这两个指标利率都是衡量金融市场各类融资利率的标尺。2021 年 12 月底，1 年期国债、1 年期 AAA 企业债、1 年期 AA-企业债到期收益率分别为 2.24%、2.75%、5.41%，较上年年底分别下降 23、36、48 个基点（见图 7-4-2）。

表 7-4-3　2021 年年底社会融资结构

类　型	余额（万亿元）	同比增速（%）	当年新增额（亿元）	同比多增额（亿元）
社会融资规模	314.1	10.3	293800	-39600
人民币贷款	191.5	11.6	199400	-900
外币贷款	2.2	6.3	1300	1400
委托贷款	10.9	-1.6	-1900	1900
信托贷款	4.4	-31.3	-19800	-8700
未贴现银行承兑汇票	3.0	-14.0	-5000	-6800
企业债券	29.9	8.6	23800	-16100
政府债券	53.1	15.2	70100	-13100
非金融企业境内股票	9.5	15.0	12300	3400
存款类金融机构资产支持证券	2.2	14.7	2800	700
贷款核销	6.3	19.5	10300	-1900

数据来源：中国人民银行。

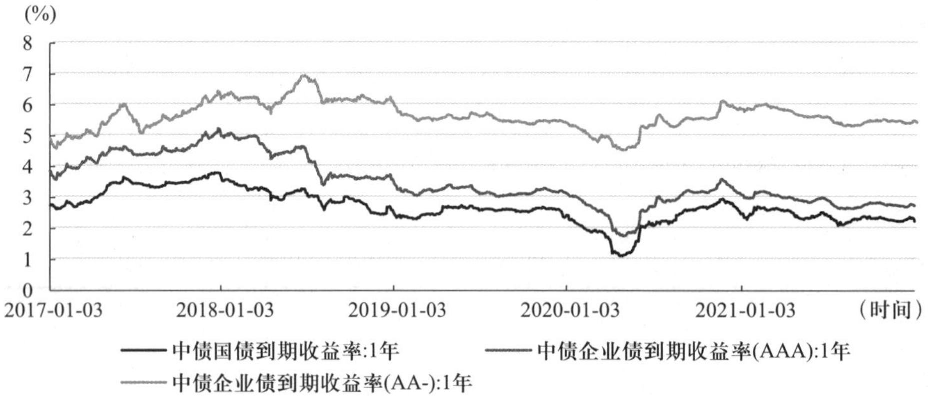

图 7-4-2　2017—2021 年主要融资利率走势

数据来源：中债估值中心。

（二）房地产信贷

1. 房地产信贷总量

2021 年年底，人民币房地产贷款余额 52.2 万亿元，同比增长 7.9%，增速比上年年底低 3.7 个百分点。全年增加 2.6 万亿元，占同期人民币各项贷款增量的 13.0%，比上年年底低 13.3 个百分点。其中，个人住房贷款余额 38.3 万亿元，同比增长 11.3%，增速比上年年底低 3.3 个百分点；住房开发贷款余额 9.1 万亿元，同比增长 0.5%，增速较上年年底低 7.7 个百分点（见图 7-4-3）。

2. 与其他行业比较

2021 年，房地产贷款增幅自年初持续回落，而后在四季度有所回升。增速持续低于工业贷款增速 22.6%（包括重工业和轻工业），且低于服务业贷款同比增速 11.0%（见图 7-4-4）。

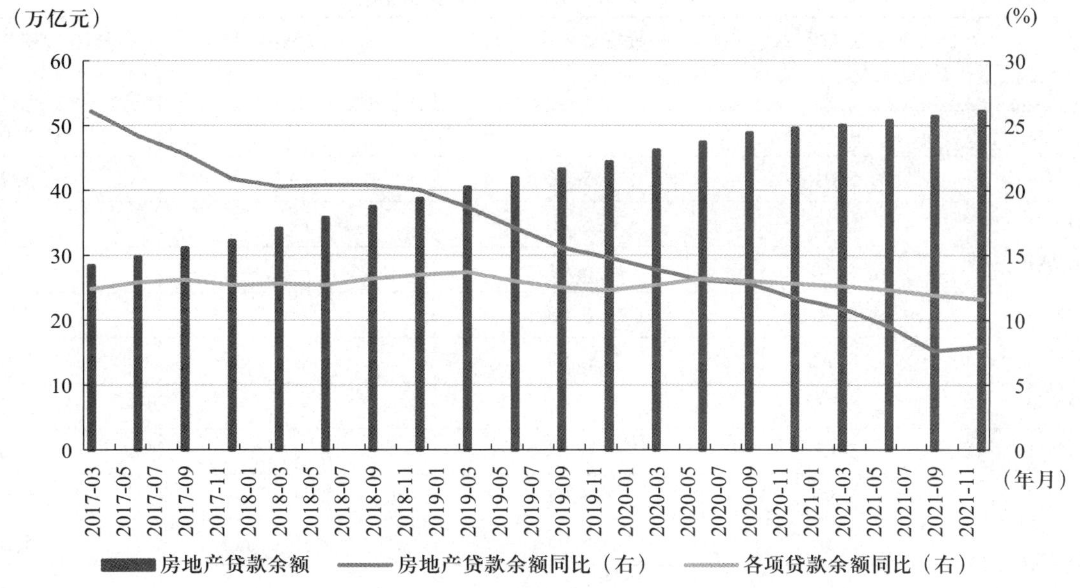

图 7-4-3　2017—2021 年房地产贷款余额及其同比增速

数据来源：中国人民银行。

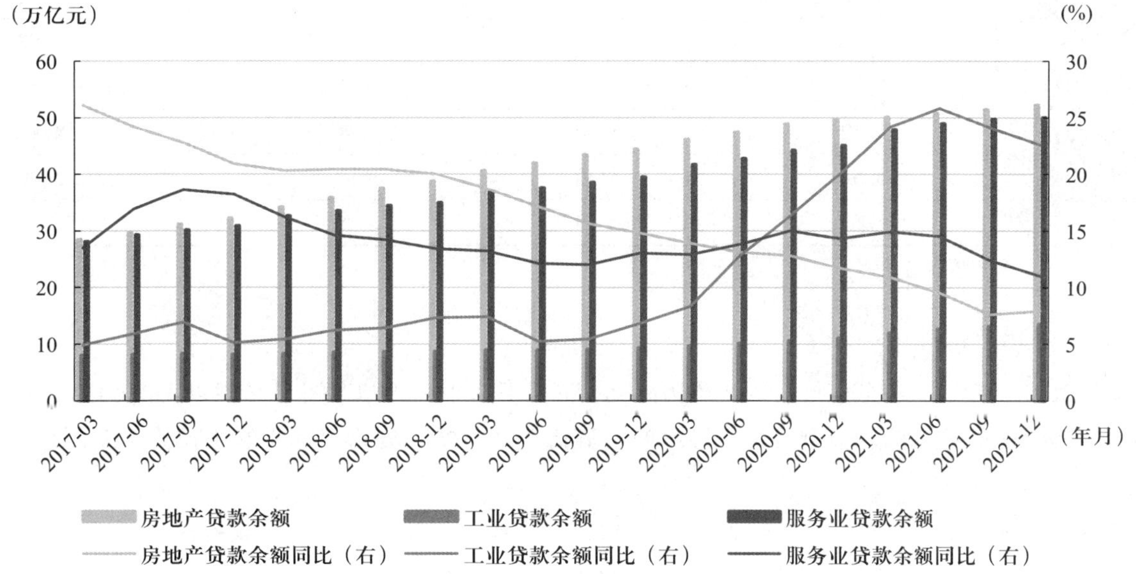

图 7-4-4　2017—2021 年部分行业贷款余额及其增速

数据来源：中国人民银行。

3. 房地产按揭贷款利率

2021 年年底，所有贷款加权平均利率为 4. 76%，较上年年底下降 27 个基点。其中，个人购房贷款利率加权平均利率为 5. 63%，较上年年底增长 29 个基点；一般贷款加权平均利率为 5. 19%，较上年年底下降 11 个基点；企业贷款加权平均利率 4. 57%，较上年年底下降 4 个基点（见表 7-4-4）。

表 7-4-4　房地产各项贷款利率

频率	个人购房贷款利率（%）	一般贷款利率（%）	企业贷款利率（%）	所有贷款加权平均利率（%）
2017Q1	4.55	5.63	—	5.53
2017Q2	4.69	5.71	—	5.67
2017Q3	5.01	5.86	—	5.76
2017Q4	5.26	5.80	—	5.74
2018Q1	5.42	6.01	—	5.96
2018Q2	5.60	6.08	—	5.97
2018Q3	5.72	6.19	—	5.94
2018Q4	5.75	5.91	—	5.63
2019Q1	5.68	6.04	—	5.69
2019Q2	5.53	5.94	—	5.66
2019Q3	5.55	5.96	—	5.62
2019Q4	5.62	5.74	—	5.44
2020Q1	5.60	5.48	—	5.08
2020Q2	5.42	5.26	4.64	5.06
2020Q3	5.36	5.31	4.63	5.12
2020Q4	5.34	5.30	4.61	5.03
2021Q1	5.37	5.30	4.63	5.10
2021Q2	5.42	5.20	4.58	4.93
2021Q3	5.54	5.30	4.59	5.00
2021Q4	5.63	5.19	4.57	4.76

数据来源：中国人民银行。

（三）房地产信托

截至 2021 年年底，资金信托余额 15.0 万亿元，同比下降 8.0%，工商企业依然以 4.2 万亿元的余额规模稳居榜首，其次是证券投资、金融机构、房地产、基础产业。投向房地产行业的规模为 1.8 万亿元，同比下降 22.7%。

从资金信托的投向占比看，截至 2021 年年底，五大投向占比为：工商企业占比 30.0%，证券投资占比 20.5%，基础产业占比 13.5%，房地产业占比 13.4%，金融机构占比 13.1%。房地产业的资金信托余额占比较上年同期下降 0.4 个百分点（见图 7-4-5）。

（四）房地产公募基金

选取基金市场类中全部基金作为研究对象，统计公募基金对于房地产板块的配置情况。

从持仓市值来看，2021 年房地产板块的基金持仓总市值为 1098.5 亿元，同比增长 17.4%。占股票投资市值比重（基金持仓行业市值规模/基金配置 A 股市值规模）为 1.56%，为近 5 年来新低水平，相较上年下降 0.2 个百分点（见图 7-4-6）。

2021 年，公募基金对于房地产板块的标准行业配置比例（行业自由流通市值/全 A 股自由流通市值）为 2.11%，相较 2020 年下降 0.66 个百分点。相对标准行业配置比例为-0.54%，较 2020 年有所收窄（见图 7-4-7）。

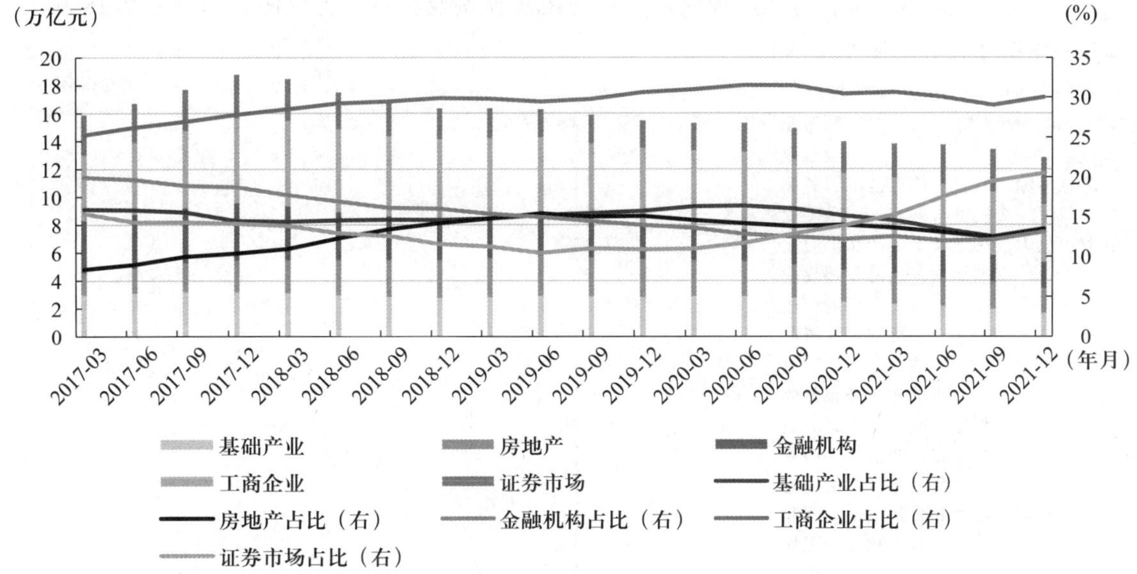

图 7-4-5　2017—2021 年资金信托投向余额及占比

数据来源：中国信托业协会。

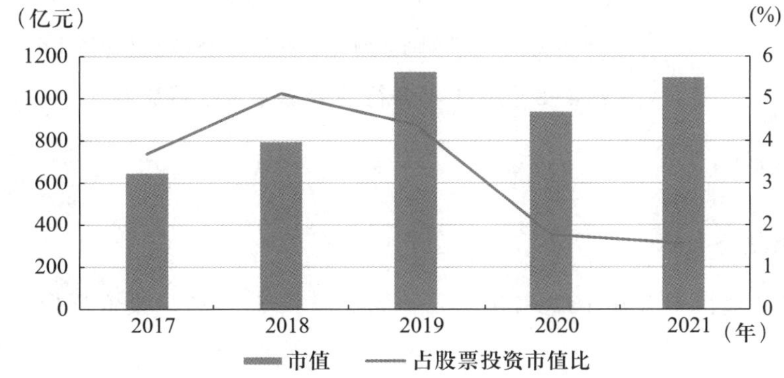

图 7-4-6　2017—2021 年房地产板块的基金持仓市值及占比

数据来源：wind 数据库。

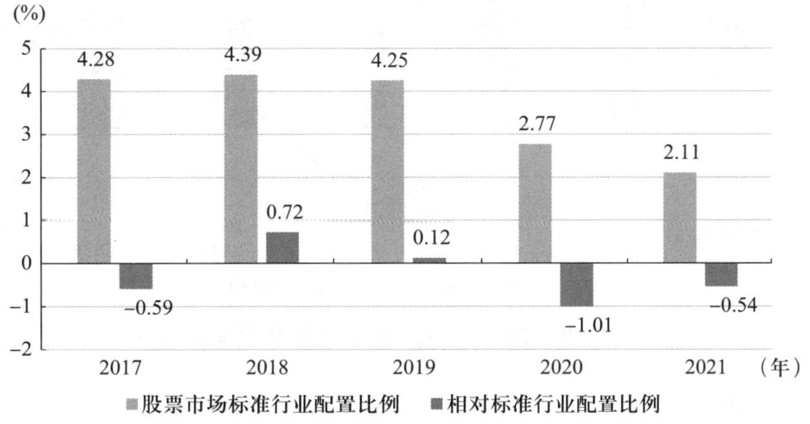

图 7-4-7　2017—2021 年房地产板块标准行业配置比例

数据来源：wind 数据库。

横向对比全行业配置情况，房地产板块标准行业配置比例及相对配置比例分别排名 7/18 和 13/18，相较 2020 年分部下降 1 位（见图 7-4-8）。

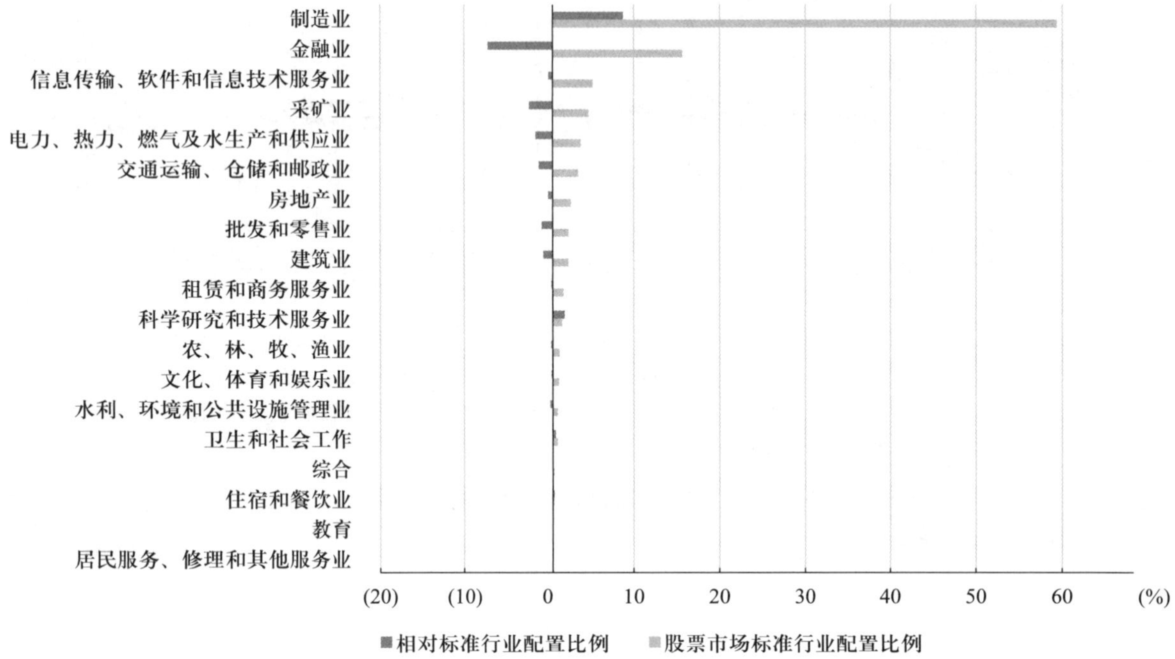

图 7-4-8　2021 年各行业公募基金配置比例

数据来源：wind 数据库。

（五）房地产私募基金

2021 年私募股权基金投资金额 10288.3 亿元，同比增长 51.4%。投资规模已恢复到近年高点（见图 7-4-9）。

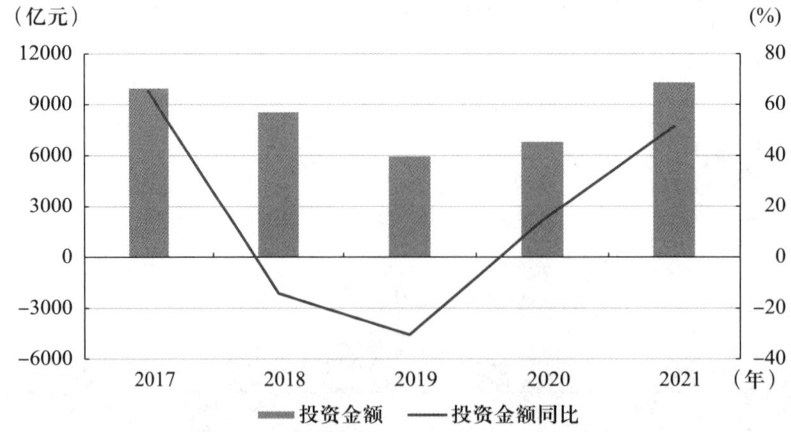

图 7-4-9　2017—2021 年私募股权基金投资金额

数据来源：清科数据库。

从投资情况看，2021 年，私募股权基金在房地产领域的投资案例共有 34 起，较上年减少 19 起；投资金额为 477.0 亿元，同比增长 76.1%；投资金额名列行业第 6 位，较上年上升 2 位（见图 7-4-10）。

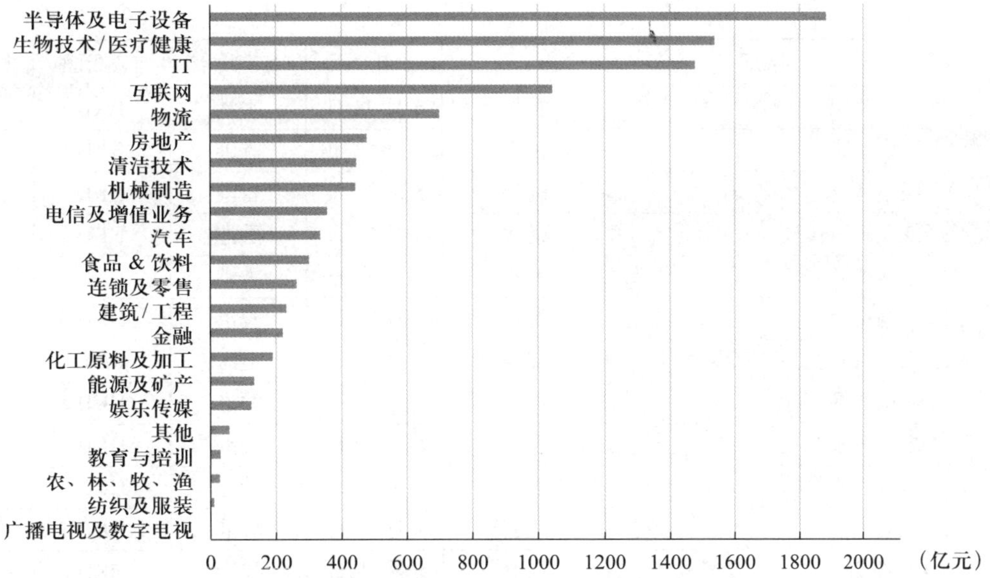

图 7-4-10　2021 年私募基金投资行业分布

数据来源：清科数据库。

（六）境内证券市场融资与偿还

1. 股票融资

2021 年房地产行业（按照证监会行业划分）股票市场融资规模为 705.1 亿元，同比下降 11.5%（见表 7-4-5）。其中，地产开发类公司融资规模达 366.4 亿元，较上年（融资规模为 195.7 亿元）增长 87.2%，有较多地产公司配股融资；物业、服务类公司融资 338.7 亿元，较上年（融资规模为 601.5 亿元）下降 43.7%。

表 7-4-5　2021 年房地产企业股市融资情况

类别	公司简称	发行方式	上市日期	上市地点	交易币种	发行规模（亿元）
地产开发类	百仕达控股	供股	1 月 6 日	香港	HKD	7.93
	佳源国际控股	代价发行	1 月 13 日	香港	HKD	27.72
	远东酒店实业	配售	1 月 14 日	香港	HKD	0.13
	华音国际控股	配售	1 月 15 日	香港	HKD	1.02
	青岛控股	供股	1 月 18 日	香港	HKD	1.95
	长实集团	代价发行	1 月 25 日	香港	HKD	170.00
	宝新置地	配售	1 月 26 日	香港	HKD	2.73
	佳兆业集团	供股	1 月 27 日	香港	HKD	25.86
	嘉年华国际	配售	3 月 1 日	香港	HKD	0.68
	中原建业	首发	3 月 16 日	香港	HKD	9.85
	建发国际集团	配售	3 月 16 日	香港	HKD	9.43
	中国物流资产	配售	3 月 17 日	香港	HKD	7.79
	天誉置业	配售	3 月 18 日	香港	HKD	4.30
	天臣控股	配售	3 月 18 日	香港	HKD	0.16
	庄士中国	代价发行	3 月 26 日	香港	HKD	5.86
	朗诗绿色生活	首发	4 月 28 日	香港	HKD	3.52

续表

类别	公司简称	发行方式	上市日期	上市地点	交易币种	发行规模（亿元）
地产开发类	三巽集团	首发	4 月 28 日	香港	HKD	8.58
	中国唐商	代价发行	5 月 13 日	香港	HKD	0.90
	民生国际	配售	5 月 25 日	香港	HKD	3.28
	筑友智造科技	配售	5 月 25 日	香港	HKD	2.88
	中国奥园	配售	5 月 28 日	香港	HKD	4.00
	中国奥园	配售	5 月 31 日	香港	HKD	15.99
	山东省商业集团有限公司	可交换债	6 月 3 日	上海	CNY	1.50
	迪臣发展国际	供股	6 月 9 日	香港	HKD	0.49
	中国奥园	配售	6 月 20 日	香港	HKD	6.00
	旭辉控股集团	供股	6 月 25 日	香港	HKD	16.73
	融创中国	配售	6 月 28 日	香港	HKD	50.85
	新城发展	供股	6 月 29 日	香港	HKD	15.67
	世茂集团	配售	7 月 2 日	香港	HKD	11.80
	龙光集团	配售	7 月 8 日	香港	HKD	11.70
	山东省商业集团有限公司	可交换债	7 月 12 日	上海	CNY	2.40
	华南城	配售	7 月 15 日	香港	HKD	19.10
物业、服务类	和泓服务	配售	7 月 16 日	香港	HKD	1.60
	荣万家	首发	7 月 16 日	香港	HKD	12.65
	宋都服务	首发	7 月 19 日	香港	HKD	2.00
	鑫苑服务	配售	7 月 26 日	香港	HKD	0.38
	星盛商业	首发	7 月 30 日	香港	HKD	10.45
	首程控股	配售	8 月 17 日	香港	HKD	4.26
	新城悦服务	配售	8 月 20 日	香港	HKD	10.40
	易居企业控股	配售	9 月 27 日	香港	HKD	24.90
	易居企业控股	代价发行	9 月 27 日	香港	HKD	18.60
	新希望服务	首发	9 月 30 日	香港	HKD	8.14
	碧桂园服务	配售	10 月 20 日	香港	HKD	104.88
	雅生活服务	配售	10 月 24 日	香港	HKD	32.59
	越秀服务	首发	11 月 1 日	香港	HKD	20.16
	中骏商管	首发	11 月 8 日	香港	HKD	21.28
	领悦服务集团	首发	11 月 9 日	香港	HKD	3.17
	德信服务集团	首发	11 月 14 日	香港	HKD	8.17
	康桥悦生活	首发	11 月 18 日	香港	HKD	6.44
	融信服务	首发	12 月 2 日	香港	HKD	6.50
	合富辉煌	配售	12 月 7 日	香港	HKD	3.13
	世茂服务	配售	12 月 7 日	香港	HKD	17.46
	旭辉永升服务	配售	12 月 10 日	香港	HKD	13.16
	碧桂园服务	配售	12 月 16 日	香港	HKD	80.03
	建发物业	配售	12 月 17 日	香港	HKD	5.46
	德商产投服务	首发	12 月 31 日	香港	HKD	1.81

数据来源：wind 数据库。

2. 境内债券融资与偿还

（1）融资。2021 年房地产行业共发行债券 555 只（不包括资产证券化产品），累计发行金额 5562.5 亿元，同比增长 2.7%；主要产品以超短期融资券、定向工具、私募债、短期融资券、公司债、企业债和中期票据为主。从发行面额的占比来看，从大到小依次为：公司债（40.8%），中期、票据（25.5%），超短期融资债券（15.2%），定向工具（7.7%），私募债（6.5%），企业债（2.8%），短期融资券（1.2%）。

从 2021 年各月发行情况看，1 月、4 月、6 月、11 月、12 月债券融资金额同比增长，其余月份均同比下降。上半年主要受限于债券融资渠道收紧，下半年则主要由于房地产行业风险抬升。2021 年年底，房地产行业政策见底回暖，11 月、12 月分别同比增长 1.08%、45.19%，债券市场融资逐步回暖（见图 7-4-11）。

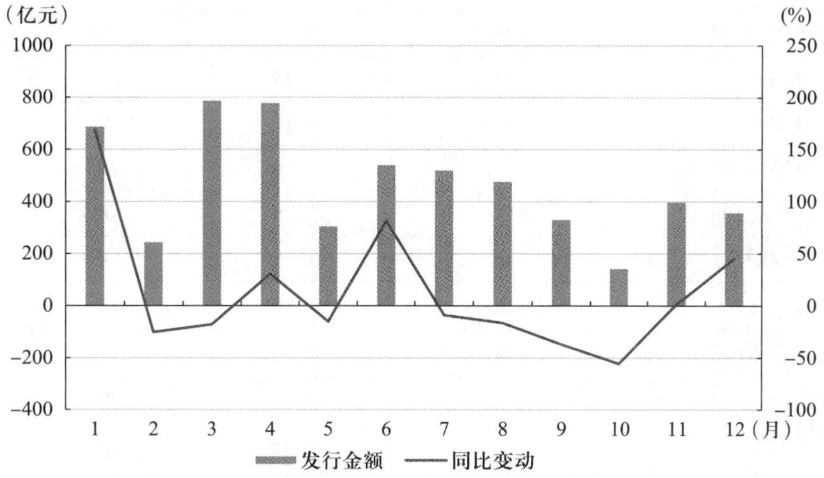

图 7-4-11　2021 年各月房地产行业境内债券融资情况

数据来源：wind 数据库。

根据克而瑞 2021 年权益销售金额榜单，TOP20 的房地产企业发行债券 1763.8 亿元，占比为 31.7%（见表 7-4-6）。发行主体主要为国有企业、中央企业及优质民营企业，包括招商蛇口、保利、金地、中海、万科、华润、龙湖等企业。

表 7-4-6　2021 年销售 TOP20 房企发行境内债券情况

发行人	发行日期	发行面额（亿元）	利率（%）	期限（年）	债券类型
碧桂园	3 月 10 日	20.00	4.80	5.00	公司债
	6 月 10 日	11.00	4.80	5.00	公司债
	9 月 10 日	14.35	4.33	4.00	公司债
	12 月 15 日	10.00	6.30	4.00	公司债
恒大	4 月 23 日	82.00	7	5.00	公司债
万科	1 月 20 日	11.00	3.98	7.00	公司债
	1 月 20 日	19.00	3.38	3.00	公司债
	1 月 27 日	20.00	3.76	3.00	中期票据
	4 月 28 日	20.00	3.52	3.00	中期票据
	5 月 18 日	5.66	3.70	7.00	公司债
	5 月 18 日	10.00	3.40	5.00	公司债
	7 月 22 日	7.00	3.49	7.00	公司债
	7 月 22 日	23.00	3.19	5.00	公司债
	9 月 2 日	20.00	3.08	3.00	中期票据

续表

发行人	发行日期	发行面额（亿元）	利率（%）	期限（年）	债券类型
保利	1月27日	9.00	3.98	7.00	公司债
	1月27日	16.30	3.68	5.00	公司债
	3月12日	9.40	3.90	7.00	公司债
	3月12日	10.00	3.65	5.00	公司债
	3月29日	25.00	3.63	3.00	中期票据
	4月20日	25.00	3.55	3.00	中期票据
	5月28日	5.30	3.70	7.00	公司债
	5月28日	25.00	3.39	5.00	公司债
	7月14日	5.90	3.45	7.00	公司债
	7月14日	6.00	3.17	5.00	公司债
	9月6日	6.26	3.29	5.00	公司债
	11月2日	30.00	3.25	3.00	中期票据
	11月15日	20.00	3.55	5.00	中期票据
融创	1月15日	15.80	6.80	4.00	公司债
	3月31日	20.00	7.00	4.00	公司债
	6月25日	6.00	7.00	4.00	私募债
中海	1月13日	15.00	3.35	3.00	中期票据
	6月10日	10.00	3.55	5.00	公司债
	6月10日	20.00	3.25	3.00	公司债
	7月8日	20.00	3.25	4.00	公司债
	7月8日	10.00	3.10	4.00	公司债
	8月5日	15.00	3.25	7.00	公司债
	8月5日	5.00	2.75	4.00	公司债
	11月23日	12.00	3.38	5.00	公司债
	11月23日	17.00	3.08	3.00	公司债
	12月16日	8.00	3.38	5.00	公司债
	12月16日	13.00	2.98	3.00	公司债
绿地	1月5日	16.00	6.50	3.00	公司债
	1月5日	10.00	7.00	3.00	公司债
华润	1月22日	10.00	3.30	3.00	公司债
	5月7日	15.00	3.84	5.00	中期票据
	5月7日	30.00	3.50	3.00	中期票据
	5月7日	15.00	3.29	2.00	中期票据
	6月30日	15.00	3.70	5.00	中期票据
	6月30日	20.00	3.38	3.00	中期票据
	12月16日	25.00	3.05	3.00	公司债

续表

发行人	发行日期	发行面额（亿元）	利率（%）	期限（年）	债券类型
招商蛇口	1月29日	15.00	3.87	3.00	中期票据
	2月1日	10.00	3.10	0.49	超短期融资债券
	3月25日	30.00	2.90	0.49	超短期融资债券
	4月12日	7.00	3.56	3.00	公司债
	4月12日	3.00	3.80	5.00	公司债
	4月26日	15.00	2.75	0.41	超短期融资债券
	5月27日	3.00	3.00	0.74	超短期融资债券
	6月3日	11.60	3.37	3.00	公司债
	6月3日	10.00	3.66	5.00	公司债
	6月15日	15.00	2.63	0.25	超短期融资债券
	7月27日	10.00	2.70	0.74	超短期融资债券
	9月8日	15.00	2.69	0.49	超短期融资债券
	9月22日	15.00	2.74	0.49	超短期融资债券
	10月14日	13.00	2.88	0.74	超短期融资债券
	11月15日	30.00	2.84	0.74	超短期融资债券
	11月16日	15.00	3.55	5.00	中期票据
	11月16日	15.00	3.23	3.00	中期票据
龙湖集团	1月5日	10.00	4.40	7.00	公司债
	1月5日	20.00	3.95	5.00	公司债
	5月19日	15.00	3.93	7.00	公司债
	5月19日	15.00	3.50	5.00	公司债
	8月9日	10.00	3.70	7.00	公司债
	8月9日	20.00	3.35	5.00	公司债
	12月7日	10.00	3.70	15.00	中期票据
世茂集团	3月15日	9.70	5.15	2.00	中期票据
	4月30日	6.40	5.50	2.00	中期票据
金地集团	1月11日	15.00	3.88	3.00	中期票据
	2月25日	20.00	3.93	5.00	公司债
	3月8日	15.00	3.96	3.00	中期票据
	3月22日	15.00	3.98	3.00	中期票据
	4月1日	5.00	4.30	5.00	公司债
	4月1日	24.95	3.91	5.00	公司债
	4月7日	8.00	3.10	0.68	超短期融资债券
	5月25日	20.00	3.72	3.00	中期票据
	6月10日	15.00	3.79	3.00	中期票据
	11月8日	15.00	4.17	3.00	中期票据
	12月13日	15.00	4.04	3.00	中期票据

续表

发行人	发行日期	发行面额（亿元）	利率（%）	期限（年）	债券类型
新城控股	4月19日	8.00	6.30	3.00	中期票据
	6月18日	7.80	6.00	3.00	公司债
中国金茂	3月18日	8.00	3.20	0.74	超短期融资债券
	4月14日	30.00	3.74	3.00	中期票据
	10月12日	20.00	3.65	3.00	中期票据
	12月2日	8.00	3.00	0.49	超短期融资债券
旭辉集团	3月10日	14.48	4.40	5.00	公司债
	7月20日	30.00	4.20	5.00	公司债
	9月10日	18.75	3.90	4.00	公司债
绿城中国	1月11日	25.00	3.92	5.00	公司债
	3月19日	16.50	4.07	5.00	公司债
	3月24日	5.00	4.30	15.00	项目收益票据
	8月17日	10.00	3.34	5.00	公司债
	10月19日	14.00	3.90	3.00	中期票据
	11月30日	20.00	3.68	3.00	中期票据
龙光集团	3月23日	4.27	4.90	4.00	公司债
	6月22日	13.47	4.80	4.00	公司债
	8月19日	15.00	4.70	4.00	公司债
金科集团	1月7日	10.00	5.40	0.71	超短期融资债券
	1月26日	7.50	6.20	4.00	公司债
	3月2日	22.00	6.30	4.00	公司债
	3月30日	5.00	6.30	4.00	中期票据
	4月8日	8.00	5.90	0.71	超短期融资债券
	6月23日	10.00	6.30	4.00	公司债
	9月22日	10.00	6.80	0.74	超短期融资债券
	12月22日	8.00	6.80	0.74	超短期融资债券
建发房产	2月26日	4.20	4.38	5.00	定向工具
	3月24日	5.10	4.88	5.00	中期票据
	4月14日	5.00	4.65	5.00	中期票据
	4月30日	10.00	4.64	5.00	中期票据
	5月26日	3.00	4.50	5.00	中期票据
	5月28日	5.00	3.97	5.00	定向工具
	7月8日	6.95	4.38	7.00	公司债
	11月18日	4.40	5.00	5.00	中期票据
	12月22日	5.00	3.98	5.00	定向工具
阳光城	1月20日	10.00	6.90	5.00	公司债
	1月28日	5.80	6.92	4.00	中期票据
	7月8日	10.00	7.30	4.00	公司债

数据来源：wind 数据库。

（2）偿还。2021 年房地产行业共偿还债券 715 只（不包括资产证券化产品），累计偿还金额 6667.8 亿元，同比增长 26.6%。从 2021 年各月偿还情况看，上半年，尤其是一季度偿还金额较去年增长明显，8 月以来各月偿还金额依旧不低，但 2020 年同期基数较高，致使同比增速为负（见图 7-4-12）。

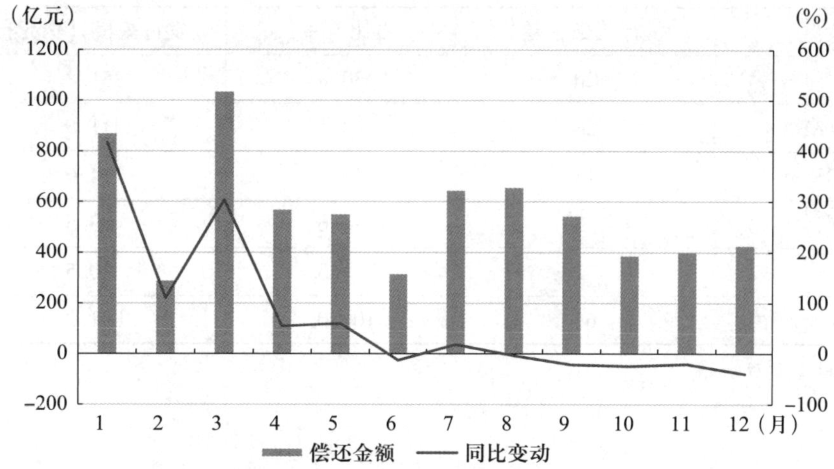

图 7-4-12　2021 年各月房地产行业境内债券偿还情况

数据来源：wind 数据库。

（3）净融资。2021 年受融资渠道收紧影响，房地产行业境内债券市场（不包括资产证券化产品）净融资为-1105.3 亿元，为债券市场融资以来首次转负的年份，2020 年为 148.0 亿元。从各月净融资情况来看，2021 年除 4 月、6 月净融资为正外，其余各月净融资均为负（见图 7-4-13）。

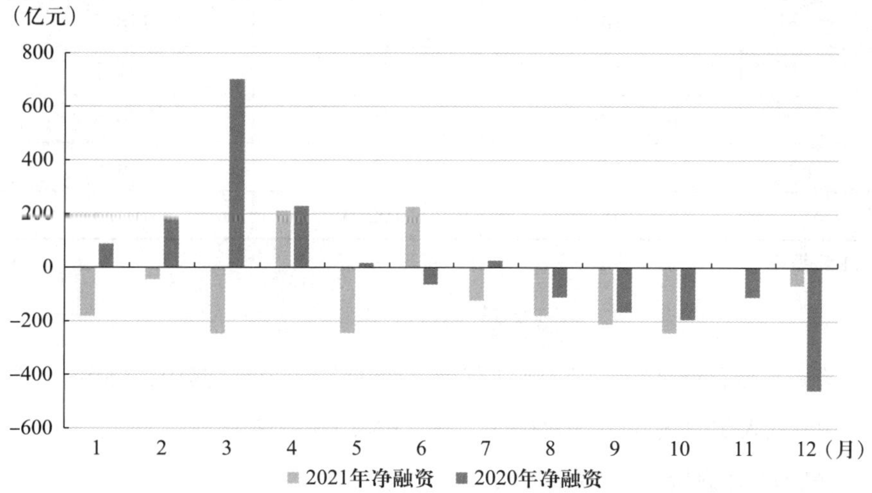

图 7-4-13　2020—2021 年各月房地产行业境内债券净融资情况

数据来源：wind 数据库。

（七）不动产资产证券化

1. 融资

2021 年不动产资产证券化产品发行 891.9 亿元，发行笔数 65 笔（见表 7-4-7）。其中，CMBS/CMBN 发行规模为 351.8 亿元，占比 39.4%；购房尾款 ABS/ABN 发行规模为 311.5 亿元，占比 34.9%；供应链金融 ABS

发行规模为 134.6 亿元，占比 15.1%；类 REITs 发行规模为 83.5 亿元，占比 9.4%；物业费 ABS 发行规模较小。

表 7-4-7　2021 年不动产资产证券化产品发行

类　型	发行笔数（笔）	占比（%）	发行规模（亿元）	占比（%）
CMBS/CMBN	20	30.8	351.8	39.4
购房尾款 ABS/ABN	28	43.1	311.5	34.9
供应链金融 ABS	13	20.0	134.6	15.1
类 REITs	3	4.6	83.5	9.4
物业费 ABS	1	1.5	10.5	1.2
合　计	65	100.0	891.9	100.0

数据来源：wind 数据库。

2. 偿还

2021 年不动产资产证券化产品偿还 707.5 亿元，偿还笔数 58 笔（见表 7-4-8）。其中，购房尾款 ABS/ABN 偿还规模为 282.4 亿元，占比 39.9%；CMBS/CMBN 偿还规模为 178.7 亿元，占比 25.3%；供应链金融 ABS 偿还规模为 161.7 亿元，占比 22.8%；物业费 ABS 偿还规模 80.8 亿元，占比 11.4%。

表 7-4-8　2021 年不动产资产证券化产品偿还

类　型	偿还笔数（笔）	占比（%）	偿还规模（亿元）	占比（%）
购房尾款 ABS/ABN	27	46.6	282.4	39.9
CMBS/CMBN	10	17.2	178.7	25.3
供应链金融 ABS	11	19.0	161.7	22.8
物业费 ABS	9	15.5	80.8	11.4
类 REITs	1	1.7	4.0	0.6
合　计	58	100.0	707.5	100.0

数据来源：wind 数据库。

3. 净融资

2021 年不动产资产证券化产品净融资 184.4 亿元（见表 7-4-9）。其中，CMBS/CMBN 净融资流入 173.1 亿元，类 REITs 净融资流入 79.5 亿元，购房尾款 ABS/ABN 净融资流入 29.1 亿元，供应链金融 ABS 净融资流出 27.1 亿元，物业费 ABS 净融资流出 70.3 亿元。

表 7-4-9　2021 年不动产资产证券化产品净融资

类　型	净融资规模（亿元）	类　型	净融资规模（亿元）
CMBS/CMBN	173.1	供应链金融 ABS	-27.1
类 REITs	79.5	物业费 ABS	-70.3
购房尾款 ABS/ABN	29.1	合　计	184.4

数据来源：wind 数据库。

4. 存续

截至2021年年底，不动产资产证券化产品的存续规模为3913.8亿元，存续笔数263笔（见表7-4-10）。其中，不动产抵押类资产证券化产品（类REITs、CMBS/CMBN）发行规模2327.8亿元，占发行总额的59.5%。包括CMBS/CMBN发行88笔，融资规模1744.4亿元；类REITs发行29笔，融资规模583.4亿元。此外，预期收益支持类不动产ABS产品（物业费ABS、购房尾款ABS/ABN、供应链金融ABS）发行规模1585.98亿元，占据总规模40.5%。包括购房尾款ABS/ABN发行88笔，融资规模1000.6亿元；供应链金融ABS发行39笔，融资规模410.8亿元；物业费ABS发行19笔，融资规模174.6亿元。

表7-4-10　截至2021年年底不动产资产证券化产品累计发行

类　型	发行笔数（笔）	占比（%）	发行规模（亿元）	占比（%）
CMBS/CMBN	88	33.5	1744.4	44.6
购房尾款ABS/ABN	88	33.5	1000.6	25.6
类REITs	29	11.0	583.4	14.9
供应链金融ABS	39	14.8	410.8	10.5
物业费ABS	19	7.2	174.6	4.5
合　计	263	100.0	3913.8	100.0

数据来源：wind数据库。

（八）境外证券市场融资

1. 融资

2021年，内地房企共在境外发债190只，同比下降24.0%；实际募资445.7亿美元，同比下降32.3%。从2021年各月发行情况看，4月、5月大幅增长主要得益于2020年新冠肺炎疫情导致的低基数影响，9月同比增长29.1%，其余月份均同比下降。尤其四季度受行业风险抬升影响，发行规模较小（见图7-4-14）。

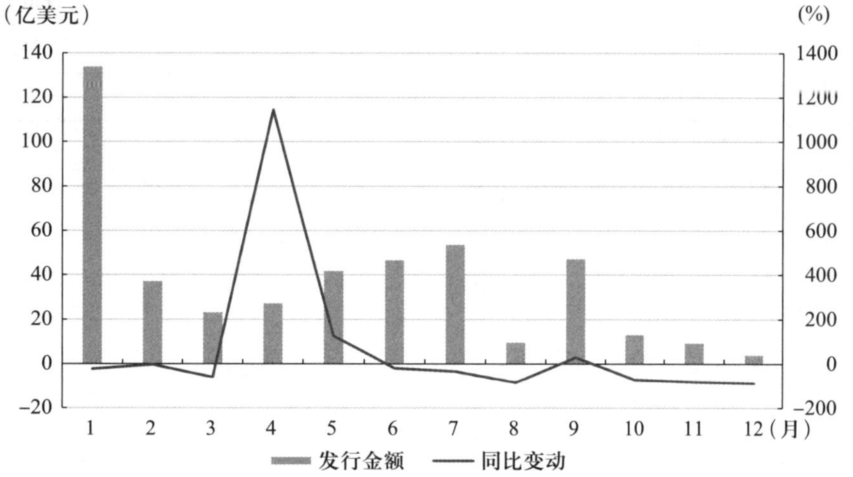

图7-4-14　2021年各月房地产行业境外债券融资情况

数据来源：wind数据库。

TOP20的房地产企业发行境外债券116.2亿美元，占比为26.1%（见表7-4-11）。发行主体主要为世茂、阳光城、新城、碧桂园、金茂、旭辉等房企。

表 7-4-11　2021 年 TOP20 房地产企业境外债券发行情况

发行人	起息日期	发行规模（亿元）	票面利率（%）	上市地点	交易币种
碧桂园	1 月 12 日	5.0	2.70	新加坡	USD
	1 月 12 日	7.0	3.30	新加坡	USD
	1 月 12 日	2.0	2.70	新加坡	USD
	3 月 4 日	1.0	3.75	马来西亚	MYR
	5 月 4 日	0.5	4.90	马来西亚	MYR
万科	5 月 25 日	14.5	3.45	香港	CNY
融创	7 月 20 日	4.0	6.80	新加坡	USD
中海	2 月 9 日	5.1	2.45	香港	USD
绿地	6 月 4 日	1.5	9.63	香港	USD
绿地	12 月 10 日	3.5	7.97	香港	USD
世茂集团	1 月 11 日	8.7	3.45	新加坡	USD
	9 月 16 日	3.0	3.98	新加坡	USD
	9 月 16 日	7.5	5.20	新加坡	USD
金地集团	8 月 12 日	4.8	4.95	香港	USD
新城控股	1 月 13 日	3.0	4.45	新加坡	USD
	2 月 2 日	4.0	4.50	新加坡	USD
	7 月 15 日	3.0	4.63	新加坡	USD
	9 月 23 日	2.0	4.25	新加坡	USD
中国金茂	2 月 8 日	5.0	6.00	香港	USD
	4 月 9 日	6.0	3.20	香港	USD
旭辉集团	1 月 12 日	4.2	4.38	香港	USD
	5 月 17 日	1.5	4.80	香港	USD
	5 月 17 日	3.5	4.45	香港	USD
	5 月 17 日	1.5	4.45	香港	USD
绿城中国	12 月 22 日	1.5	5.95	香港	USD
龙光集团	1 月 13 日	3.0	4.50	香港	USD
	4 月 12 日	3.0	4.25	香港	USD
	7 月 6 日	3.0	4.70	香港	USD
阳光城	1 月 12 日	2.0	5.30	新加坡	USD
	3 月 11 日	0.5	11.88	新加坡	USD
	3 月 19 日	1.8	12.00	新加坡	USD
	6 月 4 日	2.9	7.88	香港	USD
	6 月 10 日	0.9	4.00	新加坡	USD
	8 月 4 日	2.5	12.50	新加坡	USD
	11 月 23 日	6.7	10.25	新加坡	USD

数据来源：wind 数据库。

2. 偿还

2021 年房地产行业共偿还境外债券 210 只，累计偿还金额 583.6 亿美元，同比增长 66.8%。从 2021 年各月偿还情况看，除 11 月外，其余月份偿还金额均同比增长，尤其是上半年偿还金额较大（见图 7-4-15）。

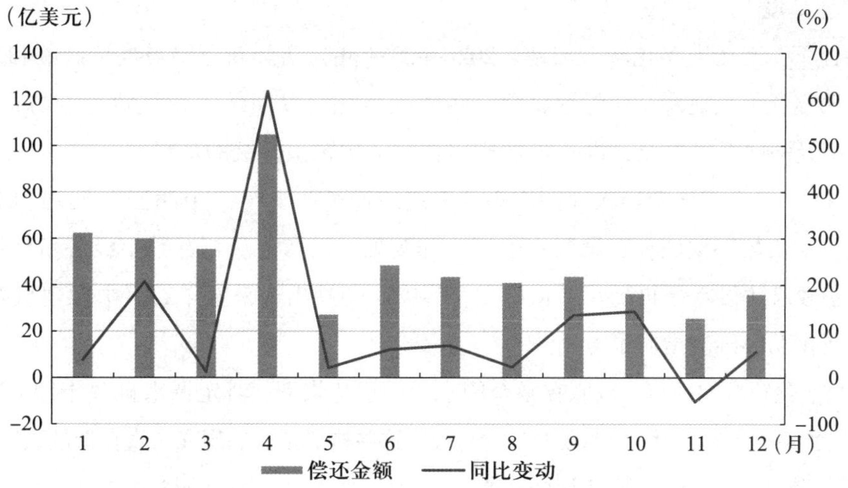

图 7-4-15　2021 年各月房地产行业境外债券偿还情况

数据来源：wind 数据库。

3. 净融资

2021 年房地产行业境外债券市场净融资额为-137.9 亿美元，2020 年为 308.7 亿美元。从各月情况来看，1 月、5 月、7 月、9 月净融资额为正，其余月份净融资额为负（见图 7-4-16）。

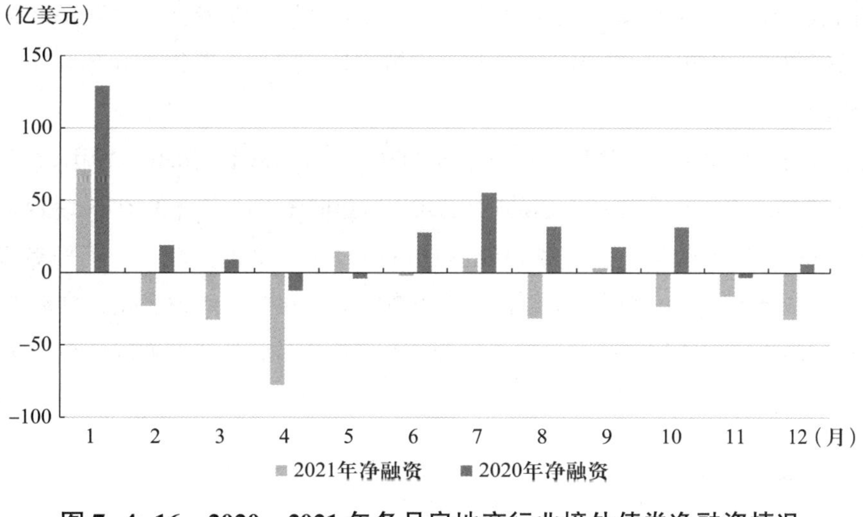

图 7-4-16　2020—2021 年各月房地产行业境外债券净融资情况

数据来源：wind 数据库。

（于璐源　中国民生银行地产金融事业部）

五、地产数字化发展

（一）地产发展现状回顾

1. 地产数字化环境

（1）政策调控下，地产数字化转型加速。2020—2021 年，历经新冠肺炎疫情影响和“三道红线”“集中供地”等多轮政策调整，传统地产企业纷纷将目光转向数字化，以期从中挖掘机会与方向。2021 年“两会”期间，数字化、数字经济被反复提及，进一步加速房企数字化转型升级的步伐。

2021 年 3 月 11 日，十三届全国人大四次会议表决通过了关于《“十四五”规划和 2035 年远景目标纲要》的决议。其中将“加快数字发展，建设数字中国”作为独立篇章，从打造数字经济新优势到加快数字社会建设步伐，从提高数字政府建设水平再到营造良好数字生态，勾勒出未来五年数字中国建设新图景，为各行各业的数字化转型、智慧化发展再次指明了方向。

对地产行业数字化转型的回顾，放眼在整个国家的转型背景下，其定调来自“十四五”规划，规划中提到的“数字中国”以“数字化”“智能化”“大数据”为特征，这些构成了我们现在一直在谈的数字经济发展的引擎。

地产在智能建造、智慧城市、智慧社区、数字家庭、智慧园区等领域均密集出台了相关规划和发展政策，政策大力推动数字化转型，促进地产行业摆脱传统粗放型发展向精细化发展迈进。在“房住不炒”的长期政策定位下，中国的房地产行业已进入低增长、低利润、强竞争的“存量时代”，数字化成为重要的转型工具之一。

数字化已为地产行业发展带来了多个方面的优势：①数字化管控运营有利于提升管理效率；②数字化风险预警有利于保障企业资金运行；③数字化网络联动有利于多元业务协同发展；④数字化服务革新物业商业模式，有利于探索新的业务增长模式。

（2）数字经济快速发展，地产数字经济是重要组成。据中国信息通信研究院（以下简称中国信通院）发布的数据，全国的数字经济近 10 年呈现快速增长，地产数字化成为数字经济的重要组成。数字化促进了地产管理、采购、运营等的线上化转型，也促进了地产产业链拿地、建设、营销、服务等多产业的线上化转型，数字经济概念覆盖内涵丰富。

中国信通院发布的《中国数字经济发展白皮书（2021 年）》显示，2020 年中国数字经济规模达 39.2 万亿元，占 GDP 的比重为 38.6%；数字经济增速的达到 GDP 增速的 3 倍以上（见图 7-5-1）。已有广东、江苏、山东、浙江、上海等 13 个省（直辖市）的数字经济规模超过 1 万亿元；北京、上海数字经济 GDP 占比超过 50%。党的十九届五中全会指出，发展数字经济，推进数字产业化和产业数字化，推动数字经济和实体经济深度融合，打造具有国际竞争力的数字产业集群，提升产业规模效益，增强产业和企业竞争力。

图 7-5-1　2011—2020 年中国数字经济规模及增长情况

数据来源：中国信通院，克而瑞。

（3）七大技术成为地产数字化关键技术。当前房地产行业已然进入了一个以竞争加剧、利润下降、风险陡增为典型特征的新发展阶段，寻找降本提效空间、应对发展过程中的不确定性是所有房企都在思考的核心命题。5G、AIoT、大数据、区块链等数字化技术的成熟，为房企稳健发展带来新的机遇。房企通过数字化手段，精准把握结构性机会，筑造地产行业的未来。

数字时代下，新一轮技术革命已经开始，各个行业都在寻求数字化转型，新技术的出现已推动地产行业的发展与转型升级。克而瑞认为在各大热点技术中，5G、云计算、大数据、物联网、人工智能、区块链、数字孪生这七大技术是促进地产数字化的关键技术。

2. 地产数字化投入总结

（1）数字化规模变化。2021 年，房企在地产数字化方面的投入规模持续增长，增速维持 40%以上。从克而瑞调研数据来看，2021 年 50 强房企①平均数字化年度投入规模达到近 1.31 亿元，同比增速达 46%，虽较 2020 年有 12%的回落，但仍以接近 50%的超高增速增长（见图 7-5-2）。

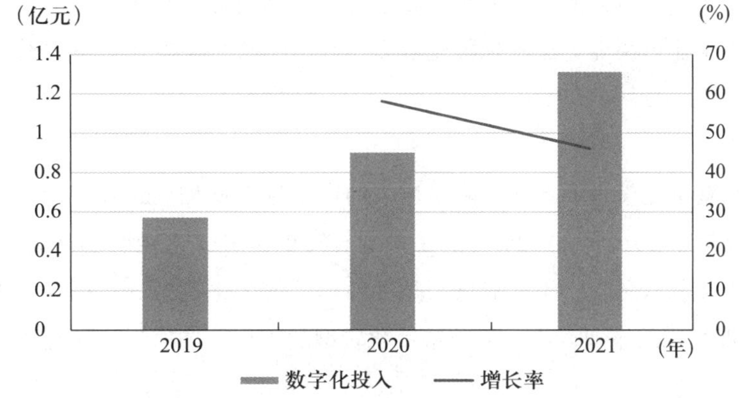

图 7-5-2　2021 年 50 强房企年均数字化投入及增长情况

数据来源：2021 年克而瑞调研数据，企业财报，行业专家访谈。

（2）地产数字化人员变化。在数字化转型过程中，地产行业需要多种技术交互的复合型人才。50 强房企数字化团队规模不断扩大，团队领导职级较高。从 2019 年开始，房企数字化组织架构重要性逐年升级，2021 年超七成 50 强房企的自建数字化团队人数已扩充至 50 人以上，近七成的房企数字化团队由公司副总裁及以上级别的领导挂帅。

（3）地产数字化产品变化。房企在数字化建设应用中，由于发展时间并不长，目前仅集中于数据管理系统、业务流程管理、经营决策分析和经营预测研判四个方面的产品（见图 7-5-3）。从 2021 年的调研数据来看，值得关注有 70%的头部房企已经完成了诸如数据标准定义、数据采集、数据清洗等数据管理系统的最基础的建设，数据较前 2 年有大幅提升。在业务流程管理中，虽然仅有 22%的企业完成了业务流程标准化，但对比 2019 年的情况已有 14%的提升。

① 50 强房企为克而瑞 2021 年 1—10 月中国房地产企业销售百强排行榜中，按照操盘金额排名的前 50 强房企，以下 50 强房企均为此释义。其中 Top1～10 分别为：碧桂园、万科地产、融创中国、中国恒大、保利发展、绿城中国、中海地产、金地集团、绿地控股、招商蛇口；其中 Top11～20 分别为：华润置地、龙湖集团、世贸集团、旭辉集团、中国金茂、中南置地、新城控股、阳光城、建发房产、龙光集团；其中 Top21～30 分别为：金科集团、滨江集团、美的置业、融信集团、中梁控股、富力地产、佳兆业、荣盛发展、奥园集团、正荣集团；其中 Top31～40 分别为：祥生集团、华发股份、中国铁建、雅居乐、远洋集团、卓越集团、越秀地产、中骏集团、建业集团、宝龙地产；其中 Top41～50 分别为：时代中国、合景泰富、首开股份、路劲集团、禹州集团、新力地产、金辉集团、海伦堡、中粮大悦城、华侨城。

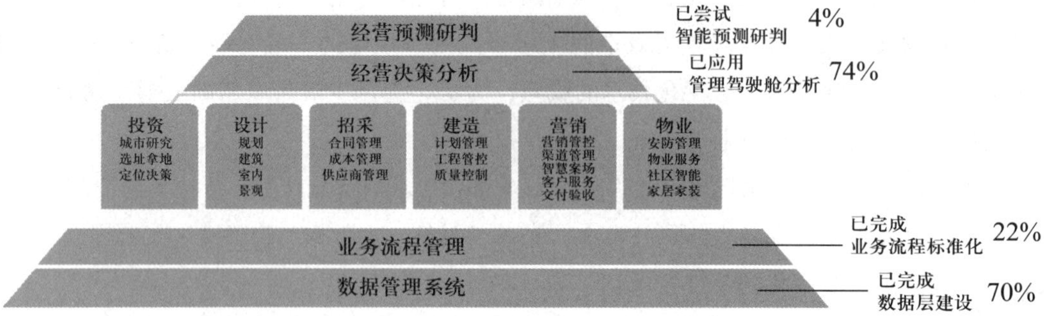

图 7-5-3　50 强房企业务运营核心场景的数字化现状

数据来源：2021 年克而瑞调研数据、企业财报、行业专家访谈。

在经营决策分析中，2021 年数据显示，已有 74%的企业已经应用了管理驾驶舱对公司整体业务进行分析，较前 2 年有大幅提升，但受制于大部分企业在多源系统及数据连通上仍未完成，因此目前仅有 4%的企业着手尝试智能预测研判。在企业解决业务流程标准化及多源数据贯通的问题后，自动化的经营预测研判将帮助地产企业进一步提高运营效率。

3. 地产数字化目标

房企数字化转型从精细化管理要效益，降本增效的重心逐年增加。2021 年近九成 50 强房企数字化转型效果已初步达到预期，相较于 2019 年的 32%已有了接近 60%的提升，这表明越来越多的头部房企也看到了数字化转型的契机、紧迫性和危机感，纷纷从战略层角度确立了数字化转型的目标（见图 7-5-4）。整体数字化战略成果上，2021 年接近九成的企业认为，目前数字化转型的工作已经达到了既定的预期目标。

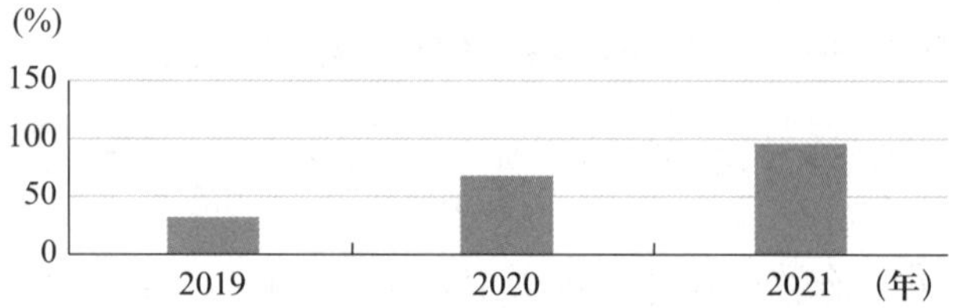

图 7-5-4　2019—2021 年 50 强房企制定数字化转型战略占比情况

数据来源：2021 年克而瑞调研数据、企业财报、行业专家访谈。

（二）数字化应用生态

近 2 年的地产数字化产业基建部分基本稳定，也能够满足现行需求，最早的信息化过程中的数字化管理整体已经非常成熟，主要的变化还是出现在数字化业务中。总体归纳为智慧营销、全屋智能、智慧商业、智慧社区、智慧建造、智慧园区、智慧文旅、智慧康养八大场景和开发建造、销售、运营、物业服务、资产交易五个环节，涵盖了未来两三年整个房地产行业在数字化应用当中的一些核心场景，随着整个行业的底层逻辑的变化，这些应用场景会被再次催生和扩大。

在所有细分场景应用的覆盖情况上，2021 年相比 2020 年都有一定比例的提升（见图 7-5-5）。从应用覆盖度和应用投入规模两个维度来看，主要的应用聚焦在智慧营销、智慧社区、全屋智能、智慧商业和智慧制造等大场景当中。应用深度上，智慧商业因为起步较早，经过多年的发展目前已经进入深水区探索，而全屋智能和智慧社区也在国家政策的推动和大量设备供应商的快速发展支撑下已进入更深度的数字化应用探索。

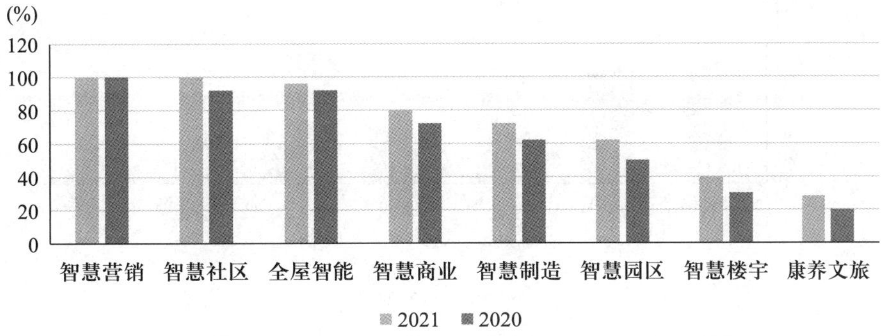

图 7-5-5　2020—2021 年数字化应用主要细分场景

数据来源：2021 年克而瑞调研数据、企业财报、行业专家访谈。

智慧营销、智慧社区和智慧商业在 2021 年有显著的变化。相比 2020 年，2021 年智慧营销呈现出由后端管理向前端获客进行延伸的明显趋势；智慧社区则更多从业主痛点出发进行建设，并且结合国家智慧城市建设同步前进；智慧商业在疫情及行业竞争催生下，更多着重于智慧营销触点的建设与用户画像的构建。

1. 智慧营销

（1）智慧营销新漏斗模型建立，由后端管理向前端获客延伸。经过 2020—2021 年的发展和新冠肺炎疫情常态化的催化，智慧营销形成了新的销售漏斗模型与链路闭环，发展重心由后端的管理向前端的获客延展（见图 7-5-6）。企业更多考虑如何从目前的公域流量平台中定位目标客群并向自有的私域流量进行引流，形成私域生态并长期运营。房企通过智慧营销精准定位客群，挖掘潜在客户，加强与客户的互动，提高传播效率和转化率，从而实现营销模式变革。

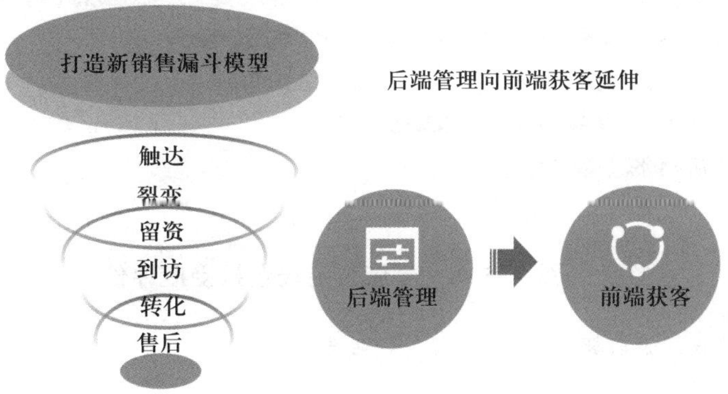

图 7-5-6　智慧营销新型漏斗模型

数据来源：2021 年克而瑞调研数据、企业财报、行业专家访谈。

（2）数字楼盘应用覆盖率提升 40%，TOP50 房企两三成营销业务向线上转移。TOP50 房企智慧营销核心应用覆盖率方面，在线看房、置业顾问和全民经纪人依旧是覆盖率最高的三大模块。整体来看，相较 2020 年均有所提升，其中提升比例较大的是数字楼盘与渠道管理（见图 7-5-7）。另外，在渠道管理方面，2021 年房企着手整合新媒体矩阵资源进行营销，包括自媒体、社交平台、直播、短视频、知识问答平台等，结合数据分析进行针对性且更有效的投放。

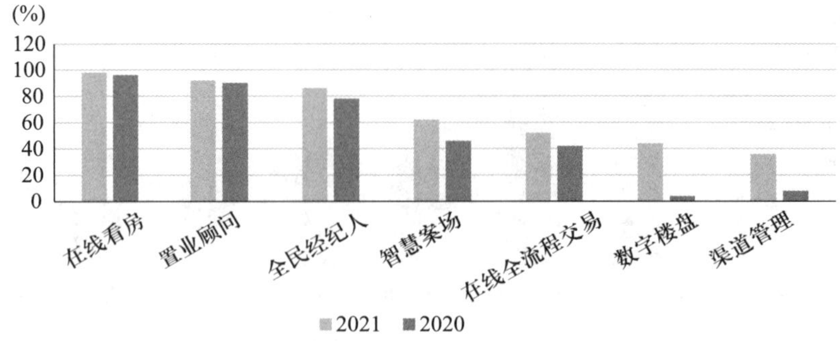

图 7-5-7　TOP50 房企智慧营销核心应用覆盖率情况

数据来源：2021 年克而瑞调研数据、企业财报、行业专家访谈。

2. 全屋智能

（1）房企落地项目中的大众型产品占比升至 80%。头部房企落地的项目主要分为大众型与高端型两类，2021 年大众型产品占比上升为 80%。大众型项目以智能家居的多样化功能为核心卖点，设计配置更关注投入成本、管理效率及场景丰富性这三点，在合作厂商集采中主要选择国内龙头电器厂商、科技及互联网平台商、传统集成商。高端型项目则以高端品牌定制化给业主带来的格调和品牌为核心卖点，以业主定制为主，在合作厂商的选择上会偏好国际大牌电器厂商。

（2）安全监控、屋内环境、智能控制是业主付费意愿度更高的三大应用场景。从全屋智能的场景需求来看，全屋安全、智慧环境和智能控制是业主场景接受度评价最高的三大场景（见图 7-5-8）。

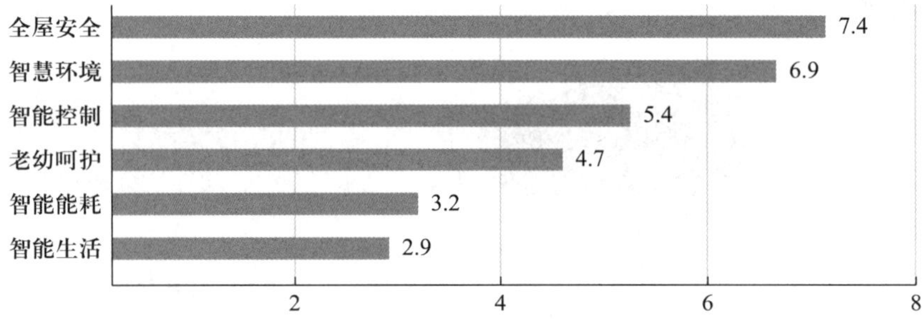

图 7-5-8　全屋智能场景接受度评价

数据来源：2021 年克而瑞调研数据、企业财报、行业专家访谈。

从 2021 年的用户付费接受度来看，选择 3001～5000 元的单场景付费的用户最多，其中安全监控、智能生活和屋内环境场景的偏好度更高（见图 7-5-9）。房企和集成服务商可以根据用户的场景偏好度及价格接受区间有针对性地进行全屋智能设备配置，针对不同类型用户需求提供多样化可选菜单。

3. 智慧社区

（1）围绕社区运营管理平台，聚焦六大场景应用。智慧社区通过物联网集成各个设备、平台、系统和数据，通过人工智能为社区数字化管理赋能，智慧社区场景丰富。从 2021 年对科技赋能传统社区工作的视角来看，社区智慧化应用已形成了智慧安防、智慧通行、设施设备管理、物业人员管理、数据管理及应用平台六大场景（见图 7-5-10）。

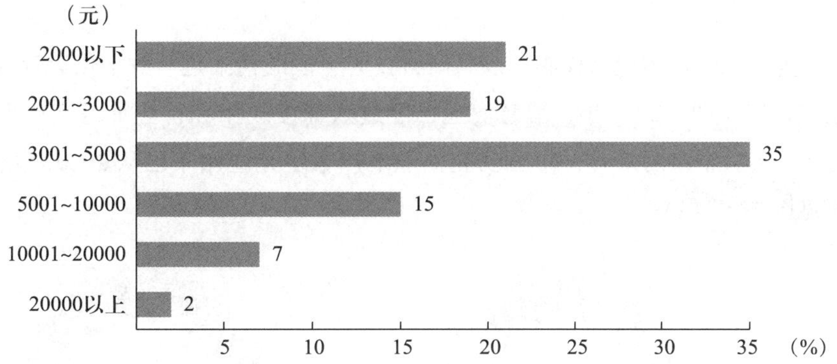

图 7-5-9　用户单场景付费不同价格区间接受度

数据来源：2021 年克而瑞调研数据、企业财报、行业专家访谈。

图 7-5-10　社区运营管理平台

数据来源：2021 年克而瑞调研数据、企业财报、行业专家访谈。

（2）以智慧社区拉通多端融合服务，建立政府、业主、物业数字化联动关系。在智慧城市的推动下，2021 年智慧社区在拉通多业态的服务上重点发力，注重构建业务创新，通过拉通多业态的服务，同时赋能多业务的创新，实现地产端产品力与品牌的提升，物业端服务能效与范围的提升，政府端社区公共服务的提升，充分拉动了地产与政府、物业的产业链互通和合作深化（见图 7-5-11）。

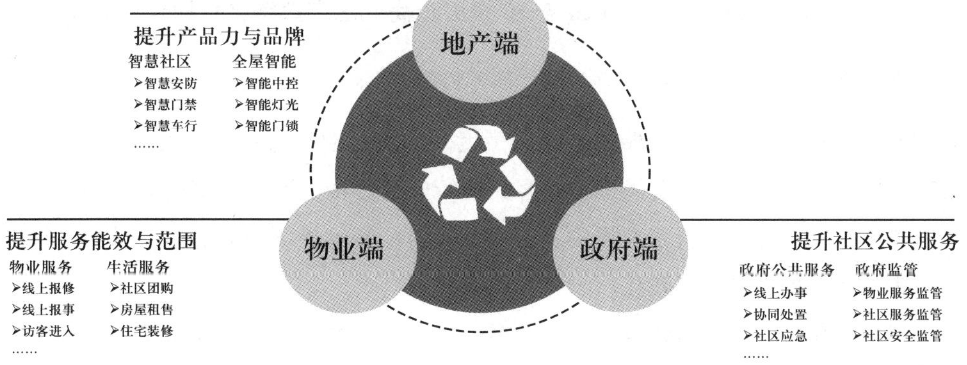

图 7-5-11　地产、物业和政府实现产业链前后拉通

数据来源：2021 年克而瑞调研数据、企业财报、行业专家访谈。

随着我国城市治理重心的下沉，社区多元协商共治体系会重构业主、物业、政府间的关系，业主将拥有更大的选择权利。

4. 智慧商业

智慧商业是为了实现以用户体验为核心、以高新科技为手段的精细化、数字化运营目标。

（1）智慧商业进入加速期。2021 年，智慧商业已经进入深度应用和行业加速期，平均投入成本和团队规模近年都在逐步上升。从房企布局来看，50 强房企商业地产数字化应用率已从 2020 年的 56%提升到 84%，较去年提高了 28%（见图 7-5-12）。

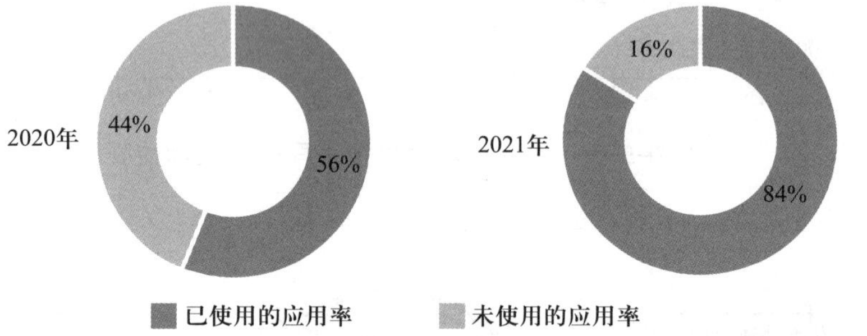

图 7-5-12　2021 年较 2020 年 50 强房企在商业地产数字化应用率

数据来源：2021 年克而瑞调研数据、企业财报、行业专家访谈。

而从房企投入情况来看，50 强房企商业地产数字化投入较上年提升 26%，2021 年平均投入成本达到了 620 万元（见图 7-5-13）。

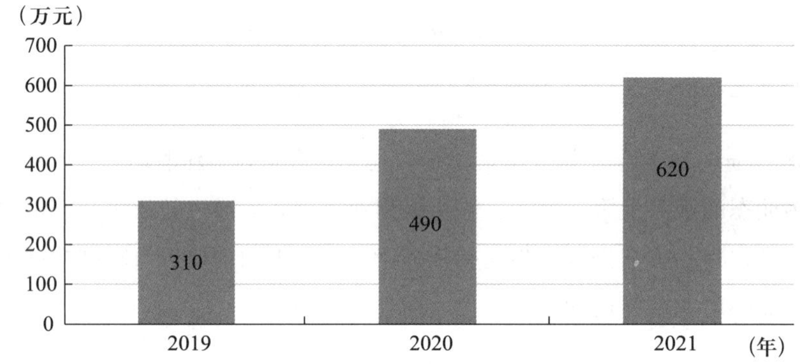

图 7-5-13　2019—2020 年 50 强房企商业地产数字化平均投入成本

数据来源：2021 年克而瑞调研数据、企业财报、行业专家访谈。

（2）通过客户画像进行会员运营，提升客户满意度。商场长期经营积累下来的大量会员，是商场最重要的宝藏。智慧拓客之后，形成客户的人群画像，对客户进行标签分析，形成丰富的客户信息全景视图，通过标签来分类和分化各类型客户，进而进行精准投放，通过不同的标签给予不同的群体，采用不同的方式方法进行促活，形成客户到店，促成最终的消费转化。

通过会员管理系统和全周期会员运营，可提升客户满意度并助力智慧商业价值的转化。最终，根据消费者的消费行为路径，智慧化服务与营销围绕着每一个环节展开并形成引流、转化、服务、营销、分析、调整的运营生态闭环（见图 7-5-14）。

5. 智慧建造

智慧建造集成了人员、流程、数据、技术和业务系统，管理建筑物从规划、设计开始到施工、运维的全生命周期。

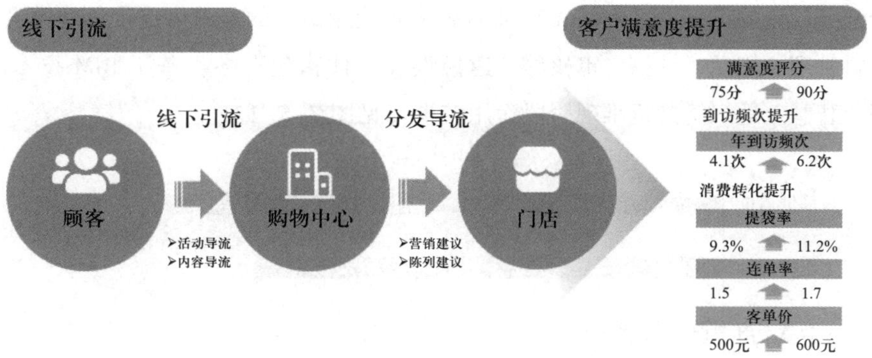

图 7-5-14　智慧商业打造闭环运营生态提升客户满意度

数据来源：2021 年克而瑞调研数据、企业财报、行业专家访谈。

智慧建造整个行业的规模基数低、增速快，软件销售的年销售额自 2012 年以来持续增长，2020 年销售额达到 33. 9 亿元（见图 7-5-15）；咨询服务年营收也实现逐年增加，2020 年达到 40. 8 亿元，两者的总和仅为 70 多亿，这个规模与市场发展预期之间的差距较大（见图 7-5-16）。

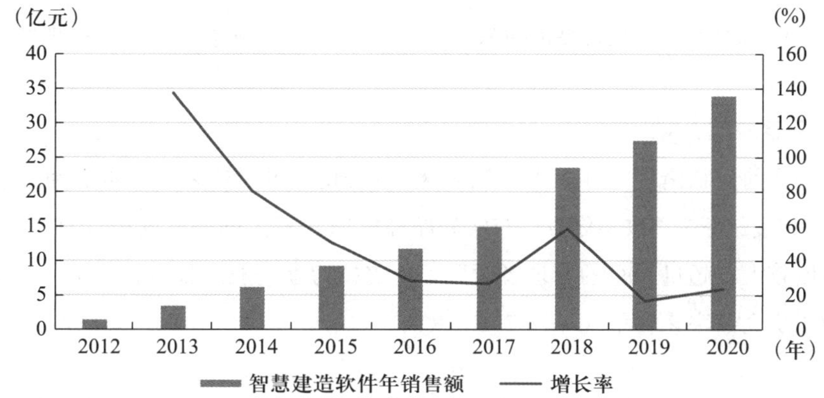

图 7-5-15　2012—2020 年中国智慧建造软件销售市场规模

数据来源：2021 年克而瑞调研数据、企业财报、行业专家访谈。

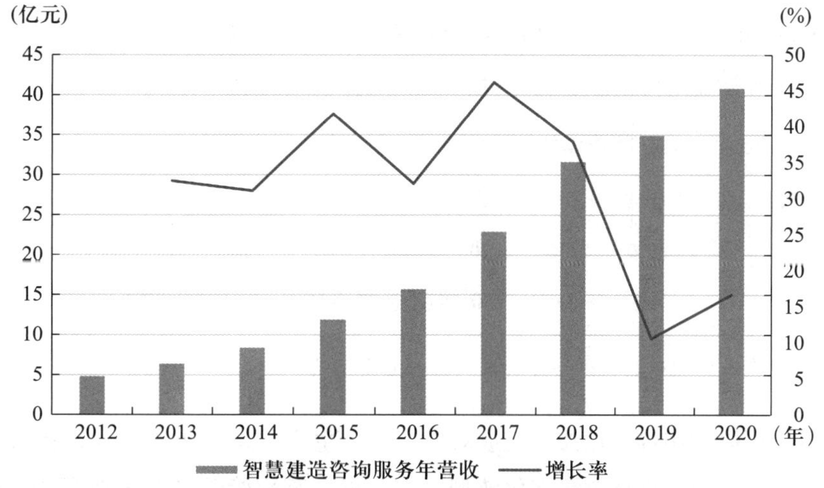

图 7-5-16　2012—2020 年中国智慧建造咨询服务市场规模

数据来源：2021 年克而瑞调研数据、企业财报、行业专家访谈。

在智慧建造细分领域的应用深度上，2021 年百强房企使用最多的是采供造价及建模设计，其中采供造价包含供采平台、资料管理、算量、计控、审核等，建模设计具体指包含各类基于 BIM 技术的建模应用，土建优化、安装优化等，智慧工地、智慧运维现阶段运用较少（见图 7–5–17）。

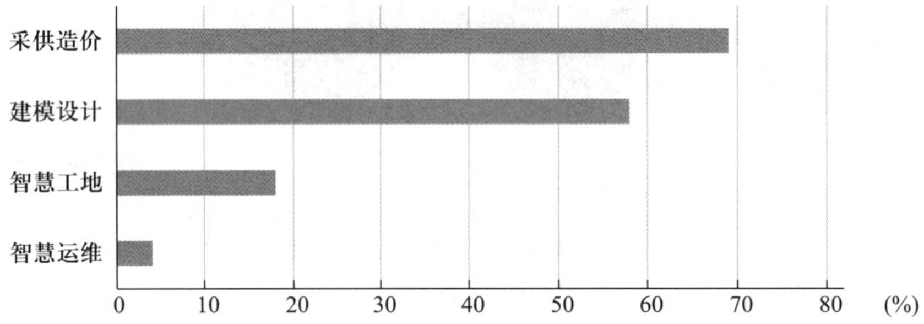

图 7–5–17　2021 年百强房企在智慧建造细分领域的应用

数据来源：2021 年克而瑞调研数据、企业财报、行业专家访谈。

（三）数字地产存在的问题

虽然不少房企已认识到了数字化转型的重要性，但其数字经营体系建设和运营现状依然不尽人意，存在不少痛点，亟待破解。

1. 数字化意识不足

地产数字化转型目前面临诸多困难，从 2021 年对 50 强房企的调研来看，重点为“企业数字化文化氛围不够”“高层管理者支持度缺乏”“数字化战略与实施路径模糊”三大问题。其中仅有不足三成的 50 强房企管理者对数字化支持力度较大，超过 50%的管理者对数字化支持力度一般。且房企数字化转型见效慢、缺乏数字化专业人才，均制约了房企数字化转型（见图 7–5–18）。

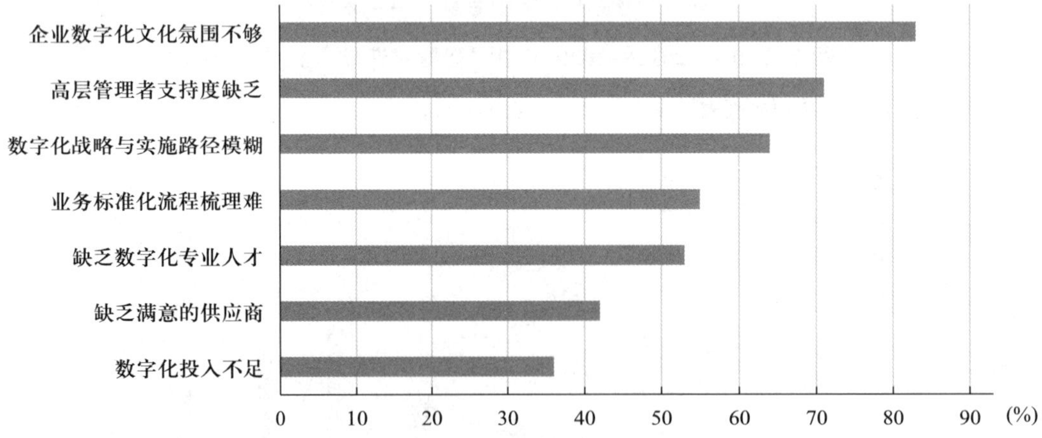

图 7–5–18　50 强房企数字化转型面临困难

数据来源：2021 年克而瑞调研数据、企业财报、行业专家访谈。

数字化时代，房企可以利用数字化技术完成对生产力、生产关系的重塑，大幅提升协作效率、降低成本，提升客户满意度。为了更好地推进房企数字化转型，需要提高高层管理者对于地产数字化价值的理解和认识，持续保持对数字化转型的支持，不仅是成本投入支持，更重要的是对企业整体数字化文化的培养。

2. 数据孤岛问题

部分企业虽已经具备数据中台，但仍未拉通整个业务数据链条。企业内部信息化架构的搭建往往以烟囱式建设为主，由于开发时间与部门的差异，导致异构及多个软硬件平台的信息系统同时运行，但这些系统数据相互独立、隔离，无法实现数据共享，由此就产生无法有效衔接关联的情况，缺少统一和规范的标准。大部分企业仍未建立统一的数据标准，不同系统之间缺乏统一的数据录入口径，并且底层数据的治理尚未完成。50强房企内部系统互通率方面，目前仅有38%的企业实现了内部系统数据的互通。

3. 数据治理能力弱

对于企业来说，数字化转型要解决的核心问题就是如何去满足海量的、碎片化的、实时的、多场景的用户需求，要把满足用户需求作为企业价值创新和业绩增长的动力。打通内部系统，实现企业全价值链，包括从用户端、供应端到生产端的每一个环节的连通。未来，头部房企会更多地加强对数据资产、主数据的管理，从实际业务需求角度出发，建立数据采集的统一标准，将不同类型的业务数据，诸如销售数据、建造数据、运营数据等通过数据中台进行多源数据的整合，实现后端数据平台对前台系统应用的数据支撑。

4. 数据口径不统一

房地产行业是资金密集型行业，财务与业务关联度极高。实现业财一体化管理，也是财务共享中心建设的主要目标之一。我国积极推进信息化建设，企业对“业财一体化”战略高度重视，促使管理软件种类、功能丰富多样。未来，房企可通过数据标准约束业务，基于业务产生数据，又通过数据去驱动业务，形成联动闭环，例如从业务部门侧建立统一的业务处理流程，针对不同业务需求制定相对应的标准化数据统计口径，从财务部门侧明确会计科目对应具体业务，会计科目与业务系统中的字段建立关联，再通过建立系统平台串联业务与财务数据，进行整体化运营的串联测算。

5. 多应用场景构建难

在数字化转型的探索过程中，由于地产业务链条长、项目多、分布区域广，大多企业的数字化战略分散且缺乏顶层布局，地产企业正面临诸多挑战和弯路。企业内部各部门数字化的推进不协同，而数字化建设周期往往较长、内耗高、人力资金投入大，导致最终的数字化应用效果不显著。

（李波　中国房协数字科技分会　张兆娟　李垛　上海克而瑞信息技术有限公司）

六、城市轨道交通场站综合开发

（一）建设运营情况

截至2021年12月31日，中国内地累计有50座城市投运城轨交通线路9192.62公里（见表7-6-1）。2021年新增洛阳、嘉兴、绍兴、文山州、芜湖5个城轨运营城市，另有北京、上海、天津、重庆、广州、深圳、武汉、南京、沈阳、长春、大连、西安、哈尔滨、苏州、郑州、杭州、佛山、宁波、无锡、南昌、青岛、南宁、合肥、石家庄、贵阳、厦门、济南、常州、徐州、株洲等30座城市也均有新线或新段开通运营。2021年共新增城轨交通运营线路长度1222.92公里，同比下降0.9%（见图7-6-1）。新增运营线路39条，新开既有线路的延伸段、后通段23段。

表 7-6-1　2021 年中国内地已开通城轨交通运营线路长度统计汇总

单位：公里

序号	城市	截至 2021 年 12 月 31 日累计运营线路长度	其中 2021 年当年新增运营线路长度
1	上　海	936.03	101.83
2	北　京	855.20	56.10
3	成　都	652.00	—
4	广　州	589.90	58.30
5	武　汉	479.89	92.39
6	南　京	443.34	49.04
7	深　圳	431.03	8.43
8	重　庆	384.90	41.60
9	杭　州	334.81	34.21
10	青　岛	293.00	38.00
11	天　津	272.59	33.79
12	苏　州	254.20	44.10
13	西　安	252.70	13.70
14	郑　州	248.85	4.85
15	大　连	225.20	43.90
16	沈　阳	216.73	5.23
17	宁　波	182.20	27.90
18	长　沙	157.90	—
19	合　肥	153.87	41.37
20	昆　明	139.40	—
21	南　昌	128.50	39.60
22	南　宁	128.20	20.20
23	长　春	124.30	6.60
24	无　锡	111.20	24.10
25	厦　门	97.80	25.90
26	兰　州	86.90	—
27	济　南	84.10	36.40
28	哈尔滨	77.68	47.38
29	贵　阳	74.34	39.54
30	石家庄	74.32	15.32
31	佛　山	70.00	41.90
32	徐　州	64.13	18.13
33	福　州	58.50	—
34	嘉　兴	56.21	56.21
35	常　州	53.99	19.79

续表

序号	城市	截至 2021 年 12 月 31 日累计运营线路长度	其中 2021 年当年新增运营线路长度
36	温 州	53. 50	—
37	呼和浩特	49. 00	—
38	芜 湖	46. 31	46. 31
39	洛 阳	43. 10	43. 10
40	东 莞	37. 80	—
41	乌鲁木齐	26. 80	—
42	太 原	23. 60	—
43	绍 兴	20. 30	20. 30
44	淮 安	20. 10	—
45	宜 宾	17. 70	—
46	株 洲	17. 00	14. 00
47	文山州	13. 40	13. 40
48	天 水	12. 90	—
49	珠 海	8. 80	—
50	三 亚	8. 40	—
合 计		9192. 62	1222. 92

数据来源：中国城市轨道交通协会、上海易居房地产研究院。

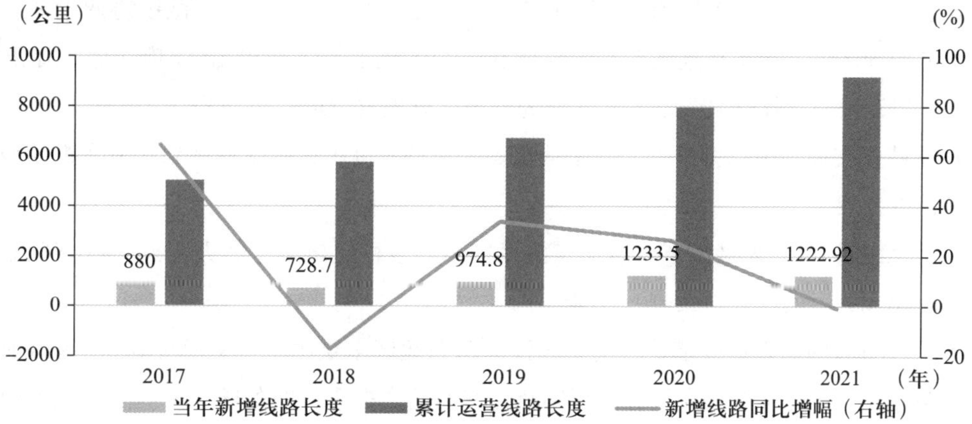

图 7−6−1　2017—2021 年累计轨道交通运营线路长度、当年新增运营线路长度及同比增幅

数据来源：中国城市轨道交通协会、上海易居房地产研究院。

2021 年，国家发展改革委共批复佛山、青岛、无锡 3 市的新一轮城市轨道交通建设规划。新获批建设规划线路长度共计 314. 6 公里，同比下降 46. 5%；项目总投资额共计 2233. 54 亿元，同比下降 52. 6%（见图 7−6−2）。

（二）政策年度新变化

1. 中央层面

（1）新一轮发展规划、新型城镇化等文件中，提出了城市发展方式的指导思想。2021 年 2 月 24 日，中共中央、国务院印发了《国家综合立体交通网规划纲要》，这是我国第一个综合立体交通网的中长期规划纲要，规划到 2035 年国家综合立体交通网实体线网总规模合计 70 万公里左右。

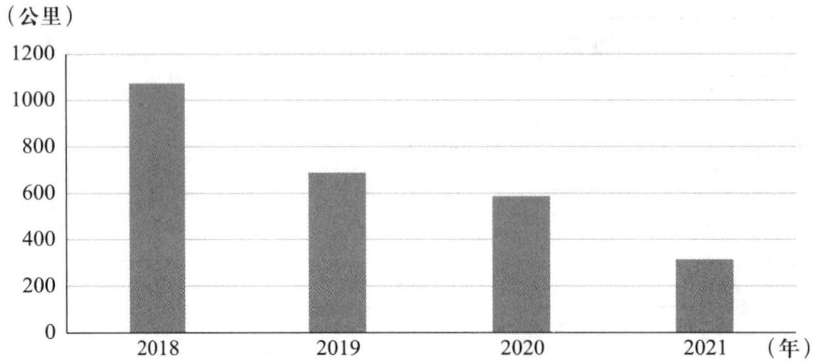

图 7-6-2　2018—2021 年全国新获批城市轨道交通建设规划年度里程

数据来源：国家发展改革委、中国城市轨道交通协会、上海易居房地产研究院。

注：2018 年数据为 8—12 月总和，其他为全年总和。

2021 年 3 月 11 日，十三届全国人大四次会议表决通过了关于《中华人民共和国国民经济和社会发展第十四个五年规划和 2035 年远景目标纲要》的决议（简称国家“十四五”规划）。国家“十四五”规划提出加快建设交通强国，推进城市群都市圈交通一体化，加快城际铁路、市域（郊）铁路建设，构建高速公路环线系统，有序推进城市轨道交通发展。转变城市发展方式，推行功能复合、立体开发、公交导向的集约紧凑型发展模式，统筹地上地下空间利用。

2021 年 4 月 8 日，国家发展改革委印发《2021 年新型城镇化和城乡融合发展重点任务》，从促进农业转移人口有序有效融入城市、提升城市群和都市圈承载能力、促进大中小城市和小城镇协调发展、加快建设现代化城市、提升城市治理水平、加快推进城乡融合发展和组织实施七个方面提出 24 项任务。提出探索推行混合产业用地供给、分层开发、立体开发和以公共交通为导向的开发（TOD）等模式。

（2）在加快建设交通强国的背景下，国家从重点区域的角度出台一系列规划、方案推动城市群都市圈交通一体化和枢纽建设发展。

2021 年 2 月 22 日，国家发展改革委印发《虹桥国际开放枢纽建设总体方案》，提出到 2035 年，虹桥国际开放枢纽将全面建成，形成“一核两带”功能布局。

2021 年 6 月 7 日，国家发展改革委印发《长江三角洲地区多层次轨道交通规划》，提出加强轨道交通沿线及站点土地综合开发。优化配置、高效合理利用轨道交通站点枢纽、停车场、车辆段的地上地下空间，统一规划、统筹建设、协同管理，打造轨道交通站城综合体，拓展轨道交通综合服务功能，推动站、城、产、人、文融合发展，提高整体效率和综合效益。鼓励地方和铁路企业依托轨道交通沿线和站点，打造一批具有特色的“轨道交通街道”“轨道交通微中心”“轨道交通社区”，合理疏解超、特大城市非核心功能，打造内涵式轨道上的长三角。建立“轨道+物业”机制，通过综合开发收益反哺轨道交通建设和运营，实现轨道交通与城市发展良性互动和多方共赢。

2021 年 6 月 7 日，国家发展改革委、交通运输部印发《成渝地区双城经济圈综合交通运输发展规划》，旨在加快推动成渝地区双城经济圈综合交通运输体系高质量发展。明确提出支持地方交通投资平台盘活存量资产，推进交通沿线用地综合开发增值收益支持交通发展，用好用活地方交通投资基金。从政策层面规范交通沿线用地综合开发增值收益的使用，加强债务风险防控，防止过度举债。

2021 年 12 月 22 日，国家发展改革委印发《成渝地区双城经济圈多层次轨道交通规划》（以下简称《规划》），推动成渝地区轨道交通规划建设，促进干线铁路、城际铁路、市域（郊）铁路、城市轨道交通融合发展。《规划》提出积极推广成都市“全域轨道 TOD”模式和重庆沙坪坝高铁站土地综合开发经验，统筹对成渝地区轨道交通站点和车辆基地综合开发进行分层、分类布局。推动轨道交通对区域城镇空间格局、人口分布、产业布局的支撑引领，鼓励场站建设与物业开发、社区建设的有机融合，打造站城融合综合体。加强轨道交通沿线及站点土地综合开发，分层设立建设用地使用权，加大综合开发用地政策支持力度，鼓励社会资本参与一体化开发，研究制定综合开发收益分配机制。

2021 年 12 月 27 日，国家发展改革委印发《江苏沿海地区发展规划（2021—2025 年）》（以下简称《规划》）。江苏沿海地区包括连云港、盐城、南通三市所辖全部行政区域，陆域面积 3. 59 万平方公里，海域面积 3. 75 万平方公里。《规划》提出建设沿海铁路网，完善高铁主骨架，推动城际铁路加快发展、网络衔接，因地制宜发展市域（郊）铁路，建设货运铁路，强化轨道交通“四网融合”，打造江苏沿海地区沟通内陆腹地、面向欧亚的铁路通道。

（3）城市轨道交通建设规划审批趋严，TOD 综合开发追求高质量发展。2021 年 10 月 27 日，《中国经营报》消息，“十四五”期间，国家发展改革委将进一步细化城轨审批条件，不受理不具备条件的城市和一般地级市的首轮建设规划；同时规定开通运营 3 年后客流不达标的，不能上报新一轮建设规划。这预示着城轨审批或将进一步趋严。

国家在发力支持城市轨道交通发展的同时，对城市轨道交通建设规划的审批、投融资等方面的监管将更趋严格，更加注重城市轨道交通的高质量和可持续发展，这也与房地产行业进入后开发时代的高质量发展思路不谋而合。

2. 地方层面

多地发布“十四五”交通规划、都市圈规划和 2035 年国土空间规划，支持站城一体的开发模式（见表 7-6-2）。

表 7-6-2　2021 年主要城市出台的交通规划、国土空间规划

城市或省	时间	政策名称
上　海	2021 年 6 月 25 日	《上海市综合交通发展“十四五”规划》
天　津	2021 年 8 月 18 日	《天津市综合交通运输“十四五”规划》
浙江省	2021 年 6 月 17 日	《浙江省综合交通运输发展“十四五”规划》
郑　州	2021 年 4 月 9 日	《郑州都市圈交通一体化发展规划（2020—2035 年）》
常　州	2021 年 5 月 27 日	《常州市国土空间总体规划（2020—2035 年）》
武　汉	2021 年 7 月 14 日	《武汉市国土空间总体规划 2021—2035 草案》
重　庆	2021 年 5 月 27 日	《重庆市国土空间总体规划（2021—2035 年）》
重　庆	2021 年 10 月 13 日	《重庆市综合立体交通网规划纲要（2021　2035 年）》
重　庆	2021 年 1 月 4 日	《推动成渝地区双城经济圈建设加强交通基础设施建设行动方案（2020—2022 年）的通知》
成　都	2021 年 7 月 6 日	《成都市城市轨道交通线网规划》（2021 版）
温　州	2021 年 7 月 26 日	《温州市“十四五”城市轨道交通 TOD 整体发展专项规划》
广　州	2021 年 1 月 4 日	《南沙综合交通枢纽规划（2020—2035 年）》
北　京	2021 年 12 月 9 日	《北京市轨道交通线网规划（2020—2035 年）》

数据来源：上海易居房地产研究院。

关于城市轨道交通场站及周边地区的综合开发实施办法，共有东莞等 8 个城市出台相关政策，其中苏州等 3 座城市为首次出台市级 TOD 政策（见表 7-6-3）。

表 7-6-3　2021 年主要城市出台的 TOD 相关政策

城市	时间	政策名称
东　莞	2021 年 1 月 13 日	《东莞市轨道交通 TOD 范围内城市更新项目开发实施办法》
郑　州	2021 年 4 月 28 日	《郑州市轨道交通段（场）及站点上盖物业综合开发控制性详细规划编制细则（试行）》
	2021 年 5 月 31 日	《郑州市城市轨道交通场站及周边土地综合开发实施管理办法（暂行）》
南　通	2021 年 5 月 6 日	《关于推进轨道交通场站及周边土地综合开发的实施意见》
成　都	2021 年 6 月 4 日	《成都市轨道交通场站综合开发用地管理办法》
佛　山	2021 年 7 月 8 日	《佛山市轨道交通场站及周边土地综合开发实施办法（试行）》
苏　州	2021 年 8 月 1 日	《关于加快推进苏州市轨道交通场站及周边土地综合开发利用的实施意见》
广　州	2021 年 8 月 17 日	《广州市轨道交通项目建设投融资方案（2021—2023 年）》
杭　州	2021 年 10 月 21 日	《杭州市轨道交通 TOD 综合利用专项规划》（草案）

数据来源：上海易居房地产研究院。

（三）行业年度新进展

1. 细分领域的行业标准化有所进展

2021 年 9 月 12 日，中国城市规划学会正式发布《城市轨道交通站点周边地区设施空间规划设计导则》。城市轨道交通站点周边地区的规划是城市规划的重要内容，但当前国内缺乏普适性规划设计技术指引，该导则是我国首个将城市轨道站点周边的城市空间品质要素和相关设施进行统筹管控的团体标准，填补了该领域标准的空白。为我国各大城市开展城市轨道交通站点周边设施空间规划设计提供技术指引，也为提升城市轨道交通站点的服务水平、服务质量和服务体验，激活城市生活生产空间，推进城市可持续发展提供重要保障。

2021 年 9 月 29 日，中国国土经济学会参与编制的《客运枢纽区域开发规划导则》《客运枢纽区域开发适应性评价标准》通过评审。这两项标准由交通运输部规划研究院、中国国土经济学会国土交通综合规划与开发（TOD）专业委员会牵头，北京城建设计发展集团股份有限公司、北京清华同衡规划设计研究院有限公司、越秀地产股份有限公司、广州城建开发设计院有限公司等多家单位参与编制，是针对客运枢纽区域综合开发的技术指引。

2021 年 11 月 26 日，中国城市轨道交通协会发布《城市轨道交通发展战略与“十四五”发展思路》研究报告，系统分析了城轨交通高质量发展的内涵，从行业层面对城轨交通现状和形势进行了研究，提出了总体发展战略、重点发展方向及政策建议等多维度的发展思路，旨在指导“十四五”期间我国城市轨道交通行业高效率运行、高品质服务和高效能治理，推动我国构建安全、便捷、绿色、高效、经济的新一代智慧型城市轨道交通。研究报告还提出，站城一体化是城市轨道交通引领城市发展和实现财务可持续发展的有力举措。鼓励“站前广场”与综合开发有机融合，建设“轨道+物业”“轨道+社区”，培育“轨道微中心”，打造“站城综合体”，形成同时满足居住、工作、购物娱乐、出行等需求的多功能社区，实现生产、生活、生态高度和谐统一的 TOD 城市发展模式，优化城市空间形态，提升城市消费能级。

2. 建筑企业积极拓展 TOD，地铁公司+房企+建筑企业合作模式是亮点

截至 2021 年，全国 30 强房企中有 28 家企业已布局 TOD 项目，华润置地等多家龙头房企将 TOD 视为未来的重要趋势，将 TOD 提升到新的战略高度。此外，中铁建、中国建筑等几大建筑中央企业积极跨界 TOD 领域，旨在扩大产业链条。由于 TOD 进入壁垒较高，合作开发成为主流，地铁公司+房企+建筑企业等不同类型的企业合作开发 TOD 项目成为一大亮点。

3. TOD 产品继续迭代更新

随着各类企业在 TOD 领域的深耕，TOD 产品也在继续迭代更新。例如深圳地铁、广州地铁公司 2021 年都宣布其进入了 4.0 阶段。京投发展充分考虑城市业主生活的各个维度，在整体规划、交通动线、建筑设计、结构转换、园林设计、地下商业规划、公共空间布局等多方面，进行全维度改造、升级，打造了“TOD 智慧生态圈”4.0 产品，并应用到岚山项目。上海天空万科广场将率先通过五大生活价值体系（万科 TOD 服务全场景地图：通过包括多模式交通枢纽、消费办公中心、大城市活力生活、绿色健康空间、城市服务 OS 在内的五大 TOD 生活价值体系及衍生出的 74 个 TOD 服务场景），打造全维度 TOD 运营服务，指导全新生活方式与城市生活运营管理。

（四）主要城市轨道交通 TOD 项目土地出让情况

据不完全统计，2021 年主要城市轨道交通 TOD 项目累计公开出让土地用地面积 368.04 万平方米，出让总价为 1242.94 亿元（见表 7-6-4）。

表 7-6-4　2021 年主要城市轨道交通 TOD 项目土地获取情况

城　市	地块数（宗）	用地面积（万平方米）	成交总价（亿元）
杭　州	10	79.41	296.24
北　京	5	51.05	271.17
广　州	3	60.41	162.88
深　圳	3	36.30	143.17
佛　山	2	18.09	80.58
成　都	9	45.04	69.10
东　莞	2	7.67	65.12
武　汉	1	16.05	50.07
宁　波	2	15.23	29.00
无　锡	1	5.98	24.85
绍　兴	1	6.31	24.54
重　庆	3	23.19	22.76
长　沙	1	2.06	3.04
呼和浩特	2	0.46	0.42
总　计	45	368.04	1242.94

数据来源：上海易居房地产研究院。

（崔霁　邓乔乔　上海易居房地产研究院）

Ⅷ. 大事记

2021年中国房地产大事记

1. 土地要素市场化改革加速破题

1月31日，中共中央办公厅、国务院办公厅印发《建设高标准市场体系行动方案》，提出在推动经营性土地要素市场化配置方面，要深化土地管理制度改革，完善建设用地市场体系和开展土地指标跨区域交易试点。

2. 多家大型房企陆续出现债务违约

2月1日和2月26日，华夏幸福两次发布债务逾期公告。下半年，蓝光、泰禾、阳光100、新力、恒大、花样年、当代置业、阳光城、佳兆业、中国奥园、富力等多家大型房企相继出现债务违约事件，债务形式以银行贷款、债券、商票、信托和理财产品等为主。

3. 上海推出“积分制”新房摇号新规

2月6日，上海推出“积分制”新房摇号新规，当楼盘上市认购组数多于可售房源套数30%时，将采取计分排序的方法选取进入公证摇号选房的购房人。计分综合购房人拥有的住房状况、5年内在沪购房记录、家庭、户籍及在沪缴纳社保等情况进行计算。

4. 多城针对二手小区发布住房成交参考价

2月8日，自深圳市住房和建设局建立二手住房成交参考价格发布机制后，东莞、宁波、成都、南通、杭州、三亚、西安、上海、绍兴、无锡、金华、衢州、温州、合肥、广州、北京等城市相继发布二手小区成交参考价或进行价格核验，引导中介规范房源挂牌和金融机构合理贷款。

5. 22座重点城市实施住宅用地“两集中”出让政策

2月24日，国家自然资源部发布文件对全国22座重点城市（北京、上海、广州、深圳、天津、重庆、南京、杭州、厦门、合肥、济南、武汉、成都、福州、郑州、无锡、苏州、沈阳、长春、宁波、青岛、长沙）住宅用地实施“两集中”出让政策，即集中发布出让公告、集中组织出让活动，且全年供地次数不超过3次。

6. 高度重视并解决新市民、青年人的住房问题

3月5日，国务院总理李克强在做政府工作报告时明确指出，要保障好群众住房需求，坚持房子是用来住的、不是用来炒的定位，稳地价、稳房价、稳预期。解决好大城市住房突出问题，通过增加土地供应、安排专项资金、集中建设等办法，切实增加保障性租赁住房和共有产权住房供给，规范发展长租房市场，降低租赁住房税费负担，尽最大努力帮助新市民、青年人等缓解住房困难。

7. 2021中国房地产开发企业综合实力测评成果发布

3月16日，由中国房地产业协会、上海易居房地产研究院联合主办的“2021中国房地产TOP500测评成果发布会暨房地产高峰论坛”在上海举行。2021 中国房地产开发企业综合实力 TOP500 前三位是万科、恒大和碧桂园，中海、融创、保利、龙湖、华润、世茂和新城分列第四到十位。

8. 国家推动各类城市有序放开落户

4 月 12 日，国家发展改革委印发《2021 年新型城镇化和城乡融合发展重点任务》，在“有序放开放宽城市落户限制”方面要求各类城市要合理确定落户条件，坚持存量优先原则，推动进城就业生活 5 年以上和举家迁徙的农业转移人口、在城镇稳定就业生活的新生代农民工等重点人群便捷落户。城区常住人口 300 万以下城市落实全面取消落户限制政策，实行积分落户政策的城市确保社保缴纳年限和居住年限分数占主要比例。推动具备条件的城市群和都市圈内社保缴纳年限和居住年限累计互认。

9. 易居拿下天猫好房运营权

4 月 28 日，易居（中国）宣布通过向阿里巴巴增发新股的方式，收购阿里巴巴所持有的天猫好房 85% 股份。交易完成后，天猫好房成为易居旗下全资子公司，易居也从阿里巴巴手中接过天猫好房运营权。

10. 多地整顿学区房炒作行为

4 月 30 日，中央政治局会议首提“防止以学区房等名义炒作房价”。年内北京、上海、广州、深圳、重庆、厦门、成都、大连、南京、合肥、石家庄、温州、杭州、海口、天津、芜湖、沈阳、西宁和武汉等城市纷纷发布相关政策，整顿学区房炒作现象。

11. 2021 中国房地产上市公司测评研究成果发布

5 月 27 日，由中国房地产业协会指导、上海易居房地产研究院主办的“2021 中国房地产及物业上市公司测评成果发布会”在深圳举行，万科、碧桂园及恒大位列测评榜单前三，融创、保利、中海、华润置地、龙湖、招商蛇口及新城位分列上市公司第四到十位。

12. 国有土地出让金划转税务部门征收

6 月 4 日，财政部等四部门发文将国有土地使用权出让收入全部划转税务部门负责征收，划转工作采用先试点后推开的方式。

13. 房企参与“碳中和”实践

6 月 11 日，旭辉控股发布 2020 年 ESG 报告披露公司在环境（Environmental）、社会（Social）及公司管治（Governance）等领域的实践与成效，总结了推进绿色环保实践的阶段性成果，成为房企参与“碳中和”实践的新样本。据统计，2021 年境内地产绿色债券发行规模约 26.8 亿元，发行人以国有企业为主。美元绿色债券发行规模为 103.6 亿美元，发行人多为民营企业。

14. 首批 9 只基础设施公募 REITs 上市交易

6 月 21 日，中国首批 9 只基础设施公募 REITs 产品于沪、深交易所上市。首批产品包括张江 REIT、浙江杭徽、东吴苏园、普洛斯、盐港 REIT、首钢绿能、首创水务、广州广河和蛇口产园，发售规模超 300 亿元。上市产品主要投向基础设施补短板项目，试点的基础设施包括仓储物流、收费公路、信息网络、产业园区等。

15. 国务院扩大保障性租赁住房供给，保障性租赁住房纳入 REITs 试点

7 月 2 日，国务院印发《关于加快发展保障性租赁住房的意见》和《关于进一步做好基础设施领域不动产投资信托基金（REITs）试点工作的通知》，明确了保障性租赁住房基础制度和支持政策并首次将保障性租赁住房纳入 REITs 试点申报项目名单中。

16. 第 12 届中国房地产科学发展论坛在武汉举行

7 月 6 日至 7 日，由中国房地产业协会主办的“第 12 届中国房地产科学发展论坛”在武汉市举行。800 多名来自全国各省市房地产行业协会、房地产开发企业、设计施工单位、建筑部品企业，以及金融、科研、服务机构的代表，围绕贯彻绿色健康发展理念，推动行业高质量发展，展开了深入探讨和交流。

17. 住建部会议表示要建立房地联动机制

7月22日，住建部房地产市场监管司司长张其光在加快发展保障性租赁住房和进一步做好房地产市场调控工作电视电话会议上表示，要着力建立房地联动机制，推广北京市的做法，限房价、控地价、提品质，建立购地企业资格审查制度，建立购地资金审查和清退机制。

18. 多地加强商品房预售资金监管

8月以来，嘉兴、东莞、连云港、珠海、镇江、兰州、天津、重庆、北京、成都、青岛、石家庄、南通、漯河、漳州和厦门等城市相继强化商品房预售资金监管，确保预售资金安全并专款用于工程建设，保障购房人合法权益。

19. 房企融资规模骤减

中国房地产决策咨询系统（CRIC）数据显示，2021年100家典型房企的融资规模为12873亿元，同比下降26%，近五年来融资量首次出现负增长。由于下半年债券集中到期、违约风险暴露加大房企信用债融资难度，8月起房企单月信用债发行额明显下降，净融资额持续为负。

20. 上海首推“三价就低”审批二手房贷款额度

8月6日，上海二手房贷款实行新规，各银行审核贷款金额以“三价就低”为原则，即银行将根据合同网签价、涉税评估价、银行评估价三个价格中，相对最低的价格审批贷款额度。

21. 官媒提出“共同富裕需要房地产市场稳健发展”

8月17日，中央财经委员会第十次会议提出要在高质量发展中促进“共同富裕”，正确处理效率和公平的关系，构建初次分配、再分配、三次分配协调配套的基础性制度安排。会议提出要完善“住房供应和保障体系”。10月27日，《经济日报》刊发文章指出共同富裕需要房地产市场稳健发展。

22. 多地推出官方“个人自主挂牌卖房”系统

8月18日，杭州二手房交易平台推出“个人自主挂牌房源”功能，个人售房者可以不经过房产中介在网站上挂牌卖房。随后，宁波、徐州、上海和深圳相继启动自助卖房系统。

23. 住建部就“城市更新”做量化规范

8月30日，住建部发布《关于在实施城市更新行动中防止大拆大建问题的通知》，明确城市更新单元（片区）或项目内拆除建筑面积不应大于现状总建筑面积的20%；拆建比不应大于2；居民就地、就近安置率不宜低于50%；城市住房租金年度涨幅不超过5%等，为相关监管提供了更为清晰和严格的量化指标。

24. 70座城市房价逾六年来首次环比下跌

根据国家统计局数据计算，9月70座大中城市新房交易价格指数自2015年5月以来出现首次环比下跌，此后几月新房价格延续下跌趋势。12月，70座城市中有50座城市新房价格环比下跌，下跌城市数量较1月增加28座城市，占比超过七成。

25. 碧桂园服务斥资近百亿收购富力物业附属公司

9月20日，碧桂园服务发布公告称以不超过100亿元代价收购富力物业全资附属公司富良环球。收购完成后，碧桂园服务将持有富良环球100%股权，其业绩、资产及负债也将同时与碧桂园服务并表。

26. 恒大推动“复工复产保交楼”工作

9月22日，自出现严重的经营风险和债务违约后，恒大召开“复工复产保交楼”专题会，继续推进在建工程和保质保量交楼工作。截至年底，全国恒大项目复工率达 91.7%，复工人数 8.9 万人，四季度累计交楼超过 5.3 万套。

27. 2021 中国房地产企业品牌价值测评成果发布

9 月 23 日，由中国房地产业协会和上海易居房地产研究院共同主办的“2021 中国房地产企业品牌价值测评成果发布会暨房地产品牌发展高峰论坛”在成都举行。中海、万科和碧桂园分别以 751 亿元、669 亿元和 573 亿元品牌价值，位列 2021 中国房地产开发企业品牌价值排行榜前三。

28. 部分规模房企暴雷背景下，房地产金融政策由紧趋缓

9 月 24 日，央行货币政策委员会召开 2021 年第三季度例会，会议中提到“要维护房地产市场的健康发展，维护住房消费者的合法权益”。9 月 29 日，央行及银保监会联合召开的房地产金融工作座谈会再次强调了“两个维护”。10 月 15 日，央行数据发布会认为部分金融机构对“三线四档”融资规则存在“误解”。10 月 20 日，金融街论坛年会上，央行副行长潘功胜指出房地产信贷过紧的行为逐步得到“矫正”，刘鹤副总理指出房地产合理资金需求正在得到“满足”。10 月 26 日，发展改革委外资司会同外汇局资本司召开部分重点行业企业外债座谈会，提出要满足企业合理合规的外债置换和偿付需求。

29. 国际评级机构集中下调部分房企主体信用评级

10 月 18 日至 19 日，穆迪评级机构同时下调了 20 余家国内房企的信用评级或展望，包括绿地、阳光城、中国奥园、佳兆业、祥生、富力、中梁、禹洲、世茂、金科、中骏、弘阳、宝龙、融信、三盛、中南、花样年、领地、融创、中骏、佳源国际、金轮天地等企业。全年穆迪、标普和惠誉三大国际评级机构累计下调内地房企的评级行为超过百次。

30. 全国人大授权国务院开展房地产税改革试点

10 月 23 日，全国人大常委会授权国务院在部分地区开展房地产税改革试点工作，试点地区的房地产税征税对象为居住用和非居住用等各类房地产，不包括依法拥有的农村宅基地及其上住宅，授权的试点期限为五年。

31. 万科倡导“开源节流”的经营理念

11 月 16 日，万科集团总部发文倡议“节衣缩食”，打造“战时氛围”，表态要对不产生价值的动作和开支做减法，花小钱办大事。

32. 22 城市第二轮供地频现流拍、撤牌现象

截至 11 月 22 日，22 座城市陆续完成第二轮土地集中供地出让。该轮供地共有 918 宗土地入市，其中成交住宅地块 622 宗，流拍或者撤牌地块 296 宗。成交总额 6441.43 亿元，综合溢价率为 3.9%，平均流拍率 31%。

33. 中央会议提出房地产行业要“良性循环”和“探索新的发展模式”

12 月 6 日，中共中央政治局会议首次提出“促进房地产业健康发展和良性循环”。两日后，中央经济工作会议针对房地产业发展提出要“加强预期引导，探索新的发展模式”。

34. “法拍房”全面纳入限购范围

12 月 17 日，最高人民法院公布《最高人民法院关于人民法院司法拍卖房产竞买人资格若干问题的规定》，明确人民法院组织的司法拍卖房产活动，受房产所在地限购政策约束的竞买人申请参与竞拍的，人民法院不予准许。

35. 针对出险企业优质项目的并购融资获重点支持

12 月 20 日，央行、银保监会出台《关于做好重点房地产企业风险处置项目并购金融服务的通知》，鼓励银行业金融机构稳妥有序开展房地产项目并购贷款业务，重点支持优质的房地产企业兼并收购出险和困难的大型房地产企业的优质项目。随后，部分大型房企被银行告知，针对出险企业项目的承债式收购，相关并购贷款不再计入“三条红线”相关指标。

36. 八家房企入围 2021《财富》世界 500 强

2021 年共有 8 家房地产行业公司上榜《财富》世界 500 强。其中，碧桂园和绿地分别排在 139 位和 142 位，营收分别达 670.8 亿美元和 661.0 亿美元。

37. 物业管理行业加速整合

据克而瑞物管和中物研协数据统计，2021 年共有 29 家上市物业企业发起 53 项收并购事件，交易总金额达 355.88 亿元，是 2020 年全年交易总额（94.30 亿元）的 3.77 倍。

38. 一线城市千万元以上商品住宅市场成交活跃

CRIC 中国房地产决策咨询系统数据显示，2021 年，一线城市总价在 1000 万元以上的新建和二手商品住宅分别成交 30916 套和 18383 套，皆创历史新高。

39. 多城出台“限跌令”，维持房地产市场预期

2021 年，沈阳、岳阳、昆明、唐山、江阴、鄂州、张家口、南通、株洲、哈尔滨、桂林、惠州、徐州、福州、安庆、扬州、襄阳、天津、菏泽、沈阳、永州、聊城、新沂、安庆、海口、南宁、东阳、镇江、湖州、张家口、孝感等城市通过出台相关政策文件或以约谈的形式限制新房降价幅度。其中，多地规定新房销售价不得低于备案价的 85%或 95%。

40. 人才落户政策扩大地方商品房市场需求

2021 年，全国几十座城市出台更新了不同力度的“放宽落户”和“人才引进”政策：拓宽人才认定标准，提供租赁住房，给予购房和租房补贴，提高工资、津贴、奖励水平，减免个税，配套家属户口、工作落地和子女就学等措施。

41. 物业企业上市阵营扩充，市值普跌

2021 年共有 12 家物业服务公司陆续在香港挂牌上市。它们是荣万家、宋都服务、星盛商业、新希望服务、越秀服务、中骏商管、领悦服务集团、德信服务、康桥悦生活、融信服务、德商产投服务、朗诗绿色生活。截至 12 月 31 日，在新上市的物业企业中，仅星盛商业年底市值相比上市当日有所上涨，其余企业市值均比上市当日有所下滑，荣万家以 64.33%的跌幅居首位，新希望服务、越秀服务、朗诗绿色生活和宋都服务的跌幅均达到 30%以上。另外，2021 年物业企业上市首日破发率高达 66.7%。

42. 规模房企销售增速出现负增长

2021 年 TOP100 房企累计销售操盘金额同比降低 3.5%，规模房企销售增速罕见出现负增长。在集中度方面，行业龙头房企继续稳健增长、保持规模优势，TOP10 房企销售操盘金额门槛达到 2879.5 亿元，同比增幅达 19.8%，较 2019 年增长 42%。TOP20 和 TOP30 房企的销售操盘金额门槛也分别同比提升 9.2%和 2.5%。

43. 40 座重点城市切实增加保障性租赁住房供给

2021 年，住建部监测的 40 座重点城市新筹集保障性租赁住房 94.2 万套，预计可以解决近 300 万新市民、青年人的住房困难。

44. 地方紧缩性房地产调控政策占比超过 50%

据中房研协测评研究中心监测统计，2021 年，地方累计出台房地产调控政策约 507 条。其中，宽松性政策 137 条，中性政策 114 条，紧缩性政策 256 条。紧缩性政策占比达 50.5%。

企业形象展示名录

（详见彩页）

新城控股集团股份有限公司
绿城中国控股有限公司
宝龙地产控股有限公司
上海中建东孚投资发展有限公司
中骏集团控股有限公司
仁恒置地有限公司
佳源创盛控股集团有限公司
联发集团有限公司
东原房地产开发集团有限公司
杭州市城建开发集团有限公司
上海建工房产有限公司
厦门国贸地产集团有限公司
上海城建置业发展有限公司
华董（中国）有限公司
上海实业城市开发集团有限公司
美的置业集团有限公司
越秀地产股份有限公司
海伦堡中国控股有限公司
广州市方圆房地产发展有限公司
广东珠江投资股份有限公司
重庆新鸥鹏地产（集团）有限公司
北京北辰实业股份有限公司
青岛君一控股集团有限公司
大连万达商业管理集团股份有限公司
中昂地产（集团）有限公司
龙湖集团控股有限公司
北京永同昌房地产开发集团有限公司
光明房地产集团股份有限公司
山东儒辰控股集团有限公司
上海嘉定新城发展有限公司
西安紫薇地产开发有限公司
中国联塑集团控股有限公司
广东巴德士化工有限公司
杭州老板电器股份有限公司

宝龙地产2021年标杆项目
中山宝龙城效果图
宝龙地产控股有限公司(股票代码:HK.1238)
上海闵行区新镇路1399号宝龙总部大厦(201101)
http://www.powerlong.com

中建東孚

中骏
专筑您的感动

中骏集团介绍
INTRODUCTION

中骏集团创办于1987年，总部设于上海，是一家专注于房地产开发及相关业态的综合性城市运营服务商；集团于2010年2月在香港联交所主板成功上市，股票代码01966.HK。

中骏集团业务体系涵盖住宅开发、商业地产、长租公寓、文化旅游地产、产业地产，大型购物中心的营运管理、住宅与公共设施的物业管理、教育、健康管理等业务板块，以及基金管理及投资等金融服务。

中骏集团雇佣员工超过10000人，连续6年进入“中国房地产开发企业50强”，连续5年进入“财富中国500强企业”。

2020年，中骏集团销售规模超过1000亿人民币。

业务 FRAMEWORK 架构及介绍

综合性城市运营服务商

地产开发

- 住宅开发
  - 中骏 专筑您的感动

FUN+幸福生活

- 商管智慧服务
  - 中骏商管
- 长租公寓
  - 方隅 高档一居 租方隅
- 其它
  - 教育、健康管理
  - 基金管理及投资

中骏
专筑您的感动

50强

专注客户需求的匠心精神

以未来决定现在的创新精神

股票代码 01966.HK

利他共赢的合作精神

创建智慧生活让幸福触手可及

中国骏马

幸福生活生态圈

FUN+

简单自律 开放创新 惧者生存

客户至上 持续奋斗

不用扬鞭自奋蹄的拼搏精神

成为卓越的美好生活引领者

上海建工房产
专攻建筑经典
成就人居梦想

公司简介 Company Profile

上海城建置业发展有限公司是上海隧道工程股份有限公司全资子公司，拥有房产开发一级资质中国房地产百强企业，上海市房地产开发50强企业，曾获评中国房地产百强企业“百强之星”、中国房地产企业责任地产10强、中国房地产地方项目品牌价值 TOP10 首位。公司秉承“质量第一，诚信至上”的核心价值观，以“专业化、纵深化、市场化”的发展理念，开发建设了大量优秀住宇和高档写字楼，至今累计开发面积逾1250万平方米。目前，公司承建开发的住宅项目有长风瑞仕璟庭、无锡太湖瑞仕花园、瑞俊国际公馆、安亭瑞仕璟庭、瑞和·上海印象和无锡蠡湖瑞仕花园；商办项目有徐汇瑞创谷、徐汇滨江源点大厦、南昌红谷滩瑞仕城际广场等；并承担了上海闵行浦江、青浦华新、嘉定云翔等超过330万平方米的保障房建设项目。开发建设的楼盘曾先后荣获“建设部中国住宅经典示范楼盘”、“上海市优秀住宅金奖”、“上海市四高优秀住宅小区”、“上海十大经典全装修示范楼盘”、“全国新时代优秀规划建筑设计方案全国优秀商务楼金奖”、“上海市白玉兰奖”、“中国建筑工程鲁班奖”等多类殊荣。城建置业始终以企业规划引领业务发展，以质量促效率、以质量提品质、以质量树口碑，通过打造精品，让业主舒心、对社会尽心、让政府放心，通过用心诠释“让建筑懂你”的品牌理念，成就一个又一个关于“家”的梦想！

未来，城建置业将以“共创、共建、共享”的理念，建立“房地产开发及资产运营管理资源集成商”思维，协同和整合内外部优质资源，打造“房地产投资开发专业平台”和“资产运营管理综合平台”两大专业平台,实现房地产开发及资产运营业务的平台化、专业化、一体化管理。

華董·中國
HUA DONG
中国房地产
开发企业100强
缔造精致生活
HUADONG
CHINA

住宅开发

物业服务

商业运营

睿住科技

美的璟睿系

美的君兰系

美的云筑系

美的未来系

珠江·海御
OCEANIC THRONES
珠江投资
汇聚力量 创新价值
好生活在珠江
OCEANIC THRONES
让世界
看见广州的海
建面约110-240㎡ 头排海景洋房 全新加推
约150米湾芯地标
约4.5公里私家海岸
约4.8万方中心园林
地址：广州南沙自贸区·海滨路
标准地名：南沙珠江湾
投资商：广东珠江投资股份有限公司
全国24小时服务热线：400-600-3888

NEWOPEN
新鸥鹏
崇文 立教 造城
新鸥鹏文化造城
用教育去筑基 用科技去创造 用文化去表达
NEWOPEN
广西北海·新鸥鹏教育城
四川德阳·新鸥鹏文教城
浙江杭州·新鸥鹏教育城
天津·新鸥鹏教育城
重庆江北嘴·新鸥鹏教育城
云南楚雄·新鸥鹏文教城
重庆潼南·新鸥鹏教育城
重庆巴南·新鸥鹏科教城
云南保山·新鸥鹏教育城

■ 北辰旗下国家会议中心二期是2022北京冬奥会、冬残奥会主媒体中心(MMC)
MMC
主媒体中心
Main Media Centre
北辰实业
BEIJING NORTH STAR
匠心北辰 首都国企 复合领先
两地上市
见证双奥
双轮驱动
— 服务国际交往 筑造理想空间 —
(SH.601588 HK.0588)

万达集团
WANDA GROUP
国际万达
百年企业

LONGFOR
龙 湖
港交所股票代码 HK00960
至善龙湖 与城共进
《财富》世界 500 强
恒生指数 成份股
境内外全投资 级民营房企
龙湖集团控股有限公司
龙湖集团1993年创建于重庆，发展于全国，业务涵盖地产开发、商业投资、租赁住房、空间服务、房屋租售、房屋装修六大主航道业务，并积极试水医养、产城等创新领域。
2021年，龙湖集团入选《财富》世界500强，连续9年获“中国房地产开发企业综合实力10强”，连续11年获《福布斯》全球企业2000强，荣获中国公益慈善领域的最高政府奖“中华慈善奖”。
LONGFOR
中国房地产开发企业
LONGFOR
龙湖智创生活
中国物业服务企业
天街
Paradise Walk
商业地产企业
冠寓
中国租赁住宅企业
塘鹅租售
一站式资产管理平台
塘鹅美装修
房屋装配式整装